ANTON BRUCKNER

Diese Publikation wurde in dankenswerter Weise unterstützt durch einen
Forschungsauftrag des Bundesministeriums für Wissenschaft und Forschung
sowie durch Subventionen
des Instituts für Kulturförderung des Amtes der Oberösterreichischen Landesregierung,
der Stadt Wien (Hochschuljubiläumsstiftung)
und der Allgemeinen Sparkasse, Linz.

Die Österreichische Akademie der Wissenschaften
hat im Rahmen ihrer Kommission für Musikforschung das Zustandekommen
dieser Publikation zu einem wesentlichen Teil gefördert.

Für den Inhalt der Beiträge sind die Verfasser verantwortlich.

Satz und Schwarzweiß-Abbildungen: Lasersatz Maringer, Maishofen
Farbreproduktionen: Repro Brüll, Saalfelden
Printed in Austria by Samson Druck, St. Margarethen
ISBN 3-7017-1030-9

ANTON BRUCKNER

Ein Handbuch

Für das Anton Bruckner Institut Linz
herausgegeben von
UWE HARTEN

in Zusammenarbeit mit
Renate Grasberger
Andrea Harrandt
Elisabeth Maier
Erich Wolfgang Partsch

Residenz Verlag

Anton Bruckner. Photographie von Franz Hanfstaengl, München 1885, Ausschnitt (IKO 17)

INHALT

VORWORT

Diese anläßlich der 100. Wiederkehr des Todestages Anton Bruckners erscheinende Publikation hat sich zum Ziel gesetzt, Leben und Werk des vielfach kontroversiell bewerteten Komponisten, besonders aber auch das »Umfeld« (Vorfahren, Lehrer, Freunde, Schüler, Kollegen, Frauen, Interpreten, Kritiker, Wirkungsstätten, Reisen und vieles mehr) einmal nicht in Form einer Monographie mehr oder weniger ausführlich zu behandeln, sondern als in der Art eines Lexikons alphabetisch nach Stichwörtern geordnetes Handbuch zugänglich zu machen. Zielgerichtete Fragestellungen finden so leichter ihre Antworten, unterstützt – innerhalb eines Artikels – durch Hinweise auf Weiterführendes (→) und durch Literaturangaben sowie – am Ende des Buches – durch Tabellen und ein Gesamtregister, das auch Stichwörter zum Thema Bruckner auflistet, die nicht in eigenen Beiträgen behandelt wurden.
Die Handbuchartikel befassen sich mit Personen und Institutionen, Orten und Gebäuden, zu denen Bruckner engere Beziehungen hatte bzw. die für die Beschäftigung mit Leben und Werk Bruckners von Bedeutung waren oder sind, und nur in Ausnahmefällen auch mit jenen Personen, die als »später Geborene« keinen persönlichen Kontakt zu Bruckner mehr haben konnten, der aber in ihrem Wirken als Forscher oder Künstler eine besondere Rolle spielte (siehe z. B. Max Auer, Johann Nepomuk David, Franz S. Forster). Dazu kommen Artikel über alle heute bekannten Werke Bruckners, die hier – auch in der Beschreibung über das 1977 erschienene »Werkverzeichnis Anton Bruckner (WAB)« hinausgehend – erstmals in ihrer Gesamtheit zu finden sind, und sogenannte Sachartikel, die zum Teil essayistisch spezielle Themenstellungen zu Person, Werk und Umfeld behandeln (vgl. dazu das folgende Verzeichnis). Soweit irgend möglich, sind die Beiträge so verfaßt worden, daß sie – ein wenig Grundwissen über Bruckner vorausgesetzt (vgl. dazu den Abschnitt »Leben und Schaffen im Überblick«) – auch ohne den Verweisen nachzugehen, zumindest einer Erstinformation Genüge tun. Knapp gehaltene Wiederholungen sind daher durchaus beabsichtigt.
Zur Mitarbeit an diesem Handbuch konnten zahlreiche Autoren gewonnen werden, die zum Teil auf bestimmte Forschungsgebiete spezialisiert sind. Sie alle waren bestrebt, auch neueste Forschungsergebnisse in ihren jeweiligen Artikeln zu berücksichtigen, Ergebnisse, die in zahlreichen Veröffentlichungen der letzten Zeit Eingang gefunden hatten – so auch in den Publikationen des 1978 gegründeten Anton Bruckner Instituts Linz, das u. a. seit 1980 alljährlich Bruckner-Symposien mit verschiedenen Themenschwerpunkten veranstaltet und die jeweiligen Symposion-Berichte auch gedruckt herausgibt. Aufgrund der Quellenlage war es jedoch nicht bei allen Artikeln möglich, eigene Forschungsresultate anzubieten; hier mußte auf die vorhandene Literatur zurückgegriffen werden. – Bei einer so großen Zahl an Forscherpersönlichkeiten (79) treten in einzelnen Punkten natürlich auch unterschiedliche Zugänge und differierende Ansichten zutage, die in diesem Handbuch aber in keiner Weise »nivelliert« worden sind, sondern als Anstoß zu eigenem Abwägen und Urteilen gesehen werden sollen.

Zum Aufbau der Artikel
Artikel zu Personen und Institutionen, Orten und Gebäuden sowie zu den Kompositionen Bruckners sind in aller Regel nach gewissen – dem jeweiligen Stichwort sich anpassenden – Schemata aufgebaut: Bei Personen folgt auf eine (wenn anderswo leicht zugänglich, möglichst knapp gehaltene) Lebensbeschreibung und Würdigung der für dieses Handbuch zentrale Abschnitt, in dem die Beziehungen zu Bruckner erläutert werden. In ähnlicher Weise wurde mit Artikeln über Institutionen (Vereine, Gesellschaften etc.) verfahren. Unter topographischen Stichwörtern findet man vor der Erwähnung des Bezugs zu Bruckner bei Orten eine kurze Charakteristik über Größe, Bedeutung und – soweit bekannt – einen Vergleich der Einwohnerzahlen zur Zeit Bruckners mit den heutigen Angaben. Bei Gebäuden (hier handelt es sich hauptsächlich um Kirchen) wurde ebenfalls eine kurze Beschreibung vorangestellt.
Zu den Kompositionen Bruckners werden – ohne ein im Entstehen begriffenes neues, stark erweitertes Werkverzeichnis vorwegnehmen zu wollen – Informationen u. a. zu Besetzung, Textvorlage, Entstehungszeit, Widmung, Uraufführung, Autograph-Standort, Erstdruck und Veröffentlichung in der Gesamtausgabe geboten. Entstehungsorte sind bis 1868 – je nach Kenntnis – erwähnt, später nur dann, wenn das Werk *nicht* (zumindest überwiegend) in Bruckners »Wahlheimat« Wien entstanden

ist. Der Umfang der näheren Werkbeschreibungen schwankt natürlich je nach musikalischer Gattung und Bedeutung der Komposition. Die Messen und die Symphonien Bruckners sind jeweils nach den Gattungsbegriffen gesammelt zu finden, und zwar in der Reihenfolge, wie sie im WAB aufscheinen. WAB-Nummern werden in den Artikeln dieses Handbuchs nur dann zusätzlich zum (immer kursiv gesetzten) Werktitel angegeben, wenn sie als Unterscheidungshilfe bei gleichlautenden Benennungen dienen. Bei Listen und Tabellen wird aus Platzgründen dagegen oft nur die WAB-Nummer angegeben. Hier möge die Übersicht im Anhang 5 zu Hilfe genommen werden.
Die in dieses Handbuch aufgenommenen »Sachartikel«, deren Titel der erwähnten Übersicht zu entnehmen sind, folgen aufgrund ihrer unterschiedlichen Themenstellungen selbstverständlich keinem bestimmten Schema, stellen jedoch ebenso den jeweiligen Bezug zu Bruckner in den Mittelpunkt ihrer Erörterungen. Beim Stichwort »Rezeption« können zum Teil erstmals erstellte Berichte zur Aufführungsgeschichte des Brucknerschen Œuvres in verschiedenen Ländern – alphabetisch geordnet – geboten werden (leider haben wir nicht aus allen angeschriebenen Ländern Rückmeldungen erhalten).
Die chronologisch gereihten Literaturhinweise (Lit.) zu den einzelnen Artikeln erheben keinen Anspruch auf Vollständigkeit und sollen auch keine Bibliographie ersetzen, sondern dienen dem Nachweis von Zitaten und der Anregung zu weiterer Beschäftigung (bezüglich Bruckner vgl. besonders die Bruckner-Bibliographie von Renate Grasberger). In vielen Fällen sind auch in angeführten Publikationen weitere sachdienliche Literaturhinweise zu finden. Seitenangaben bei vollständig heranzuziehenden Aufsätzen in Zeitschriften bzw. Sammelbänden etc. wurden in der Regel nicht angegeben (vgl. die jeweiligen Inhaltsangaben). Bei Hinweisen auf bestimmte Seiten bedeutet »f.« die erwähnte Seite und die folgende, »ff.« auch noch die übernächste; darüber hinausgehende Zitate sind mit erster und letzter Seite begrenzt.
Abkürzungen im fortlaufenden Text wurden (abgesehen von den allgemein üblichen, wie bzw., etc., s. o., u. a., usw., z. B.) weitgehend vermieden. Bei bibliographischen Zitaten wurde jedoch (auch in der »Abgekürzt zitierten Literatur«) der Vorname Bruckners grundsätzlich nur mit »A.« wiedergegeben, ebenso wurden dort die Vornamen der im entsprechenden Artikel beschriebenen Personen abgekürzt.

Dank
Die Vorbereitungen zu dieser Publikation wurden erst aufgrund eines Forschungsauftrags des Bundesministeriums für Wissenschaft, Forschung und Kunst ermöglicht. Dafür möchte der Herausgeber – auch im Namen der Mitarbeiter – seinen herzlichen Dank aussprechen. Ebenso zu Dank verpflichtet ist das Anton Bruckner Institut Linz (ABIL) dem Institut für Kulturförderung des Amtes der Oberösterreichischen Landesregierung, der Hochschuljubiläumsstiftung der Stadt Wien sowie der Allgemeinen Sparkasse, Linz, die durch Subventionen die umfangreiche Arbeit unterstützten. Der Österreichischen Akademie der Wissenschaften ist dafür zu danken, daß sie im Rahmen ihrer Kommission für Musikforschung die Arbeiten förderte.
Ganz besonders dankbar ist der Herausgeber natürlich den vielen in- und ausländischen Autoren für ihr Interesse und ihre Mitarbeit an diesem Handbuch. Fast alle sind dem ABIL schon seit vielen Jahren verbunden.
Zum ersten Mal wurde eine Publikation des ABIL vom Residenz Verlag Salzburg betreut, dessen Mitarbeiter diesem Projekt jede nur erdenkliche Hilfe angedeihen ließen. Für die Zusammenarbeit mit einem derart ambitionierten, professionellen Team möchte das Anton Bruckner Institut Linz seinen herzlichsten Dank aussprechen.
Uwe Harten

VERZEICHNIS DER SACHARTIKEL

Dazu im Anhang

AUTOREN-VERZEICHNIS

ACH Alan C. Howie
AH Andrea Harrandt
AL Anton Lang
AM Alfons Mandorfer

BAK Bernhard A. Kohl
BH Brigitte Hamann
BM Bo Marschner
BW Benedikt Wagner

CB Christa Brüstle
CF Constantin Floros
CHe Clemens Hellsberg
CHö Clemens Höslinger
CvZ Cornelis van Zwol

EF Edith Forster
EH Erwin Horn
EL Elisabeth Lebensaft
EM Elisabeth Maier
ETH Elisabeth Th. Hilscher
EWP Erich Wolfgang Partsch

FK Fritz Kaiser
FRP Frida Reingruber-Peschel
FS Franz Scheder
FZ Franz Zamazal

GB Günter Brosche
GG Gernot Gruber
GJW Gerhard J. Winkler
GS Gerhard Stradner
GW Gerhard Walterskirchen

HJH Hans-Joachim Hinrichsen
HR Hubert Reitterer
HSl Harry Slapnicka
HSt Hugo Steinmann

IF Ingrid Fuchs
IP Ioannis Papaioannou

JAP John A. Phillips
JB Josef Burg
JG Jarmila Gabrielová
JHL Josef-Horst Lederer

KA Kurt Adel
KM Karl Mitterschiffthaler
KN Kazumi Negishi
KR Karl Rehberger
KS Karl Schütz

LMK Leopold M. Kantner
LTL Lee T. Lovallo

MAD Marie-Agnes Dittrich
ME Martin Eybl
MK Michael Krebs
MS Manfred Skopec
MW Manfred Wagner

NR Norbert Rubey
NWN Norbert W. Nowotny

OB Otto Biba
OW Othmar Wessely

PFD Patrick F. Devine
PG Peter Grunsky
PH Paul Hawkshaw
PU Peter Urbanitsch

RCF Renate Christine Flich
RG Renate Grasberger
RKe Rolf Keller
RKö Raffael Köhler
RM Robert Münster
RR Reinhard Rauner
RZ Rudolf Zinnhobler

SA Susanne Antonicek
ST Stanislav Tikhonov

TA Theophil Antonicek
TL Thomas Leibnitz
TR Thomas Röder

UEA Urs E. Aßling
UH Uwe Harten

WC William Carragan
WD Walter Deutsch
WF Walter Fritz
WL Walburga Litschauer
WSe Wilhelm Seidel
WSt Wolfram Steinbeck
WSu Wolfgang Suppan

ABGEKÜRZT ZITIERTE LITERATUR

AGA = (Alte Gesamtausgabe:) Anton Bruckner, Sämtliche Werke. Kritische Gesamtausgabe. Im Auftrage der Generaldirektion der Nationalbibliothek und (bzw. mit Förderung) der Internationalen Bruckner-Gesellschaft hrsg. von Robert Haas und Alfred Orel; bzw. Anton Bruckner, Sämtliche Werke. Kritische Gesamtausgabe. Hrsg. Robert Haas. (Verschiedene Orte und Verlage) 1930 ff.

Antonicek, Hofmusikkapelle = Theophil Antonicek, Anton Bruckner und die Wiener Hofmusikkapelle (Anton Bruckner. Dokumente und Studien 1). Graz 1979.

Auer, Briefe = Anton Bruckner, Gesammelte Briefe. Neue Folge. Hrsg. Max Auer. Regensburg 1924.

Briefe = vgl. dazu NGA Band XXIV/1-2: Briefe von, an und über Anton Bruckner. Hrsg. Andrea Harrandt und Otto Schneider (†); in Vorbereitung.

A. Bruckner in Wien = Anton Bruckner in Wien. Eine kritische Studie zu seiner Persönlichkeit. Hrsg. Franz Grasberger (Anton Bruckner. Dokumente und Studien 2). Graz 1980.

Bruckner – skizziert = Renate Grasberger – Erich Wolfgang Partsch, Bruckner – skizziert. Ein Porträt in ausgewählten Erinnerungen und Anekdoten (Anton Bruckner. Dokumente und Studien 8). Wien 1991.

Bruckner-Bibliographie = Renate Grasberger, Bruckner-Bibliographie (bis 1974) (Anton Bruckner. Dokumente und Studien 4). Graz 1985.

Bruckner-Ikonographie = Renate Grasberger, Bruckner-Ikonographie. Teil 1 (um 1854-1924) (Anton Bruckner. Dokumente und Studien 7). Graz 1990.

Bruckner-Jahrbuch 1980 ff. = Bruckner-Jahrbuch (1980, 1981, 1982/83, 1984/85/86, 1987/88, 1989/90, 1991/92/93). Hrsg. Anton Bruckner Institut Linz und Linzer Veranstaltungsgesellschaft mbH. Linz 1980 ff.

Bruckner-Studien 1964 = Bruckner-Studien. Leopold Nowak zum 60. Geburtstag. Hrsg. Franz Grasberger. Wien 1964.

Bruckner-Studien 1975 = Bruckner-Studien. Festgabe der Österreichischen Akademie der Wissenschaften zum 150. Geburtstag von Anton Bruckner. Hrsg. Othmar Wessely. Wien 1975.

Bruckner-Symposion Leipzig 1987 = Kongreßbericht zum V. Internationalen Gewandhaus-Symposium »Anton Bruckner – Leben, Werk, Interpretation, Rezeption« anläßlich der Gewandhaus-Festtage 1987. Hrsg. Steffen Lieberwirth. Leipzig 1988.

Bruckner-Symposion 1977 = Bruckner-Symposion im Rahmen des Internationalen Brucknerfestes Linz 1977. Bericht. Hrsg. Franz Grasberger. Linz 1978.

Bruckner-Symposion 1980 ff. = Bruckner-Symposion im Rahmen des Internationalen Brucknerfestes Linz 1980 ff. Bericht. Hrsg. Anton Bruckner Institut Linz und Linzer Veranstaltungsgesellschaft mbH. Linz 1980 ff.

- – 1980 Die Fassungen
- – 1981 Die österreichische Symphonie nach Anton Bruckner
- – 1982 Bruckner-Interpretation
- – 1983 Johannes Brahms und Anton Bruckner
- – 1984 Bruckner, Wagner und die Neudeutschen in Österreich
- – 1985 Anton Bruckner und die Kirchenmusik
- – 1986 Bruckner, Liszt, Mahler und die Moderne
- – 1987 Bruckner und die Musik der Romantik
- – 1988 Anton Bruckner als Schüler und Lehrer
- – 1989 Orchestermusik im 19. Jahrhundert
- – 1990 Musikstadt Linz – Musikland Oberösterreich
- – 1991 Bruckner-Rezeption
- – 1992 Anton Bruckner. Persönlichkeit und Werk
- – 1993 Entwicklungen – Parallelen – Kontraste. Zur Frage einer »österreichischen Symphonik«
- – 1994 Bruckner-Freunde – Bruckner-Kenner
- – 1995 Zum Schaffensprozeß in den Künsten

Bruckner-Vorträge Budapest = Bruckner-Vorträge Budapest 1983/84. Hrsg. Othmar Wessely. Linz 1985.

Bruckner-Vorträge Rom = Anton Bruckner e la musica sacra. Rom 1986. Bericht. Hrsg. Othmar Wessely. Linz 1987.

Göll.-A. = August Göllerich – Max Auer, Anton Bruckner. Ein Lebens- und Schaffensbild. 4 Bände. Regensburg 1922-1937. Reprint 1974. Zitierung der Bände: 1, 2/1, 2/2, 3/1, 3/2, 4/1, 4/2, 4/3, 4/4.

Gräflinger, Briefe = Anton Bruckner, Gesammelte Briefe. Hrsg. Franz Gräflinger. Regensburg 1924.

Hawkshaw, The Manuscript Sources = Paul Hawkshaw, The Manuscript Sources for A.

Bruckner's Linz Works. A Study of His Working Methods from 1856 to 1868. Diss. Columbia University 1984. Ann Arbor 1985.

In Memoriam A. Bruckner. Hrsg. Karl Kobald. Zürich-Wien-Leipzig 1924.

MGG = Die Musik in Geschichte und Gegenwart. Allgemeine Enzyklopädie der Musik. Kassel etc. 1949-1986. 2. Ausgabe seit 1994.

The New Grove = The New Grove Dictionary of Music and Musicians. London 1980.

NGA = (Neue Gesamtausgabe:) Anton Bruckner, Sämtliche Werke. Kritische Gesamtausgabe. Hrsg. Generaldirektion der Österreichischen Nationalbibliothek und Internationale Bruckner-Gesellschaft unter Leitung von Leopold Nowak. Wien: Musikwissenschaftlicher Verlag 1951 ff.

Nowak 1973 = Leopold Nowak, Anton Bruckner. Musik und Leben. Linz 1973.

Nowak, Über A. Bruckner = Leopold Nowak, Über Anton Bruckner. Gesammelte Aufsätze 1932-1984. Wien 1985.

ÖBL = Österreichisches Biographisches Lexikon 1815-1950. Wien 1957 ff.

Riemann = Riemann Musiklexikon. 12. Aufl. Mainz 1959-1975.

Staat – Kirche – Schule in Oberösterreich = Harry Slapnicka – Rudolf Zinnhobler – Othmar Wessely – Franz Zamazal, Staat – Kirche – Schule in Oberösterreich. Zu Anton Bruckners sozialhistorischem Umfeld (Anton Bruckner. Dokumente und Studien 10). Wien 1994.

WAB = Renate Grasberger, Werkverzeichnis Anton Bruckner (WAB). Tutzing 1977. 2., verbesserte und wesentlich erweiterte Aufl. in Vorbereitung.

Wurzbach = Constant von Wurzbach, Biographisches Lexikon des Kaiserthums Oesterreich ... Wien 1856-1891.

ABKÜRZUNGEN

ABIL	Anton Bruckner Institut Linz
a cap.	a cappella
AGA	Alte Gesamtausgabe (s. o.)
EA	Erstaufführung
ED	Erstdruck
EZ	Entstehungszeit
Fg.	Fagott(e)
fl	Gulden
Fl.	Flöte(n)
gem.	gemischter
Göll.-A.	Göllerich-Auer (s. o.)
Hr.	Horn (Hörner)
IBG	Internationale Bruckner-Gesellschaft
IKO	Bruckner-Ikonographie (s. o.)
Kb.	Kontrabaß
Kfg.	Kontrafagott
Klar.	Klarinette(n)
MGG	Die Musik in Geschichte und Gegenwart (s. o.)
NGA	Neue Gesamtausgabe (s. o.)
Ob.	Oboe(n)
ÖBL	Österreichisches Biographisches Lexikon (s. o.)
ÖNB-MS	Österreichische Nationalbibliothek, Musiksammlung
Pk.	Pauke(n)
Pos.	Posaune(n)
st.	stimmiger
Str.	Streicher
Trp.	Trompete(n)
UA	Uraufführung
W	Widmung
WAB	Werkverzeichnis Anton Bruckner (s. o.)
x	Kreuzer

LEBEN UND SCHAFFEN IM ÜBERBLICK

Kindheit und Jugend 1824–1845

1824	4. 9. geboren in Ansfelden, Oberösterreich
1833	1. 6. Firmung im Alten Dom in Linz
1835/37	Unterricht in Orgelspiel und Generalbaß beim Cousin und Firmpaten Johann Baptist Weiß in Hörsching
1837	7. 6. Tod des Vaters
1837/40	Sängerknabe in St. Florian, Unterricht u. a. bei Anton Kattinger (Orgelspiel)
1840/41	Präparandie in Linz, Unterricht in Harmonie- und Generalbaßlehre, Choralgesang und Orgelspiel bei Johann August Dürrnberger
1841	3. 10. Dienstantritt als Schulgehilfe in Windhaag bei Freistadt
1842	»Windhaager« *Messe in C-Dur*
1843	19. 1. Dienstende in Windhaag
	23. 1. Anstellungsdekret als Schulgehilfe in Kronstorf bei Steyr
	Unterricht bei Leopold von Zenetti in Enns, intensiv bis 1845, in gelockerter Form bis 1855
1845	27. und 28. 5. Konkursprüfung in Linz: »kann als Lehrer in Vorschlag gebracht werden«
	23. 9. Dienstende in Kronstorf

St. Florian 1845–1855

1845	25. 9. Lehrer in St. Florian (bis 1855), Orgelunterricht bei Kattinger
1847	15. 1. *Präludium und Fuge in c-Moll*
1849	März *Requiem in d-Moll* vollendet
1850	28. 2. provisorischer Stiftsorganist
1852	Besuch bei Ignaz Assmayr in Wien
	Psalm 114
um 1852	*Nachspiel in d-Moll*
1854	14. 9. Uraufführung der *Missa solemnis* in St. Florian
	9. 10. Orgelprüfung vor Ignaz Assmayr, Simon Sechter und Gottfried Preyer in der Wiener Piaristenkirche
1855	25. und 26. 1. Hauptschullehrerprüfung in Linz
	seit Juli Schüler von Simon Sechter in Musiktheorie
	im Sommer angebliche Bewerbung um die Domorganistenstelle in Olmütz
	13. 11. Probespiel für die Domorganistenstelle in Linz, danach provisorischer Dom- und Stadtpfarrorganist
	24. 12. Einzug in die Dienstwohnung im »Mesnerhäusl« am Pfarrplatz

Linz 1856–1868

1856	25. 1. Probespiel im Alten Dom, danach definitiver Domorganist
	März Mitglied der Linzer Liedertafel »Frohsinn«
	25. 4. Anstellungsdekret als Domorganist
	September Reise mit der Liedertafel »Frohsinn« zur Mozartfeier in Salzburg
	31. 10. Notenwart (»2. Archivar«) der Liedertafel »Frohsinn«
1858	kurze Reisen (bis 1861) nach Wien zu Simon Sechter (Studium der Harmonielehre, Fuge, des Kanons und des Kontrapunkts)
	12. 7. in Wien Prüfung im praktischen Orgelspiel (Piaristenkirche) und Zeugnis von Simon Sechter
1859	Plan der Gründung einer Linzer »Gesangs-Akademie« mit Engelbert Lanz (Plan zurückgezogen)
	1. 6. Heimatrecht in Linz

1860	Juli *Psalm 146* vollendet 7. 11. Wahl zum 1. Chormeister der Liedertafel »Frohsinn« 11. 11. Tod der Mutter in Ebelsberg bei Linz
1861	*Streichquartett* begonnen 26. 3. letztes Zeugnis von Simon Sechter 12. 5. Uraufführung des *Ave Maria* WAB 6 durch die Liedertafel »Frohsinn« 22. 6. erfolglose Bewerbung um die Direktorenstelle am Dommusikverein und Mozarteum in Salzburg 29. und 30. 6. in Krems beim 1. deutsch-österreichischen Sängerfest 19.-24. 7. beim Großen Deutschen Sängerfest in Nürnberg als Chormeister der Liedertafel »Frohsinn« 19. 11. Prüfung am Konservatorium der Gesellschaft der Musikfreunde in Wien 21. 11. Orgelprüfung in der Piaristenkirche mit Zeugnis vom 22. 11. seit Dezember Studium (bis 1863) bei Otto Kitzler in Linz (Formenlehre, Instrumentation, Komposition; Kitzler-Studienbuch)
1862	1. 5. Uraufführung der *Festkantate* anläßlich der Grundsteinlegung zum Mariä-Empfängnis-Dom (Neuer Dom) in Linz 7. 8. *Streichquartett* vollendet September erste Pläne, an die Hofmusikkapelle nach Wien berufen zu werden 12. 10. *Marsch in d-Moll* vollendet Mitte Oktober bis Mitte November *3 Orchesterstücke* Dezember *Ouvertüre in g-Moll* begonnen
1863	4. 1. *Ouvertüre* vollendet 7. 1. bis 26. 5. »Studien«-*Symphonie in f-Moll* Juni bis 5. 7. *Psalm 112* 10. 7. Abschluß der Studien bei Kitzler mit Zeugnis (»Freispruch«) September/Oktober beim Musikfest in München Studien bei Ignaz Dorn (bis 1865)
1863/64	Arbeit am *Germanenzug*
1864	*Germanenzug* erscheint als erstes gedrucktes Werk Mai bis 29. 9. *Messe in d-Moll* 20. 11. Uraufführung der *Messe in d-Moll* unter Bruckners Leitung im Alten Dom
1865	Mai/Juni Reise zur 3. Aufführung von »Tristan und Isolde« nach München und Begegnung mit Richard Wagner 5. 6. Uraufführung des *Germanenzugs* beim oberösterreichischen Sängerfest in Linz, Bruckner erhält den 2. Preis August Reise nach Budapest zur Uraufführung von Liszts »Legende von der hl. Elisabeth«
1865/66	Arbeit an der *Ersten Symphonie*
1866	14. 4. *Erste Symphonie* (»Linzer Fassung«) vollendet August bis 25. 11. *Messe in e-Moll* Dezember in Wien bei einer Aufführung von Berlioz' »Fausts Verdammnis«
1867	10. 2. Aufführung der *Messe in d-Moll* unter Johann Herbeck in der Wiener Hofburgkapelle mit Bruckner an der Orgel 8. 5. bis 8. 8. Kur in Bad Kreuzen 10. 9. Tod Simon Sechters 14. 9. *Messe in f-Moll* begonnen 1. 10. Gesuch um Aufnahme in die Hofmusikkapelle 2. 11. Gesuch an den Dekan der philosophischen Fakultät der Universität Wien um Aufnahme als Lehrer für musikalische Komposition
1868	15. 1. erneute Wahl zum Chormeister der Liedertafel »Frohsinn« 29. 3. weitere erfolglose Bewerbung um Domkapellmeisterstelle und Direktorstelle am Mozarteum in Salzburg 4. 4. Gründungskonzert des »Frohsinn« mit der Uraufführung des Schlußchors aus Richard Wagners »Die Meistersinger von Nürnberg«, dirigiert von Bruckner

(1868)	9. 5. Uraufführung der *Ersten Symphonie* unter Bruckners Leitung in Linz 11. 5. Ernennung zum Ehrenmitglied des Mozarteums in Salzburg Ende Juni vielleicht in München bei einer Aufführung der »Meistersinger von Nürnberg« 6. 7. Anstellungsdekret als Professor für Harmonielehre, Kontrapunkt und Orgelspiel am Konservatorium der Gesellschaft der Musikfreunde in Wien August bis September neuerlicher Kuraufenthalt in Bad Kreuzen 4. 9. »Exspectierender k.k. Hoforganist« in Wien 9. 9. *Messe in f-Moll* vollendet

Wien 1868–1896

1868	1. 10. Beginn des Unterrichts am Konservatorium der Gesellschaft der Musikfreunde in Wien
1869	24. 1. bis 12. 9. (annullierte) *Symphonie in d-Moll* April/Mai Orgeltriumphe in Nancy und Paris 9. 6. Ehrenmitglied der Linzer Liedertafel »Frohsinn« 29. 9. Uraufführung der *Messe in e-Moll* in Linz
1870	16. 1. Tod der Schwester Maria Anna in Wien 18. 10. Hilfslehrer für Klavier an der Lehrerbildungsanstalt St. Anna (bis 1874) 22. 11. Ehrenbürger von Ansfelden
1871	18. 4. Probespiel an der Orgel der Piaristenkirche um Entsendung nach London Juli/August Orgelkonzerte in London (Albert Hall, Crystal Palace) Oktober »Affäre« St. Anna Beginn der Arbeit an der *Zweiten Symphonie*
1872	16. 6. Uraufführung der *Messe in f-Moll* unter Bruckners Leitung in der Hofpfarrkirche St. Augustin 11. 9. *Zweite Symphonie* vollendet
1872/73	Arbeit an der *Dritten Symphonie*
1873	August/September Reise nach Karlsbad, Marienbad, Bayreuth; dort Besuch bei Richard Wagner und Widmung der *Dritten Symphonie* 26. 10. Uraufführung der *Zweiten Symphonie* (Fassung 1872) unter Bruckners Leitung in Wien 31. 12. *Dritte Symphonie* (1. Fassung) vollendet
1874	2. 1. bis 22. 11. *Vierte Symphonie* Überarbeitung der *Dritten Symphonie* 10. 5. Gesuch an das Ministerium um eine Anstellung als Lektor für Harmonielehre und Kontrapunkt an der Universität Wien 1. 7. Vizearchivar der Hofmusikkapelle und 2. Singlehrer der Sängerknaben
1875	14. 2. Beginn der Arbeit an der *Fünften Symphonie* 18. 11. Lektor für Harmonielehre und Kontrapunkt an der Universität Wien
1876	20. 2. Uraufführung der *Zweiten Symphonie* (Fassung 1875/76) unter Bruckners Leitung in Wien 24. 4. Antrittsvorlesung an der Universität 16. 5. *Fünfte Symphonie* vollendet im Sommer »Verbesserung« der *Messe in d-Moll* August bei der 3. Aufführung des »Ring des Nibelungen« in Bayreuth, erste Begegnung mit Wilhelm Tappert Ende des Jahres Übersiedlung in den Heinrichshof
1876-78	Arbeit an der zweiten Fassung der *Dritten Symphonie*
1877	Überarbeitung der *Fünften Symphonie* Revision der *Zweiten Symphonie* 7. 1. erfolglose Bewerbung um den Kapellmeisterposten an der Kirche am Hof 28. 10. Tod Johann Ritter von Herbecks, des »artistischen« Direktors der Gesellschaft der Musikfreunde

(1877)	November Übersiedlung in die Heßgasse 7
	16. 12. Uraufführung der *Dritten Symphonie* (Fassung 1877) unter Bruckners Leitung in Wien
1878	4. 1. Überarbeitung der *Fünften Symphonie* beendet
	19. 1. wirkliches Mitglied der Hofmusikkapelle
	Druck der *Dritten Symphonie* (Fassung 1876/78) bei Rättig
	Dezember *Streichquintett* begonnen
1878-80	Arbeit an der 2. Fassung der *Vierten Symphonie*
1879	12. 7. *Streichquintett* vollendet
	August/September Beginn der Arbeit an der *Sechsten Symphonie*
	21. 12. *Intermezzo in d-Moll* zum *Streichquintett* vollendet
1880	9. 8. erfolglose Bewerbung bei Eduard Kremser um die Stelle des 2. Chormeisters beim Wiener Männergesang-Verein
	August/September Reise nach Oberammergau und in die Schweiz (Orgelspiel u. a. in Zürich, Genf und Bern)
1881	20. 2. Uraufführung der *Vierten Symphonie* (Fassung 1878/80) unter Hans Richter in Wien
	17. 5. *Te Deum*-Entwurf beendet
	3. 9. *Sechste Symphonie* vollendet
	23. 9. Beginn der Arbeit an der *Siebenten Symphonie*
	10. 12. *Vierte Symphonie* unter Felix Mottl in Karlsruhe, erste Aufführung eines Werkes von Bruckner in Deutschland
1882	12. 1. Bewerbung um Ehrendoktorat der Universität Cambridge (vielleicht nie abgeschickt)
	26. 7. bei der Uraufführung des »Parsifal« in Bayreuth
	Überarbeitung der *Messe in e-Moll*
1883	*Siebente Symphonie* vollendet
	10. 2. Uraufführung des ersten und dritten Satzes der *Siebenten Symphonie* mit Josef Schalk und Franz Zottmann an zwei Klavieren in Wien
	11. 2. Uraufführung der Mittelsätze der *Sechsten Symphonie* unter Wilhelm Jahn in Wien
	13. 2. Tod Richard Wagners
	28. 9. *Te Deum* (1. Fassung) vollendet
1884	27. 2. Uraufführung der *Siebenten Symphonie* mit Ferdinand Löwe und Josef Schalk an zwei Klavieren in Wien
	7. 3. *Te Deum* (2. Fassung) vollendet
	Ostern Orgelspiel in Prag
	Juni/Juli (vermutlich) Beginn der Arbeit an der *Achten Symphonie*
	im Sommer auf der Rückreise von Bayreuth Aufenthalt in München
	August »Perger« *Präludium*
	im Herbst Besuch bei Franz Liszt im Wiener Schottenhof wegen Widmung der *Zweiten Symphonie*
	Oktober Widmung des *Streichquintetts* an Herzog Max Emanuel in Bayern
	30. 12. bei der Uraufführung der *Siebenten Symphonie* unter Arthur Nikisch in Leipzig
1885	22. 1. Ehrenmitglied des Wiener Akademischen Wagnervereins
	Umarbeitung der *Messe in e-Moll* (2. Fassung)
	10. 3. bei der Aufführung der *Siebenten Symphonie* unter Hermann Levi in München
	24. 3. Gesuch um Ehrendoktorat der Universität Philadelphia (vielleicht nie abgeschickt)
	2. 5. Uraufführung des *Te Deum* mit Begleitung zweier Klaviere unter Bruckners Leitung in Wien
	4. 10. Uraufführung *Messe in e-Moll* (2. Fassung) in Linz
1886	10. 1. Uraufführung des *Te Deum* mit Orchester unter Hans Richter in Wien
	März Widmung der *Siebenten Symphonie* an König Ludwig II. von Bayern
	14. 3. bei der Erstaufführung der *Siebenten Symphonie* unter Karl Muck in Graz
	21. 3. Erstaufführung der *Siebenten Symphonie* unter Hans Richter in Wien
	7. 4. bei der Aufführung des *Te Deum* unter Hermann Levi in München

(1886)	8. 7. Ritterkreuz des Franz Joseph-Ordens
	4. 8. in Bayreuth Organist beim Requiem für Franz Liszt
	23. 9. Audienz bei Kaiser Franz Joseph I.
1887	20. 4. Uraufführung der *Fünften Symphonie* mit Josef Schalk und Franz Zottmann an zwei Klavieren in Wien
	10. 8. *Achte Symphonie* (1. Fassung) vollendet
	21. 9. Beginn der Arbeit an der *Neunten Symphonie*
1887-89	Arbeit an der dritten Fassung der *Dritten Symphonie*
1888	22. 1. Uraufführung der *Vierten Symphonie* (Fassung 1887/88) unter Hans Richter in Wien
1889	22. 1. Ehrenmitglied des Wiener Akademischen Gesangvereins
	Bewerbung um die Kapellmeisterstelle am Wiener Burgtheater
1890	Gründung eines Consortiums für Bruckner mit 1 000 fl Jahresrente
	10. 3. *Achte Symphonie* (Fassung 1887/90) vollendet
	12. 3. Beginn der Umarbeitung der *Ersten Symphonie* (»Wiener Fassung«)
	27. 4. bei der Aufführung der *Siebenten Symphonie* unter Josef Thiard-Laforest in Preßburg
	12. 7. Beurlaubung vom Unterricht am Konservatorium
	31. 7. Organist bei der Hochzeit von Erzherzogin Marie Valerie in der Ischler Pfarrkirche
	30. 10. Gewährung einer jährlichen Ehrengabe von 400 fl durch den Oberösterreichischen Landtag
	21. 12. Uraufführung der *Dritten Symphonie* (Fassung 1889) unter Hans Richter in Wien
1891	15. 1. Ehrenmitglied der Gesellschaft der Musikfreunde in Wien
	18. 4. *Erste Symphonie* (»Wiener Fassung«) vollendet
	31. 5. bei der Aufführung des *Te Deum* unter Siegfried Ochs in Berlin, auf der Rückreise Aufenthalt in Dresden
	7. 11. Ehrendoktorat der Universität Wien
	13. 12. Uraufführung der *Ersten Symphonie* (»Wiener Fassung«) unter Hans Richter in Wien
1892	Gesundheitszustand verschlechtert sich zusehends
	29. 6. *Psalm 150* vollendet
	Juli letzter Besuch in Bayreuth
	28. 10. Beendigung des Dienstes an der Hofmusikkapelle
	13. 11. Uraufführung von *Psalm 150* unter Wilhelm Gericke in Wien
	18. 12. Uraufführung der *Achten Symphonie* (Fassung 1887/90) unter Hans Richter in Wien
1893	wegen »Wassersucht« wiederholt bettlägerig
	April bis 7. 8. *Helgoland*
	22. 9. Ehrenmitglied des Wiener Männergesang-Vereins
	8. 10. Uraufführung von *Helgoland* unter Eduard Kremser in Wien, anläßlich der 50-Jahrfeier des Wiener Männergesang-Vereins
	10. 11. Testament
	letzte Überarbeitung der *Messe in f-Moll* beendet
1894	Jänner bei den Aufführungen von *Siebenter Symphonie* (6. 1. unter Karl Muck) und *Te Deum* (8. 1. unter Siegfried Ochs) in Berlin
	2. 3. Ehrengabe der philosophischen Fakultät der Universität Wien von 1 200 fl jährlich statt der Lektoratsremuneration
	9. 4. Uraufführung der *Fünften Symphonie* unter Franz Schalk in Graz
	11. 7. Ehrenbürger von Linz
	25. 9. Kodizill zum Testament
	November letzte Vorlesung an der Universität
	25. 11. Uraufführung der *Zweiten Symphonie* (Druckfassung) unter Hans Richter in Wien
	28. 11. Unterrichtsminister bewilligt für 1894 eine Subvention von 150 fl und für 1895 einen Ehrensold von 600 fl
	30. 11. Vollendung des 3. Satzes der *Neunten Symphonie*

1895 12. 5. Enthüllung einer Gedenktafel am Geburtshaus in Ansfelden, Franz Brunner veröffentlicht die erste Biographie Bruckners
24. 5. Beginn der Arbeit am Finale der *Neunten Symphonie*
4. 7. Übersiedlung von der Heßgasse in das Kustodenstöckl des Wiener Schlosses Belvedere

1896 Arbeit am Finale der *Neunten Symphonie* (unvollendet)
Überarbeitung der *Messe in e-Moll* für die Drucklegung
11. 10. Tod
14. 10. Einsegnung in der Wiener Karlskirche und Überführung nach St. Florian
15. 10. Beisetzung in der Gruft unter der großen Orgel in der Stiftskirche
26. 11. Übernahme der testamentarisch vermachten Manuskripte durch die Wiener Hofbibliothek (heute Österreichische Nationalbibliothek).

Anton Bruckner. Photographie von Joseph Löwy, Wien 1854 (IKO 1); Gesellschaft der Musikfreunde, Wien

Anton Bruckner. Ölgemälde von Hermann Kaulbach, München 1885 (IKO 19); Oberösterreichisches Landesmuseum, Linz

Anton Bruckner. Ölgemälde von Franz Antoine, Wien, undatiert (IKO 168); ABIL

Anton Bruckner. Ölgemälde von Heinrich Schönchen, München 1894 (IKO 72); Internationale Bruckner-Gesellschaft, Wien

Anton Bruckner mit Eduard Hanslick, Max Kalbeck und Richard Heuberger. Karikaturen von Otto Böhler nach Heinrich Hoffmanns »Struwwelpeter«, Wien um 1895 (IKO 78, 79); Historisches Museum der Stadt Wien
Text oben: »Es gieng spazieren auf dem Ring' ein Componist gar guter Ding'; doch da er lebt' in Österreich, begriff ihn die Kritik nicht gleich.« Text unten: »Der Künstler wallt im Sonnenschein, die Tintenbuben hinterdrein.«

Anton Bruckner. Büste von Viktor Tilgner, Wien 1891 (IKO 55); Wiener Männergesang-Verein

Anton Bruckner. Büste von Franz S. Forster, St. Florian 1923 (IKO 143 b); Bruckner-Konservatorium, Linz

Bruckner-Denkmal in Steyr von Viktor Tilgner und Fritz Zerritsch, 1898 (IKO 104)

Ansfelden. Aquarell von Franz Kulstrunk, 1927; Sängerbund Frohsinn, Linz

Kronstorf, Altes Schulhaus. Photographie; ABIL

Windhaag, Altes Schulhaus. Photographie; ABIL

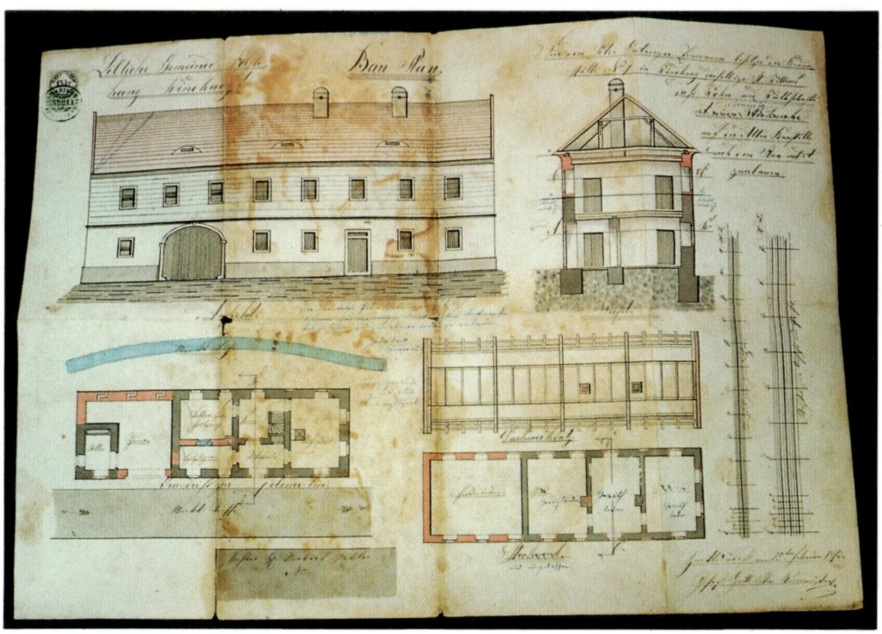

Windhaag, Plan und Aufriß des Alten Schulhauses; Alois Quass, Windhaag (Photographie, ABIL)

St. Florian, Stift. Alte Postkarte; ABIL

St. Florian, Schulhaus. Photographie um 1990; ABIL

Der Hauptplatz in Linz. Aquarell von Jakob Alt, 1839; Graphische Sammlung Albertina

Wien, Panorama. Kolorierter Stahlstich von Ludwig Rohbock, undatiert. Druck; ABIL

Anton Bruckner. Ölgemälde von Josef Büche, Wien 1893 (IKO 66); Oberösterreichisches Landesmuseum Linz

Anton Bruckner empfängt Josef Schalk im Himmel. Deckfarbenmalerei von Otto Böhler, Wien ca. 1900 (IKO 110); Historisches Museum der Stadt Wien

Anton Bruckner: Symphonie Nr. 8, 3rd painting from the 2nd movement. Gemälde (Öl auf Fiberglas) von Jack Ox, 1987; Eigentum der Künstlerin (New York)

»Brucknergeweih«. Gemälde (Acryllack) von Christian Ludwig Attersee, 1990; Neue Galerie der Stadt Linz

»Hommage Anton Bruckner«. Gemälde (Acryl) von Peter Sengl, 1974; Neue Galerie der Stadt Linz

Anton Bruckner. Ölgemälde von Hermann Polz, um 1983; ABIL

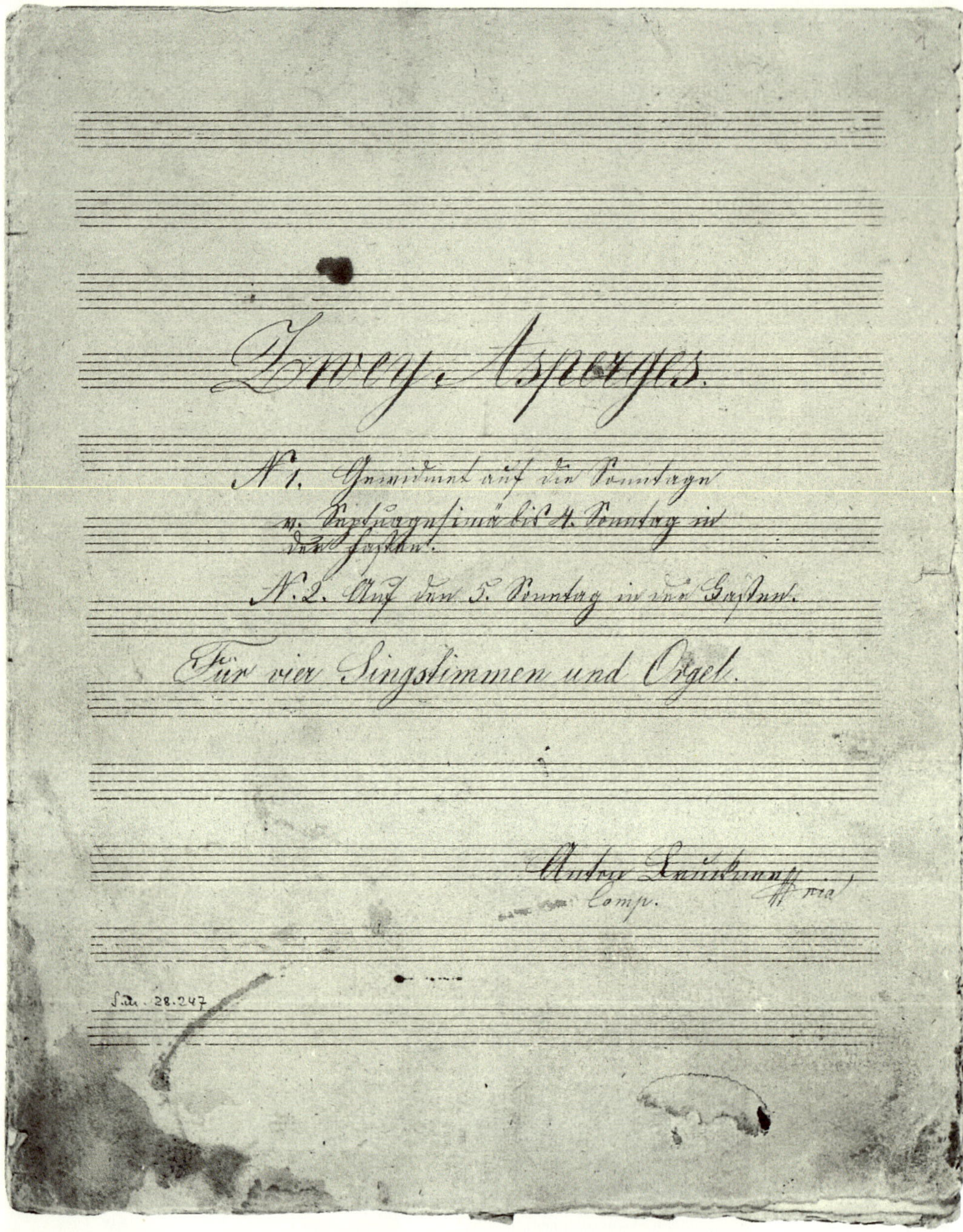

Anton Bruckner, »Zwey Asperges« (zwischen 1843 und 1845). Titelblatt des Autographs mit der hier erstmals verwendeten Bezeichnung »Comp[onist]«; Österreichische Nationalbibliothek, Musiksammlung

A

Abel, P. Heinrich SJ
Geb. 15. 10. 1843 in Passau, gest. 23. 11. 1926 in Wien; Jesuit der österreichischen Provinz. Nach seinem Studium in Innsbruck und Preßburg unterrichtete er 1869-1891 im Kollegium Kalksburg Geschichte. Er arbeitete mit der christlich-sozialen Bewegung zusammen, trat für eine Erneuerung der katholischen Frömmigkeit unter der Parole »Zurück zum praktischen Christentum!« ein und gründete verschiedene Kongregationen. Seit 1891 in Wien IX. als Männerseelsorger und Prediger tätig, wurde er zum »Männerapostel von Wien«. 1893 unternahm er die erste Männerwallfahrt nach → Mariazell, wo zur Erinnerung an ihn ein Denkmal steht.
Bruckner wurde Anfang der neunziger Jahre von Anton → Meißner, seinem ehemaligen Schüler und späteren Vertrauten, gebeten, in → St. Augustin, wo Abel Männerpredigten hielt, Orgel zu spielen, was er, begeistert vom »kräftigen Gesang von so vielen tausend Männerstimmen«, trotz seines stärker werdenden Fußleidens gern tat – »in unvergeßlich schöner Weise über ein Parsifal-Motiv« improvisierend (→ Orgel). P. Abel war auch beteiligt, als man für Bruckners letzte Lebensjahre eine bequeme Wohnung suchte. Er leitete ein Gesuch Bruckners an Erzherzogin → Marie Valerie weiter, das ihm von P. Karl Graff SJ, dem Beichtvater Bruckners, übergeben wurde (→ Geistliche). Bruckner konnte die → Wohnung im Kustodenstöckl des Belvedere am 4. 7. 1895 beziehen. P. Abel assistierte schließlich bei den → Begräbnis-Feierlichkeiten am 14. 10. 1896 in der Wiener Karlskirche. RG

Lit.: Göll.-A. 4/3, S. 148, 220 f., 502, 567; Nowak 1973, S. 269; Bruckner – skizziert, S. 60.

Der Abendhimmel (WAB 55) »Wenn ich an deiner Seite im Abenddunkel geh'«
Männerquartett a cappella in As-Dur
Text: Joseph Christian Zedlitz (→ Textdichter)
EZ: im Jänner 1862 in → Linz vollendet
W: Anton Munsch (1. Tenor), Dr. Anton Stiefler (2. Tenor), Dr. Eduard Benoni (1. Baß), Dr. Mathias Weißmann (2. Baß)
UA: in der Bearbeitung für Männerchor 4. 7. 1900 in Linz (Märzenkeller; → Liedertafel »Frohsinn«, Franz Pammer)
Autograph: ÖNB-MS (früher in Besitz von Engelbert → Lanz)
ED: Göll.-A. 3/2, S. 18 ff. (1930)
NGA: Band XXIII/2 (in Vorbereitung)

Es handelt sich um eine Gelegenheitskomposition im Stil der in der Liedersammlung »Regensburger Liederkranz« vertretenen Werke. Bruckner hat den Text 1866 noch einmal als Männerchor vertont (vgl. den nächsten Artikel). Der »patriarchalische Tonsatz« auf der Höhe der damaligen Männerchorliteratur weist in keiner Weise auf Bruckners spätere Eigenart hin. Das zweistrophige Lied im 6/8-Takt verklingt, der Stimmung gemäß, langsam im *pp*.
Der Rezensent der »Linzer Zeitung« (7. 7. 1900) sprach von »einer herrlichen Schöpfung unseres heimischen Meisters Dr. Anton Bruckner, der darin seinem tiefen Empfinden durch Töne Ausdruck gab, die mit ihrer Schönheit, Innigkeit und Klangfülle die Herzen aller zu bestricken vermögen«. Das heute weitgehend vergessene Werk erlebte nur wenige Aufführungen, u. a. mit der Liedertafel »Frohsinn« (bis 1903) und anläßlich der Bruckner-Feier der → Universität Wien am 20. 11. 1924. AH

Lit.: Göll.-A. 3/1, S. 124 ff.; Hawkshaw, The Manuscript Sources, S. 268 f.

Der Abendhimmel (WAB 56) »Wenn ich an deiner Seite im Abenddunkel geh'«
Vierstimmiger Männerchor a cappella in F-Dur
Text: Joseph Christian Zedlitz (→ Textdichter)
EZ: am 6. 12. 1866 in → Linz vollendet
W: Niederösterreichischer Sängerbund
UA: 17. 12. 1898 in Wien (Musikverein; → Wiener Männergesang-Verein, Eduard → Kremser)
Autograph: ÖNB-MS
ED: Wien, Doblinger 1902 (gemeinsam mit *»O könnt' ich dich beglücken«)*
NGA: Band XXIII/2 (in Vorbereitung)

In seinem Brief vom 11. 12. 1866 bietet Bruckner diesen Chor gemeinsam mit dem *Vaterländischen Weinlied* und *»O könnt' ich dich beglücken«* Anton M. → Storch, damals Chormeister des Niederösterreichischen Sängerbundes, an. Die zweite Vertonung des Textes von Zedlitz (vgl. den vorigen Artikel) weist neben der reichen Chromatik mehrere tonale Ruhepunkte sowie einige Charakteristika der späteren Brucknerschen → Melodik auf. Göllerich-Auer sprechen von einer »schönen Blüte Brucknerscher Kleinkunst und Lyrik«. Das Werk erlebte nur wenige Aufführungen. AH

Lit.: Göll.-A. 3/1, S. 361 f.; Hawkshaw, The Manuscript Sources, S. 291.

Abendklänge (WAB 110)

Charakterstück für Violine und Klavier in e-Moll [»Ruhig, nicht schnell«]
EZ: 7. 6. 1866 in → Linz (Reinschrift)
W: »P. T. Herrn Vater« (erste Niederschrift); Hugo von Grienberger, k.k. Landesgerichtsadjunkt (Reinschrift)
Autograph: ÖNB-MS (erste Niederschrift und Reinschrift)
ED (Faksimile): Göll.-A. 1, S. 104 f. (1922)
NGA: Band XII/7 (Walburga Litschauer, 1995)

Das von August → Göllerich einerseits als »bescheiden harmloses«, andererseits als »erstes weltliches Tongedicht« mit Anklängen an spätere Symphonien bezeichnete Stück ist eine frühe Gelegenheitskomposition. Entstehungszeit und Widmung der ersten Niederschrift sind nicht eindeutig geklärt. Die einfach und sparsam eingesetzte Violinstimme läßt auf ein zunächst als Klavierstück oder zumindest vom Klavier her konzipiertes Werk schließen. EWP

Lit.: Göll.-A. 1, S. 106 ff.; Hawkshaw, The Manuscript Sources, S. 155 ff.; Walburga Litschauer, Vorwort, in: NGA Band XII/7.

Abendzauber (WAB 57) »Der See träumt zwischen Felsen«

Vierstimmiger Männerchor mit Tenorbariton-Solo, 3 Fern-Frauenstimmen und 4 Hörnern in Ges-Dur
Text: Heinrich von der Mattig (→ Textdichter)
EZ: am 13. 1. 1878 in → Wien vollendet
W: Carl → Almeroth
UA: in Viktor Keldorfers Bearbeitung 18. 3. 1911 in Wien (Musikverein; → Wiener Männergesang-Verein, V. Keldorfer)
Autograph: Wien, Archiv des Wiener Männergesang-Vereins
ED: Wien, Universal Edition 1911 (Viktor Keldorfer)
NGA: Band XXIII/2 (in Vorbereitung)

Der 82taktige Chor ist ein bemerkenswertes Beispiel für die Gattung der Naturschilderung, die Bruckner auch in *Mitternacht* und *Um Mitternacht* WAB 89 und 90 dargestellt hat. Der »geheimnisvolle Zauber der Nacht« wird durch Jodlerstimmen, die Franz → Bayer an die Naturlaute von → Wagners Rheintöchtern erinnerten, Ferngesang und → Brummstimmen dargestellt. Nach einer zweitaktigen Einleitung der Hörner, die die »träumerische« Stimmung vorbereiten, setzen Brummchor und Solostimme ein. Zwischen den einzelnen Absätzen der Singstimme erklingen die Hörner, die die Melodie des Jodlers wiedergeben. Zu Beginn der 2. Strophe umrahmen Fernstimmen die Szenerie einer »Mondnacht am Waldsee«. Ernst → Kurth meinte dazu: »Bruckners ganze innere Stellung zur → Romantik könnte man aus diesem traumhaften, aus weltferner Versunkenheit erschauten und doch in die Weltschönheit vertauchten Stimmungserlebnis ableiten.«
Das Werk erlebte vor allem bei großen Chorkonzerten in den zwanziger und dreißiger Jahren einige Aufführungen. Am 13. 1. 1995 stand es in der Avery Fisher Hall in New York auf dem Programm eines Chorkonzertes. AH

Lit.: Der Chor »Abendzauber« von Bruckner im Konzert des Wiener Männergesangvereins, in: Neue Freie Presse 29. 3. 1911; E. B., Der Chor »Abendzauber« von A. Bruckner im Wiener Männergesangverein, in: Neues Wiener Journal 19. 3. 1911; Viktor Keldorfer, Zur Uraufführung des Bruckner'schen Chorwerkes »Abendzauber«, in: Ton und Wort. Zeitschrift für Musik und Literatur 1. 3. 1911; ders. in: Bruckner-Blätter 7 (1935) H. 1/2, Beilage; Göll.-A. 4/1, S. 489-493; Andrea Harrandt, Bruckner und das bürgerliche Musiziergut seiner Jugendzeit, in: Bruckner-Symposion 1988, S. 100 f.

Abschriften

Die tausenden Blätter von Abschriften Brucknerscher Werke – viele auch aus der Zeit nach seinem Tod – sowie Bruckners Abschriften *fremder Werke* wurden bisher noch nicht vollständig katalogisiert.
Vor allem aus Bruckners früheren Jahren ist eine Reihe von Abschriften fremder Werke erhalten. Sie sind im Kontext von aktueller Musikpraxis, persönlichem Interesse und Studium zu sehen. So existieren u. a. Abschriften von Rossinis Ouvertüre zu »Tancredi« für Klavier, von Michael → Haydns »Deutscher Messe« (»Hier liegt vor deiner Majestät«), von Teilen aus Messen → Eyblers und → Mozarts sowie von Werken Allegris, → Aumanns, → Bachs, → Cherubinis, Joseph Haydns und Preindls. Für Luise → Bogner schrieb er Lieder für eine Singstimme mit Klavierbegleitung (»Aennchen von Tharau«, »Der Mondabend«) ab. In diesem Sinne ist die Autorschaft noch mancher Bruckner-Autogra-

phe fraglich. So stellte sich zum Beispiel der lange Zeit Bruckner zugeschriebene »Apollo-Marsch« als Abschrift heraus.

Bruckner ließ von seinen Werken Abschriften für Aufführungen, Widmungen oder als Druckvorlage herstellen. Die → Kopisten um Bruckner wurden – mit Ausnahme der Studien von Hawkshaw – bislang noch wenig erforscht. So gibt es allein für die Linzer Zeit 68 zum Großteil unbekannte Kopisten. Über die Wiener Zeit herrscht überhaupt Unklarheit. Der wichtigste Kopist in → Linz war Franz Schimatschek, der bereits vor der Jahrhundertmitte dort arbeitete. Er hat für Bruckner schon vor dessen Übersiedlung Kopien angefertigt, ebenso noch während der Wiener Zeit. In vielen Abschriften stehen autographe Eintragungen des Komponisten. Der zweitwichtigste Linzer Kopist ist ein nicht näher identifizierbarer Anonymus L 2 (Hawkshaw), der u. a. die Erstfassung der *Messe in f-Moll* abschrieb.

In Bruckners Wiener Zeit zählten u. a. Karl → Aigner, Friedrich → Eckstein, Franz Hlawaczek, Cyrill → Hynais und Johann Noll sowie die Brüder Franz und Josef → Schalk neben vielen Unbekannten zum Kopistenkreis. In → Steyr fertigten Franz X. → Bayer und Leopold → Hofmeyr Abschriften an. In → St. Florian existieren solche von Ignaz → Traumihler und Josef → Seiberl, in → Kremsmünster von P. Benno Feyrer, P. Oddo → Loidol und später von P. Altman Kellner.

Auch von den frühen Bruckner-Forschern Max → Auer, August → Göllerich, Franz → Gräflinger, aber ebenso von Robert → Haas gibt es Abschriften, die sie als Druckvorlagen für ihre → Biographien oder für die → Gesamtausgabe verwendeten. Aus späterer Zeit wurden Abschriften zumeist für Aufführungen hergestellt, u. a. von Ferdinand Habel (Domkapellmeister an St. Stephan in Wien), Ernst → Kurth, Josef Laska, Cajetan Schmidinger und Ernst Fritz Schmidt. AH/EWP

Lit.: Hawkshaw, The Manuscript Sources; ders., Die Kopisten A. Bruckners während seines Aufenthaltes in Linz, in: Bruckner-Symposion 1990.

Adagio für Orgel in H-Dur, Entwurf (WAB deest)

EZ: 20. 5. 1890 (?)
Autograph: G. T. Mandl-Stiftung Netstal, Schweiz
Erstveröffentlichung: Katalog der Musikautographen-Sammlung Louis Koch, beschrieben und erläutert von Georg Kinsky. Stuttgart 1953, Nr. 291, S. 277 f.

Die Vermutung, es handle sich bei Bruckners Manuskript – mit Bleistift auf beiden Seiten eines Bogens in zwei Systemen notiert – um den Entwurf zu einem Orgelstück, bezieht sich auf die Registerangabe »Cornet 1/2« und »Echowerk 1/2« über Takt 11. Aus dem Zusammenhang ist nicht zu ersehen, welche Bedeutung diesem Vermerk konkret zukommt. Weitere Hinweise auf die Orgel fehlen. Bruckner zog diese Skizze nachträglich als Entwurf für das Adagio seiner *Neunten Symphonie* heran und brachte sie in eine dreizeilige Reinschrift mit dem Titel »Adagio 9. Sinf.«, veröffentlicht in: »Die großen Deutschen« (Hrsg. Willy Andreas und Wilhelm Scholz. Band 4. Berlin 1936, S. 144) mit dem Hinweis »Kompositionsskizze Bruckners für das Adagio der *Neunten Symphonie.* Eine der frühesten Fassungen des Hauptthemas, vor 1890. Berlin, Staatsbibliothek« (entspricht fol. 3r der »Krakauer Skizzen« zum Adagio der *Neunten Symphonie*). EH

Adagio Nr. 2 (1876) in Es-Dur zur Dritten Symphonie (WAB 103)

2 Fl., 2 Ob., 2 Klar., 2 Fg.; 4 Hr., 3 Trp., 3 Pos., Pk.; Str.
»Bewegt, quasi Andante, feierlich«
EZ: vermutlich Herbst 1876
UA: 23. 5. 1980 in → Wien (Musikvereinssaal; → Wiener Philharmoniker, Claudio Abbado)
Autographe: Gesellschaft der Musikfreunde in Wien und ÖNB-MS
AGA: -
NGA: Zu Band III/1 (Leopold → Nowak, 1980)

Bei der Quellensammlung zur 2. Fassung (1877) der *Dritten Symphonie* wurde festgestellt, daß sich im Archiv der → Gesellschaft der Musikfreunde in Wien unvollständiges Stimmenmaterial zur Uraufführung der Symphonie in dieser Fassung (16. 12. 1877) erhalten hat. In allen vorhandenen Stimmen befinden sich im Adagio an zwei Stellen Überklebungen mit dem Notentext zur 2. Fassung, vom selben Kopisten wie die Stichvorlage zum Erstdruck von 1878 geschrieben. Nach Ablösung dieser Überklebungen kam eine Zwischenform des Adagio zutage, 11 Takte länger als in der 1. Fassung (1873), 38 Takte länger als in der 2. Fassung. Das am selben Ort ebenfalls unvollständig erhaltene Autograph dieses *Adagio Nr. 2* konnte mit Hilfe des in der Musiksammlung der → Österreichischen Natio-

nalbibliothek verwahrten Manuskripts der gesamten 2. Fassung lückenlos zu einem vollständigen Satz zusammengefügt werden, der von Bruckner zwar nicht für seine *Dritte* verwendet wurde, aber durchaus geeignet scheint, allein aufgeführt zu werden.
Weiteres und Angaben zur Lit. siehe *Dritte Symphonie.* UH

Adler, Guido
Geb. 1. 11. 1855 in Eibenschitz/Ivančice, Mähren, gest. 15. 2. 1941 in Wien. Adler ist der große Pionier der akademischen Musikwissenschaft in Österreich, Gründer und Leiter des Instituts für Musikwissenschaft der → Universität Wien, der Gesellschaft zur Herausgabe von Denkmälern der Tonkunst (DTÖ) und anderer Unternehmungen des Faches. Seine wissenschaftliche Methode der »Stilkritik« war auf die Erkenntnis der Formqualitäten des Kunstwerkes ausgerichtet und stand daher von den ästhetischen Voraussetzungen her der von Eduard → Hanslick vertretenen Auffassung nahe. Allerdings war Adler im Gegensatz zu diesem ein Verehrer → Wagners, und er sah diesen auch als den »Urmeister« Bruckners. Sein 1886 in einem Brief an Friedrich Jodl ausgesprochenes Urteil (»Für einen reinen Symphoniker zu zerrissen hat er nicht die Kraft dichterischer Conception«) hat sich später zwar zugunsten des Komponisten modifiziert, ist aber über Klischees kaum hinausgekommen. Immerhin hat er ihm aber zwei Aufsätze gewidmet (s. u.). Adler, der als Schüler des Konservatoriums der → Gesellschaft der Musikfreunde in Wien bei Bruckner studiert hatte, war 1876 und 1882 gleichzeitig mit diesem in → Bayreuth. Einen Beleg für persönlichen Kontakt bildet noch ein Brief aus dem Jahre 1881, in welchem Bruckner eine von Adler erbetene Verlegung von Vorlesungszeiten an der Universität ablehnte. TA

Aufsätze über Bruckner: A. Bruckners Stellung in der Musikgeschichte, in: In Memoriam A. Bruckner; Bruckner. Weihe-Erinnerung eines Schülers, in: Auftakt 2 (1922).

Lit.: Theophil Antonicek, Wagner, Bruckner und die Wiener Musikwissenschaft, in: Bruckner-Symposion 1984.

Admont
Benediktinerstift in der Steiermark, Ennstal. Gründung 1074. Berühmte Klosterbibliothek.
Nach Göllerich-Auer hatte Bruckner schon während seiner zweiten → St. Florianer Zeit Kontakte zum Stift. Anlässe könnten die Chrismann- → Orgel, aber auch der damals berühmte Organist Franz Traunbauer (auch: Trambauer, Tranbauer, 1775-1864) gewesen sein. 1870/71 wurde eine große Mauracher-Orgel errichtet, die vielleicht ebenfalls der Grund eines Besuchs war.
Aus späterer Zeit gibt es einen eindeutigen Beweis, denn Bruckner und Franz → Bayer haben sich am 15. 9. 1891 ins Besucherbuch des Stiftes eingetragen. Ein angeblich improvisiertes Orgelkonzert ist nach den Stiftsarchivalien allerdings nicht beweisbar. Der Besuch Bruckners in Admont geht eigentlich auf ein Mißverständnis zurück, da er eine lang zurückliegende Einladung annehmen wollte. Höchstwahrscheinlich stammte sie von Abt Zeno Müller (Abt 1869-1886) oder aus noch früherer Zeit, so daß Prälat Kajetan Hoffmann 1891 natürlich nichts davon wußte. Auch den festlich geschmückten Bahnhof bezog Bruckner irrtümlich auf sich; der wahre Grund dafür war eine gleichzeitig stattfindende Lehrer-Tagung. EWP

Lit.: Göll.-A. 2/1, S. 64; Jula Bayer, A. Bruckner in Steyr. Steyr 1956, S. 25 ff.

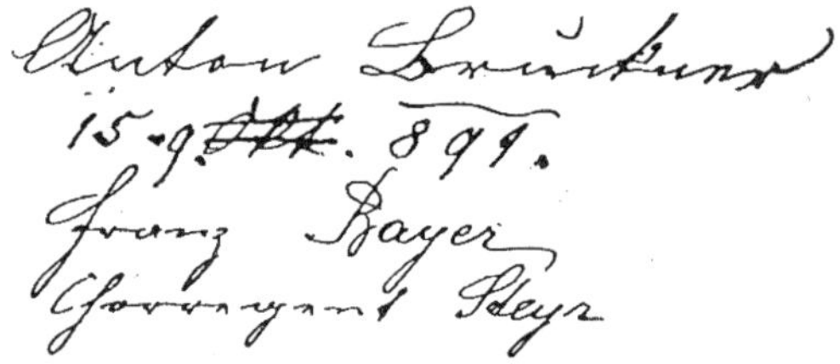

Aus dem Gästebuch des Stifts Admont (1891)

2 Aequale (WAB 114, 149)
Aequale (auch Equale, vom lateinischen aequalis = gleich) sind anscheinend nur in Linz bzw. Oberösterreich nachweisbare Instrumentalkompositionen für gleich hohe Stimmen, insbesondere für Posaunen. Der Literatur zufolge waren sie seit dem 18. Jahrhundert als Trauerstücke usuell. Die ersten erhaltenen (vierstimmigen) Kompositionen dieser Art stammen von Ludwig van → Beethoven (WoO 30), sind anläßlich seines Linzer Aufenthaltes vom Herbst 1812 auf Anregung des Turner-(Türmer-)Meisters Franz Xaver Glöggl (1764-1839) entstanden und wurden u. a. bei seinem Leichenbegängnis (1827) aufgeführt. In ihrer Nachfolge stehen einige um 1844 entstandene Werke von Wenzel Lambel (1788-1861), dem Linzer Dom- und Stadtpfarr-Tenoristen.

– Aequale in c-Moll (WAB 114)
[»Lento«]
Drei Posaunen (Alt, Tenor, Baß)
EZ: Ende Jänner 1847 in → St. Florian
UA: 1847 in St. Florian (?)
Autograph: Stift → Seitenstetten
ED: Göll.-A. 2/2, S. 83 (1928)
NGA: Band XXI (Hans Bauernfeind und Leopold → Nowak, 1984) und Revisionsbericht

– Aequale in c-Moll (WAB 149)
[»Grave«]
Drei Posaunen (Alt, Tenor, Baß)
EZ: Ende Jänner 1847 in St. Florian
UA: 1847 in St. Florian (?)
Autograph: Stift St. Florian (nur Alt- und Tenor-Stimme)
NGA: Ebenda (Ergänzung der fehlenden Baß-Stimme durch Hans Bauernfeind); Revisionsbericht S. 42 ff.

Die offensichtlich jüngsten Glieder in dieser Kette bilden die beiden von Bruckner geschriebenen *Aequale in c-Moll* für drei Posaunen, in St. Florian anläßlich des Ablebens seiner Großtante und Taufpatin Rosalia Mayrhofer (1770-1847) entstanden. Charakteristisch sind der in Einzelabschnitte gegliederte choralartige Satz und in WAB 114 die volkstümlich geprägte Sextenmelodik. Die Aequale scheinen in den sogenannten »Chorälen« in Bruckners Symphonien eine künstlerische Überhöhung dieser gebrauchsmusikalischen Gattung gefunden zu haben. – Letzte Ausläufer der Aequale mögen etwa in den nicht mehr näher bekannten Musikstücken zu sehen sein, unter deren Klängen im oberen Mühlviertel die Geistlichkeit, gefolgt von der gläubigen Gemeinde, noch in den ersten Jahrzehnten dieses Jahrhunderts am Allerseelentag (2. 11.) den örtlichen Friedhof umschritt.

OW

Lit.: Göll.-A. 2/1, S. 63; Othmar Wessely, Zur Geschichte des Equals, in: Beethoven-Studien. Wien 1970.

Afferentur (WAB 1) »Afferentur regi virgines post eam«
Offertorium für vierstimmigen gemischten Chor mit (später hinzugefügten) 3 Posaunen (ad lib.) in F-Dur
EZ: 7. 11. 1861 in → Linz
W: Johann Baptist → Burgstaller
UA: 13. 12. 1861 in → St. Florian
Autograph: Stift → Kremsmünster, Musikarchiv; Abschrift mit autographer Widmung und Eintragungen (ÖNB-MS); Abschrift mit autographer Widmung und Beglaubigung durch den Widmungsträger (ABIL)
ED: »Offertorium: Afferentur«. Wien, Universal-Edition 1922 (Josef V. → Wöß)
NGA: Band XXI (Hans Bauernfeind und Leopold → Nowak, 1984) und Revisionsbericht

Der Text, dem → Offertorium der »Missa pro Virgine et Martyre« entnommen, schildert den von festlichem Jubel begleiteten Zug der Königsbraut und ihres Gefolges zum Palast des Königs (vgl. Psalm 45 und Mt 25,1-13). Da auch der Gradualvers (→ Messe) fast identisch ist, die Motette daher als Graduale wie als Offertorium Verwendung finden kann, erklärt sich die etwas ungewöhnliche Bezeichnung »Offertorium als Graduale« (ÖNB-MS) bzw. »Offertorium/Graduale« (ABIL), die Bruckner den Widmungspartituren für Burgstaller vorangestellt hat.
Die Motette ist auf den ersten Blick dreiteilig (A-B-A'), doch sind die Perioden nicht wie üblich 4- und 8-, sondern 5taktig. Diese ganz unübliche Gliederung läßt in Verbindung mit dem auffallenden Wechsel zwischen homophonen und polyphonen (jeweils 5taktigen) Perioden vermuten, daß es sich hier um eine theologische Anspielung auf die fünf klugen und die fünf törichten Jungfrauen handelt.
Bruckner ließ die kurz vor seiner Orgel-Prüfung (21. 11. 1861) in der Wiener → Piaristenkirche komponierte und wohl deshalb vom Bruckner-Schrifttum (u. a. Max → Auer) als wenig persönliche Schularbeit eingestufte Motette nicht nur bei der Uraufführung (1864) seiner *Messe in d-Moll* singen, sondern widmete sie viele Jahre später (1885) dem Chordirektor des Linzer Mariae Empfängnis-Domes, Johann Baptist Burgstaller, was bei Bruckners Selbstkritik wohl als deutlicher Ausdruck der Identifikation mit dem Werk gewertet werden kann. EM

Lit.: Erwin Horn, A. Bruckner. Geistliche Motetten: Afferentur, in: Musica sacra 102 (1982).

Aichinger, Johann Evangelist
Geb. 8. 12. 1832 in Prambachkirchen, Oberösterreich, gest. 2. 12. 1895 in Steyr. Priesterweihe 1856, seit 1859 Pfarrer in Steyr, 1883 Ernennung zum Stadtpfarrer. 1887 Geistlicher Rat, 1888 Konsistorialrat. In seine Amtszeit fallen der nach dem Brand von 1876 notwendige Turmbau sowie die Restaurierung der Stadtpfarrkirche und der Orgelumbau (1893-1895), bei dem Bruckner beratende Funktion hatte.
»Gestatten mir gütigst, daß ich mir erlaube, Hochw. H Stadtpfarrer zu bitten, ob ich mich

nicht über die Ferien zeitweilig in Ihrem herrlichen Hofe (gegen Bezalung natürlich) einquartiren dürfte? Ich war immer im 2. Stocke«, schrieb Bruckner am 1. 7. 1885 an den neuen Stadtpfarrer in → Steyr und schloß damit an frühere Aufenthalte bei Joseph Plersch und Aichingers Amtsvorgänger Georg → Arminger an. Aichinger lud den Komponisten gerne ein, und es entwickelte sich eine herzliche Freundschaft. Während dieser Sommerurlaube arbeitete Bruckner im Stadtpfarrhof hauptsächlich an der *Achten* und der *Neunten Symphonie*. Insgesamt sechs → Briefe, heute im Stadtpfarrhof Steyr verwahrt, geben näheren Aufschluß über den Sommergast Bruckner. EWP

Aigner, Karl

Geb. 24. 4. 1863 in Reichenau im Mühlkreis, Oberösterreich, gest. 30. 9. 1935 in St. Florian; Sparkassenbuchhalter und Stiftsmusiker. Als Aigner Sängerknabe im Stift → St. Florian war, förderte der Regens chori Ignaz → Traumihler seine musikalische Begabung. Nach musikalischer Ausbildung in → Linz und St. Florian war er dann im Stift tätig, wo er seit 1882 als Geigenlehrer und seit 1883 in der Nachfolge Traumihlers als Gesangslehrer gewissenhaft und »mit glühendem Eifer« wirkte. Aigner, seit 26. 1. 1903 mit Maria Riepl verheiratet, war auch Chormeister der Liedertafel und Leiter der Musikkapelle in St. Florian.

Fast zwanzig Jahre lang stand Aigner in engem Kontakt zu Bruckner, begleitete ihn auf Spaziergängen, zog ihm die Register an der Orgel und schrieb → Briefe. Von zahlreichen Werken Bruckners stellte er → Abschriften her. Der letzte vom Komponisten eigenhändig geschriebene Brief (7. 10. 1896) war an seinen Bruder Ignaz → Bruckner und an Aigner gerichtet. Testamentarisch vermachte Bruckner Aigner sein *Vexilla regis*. Weiters besaß dieser die Autographe von *Volkslied*, *Um Mitternacht* WAB 89 sowie Abschriften der *Ersten*, der *Vierten* und der *Achten Symphonie*. KR

Lit.: Göll.-A. 1-4, passim; F[ranz] X[aver] M[üller], Musiklehrer Karl Aigner †, in: Linzer Volksblatt 30. 9. 1935.

Albrecht, Ferdinand

Geb. 3. 9. 1851 in Hargelsdorf, Oberösterreich, gest. 27. 3. 1903 in Ebelsberg. Sohn von Alois Albrecht (1803-1876), der 37 Jahre lang Lehrer in Hargelsdorf war und am 28. 5. 1863 als Schulleiter nach → Ansfelden kam, wo er sich auch beim Aufbau der Blasmusikkapelle verdient gemacht und 1868 den Musikverein Ansfelden gegründet hatte. Ferdinand Albrecht war ebenfalls Lehrer und Musiker. Nach seiner Ausbildung kam er 1872 als Unterlehrer an die Schule seines Vaters in Ansfelden, deren Leitung er nach dem Tode des Vaters 1876 übernahm. Gleichzeitig versah er in Ansfelden den Organistendienst, leitete den Kirchenchor und betreute die Musikkapelle. Ignaz → Traumihler, Regens chori des Stiftes → St. Florian, stellte ihm 1880 als Musiker ein sehr gutes Zeugnis aus. 1901 ließ er sich nach → Ebelsberg versetzen.

Als Bruckner Anfang der achtziger Jahre das Schulhaus in Ansfelden und damit sein eigenes Geburtshaus besuchte, lernte er dort Ferdinand Albrecht und dessen Familie kennen. Es kam fortan zu gelegentlichen Begegnungen. So erklärt es sich, daß Albrecht von Bruckner am 21. 6. 1882 ein Zeugnis erhielt, in dem dieser ihn u. a. als ausgezeichneten Organisten und Sänger sowie als Komponisten von »Tonstücke(n) von großem musikalischen Werthe« rühmte. In einem weiteren Testat vom 29. 10. 1892 würdigte Bruckner Albrecht »als Tonkünstler« von »bedeutendem Rang«. RKe

Lit.: Rolf Keller, A. Bruckner und die Familie Albrecht, in: Bruckner-Jahrbuch 1984/85/86; Festschrift 100 Jahre Musikverein Ansfelden 1868-1968.

Albrechtsberger, Johann Georg

Geb. 3. 2. 1736 in Klosterneuburg, Niederösterreich, gest. 7. 3. 1809 in Wien. Komponist und Musiktheoretiker. Er wirkte als Organist in Raab (Györ, Ungarn), Maria Taferl und Melk; 1772 wurde er zweiter, 1791 erster Hoforganist in Wien. Entsprechend seiner Stellung als Domkapellmeister an → St. Stephan in Wien (seit 1793) liegt der Schwerpunkt seines Schaffens auf vokaler und instrumentaler Kirchenmusik. Albrechtsberger war gesuchter Kompositionslehrer und anerkannter Musiktheoretiker, zu dessen Schülern Ludwig van → Beethoven zählte.

Bruckner studierte Fugen Albrechtsbergers im Unterricht bei seinem Cousin Johann Baptist → Weiß 1835/36 in → Hörsching, weiters Präludien und Fugen während seines Aufenthalts in → Windhaag, seinem ersten Dienstort als Schulgehilfe (1841-1843). ME

Lit.: Göll.-A. 1, S. 92, 167; Alexander Matthias Schramek-Kirchner, J. G. Albrechtsbergers Fugenkompositionen in seinen Werken für Tasteninstrumente. 3 Teile. Mschr. Diss. Wien 1954; Robert N. Freeman in: The New Grove; Robert Wason, Viennese Harmonic Theory from Albrechtsberger to Schenker and Schoenberg. Ann Arbor 1985. 2. Aufl. Rochester, NY, 1995.

Blick auf den Alten Dom in Linz. Lithographie, 1836

Almeroth, Carl

Geb. 9. 12. 1852 und gest. 4. 10. 1906 in Wien; Fabrikant, Generalvertreter der Alpinen Montangesellschaft in Wien.

Almeroth, durch seine Herkunft und berufliche Position einflußreich, gehörte zum engeren Freundeskreis Bruckners. Er war bei Aufführungen anwesend, schrieb in der Presse über Bruckner und unternahm Besuche und Ausflüge mit ihm. Almeroth stellte dafür auch sein Pferdegespann zur Verfügung, worauf er prompt von Bruckner den → Spitznamen »Wagerl« erhielt. Als → Mäzen war er maßgeblich an der Gründung des → Consortiums in → Steyr beteiligt.

Almeroth schaltete sich ein, als Fritz von → Uhde Bruckner in → München als Apostel in seinem Gemälde »Das Abendmahl Christi« darstellen wollte. Überdies geht das erste Bruckner-Denkmal in Steyr indirekt auf ihn zurück, da er Bruckner 1891 zum befreundeten Viktor → Tilgner ins Atelier brachte, wo Bruckner diesem Modell saß. Im Gegenzug fädelten Tilgner und der Komponist Almeroths Heirat ein, zu der Bruckner → Orgel spielte. Fritz Zerritsch verewigte Almeroths erste Frau als Muse am Sockel des Bruckner-Denkmals im Wiener Stadtpark. Der Chor *Abendzauber* ist Almeroth gewidmet; mit dem Scherzo-Thema aus der *Achten Symphonie* hat ihn Bruckner nach eigener Angabe musikalisch charakterisiert. EWP

Werke (Auswahl): A. Bruckners Himmelfahrt. Ein Silvester-Traum. Wien 1898; Das Bruckner-Denkmal in Steyr, in: Der Alpenbote 29. 5. 1898; Wie die Bruckner-Büste entstand. (Zum Bruckner-Denkmal). Wien 1899; Von zwei Wiener Meistern: Zur Enthüllung des Bruckner-Denkmals, in: Wiener Bilder 29. 10. 1899.

Lit.: Carl Hans Watzinger, Über einen Freund A. Bruckners, in: Neues Wiener Tagblatt 11. 12. 1942; Bruckner – skizziert.

Alter Dom, Linz (Jesuitenkirche zum hl. Ignatius)

Domgasse. 1669-1678 nach Entwürfen von Pietro Francesco Carlone erbaut. Zunächst Jesuitenkirche, 1785-1909 Kathedrale der neugegründeten Diözese Linz, 1909 wieder von den Jesuiten übernommen. Innenausstattung von Giovanni Battista Colomba und Giovanni Battista Barberini (Marmorhochaltar). Besonders bemerkenswert sind das Chorgestühl von Michael Obermüller 1633 (früher in der Stiftskirche Garsten) und die Kanzel. Die → Orgel stammt aus Engelszell, wurde 1789 hierher gebracht und unter der Leitung von Franz Xaver Chrismann für die Domkirche adaptiert.

Der Alte Dom ist eine der beiden Kirchen, an der Bruckner als Linzer Dom- und Stadtpfarrorganist 1855-1868 seinen Dienst versah. Er schätzte die Orgel sehr und hat ihr »durch sein musikalisches Wirken, aber auch wegen seiner entscheidenden Mitwirkung an einer späteren Umgestaltung ... sein Signum aufgedrückt« (Humer). Diese Umgestaltung nahm die Jahre von 1856 bis 1867 (also fast die ganze Zeit von Bruckners Wirken in Linz) in Anspruch und wurde von dem Ottensheimer Orgelbaumeister Josef Breinbauer durchgeführt.

Der Alte Dom war nicht nur Uraufführungsort u. a. der *Messe in d-Moll*, sondern auch Stätte jener beeindruckenden Orgelimprovisationen Bruckners für Bischof Franz Joseph → Rudigier, über die in der Literatur ausführlich berichtet wird. EM

Lit.: August Humer, Die Brucknerorgel im Alten Dom zu Linz. Hrsg. Brucknerbund für Oberösterreich. Linz 1996.

Alte Postkarte

Altpernstein

Die Burg Altpernstein, bei Micheldorf, Oberösterreich, im Kremstal gelegen, wurde im 11. Jahrhundert zur Verteidigung der umliegenden Ortschaften gegen die Ungarneinfälle erbaut und bot auch noch im 17. Jahrhundert vor den Türken Schutz; während der Gegenreformation hatte sie ihre Bedeutung »zur Befestigung des Glaubens« (Kleiner Burgführer). Nach wechselnden Burgherren wurde sie schließlich 1630 vom Stift → Kremsmünster übernommen. Seit 1946 an die Diözese Linz verpachtet, ist die Burg jetzt Kurszentrum und Erholungsort der Katholischen Jugend Oberösterreichs. – Der Weg in die Burg führt heute über eine Brücke – früher Zugbrücke – in einen kleinen Innenhof mit Renaissance-Elementen (Fenstereinrahmung, Marmorbrunnen). Eine Attraktion zu Bruckners Zeit wie heute ist das Verlies.

Wie von einigen Autoren (→ Erinnerungsliteratur) überliefert, soll Bruckner sich bei seinem zusammen mit Karl Zeitlinger und Josef → Greck unternommenen Besuch Altpernsteins 1879 für so viele Details interessiert haben, daß der Burgführer Förster Wischenbart fast die Geduld verlor. Bruckner stieg auch in das Burgverlies hinab und ließ sich sogar für kurze Zeit in einen der sehr kleinen und niedrigen Kerker sperren, um die Qualen eines Gefangenen besser nachfühlen zu können (→ Persönlichkeit). RG

Lit.: Göll.-A. 3/1, S. 570-573; Hans Commenda, Geschichten um A. Bruckner. Linz 1946, S. 85; K. Paulitsch, Sagen und Geschichten aus Oberösterreich. Linz 1949; Nowak 1973, S. 250; Bruckner – skizziert, S. 53; Junge Burg Altpernstein. Hrsg. KJL-Burg Altpernstein. Micheldorf o. J.

Altwirth, Theodor (Pseudonym: Elimar)

Geb. 27. 8. 1860 in Steyr, gest. um 1919 in Linz. Sektionsrat im Obersten Rechnungshof, seit 1912 im Ruhestand. Er war Vorstand des → Wiener Akademischen Gesangvereines und schrieb in der »Linzer Montagspost« unter seinem Pseudonym. Altwirth gehörte zu den Bruckner-Verehrern und -Freunden, die auch persönlichen Kontakt hielten. Er ist einer der Zeitzeugen, die aus eigenem Erleben überliefern, daß Bruckner ihnen eine Überleitung vom Adagio seiner *Neunten Symphonie* zum *Te Deum* vorgespielt habe (August → Stradal war gleichzeitig Zuhörer), und denen Bruckner wörtlich gesagt haben soll: »Sollte ich vor der Vollendung der Symphonie sterben, den 4. Satz dieser Symphonie nicht mehr fertig bringen, so muß mein *Te Deum* als 4. Satz dieser Symphonie verwendet werden. Ich habe es schon so bestimmt und eingerichtet« (April 1895; vgl. dazu auch den Artikel *Neunte Symphonie*). – Bei einer anderen Gelegenheit korrigierte Bruckner laut Altwirth die von Franz → Brunner behauptete »strafweise Versetzung von → Windhaag nach → Kronstorf«: Er sei damals aufgrund seiner an den Prälaten Michael → Arneth gerichteten Bitte um Versetzung von → St. Florian nach Kronstorf gekommen. – In Altwirths Sammlung von Kritiken und Konzertprogrammen zu Bruckner-Aufführungen – seit 1919 in der Bibliothek des Oberösterreichischen Landesmuseums, Linz – wurde vor kurzem auch ein Blatt aus Bruckners → Taschen-Notizkalender von 1884 entdeckt. RG

Werke (als Elimar in der »Linzer Montagspost«, Auswahl):

Bruckner in Linz, 23. 7. 1894; Wiener Musikbrief: Über Bruckner-Aufführungen, 16. 4. 1895; A. Bruckners Befinden und diesjährige Antrittsvorlesung (am 29. 10. 1894), 5. 11. 1894; Bei Bruckner im Belvedere war Elimar, 29. 7. 1895; Bei A. Bruckner, 29. 8. 1895; Bruckners Befinden, 18. 7. 1896.

Lit.: Ostdeutsche Rundschau 20. 12. 1891; Göll.-A. 4/3, S. 612 f.; Bruckner-Bibliographie.

Amaranths Waldeslieder (WAB 58) »Wie bist du Frühling gut und treu«
Lied für Singstimme und Klavier in G-Dur
Text: Oscar von Redwitz (→ Textdichter)
EZ: wahrscheinlich Oktober 1858 in → Linz
W: Prälat Friedrich Theophil → Mayer
UA: vermutlich in → St. Florian; in der Bearbeitung von Franz Sales Reiter 11. 4. 1886 in Linz (Redoutensaal; Gesangverein »Gutenbergbund«)
Autograph: Wiener Stadt- und Landesbibliothek; Musikverlag Anton Böhm & Sohn, Augsburg
ED: Die Musik 1 (1902) H. 17 (Max Marschalk)
NGA: Band XXIII/1 (in Vorbereitung)

Amaranths Waldeslieder. Erste Seite des Autographs

In einem Brief an Rudolf → Weinwurm (30. 10. 1858) bemerkt Bruckner: »Ich habe ein Liedlein geschrieben.« Wahrscheinlich handelt es sich dabei um *Amaranths Waldeslieder*, für die Bruckner aus dem Epos »Amaranth« (1849) von Oscar von Redwitz fünf Strophen auswählte, die ihm entsprachen. 1851 hatte er schon aus demselben Werk einen Text vertont (*Entsagen*). Entsprechend den fünf Strophen ist das Lied auch fünfteilig aufgebaut, die fünfte Strophe bildet eine Art Coda.
Die erste Aufführung fand wahrscheinlich während eines Kammermusikabends bei Prälat Mayer in St. Florian statt. Franz Sales Reiter (1835-1888) bearbeitete dieses Werk für Sopran-Solo, Frauenchor und Streichorchester (bzw. Klavierbegleitung) für eine Aufführung in Linz (Druck: Linz, Lehrerhausverlag). In → Wien sang dieses Lied erstmals Gisela Seehofer am 5. 2. 1903 in einem Konzert des → Wiener Akademischen Wagner-Vereins. AH

Lit.: Max Marschalk, Amaranths Waldeslieder. Ein Lied A. Bruckners, in: Die Musik 1/3 (1901/02); Göll.-A. 3/1, S. 56-59.

Amélie (Amalie) Maria, Herzogin in Bayern
Geb. 24. 12. 1865 in München, gest. 26. 5. 1912 in Stuttgart. Älteste Tochter des Augenarztes Herzog Karl Theodor in Bayern (1839-1909), des Chefs der herzoglichen Linie der Wittelsbacher, aus erster Ehe mit der jung verstorbenen Prinzessin Sophie von Sachsen; seit 1892 Herzogin von Urach.
Der hochmusikalische Vater, dilettierender Komponist und begeisterter Wagnerianer, ließ Amélie von Hermann → Levi in Komposition unterrichten. Levi vermittelte 1886 anläßlich der von ihm dirigierten Aufführung des *Te Deum* in → München Amélies Bekanntschaft mit Bruckner und motivierte sie, sich für den Meister tatkräftig einzusetzen, und zwar bei ihren kaiserlichen Verwandten in → Wien. Das junge Mädchen begeisterte sich für diese Aufgabe und veranlaßte ihre Cousine und engste Freundin, Erzherzogin → Marie Valerie, bei Kaiser → Franz Joseph I. zugunsten Bruckners vorzusprechen. Der Vorstoß hatte innerhalb kürzester Zeit Erfolg mit der Verleihung des Franz Joseph-Ordens (→ Ehrungen) an Bruckner und einer jährlichen Zulage von 300 Gulden. Am 23. 9. 1886 dankte Bruckner bei einem Besuch in der Hofburg gerührt seinen beiden Verehrerinnen für ihre Tatkraft.
Amélies enge und für Bruckner so wichtige Verbindung zu Levi endete schon 1888 mit einem Skandal: Levis Liebschaft mit Amélies Hofdame führte zu beider Erkrankung und zum Tod der Hofdame 1889. Der jungen Herzogin wurde der weitere Umgang mit Levi untersagt.
1890 bemühte sich Amélie über Marie Valerie und entferntere Verwandte, wie die Erzherzogin Elisabeth, aber auch über Wittelsbacher, wie ihren Vater Herzog Karl Theodor und ihren Onkel Herzog Ludwig in Bayern (beide waren Brüder der Kaiserin Elisabeth), Bruckner ein kaiserliches Gnadengehalt zu verschaffen, freilich vergeblich. 1891 spendete sie für den Druck der *Achten Symphonie*.
Mit ihrer Heirat 1892 erlahmte Amélies Engage-

ment für Bruckner, da sie von einer rasch wachsenden Familie mit neun Kindern voll in Anspruch genommen war und auch den engen Kontakt zum Wiener Hof verlor. Immerhin setzte sie sich weiter für Bruckner ein und regte z. B. die Fürstin von Monaco an, eine Bruckner-Symphonie aufführen zu lassen.
Von großer Wichtigkeit für die Biographie Bruckners ist das noch unedierte Tagebuch der Herzogin, das sich in Privatbesitz befindet. BH

Am Grabe (WAB 2) »Brüder, trocknet Eure Zähren«

Vierstimmiger Männerchor a cappella in f-Moll, »Langsam«
Text: laut Erstdruck Heinrich von der Mattig (→ Textdichter), laut Göll.-A. wohl richtig Ernst → Marinelli
EZ: Februar 1861 in → Linz
W: Josefine Hafferl, geb. Redtenbacher
UA: 11. 2. 1861 in Linz (→ Liedertafel »Frohsinn«, Anton Bruckner)
Autograph: ÖNB-MS
ED: Wien, Universal Edition 1923 (Josef V. → Wöß)
NGA: Band XXIII/2 (in Vorbereitung)

Die aus Anlaß des Ablebens der Kaufmannswitwe Josefine Hafferl, der Mutter des Vorstandes der Liedertafel »Frohsinn«, entstandene Komposition, dem Typus nach ein deutsches Totenlied (wie auch die *Totenlieder* WAB 47 und 48), geht auf einen 1854 anläßlich des Todes von Propst Michael → Arneth von St. Florian gedichteten Text von Ernst Marinelli oder Heinrich von der Mattig zurück, bei dem nur die letzte Strophe fortgelassen wurde (*Vor Arneths Grab*). Beide Totenlieder sind zwar ansonsten textgleich, aber musikalisch nur entfernt verwandt (das frühere Werk zudem mit Begleitung von drei Posaunen). Bruckner ist mit *Am Grabe* zum ersten Mal in Linz als Komponist an die Öffentlichkeit getreten. OW

Lit.: Göll.-A. 2/1 S. 152 f., 3/1, S. 92 ff.

Amsterdam

Hauptstadt der Niederlande, gelegen in der Provinz Noord-Holland. Bedeutendstes Kulturzentrum des Landes (u. a. zwei Universitäten, 40 Museen), wichtige Hafen-, Industrie- und Handelsstadt. Um 1880: 320 000, um 1890: 427 000, 1995: 695 000 Einwohner.
Seit der Gründung des Königlichen Concertgebouw-Orchesters 1888 kam eine Bruckner-Tradition erst langsam in Gang. Nach Willem Kes und Willem Mengelberg war Eduard van Beinum ein spezifischer Bruckner-Interpret. Am 6. 9. 1931 stellte er sich als zweiter Dirigent – neben Mengelberg und Pierre Monteux – mit Beethovens und Bruckners *Achter Symphonie* vor. Die Tradition wurde von Bernard Haitink fortgesetzt und nach ihm auch von Riccardo Chailly. Viele Gastdirigenten setzten Bruckners Symphonien auf ihre Amsterdamer Programme, wobei Eugen Jochum an erster Stelle genannt werden muß.
Kurz vor der Gründung des Orchesters waren die ersten Bruckner-Aufführungen in Amsterdam von Daniel de Lange dirigiert worden: die *Dritte Symphonie* am 15. 10. 1885 unter den Auspizien des Apollo-Vereins und, als niederländische Erstaufführung, die *Siebente Symphonie* beim 97. Konzert der »Maatschappij Caecilia«. De Lange, ein wichtiger Komponist, Dirigent und Organist, bekleidete viele musikalische Funktionen in den Niederlanden. So wurde er 1878 als Nachfolger des 1876 verstorbenen Jan Pieter Heye Allgemein-Sekretär der »Maatschappij tot Bevordering der Toonkunst«, die niederländische Komponisten unterstützte und mit vielen ausländischen Komponisten (→ Mendelssohn, → Schumann, Verdi, → Wagner) in Verbindung stand. Es war De Lange, der Bruckner einlud, korrespondierendes Mitglied der Maatschappij zu werden, nachdem dies während der 58. Allgemeinen Sitzung am 10. 6. 1887 in → Utrecht beschlossen worden war. Bruckner bedankte sich herzlich am 25. 8. 1887, als er in → St. Florian weilte (Brief im Gemeindearchiv Amsterdam), hat diese Ernennung aber nie als Arbeitsauftrag für die Maatschappij, sondern nur als persönliche Ehrung betrachtet. CvZ

Literatur: Cornelis van Zwol, Holland: ein Brucknerland seit 1885, in: Bruckner-Jahrbuch 1980; ders., Bruckner-Rezeption in den Niederlanden und im anglo-amerikanischen Raum, in: Bruckner-Symposion 1991; ders., Ein Bibliothekar aus Den Haag und ein dirigierender Komponist in Amsterdam ..., in: Bruckner-Symposion 1994; Nico P. H. Steffen, Die Bruckner-Tradition des Königl. Concertgebouw-Orchesters, in: IBG-Mitteilungsblatt bzw. Studien & Berichte 39-43.

Andante für Klavier in d-Moll (WAB deest)

Kompositionsübung
EZ: Frühjahr 1862 in → Linz
Autograph: → Kitzler-Studienbuch S. 50 f.

Bruckner erläuterte diese Übung näher: »Andante mit durch Wiederholung erweiterten Perioden«.

Lit.: Hawkshaw, The Manuscript Sources.

Andante für Klavier in Es-Dur (WAB deest)
Kompositionsübung
EZ: Frühjahr 1862 in → Linz
Autograph: → Kitzler-Studienbuch S. 49

Lit.: Hawkshaw, The Manuscript Sources.

Andante (Vorspiel) für Orgel in d-Moll (WAB 130)
EZ: um 1846
W: Ignaz → Traumihler, Regens chori im Stift → St. Florian
UA: ?
Autograph: Musikverlag Anton Böhm & Sohn, Augsburg
ED: »Zwei Orgelstücke. 1. Vorspiel, 2. Nachspiel (Fuge)«. Augsburg-Wien, Anton Böhm & Sohn 1927 (Josef Gruber; ohne die originalen Generalbaßziffern)
NGA: Band XII/6 (Erwin Horn, in Vorbereitung)

Das Autograph, aus dem Nachlaß Josef → Seiberls von Josef Gruber 1928 dem Musikverlag Anton Böhm & Sohn in Augsburg zur Aufbewahrung übergeben, galt nach der kriegsbedingten Zerstörung des Verlagsgebäudes als verschollen. Auf Nachfragen bestätigte der derzeitige Verlagsinhaber im Jänner 1996, daß Bruckners Autograph – durch Brandhitze (1944) leicht beschädigt – im Tresor der Firma aufbewahrt wird (zusammen mit Autographen zu *Amaranths Waldeslieder* und Chorstimmen zum *Festlied).* Das am Anfang mit »A. B.« (unsicher) signierte undatierte Manuskript (ein Blatt) enthält auf der Rückseite dieses 25taktige *Andante;* auf der Vorderseite steht ein 82taktiges *Nachspiel* (Schluß auf der Rückseite).
Max → Auer vermutet als Entstehungszeit 1852 (kurz nach Amtsantritt von Ignaz Traumihler), gibt im chronologischen Werkverzeichnis aber 1846 an. Stilistische Gründe sprechen mehr für diese Datierung. Das »wie ein schulmäßig ausgeführter Kontinuo« (Auer) anmutende *Andante* dürfte kaum nach *Vorspiel und Fuge in c-Moll* von 1847 entstanden sein, die harmonisch kühner sind. Das *Nachspiel* zeigt dagegen eine formale Struktur, die eine Entstehung auch nach 1847 als denkbar erscheinen läßt. EH

Lit.: Göll.-A. 3/1, S. 535 f.; Erwin Horn, Revisionsbericht, in: NGA Band XII/6.

An dem Feste (WAB 59) »An dem Feste, das uns heute zu dem frohen Kreis vereint«
Vierstimmiger Männerchor a cappella in Des-Dur
Text: Alois Knauer (→ Textdichter)
EZ: 1843 in → Kronstorf
W: Joseph Ritter von Peßler, Pfarrer von Enns
UA: 19. 9. 1843 in → Enns (Pfarrkirche)
Autograph: Wiener Stadt- und Landesbibliothek (Partitur); Stadtarchiv → Wels (Stimmen, früher in Besitz von Josef → Seiberl)
ED: Göll.-A. 1, S. 231 ff. (1922)
NGA: Band XXIII/2 (in Vorbereitung)

Im Jänner 1843 war Bruckner nach Kronstorf versetzt worden. Bereits im September erklang in der Ennser Pfarrkirche, wahrscheinlich vom Ennser Geselligkeitsverein gesungen, dieser dem Vizedechant und Stadtpfarrer von Peßler zum Geburtstag gewidmete Chor auf einen Text des Kronstorfer Pfarrers Knauer. Bruckners erstes weltliches Chorwerk hat fünf Strophen und ist sehr stark dem Zeitstil verhaftet.
Bruckner ließ diesen Chor im Jahre 1893 von Karl Ptak (→ Textdichter) umdichten und verbesserte ihn auch selbst geringfügig (*Tafellied*). 1930 wurde das Stück von Alfred Zehelein (→ Textdichter) erneut »nachgedichtet« (»Heil dem Feste, das uns heute traut im engen Kreis vereint«) und für gemischten Chor in C-Dur bearbeitet (Augsburg-Wien, Böhm). Eine weitere Neutextierung dieses Chores von Ludwig Carl Kraus (→ Textdichter) erschien als *Festlied.* AH

Lit.: Göll.-A. 1, S. 229-239; Elisabeth Maier – Franz Zamazal, A. Bruckner und Leopold von Zenetti. Graz 1980, S. 106, 109, 128.

Anekdoten
In der griechischen Antike ein publikationstechnischer Begriff im Sinne von »nicht Herausgegebenes«; erst im 18. Jahrhundert Wandel zum literarischen Gattungsbegriff mit heutiger Bedeutung.
Die Grundstruktur einer Anekdote ist dreiteilig: Einleitung – Überleitung – Pointe. Häufig basiert sie auf wahren Gegebenheiten, die mit einer »gut erfundenen« Pointe angereichert werden. Die Anekdote ist stets in zwei Richtungen zu lesen und zu verstehen: einerseits auf das (historische) Objekt ausgerichtet, andererseits auf den Erzähler bzw. Informanten.
Die Anekdote spielt in der → Rezeption Bruckners eine große Rolle. Über kaum einen anderen Komponisten existieren so viele Anekdoten. Themen sind in erster Linie Lebensgewohnheiten, Unterricht und → Frauen. Die üppige Überlieferung hat aufgrund subjektiver Verzerrungen

Alte Postkarte

zur Forderung geführt, Anekdoten prinzipiell in der Forschung auszuklammern (Wagner). Es gibt aber mittlerweile einen jüngeren wirkungsgeschichtlichen Ansatz, der von einer kritisch verfahrenden Integration ins Persönlichkeitsbild ausgeht (Partsch). Erstaunliche Übereinstimmungen mit biographischen Tatsachen sowie ernsthaften Erinnerungsberichten von Zeitgenossen begründen diesen Weg. Gleichzeitig stellt die Beschäftigung mit Anekdoten einen wichtigen Beitrag zum Wandel des Bruckner-Bildes – und damit zur Rezeption – dar. EWP

Quellen (Auswahl): Ernst Decsey, Die Spieldose. Musikeranekdoten. Wien 1922; Hans Commenda, Geschichten um A. Bruckner. Linz 1946; Franz Gräflinger, Liebes und Heiteres um A. Bruckner. Wien 1948; Jula Bayer, A. Bruckner in Steyr. Steyr 1956; Bruckner-Bibliographie, Gruppe 33 (Belletristik); Bruckner – skizziert.

Lit.: Manfred Wagner, Gefahr der Anekdote, in: Bruckner-Symposion 1977; Rudolf Schäfer, Die Anekdote. Theorie – Analyse – Didaktik. München 1982; Erich Wolfgang Partsch, Kritische Gedanken zur Bruckner-Rezeption, in: Bruckner – skizziert; ders., Über Wert und Unwert von Bruckner-Anekdoten, in: Musica 46 (1992).

Ansfelden

Stadtgemeinde im oberösterreichischen Traun-Kreis an der alten Römerstraße nach Neuhofen und Kematen, aktenkundig seit 634 (»Alpunesfeld in pago Troungoune«, im 13. Jahrhundert »Almesvelde«). Zunächst Passauer Pfarre, 1248/49 und seit 1682 dem Stift → St. Florian inkorporiert. 1824: ?, 1869: 2 280, 1996 (inkl. vier Katastralgemeinden): 15 900 Einwohner.

Den Ortskern bilden Kirche (Hochaltarbild: Hl. Valentin, gemalt von Carl v. Reslfeld, früher Martin Altomonte zugeschrieben), Friedhof (rechts neben der Stiege: Grab von Bruckners Vater Anton → Bruckner sen.), Pfarrhof (erbaut von Carlo Antonio Carlone als Alterssitz für Propst Matthäus von Weißenberg, Amtszeit 1689-1700) und das alte Schulhaus (erbaut 1706, 1853/54 und 1863 grundlegend umgestaltet und aufgestockt), in dem Bruckner am 4. 9. 1824 um 4.30 Uhr morgens als erstes Kind des Schullehrers Anton Bruckner sen. und seiner Frau Theresia, geb. Helm, geboren wurde. Die Taufe auf die Namen Joseph Anton wurde durch den St. Florianer Chorherrn Joseph Guttenthaler um 17 Uhr desselben Tages in der Kirche vorgenommen, Patin war Rosalia Mayrhofer, Wirtschafterin im Pfarrhof zu → Wolfern.

Bruckner verbrachte seine Kindheit bis zum Tod des Vaters am 7. 6. 1837 – mit Ausnahme der Zeit in → Hörsching – im Schulhaus, in dem der Lehrersfamilie eine Dienstwohnung zustand. Die Architektur des großzügig angelegten barocken Pfarrhofs (bemerkenswerte Stuckdecke im Obergeschoß), die sonntäglichen Musikaufführungen in der Kirche, vor allem aber die Besuche im Stift

St. Florian vermittelten dem Kind die ersten künstlerischen Eindrücke.
Da die Dienstwohnung nach dem Tod des Vaters geräumt werden mußte, zog die Mutter mit ihrer blinden Schwägerin, den vier jüngeren Kindern und einem Handwagen voll Hausrat nach → Ebelsberg, wo sie sich als »Helferin« (Wäscherin und aushilfsweise auch als Dienstmagd) verdingte. Anton wurde auf ihre Bitte hin im Stift St. Florian als Sängerknabe aufgenommen.
Am 22. 11. 1870 wurde Bruckner die Ehrenbürgerschaft (→ Ehrungen) von Ansfelden verliehen. Das alte Schulhaus wurde am 17. 10. 1971 als → Gedenkstätte eingerichtet. – Noch zu Lebzeiten Bruckners, am 12. 5. 1895, wurde am Geburtshaus eine von der Linzer → Liedertafel »Frohsinn« gestiftete Gedenktafel angebracht, unter dieser 1988 ein Relief (aus dem Jahr 1940) von Renate Stolz. Im Ortskern von Ansfelden befindet sich ein Gedenkstein mit einem Bruckner-Kopf von Franz Plany (1924). EM

Lit.: Göll.-A. 1, S. 49-118; Das Geburtshaus A. Bruckners – Ansfelden (Kataloge des Oberösterreichischen Landesmuseums. Neue Folge 18). [Linz 1988].

Antiphon (antiphonal)

bezeichnet entweder eine Aufführungspraxis (insbesondere der Psalmodie), in der zwei Chöre oder Solisten(gruppen) abwechselnd (antiphonal) einen Abschnitt singen, oder aber einen Bestandteil der → Messe und des Offiziums (Stundengebets). Meist wird die Antiphon am Anfang und Ende eines Psalmes oder refrainartig zwischen den Psalmversen gesungen. Lediglich die Marianischen Antiphonen »Alma redemptoris mater« (Advent und Weihnachten), »Ave regina coelorum« (zwischen Weihnachten und Ostern), »Regina coeli« (Ostern) und »Salve regina« werden ohne Verbindung mit einem Psalm gebraucht.
Bruckner vertonte die Antiphonen *Asperges* WAB 3 und 4, *Ave Regina, Ecce sacerdos* und »*Tota pulchra es, Maria«*. EM

Antoine, Franz

Geb. 27. 1. 1864 und gest. 17. 4. 1935 in Wien; Porträt- und Landschaftsmaler. Studium an der Wiener Akademie der bildenden Künste bei Christian Griepenkerl sowie in München und Paris. Seit 1897 Restaurator am Kunsthistorischen Museum in Wien, wo er auch eine Privatmalschule leitete.
Antoine, der 1878 Privatschüler Bruckners war (Vermerk in dessen → Taschen-Notizkalender), zeichnete diesen 1888 während einer Probe im → Wiener Akademischen Wagner-Verein (IKO 27, gedruckt im Verlag Franz Kehle, Wien). Weiters sind drei Ölgemälde mit Bruckner-Porträts von Antoine bekannt: Eines (1890, IKO 38) zeigt Bruckner im Profil nach rechts (früher Wiener Akademischer Wagner-Verein, jetzt Historisches Museum der Stadt Wien), die anderen im Profil nach links (ca. 1896, IKO 88, nicht signiert, Komponistengalerie der → Gesellschaft der Musikfreunde in Wien; o. J., IKO 168, → Anton Bruckner Institut Linz). RG

Lit.: Rudolf Schmidt, Österreichisches Künstler-Lexikon von den Anfängen bis zur Gegenwart. Wien 1974; Bruckner-Ikonographie.

Anton Bruckner Institut Linz (ABIL)

1977 wurde erstmals die Wissenschaft in das jährlich im September abgehaltene → Internationale Brucknerfest Linz einbezogen: mit einem Bruckner-Symposion und einer → Ausstellung »Anton Bruckner zwischen Wagnis und Sicherheit« in Zusammenarbeit von Linzer Veranstaltungsgesellschaft (LIVA) und Österreichischer Akademie der Wissenschaften (ÖAW) bzw. → Österreichischer Nationalbibliothek. Der Erfolg der Verbindung von Wissenschaft und Praxis stieß bei den Verantwortlichen auf starkes Interesse: Am 14. 6. 1978 wurde der Verein »Anton Bruckner Institut Linz« (ABIL) gegründet – »im Bestreben, der Bruckner-Forschung in der Heimat des Komponisten ein Zentrum zu bieten, von dem aus versucht werden soll, der biographischen Forschung neue Akzente zu verleihen und durch systematische Untersuchungen

Franz Grasberger, um 1970

zu einer erweiterten Kenntnis des Werkes zu gelangen«. Von den Gründern ÖAW und LIVA, vertreten durch Franz Grasberger (1915-1981) als wissenschaftlichem Leiter und Ernst Kubin (1926-1995) als Geschäftsführer, konnten zur ersten Sicherung der finanziellen Basis einige Linzer Bankinstitute als weitere Mitglieder gewonnen werden. Als Subventionsgeber traten später das zuständige Bundesministerium, die oberösterreichische Landesregierung sowie weitere Institutionen, die Forschungsaufträge zu vergeben bereit waren, hinzu.
Aus den ständigen Arbeitsgebieten des ABIL sind besonders zu nennen: die *Grundlagenforschung* (Sammlung aller Dokumente zu Leben und Werk Bruckners in Original, Mikrofilm oder Kopie und deren Auswertung sowie Erstellung eines Dokumentationskataloges mit Informationen zu Person, Werk und persönlichem Umkreis Bruckners) und damit verbunden Archivdokumentation, → Bibliographie, → Ikonographie, Topographie und Tondokumentation; die Organisation von *wissenschaftlichen Veranstaltungen* (Symposien, Kongresse, Vorträge), wobei die seit 1980 alljährlich im Rahmen des Internationalen Brucknerfestes Linz stattfindenden Bruckner-Symposien eine zentrale Rolle spielen (an weiteren Tagungen sind solche in Budapest, 1983 und 1984, sowie Rom, 1986, zu nennen); Gestaltung von *Bruckner-Ausstellungen* (1986 in Linz, 1990 in Schwäbisch Hall, Linz und Wien, 1993 in Würzburg, 1994 in Bayreuth, 1996 in St. Florian als Teil der Oberösterreichischen Landesausstellung »Vom Ruf zum Nachruf«). Für die umfangreiche Publikationstätigkeit des ABIL wurden folgende Reihen geschaffen: *Anton Bruckner. Dokumente und Studien* 1979 ff.; *Bruckner-Jahrbuch* 1980 ff.; *Bruckner-Symposion-Berichte* 1980 ff.; *Bruckner-Vorträge* 1983/84 ff.; *ABIL-Informationen* 1981 ff.
Das ABIL hat Arbeitsräume sowohl im → Brucknerhaus Linz (Untere Donaulände 7, Postfach 57, A-4010 Linz) als auch in der Kommission für Musikforschung der Österreichischen Akademie der Wissenschaften (Fleischmarkt 20-22, A-1010 Wien). UH

Lit.: Franz Grasberger, Das Anton Bruckner Institut Linz, in: ABIL-Informationen 1. Linz 1981; Arbeitsberichte erscheinen jeweils in den Bruckner-Jahrbüchern 1980 ff.

Apollo-Marsch Es-Dur (WAB 115, nicht von Bruckner!)
Dieser Marsch für Militärmusik wurde seit dem Nekrolog von Heinrich Rietsch (1897) lange Zeit Bruckner – mit der vermuteten Entstehungszeit 1862 – zugeschrieben. Auf der Grundlage einer Abschrift (ÖNB-MS Mus.Hs. 6026, Schreiber unbekannt) wurde ein von August → Stradal eingerichteter Klavierauszug 1930 in der großen Bruckner-Biographie von → Göllerich und → Auer (3/2, S. 21-25) abgedruckt. 1947 zweifelte Auer allerdings schon die Autorschaft Bruckners an. Inzwischen konnte von Werner Probst eindeutig geklärt werden, daß der »Apollo-Marsch« mit dem bereits 1857 für das altösterreichische Infanterie-Regiment Nr. 10 entstandenen »Mazzuchelli-Marsch« op. 22 von Béla Kéler (Adalbert von Keler, 1820-1882) identisch ist. In der Neuen → Gesamtausgabe ist er im Band XII/4 (1996) als Anhang zum *Marsch in d-Moll* aufgenommen worden. PH

Lit.: Heinrich Rietsch in: Biographisches Jahrbuch und Deutscher Nekrolog 1. Berlin 1897, S. 302-319; Werner Probst, Der »Apollomarsch« – wirklich von Bruckner?, in: Österreichische Blasmusik 32 (1984) H. 5; Paul Hawkshaw, A. Bruckner and the »Apollo March« for Band, in: College Band Directors National Association 1988/89, Nr. 6.

Arbeitsweise – Schaffensprozeß
In den folgenden, in drei Abschnitte unterteilten und von drei verschiedenen Autoren stammenden Untersuchungen sollen Spezifika der Brucknerschen Arbeitsweise in seiner frühen, der mittleren und der späten Schaffenszeit näher beleuchtet werden, wobei Überschneidungen, Wiederholungen usw. natürlich nicht immer auszuschließen waren.

– Zu den frühen Jahren
Die Quintessenz der Arbeitsweise Bruckners war seine Ansicht – auch vor den Studien bei Simon → Sechter –, daß die Melodie der Urquell der vollständigen Komposition sei. Während seiner St. Florianer und Linzer Jahre, in denen die frühesten Kompositionsabfolgen in seinen Handschriften identifiziert werden können, bestehen sie meistens aus einem zwei- (oder drei-)linigen Sopran/Baß-Gerüst für Perioden oder ganze Teile von längeren Stücken. Kleinere Kompositionen wurden fast immer in vier Stufen (Lagen) direkt in der Partitur vervollständigt: 1. die äußeren Stimmen, 2. die inneren Stimmen, 3. Änderungen an den äußeren Stimmen und 4. schließlich das Einsetzen von Aufführungsanweisungen. Eine ähnliche, aber erweiterte Arbeitsweise in Lagen hat Bruckner auch in seinen größeren Kompositionen für Singstimmen mit Ensembles angewandt. In einer Partitur von aufeinanderfolgenden Papier-

Messe in Es-Dur. Erste Seite des Autographs

bogen schrieb er zunächst die Melodie/Baß-Skizze in die richtigen Stimmenlinien (normalerweise Sopran und Baß). Während seiner Linzer Jahre hat er manchmal vorher einen zwei- (oder drei-)linigen fortlaufenden Entwurf geschrieben (vgl. z. B. Kyrie-, Gloria- und Credo-Skizzen der *Messe in f-Moll* in → Kremsmünster). Danach hat er die übrigen Vokalstimmen ausgefüllt. In der Folge wurde die Instrumentierung in Lagen vervollständigt: zuerst die Streicher, dann die Holz-, schließlich die Blechbläser. Die meisten Aufführungsanweisungen wurden nach der Orchestrierung hinzugefügt. Ein frühes Beispiel einer eigenhändigen Handschrift mit dieser Arbeitsweise in Lagen ist die unvollendete Kyrie-Partitur einer *Messe in Es-Dur* (WAB 139) von 1846 (Faksimile bei Göll.-A. 2/2, S. 86-93). Als Bruckner dieses Verfahren in seinen frühesten Orchesterwerken (*Marsch in d-Moll* und *Drei Orchesterstücke*) anwandte, hat er das Melodie/Baß-Gerüst zuerst in den 1. Violinen und Violoncelli/Kontrabaßlinien – mit gelegentlichem Ausweichen in andere Instrumente – ausgearbeitet. Die Partituren sind fast immer sehr genau datiert.

Auffallend in der erwähnten Kyrie-Partitur von 1846 ist die als früheste Kompositionsanlage erkennbare basso continuo-Linie samt Orgel. Die letzte Brucknersche Chorpartitur mit solch einer »altmodischen« Stimme ist das *Ave Maria* WAB 5 von 1856 (wenn auch die Orgel in seinen Messen und seinem *Te Deum* später in Wien verwendet wurde).

Während seiner Studienzeit 1861-1863 bei Otto → Kitzler wurde Bruckner mit vielen zeitgenössischen Kompositions-, Orchestrations- und Aufführungsweisen vertraut gemacht. Unter anderem hat er damals begonnen, die im 19. Jahrhundert übliche Partituranordnung zu verwenden: Holzbläser oben, darunter Blechbläser, dann Schlagzeug und zuunterst die Streichinstrumente. Ein Ergebnis von Bruckners Arbeitsweise waren – vor den Umarbeitungen der siebziger bis neunziger Jahre – relativ saubere, lesbare Partituren. Wenn eine Reinschrift eines kleineren Stückes gebraucht wurde, fertigte er selbst eine solche an (vgl. *»Du bist wie eine Blume«*), für größere Kompositionen beschäftigte er dafür → Kopisten. Vor der Übersiedlung nach → Linz hat er manchmal auch Aufführungsstim-

men aus eigenen Werken ausgeschrieben. Nach 1856 hat er dies fast nie mehr getan.
Die berühmtesten und meistdiskutierten Aspekte der Arbeitsweise Bruckners treten in seinen St. Florianer und Linzer Partituren kaum zutage. Am wichtigsten ist dabei vielleicht die Tatsache, daß Revisionen früherer Kompositionen bei ihm vor Mitte der siebziger Jahre fast keine Rolle spielten. Ebenso gibt es vor den Wiener Jahren keinen Nachweis von unautorisierten Abänderungen in seinen Partituren. Auch seine Gewohnheit, Noten zuerst mit Bleistift zu schreiben und dann mit Tinte nachzuzeichnen, sowie die allgegenwärtigen überflüssigen Versetzungszeichen finden sich selten in seinen frühen Autographen. Außerhalb der Formübungen bei Kitzler (→ Kitzler-Studienbuch) sind Bruckners wohlbekannte metrische Zahlen selten zu finden. Er hat nur gelegentlich in Linzer Partituren Perioden numeriert; öfter (Kyrie und Agnus der *Messe in f-Moll*) hat er dafür Takte innerhalb eines ganzen Satzes gezählt und die Gesamtsumme am Ende vermerkt. PH

– Zu den mittleren Jahren
In der *Zweiten Symphonie* ist es möglich, bestimmte Details der Kompositionsmethoden Bruckners zu studieren, auch wenn das fast gänzliche Fehlen von Skizzen einen Überblick schwierig macht. Bruckner scheint bei den Symphonien grundsätzlich zuerst an die Streicherpartien gedacht zu haben, indem er die Violinstimmen in die Partitur über ausgedehnte Strecken hineinschrieb, möglicherweise ein teilweise ausgefülltes Particell verwendend, bevor er die Blasinstrumente hinzufügte. Das heißt aber nicht, daß die Blasinstrumente ihrerseits ein nachträglicher Einfall waren, auch wenn es stimmt, daß die ruhigen Akkorde der Bläser im langsamen Satz dieser Symphonie erst nach Fertigstellung der anderen → Instrumentationen den entsprechenden Passagen hinzugefügt wurden. Weiters ist bemerkenswert, daß der fünfte Teil des langsamen Satzes erst ergänzt wurde, als dieser Satz bereits in vierteiliger Struktur (A-B-A'-B' mit Coda) geschrieben war. Dieser fünfte Teil, der in seiner Schreibweise und harmonischen Sprache viel sorgfältiger ausgeführt ist als die anderen Teile dieses Satzes, scheint nur wenige Wochen später verfaßt worden zu sein. Bruckner muß das Ergebnis gefallen haben, da er diese → Form in allen seinen weiteren Symphonien, mit Ausnahme der *Sechsten*, verwendet hat.
Die Erläuterung der kompositorischen Methoden Bruckners wird gelegentlich erschwert durch die Verwirrung, die bei den nach Vollendung eines Werks durchgeführten Revisionen auftreten kann. Die Entwicklung der imitatorischen Schreibweise in den Bläsern im dritten Teil des langsamen Satzes der *Zweiten*, nach Takt 79 in der Fassung von 1872, fand eindeutig während der Komposition statt; die erste Idee an dieser Stelle war viel weniger interessant. Hier sehen wir auch, daß Bruckner bei der Komposition und später auch oft in den Revisionen, bestrebt war, hörbare innere Linien zu entwickeln, die kontrastierende Elemente gegen die massive orgelartige Schreibweise, die ihm zunächst einfiel, bildeten. Diese inneren Linien und Gegen-Melodien scheinen nicht von einer geänderten Sicht bezüglich des Charakters der Symphonik zu kommen, sondern statt dessen von einer stufenweisen Steigerung im Verständnis des Komponisten über die Art und Weise, wie die verfügbaren musikalischen Ideen verarbeitet werden können. Oft entfernte er tatsächlich innere Linien, wie in der dritten Themengruppe des Finale der *Dritten Symphonie* (vgl. dazu die Fassungen von 1877 und 1889). Die gemischten und doppelten Klänge, die mehr in den späten als in den frühen → Fassungen zu finden sind und oft als von → Wagner beeinflußt zitiert werden, verdanken ihre Existenz möglicherweise dem Wunsch des Komponisten (oder eines mit der Revision betrauten Mitarbeiters), die Hörbarkeit einer Linie zu stärken, die sonst nicht vernehmbar wäre; als Beispiele mögen genannt sein die markante Verdopplung der Flötenlinie durch die ersten Violinen in der *Vierten* und in der *Achten* sowie die problematische Verdopplung der Fagotte mit den Violoncelli in den Takten 265-268 im 1. Satz der *Neunten*, posthum von Löwe angebracht, worin dennoch in gewissem Sinn Bruckners Vorgangsweise bei Revisionen zum Ausdruck kommt.
Die frühen Fassungen von Symphonien zeigen stets eine große Reinheit und Geschlossenheit der Form, die letzten Revisionen hingegen weisen oft eine große Reife im Verarbeiten des thematischen Materials auf. Dies ist für uns von ebenso großem Interesse, wie es wichtige zeitgenössische Informationen über Aufführungsstil und Kompositionsverfahren liefert, die – mit Vorsicht angewendet – tatsächlich alle Fassungen »erklären« können. Deshalb ist es auch so notwendig, Aufführungen von Symphonien und von → Chormusik Bruckners in allen vorhandenen Versionen zu fördern. WC

Achte Symphonie. Skizze zur Coda des Finale

– *Zu den späten Jahren*

Im Gegensatz zu den wenigen überlieferten Vorarbeiten früherer Werke ist zu Kompositionen ab der *Achten Symphonie* eine große Anzahl von Quellen erhalten, Skizzen und ausgesonderte Partiturbogen, die ein umfassendes Bild der Kompositionstechnik des späten Bruckner ermöglichen. Zur Zeit seines Umzugs ins Kustodenstöckl des Belvedere-Schlosses am 4. 7. 1895 hatte Bruckner die meisten seiner früheren Vorarbeiten, die noch in seiner alten Wohnung in der Heßgasse lagen, vernichtet. Zudem gingen kurz nach seinem Tod viele Manuskripte aus seinem → Nachlaß verloren oder wurden später verstreut, nicht zuletzt auch durch mangelnde Umsicht seines Testamentsvollstreckers. Dennoch umfassen die überlieferten Quellen allein zur *Neunten Symphonie* mehr als 1 000 Seiten; zur *Achten*, die ja in zwei Fassungen und mehrfachen Abschriften von fremder Hand vorliegt, sogar noch viel mehr.

Bis hin zu den letzten Werken war Bruckner einer seiner Kompositionspraxis offensichtlich völlig angemessenen Arbeitsweise (s. o.) verpflichtet, die nachweislich aus lediglich zwei Phasen bestand: In der ersten Phase skizzierte er in Form eines Particells ein wenn auch noch in den ersten Anfängen steckendes, doch bereits erkennbares Ganzes (ein »Vorskizzieren«, wie es etwa die Skizzenhefte → Beethovens dokumentieren, gibt es bei Bruckner nicht). Danach folgte die Niederschrift der Streicher in der Partitur und die mühsame Ausarbeitung der → Instrumentation. Für seine Skizzen benutzte Bruckner in der Regel ein Particell aus vier bis fünf Systemen, in denen der Satz in seinen wesentlichen Zügen umrissen wurde, hauptsächlich Exposition sowie mindestens der allgemeine Fortgang der Durchführung und Reprise. Öfters bestehen diese vielfach nur mit Bleistift entworfenen Skizzen aus kaum mehr als je einer führenden Stimme mit Baß, manchmal sogar mit Generalbaßziffern. Eine besondere Problematik bilden dabei die oft schwer lesbare Handschrift des Komponisten und seine Angewohnheit, manche Einfälle so übereinander zu schreiben, daß sie heute kaum mehr zu entziffern, geschweige denn chronologischen Schichten zuzuordnen sind. Viele derartige Skizzen tragen jedoch bereits sorgfältige Datierungen Bruckners, und die vollständig überlieferten Skizzen später Chorwerke, wie *Helgoland* oder *Das deutsche Lied*, sehen so aus, als ob sie praktisch in einem Zug entworfen worden wären.

Die Niederschrift der Partitur erfolgte auf sorgfältig vorbereiteten, nacheinandergelegten und durchgehend numerierten Bogen. Nach der Fixierung der Streicher in Tinte (oft sogar datiert) und wesentlicher Bläsereinsätze (meist in Bleistift) wurden schließlich die Bläserstimmen systematisch ausgearbeitet. Auch deren Werdegang wurde oft durch Daten dokumentiert. Mit der Vollendung aller satztechnischen Elemente war die Partitur bereits »fertig«. Dynamik und Artikulation, manchmal sogar auch Tempobezeichnungen, kamen meistens als letzter Schliff hinzu.

Da Brucker nie selbst eine Reinschrift seiner späteren Werke verfaßte, sind seine → Autographe von ungeheurer Bedeutung für das Verständnis des kompositorischen Prozesses. Erst durch vielfältiges Radieren, Überkleben sowie das Aussondern und Ersetzen einzelner Bogen und Halbbogen kam Bruckner zu einer seinen Intentionen völlig angemessenen Realisierung seiner Konzeption. Bezeichnend dafür ist die ersichtliche Sorgfalt und die peinliche Akribie, mit denen Bruckner seine Werke schuf. Sie wurzeln zweifellos in seinem langen Theoriestudium bei Simon Sechter und der eigenen Tätigkeit als Lehrer für → Musiktheorie. Die Autographe tragen kaum etwas zum Bild des einfältigen Genies bei, und noch weniger lassen sie programmatische Intentionen im strengen Schaffensprozeß durchblicken. Der Periodenbau wird ständig mittels sogenannter »metrischer Ziffern« überprüft, die ihn zu regelmäßigen Gruppen von vier, sechs, acht oder mehr Takten ordnen und die das Werden der Musik von der frühesten Particellskizze bis hin zur fertigen Partitur begleiten. Selbst ganze Satzabschnitte werden gelegentlich durchgezählt. Oft kommen in den Partituren auch Überprüfungen der Stimmführung vor, die gelegentlich sogar datiert sind; Randkustoden, die den Fortgang der Stimmen zeigen, Notizen zum Harmoniewechsel sowie Bemerkungen wie »Umkehrung« oder »zugleich und 1/4 später« zeigen, wie bewußt Bruckner seine Mittel zur motivischen Transformation einsetzte, die heute allgemein als »Mutation« bezeichnet wird. Seine Bezeichnungen »Gesangsperiode« und »unisono« sagen wesentlich mehr als die gewöhnlichen Termini »zweite« und »dritte Gruppe« über das Wesen dieser Satzelemente aus. Bezeichnend für das Verständnis der Form seiner Symphoniesätze ist schließlich auch Bruckners Gliederung in einen »Ersten« (Exposition) und »Zweiten Theil« bzw. »Zweite Abtheilung« (Durchführung, Reprise und Coda), die die für die Spätwerke typische Verschachtelung von Durchführung und Hauptthemenreprise erklären hilft und auf ein ursprünglich klassisches Modell des Sonatensatzes zurückgreift.

JAP

Lit.: A. Bruckner, Entwürfe und Skizzen zur IX. Symphonie. Vorgelegt und erläutert von Alfred Orel. Sonderdruck aus: A. Bruckner, Sämtliche Werke 9: IX. Symphonie D-Moll (Originalfassung). Wien 1934; Walter Schulten, A. Bruckners künstlerische Entwicklung in der St. Florianer Zeit. Diss. Mainz 1957; Werner F. Korte, Bruckner und Brahms. Die spätromantische Lösung der autonomen Konzeption. Tutzing 1963; Franz Grasberger, A. Bruckners Arbeitsweise, in: Bruckner-Studien 1964; Claudia C. Röthig, Studien zur Systematik des Schaffens von A. Bruckner. Kassel 1978; Paul Hawkshaw, The Date of Bruckner's »Nullified« Symphony in D Minor, in: 19th Century Music 6 (1983); ders., The Manuscript Sources; ders., Weiteres über die Arbeitsweise Bruckners während seiner Linzer Jahre: Der Inhalt von Kremsmünster C 56.2, in: Bruckner-Symposion 1992; Leopold Nowak, Probleme bei der Veröffentlichung von Skizzen, in: Nowak, Über A. Bruckner; Mariana Sonntag, The Compositional Process of A. Bruckner: A study of the sketches and drafts for the IX. Symphony. Diss. Chicago 1987; John A. Phillips, Die Arbeitsweise Bruckners in seinen letzten Jahren, in: Bruckner-Symposion 1992; ders., Bruckner's Ninth Symphony Revisited: Towards the re-evaluation of a four-movement symphony. Diss. Adelaide 1995; Thomas Röder, Eigenes angewandtes Nachsinnen – Bruckners Selbststudium in Fragen der Metrik, in: Bruckner-Symposion 1992; sowie besonders die Lit. zum Finale der *Neunten Symphonie*.

Armbruster, (Emil) Theodor (Anton)

Geb. 22. 10. 1895 in Heidelberg, gest. 10. 5. 1979 in Bad Tölz. Sanitätsrat Dr. med. Theodor Armbruster »zählte zu jenen immer wieder anzutreffenden Medizinern, deren starkes musikalisches Engagement sie für die Musik ebenso unentbehrlich machte wie für die Medizin«. Seit 1927 praktizierte er als Dermatologe in → Leipzig, wo er er sich auch als »kunstsinniger Brucknerfreund« einen Namen gemacht hat. Die frühe Bruckner-Bewegung hat er wesentlich mitbeeinflußt. In Leipzig hat er darüber hinaus ein Ärzteorchester gegründet und ihm bis zu dessen Auflösung 1939 als Konzertmeister angehört. Seit 1964 lebte er in Kochel am See (Oberbayern).

Am 25. 2. 1931 erteilte Armbruster dem Leipziger Bildhauer Fritz Zalisz den Auftrag, eine Bruckner-Büste zu schaffen. Am 10. 4. 1931 vollendete Zalisz das Werk. In einem seiner Bruckner-Fotoalben (Privatbesitz) dokumentierte Armbruster die Entstehung der Büste vom Gipsmodell über den unbehauenen Marmorblock bis zur Vollendung des Kunstwerks und schrieb dazu: »Das Werden der Erfüllung meines Lieblingswunsches: die erste Büste Anton Bruckners in Deutschland«. Im selben Album vermerkte Fritz Zalisz: »An die letzten tiefsten

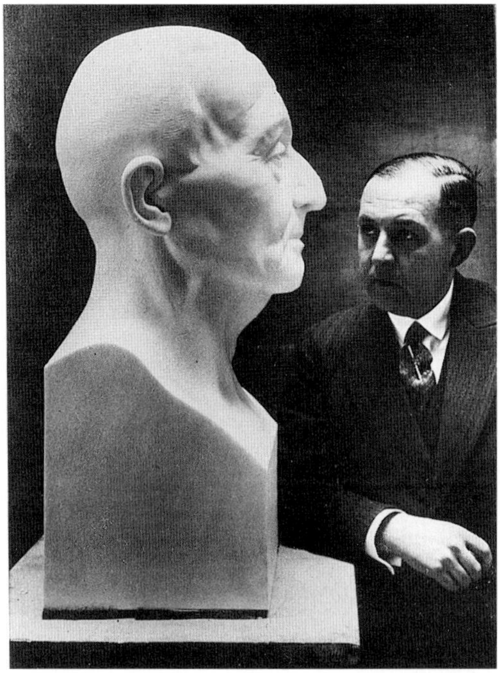

E. Th. A. Armbruster mit der Bruckner-Büste von Fritz Zalisz, 1931

Geheimnisse des Menschen will der Künstler rühren und sucht sie zu entschleiern – in unserem Falle das große Brucknergeheimnis«. Die Plastik stiftete Armbruster dem Leipziger Gewandhaus für dessen Wandelhalle, wo sie am 22. 10. 1931 feierlich enthüllt wurde. Max Brockhaus als Vorsitzender des Direktoriums des Gewandhauses, Max → Auer als Vorsitzender der → Internationalen Bruckner-Gesellschaft und Franz Moißl als Sprecher der Verwandten Bruckners in → Vöcklabruck hielten vor dem Direktorium des Gewandhauses und ausgewählten Gästen – darunter auch der Leipziger Oberbürgermeister Dr. Goerdeler – die Ansprachen. Anschließend führte Bruno Walter mit dem Gewandhausorchester u. a. die *Sechste Symphonie* auf.

Armbruster, der sich für die Aufführung dieser bislang in Leipzig vernachlässigten Symphonie Bruckners eingesetzt hatte, regte auch die Leipziger Erstaufführung der (»Nullten«) *Symphonie in d-Moll* an, die am 23. 11. 1933 unter dem Dirigenten Hans Weisbach stattfand.

1932 wurde Armbruster in den Vorstand der Internationalen Bruckner-Gesellschaft berufen und gründete 1934 in Leipzig eine örtliche »Bruckner-Gemeinschaft«. Neben einigen anderen Aufsätzen über Bruckner veröffentlichte er 1946 einen wichtigen Beitrag zu dem damals hochaktuellen Thema »Erstdruckfassung oder Originalfassung«. RKe

Lit.: Leipziger Abendpost 13. 10. 1931; IBG-Mitteilungsblatt Nr. 16, Dezember 1979, S. 33; Steffen Lieberwirth, Zur Geschichte der Bruckner-Büste des Gewandhauses zu Leipzig, in: Bruckner-Jahrbuch 1984/85/86; ders., Bruckner und Leipzig. Vom Werden und Wachsen einer Tradition. Leipzig 1990, S. 101-114.

Arminger, Georg

Geb. 6. 3. 1822 in Aistersheim, Oberösterreich, gest. 7. 7. 1884 in Linz. Priesterweihe 1846, 1868-1883 Stadtpfarrer von → Steyr, Kanonikus, 1883 Domherr in → Linz. Obmann des Cäcilienvereins (→ Cäcilianismus).

Arminger ist als Stadtpfarrer nach Joseph Plersch der zweite wichtige Gastgeber Bruckners im Steyrer Pfarrhof. Die Besuche des Komponisten scheinen ab 1875 wieder regelmäßiger geworden zu sein. Arminger selbst war Amateurmusiker und spielte öfter zusammen mit Leopold → Hofmeyr Klavier. Bei diesen Anlässen dürfte auch die erste Begegnung Bruckners mit Hofmeyr stattgefunden haben. EWP

Arneth, Joseph Calasanz (Ritter von)

Geb. 12. 8. 1791 in Leopoldschlag im Mühlviertel, Oberösterreich, gest. 31. 10. 1863 in Karlsbad; Numismatiker und Altertumskundler. Nach bald abgebrochenen juridischen Studien seit 1811 Praktikant am k.k. Münz- und Antikenkabinett, seit 1840 dessen Direktor. 1841 Professor an der → Universität Wien, 1847 wirkliches Mitglied der Akademie der Wissenschaften; 1861 in den Ritterstand erhoben. Seit 17. 6. 1817 mit der berühmten Opernsängerin Antonie Adamberger (1790-1867) verheiratet, die danach nur mehr im familiären Kreise, auch bei Besuchen in → St. Florian, sang.

Ebenso wie sein älterer Bruder Michael → Arneth war er sehr der Musik zugetan. Am 28. 8. 1862 hörte er Bruckner in St. Florian die Orgel spielen und versprach daraufhin, sich für Bruckner bei Hofrat Philipp Draexler von Carin (nicht Drechsler) einzusetzen. Aus der erhofften »Exspektanz« an der → Hofmusikkapelle wurde aber nichts. Arneth riet jedoch, mit Hofkapellmeister Benedict Randhartinger und Simon → Sechter weiterhin »in gutem Einvernehmen zu bleiben«. KR

Quellen: Stiftsarchiv St. Florian. – Lit.: Alfred Ritter von Arneth, Aus meinem Leben. Wien 1893; Felix Czeike, Historisches Lexikon Wien 1. Wien 1992, S. 160 f.

Michael Arneth

Arneth, Michael

Geb. 9. 1. 1771 in Leopoldschlag im Mühlviertel, Oberösterreich, gest. 24. 3. 1854 in St. Florian; Propst (1823-1854) des Stiftes → St. Florian. 1794 Eintritt in dieses Stift, Theologiestudien in Linz und Wien. Nach der Priesterweihe 1797 als Kooperator der Stiftskirche tätig, seit 1801 Professor am Theologischen Lyzeum in Linz, seit 1815 dessen Direktor. 1814 zunächst Kanzleidirektor, seit 1823 Abt des Stiftes und zugleich Generaldirektor der Gymnasien in Oberösterreich und Salzburg. Arneth verfaßte einige wissenschaftliche Arbeiten zu Theologie, Philosophie und Pädagogik. 1846 Errichtung der theologischen Hauslehranstalt in St. Florian.

Im Oktober 1824 traf Arneth eine Neuregelung bezüglich der Stiftssängerknaben, die in ihrer alten Struktur den verordneten Sparmaßnahmen Kaiser Josephs II. zum Opfer gefallen waren. Ihre Erziehung und Ausbildung für Kirchen- und Kammermusik wurde dem St. Florianer Schullehrer und seinem Gehilfen übertragen. 1828 verfaßte Arneth im Auftrag des Linzer Bischofs ein Gutachten über die bessere Ausbildung der Lehrer. 1836 trug er den Pfarrern der inkorporierten Stiftspfarren auf, sich besonders um den Lehrernachwuchs und dessen Musikausbildung, besonders in Gesang und Orgel und auf Saiteninstrumenten, zu kümmern.

1837 nahm Arneth den 13jährigen Bruckner als Stiftssängerknaben auf und kümmerte sich auch in den folgenden Jahren um ihn. So setzte er sich für Bruckners Versetzung von → Windhaag nach → Kronstorf ein. Bald nach seinem Dienstantritt 1845 als Lehrgehilfe in St. Florian wurde Bruckner als supplierender Stiftsorganist eingesetzt und mit 1. 3. 1850 zum provisorischen Stiftsorganisten bestellt, was er bis zu seiner Übersiedlung nach → Linz 1855 blieb.

Bruckner widmete seinem Förderer folgende Werke: *Entsagen* (1851 zum Namensfest), *Libera* WAB 22 (1854), *»Heil, Vater! Dir zum hohen Feste«* (1852 zum Namensfest). Das *Duetto* und der *Liedentwurf* waren ihm ebenfalls zugedacht. – Bei den Begräbnisfeierlichkeiten für Arneth am 28. 3. 1854 wurden Bruckners *Libera* WAB 21 und der für diesen Anlaß geschriebene Männerchor *Vor Arneths Grab* sowie am 4. 4. das *Requiem in d-Moll* aufgeführt. KR

Quellen: Stiftsarchiv St. Florian. – Lit.: Alfred Ritter von Arneth, Aus meinem Leben. Wien 1893; Göll.-A. 1, S. 114, 122, 2/1, passim.

Ärzte im Bruckner-Umkreis

Wenn das Ansehen eines Menschen allein von der Bedeutung seiner ihn behandelnden Ärzte abhängig wäre, dann hätten Bruckners bis zu seinem Tod fortwährende Bemühungen um Anerkennung in dieser Hinsicht jedenfalls Erfolg gezeitigt: Es waren (bzw. wurden) durchwegs Mediziner von hervorragendem Ruf, die ihn – sogar meist kostenlos – betreuten.

Der wohl berühmteste Mediziner im damaligen Wien, der aus Norddeutschland gebürtige, von Zürich in die Kaiserstadt berufene Chirurg Theodor Billroth (1829-1894), hat Bruckner zwar nie behandelt, die als Brahms-Freund bekannte Persönlichkeit hat Bruckner aber einige Male bei seinen Besuchen der Tafelrunde von Ärzten und Assistenten im Restaurant »Riedhof« (→ Gasthäuser) in der Wiener Josefstadt getroffen, wo Billroth – an sich voll Abneigung gegenüber der Musik Bruckners (»formloses altes Geschwätz«) – auch einmal ironisch-anerkennende Worte wegen der Kürze eines Werkes gefunden haben soll. Bruckner setzte große, allerdings vergebliche Hoffnungen auf Billroth – in dessen Klinik er zu Weihnachten oft → Orgel spielte –, da er glaubte, ihn als »Vermittler« bei einem weiteren Brahms-Freund, dem Kritiker Eduard → Hanslick, einsetzen zu können, dessen überwiegend negative Rezensionen ihn kränkten.

Folgende Mediziner aus dem Umkreis Bruckners – neben den gesondert angeführten Ärzten Richard → Heller und Leopold von → Schrötter – verdienen nähere Erwähnung:

– Ottokar Freiherr von Chiari (1853-1918), geboren in Prag, Medizinstudium in Wien (1877

Dr. med.). 1877-1879 Operateur an der Chirurgischen Klinik J. von Dumreichers, 1879-1881 Assistent an der Laryngologischen Klinik bei L. von Schrötter, der ihn in dieses Spezialfach einführte. 1882 Habilitation für Laryngologie und Rhinologie, 1891 tit. a.o. Prof., 1913 o. Prof. Seit 1893 an der Allgemeinen Poliklinik, seit 1899 Leitung der Laryngologischen Klinik in Wien. Chiari hat erfolgreich die vorher nur als eher unbedeutendes Nebenfach der Inneren Medizin angesehene Laryngologie durch die Angliederung der Rhinologie und die Einbeziehung der Schädel- und Halsoperationen zu einem eigenständigen und vorwiegend chirurgischen Fach ausgebaut.
Er stellte zusammen mit Gustav Riehl (s. u.) im März 1890 bei Bruckner »chronische Katarrhe des Rachens und des Kehlkopfes« fest sowie »hochgradige Nervosität«, worauf dieser bei der → Gesellschaft der Musikfreunde in Wien um Beurlaubung von seiner Lehrtätigkeit ansuchte, schließlich mit Bescheid vom 12. 7. seiner 16 Pflichtstunden am Konservatorium enthoben wurde – bei sofortiger Einstellung des Gehaltes (nach 22jährigem Wirken).
– Viktor Eisenmenger (1864-1932), Dr. med., Assistent an der Klinik → Schrötter, Spezialist für Erkrankungen des Kehlkopfes; Leibarzt Kaiser → Franz Josephs und der Thronfolger Franz Ferdinand und Karl. Chef des Hofsanitätswesens.
Eisenmenger übernahm von Schrötter nach erster Besserung der von November 1894 bis April 1895 dauernden schweren Erkrankung Bruckners im Frühjahr 1895 die weitere Behandlung. Angeblich soll der dankbare Patient ihm, der von Göllerich-Auer als unmusikalisch charakterisiert wird, sogar die Widmung der *Neunten Symphonie* in Aussicht gestellt haben (Göll.-A. 4/3, S. 508 f.).
– Josef Födinger (1810-1883), städtischer Spitalsarzt und Chirurg in Linz, seit 1868 Leiter des dortigen Allgemeinen Krankenhauses, kündigte Bruckner während dessen großer psychischer und physischer Krise 1867 – wie dieser in einem Brief (19. 6. 1867) an seinen Freund Rudolf → Weinwurm berichtet – »den Irrsinn als mögliche Folge schon an« und schickte ihn zur Kur nach → Bad Kreuzen.
– Alexander Fraenkel (1857-1941), in Rumänien geboren, Mittelschule und Medizinstudium in Wien (Dr. med. 1880); Operateursschüler der Klinik Billroth (s. o.). 1890 Habilitation für Chirurgie, 1903 a.o. Prof. Seit 1893 am Karolinen-Kinderspital, 1895-1929 (Pensionierung) Abteilungschef an der Wiener Allgemeinen Poliklink. Mehr als 25 Jahre Schriftleiter der »Wiener klinischen Wochenschrift«.
Fraenkel, einer der Teilnehmer an der Runde im Restaurant »Riedhof«, bei der Bruckner als einziger Nicht-Mediziner verkehrte, hat August → Göllerich einen ausführlichen, sehr persönlich gehaltenen und von Sympathie bestimmten Bericht (Göll.-A. 4/2, S. 18-31) über seine Bekanntschaft – und die anderer Ärzte – mit Bruckner und seine »Diagnose« zur Verfügung gestellt. Er vermutete als Ursache des späteren schweren Leidens Bruckners dessen bekanntlich nicht gerade mäßigen, dazu noch »regelmäßigen abendlichen Genuß des Bieres«, der zwar der »Psyche keine Nachteile« gebracht, jedoch dazu beigetragen habe, »im Alter seinen kräftigen Organismus zu zerstören«.
– Otto Kahler (1849-1893), geboren in Prag, dort Medizinstudium (Dr. med. 1871). 1878 Habilitation an der Deutschen Universität Prag für Innere Medizin, 1882 a.o. Prof., 1886 o. Prof. 1889 Berufung nach Wien als Vorstand der II. Medizinischen Universitäts-Klinik. Trotz seines frühen Todes (Zungenkarzinom) namhafter Kliniker: Das Kahler-Picksche Gesetz (über den Verlauf der sensiblen Fasern im Hinterstrang des Rückenmarks, der durch immer neu hinzukommende bestimmt wird), das Kahlersche Reagens auf freie Salzsäure und die Kahlersche Krankheit (multiple Myelome) sind mit seinem Namen verbunden.
Kahler scheint als »Consiliarius« der behandelnden Ärzte Guido von Török (s. u.) und Friedrich Kraus (s. u.) beim »Ärztlichen Zeugnis« vom 11. 7. 1892 auf, bei dem drei als unheilbar bezeichnete Leiden bei Bruckner festgestellt wurden. Dieses die Dienstunfähigkeit bestätigende Attest führte – da Hofmusiker nicht pensionsfähig waren – zur Enthebung von seinem Posten bei der → Hofmusikkapelle (bei weiterer Gehaltszahlung).
– Friedrich Kraus (1858-1936), Internist; Studium in Prag (Dr. med. 1882), Assistent in Prag und Wien (1890-1893 an der Klinik Kahler [s. o.]), 1894-1902 Professor an der Grazer, 1902-1926 an der Berliner Universität, gleichzeitig dort (bis 1927) Direktor der II. Medizinischen Klinik der Charité. Kraus hat »als behandelnder Arzt« das eben erwähnte »Ärztliche Zeugnis« von 1892 mitunterfertigt.
– Richard Paltauf (1858-1924), 1880 Dr. med. in Graz, Habilitation 1888 in Wien für Pathologi-

sche Anatomie, 1892 a.o. Prof. Übernahm 1893 die Leitung des Instituts für pathologische Histologie und Bakteriologie und die Prosektur der Krankenanstalt Rudolfstiftung, wo er bis zu seinem Tod blieb. Nach einem Studienaufenthalt am Pariser Pasteurinstitut 1894 Errichtung einer Schutzimpfungsanstalt gegen Lyssa, seit 1895 Gewinnung des Behringschen Heilserums gegen Diphtherie. Paltauf gilt als »Vater« der österreichischen Serumforschung und -therapie.
Er hatte sich auf Bruckners Wunsch hin bereit erklärt, dessen Leichnam, der nicht beerdigt werden sollte, »zu injizieren« – wie es auch im → Testament verfügt wurde. Diese Prozedur wurde am Nachmittag des 11. 10. 1896 vor der Aufbahrung im Sterbezimmer auch tatsächlich von ihm durchgeführt.

Karl Rabl

– Karl Rabl (1853-1917), Sohn eines praktischen Arztes, Stiftsgymnasiast in → Kremsmünster, Dr. med. 1882 in Wien, Habilitation 1883 für Anatomie. Ging 1886 an die Deutsche Universität Prag (1890/91 Dekan, 1903/04 Rektor). 1904 Berufung nach Leipzig als o. Prof. der Anatomie. Schwiegersohn von Rudolf Virchow. In einer Arbeit über Zellteilung (1885) bewies Rabl, der Begründer der Chromosomenlehre, die feststehende Zahl der Chromosomen.
Bruckner hatte den jungen Rabl schon 1869 in → Wels (nach seinen Triumphen als Organist in → Nancy und → Paris) kennengelernt, als er vergeblich um die Hand von dessen Schwester angehalten hatte. In Wien traten dann beide in den siebziger Jahren wieder in Kontakt, trafen sich häufig im Restaurant »Gause«, später im »Riedhof« in der Josefstadt, wo Rabl schon in jungen Jahren innerhalb der von Bruckner dort gern besuchten Ärzterunde großes Ansehen beim Komponisten genoß.
– Gustav Riehl (1855-1943), 1880 Dr. med. in Wien, 1885 Privatdozent, 1889-1896 Primararzt am Wiedner Krankenhaus, 1902 o. Prof. der Dermatologie und Syphilidologie an der → Universität Wien. Wertvolle Zusammenarbeit mit Richard Paltauf (s. o.) besonders über die tuberkulösen Erkrankungen der Haut. Intensive Beteiligung an der radiologischen Forschung in der Dermatologie und an der Bekämpfung der durch Strahlen verursachten Schäden. Gründer eines Radiuminstituts im Allgemeinen Krankenhaus in Wien.
Riehl verkehrte in der Ärzterunde im »Riedhof« und machte sich durch seine »energische, initiative Führung« bei der von Freunden und Verehrern Bruckners ins Leben gerufenen Stiftung verdient, die den Komponisten für den nach Aufgabe seiner festen Anstellungen eintretenden Ausfall an Einnahmen entschädigen sollte.
– Alphons von Rosthorn (1857-1909), 1885 Dr. med. in Wien, dort 1888 Assistent an der II. Universitäts-Frauenklinik, 1890 Privatdozent für Gynäkologie und Geburtshilfe. 1891 übernahm Rosthorn die Prager Gebärklinik, 1898 jene in Graz, 1902 die in Heidelberg. Gelehrter internationalen Formates. Das Studium des Beckenbindegewebes stand in diesen Jahren im Mittelpunkt seines Interesses. 1908 Nachfolger seines Lehrers R. Chrobak als Vorstand der II. Geburtshilflich-gynäkologischen Klinik der Universität Wien.
Rosthorn, ehemaliges Mitglied der Tafelrunde im »Riedhof«, behandelte im Sommer 1892 als Festspielgast in → Bayreuth erfolgreich den dort »von einem heftigen Unwohlsein« befallenen Bruckner, der zum letzten Mal an den Festspielen teilnehmen konnte (»Parsifal« und »Tannhäuser« standen auf dem Programm). Bruckner verlieh ihm scherzhaft den Titel »Lebensretter«, Gynäkologe Rosthorn schätzte sich glücklich, während ihres kurzen gemeinsamen Aufenthaltes »Leibarztensdienste« geleistet haben zu können.
– Josef Sorgo (1869-1950), 1894 Dr. med. in Wien, Assistent bei L. von Schrötter; 1904 Habilitation für Innere Medizin, 1919 a.o. Professor, 1922 Leiter der II. Medizinischen Abteilung des Wilhelminenspitals in Wien. Internationaler Ruf als Fachmann der Tuberkuloseheilkunde, beson-

dere Verdienste um die Sonnenlichttherapie der Kehlkopftuberkulose als Direktor der von Schrötter gegründeten ersten österreichischen Lungenheilstätte in Alland.

Sorgo übernahm nach dem Urlaubsantritt seines Kollegen Heller am 15. 8. 1896 bis Mitte September die Pflege des nach schwerer Krankheit leicht erholten Bruckner. Sorgo war der letzte Arzt, der ihn – zu Mittag des 11. 10., des Todestages – besuchte, nichts Auffallendes im Zustand fand und nur von einem geplanten Spaziergang im Belvedere-Garten abriet.

– Guido von Török (1850-1902), 1877 Dr. med. in Wien, 1877-1880 Operateur an der Klinik Billroth (s. o.), dann Militärarzt; 1884 Chefarzt der chirurgischen Abteilung des Garnisonsspitals Nr. 2; 1886 Abschied als Regimentsarzt, seitdem praktischer Arzt in Wien.

Török hat als behandelnder Arzt das von Otto Kahler und Friedrich Kraus mitunterzeichnete »Ärztliche Zeugnis« vom 11. 7. 1892 verfaßt (s. o.).

– Heinrich Wallmann (1827-1898), gebürtiger Salzburger; Regimentsarzt, dann Oberstabsarzt. Mitglied der Assistentenrunde im »Riedhof« und Altersgenosse Bruckners, hat diesem laut Fraenkel (s. o.) eine Reduzierung seines gewaltigen abendlichen Bierkonsums auf »10 Seidl ... verordnet«. Unter dem Pseudonym Heinrich von der Mattig ist er auch als Dichter in Erscheinung getreten, von dem Bruckner einige Werke vertonte (→ Textdichter).

– Alexander von Weismayr (1867-1907), Dr. med. in Wien, Schüler und Assistent Schrötters; besonders auf dem Gebiet der Tuberkulosebekämpfung tätig. Im Frühjahr 1895 übernahm er nach Erkrankung Eisenmengers (s. o.) die weitere Behandlung des rekonvaleszenten Bruckner, den er auch bei gemeinsamen Sommeraufenthalten in Steyr betreute. MS/UH

Lit.: Biographisches Lexikon hervorragender Ärzte des 19. Jahrhunderts. Hrsg. Julius Pagel. Berlin-Wien 1901; Göll.-A. 3/1, 4/1-3, passim; Neue Deutsche Biographie; ÖBL; Erna Lesky, Die Wiener Medizinische Schule im 19. Jahrhundert. Graz-Köln 1965, 2. Aufl. 1978; Antonicek, Hofmusikkapelle; Erich Deimer, Chronik der Allgemeinen Poliklinik in Wien im Spiegel der Medizin- und Sozialgeschichte. Wien 1989; Anton Neumayr, Musik & Medizin 2: Am Beispiel der deutschen Romantik. Wien 1989.

3 Asperges (WAB 3/1-2 und 4) »Domine, hyssopo, et mundabor«

»Besprenge mich, Herr, mit Ysop, dann werde ich rein: wasche mich, dann werde ich weißer als Schnee« ist der aus Psalm 50 (Vers 9) stammende Text der → Antiphon, die während der Aussprengung des Weihwassers vor Hochämtern an Sonntagen außerhalb der österlichen Zeit gesungen wurde. Der Priester beginnt mit der Intonation »Asperges me«, der Chor setzt mit »Domine, hyssopo« fort. Bruckner hat diese Antiphon mit dem zugehörigen Vers (»Erbarme Dich meiner, Herr, in Deiner großen Barmherzigkeit«; Ps 50,3) insgesamt dreimal vertont.

– Asperges (WAB 3/1)

Vierstimmiger gemischter Chor mit Orgel, aeolisch
EZ: zwischen 1843 und 1845 in → Kronstorf
UA: wahrscheinlich in Kronstorf, zur Zeit der Entstehung
Autograph: ÖNB-MS (Stimmen)
ED: Göll.-A. 2/2, S. 67-73 (1928)
NGA: Band XXI (Hans Bauernfeind und Leopold → Nowak, 1984) und Revisionsbericht

Diese Komposition ist, zusammen mit dem *Asperges* WAB 3/2, mit einem Titelblatt versehen, das außer der Überschrift »Zwey Asperges« noch den Vermerk »N. 1. Gewidmet auf die Sonntage v. Septuagesimä bis 4. Sonntag in der Fasten. N. 2. Auf den 5. Sonntag in der Fasten. Für vier Singstimmen und Orgel. Anton Bruckner m.p.ria. Comp[onist]« trägt.

Das erste *Asperges* ist als ein früher Versuch des gerade bei Leopold von → Zenetti studierenden Bruckner anzusehen, verschiedene Satztechniken als Stilmittel einzusetzen: Während der erste Teil (T. 1-19) mit fugierten Einsätzen (Alt – Sopran – Baß – Tenor) gestaltet ist, rezitiert der Chor den Psalmvers und einen Großteil der Doxologie (T. 20-44) unisono. Das »Sicut erat« ist wieder imitatorisch, vielleicht als Rückgriff auf den beliebten Usus, die Unendlichkeit als Kanon auszudrücken. Den Schluß der Doxologie (ab »nunc et semper«, T. 58) bildet eine akkordische Partie. Die Orgelstimme ist als bezifferter Baß geschrieben. – Beachtung verdient Bruckners im Bewußtsein der erwachenden schöpferischen Begabung erstmals gewählte stolze Selbstbezeichnung »Componist«.

– Asperges (WAB 3/2)

Vierstimmiger gemischter Chor mit Orgel in F-Dur
EZ: spätestens Ende September 1845 in → Kronstorf
UA: wahrscheinlich in Kronstorf, zur Zeit der Entstehung
Autograph: ÖNB-MS (Stimmen)

ED: Göll.-A. 2/2, S. 74 ff. (1928)
NGA: Band XXI (Hans Bauernfeind und Leopold Nowak, 1984) und Revisionsbericht

Der liturgischen Zeit angemessen, für die es komponiert wurde (s. o.), ist das zweite *Asperges* um vieles asketischer. Es wird mit einer im Stil der Gregorianik gehaltenen Phrase angestimmt (der Nachweis, ob es sich vielleicht um ein wörtliches Choralzitat handelt, konnte bis jetzt noch nicht erbracht werden), worauf sich ein schlichter akkordischer Satz anschließt. Der Choralvers (»Miserere mei, Domine«) ist unisono lydisch (d. h., das von Bruckner – allerdings nur in der ersten Zeile – vorgeschriebene b müßte in ein h umgewandelt werden). Die Doxologie entfällt; die Wiederholung des Antiphontextes ist musikalisch nicht ebenfalls eine Wiederholung, sondern eine Neukomposition, wiederum in der schlichten akkordischen Setzweise. Die begleitende Orgelstimme ist auch hier als bezifferter Baß notiert.

– Asperges (WAB 4)
Vierstimmiger gemischter Chor a cappella (Orgel ad libitum?) in F-Dur, »Moderato«
EZ: wahrscheinlich um 1843/44 in Kronstorf
UA: ? (nach WAB, des Fundortes der Abschrift wegen: → Linz, → Alter Dom)
Autograph: verschollen; Abschrift (Arthur Bauer, Urfahr 1907; gelangte vermutlich über Johann Baptist → Burgstaller an August → Göllerich, später an Max → Auer)
ED: Göll.-A. 3/2, S. 140 f. (1930)
NGA: Band XXI (Hans Bauernfeind und Leopold Nowak, 1984) und Revisionsbericht

Diese Komposition wurde, wohl wegen der späten Erwähnung bei Göllerich-Auer (Band 3/1), vielfach Bruckners Linzer Jahren zugeschrieben (nach WAB: in Linz, um 1868). Die unruhige, chromatisch verschärfte und stellenweise »gesuchte« → Harmonik läßt das Werk jedoch eher als eine »Schularbeit« erscheinen und ist unter Umständen noch in die Kronstorfer (1843-1845) oder ersten → St. Florianer Jahre Bruckners einzureihen. Der in Viertelnoten geschriebene akkordische Satz (fast durchwegs Note gegen Note) muß als ein langsames Psalmodieren des Chores ausgeführt werden. Bei der Intonation »Asperges me« zitiert Bruckner die gregorianische Intonation; der Psalmvers »Miserere mei« ist durch das vorgeschriebene *p* bzw. *pp* von der durchwegs *f* zu singenden → Antiphon deutlich abgegrenzt. EM

Lit.: Göll.-A. 2/1, S. 58 ff., 3/1, S. 503 f.

Assmayr, Ignaz
Geb. 11. 2. 1790 in Salzburg, gest. 3. 8. 1862 in Wien. Schüler des Michael Haydn-Schülers Andreas Brunmayr, 1808-1815 Organist in St. Peter in Salzburg; ging 1815 nach Wien und war hier zugleich mit Franz → Schubert Schüler Antonio Salieris. Seit 1823 an der Wiener → Hofmusikkapelle, zunächst als Klavier- und Generalbaßlehrer der Sängerknaben, seit 1826 als Hoforganist, seit 1838 als Vizehofkapellmeister und schließlich seit 19. 9. 1846 als Hofkapellmeister. 1824-1846 war Assmayr Kapellmeister des Schottenstiftes in Wien. Er schrieb vor allem sakrale Werke, darunter vier Oratorien, 24 Messen, zwei Requien, 13 Gradualien, 27 Offertorien.
Bruckner lernte Assmayr 1850 in → St. Florian kennen. Anfang 1852 besuchte er ihn in → Wien, wo er ihm sein *Requiem* WAB 39 vorlegte. Im selben Jahr widmete er »dem hochverehrtesten Herrn . . . als schwachen Versuch« den *Psalm 114.* Die im Begleitbrief vom 30. 7. 1852 enthaltenen Klagen über sein Dasein in St. Florian zielen wohl in Richtung der Hoffnung auf eine Förderung durch Assmayr. Am 9. 10. 1854 legte Bruckner vor Assmayr, Simon → Sechter und Gottfried Preyer in der Wiener → Piaristenkirche Maria Treu eine Orgelprüfung ab, bei der er unter anderem eine Doppelfuge auszuführen hatte. In Assmayrs → »Zeugnis« vom selben Tag wird bestätigt, daß Bruckner sich »als ein gewandter und gründlicher Organist erwiesen habe«. Spätere Kontakte sind nicht mehr bekannt. SA

Lit.: Auer, Briefe Nr. 2, S. 20; Göll.-A. 2/1; Antonicek, Hofmusikkapelle; Susanne Antonicek, Dissertation über I. Assmayr (Universität Wien, in Vorb.).

Ignaz Assmayr

Attersee
Tourismusgemeinde am Attersee, Oberösterreich; beliebte Sommerfrische. 1869: 228, 1995: ca. 1 500 Einwohner.
Bruckner war Gast bei der Patrizierfamilie Anton und Rosina Hager, angesehenen Brauerei- und Hotelbesitzern in Attersee. Er spielte in ihrem Hause Klavier, mit deren kleiner Tochter Katharina zusammen auch vierhändige Stücke. Von den wohl mehrmaligen Besuchen läßt sich ein Datum durch folgende Eintragung im Gästebuch exakt eruieren: »Anton Bruckner, Linz 18. Juli [1]864«. EWP

Lit.: ORF (Österreichischer Rundfunk) »Gesucht: A. Bruckner« (Sammlung von Erinnerungsberichten) Nr. 122 (Archiv ABIL).

Attwenger, Johann Nepomuk
Geb. 9. 5. 1824 in Seewalchen bei Kammer am Attersee, gest. 26. 8. 1893 in Ischl; Sparkassendirektor und durch Heirat Besitzer des Weinhauses Attwenger in → (Bad) Ischl. 1842/43 Lehrer in Niederthalham und Altmünster, 1843-1847 in Traunkirchen und 1847-1857 in Ischl. Dort wandte er sich vom Lehrberuf ab und war 1857-1863 beim k.k. Bezirksamt tätig. Als einer der Gründer der Sparkasse des Marktes Ischl war er dort bis 1890 Kassier und konnte sich allgemeiner Wertschätzung erfreuen.
Schon von → Linz aus besuchte Bruckner öfters den ehemaligen Lehrgehilfen Attwenger, mit dem ihn seit der gemeinsamen Zeit an der Linzer Präparandie eine enge Freundschaft verband, zunächst in Altmünster am Traunsee, dann in Ischl. In späteren Jahren erfreute sich Bruckner während seiner Ischler Aufenthalte der liebevollen Fürsorge der Familie, die ihn mit seinen Lieblingsspeisen und Linzer Torte verwöhnte. Die angeblich zahlreichen Briefe wurden 1897 bei einem Hochwasser vernichtet. Das Gasthaus mit Weinstube am rechten Ufer der Traun besteht noch (Lehárkai 12, früher Rudolfsquai Nr. 12). Eine Gedenktafel an der Außenwand sowie ein Relief von Franz S. → Forster im Inneren erinnern an Bruckners Besuche. AH

Lit.: Ischler Wochenblatt 3. 9. 1893; Göll.-A. 4/2, S. 604 f., 4/3, S. 62; Albert Binna, Aus Bruckners Ischler Tagen, in: Tagespost, Linz 27. 7. 1935; ders., A. Bruckner in Bad Ischl, in: Linzer Volksblatt 14. 5. 1932; Andrea Harrandt, Bruckner und Ischl. Der Organist des Kaisers im Salzkammergut, in: Blickpunkte Oberösterreich (1995) H. 4.

Auer, Max
Geb. 6. 5. 1880 in Vöcklabruck, gest. 24. 9. 1962 in Bad Ischl. Einer der wichtigsten Bruckner-Forscher neben August → Göllerich und Franz → Gräflinger, Vollender der Bruckner-Biographie Göllerichs, erfolgreicher Schriftsteller, Gründer und erster Präsident der → Internationalen Bruckner-Gesellschaft. Besuch der Volksschule in → Vöcklabruck, der Bürgerschule und Lehrerbildungsanstalt in Salzburg, hier auch Sängerknabe und musikalische Ausbildung im »Domsingknabeninstitut« durch Joseph Friedrich Hummel und Hermann Spies. Nach der Matura (1900) Volksschullehrer überwiegend in Vöcklabruck, weiterführendes Selbststudium der Musik und Lehramtsprüfung für Mittelschulen und Lehrerbildungsanstalten in Gesang und Klavier (1910) und Orgelspiel (1911). In Vöcklabruck Chormeister der Liedertafel (1901-1927), Gründer und Leiter des Frauengesangvereins und Kirchenmusikvereins. Pensionierung als Lehrer April 1920 wegen teilweiser Erblindung, Prof. h.c. 1924. Lebte bis Oktober 1938 in Vöcklabruck, dann Übersiedlung nach → Bad Ischl, in den letzten Jahren völlige Erblindung.
Das ausschlaggebende Bruckner-Erlebnis bildete 1897 die Aufführung der *Vierten Symphonie* in Salzburg (Auer: »Der gewaltige Eindruck bestimmte fortan die Richtung meiner Lebensarbeit«). Der Kontakt zu den Bruckner-Erben weckte den Wunsch, eine Bruckner-Biographie zu schreiben; seit 1900 war er selbstloser Mitarbeiter Göllerichs. In Vöcklabruck führte Auer neben großen Chorwerken und Oratorien auch eine Reihe von Brucknerschen Kirchenmusikwerken auf, zum Teil als Uraufführung, wie den *Psalm 112*.
Auers lebenslange Arbeit im Dienst Bruckners stand auf breiter Basis. Als Forscher gelang ihm

Max Auer

das Sammeln und Sichern von wertvollem Material. Das eigene Manuskript mit einer gut lesbaren Bruckner-Biographie, Göllerich zuliebe viele Jahre zurückgehalten, wurde erst 1923 gedruckt und fand über Jahrzehnte hinweg in mehreren Auflagen weite Verbreitung. Ausarbeiten und Fertigstellen der meisten Bände der Bruckner-Biographie Göllerichs sind ihm zu verdanken. Daneben entstanden noch viele Artikel für Zeitungen und Zeitschriften.
Von Auer ging auch der Plan zur Gründung verschiedener Bruckner-Bünde bzw. -Gesellschaften und der Internationalen Bruckner-Gesellschaft aus, womit viele organisatorische und propagandistische Aufgaben verbunden waren. Ein wesentliches Anliegen war ihm die Bruckner- → Gesamtausgabe, wobei der Problemkreis »Original und → Bearbeitung« einen hohen Stellenwert hatte. Den letzten und erhebendsten Erfolg erlebte Auer in Rom: Mit der Erstaufführung von Bruckners *Messe in e-Moll* in der Kirche S. Maria dell'Anima durch den Linzer Domchor unter Joseph Kronsteiner war auch eine Sonderaudienz bei Papst Pius XII. am 16. 6. 1952 verbunden, bei der er eine Prachtausgabe seiner Bruckner-Biographie übergeben durfte.
FZ

Werke: A. Bruckner. Leben und Schaffen. Wien 1923, mehrere Auflagen und Nachdrucke, zuletzt gekürzt (Taschenbuch) als: A. Bruckner. Mystiker und Musikant. München 1982; (Hrsg.) A. Bruckner, Gesammelte Briefe. Neue Folge. Regensburg 1924; A. Bruckner als Kirchenmusiker. Regensburg 1927; A. Bruckner. Ein Lebens- und Schaffensbild von August Göllerich, nach dessen Tod ergänzt und herausgegeben von Max Auer. Bd. 2-4. Regensburg 1928-1937. Reprint 1974; A. Bruckner. Wissenschaftliche und künstlerische Betrachtungen zu den Originalfassungen. Wien [1937].

Lit.: Göll.-A. 2/1, S. 5-20, 3/1, S. 9-12, 4/4, S. 19-134; M. Auer, Meine Arbeit um A. Bruckner, in: Oberösterreichische Nachrichten 6. 5. 1950; Nowak, Über A. Bruckner, S. 23 f.; Johannes Unfried, Der Biograph A. Bruckners. Zum Tode von Professor M. Auer, in: Oberösterreichischer Kulturbericht 16 (1962) Folge 25; Franz Zamazal, Göllerich – Auer – Gräflinger. Konturen zu ihrem Leben und Werk. Ihre Bedeutung für Bruckner, in: Bruckner-Symposion 1994.

»Auf, Brüder! auf, und die Saiten zur Hand!« (WAB 60)

Kantate für Männer-Soloquartett, vierstimmigen Männerchor, vierstimmigen gemischten Chor und Bläser (2 Ob., 2 Fg., 3 Hr., 2 Trp., 3 Pos.) in D-Dur; (Soloquartett und Männerchor; Chor a cappella, »Langsam, gemütlich«; Schlußchor, »Heiter«)
Text: Ernst → Marinelli
EZ: am 1. 7. 1855 (lt. Göll.-A.) in → St. Florian vollendet
W: Prälat Friedrich → Mayer zum Namensfest (18. 7.)
UA: 17. 7. 1855 in St. Florian
Autograph: Stift St. Florian
ED: Göll.-A. 2/2, S. 229-239 (1928)
NGA: Band XXII/1 (Franz Burkhart, Rudolf H. Führer, Leopold → Nowak, 1987) Nr. 4

Das Werk zählt zu den zwischen 1845 und 1855 in St. Florian als »Gebrauchsmusik« entstandenen → Kantaten. Es ist dreiteilig gebaut: im ersten Stück, das durch einen Hornruf eingeleitet wird, singen Männerchor und Männer-Soloquartett mit Begleitung der Bläser »Auf, Brüder! auf, und die Saiten zur Hand!«. Der Mittelteil ist ein melodiös gehaltenes Männerquartett ohne Begleitung (»Wohl ist's die Liebe«). Der dritte, mit »Vollchor« überschriebene Teil mit gemischtem Chor und Bläsern (»Heil unserm Vater, den wir lieben«) ähnelt einem Opernfinale. Der Widmung entsprechend verlieh Bruckner diesem Werk mit Trompeten und Posaunen festlichen Glanz.
AH

Lit.: Franz Müller, Bruckner-Neuland, in: Linzer Volksblatt 25. 9. 1921; Göll.-A. 2/1, S. 179-183.

»Auf, Brüder! auf zur frohen Feier« (WAB 61a, recte b)

Kantate für Sopran, Alt, 2 Tenöre und 2 Bässe mit 3 Hr., 2 Trp. und 1 Baßpos. in D-Dur (Chor, »Bewegt«; Quartett, »Mit Gefühl«; Chor, »Bewegt«; Quartett, »Andante«; Schlußchor, »Nicht zu geschwind«)
Text: Ernst → Marinelli (a und b), P. Beda Piringer (c, → Textdichter)
EZ: 27. 9. 1852 in → St. Florian (a); Umarbeitung 10. 7. 1857 (b) und 1870 (c)
W: Prälat Michael → Arneth (a), Prälat Friedrich → Mayer (b), Primizfeier in → Kremsmünster (c)
UA: 28./29. 9. 1852 (a) und 17. 7. 1857 (b) in St. Florian, Kremsmünster ? (c)
Autograph: Stift St. Florian (früher Karl → Aigner)
ED: Göll.-A. 2/1, S. 116-128 (1928, Faksimile mit autographen Änderungen); 2/2, S. 131-140 (1928, August → Göllerich nach einer Partitur-Abschrift)
NGA: Band XXII/1 (Franz Burkhart, Rudolf H. Führer, Leopold → Nowak, 1987) Nr. 3b

Zum Namenstag seines Gönners Arneth (29. 9.) schrieb Bruckner eine → Kantate mit dem Titel »Heil, Vater! Dir zum hohen Feste«. Der Text wurde später in »Auf, Brüder! auf zur frohen Feier, mit Festeskränzen schmückt die Leier«

geändert und in dieser Form 1857 zum Namensfest des Arneth-Nachfolgers Mayer aufgeführt. Die dritte Textvariante »Heil Dir zum schönen Erstlingsfeste« entstand für eine Primizfeier im Stift Kremsmünster. Auf Horn-Einleitung und ersten Chor folgt ein Männerquartett, darauf ein aus Dreiklangsfanfaren bestehender Chorsatz. Das Werk schließt nach einem neuerlichen Männerquartett mit einem fanfarenfreudigen Schlußchor. Von Franz X. Müller (→ Textdichter) wiederaufgefunden, wurde es am 11. 10. 1921 in St. Florian aufgeführt. AH

Lit.: Franz Müller, Bruckner-Neuland, in: Linzer Volksblatt 25. 9. 1921; Göll.-A. 2/1, S. 112-130; Hawkshaw, The Manuscript Sources, S. 260 ff.

Aufführungsorte
siehe Anhang 3

Aufführungspraxis
Mit Aufführungspraxis bezeichnet man jenen Bereich der Musikforschung und -praxis, der sich mit den verschiedenen Aspekten der klanglichen Realisierung des schriftlich fixierten Notentextes befaßt, wobei den Intentionen des Komponisten möglichst nahegekommen werden soll. Die Umsetzung von Schrift in Klang wird in Relation zur zeitlichen Entfernung von Komposition und Wiedergabe aufgrund verlorengegangener aufführungspraktischer Selbstverständlichkeiten immer schwieriger. Die Aufführungspraxis beschäftigt sich daher in erster Linie mit der sogenannten Alten Musik, während für die Musik des 19. Jahrhunderts aufgrund der bis heute ungebrochenen Tradition und der meist nicht wesentlich veränderten äußeren Gegebenheiten (Instrumentarium, → Aufführungsorte) eher von einem Wandel der → Interpretation als von einer grundlegend geänderten Aufführungspraxis zu sprechen ist. Trotzdem spielt gerade in Hinblick auf ein besseres Verstehen der Interpretationsgeschichte der Werke Bruckners die Aufführungspraxis der zweiten Hälfte des 19. Jahrhunderts eine wesentliche Rolle.
Der Bedeutung der akustischen Charakteristik der Aufführungsräume wurde in der → Musiktheorie des 18. Jahrhunderts bis zu Hector → Berlioz große Aufmerksamkeit geschenkt. Für die Aufführungspraxis ist dabei vor allem die jeweilige Nachhallzeit entscheidend, da sich bei wachsendem Nachhall das Tempo tendenziell verlangsamt, so daß z. B. in Kirchen ein bedeutend gemäßigteres Tempo zu veranschlagen ist als in Konzertsälen, in denen die Nachhallzeit jedoch ebenfalls von ziemlich unterschiedlicher Dauer sein kann (relativ lang im besetzten Großen Musikvereinssaal in Wien: zwei Sekunden). Möglicherweise hat sich Bruckners Klangvorstellung aus der (auch vom Orgelklang geprägten) Kirchenakustik entwickelt: In den Erstfassungen seiner Symphonien (vor allem in der *Zweiten*) wird nämlich dem Nachhall in den häufigen → Generalpausen die Möglichkeit des Ausklingens gegeben, während in den späteren Fassungen der Nachhall vielfach auskomponiert und zu Überleitungen umgebaut ist. Aufgrund der besonders zahlreich auftretenden Pausen wurde die *Zweite* sogar »Pausensymphonie« genannt. Es ist auch bemerkenswert, daß Bruckner die Werke → Bachs in seinen Kirchenkonzerten viel langsamer gespielt hat als alle anderen Organisten seiner Zeit (→ Orgel).
Mit der Nachhallwirkung hängt auch die Deutlichkeit bei der klanglichen Realisierung zusammen, da es bei zu schnellem Tempo zu klanglichen Überlagerungen (sowohl im Fortissimo-Tutti als auch z. B. in Begleitfiguren der Streicher) kommt und die Verständlichkeit struktureller Details leidet. Bruckner überließ die Tempowahl zwar prinzipiell der Kongenialität des → Dirigenten, die Deutlichkeit hatte jedoch als Richtschnur zu dienen: »Die Tempi bitte ich, ganz ad libitum (wie Sie selbe brauchen zur Deutlichkeit) abändern zu wollen« (Brief an Felix → Weingartner vom 27. 1. 1891). Franz → Schalk berichtet, daß nichts dem »Meister widerlicher [war], als die kleinen, allzu persönlichen Akzentwellen des Vortragenden, ob sie nun Tempo oder Ausdruck ... in zu kleine Teile zerrissen. Er gebot, daß das Tempo (Hauptzeitmaß) namentlich innerhalb der großen Perioden streng festzuhalten sei, und untersagte alle nervösen und histerischen rubati, die dem epischen Charakter der Sinfonie ... zuwider sind.« Viele Tempomodifikationen in den Partituren gehen auf Anregung seiner Schüler zurück, die Bruckner akzeptierte, nachdem er deren Zweckmäßigkeit eingesehen hatte: »Es wurde mir die Überzeugung, daß das Tempo sehr gemäßigt sein müsse, u. oftmaliger Tempowechsel erfordert wird, was bei Hochdero Genialität wohl Alles von selbst geschehen sein würde« (Brief an Arthur → Nikisch vom 17. 7. 1884).
Da offenbar viele Dirigenten besonders die Ecksätze seiner Symphonien (ab der *Dritten*) zu schnell spielten, versah er die dortigen Tempoangaben relativ oft mit bremsenden Zusätzen,

wie »mäßig« oder »nicht schnell«. Ursache vieler Fehlinterpretationen war das vom Komponisten in den Ecksätzen geforderte Allabreve, da diese Taktart seit der Klassik im Sinne eines lebhaften Zeitmaßes interpretiert wurde, mit Bruckners Allabreve jedoch nicht verwechselt werden darf (Floros). Die Metronomangaben in den → Erstdrucken gehen nur bedingt auf den Komponisten, sondern vielmehr auf die zeitgenössischen Bearbeiter zurück. Da »in der Partitur vieles Wichtige nebst häufigem Tempowechsel nicht angemerkt« ist (Brief an Nikisch vom 5. 11. 1884), nahm der Komponist nach Möglichkeit an den Proben teil und brachte seine Tempovorstellungen mit ein, ja oft verstanden Dirigenten (→ Levi, → Richter, → Muck) und Musiker (→ Dessoff) das Werk erst, nachdem Bruckner das richtige Tempo vorgegeben hatte. Zur (oft extremen) Tempowahl der Dirigenten des 20. Jahrhunderts → Interpretation.

Die Aufführungsorte der Brucknerschen Symphonien unterscheiden sich nur teilweise von den heutigen: Abgesehen von den von Bruckner wohl in erster Linie vorgesehenen großen Konzertsälen (vor allem der Große Musikvereinssaal in Wien) fanden und finden Aufführungen jedoch auch in Opernhäusern statt – z. B. 1884 Uraufführung der *Siebenten* im Neuen Theater in → Leipzig und 1996 die *Neunte* in der Wiener Staatsoper –, ferner bei »Volkskonzerten« in akustisch ungenügenden Räumlichkeiten – wie z. B. die Alberthalle des Krystallpalastes in Leipzig (1898 *Vierte* unter Hans Winderstein), einem ursprünglich für Zirkusveranstaltungen gebauten Raum, oder in der für die → Internationale Ausstellung für Musik- und Theaterwesen 1892 erbauten Musikhalle in → Wien (*Dritte* unter Ferdinand → Löwe), wobei das Publikum an Tischen saß und mit leiblichen Genüssen versorgt wurde. In diese Aufführungstradition läßt sich im 20. Jahrhundert auch die »Linzer Klangwolke« einreihen, ein Open air Festival, bei dem meist Werke Bruckners, verstärkt durch überdimensionale Lautsprecher, einer breiten Masse zu Gehör gebracht werden. Die heute ebenfalls praktizierten Aufführungen seiner Symphonien in Kirchen (z. B. Sergiu Celibidache in der Stiftskirche → St. Florian), die ein extrem langsames Tempo erforderlich machen, sind Bruckners symphonischen Klangvorstellungen – auch wenn diese möglicherweise von kirchlich-akustischen Gegebenheiten mitbeeinflußt sind – nicht adäquat. Ganz im Gegenteil: Bruckner war bestrebt, auch seine Messen im Konzertsaal aufzuführen (was bereits zu seinen Lebzeiten geschah). In Zusammenhang mit den Aufführungsorten sowie als wesentliches Teilgebiet der Aufführungspraxis sind ferner die Gegebenheiten und klanglichen Auswirkungen des → Orchesters zur Zeit Bruckners zu beachten.

Zur Geschichte der Aufführungspraxis der Brucknerschen Werke zählt auch die Frage der → Bearbeitungen der Partituren durch Bruckners Freundeskreis und die Frage der → Fassungen. Eine für die → Rezeption Bruckners wesentliche Besonderheit der Aufführungspraxis des 19. Jahrhunderts stellen die vierhändigen Klavieraufführungen (auf ein oder zwei Klavieren) dar. Durch diese in Wien meist vom → Wiener Akademischen Wagner-Verein veranstalteten Konzerte wurde dem Publikum, aber auch der Kritik der Zugang zu den Symphonien, zum *Te Deum* etc. erleichtert. Abgesehen davon hatte auch der Komponist selbst die Möglichkeit einer ersten klanglichen Überprüfung seines Werkes hinsichtlich aufführungspraktischer Kriterien (z. B. Tempo). Die erst am Beginn ihrer Dirigentenkarriere stehenden Franz Schalk und Löwe sowie der Pianist Josef → Schalk erwarben sich diesbezüglich besondere Verdienste, zumal sie sich mit den von ihnen erstellten Klavierauszügen auch außerhalb Wiens für Bruckner einsetzten. Die genannten Schüler und Freunde Bruckners sowie Gustav → Mahler waren aber in erster Linie mit allen Mittel bestrebt, Bruckners symphonischem Schaffen zur Aufführung in Orchesterkonzerten zu verhelfen: Durch tiefgreifende Änderungen in den Partituren, vor allem in der → Instrumentation, aber auch in der Dynamik, Agogik, Phrasierung und Artikulation, gelang ihnen eine Annäherung an das Wagnersche Klangbild, das dem zeitgenössischen Publikum bereits vertrauter war. Diese Bearbeitungen gingen teilweise unter den Augen des Komponisten vor sich, der aus pragmatischen Gründen die Eingriffe billigte, ja Felix Weingartner sogar selbst bat, »das Finale [der *Achten*] so wie es angezeigt ist, fest zu kürzen; denn es wäre viel zu lange und gilt nur späteren Zeiten und zwar für einen Kreis von Freunden und Kennern« (Brief an Weingartner vom 27. 1. 1891). Auch einige andere Bruckner-Dirigenten (u. a. Muck, Nikisch, Levi) unternahmen mit Zustimmung des bei den Proben anwesenden Bruckner aufführungspraktische Modifikationen. Obwohl dieser wiederholt darauf hinwies, daß alle diesbezüglichen Änderungen nicht in die Druckfassungen eingehen dürften, wurde seinem Wunsch

nicht entsprochen; Bruckner sorgte jedoch durch die im → Testament verfügte Übergabe seiner Originalpartituren an die Wiener Hofbibliothek (→ Österreichische Nationalbibliothek) für eine zukünftige auf dem Notentext des Komponisten basierende Aufführungspraxis.
In den Jahren nach Bruckners Tod spielten die von den Bruckner-Schülern stark bearbeiteten Erstdruckfassungen in der Konzertpraxis eine wesentliche Rolle bei der Etablierung des Symphonikers Bruckner; bis in die dreißiger Jahre waren die Symphonien ausschließlich in dieser entstellten Form zu hören. Bei der Erstellung der Alten → Gesamtausgabe wurden erstmals Bruckners → Autographe als Grundlage genommen, so daß in der Folge auch die Konzertbesucher immer mehr den »originalen« Bruckner kennenlernen konnten, wobei allerdings die Bruckner-Interpretation bis in unsere Zeit von den auf die Erstausgaben zurückgehenden Vortragstraditionen beeinflußt ist. Die Frage der Fassungen, die in der von Leopold → Nowak herausgegebenen Neuen Gesamtausgabe gleichberechtigt nebeneinanderstehen, gibt auch am Ende des 20. Jahrhunderts noch Anlaß zu Diskussionen, zumal die Erstfassungen mittlerweile ebenfalls aufgeführt werden und auf Tonträgern zur Verfügung stehen. Die Erstdruck-Fassungen sind dagegen heute nur mehr als Dokumente einer vergangenen Aufführungspraxis von Interesse.
Die heutige Aufführungspraxis und Rezeption der Werke Bruckners wird grundlegend von den elektroakustischen Medien mitbestimmt. Gleichsam als Fortsetzung der musikalischen Bearbeitungs- und Instrumentierungspraxis des 19. Jahrhunderts wird dem Werk heute durch das »Mastering« im Tonstudio eine künstliche Klanggestalt verpaßt, die vom klanglichen Ergebnis einer Konzertaufführung wesentlich abweicht (so entsteht z. B. durch Nachhall- und Balanceregelung eine Transparenz, die bei der konkreten Wiedergabe aus räumlich-akustischen Gründen nie zustandekommen kann). Die durch die klanglichen Korrekturmöglichkeiten in Studioaufnahmen entstandenen Perfektionsnormen verursachen einerseits eine übersteigerte Hörerwartung des Publikums im Konzertsaal und andererseits – um dieser annähernd zu genügen – das Streben der Interpreten nach immer höherer spieltechnischer Vollkommenheit. Daher konzentriert sich das Interesse der Hörer – auch aufgrund der jederzeitigen Verfügbarkeit und Vergleichsmöglichkeit unzähliger Interpretationen durch die audiovisuellen Medien – heute zunehmend auf die Ausführenden (Starkult) und immer weniger auf die Musik selbst. Tonträger sind nicht nur ein nicht mehr wegzudenkender Bestandteil des heutigen Musiklebens, sie dokumentieren auch in ihrer Gesamtheit als Musée imaginaire musikalische Aufführungsgeschichte (→ Diskographie). IF

Lit.: Albert Gutmann – Albert Ritter von Hermann, Die musikalischen Aufführungen der Internationalen Ausstellung für Musik und Theaterwesen. Wien 1892; Auer, Briefe, Nr. 134, 139, 230; August Stradal, Erinnerungen aus Bruckners letzter Zeit, in: Zeitschrift für Musik 99 (1932) hier S. 858; Franz Schalk, Briefe und Betrachtungen. Hrsg. Lili Schalk. Wien-Leipzig 1935, hier S. 85; Jürgen Meyer, Akustik und musikalische Aufführungspraxis. Frankfurt 1972; Harry Halbreich, Verlangt Bruckner ein einheitliches Tempo?, in: Bruckner-Jahrbuch 1981; Manfred Wagner, Zur Interpunktion in der Musik A. Bruckners, ebenda; Bruckner-Symposion 1982, passim, besonders die Artikel von Kurt Blaukopf und Constantin Floros; Steffen Lieberwirth, Bruckner und Liszt im »Schutz- und Trutzbündnis« Leipziger Orchestervereine, in: Bruckner-Symposion 1986; Dieter Gutknecht in: MGG 1, 2. Ausg., Sp. 954-986; Dietmar Holland, »... und gilt nur späteren Zeiten«: Der Weg zu den Original- und Frühfassungen der Symphonien A. Bruckners, in: 100 Jahre Münchner Philharmoniker. München 1994; Klaus Peter Richter, Konzert und Schallplatte – kritische Reflexionen über eine heikle Dialektik, ebenda.

Aumann, Franz Seraph

Geb. 24. 2. 1728 in Traismauer, Niederösterreich, gest. 30. 3. 1797 in St. Florian (auch: Franz Joseph, Johann, Leopold Aumann); zunächst Sängerknabe im Wiener Jesuitenkonvikt, wo er sich mit Michael → Haydn und Johann Georg → Albrechtsberger anfreundete, trat 1753 ins Stift → St. Florian ein (Priesterweihe 1757) und wirkte dort von 1755 bis zu seinem Tod als Regens chori.
Von den zahlreichen überlieferten Werken Aumanns lernte Bruckner in St. Florian viele Kirchenwerke kennen und bewunderte nicht nur deren profunde Kontrapunktik, sondern vor allem die farbige → Harmonik. Besonders schätzte er das »Ecce! Quomodo moritur iustus«, das in St. Florian zur Zeremonie der »Grablegung« gesungen wurde. Zu Ostern 1879 schrieb er zu diesem Chor drei Posaunenstimmen hinzu (Manuskript mit dem Titel »In coena Domini« heute im Stadtarchiv → Wels). EM

Werke: u. a. 37 Messen mit Orchester, 12 Requien, Gradualien, Offertorien, Vespern, Psalmen, 25 Magnificat-Vertonungen, 10 Litaneien, 4 Te Deum, 8 Responsorien, 4 Oratorien; 2 Singspiele, »Missa profana«, Lieder, Kanons, 3 Symphonien, Divertimenti, Cassationen etc.

Lit.: Göll.-A. 1, S. 275; The New Grove 1, S. 702 (mit weiterführender Lit.).

Ausbildung

Bruckners Schulbildung wird in diesem Beitrag die musikalische Ausbildung aus Gründen der Anschaulichkeit »gegenübergestellt«, obwohl zeit- und interessensbedingt gerade bei Bruckner in den ersten Jahren beide Ausbildungswege parallel verliefen.

– Schulbildung

Die schulische Unterweisung in den Unterrichtsgegenständen der Pflichtschule und der Lehrerausbildung erfolgte nach den seinerzeit gültigen Vorschriften der »Politischen Verfassung der deutschen Schulen« von 1806. Auch für den Lehrersohn Anton Bruckner jun. gab es keine Ausnahme.

Für die Trivialschule – um eine solche handelte es sich in → Ansfelden, → Hörsching und → St. Florian – waren »Lesen, Schreiben und Rechnen ... außer der Religionslehre die einzigen eigentlichen Schul-Lehrgegenstände ..., zu denen nur noch eine practische Anweisung, einige Aufsätze zu machen, hinzu kommen darf« (§ 28).

Im Vergleich dazu boten die Hauptschulen einen vertieften Unterricht in den Elementarfächern sowie zusätzliche Lehrinhalte. Da die Absolvierung der 3. Klasse Hauptschule eine Voraussetzung für die Lehrerausbildung war, mußte Bruckner das Fehlende nachholen. Die Lehrerausbildung selbst umfaßte eine Reihe von Unterrichtsgegenständen (→ Lehrer).

Während seiner ganzen Dienstzeit als Lehrer (1841-1855) war Bruckner bemüht, sein Wissen – auch über Latein und Psychologie – durch vielseitiges Selbststudium zu erweitern. Vorrangige Ziele bildeten die Externistenprüfung über die 1. und 2. Klasse der Unterrealschule (u. a. mit den Gegenständen Geschichte, Geographie, Mathematik, Geometrie, Naturgeschichte, Naturlehre, Technologie) und die für die Lehrbefähigung als Hauptschullehrer (u. a. mit Geographie, Landwirtschaftslehre). In beiden Fällen enthielten die → Zeugnisse fast ausschließlich die Note »Sehr gut«.

Bruckner hatte mit seiner Ausbildung, von der er sich viel im zweiten Bildungsweg aneignete, ein ausgesprochen hohes Niveau erreicht, durchaus einer Matura vergleichbar. Dabei gab es im alten Österreich – auch bei Theologen – nur eine verschwindend geringe Zahl an Maturanten, Absolventen von Universitäten und Hochschulen.

– Musikalische Ausbildung

Die Anfänge seiner musikalischen Kenntnisse wurden Bruckner von seinem Vater, Anton → Bruckner sen., vermittelt, der ihm seit dem 4. Lebensjahr zuerst Geigen-, dann Klavier- und Orgelunterricht erteilte. Die Zeit zwischen Spätsommer 1835 und Herbst 1836 sowie einige wenige Wochen nach dem Tod des Vaters im Sommer 1837 verbrachte Anton bei seinem Cousin und Firmpaten Johann Baptist → Weiß in → Hörsching, der den Knaben für die Werke der Wiener Klassiker begeisterte, ihm Unterricht in → Generalbaß und Orgelspiel erteilte und ihn vielleicht zur Komposition der *Präludien* WAB 127 und 128 anregte (die allerdings von manchen Forschern Weiß selbst zugeschrieben werden). Während der Erkrankung des Vaters wurde Bruckner von dessen Substituten Franz Perfahl im »Violinspiel und anderen musikalischen Fächern« unterrichtet.

Während seiner Sängerknabenzeit in → St. Florian lernte Bruckner Orgelspiel bei Anton → Kattinger, Gesang bei Michael → Bogner (unter der Leitung des Stiftschorregenten Eduard Kurz, eines Schülers von Johann Georg → Albrechtsberger) sowie Geige bei Franz Raab und Franz Gruber (letzterer ein Schüler von Ignaz Schuppanzigh und Joseph Böhm oder Georg Hellmesberger). Zum Ärger Grubers tendierte Bruckner jedoch immer mehr zur → Orgel.

An der Präparandie in → Linz genoß Bruckner vom 15. 10. 1840 bis zum 18. 8. 1841 den Unterricht von Johann August → Dürrnberger, der erstmals ein solides theoretisches Gerüst legte (→ Musiktheorie). Sein Vorgehen im Unterricht ist in seinem »Elementar-Lehrbuch der Harmonie- und Generalbaßlehre« (Linz 1841) überliefert, das Bruckner so sehr schätzte, daß er es bis ins Alter seinem eigenen Unterricht zugrunde legte. Dürrnbergers Unterweisung war zwar bemerkenswert intensiv, ist jedoch noch durchaus im Rahmen der üblichen Ausbildung der Lehramtskandidaten zu sehen, da nach der Maria Theresianischen Schulordnung der Schulmit dem Kirchendienst gekoppelt zu sein hatte und die Lehrer demnach über beträchtliche musikalische Kenntnisse verfügen mußten.

Während seiner ersten Anstellung in → Windhaag wiederholte Bruckner das bisher Gelernte und sammelte praktische Erfahrungen im Kirchendienst und beim »Tanzlgeig'n« (→ Volksmusik). Der Unterricht bei Leopold von → Zenetti in → Enns (seit September 1843) überschritt erstmals die Grenzen des im Rahmen der Lehrerausbildung unbedingt Notwendigen, war freigewählt und ganz dem Aspekt des erwachen-

den Schöpferischen zugeordnet. In → Kronstorf entstanden auch die »Zwey Asperges« (*Asperges*), die erstmals mit »Anton Bruckner. Componist« unterschrieben sind. Er genoß Zenettis Unterricht nicht nur während seiner Anstellung in Kronstorf, sondern mit Sicherheit auch während der Jahre in St. Florian (1845-1855), so daß als Summe des ihm von Zenetti in der Komposition Vermittelten das *Requiem* von 1849 und die *Missa solemnis* aus dem Jahr 1854 angesehen werden können.
Zum hervorragenden Organisten reifte Bruckner durch die Unterweisung des Stiftsorganisten Kattinger, dessen Unterricht er bis Jahresende 1849 genoß und dessen Nachfolge er als – allerdings provisorischer – Stiftsorganist 1850 antrat. Schon während seiner St. Florianer Zeit als Sängerknabe, erst recht aber im Jahrzehnt zwischen 1845 und 1855 eignete sich Bruckner im Selbststudium in der reichhaltigen Musikalienbibliothek des Stiftes eine enorme Literaturkenntnis an (→ Tradition).
Auf den Rat u. a. des Propstes Friedrich → Mayer hin suchte Bruckner 1855-1861 den Unterricht des zu seiner Zeit berühmtesten Musiktheoretikers Simon → Sechter in → Wien auf, dessen Lehrgang als der strengste seiner Zeit galt. Der Austausch der Anweisungen und Aufgaben erfolgte zunächst brieflich, dann absolvierte Bruckner den Unterricht während längerer Studienaufenthalte in Wien, die meist Rudolf → Weinwurm organisatorisch vorbereitete.
Nach dem Abschluß der Studien bei Sechter und einem glänzenden Zeugnis nach der Prüfung an der Orgel der → Piaristenkirche in Wien suchte Bruckner den Linzer Theaterkapellmeister Otto → Kitzler auf und studierte bei ihm Formenlehre (→ Form) und → Instrumentation (1861-1863). Kitzler machte ihn vor allem mit der Musik der → Neudeutschen Schule bekannt. Insbesondere das »Erlebnis → Wagner« wurde für Bruckner zum entscheidenden Durchbruch ins eigene Schaffen mit unverwechselbarem persönlichen Stil. Mehr ein Freund als ein Lehrer war für Bruckner 1863-1865 schließlich Ignaz → Dorn, der mit ihm die Begeisterung für die Neudeutschen teilte und ihm bei seinen ersten großen Werken den Rücken stärkte. FZ/EM

Lit.: Bruckner-Symposion 1988 (»A. Bruckner als Schüler und Lehrer«); Franz Zamazal, Familie Bruckner – Drei Generationen Lehrer, in: Staat – Kirche – Schule in Oberösterreich, hier S. 213-243; vgl. auch die bei den entsprechenden Handbuch-Artikeln angegebene Lit.

Ausstellungen

Die folgende chronologische Übersicht über Ausstellungen zu Leben und Werk Bruckners im In- und Ausland, die meist zu bestimmten Anlässen und immer zeitlich befristet gezeigt wurden, stützt sich auf Ausstellungskataloge, Kritiken und andere Angaben in der Bruckner-Literatur. Themenübergreifende Musik-Ausstellungen, bei denen Bruckner nur »als einer unter vielen« vertreten war, können in diesem Rahmen nicht berücksichtigt werden.

1924 Vöcklabruck
Bruckner-Ausstellung im Vöcklabrucker Heimatfenster im Hause des Herrn Uhrmacher Kellner vom 8. bis 20. 9. 1924.

Lit.: Bruckner-Fest-Ausgabe der »Deutschen Presse«, Nachrichtenblatt für die Bezirke Vöcklabruck und Gmunden anläßlich der Bruckner-Festfeier am Sonntag, 14. 9. 1924 in Vöcklabruck (Deutsche Presse 2, 1924, F. 37).

1929 Karlsruhe
Lit.: Josef Laubach, Zur Bruckner-Ausstellung. Original-Kompositionen und Briefe A. Bruckners in der Badischen Hochschule für Musik, in: 1. Badisches Brucknerfest in Karlsruhe vom 6. bis 10. 11. 1929. Sondernummer der Karlsruher Wochenschau. Karlsruhe 1929, S. 38-42.

1935 Linz
Katalog der A. Bruckner Gedächtnisausstellung im Oberösterreichischen Landesmuseum in Linz vom 24. 7. bis 30. 9. 1935. Linz, Wimmer 1935. 11 S.

Lit.: Hermann Ubell, Bruckner-Ausstellung im Landesmuseum, in: Tagespost, Linz 23. 7. 1935.

1946 Wien
Lit.: Leopold Nowak, Rede für A. Bruckner. Gehalten am 10. Oktober 1946 zur Eröffnung der von der Österreichischen Nationalbibliothek veranstalteten Gedächtnisausstellung (Sonderdruck); vgl. auch Nowak, Über A. Bruckner, S. 12-16.

1949 Wien
Lit.: Bruckner-Ausstellung bei Gerngroß (Ansprachen hielten Bürgermeister Dr. Körner und der Bruckner-Biograph Prof. Max Auer.), anläßlich des 125. Geburtstages. (Unbezeichneter Zeitungsausschnitt, Oktober 1949); Leopold Nowak, Bruckner im Warenhaus, in: Die Furche 1949, Nr. 43, S. 6 f.; Josef Ober, Ein nachahmenswertes Beispiel (Einige Gedanken zum erfolgreichen Ausklang einer Brucknerschau), in: Chorblätter 5 (1950) H. 2.

1960 Ottobeuren
[Bruckner-Ausstellung in den Museumsräumen der Abtei Ottobeuren am 14. und 15. 5. 1960 zum Internationalen → Brucknerfest 1960 in Ottobeuren; wissenschaftliches Konzept: Leopold Nowak mit Festvortrag »A. Bruckner, seine

Musik und seine Handschrift«; kein Katalog bekannt.]

Lit.: Internationales Brucknerfest 1960 – Ottobeuren. [Programm.] 14 S.

1962 Karlsruhe
A. Bruckner-Ausstellung. Aufgebaut in der Wandelhalle der Wirtschaftsoberschule am Ettlinger Tor. Stadt Karlsruhe 30. 10. 1962.

1964 Linz
A. Bruckner und Linz. Ausstellung im Steinernen Saal des Landhauses zu Linz. 20. 6. bis 11. 10. 1964. Idee und Leitung: Leopold Nowak. Katalog. Linz, Brucknerbund für Oberösterreich 1964. 160 S.

1971 Wien
A. Bruckner und die Wiener Philharmoniker. Eine Ausstellung aus den Beständen des Archivs der Wiener Philharmoniker und der Musiksammlung der Österreichischen Nationalbibliothek 11. 6. bis 31. 8. 1971 in der Musiksammlung der Österreichischen Nationalbibliothek. Redaktion: Franz Grasberger. Wien 1971. 2 Bl.

1974 Wien
A. Bruckner zum 150. Geburtstag. Eine Ausstellung im Prunksaal der Österreichischen Nationalbibliothek 29. 5. bis 12. 10. 1974. Gestaltet von Franz Grasberger in Zusammenarbeit mit Günter Brosche u. a. Katalog. Wien, Österreichische Nationalbibliothek 1974. 141 S.

1977 Linz
Franz Grasberger, A. Bruckner zwischen Wagnis und Sicherheit. Ausstellung im Rahmen des Internationalen Brucknerfestes Linz 1977. Brucknerhaus Linz 4. bis 29. 9. 1977. Katalog. Wien-Linz, Musiksammlung der Österreichischen Nationalbibliothek – Linzer Veranstaltungsgesellschaft 1977. 107 S.

1979 Wien
A. Bruckner und seine Wiener Umwelt. Ausstellung 6. 6. bis 30. 9. 1979. Anton Bruckner Institut Linz – Institut für Österreichische Musikdokumentation – Österreichische Nationalbibliothek. Katalog (Gestaltung und Text: Thomas Leibnitz; Leitung und Redaktion: Franz Grasberger). Wien, Österreichische Nationalbibliothek 1979. 48 S.

1986 Linz
A. Bruckner und Linz. Eine Ausstellung im Rahmen des Internationalen Brucknerfestes 1986. Wissenschaftliche Bearbeitung: Anton Bruckner Institut Linz, Andrea Harrandt und Elisabeth Maier; Präsentation: Katharina Gehart, Tourotel Linz. Katalog. Linz 1986. 16 Bl.

1990 Schwäbisch Hall
»Symphoniker ... mein Lebensberuf«. Die Entfaltung des Schöpferischen bei A. Bruckner. Eine Ausstellung des Anton Bruckner Institutes Linz, gestaltet von Renate Grasberger, Andrea Harrandt und Elisabeth Maier. Hällisch-Fränkisches Museum Schwäbisch-Hall 9. 9. bis 14. 10. 1990. [Katalog innerhalb des Konzertprogramms »Stuttgarter Philharmoniker in Schwäbisch Hall. Anton Bruckner Konzerte 9, 16. und 23. 9. 1990«, S. 11-59.]

1990 Linz und Wien
»Als Bruckner Modell saß«. Bilder im Wandel. Eine Ausstellung im Brucknerhaus Linz 19. bis 28. 9. 1990 und in der Österreichischen Nationalbibliothek Wien 12. 11. bis 13. 12. 1990 (ausgewählte Objekte). Gestaltung: Renate Grasberger und Elisabeth Maier. Katalog (ABIL-Informationen 3). Linz 1990. 48 S.

1991 Linz
Bruckner-Rezeption. Beispiele aus dem Archiv des ABIL. Eine Ausstellung im Keplersaal des Brucknerhauses Linz 18. bis 22. 9. 1991. Gestaltung: Renate Grasberger und Andrea Harrandt. Katalog (ABIL-Informationen 4). Linz 1991. 16 S.

1993 Würzburg
»In effigie«. Das Brucknerbild im Wandel. A. Bruckner Institut Linz. Ausstellung 8. bis 31. 10. 1993. Marmelsteiner Kabinett Würzburg. Gestaltung: Renate Grasberger und Andrea Harrandt. [Katalog in:] Bruckner-Fest Würzburg 7. bis 10. 10. 1993. Katalog zur Ausstellung – Konzertprogramm. Würzburg 1993, S. 58-93.

1994 Bayreuth
Bruckner in Bayreuth. Ausstellungskatalog. A. Bruckner-Tage Bayreuth 1994 (anläßlich des Jubiläums »Bayreuth 800 Jahre«) vom 28. 7. bis 21. 8. im Schloßturmkeller (veranstaltet von der Kirchenmusik an der Schloßkirche in Zusammenarbeit mit der Stadt Bayreuth und dem Anton Bruckner Institut Linz. Gestaltung: An-

drea Harrandt und Renate Grasberger). Bayreuth 1994. 54 S.

1996 Budapest
A. Bruckner. Gedenkausstellung im Kossuth-Klub veranstaltet vom ungarischen Richard Wagner-Verband. 16. 3. bis 14. 4. 1996.

1996 Linz
Jack Ox, Hommage A. Bruckner. Ausstellung in der Neuen Galerie der Stadt Linz. 5. 9. bis 13. 10. 1996.

1996 Schloß Hohenbrunn bei St. Florian
A. Bruckner und St. Florian. Ölbilder, Aquarelle und Graphiken von Fritz Feichtinger. 18. 4. bis 31. 10. 1996.

1996 St. Florian
»Vom Ruf zum Nachruf«. Künstlerschicksale in Österreich. A. Bruckner. Landesausstellung Oberösterreich 1996 [A. Bruckner/Stift St. Florian; wissenschaftliches Konzept: Anton Bruckner Institut Linz – Künstlerschicksale/Schloß Mondsee; wissenschaftliches Konzept: Hannes Etzlstorfer. 26. 4. bis 26. 10. 1996. Katalog]. Linz 1996. 575 S. und 11 S. Supplement.

1996 Steyr
»Wo ich alljährlich so gerne weile«. A. Bruckner in Steyr. Eine Ausstellung im Stadtpfarrhof 15. 6. bis 28. 7., 15. 9. bis 27. 10. 1996. Wissenschaftliches Konzept: Erich Wolfgang Partsch. Katalog. Steyr 1996.

1996 Wien
Bruckner. Der Lehrer. Ausstellung im Archiv der Gesellschaft der Musikfreunde in Wien 3. 5. bis 22. 6. 1996. Konzept: Otto Biba. Kein Katalog.

Bruckner und Mahler. Ausstellung im Gobelinsaal der Wiener Staatsoper. Gestaltung: Michael Fritthum. 15. 5. bis 6. 6. 1996. Kein Katalog.

1996 Windhaag
A. Bruckner in Windhaag bei Freistadt. Ausstellung im Mühlviertler Heimathaus. 4. 5. bis 31. 10. 1996. RG

Lit: Bruckner-Bibliographie, Gruppe 29 (Ausstellungen).

Autographe – Bruckners Handschrift

Die Handschrift eines Komponisten – ob im Schriftzug oder im Notenbild – ist bzw. wird oft erst im Laufe der Jahre ein persönliches Erkennungszeichen und interessiert neben Musikwissenschaftlern auch Schriftpsychologen. Die eigenhändig erstellten Kompositionsmanuskripte eines »Tonsetzers«, seine Noten-Autographe, sind das Erbe, das er zumeist mit Absicht (z. B. als zu verwendende Vorlage für den Druck) und mit gewissen Auflagen der Nachwelt zur Forschung hinterläßt. Bruckner hat ähnlich gehandelt (s. a. → Testament).

Bruckners Schreibschrift ist – wohl maßgeblich verursacht durch den Unterricht an der Präparandie in → Linz – etwa 1841 voll ausgeprägt. Zeigen die Schulhefte des Knaben aus der Zeit in → St. Florian noch eine etwas gekünstelte, unfreie Schrift mit fallweisen Druckverstärkungen (Haar- und Schattenstrich, Abb. 1), so ist die Schrift des jungen Lehrers plötzlich zügig, leicht nach rechts geneigt, ansonsten kaum durch ein besonderes Charakteristikum das Zeitübliche durchbrechend, sieht man von den zarten, stets weit auslaufenden Schlußstrichen ab. In »offiziellen« Schriftstücken behält Bruckner diesen Schrifttypus bis ins hohe Alter bei, wenn auch die Hand zittriger wird (Abb. 2): Der Gesamteindruck ist flüssig und ästhetisch. In privaten Notizen (→ Taschen-Notizkalender) und weniger offiziellen Schreiben ist der Duktus unruhiger, unausgeglichener (Abb. 3).

Bruckners Notenschrift ist, fast ebenso wie seine Schreibschrift, im Grunde – speziell in der Frühzeit – weit mehr die typische saubere »Lehrerhandschrift« als der persönliche Ausdruck eines Genies. Nur in den wenigsten Fällen verläßt sie die »Norm«. Als Charakteristika zur Identifikation nützlich sind Details wie der nach rechts offene Violinschlüssel (Abb. 4) – den Bruckner schon in seinem ersten erhaltenen Notenmanuskript, der Abschrift von Michael → Haydns »Deutscher Messe«, allerdings noch parallel zur traditionellen Form, verwendet –, oder die links offenen Auflösungszeichen. Ein genauer Katalog der Charakteristika (wie er z. B. schon für

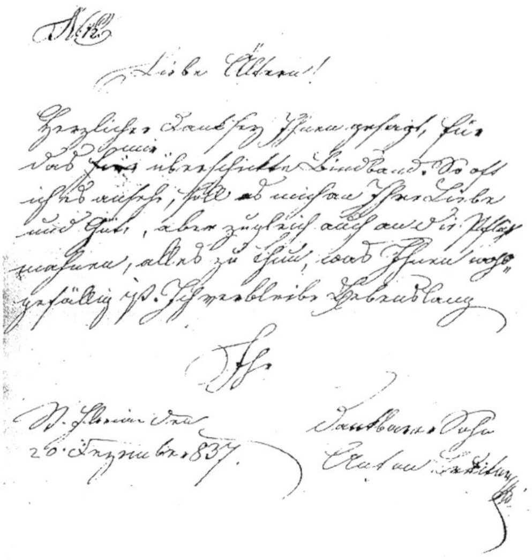

1. Brief an die Eltern, 20. 12. 1837 (Musterbrief)

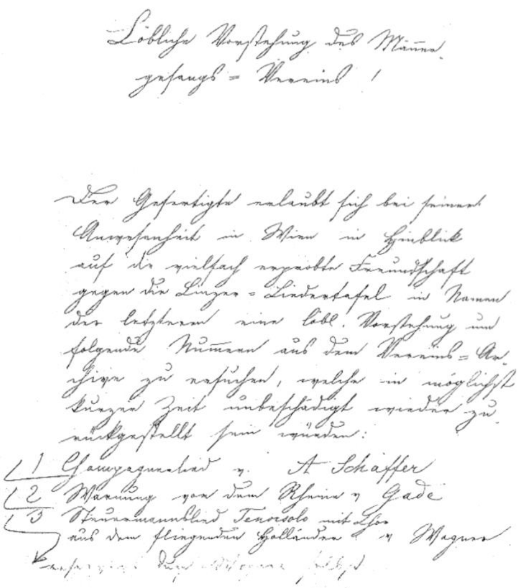

2. »Offizielles« Schreiben an den Wiener Männergesang-Verein, 23. 3. 1861

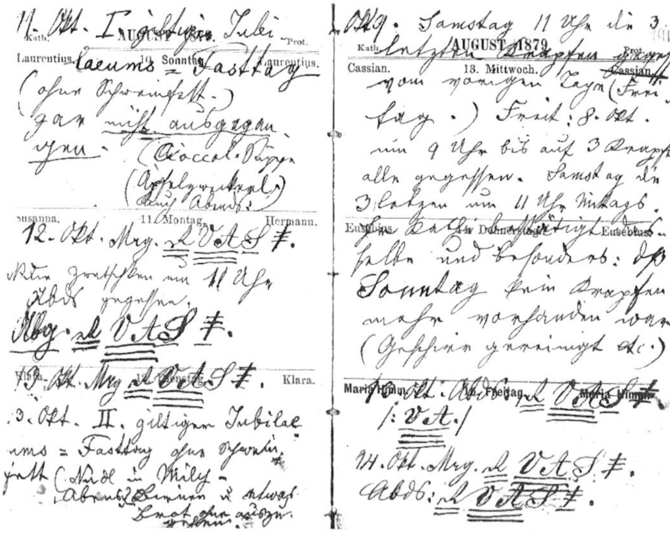

3. Eintragungen im Taschen-Notizkalender 1879

Bruckners Lehrer Simon → Sechter vorliegt) steht zwar noch aus, doch sind Bruckners Handschriften durch ihre typische Gesamterscheinung gut zu identifizieren.

Zum Autographen-Bestand: Die meisten Werke Bruckners sind als Autograph überliefert, viele aufgrund unterschiedlicher → Fassungen auch mehrfach. Zu den Autographen zählen weiters Skizzen und Entwürfe (→ Arbeitsweise), → Abschriften fremder Werke, Kompositionsübungen (→ Kitzler-Studienbuch etc.), → Briefe und persönliche Eintragungen (z. B. in den Taschen-Notizkalendern). Nur etwa ein Zehntel des Gesamtschaffens ist derzeit nicht autograph bekannt; einzelne Kompositionen müssen als verschollen gelten (→ Verschollenes).

Aufgrund eines Legats im → Testament vermachte der Komponist der Hofbibliothek 16 bedeutende Handschriften. Dies war der Bau-

4. Langsamer Satz (später: Adagio) des *Streichquintetts* (Ausschnitt)

stein für die größte Bruckner-Sammlung der Welt (→ Österreichische Nationalbibliothek). Der restliche Nachlaß Bruckners wurde mit Einwilligung der Erben an verschiedenste Personen und Institutionen verteilt. Dieser Umstand hat zu einer ziemlich weiten Streuung geführt. Standorte einzelner Werke befinden sich (außerhalb Österreichs) in Deutschland, in der Schweiz, Frankreich, Polen und Amerika.
Weitere Sammlungen mit größeren Bruckner-Beständen sind die Musiksammlung der Wiener Stadt- und Landesbibliothek und das Archiv der → Gesellschaft der Musikfreunde in Wien; in Oberösterreich die Stiftsarchive von → St. Florian und → Kremsmünster sowie das Stadtarchiv → Wels, das Oberösterreichische Landesmuseum und das Archiv der Stadt → Linz. Von musikalischen Vereinen sind der → Wiener Männergesang-Verein, die Universitätssängerschaft »Barden zu Wien« sowie das Archiv der → Liedertafel »Frohsinn« zu nennen. Einzelne Autographe befinden sich in Privatbesitz, in Ausnahmefällen völlig unzugänglich (Kitzler-Studienbuch).
Das → Anton Bruckner Institut Linz arbeitet derzeit u. a. an einem EDV-unterstützten Projekt zur Erfassung sämtlicher Autographe und Abschriften Bruckners. AH/EM/EWP

Lit.: Walter Robert Muckenschnabel, Schweigende Zeugen im Schriftbild A. Bruckners, in: Bruckner-Symposion 1977 (zahlreiche Abbildungen; allerdings zum Teil fehlerhafte Deutungen des Materials); Agnes Ziffer, Kleinmeister zur Zeit der Wiener Klassik. Tutzing 1984, darin u. a. Handschrift-Analysen von Johann Georg → Albrechtsberger und Simon Sechter.

3 Ave Maria (WAB 5–7) »Ave Maria, gratia plena«

Bruckner hat diesen Text, der inhaltlich eine Kombination zwischen dem Gruß des Engels an Maria (Lk 1,28) und dem der Elisabeth (Lk 1,42) mit einer später angefügten Bitte um die Fürsprache Mariens darstellt, insgesamt dreimal vertont. Diese auch von der Besetzung her höchst unterschiedlichen Kompositionen sind jedoch durch Gemeinsamkeiten verbunden: Sie stehen alle drei in F-Dur (einer »weichen« Tonart), und der Name »Jesus« ist jeweils durch eine dreimalige Anrufung besonders herausgehoben.

– Ave Maria (WAB 5)

Vierstimmiger gemischter Chor mit Sopran- und Alt-Solo, Orgel und Violoncello in F-Dur, »Andante«
EZ: 24. 7. 1856 in → Linz
W: Ignaz → Traumihler
UA: 7. 10. 1856 (Rosenkranzfest) in → St. Florian

Autograph: verschollen; Abschriften: Widmungspartitur mit autographer Signierung in St. Florian; weitere Abschriften: Stift → Kremsmünster und ÖNB-MS
ED: Innsbruck, Johann Gross (S. A. Reiss) 1893
NGA: Band XXI (Hans Bauernfeind und Leopold → Nowak, 1984) und Revisionsbericht

Diese Vertonung hat Bruckner als Linzer Dom- und Stadtpfarrorganist für seine frühere Wirkungsstätte St. Florian geschaffen. Der Satz der 52 Takte umfassenden Komposition weist fast durchgehend eine feinstrukturierte rhythmische Gliederung in kleinen Notenwerten auf und ist in seinem ersten Teil (T. 1-17) vom Wechsel zwischen Chor und Soli, von einer ansatzweise kontrapunktischen Schreibweise und einem kleinen Solo für Alt und Sopran zu den Grußworten des Engels bzw. der Elisabeth (»gratia plena« bis »fructus ventris tui«) gekennzeichnet. Die mehrfach herausgehobene Nennung des Namens »Jesus« in den Takten 18-22 (Tempoänderung zu »Adagio«, a cappella-Satz, dreimalige Wiederholung der Anrufung) bildet eine deutliche Zäsur, nach der die Strukturcharakteristika des ersten Teiles wieder aufgegriffen werden.

– Ave Maria (WAB 6)
Offertorium für siebenstimmigen gemischten Chor (Sopran, 2 Alt, 2 Tenor, 2 Baß) a cappella in F-Dur, »Andante (Sehr langsam)«
EZ: Mai 1861 in → Linz
UA: 12. 5. 1861 in Linz (→ Alter Dom; → Liedertafel »Frohsinn«, Bruckner)
Autograph: ÖNB-MS (Skizzen; Reinschrift verschollen); wichtige Abschriften: ÖNB-MS; → St. Florian (→ Kopist Schimatschek u. a.); Stift → Kremsmünster (Kopist Karl → Aigner)
ED: »2 Kirchen-Chöre«. Wien, Emil Wetzler (Julius Engelmann) 1887 (zusammen mit *»Tota pulchra es«*)
NGA: Band XXI (Hans Bauernfeind und Leopold → Nowak, 1984) und Revisionsbericht

Am 26. 3. 1861 hatte Bruckner seine Studien bei Simon → Sechter abgeschlossen. Während dieser Zeit der → Ausbildung hatte das Schöpferische weitgehend geschwiegen, das *Ave Maria* ist das verblüffende »Erstlingswerk« des »reifen« Bruckner, von außerordentlicher Dichte der Wirkung bei gleichzeitig sparsamstem Einsatz der Mittel. Die als Offertorium zu einer Vokalmesse von Antonio Lotti komponierte Motette wurde unter der Leitung Bruckners von der Liedertafel »Frohsinn« anläßlich ihres Gründungsfestes uraufgeführt und erntete uneingeschränkte Zustimmung seitens der Kritik: »Das Ave Maria von Herrn Bruckner ist ein religiös empfundenes, streng kontrapunktisch durchgeführtes Werk, welches auf die Anwesenden mächtig wirkte. Prachtvoll klingt die Repetition ›Jesus‹ im feierlichen A-dur-Akkorde ...« (»Linzer Zeitung« 15. 5. 1861).
So sehr dem Rezensenten in bezug auf die Ausdrucksdichte der Motette beizupflichten ist, so irreführend ist jedoch der Hinweis auf den »streng kontrapunktisch« durchgeführten Satz: Dieses *Ave Maria* gewinnt seine Wirkung gerade durch einen feierlichen, ruhig schwebenden, gleichsam »betrachtenden« Satz. Er wird durch die Frauenstimmen (»Engelsgruß«) eröffnet, die Männerstimmen setzen im *pp* mit dem Gruß an die »fructus ventris tui« fort. Die dreimalige Anrufung des Namens Jesus, vom *pp* bis zum *ff* gesteigert, in einem sich auftürmenden strahlenden A-Dur-Akkord, ist von außerordentlich eindringlicher Wirkung. Der in die folgende Generalpause nachhallende Akkord stellt eine Zäsur in der Satzstruktur und Stimmung dar; die flehenden Bitten (»Sancta Maria ...«) sind imitatorisch gestaltet, wobei auch hier Ober- und Unterchor einander gegenübergestellt werden (T. 21-26). Ab »pro nobis peccatoribus« wird der Satz wieder akkordisch-homophon, die beiden Chöre sind jedoch nicht mehr getrennt, sondern vereinigen sich zum gemeinsamen Gebet.

– Ave Maria (WAB 7)
Singstimme (Alt) und Klavier, Orgel oder Harmonium in F-Dur, »Alla breve. Weihevoll«
EZ: 5. 2. 1882
W: Luise Hochleitner in → Wels
UA: Oktober 1921 beim → Brucknerfest in → Stuttgart
Autograph: verschollen; Abschriften: ÖNB-MS und Stift → Kremsmünster (jeweils Partitur-Abschrift mit autographen Eintragungen)
ED: Musikbeilage 13 der Neuen Musikzeitung 23 (Carl Grüninger, Stuttgart-Leipzig-Wien 1902); Anton Böhm & Sohn, Augsburg-Wien 1927
NGA: Band XXI (Hans Bauernfeind und Leopold → Nowak, 1984) und Revisionsbericht

Bruckner sah 1881 anläßlich eines Besuchs in Wels in der Auslage eines Photographen ein Mädchenporträt, das ihn fesselte: Es handelte sich zufälligerweise um die Schwester der Braut seines Schülers und Begleiters Camillo → Horn, Luise Hochleitner, Tochter eines Oberlandesge-

richtsrats. Bruckner drängte darauf, sie sofort kennenzulernen, obwohl es schon spätabends war. Begeistert von ihrer schönen Kontra-Alt-Stimme widmete er ihr dieses wenig später vertonte *Ave Maria.*
Die Komposition ist weniger von ruhiger Versenkung ins Gebet als von Dramatik und einer Vielzahl effektvoller Stilmittel, ja fast opernhaftem Pathos gekennzeichnet. Die → Harmonik ist äußerst bewegt und farbig, alte Topoi (z. B. Oktavsprung auf »Dominus«) gelangen zum Einsatz. Auch hier ist der Name »Jesus« wieder eine sich natürlich ergebende Zäsur im musikalischen Geschehen. Zu den Worten »Sancta Maria« (T. 59-62) zitiert Bruckner wörtlich die entsprechende Stelle aus dem *Ave Maria* WAB 6. EM

Lit.: Leopold Nowak, Der Name »Jesus Christus« in den Kompositionen von A. Bruckner, in: Nowak, Über A. Bruckner; Erwin Horn, A. Bruckner. Geistliche Motetten: Ave Maria, in: Musica sacra 102 (1982).

Ave Regina (WAB 8) »Ave Regina coelorum«
Marianische Antiphon für Singstimmen (unisono) mit Orgelbegleitung
EZ: um 1886
UA: 25. 3. 1886 in → Klosterneuburg
Autographe: ÖNB-MS; Stift → Kremsmünster (Skizze)
ED: Jahrbuch des Stiftes Klosterneuburg 3 (1910) S. 132
NGA: Band XXI (Hans Bauernfeind und Leopold → Nowak, 1984) und Revisionsbericht

Bruckners Komposition der im Chorgebet als Abschluß der Complet vom 2. 2. (Mariae Lichtmeß) bis zum Mittwoch in der Karwoche gesungenen Marianischen → Antiphon ist keine bloße Choralharmonisierung, obwohl sie ganz der akkordisch begleiteten Choral-Aufführungspraxis des 19. Jahrhunderts (vgl. hierzu auch *»Veni Creator Spiritus«*) entspricht. Sie ist jedoch auch keine freie Komposition, sondern wohl am ehesten als Choralparaphrase zu bezeichnen, die auf Bitten des Novizenmeisters (1885-1888) Ferdinand Schölzig für das Chorgebet der Klosterneuburger Chorherren geschrieben wurde.
Das Werk – an einem 25. 3., dem Fest Mariae Verkündigung, uraufgeführt – stellt durch die Wahl des gregorianischen Melodiematerials zwischen diesem Fest und dem Text des »Ave regina coelorum« (eines Grußes an Maria, Königin der Engel, aus der der Welt das Licht geboren wurde) einen diskreten theologisch-musikalischen Bezug her: Die → Melodik entstammt zur Gänze dem Gradualvers mit Alleluia der »Missa de Sancta Maria ab adventu usque ad Nativitatem Domini«. Dieser Gradualvers enthält im Text die Verkündigungsworte des Engels an Maria, »Ave Maria, gratia plena« (vgl. *Ave Maria* WAB 5-7). Hier wird jedoch nur seine Melodie verarbeitet, was ein besonders typisches Beispiel für Bruckners subtile, oft nur »Eingeweihten« verständliche Zitierweise darstellt. EM

Lit.: Elisabeth Maier, Der Choral in den Kirchenwerken Bruckners, in: Bruckner-Symposion 1985; dies., Bruckner und der gregorianische Choral, in: Bruckner-Vorträge Rom.

B

Bach, Johann Sebastian

Die Bedeutung Johann Sebastian Bachs (1685-1750) für Bruckner entspricht der Bach-Rezeption des 19. Jahrhunderts: einerseits Bewunderung des Meisters der Kontrapunktik, andererseits fast göttliche Verehrung des Tonheros (laut Bruckner als etwas »Unerreichbares«). Bach spielt in zwei Lebensbereichen Bruckners eine Rolle: in der theoretischen → Ausbildung (bzw. eigenen Lehrtätigkeit) und im Beruf als Organist (→ Orgel), wobei beide Aspekte wiederum gewissen Einfluß auf seine Kompositionen ausübten.

Angeblich hat Bruckner bereits in → Hörsching bei Johann Baptist → Weiß im Unterricht einzelne Fugen Bachs kennengelernt und in → Windhaag »Die Kunst der Fuge« studiert; bei Leopold von → Zenetti in → Enns dienten Bachs Orgelchoräle und »Das Wohltemperierte Klavier« als Grundlage intensiver Studien. In seiner → St. Florianer Zeit fertigte Bruckner Abschriften Bachscher Fugen an, die einerseits zum Übungsrepertoire des jungen Organisten gehörten und andererseits zu eingehenden theoretischen Untersuchungen herangezogen wurden. Die Fugenabschnitte der in dieser Zeit entstandenen Kompositionen (u. a. *Requiem*, *Magnificat*, *Missa solemnis*) weisen aber trotzdem eher eine harmonische, aus der kirchenmusikalischen Tradition der Klassik stammende, als eine lineare, auf Bach zurückgehende Grundtendenz auf. Zunehmend macht sich auch der Einfluß der Werke Felix → Mendelssohn Bartholdys bemerkbar, der Bachs Kontrapunktik ebenso im Sinne romantischer Klangfülle rezipiert wie Bruckner.

In der Florianer Zeit erlangte Bruckner abgesehen vom theoretischen Studium hohe technische Fertigkeiten im polyphonen Orgelspiel. Zu Beginn seiner Laufbahn als Organist stellte er jedoch fest, daß er – abgesehen von Werken Bachs und Mendelssohns – noch kein Repertoire habe, und auch später brachte er immer wieder die Abneigung gegenüber dem Vortrag fremder Kompositionen bzw. die Bevorzugung der Improvisation, des Schöpferischen beim Orgelspiel, zum Ausdruck: Man denke nur an den überlieferten Ausspruch »No i' wer' net lang den Bach einwerkel'n, das soll'n dö tuan, dö koa Phantasie hab'n« (Göll.-A. 4/1, S. 148 Anm.), worin keineswegs eine Mißachtung des hochverehrten Meisters an sich zu sehen ist. Ganz im Gegenteil: Bachs Werke zählten bei Bruckners glanzvollen Orgelkonzerten im In- und Ausland zu den am meisten aufgeführten: Zu nennen sind die Toccaten in C-Dur, F-Dur, d-Moll, Fuge in E-Dur, Präludium und Fuge in cis-Moll (aus dem »Wohltemperierten Klavier«). Bruckners Repertoire – vgl. auch die von Göllerich-Auer (2/1, S. 336 ff.) aufgezählten Noten aus seinem Besitz – dürfte trotzdem nicht sehr groß gewesen sein. Für sein künstlerisches Selbstbewußtsein ist dagegen charakteristisch, daß er anläßlich des Konzerts in der Royal Albert Hall in → London im Anschluß an den Vortrag einer Bachschen Toccata eine eigene Improvisation über dieses Werk folgen ließ, was von der zeitgenössischen Kritik negativ kommentiert wurde.

Bezüglich des Einflusses der Bachschen Kontrapunktik auf die Symphonien ist darauf hinzuweisen, daß die mit kontrapunktischen Mitteln höchst gesteigerte thematische Arbeit trotzdem primär harmonischen, ja homophonen Charakter hat. Auch Bachs Einwirken auf die geistlichen Vokalwerke Bruckners kann kaum präzise nachgewiesen werden. In Bruckners Grundeinstellung des Komponierens findet sich jedoch eine gewisse Affinität zum Schaffen Bachs, u. a. im Ausdruck und in der Verwendung barocker musikalischer Gestik, möglicherweise auch in der von Zahlenverhältnissen (→ Zahlensymbolik) geprägten Metrik und Architektonik als Abbild des Strebens nach der Erkenntnis universeller Ordnung. IF

Lit. (außer zahlreichen Publikationen deutsch-nationaler Gesinnung, die Bach aus ideologischen Gründen unter verschiedenen Aspekten – oft unter Zuziehung → Beethovens – in Beziehung zu Bruckner setzen): August Halm, Von zwei Kulturen der Musik. München 1913; Göll.-A., passim; Rudolf Eller, Bruckner und Bach, in: Bericht über die wissenschaftliche Bachtagung der Gesellschaft für Musikforschung Leipzig 1950. Leipzig 1951; Alfred Orel, Bruckner und Bach, in: Bruckner-Jahrbuch 1981; Gunnar Cohrs, Zahlenphänomene in Bruckners Symphonik. Neues zu den Strukturen der Fünften und Neunten Symphonie, in: Bruckner-Jahrbuch 1989/90.

(Bad) Goisern

Jodsolebad im oberösterreichischen Salzkammergut, ca. 10 km südlich von → (Bad) Ischl gelegen. 1860: 3 600, 1995: 7 000 Einwohner.
Von Ischl aus fuhr Bruckner gern nach Goisern, wo sein (nach dem Vater) erster Violinlehrer, der ehemalige Schulgehilfe von → Ansfelden, Franz Xaver Perfahl (1817-1883), seit 1862 als Schulleiter, Organist und Leiter des Kirchenchores tätig war. Bruckner spielte sowohl in der katholischen als auch in der evangelischen Kirche die Orgel. Gelegentliche Ausflüge führten ihn zum Gosauschmied oder zum Gosausee, zur Gosaumühle, nach Hallstatt und ins Hochgebirge. Tiefsten Eindruck hinterließ der Anblick des Dachsteins und des Gosaukammes.
Heute erinnert am Haus Goisern 34 eine Gedenktafel aus dem Jahr 1971 an Bruckners Aufenthalte in Goisern. AH

Lit.: Göll.-A. 4/3, S. 62; Karl Pilz, Goiserer Erinnerungen an A. Bruckner, in: Salzkammergutzeitung 62 (1956) Nr. 48; Max Auer, A. Bruckner. 6. Aufl. Wien-München-Zürich [1967] S. 146 f.; Nowak 1973, S. 250; Heimat Goisern. Bad Goisern in Vergangenheit und Gegenwart. Bad Goisern-Linz 1990, S. 249; Andrea Harrandt, Bruckner und Ischl. Der Organist des Kaisers im Salzkammergut, in: Blickpunkte Oberösterreich (1995) H. 4; Mitteilung Röm.-Kathol. Pfarramt Bad Goisern.

(Bad) Ischl

Luftkurort am Zusammenfluß der Traun und der Ischl im oberösterreichischen Salzkammergut (Bezirk Gmunden); seit 1823 Kurort. 1849-1914 Sommerresidenz von Kaiser → Franz Joseph I. und damit ein Mittelpunkt der Gesellschaft zur Zeit der Monarchie. Seit 1906 »Bad« Ischl, seit 1940 Stadt; 1869: 6 800, 1995: 13 400 Einwohner.
Seit 1863 besuchte Bruckner von → Linz aus öfters Johann Nepomuk → Attwenger in Ischl, später hielt er sich gewöhnlich in der zweiten Augusthälfte dort auf. Bruckner war als gern gesehener Gast bald eine bekannte Persönlichkeit im Ort. Auf Wunsch seiner Ischler Freunde spielte er auch oft an der Orgel der Pfarrkirche. Sein Plan, 1864 die *Messe in d-Moll* zum Kaiseramt (18. 8.) in Ischl aufzuführen, ließ sich auch wegen der noch unvollendeten Komposition nicht verwirklichen. Dafür spielte er dort zum Namensfest des Kaisers (4. 10.) an der → Orgel. Im Extrazimmer des Kasinos (Konsumverein) traf er mit Ischler Persönlichkeiten zusammen: Schuldirektor Franz Autengruber (1841-1903), Chorregent Rupert Wastler (1834-1902), Benefiziat Franz Fuchs (1845-1930), kaiserl. Rat Dr.

Bruckner-Orgel in der Stadtpfarrkirche von Bad Ischl

Hermann Stieger (1843-1928), Josef → Vockner, Kurmusikdirektor Holzinger und Mitgliedern des Kirchenchores. Besonders gern hörte Bruckner die Stimme der Kirchensängerin Maria Loidl, verehelichte Markhoff (1850-1942), an die er sich auch später gerne erinnerte.
Als Organist des Kaisers spielte Bruckner am 31. 7. 1890 bei der Hochzeit von Erzherzogin → Marie Valerie mit Erzherzog Franz Salvator in der Ischler Pfarrkirche zu Ein- und Auszug Variationen über die → Kaiserhymne (Volkshymne), verbunden mit dem Thema des großen »Halleluja« aus dem »Messias« von Händel. Der von Bruckner selbst gemachte Vorschlag, über Hauptthema und Seitenthema aus dem Finale der *Ersten Symphonie* zu improvisieren, wurde als »nicht passend« abgelehnt (beide von Bruckner bereits vorbereiteten Skizzen hat Erwin Horn in unseren Tagen weitergeführt, s. *Improvisationsskizze Ischl 1890*). Bruckner erhielt für seine Mitwirkung 100 Golddukaten und durfte am Diner im Hotel »Post« teilnehmen. Am 2. 8. 1890 gab er dann noch ein Orgelkonzert.
Von Ischl aus fuhr Bruckner gern nach → (Bad) Goisern, machte mit seinem Schüler Josef Vockner auch Ausflüge auf die nahe Zwieselalm.
Heute erinnern eine Brucknerstraße (seit 1938) im Rothauerfeld, eine Gedenktafel von Franz S. → Forster (1960) an der Stadtpfarrkirche und eine Tafel am Weinhaus Attwenger an Bruckners Aufenthalte in Ischl. AH

Lit.: Göll.-A. 4/2, S. 604 f., 4/3, S. 58-62; Max Auer, A. Bruckners erstes Meisterwerk für Ischl geplant (d-Moll-Messe), in: Festschrift zum 400jährigen Jubiläum der röm.-kath. Pfarre Bad Ischl. Bad Ischl 1954; Max Hilpert, Franz Gräflinger in Bad Ischl gestorben, in: Linzer Tagblatt 1962, Nr. 210; Winfield Hutton, Bad Ischl, in: Opera News 32 (1968) Feb.; Nowak 1973, S. 250 ff.; Hans Bauer, A. Bruckner und Bad Ischl, in: Ischler Pfarrbrief 5. 6. 1990; Andrea Harrandt, Bruckner und Ischl. Der Organist des Kaisers im

Salzkammergut, in: Blickpunkte Oberösterreich (1995) H. 4; Mitteilung Friedrich Wieser (Ischler Heimatverein) und Stadtpfarrkirche.

(Bad) Kreuzen

Marktgemeinde und Kurort im Mühlviertel, Oberösterreich, 7 km nördlich von → Grein. Auf einem Plateau gelegen, zahlreiche Quellen (»Bruckner«-Quelle) und mit Moos bewachsene Urgestein-Granitblöcke. 1900: ca. 2 400, 1996: ca. 2 500 Einwohner.

Schon im 18. Jahrhundert existierte vermutlich eine Badeanstalt; die Kaltwasserheilanstalt, in Anfängen schon 1843 entstanden, wurde von Maximilian Keyhl (gest. 1870) gegründet, am 1. 5. 1846 eröffnet, 1866 vergrößert und vom Kaufmann Eduard von Nagel geleitet. In der Kemmat, jetzt »Wolfsschlucht« genannt, wurden längs des Baches Duschen und Vollbäder errichtet. Die »alten Badhäuseln« (jetzt Privatwohnhäuser) und die größeren Kurheime am Höhenrücken in Richtung Burg Kreuzen (jetzt Asylanten- und Flüchtlingsheim) bestehen noch; den heutigen Kurbetrieb leiten die Marienschwestern vom Karmel in einem modernen Haus.

Bruckner hielt sich nachweislich mindestens zweimal in Bad Kreuzen auf: das erste Mal vom 8. 5. bis 8. 8. 1867. Jahre intensiven Studiums, der künstlerischen Entwicklung und Reife waren vorangegangen, und lebenswichtige Entscheidungen bahnten sich durch die Kontakte mit → Wien an. Er kam nervlich schwer überreizt nach Kreuzen und beschrieb in seinen → Briefen an Rudolf → Weinwurm zum Teil selbst die Symptome seiner Erkrankung (→ Krankheiten) und deren Behandlung: »Hydrotherapie«. Medizinisch spricht man von einer »Spinalirritation« bzw. einer »Neurasthenie« (Marx); der Zählzwang, die Migräne, eine Störung, die er selbst immer wieder in seinen → Taschen-Notizkalendern notierte, und seine Briefe an Weinwurm bezeugen seinen verzweifelten Zustand. Der Badediener Karl Hörzenberger erzählt in seinen Erinnerungen, einmal hätten böhmische Musikanten, die vor den Kurgästen aufspielten, Bruckner in die Flucht getrieben. Man fand ihn im untersten, damals noch nicht begehbaren Teil der »Wolfsschlucht« und mußte ihn mit Leitern und Seilen heraufholen.

Der geregelte Tagesablauf, gesunde Ernährung und ärztliche Betreuung zeigten Erfolge, so daß er nach drei Monaten geheilt nach → Linz zurückkehren konnte. Alois Brutscher (→ Krems) und Kremshuber, Kurgäste zur selben Zeit, erkundigten sich später brieflich nach

Bad Kreuzen, Kuranstalt. Stich

»Wiener Bad«. Stich

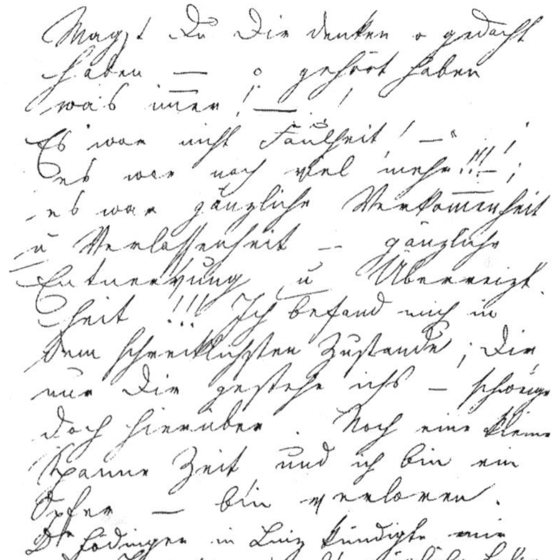

Brief an Rudolf Weinwurm, 19. 6. 1867 (Ausschnitt)

Bruckners Befinden. Ein halbes Jahr nach dieser Kur stand Bruckner noch mit Kurarzt Dr. Keyhl in Verbindung: In einem Brief (16. 1. 1868) gab dieser weitere Anweisungen zur Einhaltung von Diät und Therapie.
Um die Kurkosten bestreiten zu können, mußte Bruckner bei der Gesellschaft für Lebens- und Rentenversicherung »Anker« ein Darlehen von 250 fl aufnehmen. In einer Quittung (15. 8. 1867) bestätigt der Besitzer der Kaltwasseranstalt, Eduard von Nagel, den Empfang von 225 fl 72 x für Kost, Wohnung, Wäsche und Bäder. Das bischöfliche Consistorium bewilligte 60 fl Krankenaushilfe (3. 9. 1867).
Ein zweites Mal hielt sich Bruckner von August bis September 1868, kurz vor seiner Übersiedlung nach Wien, zur Kur in Bad Kreuzen auf, vermutlich um sich von den für ihn enervierenden Verhandlungen um seinen Dienstantritt in der Residenzstadt zu erholen. – Ein dritter Aufenthalt in einem der folgenden Jahre ist, ohne nähere Angaben, nur bei Göllerich-Auer vermerkt. RG

Lit.: Auer, Briefe, Nr. 51 ff.; Göll.-A. 3/1, passim; Otto Fleischanderl, Die Wasserheilanstalt Kreuzen in Oberösterreich (Braumüllers Bade-Bibliothek 65). Wien 1887; Albert Frank, Ein fast unbekanntes Motto von A. Bruckner, in: Linzer Volksblatt 20. 9. 1951, S. 6; Werner Trabitzsch, Burg und Bad Kreuzen. München [nach 1959]; Erwin und Käthe Kranzler, Heimatbuch der Marktgemeinde Bad Kreuzen. Erschienen anläßlich der 500 Jahr-Feier 1482-1982. Linz 1982; Eva Marx, Bad Kreuzen – Spekulationen und kein Ende, in: Bruckner-Symposion 1992.

Barghesi (Bargezzi), Familie
Berta Barghesi, geb. 7. 8. 1855 in Wien, gest. Februar (Beerdigung 27. 2.) 1923 in Kirchdorf, Oberösterreich, war die Tochter von Karoline Altmann, vereh. Barghesi, geb. 15. 4. 1827 in Ems, gest. 25. 1. 1893 in Chur, und eines nicht genannten Vaters. Über dessen Identität existieren in der Familie → Schiedermayr-Weißgärber zwei unterschiedliche Traditionen: Deren erste (1) besagt, daß Berta die uneheliche Tochter des Notars Joseph Schiedermayr (geb. 21. 12. 1821 in Linz, gest. 1874 in der Nervenheilanstalt Niedernhart bei Linz) und der aus der französischen Schweiz stammenden Karoline Barghesi gewesen sei, ihre Mutter sich drei Tage nach der Geburt jedoch des Kindes entledigt habe und heimgereist sei. Berta sei vom Bruder ihres Vaters, dem Arzt Karl Schiedermayr (geb. 3. 11. 1818 in Linz, gest. 29. 10. 1895 in Kirchdorf) aufgezogen worden, habe den Lehrer Alois Weißgärber (geb. 7. 4. 1845 in Linz) geheiratet und mit diesem fünf musikalisch sehr begabte Kinder gehabt: Emilie (geb. 25. 10. 1875 in Micheldorf), Alois (geb. 9. 1. 1878), Rosa (geb. 27. 7. 1883), Maximilian (geb. 21. 10. 1884), Karoline (geb. 11. 7. 1886 – die letzten alle in Ottensheim).
Maximilian Weißgärber wurde als Geiger Mitglied der → Wiener Philharmoniker. Eine frappante Ähnlichkeit mit der Physiognomie Bruckners (so soll er für ein Bruckner-Porträt August Steiningers Modell gesessen haben) und die große musikalische Begabung nährten die auch von ihm selbst vertretene Hypothese (2), es habe sich bei Berta Barghesi in Wahrheit um eine Tochter Bruckners gehandelt, deren Mutter nicht nur mit dem Notar Joseph Schiedermayr einige Jahre zusammengelebt habe, sondern in dieser Zeit auch eine Beziehung mit Bruckner eingegangen sei.
Beweise für die Wahrheit einer der beiden Behauptungen konnten bis zum gegenwärtigen Zeitpunkt (Mai 1996) noch nicht erbracht werden. EM

Lit.: Beatrix Weißgärber-Fröhlich, Vorfahren meines Vaters, und Renate Bronnen, Die Weißgärber-Geschwister. Ein Kapitel aus dem Leben A. Bruckners?, in: Bruckner-Jahrbuch 1984/85/86.

Bayer, Franz Xaver
Geb. 25. 6. 1862 in Lambach, Oberösterreich, gest. 14. 7. 1921 in Steyr. Früher Musikunterricht; Sängerknabe und Sopransolist im Chor der Votivkapelle des Neuen Doms in → Linz, später dort Organist. Nach der Lehrerausbildung in verschiedenen Orten Tätigkeit als Chorleiter und Kapellmeister. Theorieunterricht bei dem Dresdner Hoforganisten und Komponisten Edmund Kretschmer. Seit 1888 Regens chori an beiden

Franz Bayer

Stadtpfarrkirchen in → Steyr, daneben auch 1894-1918 Chormeister des Männergesangvereins »Kränzchen« sowie 1899-1918 künstlerischer Leiter der »Gesellschaft der Musikfreunde« in Steyr. Bayer war auch als Komponist tätig.

Bayer, nebenbei auch Schüler Bruckners, zählte zu dessen engstem Freundeskreis in Steyr und als Musiker zu den Bruckner-Pionieren. 1890 leitete er die Uraufführung des *Pange lingua et Tantum ergo*. 1893 fand mit über 60 Musikern die denkwürdige Erstaufführung der *Messe in d-Moll* statt, über deren Qualität sich der Komponist bewundernd zu Theodor → Helm äußerte (22. 4.). 1892 überarbeitete Bruckner sein *Requiem* WAB 39, das dann 1895 und 1896 von Bayer bei Trauergottesdiensten aufgeführt wurde. Die enge Freundschaft wird auch durch einige → Briefe dokumentiert. Besonders erwähnenswert ist ein Zeugnis für Bayer (1895), in dem ihm Bruckner sein hohes musikalisches Können attestiert.

Auch nach dem Tod des Komponisten setzte sich der Steyrer Musiker für ihn ein. 1896 wurde er im Komitee für das erste Bruckner-Denkmal aktiv. 1901 kam es in großer Besetzung zu einem Konzert mit dem *Te Deum*, 1904 leitete er die *Zweite Symphonie*. 1908 initiierte Bayer die Gedenktafel am Stadtpfarrhof und eine silberne Bruckner-Medaille für außerordentliche musikalische Leistungen.

Jula Bayer, seine zweite Frau, erzählte und sammelte Erinnerungen und Anekdoten, die in dem kleinen Band »Anton Bruckner in Steyr« erschienen. Der Sohn Julius Bayer wirkte ebenfalls als Musiker. EWP

Lit.: Carl Hans Watzinger, F. X. Bayer, ein Freund A. Bruckners, in: Steyrer Zeitung 1951, Nr. 28; Jula Bayer, A. Bruckner in Steyr. Steyr 1956; Julius Bayer, A. Bruckner, F. Bayer und Steyr, in: Gesellschaft der Musikfreunde Steyr 1838-1963. Festschrift. Steyr 1963.

Bayern

Heute Freistaat und größtes Bundesland der Bundesrepublik Deutschland mit sieben Regierungsbezirken: Altbayern (Ober-, Niederbayern, Oberpfalz), Schwaben, Ober-, Mittel- und Unterfranken. 70 546 qkm. 1890: 5,59 Mio., 1986: 10,97 Mio. Einwohner. Haupt- bzw. Residenzstadt München. Die zuvor bayerische Pfalz wurde 1946 dem Land Rheinland-Pfalz angegliedert. 1871 war der Eintritt ins Deutsche Reich erfolgt. 1180-1918 regierten die Wittelsbacher, seit 1806 als Könige. Nach Erlöschen der bayerischen Linie und der Linie Pfalz-Sulzbach war die Linie Pfalz-Zweibrücken auf den Thron gelangt: König Maximilian I. (1806-1825, zuvor seit 1799 als Kurfürst Max IV. Joseph), Ludwig I. (1825-1848), Maximilian II. (1848-1864), → Ludwig II. (1864-1886), Prinzregent Luitpold (1886-1912), Ludwig III. (1912-1918). War Ludwig I. ein Mäzen und Kenner der Künste, so förderte sein Sohn vor allem die Wissenschaften.

Die bayerische Nebenlinie der Herzöge in Bayern aus dem Hause Birkenfeld-Gelnhausen repräsentierte zu Bruckners Zeit Herzog Maximilian (1808-1888), genannt »Zither-Maxl«. Zu seinen acht Kindern zählen Kaiserin Elisabeth von Österreich (1837-1898, → Kaiserhaus), Herzog Karl Theodor (1839-1909) und Herzog → Max(imilian) Emanuel (1849-1893), der Widmungsträger von Bruckners *Streichquintett*. Karl Theodor, angesehener Augenarzt und Freund der Musik, war Neffe und Patensohn des Prinzen Karl Theodor (1795-1875), des Bruders von König Ludwig I. Der Prinz vermachte Herzog Karl Theodor das Schloß Tegernsee. Das älteste Kind des Herzogs, → Amélie (Amalie) Maria (1865-1912), die sich tatkräftig für Bruckner eingesetzt hatte, heiratete 1892 Herzog Wilhelm von Urach. Auch ihr Vater Karl Theodor hat sich etwa Ende Februar 1890 brieflich bei Kaiser → Franz Joseph für Bruckner verwendet.

An größeren Orten in Bayern hat Bruckner neunmal → München, wiederholt → Bayreuth (Wagner-Aufführungen), → Oberammergau (Passionsspiel), → Nürnberg (Sängerfest) und → Regensburg besucht. RM

Lit.: Adalbert Prinz von Bayern, Die Wittelsbacher. Geschichte unserer Familie. München 1979; Max Spindler, Handbuch der bayerischen Geschichte. Bde. 1-4. München 1971-1974, zum Teil auch spätere Auflagen.

Bayreuth

Hauptstadt des Regierungsbezirkes Oberfranken (Bayern), am Roten Main zwischen Fränkischer Alb und Fichtelgebirge gelegen. Erstmals im Jahre 1194 genannt und 1231 zur Stadt erhoben, erlebte Bayreuth unter Markgraf Friedrich (Regierungszeit 1735-1763) und seiner Frau Wilhelmine eine Glanzzeit. Berühmte Bürger waren Jean Paul, Franz Liszt und Richard Wagner. Letzterer hatte sich 1872 in Bayreuth niedergelassen, um für seine Werke ein Festspielhaus bauen zu lassen. Seit 1876 finden die Bayreuther Festspiele statt. 1864: 14 800, 1882: 22 000, 1995: 70 000 Einwohner.

Bruckner kam erstmals im September 1873 nach Bayreuth, um → Wagner seine *Zweite* und *Dritte*

Festspielhaus in Bayreuth

Symphonie zur Widmung vorzulegen. Von → Marienbad kommend, stieg er im heute noch bestehenden Hotel »Goldener Anker« ab und besuchte Wagner in dessen damaliger Wohnung in der Dammallee 7. Bruckner besichtigte die Baustelle des Festspielhauses und war dann in der sich noch in Bau befindlichen Villa »Wahnfried« zu Gast. Der Bildhauer Gustav Adolph Kietz (1824-1908) war Zeuge dieser Begegnung, über die zahlreiche Berichte sowie ein Doppelautograph Bruckners und Wagners (Wiener Stadt- und Landesbibliothek) überliefert sind. Nach seiner Rückkehr trat Bruckner dem → Wiener Akademischen Wagner-Verein bei.

Ende August 1876 besuchte Bruckner auf Einladung Wagners (Brief Wagners an Feustel, 30. 4. 1876) die dritte Aufführung des »Ring des Nibelungen«. Er wohnte diesmal in einem Privatquartier, unternahm Ausflüge und war zu Soiréen in »Wahnfried« geladen, wo er mit der Familie Wagner zusammentraf und u. a. den Berliner Musikkritiker Wilhelm → Tappert kennenlernte. Am 30. 7. 1882 erlebte Bruckner eine Aufführung des »Parsifal«. Er wohnte, wie auch in den späteren Jahren, bei Johann Gurt und war in Gesellschaft von Tappert, Friedrich → Eckstein, Josef → Schalk, August → Göllerich, Carl Bernhard Oehn, August → Stradal und lernte Friedrich → Klose kennen.

1883 war Bruckner abermals in Bayreuth, wo nach Wagners Tod wieder »Parsifal« aufgeführt wurde. Wagners Grab war seitdem die erste Pilgerstätte für Bruckner. Am 20. 7. 1884 reiste er mit dem Wiener Akademischen Wagner-Verein nach Bayreuth, wo er laut Göllerich u. a. nach dem Grundstein des Festspielhauses suchte. Die Rückreise führte Bruckner über → München. Am 24. 7. 1886 reiste Bruckner wiederum mit dem Wagner-Verein nach Bayreuth und wohnte der ersten Aufführung von »Tristan und Isolde« bei. Nach Franz → Liszts Tod am 31. 7. 1886 wurde Bruckner von Cosima → Wagner eingeladen, beim Requiem in der Schloßkirche am 4. 8. die Orgel zu spielen. 1888 erlebte Bruckner die Erstaufführung der »Meistersinger von Nürnberg«, 1889 reiste er mit Göllerich, 1891 hörte er die Erstaufführung des »Tannhäuser«. Bei seinem letzten Aufenthalt in Bayreuth im Jahre 1892 erkrankte Bruckner und mußte von Alphons von Rosthorn (→ Ärzte) aus Prag behandelt werden.

Während seiner Aufenthalte in Bayreuth besuchte Bruckner die Sehenswürdigkeiten der Stadt und der Umgebung: Stadtpfarrkirche

(deren Turm er bestieg und deren Bild »Christus am Ölberg« ihn faszinierte), Rollwenzelei (mit der Dichterstube Jean Pauls), die Eremitage, Schloß Fantaisie in Donndorf. Er verkehrte in den verschiedensten Lokalen, wie Angermann und Café Sammet (wo er die Tochter des Besitzers, Henriette Sammet, verehrte). Bruckners Aufenthalte lassen sich nicht immer exakt datieren, und zahlreiche in der Literatur überlieferte Hinweise lassen sich nicht verifizieren. Äußerungen von Bruckner selbst über den Eindruck, den die Aufführungen auf ihn machten, existieren leider nicht. Otto → Böhler hat in einigen Schattenrissen auf seine Art die Begegnung Bruckners mit Wagner festgehalten.
Das Nationalarchiv der Richard Wagner-Stiftung verwahrt das Widmungsexemplar der *Dritten Symphonie*, Bruckners Brief an Wagner vom 20. 5. 1878 und eine Kopie des Kaulbach-Gemäldes von Rudolf Wernicke (1955). In Bruckners Besitz fand sich das »Bayreuth-Album 1884« (Stift → St. Florian). 1994 fanden in Bayreuth Anton Bruckner-Tage mit Konzerten und einer Ausstellung statt. Auch wurde an der Außenwand der Schloßkirche eine Gedenktafel für Bruckner, gestaltet vom Regensburger Bildhauer Rudolf Koller, enthüllt. 1996 folgten die 2. Anton Bruckner-Tage. AH

Lit.: August Stradal, Erinnerungen an A. Bruckner, in: Bruckner-Festbuch 1924. Gelsenkirchen [1924]; Friedrich Klose, Bayreuth. Eindrücke und Erlebnisse. Regensburg 1929; August Pohl, A. Bruckner in Bayreuth, in: Zeitschrift für Musik 99 (1932); Göll.-A. 4/1-3, passim; Bruckner – skizziert; Andrea Harrandt, Bruckner und das Erlebnis Wagner, in: IBG-Mitteilungsblatt Nr. 38, Juni 1992; dies., Bruckner in Bayreuth (in Vorbereitung für: A. Bruckner. Dokumente und Studien); Bruckner in Bayreuth. Ausstellungskatalog. A. Bruckner-Tage Bayreuth 1994 [Bayreuth 1994].

Bearbeitungen

von Bruckners Werk existieren in vielgestaltiger Form. Zum einen sind sie noch zu Lebzeiten des Komponisten für die → Rezeption wichtige Reduktionen, zum anderen erschließen sie bis heute neue Publikumsschichten. Es versteht sich von selbst, daß Stil und Originaltreue im wesentlichen von Bearbeiter und Ziel abhängig sind.
Schon Bruckner selbst nahm Bearbeitungen einzelner Kompositionen vor. So liegt zum Beispiel das *Volkslied* sowohl für vierstimmigen Männerchor a cappella als auch für Singstimme und Klavier (d. h. als Klavierauszug) vor. Gerade im Bereich der Gelegenheitskompositionen verwendete Bruckner des öfteren bereits vorhandene Texte, aber auch Melodien. In dieser Weise hängt *Am Grabe* mit *Vor Arneths Grab* zusammen; ebenso *An dem Feste*, *Festlied* und *Tafellied* sowie *Abendhimmel* WAB 55 und 56 und *Um Mitternacht* WAB 89 und 90. Eine spezielle Form der Bearbeitung stellen die → Fassungen der Symphonien dar.
Das Männerquartett *Der Abendhimmel* WAB 55 erlebte seine Uraufführung in der Bearbeitung für Männerchor, das Lied *Amaranths Waldeslieder* in der Bearbeitung für Sopran-Solo, Frauenchor und Streichorchester von Franz Sales Reiter. Den Hymnus *In S. Angelum Custodem* bearbeitete Bruckner zur Drucklegung für Männerchor. Alfred Zehelein gab den Chor *An dem Feste* in der Bearbeitung für gemischten Chor heraus.
Einige → Schüler und Freunde, unter ihnen Josef und Franz → Schalk sowie Ferdinand → Löwe, bearbeiteten einzelne Symphonien, indem sie Striche und Instrumentationsänderungen vornahmen. Diese markanten Eingriffe in Form und Klang sollten – teils vom Komponisten gebilligt – Aufführungen erleichtern.
Von großer Bedeutung für die Rezeption der Werke Bruckners im 19. Jahrhundert sind die Bearbeitungen seiner Werke für Klavier(e) zu zwei oder vier Händen. Vor allem seine Schüler Cyrill → Hynais, Ferdinand Löwe, Josef und Franz Schalk traten mit derartigen Bearbeitungen in den Konzerten des → Wiener Akademischen Wagner-Vereins an die Öffentlichkeit und trugen damit viel zur Verbreitung der Musik Bruckners bei. Zu erwähnen ist hier vor allem die Uraufführung der *Fünften Symphonie* in der Bearbeitung für zwei Klaviere von Josef Schalk am 20. 4. 1887; erst sieben Jahre später folgte die erste Aufführung mit Orchester. Auch andere Werke, wie das *Te Deum*, Teile von *Dritter*, *Vierter*, *Sechster* und *Siebenter Symphonie*, erklangen zunächst in der Klavierfassung. Bruckner selbst hörte z. B. den 1. und den 4. Satz seiner *Sechsten Symphonie* nur in der Klavierbearbeitung von Löwe. Zum Teil wurden Kürzungen vorgenommen, und vor allem Hynais stellte sogenannte »erleichterte Klavierauszüge« her.
Auch August → Stradal arrangierte alle Symphonien Bruckners für Klavier zu zwei Händen. Heinrich von Bocklet bearbeitete die *Fünfte Symphonie* sogar für zwei Klaviere zu acht Händen, Hermann Behn die *Siebente* für zwei Klaviere zu vier Händen. Noch zu Beginn des 20. Jahrhunderts erwarben sich viele Musiker und Musikfreunde genaue Partiturkenntnisse durch das Spiel der entsprechenden Klavierauszüge.

Im 20. Jahrhundert ist vor allem Karl → Grunsky als Bearbeiter zu nennen.
In jüngerer Zeit haben sich einige Organisten Transkriptionen von Symphoniesätzen gewidmet. Hier ist vor allem Erwin Horn zu nennen (Adagio des *Streichquintetts* und der *Siebenten*, Scherzo der *Symphonie in d-Moll* und der *Zweiten*), der auch die *Improvisationsskizze Ischl 1890* fertig ausgeführt hat. Thomas Schmögner transkribierte die *Vierte Symphonie* für Orgel, Bernhard Haas die *Sechste*.
1982/83 bearbeitete Roland Baumgartner das *Streichquintett* unter dem Titel »Kammersinfonie in F-Dur« für Kammerorchester. Ebenso liegt eine Vielzahl an Bearbeitungen für → Bläsermusik vor, so z. B. das Scherzo der *Vierten* im Arrangement für Militärmusik von Lee Dytrt. Aus jüngster Zeit ist eine Neutextierung der *Festkantate* von Herbert Vogg (»Festkantate zur Weihnacht«) in der Fassung für gemischten Chor von Gerhard Track sowie eine für 1996 in → Bad Ischl angesetzte Aufführung der orchestrierten Fassung des Klavierstücks *Steiermärker* zu nennen.
Zusammenstellungen von Bläser-Bearbeitungen haben Wolfgang Suppan (→ Bläsermusik) und die Firma MCS-Edition in Vöcklabruck veröffentlicht. AH/EWP

Beethoven, Ludwig van
Seit den späten dreißiger Jahren des 19. Jahrhunderts galt Beethoven (1770-1827) als *die* beherrschende Gestalt in der deutschen Musik: Musikanschauung und Musikleben der zweiten Jahrhunderthälfte waren von einem heroisch-monumentalen bzw. pathetischen Beethoven-Bild geprägt, an Beethovens Werken wurde das zeitgenössische Musikschaffen immer wieder gemessen. Daher ist der Themenkreis »Beethoven und Bruckner« von zwei Gesichtspunkten der Rezeption aus zu behandeln: erstens der Rezeption Beethovens durch Bruckner, zweitens der Rezeption Beethovens *und* Bruckners sowie vor allem deren Zueinander-in-Beziehung-Setzen durch die musikalische Öffentlichkeit in der zweiten Hälfte des 19. Jahrhunderts, aber auch in der Zeit nach Bruckners Tod.
1. Für Bruckner hatte Beethoven eben jenen hohen Stellenwert, wie er von der damaligen Musikwelt vorgegeben war, ja er war für ihn »die Incarnation alles Großen und Erhabenen in der Tonkunst« (C. → Hruby). Bruckner setzte sich anläßlich seines Unterrichts bei Otto → Kitzler intensiv mit der Beethovenschen Sonatenform (→ Form) auseinander; im → Kitzler-Studienbuch ist auch die von Bruckner instrumentierte Exposition der »Pathétique« erhalten. Bemerkenswert ist ferner, daß Bruckner 1878 in seinem → Taschen-Notizkalender von 1876 metrische Studien an Beethovens »Dritter« und »Neunter Symphonie«, eingetragen hat, denen gleichartige Untersuchungen seiner *Vierten Symphonie* folgen, wobei ihn vor allem die Schlußbildungen interessierten.
Zum auslösenden Moment für Bruckners symphonisches Schaffen wurde die »Neunte Symphonie« Beethovens, die er am 22. 3. 1867 unter der Leitung Johann → Herbecks zum ersten Mal gehört haben dürfte und die bereits in der *Symphonie in d-Moll* ihren Niederschlag findet. Bruckners Symphonik wurde allgemein gesehen weniger vom hymnischen Finale als von den Gestaltungsmerkmalen der drei Vordersätze der »Neunten« beeinflußt, wobei Constantin Floros neben Beethovens »Rückblendentechnik«, der rondohaften Anlage des Adagio und der Formung der Coda im Kopfsatz vor allem die Anlage des Hauptthemas nennt, das nach dem Beginn über einem »Klanguntergrund« und massiver Steigerung mit großer Wucht (meist) im Unisono vorgestellt wird; auch in seinen → Scherzi lehnt sich Bruckner in vielerlei Hinsicht (formal, rhythmisch-motivisch, dynamisch) an das Beethovensche Vorbild an. Wesentlich ist jedoch, daß Bruckner zwar von gewissen Aspekten der Beethovenschen Symphonik ausgeht, Form und Ausdruck aber in ihren Dimensionen stark ausweitet und auch symphonische Strukturmerkmale → Schuberts aufnimmt. In Bruckners Messenschaffen ist sowohl ausdrucksmäßig als auch formal der Einfluß Beethovens spürbar, wobei in diesem Bereich in erster Linie die »Missa solemnis« als Vorbild diente.
2. Die musikalische Öffentlichkeit der zweiten Hälfte des 19. Jahrhunderts – gespalten in eine fortschrittliche und eine konservative Richtung – entzweite sich an der Frage der »wahren« Beethoven-Nachfolge, wodurch abseits der ästhetisch-normativen Betrachtung ein geschichtsphilosophisches Moment von ideologischer Prägung in die Rezeption getragen wurde. Die Meinung der → Neudeutschen, die ja die Gattungsentwicklung von den Symphonien Beethovens über das wortgebundene Finale dessen »Neunter Symphonie« zum musikalischen Drama Richard → Wagners und zur symphonischen Dichtung Franz → Liszts weiterführten,

steht in direktem Gegensatz zur Ansicht der konservativen Richtung, die in den Symphonien von Johannes → Brahms die einzig mögliche Fortsetzung Beethovenscher Symphonik erblickte. Da Bruckner selbst glühender Wagner-Verehrer war und zahlreiche klangliche Ausdrucksmittel Wagners verwendete, wurde er – besonders nach dessen Tod – von den Wagnerianern vereinnahmt und in die von den Neudeutschen propagierte Beethoven-Nachfolge gestellt, obwohl sich seine Symphonik nicht so ohne weiteres in diese Richtung einordnen läßt. Sein symphonisches Werk wurde aber von konservativen und progressiven Kreisen gleichermaßen als Synthese aus Beethovenscher Symphonik und Wagnerscher Klangwelt angesehen, wobei diese Verbindung je nach Parteizugehörigkeit der Kritik extrem negativ oder euphorisch positiv beurteilt wurde.

Bruckner selbst war von der ihm zugesprochenen Rolle sehr angetan, ja die Aussage Hermann → Levis nach dem Erfolg der *Siebenten Symphonie* im Jahr 1885, er halte dieses Werk für »das bedeutendste sinfonische Werk nach Beethovens Tod«, erfüllte ihn mit großem Stolz und wurde von ihm immer wieder zitiert. Auch in dem von Levi und Felix → Mottl unterzeichneten Gutachten zur Verleihung des → Ehrendoktorates wird Bruckner als der »bedeutendste Symphoniker der Nach-Beethovenschen Periode« bezeichnet. Angeblich hatte selbst Wagner seinerzeit gemeint, Bruckner sei »der einzige, dessen Gedanken bis zu Beethoven hinaufreichen« (Brief Bruckners an G. Bollé-Hellmund, 5. 9. 1893).

Aber auch im Musikschrifttum nach Bruckners Tod wurde immer wieder die Beziehung Beethoven–Bruckner hergestellt (z. B. August → Halm), besonders häufig jedoch in deutschnationalen Publikationen, bei denen es sich meist nicht um historische oder analytische Untersuchungen handelt, sondern nur um das emphatische Nebeneinanderstellen »deutscher« Tonheroen, zu denen sich häufig noch Johann Sebastian → Bach gesellt. Im musikwissenschaftlichen Schrifttum der neueren Zeit wird die Frage Beethoven–Bruckner meist in speziellen Zusammenhängen berührt und dementsprechend von verschiedenen Gesichtspunkten strukturanalytisch, rezeptionsgeschichtlich, aber auch philosophisch beleuchtet. IF

Lit.: Carl Hruby, Meine Erinnerungen an A. Bruckner. Wien 1901, S. 19-22; August Halm, Von zwei Kulturen der Musik. München 1913; Göll.-A., passim; Auer, Briefe; Gräflinger, Briefe; Franz Grasberger, Beethoven, Brahms und Bruckner, in: Musikblätter der Wiener Philharmoniker 24 (1969/70); Leopold Nowak, Metrische Studien von A. Bruckner an Beethovens III. und IX. Symphonie, in: Beethoven-Studien. Wien-Köln-Graz 1970; Constantin Floros, Brahms und Bruckner. Studien zur musikalischen Exegetik. Wiesbaden 1989, S. 55-63; Siegfried Kross, Das »Zweite Zeitalter der Symphonie« – Ideologie und Realität, in: Probleme der symphonischen Tradition. Kongreßbericht Bonn 1989. Tutzing 1990; Martin Geck, Von Beethoven bis Mahler. Die Musik des deutschen Idealismus. Stuttgart-Weimar 1993, S. 368-408.

Begräbnis

In seinen letzten Lebensmonaten empfing Bruckner oft den Augustiner-Chorherrn Josef → Kluger aus → Klosterneuburg, mit dem er über seinen bevorstehenden Tod und sein Begräbnis sprach, das er sich ganz einfach, aber mit »recht viel Geistlichen« wünschte. Kluger gab dem um die Vollendung seiner *Neunten* Besorgten – wie auch u. a. Hans → Richter – den Rat, das *Te Deum* an die Stelle des 4. Satzes zu setzen, eine Lösung, die Bruckner nur als letzten Ausweg akzeptieren wollte.

Bruckner starb am 11. 10. 1896 nachmittags (→ Krankheiten und Tod). Er lag drei Tage aufgebahrt in seiner → Wohnung im Belvedere, wo viele Besucher, darunter zahlreiche Freunde und Schüler, Abschied nahmen. Ferry → Bératon hat ihn am 13. 10. auf dem Totenbett gezeichnet (IKO 86). Der von Richard Paltauf (→ Ärzte) »injizierte« (= einbalsamierte), mit dunklem Frack bekleidete Leichnam Bruckners wurde dann in einen großen goldbronzierten Metallsarg gebettet. Am 14. 10. 1896 um 15 Uhr wurde der Sarg vom Trauerhause unter den Klängen von »In Odins Hallen ist es licht« aus dem *Germanenzug* in fei-

Auszug des Trauerkondukts aus der Karlskirche in Wien

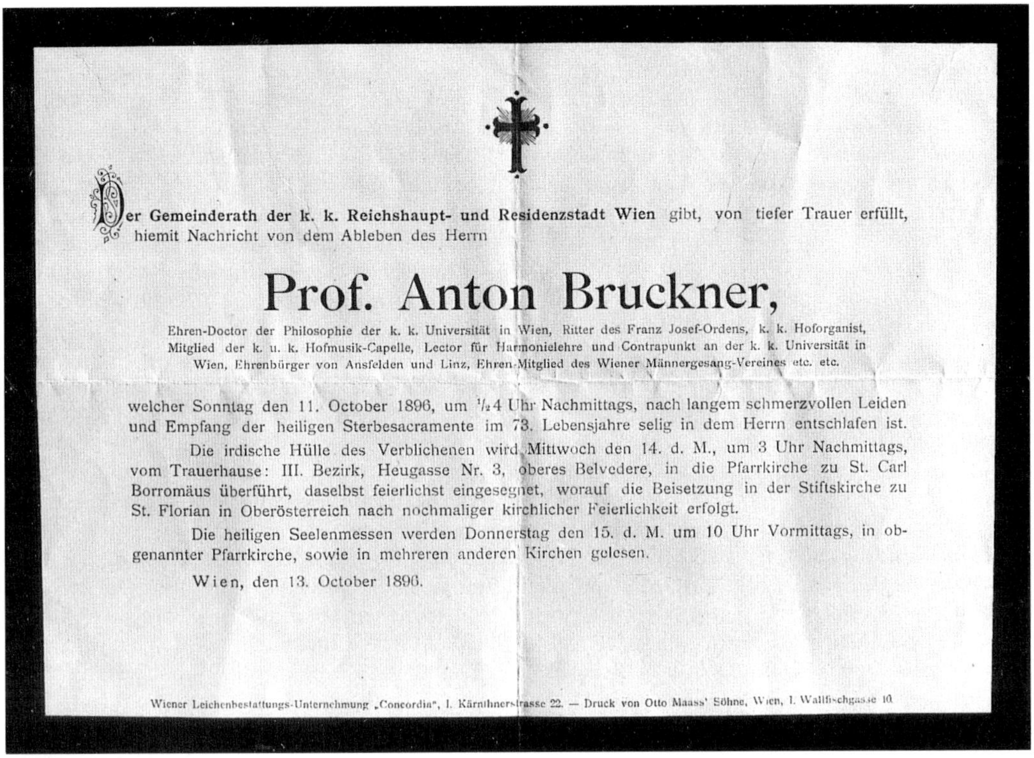

Der Gemeinderath der k. k. Reichshaupt- und Residenzstadt Wien gibt, von tiefer Trauer erfüllt, hiemit Nachricht von dem Ableben des Herrn

Prof. Anton Bruckner,

Ehren-Doctor der Philosophie der k. k. Universität in Wien, Ritter des Franz Josef-Ordens, k. k. Hoforganist, Mitglied der k. u. k. Hofmusik-Capelle, Lector für Harmonielehre und Contrapunkt an der k. k. Universität in Wien, Ehrenbürger von Ansfelden und Linz, Ehren-Mitglied des Wiener Männergesang-Vereines etc. etc.

welcher Sonntag den 11. October 1896, um ½4 Uhr Nachmittags, nach langem schmerzvollen Leiden und Empfang der heiligen Sterbesacramente im 73. Lebensjahre selig in dem Herrn entschlafen ist.

Die irdische Hülle des Verblichenen wird Mittwoch den 14. d. M., um 3 Uhr Nachmittags, vom Trauerhause: III. Bezirk, Heugasse Nr. 3, oberes Belvedere, in die Pfarrkirche zu St. Carl Borromäus überführt, daselbst feierlichst eingesegnet, worauf die Beisetzung in der Stiftskirche zu St. Florian in Oberösterreich nach nochmaliger kirchlicher Feierlichkeit erfolgt.

Die heiligen Seelenmessen werden Donnerstag den 15. d. M. um 10 Uhr Vormittags, in obgenannter Pfarrkirche, sowie in mehreren anderen Kirchen gelesen.

Wien, den 13. October 1896.

Wiener Leichenbestattungs-Unternehmung „Concordia", I. Kärnthnerstrasse 22. — Druck von Otto Maass' Söhne, Wien, I. Wallfischgasse 10.

Partezettel

erlichem Trauerzug zur Einsegnung geführt: Voran gingen Chargierte der nationalen Verbindungen, danach folgten Abordnungen von Vereinen, Freunde, Schüler und zahlreiche in Trauer gekleidete Damen. Nach dem sechsspännigen Leichenwagen und der Auszeichnung (Franz Joseph-Orden) folgten die Wagen von Bruckners Verwandten, des Wiener Bürgermeisters sowie von Stadt- und Gemeinderäten. Durch ein Spalier von Zuschauern wurde der Sarg zur Pfarrkirche St. Karl Borromäus (Ankunft ca. 16 Uhr) geleitet, wo der Leichnam mit Glockengeläute empfangen und von Pfarrer Dobner unter zahlreicher Assistenz (u. a. P. Heinrich → Abel SJ) eingesegnet wurde. Viele Persönlichkeiten aus dem Wiener Kultur- und besonders dem Musikleben wohnten der Zeremonie bei (u. a. → Brahms, → Hartel, Krenn, → Löwe, → Silberstein, → Stradal, R. → Weinwurm, → Wolf). Der → Wiener Männergesang-Verein sang Johann → Herbecks »Libera«, der Singverein unter Richard von Pergers Leitung → Schuberts Chor »Am Tage Aller Seelen«, dann folgte das Adagio aus der *Siebenten Symphonie* (für Blechbläser eingerichtet von Ferdinand Löwe). Anschließend wurde der Sarg in feierlichem Gefolge zum Wiener Westbahnhof geführt und von dort in einem Pracht-Leichenwaggon der Eisenbahn-Waggon-Gesellschaft in Begleitung von Bruckners Wiener Beichtvater P. Karl Graff SJ nach → St. Florian, Station Asten, gebracht. Beim Einzug in die Stiftskirche ertönte die von Bruckner so geschätzte große Orgel. Der Sarg wurde am 15. 10. 1896 nach nochmaliger Einsegnung – wie im → Testament gewünscht – in der Gruft unterhalb dieser Orgel beigesetzt. RG

Lit: Göll.-A. 4/3, S. 584-593 und zahlreiche Zeitungsberichte.

Belletristik – Bruckner in der Dichtung

Um die Gestalten großer Künstler rankt sich zumeist ein dichter Kranz von sogenannten Künstlerromanen, von Theaterstücken oder Huldigungsgedichten. So auch bei Bruckner: Seine → Persönlichkeit und/oder sein Werk inspirierten Autoren unterschiedlichster »Herkunft« zu Gedichten, Erzählungen, Romanen und auch Theaterstücken, wie z. B. den für die Bruckner-Rezeption so unheilvollen »volkstümlichen Bildern mit Musik« → »Der Musikant Gottes« von Victor Léon (eigentlich Hirschfeld) und Ernst

→ Decsey. Nicht nur diese mehr oder weniger künstlerischen Produkte unterliegen naturgemäß dem Zeitgeschmack, auch ihre Beurteilung ist einem Wandel unterworfen. Bedingt nicht zuletzt durch den Generationsunterschied der Autoren kommen in diesem in zwei selbständige (und auch selbstverantwortete) Teile getrennten Stichwort durchaus verschiedene Positionen zum Ausdruck.

LYRIK

Es versteht sich fast von selbst, daß Gedichte auf einen großen Künstler fast ausschließlich Lob, dankbare Erinnerung, Verehrung oder den Ausdruck der durch seine Werke hervorgerufenen Emotionen zum Inhalt haben. Diese Gedichte blicken auf eine lange Tradition seit der Antike zurück.

Der bisher bekannte Bestand an Gedichten über Bruckner beträgt rund 140 Werke von rund 60 Autoren. In einigen wenigen Gedichten ist Bruckner unter anderen Geistesgrößen genannt; die meisten der hier gezählten haben ausschließlich ihn zum Gegenstand. Bei rund der Hälfte der Autoren handelt es sich um in der Literaturszene bekannte, ja zum Teil sehr bekannte Namen, wie Franz Karl Ginzkey, Robert Hohlbaum, Otto Jungmair, Karl Kobald, Ernst Lissauer, Vinzenz Oskar Ludwig, Max (von Millenkovich-)Morold, Eduard Samhaber, Georg Strnad, Josef Weinheber u. v. a. m. Eine große Gruppe bilden jene Schriftsteller, die in erster Linie aus der Bruckner-Literatur bekannt sind, darunter u. a. Max Dehnert, Gabriel Engel, Fritz → Grüninger, Carl → Hruby und Moritz von → Mayfeld.

Die hier untersuchten Gedichte entstanden zwischen 1864 und 1980. Nicht von ungefähr stammt der größte Anteil aus den Jahren zwischen 1920 und 1929, in die sowohl der 100. Geburtstag als auch der 25. Todestag Bruckners fielen. In den folgenden beiden Jahrzehnten – bis etwa zum Ende des Zweiten Weltkrieges – blieb die Produktion relativ dicht, nach 1950 ist ein krasser Rückgang zu registrieren, was offensichtlich mit der Abwehr gegen die ideologische Vereinnahmung Bruckners im Dritten Reich (→ Nationalsozialismus) zusammenhängt. Einen Sonderfall stellt die aus der Feder des ehemaligen Linzer Bürgermeisters Hugo Schanovsky stammende Sammlung von 42 Prosagedichten über Bruckner dar (1994).

Bei den Gedichten kommen überwiegend bekannte literarische Topoi zum Einsatz. Die sich ergebenden Themenkreise können wie folgt umschrieben werden: 1. Natur, Umwelt, Heimat, Volk; 2. Äußere Erscheinung, Lebensart und Charaktereigenschaften Bruckners; 3. Religiöses; 4. Das »Künstlerschicksal«.

1. Natur, Umwelt, Heimat, Volk: Die meisten Gedichte drücken den Stolz auf den großen Sohn der Heimat aus, meist in sehr treuherziger, naiver Diktion: »Unsern Kindern, Kindeskindern / Tön' es zu, posaunengleich: / Anton Bruckner war der größte / Stern aus Oberösterreich!« (Gregor Goldbacher 1921). An literarischer Qualität herausragend sind nur wenige Gedichte, wie z. B. der berühmte Achtzeiler von Eduard Samhaber, »Was einem Sonntagskind die Waldung rauscht«. In den meisten Gedichten wird Naturbezug zu Naturmystik stilisiert. Da ist von »des Allstroms Raunen« die Rede, von Bruckner als der »schönsten Blume, die aus Gottes Launen sich je erwuchs«, von Bruckner, der »das Heil in neuen Urweltworten« bringe (Wilhelm Fladt 1929). Bruckner ist das Saatkorn in der Hand Gottes (Jungmair 1927), das im heimatlichen Ackerboden Frucht bringt. Er schreitet beim Orgelspiel »hart über Feld«, dieweil »der Acker dampft«, er läßt »die Schollen dröhnen, die Furchen schallen, / Hoch, ein werkender Bauer, schreitet er aus, in ackerndem Sieg, / Er wühlt aus dem Boden Ton, er pflügt Musik« (Lissauer 1921). Einen treffenden Katalog aller »Versatzstücke«, die in diesen heimatbezogenen Gedichten verarbeitet werden, gibt Morold im Refrain seines Gedichtes »Festspruch« (1924): »Waldesrauschen, Vogelsang, Orgelton und Glockenklang, Abendsonne, Morgenluft, Kirchendämmer, Weihrauchduft«. Auch bei Morold tritt uns Bruckner als »Sohn der Erde, Bauernkraft im Blute« entgegen; vorgängig und pauschal konstatierte Naturnähe der Brucknerschen Musik wird zu einer ethischen Komponente, in der sich der Hörer »gesund baden« soll.

Manche Autoren (Dehnert, Ernst Kratzmann, Paul Schaal, Carl Anders) sprechen ein »kosmisches« Element in der Musik Bruckners an, sehen sie als Zeugin des ersten Schöpfungstages oder als Weitung ins All. Das bisher jüngste Gedicht in dieser Reihe entstand 1980 (Hermann Schramayr) anläßlich der ersten »Linzer Klangwolke« im Donaupark (→ Internationales Brucknerfest): »Bruckner, jetzt ist dein jüngstes Gericht / du erstehst in Musik und magischem Licht, / Tosend durchbricht mit herrlicher Macht / heut' deine ›Achte‹ die stählerne Nacht, / aus allen Fenstern ertönt die Musik, / Brucknerstadt Linz, du lächelst vor Glück.« In geradezu verblüffender Weise wurden hier alle typischen Versatzstücke aneinandergereiht – seit 100 Jahren hat sich nichts geändert, nur die Natur wurde durch die Technik ersetzt.

2. Äußere Erscheinung, Lebensart und Charaktereigenschaften Bruckners: Die Aussagen der verschiedenen Poeten sind hier noch einheitlicher als in Abschnitt 1. Bruckners Herz ist »mild, sein Sinn so rein, so schlicht«, jedoch steht er »als ein Fels im Meer«, ein »edler Barde« (Karl → Kerschbaum 1886), er ist »naiv wie Kinder« (Goldbacher 1921), »ein Kind sein Leben lang und doch ein ganzer Mann« (Hans Haberl 1924), der mit seinen »Bauanhent / de schtean fon unsan fiamament« holt (Strnad 1965). Bruckner ging »bescheiden, ungekannt und menschenferne« durchs Leben (Anonymus 1900), ist bang, verzagt und mutlos (Jungmair 1947), andererseits »nach innen lebend, stark wie Wald und Berg« (Kobald 1948). Er erscheint als Siegfried (Heinrich Weil 1924), als ein »Kämpfer ohne Waffen« (Karl Laux 1940) oder als »Einfalt du, o arm Gefäß« (Wilhelm Bernekohl [auch Vernekohl] 1937). Auch vor kruden Absonderlichkeiten scheuen manche Autoren nicht zurück. So wird der Leser bei Lissauer (1921) in kunstvoll expressiver Sprache davon informiert, daß Bruckner in Ermangelung eines Besteckes sein Sauerkraut mit der Stimmgabel aß (»Scherzo vom Nachtmahl«), einen Schlapphut trug, heftig transpirierte und Haare in den Ohren hatte; letzteres, wohlgemerkt, in einem Gedicht mit dem Titel »Offenbarung«.

3. Religiöses: Das berühmte – anläßlich der Uraufführung der *Messe in d-Moll* 1864 entstandene – Gedicht Mayfelds »Von der Gottheit einstens ausgegangen ...«, das trotz des zeitüblichen Pathos ruhige Würde und Größe ausdrückt, gebraucht den alten theologischen Topos von dem von Gott herniedersteigenden verkündigenden Wort, das den Menschen zu Gott zurückführen soll. Bald, spätestens nach Bruckners Tod, setzt jedoch eine fatale Stilisierung ein, die für die nächsten Jahrzehnte bestimmend bleiben sollte: eine Melange aus christlichen und germanisch-mythologischen Elementen. Bruckner wird zur messianischen Figur, an die man sich fast anbetend wendet, so z. B. Fladt (1929): »Du bist der Dom ... die Orgel ... die Wolke ... die Weihe ... das Wunder ... die Seele ... der Quell ... die schönste Blume ... die Gnade ... die Helle ...« usw. Eine neckische Variante dieser Stilisierung ist Bruckner, kahlen Hauptes, als »der kleine Sterneringer«, der aber – in der Diktion kündigt sich das nahende Unheil schon an – seine goldene Leiter baut, »auf der der deutsche Geist zum Himmel steigt« (Hohlbaum 1923/24). Manchmal wird Bruckner unverhohlen in priesterlicher Funktion geschildert (»Meister Heiliger, österreichischer Psalmist, zelebrierend klingend hohe Messe, Priester, aus eigenen Weihen geweiht, Bischof der Orgel, Abt der Bässe ...«, Lissauer 1921). Signifikante Belege für die Gleichsetzung Künstler/Priester, Kunst/Religion (ergo Kunstreligion!), Publikum/gläubige Gemeinde bzw. die »Kanonisierung« Bruckners finden sich bei Maurice Reinhold von Stern (1923) bzw. bei Hohlbaum (1923/24). Bruckner ist Prophet (Jungmair 1947), das »letzte Siegel urgewisser Ewigkeit« (Kratzmann 1940/41) und wird gleichgesetzt mit Weisheit/Gesetz, Inkarnation, Sakrament usw. Erst in unseren Tagen hat Bruckner endgültig die Divinisation geschafft: In einem Gedicht von David Radavich (um 1980) ist er nicht mehr nur Prophet oder Heilsbringer, sondern wird zum Gott erhoben: »I demand the last word on Anton Bruckner! / He's *my* god, after all ...«

4. Das »Künstlerschicksal«: Die Darstellung des Themenkreises Künstlertum/Inspiration/Schaffensvorgang innerhalb des vorliegenden Materials ergibt ein nahezu einheitliches Bild, das in allen Zügen den gängigen Trivialschemata entspricht; wenige Ausnahmen fallen desto positiver auf.

Bereits zu Lebzeiten Bruckners, erst recht in den ersten Jahren nach seinem Tod wird die Polarisierung Künstler / verständnislose Umwelt bzw. Kritik zum Inhalt von poetischen Produkten gemacht (Kerschbaum 1886; Anonymus 1900; Hruby 1901). Bruckners Musik zu lieben heißt, zu einer kleinen eingeweihten Gemeinde zu gehören (»Geb' das Geschick, daß Wen'ge Dich verstehen! / Gemeinverständlich sein – heißt untergehen«, Hruby 1901). Hier muß angemerkt werden, daß diese Haltung unter Umständen vielleicht sogar Bruckners eigener Sicht (»Mein Werk gilt nur späteren Zeiten und zwar für einen Kreis von Freunden und Kennern«, Bruckner 1891 an Felix → Weingartner) entsprach.

Eine drastische Schilderung des Inspirations- und Kompositionsvorgangs, der weit eher einer schweren gastro-intestinalen Störung gleicht als einem geistigen Prozeß, gibt Lissauer 1921: »... Und fühlt sich schwellen dennoch dumpf von Klängen, / Die hart anschlagen wider des

Leibes Wand, / Und drängen, ihn zu dehnen und zu sprengen, / Die Seele bebt, zerreißlich angespannt, / Da, noch gebückt den stumpfen Rücken, / Da muß er donnern, und er selbst erschrickt, / Fahl Wändeblitze aus ihm zittern ...« usw.

Häufig wird der Topos »Per aspera ad astra« angesprochen (so von Max v. Millenkovich-Morold in seinem »Festspruch«, 1924).

Resümee: Obwohl das hier zwangsläufig so komprimiert vorgestellte Material überwiegend nicht die Ergriffenheit, sondern eher die Erheiterung des heutigen Lesers zur Folge hat, obwohl Weihestimmung zumeist in Kitsch und vermeintliche Expression des Ausdrucks in geschmacklose und drastische Groteske zu entarten das Unglück hatten, ist es mit bloßem Hohn hier nicht getan. Alle diese – zumindest für unser heutiges Empfinden – kaum noch ertragbaren lyrischen Äußerungen waren Ausdruck der Verehrung, der Dankbarkeit, des Sich-beschenkt-Wissens durch einen großen Künstler. Das Moment des Sich-Anbiederns, wie es in → Anekdoten so häufig der Fall ist, fehlt bei den vorliegenden Gedichten fast völlig. Der literarisch nicht nur dürftige, sondern meist geradezu niederschmetternde Befund weist auf die zugrundeliegende Tatsache hin, daß sich jede subjektive deskriptive Annäherung an ein großes Kunstwerk letzten Endes dem Ins-Wort-Bringen entzieht, insoferne es sich bei dem Beschreibenden nicht um einen ebenbürtigen Künstler handelt. EM

Lit.: Elisabeth Maier, »Die Schollen dröhnen, die Furchen schallen«. A. Bruckner im Gedicht, in: Bruckner-Symposion 1993.

PROSA

Als der Rektor der → Universität Wien, Adolf → Exner, seine Laudatio für den Dr. h.c. Anton Bruckner mit dem Satz endete, er beuge sich vor dem ehemaligen Unterlehrer von → Windhaag, war Bruckners Leben in einem Augenblick zusammengefaßt. Er hatte die höchste, mit keinem Amt verbundene Ehrung (→ Ehrungen) im wissenschaftlichen Bereich erlangt, er war in seinem Werk anerkannt, und er war noch der Unterlehrer, dem öffentlichen Leben nicht gewachsen, nicht wortmächtig, aber sich seines Künstlertums bewußt: Wenn er eine Orgel zur Verfügung hätte, könnte er danken.

Dieses nicht nur in seiner Einfachheit und Größe Verehrungswürdigen, sondern immer ebensowohl Eigenartigen und dem Spott ganz leicht Preisgegebenen bemächtigten sich die Erzählfreude und Anekdote; ihn zu gestalten war eine Herausforderung für die Schriftsteller; das Geheimnis seiner Kunst zu begreifen, zu umschreiben, warum wenige Takte seiner Musik genügen, ihn zu erkennen, ist eine bleibende Aufgabe der Musikgeschichte.

In Bruckners Todesjahr 1896 berichtet ein E. K. in der → Stuttgarter »Neuen Musik-Zeitung« unter dem Vorzeichen, Wien pflege Genies zu verkennen, aus Bruckners Leben: → Herbecks »Er hätte *uns* prüfen sollen«, die Widmung der *Dritten Symphonie* an Richard → Wagner, Exners Rede und Bruckners Antwort, seine Worte an die Erbprinzessin von Meiningen, es sei lieb von ihr, daß sie zu Wagner so gut sei.

Hier beginnt bereits die Überlieferung, die in Erinnerungen (→ Erinnerungsliteratur) und Anekdoten weiterwächst, Dienst sowohl als auch Besitzergreifung. Da sind die Requisiten Schlapphut, großes (meist blaues) Taschentuch, weite und zu kurze Hosen; da sind der Cäsarenschädel, die Adlernase, die Audienz bei → Franz Joseph, die Feindschaft → Hanslicks, das heikle Verhältnis zu → Brahms, aber auch der Unfug: bis zu dem Bericht, Bruckner habe seine Kompositionen unter seinem Hut aufbewahrt.

Die Literatur über Bruckner gedeiht zunächst langsam, sie steigt zahlenmäßig erst in den zwanziger Jahren an, erreicht in den beiden folgenden Jahrzehnten ihre größte Dichte und vielfältige Ausprägung und sinkt darauf ab. Die letzten Überlebenden, die ihn kannten oder unmittelbar Erlebtes weitergeben konnten, sind verstorben. 1961 berichtete Leopold Kirchberger im 86. Lebensjahr aus Familienerinnerungen, so von Bruckners Erzählung, wie ihm bei der *Dritten Symphonie* der Rhythmus eines eingeschleiften Rades hilfreich war, wie er bei der Komposition der *Siebenten* Gott anrief: »Du muaßt ma helfn«, um Verzeihung bat und erhört wurde. Über Belletristik um Bruckner kann also berichtet werden, wenn auch Vollständigkeit nicht nur kaum erreichbar, sondern nicht einmal wünschenswert ist, eben wegen des ganz unterschiedlichen Wertes der einzelnen Zeugen.

Am Beginn der Dichtung um Bruckner steht Ernst → Decsey, »Die Perle des Jahrhunderts« (1918), ein lobender Ausspruch Bruckners also, und zwar zunächst auf einen Schüler Beringer bezogen, der Dirigent wird und die *Siebente* in Boston mit großem Erfolg aufführt, später auf den Autor selbst; im selben Jahr Emil Luckas Roman »Das Brausen der Berge«, in dem Bruckners Leben bis in einzelne Begebenheiten auf den armen Bauernsohn Veit Kapruner übertragen wird. Diese Möglichkeit greift ungleich glücklicher Herbert Hiebsch in »Das göttliche Finale. Ein Buch vom Erleben Bruckners« (1931) auf: Der junge Regens chori erlebt mit einem Priester und einem Arzt hingebungsvoll Werke Bruckners und gewinnt, als Musiker anerkannt, durch die geglückte Aufführung von Bruckners *Te Deum*, die Geliebte.

Zwei Merkmale sind charakteristisch für die Literatur um Bruckner: die Neigung zur Interpretation seiner Musik, die in ernstzunehmenden Büchern nicht den Irrweg der Deutung Bruckners als eines Programm-Musikers geht, sondern im Erfassen des orchestralen Vorgangs und seiner auch von Bruckner bezeugten nachherigen Ausdeutung im Erleben von Landschaft oder Vorgängen den Leser in das Musik-Erleben einführt; zweitens die Neigung, sich eines nicht unbedingt genannten Hintergrunds zu bedienen, wie Hiebschs Liebesgeschichte nach Stifter gezeichnet ist oder Hans Deißingers »Legende seines Lebens« (1924/25) das »Immer nach Hause« des Novalis als Motto wählt, Elisabeth Gerabek (1955) den Prometheus-Mythos als Folie verwendet.

Solche Bemühung um Legende, Idylle, Traum birgt unmittelbar die Gefahr des Absturzes in Kitsch, ebenso der wiederholt erscheinende Bezug zur Bibel, etwa in Robert Hohlbaums »Te Deum« (1950), in dem Bruckner als Dirigent seiner *Dritten Symphonie* die »Angst von Gethsemane« erlebt. Die Bemühung, den Leser ganz einzustimmen, verleitet Schriftsteller besonders der dreißiger Jahre immer wieder zu verstiegenen, grammatisch falschen oder fehlerhaften Wendungen.

Zahlreich sind die Versuche, wesentliche Erlebnisse oder einzelne Episoden zu Dichtungen auszugestalten bzw. zum Anlaß einer Dichtung zu machen, so Hohlbaums »Stunde der Sterne« (1930), die Versöhnung von Bruckner und Brahms, besonders genußreich mitzuerleben Kurt Arnold Findeisens »A. Bruckners Trompeten« (1937), Bruckner in → Bayreuth, rührend und groß und gar nicht komisch.

Von dauerndem Wert sind Werke, die nicht Bruckner-Anekdoten als frei verfügbares Material in einen Rahmen stellen, sondern mit Kenntnis des Lebensgangs und gediegenen musikalischen Kenntnissen einen Beitrag leisten zur Eingliederung Bruckners in die Allgemeinbildung für jene, die sich ihm erlebend nähern wollen. Neben ihren kleineren Dichtungen ist besonders Louise George Bachmanns »Bruckner. Der Roman der Symphonie« (1938) zu nennen, überzeugend als biographischer Roman, überzeugend durch den immer neuen Dreischritt von Bemühen, Mißerfolg, Sieg, vor dem Hintergrund der Verehrung der Trinität.

In Gustav Renkers Roman »Der See« (1926), in den Hugo Wolf-Darstellungen »Der Dämon« (von Josef Marschall, 1930), »Der Feuerreiter« (von Dolf Lindner, 1950), schon 1911 in Decseys »Du liebes Wien« in der Nachfolge von Freytag und Sudermann, ist Bruckner – als Zeitgestalt – Nebenfigur. Hans Joachim Moser läßt uns durch den alten Chormeister, der sich für die Aufführung von Bruckners *Erster Symphonie* einsetzt und auf sein eigenes Werk verzichtet, seine Verehrung Bruckners erleben.

Besondere Bedeutung kommt Fritz → Grüninger und Oskar Loerke zu. Grüninger hat sein Grunderlebnis Bruckners in dem Buch »Der Ehrfürchtige« (1935) und immer wieder dargestellt, hat zweimal den »Weg zu Bruckner« gewiesen (1936, 1950) und – bis an die Grenzen der Belletristik vordringend – in »Der metaphysische Kern seiner Persönlichkeit und seiner Werke« (1930) eine Reihe von tiefen Einsichten mitgeteilt, die dem Leser wahrhaft helfen, Bruckner zu verstehen, zugleich zeigen, daß man über Bruckner nicht ernsthaft schreiben kann ohne gediegene musikalische Kenntnisse, daß seine Musik aber volles Leben erst gewinnt aus vorsichtiger, eingehender Befassung mit seinem religiösen Leben. Loerke ist Lyriker, ein Meister des treffenden Wortes. Er erkennt in den Anekdoten »die Lockung, an einer Volksbuchfigur weiterzudichten«, sieht Bruckners Katholizismus »wie eine auf Goldgrund gemalte Legende«. Loerkes Buch (1938, zahlreiche Auflagen) ist »Dank an ein Musikerdasein ..., in das zu versenken mir während bald vierzig Jahren oft das Innigste und Gewaltigste des eigenen Lebens war«. In der Besprechung der letzten Adagios zitiert er Meister Eckhart. Seine tiefe Einsicht in das Wesen dieses demütigen Verwandlers des Überkommenen zu neuer lebendiger Form führt die gestaltende Literatur an die Schwelle der wissenschaftlichen. KA

Lit.: Bruckner-Bibliographie, besonders Gruppe 33 (Belletristik); die wichtigste Sammlung: Hans Commenda, Geschichten um A. Bruckner. Gesammelt und frei den Quellen nacherzählt. Linz-Donau [1946]. – Im Beitrag zitiert: E. K., Aus dem Leben A. Bruckners, in: Neue Musik-Zeitung 17 (1896); Paul Daehne, Heroen im Negligé. Halle a. S. 1911, S. 122; Leopold Kirchberger, Bruckner-Erinnerungen (ÖNB-MS

Fonds Gräflinger); Ernst Decsey, Die Perle des Jahrhunderts ..., in: Österreichische Rundschau (1918) – vgl. dazu Decsey in: Göll.-A. 4/3, S. 116 ff.; Emil Lucka, Das Brausen der Berge. Roman. Wien-Berlin 1918; Herbert Hiebsch, Das göttliche Finale. Ein Buch vom Erleben Bruckners. Zürich-Leipzig-Wien 1931; K. O. Petraschek, Phantasie über A. Bruckners fünfte Symphonie. München 1930; Hans Deißinger, A. Bruckner. Eine Legende seines Lebens, in: Deutsche Arbeit 24 (1924/25); Elisabeth Gerabek, Prometheus. Tragödie in 3 Akten. Wien 1935; Robert Hohlbaum, Te Deum. Ein Roman um A. Bruckner. Speyer 1950, hier S. 200; ders., Die Stunde der Sterne. Eine Bruckner-Novelle. Leipzig 1930; Kurt Arnold Findeisen, A. Bruckners Trompeten, in: ders., Die Melodie der Freude ... Berlin 1937; Louise George Bachmann, Bruckner. Der Roman der Symphonie. Paderborn-Wien 1938; Hans Joachim Moser, Die verborgene Symphonie. Der Roman eines deutschen Musikers. Leipzig 1936; Fritz Grüninger, Wege zu A. Bruckner. Erinnerungsblätter zu seinem 40. Todestag. Karlsruhe 1936; ders., Der Meister von Sankt Florian. Wege zu A. Bruckner. Augsburg 1950; ders., Symphonisches Zweigestirn. Ludwig van Beethoven, A. Bruckner. Heidelberg 1946; ders., Schwanengesang. Vom letzten Schaffen großer Meister der Tonkunst 1. Heidelberg 1948; Oskar Loerke, A. Bruckner. Ein Charakterbild. Berlin 1938, hier S. 9, 227, 270.

Bératon, Ferry (Franz Peratoner)

Geb. 6. 12. 1859 in Wien, gest. 11. 2. 1900 in Venedig. Nach beruflichen Versuchen als Schauspieler, Medizinstudent und Kaufmann wurde er schließlich Maler, auch Bildhauer und Dichter. Er studierte in Wien (bei Hans Canon), in Venedig und Paris, malte Genrebilder und Künstlerporträts und lebte seit 1885 in Wien. Sein Theaterstück »Wiener Sitte« wurde im Wiener Raimundtheater aufgeführt.

Bératon hat zwei Ölgemälde von Bruckner angefertigt, wahrscheinlich nach der Natur (IKO 28, 1888, Stadtmuseum Nordico, Linz, und IKO 32, 1889, Historisches Museum der Stadt Wien, aus Bruckners Nachlaß). Beide Bilder stellen Bruckner im Halbprofil nach rechts (Halbfigur) dar

Bruckner auf dem Totenbett. Radierung von Ferry Bératon, 1896 (IKO 86)

und sind einander sehr ähnlich; nur der Hintergrund ist unterschiedlich: Beim ersten ist eine Sessellehne, beim zweiten sind ein Klavier und Noten sichtbar. Am 13. 10. 1896 zeichnete Bératon Bruckner auf dem Totenbett (IKO 86) für eine Radierung. Weiters existiert eine Karikatur (IKO 59) von der Hand Bératons, die Bruckner als → Deutschen Michel darstellt (gedruckt in: Die Musik 6 [1906/07] H. 1, nach S. 64). RG

Lit.: Rudolf Schmidt, Österreichisches Künstler-Lexikon von den Anfängen bis zur Gegenwart. Wien 1974; Bruckner-Ikonographie; Felix Czeike, Historisches Lexikon Wien. Bd. 1. Wien 1992, S. 327.

Berlin

Seit 1871 Hauptstadt des Deutschen Kaiserreichs und seitdem rasche Entwicklung zum industriellen und kulturellen Zentrum Deutschlands. Einwohnerzahlen 1871 (Reichsgründung): 878 000; gegen Mitte der 1890er Jahre (zum Zeitpunkt von Bruckners beiden Berlin-Reisen): ca. 1,5 Mio.; 1920 (Schaffung der Gemeinde Groß-Berlin): 3,8 Mio.; 1995: 3,5 Mio. Wichtigste Orchester: die Königliche Kapelle und das Orchester Benjamin Bilses, aus dem 1882 das Philharmonische Orchester hervorging; wichtigste Chorvereinigungen: die Singakademie und der Sternsche Gesangverein, neben denen sich der 1882 durch Siegfried → Ochs gegründete Philharmonische Chor (unter diesem Namen seit 1888) sehr schnell einen guten Ruf erarbeitete.

Auf das spätestens seit der Reichsgründung weithin ausstrahlende Berliner Musikleben setzte Bruckner, in → Wien sich ständig zurückgesetzt fühlend, große Hoffnungen. 1876 bemühte er sich mit der Hilfe des Berliner Musikkritikers Wilhelm → Tappert, den er während der Bayreuther Festspiele kennengelernt hatte, um eine Aufführung der *Vierten Symphonie* in Berlin, allerdings vergeblich. Die erste Berliner Aufführung einer Bruckner-Symphonie war diejenige der *Siebenten Symphonie* durch das Philharmonische Orchester unter Karl Klindworth (31. 1. 1887).

Bruckner besuchte Berlin zweimal (wobei er jedesmal im Hotel »Kaiserhof« abstieg): zum ersten Mal 1891, als im Rahmen der 28. Tonkünstlerversammlung des Allgemeinen Deutschen Musikvereins sein *Te Deum* unter der Leitung von Siegfried Ochs durch den Philharmonischen Chor zur Berliner Erstaufführung kam (31. 5. 1891), und zum zweiten Mal 1894 zur Aufführung mehrerer seiner Werke. Es handelte sich um die zweite Berliner Aufführung der *Siebenten Symphonie* (durch die Königliche Kapelle unter Karl → Muck am 6. 1. 1894 in der Oper) und die ebenfalls zweite Berliner Aufführung des *Te Deum* (durch den Philharmonischen Chor unter Siegfried Ochs am 8. 1. 1894 in der Philharmonie; eine weitere Aufführung des *Te Deum* durch den Philharmonischen Chor fand am 11. 1. 1894 im Rahmen eines Wohltätigkeitskonzerts in der Singakademie statt, allerdings nicht unter der Leitung des plötzlich erkrankten Ochs und in Abwesenheit des bereits wieder abgereisten Bruckner). In Anwesenheit Bruckners wurde ferner, wenn auch von der Öffentlichkeit weniger beachtet, im Richard Wagner-Verein Berlin-Potsdam das *Streichquintett* durch das Quartett von Waldemar Meyer gespielt. Bruckners größte Genugtuung bildete die überaus positive Besprechung der Symphonie und des *Te Deum* durch den einflußreichen Kritiker Otto Leßmann, einen Schüler und Freund Hans von → Bülows und seit 1881 Chefredakteur der »Allgemeinen Musikzeitung«. Schon 1891 hatte Leßmann das *Te Deum* sehr günstig besprochen, so daß Bruckner nun das Resultat seiner beiden Berliner Reisen mit Recht als seinen endgültigen Durchbruch in Deutschland betrachten durfte.

Wichtig für die weitere Bruckner-Pflege in Berlin wurden nach Bruckners Tod die Dirigenten Felix von → Weingartner (Königliche Kapelle), Arthur → Nikisch (Philharmonisches Orchester) und – vorübergehend – Richard → Strauss (mit dem von ihm gegründeten Tonkünstler-Orchester). Bis 1903 waren alle Symphonien Bruckners mindestens einmal in Berlin aufgeführt worden (als letzte die *Neunte Symphonie* in der Fassung Ferdinand → Löwes am 26. 10. 1903 unter Nikisch).

Von biographischem Interesse im Zusammenhang mit Bruckners beiden Berlin-Reisen ist die 1891 angeknüpfte Bekanntschaft mit dem Stubenmädchen des Hotels »Kaiserhof«, Ida Buhz, die 1894 zu einer freilich rasch wieder gelösten Verlobung führte (→ Frauen). HJH

Lit.: Adolf Weissmann, Berlin als Musikstadt. Berlin-Leipzig 1911; Hans Tessmer, A. Bruckner in seinen Beziehungen zu Berlin, in: Neue Musik-Zeitung 38 (1917); Richard Sternfeld, A. Bruckner in Berlin, in: Allgemeine Musik-Zeitung 48 (1921); Ingeborg Allihn u. a. in MGG. 2. Ausgabe. Sachteil 1, besonders Sp. 1434-1440.

Berlioz, Hector

Der französische Komponist, Kritiker und Dirigent Louis Hector Berlioz (1803-1869) gilt als Schöpfer des modernen Orchesters. Seine Vorstellungen von neuen Klangverbindungen, -mischungen und -farben legte er 1844 in seinem »Grand Traité d'instrumentation et d'orchestration modernes« (2. Aufl. 1855) nieder. Er gilt als Wegbereiter der programmatisch bestimmten französischen Romantik, deren Hauptwerk seine »Symphonie fantastique« ist.

Durch seinen Lehrer Ignaz → Dorn lernte Bruckner in → Linz Werke von Richard → Wagner, Franz → Liszt und Berlioz kennen, von letzterem vor allem die »Symphonie fantastique«. Bruckner schätzte dessen Instrumentationskunst und Kontrapunktik und bezeichnete Berlioz' »Requiem« als »bewunderungswürdig«: Es galt ihm »als einer der Höhepunkte moderner Kunst« (vgl. auch → Neudeutsche Schule). Nach → Auer und → Haas soll Bruckner seine eigene *Fünfte Symphonie* die »Phantastische« genannt haben.

Am 16. 12. 1866 besuchte Bruckner, begleitet von Alois Weinwurm, dem Bruder Rudolf → Weinwurms, die vom Komponisten selbst geleitete Aufführung von »Fausts Verdammnis« im Redoutensaal in → Wien. AH

Lit.: Göll.-A. 3/1, 4/2-4, passim; Max Auer, A. Bruckner. 6. Aufl. Wien-München-Zürch [1967], passim; Lexikon Orchestermusik Romantik A-H. Hrsg. Wulf Konold. Mainz 1989; Bruckner-Symposion 1989, passim.

Bernuth, Julius von

Geb. 8. 8. 1830 in Rees (Rheinprovinz), gest. 24. 12. 1902 in Hamburg; Dirigent. Nach einem Studium der Rechtswissenschaft musikalische Ausbildung bei Wilhelm Taubert und Siegfried W. Dehn sowie 1854/55 am Leipziger Konservatorium. Mehrere Jahre Leiter der »Euterpe«-Konzerte. 1867-1894 Dirigent der Philharmonischen Gesellschaft und der Singakademie in Hamburg, wo er 1873 ein Konservatorium gründete, das bis 1922 bestand. Er hat auch einige Orchester- und Gesangswerke komponiert.

Der als Brahms-Anhänger bekannte Bernuth dirigierte in → Hamburg mit seinem Philharmonischen Orchester statt des ursprünglich vorgesehenen Bruckner-Bekannten und Kapellmeisters des Hamburger Stadttheaters Joseph Sucher die erste Aufführung eines Brucknerschen Werkes: wie in vielen anderen Städten war es die *Siebente Symphonie*, die am 19. 2. 1886 beim Publikum allerdings geteilte Aufnahme fand. Bernuth lieh nach dem Konzert dem Hamburger Kritiker und Bruckner-Verehrer Wilhelm → Zinne die Partitur dieser Symphonie, der sie dann Eduard → Marxsen, dem fast 80jährigen Hamburger Lehrer von Johannes → Brahms, vorlegte und ein begeistertes Echo erntete. Als Bernuth mit seiner Singakademie das *Te Deum* aufführen wollte, stieß er auf Widerstand der Komitee-Mitglieder. Gustav → Mahler stellte dieses Werk dann 1892 erfolgreich den Hamburgern in ihrem Stadttheater vor. UH

Lit.: Göll.-A. 4/2, S. 412 ff., 4/3, S. 222.

Bertil-Östbo-Bruckner-Stiftung
Diese Stiftung wurde vom schwedischen Unternehmer Bertil Östbo, einem Bruckner-Verehrer, der sich der Stadt Linz und dem Land Oberösterreich sehr verbunden fühlt, ins Leben gerufen. 1974 bot er der Stadt Linz eine VOEST-Anleihe in der Höhe von öS 250 000 als Stiftungskapital an. Das Kuratorium der Stiftung, bestehend aus dem Landeshauptmann von Oberösterreich, dem Bürgermeister der Stadt Linz und dem Prälaten des Stiftes St. Florian (mit jährlich wechselndem Vorsitz), wählt die zu ehrenden Persönlichkeiten aus. Der Preis wird für Verdienste um Pflege und Interpretation der Werke Bruckners sowie für wissenschaftliche und künstlerische Leistungen, die mit Bruckner in Verbindung stehen, verliehen. Die Verwaltung obliegt der Linzer Kulturdirektion. Augustinus Franz Kropfreiter, Kurt Wöss, Theodor Guschlbauer, Ernst Balluf, Leopold → Nowak, Franz Welser-Möst, Manfred Mayrhofer und das → Brucknerhaus Linz sind bisherige Empfänger dieser Auszeichnung. Außerdem wurden die St. Florianer Sängerknaben mit einem Teil der Dotation z. B. für Reisestipendien gefördert. Die von Karl Werner (→ Ikonographie) geschaffene Bruckner-Medaille wurde zusätzlich an den früheren österreichischen Bundespräsidenten Rudolf Kirchschläger, Wilhelm Rausch, Adolf Öhler und das Brucknerhaus in Linz vergeben. RG

Bewerbungen
Bruckner hat sich im Bestreben, seinen Lebensunterhalt zu sichern und beruflich voranzukommen, zeitlebens immer wieder um Posten bzw. Dienststellen beworben. Die Bewerbungen zielten auch ins Ausland, weil er sich dort bessere Bezahlung und mehr Anerkennung erhoffte, z. B. in → München, Olmütz (vgl. Göll.-A.) und Rußland (Brief an Rudolf → Weinwurm). Er hat sogar ernstlich in Erwägung gezogen, als Hoforganist zu Kaiser → Maximilian nach Mexiko zu gehen; die Entscheidung blieb ihm jedoch

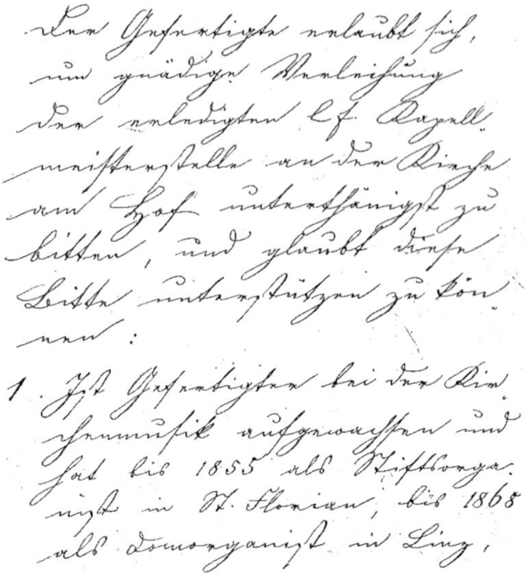
Der Gefertigte erlaubt sich, um gnädige Verleihung der erledigten k.k. Kapellmeisterstelle an der Kirche am Hof unterthänigst zu bitten, und glaubt diese Bitte unterstützen zu können:
1. Ist Gefertigter bei der Kirchenmusik aufgewachsen und hat bis 1855 als Stiftsorganist in St. Florian, bis 1868 als Domorganist in Linz,

Bewerbung um die »Kapellmeisterstelle« an der Kirche Am Hof, 7. 1. 1877 (Ausschnitt)

erspart, da ihn das Angebot ungefähr zum Zeitpunkt der Hinrichtung des Kaisers erreichte.

Ansuchen und Bewerbungen (chronologisch)
25. 7. 1853 Ansuchen um einen Posten der k.k. Gerichtsbehörden in *Oberösterreich* (Göll.-A. 2/1, S. 143 ff.).
23. 9. 1854 Ansuchen an die k.k. Organisierungskommission um einen Dienstposten in *Oberösterreich* – Ablehnung 9. 10. 1854 (ebenda S. 149).
Sommer 1855 (nicht nachweisbare) Bewerbung um die Domorganistenstelle in *Olmütz* (ebenda S. 188).
14. 9. 1858 Gesuch an das bischöfliche Ordinariat bezüglich einer Organistenstelle an der Dom- und Stadtpfarrkirche in → *Linz* (ebenda S. 52-55).
Ende 1858/Anfang 1859 Bewerbung gemeinsam mit Engelbert → Lanz an die Linzer Statthalterei bezüglich der Gründung einer Gesangs-Akademie; Antrag zurückgezogen 17. 2. 1859
30. 5. 1859 Gesuch um Aufnahme in den Gemeindeverband von *Linz* (Göll.-A. 3/1, S. 60).
22. 6. 1861 Bewerbung um die Direktorsstelle beim Dom-Musik-Verein und Mozarteum in → *Salzburg* (ebenda S. 119 ff.).
29. 10. und *10. 11. 1861* Gesuche an die Direktion des Konservatoriums der → Gesellschaft der Musikfreunde in → *Wien*, als Lehrer »für

Harmonielehre und Kontrapunkt für Conservatorien« geprüft zu werden (ebenda S. 113 f.).
Spätsommer 1862 Streben nach einem Posten in der → Hofmusikkapelle in *Wien* nach dem Tod Ignaz → Assmayrs (ebenda S. 151).
[*22. 10. 1863* Antrag an Bruckner, die Leitung des → *Linzer* Musikvereins nach Engelbert Lanz zu übernehmen – *6. 11. 1863* Antwort Bruckners mit Forderungen nach Reformen, die dann allerdings nicht zugestanden wurden (ebenda S. 221 ff.).]
1. 10. 1867 Gesuch um Aufnahme in die Hofmusikkapelle in *Wien* nach Simon → Sechters Tod (ebenda S. 412 ff.).
14. 10. 1867 Ansuchen an das Obersthofmeisteramt um Aufnahme in die Hofmusikkapelle in *Wien* (Katalog Linz 1977, S. 90).
2. 11. 1867 Gesuch an den Dekan der philosophischen Fakultät der → Universität *Wien* um Aufnahme als Lehrer für musikalische Komposition (Referat Eduard → Hanslicks) – Ablehnung 16., 20. 11. 1867 (ebenda S. 414-419).
29. 3. 1868 Bewerbung um eine Direktorenstelle am Mozarteum in *Salzburg* (ebenda S. 425).
20. 6. 1868 Anfrage Bruckners an Hans von → Bülow in → *München* bezüglich einer dortigen Hoforganistenstelle (Nowak 1973, S. 130; Gräflinger 1927, S. 108 f.).
28. 6. 1868 Bitte um definitive Anstellung als Hoforganist und als Professor am Konservatorium in *Wien* (Göll.-A. 3/1, S. 456 f.; Nowak 1973, S. 130).
[*8. 8. 1868* Gesuch Herbecks bezüglich der Ernennung Bruckners zum k.k. Hoforganisten in *Wien* (Göll.-A. 3/1, S. 461 f.).]
24. 7. 1868 Gesuch an die Statthalterei *Linz* um Reservierung der Domorganistenstelle (ebenda S. 457 f.).
11. 5. 1870 Gesuch an das Ministerium für Cultus und Unterricht in *Wien* um Unterstützung und Verleihung eines Künstlerstipendiums (Göll.-A. 4/1, S. 125 ff.).
Anfang 1871 Gesuch um Entsendung nach → *London* zur Abhaltung von Orgelkonzerten (ebenda S. 137-141).
10. 5. 1874 Gesuch an das Professoren-Kollegium der Universität *Wien* um eine »Lehrstelle« für Theorie der Musik (ebenda S. 296 ff.).
[*22. 6. 1874* Gesuch an den englischen Botschafter Baron Schwarz-Senborn um Hilfe bei der Suche nach einem ausländischen Mäzen (ebenda S. 315 f.).]
15. 7. 1874 (2.) Gesuch (diesmal mit Beilagen) an das Dekanat der philosophischen Fakultät der Universität *Wien* um eine »Lehrerstelle in der Theorie der Musik« (ebenda S. 299-302).
26. 7. 1876 Gesuch an den Obersthofmeister Constantin Prinz zu → Hohenlohe-Schillingsfürst um Fürsprache bei Kaiser → Franz Joseph wegen einer »außerordentlichen Professur für Harmonielehre und Contrapunkt« an der Universität *Wien* (ebenda S. 413 f.)
7. 1. 1877 Bewerbung an die Niederösterreichische Statthalterei um den Kapellmeisterposten an der Kirche Am Hof in *Wien* (ebenda S. 428 ff.; A. Bruckner in Wien, S. 204).
1877 Gesuch um Hofkapellmeister- bzw. Vizekapellmeisterstelle in *Wien* (negativ erledigt am 27. 11. 1877). [*24. 1. 1878* Dekret zur Ernennung zum wirklichen Mitglied der k.k. Hofmusikkapelle in *Wien* (ebenda S. 488 f.).]
9. 8. 1880 Bewerbung an Eduard → Kremser um die Stelle eines 2. Chormeisters beim → *Wiener* Männergesang-Verein (Göll.-A. 4/1, S. 615 ff.).
1883 Bewerbung um die Kapellmeisterstelle an → St. Stephan in *Wien*, für die er »gar nicht in Betracht gezogen« wurde (Göll.-A. 4/2, S. 83).
Dezember 1889 erwog Bruckner eine Bewerbung um die Kapellmeisterstelle im Burgtheater in *Wien* und unternahm auch Schritte in diese Richtung; offizielles Gesuch im Archiv des Burgtheaters nicht auffindbar (ebenda S. 680-683). RG

Bibl, Rudolf

Geb. 6. 1. 1832 und gest. 2. 8. 1902 in Wien. Sohn des Organisten Stefan Bibl, studierte bei Simon → Sechter, wurde 1850 Organist an St. Peter in Wien, 1859 an → St. Stephan, 1863 Hoforganist (16. 2. Exspektant, definitive Anstellung 1. 6. 1875), Vizearchivar und zweiter Singlehrer der Sängerknaben (seit 18. 9. 1863 bis zur Definitivanstellung) und 1897 Hofkapellmeister (→ Hofmusikkapelle). Er hat insbesondere Kirchenwerke (Messen, Proprien) und Orgelstücke komponiert.
Bibl versah, wöchentlich abwechselnd mit Pius → Richter und Bruckner, den Orgeldienst in der → Hofburgkapelle und erteilte im Löwenburgschen Konvikt den Sängerknaben Klavierunterricht. Eine köstliche Situationsschilderung zeigt Leopold Columban Welleba in einem Aquarell in seinem Album »Erinnerungen aus meiner Hofsängerknabenzeit 1888-1892«, in dem auch Bruckner mehrmals dargestellt ist (→ Ikonographie). Bibl war auch als erster zur Einweihung der neuen Orgel nach → Nancy eingeladen worden. Erst nach seiner Absage wandte man sich an

Austheilung für den Monat August 1877.

Tag	Fest	Aufzuführen	Author	Anmerkungen
5.	[illegible]	Mifsa. [illegible] Grad. [illegible] Offert. [illegible]	Mozart [illegible]	
12.	[illegible]	Mifsa. [illegible] Grad. [illegible] Offert. [illegible]	Rotter	
15.	[illegible]	Mifsa. [illegible] Grad. [illegible] Offert. [illegible]	Bibl Mozart	

Musik in der Hofburgkapelle (Ausschnitt)

Bruckner. Häufig vertraten einander Bruckner, Richter und Bibl bei den Hofkapelldiensten, ein Usus, mit dem man sich die Einstellung von Substituten ersparte. Über Bibls Spiel soll Joseph → Hellmesberger bissig geurteilt haben: »Bibl spielt wia a Schualeder« (Göll.-A. 4/1, S. 485). Von großzügiger und neidloser Gesinnung zeugt Bibls Ausspruch, Bruckner sei ein großer Mann und seine Messen Meisterwerke, besser als die, die er selber komponiere (Göll.-A. 4/2, S. 347). Dabei waren Bibls Kirchenwerke außerordentlich beliebt; gemessen an der Zahl der Aufführungen zwischen 1867 und 1896 stand er (nach → Rotter, Gottfried Preyer und → Herbeck) mit 160 Aufführungen (8,54 Prozent) an vierter Stelle, während Bruckner im Vergleichszeitraum nur auf 40 Aufführungen (2,13 Prozent) kam. EM

Lit.: Antonicek, Hofmusikkapelle, passim.

Bibliographie

Bei den Vorbereitungsarbeiten für die große Bruckner-Ausstellung 1974 (zum 150. Geburtstag) im Prunksaal der → Österreichischen Nationalbibliothek kam der Gedanke auf, das entsprechende Ausstellungsmaterial für eine Bibliographie zu sammeln und zu ordnen. In der Folge gab es einen Aufruf an ca. 300 europäische Bibliotheken mit der Bitte um Kopien der Katalogzettel von Büchern und Zeitschriftenartikeln zum Thema Bruckner. Die zahlreich eintreffenden Rückmeldungen und die in Wiener Bibliotheken und Archiven gleichzeitig durchgeführten Recherchen waren der Grundstock der nach verschiedenen Gesichtspunkten gegliederten Bruckner-Bibliographie. Ein Teil der gemeldeten Literatur konnte allerdings bis zum Zeitpunkt der Veröffentlichung des ersten Teiles der Bibliographie weder beschafft noch überprüft werden. Während der jahrelangen Forschungsarbeiten des → Anton Bruckner Institutes Linz (ABIL) konnte inzwischen schon viel Material ergänzt und neues hinzugefügt werden.

Der erste Teil der Bibliographie umfaßt das bis 1974 Erschienene und ist in folgende 33 Gruppen eingeteilt: Bibliographien – Werkverzeichnisse – Briefe und Dokumente – Gesamtausgabe – Ikonographie – Mitteilungsblätter, Sammelwerke, Jahrbücher, Bruckner-Hefte – Gesamtdarstellungen – Zu Persönlichkeit und Werk – Lebensabschnitte – Familie – Persönliche Beziehungen, Verbindungen zu Institutionen – Bindungen an Orte – Werke allgemein – Entwicklungsstufen, Werkperioden, Einflüsse, Vorbilder, Vergleiche – Geistliche Vokalmusik – Weltliche Vokalmusik – Orchesterwerke – Kammermusik – Bläsermusik – Klaviermusik – Orgelmusik – Verschollene Werke – Entwürfe – Zweifelhafte und unechte Kompositionen – Musiktheorie – Interpretation, Rezeption, Kritik – Forschung – Feste und Aufführungen – Ausstellungen – Gesellschaften, Vereine – Gedenkstätten, Orgeln – Diskographien – Belletristik.

Als Anhang folgt eine Übersicht über die → Bruckner-Feste, ein Verzeichnis der Zeitschriften, Zeitungen und Jahrbücher, ein Autorenregister sowie ein Register der im aufgenommenen Bruckner-Schrifttum vorkommenden Namen, Orte, Sachbegriffe und Werke Bruckners.

Der zweite Teil der Bibliographie ist in Vorbereitung und wird das Bruckner-Schrifttum von 1975 bis 1996 sowie Nachträge und Korrekturen zum ersten Teil umfassen. RG

Biographien

Vereinfacht formuliert scheint es, als würden die Bruckner-Biographien seit der ersten von Franz → Brunner (1895) bis zur jüngsten mit an einer Hand zu zählenden Ausnahmen eher die politische Geschichte der Geisteswissenschaften der letzten hundert Jahre erklären als Leben und Werk des zunehmend an internationaler Bedeutung gewinnenden Komponisten. Tatsächlich hat eine unglückliche Konstellation, die Bruckner für den deutschen Nationalismus verfügbar machte, die Kluft zwischen jenen Ideen anhängenden Autoren und jenen wenigen, die weder ihren Ideen noch ihren Quellen Folge leisteten, das Bruckner-Schrifttum bislang arg behindert. So ist es kein Zufall, daß in Wirklichkeit von einer gültigen angelsächsischen Biographie kaum gesprochen werden kann, daß die weiten Bereiche des romanischen Sprachfeldes fehlen, daß weder eine chinesische noch eine japanische und keine portugiesische Bruckner-Monographie existiert. Die Versuche, hier Revisionen zumindest im deutschsprachigen Raum anzubringen, sind mehrfach angegangen worden, aber unterliegen in der → Rezeption nach wie vor den historisch verhafteten, mehrfach aufgelegten Ausgaben. Dies wiegt umso schwerer, als mit den sozialen Brüchen der sechziger Jahre (nicht nur mit 1968, sondern vor allem auch mit dem II. Vatikanischen Konzil) die Kontinuität der Lebensmuster Anton Bruckners verlorengegangen ist und damit für eine jüngere Generation Hürden aufgebaut wurden, denen sie eher mit den Methoden der Geschichtsschreibung über das Mittelalter begegnen muß als mit jenen einer ungebrochenen Tradition.

Zwar haben die persönlichen Bekanntschaften von Bruckner-Freunden und -Schülern wie Brunner, Josef Daninger, Ernst → Decsey, Friedrich → Eckstein, Leo Funtek, August → Göllerich, Franz → Gräflinger, Joseph Gruber, Fritz → Grüninger, Karl → Grunsky, Carl → Hruby, Otto → Kitzler, Friedrich → Klose, Rudolf → Louis, Max Morold, Max → Oberleithner, Franz und Josef → Schalk etc. vieles aus mündlichen Mitteilungen überliefert, andererseits haben sie sich relativ unkritisch jenem Gemeinde-Gedanken hingegeben, der Bruckner mehr usurpierte, als er durch ihn bestimmt wurde. Dies gilt, wenn auch in abgeschwächter Form, auch für jene Autoren, die bis in die siebziger Jahre hinein den Nachfolgegruppen oder auch nur den Sympathieträgern jener Gruppen unterworfen waren, die ihr Idol ihrer Gesamtschau einverleibt hatten und, gleichgültig, aus welchen persönlichen Motiven heraus, also der Gemeindezugehörigkeit zu Katholiken, Deutschnationalen, Deutschen, Konservativen, Wagner-Anhängern oder Projektionen ihrer eigenen Vorstellungen nicht entfliehen konnten. Manche, die thematisch die Chance gehabt hatten, dieser Verbundenheit zu entfliehen, schafften es sprachlich nicht, wie Ernst → Kurth, Alfred → Orel oder Leopold → Nowak. Die angelsächsischen Autoren Erwin Doernberg, Werner Wolff oder auch die anderssprachigen wie Armand Machabey, Lidija Grigorevna Rappoport, Leon van Vassenhove bis hin zu Paul-Gilbert Langevin unterlagen der deutschsprachigen Rezeptionsgeschichte, die Biographie mit Werk verwechseln, Bruckner in das Umfeld Richard → Wagners rückten oder in die Nähe eines musikalischen Tölpels.

Erstaunlich ist, daß sich von der Gegenseite – jener Artikulation von Musik, die sich selbst genügte und nicht die Stimmung außermusikalischer Kriterien transportierte – nur wenige fanden, die Position Bruckners darzustellen. Dazu zählen, teilweise zumindest, Leopold Nowak als Formalexperte, Hans Hubert Schönzeler und jene Autoren, die ohne Rücksicht auf Parteinahme eine objektivierte Darstellung von Person und Werk sich zum Ziel gesetzt hatten (Othmar Wessely, Heinz Schöny, Karl Grebe, Mathias Hansen, Manfred Wagner).

Am Beispiel Bruckners zeigte sich (wie, nebenbei bemerkt, auch am Beispiel Wagners) ganz schnell, daß die deutschnationale Vereinnahmung seit den 1870er Jahren ihr Ende nicht mit dem Ende des → Nationalsozialismus 1945 gefunden hatte, sondern die Denkstrukturen in den beiden Strömungen der Auffassung von der musikalischen Botschaftsweise nachwirken. Möglicherweise hat dies damit zu tun, daß eine angelsächsische Denkweise einer luziden und mit dem Skalpell durchgeführten Sezierung von Leben und Werk nicht zur Verfügung stand, daß bis heute wahrscheinlich relativ ungebrochen die Kluft zwischen Anhängerschaft und Gegnerschaft weiter existiert. Die neueren amerikanischen Methoden, sich auf Lebens- und Werkanalysen unbeschadet der Einbettung in ihre Zeit zu verlassen, versprechen diesbezüglich keine große Hilfe. MW

Lit.: Bruckner-Bibliographie, S. 31-78; Max Auer, Bruckner. Wien-Zürich-Leipzig 1923; Ernst Kurth, Bruckner. Leben und Werk. Berlin 1925; Alfred Orel, A. Bruckner. Das Werk – Der Künstler – Die Zeit. Wien-Leipzig 1925; Robert Haas, A. Bruckner. Potsdam 1934; Wouter Paap, A. Bruckner. Zijn Land, zijn Leven en zijn Kunst. Bilthoven 1936; Erwin Doernberg, The Life and Symphonies of A. Bruckner. London 1960; Bruckner-Studien 1964 und 1975; Hans Hubert Schönzeler, Bruckner. New York 1970 (dt. Ausg. Wien 1974); Karl Grebe, A. Bruckner in Selbstzeugnissen und Bilddokumenten. Reinbek bei Hamburg 1972; Mihai Morianu, A. Bruckner. Bukarest 1972; Nowak 1973; Manfred Wagner, Bruckner. Monographie. Mainz 1983 (Neuauflage 1989); Mathias Hansen, A. Bruckner. Leipzig 1987; Olav G. Myklebust, A. Bruckner. Geni og skjebne. Oslo 1995.

Bläsermusik

Im kompositorischen Frühschaffen Bruckners nimmt die Verknüpfung des Chorklanges mit dem Bläserklang eine wichtige Stellung ein. Dabei konnte sich Bruckner vor allem auf die im Stift → St. Florian blühende Tradition geistlicher Bläsermusik stützen, wo ihm neben drei verläßlichen Posaunisten (*Aequale* WAB 114 und 149; Begleitung zum fünfstimmigen gemischten Chor im *Psalm 114*) auch Oboisten, Fagottisten, Hornisten und Trompeter zur Verfügung standen, die er in geistlicher, aber ebenso in weltlicher Vokalmusik verwendete. Bläser sind u. a. in

»Auf, Brüder! auf, und die Saiten zur Hand!«, *»Heil, Vater! Dir zum hohen Feste«* (samt Umtextierungen), *Vor Arneths Grab*, *»Laßt Jubeltöne laut erklingen«* sowohl als Stützen der Chorstimmen als auch im selbständigen Klanggefüge eingesetzt.
Diese Entwicklung führte Bruckner in → Linz weiter, wo u. a. im *Germanenzug* zum vierstimmigen Männerchor 2 Cornetti, Tenorhorn, 4 Trompeten, 4 Hörner, 3 Posaunen und Tuba, in der für eine Freiluftaufführung bestimmten *Messe in e-Moll* zum achtstimmigen gemischten Chor je 2 Oboen, Klarinetten, Fagotte, Trompeten, 4 Hörner und 3 Posaunen erklangen. Ebenfalls aus der Linzer Zeit stammen das *Afferentur* für vierstimmigen gemischten Chor und 3 Posaunen (Posaunen ad lib.), die *Festkantate* für vierstimmigen Männerchor, Männer-Soloquartett, Baß-Solo, Blasorchester und Pauken sowie das *Inveni David* WAB 19 in der Besetzung für vierstimmigen Männerchor und 4 Posaunen.
Die Entwicklung in Linz ist zudem von der dortigen Militärkapelle mitbestimmt, für die Bruckner 1865 den *Marsch in Es-Dur* komponierte. Dabei handelt es sich nach heutiger Kenntnis um das einzige Originalwerk Bruckners für Blasorchester; denn der lange Zeit Bruckner zugeschriebene → »Apollo-Marsch« ist mit dem 1857 für das altösterreichische Infanterie-Regiment Nr. 10 entstandenen »Mazzuchelli-Marsch« von Béla Kéler (Adalbert von Keler) identisch (W. Probst). Beide Märsche sind in Stil und Form konventionell angelegt. Die eigentliche Qualität Bruckners als Marsch-Komponist wird dagegen im *Marsch in d-Moll* für großes Orchester deutlich, dessen künstlerische Gestaltung und Struktur sich von den beiden genannten Werken abhebt.
In den Wiener Jahren kehrte Bruckner zweimal zur Mixtur von Chor- und Blechbläserklang zurück: im *Abendzauber* sowie in *Das deutsche Lied*.
Die von der Orgel herkommende Affinität Bruckners zum Bläserklang zeigt sich deutlich in Orchesterwerken, in denen das Gerüst von Trompeten, Hörnern, Posaunen und Tuben vielfach den Gesamtklang entschieden gewichtet. Es erscheint daher legitim, Kompositionen Bruckners in Neuinstrumentation dem symphonischen Blasorchester zuzuführen. So existiert heute eine Vielzahl solcher → Bearbeitungen, die nahezu alle Gattungsbereiche des Brucknerschen Schaffens umfassen. Geistliche und weltliche Vokalmusik ist darin ebenso vertreten wie Klavier- (*Erinnerung*, *Steiermärker*) oder Orgelmusik (z. B. »Perger« *Präludium*). Neben dem *Marsch in Es-Dur* liegt auch symphonische Musik in Bearbeitungen vor: der *Marsch in d-Moll*, *Drei Orchesterstücke*, *Ouvertüre in g-Moll* sowie Sätze (zumeist Scherzo/Trio) aus der *Vierten*, der *Siebenten* und der *Neunten Symphonie*. Einen eigenen Bereich bilden jene Blasorchesterbearbeitungen, in denen – mehr oder weniger frei – Themen Bruckners verwendet werden.

WS

Lit.: Werner Probst, Der »Apollomarsch« – wirklich von Bruckner?, in: Österreichische Blasmusik 32 (1984) H. 5; Wolfgang Suppan, A. Bruckner und das Blasorchester, in: Alta musica 8 (Bläserklang und Blasinstrumente im Schaffen Richard Wagners. Kongreßbericht Seggau 1983). Tutzing 1985, und (mit Ergänzungen) in: A. Bruckner. Studien zu Werk und Wirkung. Walter Wiora zum 30. 12. 1986. Hrsg. Christoph-Hellmut Mahling. Tutzing 1988; ders. und Armin Suppan, Das Neue Lexikon des Blasmusikwesens. Freiburg/Breisgau 1994, S. 161 (Bruckner).

Bogner, Familie

Michael Bogner, geb. 27. 9. 1802 in Peilstein, Bezirk Rohrbach, Oberösterreich, gest. 3. 6. 1879 in St. Florian. Lehrer. Nach Absolvierung der Linzer Präparandie (1820) Schulgehilfe in Altenfelden, Peilstein (jeweils Bezirk Rohrbach), Urfahr (heute Stadtteil von Linz) und Ried im Innkreis (1821-1834), Lehrbefähigungsprüfung in Linz (1828), Schulleiter an der Markt- und Pfarrschule St. Florian (1834-1875), zu dessen Obliegenheiten noch Verpflegung, Unterkunft, musikalische Ausbildung und Erziehung der Stifts-Sängerknaben gehörten, weiters Kirchenmusik-, jedoch kein Mesnerdienst. Mehrfach für sein schulisches Wirken ausgezeichnet. Eheschließung mit Judith Rirrnößl (geb. 21. 3. 1817 in Strobnitz, Bezirk Kaplitz, Böhmen, und gest. 21. 1. 1908 in St. Florian).

Familie Bogner

Bruckner fand während seiner → St. Florianer Zeit (1837-1840) bei der Familie Bogner im Schulgebäude Markt Nr. 9 (heute Marktplatz 2) eine umsorgte Bleibe. Als Florianer Schulgehilfe (1845-1855) erhielt er wieder bei der ihm vertrauten Familie Bogner Kost und Quartier und fühlte sich wie zu Hause. In dieser Umgebung gelang ihm Wesentliches in der Weiterentwicklung als Komponist (u. a. die Michael Bogner gewidmete kleine Kantate *Der Lehrerstand*), als Organist sowie in schulischen und musikalischen Fächern. Die Integration in die Bogner-Familie förderte Freundschaften zu den heranwachsenden Kindern seines Vorgesetzten:
Die 16jährige Aloisia (geb. 21. 6. 1836 und gest. 9. 9. 1892 in Bruckmühl, Pfarre Ottnang, Bezirk Vöcklabruck, Oberösterreich) war die erste, die Bruckner »richtig« verehrte. Für sie komponierte er *Frühlingslied*, *Lancier-Quadrille* und *Steiermärker*. Aloisia heiratete 1858 den Lehrer Anton Schlagintweit.
Karl (geb. 16. 10. 1842 und gest. 21. 7. 1906 in St. Florian) war in St. Florian Lehrer und zählte, seit Mai 1865 Mitwirkender im Kirchenchor, zum Bekanntenkreis Bruckners.
Die gemeinsamen Erinnerungen von Bruckner und Judith Bogner (geb. 22. 5. 1844 in St. Florian, gest. ?), die seit 1866 mit dem Wundarzt Georg Pfeiffenberger (1836-1881) verheiratet war, haben Jahrzehnte überdauert: Belege sind Bruckners Kondolenzbrief vom 8. 12. 1884 und J. Pfeiffenbergers Gratulationsschreiben zum 70. Geburtstag Bruckners. FZ

Lit.: Göll.-A. 1, S. 127-136, 2/1, S. 35-43; Auer, Briefe, S. 171; Elisabeth Maier, Bruckners oberösterreichische Lehrer, in: Bruckner-Symposion 1988.

Böhler, Otto

Geb. 11. 11. 1847 in Frankfurt/Main, gest. 5. 4. 1913 in Wien. Chemiker und Zeichner, leitete mit seinen Brüdern die Böhler-Stahlwerke in Wien. Seine Begeisterung für das Wiener Musikleben, die Konzerte der → Wiener Philharmoniker und die Kontakte zum → Wiener Akademischen Wagner-Verein ließen ihn in → Wien schnell heimisch werden. 1874 brach sein künstlerisches Talent durch, er wurde Schüler des Wiener Malers W. Ottokar Noltsch und sehr bald bekannt für seine Scherenschnitte, Klebebilder und Silhouetten aus dem Wiener Musikleben, die er mit der ihm eigenen Sensibilität, seinem musikalischen Verständnis und seinem besonderen Humor gestaltete. Mit liebenswürdiger Ironie stellte er das Wiener Musikleben

Otto Böhler bei der Arbeit

dar, darunter auch Bruckner, den er in den späten achtziger Jahren, ungefähr gleichzeitig mit seinen Besuchen in → Bayreuth bei dem von beiden verehrten Richard → Wagner, kennen- und schätzengelernt hat.
Rudolf → Louis sieht in seinem Buch »A. Bruckner« (München 1905, S. 144) Persönlichkeit und Gestalt Bruckners »wie geschaffen für den Stift des Karikaturisten, aber nicht eines solchen, der bloß den scharfen Blick für das Lächerliche der äußeren Erscheinung besitzt – denn der hätte ja nur ein ausgesprochenes ›Zerrbild‹ liefern können –, sondern für einen, der Schärfe der Beobachtungsgabe mit ausgesprochener Liebe und Sympathie für den Gegenstand seiner Beobachtung verbindet. Bruckner hat einen solchen Karikaturisten in Otto Böhler gefunden ...« RG

Lit.: Rudolf Schmidt, Österreichisches Künstler-Lexikon von den Anfängen bis zur Gegenwart. Wien 1974; Bruckner-Ikonographie, IKO 41-54, 60 ff., 68, 78 f., 94, 101 ff., 108, 110.

Bösendorfer, Ludwig

Geb. 10. 4. 1835 und gest. 8. 5. 1919 in Wien. Als Sohn des Klavierfabrikanten Ignaz Bösendorfer (1796-1859) besuchte er das Wiener Polytechnische Institut und arbeitete im 1828 vom Klaviermacher Joseph Brodmann übernommenen väterlichen Betrieb. Bösendorfer trug viel zur Erneuerung des Wiener Klavierbaus bei und beteiligte sich auch mit Erfolg an den Weltausstellungen in London (1862), Wien (1873) und Paris (1900).
Als Ehrenmitglied und Direktoriumsmitglied der → Gesellschaft der Musikfreunde in Wien spielte er eine führende Rolle im Wiener Musikleben, war Hoflieferant aller regierenden Häuser und mit den berühmtesten Komponisten seiner

Zeit befreundet, vor allem mit Franz → Liszt. Ein Brief aus der reichen Korrespondenz zwischen dem Klavierfabrikanten und dem Pianisten aus dem Jahre 1880 bezieht sich auf Bruckner: Liszt berichtet, daß er mehreren Dirigenten Bruckners *Dritte Symphonie* empfohlen habe. – Im → Bösendorfersaal fanden viele Klavieraufführungen der Symphonien Bruckners statt, meist bevor sie von Orchestern gespielt wurden. – Der Bösendorfer-Flügel (→ Instrumente), den Bruckner 1848 von Franz → Sailer geerbt hatte, befindet sich heute im Stift → St. Florian. AH

Lit.: ÖBL; Otto Biba, Franz Liszt und A. Bruckners 3. Symphonie, in: IBG-Mitteilungsblatt Nr. 15, Juni 1979; Felix Czeike, Historisches Lexikon Wien 1. Wien 1992, S. 430.

Bösendorfersaal

Der Wiener Klavierfabrikant Ludwig → Bösendorfer ließ die ehemalige fürstliche Reitschule des Palais Liechtenstein in der Herrengasse 6, → Wien I., zu einem Konzertsaal umbauen, der am 19. 11. 1872 mit einem Klavierabend von Hans von → Bülow eröffnet wurde. Bis zum Abbruch des Hauses im Jahre 1913 war der für seine ideale Akustik bekannte Saal eine der wichtigsten Wiener Konzertstätten. Neben den bedeutendsten Interpreten, vor allem Pianisten, fand auch der → Wiener Akademische Wagner-Verein dort ein Konzertpodium. Hier wurden viele exemplarische Klavieraufführungen der Werke Bruckners durch Josef → Schalk, Ferdinand → Löwe, Hans → Paumgartner, Franz Zottmann, Ferdinand Foll u. a. einem interessierten Zuhörerkreis geboten. AH

Lit.: Felix Czeike, Historisches Lexikon Wien 1. Wien 1992, S. 430.

Brahms, Johannes

Der in der Großstadt Hamburg geborene und ausgebildete Johannes Brahms (1833-1897) galt als Komponist – besonders als Symphoniker –, aber auch als Persönlichkeit noch bis weit in unser Jahrhundert als Antipode des in ländlichen Gebieten Oberösterreichs aufgewachsenen Bruckner. Acht Jahre und acht Monate jünger als dieser (und ihn nur um knapp ein halbes Jahr überlebend) war er, als er 1868, im selben Jahr wie Bruckner, endgültig ständigen Wohnsitz in → Wien nahm, schon ein arrivierter Künstler: Als Pianist war er bereits als Zehnjähriger öffentlich aufgetreten und hatte seitdem zahlreiche Konzertreisen absolviert; als Komponist – erst 20jährig von Robert → Schumann schon als der kommende Meister der Musik vorgestellt –

Bruckner und Brahms. Schattenbild von Otto Böhler, um 1890 (IKO 54)

konnte Brahms bereits ein umfangreiches Verzeichnis gedruckter Werke vorweisen; als Chorleiter hatte er Erfahrungen in Detmold und → Hamburg gesammelt und war – nach einem ersten Besuch in Wien mit ersten Kontakten zu Künstlern dieser Stadt und ersten erfolgreichen Konzerten (1862) – als Chormeister der Wiener Singakademie schon 1863/64 dort tätig gewesen, zu einer Zeit, als der Linzer Dom- und Stadtpfarrorganist (und zeitweilige Chormeister der → Liedertafel »Frohsinn«) Bruckner, dessen *Germanenzug* 1864 als erstes Werk gedruckt wurde, bei Otto → Kitzler und Ignaz → Dorn Kompositionsstudien betrieb, um seinem gesteckten Ziel, dem »Lebensberuf« als Verfasser symphonischer Werke, näherzukommen.

Anders als Bruckner, der 1868 in Wien seinen Dienst am Konservatorium der → Gesellschaft der Musikfreunde und an der → Hofmusikkapelle antrat, kam Brahms als freischaffender Komponist (sein »Deutsches Requiem« war gerade erfolgreich in Bremen uraufgeführt worden), finanziell abgesichert durch Honorare seines Verlegers Fritz Simrock, in seine neue Wahlheimat, in deren Musikleben er sehr bald eine führende Rolle spielte. Die einzige dort übernommene Position – als Leiter des Singvereins der Gesellschaft der Musikfreunde (1872-1875) – brachte Brahms und Bruckner quasi als »Kollegen« zusammen. Das änderte aber nichts an ihrer schon seit Beginn ihrer Wiener Zeit für Musikkritiker, die jeweiligen Freunde und Anhänger feststehenden und besonders nach Richard → Wagners Tod 1883 stetig geförderten Stellung als Antipoden. »Parteigänger« Brahms' waren in erster Linie in der konservativen Presse (vertreten besonders durch Eduard → Hanslick und Max → Kalbeck) und im durch sie repräsentierten Konzertpublikum aus der der Tradition verpflichteten Wiener Gesellschaft zu finden. Zu den Anhängern Bruckners zählten Musikkritiker einiger liberaler Blätter, natürlich seine → Schüler und Freunde, vor allem aber die musikbegeisterte akademische Jugend, viele von ihnen vereint im → Wiener Akademischen Wagner-Verein, der Bruckner als »Wagner der Symphonie« verehrte. Die Kundgebungen dieser »rivalisierenden« Gruppierungen (Wagnerianer bzw. Brucknerianer gegen »Brahminen«) nahmen zum Teil skurrile Formen an. Nur wenige Kritiker waren bereit, sich ernsthaft, vorurteilsfrei mit den musikhistorischen Wurzeln und dem auf divergierenden musikästhetischen Vorstellungen beruhenden Schaffen des »Kontrahenten« zu beschäftigen. Im Ton vergriffen sich – nach heutigem Maß gemessen – beide Seiten bis zu Verbalinjurien. Und diese bis ins Persönliche gehenden Anfeindungen fanden dadurch weitere Nahrung, daß Brahms' und Bruckners Stellung als Antipoden nicht nur mit ihrem kunsttheoretisch kontroversiell ausgerichteten musikalischen Schaffen, sondern auch mit ihrem unterschiedlichen Bildungsgang, der äußeren Erscheinung, dem Auftreten in der Gesellschaft, der Lebensweise usw. begründet wurde. Erleichtert wurden diese Vergleiche, die einem an sich begreiflichen und letztlich auch fruchtbaren Konkurrenzkampf einen schlechten Dienst erwiesen, natürlich durch die räumliche Nähe, in der beide Musiker 28 Jahre lang wirkten.

Daß Herkunft, (Aus-)Bildung, Religiosität und auch die Lebensart beider Junggesellen verschieden waren, sind nachweisbare Tatsachen. Daß Brahms und Bruckner »gegensätzliche« Standpunkte auf musikalischem Gebiet vertraten, haben sie auch selbst nie geleugnet. Schon 1860 hatte Brahms in einem veröffentlichten Manifest seine Gegnerschaft gegenüber der → Neudeutschen Schule um Franz → Liszt bekundet, zu der Bruckner dann in Wien gezählt wurde, und später auch deutliche Vorbehalte gegen Richard Wagners musikdramatisches Schaffen geäußert, zu dem Bruckner bekanntlich eine besondere Affinität hatte. Dabei muß man »leider unterstellen, daß der Skeptiker Brahms mehr von Wagner verstand als der hörige Bruckner« (Grebe S. 43).

Über die – kaum so zu bezeichnenden – persönlichen Beziehungen beider zueinander gibt es verschiedene Berichte, die außer von Zusammentreffen bei Konzerten auch von zum Teil zufälligen gemeinsamen Gasthausbesuchen (→ Gasthäuser) erzählen. Über ihre gegenseitige »Einschätzung« berichten einige authentische Äußerungen, vor allem aber Erinnerungsberichte aus ihrem Umkreis und → Anekdoten. Anekdotisches nicht berücksichtigt, ergibt sich aus dem vorhandenen und sicher Verbürgten, daß ihr »Verhältnis von gegenseitigem Unverständnis bestimmt wurde. Brahms und Bruckner konnten und wollten wohl auch nicht einander verstehen« (Floros S. 20). Brahms schrieb 1885 an Elisabet von Herzogenberg (1847-1892), seine »Seelenfreundin« (und ehemalige Klavierschülerin): »Alles hat seine Grenzen. Bruckner liegt jenseits, über seine Sachen kann man nicht hin und her, kann man gar nicht reden. Über den Menschen auch nicht. Er ist ein armer verrückter Mensch, den die Pfaffen von → St. Florian auf dem Gewissen haben« (womit er auf Bruckners Autoritätsgläubigkeit anspielte). Und 1893, als Bruckners Erfolge ihn vielleicht schon verbittert hatten, an Clara Schumann, die sich von »häßlicher Musik« geplagt sah: »Wie vielen in unserer Zeit wäre eine Wollust, was Dir unerträgliche Pein ist! Unser großer Bruckner wäre selig, Deine verhaßten Klänge im Ohr zu haben – wir kriegten sie dann Sonntags als Symphonie zu hören, und Heyse und Levi schrieben preisende Epistel!« Auch aus anderen, allerdings nur mündlich überlieferten Äußerungen spricht nicht der Neid eines – schließlich selbst sehr erfolgreichen – Konkurrenten, sondern der oft in bissige Worte verpackte Widerwille eines Komponisten vor ihm nicht begreiflicher Musik. So soll Brahms noch in seinem Todesjahr 1897 davon überzeugt gewesen sein, daß es sich bei Bruckner um einen »Schwindel« handle, »der in ein bis zwei Jahren tot und vergessen sein wird«. Nach anderen Berichten soll er zwar Bruckners Begabung erkannt (der *Messe in f-Moll* habe er 1893 sogar beifällige Anerkennung gezollt), diese Feststellung aber – wie Eusebius Mandyczewski (1857-1929), als langjähriger Archivar der Gesellschaft der Musikfreunde mit dessen Direktoriumsmitglied Brahms in Verbindung, erzählte – z. B. beim

Studium der Partitur von Bruckners *Vierter Symphonie* wieder relativiert haben: »... da erfindet der Mensch, wie wenn er → Schubert wäre. Und dann fällt ihm ein, daß er Wagnerianer ist ... und alles ist beim Teufel!«

Bei vielen Äußerungen Bruckners über Brahms (s. dazu seine → Urteile über Komponisten) klingt dagegen neben meist durchaus mit Respekt angeführten Hinweisen auf die unterschiedlichen musikalischen Auffassungen immer wieder – allerdings nur in den frühen Wiener Jahren verständlicher – Neid auf den in seinen Augen Erfolgreicheren an, der von einflußreicheren Personen gefördert werde, die ihn (Bruckner) unerbittlich bekämpften. Provoziert konnte aber auch er offensiver werden und (laut → Hruby) bemerken, daß ihm ein Walzer von Johann → Strauß (Sohn) lieber sei als eine ganze Symphonie von Brahms.

Diese gegenseitigen, nicht immer vorurteilsfreien und sicherlich von den »Überträgern« noch »ausgeschmückten« Beurteilungen haben auch noch in die jeweils von autorisierten Verfassern publizierten, in beiden Fällen mehrbändigen → Biographien von Brahms (erschienen 1904-1914) und Bruckner (erschienen 1922-1937) Eingang gefunden. Dazu kommt, daß beide Autoren (August → Göllerich bzw. Max Kalbeck), die aufgrund ihres engen Kontaktes zu den von ihnen zu Beschreibenden auch selbst aus eigenen Erlebnissen schöpfen konnten, aus ihrer Abneigung gegen den jeweiligen »Kontrahenten« keinen Hehl machten. Am stärksten kommt diese Haltung bei der – von Max → Auer vollendeten – Biographie Bruckners zum Ausdruck, in der heftig auf die von Kalbeck veröffentlichten »Verunglimpfungen« Bruckners reagiert und mit gleicher Münze zurückgezahlt wird. Die – stilistisch eindeutig besser geschriebene – Brahms-Biographie und die fast einer Hagiographie ähnelnde Bruckner-Biographie sind dennoch beide bis heute unverzichtbare, wenn auch mit gebührender Vorsicht zu verwendende Quellen für jeden, der sich mit diesen Komponisten und ihrer Zeit beschäftigt.

Für viele – nicht nur die »parteiergreifenden« – Musikforscher war es lange selbstverständlich, nicht nur auf den starken menschlichen Gegensatz zwischen Brahms und Bruckner zu verweisen, sondern auch die Unterschiede ihrer Künstlerschaft herauszuarbeiten: So galt Brahms z. B. als reflektiver, »bewußt konservativer« Komponist, Bruckner als naiver Nurmusiker bzw. »bewußt fortschrittlicher« Künstler. Späteren Wissenschaftlern, wie z. B. Guido → Adler, erschien der künstlerische Abstand zwischen beiden, die »einem Zeitbild« angehörten, weniger groß. Ihre Stellung in der Musikgeschichte wird heute ambivalenter gesehen: »Das Verhältnis Bruckners zu Brahms darf nicht losgelöst vom musikhistorischen und musikästhetischen Hintergrund ihrer Zeit betrachtet werden. Die Antithese Bruckner – Brahms spiegelt nämlich tiefergreifende, gravierende kunsttheoretische Konflikte wider, die die Entwicklung der deutschen Musik im letzten Drittel des 19. Jahrhunderts maßgeblich bestimmen« (Floros S. 15). UH

Lit. (Auswahl): Max Kalbeck, J. Brahms. 4 Bände. Berlin 1904-1914 (mehrere Aufl.), passim; Göll.-A. 4/1-4, passim; Franz Grasberger, A. Bruckner und J. Brahms. Ein Vergleich, in: Musikblätter der Wiener Philharmoniker 5 (1950/51) F. 9; Werner Fritz Korte, Bruckner und Brahms. Die spätromantische Lösung der autonomen Konzeption. Tutzing 1963; Constantin Floros, Brahms und Bruckner. Studien zur musikalischen Exegetik. Wiesbaden 1980 (hier weiterführende Lit.); Brahms-Bibliographie. Hrsg. Siegfried Kross. Tutzing 1983; Bruckner-Symposion 1983 (»J. Brahms und A. Bruckner«); Peter Gülke, Brahms – Bruckner. Zwei Studien. Kassel-Basel 1989; Probleme der symphonischen Tradition im 19. Jahrhundert. Kongreßbericht Bonn 1989. Hrsg. Siegfried Kross. Tutzing 1990.

Briefe

Vom ersten Brief an Josef → Seiberl (19. 3. 1852) bis zum letzten an seinen Bruder Ignaz → Bruckner (7. 10. 1896) sind rund 700 Briefe von Bruckners Hand in Autograph oder Druck bekannt. Weitere Briefe werden in der Literatur und in Bruckners → Taschen-Notizkalendern zumindest mit Datum und/oder Empfänger erwähnt. Er führte einen teils sehr regen Briefwechsel mit seiner Familie – Schwester Rosalia → Hueber und Bruder Ignaz –, mit Freunden wie Rudolf → Weinwurm, Moritz von → Mayfeld, Bernhard → Deubler, Oddo → Loidol, mit Schülern wie August → Göllerich, Friedrich → Klose, Cyrill → Hynais und vor allem in den achtziger Jahren sehr intensiv mit Franz und Josef → Schalk, mit Kollegen wie Karl → Waldeck, Pius → Richter, mit Vorgesetzten wie Johann → Herbeck und Joseph → Hellmesberger, mit Dirigenten wie Hermann → Levi, Arthur → Nikisch, Felix → Mottl, Siegfried → Ochs, Hans → Richter, Josef Sittard und Felix → Weingartner, mit Kritikern wie Theodor → Helm, Wilhelm → Tappert, Wilhelm → Zinne, mit Verlegern wie Albert Gutmann (→ Verlage), mit → Geistlichen wie Bischof Franz Joseph → Rudigier und dem Steyrer Stadtpfarrer Johann Evangelist → Aichinger sowie anderen Persönlichkeiten seiner Zeit, wie Hans von → Wolzogen, aber auch mit Kaiser → Franz Joseph I., Erzherzogin → Marie Valerie, König → Ludwig II. von Bayern, Herzogin → Amélie in Bayern und schließlich mit musikalischen Institutionen, wie der → Liedertafel »Frohsinn«, den → Wiener Philharmonikern, dem → Wiener Männergesang-Verein und dem → Wiener Akademischen Wagner-Verein (Auswahl).

Bei vielen als Brief bezeichneten Schriftstücken handelt es sich um → Bewerbungen, Gesuche usw. an Behörden in → Linz und → Wien, an das Konservatorium der → Gesellschaft der Musikfreunde, an Ministerien, aber auch an einzelne Persönlichkeiten, wie den Obersthofmeister (→ Hohenlohe-Schillingsfürst).

Bruckners Briefe enthalten kaum Äußerungen über seine Persönlichkeit. Nur in den aus seiner Linzer Zeit stammenden (an Rudolf Weinwurm) kommt seine oft melancholische Stimmung zum Ausdruck. Für sein Privatleben von Interesse sind die Briefe an von ihm verehrte Mädchen sowie seine diesbezüglichen Äußerungen in den Briefen an Weinwurm (→ Frauen). In späteren, d. h. in seinen Wiener Jahren stehen jedoch die Bemühungen um die Aufführungen seiner Werke – vor allem in Briefen an Dirigenten und Kritiker in Deutschland –, Berichte über Erfolge und Mißerfolge sowie Auseinandersetzungen mit der Presse im Mittelpunkt seiner Korrespondenz. Zu Zeitereignissen äußert er sich ebensowenig wie zu seinem eigenen Schaffen: Nur selten geht er auf den geistig-musikalischen Inhalt seiner Werke ein oder gibt Anweisungen für Dirigenten. Ein regelrechter Briefwechsel mit Komponisten seiner Zeit, wie bei anderen Künstlern durchaus üblich, fand nicht statt. So existieren z. B. nur wenige Briefe von und an Franz → Liszt und Richard → Wagner, obwohl letzterer in vielen Briefen Bruckners immer wieder erwähnt wird.

Bruckners Briefstil steht in der Tradition seiner Zeit. Zu den Lehrpraktiken der vormärzlichen Elementarschule zählten auch sogenannte Formelbücher, die schriftliche Äußerungen für verschiedene Gelegenheiten festlegten. Auch aus Bruckners Jugendzeit sind solche »Musterbriefe« erhalten. Im Gegensatz zu dieser Formelhaftigkeit des Inhalts stehen bei Bruckner die vielfältigen Möglichkeiten von Anrede und Beschluß in seinen Briefen – mit mehreren Varianten für Personen geistlichen und weltlichen Standes in den verschiedenen gesellschaftlichen Rangordnungen.

Bruckner-Briefe befinden sich heute vor allem in der Musik- und der Handschriftensammlung der → Österreichischen Nationalbibliothek in Wien, in der Handschriftensammlung der Wiener Stadt- und Landesbibliothek, im Stift → St. Florian, im Archiv der Gesellschaft der Musikfreunde in Wien, in der Linzer Singakademie usw. Einige Briefe gelangten durch Schüler, Freunde usw. oder deren Erben bis in die USA, zahlreiche befinden sich noch in (teils unbekanntem) Privatbesitz (laut oft unvollständigen Angaben der Auktionskataloge).

Schon zu seinen Lebzeiten erschienen Briefe Bruckners gedruckt in Tages- und Musikzeitungen – erstmals 1885 Briefe an Johann Herbeck. Die ersten Briefsammlungen mit zusammen 479 Schriftstücken veröffentlichten (fast gleichzeitig) 1924 Franz → Gräflinger (nach Empfängern geordnet, mit Erläuterungen versehen) und Max → Auer (chronologisch geordnet, mit einem Anhang von Briefen *an* Bruckner). Beide Editionen enthalten jedoch viele Fehler, vor allem Lesefehler, Kürzungen und andere Eingriffe in die Texte. Weiteres Material veröffentlichten August Göllerich und Max Auer in ihrer Bruckner-Biographie sowie Franz Gräflinger in seiner 1927 erschienenen Bruckner-Biographie. Viele Briefe wurden auch erstmals in Einzelpublikationen in Zeitungen und Zeitschriften veröffentlicht.

An einer Briefedition im Rahmen der Neuen → Bruckner-Gesamtausgabe (NGA) wird schon lange gearbeitet. Das im Laufe der letzten Jahrzehnte zusammengetragene – teilweise bisher unbekannte wie auch Vorhandenes ergänzende – Material stammt vielfach aus Eintragungen in Auktionskatalogen, über die mit Hilfe der Autographenhändler dann oftmals Kontakte zu neuen Besitzern bzw. Vorbesitzern geknüpft werden konnten. Viele Briefe aber sind leider nur mehr in den beiden Briefeditionen von 1924 erhalten. Die neue Briefausgabe ist chronologisch geordnet und enthält Briefe *von* wie *an* und – wenn für den Zusammenhang wichtig – auch *über* Bruckner. AH

Ausgaben: A. Bruckner, Gesammelte Briefe. Hrsg. Franz Gräflinger. Regensburg 1924; A. Bruckner, Gesammelte Briefe. Neue Folge. Hrsg. Max Auer. Regensburg 1924; Zehn Briefe von A. Bruckner. Hrsg. Felix von Lepel. Berlin 1953; Wilhelm Jerger, »Hochlöbliche, Hochverehrte philharmonische Gesellschaft!« Die Briefe A. Bruckners an die Wiener Philharmoniker nebst einem unbekannten Brief an August Göllerich sen., in: Oberösterreichische Heimatblätter 28 (1974); vgl. auch Bruckner-Bibliographie, Gruppe 3 (Briefe und Dokumente).

Lit. (Auswahl): Hermann Ullrich, A. Bruckner als Briefschreiber, in: Allgemeine Musik-Zeitung 52 (1925); Othmar Wessely, A. Bruckner als Briefschreiber, in: Bruckner-Symposion 1983.

Bruckner, Familie

Der Name Bruckner ist in Oberösterreich weit verbreitet. Auch einige Volksschullehrer des 19. Jahrhunderts tragen diesen Familiennamen, ohne daß im einzelnen die verwandtschaftliche Beziehung zum Komponisten Anton Bruckner eindeutig nachgewiesen ist. Die Ahnenforschung war lange in Irrtümern verstrickt, und erst Ernst → Schwanzara beschritt zielführende Wege (seit 1932/33). Die Linie des Bruckner-Stammes führt schon beim Großvater in das niederösterreichische Voralpenbecken (seit ca. 1400 wurde der Pruckhen-, heute Haglerhof bei Oed von Vorfahren bewirtschaftet) und besteht dort bis an die Grenze der Nachweisbarkeit. Die »väterlichen Vorfahren vertauschten sehr bald den bäuerlichen Beruf mit dem gewerblichen und bürgerlichen. Die Ahnenreihe der Mutter besteht fast ausnahmslos aus Bürgersleuten und Gewerbetreibenden«. Die Ahnentafel Anton Bruckners jun. weist Eintragungen bis zur neunten Generation auf.

Die väterliche Linie: Großvater Josef Bruckner, geb. 23. 11. 1749 in Oed, Pfarre Sindelburg, Niederösterreich, gest. 21. 4. 1831 in Ansfelden Nr. 29. Er wechselte vom Beruf des Faßbinders zum Lehrer. Nach einigen Jahren als Schulgehilfe wurde er → Ansfeldener Schulmeister (wahrscheinlich 1776) als Nachfolger seines späteren Schwiegervaters Sebastian Kletzer (geb. 1716, gest. 18. 9. 1776). Er heiratete am 4. 8. 1777 dessen Tochter Franziska Kletzer (geb. 28. 2. 1752 und gest. 6. 9. 1809 in Ansfelden) und versah die von altersher eng miteinander verbundenen Kirchen- und Schuldienste bis 1822. Dazu kam noch die Funktion als herrschaftlicher Amtmann. Seine Familie lebte in kleinbürgerlichen Verhältnissen und war von materieller Not des Alltags befreit, denn trotz der schweren Zeiten im Zuge der Napoleonischen Kriege und ihrer Folgewirkungen bestand ein bescheidener Wohlstand.

Von den 12 Kindern überlebten: die später erblindete Anna Maria (geb. 24. 11. 1784 in Ansfelden, gest. 8. 8. 1855 in Ebelsberg), welche unverheiratet in Ansfelden beim Bruder Anton sen. und dann bei dessen Witwe, der Schwägerin Theresia Bruckner, in → Ebelsberg ein Unterkommen fand; Josefa (geb. 27. 12. 1785 in Ansfelden, gest. 17. 9. 1826 in Hörsching), heiratete am 10. 5. 1802 den Schulmeister Joseph

Pruckhenhof (Bruckhof, heute Haglerhof) bei Oed, Niederösterreich

Grabtafel von Bruckners Vater in Ansfelden

→ Weiß (geb. 27. 9. 1772 und gest. 8. 9. 1850 in Hörsching), und Anton sen.

Vater Anton Bruckner sen., geb. 11. 6. 1791 und gest. 7. 6. 1837 in Ansfelden Nr. 29 an »Lungensucht und Auszehrung«. Nach dem Besuch des Gymnasiums und der Präparandie in → Linz wurde er 1808 Schulgehilfe beim Vater, in dieser Funktion 1814 offiziell angestellt und im Herbst 1822 Schulmeister als unmittelbarer Nachfolger des Vaters. Nach einem erfolglosen Heiratsantrag an die Ansfeldener Wundarztstochter Julie Hartung (1802-1860) mit Brief vom 20. 6. 1823 bildete die Eheschließung mit Theresia Helm am 30. 9. 1823 in Ansfelden die Grundlage für einen eigenen Hausstand. Die wirtschaftliche Voraussetzung verschaffte das Wirken als Lehrer, Kirchenmusiker, Mesner und Amtmann. Er muß ein guter Lehrer gewesen sein, denn bei der Inspektion durch den Linzer Bischof gab es anerkennende Worte. Nur zeitweise hatte er zur Unterstützung einen Schulgehilfen. Sein Leben verlief in den für seinen Beruf üblichen Bahnen, jedoch war in späteren Jahren sein Leben von Krankheit und in Zusammenhang damit von finanziellen Sorgen überschattet.

Die mütterliche Linie: Die Großeltern Johann Ferdinand Helm (geb. 29. 5. 1769 in Sierninghofen, gest. 17. 7. 1816 in Neuzeug 1, jeweils Pfarre → Sierning, Bezirk Steyr-Land) und Anna Maria geb. Mayrhofer (geb. 6. 5. 1773 und gest. 26. 4. 1811 in Neuzeug 1) verfügten über reichen Besitz an Äckern, Wiesen, Wald, weiters über die Messerer- und Verlegergerechtigkeit sowie eine Gastwirtschaft. Ferdinand war auch Amtsverwalter der Herrschaft Gschwendt in → Neuzeug. Bereits beim Tod von Anna Maria (1811) wurde ein hoher Schuldenstand sichtbar, so daß nur ein bescheidener Betrag als Reinvermögen übrigblieb. Mit der neuen Heirat des Vaters (1811) kam für die Kinder eine Stiefmutter ins Haus, die nach dem Tod ihres Mannes abermals heiratete (1821), so daß das Helm-Haus in fremde Hände gelangte. Die Helm-Kinder suchten auswärts ihr Aus- und Weiterkommen.

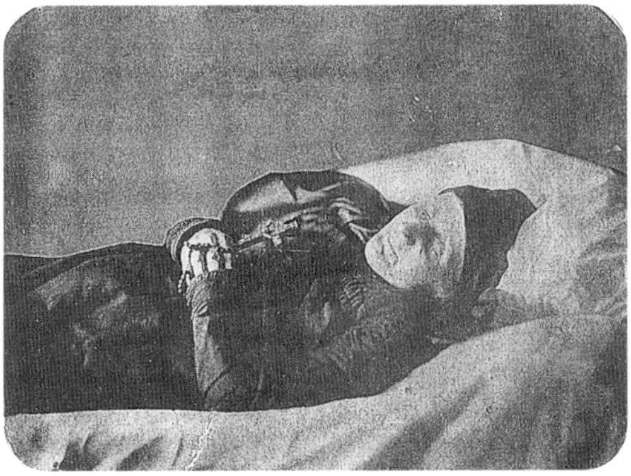

Bruckners Mutter auf dem Totenbett

Bruckners Mutter, Theresia Helm, geb. 6. 4. 1801 in Neuzeug Nr. 1 (heute Theresia Helm-Straße 28), gest. 11. 11. 1860 in Ebelsberg Nr. 70 (heute Kremsmünsterer Straße 2) an Tuberkulose. Von ihrem Lebenslauf ließen sich folgende Stationen feststellen: 1817 im Pfarrhof zu → Wolfern (Bezirk: Steyr-Land), 1820 als Wirtschafterin im Hause des verwitweten Onkels Josef Helm, 1822 wieder im Pfarrhof zu Wolfern, wo ihre Tante Rosalia Mayrhofer (1770-1847) als Wirtschafterin tätig war. Hier lernte sie – der Überlieferung nach – den Ansfeldener Lehrerssohn Anton Bruckner sen. kennen; am 30. 9. 1823 fand die Hochzeit statt, der Heiratsvertrag datiert mit 18. 10. 1823. Der Ehe entsprossen in Ansfelden elf Kinder, von denen nur fünf überlebten:

Anton jun., getauft auf Joseph Anton, geb. 4. 9. 1824, gest. 11. 10. 1896 in Wien.

Rosalia, »Sali« genannt, geb. 17. 2. 1829, gest. 5. 5. 1898 in Vöcklabruck, Vorstadt Nr. 127 (heute Graben 15a), heiratete am 16. 1. 1855 in → Vöcklabruck den »bürgerlichen Gärtnermeister« (Stadtgärtner) Johann Nepomuk → Hueber (geb. 12. 2. 1827 und gest. 5. 2. 1913 in Vöcklabruck). Miterbin nach ihrem Bruder Anton. Ihre Familie, deren Nachkommen die Gärtnerei ununterbrochen bis heute führen, besuchte Bruder Anton oft.

Josefa, geb. 13. 3. 1830, gest. 3. 7. 1874 in St. Florian, Markt Nr. 27 (heute Wiener Straße 23), heiratete am 7. 3. 1859 in Ebelsberg den Witwer Georg Wagenbrenner (geb. ca. 1825, gest. 14. 1. 1873 in Ebelsberg), der als »Fabriksarbeiter« wahrscheinlich in einem Textilbetrieb des Raumes Kleinmünchen-Ebelsberg (heute Linzer Stadtteile) tätig war. Sie starb an »Lungensucht« und hinterließ keine Nachkommen.

Familiengrab in St. Florian

Ignaz, geb. 28. 7. 1833, gest. 4. 1. 1913 im Stift St. Florian, wo er schon früh eine Heimstätte als Gärtner, dann als Kalkant (Blasebalgtreter) fand und schließlich als Pensionist lebte. Ignaz Bruckner war Miterbe nach seinem Bruder Anton. Er ließ 1901 für die Marienkapelle der → St. Florianer Stiftskirche von der Firma Mauracher eine Orgel errichten und veranlaßte im selben Jahr, daß seine Schwester Josefa Wagenbrenner und die in Wien verstorbene Maria Anna im St. Florianer Friedhof eine gemeinsame Ruhestätte bekamen. Auch er wurde in diesem Grab bestattet.

Maria Anna, »Nani« genannt, geb. 27. 6. 1836, gest. 16. 1. 1870 in Wien, war kränklich, führte seit 1866 dem Bruder Anton zunächst in Linz,

Maria Anna Bruckner

dann in → Wien bis zu ihrem Tod den Haushalt. Todesursache: Lungentuberkulose.

Mutter Theresia Bruckner zog bald nach dem Begräbnis ihres Mannes (9. 6. 1837) mit den Kindern und der blinden Schwägerin nach Ebelsberg, wo sie bis zu ihrem Tod lebte. Ihr Name ist verewigt in Neuzeug durch die Bezeichnung der Straße, die zu ihrem Geburtshaus führt (Theresia Helm-Straße), und durch die 1984 geweihte neue Orgel in der Pfarrkirche Sierninghofen-Neuzeug (Theresia Bruckner-Orgel); in Ebelsberg durch das Grab auf dem Ortsfriedhof.

Die Beziehungen Bruckners zu seinen vielen Verwandten und die Anteilnahme an ihrem Schicksal waren ohne Zweifel umfassender und enger, als überliefert ist. Väterlicherseits: Der Tod seines Cousins und Firmpaten Johann Baptist → Weiß in → Hörsching ging ihm sehr nahe. Mütterlicherseits: Betroffen machte ihn der plötzliche Tod seines Cousins Franz X. Zachhuber (geb. 29. 11. 1819 in Sierning, gest. 21. 1. 1854 in Windischgarsten), der in ganz jungen Jahren Vater Bruckner im Schuldienst unterstützte, 1837 die Linzer Präparandie absolvierte und Lehrer in → Kirchdorf und Windischgarsten war. Vertreten durch den Steyrer Regens chori Franz → Bayer, übernahm Bruckner die Taufpatenstelle bei einem Sohn des Bäckermeisterehepaares Eduard und Aloisia Zachhuber in → Wolfern, der am 10. 4. 1896 auf den Namen Anton v. Padua getauft wurde. FZ

Lit.: Göll.-A. 1, S. 49-118; Ernst Schwanzara, A. Bruckners Stamm und Urheimat, in: Göll.-A. 4/4, S. 135-222; Othmar Wessely, Beiträge zur Familiengeschichte A. Bruckners, in: Jahrbuch des Oberösterreichischen Musealvereines 100. Linz 1955; Heinz Schöny, Neues zu A. Bruckners Vorfahren, ebenda 108. Linz 1963; Gerhard Hartmann, Ergänzungen zur Ahnenliste A. Bruckners, ebenda 124/1. Linz 1979; Franz Zamazal, Ein Beitrag zur Familiengeschichte, in: Bruckner-Jahrbuch 1982/83; ders., Drei Generationen Lehrer, in: Staat – Kirche – Schule in Oberösterreich, hier S. 208-213; Josef Fuchshuber, Ansfelden einst und jetzt 1. Ansfelden [1989], S. 335-344, 454.

Brucknerbund für Oberösterreich

Anläßlich der Enthüllung einer Gedenktafel für Bruckner im Arkadenhof der → Universität Wien regte August → Göllerich am 12. 2. 1912 die Gründung einer großen, die ganze Welt umspannenden Bruckner-Gesellschaft an. Der Ausbruch des Ersten Weltkrieges sowie der Tod Göllerichs im Jahre 1923 verhinderten die Realisierung des Projekts. Max → Auers Aufruf zur Rettung der Chrismann-Orgel im Stift → St. Florian fand weltweites Echo. Ein Ausschuß wurde gebildet und der Brucknerbund für Oberösterreich gegründet, dessen konstituierende Sitzung am 18. 4. 1926 in → Linz stattfand. Vorrangiges Ziel war zunächst, die Mittel zur Restaurierung der Orgel aufzubringen, was mit Hilfe von Konzerten auch gelang. Im März 1938 mußte der Brucknerbund seine Tätigkeit einstellen, 1945 wurde er wieder zum Leben erweckt. Viele Jahre war Toni Hofer (1903-1979) Präsident, neue Ortsgruppen wurden gegründet. Die Ziele des Brucknerbundes waren und sind es auch heute noch, Bruckners Werk bekannt zu machen, seine Gedenkstätten zu pflegen und in den Ortsgruppen, in kleineren Städten, seine Werke aufzuführen. Heute gibt es Ortsgruppen in → Ansfelden, Attnang-Puchheim, → Bad Ischl, Ried im Innkreis, St. Florian, Schärding, → Vöckla-

bruck, → Windhaag, → Wels sowie die sehr aktive Ortsgruppe in Gmunden. Seit 1981 ist Hermann Bell Präsident des Brucknerbundes.
Als Vereinsorgane erschienen 1949-1951 und seit 1971 »Brucknerland. Mitteilungen des Brucknerbundes für Oberösterreich und seine Ortsgruppen«, ab 1959 »Mitteilungen des Brucknerbundes Linz« und 1957-1970 »Brucknerbund für Oberösterreich«. AH

Lit.: Fritz Rauch, 25 Jahre Brucknerbund 1927-1952. Linz 1952; Erwin Steininger, Der Brucknerbund für Oberösterreich. Sein Werden und Wirken, in: A. Bruckner und Linz. Ausstellungskatalog. Linz 1964; Toni Hofer, Kulturelle Aufgaben des Brucknerbundes, in: In Ehrfurcht vor den Manen eines Großen. Zum 75. Todestag A. Bruckners. Linz 1971; ders., Der Brucknerbund für Oberösterreich, in: Österreichische Musikzeitschrift 29 (1974); 25 Jahre Brucknerbund Bad Ischl. Bad Ischl 1973; 25 Jahre Brucknerbund Gmunden 1954-1979. Festschrift. Hrsg. Hermann Zappe. Gmunden [1979]; 30 Jahre Brucknerbund Gmunden 1954-1984. Hrsg. Hermann Zappe. Gmunden [1984]; Andrea Harrandt, Der Brucknerbund für Oberösterreich und die Internationale Bruckner-Gesellschaft. Ihre Geschichte und Ziele, in: Bruckner-Symposion Leipzig 1987.

Brucknerchor Linz
1945 in Linz als Nachfolgeinstitution des 1938 zwangsweise aufgelösten Vereines »Christlich-deutscher Gesangverein – Brucknerchor« gegründet. Er widmet sich der Aufführung großer Chor-Orchester-Werke (der Anteil der Bruckner-Werke umfaßt rund 15 Prozent des Gesamtrepertoires) in Konzertsaal und Kirche speziell in Oberösterreich und dem angrenzenden Ausland. – 1945-1965 stand der Chor unter der künstlerischen Leitung Ludwig Daxspergers (geb. 1902), der auch schon den Christlich-deutschen Gesangverein geleitet hatte. 1965-1993 führte ihn Johann Krebs (geb. 1933); gegenwärtig leitet Kurt Dlouhy (geb. 1949) die Chorvereinigung. EM

Lit.: Franz Zamazal, 50 Jahre Brucknerchor in Linz, in: IBG. Studien & Berichte. Mitteilungsblatt 45, Dezember 1995.

Bruckner-Feste und andere -Veranstaltungen
In dieser Liste sind Bruckner-Feste und -Veranstaltungen angeführt, die sich durch ein ausführliches Programmheft, das Ort und besonderen Anlaß anzeigt, dokumentieren lassen. Anlässe waren zumeist Gedenkjahre wie 100., 150. Geburtstag, 10., 25., 40., 50. Todestag des Komponisten, Organisatoren waren Brucknerbünde und ihre Ortsgruppen sowie die → Internationale Bruckner-Gesellschaft und einzelne Städte, die Feste mit Bruckners Symphonien oder seiner Kirchenmusik gestalteten. Anfänglich wirkten bei diesen Gelegenheiten Bruckners Freunde und Schüler mit, die sich um eine werkgetreue Wiedergabe seiner Kompositionen und um deren Verbreitung bemühten. Oft waren diese Gedenkjahre auch Anlaß für → Ausstellungen. Der Wiederkehr des 100. Todestages Bruckners 1996 wird ebenfalls mit Festen, Feiern und Ausstellungen gedacht.

Aachen 1934 4. Brucknerfest der IBG
Aussig und Leitmeritz 1936 Sudetendeutsche Bruckner-Festtage
Baden-Baden 1931 2. Badisches Brucknerfest
Basel 1952 11. Internationales Bruckner-Fest
Bayreuth 1994 A.-Bruckner-Tage Bayreuth (800 Jahre Bayreuth)
– 1996 2. A.-Bruckner-Tage Bayreuth
Bern 1955 13. Internationales Bruckner-Fest
Bochum 1921 Bruckner-Tage
Budapest 1984 Österreichisch-Ungarisches Bruckner-Symposion
Dortmund 1921 Bruckner-Fest
– 1933 2. Westfälisches Bruckner-Fest
Freiburg/Br. 1935 5. Bruckner-Fest der IBG
Gelsenkirchen 1924 Bruckner-Fest
Hamburg 1938 1. Hamburger Bruckner-Fest
Karlsruhe 1929 1. Badisches Bruckner-Fest
– 1962 Bruckner-Reger-Tage
Klosterneuburg 1924 Bruckner-Fest
Krefeld 1920 Bruckner-Fest
Leipzig 1924 Bruckner- und Strauss-Feiern
– 1931 Bruckner-Feier
– 1936 1. Leipziger Bruckner-Fest
– 1940 2. Leipziger Bruckner-Fest
– 1987 V. Internationales Gewandhaus-Symposium: A. Bruckner – Leben. Werk. Interpretation. Rezeption. Anläßlich der Gewandhaus-Festtage 1987
Leitmeritz 1930 Bruckner-Fest
Linz (und Umgebung) 1898 Bruckner-Fest
– 1902 Bruckner-Festkonzert der Bruckner-Stiftung/Bruckner-Feier
– 1921 Bruckner-Gedenkfeier
– 1929 Bruckner-Fest
– 1931 Bruckner-Feier
– 1932 Oberösterreichisches Bruckner-Fest (Linz, St. Florian)
– 1935 Internationales Bruckner-Fest (Linz, St. Florian)
– 1936 2. Oberösterreichisches Bruckner-Fest (Linz, St. Florian, Steyr)
– 1937 Donau-Festwoche (mit Bruckner-Fest in Linz, St. Florian, Steyr)
– 1938 (Ankündigung) 1. Internationales Bruckner-Vierjahr-Fest (Linz, St. Florian)

– 1939 1. Großdeutsches Bruckner-Fest (Linz, St. Florian, Wien)
– 1941 Bruckner-Festtage (St. Florian, Linz)
– 1946 Bruckner-Festtage in Oberösterreich
– 1949 Bruckner-Festtage (Linz, St. Florian, Wels, Steyr)
– 1950 Bach-Bruckner-Fest
– 1952 10. Internationales Bruckner-Fest (Linz, St. Florian, Steyr)
– 1955 Bruckner-Tage in Oberösterreich
– 1961 Bruckner-Festtage (Linz, St. Florian)
– seit 1974 jährlich im September: Internationales Brucknerfest Linz (im → Brucknerhaus), mit Bruckner-Symposien 1977, seit 1980 jährlich
Limburg 1996 Bruckner-Fest
London 1965 Londoner Bruckner-Festival
– 1996 Bruckner-Zyklus
Mannheim 1934 3. Bruckner-Fest der IBG
– 1938 Deutsches Bruckner-Fest
München 1905 Münchner Bruckner-Fest
– 1920 Bruckner-Fest
– 1930 1. Internationales Bruckner-Fest
– 1933 2. Bruckner-Fest der IBG
– 1954 12. Internationales Bruckner-Fest
Münster 1930 1. Westfälisches Bruckner-Fest
Neheim 1938 Bruckner-Fest
Ortlfing 1937 Bruckner-Gedächtnisfeier
Ottobeuren 1960 Internationales Bruckner-Fest
– 1995 Internationale Brucknertage
Paris 1953 Festival Bruckner
Pforzheim 1934 4. Badisches Bruckner-Fest
Prag 1936 Bruckner-Feiern
Regensburg 1937 8. Bruckner-Fest der IBG
Rom 1937 Bruckner-Feier
– 1956 Bruckner-Feier
– 1986 Bruckner-Symposion »A. Bruckner e la musica sacra«
Saarbrücken 1924 Bruckner-Jahrhundertfeier
Salzburg 1933 Fest-Tagung
Schwäbisch Hall 1990 Stuttgarter Philharmoniker in Schwäbisch Hall: A. Bruckner. Konzerte und Ausstellung
Stockholm 1996 Bruckner-Fest
Stuttgart 1921 Bruckner-Fest
– 1936 Gedenkfeiern
Tübingen 1928 Bruckner-Fest
Vöcklabruck 1924 Bruckner-Fest
Weimar 1931 Bruckner-Fest
Wien 1910 Bruckner-Zyklus
– 1919 Bruckner-Fest
– 1924 Bruckner-Feier
– 1932 Bruckner-Fest(tagung)
– 1936 7. Internationales Bruckner-Fest
– 1946 Wiener Bruckner-Fest
– 1956 Festakt
– 1974 Bruckner-Feiern und Ausstellung in der → Österreichischen Nationalbibliothek
– 1996 Bruckner-Tage Wien – St. Florian
Würzburg 1993 Würzburger Bruckner-Fest
– 1996 2. Würzburger Bruckner-Fest
Zürich 1936 6. Internationales Bruckner-Fest

RG

Lit.: Bruckner-Bibliographie, Gruppe 28 (Feste und Aufführungen) sowie S. 258 f.

Bruckner-Filme

Schon seit der frühen Stummfilmzeit wurden die Lebens-, Liebes- und Leidensschicksale österreichischer Komponisten im Kinofilm abgehandelt. Besonders bevorzugt waren aufgrund ihrer exzessiven Lebensweise natürlich Mozart, Beethoven und Schubert. Der → »Musikant Gottes« Bruckner schien dafür zu bescheiden, zu wenig skandalös. Daher finden wir die → Persönlichkeit Bruckners erst in Filmen nach 1945 dargestellt, seine Musik hingegen wurde – um Österreichisches zu manifestieren – schon früher in Spielfilmen umgesetzt. Wenn es sich um den österreichischen Film handelt, ist immer der Name Willi Forst dabei: 1936 drehte er in Eigenproduktion den Film »Burgtheater« mit Werner Krauß; in diesem Film erklang nicht nur Peter Kreuders »Sag beim Abschied leise Servus«, sondern auch ein Verschnitt aus Symphonien von Bruckner in der Bearbeitung Peter Kreuders, was schon damals Kunstkenner negativ beurteilten.
1936 entstand auch »Der Spielmann Gottes« (Kopien im Österreichischen Filmmuseum in Wien-Laxenburg und in Kronstorf), eine sehr volkstümliche Auffassung, die in erster Linie Bruckners Heimatverwurzelung und die seiner Musik nachzeichnet.
Luchino Visconti wählte als akustisches Leitmotiv für seinen Film »Senso« (1954), der in der Zeit des italienischen Freiheitskampfes spielt, Musik von Bruckner und Giuseppe Verdi – in der großen Auseinandersetzung zwischen der verfallenden Monarchie und dem erstarkenden Italien.
Der österreichische Kulturfilm der fünfziger und sechziger Jahre, noch vor zehn Jahren abschreckendes Beispiel für konservative Kunstförderung und heute oft zitiertes Spiegelbild einer Zeit im Umbruch, wagte sich oftmals an Bruckner heran – der Komponist als Spender von Begleitmusik für Österreich-Werbung: »St.

Florian – geistige Heimat A. Bruckners« (1956), »Österreich in Dur und Moll« (1961). 1974 enstand der Dokumentarfilm »A. Bruckner. 1824-1896« (1974, wissenschaftlich betreut von Franz Grasberger). Zum 150. Geburtstag präsentierte auch Heinz Conrad Fischer 1974 seinen abendfüllenden Kinofilm »Das Leben A. Bruckners«, einen Dokumentarfilm über Leben und Werk des Komponisten. Fischer produzierte auch gleichartige Filme über Mozart und Beethoven. Im Bruckner-Film war Musik unter den → Dirigenten Eugen Jochum, Rudolf Kempe, Rafael Kubelik, Karl Böhm und Wilhelm Jerger zu hören.
Der englische Regisseur Ken Russell beschäftigte sich seit den sechziger Jahren mit international bekannten Komponisten: mit Debussy, → Mahler, → Liszt, → Wagner – und 1990 auch mit Bruckner unter dem Titel »Strange Affliction of Anton Bruckner« (deutscher Titel »Die seltsamen Heimsuchungen des Anton Bruckner«). Russell sucht in seinen Komponistenporträts nach den Wurzeln des Schöpferischen im Abnormen, im Krankhaften. So auch bei Bruckner: der Selbstmordkandidat landet in einer Heilanstalt (→ Bad Kreuzen, wo Bruckner ja tatsächlich behandelt wurde, liegt hier allerdings »verfremdet« in englischer Landschaft). Bruckners Genesung nach dieser Krise erforscht der Regisseur ebenso wie die Seele des Komponisten und seine außergewöhnliche Musik.
Die Landesbildstelle Oberösterreich hat 1994 einen kurzen Schulfilm für den Unterrichtsgebrauch, »Anton Bruckner«, hergestellt (Reinhard Strauch/Wolfgang Frey, Wien).
1995 drehte Jan Schmidt-Garre den Spielfilm »Bruckners Entscheidung« (Pars Media, München), der wieder die Bad Kreuzener Zeit, diesmal aus der Sicht eines anderen Kurgastes, schildert. Es handelt sich eigentlich um einen verfilmten Briefwechsel zwischen diesem Kurgast und seiner Verlobten. Das Paar entscheidet sich zur Ehe, Bruckner für eine Laufbahn als Komponist.
Für das Österreichische Fernsehen (ORF) lieferte Wolfgang Winkler 1996 ein »Österreich-Bild spezial«, das die Lebensstationen Bruckners und die Vermarktung von Person und Werk zum Inhalt hat.
Eine beeindruckende Leistung eines begeisterten Laien stellt der ca. vierstündige Dokumentarfilm des Wiener Dermatologen Walter Glass »Anton Bruckner. Unsterbliche Musik« dar (Kopie u. a. im → Anton Bruckner Institut Linz). Der Autor hat über dreißig Jahre Material gesammelt und verarbeitet, u. a. auch eine Filmaufnahme von Bruckners → Schüler Carl Führich. WF

Bruckner-Gesellschaften
Auf Anregung Max → Auers, der »eine große Organisation zur Zusammenfassung aller Brucknerfreunde der ganzen Kulturwelt« schaffen wollte, wurde 1926 der → Brucknerbund für Oberösterreich gegründet, dem am 9. 10. 1927 die → Internationale Bruckner-Gesellschaft (IBG) folgte, deren erster Vorsitzender Auer wurde. Als Dachgesellschaft umfaßte sie alle damals bestehenden Brucknerverbände (bereits 1912 war in Wien ein Brucknerbund gegründet worden). 1929 erfolgte die Konstituierung der IBG in Wien, der Brucknerbund für Oberösterreich trat als mitgliederstärkste Sektion bei. Präsident der IBG ist – in Nachfolge von Prälat Leopold Hager – seit 1971 Horst Haschek, der auch der → Gesellschaft der Musikfreunde in Wien vorsteht.
Bald wurden zahlreiche Sektionen bzw. Ortsgruppen der IBG gegründet: Badischer Bruckner-Bund in → Karlsruhe (Fritz → Grüninger); Berliner Bruckner-Vereinigung (Felix Maria Gatz); Dresdner Brucknervereinigung (ostsächsische Ortsgruppe) unter Arthur Neuberg (1935-1945); Westfälischer Brucknerbund in Münster/Westfalen; Württembergischer Brucknerbund (Karl → Grunsky) und die Ortsgruppe München (Siegmund von → Hausegger). Weiters gab es eine Deutsche Bruckner-Gemeinde zur Pflege geistlicher Musik e. V. (Alfred Zehelein) und eine Leipziger Bruckner-Gemeinde. Eugen Jochum war Präsident der deutschen Sektion der IBG. Weitere Vereinigungen bestanden u. a. in Augsburg, → Karlsbad, → Prag sowie seit 1926 in Wien und Niederösterreich.
1926 gründeten Ernst → Kurth und Gustav Renker in Bern einen Brucknerbund und Fritz Gysi in Zürich eine Bruckner-Vereinigung. 1931 entstand die Bruckner Society of America (Gabriel Engel und Robert G. Grey), die sich die Förderung der Werke Bruckners und Mahlers zum Ziel gesetzt hatte; vor allem Martin Dumler, Jack Diether und Charles L. Eble machten sich verdient. 1932 erschien erstmals die Zeitschrift »Chord and Discord«, Ehrenmitglied war Arturo Toscanini. Derzeit ruht die Gesellschaft. In den USA sind nur die Bruckner Society of America, Western Region (California), und die California Friends of Bruckner aktiv. 1934 wurde die

Nederlandsche Brucknervereeniging Amsterdam als Sektion der IBG gegründet. In Malmö befindet sich der Sitz der Schwedischen Bruckner-Gesellschaft.

Auch in den romanischen Ländern entstanden Bruckner-Vereinigungen. 1956 wurde auf Anregung von Edward D. R. Neill eine Associazione Italiana »Anton Bruckner« in Genua gegründet, die auch eine Sektion in Rom hat. In Anerkennung für ihren Einsatz um die Verbreitung und das Durchsetzen von Bruckners Werken in Italien wurden einige Dirigenten zu Ehrenmitgliedern der Gesellschaft ernannt. Ausgangspunkt für die frankophonen Länder war 1957 die Gründung der Société française »Anton Bruckner« durch Paul-Gilbert Langevin in Paris. Auch diese Gesellschaft ruht zur Zeit, soll aber wiederbelebt werden. 1972 wurde dann der heute noch bestehende »Cercle des Amis d'Anton Bruckner« von Marc Kremer in Luxembourg gegründet. Zur selben Zeit entstand eine Société musicale belge »Anton Bruckner« durch Christian Bronchain in Brüssel. Weiters existierte eine Bruckner-Gesellschaft in der französischen Schweiz, der Claude Desclouds in Thônex (Genève) vorstand.

Eine Japanische Bruckner-Gesellschaft wurde 1978 in Osaka gegründet. Präsident ist Takashi Asahina, Dirigent des Philharmonischen Orchesters Osaka. In Singapur konstituierte sich 1996 eine Bruckner-Gesellschaft. In Südamerika machte sich vor allem Guillermo Knepler als Delegierter der IBG um die Werke Bruckners verdient. AH

Lit.: Die Bruckner-Bewegung nach dem Weltkrieg, in: Göll.-A. 4/4, S. 61-134; Leopold Nowak, 25 Jahre Internationale Bruckner-Gesellschaft, in: Österreichische Musikzeitschrift 8 (1953); Kohsuke Noguchi, Die Japanische Bruckner-Gesellschaft, Osaka, in: IBG-Mitteilungsblatt Nr. 15, Juni 1979; Edward Neill, 25 Jahre Italienische Bruckner-Gesellschaft, ebenda Nr. 20, Dezember 1981; Andrea Harrandt, Der Brucknerbund für Oberösterreich und die Internationale Bruckner-Gesellschaft. Ihre Geschichte und Ziele, in: Bruckner-Symposion Leipzig 1987.

Brucknerhaus Linz

Vom finnischen Architekten Heikki Siren geplantes, 1974 eröffnetes Konzerthaus, am rechten Donauufer gelegen. Leitung und Organisation der Veranstaltungen durch die LIVA (Linzer Veranstaltungsgesellschaft mbH). Großer (Bruckner-), Mittlerer (Stifter-) und Kleiner (Kepler-) Saal für Konzerte, Kongresse u. a. Jeweils im September Veranstaltung des → Internationalen Brucknerfestes, in dessen Rahmen seit 1980 alljährlich Bruckner-Symposien stattfinden, organisiert vom → Anton Bruckner Institut Linz, das im Brucknerhaus auch Arbeitsräume zur Verfügung hat.

Lit.: Brucknerhaus Linz. Festschrift zur Eröffnung des Brucknerhauses. Hrsg. Linzer Veranstaltungs-Ges.m.b.H. (LIVA). Gesamtleitung: Walter Knoglinger. Linz [1974]; 20 Jahre Brucknerhaus. Ein Lesebuch. Hrsg. Karl Gerbel. Linz 1994.

Bruckner-Konservatorium

Mit Unterstützung der Stände eröffnete der Stadtthurnermeister Franz Xaver Glöggl 1799 im Landhaus in → Linz eine Musikschule, die sich bis 1806 halten konnte. Die 1821 gegründete »Gesellschaft der Musikfreunde« (seit 1864 → Linzer Musikverein) richtete 1823 im Haus Altstadt 13 eine öffentliche Musikschule für Gesang und später auch für Orchesterinstrumente ein, an der u. a. Johann Baptist → Schiedermayr, Ludwig Paupié und Karl → Zappe unterrichteten. Max Brava, Adalbert → Schreyer und vor allem August → Göllerich trugen viel zum Erfolg dieser Institution bei. Wilhelm Jerger (1902-1978) erwarb sich als deren Direktor (ab 1958), aber auch als Dirigent, Musikwissenschaftler und Komponist große Verdienste um das Linzer Musikleben. Durch Schenkung des Großindustriellen Karl Franck wurde der Schule das Gebäude Waltherstraße 24 übereignet. Die Musikschule wurde 1932 staatlich anerkannt, hat seither den Rang eines Landeskonservatoriums und führt heute den Titel »Bruckner-Konservatorium«. Seit 1971 ist sie in einem Neubau in Linz-Urfahr untergebracht. AH

Lit.: Johannes Unfried, 130 Jahre Bruckner-Konservatorium, in: OÖ. Kulturbericht 1951, F. 18; Alfred Peschek, Das Bruckner-Konservatorium in Geschichte und Gegenwart, in: Musikerziehung 13 (1959/60); Erich Posch, Zur Geschichte des Bruckner-Konservatoriums 1823-1963, in: Musikerziehung 16 (1962/63); Wilhelm Jerger, Von der Musikvereinsschule zum Bruckner-Konservatorium. 1823-1963. Linz 1963; Wolfgang Sperner, Linz. Porträt einer Stadt. 2. erw. Aufl. Linz 1973, S. 42 und 44; Fritz Mayrhofer-Willibald Katzinger, Geschichte der Stadt Linz II: Von der Aufklärung zur Gegenwart. Linz 1990.

Bruckner Orchester Linz

Die Geschichte des Bruckner Orchesters Linz begann eigentlich mit dem 1803 eröffneten Theatergebäude: Das Theaterorchester wurde nämlich fallweise auch zu Konzerten und zur Verstärkung von Liebhaberorchestern herangezogen. Ernsthafte Bestrebungen, das Theaterorchester zu einem Konzertorchester heranzubilden, gab es erst seit den fünfziger Jahren unseres Jahrhunderts. Im Jänner 1967 wurde das Orche-

ster des Landestheaters Linz aus dem Theaterbetrieb herausgelöst, als eigene kulturelle Institution des Landes Oberösterreich konstituiert und offiziell als Bruckner Orchester Linz bezeichnet. Zu den ständigen Orchesterleitern zählten Ludwig Daxsperger, Ludwig Leschetitzky, Siegfried Meik, Alexander Paulmüller, Kurt Wöss und Peter Lacovich. Nach Theodor Guschlbauer und Manfred Mayrhofer ist heute Martin Sieghart Chefdirigent des Orchesters, das dem Musiktheater und auch dem Konzertleben dient. Das drittgrößte Orchester Österreichs umfaßt derzeit 110 Mitglieder und macht sich auch durch Auslandstourneen und CD-Einspielungen (z. B. sämtlicher Orchesterwerke Bruckners unter der Leitung von Kurt Eichhorn, Theodor Guschlbauer und Martin Sieghart) einen Namen.
Vier Solostreicher des Orchesters gründeten 1986 das »Brucknerquartett«, das seit seinem Debüt im Jahre 1987 eine rege internationale Konzerttätigkeit entwickelt hat. AH

Lit.: Kurt Wöss, Das Brucknerorchester, in: Brucknerhaus Linz. Linz 1974; Kurt Pömer, Das Bruckner-Orchester auf dem Weg in die Zukunft, in: Oberösterreich-Kulturzeitschrift 24 (1974) H. 4; Hanns Kreczi, Bruckner Orchester Linz und Brucknerhaus (A. Bruckner. Dokumente & Studien 9). Wien 1992.

Brucknerring

Der Brucknerring der Wiener Symphoniker wird allen Orchestermitgliedern, die 25 Jahre dem Orchester angehören, sowie verdienten Persönlichkeiten aus Politik und Kultur verliehen. Die Idee dieser höchsten Auszeichnung, die das Orchester zu vergeben hat, stammt wahrscheinlich vom ehemaligen Solocellisten Lucian Horowitz. Erster Träger des Ringes war Volkmar Andreae (1925), unter den weiteren Musikern sind folgende zu finden: Karl Böhm, Carlo Maria Giulini, Eugen Jochum, Oswald Kabasta, Herbert von Karajan, Lovro von Matačić, Wolfgang Sawallisch, Robert Stolz, Richard Strauss und zuletzt Georges Prêtre (1990). AH

Lit.: Wolfgang Kühn, Der Brucknerring der Wiener Symphoniker, in: Bruckner-Jahrbuch 1989/90 (mit einer Liste aller Träger).

Bruckner-Zeitschriften

Mit der Gründung von → Bruckner-Gesellschaften wurden auch neue Publikationsorgane ins Leben gerufen, die u. a. der Wissensvermittlung von Forschungsergebnissen wie auch der Information über die diversen Aktivitäten dieser Organisationen für den Komponisten dienen sollten.

Bruckner-Blätter. Mitteilungen der → Internationalen Bruckner-Gesellschaft (IBG). Wien 1929-1942
Brucknerland. Mitteilungen des → Brucknerbundes für Oberösterreich und seiner Ortsgruppen. Linz 1949-1951 und seit 1971
Das Bundesblatt. Mitteilungen des Badischen Bruckner-Bundes. Karlsruhe 1933-1938
Chord and Discord. Official Journal of the Bruckner Society of America 1932-1969
Dresdner Bruckner-Blätter. Hrsg. im Auftrag des Vorstands der Dresdner Bruckner-Vereinigung. Dresden 1937-1943
IBG. Mitteilungsblatt. Wien seit 1971 (bis 1996 46 Hefte), seit Nr. 40: *Studien & Berichte*
Mededeelingen van de Nederlandsche Bruckner-Vereeniging Amsterdam. Amsterdam-Hilversum 1935-1937
Mitteilungen des Brucknerbundes Linz. Linz 1957-1970
Mitteilungen des Württembergischen Brucknerbundes. Stuttgart 1926-?
Organon. Zeitschrift für geistliche Musik. Organ der Deutschen Bruckner-Gemeinde zur Pflege geistlicher Musik. München 1924-1934
Andere Musikzeitschriften gaben – durchwegs zu Bruckner-Jubiläen – Sonderhefte heraus (Auswahl):
L'approdo musicale, Turin; Bruckner-Heft: 1967
Bruckner-Bund. Jahrbuch. Wien 1922
Bruckner-Festbuch. Im Auftrag des Bayreuther Bundes. Hrsg. Karl Grunsky. Stuttgart 1921
Bruckner-Festschrift 1974. Kronstorfer Gemeinde-Zeitung. Sonderausgabe
Der Chorwächter, Einsiedeln; Bruckner-Heft: 36 (1936) H. 6
Monatshefte für katholische Kirchenmusik, Regensburg; Bruckner-Hefte: 6 (1924) H. 6, 7
Musica sacra. Cäcilien-Verbands-Organ, Regensburg; Bruckner-Heft: 94 (1974) Nr. 4
Die Musik, Berlin; Bruckner-Heft: 6 (1906/07) H. 1
Österreichische Musik- und Theaterzeitung, Wien; Bruckner-Heft: 8 (1895/96) Nr. 6/7
Österreichische Musikzeitschrift, Wien; Bruckner-Hefte: 1 (1946) H. 9, 29 (1974) H. 9, 51 (1996) H. 1 (auch in englischer Übersetzung). AH

Lit.: Bruckner-Bibliographie (Gruppe 6).

Brummstimmen

Brummstimmen (Bouche fermée) oder Summstimmen (humming voices) bedeuten, laut Rie-

mann, »Gesang ohne Worte und mit geschlossenem Mund, so daß der Ton brummend durch die Nase kommt«. Bruckner verwendet in einigen seiner Chöre diese satztechnische Eigenart zur Schilderung von Naturstimmen: *Abendzauber, Das hohe Lied, Ständchen, Träumen und Wachen, Um Mitternacht* WAB 89 und 90. Auch Zeitgenossen wie Anton M. → Storch (»Nächtlicher Gruß«) und Richard → Wagner (»Fliegender Holländer«) verwendeten dieses Stilmittel.
AH

Lit.: Hugo Riemann, Musik-Lexikon. 6. Aufl. Leipzig 1905, S. 180; Riemann Musiklexikon. Sachteil. Mainz 1967, S. 125; The New Grove 3, S. 94.

Brünn (Brno)

Hauptstadt des Südmährischen Kreises, am Zusammenfluß der Schwarzawa und der Zittawa gelegen. Seit 1243 königliche Stadt, entwickelte sich Brünn zur führenden Stadt Mährens. Seit dem 18. Jahrhundert etablierte sich ein Konzertwesen (1817 Brünner Musikverein, 1848 Brünner Männergesangverein, 1860 Beseda brneská). 1869: 74 000, heute: ca. 400 000 Einwohner.
Nach seiner Tätigkeit als erster Kapellmeister am Landständischen Theater in → Linz war Bruckners Lehrer Otto → Kitzler seit 1863 Theaterkapellmeister, seit 1871 Direktor des Musikvereins und Chormeister des Männergesangvereins in Brünn. Mit seinem Schüler stand er seit der gemeinsamen Zeit in Linz im Briefwechsel. Als Freund Bruckners setzte er sich für dessen Werke ein und führte am 13. 4. 1888 das *Te Deum,* am 21. 4. 1893 die *Vierte* und am 25. 3. 1896 die *Zweite Symphonie* in Brünn auf. Ob Bruckner Kitzler in Brünn besucht hat, ist nicht bekannt.
Das seit 1902 bestehende Orchester der Brünner Philharmoniker brachte unter seinem Dirigenten August Emanuel Veit noch vor 1914 fast alle Bruckner-Symphonien zur Aufführung. RG

Lit.: Göll.-A. 3/1, passim; Otto Kitzler, Musikalische Erinnerungen mit Briefen von Wagner, Brahms, Bruckner und Richard Pohl. Brünn 1904; Jitka Brabcová, Zur Brucknerbewegung in der Tschechoslowakei der dreißiger Jahre, in: Bruckner-Symposion 1991, S. 179.

Brunner, Franz

Geb. 19. 9. 1856 in Oberhaid, Bezirk Hohenfurth, Böhmen, gest. 5. 2. 1941 in Linz. Lehrer, Schriftsteller, Verfasser der ersten umfassenderen Bruckner- → Biographie. Der Berufsweg führte über die Lehrerbildungsanstalt Budweis (Matura 1874) als Lehrer nach Hohenfurth, Kaplitz, weiters ca. 1880-1889 als Oberlehrer nach St. Oswald bei Freistadt, Oberösterreich, und seit Herbst 1889 nach Linz an die Lehrerbildungsanstalt als Übungsschullehrer, Lehrer für Musikfächer und Hauptlehrer für Schulpraxis. Pensionierung 1919.
Frühzeitiges Interesse an Leben und Werk Bruckners veranlaßte ihn, vom Dienstort St. Oswald aus Nachforschungen über Bruckner in → Windhaag bei Freistadt durch Befragen von Zeitzeugen anzustellen (ca. 1880). Er sammelte auch alle sich auf Bruckner beziehenden seinerzeit greifbaren biographischen Materialien sowie Erinnerungen von Zeitgenossen und besuchte seit etwa 1880 → Linzer Konzerte mit Werken Bruckners. Als Mitarbeiter August → Göllerichs fanden seine Forschungen Eingang in dessen Werk »A. Bruckner. Ein Lebens- und Schaffensbild«, insbesondere in Band 1. Seine eigene Bruckner-Biographie, erschienen anläßlich der Enthüllung der Gedenktafel in → Ansfelden (12. 5. 1895), verarbeitete die bis dahin hauptsächlich in Zeitungen gedruckte Literatur sowie Mitteilungen von Gewährsleuten und wurde vielfach von anderen Autoren als Quelle verwendet. FZ

Werke: Dr. A. Bruckner. Ein Lebensbild. Hrsg. Oberösterreichischer Volksbildungsverein. Linz 1895, 43 S. Unveränderter Nachdruck. Graz 1974; Der Linzer Musikverein in den Jahren 1821-1901. Zu dessen 80. Wiegenfeste im Auftrage der Vereinsleitung abgefaßt. Linz 1901, 92 S.; Mitherausgeber mehrerer Lehrbücher für den Gesangsunterricht an Schulen; Verfasser vor allem von zahlreichen pädagogischen, aber auch musikhistorischen Beiträgen sowie von Besprechungen neuerschienener Musikalien und Musikbücher.

Budapest

Hauptstadt der Republik Ungarn (bis 1918 Residenzstadt des österreichischen Kaisers als König von Ungarn in Österreich-Ungarn), beiderseits der Donau gelegen; Wirtschafts- und kultureller Mittelpunkt des Landes. 1872 wurde das am linken Ufer der Donau gelegene Pest (seit 1848 Hauptstadt) mit Buda (Ofen, seit dem 14. Jahrhundert königliche Residenz) vereinigt. 1853 Gründung der Philharmonischen Gesellschaft durch Ferenc Erkel, 1875 Gründung der Musikakademie. 1869: 270 000, 1994: 2 Mio. Einwohner.
Bruckner reiste im August 1865 von → Linz aus mit einer Abordnung der → Liedertafel »Frohsinn« zur Uraufführung von Franz → Liszts Oratorium »Die Legende von der hl. Elisabeth«, die der Komponist am 15. 8. im 1859-1865 im byzantinisch-maurisch-gotischen Stil erbauten Redoutensaal (»Vigadó«) selbst dirigierte, nach

Pest. Es kam bei dieser Gelegenheit zu einer flüchtigen Bekanntschaft zwischen beiden Komponisten. Ob Bruckner außerdem noch einmal in Budapest war, ist nicht bekannt; allerdings gab es später noch Kontakte mit Künstlern aus dieser Stadt, z. B. Johannes Lohr aus Pest, Bruckners Konkurrent beim Orgelspiel in der → Londoner Royal Albert Hall; der Dirigent Anton Seidl, der sich in New York für Bruckners Symphonien einsetzte, war gebürtiger Budapester, und 1886 traf Bruckner auf dem Bahnhof in → Bayreuth nach Liszts Begräbnis mit dem Pester Musikverleger Nandor Taborsky zusammen.
Schon 1873 bestand der Plan, Bruckners *Dritte Symphonie* unter Hans → Richter in Budapest aufzuführen, was jedoch aus finanziellen Gründen nicht geschah. In den achtziger Jahren fehlte wieder das Geld, als Bruckners *Sechste Symphonie* in Budapest aufs Programm gesetzt werden sollte: Bruckner war nicht in der Lage, eine Abschrift seines Manuskripts zu bezahlen. Am 4. 4. 1887 erklang dann jedoch seine *Siebente Symphonie* unter der Leitung von Alexander Erkel. Der »Pester Lloyd« (5. 4.) berichtete über das eindrucksvolle Konzert, bei dem Bruckner nicht anwesend war, genauso wenig wie am 18. 12. 1895, als Ferdinand → Löwe die *Fünfte Symphonie* in Budapest erstaufführte (s. a. → Rezeption/Ungarn). RG

Lit.: Göll.-A. 4/1-2, passim; Nowak 1973, S. 194, 230, 232.

Bülow, Hans Guido (Freiherr von)
Geb. 8. 1. 1830 in Dresden, gest. 12. 2. 1894 in Kairo. Pianist, Dirigent und Komponist (Klavierstücke, Lieder, Orchesterballade »Des Sängers Fluch« op. 16, Orchesterfantasie »Nirwana« op. 20). In seiner Jugend fanatischer Vorkämpfer der → Neudeutschen Schule (Franz → Liszt, Richard → Wagner), seit Mitte der 1870er Jahre Anhänger und Propagator der Musik von Johannes → Brahms. 1855-1864 Klavierlehrer und (gelegentlich) Dirigent in → Berlin, 1864-1869 durch Initiative Richard Wagners in → München (seit 1867 Hofkapellmeister; Uraufführungen: 10. 6. 1865 »Tristan und Isolde«, 21. 6. 1868 »Die Meistersinger von Nürnberg«). 1869/70 Auflösung der Ehe mit Cosima Liszt, Übersiedlung nach Italien (bis 1872) und Reisetätigkeit als Pianist. 1877-1879 Hofkapellmeister in Hannover, 1880-1885 Hofmusikintendant in Meiningen (umfangreiche Konzertreisetätigkeit mit der durch Bülow berühmt gewordenen Meininger Kapelle), seit 1886 (mit ständigem Wohnsitz in → Hamburg ab

Hans von Bülow. Schattenbild von Otto Böhler, um 1900

1887) Leitung der Hamburger Abonnementskonzerte und seit 1887 zusätzlich der Berliner Philharmonischen Konzerte (nach dem März 1892 wegen Erkrankung nur noch sporadisch) und in dieser Position der wohl bedeutendste und einflußreichste deutsche Dirigent seiner Zeit.
Bruckner begegnete Bülow im Mai und im Juni 1865 in München, wo er die dritte »Tristan«-Aufführung (19. 6.) besuchte und Bülow die beiden bis dahin fertigen Sätze seiner *Ersten Symphonie* zeigte, über deren »Originalität und Kühnheit« Bülow sich nach Bruckners Zeugnis (Brief vom 1. 10. 1876 an Wilhelm → Tappert) sehr positiv äußerte. Bülow vermittelte damals auch die erste Begegnung mit Richard Wagner. 1868 (Brief vom 20. 6.) bat Bruckner den inzwischen zum Hofkapellmeister ernannten Bülow um Hilfe bei der Vermittlung einer eventuellen Anstellung als »Hof o[der] Vize-Hofkapellmeister« in München. Bülows Antwort ist nicht bekannt. Nur einmal trat Bülow öffentlich im Zusammenhang mit Werken Bruckners auf (allerdings war er in diesem Falle nicht für die Programmzusammenstellung verantwortlich): als Solist in Beethovens 4. Klavierkonzert op. 58 in dem Konzert der Wiener Philharmoniker unter Hans → Richter (20. 2. 1881), in dem die

zweite Fassung von Bruckners *Vierter Symphonie* zur Erstaufführung kam (einen weiteren Programmpunkt bildete Bülows Orchesterballade op. 16). Bruckner hat Bülow als Dirigenten zeitlebens außerordentlich geschätzt; der Besuch der Wiener Konzerte der Meininger Kapelle im Spätherbst 1884 war für ihn eine Selbstverständlichkeit.

Seit den 1880er Jahren sind Bülows Urteile über Bruckner scharf negativ. Das Bonmot, Bruckner sei »halb Genie, halb Trottel«, ist nur durch Dritte (z. B. durch Lina Ramann) überliefert worden; aber briefliche Äußerungen Bülows bezeugen seine Ablehnung »des musikalischen resp. antimusikalischen Blödsinns des Querkopfs Bruckner« (13. 2. 1887 an Wilhelm → Zinne) unmißverständlich. Durch eine improvisierte Ansprache Bülows im Wiener Tonkünstlerverein in Gegenwart von Brahms (2. 2. 1887) fühlte sich Bruckner besonders verletzt (Brief an Hans von → Wolzogen vom 23. 2. 1887). Bruckners häufig geäußerter Verdacht, Bülow hintertreibe in seinem Einflußbereich Bruckner-Aufführungen nach Kräften, ist freilich dokumentarisch nicht zu erhärten. Nach der Aufführung des *Te Deum* am 31. 5. 1891 in Berlin durch Siegfried → Ochs schlug Bülows Ablehnung zu Bruckners großer Genugtuung – allerdings nur bezogen auf dieses einzige Werk – in Anerkennung um. HJH

Lit.: Auer, Briefe, S. 97 f., 217, 394; Marie von Bülow, H. v. Bülow in Leben und Wort. Stuttgart 1925; H. v. Bülow, Neue Briefe. Hrsg. Richard Graf Du Moulin Eckart. München 1927, S. 112; ders., Die Briefe an Johannes Brahms. Hrsg. Hans-Joachim Hinrichsen. Tutzing 1994 (Briefe Nr. 22, 41, 48, 51); Lina Ramann, Lisztiana. Mainz 1983, S. 337.

Burghausen

Stadt in Oberbayern, an der Salzach gelegen, mit der längsten (1 034 m) Burganlage Europas und erhaltenem alten Stadtkern. Um 1875: 3 100, 1995: 16 700 Einwohner.

Auf der Rückfahrt von → Salzburg, wo er am 9. 9. 1856 im Dom die Orgel gespielt hatte, kam Bruckner nach Burghausen, um auch dort die neu installierte, mit 20 Registern bestückte Orgel des Münchner Orgelbauers Frosch in der Pfarrkirche St. Jakob kennenzulernen. Sein Spiel und das Instrument beeindruckten die Zuhörer, wie das »Österreichische Bürgerblatt« (14. 9. 1856) berichtet: »Das gediegene Werk bildet eine Zierde der Kirche und gereicht in Bezug auf Schönheit und Kraft des Tones dem Meister zur Ehre.« Die heutige Orgel stammt von Michael Weise, Plattling, aus dem Jahr 1948. RG

Burgstaller, Johann Baptist

Geb. 3. 10. 1840 in Neukirchen a. d. Vöckla, Oberösterreich, gest. 15. 5. 1925 in Linz. Der Sohn eines Volksschuloberlehrers besuchte das Gymnasium der Jesuiten auf dem Freinberg in Linz (1852-1859) und trat hierauf in das Priesterseminar ein (Priesterweihe 26. 7. 1863). Er wirkte als Kooperator in Gampern (1863-1872), wurde dann Dom- und Chorvikar im → Alten Dom (1872-1886) und Chordirigent der von Bischof → Rudigier an der Votivkapelle des → Neuen Domes errichteten Sängerkapelle (1872-1909). Im 1875 konstituierten Oberösterreichischen Cäcilienverein (OÖCV, → Cäcilianismus) übte Burgstaller verschiedene Funktionen aus (1884-1892 Obmann). Als Vermittler im Richtungsstreit zwischen Allgemeinem Deutschen Cäcilienverein (ACV) und Österreichischem Cäcilienverein (ÖCV) verfaßte er 1885 eine »Friedenserklärung«, die in der »Zeitschrift für katholische Kirchenmusik« erscheinen sollte, was der Herausgeber Johann Ev. Habert jedoch ablehnte. 1880-1911 war Burgstaller auch Lehrer des Choralgesangs am Priesterseminar. Zur weiteren Ausbildung im Choral hielt er sich 1890/91 in Rom auf. 1892 Ehrenkanonikus von Mattsee. 1905 Mitglied, 1909 Obmann der Diözesankommission für Kirchenmusik. Das Amt des Chordirektors legte er 1909 zurück; darauf wurde ihm der Ehrentitel »Geistlicher Direktor des Domchores« verliehen.

Burgstaller schrieb zahlreiche Kompositionen für den Kirchenchor und hatte gute Kontakte zu Habert, dessen Werke er häufig aufführte und der ihm seine »Litanei in A-Dur« widmete. Auch die Beziehungen zu Bruckner, den er als den »berühmtesten Organisten seiner Zeit« und »den berühmtesten Meister der Töne« bezeichnete, müssen zunächst eng gewesen sein. Er leitete u. a. 1869 die Uraufführung des Graduale *Locus iste*. Bruckner komponierte auf Anregung Burgstallers die Antiphon *Tota pulchra es*, aufgeführt 1878 beim 25-Jahr-Jubiläum der Bischofsweihe des Widmungsträgers Franz Joseph Rudigier. Auf Ersuchen Burgstallers entstand auch das Responsorium *Ecce sacerdos* 1885 für die 100-Jahr-Feier der Diözese Linz, das aber ebensowenig wie das für denselben Anlaß komponierte, »zu schwierige« Graduale *Virga Jesse* bei den Feierlichkeiten aufgeführt wurde. Bruckner widmete ihm im selben Jahr auch sein schon 1861 komponiertes *Afferentur*. In einer für den Nachfolger Rudigiers, Ernest Maria → Müller (Bischof 1885-1888), zusammengestellten Liste aufzuführender Kirchenmusikwerke hatte der »Cäcilianer« Burgstaller allerdings – zum Mißvergnügen des Bischofs – neben den Vertretern der Wiener Klassik u. a. auch Bruckner nicht erwähnt. RZ

Lit.: Konrad Meindl, Leben und Wirken des Bischofes Franz Joseph Rudigier von Linz 2. Linz 1892, S. 629 f., 632; Lambert Guppenberger, Bibliographia Cleri Dioeceseos Linciensis. Linz 1893, S. 17-21 (mit Werkverzeichnis); Alois Hartl, Joh. Ev. Habert – Organist in Gmunden. Wien 1900; ders., Ein oberösterreichischer Veteran der Kirchenmusik. J. B. Burgstaller †, in: Musica Divina 13 (1925); Ferdinand Krackowizer – Franz Berger, Biographisches Lexikon des Landes Oesterreich ob der Enns. Passau-Linz 1931, S. 35; Göll.-A. 3/1, S. 590 f., 605; A. R[iegl], Ehrenkanonikus J. B. Burgstaller †, in: Linzer Volksblatt 17. 5. 1925; J[osef] N. Moser, Joh. Ev. Habert 1833-1896. Gmunden 1976, S. 32, 34, 38, 92; Ein Bericht des Linzer Domkapellmeisters J. B. Burgstaller über A. Bruckner [1909]. Hrsg. Rudolf Zinnhobler, in: Neues Archiv für die Geschichte der Diözese Linz 4 (1985/86). – Quelle: Diözesanarchiv Linz, Pers-A/2, Sch. 9, Fasz. B/138.

C

Cäcilianismus
Jeder Kirchenmusiker in der Mitte des 19. Jahrhunderts sah sich mit der Erscheinung des Cäcilianismus konfrontiert, einer sich in der Namensgebung auf die hl. Cäcilia, die Patronin der Musik, beziehenden kirchenmusikalischen Reformbewegung, die etwa um 1820 einsetzte und durch die Konstituierung des »Allgemeinen Deutschen Cäcilienvereins« 1868 auch organisatorisch wirksam wurde. Der Cäcilianismus erstrebte eine Erneuerung der Liturgie in Abkehr von der anthropozentrischen Theologie der Aufklärung. Dies sollte unter anderem durch die Erneuerung der Kirchenmusik erzielt werden. Manche Richtungen innerhalb des Cäcilianismus lehnten die Orchestermesse der Wiener Klassik ebenso kategorisch ab wie den spätromantisch-neudeutschen Kompositionsstil. Trotz seiner »puristischen« Ausrichtung war der Cäcilianismus insgesamt jedoch eine typisch romantische Erscheinung und entsprach der Begeisterung des 19. Jahrhunderts für das Mittelalter, die sich in der Musik in einer erneuerten Hochschätzung für den Gregorianischen Choral und die alte Vokalpolyphonie ausdrückte.
Der österreichische Musikschriftsteller und Kritiker Ferdinand Peter Graf Laurencin d'Armond (1819-1890) bemühte sich in seinem Buch »Zur Geschichte der Kirchenmusik bei den Italienern und Deutschen« (Leipzig 1856) mit Erfolg darum, die Kirchenmusik seiner Zeit weniger von außen zu beurteilen als nach dem Geist, in dem sie geschrieben wurde. Als mustergültiges kirchenmusikalisches Werk galt ihm z. B. → Beethovens »Missa solemnis«. Dieser theoretischen Beurteilung entsprach in der Praxis das Bemühen des Gmundner Stadtpfarrorganisten, Regens chori und Komponisten Johann Evangelist Habert (1833-1896), der 1871 den »Österreichischen Cäcilien-Verein« gründete.
Haberts und Laurencins Widerpart in Deutschland war der Priester, Chorallehrer und Komponist Franz Xaver Witt (1834-1888), der Gründer des »Allgemeinen Deutschen Cäcilien-Vereines«, der die Rettung der Kirchenmusik in einem totalen Bruch mit der Tradition und einem Neubeginn aus dem Geist der Gregorianik und der Werke Palestrinas erhoffte.
Für Bruckner stellte sich das Problem nicht in der ganzen Schärfe, da die Wiener → Hofmusikkapelle in ungebrochener Tradition die Musik der alten Meister, insbesondere Palestrinas, pflegte. In seinen eigenen Kirchenwerken setzte Bruckner archaisierende Elemente (Gregorianik, Palestrinastil) als bewußte Ausdrucksmittel ein und konnte dem Geschmack von »cäcilianischen« Auftraggebern (wie z. B. Johann Baptist → Burgstaller) durchaus entgegenkommen, ohne sich jedoch künstlerisch einengen zu lassen. Berühmt ist Bruckners Ausspruch zum Prager Erzbischof Kardinal Franz (de Paula) Graf Schönborn im Atelier Viktor → Tilgners, über den Carl → Almeroth berichtet: »Dann wurde natürlich von Musik gesprochen und selbstverständlich auch von Kirchenmusik. Als nun der Fürsterzbischof von den Bestrebungen der Cäcilianer sprach und derselben lobend erwähnte, fing Bruckner auf seinem Drehstuhl an unruhig zu werden, endlich konnte er sich nicht mehr halten und sagte ganz aufgeregt: ›Eminenz, Palästrina a la bonheur! Das is 'was, aber die Cäcilianer, die san nix! nix! nix!‹ – Die Cäcilianer fanden nämlich Bruckner's Kirchen-Musik zu frei, und das konnte er mit Recht nicht überwinden« (»Wie die Bruckner-Büste entstand«. Nachdruck Wien 1979, S. 10 f.). EM

Cherubini, (Maria) Luigi (Carlo Zenobio Salvatore)
Geb. 8. 9. 1760 in Florenz, gest. 15. 3. 1842 in Paris. Schüler von Giuseppe Sarti in Venedig, wandte sich 1788 nach Paris, wo er, nur durch Reisen unterbrochen, bis zu seinem Tode verblieb. Im 19. Jahrhundert galt Cherubini nicht weniger als bedeutender Opernkomponist denn als Kirchenkomponist. Seine Kirchenwerke fanden rasche Verbreitung, nicht zuletzt auch durch Drucklegung der Partituren; besonders in Wien hatten seine Messen einen festen Platz im Repertoire.
Schon in → St. Florian stieß Bruckner erstmals auf Cherubinis Kirchenwerke, ganz besonders aber als Hoforganist in → Wien war er mit dessen Musik regelmäßig konfrontiert: jährlich war Cherubinis große Messe in d-Moll auf dem Programm der → Hofmusikkapelle (wenngleich

stark gekürzt), auch das Requiem in c-Moll und verschiedene kleinere Werken kehrten im Repertoire der → Hofburgkapelle wieder. Zur Messe notierte sich Bruckner übrigens in seinem → Taschen-Notizkalender sehr lakonisch: »Composition schrecklich!!! Aufführung!!!« – Stilistisch hat Bruckner mit dem Spätklassiker Cherubini bei aller Verschiedenheit der Tonsprache in der → Kirchenmusik eine feste Formgebundenheit (→ Form) gemeinsam. LMK

Lit.: Notice des Manuscrits Autographes de la musique composée par M. L. C. Z. S. Cherubini. Paris 1845; Leopold M. Kantner, La musica sacra nella Francia postrivoluzionaria, in: Speciale Amadeus, Cherubini: Il Requiem. Mailand 1996.

Chormusik
– Geistliche Chormusik

In die Tradition der geistlichen Chormusik wuchs Bruckner kontinuierlich hinein. Schon in seiner Kindheit und Jugend in → Ansfelden und → Hörsching lernte er das kirchenmusikalische Repertoire seiner Zeit kennen (→ Tradition). Durch die Praxis als Sängerknabe im Stift → St. Florian übte er sich im Gregorianischen Choral, während seiner Studien an der Präparandie in → Linz nahm er an den Aufführungen unter der Leitung Johann August → Dürrnbergers in der Minoritenkirche teil.

Durch die Koppelung des Schul- und Kirchendienstes erscheint es also nur als natürlich, daß Bruckners zweite eigene Komposition (abgesehen von den in ihrer Echtheit umstrittenen → *Präludien* für Orgel WAB 127 und 128, dem Johann Baptist → Weiß zuzuschreibenden *»Domine, ad adjuvandum me festina«* und der für Altstimme geschriebenen »Windhaager« *Messe in C-Dur*) eine Messe für vierstimmigen gemischten Chor a cappella, die sogenannte »Kronstorfer Messe« (*Messe ohne Gloria in d-Moll*, → Kronstorf) war.

Bruckners geistliche Chormusik umspannt, bis hin zu der als letztes geistliches Chorwerk 1892 entstandenen Motette *Vexilla regis*, somit ein halbes Jahrhundert künstlerischen Wachstums und gleichzeitig die verschiedensten Gattungen und Stilrichtungen. So finden sich darunter Werke, die dem Typus der sogenannten Landmesse zuzuordnen sind (»Windhaager« *Messe in C-Dur*, »Kronstorfer« *Messe ohne Gloria in d-Moll*) ebenso wie die Orchestermesse in Nachfolge der Wiener Klassik (*Missa solemnis, Messen in d-Moll* und *f-Moll*), a cappella-Motetten (*Ave Maria* WAB 6) ebenso wie instrumental begleitete Kantaten (*Festkantate*), Choralharmonisierungen (*Veni Creator Spiritus*) ebenso wie große orchesterbegleitete Hymnen (*Te Deum*) und Psalmen.

Chronologie der geistlichen Chorwerke

Diese Übersicht gibt jeweils das Jahr an, in dem die betreffende Komposition begonnen wurde. Bei Werken, insbesondere jenen aus der Jugend Bruckners, deren Entstehungsjahr nicht genau feststeht, wurde das jeweils plausiblere Jahr gewählt.

1835-37 *Pange lingua* WAB 31, 4st. gem. Chor a cap.

1843 *2 Asperges* WAB 3 (zwischen 1843 und 1845; Nr. 2 spätestens September 1845), 4st. gem. Chor und Orgel; *Libera me* WAB 21, 4st. gem. Chor und Orgel; *Asperges* WAB 4, 4st. gem. Chor a cap. (oder 1868?); *Missa pro Quadragesima*, 4st. gem. Chor, Orgel und Pos.; *Tantum ergo* (*Pange lingua*) WAB 32, 4st. gem. Chor a cap.

1844 *Litanei* (verschollen), 4st. gem. Chor und Blechbläser; *Messe für den Gründonnerstag* (*Christus factus est* WAB 9), 4st. gem. Chor a cap.; *Messe ohne Gloria in d-Moll* (»Kronstorfer Messe«), 4st. gem. Chor a cap.; *Salve Maria/Regina* (verschollen); *»Dir, Herr, dir will ich mich ergeben«*, 4st. gem. Chor a cap.

1845 *Herz Jesu-Lied*, 4st. gem. Chor und Orgel; *Requiem* WAB 133, 4st. Männerchor und Orgel

1846 *Messe in Es-Dur (nur Kyrie)*, 4st. gem. Chor, 2 Ob., 3 Pos. und Orgel; *4 Tantum ergo* WAB 41, 4st. gem. Chor a cap.

1848 *»In jener letzten der Nächte«*, 4st. gem. Chor a cap.

1849 *Tantum ergo* WAB 43, 4st. gem. Chor und Orgel; *Requiem* WAB 39, Soli, 4st. gem. Chor, Orchester und Orgel

1851 *Entsagen*, Sopran- (Tenor-)Solo, 4st. gem. Chor und Orgel oder Klavier

1852 *Psalm 22*, 4st. gem. Chor und Klavier; *Psalm 114*, 5st. gem. Chor und 3 Pos.; *Totenlied Nr. 1* und *2*, 4st. gem. Chor a cap.; *Magnificat*, Soli, 4st. gem. Chor, Orchester und Orgel

1854 *Tantum ergo* WAB 44, 4st. gem. Chor, 2 Vl., 2 Trp. und Orgel; *Libera me* WAB 22, 5st. gem. Chor, 3 Pos., Vc., Kb. und Orgel; *Vor Arneths Grab*, 4st. Männerchor, 3 Posaunen; *Missa solemnis*, Soli, 4st. gem. Chor, Orchester und Orgel

1855 *Festgesang*, 4st. gem. Chor, Sopran-, Tenor- und Baß-Solo und Klavier
1856 *Ave Maria* WAB 5, 4st. gem. Chor mit Sopran- und Alt-Solo, Vc. und Orgel
1858 *Psalm 146*, Soli, 4st. gem. Doppelchor und großes Orchester
1861 *Am Grabe*, 4st. Männerchor a cap.; *Ave Maria* (WAB 6), 7st. gem. Chor a cap.; *Afferentur*, 4st. gem. Chor, 3 Pos. und Orgel (ad libitum)
1862 *Festkantate*, 4st. Männerchor, Männer-Soloquartett, Baß-Solo, Blasorchester und Pk.
1863 *Psalm 112*, 8st. gem. Doppelchor und großes Orchester
1864 *Messe in d-Moll*, Soli, 4st. gem. Chor, Orchester und Orgel
1865 *Trauungs-Chor*, 4st. Männerchor mit Solo-Quartett und Orgel
1866 *Messe in e-Moll*, 8st. gem. Chor und Bläser
1867 *Messe in f-Moll*, Soli, 4st. gem. Chor, Orchester und Orgel
1868 *In S. Angelum Custodem*, 4st. gem. Chor a cap.; *Pange lingua et Tantum ergo* WAB 33, 4st. gem. Chor a cap.; *Inveni David* WAB 19, 4st. Männerchor und 4 Pos.
1869 *Locus iste*, 4st. gem. Chor a cap.
1873 *Christus factus est* WAB 10, 8st. gem. Chor, Str. und 3 Pos.
1875 *Requiem* WAB 141 (Fragment; Besetzung unbekannt)
1878 *»Tota pulchra es«*, Tenor-Solo, 4st. gem. Chor und Orgel; *Zur Vermählungsfeier*, 4st. Männerchor a cap.
1879 *Os justi*, 4-8st. gem. Chor a cap.; *Inveni David* WAB 20, Singstimmen unisono (Choral) und Orgel
1881 *Te Deum*, Soli, 4st. gem. Chor, Orchester und Orgel (ad libitum)
1882 *Ave Maria* WAB 7, Altstimme und Klavier, Orgel oder Harmonium
1884 *Veni Creator Spiritus*, Singstimmen unisono (Choral) und Orgel; *Christus factus est* WAB 11, 4st. gem. Chor a cap.; *»Salvum fac populum tuum«*, 4st. gem. Chor a cap.
1885 *Ecce sacerdos*, 8st. gem. Chor, 3 Pos. und Orgel; *Virga Jesse*, 4st. gem. Chor a cap.
1886 *Ave Regina*, Singstimmen unisono und Orgel
1892 *Psalm 150*, Sopran-Solo, 4st. gem. Chor und großes Orchester; *Vexilla regis*, 4st. gem. Chor a cap. EM

Lit.: Bruckner-Bibliographie, Gruppe 15a (»Geistliche Vokalmusik, allgemein«) sowie bei den einzelnen Werken.

– Weltliche Chormusik

Mit dem Chorwesen seiner Zeit kam Bruckner schon in → St. Florian in Berührung, hauptsächlich war er damit jedoch in seinen Linzer Jahren verbunden. Im Gesamtschaffen Bruckners nehmen die Kompositionen für Männer- bzw. gemischten Chor und die → Lieder nur einen relativ kleinen, eher unbedeutenden Rang ein. Es handelt sich dabei zumeist um kleinere Gelegenheitskompositionen oder Auftragswerke aus der Frühzeit und Stücke für verschiedene Männergesangvereine. Das Leben in der Linzer Gesellschaft forderte immer wieder Beiträge auch von Bruckner. So entstanden Grab- und Hochzeitsgesänge sowie Sängermotti.
Während seiner Tätigkeit als Archivar der → Liedertafel »Frohsinn« in → Linz konnte Bruckner seine Kenntnisse und Erfahrungen auf dem Chorgebiet wesentlich erweitern und vertiefen. Die Durchsicht des Repertoires des »Frohsinn« und des → Männergesang-Vereins »Sängerbund«, der zweiten bedeutenden Linzer Chorvereinigung, in deren Veranstaltungen Bruckner öfters mitwirkte, ergab eine deutliche thematische Systematisierung der Chöre: 1. Vaterlandslieder, 2. Naturlieder und 3. Liebeslieder. – Vor allem die erste Gruppe der sogenannten Vaterlandslieder war im Repertoire sehr stark vertreten, was allein aus der politischen Situation der fünfziger und sechziger Jahre des vorigen Jahrhunderts zu erklären ist. Auch bestimmte politische Anlässe förderten die Entstehung von nationalen Liedern. Gerade die Vaterlandslieder konnten beim Publikum wegen ihrer brisanten politischen Bedeutung große Erfolge erzielen. – Die zweite große Gruppe, zu der auch Bruckner seinen Beitrag geleistet hat, sind die sogenannten Naturlieder, die im Repertoire der Linzer Gesangvereine sehr stark vertreten waren. Gerade hier kamen spezielle Kompositionstechniken, wie → Brummstimmen und jodlerartige Wendungen für die Schilderungen von Naturszenerien, zum Einsatz. – Bruckners Kompositionen dieser Genres sind durchaus dem Zeitstil verhaftet, oft wurde auch der Einfluß → Mendelssohns vermutet.

Chronologie der weltlichen Chorwerke
(mit Ausnahme der Kompositionsübungen im → Kitzler-Studienbuch)

1843 *An dem Feste,* 4st. Männerchor a cap.; *Festlied,* 4st. Männerchor a cap.; *Tafellied,* 4st. Männerchor a cap.

1845 *Das Lied vom deutschen Vaterland,* 4st. Männerchor a cap.; *Vergißmeinnicht,* 8st. gem. Chor, 4 Solostimmen und Klavier
1846 *Ständchen,* Männerquartett mit Brummstimmen und Tenor-Solo a cap.
1847 *Der Lehrerstand,* 4st. Männerchor a cap.
1848 *Sternschnuppen,* Männerquartett a cap.
1851 *Das edle Herz* WAB 65, 4st. Männerchor a cap.; *Die Geburt,* 4st. Männerchor a cap.; *2 Sängersprüche* WAB 83, 4st. Männerchor a cap.
1852 *»Heil, Vater! Dir zum hohen Feste«* WAB 61, Sopran, Alt, 2 Tenöre und 2 Bässe mit 3 Hr., 2 Trp. und B.-Pos.
1854 *»Laßt Jubeltöne laut erklingen«,* 4st. Männerchor und Bläser
1855 *»Auf, Brüder! auf, und die Saiten zur Hand!«* WAB 60, Männer-Soloquartett, 4st. Männerchor, 4st. gem. Chor und Bläser; *»Des Dankes Wort sei mir vergönnt«,* 5st. Männerchor mit Tenor- und Baß-Solo a cap.
1861 *»Du bist wie eine Blume«,* gem. Vokalquartett a cap.; *Das edle Herz* WAB 66, 4st. gem. Chor a cap.
1861/62 *Der Abendhimmel* WAB 55, Männerquartett a cap.
1863 *Germanenzug,* 4st. Männerchor und Bläser
1864 *Herbstlied,* 4st. Männerchor, 2 Sopran-Soli und Klavier; *Um Mitternacht* WAB 89, 4st. Männerchor, Alt-Solo und Klavier
1866 *Der Abendhimmel* WAB 56, 4st. Männerchor a cap.; *Vaterländisches Weinlied,* 4st. Männerchor a cap.; *Vaterlandslied,* 4st. Männerchor mit Tenor- und Bariton-Solo a cap.
1868 *2 Wahlsprüche* WAB 95, 4st. gem. Chor / 4st. Männerchor a cap.
1869 *Mitternacht,* 4st. Männerchor, Tenorsolo und Klavier
1876 *Das hohe Lied,* 4-8st. Männerchor (teilweise Brummchor) und Soli a cap.
1877 *Nachruf,* 4st. Männerchor und Orgel; *Trösterin Musik,* 4st. Männerchor und Orgel
1878 *Abendzauber,* 4st. Männerchor, Tenorbariton-Solo, 3 Fern-Frauenstimmen und 4 Hr.
1882 *Sängerbund,* 4st. Männerchor a cap.; *Volkslied,* 4st. Männerchor a cap.
1886 *Um Mitternacht* WAB 90, 4st. Männerchor a cap. mit Tenor-Solo
1890 *Träumen und Wachen,* 4st. Männerchor mit Tenor-Solo a cap.
1892 *Das deutsche Lied,* 4st. Männerchor und Blechbläser
1893 *Helgoland,* 4st. Männerchor, Bläser, Pk., Becken und Str. AH

Lit.: Chronik der Liedertafel »Frohsinn« in Linz ... 17. 3. 1845 bis Ende März 1870. Hrsg. Vereins-Ausschuss. Linz 1870; Bericht des Männer-Gesangvereines »Sängerbund« in Linz über seine Thätigkeit ... 28. 9. 187 bis 27. 9. 1882. Linz 1882; Chronik der Liedertafel »Frohsinn« in Linz über den 50jährigen Bestand vom 17. 3. 1845 bis anfangs März 1895. Hrsg. Karl Kerschbaum. Linz 1895; Theodor Helm, A. Bruckner als Männerchor-Componist, in: Festblätter zum 6. deutschen Sängerbundesfeste in Graz 1902. Graz 1902; Josef Jernek, Der österreichische Männergesang im 19. Jahrhundert. Mschr. Diss. Wien 1937; Franz Burkhart, A. Bruckners weltliche Chorwerke, in: Lied und Chor 66 (1974); Theodore Albrecht, A. Bruckner and The Liedertafel Movement, in: American Choral Review (January 1980); Andrea Harrandt, Bruckner und das bürgerliche Musiziergut seiner Jugendzeit, in: Bruckner-Symposion 1987; dies., Bruckner and the Liedertafel Tradition: His Secular Music for Male voices, in: Choral Journal (in Vorbereitung).

Christiania (auch Kristiania; Oslo)
Heißt erst seit 1925 wieder – wie ursprünglich – offiziell Oslo. Seit 1814 Haupt- und Residenzstadt des Königreichs Norwegen, auch kulturelles Zentrum. 1891: 151 000, 1995: ca. 500 000 Einwohner.
Die erste Bruckner-Aufführung in den nordischen Ländern fand in Christiania statt, wo das *Te Deum* am 21. 2. 1891 in einem Konzert des »Musikforeningen« unter der Leitung von Iver Holter gespielt wurde – gut drei Monate vor der Präsentation dieses Werkes in → Berlin unter Siegfried → Ochs. Holter hatte der → Leipziger Uraufführung der *Siebenten Symphonie* im Dezember 1884 beigewohnt und kurz danach für die »Nordisk Musik-Tidende« in Christiania einen begeisterten Artikel über das Werk verfaßt. Zu der Aufführung des *Te Deum,* die in dem akustisch schlechten Zirkusgebäude des Vergnügungsparks »Tivoli« stattfand, verhielten sich sowohl die Zuhörer als auch die Kritik kühl. Es vergingen daher 19 Jahre, bis der »Musikforeningen« und Holter sich wieder mit Bruckner zu befassen wagten, diesmal mit der *Vierten Symphonie.* Vorher, im März 1903, hatte jedoch das Winderstein-Orchester aus Leipzig unter seinem Gründer Hans Winderstein bei einem Gastspiel die *Dritte* gespielt. – Erst nach Gründung des »Filharmonisk Selskaps Orkester« (1919) begann in Oslo für Brucknersche Werke eine regelmäßigere Aufführungstätigkeit. Zuständig dafür war anfänglich der finnische Dirigent Georg Schnéevoigt. Siehe auch → Rezeption/Skandinavien. BM

Lit.: Olav G. Myklebust, Te Deum i Circus. Bruckner-mottagelsen i Norge 1891, in: Kirke og Kultur 1991; Bo Marschner, 100 Jahre Bruckner-Rezeption in den nordischen Ländern, in: Bruckner-Symposion 1991.

3 Christus factus est (WAB 9-11) »Christus factus est pro nobis«
Bruckner hat dieses → Graduale aus der Gründonnerstagsliturgie (Text aus dem Philipper-Brief des hl. Paulus, 2,7 ff., mit der eindringlich komprimierten Formulierung des Heilsgeschehens) insgesamt dreimal vertont: das erste Mal (vermutlich 1844) als ersten Satz der (Choral-) *Messe für den Gründonnerstag* (WAB 9), die beiden anderen Male (um 1873, 1884) als selbständige Kompositionen.

– Christus factus est (WAB 9)
siehe *Messe für den Gründonnerstag*

– Christus factus est (WAB 10)
Graduale für achtstimmigen gemischten Chor, Streicher und 3 Posaunen in d-Moll, »Andante«
EZ: vor dem 8. 12. 1873 in → Wien
UA: 8. 12. 1873 in Wien (→ Hofburgkapelle)
Autographe: Partitur 1945 zerstört, Photographie und Skizze in ÖNB-MS; → St. Florian (Stimmen)
ED: Wien, Musikwissenschaftlicher Verlag 1934 (Ludwig Berberich)
NGA: Band XXI (Hans Bauernfeind und Leopold → Nowak, 1984) und Revisionsbericht

Diese Vertonung besteht gleichsam aus einer »erzählenden« Einleitung von Sopran und Alt im unisono (T. 1-12) und legt das Schwergewicht auf Erhöhung (Fugato, T. 13-19), Namensverleihung (T. 20-31) und Preisung (T. 31-61) des Namens Jesu Christi (höchste Klangentfaltung im *ff* mit auf acht Stimmen erweitertem Chor; sukzessiv geschichteter, vielleicht vom berühmten »Crucifixus« des Antonio Lotti beeinflußter Stimmeneinsatz bei »quod est super«).

– Christus factus est (WAB 11)
Graduale für vierstimmigen gemischten Chor a cappella in d-Moll, »Moderato misterioso«
EZ: 28. 5. 1884 in → Wien
W: Pater Oddo → Loidol
UA: 9. 11. 1884 in Wien (→ Hofburgkapelle)
Autographe: Partitur in Privatbesitz; Abschrift mit autographen Eintragungen im Stift → Kremsmünster und ÖNB-MS
ED: »Vier Graduale«. Wien, Theodor Rättig 1886 (zusammen mit *Locus iste*, *Os justi* und *Virga Jesse*)
NGA: Band XXI (Hans Bauernfeind und Leopold → Nowak, 1984) und Revisionsbericht

Der musikalische Aufbau dieser Vertonung stellt sich streng in den Dienst der Textausdeutung: Der erste Teil (T. 1-20) nennt in Kurzform Menschwerdung und gehorsam übernommenes Todesschicksal Jesu. Der zweite, wesentlich längere (T. 21-79) und durch eine (wohl die Stille des Todes andeutende) Generalpause abgesetzte Teil schildert die Erhöhung des »nomen, quod est super omne nomen«. Bruckner gestaltete die Motette mit einem Höchstmaß an musikalischer und theologischer Reflexion, deren besondere Intensität vielleicht auch von der kurz zuvor in → Prag (u. a. im Kloster Emmaus) miterlebten Kar- und Osterliturgie geprägt wurde. Alle musikalischen Elemente werden mit Symbolbedeutung eingesetzt: Intervalle (z. B. Prim bzw. kleine Sekund T. 1-4: Demut, Menschwerdung; Duodezimabstieg im Baß, T. 13-15: äußerste Erniedrigung im Kreuzestod), → Melodik (z. B. weitgespannter Bogen auf »super omne nomen« T. 47 f.), → Harmonik (z. B. Modulation von d-Moll nach Des-Dur am Schluß des ersten Teiles: Ankündigung der Erlösung durch das Kreuz), Dynamik (Menschwerdung und Passion: *p*, Erhöhung: Steigerung bis zum *fff*, Verstummen aller anderen Namen vor dem des Einen: *ppp*). Zusätzlich bedient sich Bruckner eines Repertoires traditioneller Topoi (z. B. absteigende Sequenz auf »obediens«) sowie einer von ihm häufig als »theologische Bekräftigung« verwendeten Formel (auf »exaltavit illum« T. 23 f., »super omne nomen« T. 37 f.). EM

Lit.: Erwin Horn, A. Bruckner. Geistliche Motetten: »Christus factus est«, in: Musica sacra 102 (1982); Imogen Fellinger, Die drei Fassungen des »Christus factus est« in Bruckners kirchenmusikalischem Schaffen, in: Bruckner-Symposion 1985 (hier werden die drei voneinander völlig unabhängigen Vertonungen allerdings etwas mißverständlich als »Fassungen« bezeichnet).

Chromatische Etüde (WAB deest)
Kompositionsübung für Klavier in F-Dur
EZ: Frühjahr 1862 in → Linz
Autograph: → Kitzler-Studienbuch S. 79 f.

Lit.: Hawkshaw, The Manuscript Sources.

Commenda, Familie
1) Hans Commenda sen., geb. 23. 12. 1853 und gest. 20. 4. 1939 in Linz. Bedeutender Zeitzeuge, »Naturhistoriker von Beruf wie Neigung«. Neben dem Beruf als Gymnasialprofessor, Bezirksschulinspektor und Direktor der Staatsoberrealschule in Linz entfaltete er umfangreiche außerschulische und wissenschaftliche Tätigkeiten als Vizepräsident des

Linzer Museums, als Autor vieler landeskundlicher und pädagogischer Beiträge und als Gründer des Stelzhamerbundes und Mitherausgeber der Sammlung ausgewählter oberösterreichischer Dialektdichtungen (»Aus dá Hoamát«).
Da Commenda seit 1882 Mitglied der → Liedertafel »Frohsinn« in → Linz und zeitweise mit leitenden Aufgaben betraut war, ergab sich ein direkter Kontakt zu Bruckner. Beim Bruckner-Festkonzert am 15. 4. 1886 kommandierte er zu Ehren Bruckners einen »feierlichen Salamander« (Toast). Seine persönlichen Erinnerungen an Bruckner hat sein Sohn Hans Commenda jun. in Publikationen einfließen lassen.

Lit.: Josef Schadler, H. Commenda †, in: Jahrbuch des Vereines für Landeskunde und Heimatpflege im Gau Oberdonau (früher Oberösterreichischer Musealverein) 88. Linz 1939.

2) Dr. Hans Commenda jun., geb. 5. 2. 1889 und gest. 25. 1. 1971 in Linz, Sohn von 1). Herausgeber von Bruckner-Anekdoten, bedeutender Volkskundler, Mittelschulprofessor, Direktor des Bundesrealgymnasiums Linz, Bundesstaatlicher Volksbildungsreferent für Oberösterreich (1945-1954). Die wissenschaftlichen Leistungen und vereinsmäßigen Aufgaben im Bereich Volkskunde, Volksbildung, Mundartforschung, Bibliothekswesen und insbesondere das Sammeln von Volksliedern und -tänzen führten zu sehr vielen Publikationen in Zeitungen und Zeitschriften, weiters zu Buchveröffentlichungen.
Die volkstümlich erzählten »Geschichten um Bruckner« schöpfen aus gedruckten Quellen und mündlich mitgeteilten Erzählungen von Bruckner-Zeitgenossen, darunter auch von seinem Vater. Seine umfangreiche Linzer Stadtvolkskunde hat mit ihrer konsequenten kulturhistorischen, soziologischen und volkskundlichen Schauweise wesentliche Elemente des stadteigenen Volkslebens samt den Voraussetzungen erfaßt. Damit werden auch wenig beachtete Rahmenbedingungen für das Leben Bruckners während seiner Linzer Jahre aufgehellt. FZ

Werke: Die Geschichte des Oberösterreichischen Sängerbundes. Linz 1934; Geschichten um A. Bruckner. Gesammelt und frei den Quellen nacherzählt. Linz 1946; Volkskunde der Stadt Linz an der Donau 1-2. Linz 1958-1959; Erinnerungen eines Linzer Volksbildners. Linz 1961; einige Zeitschriftenaufsätze über Bruckner als Chormeister.

Lit.: Ernst Burgstaller, H. Commenda. Ein Leben im Dienste der Wissenschaft, in: Oberösterreichischer Kulturbericht. Hrsg. Institut für Landeskunde. Linz 1959, Folge 3; Rudolf Fochler, H. Commenda (1889-1971). »Mich interessieren mehr die Menschen«, in: Oberösterreicher. Lebensbilder zur Geschichte Oberösterreichs 7. Redaktion Gerhart Marckhgott und Harry Slapnicka. Linz 1991.

Consortium

Sein »oberösterreichisches Consortium« nannte Bruckner einen Kreis von → Mäzenen, die die Beendigung seines Unterrichts am Konservatorium der → Gesellschaft der Musikfreunde in Wien durch finanzielle Unterstützung ermöglichten.
1889 erfuhr Max von → Oberleithner von Bruckners schwieriger Situation und ergriff die Initiative. Über Josef → Schalk ergab sich eine Verbindung zu Carl → Almeroth, der in → Steyr weitere Freunde und Gönner für das Unternehmen gewinnen konnte. 1890 wurde das Consortium mit insgesamt 1 000 Gulden Jahresrente gegründet. Die Hauptmitglieder stammten aus der Familie des Waffenfabrikanten Werndl, im weiteren zählten neben Almeroth Graf und Grä-

Radierung von Alfred Cossmann, 1926 (IKO 175)

fin Lamberg, Otto Zander und Karl Reder dazu. Aus steuerlichen Gründen verpflichtete sich Bruckner – sozusagen als Gegengabe – zu einem jährlichen Orgelkonzert für seine Gönner. Das Consortium überbrückte die Zeitspanne bis zur staatlichen Ehrengabe und war zugleich Impuls für weitere private Spenden. EWP

Lit.: Göll.-A. 4/3, S. 54-58; Max von Oberleithner, Meine Erinnerungen an A. Bruckner. Regensburg 1933, S. 33 ff.

Cossmann, Alfred

Geb. 2. 10. 1870 in Graz, gest. 31. 3. 1951 in Wien; Graphiker und Kupferstecher. 1895-1899 Studium an der Akademie der bildenden Künste in Wien bei William Unger, 1903-1905 Mitglied des Wiener Hagenbundes; Ehrenmitglied der Akademie der bildenden Künste und der Österreichischen Exlibrisgesellschaft. 1920-1931 Lehrer an der Graphischen Lehr- und Versuchsanstalt in Wien.

Cossmann, der sich in einigen Graphiken (Exlibris und Radierungen) mit Bruckner beschäftigt hat (vgl. Abb. S. 121), schildert in seinen Erinnerungen (»Ein Wiener Künstlerleben«. Wien 1945, S. 54) seine Begegnung mit Bruckner in einer von dessen Vorlesungen an der → Universität Wien. Die Beschreibung dieses Auftrittes Bruckners deckt sich mit anderen überlieferten Erinnerungsberichten. RG

Literatur: Werkverzeichnis A. Cossmann. Wien 1954; Rudolf Schmidt, Österreichisches Künster-Lexikon von den Anfängen bis zur Gegenwart. Wien 1974; Thieme-Becker, Allgemeines Lexikon der bildenden Künstler ... Leipzig 1907ff.; Bruckner-Ikonographie 1 (und 2, in Vorbereitung); A. Cossmann 1870-1951. Zum 125. Geburtstag. Ausstellung im Niederösterreichischen Dokumentationszentrum für moderne Kunst. Karmeliterhof St. Pölten, 21. 9. bis 12. 11. 1995. Katalog (mit Werkverzeichnis).

D

David, Johann Nepomuk

Geb. 30. 11. 1895 in Eferding, Oberösterreich, gest. 22. 12. 1977 in Stuttgart. Deutscher Komponist österreichischer Herkunft. 1905-1909 Sängerknabe im Stift St. Florian, Unterricht in Violine, Klavier und Theorie bei Karl → Aigner, Hans Haybäck bzw. Franz Xaver Müller, alle aus Bruckners → Freundeskreis. Bis 1912 Stiftsgymnasium Kremsmünster; 1912-1915 an der Bischöflichen Lehrerbildungsanstalt in Linz Theorie bei dem → Schüler Bruckners Joseph Gruber, Klavier bei August → Göllerich. Danach Volksschullehrer, Organist und Chorleiter in Oberösterreich. 1934-1945 Lehrer für Theorie und Chorleitung am Landeskonservatorium (1941 Hochschule) in Leipzig, seit 1942 kommissarischer Direktor. 1945-1947 Direktor des Salzburger Mozarteums, Leiter einer Kompositionsklasse. 1948-1963 Professor für Theorie und Kontrapunkt an der Musikhochschule in Stuttgart.

Durch den Anblick von Bruckners Antlitz im geöffneten Sarkophag 1906, den täglich im Stift → St. Florian gesungenen gregorianischen Choral sowie den Klang der mächtigen Chrismann-Orgel entscheidend geprägt, war Davids Beziehung zu Bruckner bis zuletzt von tiefer Verehrung gekennzeichnet. Trotz langjähriger Freundschaft zu dem katholisch-kirchentreuen Max → Auer begann David etwa 1917, sich kritisch von der ihn umgebenden nationalistisch verbrämten Frömmigkeit prominenter Bruckner-Apostel zu emanzipieren, was ihn fortan in seiner Heimat isolierte. 1923 sieht David in der »Unnachahmbarkeit« des »Phänomens Bruckner« als »Sein in der Liebe und Sein in Gott« ein Zeichen von Genialität. Er schließt sich der anthroposophisch orientierten Bruckner-Deutung Erich Schwebschs an, bevor er 1925 ein glühender Anhänger von → Kurths Bruckner-Darstellung wird. In der 1953 veröffentlichten, doch wesentlich älteren ganzheitlichen Betrachtung des *Os justi* erörterte David das irrationale Moment künstlerischen Schaffens.

Gemeinsamkeiten zwischen Davids und Bruckners Tonsprache bestehen im weiten Atem, milden Ernst, in einer stillen Feierlichkeit sowie in der langsamen künstlerischen Reifung (»Wesensverwandtschaft«). Die Gattung der Symphonie nimmt auch in Davids Schaffen eine – um 1920 allerdings unzeitgemäße – zentrale Stellung ein. Süddeutsche Klangpracht und Drang zu Expressivität verbindet David jedoch mit dem polyphonen Denken → Bachs und der Franko-Flamen; in Weiterentwicklung (nach → Brahms und → Mahler) bildet David den Typus der monothematischen Symphonie, deren Themen er aus einer Ursubstanz entwickelt; auch strebt er selten zum Monumentalen. In Charakteren, Thematik und formaler Gestaltung ist zwar gelegentlich eine Nähe zu Bruckner vorhanden, in der Regel aber stets in objektivierender Distanz. »Introitus, Choral und Fuge«, eines seiner großartigsten, auch schwierigsten Werke, ist eine triumphale Huldigung an den »Genius Bruckner« (das chromatische Thema einer Improvisation Bruckners 1884 in → Kremsmünster [→ Orgel]; vgl. Göll.-A. 4/2, S. 193).

1926 spielte David in → Vöcklabruck den Orgelpart bei der Uraufführung des *Psalms 112*. Als Orchester- und Chor-Dirigent errang er auch mit Werken Bruckners hohe Anerkennung. Mit der Erstaufführung des *Requiem* (10. 10. 1936) und der Uraufführung der 2. Fassung der *Messe in e-Moll* (3. 4. 1940) bewirkte er in → Leipzig bei Thomaskantor Karl Straube die Hinwendung zu Bruckner und gab der Leipziger Bruckner-Pflege österreichische Prägung. BAK

Werke (Auswahl): A. Bruckners Werk und Erscheinung, in: Südmark-Kalender 1924. Graz [November 1923]; Brahms und Bruckner – Ein Vergleich, in: Programmheft Linz, 9. 4. 1924, Rezension von »A. Bruckner, Vorspiel und Fuge in C moll ... bearbeitet von F. Philipp ...«, in: Bruckner-Blätter 2 (1930); Das »Os justi« von A. Bruckner, in: Die Jupiter-Symphonie. Göttingen 1953; Bekenntnis zu A. Bruckner, in: Volksblatt Linz, 23. 3. 1974. – Perger Praeludium von A. Bruckner, Einrichtung für Orgel nach dem Autograph aus dem Besitz Max Auers (mit Vorwort und kritischem Bericht). 1926 (Manuskript). – Praeludium und Fuge über ein Thema von A. Bruckner für Orgel. 1926 (Manuskript); 1931 und 1939 umgearbeitet zu: Introitus, Choral und Fuge, Werk 25, mit 4 Hr., 3 Pos. und 2 Trp. Leipzig 1940.

Lit.: Fritz Oeser, J. N. David, in: Jahrbuch der deutschen Musik 1943. Leipzig-Berlin [1943]; Thomas Christian David, J. N. David und Bruckner, in: Bruckner-Jahrbuch 1980; Rudolf Stephan, Über den Einfluß, den A. Bruckner ausgeübt hat, in: Bruckner-Symposion 1981; Bernhard A. Kohl, Annäherungen an J. N. Davids frühe symphonische Versuche, in: Bruckner-Symposion 1993.

Decsey, Ernst

Geb. 13. 4. 1870 in Hamburg, gest. 12. 3. 1941 in Wien; Schriftsteller, Kritiker. Studium an der Universität Wien (Jura), gleichzeitig am Konservatorium der → Gesellschaft der Musikfreunde in Wien, u. a. bei Bruckner und Wilhelm Schenner. Tätigkeit als Musikkritiker, 1908 Chefredakteur der Grazer »Tagespost«, 1920 Musikreferent des »Neuen Wiener Tagblattes«. Verfasser von Romanen, Erzählungen, Theaterstücken (mit Victor Léon »Der Musikant Gottes«) und Libretti sowie Büchern über Debussy, Lehár, Strauß, Wolf. Viele Publikationen über Bruckner.

Decseys Bruckner-Erinnerungen und -Anekdoten basieren auf persönlichen Beziehungen, da er 1889 als Schüler zu Bruckner ans Konservatorium kam. Die Schilderungen sind allerdings stark belletristisch verzerrt, überzeichnen Details und rücken nicht selten die eigene Person in den Vordergrund. Durch die biographischen Bezüge einerseits, durch das unverhohlene Ziel der Popularisierung andererseits wurde Decsey zu einem zwiespältigen Informanten. Das durch ihn fundierte Klischee vom → »Musikanten Gottes« hat die Wirkungsgeschichte Bruckners folgenschwer geprägt. Auch in der Beschäftigung mit dem musikalischen Werk (»Bruckner. Versuch eines Lebens«. Berlin 1919; mehrere Auflagen) ist der Romancier Decsey erkennbar, der neben analytischen Beobachtungen häufig in eine banale Hermeneutik gerät.
EWP

Weitere Werke (Auswahl): Erinnerungen an A. Bruckner, in: Tagespost, Graz 1., 7. und 9. 9. 1900; Die Perle des Jahrhunderts. Erzählung aus den achtziger Jahren, in: Österreichische Rundschau (1918) S. 124-135, 172-179, 223-230; Falsche Bruckner-Anekdoten, in: Bruckner-Bund 1 (1922) H. 1; Wie A. Bruckner mir auf den Zahn fühlte und ich ihm, in: Neues Wiener Tagblatt 11. 10. 1925; Anekdoten um A. Bruckner, in: Österreichische Musikzeitschrift 1 (1946).

Lit.: Bruckner – skizziert, S. 201-255, besonders 223 ff., 243 f.; Musik war sein Leben. Hrsg. H. R. Hampel. Wien 1962.

Demar, Marie (verehel. Blaschek)

Geb. 1865 in Komorn (Komárom), Ungarn, gest. Sommer 1946 in Wien (nähere Daten unbekannt); Tochter eines Offiziers. Nach der Übersiedlung der Familie nach Wien (IV., Waaggasse 9) Schülerin des Konservatoriums der → Gesellschaft der Musikfreunde (bei Louise Dustmann Gesang, 1886/87 bei Ferdinand → Löwe).

Im Frühjahr 1885, als Bruckner an seiner *Achten Symphonie* arbeitete, machte er die Bekanntschaft Maries. Als glühende Verehrerin der

Stiegenhaus der Wiener Hofoper. Stich (Postkarte)

Opern Richard → Wagners traf sie bei Besuchen der Wiener Hofoper oft mit Bruckner auf der »4. Galerie« zusammen, wo die billigsten Plätze und die fachkundigsten Hörer waren. Zwischen dem damals schon sehr gealterten Komponisten und der 20jährigen entwickelte sich eine intensive Freundschaft, die von der gemeinsamen Musikbegeisterung genährt wurde. Bruckner widmete Marie seine Photographie (2. 3. 1885) und bedankte sich für die von Marie übersandte mit einem Brief (11. 5. 1885): »Liebenswürdigste, edelste Freundin, Fräulein Marie! Herzlichen Dank für Ihr herrliches Bild. Die treuherzigen, schönen Augen! Wie trösten sie mich oft ...« Bruckner war in das attraktive junge Mädchen richtig verliebt und trug ihr sogar die Widmung seiner *Achten Symphonie* an, deren Adagio-Thema er nach eigenen Angaben »aus einem Mädchenauge gelesen« haben soll (Göll.-A. 4/2, S. 323, sehr fragwürdig!). Marie lehnte diese Widmung jedoch ebenso wie Bruckners Heiratsantrag ab, da sie in ihm nur den Künstler verehrte, auf dessen Bekanntschaft sie stolz gewesen war. Das Freundschaftsverhältnis wurde dadurch jäh beendet. Marie heiratete am 17. 2. 1890 den späteren Ministerial-Rechnungsrat im

Ackerbau-Ministerium, Wilhelm Blaschek. Sie wurde Sängerin und trat u. a. als Elisabeth in Wagners »Tannhäuser« auf.
Laut Franz → Gräflinger soll sie später die Abweisung Bruckners bereut haben. 1913 ließ sie sich von dem Graphiker und Medailleur Edi (Eduard) Naumann (1877-1941), der 1921 auch das Relief (IKO 139) an Bruckners Sterbehaus im Belvedere (→ Wohnungen) schuf, ein Exlibris (IKO 129) anfertigen: »Eine zart gezeichnete Frauengestalt im Hintergrund betritt einen Weg durch Dornen und Disteln. Im Vordergrund sitzt Bruckner auf einem Stein, der an seinem Sockel die Inschrift ›In memoriam‹ trägt. In der Ferne ist eine Orgel angedeutet, rechts im Hintergrund die Walhalla, davor eine Walküre. Zu Bruckners Füßen liegt ein Lorbeerzweig auf einem halb verdeckten Briefblatt, mit den Schlußworten eines Briefes an Frl. Demar« (Gräflinger). EM

Lit.: Göll.-A. 4/1, S. 323-326; Franz Gräflinger, Die liebste Freundin A. Bruckners gestorben, in: Oberösterreichische Nachrichten 4. 7. 1946; ders., Liebes und Heiteres um A. Bruckner. Wien 1948, S. 116-119.

Des Baches Frühlingsfeier (WAB deest) »Was solls mit deinem Brausen«
Lied für Singstimme und Klavier in d-Moll/A-Dur, Kompositionsübung
EZ: zwischen Weihnachten und Neujahr 1861/62 in → Linz
Autograph: → Kitzler-Studienbuch S. 23

Bruckner notierte zu dieser Kompositions-Aufgabe u. a.: »Dreitheilige Liedform. 1. Periode für sich ein Ganzes / 2. [Periode] neu / 3. [Periode] Wiederholung der 1ten Periode.«

Lit.: Hawkshaw, The Manuscript Sources.

»Des Dankes Wort sei mir vergönnt« (WAB 62)
Fünfstimmiger Männerchor mit Tenor- und Baß-Solo a cappella in F-Dur, »Langsam und feierlich«
Text: Ernst → Marinelli
EZ: 1855 (oder früher) in → St. Florian
W: Charles Graf → O'Hegerty
Autograph: verschollen; Abschrift: ÖNB-MS (Karl → Aigner)
NGA: Band XXIII/2 (in Vorbereitung)

Während seiner Lehrtätigkeit in St. Florian erteilte Bruckner auch den Kindern der Familie des Grafen → O'Hegerty auf der → Tillysburg Privatunterricht in den Schulgegenständen und

Charles O'Hegerty

in Musik. Allgemein wird 1855 als Entstehungsjahr angegeben; mit dem »Engel«, der aus dem Jenseits herübergrüßt, könnte aber statt des 1854 verstorbenen Sohnes auch O'Hegertys erste Frau (gest. 1845) gemeint sein. In dem für den Grafen komponierten dreiteilig angelegten Chor setzt Bruckner → Brummstimmen und abwechselnd Tenor- und Baßsolo ein. Eine Aufführung fand wahrscheinlich auf der Tillysburg statt, erst am 31. 5. 1996 ist eine solche dort wieder nachweisbar. AH

»Des Höchsten Preis, des Vaterlandes Ruhm« (WAB 95/2)
Wahlspruch für vierstimmigen Männerchor a cappella in C-Dur, »Kräftig«
Text: Andreas Mittermayr (→ Textdichter)
EZ: 1850 oder 1868 in → St. Florian oder in → Linz
W: (»Älterer Wahlspruch der Liedertafel → Sierning«)
UA: ?
Autograph: verschollen; Abschrift: ÖNB-MS (Altman Kellner)
ED: »Wahl- und Sängersprüche, Sängergrüße, Fest- und Trinksprüche«. Hrsg. Hans Poscher. Linz 1888, Nr. 89
NGA: Band XXIII/2 (in Vorbereitung)

Das 17 Takte lange → Motto ist akkordisch komponiert und enthält dem Text entsprechend dynamische Angaben von *p* (»der keuschen Minne Heiligtum«, »des hehren Leides Drang«) bis *f* und *ff* (»verkündet laut«). Nach einer Meldung der Linzer »Tagespost« (29. 10. 1896) soll Bruckner diese Komposition als »erstes Motto im Jahre 1850 [für die] Liedertafel Sierning zu Sierninghofen« geschrieben haben. AH

Lit.: Göll.-A. 3/1, S. 516, 3/2, S. 159 (Partitur).

Dessoff, Otto

Geb. 14. 1. 1835 in Leipzig, gest. 28. 10. 1892 in Frankfurt; Dirigent und Komponist. Studium am Leipziger Konservatorium (Ignaz Moscheles, Julius Rietz), 1854-1860 Theaterkapellmeister in verschiedenen deutschen Städten. 1860-1875 Hofopernkapellmeister in → Wien und Dirigent der Philharmonischen Konzerte, seit 1861 auch Lehrer für Komposition am Konservatorium der → Gesellschaft der Musikfreunde in Wien. 1875 Hofkapellmeister in → Karlsruhe, 1881 1. Kapellmeister am Stadttheater Frankfurt.

Bruckner hatte den ersten Kontakt mit Dessoff anläßlich der von ihm selbst gewünschten »Reifeprüfung« zum Lehrer für Harmonielehre und Kontrapunkt am 21. 11. 1861 an der Orgel der Wiener → Piaristenkirche. Dessoff war als Kompositionslehrer Mitglied der Prüfungskommission des Konservatoriums der Gesellschaft der Musikfreunde und unterzeichnete daher gemeinsam mit Joseph → Hellmesberger, Johann → Herbeck, Simon → Sechter und Moritz Alois von Becker das hervorragende Zeugnis (22. 11. 1861).

Bereits 1866 hatte Bruckner dem → Brahms-Freund Dessoff die Partitur der *Ersten Symphonie* zur Begutachtung geschickt (Brief an Rudolf → Weinwurm, 2. 9. 1866); von einer Reaktion ist nichts bekannt. Schließlich machte ihn Bruckner in seiner Wiener Zeit mit seiner *Symphonie in d-Moll* bekannt, um durch ihn eine Aufführung in Wien zu erreichen. Dessoffs gleich zu Beginn gestellte Frage, wo denn das Thema sei, gab den Anstoß, daß Bruckner die Symphonie schließlich annullierte (daher die fälschliche Bezeichnung dieser Symphonie als »Nullte«). 1872 stieß die *Zweite Symphonie* aufgrund ihrer großen Länge bei einer Novitätenprobe für die Abonnementkonzerte der → Wiener Philharmoniker auf Ablehnung: Angeblich bezeichnete Dessoff das Werk als »Unsinn«, einzelne Philharmoniker waren jedoch begeistert, vor allem als Bruckner dem Dirigenten die richtigen Tempi anzeigte. Bruckner selbst dirigierte schließlich die Philharmoniker bei der erfolgreichen Uraufführung des Werkes im Rahmen der → Weltausstellung am 26. 10. 1873, wobei der Komponist dem Orchester am darauffolgenden Tag in überschwenglichem Dank die Widmung des Werkes anbot. Sein Brief blieb jedoch vom Orchesterleiter Dessoff unbeantwortet; erst zwei Jahre später verfaßte Hans → Richter einen Entwurf zur Annahme der Widmung. Im Herbst 1874 lehnten die Philharmoniker unter Dessoff die *Dritte Symphonie* ab, was höchstwahrscheinlich deren Umarbeitung zur Folge hatte. 1875 kam es zu einer neuerlichen Ablehnung, über die Bruckner am 12. 1. 1875 an Moritz von → Mayfeld berichtet: »Dessoff hielt die Probe in den Ferien, ließ mich zum Schein suchen, u. erklärte (sein Wort, welches er mir noch Anfangs Oktober gab, brechend) später, das Programm sei vollzählig.«

Während Dessoff die Ablehnung der Brucknerschen Symphonien durch die Wiener Philharmoniker – möglicherweise aufgrund eines gewissen Abhängigkeitsverhältnisses zu Eduard → Hanslick und dessen Kreis – zumindest billigte, wenn nicht förderte, kündigte er seinen Rücktritt an, als 1869 die »Serenade in D-Dur« seines Freundes Johannes → Brahms bei der Novitätenprobe durchgefallen war, worauf das Orchester das Werk doch noch ins Programm aufnahm. Dessoff führte mit den Wiener Philharmonikern bis zu seinem Weggang nach Karlsruhe im Jahr 1875 keine einzige Bruckner-Symphonie auf, wodurch sich der Durchbruch des Komponisten in Wien wesentlich verzögerte. IF

Lit.: Auer, Briefe, S. 59 f., 76, 127 f.; Göll.-A. 3/1, S. 114-118, 228, 4/1, S. 224 f., 354; Riemann Musiklexikon; Imogen Fellinger in: MGG 15, Sp. 1773 f.; Hans-Hubert Schönzeler, Bruckner. Wien 1974, S. 25; Othmar Wessely, Johannes Brahms und A. Bruckner als Interpreten, in: Bruckner-Symposion 1983; Constantin Floros, Zu Bruckners frühem symphonischen Schaffen, in: Bruckner-Symposion 1988, hier S. 176, 183; Clemens Hellsberg, Demokratie der Könige. Die Geschichte der Wiener Philharmoniker. Zürich-Wien-Mainz 1992, S. 130-184.

Deubler, Bernhard

Geb. 28. 1. 1842 in Hallstatt, Oberösterreich, gest. 27. 6. 1907 in St. Florian; trat am 28. 8. 1862 ins Stift → St. Florian ein, legte am 15. 9. 1866 die feierliche Profeß ab und wurde am 28. 7. 1867 zum Priester geweiht (Primiz am 4. 8. 1867). Bis 1873 wirkte er als Aushilfspriester in → Ansfelden; seit Oktober 1874 unterrichtete er Dogmatik an der Ordenshochschule in St. Florian. 1884-1906 als Nachfolger Ignaz → Traumihlers Regens chori in St. Florian.

Von Deubler, der Bruckner sehr verehrte, stammt der Text der Urkunde zur Ehrenbürgerschaft (→ Ehrungen), die der Komponist von seinem Geburtsort Ansfelden am 22. 11. 1870 verliehen wurde. Ihm soll Bruckner auch das »Programm« zur *Vierten Symphonie* geschildert haben, wenngleich die derb-groteske Abfuhr »Und im letzten Satz – ja da woaß i' selber nimmer, was i' mir dabei denkt hab!« das künstlerische Vertrauensverhältnis eher wieder in Zweifel ziehen läßt (Göll.-A. 4/1, S. 518 f.). Deubler war auch der Dirigent der Uraufführung des *Vexilla regis* am 31. 3. 1892. Ob Bruckner es auf dessen Bitten hin schrieb (Göll.-A. 4/3, S. 219) oder es »aus reinem Herzensdrange«, ohne äußeren Anlaß komponierte, ist nicht bekannt. – Von Bruckner sind zahlreiche → Briefe an Deubler erhalten, der auch mit Johann Evangelist Habert und P. Oddo → Loidol in engem Kontakt stand.

EM

Lit.: Göll.-A. 4/1-4, passim.

Das deutsche Lied (Der deutsche Gesang) (WAB 63) »Wie durchs Bergtal dumpf grollt Donnergedröhn«

Vierstimmiger Männerchor mit Blechbläsern (4 Hr., 3 Trp., 3 Pos. und B.-Tuba) in d-Moll, »Nicht schnell, feierlich«
Text: Erich Fels (→ Textdichter)
EZ: am 29. 4. 1892 in → Wien vollendet
W: (für das »Erste deutsch-akademische → Sängerfest« in → Salzburg 1892)
UA: 5. 6. 1892 in Salzburg (Aula academica; → Wiener Akademischer Gesangverein, Raoul Mader)
Autograph: Wien, Universitätssängerschaft »Barden zu Wien«
ED: Wien, Universal-Edition 1911 (Viktor Keldorfer)
NGA: Band XXIII/2 (in Vorbereitung)

Ebenso wie im Chor *Sängerbund* zitiert Bruckner hier einige Takte aus dem damals sehr verbreiteten »Deutschen Lied« von Johann Wenzel Kalliwoda (1801-1866). Bei Bruckners Chor, den er selbst einmal scherzhaft einen »Kracher« nannte, herrscht stark punktierter Rhythmus vor. Der Beginn mit den darüber hinaus verwendeten Quart- und Oktavsprüngen erinnert an die ersten Takte des *Germanenzugs*. Auf die im Text zitierten Naturschilderungen – »Donnergedröhn«, »Sturmwind«, »Meerluft« – ging Bruckner nicht ein, sondern stellte den Typus »Festgesang« in den Vordergrund. Nach einem viertaktigen Bläservorspiel setzen die Chorstimmen ein, aus deren ersten vier Takten sich die weitere Struktur dieses Stückes entwickelt, in dem die Bläser die Singstimmen unterstützen. Bei »so schalle, so schmettre« beginnt ein Crescendo, das sich chromatisch bis zum Höhepunkt, der nach einer Generalpause mit einem *fff* erreicht wird, emporschraubt. Der Chor endet mit einem fünftaktigen Bläsernachspiel.
Begeistert zeigten sich die Rezensenten bei der Uraufführung des Chores. Keldorfer bezeichnete diesen Chor einmal als »nationalen Festchor«. Das Werk erlebte bis in die dreißiger Jahre immer wieder Aufführungen bei Festkonzerten.

AH

Lit.: Andrea Harrandt, Bruckner und das bürgerliche Musiziergut seiner Jugendzeit, in: Bruckner-Symposion 1987, S. 97 und 99.

Deutscher Michel

Darstellung des Deutschen vor allem in der Karikatur. Michel ist die Kurzform von Michael, Erzengel und Schutzpatron der Deutschen. Der Deutsche Michel, ein Bauernbursch in Zipfelmütze und Kniehosen, der Inbegriff der Einfalt und gutmütigen Schwerfälligkeit, ist das Gegenteil des strahlenden Gotteskämpfers. Politische Bewegungen benutzten diese Gestalt seit der Reformation, um das Volk aufzurütteln. Im Dreißigjährigen Krieg erhielt der Reiterführer Johann Michael Obentraut (1574-1625), Generalleutnant im Dienste des Königs von Dänemark, diesen Beinamen.
Bruckner schrieb über das Trio zum Scherzo seiner *Achten Symphonie* am 26. 3. 1892 an Theodor → Helm: »Der Michel träumt ins Land hin-

Anton Bruckners Siegesallegorie,
(aus der Musik Heft VI/1).

Karikatur von Ferry Bératon, 1892 (IKO 59)

aus« und »Unter Michl ist der Österreich-Deutsche gemeint, und zwar nicht Scherz«. »Micherl« nannte er das eckig-eigensinnige Hauptthema im 2. Satz seiner *Achten,* mit dem er ursprünglich seinen Freund Carl → Almeroth charakterisieren wollte. In Anekdoten kommt Bruckners Liebe zu der Gestalt des Deutschen Michel in heiterer Weise zum Ausdruck (Bruckner – skizziert Nr. 152, 254 f.). Der Maler Ferry → Bératon hat Bruckner 1892 in einer Karikatur mit dem Titel »A. Bruckners Siegesallegorie« (IKO 59) als Deutschen Michel dargestellt (gedruckt in: Die Musik 6, 1906/07, H. 1). RG

Lit.: Gemeindezeitung 15. 3. 1862, S. 167; dtv-Brockhaus-Lexikon 4. Wiesbaden 1982, S. 136; Ärztliches Reise- & Kulturjournal (März 1992).

Dierzer Ritter von Traunthal, Josef
Geb. 15. 2. 1800 und gest. 8. 11. 1857 in Linz. Erfolgreicher Industrieller im Zeitalter der Fabriksgründungen mit besonderen Verdiensten um den wirtschaftlichen Aufschwung Oberösterreichs. Funktionen in der Linzer Stadtverwaltung: Gemeinderat (1850-1857), Vizebürgermeister (1854), Bürgermeister 23. 3. 1854 bis 12. 11. 1856. Begründer und Präsident namhafter wirtschaftlich relevanter Einrichtungen Oberösterreichs. Orden der Eisernen Krone 3. Klasse (1849), Erhebung in den Adelsstand mit dem Prädikat »von Traunthal« (1850), Kaiserlicher Rat (1854). Seine Frau Cäcilia geb. Fürlinger (1808-1896) entwickelte neben den unternehmerischen Aufgaben viele humanitäre und karitative Aktivitäten.
Bürgermeister Josef Dierzer war 1855/56 als Vertreter der Stadt → Linz (»weltliche Vogtei«) in das Verfahren zur Bestellung Bruckners als Dom- und Stadtpfarrorganist eingebunden. Er setzte sich gegen den anhaltenden Widerstand von Domscholaster Dr. Johann B. → Schiedermayr jun. (»geistliche Vogtei«) mit besonderem Nachdruck bei der Statthalterei für Bruckner ein. – Dieser verehrte während seiner Linzer Zeit – jedoch aussichtslos – Dierzers Tochter Rosa (1832-1908), die nach sehr langer Verlobungszeit 1875 den Apotheker und Fabriksbesitzer Dr. Hermann Vielguth (1825-1903) heiratete. FZ

Lit.: Göll.-A. 2/1, S. 191-204, 3/1, S. 254 f.; Erich Maria Meixner, Wirtschaftsgeschichte von Oberösterreich 2. [1952], S. 29-33; Othmar Wessely, A. Bruckner und Linz, in: Jahrbuch der Stadt Linz 1954. Linz 1955; ÖBL; Georg Grüll, Das Linzer Bürgermeisterbuch. 2. Aufl. Linz 1959, S. 109 f.; Helmut Lackner – Gerhard A. Stadler, Fabriken in der Stadt. Eine Industriegeschichte der Stadt Linz. Linz 1990, S. 125-135, 509 f.

»Dir, Herr, dir will ich mich ergeben« (WAB 12)
Choral für vierstimmigen gemischten Chor a cappella in A-Dur
Text: Autor unbekannt
EZ: lt. → Nowak (NGA) um 1844/1845 in → Kronstorf, lt. Göllerich-Auer zwischen 1858 und 1868 in → St. Florian
UA: ?
Autograph: St. Florian; Abschrift: ÖNB-MS (August → Göllerich)
ED: Göll.-A. 2/2, S. 114 f.
NGA: Band XXI (Hans Bauernfeind und Leopold Nowak, 1984) und Revisionsbericht

Die Entstehungszeit dieses Stückes ist vermutlich in die Kronstorfer oder in die ersten St. Florianer Jahre anzusetzen: Auf der Rückseite des Autographs befindet sich die Niederschrift des *Tantum ergo* WAB 43, das Bruckner dem Stiftsorganisten Joseph Anton Pfeiffer in → Seitenstetten 1848 zur Durchsicht und Korrektur vorlegte (NGA, Revisionsbericht S. 26). Die Komposition dürfte also nicht, ebenso wie das *Tantum ergo*, Bruckners »leicht verwundbarem und zu dieser Zeit [1850-1855] tiefbedrücktem Herzen entpreßt« worden sein (Göll.-A. 2/1, S. 108), sondern entstand (NGA, Revisionsbericht S. 183 f.) wohl auf Anregung Leopold von → Zenettis, der Bruckner »mit dem evangelischen Kirchenlied bekannt« machte, was dahingehend aufzufassen sein wird, daß Bruckner bei Zenetti den Typus des evangelischen Chorals in seiner Ausformung bei Johann Sebastian → Bach kennenlernte.
Die 32 Takte umfassende Komposition auf den Text eines unbekannten Verfassers, der u. a. Römer 14,8 etwas variiert zitiert, ist im vierstimmigen Choralsatz Note gegen Note komponiert, jede der ungleich langen Verszeilen (4+5+7+5+3+3+5 Takte) schließt mit der charakteristischen Fermate des protestantischen Chorals. An der → Harmonik lassen sich schon die im Unterricht bei Zenetti gewonnenen Fortschritte erkennen. EM

Dirigenten
Die jahrhundertealte Tradition der Einheit von Komponist und Interpret geht im Laufe des 19. Jahrhunderts immer stärker zugunsten der Trennung des schöpferischen vom reproduktiven Akt verloren. So ist Bruckner als Interpret seiner eigenen Werke nur in relativ sehr bescheidenem Umfang aufgetreten, wobei er als Organist in

erster Linie nicht bei der Wiedergabe eigener bzw. fremder Werke (→ Bach) reüssierte, sondern als Improvisator (→ Orgel), d. h. im kreativen Bereich gefeiert wurde. Als Chormeister der → Liedertafel »Frohsinn« dirigierte er dagegen sehr erfolgreich nicht nur eigene Chöre, sondern auch solche anderer Komponisten, die er überaus gewissenhaft einstudierte. Bruckners seltene Auftritte als Orchesterdirigent – ausschließlich eigener Werke (*Erste Symphonie* Linz 9. 5. 1868; *Zweite* Wien 26. 10. 1873 und 20. 2. 1876; *Dritte* 16. 12. 1877 an Stelle von Johann Ritter von → Herbeck) – kamen einerseits meist unter ungünstigen äußeren Umständen zustande, andererseits konnte sich Bruckner aufgrund seiner → Persönlichkeit sowie der fehlenden Ausbildung bzw. der Unerfahrenheit im Umgang mit Orchestermusikern als Dirigent nicht durchsetzen.

Umso mehr war er bestrebt, professionelle Dirigenten von seinen Werken zu überzeugen und (von ihm selbst so bezeichnete) »künstlerische Väter« und »Vormünder« für seine »Kinder«, die Symphonien, zu finden. Angeblich hatte Richard → Wagner 1882 Bruckner versprochen, selbst dessen Werke aufzuführen. Die sich im → Wiener Akademischen Wagner-Verein zusammenfindenden Schüler und Freunde Bruckners – vor allem Franz und Josef → Schalk sowie Ferdinand → Löwe – setzten nach dem Tod des Bayreuther Meisters eine Art Propagandamaschinerie für den von Wagner sozusagen legitimierten Komponisten in Bewegung. Diese von Bruckner nicht ungern gesehene kulturideologische Vereinnahmung seiner Person und das exponierte Benehmen der Wagner-Vereins-Mitglieder brachten ihm in den konservativen Musikkreisen → Wiens eher Nachteile, während in Deutschland u. a. über die dortigen Wagner-Vereine der Kontakt zu hervorragenden Dirigenten wie Felix → Mottl, Arthur → Nikisch und Hermann → Levi hergestellt wurde, die Bruckner schließlich mit ihren Aufführungen zum Durchbruch verhalfen. Insgesamt finden sich unter Bruckners ersten Dirigenten überdurchschnittlich viele Wagner bzw. der → Neudeutschen Schule verbundene Dirigenten, wie z. B. Walter Damrosch (USA), Karl Frank, Charles Lamoureux (Frankreich), Willibald Kähler, Karl Klindworth, Karl → Muck, Jean-Louis → Nicodé, Anton Seidl (USA), Theodor Thomas (USA), Felix → Weingartner, Franz Wüllner, Herman Zumpe und nicht zuletzt Hans → Richter, der als Dirigent der → Wiener Philharmoniker, wenn auch aufgrund der ablehnenden Haltung des Orchesters relativ spät, die meisten und erfolgreichsten Aufführungen zu Lebzeiten Bruckners dirigierte.

Von großer Bedeutung für die frühe → Rezeption Bruckners waren ferner die lokalen Musikvereine kleinerer Städte, die über den musikalischen Parteiungen zu stehen pflegten und auch der zeitgenössischen Kunst (wenn auch naturgemäß etwas verzögert) eine gewisse Breitenwirkung verschafften. Als Dirigenten wirkten hier neben den Bruckner-Schülern August → Göllerich (Linz) und Josef Pembauer (Innsbruck) sowie seinem Lehrer Otto → Kitzler (Brünn) u. a. Joseph Friedrich Hummel (Salzburg), Erich Wolf Degner und Martin Spörr (Graz) sowie Adalbert → Schreyer (Linz), im Ausland beispielsweise Wilhelm Bayerlein (Nürnberg), Vladimir Labler (Olmütz), Daniel de Lange (Amsterdam), Josef Thiard-Laforest (Preßburg), Philipp Wolfrum (Heidelberg). Bis 1900 haben mindestens 70 Dirigenten in ca. 180 Konzerten in Europa und den USA Bruckners Symphonien aufgeführt, Zahlen, die das im Bruckner-Schrifttum bzw. auch vom ihm selbst gepflegte Klischee des Verkannten und Unaufgeführten widerlegen, wobei ihm dieser Erfolg allerdings tatsächlich erst in seinen späteren Lebensjahren vergönnt war. Fast alle Dirigenten hatten anfangs Schwierigkeiten bei der Aufführung zu bewältigen, einerseits wegen des mangelnden Verständnisses bei Publikum und Kritik, andererseits aufgrund von Problemen mit teilweise technisch unzulänglichen → Orchestern und deren unwilligen Mitgliedern.

Bruckners Verhältnis zu seinen Interpreten war von ambivalentem Charakter und durchaus nicht problemlos. Wie man dem Briefwechsel (→ Briefe) mit bedeutenden zeitgenössischen Dirigenten wie Nikisch, Levi, Mottl, Muck und Weingartner entnehmen kann, legte Bruckner seinen Interpreten gegenüber ein devotes Verhalten an den Tag, das unter dem Aspekt des Abhängigkeitsverhältnisses des schöpferischen vom reproduzierenden Künstler zu sehen ist. Die im letzten Jahrhundertdrittel wirkenden Dirigenten repräsentierten bereits den Typus des modernen, mit großem Selbstbewußtsein ausgestatteten Interpreten, der nicht primär dem Werk dient, sondern dem Komponisten mindestens auf gleicher Ebene entgegentritt und zu Eingriffen nach persönlichem künstlerischem Empfinden berechtigt zu sein glaubt. Dieser zeitbedingten Entwicklung des Verhältnisses Komponist –

Interpret war Bruckner aufgrund seiner Persönlichkeitsstruktur nicht gewachsen.
Dieser Aspekt spielt auch in der Beziehung Bruckners zu den Brüdern Schalk, Löwe und Gustav → Mahler eine wesentliche Rolle, die mit allen Mitteln bestrebt waren, seinen Symphonien zu klanglicher Realisierung und Anerkennung zu verhelfen. Abgesehen von der Vorbereitung des Publikums durch Klavier-Aufführungen zu zwei und vier Händen und der Erstellung von Klavierauszügen, die gleichermaßen Werbezwecken dienten, waren sie der Überzeugung, die Partituren Bruckners bearbeiten zu müssen. Durch Kürzungen und tiefgreifende Änderungen in → Instrumentation und aufführungspraktischen Details (Tempo, Dynamik, Artikulation) wollten sie die Werke einerseits dem damals bereits vertrauteren Wagnerschen Klangbild anpassen, andererseits den »Brucknerklang« gefälliger, salonfähiger, »domestizierter« machen. Diese nur zum Teil mit Zustimmung des Komponisten für eine bestimmte aufführungspraktische Situation entstandenen → Bearbeitungen gingen jedoch gegen den Willen des Komponisten in die → Erstdrucke ein, die bis in die dreißiger Jahre die Konzertpraxis beherrschten; von Franz Schalk und Löwe wurden diese zu Unrecht als von Bruckner autorisierte Fassungen bezeichnet. Erst im Zuge der Erstellung der Alten → Gesamtausgabe wurde der originale Notentext Bruckners als Grundlage der klanglichen Realisierung herangezogen, wobei Siegmund von → Hausegger insofern als Dirigent Überzeugungsarbeit leistete, als er 1932 die Uraufführung der Manuskriptfassung der *Neunten Symphonie* dirigierte und der Löwe-Bearbeitung gegenüberstellte. Die zahlreichen Aufführungen Bruckners in der Ära des → Nationalsozialismus spiegeln die ideologische Vereinnahmung des Komponisten, aber auch seiner Interpreten durch das Dritte Reich wider.
Die meisten Dirigenten wandten sich mit großem Interesse und wachsender Begeisterung den originalen Notentexten der Alten und (nach 1951) der Neuen Gesamtausgabe zu – wobei die von Robert → Haas für die Alte Gesamtausgabe erstellten »Misch- bzw. Idealfassungen« Anlaß zu Diskussionen gaben. Einige wenige, wie Hans Knappertsbusch, Carl Schuricht und William Steinberg, beharrten auf den bearbeiteten Erstdruckfassungen, wobei man bedenken muß, daß auch vielen anderen Dirigenten dieser Generation diese Versionen bereits in Fleisch und Blut übergegangen waren, so daß sie etliche dort vorkommende Modifikationen auch bei Verwendung der Gesamtausgaben beibehielten. Siegmund von Hausegger setzte sich als erster für die Originalfassungen ein. Heute ist es zur Selbstverständlichkeit geworden, den originalen Notentext Bruckners der → Interpretation zugrunde zu legen.
Folgende Dirigenten des 20. Jahrhunderts (ohne Anspruch auf Vollständigkeit) haben sich besonders für Bruckner eingesetzt: Volkmar Andreae (1879-1962), der seit 1907 mehr als 250 Aufführungen Brucknerscher Werke dirigierte, Hermann Abendroth, Eduard van Beinum, Wilhelm Furtwängler, Oswald Kabasta, Otto Klemperer, Lovro von Matačić, Willem Mengelberg, Hans Rosbaud, Ernst von Schuch, Arturo Toscanini und Bruno Walter. Als *der* Bruckner-Dirigent schlechthin galt lange Zeit Eugen Jochum (1902-1987), der als Schüler Hauseggers mit den Werken des Komponisten schon frühzeitig vertraut wurde. Jochum nahm Mitte der sechziger Jahre als erster eine komplette Einspielung der Symphonien Bruckners vor. Aber auch Daniel Barenboim, Karl Böhm, Sergiu Celibidache, Herbert Blomstedt, Carlo Maria Giulini, Bernard Haitink, Herbert von Karajan, Joseph Keilberth, Rudolf Kempe, Rafael Kubelik, Lorin Maazel, Zubin Mehta und Georg Solti sind als bedeutende Bruckner-Dirigenten hervorgetreten, deren Interpretationen der Brucknerschen Symphonien oft von sehr unterschiedlichem Charakter sind. Seit jüngerer Zeit spielen nicht nur die mittlerweile in der Neuen Gesamtausgabe erschienenen Frühfassungen der Symphonien in Konzertaufführungen und Schallplattenaufnahmen eine nicht unbedeutende Rolle, sondern auch die klanglichen Realisierungen des fertiggestellten Finales der *Neunten Symphonie*; als Dirigenten dieser Aufführungen von wissenschaftlich-künstlerischem Interesse, das den ursprünglichen Intentionen des Komponisten auf der Spur ist, sind Kurt Eichhorn, Peter Gülke, Eliahu Inbal, Hans-Hubert Schönzeler, Yoav Talmi und Kurt Wöss zu nennen. – Die gegenwärtige Situation ist durch eine unübersehbare Vielfalt an Bruckner-Aufführungen gekennzeichnet: nahezu alle international bekannten Dirigenten spielen die Werke Bruckners in den meisten Kulturstaaten der Erde (→ Rezeption). IF

Lit.: Bruckner-Symposion 1980, passim; Manfred Wagner, Zur Bruckner-Interpretation der siebziger Jahre, in: Bruckner-Jahrbuch 1980; Bruckner-Symposion 1982, passim; Imogen Fellinger, Brahms' und Bruckners Verhältnis zu ihren Interpreten, in: Bruckner-Symposion 1983; Othmar Wessely, Johannes Brahms und A. Bruckner als Interpreten, ebenda; Bruckner-Symposion Leipzig 1987 passim; Hans-Hubert Schönzeler, Furtwängler und Bruckner, in: Bruckner-Jahrbuch 1987/88; Bruckner-Symposion 1991, passim; Lee T. Lovallo, A. Bruckner. A Discography. Berkeley 1991; Dietmar Holland, »... und gilt nur späteren Zeiten«: Der Weg zu den Original- und Frühfassungen der Symphonien A. Bruckners, in: 100 Jahre Münchner Philharmoniker. München 1994; Eugen Jochum, Zur Interpretation der Symphonien A. Bruckners, in: Eugen Jochum 1902-1987. Ottobeuren 1994; Ingrid Fuchs, »Künstlerische Väter« und »Vormünder«. Bruckner und die zeitgenössischen Dirigenten seiner Symphonien, in: Bruckner-Symposion 1994; siehe auch Lit.-Angaben bei → Aufführungspraxis, → Interpretation sowie den Artikeln der oben gekennzeichneten Interpreten und Orte.

Diskographie

22 Jahre nach der Verbesserung des Edisonschen Phonographen durch Emil Berliner wurde um 1909 zum ersten Mal ein Werk von Bruckner, die Motette *Locus iste*, durch die Wiener → Hofmusikkapelle aufgenommen. Die frühesten elektronischen (nicht mehr akustischen) Aufnahmen erschienen in den späten zwanziger Jahren; darunter war eine 1928 aufgenommene Aufführung der *Siebenten Symphonie* unter Jascha Horenstein. Die Aufnahme der *Achten Symphonie* unter Eugen Jochum auf fünf Seiten von drei Langspielplatten im Jahre 1948 war eine der ersten in diesem Format. Schließlich ermöglichte die Erfindung des Compact Disc-Verfahrens kurz nach dem Jahre 1980, daß man auch die längeren Werke Bruckners auf meist einem einzigen Tonträger – ohne Plattenwechsel – und fast ohne Verzerrung hören konnte.

Seitdem ist ein erstaunlicher Zuwachs von Aufnahmen Brucknerscher Werke festzustellen: von 1991 bis 1995 steigerte sich die Zahl um bis zu 25 Prozent. Heute sind mehr als 200 verschiedene Compact Discs (CDs) mit Kompositionen Bruckners lieferbar, und die meisten Aufnahmen sind allein in den letzen fünfzehn Jahren entstanden.

Unter den wichtigsten modernen Trends in bezug auf diese Aufnahmen sind zu nennen: 1. das Aufführen anderer Versionen der in mehreren → Fassungen überlieferten Symphonien, z. B. die Aufnahme der ersten Fassung (1873) der *Dritten* unter Eliahu Inbal von 1982; 2. das erstmalige Aufnehmen der kleineren und der kirchenmusikalischen Stücke, z. B. die neue Einspielung des *Germanenzugs* unter der Leitung von R. Shewan; 3. das Aufnehmen von rekonstruierten oder vervollständigten Werken – man denke an das von mehreren Musikwissenschaftlern nach den Quellen rekonstruierte und vervollständigte Finale der *Neunten Symphonie*; 4. die Produktion von Arrangements für nicht originale Besetzungen, z. B. die Einspielung der Motette *Virga Jesse* durch das Posaunenquartett Lüttich; und 5. die Neuausgaben von historischen Aufnahmen im CD-Format. Letzteres ist zwar keine Neuerung, denn man konnte schon vor einigen Jahren viele frühe Aufnahmen auch auf Langspielplatten kaufen. Es handelt sich aber heute nicht nur um Neuausgaben von schon früher auf Schallplatten erhältlichen Produktionen, sondern auch um Erstausgaben von Rundfunkmitschnitten und anderen historischen Live-Aufnahmen. Dank der Möglichkeiten der digitalen Verbesserungstechnik ist der Klang solcher alter Aufnahmen oft auch ganz akzeptabel. Die neue CD der 1944 im Rundfunk gesendeten Aufführung der letzten drei Sätze der *Achten Symphonie* mit dem Preußischen Staatsorchester unter Herbert von Karajan bietet ein attraktives Beispiel.

Neben den Aufnahmen einzelner Bruckner-Symphonien unter der Leitung vieler verschiedener Dirigenten gibt es inzwischen auch etliche »Gesamtaufnahmen« unter jeweils demselben Dirigenten: Serien bzw. Zyklen der neun bzw. zehn oder auch elf Symphonien (die *»Nullte«* und die *f-Moll-Symphonie* eingeschlossen). Die früheste und – man könnte sagen – die wichtigste solcher Serien hatte Eugen Jochum mit den Berliner Philharmonikern und dem Orchester des Bayerischen Rundfunks bis 1967 vollendet. 1980 hatte er noch einen zweiten Zyklus mit der Staatskapelle Dresden vorgelegt. Eine weitere frühe Serie war der 1972 vollendete Symphonienzyklus von Bernard Haitink mit dem Concertgebouw-Orkest Amsterdam. Haitinks zweite Gesamtaufnahme mit den → Wiener Philharmonikern steht fast komplett. Kurt Masur hatte die neun Symphonien mit dem Leipziger Gewandhausorchester von 1975 bis 1978 aufgenommen, und Herbert von Karajan hatte 1981 seinen einzigen Zyklus mit den Berliner Philharmonikern vollendet. Gleichzeitig hatten Daniel Barenboim eine Serie von zehn Symphonien mit dem Chicago Symphony Orchestra und Günter Wand einen Zyklus mit dem Sinfonie-Orchester des Westdeutschen Rundfunks Köln vollendet. Einer 1987 begonnenen zweiten Serie von Wand mit dem Sinfonie-Orchester des Norddeutschen Rundfunks Hamburg fehlen noch Aufnahmen von den ersten zwei Symphonien. 1982-1988 hatte Eliahu Inbal eine interessante Serie von Aufnahmen mit dem Radio-Sinfonie-Orchester

Frankfurt geschaffen, wobei er sich – wo vorhanden – auf die ungebräuchlicheren früheren Fassungen der Symphonien konzentrierte. Andere zur Zeit noch unvollendete Serien findet man bei Georg Solti und dem Chicago Symphony Orchestra, Heinz Rögner und dem Rundfunk-Sinfonie-Orchester Berlin, Asahina Takahasi mit Orchestern aus Osaka und Tokio sowie Wolfgang Sawallisch mit dem Bayerischen Staatsorchester. Die Gesamtaufnahme mit dem → Bruckner Orchester Linz unter Kurt Eichhorn, Theodor Guschlbauer und Martin Sieghart konnte 1996 fertiggestellt werden. Kürzlich haben Giuseppe Sinopoli mit der Staatskapelle Dresden und Neeme Järvi mit dem London Philharmonic Orchestra angefangen, Bruckner-Symphonien-Zyklen aufzunehmen.

Eine genaue Zählung aller Aufnahmen von Bruckners Musik ist unmöglich, weil fast wöchentlich neue produziert werden. Seit 1909 sind ca. 1008 Einspielungen verschiedener Werke Anton Bruckners erschienen. Viele Stücke sind sehr oft aufgenommen worden. Eine Auswahl der zur Zeit am häufigsten auf Tonträgern lieferbaren Werke in verschiedenen Kategorien: *Vierte Symphonie* – 74 verschiedene Aufnahmen, *Siebente* – 66, *Achte* – 61, *Neunte Symphonie* – 57, *Ave Maria* (WAB 6) – 64, *Locus iste* – 49, *Te Deum* – 26, *Messe in e-Moll* – 21, *Streichquintett* – 21, *Fuge* (Orgel) – 9, (»Perger«) *Präludium* (Orgel) – 9.

Noch nicht aufgenommen sind vor allem die früheren und kleineren Stücke, d. h. einzelne Werke der geistlichen und weltlichen Vokalmusik, der *Marsch* für Militärmusik und die »Kronstorfer« *Messe ohne Gloria*. Jeweils 11 bzw. 15 Werke der geistlichen Vokalmusik wurden mit den Corydon Singers unter Matthew Best (1985) und dem Choir of St. Bride's Church unter Robert Jones (1994) aufgenommen. Sämtliche Orgelwerke wurden von Erwin Horn (1990), sämtliche Klavierwerke von Wolfgang Brunner und Michael Schopper (1995) eingespielt. Auch Teile der weltlichen Vokalmusik liegen in einer Einspielung mit dem Chorus viennensis unter der Leitung von Guido Mancusi vor (1996).

Bei den Aufführungszeiten der einzelnen Symphonien Bruckners spielt nicht nur das Tempo, sondern auch die verwendete Partiturausgabe bzw. die Fassung eine Rolle. Wenn man die rekonstruierte Aufführungsfassung des 4. Satzes der *Neunten Symphonie* als »echten Bruckner« ansieht, ist die Aufnahme dieser Symphonie unter Kurt Eichhorn mit dem Bruckner Orchester Linz mit einer Gesamtspielzeit von 1h 32' 47" gewiß die allerlängste eines Brucknerschen Werkes. Ansonsten ist die Aufnahme (nur drei Sätze) von Zubin Mehta und den Wiener Philharmonikern mit einer Dauer von 1h 03' die längste. Die rascheste Aufnahme dieser Version ist der Live-Mitschnitt eines Konzertes von 1953 mit den Wiener Philharmonikern unter Bruno Walter mit weniger als 49 Minuten. Für die *Achte Symphonie* gilt die Aufnahme von Carlo Maria Giulini und den Wiener Philharmonikern mit einer Dauer von 1h 27' 20" als die längste. Die kürzeste dagegen ist die Aufführung aus dem Jahre 1955 von Hans Knappertsbusch und dem Bayerischen Staatsorchester in nur 1h 09' 41" (Partitur-Ausgabe von Josef → Schalk).

LTL

Lit.: Es gibt nur wenige veröffentlichte Diskographien von Bruckners Musik. Abgesehen von vielen kürzeren Artikeln in Zeitschriften (wie z. B. Ludwig Flichs »Bruckner-Diskographie« im Bruckner-Jahrbuch 1981 und 1987/88 sowie Richard Osbornes »The Bruckner Symphonies on Record« in der Ausgabe August 1991 von »Gramophone« beinhalten einige Bücher über Bruckner oft als Anhang Listen von oder Diskussionen über Aufnahmen seiner Musik. Beispiele davon findet man in »A. Bruckner in Selbstzeugnissen und Bilddokumenten« von Karl Grebe (Hamburg 1972) und in »Bruckner« von Derek Watson (London 1975). Vgl. auch die Vermerke unter »Diskographien« in der »Bruckner-Bibliographie« von Renate Grasberger (Graz 1985). Der erste Versuch einer umfassenden, sachlichen und geordneten Bruckner-Diskographie war wohl J. F. Webers »Bruckner« (New York 1975). 1991 erschien des Verfassers »A. Bruckner: A Discography« (Berkeley, Kalifornien).

»Domine, ad adjuvandum me festina« (WAB 136, vermutlich nicht von Bruckner)
Skizze, 25 Takte (Sopranstimme), D-Dur
EZ: 14. 7. 1835 in → Hörsching
Quelle: ÖNB-MS (Handschrift von Johann Baptist → Weiß)

Der Text ist der Eröffnungsvers des Stundengebetes (»O Gott, komm mir zu Hilfe / Herr, eile mir zu helfen, Ehre sei dem Vater ...«) der römisch-katholischen Kirche, in der mehrstimmigen Musik häufig vertont als Einleitung einer feierlichen gesungenen Vesper.

Göllerich-Auer sehen in der Skizze einen Kompositionsversuch des 11jährigen Bruckner, Leopold → Nowak schreibt sie jedoch dem älteren Cousin und Lehrer Johann B. Weiß zu, in dessen Handschrift sie auch erhalten ist. EM

Literatur: Göll.-A. 3/1, S. 537; Leopold Nowak, Revisionsbericht zu NGA Band XXI, S. XIII, Anm. 8.

Dömpke, Gustav

Geb. 1851 in Barten, Ostpreußen, gest. 10. 11. 1923 in Königsberg; Musikkritiker, zunächst an der Königsberger »Allgemeinen Zeitung«. 1879 kam er nach → Wien und schrieb bald auf Empfehlung Eduard → Hanslicks für die seit 1880 erscheinende »Wiener Allgemeine Zeitung«. Seit 1887 wieder in Königsberg, drückte er als Anhänger von Johannes → Brahms sowie Hanslick und Gegner von Richard → Wagner sowie der → Neudeutschen Schule zunächst erneut dem Musikfeuilleton der »Allgemeinen Zeitung«, seit 1897 dann – als »Hauptberichterstatter« – der »Königsberger Hartungschen Zeitung« seinen Stempel auf. Durch die Gründung eines »Bach-Brahms-Kränzchens« förderte er das häusliche Musizieren und trat erfolgreich für beider Werke ein.

Der nur wenige Jahre in Wien wirkende Dömpke war in der Gruppe derjenigen Wiener Kritiker, die aus ihrer Abneigung gegenüber fast allen Werken Bruckners keinen Hehl machten – besonders also Hanslick, → Kalbeck und → Heuberger –, in Urteil und Wortwahl wohl der gehässigste. Bruckner beklagte sich in einem Brief (9. 5. 1884) an seinen Universitätsschüler Anton → Vergeiner über Hanslick und »seine zwei Adjunkten« Kalbeck und Dömpke, die »auf Commando schreiben« müßten. 1885 hatte Dömpke zwar überwiegend positiv – wie fast alle »Gesinnungsgenossen« – über das *Streichquintett* geurteilt, es wegen »unverkennbarer Selbständigkeit nicht in einen Topf mit der Produktion der neudeutschen Schule« werfen wollen, schrieb aber ein Jahr später anläßlich der Wiener Erstaufführung der *Siebenten Symphonie*, die in Deutschland schon mehrfach erfolgreich gespielt worden war, den oft zitierten Satz: »Bruckner komponiert wie ein Betrunkener« und attestierte ihm, »ein virtuoser Anempfinder« der Musik → Beethovens und Wagners zu sein – »ohne das Gegengewicht einer Intelligenz ... und vollends ohne die künstlerische Kraft«, sich diese Eindrücke »als einer eigenen, selbständigen Individualität zu assimilieren«. Bruckner mit seiner »unheilbar erkrankten ... und zerrütteten« Phantasie hielt nach Dömpke dem Vergleich mit den »echten Meistern von Haydn bis Brahms« nicht stand. UH

Lit.: Göll.-A. 4/2, passim; Erwin Kroll, Musikstadt Königsberg. Geschichte und Erinnerung. Freiburg-Zürich 1966; Bruckner-Symposion 1991 (»Bruckner-Rezeption«).

Doppelbauer, Franz Maria

Geb. 21. 1. 1845 in Waizenkirchen, Oberösterreich, gest. 2. 12. 1908 in Linz. Bischof von Linz 1889-1908. Siebtes von acht Kindern eines Fleischhauers, trat 1857 in das Knabenseminar in → Linz ein und studierte nach der Matura Theologie am Priesterseminar (1865-1869, Priesterweihe 26. 7. 1868). Den Jahren als Kooperator an der Vorstadtpfarre → Steyr (1869-1876) folgte ein Studienaufenthalt in Rom (1878 Dr. jur. can., 1879 Dr. jur. utr.). 1879-1887 war er Konsistorialsekretär in Linz. 1887 ernannte ihn Kaiser → Franz Joseph zum Rektor des Priesterkollegs Anima in Rom und am 17. 12. 1888 zum Bischof von Linz (Bischofsweihe in Rom, 10. 3. 1889, durch Kardinal Serafino Vannutelli, Inthronisation in Linz, 5. 5. 1889, im noch unvollendeten → Neuen Dom). Als erster Oberösterreicher auf dem Linzer Bischofsstuhl leitete er die Diözese ganz nach dem Vorbild → Rudigiers, für den er 1895 den Seligsprechungsprozeß eröffnete. Herausragende Leistungen Doppelbauers: Bau des Knabenseminars Kollegium Petrinum in Urfahr (1895-1897), Förderung der Gründungen einer Lehrerinnenbildungsanstalt in → Vöcklabruck (1894) und einer Lehrerbildungsanstalt in Linz (1904/05, Stifterstraße), Fortführung des Dombaus (Weihe des Turmes 1902), Einrichtung eines Diözesanarchivs (1902) und eines Diözesanmuseums (1904), Förderung der geistlichen Orden und des katholischen Vereins- und Pressewesens. Der Entstehung der Christlichsozialen Partei (1895) stand der Bischof trotz seiner sozialen Aufgeschlossenheit zunächst ablehnend gegenüber.

Der als eher unmusikalisch geltende Bischof brachte Bruckner, der bei der Inthronisation 1889 »das feierliche Orgelspiel besorgte«, wiederholt seine Verehrung zum Ausdruck. Am 30. 10. 1890 wurde Bruckner nach einstimmig angenommenem Antrag des Bischofs vom Oberösterreichischen Landtag ein Ehrensold auf Lebenszeit in der Höhe von jährlich 400 fl zuerkannt (was dem Jahresgehalt eines Volksschul-Aushilfslehrers entsprach). Auf Einladung Doppelbauers spielte Bruckner zu Ostern 1891 beim Hochamt im → Alten Dom die Orgel – es war sein letzter Linzer Auftritt. Er wohnte auf Wunsch des Hausherrn im Bischofshof. RZ

Lit.: Johann Zöchbaur, Dr. F. M. Doppelbauer, Bischof von Linz. Linz 1909; Göll.-A. 3/1, S. 613 f., 4/3, S. 74-78; Joseph Lenzenweger, Sancta Maria de Anima. Wien-Rom 1959, besonders S. 92-96; Rudolf Zinnhobler, Doppelbauer F. (von Sales) M., in: Die Bischöfe der deutschsprachigen Länder 1785/1803 bis 1945. Ein biographisches Lexikon. Hrsg.

Erwin Gatz. Berlin 1983, S. 15 ff.; Peter Gradauer, F. (von Sales) M. Doppelbauer, in: Die Bischöfe von Linz. Hrsg. R. Zinnhobler. Linz 1985, S. 198-241.

Dorn, Ignaz

Geb. 1829/30 und gest. 30. 5. 1872 in Wien. Sohn eines Lehrers, legte »als Privatist« die Prüfung der 1. Klasse der Lehrerbildungsanstalt → St. Anna in → Wien ab, trat aber, da ihm die Musik bald wichtiger geworden zu sein schien, zur nächsten Prüfung nicht mehr an. Vermutlich gehörte Dorn zu den begeisterten Hörern der Konzerte, die Hector → Berlioz während seines Wiener Gastspiels im Winter 1845/46 gab und auf deren Programm u. a. dessen »Symphonie fantastique« stand. Nach Erlernung mehrerer Instrumente wurde Dorn bald als Geiger ins Hofopernorchester aufgenommen, wo er sich als leidenschaftlicher Anhänger der »Zukunfts-Musik« (→ Neudeutsche Schule) entpuppte. Auch als Komponist trat Dorn mit mindestens vier Konzerten an die Öffentlichkeit. Die am 2. 2. 1861 im Wiener Musikvereinssaal (neben einer Konzertouvertüre, einem Streichquartett und einer Klavierphantasie) aufgeführten »Labyrinth-Bilder oder Traum und Erwachen. Characteristische Sinfonie« ernteten eine vernichtende Kritik aus der Feder Selmar Bagges. Dorn dürfte bei diesem Werk vom gedanklichen Inhalt der »Symphonie fantastique«, musikalisch-thematisch von der Lisztschen »Faust-Symphonie« angeregt worden sein, der auch thematisches Material entlehnt wurde.

1863 nach → Linz übersiedelt, wirkte Dorn zunächst als Geiger, dann als zweiter Kapellmeister am Landständischen Theater, wo mehrere Werke für das Theater entstanden. In dieser Zeit lernte ihn Bruckner kennen, der kurz zuvor seine Studien bei Otto → Kitzler abgeschlossen hatte. Dorn führte nicht nur der schon durch Kitzler entflammten Begeisterung Bruckners für Richard → Wagner neue Nahrung zu, sondern erschloß ihm auch die Kunst eines Berlioz und → Liszt. Er begleitete die Entstehung von Bruckners *Erster Symphonie* und der *Messe in d-Moll.*

Obwohl er sich in einer heimlichen Verlobung an Maria Zappe, Tochter des Linzer Orchesterdirektors Karl → Zappe, gebunden hatte, folgte Dorn dem Ruf Kitzlers als zweiter Kapellmeister nach → Brünn. Maria Zappe löste drei Monate vor der schon geplanten Hochzeitsreise die Verlobung, Dorn verfiel dem Alkohol und wurde 1871 aus seiner Brünner Stelle entlassen. Im selben Jahr trat er in Wien einen Posten am renom-

Titelblatt

mierten Hietzinger Vergnügungsetablissement »Neue Welt« an, wo damals u. a. auch Eduard und Josef → Strauß sowie der → Wiener Männergesang-Verein konzertierten. Am 12. 5. 1872, nach dem großen Wagner-Konzert in Wien, trafen die Freunde Bruckner, Kitzler und Dorn ein letztes Mal zusammen. In den darauf folgenden Tagen wollte Dorn bei Wagner vorsprechen, wurde jedoch schroff abgewiesen. Die Kränkung darüber scheint für sein vom Trunk zerrüttetes Gemüt zuviel gewesen zu sein: Kurz darauf verfiel er während des Dirigierens in der »Neuen Welt« dem Wahnsinn und starb in den letzten Tagen des Mai im Wiener Bürger-Versorgungshaus.

Dorns Bedeutung für Bruckner ist wohl weniger die eines Lehrers im strengen Sinn als die eines Begleiters in die Welt der damals modernsten Musik. Seine eigene Begeisterung mag Bruckner den Rücken gestärkt haben, zu einer persönlichen Musiksprache zu finden. EM

Werke: 2 Messen. – 9 Bühnenwerke: »Die drei Tannen« nach K. A. Kaltenbrunner, 1863; »Der verliebte Graubart« nach Th. Flamm, 1863; »Bei der Milchmariandl« nach Stangl, 1866; »Der Conrad und sein Toni« nach Karl Krapp, 1866; »Prinz Eugen, der edle Ritter« nach Anton Langer, 1866; »Der Krieg und seine Schrecken« nach Eduard Dorn, 1870; »Aus dem Arbeitsleben« nach H. Börnstein und J. Böhm, 1870; »Prinz Amaranth« nach G. Bukovics, 1870; »Im Zauberberge« nach J. Böhm, 1870. – Orchesterwerke und Kammermusik.

Lit.: Selmar Bagge, Concerte, in: Deutsche Musik-Zeitung 2 (1861) S. 44 f.; Eduard Kremser, Nekrolog in: Das Vaterland 20. 6. 1872; Elisabeth Maier, Brahms und Bruckner. Ihr Ausbildungsgang, in: Bruckner-Symposion 1983; dies., I. Dorns Charakteristische Symphonie »Labyrinth-Bilder«, in: Bruckner-Symposion 1987.

Drechsler, Joseph

Geb. 25. 5. 1782 in Wällisch-Birken, Böhmen, gest. 27. 2. 1852 in Wien; Kapellmeister und Komponist. Zunächst an Theatern in Baden und Preßburg tätig, dann am Leopoldstädter Theater in → Wien, wo er gleichzeitig auch Kapellmeister an mehreren Kirchen war, bis er 1844 zum Domkapellmeister von → St. Stephan aufrückte. Als Komponist zahlreicher Opern, Singspiele und Bühnenmusiken sowie durch das Lied »Brüderlein fein« (Ferdinand Raimund) populär geworden, war Drechsler auch ein gediegener Kirchenkomponist, dessen Werke sich in Österreichs Kirchen großer Beliebtheit erfreuten.

Als Lehrer von Johann → Strauß (Sohn) führte er dessen Graduale »Tu, qui regis« in der Kirche Am Hof in Wien auf. Gerade dieses Werk, das in eigentümlicher Nähe zu Bruckners → Kirchenmusik steht, zeigt, wie sehr dieser in der Tradition seiner Zeit fußte. In der Wiener Hofkirche → St. Augustin, wo Bruckner immer wieder an der Orgel wirkte, waren Werke Drechslers im Repertoire. – Joseph Drechsler darf nicht mit jenem »Hofrath Drechsler«, recte Philipp Draexler von Carin, verwechselt werden, der in Bruckners Bemühen um die Hoforganistenstelle (→ Hofmusikkapelle) eine Rolle spielte. LMK

Lit.: Wurzbach; ÖBL; Eva Kitzler, J. Drechsler und seine Kirchenmusik. Mschr. Diss. Wien 1983; Ernst Tittel, Österreichische Kirchenmusik. Wien 1961, S. 263 f.

Dresden

Hauptstadt des 1990 neugegründeten Freistaates Sachsen, beiderseits der Elbe gelegen. Auf eine um 1200 entstandene Burg zurückgehend, wurde Dresden im Jahre 1485 Regierungssitz der albertinischen Linie der Wettiner. Bis 1918 Residenzstadt und wegen seiner schönen Bauten als »Elbflorenz« bekannt. Seit dem 18. Jahrhundert Sammelpunkt von Malern, Dichtern und Musikern. 1945 stark zerstört. 1871: 177 000, 1993: 480 265 Einwohner.

Bruckner erwähnt Dresden erstmals 1864 im Zusammenhang mit dort und in → Leipzig geplanten Orgelkonzerten, die nicht zustande kamen. In den 1870er Jahren kam es zu ersten Kontakten bezüglich Aufführungen. So schrieb Bruckner am 9. 10. 1878 an Wilhelm → Tappert: »Willner [recte Franz Wüllner] in Dresden hat mich auch eingeladen, ihm eine Partitur zu schicken.« Vermutlich auf Vermittlung des Bildhauers Gustav Adolph Kietz erklang am 11. 12. 1885 mit der *Dritten Symphonie* unter Ernst von Schuch, seit 1872 Musikdirektor, erstmals ein Werk Bruckners in Dresden. Eduard Rappoldi (1831-1903), aus Wien stammender Hofkonzertmeister und Professor am Konservatorium in Dresden, verheiratet mit der Theorieschülerin Bruckners und späteren Pianistin Laura Rappoldi-Kahrer (1853-1925), versuchte sich für eine Bruckner-Aufführung in der Königlichen Kapelle einzusetzen.

Einer der eifrigsten Verfechter der Werke der »Moderne« und damit auch jener Bruckners war Jean Louis → Nicodé, der am 15. 3. 1887 die *Siebente Symphonie* mit dem seit 1870 bestehenden Gewerbehausorchester, aus dem 1915 das Dresdner Philharmonische Orchester (seit 1924: Dresdner Philharmonie) hervorging, in einem Vortragsabend aufführte. 1889 erklang das *Streichquintett* in einem Übungsabend des Tonkünstlerverbandes.

Auf der Rückreise von → Berlin, wo am 31. 5. 1891 das *Te Deum* aufgeführt wurde, machte Bruckner mit Max von → Oberleithner Station in Dresden und stieg im Hotel »Bellevue« ab. Grund war die Suche nach der Schauspielerin Clara Salbach, die er auch im Hoftheater erlebte. Von Ernst von Schuch erhielten sie Karten für »Rheingold« und »Walküre« am 5. und 6. 6. In der katholischen Hofkirche wollte Bruckner unbedingt die Gruft mit den Särgen der Könige besuchen.

Im November 1895 erklang die *Vierte Symphonie* durch die Hofkapelle unter der Leitung von Adolf Hagen, die »im Ganzen eine ganz überraschend verständige, entschieden beifällige Aufnahme gefunden hat« (Deutsche Wacht 17. 11. 1895), am 18. 12. 1895 führte Nicodé die *Achte Symphonie* mit der verstärkten Chemnitzer Stadtkapelle auf. 1896 folgten die *Achte Symphonie* und das Adagio der *Siebenten* (Nikisch). 1897 erklang das *Te Deum* und 1899 wieder die *Vierte Symphonie*.

Nach 1900 spielte die Hofkapelle (nach 1918: Sächsische Staatskapelle) folgende Erstaufführungen: *Neunte Symphonie* (5. 1. 1906), *Fünfte Symphonie* (8. 2. 1907), *Achte Symphonie* (13. 12. 1907), *Sechste Symphonie* (14. 1. 1910) und *Erste Symphonie* (14. 3. 1911).

Unter Paul van Kempen (1893-1955) fanden in

den dreißiger Jahren Aufführungen aller Symphonien in den »Urfassungen« mit der Dresdner Philharmonie und erstmals ein Bruckner-Zyklus in der Saison 1935/36 statt. – Von 1935 bis 1945 bestand die Dresdner Bruckner-Vereinigung unter Arthur Neuberg. 1946 fand die Uraufführung der ersten Fassung der *Dritten Symphonie* mit der Staatskapelle statt.
Nach dem Zweiten Weltkrieg machten sich Hermann Abendroth (1883-1965), Heinz Bongartz (1894-1978), Horst Förster (geb. 1920), Kurt Masur (geb. 1927), Günther Herbig (geb. 1931), Herbert Kegel (geb. 1920) und Jörg-Peter Weigle um Bruckners Symphonien verdient. Auch gegenwärtig spielen die Sächsische Staatskapelle Dresden und die Dresdner Philharmonie regelmäßig Werke von Bruckner im Konzert und ebenso für CD-Aufnahmen. AH/DH

Lit.: Göll-A. 4/1, S. 500, 4/2, S. 370, 523 f., 4/3, S. 158 f., 534-538; Max von Oberleithner, Meine Erinnerungen an A. Bruckner. Regensburg 1933, S. 62-66; Dieter Härtwig, Die Dresdner Philharmonie. Eine Chronik des Orchesters 1870 bis 1970. Leipzig 1970; Staatskapelle Dresden. Hrsg. Eberhard Steindorf und Dieter Uhrig. Berlin 1973.

»Du bist wie eine Blume« (WAB 64)

Gemischtes Vokalquartett a cappella in F-Dur, »Nicht zu langsam«
Text: Heinrich Heine (→ Textdichter)
EZ: am 5. 12. 1861 in → Linz vollendet
W: → Männergesang-Verein »Sängerbund« Linz
UA: 16. 12. 1861 in Linz (Redoutensaal; Hermine und Wilhelmine Ritter, Heinrich Knoll und Ferdinand Hummel; Bruckner)
Autograph: ÖNB-MS
ED (Faksimile): Göll.-A. 3/2, S. 193-196 (1930)
NGA: Band XXIII/2 (in Vorbereitung)

»Du bist wie eine Blume«. Erste Seite des Autographs

Das Werk entstand, vielleicht auf Wunsch Alois → Weinwurms, möglicherweise unmittelbar nach der Studienzeit bei Simon → Sechter (das Arbeitsmanuskript enthält Taktbezifferungen). Die ursprüngliche Disposition, die der Komponist den vier Alexandriner-Versen zuteilt, läßt ein Bemühen erkennen, das über die schlichte Anschmiegung der Musik an den Text hinausgehen will. Mittels Einschüben erweitert Bruckner die vorgegebene Form. Die Gelegenheitskomposition wurde beim Gründungsfest des Männergesang-Vereins »Sängerbund« uraufgeführt und in den folgenden Jahren immer wieder gesungen. AH

Lit.: Göll.-A. 3/1, S. 124; Hawkshaw, The Manuscript Sources, S. 134-148, 266 f., 495; Thomas Röder, Eigenes angewandtes Nachsinnen – Bruckners Selbststudium in Fragen der Metrik, in: Bruckner-Symposion 1992.

Duetto (WAB 137) »Wie des Bächleins Silberquelle«

Liedskizze für zwei Soprane und Klavier in G-Dur
Text: unbekannt (Ernst → Marinelli?)
EZ: um 1845 in → St. Florian
W: Prälat Michael → Arneth (nach Göll.-A. 2/1, S. 375)
Autograph: Stift → St. Florian / Stadtarchiv → Wels
ED (Faksimile): Göll.-A. 2/2, S. 65 f. (1928)
NGA: Band XXIII/1 (in Vorbereitung)

Die Überlieferung der von Franz Xaver Müller entdeckten Skizze ist ungewöhnlich, denn der Papierbogen wurde nach der Niederschrift zu einem unbekannten Zeitpunkt zerrissen. Somit befindet sich ein Blatt (fol. 1) in St. Florian, die letzten vier Takte stehen jedoch auf dem dazugehörigen Blatt (fol. 2) im Archiv der Stadt Wels. Auf diesem Blatt ist auch die erste Fassung des Passionsliedes *In jener letzten der Nächte* autograph notiert.
Bruckner hat in den vier Systemen bis auf eine einzige kurze Ausnahme nur die Singstimmen niedergeschrieben. Sowohl die Verwendung desselben Textes als auch Übereinstimmungen in Tonart, → Melodik und Rhythmik weisen das *Duetto* als ein Vorstadium bzw. einen ersten Entwurf zum (schließlich anders besetzten) *Ständchen* aus. EWP

Dürrnberger, Johann August

Geb. 10. 3. 1800 in Pernstein bei Kirchberg, Oberösterreich, gest. 6. 2. 1880 in Steyr. Sohn des Hofschreibers Michael Dürrnberger,

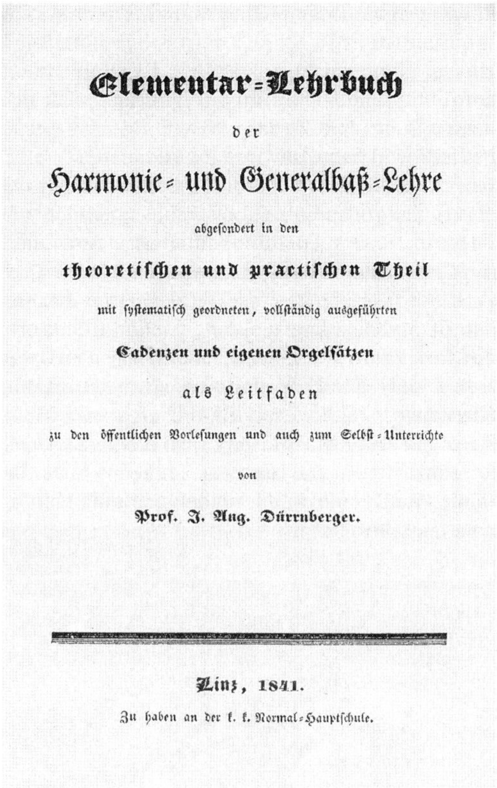

Elementar-Lehrbuch

der

Harmonie- und Generalbaß-Lehre

abgesondert in den

theoretischen und practischen Theil

mit systematisch geordneten, vollständig ausgeführten

Cadenzen und eigenen Orgelsätzen

als Leitfaden

zu den öffentlichen Vorlesungen und auch zum Selbst-Unterrichte

von

Prof. J. Aug. Dürrnberger.

Linz, 1841.

Zu haben an der k. k. Normal-Hauptschule.

Titelblatt

besuchte seit 1809 das Stiftsgymnasium → Kremsmünster, wo seinerzeit sein Großvater Michael Dürrnberger d. Ä. als Regens chori gewirkt hatte. Hier waren Josef Preinfalk und Wenzel Thomas Wawra seine Musiklehrer. Nach abgebrochenem Jusstudium in Jena (seit 1817) kehrte er nach Österreich zurück und war in → Linz als Buchhaltungspraktikant tätig. Daneben studierte er Musik in → Wien (wo, ist derzeit noch unbekannt). Am 5. 9. 1834 legte er an der Lehrerbildungsanstalt → St. Anna in Wien eine Prüfung in Harmonielehre und Generalbaßspiel ab (Note »sehr gut«). Tags darauf unterzog er sich einer weiteren Prüfung »in der gesamten höheren Tonwissenschaft« und fand hinsichtlich »seiner Befähigung ehrendste Anerkennung«. Nach einer weiteren öffentlichen Prüfung 1843 stellte ihm das Konservatorium der → Gesellschaft der Musikfreunde in Wien ein Diplom aus, das von Hofkapellmeister Joseph → Eybler und dem späteren Kapellmeister von → St. Stephan, Joseph → Drechsler, unterzeichnet ist. Darin wird Dürrnberger das Recht erteilt, sich »Professor« zu nennen. Das veranlaßte Bruckner 1861, dort ebenfalls um Verleihung des Professorentitels zu bitten, was zu dieser Zeit allerdings nicht mehr üblich war.

Seit 1832 erteilte Dürrnberger unentgeltlich – trotz zahlreicher Kinder mit seiner Frau Elisabeth (geb. 1805) – Unterricht in den Fächern Harmonie- und Generalbaßlehre, Choralgesang und Orgelspiel an der Linzer Präparandie, schaffte die Instrumente für ein komplettes Orchester inklusive Orgelpositiv aus eigenen Geldmitteln an und führte mit den Präparanden »große öffentliche Productionen« in der Linzer Minoritenkirche auf, wobei die Werke der Wiener Klassiker im Vordergrund standen. Im Laufe der Jahre nahmen an die 1 000 Schüler daran teil. Dürrnbergers Wirken an der Präparandie dauerte insgesamt 29 Jahre. Zu seinen Schülern zählten hier außer Bruckner, der seinen Unterricht 1840/41 genoß, Josef → Seiberl, Karl → Waldeck und Johann Evangelist Habert.

Zu seinen weiteren, von großem Idealismus getragenen Unternehmungen gehörten der Unterricht der Gymnasialschüler in Kirchengesang und Orgelspiel, die Mitwirkung bei den akademischen Gottesdiensten, die musikalische Gestaltung der Gottesdienste in der Provinzial-Zwangsarbeits- und Besserungsanstalt, die Komposition von Kirchenliedern für die Gottesdienste des Lyzeums, die Gestaltung der Festgottesdienste für den Industrieverein und die Leitung der Musikkapelle des Linzer Bürgerkorps. 1861 nahm Dürrnberger eine Stelle als oberösterreichischer Landesbuchhalter an und erhielt für seinen selbstlosen Einsatz das goldene Verdienstkreuz mit der Krone. In seinem Sterbeort → Steyr war sein Sohn Johann (1834-1914), mit dem Bruckner ebenfalls in Kontakt stand, Pfarrer. Ein weiterer Sohn, Hugo (1838-1913), wählte ebenso den geistlichen Stand und trat ins Stift → Wilhering ein. Der älteste Sohn, August (1827-1866), hatte eine sehr musikbegabte Tochter namens Pauline (geb. 31. 1. 1854), die eine bekannte Pianistin wurde.

Dürrnberger kommt das bleibende Verdienst zu, Bruckner den ersten geregelten und sehr gediegenen Unterricht in → Musiktheorie erteilt zu haben. Dieser Unterricht war für Bruckner so grundlegend, daß er seinem eigenen Lehrplan unter anderem auch das Theoriebuch Dürrnbergers zugrunde legte. EM

Werke (galten lange Zeit als verschollen oder gar als Mystifikation; zumindest dem Titel nach sind heute u. a. bekannt): 2 Gesangbücher für Schulgottesdienste; »Salvum fac imperatorem« (aufgeführt 1837 in Anwesenheit des Kaiserpaares); 60 kleinere Kirchenkompositionen. – 2 Bühnenwerke: »Die goldene Braut« nach Wenzel Stangelhofer, 1829; »Das Alpenfest« nach Michael Dürrnberger, 1832. – Blasmusik und Walzer. – »Elementar-Lehrbuch der Harmonie- und Generalbaßlehre« (Linz 1841); »Choral-Gesangslehre ... zum Schul- und Selbstunterrichte«.

Lit.: Elisabeth Maier, Bruckners oberösterreichische Lehrer, in: Bruckner-Symposion 1988.

Dvořák, Antonín

»Als im Gasthause von [Josef] Förster die Sprache auf Dvořák gelenkt wurde und jener diesen rühmte, wehrte Bruckner mit den Worten ab: ›Ich bin kein Verehrer von ihm.‹« Es sind nur ganz wenige, von Franz Marschner mitgeteilte Äußerungen Bruckners über Antonín Dvořák (1841-1904) bekannt, aber sie zielen alle in die gleiche Richtung. Einmal sprach sich Bruckner über ein Streichquartett des tschechischen Komponisten sogar »äußerst abfällig, ja verächtlich« aus, was wohl auf künstlerische Eifersucht zurückzuführen war.

Aber auch auf der anderen Seite war offenbar Distanz vorhanden. In seinem berühmten Schubert-Aufsatz bemerkte Dvořák kurz über Bruckners *Achte*, »daß diese Symphonie eine bessere Chance hätte, ihren Weg durch die Welt zu machen, wenn sie kürzer wäre«. Dies ist seine einzige bekannte Äußerung über Bruckner. 1896 kam es zu einem kurzen Zusammentreffen der beiden Komponisten in → Wien.

Nach Josef Suk hat Dvořák Bruckner-Werke studiert. Mangels genauerer Angaben lassen sich aber nur Vermutungen über seine Bruckner-Kenntnis und deren Datierung anstellen (*Streichquintett, Dritte, Siebente Symphonie*). So sind auch bis jetzt keine konkreten musikalischen Einflüsse nachweisbar. Ähnliche Strukturen und Phänomene vor allem in der Zeit zwischen 1860 und 1870 sind eher auf gemeinsame Quellen (→ Schubert), aber ebenso wohl auf voneinander unabhängige kompositorische Lösungen zurückzuführen. Nachher sind die Wege der beiden Komponisten auseinandergegangen (Gabrielová). EWP

Lit.: Göll.-A. 4/2, S. 130, 164; Jiří Vysloužil, A. Bruckner und A. Dvořák?, in: Bruckner-Jahrbuch 1981; Jarmila Gabrielová, Österreichische und böhmische Symphonik – ein Widerspruch? Die frühen Symphonien von A. Dvořák im Kontext der österreichischen Symphonik im zweiten Drittel des 19. Jahrhunderts, in: Bruckner-Symposion 1993.

E

Ebelsberg

Markt an der Traun, südlich der Stadt Linz, in die er 1938 eingemeindet wurde; dem Stift → St. Florian inkorporierte Pfarre. Einwohnerzahl 1807: 1 600, 1850: 1 900, 1900: 2 400.
Im Sommer 1837 mußte sich die Mutter Bruckners nach dem Tod ihres Mannes um eine neue Wohnung umsehen. Sie zog mit den vier Kindern im Alter von einem bis acht Jahren (Rosalia, Josefa, Ignaz, Maria Anna) und begleitet von der blinden Schwägerin Anna Maria → Bruckner (1784-1855) nach Ebelsberg in die Nähe von Bekannten, der 13jährige Anton kam vorübergehend nach → Hörsching zum Onkel Joseph → Weiß. Die Mutter lebte in Ebelsberg in bescheidenen Verhältnissen bis zu ihrem Tod 1860 im »äußeren Schmiedhaus« (Besitzer Josef und Klara Eder) auf Ebelsberg Nr. 70 (später Kremsmünsterer Straße 2, inzwischen abgerissen). Die finanzielle Basis bildeten die geringen statutengemäßen Leistungen des Pensions-Instituts für Schullehrers-Witwen und -Waisen, die Erträge eigener Arbeit (»als Helferin«, »Wäscherin«), die Unterstützung durch Familien in Ebelsberg sowie → Ansfelden und später durch ihren Sohn Anton.
Anton Bruckner besuchte seine Mutter oft in Ebelsberg, von → Linz aus auch zusammen mit Karl → Waldeck.
Das Grab von Mutter Bruckner auf dem Ortsfriedhof ist am ursprünglichen Platz, mehreren Schwierigkeiten zum Trotz, erhalten geblieben. Der → Brucknerbund für Oberösterreich sorgte für die Restaurierung (1984), und die laufende Betreuung liegt seit Herbst 1973 bei der Stadt Linz. FZ

Lit.: Mathias Rupertsberger, Ebelsberg. Einst und Jetzt. Linz 1912; Göll.-A. 1, S. 116 ff., 3/1, S. 69 ff.

Eberstaller, Karoline

Geb. 2. 3. 1812 und gest. 25. 3. 1902 in Steyr. Tochter des Steyrer Kaufmannes Johann Evang. Eberstaller (1774/75-1836) und der Katharina geb. Wurm (1772-1822). Karoline lernte Franz → Schubert bei einem seiner Besuche in → Steyr (1819, 1823, 1825) kennen, war von ihm und seinem Werk stark beeindruckt, wurde auch »letzte Freundin Schuberts« genannt. Lange und entscheidende Strecken ihres Lebenslaufs mit Reisen und Auslandsaufenthalten liegen im dunkeln. Erst im Alter kehrte sie nach Steyr zurück und lebte in ärmlichen Verhältnissen.
Die Quellen aus mündlichen Überlieferungen widersprechen sich, ob die erste Begegnung mit Bruckner schon in den → Kronstorfer Jahren (1843-1845) oder erst in den neunziger Jahren bei dessen Ferienaufenthalten im Steyrer Stadtpfarrhof erfolgte. Daß Bruckner durch sie mit Schuberts Schaffen maßgeblich vertraut wurde, ist entschieden anzuzweifeln. Viel wahrscheinlicher ist, daß ihre Erzählungen über den Menschen Schubert in Bruckner einen neugierigen und sehr interessierten Zuhörer fanden. FZ

Ecce sacerdos (WAB 13) »Ecce sacerdos magnus«

Antiphon für achtstimmigen gemischten Chor, 3 Posaunen und Orgel in a-Moll, »Majestoso«
EZ: 20.-28. 4. 1885 in → Wien
W: → »O. A. M. D. G.«
UA: 21. 11. 1912 in → Vöcklabruck (Max → Auer)
Autograph: → Wiener Männergesang-Verein
ED: Wien, Universal-Edition 1911 (Viktor Keldorfer)
NGA: Band XXI (Hans Bauernfeind und Leopold → Nowak, 1984) und Revisionsbericht

Vom 26. 9. bis 4. 10. 1885 feierte die Diözese → Linz ihr 100jähriges Bestehen. Aus diesem Anlaß erteilte der Chordirektor des Linzer → Neuen Domes, Johann Baptist → Burgstaller, Bruckner den Auftrag zu einer festlichen Komposition zum Einzug des Bischofs. Der Text (ein Responsorium mit Versikel und Doxologie) ist dem »Ordo ad recipiendum processionaliter Episcopum« entnommen. Er enthält Zitate von und Anspielungen auf Stellen aus dem Alten und Neuen Testament, die vom Hohepriester und vom Bund Jahwes mit Gerechten (Abraham, Isaak, Noach) handeln (Gen. 22,16 f.; Sir. 44,17 ff., 21, 23; Hebr. 5,9 f., 6,13 f.). Eine Aufführung im Rahmen der Jubiläumsfeierlichkeiten erfolgte jedoch nicht; Bruckner hat das Werk nie gehört.
Aus der Spannung zwischen festlicher Prunkent-

faltung des kirchlichen Amtes und ihrer gleichzeitigen Relativierung (Christus allein ist der wahre Hohepriester; sein Tempel ist nicht von Menschenhand gemacht) gewinnt auch die Vertonung Bruckners ihre Dynamik. Sie stellt akkordische Klangblöcke (mit stellenweise hochromantischen harmonischen Rückungen) Passagen von altkirchlicher Polyphonie gegenüber, in denen der Komponist auch gewiß dem Geschmack des Cäcilianers Burgstaller (→ Cäcilianismus) entgegenkommen wollte. Die Motette zeigt Anklänge an das *Te Deum*, das etwa zur gleichen Zeit (2. 5. 1885) im → Wiener Akademischen Wagner-Verein mit zwei Klavieren uraufgeführt wurde, und an die gerade im Entstehen begriffene *Achte Symphonie:* So versinnbildlichen, wie im *Te Deum*, die im machtvollen Fortissimo ertönenden Quint-Oktav-Klänge (ohne Terz) nach einem alten Tonsymbol die »Majestät«, während die von Großterzverwandtschaften geprägte → Harmonik des »Ideo jurejurando«-Teiles auf das Finale der *Achten* hinweist (in dem wiederum, nach Bruckners etwas unbeholfenen Erklärungsversuchen, die Begegnung der »Majestäten«, nämlich der drei Kaiser, geschildert werden soll).

Die festliche Motette endet zurückhaltend mit der im Chorunisono *pp* vorgetragenen Doxologie (»Gloria Patri et Filio ...«) und einer kurzen Wiederholung des Abschnittes »ideo jurejurando«. Diese Reduktion der äußeren Prachtentfaltung ist liturgisch und theologisch folgerichtig: Der durch seinen Dom einziehende Bischof ist am Altar angekommen, wo nur mehr das »Omnia ad maiorem Dei gloriam« Geltung hat.

EM

Lit.: Erwin Horn, A. Bruckner. Geistliche Motetten: Ecce sacerdos, in: Musica sacra 103 (1983).

Eckstein, Friedrich

Geb. 17. 2. 1861 in Perchtoldsdorf bei Wien, gest. 10. 11. 1939 in Wien; Philosoph, Industrieller (1881 Mitbesitzer der von seinem Vater gegründeten, später verkauften Pergamentpapierfabrik). Von seinen Zeitgenossen als »Polyhistor«, »großer Gelehrter, gründlicher Kenner der Philosophie und höheren Mathematik, der Astronomie und Chemie, Mystiker und Musikliebhaber«, kurz »Allwissender« mit beeindruckender Bibliothek gewürdigt, wurde sein Urteil von Vertretern der verschiedensten Wissenschaften und Künste gesucht. Feuilletonbeiträge für »Neues Wiener Tagblatt« und »Neue Freie Presse«. Einige Jahre verheiratet mit Bertha Helene, geb. Diener, als Schriftstellerin unter dem Namen Sir Galahad berühmt geworden.

Friedrich Eckstein

Eckstein hat Bruckner im Herbst 1879 zum erstenmal gesehen. Seit dem Frühjahr 1881 näher mit diesem bekannt, entwickelte sich ein regelmäßiger vertrauter Umgang mit Bruckner, später auch mit Hugo → Wolf. 1884 wurde der sich für so gut wie alle Wissensgebiete interessierende, mit vielen Wissenschaftlern und Künstlern freundschaftlich verkehrende Eckstein (seit 1880 Schüler am Konservatorium der → Gesellschaft der Musikfreunde in Wien) Privatschüler Bruckners. Der »Samiel« genannte Freund (→ Spitznamen) unterstützte den Komponisten ideell, »praktisch« (als »freiwilliger Privatsekretär«), aber auch finanziell, indem er u. a. den größten Teil der Druckkosten für das bei Rättig (→ Verlage) erschienene *Te Deum* bezahlte. 1885 begleitete er Bruckner nach → München, wo die erfolgreiche Aufführung der *Siebenten Symphonie* mit zur internationalen Anerkennung des Komponisten beitrug.

An selbständigen Publikationen hat Eckstein einen schmalen Band »Erinnerungen an Anton Bruckner« (Wien 1923) und ein Buch: »›Alte unnennbare Tage!‹ Erinnerungen aus 70 Lehr- und Wanderjahren« (Wien-Leipzig-Zürich 1936, Reprint: Himberg bei Wien 1988) herausgegeben, beides wichtige Quellen für die Bruckner-Forschung. – Kurz vor seinem Tode übergab er der → Internationalen Bruckner-Gesellschaft, deren Ehrenmitglied er seit 1929 war, seine Bruckner-Autographe und -Abschriften sowie eigene Manuskripte (heute ÖNB-MS). UH

Weitere Schriften über Bruckner: neben zahlreichen kleineren Aufsätzen (vgl. Bruckner-Bibliographie) besonders: Die erste und die letzte Begegnung zwischen Hugo Wolf und A. Bruckner, in: In Memoriam A. Bruckner; A. Bruckner, der »Sonnenhymnus« und der »Deutsche Michel«, in: Neues Wiener Tagblatt 1. und 2. 2. 1935.

Lit.: Göll.-A., passim; Max Schönherr, Wer war F. Eckstein?, in: Bruckner-Jahrbuch 1982/83; Sibylle Mulot-Déri, Alte ungenannte Tage. Zu einer Biographie F. Ecksteins, abgedruckt im Reprint der Eckstein-Erinnerungen (s. o.).

Eder, Leopold

Geb. 18. 5. 1823 in Salinberg (Sallingberg), Niederösterreich, gest. 24. 7. 1902 in Wien. Nach seiner Zeit als Göttweiger Sängerknabe wandte sich Eder von Anfang an der Kirchenmusik zu, wirkte als Regens chori und Organist in → Wien an der Pfarre Alservorstadt, an der Schotten- und der Minoritenkirche, bis er 1868 (nach anderer Quelle 1867) Kapellmeister der Wiener Hofkirche → St. Augustin wurde, wo er bis zu seinem Tod, also 34 Jahre lang, verblieb.
Mit Bruckner verband ihn ein freundschaftliches »Du«. 1885 brachten beide eine Aufführung von Mozarts »Requiem« in St. Augustin zuwege. Bei der bestehenden Verbindung von → Hofburgkapelle und Hofpfarrkirche St. Augustin, wo beide etwa gleichzeitig ihre Dienste antraten, war die Zusammenarbeit naheliegend. Es war aber Eders große Verehrung für Bruckners Werke ausschlaggebend, daß sich jener für die Aufführung der *Messe in f-Moll* zunächst, wenn auch vergeblich, in der Hofburgkapelle, dann aber mit Erfolg in seiner eigenen Domäne St. Augustin einsetzte: so ist Eder die Uraufführung dieser Messe am 16. 6. 1872 zu verdanken. Eders eigene Kompositionen freilich konnten den Bereich der Augustinerkirche nicht überschreiten. LMK

Lit.: ÖBL; Friedrich Wolf, Hoforganist Bruckner spielte die Orgel, in: Die neue Orgel von St. Augustin in Wien. Wien 1976.

Das edle Herz (WAB 65) »Wer im Busen nicht die Flamme«

Vierstimmiger Männerchor a cappella in A-Dur, »Ziemlich langsam«
Text: Ernst → Marinelli
EZ: um 1851 in → St. Florian
W: Johann Paulitsch, Chorherr in St. Florian
UA: ?
Autograph: verschollen (Stimmen bis 1979 in Wiener Privatbesitz); Skizze (Stift St. Florian)
ED: Göll.-A. 2/2, S. 111 ff. (1928); Wien, Robitschek 1954 (Louis Dité)
NGA: Band XXIII/2 (in Vorbereitung)

Seinem besonders verehrten → Lehrer, dem Stiftsgeistlichen Paulitsch, der ihn in den naturwissenschaftlichen Fächern für die Externistenprüfung an der Unterrealschule in → Linz vorbereitet hatte, widmete Bruckner zum Namenstag diesen Chor, der allerdings zu den schwächeren Stücken der Florianer Zeit zählt. (Denselben nicht sehr poetischen Text hat er 1857 in Linz noch einmal vertont, s. u.) Wegen des fast im ganzen Stück beibehaltenen gleichförmigen Rhythmus im 9/8-Takt und der langdauernden Terzführung der Tenöre wirkt er etwas einförmig. Das Stück endet nach einem Taktwechsel (4/4) mit einem merkwürdigerweise als »Choral« bezeichneten Abschnitt. Das Werk fand sich im Nachlaß von Rudolf → Weinwurm mit dessen Anmerkung: »ist zu verbrennen«. – Zu Lebzeiten Bruckners ist keine Aufführung dieses Werkes nachweisbar. 1994 erklang dieses Werk am Connecticut College (USA). AH

Lit.: Göll.-A. 2/1, S. 105 f.

Das edle Herz (WAB 66) »Wer im Busen nicht die Flamme«

Vierstimmiger gemischter Chor a cappella in A-Dur, »Mäßig bewegt«
Text: Ernst → Marinelli
EZ: Dezember 1857 in → Linz
UA: ?
Autograph: verschollen; Entwurf (Stadtarchiv → Wels)
ED: Göll.-A. 3/2, S. 13-17 (1930)
NGA: Band XXIII/2 (in Vorbereitung)

In Linz vertonte Bruckner noch einmal – vielleicht auf Wunsch der → Liedertafel »Frohsinn« – diesen Text von Marinelli, den er für Männerchor schon um 1851 in → St. Florian gesetzt hatte (s. o.), diesmal für gemischten Chor: aufgrund des Textes auch hier ohne »besonderen musikalischen Schwung«. Anstelle des 9/8-Taktes tritt hier 4/4-Takt. Auch diese Fassung endet mit einem »choralartigen« Abgesang und zeigt wenig vom späteren Bruckner. Zu dessen Lebzeiten ist keine Aufführung dieses Chores nachweisbar. AH

Lit.: Göll.-A. 3/1, S. 91 f.; Hawkshaw, The Manuscript Sources, S. 262.

Ehrendoktorate

Auf der Grundlage der Gutachten von Hofkapellmeister Joseph → Hellmesberger vom 18. 6. 1891 und von Generalmusikdirektor Hermann → Levi vom 23. 6. 1891 stellte der Physiker Joseph Stefan in der Sitzung des philosophischen Professoren-Kollegiums der → Universität Wien am 4. 7. 1891 den Antrag auf »Verleihung der philosophischen Doctor-Würde honoris causa an den berühmten Compositeur Anton Bruckner, der zu den bedeutendsten Sinfonikern der Gegenwart zählt«. Dieser Antrag wurde in öffentlicher Abstimmung einstimmig angenommen. Mit Schreiben vom 10. 7. 1891 hat der Dekan der philosophischen Fakultät den Beschluß an das Rektorat weitergeleitet, das ihn noch am selben Tag »einstimmig approbirt« und am 11. 7. durch den Rektor an das Ministerium für Cultus und Unterricht mit dem Antrag auf »Allh. Genehmigung zur Ausstellung des Diploms eines Doctors Philosophiae Honoris causa für den genannten Lector Anton Bruckner« weitergeleitet hat. Nachdem am 29. 9. 1891 Kaiser → Franz Joseph die Genehmigung erteilt hatte, wurde das Rektorat durch Erlaß des Ministers für Cultus und Unterricht vom 2. 10. 1891 unterrichtet und um weitere Veranlassung gebeten. Am 7. 11. 1891 erfolgte die feierliche Verleihung des Doktordiploms (zum Wortlaut der Urkunde vgl. Göll.-A.) an Bruckner durch den Rektor magnificus Adolf → Exner, Professor für römisches Recht, im Senatssitzungssaal der Wiener Universität. Bruckner war damit auch der erste Musiker, dem die Wiener Universität die Ehrendoktorwürde verlieh.

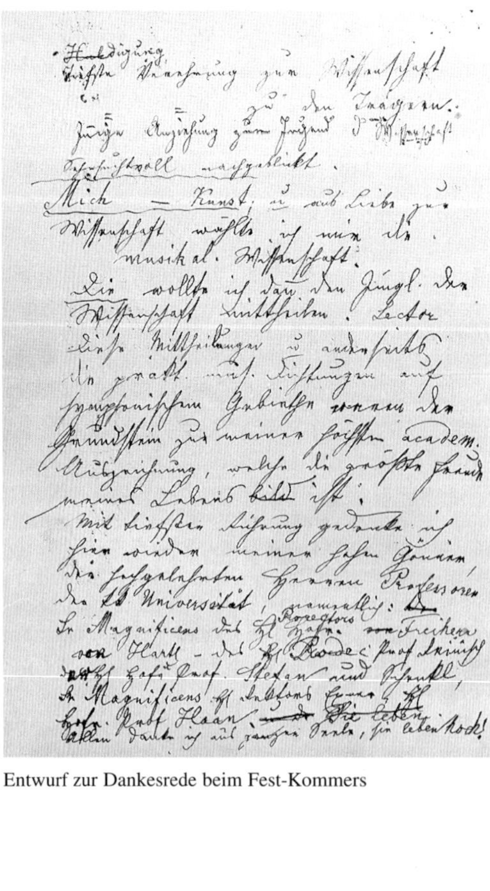

Entwurf zur Dankesrede beim Fest-Kommers

Die Ehrung erfüllte den Komponisten mit besonderer Genugtuung, sah er sie doch »als höchsten Triumph seiner Lebenspilgerfahrt« und – wie er es in seiner Dankesrede anläßlich des Fest-Kommerses des → Wiener Akademischen Gesangvereines zur Verleihung der Ehrendoktorwürde am 11. 12. 1891 formulierte – »größte Freude seines Lebens«. Bei diesem Anlaß hielt auch Rektor Exner eine Rede, aus der folgende Passage berühmt wurde: »Wo die Wissenschaft Halt macht, wo ihr unübersteigliche Schranken gesetzt sind, da beginnt das Reich der Kunst, welche das auszudrücken vermag, was allem Wissen verschlossen bleibt. Ich, der Rector magnificus der Wiener Universität, beuge mich vor dem ehemaligen Unterlehrer von Windhaag.«

Mit dieser Ehrenpromotion »war eine langjährige Sehnsucht Bruckners erfüllt worden«. Bruckners Bemühungen um ein Ehrendoktorat begannen nämlich bereits 1882 mit der Vorbereitung einer Eingabe an die Universität Cambridge und wurden nach erfolglosem Anlauf drei Jahre später mit Zielrichtung USA wieder aufgenommen. Grundlage des erneuten Versuchs war eine von Bruckner unterschriebene Petition vom 24. 3. 1885 mit dem Begehren, »to confer on me the Doctorship of Music«, die von Dr. Er(r)ard Vincent abgefaßt und ins Englische übersetzt worden ist. Die Petition schließt mit dem Zusatz: »We the undersigned know Professor Bruckner to be worthy of the degree of Doctor of Music and hereby pray that this petition may be granted.« Es folgen die Unterschriften »Dr. Vincent, Professor; Baron Doblhoff; John C. Walker M. D.«.

Die Petition wurde mit zahlreichen Beilagen (Taufschein, Zeugnisse, Anstellungsdekrete, Bestätigungen, Gutachten und Konzertkritiken) zunächst an den Rektor der University of Pennsylvania in Philadelphia adressiert, später mit der Ortsbezeichnung Cincinnati überklebt. Der Aktenvorgang umfaßt insgesamt 76 Blatt und befindet sich im Besitz der → Österreichischen

Nationalbibliothek in Wien (Signatur S.m. 6 009 Bruckner 252). Eine Reaktion der Empfänger ist nicht nachweisbar. Die amerikanischen Universitäten verfügen über keine Eingangsvermerke. Offen bleibt deshalb nach wie vor die Frage, ob die Petition nebst Beilagen überhaupt abgesandt wurde.
Dr. Vincent gilt daher nach einer verbreiteten Meinung als skrupelloser Schwindler, dem Bruckner – wiederholt Geld für das Projekt zur Verfügung stellend – aufgesessen sei. Die Durchsicht der Akten begründet jedoch erhebliche Zweifel an diesem Urteil und zwingt zu einer Rehabilitation Dr. Vincents, der als Sprachlehrer für Englisch und als gerichtlicher Dolmetscher ordnungsgemäß in Wien gemeldet war und die Beilagen zur Petition mit amtlichen Beglaubigungsvermerken und Gebührenmarken versehen ließ (Keller). RKe

Lit.: Göll.-A. 4/3, S. 179-191; Alfred Orel, Bruckner-Brevier. Briefe, Dokumente, Berichte. Wien 1953; A. Bruckner, Dankesrede anläßlich des Fest-Kommerses des Akademischen Gesangvereines zur Verleihung der Ehrendoktorwürde am 11. 12. 1891, faksimiliert bei Franz Grasberger, A. Bruckner zwischen Wagnis und Sicherheit. Eine Ausstellung. Linz 1977, S. 67; Elisabeth Maier, A. Bruckners Arbeitswelt, in: A. Bruckner in Wien; Elisabeth Hilscher, Bruckner als Gelehrter – Bruckner als Geehrter. Der Akademische Gesangverein als studentische Verehrergemeinde Bruckners, in: Bruckner-Symposion 1988; Rolf Keller, Das »amerikanische Ehrendoktorat« für A. Bruckner, in: Bruckner-Symposion 1992.

Ehrungen

Noch zu Lebzeiten erfuhr Bruckner von vielen Institutionen und auch Städten seiner Heimat Ehrungen, die ihn freuten und sein oft durch Mißerfolge gekränktes Selbstbewußtsein wieder aufrichteten. Wenn auch Wünsche wie → Ehrendoktorate im Ausland (das der → Universität Wien erhielt er 1891), die Achtung mancher seiner zeitgenössischen Kritiker oder ersehnte Aufführungen seiner Werke nicht immer erfüllt wurden, so war Bruckner doch dankbar für Zeichen der Anerkennung. Nach ersten Erfolgen im Ausland (Orgelreisen und Aufführungen der *Siebenten Symphonie* in → Leipzig und → München) begannen die Ehrungen in seiner Heimat.

Ritterkreuz des Franz Joseph-Ordens
Die Verleihung fand am 8. 7. 1886 statt und bedeutete für Bruckner eine besondere Auszeichnung. Der Orden wurde 1849 gestiftet »zur Belohnung für jene, die sich durch unerschütterliche, thätig bewährte Anhänglichkeit an Kaiser und Vaterland im Krieg oder Frieden durch besonders wichtige, für das allgemeine Wohl

Bruckner mit Franz Josephs-Orden, 1886 (IKO 22)

geleistete Dienste, durch wahrhaft nützliche Erfindungen, Entdeckungen oder Verbesserungen ... oder sich durch hervorragende Leistungen um Kunst oder Wissenschaft ... um Thron oder

Das Ritterkreuz
des Franz Josefs-Ordens.

Unser Reich verdient gemacht und sich begründete Ansprüche auf den Dank des Vaterlandes und auf eine öffentliche Anerkennung erworben haben«. Aus diesem Anlaß wurde Bruckner am 23. 9. 1886 nach 11 Uhr vormittag in der Hofburg zu Kaiser → Franz Joseph I. zur Audienz geladen (Göll.-A. 4/2, S. 501 f.).

Ehrenbürger
Ansfelden (22. 11. 1870), Linz (11. 7. 1894).

Preis
2. Preis für *Germanenzug* beim 1. Bundesfest des Sängerbundes für Oberösterreich und Salzburg am 5. 6. 1865.

Ehrenmitglied
Mozarteum → Salzburg (11. 5. 1868), Männergesangverein → Wels (20. 5. 1869), → Liedertafel »Frohsinn« in → Linz (9. 6. 1869), Diözesanverein Linz (21. 10. 1869), Währinger Liedertafel in → Wien (19. 11. 1870), Liedertafel → Vöcklabruck (13. 11. 1883), → Wiener Akademischer Wagner-Verein (22. 1. 1885), »Paixhanslia« Vöcklabruck 20. 6. 1885, Oberösterreichischer Diözesan-Cäcilienverein (ausgestellt für »A. Ritter von Bruckner«, November 1889), → Wiener Akademischer Gesang-Verein (22. 1. 1889), Kirchenmusikverein → Preßburg 1890 (Dankbrief vom 27. 1. 1891), → Gesellschaft der Musikfreunde in Wien (15. 1. 1891), Männergesangverein → Troppau (1. 12. 1893), → Wiener Männergesang-Verein (22. 9. 1893), Männergesangverein »Kränzchen« → Steyr (27. 10. 1889), Steyrer Liedertafel (4. 9. 1894), Gesellschaft der Musikfreunde Steyr (18. 4. 1893), → Wiener Schubertbund (4. 9. 1894). RG

Enns
Älteste Stadt Österreichs (römisches Stadtrecht unter Kaiser Caracalla 211-217; Stadtrechtsurkunde 1212) am gleichnamigen Fluß mit kontinuierlicher bedeutender Geschichte seit der Besiedlung durch die Römer (Zivilstadt Lauriacum, heute Enns, und Lager, heute Lorch). 4. 5. 304 Martyrium des römischen Beamten Florianus (→ St. Florian) durch Ertränken in der Enns. Weitgehend erhaltene mittelalterliche Stadtummauerung. Seit dem 12. Jahrhundert Handelszentrum. Um 1900: 4 200, 1995: 10 800 Einwohner.
Enns erlebte eine Hochblüte der Kultur, insbesondere der Musik, im Biedermeier, intensives gesellschaftliches Leben (Chorwesen, Konzerte, Tanzveranstaltungen) und gediegene Kirchenmusik besonders zur Zeit Leopold von → Zenettis, der nicht nur 1843-1855 Bruckners Lehrer, sondern ein Motor des kulturellen Lebens seiner Heimatstadt war, das nicht von einer kirchlichen oder weltlichen Hofhaltung, sondern vom Bürgertum getragen wurde. Eine eigenständige lokale Musikpraxis bildete sich unter der Leitung des jeweiligen Regens chori und Thurnermeisters aus. Die Musikliebhaber konstituierten sich in verschiedenen Verbänden (»Ennser Dilettanten-Gesellschaft« 1819-1824, »Vereinte Musikfreunde von Enns und St. Florian« 1838-1845, »Geselligkeits-Verein«, bis 1857, »Feuerwehr-Musikkapelle« seit 1870). Insbesondere durch Zenettis Wirken waren auch intensive musikalische Kontakte zum Stift St. Florian gegeben.

Enns, Wohnhaus Leopold von Zenettis (Kirchplatz 5)

Bruckner hat Enns in den Jahren 1843-1845 mehrmals wöchentlich aufgesucht, um Zenettis Unterweisung einzuholen; in den Jahren bis 1855 dauerte der Unterricht, wenngleich in gelockerter Form, noch an. Auch in späteren Jahren suchte Bruckner Zenetti des öfteren auf. Eines der Wohnhäuser Zenettis ist auf dem Ennser Kirchenplatz (Nr. 5) erhalten; eine Gedenktafel erinnert an Zenettis berühmten Schüler. Auf dem Friedhof Enns-Lorch befindet sich das Grab der Familie Zenetti; im Museum Lauriacum sind zahlreiche Zenetti-Manuskripte aufbewahrt. Während der Jahre bei Zenetti traf Bruckner auch den ihm vermutlich seit seiner → Kronstorfer Zeit bekannten Friedrich Schiffner (1824-1886), der gemeinsam mit seinem Vater Alois (1787-1852, Thurnermeister) viel zum musikalischen Leben in Enns beitrug und später Regens chori und Chormeister in → Waidhofen an der Ybbs wurde.
Am 19. 9.1843 erklang in der Pfarrkirche, wahrscheinlich vom Geselligkeits-Verein gesungen, als Uraufführung das dem Stadtpfarrer Joseph

Ritter von Peßler gewidmete erste weltliche Chorwerk Bruckners: *An dem Feste.* EM

Lit.: Elisabeth Maier – Franz Zamazal, A. Bruckner und Leopold von Zenetti. Graz 1980; Musik im biedermeierlichen Enns. Katalog des Museumsvereines Lauriacum. Hrsg. Herbert Kneifel. Enns 1980; Leopold Edler v. Zenetti. Lehrer A. Bruckners. Katalog des Museumsvereines Lauriacum. Hrsg. H. Kneifel. Enns 1996.

Entsagen (WAB 14) »O Maria! Du Jungfrau mild und hehr!«

Kantate für Sopran- oder Tenor-Solo, vierstimmigen gemischten Chor und Orgel oder Klavier in B-Dur (Chor oder Soloquartett, »Bittend und mit Andacht«; Sopran- oder Tenor-Solo, »Langsam, betend«; Chor oder Soloquartett, »Bittend mit Andacht«)
Text: Oscar von Redwitz (→ Textdichter)
EZ: um 1851 in → St. Florian
W: Prälat Michael → Arneth
UA: ?
Autograph: Stift St. Florian
ED: Göll.-A. 2/2, S. 47-58 (Faksimilie, 1928); Wien, Doblinger 1956 (Ludwig Daxsperger)
NGA: Band XXII/1 (Franz Burkhart, Rudolf H. Führer und Leopold → Nowak, 1987)

Bruckner bezeichnete die erste der beiden Propst Arneth gewidmeten → Kantaten (die zweite, *»Heil, Vater! Dir zum hohen Feste«*, entstand 1852 und wurde – umgearbeitet und mit einem neuen Text *»Auf, Brüder! auf zur frohen Feier!«* – 1857 Propst Friedrich → Mayer gewidmet) als »Ein geistliches Lied« und versah sie mit der (auf Arneth zutreffenden) Widmung »Zum hohen Nahmensfeste gewidmet meinem Gönner und Herrn«. Der Text aus der Dichtung »Amaranth« von Redwitz stellt im ersten Teil das Gebet der Amaranth um Kraft zur Entsagung dar, im zweiten Abschnitt richtet sie an Maria die Bitte: »Nimm meine Lieb' mir ab ... und der so treu sie gib, die schon den Ring ihm gab«; im Schlußteil ringt Amaranth sich durch: »Ich will nicht sein begehren, doch ewig segn' ich ihn.«
Warum Bruckner gerade diesen als Namenstagshuldigung für einen Chorherrn und Propst so merkwürdig unpassenden Text gewählt hat, ist ungeklärt. Möglicherweise waren biographische Hintergründe maßgeblich: Amaranth ist als Halbwaise (»mutterlos«) von Maria zur Ehre ihres Sohnes »großgezogen« worden – Halbwaise Bruckner seit 1837 von Propst Arneth im Stift St. Florian. Amaranth ringt sich zum Verzicht auf ihre Liebe zu ihrem (ungetreuen) Bräutigam Walther durch – Bruckner hat soeben eine Zurückweisung seines Heiratsantrages durch Luise → Bogner hinnehmen müssen. Trotz dieser Parallelen bleibt fraglich, ob Bruckner tatsächlich ein so intimes Moment wie eine mißlungene Liebesbeziehung zum Thema einer »offiziellen« Huldigungskomposition wählen wollte oder nicht vielmehr einfach nach einem damals sehr berühmten romantischen Stoff gegriffen hat.
Die Komposition ist dreiteilig (A-B-A'), die Rahmensätze sind vom protestantischen Choral beeinflußt, wobei (T. 16-19 und wieder T. 110-113) »Voll Schmerz, bedeckt mit Hohn« aus dem Choral »O Haupt voll Blut und Wunden« anklingt. Der Mittelteil ist ein expressives Solo mit fast instrumental geführter Gesangsstimme in häufigen großen Intervallsprüngen und starker Chromatik. Die in Vierteln geführte kontrapunktische Begleitung der Orgel (des Klaviers) unterstreicht die Assoziation an barocke Opern oder Kantaten. Auch in diesem Werk kommt stark die Auseinandersetzung mit der durch Leopold von → Zenetti vermittelten → Tradition zum Tragen. EM

Lit.: Göll.-A. 2/1, S. 43-46.

Epstein, Julius

Geb. 7. 8. 1832 in Agram (Zagreb), gest. 2. [nicht 1.!] 3. 1926 in Wien; Pianist und Lehrer. Seit 1850 in Wien Privatschüler von Anton Halm und Josef Rufinatscha, lebte dort bis 1867 als freischaffender Künstler, 1867-1901 als hochgeachteter Klavierlehrer am Konservatorium der → Gesellschaft der Musikfreunde (Schüler: Gustav → Mahler, Ignaz Brüll, Josef → Schalk u. a.). Herausgeber älterer Klaviermusik und Mitarbeiter bei der Gesamtausgabe der Werke Franz → Schuberts.
Epstein war einer der wenigen Professoren am Konservatorium, der dem Kollegen Bruckner mit Freundschaft entgegenkam und von dessen Musik begeistert war, obwohl er zum Freundeskreis von Johannes → Brahms gehörte. Auf dessen Frage, was Epstein an Bruckner so bewundere, soll er laut Göllerich-Auer geantwortet haben: »Die Urkraft seiner Erfindung und seine bewundernswerte Phantasie.« So verwundert es nicht, daß er den von Gustav Mahler und Rudolf → Krzyzanowski hergestellten vierhändigen Klavierauszug (1878) der *Dritten Symphonie* redigierte, der – von den Bearbeitern selbst gespielt – von einem anderen Brahms-Freund, Karl → Goldmark, immerhin »wohlwollend

reserviert« zu Kenntnis genommen wurde. Doch hat Epstein offenbar nichts gegen die Entwicklung einer 1879 von ihm begründeten, auch von Brahms oft besuchten geselligen Runde von einigen Wiener Musikern zum als »Hochburg der Bruckner-Gegnerschaft« (Göll.-A.) bezeichneten »Wiener Tonkünstlerverein« unternehmen können. – In dem Konzert vom 20. 2. 1876, auf dessen Programm auch die zweite Wiener Aufführung der *Zweiten Symphonie* – wieder unter Bruckners Leitung – stand, wirkte Epstein bei Beethovens »Tripelkonzert« op. 56 mit. UH

Lit.: Heinrich Schuster, J. Epstein. Ein tonkünstlerisches Charakterbild. Wien 1902; Göll.-A. 4/1-3, passim; Willi Kahl in: MGG 3; Maria Menczigar, J. Epstein. Sein Leben und Wirken unter besonderer Erforschung seiner Beziehung zu J. Brahms. Mschr. Diss. Wien 1957 (mit Werkverzeichnis und Dokumentenanhängen).

Erinnerung (WAB 117)
Charakterstück für Klavier zu zwei Händen in As-Dur, »Langsam, innig«
EZ: vermutlich um 1868 in → Linz
W: Alexandrine Soyka (1859-1931), Tochter eines höheren Offiziers, Klavierschülerin Bruckners, verehelichte Fürstin Stirbey
UA: ?
Autograph: ÖNB-MS

Titelblatt des Erstdrucks

ED: Wien: Doblinger 1900 (August → Stradal)
NGA: Band XII/2 (Walburga Litschauer, 1988) S. 25-28

Das undatierte Stück, dessen orchestraler Stil auf eine Entstehungszeit um 1868 hindeutet, gilt als das bedeutendste unter Bruckners Klavierkompositionen. An seiner Kompositionstechnik kann man den angehenden Symphoniker erkennen, der sich hier mit den Grenzen der technischen Möglichkeiten der Klaviere seiner Zeit konfrontiert sah. Die Komposition wurde vermutlich erstmals von Ella Kerndl am 16. 3. 1901 in einem Konzert des → Wiener Akademischen Gesangvereines in → Wien aufgeführt. WL

Lit.: Theodor Helm, Ein unbekanntes Clavierstück A. Bruckners, in: Deutsche Zeitung, Wien 1. 1. 1901; Göll.-A. 3/1, S. 508-511; Hendrik Eduard Reeser, Bruckner's Pianostuk »Erinnerung«, in: Muziek 6 (1931/32); Walburga Litschauer, Bruckner und das romantische Klavierstück, in: Bruckner-Symposion 1987, S. 109 f.

Erinnerungsliteratur
Bruckners umstrittene Künstlerpersönlichkeit, die äußere Erscheinung, seine Verhaltensweisen, aber ebenso die vielfältigen privaten und beruflichen Kontakte haben zu einer großen Menge an Erinnerungsliteratur geführt. In vielen Fällen ist eine Grenze zu → Anekdoten nicht exakt zu ziehen.
Selbstverständlich sind viele Aussagen widersprüchlich bzw. durch das spezifische Verhältnis des Erzählers zum Komponisten gefärbt. Manche hatten wirklich einen engen Kontakt, andere wiederum kannten Bruckner nur von ferne oder indirekt. Viele Erinnerungen betreffen gemeinsame Erlebnisse, aber auch Bruckners Persönlichkeit. Gerade in diesem Bereich divergieren die Beschreibungen erheblich. So heißt es im »Selbstbildnis« (Berlin 1923, S. 23) von Hermann Bahr: »... Bruckner war mit seinen Kratzfüßen, vor Verlegenheit schwitzend, in seinen ungelenken Huldigungen ein bäurischer Tolpatsch von solcher Possenkomik, daß meine Mutter vor Lachen nicht dazu kam, sich ihn einmal näher anzusehen.« Dagegen betonte Max von Millenkovich-Morold: »Eines ist aber sicher: wenn er komisch gewesen wäre, so wäre mir dies, gerade weil ich jung und nicht mit ihm ›intim‹ war, gehörig aufgefallen.« Und Josef → Kluger vermerkte: »Es blieb immer ein ungelöstes Rätsel in Bruckners Charakterbild: seine tiefe Demütigkeit ... neben seinem stolzen Selbstbewußtsein.«
Einige Informanten haben auch später ihre per-

sönlichen Bezüge übertrieben dargestellt (z. B. → Decsey). Dennoch ergibt sich aus den einzelnen Details ein großes buntes Mosaik, auf das in der biographischen Forschung nicht verzichtet werden kann.
Zu den Autoren zählen in erster Linie Freunde, → Schüler, Künstler, Kritiker und von Bruckner verehrte → Frauen. Manche Erinnerungen an einzelne Begegnungen tauchten noch lange nach Bruckners Tod in Zeitungen auf. Und auch der Österreichische Rundfunk war noch 1974 mit seiner Aktion »Gesucht: Anton Bruckner«, einer Sammlung von Erinnerungsberichten (Kopie im ABIL-Archiv), erfolgreich.
Eine grundlegende (wenn auch nicht immer zuverlässige) Quelle stellt die Biographie von August → Göllerich und Max → Auer dar, in der viele, oft nur mündlich überlieferte Berichte abgedruckt sind. Weitere wichtige Erinnerungen stammen von Ernst Decsey, Friedrich → Eckstein, Alexander Fränkel, Richard → Heller, Carl → Hruby, Friedrich → Klose, Josef Kluger, Max von → Oberleithner, Franz → Schalk, Ernst → Schwanzara, August → Stradal und Josef Venantius → Wöß. RG/EWP

Quellen: Göll.-A.; Bruckner-Bibliographie, Gruppe 11 (»Persönliche Beziehungen u. a.«).

Erstdrucke

(abgesehen von den bei Göll.-A. und innerhalb der → Gesamtausgabe veröffentlichten)

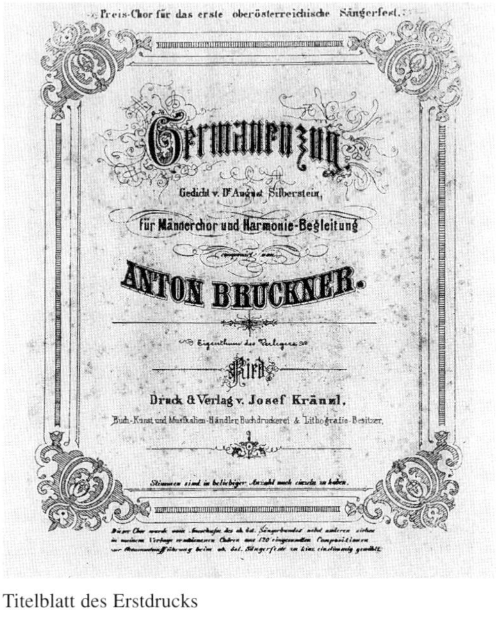

Titelblatt des Erstdrucks

Titelblatt des Erstdrucks

Entgegen der von Anton Bruckner selbst, seinen Freunden und Verehrern, aber auch von Autoren wie August → Göllerich, Max → Auer oder Alexander Weinmann kolportierten Meinung, Bruckner sei nicht nur von Kritik und Publikum mißverstanden, sondern auch von den Verlegern mißachtet worden, muß festgestellt werden, daß von Bruckners 135 echten Werken (die übrigen 14 – verschollene Werke, Entwürfe und zweifelhafte Werke – wurden nicht in die Statistik einbezogen) 79 (58,5%) gedruckt wurden (die Erstdrucke durch Göllerich-Auer bzw. die Gesamtausgabe wurden ausgeklammert; Grundlage der Berechnungen war das WAB). 30 Werke (22,2%) erschienen bereits zu Bruckners Lebzeiten. Die häufigste Druckfrequenz erreichten die vier Hauptgattungen Bruckners: geistliche bzw. weltliche Vokalmusik, → Orchestermusik und → Kammermusik; → Bläsermusik, → Klavier- und Orgelwerke hingegen wurden zu Lebzeiten Bruckners überhaupt nicht gedruckt. Wie aus der Tabelle ersichtlich, wurden – dem Bild Bruckners als Symphoniker entsprechend – vor allem die Orchesterwerke publiziert, weiters die liturgisch gut verwendbaren kirchenmusikalischen Vokalwerke; die weltlichen Vokalwerke hingegen wurden erst nach dem Tod Bruckners in größerer Zahl gedruckt:

Gattungen (jeweils 100%)	gesamt	bis 1896
kirchliche Vokalmusik (55)	34 (61,8%)	17 (30,9%)
weltliche Vokalmusik (43)	23 (53,5%)	5 (11,6%)
Orchesterwerke (14)	12 (85,7%)	7 (50%)
Kammermusik (4)	3 (75%)	1 (25%)
Bläsermusik (4)	0	0
Klavierstücke (8)	4 (50%)	0
Orgelkompositionen (7)	5 (71,4%)	0

1864 erschien erstmals ein Werk Anton Bruckners im Druck, der *Germanenzug* bei Josef Kränzl in Ried/Innkreis, 1868 in Linz (Feichtingers Erben) *In S. Angelum custodem*. Erst nach zehn Jahren und Bruckners Übersiedlung nach Wien folgte die Drucklegung des nächsten Werkes (*Dritte Symphonie* bei Theodor Rättig). Seit 1884 kam regelmäßig mindestens ein Werk pro Jahr heraus, 1885/86 bzw. 1892/93 sind jedoch mit 9 bzw. 10 Drucken auffällige Häufungen festzustellen. Nach dem Tod Bruckners stagnierte die Drucklegung seiner Werke (ausgenommen in den Jahren 1902 und 1911, in denen 5 bzw. 8 Werke erschienen). In den zwanziger Jahren hingegen kam es zu einem Bruckner-Boom, welcher 1932 mit einsetzender Wirtschaftskrise beendet war. Durch die Gründung der Bruckner-Gesamtausgabe (erster Band 1930) und der daraus resultierenden Monopolisierung kam es kaum zu weiteren Erstdrucken Brucknerscher Werke durch andere Verlage:

Jahre	Anzahl der (Neu-)Drucke
1860-1869	2
1870-1879	1
1880-1889	13
1890-1899	20 (davon 17 bis 1896)
1900-1909	9
1910-1919	13 (1915-1919 keine Drucke)
1920-1929	19
1930-1939 (GA ab 1932/34)	8
1940-1949	1
1950-1959	6

Verlage der Erstdrucke (Erläuterungen → Verlage)

Verlage	WAB
Augsburg, Benno Filser	39, 131, 141
Augsburg-Wien, Anton Böhm & Sohn	7, 9, 17, 21, 67, 126, 130
Innsbruck, Johann Gross (S. A. Reiss)	5, 26, 33, 41, 42
Linz, Feichtingers Erben	18, 147
Ried/Innkreis, Josef Kränzl	70
Straßburg, Sängerhaus	90
Wien, Emil Berté & Cie.	91
Wien, A. Bösendorfer	(103)
Wien, Doblinger	14, 16, 27, 28, 38, 56, 71, 74, 75, 80, 92, 101, 102, 105, 106, 109, 117
Wien, Albert J. Gutmann	104, 107, 112
Wien, Haslinger, Schlesinger-Lienau	108
Wien, Theodor Rättig	11, 23, 30, 45, 52, 87, 103
Wien, Robitschek	65, 84, 85
Wien, Universal Edition	1, 2, 8, 13, 22, 32, 35, 54, 57, 63, 73, 82, 88, 89, 98, 99, 100, 113, 124, 125, 129
Wien, Josef Weinberger	51
Wien, Emil Wetzler (Julius Engelmann)	6, 46
Wilhelmshaven, Heinrichshofen	121
Zürich, Hüni	118

ETH

Lit.: Alexander Weinmann, A. Bruckner und seine Verleger, in: Bruckner-Studien 1964; WAB; Elisabeth Th. Hilscher, Genie und Markt. A. Bruckner und seine Verleger, in: Bruckner-Symposion 1994.

Etüde (WAB deest)

Kompositionsübung für Klavier in G-Dur
EZ: Frühjahr 1862 in → Linz
Autograph: → Kitzler-Studienbuch S. 77 f.

Lit.: Hawkshaw, The Manuscript Sources.

Exner, Adolf

Geb. 5. 2. 1841 in Prag, gest. 10. 9. 1894 in Kufstein; Sohn des Philosophen Franz Serafin Exner (1802-1853), studierte Jus an der Universität Wien (1863 Dr. jur.) und besuchte anschließend noch die Universitäten Leipzig und Heidelberg. 1866 habilitierte er sich in Wien, lehrte 1868-1872 Römisches Recht in Zürich und kehrte 1872 an die Universität Wien zurück, wo er 1883/84 Dekan und 1891/92 Rektor war. Exner, Vizepräsident der Juristischen Gesellschaft, wurde 1892 lebenslängliches Mitglied des Herrenhauses und 1894 Mitglied des Reichsgerichtes in Wien. Aus seiner Feder stammen wichtige Publikationen insbesondere über sachenrechtliche Fragen. Zu seinen Schülern zählte u. a. Kronprinz Rudolf.

Adolf Exner

Exner war jener Rektor der → Universität Wien, der beim Festkommers zu Ehren des frischgebackenen Doktors Anton Bruckner (→ Ehrendoktorate) in den Wiener Sophiensälen am 11. 12. 1891 den denkwürdigen Ausspruch tat: »Wo die Wissenschaft Halt macht, wo ihr unübersteigliche Schranken gesetzt sind, da beginnt das Reich der Kunst, welche das auszudrücken vermag, was allem Wissen verschlossen bleibt. Ich ... beuge mich vor dem ehemaligen Unterlehrer von Windhaag.« EM

Lit.: Göll.-A. 4/3, passim; ÖBL; Theophil Antonicek, A. Bruckner und die Universität, in: Bruckner-Symposion Leipzig 1987.

Eybler, Joseph Leopold Edler von

Geb. 8. 2. 1765 in Schwechat, Niederösterreich, gest. 24. 7. 1846 in Wien. Schüler von Johann Georg → Albrechtsberger, 1794 Regens chori an der Schottenkirche, 1804 Vizehofkapellmeister, 1824 Hofkapellmeister.

Seinem überreichen kirchenmusikalischen Œuvre begegnete Bruckner schon in der Bibliothek Leopold von → Zenettis in → Enns. Als Stiftsorganist in → St. Florian kopierte er für Studienzwecke die »Cum Sancto Spiritu«-Fuge aus Eyblers Messe in D-Dur. Als Hoforganist in → Wien aber begegnete Bruckner Eyblers Kirchenmusik fast jeden zweiten Sonntag: Durch dessen jahrzehntelange Tätigkeit in der → Hofmusikkapelle waren seine Werke, ganz besonders die Meßproprien, im Repertoire zutiefst verankert. Eybler, der seiner spätklassischen Linie biedermeierliche, gelegentlich auch frühromantische Elemente hinzufügte, war, neben anderen, für Bruckners Thematik in dessen → Kirchenmusik vielleicht speziell dort ein Vorbild, wo dieser ein Thema durch Variierung einer Quartsextakkordzerlegung gewinnt (bei »et vitam venturi« der *Messe in f-Moll*, bei »in te Domine speravi« des *Te Deum*). LMK

Lit.: RISM-Kataloge des Musikarchivs der Hofmusikkapelle; Hildegard Hermann, Thematisches Verzeichnis der Werke von J. Eybler. München-Salzburg 1976.

F

Fantasie (WAB 118)
Widmungskomposition für Klavier zu zwei Händen in G-Dur; 1. Satz: »Langsam und mit Gefühl«; 2. Satz: »Allegro«
EZ: 1868, vollendet 10. 9. 1868 in → Linz
W: Alexandrine Soyka (1859-1931), Tochter eines höheren Offiziers, Klavierschülerin Bruckners, verehelichte Fürstin Stirbey
UA: ?
Autograph: ÖNB-MS
ED: Zürich, Musikhaus Hüni 1921
NGA: Band XII/2 (Walburga Litschauer, 1988)

Die beziehungslos aufeinanderfolgenden Sätze sind jeweils in da capo-Form komponiert. Während das Thema im Mittelteil des ersten Satzes mit seinen großen Intervallsprüngen den späteren Symphoniker vorausahnen läßt, scheint dem zweiten Satz die Klaviermusik der Klassik als Vorbild gedient zu haben. Am interessantesten ist auch hier der stark modulierende Mittelteil, in dem es zu imitatorischen Verzahnungen zwischen rechter und linker Hand kommt. WL

Lit.: Göll.-A. 3/1, S. 504-508, 3/2, Nr. 28, S. 245-249 (Faksimile); Walburga Litschauer, Bruckner und das romantische Klavierstück, in: Bruckner-Symposion 1987, S. 109.

4 Fantasien (WAB deest)
Kompositionsübungen für Klavier
I: in d-Moll, II: in c-Moll, III: in c-Moll, IV: in d-Moll
EZ: beendet 25. 8. 1862 (»5 Uhr Abends«) in → Linz
Autograph: → Kitzler-Studienbuch S. 213-218

Hier vermerkt Bruckner u. a.: »Die Lieder ohne Worte z. B. v. Mendelssohn haben meistens Liedform« – auch hier ein Nachweis für Bruckners Kenntnis von Werken → Mendelssohn Bartholdys.

Lit.: Hawkshaw, The Manuscript Sources.

Fassungen
Das Problem der Fassungen ist bei Bruckner besonders prekär, da er viele seiner Werke immer wieder verändert hat. So sind geradezu »Umarbeitungsphasen« in seinem Schaffen erkennbar. Erschwerend hinzu kommt, daß bis heute der Begriff »Fassung« terminologisch uneindeutig ist. Werden einerseits abgeschlossene Niederschriften, aber ebenso gedruckte Notentexte als Fassungen bezeichnet, wollen andere auch kleinere Änderungen schon als eigene Fassung werten. Häufig wäre besser lediglich von einem bestimmten Stadium – von einem »Zustand« (→ Nowak) – zu sprechen.
Gerade bei Bruckner fanden auch einschneidende Veränderungen während des Publikationsprozesses statt, so daß deshalb der Begriff »Erstdruckfassungen« vorgeschlagen wurde (Nowak). Einen Sonderfall stellt die *Dritte Symphonie* dar, die aufgrund ihrer verwickelten Genese als »work in progress« (Kühnen) aufgefaßt werden kann.
Um den etwas verschwommenen Begriff »Urfassung« (und dessen zum Teil fragliche Abgrenzung zu Entwurf oder Skizze) zu vermeiden, hat sich heute die Bezeichnung »1. Fassung« durchgesetzt. Prinzipiell sollten alle Fassungen durch eine chronologisch exakte Angabe (z. B. bei der *Vierten*: »Fassung 1874«) gekennzeichnet werden.
Ein spezieller Problembereich ergibt sich aus der Spannung zwischen eigener Überarbeitung, d. h. Anpassung an den jeweiligen neuen Kompositionsstand, und Fremdeinflüssen (z. B. durch wohlmeinende Musikerfreunde), d. h. Annäherung an Publikumserwartungen. Bis heute ist die Frage strittig, ob spätere Fassungen wirklich – im Anschluß an Äußerungen Bruckners – eine Verbesserung oder aber eine Angleichung an bestimmte Rezeptionsmuster darstellen. Zwischen den Extrempositionen vermittelnd wurden die Fassungen auch als wechselnde kompositorische Konzeptionen aufgefaßt (Wagner).
Was hat nun Bruckner geändert? Die Bandbreite reicht von kleinen Korrekturen über Änderungen in → Harmonik, Stimmführung, Metrik (→ Rhythmus) und → Instrumentation bis hin zu markanten Eingriffen in Formablauf (→ Form) und Dramaturgie. In der *Achten* hat Bruckner beispielsweise in der (zweiten) Fassung von 1890 den fff-Schluß des 1. Satzes (Fassung 1887: Takte 424-453) gestrichen, so daß er leise ausklingt. Manche Änderungen sind regelrecht mit Neukompositionen gleichzusetzen (*Dritte Symphonie*, 1. Satz, oder *Achte*, 1. und 2.

Satz). Ein eigenes, vorrangig semantisch bestimmtes Problemfeld stellen die Wagner-Zitate in der *Dritten* dar (vgl. Kühnen).
Von der Wirkungsgeschichte her standen vorerst die (oft mehrmals überarbeiteten) End- bzw. Letztfassungen im Vordergrund. Damit verbunden sind Namen wie → Löwe oder → Schalk als Bearbeiter. In der Alten → Gesamtausgabe wurden erstmals die Originalhandschriften Bruckners als Grundlage – mit dem Schwerpunkt auf der Letztfassung – verwendet. Allerdings entstanden damals auch verhängnisvolle Mischfassungen (»Idealfassungen«), die verschiedene Bearbeitungsstadien zusammenfügten. Erst mit der Neuen Gesamtausgabe wurden alle heute bekannten Fassungen zum Vergleich vorgelegt. In den mit Bruckner weniger vertrauten Ländern des französischen Sprachraumes spielten auch später noch »Idealfassungen« eine Rolle (vgl. dazu Paul Gilbert Langevin in: Bruckner-Symposion 1980).
Seit jüngerer Zeit werden auch frühe Fassungen auf Tonträger eingespielt. So entschied sich etwa Eliahu Inbal als erster für die *Dritte Symphonie* in der ersten (ungedruckten) Fassung, und Kurt Eichhorn spielte beide Versionen der *Zweiten Symphonie* ein. Überblickt man Fachhandel, Konzertbetrieb und Konzertführer aber nur einigermaßen, fällt nach wie vor eine Orientierungslosigkeit hinsichtlich der Fassungen auf. Die Hauptforderung wäre demnach auch hier, stets eine genaue Datierung anzugeben.
Abschließend sei betont, daß die Frage nach einer »richtigen« bzw. »besten« Fassung grundsätzlich falsch gestellt ist. Abgesehen vom Interesse an der kompositorischen Entwicklung Bruckners hängen diesbezügliche Entscheidungen stets von Zeitgeist, wissenschaftlichen Strömungen, Musikerpersönlichkeiten – und nicht zuletzt vom persönlichen Geschmack ab. EWP

Lit.: Claudia Catharina Röthig, Studien zur Systematik des Schaffens von A. Bruckner auf der Grundlage zeitgenössischer Berichte und autographer Entwürfe. Göttingen 1978; Manfred Wagner, Der Wandel des Konzepts. Zu den verschiedenen Fassungen von Bruckners Dritter, Vierter und Achter Sinfonie. Wien 1980; Bruckner-Symposion »Die Fassungen« Linz 1980; Leopold Nowak, »Urfassung« und »Endfassung« bei A. Bruckner, in: Nowak, Über A. Bruckner; Thomas Röder, Auf dem Weg zur Bruckner Symphonie. Untersuchungen zu den ersten beiden Fassungen von A. Bruckners Dritter Symphonie. Wiesbaden 1987; Wolfgang Kühnen, Die Botschaft als Chiffre. Zur Syntax musikalischer Zitate in der ersten Fassung von Bruckners Dritter Symphonie, in: Bruckner-Jahrbuch 1991/92/93.

Festgesang (WAB 15) »Sankt Jodok sproß aus edlem Stamme«

Kantate für vierstimmigen gemischten Chor, Sopran-, Tenor-, Baß-Solo und Klavier in C-Dur (Rezitativ und Arie, Baß; Chor, »Ziemlich langsam – Gemütlich«; Arie, Sopran, »Langsam, mit Gefühl«; Rezitativ, Tenor; Schlußchor, »Mäßig langsam«)

Festgesang. Erste Seite des Autographs (mit der Überschrift »Festlied«)

Text: Autor unbekannt
EZ: Spätherbst 1855 in → St. Florian, beendet 6. 12. 1855
W: »zur hohen Namensfeier« von Pfarrer Jodok → Stülz, Stiftsdechant in St. Florian
UA: vermutlich Dezember 1855 in St. Florian
Autograph: Bruckner-Archiv des Stiftes St. Florian
ED (Faksimile): Göll.-A. 2/2, S. 241-254 (1928)
NGA: Band XXII/1 (Franz Burkhart, Rudolf H. Führer, Leopold → Nowak, 1987)

Die Fertigstellung der Partitur fällt in die Zeit der Bestellung Bruckners als provisorischer → Linzer Dom- und Stadtpfarrorganist (Probespiel im → Alten Dom: 13. 11., erster Orgeldienst im Dom: 8. 12. 1855). Eine allfällige Wiedergabe erfolgte am Namenstag des Widmungsträgers (13. 12. oder am Vorabend) im Stift im Rahmen eines gemischten Programmes, wie es seinerzeit üblich war und überliefert ist. Das Werk, als Auftrag oder aus freien Stücken geschrieben, war primär für die Namenstagsfeier bestimmt. Für Bruckner selbst bildete es das Abschiedsgeschenk an den ihm durch viele Jahre vertrauten, väterlich-wohlwollenden Chorherrn Stülz. Der Sängerknabe und Volksschüler Bruckner kannte den Priester als Kooperator (1824-1843), der St. Florianer Lehrer Bruckner erlebte ihn aber schon als Pfarrer (1843-1859) und damit als einen direkten Vorgesetzten; seit 1854 war Stülz Stiftsdechant.
Musikalisch blickt die sechsteilige Kantate mit je zwei Rezitativen, Arien und Chören eher auf vergangene (Generalbaß-)Zeiten zurück, als daß das Werk schon eigenen Vorstellungen des Komponisten freien Lauf läßt. Die Arien erinnern an barocke Vorbilder, wo häufig konzertierende Melodieinstrumente zum generalbaßbegleiteten Sologesang musizieren. Die Chorsätze – etwa in der Nachfolge eines Michael → Haydn – verweisen in imitatorischen Abschnitten auf den versierten Kontrapunktiker. Die Partitur wurde 1921 durch den St. Florianer Regens chori Franz Xaver Müller wiederentdeckt. Aufführungen sind seither nicht bekannt geworden.
FZ

Lit.: Göll.-A. 2/1, S. 205-208, 370; Nowak 1973, S. 76.

Festkantate (WAB 16) »Preiset den Herrn, lobsingt seinem heiligen Namen«
Kantate für vierstimmigen Männerchor, Männer-Soloquartett, Baß-Solo, Blasorchester und Pauken in D-Dur (Chor, »Bewegt, doch nicht zu schnell«; Soloquartett und Chor, »Langsam, bittend«; Chor, »Bewegt, nicht zu schnell«; Baß-Solo, »Langsam, nicht schleppend«; Soloquartett a cappella, »Langsam bewegt«; Praeludium; Chor a cappella; Chor, »Bewegt, nicht zu schnell«)
Text: Maximilian Pammesberger (→ Textdichter)
EZ: 1862 in → Linz, vollendet 25. 4. 1862
W: Zur Grundsteinlegung des Mariä Empfängnis-Domes in Linz
UA: 1. 5. 1862 in Linz (→ Liedertafel »Frohsinn« und Militärmusikkapelle des 13. Infanterie-Regiments »Freiherr von Bamberg«, Chormeister Engelbert → Lanz)
Autograph: Bischofshof, Linz
ED: Göll.-A. 3/2, S. 197-216 (Faksimile, 1930); »Fest-Cantate«. Klavierauszug und Stimmen. Wien, Doblinger 1955 (Karl Etti)
NGA: Band XXII/2 (Franz Burkhart, Rudolf H. Führer, Leopold → Nowak, 1987)

In Verbindung mit dem 1854 von Papst Pius IX. ausgesprochenen Dogma von der Unbefleckten Empfängnis Marias hatte der Linzer Bischof → Rudigier am 1. 5. 1855 verkündet, eine neue Linzer Kathedrale bauen zu lassen, die unter den besonderen Schutz Marias gestellt und zu Ehren ihrer unbefleckten Empfängnis eingeweiht werden sollte. Die Finanzierung des gewaltigen Vorhabens (→ »Neuer Dom«) erfolgte durch freiwillige Spenden aus allen Bevölkerungsschichten.
Bruckner wurde mit der Komposition einer → Kantate für die Grundsteinlegung beauftragt und erhielt als Honorar (»Remuneration«) 50 fl ÖW, was etwas mehr als ein Monatsgehalt für seine Organistendienste ausmachte. Das Werk entstand – als letzte Kantatenkomposition Bruckners – in Linz während seiner Studienzeit bei Otto → Kitzler. Die Uraufführung fand am Bauplatz während der Hammerschläge bei der feierlichen Grundsteinlegung zum Neuen Dom statt. Rudigier gestaltete den Festakt »zu einer großangelegten Demonstration für Dogma und Kirche«, an dem rund 300 Priester aus der Diözese und viele Tausende Einheimische und Fremde teilnahmen.
Die achtteilige Komposition wird durch mächtig wirkende Chor-Orchester-Sätze gegliedert und enthält dazwischen Soloquartette, ein Baß-Solo, ein instrumentales Praeludium und einen a cappella-Chor. Das prägnante und für die Aufführung im Freien angelegte Werk paßt gut zum festlichen Anlaß. Der Chorsatz ist im Vergleich

Festkantate. Erste Seite des Autographs

zu sonstigen Werken Bruckners »bei aller Wirksamkeit als ausgesprochen leicht zu bezeichnen« (Karl Etti) und kommt damit dem gewohnten Repertoire und Können der Linzer Liedertafel entgegen. Dennoch zeigt die Partitur unleugbare Fortschritte gegenüber früheren Kantaten Bruckners.

Die geringe Anzahl an Aufführungen – ihre lückenlose Erfassung ist nicht möglich – fand vor allem in Österreich, aber kaum im Ausland statt (1979 → Karlsruhe, 1993 Brilon/Nordrhein-Westfalen, 1994 Maastricht/Niederlande). Der → Wiener Männergesang-Verein hat große Verdienste um die Wiederbelebung des Werkes. Mit seinem Festkonzert am 20. 11. 1954 wurde es »einer jahrzehntelangen Vergessenheit entrissen« (Etti), die damit erzielte Wirkung bildete den Anlaß für die Druckausgabe von 1955. Weitere Aufführungen durch dieses Ensemble folgten. Die Kantate stand mehrmals beim → Internationalen Brucknerfest Linz auf dem Programm (1980: Linzer Theaterchor, 1982: Wiener Männergesang-Verein, 1991: Prager Männerchor). Eine CD hält als Live-Mitschnitt eine Wiedergabe durch den Männergesang-Verein »Sängerlust« aus → Steyr (1994) fest. Eine neue Textversion von Herbert Vogg mit dem Titel »Festkantate zur Weihnacht« wurde 1993 mit dem Wiener Männergesang-Verein unter Gerhard Track in der Wiener Votivkirche, allerdings mit Orgelbegleitung, aufgeführt (1994 im Österreichischen Fernsehen). Von Gerhard Track stammt auch eine Fassung für gemischten Chor (Aufführung Oktober 1995 im Wiener Stephansdom, → St. Stephan). FZ

Lit.: Konrad Meindl, Leben und Wirken des Bischof Franz Joseph Rudigier von Linz 1. Linz 1891, S. 384-419, 536-578; Göll.-A. 3/1, S. 134-139; Karl Etti, Vorwort zum Erstdruck 1955 (s. o.); Nowak 1973, S. 118, 120; Harry Slapnicka, Franz Joseph Rudigier, in: Die Bischöfe von Linz. Hrsg. R. Zinnhobler. Linz 1985, S. 123-126; Rudolf Zinnhobler, Text der Festkantate zur Grundsteinlegung des Neuen Domes in Linz, in: Neues Archiv für die Geschichte der Diözese Linz 4 (1985/86) mit Faksimile des Kantatentext-Druckes; Bernhard Prokisch, Das Verhältnis zur kirchlichen Kunst, in: Bischof Franz Joseph Rudigier und seine Zeit. Hrsg. R. Zinnhobler u. a. Linz 1987.

Festlied (WAB 67) »Freudig laßt das Lied erschallen«

Vierstimmiger Männerchor a cappella in D-Dur, »Andante«

Text: Ludwig Carl Kraus (→ Textdichter)
EZ: 1843 in → Kronstorf
UA: ?
Autograph: Musikverlag Anton Böhm & Sohn, Augsburg
ED: Augsburg-Wien, Anton Böhm 1928 (Josef Gruber)
NGA: Band XXIII/2 (in Vorbereitung)

Bei diesem Chor handelt es sich um eine weitere Umtextierung des 1843 entstandenen *An dem Feste*, das schon zum *Tafellied* umgedichtet worden war. Das Manuskript befand sich früher im Besitz des St. Florianer Stiftsorganisten Josef Gruber. AH

Lit.: Göll.-A. 3/1, S. 535.

Finanzen

Bruckners lebenslanges Streben nach »Sicherheit« ist nicht nur bei seiner beständigen Suche nach Leistungsbestätigungen durch → Zeugnisse, sondern auch und vor allem aufgrund der zahlreichen → Bewerbungen um alle möglichen als »sicher« eingeschätzten Posten und der Ansuchen um Unterstützung festzustellen. Hier – im »finanziellen« Bereich – ist eine Begründung für die manchmal als »Manie« bezeichnete Angst vor materiell ungesicherten Verhältnissen wohl leicht zu finden: Bruckner wuchs unter eher ärmlichen Lebensbedingungen auf und hatte dann das Glück, im Alter von 13 Jahren nach dem Tod seines Vaters Aufnahme und Unterstützung im wohlhabenden Stift → St. Florian zu finden.

Als 17jährigem sollen ihm in seiner ersten Anstellung als Schulgehilfe in → Windhaag – abzüglich der Kosten für Kost und Quartier – jährlich 12 fl (die überlieferten Angaben schwanken bis 36 fl) als Taschengeld geblieben sein (nach heutiger Kaufkraft umgerechnet ca. 2 000 öS). Wie üblich, hat er damals schon »dazuverdient«. Die Situation besserte sich erst langsam mit seiner Verpflichtung als Lehrer in St. Florian 1845, wo er mit 36 fl Gehalt anfing – inklusive Verpflegung und Unterkunft sowie mit weiteren Einkünften aus Privatunterricht –, im Oktober 1849 waren es schon 108 fl. Seit Februar 1850, zusätzlich mit dem Posten eines provisorischen Stiftsorganisten betraut, verdiente Bruckner 152 fl im Jahr (ca. 22 000 öS).

1856 in → Linz, als Dom- und Stadtpfarrorganist mit Dienstwohnung, kam dann der Sprung auf 448 fl (ca. 50 000-55 000 öS). Von Privatschülern verlangte Bruckner damals bis zu 1 fl pro Stunde. Für seine Tätigkeiten bei der → Liedertafel »Frohsinn« wurde er (gesichert erst für 1868) mit 300 fl entlohnt.

Nach seiner Übersiedlung nach → Wien wird es immer schwieriger, Bruckners jährliches Gesamteinkommen zu berechnen: Oft »gleichzeitig« ausgeübte Berufe, Nebeneinkünfte, Sonderzahlungen (z. B. Ende 1868 ein einjähriges Künstlerstipendium »zur Schaffung großer symphonischer Werke« in Höhe von 500 fl) und – in späterer Zeit – regelmäßige Zuwendungen von Gönnern etc. zeigen ein über die Jahre schwankendes Bild.

Vom Konservatorium der → Gesellschaft der Musikfreunde in Wien bezog er während seiner aktiven Zeit als Professor 1868-1891 jährlich 800 fl, danach 440 fl. Dazu kamen 1870-1874 als Lehrer an der Lehrerbildungsanstalt → St. Anna 540 fl.

Seine Tätigkeit als Organist im Verband der → Hofmusikkapelle brachte ihm – nach unbezahltem Dienst 1868-1870 – zunächst (1871-1875) 200 fl ein, bis 1878 jeweils zusätzliche 100 fl (als Vizearchivar und 2. Singlehrer). 1878-1886 erhielt er als »wirkliches Mitglied« dann jährlich 600 fl und zusätzlich 200 fl »Quartiergeld«, danach weitere 300 fl Zulage, die ihm nach der Verleihung des Franz Joseph-Ordens (→ Ehrungen) zustanden. Seit 1878 hatte er außerdem Anspruch auf die viermal jährlich anfallende »Oktennalzulage« in der Höhe von 100 fl. Nach seiner Dienstenthebung 1892 wurden ihm jeweils 900 fl ausbezahlt.

An der → Universität verdiente Bruckner zunächst (1876-1880) ebenfalls nichts, erst seit November 1880 bekam er die für Lektoren übliche Remuneration in Höhe von 400 fl pro Semester (im März 1894 statt dessen eine Ehrengabe in Höhe von 1 200 fl) ausbezahlt.

Neben diesen festen Gehältern sind fallweise Honorierungen für Aushilfen an der → Hofburgkapelle, Sonderremunerationen von der Universität, Druckkostenbeiträge (für die *Dritte* und die *Achte Symphonie*) etc. sowie Einkünfte aus zahlreichen → Schülern erteiltem Privatunterricht mitzurechnen und nicht zuletzt kostenlos zur Verfügung gestellte → Wohnungen (Heßgasse, Belvedere) zu berücksichtigen.

Seit 1890 bezog Bruckner darüber hinaus Jahresrenten: Der Oberösterreichische Landtag stellte über Antrag von Bischof Franz Maria → Doppelbauer 400 fl zur Verfügung, ein auf Initiative Max von → Oberleithners in → Steyr gegründetes → Consortium von Gönnern ca.

1 000 fl. Weitere → Mäzene mit einer weiteren Summe von ca. 1 000 fl schlossen sich an.
Der Vergleich einiger Wiener Jahre zeigt deutlich den finanziellen »Aufstieg« Bruckners und die dann eigentlich nicht mehr begründbare, dennoch fortdauernde Angst vor materieller Not: So betrug sein Jahreseinkommen (jeweils ohne die in ihrer Höhe nicht genau bekannten Nebeneinkünfte durch Privatstunden – jetzt à 3 fl) 1869: 800 fl, 1872: 1 540 fl, 1876 (nach Aufgabe der Lehrtätigkeit an St. Anna): 1 300 fl, 1881: 2 400 fl, 1887: 2 700 fl, 1893: 4 500 fl. Für 1871 gab Bruckner in einem Brief an August → Dürrnberger vom 16. 3. sein Gesamteinkommen aus seiner Unterrichtstätigkeit selbst bekannt: 2 080 fl.
Auch selbst hat Bruckner für seine finanzielle Absicherung gesorgt: August Göllerich berichtete er später, daß er schon in seiner Linzer Zeit bei der Versicherungsgesellschaft »Anker« Beiträge eingezahlt habe – von einer Auszahlung ist allerdings nichts bekannt.
Bruckner starb als vermögender Mann: Das von ihm hinterlassene Barvermögen (→ Nachlaß) betrug rund 16 800 fl (umgerechnet fast 2 Mio. öS).

Zur Umrechnung von fl in öS
Der Kaufpreis von 100 fl hatte 1840 einen heutigen Wert von ca. 17 120 öS, 1850 ca. 14 300, 1860 ca. 11 050, 1870 ca. 10 270, 1880 ca. 9 950, 1890 ca. 10 870 öS (nach »Der Hundertjährige Börsen-Kurier-Index«, erstellt vom Österreichischen Statistischen Zentralamt). Um bei in diesem langen Zeitraum oft schwankenden Preisen zumindest bezüglich der Grundnahrungsmittel eine Vorstellung von den Lebenshaltungskosten (in Wien) zu bekommen, sollen hier je nach vorhandenen Angaben ausgewählte Beispiele folgen: Der Kilopreis für Rindfleisch hatte sich zwischen 1840 (0,25-0,31 fl) und 1895 (0,56-0,95 fl) mehr als verdoppelt, für Schweinefleisch stieg er von 0,34-0,53 auf 0,48-1,10 fl, für Schweineschmalz nur von 0,40-0,66 auf 0,56-0,72 fl. Butter kostete 1867 0,64-1,06 fl, 1876 bereits 0,80-2,00, Ende 1895 mit 0,72-1,58 fl wieder weniger. Der Preis für 1 Liter Vollmilch blieb zwischen 1867 und 1895 fast unverändert (0,07-0,14 bzw. 0,06-0,16 fl, mit einer Spitze Mitte der siebziger Jahre bis 0,20 fl). Weizenauszugsmehl hatte 1871 einen Kilopreis von 0,28-0,32 fl, der bis Ende 1895 auf 0,14-0,18 fl sank, »dürre Bohnen« kosteten 1874 0,13-0,17 fl und Ende 1895 – nach eher geringfügigen Schwankungen bis in der Regel maximal 0,24 fl – 0,12-0,22 fl (nach Felix Olegnik, »Historisch-Statistische Übersichten von Wien«. Wien 1957). Eine diese Preisangaben berücksichtigende Umrechnung des Gegenwertes des jeweiligen Jahreseinkommens Bruckners ist wegen der sich ergebenden großen Bandbreite nicht aussagekräftig. UH

Floderer, Wilhelm
Geb. 10. 5. 1843 in Brünn, gest. 6. 4. 1917 in Marienbad. Dirigent, Chorleiter, Komponist, Musikpädagoge; studierte bei Simon → Sechter in → Wien Harmonielehre und Kontrapunkt. Seit 1868 Theaterkapellmeister in Bukarest, Temesvar, Laibach, 1871-1875 und 1879-1888 am Landständischen Theater in → Linz, Oktober 1872 bis April 1875 und November 1877 bis November 1899 Chormeister der → Liedertafel »Frohsinn«, dazwischen Theaterkapellmeister in → Brünn und an der Komischen Oper (Ringtheater) in Wien. 1885-1899 Klavierlehrer des → Linzer Musikvereines, 1889-1895 Bundeschormeister des Oberösterreichisch-Salzburgischen Sängerbundes. In Linz als gesuchter Klavier-, Gesangs- und Kompositionslehrer, seit 1909 in Wien als Komponist tätig. Schließlich Privatier in → Marienbad. Sein kompositorisches Schaffen umfaßt Opern, Orchesterwerke, Chorwerke, Lieder, Liederzyklen und Klavierwerke.
Als Operndirigent erwarb Floderer sich in Linz mit hervorragenden Aufführungen von Opern Richard → Wagners und der Opernnovitäten anderer Zeitgenossen rasch einen anerkannten Ruf. In den Konzerten der Gesellschaft der Musikfreunde Linz, die Floderer häufig leitete, verschaffte er den Symphonien und großen Vokalwerken Bruckners durch mustergültige Aufführungen breite Anerkennung und wurde damit zu einem wichtigen Wegbereiter. Auch als Chormeister der Liedertafel »Frohsinn« erlangte er durch seine sorgfältig einstudierten Aufführungen von Werken Bruckners bald dessen Wertschätzung und volles Vertrauen. Da sich bei der Vorbereitung der Uraufführung (1886) des Chores *Um Mitternacht* WAB 90 schier unüberwindbare Intonationsschwierigkeiten ergaben, schrieb er mit Bruckners Einverständnis eine Harfenbegleitung. Als Karl → Kerschbaum 1889 Bruckners Chor *Sängerbund* einen neuen Text unterlegte, übertrug der Komponist Floderer die künstlerische Verantwortung dafür, daß der neue Text der vorhandenen Komposition auch hinsichtlich Inhalt und Deklamation entspreche.

Floderer ehrte Bruckner durch seinen Chor »An Meister Bruckner« (Text von Karl Kerschbaum), den er 1886 beim Festkommers und anläßlich der Enthüllung der Gedenktafel an Bruckners Geburtshaus in → Ansfelden (1895) aufführte (→ Hommage-Kompositionen). KM

Lit.: Karl Kerschbaum, Chronik der Liedertafel »Frohsinn« in Linz über den 50jährigen Bestand ... Linz 1895, S. 273 f., 310; Franz Brunner, Der Linzer Musikverein in den Jahren 1821-1901. Linz 1901, passim; W. Floderer, Gunther der Minnesänger. Dramatische Oper in einem Akt. Textbuch und Opernführer. Textbuch von Leopold Winter. Textlich und musikalisch erläutert von Franz Gräflinger. (Mit Biographien). Linz 1906; Kapellmeister W. Floderer †, in: Tagespost, Linz 10. 4. 1917; Auer, Briefe S. 207, 209, 225; Franz Gräflinger, A. Bruckner. Leben und Schaffen (Umgearbeitete Bausteine). Berlin 1927, S. 212 ff., 302; Göll.-A. 1, 3/1, 4/2-4, passim; ÖBL; Heinrich Wimmer, Das Linzer Landestheater 1803-1958, in: Oberösterreichische Heimatblätter 13 (1959) besonders S. 45, 50, 52, 55, 124; Othmar Wessely, Bruckner, Wagner und die Neudeutschen in Linz, in: Bruckner-Symposion 1984, hier S. 29 ff.

Florianer Quartett

Schon in → Kronstorf hatte Bruckner ein Männerquartett gegründet, bei dem er selbst die 2. Baßstimme sang. Anregung dazu hatte er bei Hans Schläger in → St. Florian erhalten. Aufnahme und Pflege fand das Quartett im Hause Födermayr, war bald in der ganzen Gegend bekannt und wurde zu vielen festlichen Gelegenheiten herangezogen.

Bald nach Antritt seines Schuldienstes in St. Florian war es Bruckner gelungen, mit dem zweiten Lehrer, Ludwig Ehrenecker, als 1. Tenor, dem Stiftsbeamten Franz Schäfler als 2. Tenor und dem Gärtner Johann Nepomuk → Hueber als 2. Baß wieder ein Quartett zu bilden, bei dem er diesmal den 1. Baß sang. Das Florianer Quartett trat auch außerhalb der Kirche auf und machte sich bald in der ganzen Umgebung einen Namen. Für dieses Quartett schrieb Bruckner 1846 das *Ständchen* und widmete ihm 1848 *Sternschnuppen*. – Ein weiteres Florianer Quartett, bestehend aus Josef → Seiberl, Anton (?) Hasenleithner, Josef (?) Neubauer und Karl → Bogner, war in ganz Oberösterreich berühmt. AH

Lit.: Göll.-A. 1, S. 228 f., 2/1, S. 64 f., 545 f.; Max Auer, A. Bruckner. 6. Aufl. Wien-München-Zürich 1967, S. 67 f.

Form

Die Formgestaltung in Bruckners Symphonien – und nur von dieser kann hier die Rede sein – geht von einer übergeordneten, alle Werke einschließenden Idee aus. Anders als bei → Beethoven oder → Brahms, dessen symphonisches Werk man schwerlich unter dem allgemeinen Gesichtspunkt der Form zusammenfassend behandeln könnte, sind bei Bruckner nahezu alle Elemente kompositorischer Gestaltung in einer Weise von einem charakteristischen Ordnungswillen geprägt, die ihm den Vorwurf des Schematismus eingetragen hat. Der langjährige Freund Franz → Schalk faßte es in seinem Porträt von 1921 am knappsten: »Bruckner hat sich ein sehr einfaches Schema für seine Sätze zurecht gelegt, darüber offenbar niemals spekuliert und in all seinen Sinfonien ganz gleichmäßig festgehalten.«

Was als schematisch erscheint, ist genau besehen das äußere Moment eines historisch wohl einmaligen kompositorischen Konzepts, das in der Erfüllung einer »globalen« symphonischen Idee durch unterschiedliche Einzellösungen besteht. Daß sich Bruckners Symphonien untereinander tatsächlich ähnlicher sind als z. B. die von Beethoven, → Mendelssohn, Brahms, → Mahler, ist nicht zu bestreiten, erweist sich jedoch nicht als Mangel, sondern als Teil dieses Konzepts. Daß jede der neun (gezählten) Symphonien gleichwohl ihre eigene, unverwechselbare Werkidee und eine jeweils andere Formlösung realisiert, ist ebensowenig zu bezweifeln, zeigt aber erst der genauere Blick. Bei Bruckner überwiegt der Eindruck des Gleichen, Wiederkehrenden. Die Größe seiner Werke, die riesenhaften Ausmaße, ihr erhabener Ton schaffen nicht nur eine Aura bisweilen sakraler Monumentalität, sondern auch eine Sphäre räumlicher Weite, in der das Detail entrückt scheint (in der auch so manchem der Blick ins Verklärte verschwimmt). Aber nicht nur der »breite Pinselstrich«, den das 19. Jahrhundert von großer symphonischer Musik erwartete, sondern auch die differenzierte Handhabung und komplexe Verkettung selbst kleinster Elemente gehört in gleichem Maße zu Bruckners Gestaltungsmitteln.

Die Anlage eines einzelnen Werkes, eines einzelnen Satzes, ja des einzelnen Formabschnitts ist ohne Kenntnis und Rekurs auf die übergeordnete Formidee, wie sie sich erst im Blick auf alle Werke erschließt, nicht angemessen zu verstehen. Jedes kompositorische Ereignis hat ebenso seine individuelle Bedeutung im betreffenden Werk wie vor dem Hintergrund des Gesamtkonzepts seinen bestimmten Ort, seinen scheinbar vorgeprägten Platz. Im Gegensatz zur konservativen Formenlehre der Zeit erfüllt Bruckner damit jedoch keineswegs ein abgeleitetes,

abstraktes Formschema. Satzweise, Gestaltungsmittel und übergeordnete symphonische Idee schaffen sich vielmehr selbst eine Form, bei der alles, von der kleinsten motivischen Zelle bis hin zur Gesamtanlage eines viersätzigen symphonischen Ganzen, einem äußerst konsequenten Formwillen unterworfen ist, und zwar einem durch und durch finalen und auf den Schluß als Höhepunkt angelegten Formwillen.
Zu den materialen Grundbedingungen der Form bei Bruckner gehören vor allem die metrische Gliederung des gesamten Satzverlaufs, die immer auf geradtaktiger Gruppenbildung beruht (siehe metrische Ziffern). Die Paarigkeit der Einheiten ist ein Ordnungsprinzip Bruckners, das im großdimensionierten Raum die Grundlage für Faßlichkeit und Orientierung schafft. Darauf aufbauend besteht der Formprozeß aus der »blockhaften« Reihung festbegrenzter musikalischer Einheiten, die sich wie Bausteine zu Einheiten höherer Ordnung zusammenschließen, welche wiederum, gleichsam wie fertige Bauelemente, ihrerseits zu größeren Komplexen aneinandergefügt werden. Der Klarheit der Gliederung entspricht die Prägnanz der Themenbildung ebenso wie die des → Rhythmus, der von festen Grundmustern und deren vielfacher Wiederholung lebt. Dem Blockhaft-Hierarchischen des Satzes entsprechen ferner die registerartige Instrumentierung (→ Instrumentation), die vehementen dynamischen Kontraste und Ausbrüche, die scharfen Zäsuren und Einschübe auch scheinbar völlig fremden Materials (z. B. die berühmten Choralpartien oder die vieldiskutierten Themenzitate aus anderen Sätzen, anderen Werken und sogar von anderen Komponisten).
Zusammenhang in so additiv erscheinendem Verfahren schafft Bruckner u. a. durch eine »disjunktive« → Harmonik, bei der die festumrissenen Bauelemente des Satzes nicht mit abschließenden, sondern mit sich öffnenden, dominantischen Zäsuren ausgestattet werden, so daß die notwendige Antwort erst mit Beginn der nächsten Einheit erwartet wird. Dabei kommt es zu den typischen mediantischen Anschlüssen, die die harmonische Entspannung nur bedingt enthalten und einen fortgesetzten Lösungsprozeß hervorrufen. Zusammenhang wird ferner durch die Themen und die Art der thematischen Arbeit geschaffen. Die Prägnanz der Themen garantiert ein hohes Maß an Identität, die aber ein entsprechend hohes Maß an Wandlungsfähigkeit einschließt. Zu den Mitteln der thematischen Arbeit gehören vor allem die Variierung der Diastematik (meist unter Bewahrung des Rhythmus), spezielle kontrapunktische Verarbeitungen (Augmentationen, Diminutionen, Umkehrungen etc.) sowie Abspaltung und Verkürzung der Einheiten. Hierauf beruhen wiederum Bruckners spektakuläre Steigerungsverfahren, die in zunehmenden Stauungen und vielfachen »Wellenbewegungen« zu fulminanten Höhepunkten und zu thematischem Durchbruch führen. Thematische Arbeit, insbesondere die zunehmende Reduktion auf einen permanent wiederholten rhythmischen Kern, kann bis zur gänzlichen Tilgung des Thematischen führen. Und im Maße ihrer Auflösung wird die unversehrte Wiederkehr der Themen oder der Einsatz eines neuen Themas vor allem in den eruptiven Höhepunktballungen zum herausragenden, Zusammenhang und Identität schaffenden Ereignis. Das gilt nicht nur für einzelne Sätze, sondern auch für den ganzen Werkzyklus.
Entsprechend fundiert und auf Zusammenhang angelegt ist die Form der Einzelsätze. Kopfsätze und Finali haben durchweg eine spezielle, so nur bei Bruckner vorkommende vierteilige, trithematische Sonatensatzform: mit dem markanten Hauptthema, der lyrischen »Gesangsperiode« (Bruckner) und dem wegen seiner Satzanlage auch »Unisonothema« genannten dritten Thema. In der Folge stecken sowohl symmetrische Bogenform, weil das Unisonothema auf Elemente des Hauptthemas zurückgreift und die Gesangsperiode zum lyrischen Mittelteil macht, als auch zielgerichtete Entwicklung, weil die Steigerungsanlage, die schon das Hauptthema und seine nacheinander sich entfaltenden Varianten vorgeben, über die ruhigere Gesangsperiode hinweg bis zum Unisonothema gespannt wird, das wiederum darauf angelegt ist, zum ersten großen Höhepunkt des Satzes zu führen. Die Verschränkung von Bogenform und Steigerungsanlage, die schon in dieser Themenanordnung sichtbar wird (und die man übrigens im Themenbau exponiert findet), ist ein wesentliches, alle Formebenen bestimmendes Gestaltungsmerkmal bei Bruckner. So werden Exposition und (variierende) Reprise zu Rahmenteilen einer Durchführung, die mit vielfältigen Steigerungswellen und kontrapunktischen Verarbeitungstechniken auf die Expositionswiederholung ausgerichtet ist. Zugleich knüpft die große Coda an den nunmehr dreifachen Steigerungsverlauf an und drängt den Satz zum überragenden, mit Bruckners Ballungstechnik bestrittenen Schlußhöhepunkt.

Die Kopfsätze halten an dieser trithematischen Form streng fest, während die Finali damit freier umgehen. Hier hat die Form gewissermaßen auf ihre doppelte Funktion zu reagieren, der des Satzes selbst und der des Satzes als Finale. Denn im Sinne des (finalen) Steigerungsgedankens muß der Schlußsatz Höhepunkt und Ziel der ganzen Symphonie schaffen, mithin die Anlage des Kopfsatzes »übertreffen«. Vor allem durch Verwandtschaft der Themen mit denen des Kopfsatzes und durch deren charakteristische, auf das erhöhte Aktionsniveau bezogene Abwandlung sucht Bruckner den wiederum bogenförmigen Rückbezug herzustellen sowie durch das berühmte Mittel des Themendurchbruchs. Seit der *Dritten Symphonie* führt die alles überhöhende Schlußsteigerung im Finale zum Durchbruch des ersten Kopfsatzthemas, das sich damit endgültig als das symphonische Hauptthema erweist. Eine solche Finalgestaltung aber birgt Schwierigkeiten, mit denen Bruckner tatsächlich gerungen hat. Die Formlösungen seiner Finalsätze sind denn auch vielfacher Kritik und mannigfachen Umarbeitungen ausgesetzt gewesen.

Die Mittelsätze unterliegen entsprechenden Prinzipien. Die »feierlichen« langsamen Sätze, die (außer in der *Zweiten*, *Dritten* und *Vierten*) mit »Adagio« überschrieben sind, bestehen aus einer dreiteiligen, gewissermaßen »strophischen« Sonatensatzform mit nur zwei Themen, die den beiden ersten der Ecksätze entsprechen. Ein Unisonothema fehlt. Die strophische Reihung der Teile, die durch ihren jeweils gleichartigen Beginn gekennzeichnet ist (A-A'-A''), wird zugleich von der Bogenform überlagert (A-B-A') und ist darüber hinaus geprägt durch das Steigerungsprinzip, wonach der erste die ruhige Setzung, der zweite die gesteigerte Verarbeitung und der dritte den nochmals gesteigerten Rückgriff bedeutet. Auch hier kommt es zu einem Höhepunktdurchbruch, der jedoch anders als in den Ecksätzen kein primär thematisches, sondern ein harmonisches Ereignis ist, in der Mehrzahl der Sätze der triumphale Durchbruch vom übermäßigen Quintsextakkord zum dominantischen Vorhaltsquartsextakkord. Dem Höhepunkt folgt stets ein beruhigender Abgesang. – Die schnellen Mittelsätze sind durchweg »Scherzi« (→ Scherzo), bis zur *Achten* an dritter, dann vor dem Adagio an zweiter Stelle stehend. Sie haben die typische mehrfach dreiteilige Scherzo-Form: Scherzo – Trio – Scherzo, alle Teile selbst in dreiteiliger monothematischer Sonatensatzform. Kennzeichen der Scherzi Bruckners ist der Vorrang des Rhythmischen. Thematik und Klang beruhen auf kurzen, oft unisono exponierten Formeln und deren mannigfacher Wiederkehr. Im Sinne der Unisonothemen der Ecksätze führen sie vom (meist) leisen Beginn in mehreren Wellen zu einem Höhepunkt, auf dem die durch kürzer werdende Einheiten erzeugte, gleichsam auf der Stelle tretende rhythmische Stauung ebenfalls einen Durchbruch erwarten läßt. Die Scherzi brechen jedoch im Höhepunkt ab, wobei auch hier die Reprise die Exposition überbietet. Demgegenüber erfüllen die Trios die Funktion des kontrastierenden Mittelteils, dessen oft ländlerhaft-behaglicher (»österreichischer«) Ton in schärfstem Gegensatz zum Scherzo steht. Auch hier herrscht der Wille zur Verschränkung von dreiteiliger Bogenform und Steigerungsanlage. – Form und Charakter der Mittelsätze also entfalten Satzprinzipien, die im Kopfsatz exponiert sind: die Gestaltungsmittel von Haupt- und Gesangsthema im Adagio, die des Unisonothemas im Scherzo. Die Funktion des Finale besteht demnach auch aus der Wiedervereinigung der Prinzipien auf erhöhtem Niveau. Darüber hinaus zielt der gesamtsymphonische Prozeß durch drei verschiedene Höhepunktbildungen auf den Schlußsatz: den thematischen des Kopfsatzes, den harmonischen des Adagio und den rhythmischen Höhepunkt des Scherzo. Daß hier der Themendurchbruch unterbleibt, ist eine Folge des Scherzothemas selbst, dessen Prägnanz primär im Rhythmischen liegt, und zugleich eine satzübergreifende: Ballung und Abbruch bilden einen gigantischen Doppelpunkt vor dem Finale, das nicht nur das Werk, sondern auch die Form, am Ende mit doppeltem Themendurchbruch, dem des Finale und dem symphonischen Hauptthema, zu schließen hat. Die Satzumstellung in der *Achten* und der *Neunten Symphonie* macht das Adagio zur Folge des Scherzo. Damit ordnet Bruckner die Mittelsätze in steigender Gewichtigkeit: vom durchaus spielerischen, leichteren Charakter der Scherzi über den tiefen Ernst des Adagio zum krönenden Finale. WSt

Lit.: August Halm, Die Symphonien A. Bruckners. München 1913, Nachdruck Hildesheim 1975; ders., Von zwei Kulturen der Musik. München 1913, 3. Aufl. Stuttgart 1947; Moritz Bauer, Zur Form in den symphonischen Werken A. Bruckners, in: Festschrift Hermann Kretzschmar ... Leipzig 1918; Paul Bekker, Gustav Mahlers Sinfonien. Berlin 1921; Franz Schalk, A. Bruckner. Betrachtungen und Erinnerungen (1921), in: Die Musik 24 (1931/32); Alfred Orel, A. Bruckner. Das Werk, der Künstler, die Zeit. Wien 1925; Ernst Kurth, A.

Bruckner. 2 Bde. Berlin 1925; Friedrich Blume in: MGG 2, Sp. 341-382; Werner Korte, Bruckner und Brahms. Die spätromantische Lösung der autonomen Konzeption. Tutzing 1963; Leopold Nowak, Zur Analyse Brucknerscher Symphonik, in: Neue Zeitschrift für Musik 135 (1974); Carl Dahlhaus, Ist Bruckners Harmonik formbildend?, in: Bruckner-Jahrbuch 1982/83; Constantin Floros, Die Zitate in Bruckners Symphonik, ebenda; Werner Notter, Schematismus und Evolution in der Sinfonik A. Bruckners. München 1983; Wolfram Steinbeck, A. Bruckner. Neunte Symphonie d-Moll. München 1993.

Formelsprache

Für Formelsprachen aller Art – sowohl verbaler als nichtverbaler – gilt als wichtigste Voraussetzung die Schaffung eines Strukturierungsmodells, das eine beliebige Variation von wenigen feststehenden Grundelementen zuläßt. Bruckners Schulhefte von 1838 belegen die Übung eines solchen Formelsprachenkanons ausdrücklich und bildeten damit wahrscheinlich den Grundstein für diese konstruktivistische Denkweise, die aber eine große Arbeitserleichterung darstellt. Auch in Bruckners → Briefen merkt man, daß ganze Satzelemente austauschbar sind, ohne daß die Aussage entstellt wird, wodurch gewaltige Abfassungserleichterungen für den Briefschreiber möglich waren.

Im musikalischen Denken verfährt Bruckner genauso. Möglicherweise spielte da das Erlernen der strengen Generalbaßlehre (→ Generalbaß), die ja für jeden Musikkünstler des 19. Jahrhunderts in Österreich immer noch verpflichtend war, eine analoge Rolle. Auch die Generalbaßlehre ermöglicht die Kombination von Akkorden und zergliedert damit einen größeren Werkabschnitt von der Konstruktion her in kleinere Module. Die Vorteile für dieses Verfahren (ohne das → Mozart überhaupt nicht imstande gewesen wäre, seine Arbeitsleistung rein zeitlich zu bewältigen), sind evident: die Bequemlichkeit, bei entsprechenden Anliegen sofort ein Repertoire dafür vorgesehener Wendungen in der Schublade liegen zu haben, den Schutz der eigenen Emotionalität gegenüber einem objektivierten formelhaften Verfahren, was politisch durchaus im Interesse der herrschenden Kräfte lag. Denn dem Schüler wurde die freie Auseinandersetzung mit einem Geschehen automatisch dahingehend verwehrt, daß er sich, eingezwängt in das Korsett der einmal erlernten Formen, an einen bestimmten Umgangston zu halten hatte, der autoritätsbezogen war. Ein Ausbrechen aus den Zwängen dieser Autorität wäre nur mit dem Verlassen des vertrauten Formelgewebes möglich gewesen, wozu allerdings viel Energie und Selbstbewußtsein nötig gewesen wären. Bruckner, der nachweisbar kein Verhältnis zur literarischen Dichtung hatte – es sei denn im religiösen Kontext und in der Unübersehbarkeit höchster Qualität (Heine, Goethe ...) –, was ihn denn auch in die Vertonung der nahezu peinlichen Texte à la *Germanenzug, Das deutsche Lied* oder *Helgoland* zwang, trug diese Formelsprache in seinen Kommunikationsgewohnheiten quasi wie einen Schutzschild vor sich her und verbarg dahinter (erfolgreich, würde man aus heutiger Position sagen) die eigene Ungeschicklichkeit im Umgang mit Sprache.

Musikalisch gesehen bot ihm dieses formelsprachliche Denken, was auch später an seinen rhythmischen Überprüfungen und Metren-Untersuchungen an anderen Werken wie an den Kreationen der eigenen Hand deutlich wird, ein Sicherheitsnetz, das sein Denken bei aller Freiheit der symphonischen Disposition niemals aus einem überschaubaren und nachvollziehbaren formalen Raster hinausfallen ließ. MW

Lit.: Leopold Nowak, Symphonischer und kirchlicher Stil bei A. Bruckner, in: Festschrift Karl Gustav Fellerer. Regensburg 1962; ders., A. Bruckners Formwille, dargestellt am Finale seiner 5. Symphonie, in: Nowak, Über A. Bruckner; ders., Der Begriff der »Weite« in A. Bruckners Musik, ebenda; Manfred Wagner, Die Melodien A. Bruckners in systematischer Ordnung. Ein Beitrag zur Melodiegeschichte des 19. Jahrhunderts. 3 Bände. Mschr. Diss. Wien 1970; ders., Zum Formalzwang im Leben A. Bruckners, in: Österreichische Musikzeitschrift 29 (1974); Bruckner-Symposion 1980; Hans-Dieter Klein, Philosophische Hypothesen zum Aussagegehalt von A. Bruckners Musiksprache, in: Bruckner-Jahrbuch 1981; A. Bruckner (Musik-Konzepte 23/24). Hrsg. Heinz-Klaus Metzger und Rainer Riehn. München 1982.

Forschung

Am Beginn der systematischen Beschäftigung mit Bruckner stehen überwiegend persönliche → Erinnerungsliteratur und → Anekdoten. Und dies kann überhaupt als ein generelles Kennzeichen auch der weiteren Entwicklung gelten: daß nämlich häufig zwischen subjektiv vermitteltem biographischem Material und wissenschaftlicher Darstellung nicht exakt zu trennen ist. Gerade in den Anfangsjahren handelt es sich immer wieder um persönliche Berichte aus dem Bruckner-Kreis, die gleichzeitig aber nicht unwesentliche Hinweise zu Leben und Werk enthalten. Deshalb kann man diese »vorwissenschaftliche« Literatur nicht ausklammern, da sie zeitgenössische Quellen und heute nicht mehr rekonstruierbare Fakten miteinschließt. Daß diese Quellen aus der ersten Generation häufig mündlich tradiert sind, macht den Umgang zwar schwieriger, aber

durchaus nicht unnötig. Die des öfteren in dieser Zeitspanne bemängelte Subjektivität und Voreingenommenheit darf nicht darüber hinwegtäuschen, daß die Bruckner-Forschung – in Wechselwirkung mit der → Rezeption (»Bruckner-Bild«) – bis heute erstaunlich stark subjektiv bzw. weltanschaulich geprägt ist.
1895 – also noch zu Lebzeiten des Komponisten – legte Franz → Brunner die erste kleine → Biographie vor. Verglichen mit späterer Zeit war sein Zugang überwiegend sachlich. In diese erste Generation fallen in erster Linie Freunde und → Schüler, die von 1901 an (Carl → Hruby), besonders aber seit den zwanziger Jahren Erinnerungen – und damit Quellenmaterial – veröffentlichten. Aber noch nach dem Zweiten Weltkrieg folgten einzelne Publikationen aus diesem Kreis, z. B. die von Ernst → Schwanzara herausgegebenen Vorlesungen Bruckners an der → Universität Wien. Die merkwürdig-charakteristische Zwischenposition der frühen Literatur ist in der Monographie von Ernst → Decsey (1919) deutlich repräsentiert, in der einerseits der Romancier Persönliches übermittelt, andererseits jedoch genaue Hinweise zum Werk gibt.
Im strengen wissenschaftlichen Sinn muß das Jahr 1913 als Beginn der Forschung gelten. In diesem Jahr wurde die Studie »Die Symphonie A. Bruckners« von August → Halm veröffentlicht, die strukturanalytisch ausgerichtet ist. In diesem Sinne folgte Ernst → Kurth mit seinem Monumentalwerk »Bruckner« (1925), in dem er dessen Formdenken dynamisch erklärte. Beide Autoren trugen wesentlich zu einem neuen Formverständnis bei und sind Pioniere in der musikanalytischen Betrachtung. Zu diesem frühen Forscherkreis zählte auch Georg Göhler, der zur gleichen Zeit Bruckners Originalhandschriften als wissenschaftliche Grundlage postulierte.
Um den 100. Geburtstag Bruckners (1924) häufte sich die Literatur, ohne daß sich aber die allgemeine Forschungssituation geändert hätte. 1922 erschien der erste Band der umfangreichen Biographie von August → Göllerich (fortgesetzt von Max → Auer). Trotz Fehlern und einseitiger Darstellungsweise gilt sie bis heute als Standardwerk. Wichtig war im weiteren die gesonderte Herausgabe der → Briefe durch Auer und Franz → Gräflinger (beide 1924), die damit in zwei (nicht in allen Briefen deckungsgleichen) Versionen – ohne Anspruch auf wissenschaftliche Kritik – vorlagen.
Ein neuer Ansatz kam von der sogenannten »Wiener stilkritischen Schule«, von Robert → Haas und Alfred → Orel. Sie wandten sich vor allem Stil- und Traditionsfragen zu und edierten seit 1930 zusammen die Alte → Gesamtausgabe. In dieser Zeit richtete sich in Amerika ebenfalls das Augenmerk gezielt auf Bruckner. Mit der Gründung der »Bruckner Society of America« und der Zeitschrift »Chord and Discord« setzte dort eine »Bruckner-Welle« ein, aus der die erste amerikanische Biographie von Gabriel Engel und viele kleinere Beiträge (auch durchaus apologetischer Natur) hervorgingen.
Während der Ära des → Nationalsozialismus kam es insofern zu einer Latenzzeit, als die Verherrlichung des »deutschen Tonheros« kaum eine wissenschaftlich fundierte Auseinandersetzung möglich machte. Als eine der wenigen Ausnahmen sei hier Karl → Grunsky genannt, der sich – obwohl dann ideologisch engagiert – schon seit den zwanziger Jahren ernsthaft publizistisch für Bruckner eingesetzt hatte.
Die Entwicklung nach dem Zweiten Weltkrieg ist in erster Linie durch die langsame Etablierung einer fundierten und methodisch-kritischen Forschung gekennzeichnet. Einerseits war dies der Leitgedanke der von Leopold → Nowak initiierten Neuen Gesamtausgabe (seit 1951), andererseits umfaßte sie alle Teilbereiche wie Grundlagenforschung, Biographie sowie Studien zu Werk und Rezeption. Im Gleichklang mit dieser hat sich jedoch die systematische Forschung im wesentlichen bis heute auf den deutschsprachigen und amerikanischen Raum konzentriert (einzelne Forscherpersönlichkeiten aus den übrigen Ländern ausgenommen).
Zu einem Umdenken haben vor allem zwei Aspekte geführt: die kritische Befragung der Originalquellen, die viele Manipulationen aufgedeckt hat, aber genauso die objektive Beschäftigung mit dem musikalischen Werk. Solche frühen Ansätze, Apologetik durch wissenschaftliche Darstellung zu ersetzen, stammen von Othmar Wessely, Max Dehnert und Werner Korte. Durch Nowak, Manfred Wagner, Mathias Hansen, Constantin Floros oder Peter Gülke – um einige wichtige Namen zu nennen – wurden viele Themenbereiche erschlossen. Gleichzeitig ergab sich dabei ein typisches Spannungsfeld von strukturanalytischer Betrachtung und quellengestützter Hermeneutik. Durch die zahlreichen Rekonstruktionsversuche des Finale zur *Neunten Symphonie* wurden (besonders durch den australischen Forscher John A. Phillips) in letzter Zeit vielfältige philologische Fragestellungen aufgeworfen.

1977 initiierte Franz Grasberger in Linz ein Symposion zur gleichzeitig gezeigten Ausstellung »Anton Bruckner zwischen Wagnis und Sicherheit«, das eine kritische Sicht der Persönlichkeit zum Ziel hatte. Das dadurch geweckte Interesse führte 1978 zur Gründung des → Anton Bruckner Instituts Linz, das sich im Laufe der Jahre zu einem zentralen Forschungszentrum entwickelt hat.
In den übrigen Ländern sind an Bruckner-Forschern u. a. Bo Marschner (Dänemark), Erwin Doernberg (England), Paul-Gilbert Langevin (Frankreich) und Cornelis van Zwol (Niederlande) hervorzuheben. Anders als in Europa konzentrieren sich aufgrund des Mangels an Originalquellen die amerikanischen Forscher auf theoretische Werkanalysen; allein Paul Hawkshaw widmet sich philologischen Fragen. EWP

Lit.: Bruckner Bibliographie (Forschung); Herbert Seifert, Die Entwicklung der Bruckner-Forschung, in: Bruckner-Vorträge Budapest 1983/84.

Bruckner-Büste (Eiche) von Franz S. Forster, 1964

Forster, Franz Seraph
Geb. 25. 5. 1896 und gest. 20. 5. 1993 in St. Florian. Akademischer Bildhauer; seit 1924 freischaffender Künstler in → St. Florian. Über 500 Werke in Holz, Stein, Bronze und Terrakotta, darunter Statuen und Kruzifixe in Kirchen, 14 Großreliefs des Kreuzweges im Linzer Dom, Brückenfiguren, Porträtbüsten bedeutender Persönlichkeiten.
Zeit seines fast 70jährigen künstlerischen Schaffens hat sich der im Todesjahr Bruckners geborene Florianer Bildhauer mit der Darstellung des Bruckner-Antlitzes auseinandergesetzt, von seinem ersten öffentlich anerkannten Werk, der Bruckner-Büste in Marmor (1923), bis zu seiner letzten Arbeit, einer Kleinbüste in Bronze, geschaffen mit 91 Jahren. Sechs bedeutende Büsten und zwölf Reliefdarstellungen (in vielen Repliken) künden von Forsters Absicht und Fähigkeit, Bruckner als das überragende Genie zu verkörpern und sich nicht mit der naturgetreuen Wiedergabe der Gesichtsformen zu begnügen.

Franz S. Forster

Es war für Forster ein Schlüsselerlebnis, als er 1921 bei der Öffnung von Bruckners Sarkophag in St. Florian anwesend sein und sich die noch unversehrten Gesichtszüge des Meisters einprägen konnte. Unter diesem überwältigenden Eindruck faßte er den Entschluß, ein Bruckner-Porträt zu schaffen, und verwirklichte dies noch in seiner Akademiezeit; 1923 war die Marmorbüste vollendet, die heute im → Bruckner-Konservatorium Linz steht. – Es folgten Bruckner-Reliefs in verschiedenen Darstellungen, Materialien und Größen für Bruckner-Verehrer im In- und Ausland und für öffentliche Stellen (z. B. am Hotel Scherrer in → Neufelden, an der Stadtpfarrkirche → Bad Ischl).

Die weiteren Büsten zeigen, daß die jahrelange Beschäftigung mit Bruckners Antlitz und das Eindringen in Bruckners Musik Forsters Darstellungen immer mehr reifen ließen: Die 90 cm hohe, monumentale Eichenbüste, heute in der Bruckner-Schule → Windhaag, ursprünglich für den Florianer Marmorsaal konzipiert, war 1944 im Modell, 1951 in Eiche fertig; es folgten lebensgroße Büsten 1952 in Terrakotta (eine davon heute im Besitz des ABIL) und 1964 in Eiche (für Leopold → Nowak); 1970 entstand für die Bruckner-Gedenkstätte in → Ansfelden eine überlebensgroße Bronzebüste, an der wohl am stärksten das Mysterium Bruckner spürbar wird, schließlich 1987 noch eine Kleinbüste.
Leopold Nowak, der Bruckner-Forscher und langjährige Freund Forsters, faßte seinen Eindruck von dessen Bruckner-Arbeiten zusammen: »Forster drang immer tiefer in des Künstlers Wesen, in seine Musik ein und wurde immer mehr befähigt, das Geistige, Übernatürliche dieser Musik in seinen Bruckner-Darstellungen zum Ausdruck zu bringen.« EF

Lit.: F. Forster, Wie die Bruckner-Büste für das Geburtshaus in Ansfelden entstand, in: IBG-Mitteilungsblatt Nr. 3, Dezember 1972; Leopold Nowak, A. Bruckner und F. Forster, in: Nowak, Über A. Bruckner; ders., Zwei Meister aus St. Florian, ebenda; Fritz Feichtinger, Bruckner & Forster, in: Oberösterreichische Heimatblätter 1987, Heft 4; ders., Bildhauer Forster. Eine Monographie. Steyr 1992.

Fragmente

Bruchstückhaft gebliebene Kompositionen sind im erhaltenen Gesamtschaffen Bruckners selten zu finden, bruchstückhafte Überlieferung kommt überhaupt nicht vor.
Die Fragmente sind in unterschiedliche Typen einteilbar. Zu den zyklischen Werken, denen Einzelteile fehlen, zählen die dreisätzige *Neunte Symphonie* und die *Messe ohne Gloria in d-Moll* (»Kronstorfer Messe«). Für die Fastenzeit bestimmt, fehlt ihr lediglich das Credo, für das jedoch in der Handschrift Platz ausgespart ist. Jeweils im Kyrie abgebrochen wurden die *Messe in Es-Dur* und die *Missa pro Quadragesima*. Bruckners Bezeichnungen als »Missa« beweisen allerdings seine Pläne, umfangreiche Werke zu komponieren. Skizzenhaft erscheinen auch der *Symphonie-Entwurf in B-Dur*, das *Duetto* (»Wie des Bächleins Silberquelle«) und ein weiterer *Liedentwurf* (»Mild wie Bäche«). Auch *Vorspiel und Fuge* sind als Kompositionsübung lückenhaft geblieben.
Der Umfang der Fragmente schwankt beträchtlich. So sind beispielsweise vom *Requiem*-Fragment WAB 141 lediglich 18 Takte ausgeführt, von anderen Werken dagegen ist ein großer Teil vorhanden.
Manches aus Fragmenten ist in andere Kompositionen eingeflossen: so das Sanctus aus der *Messe ohne Gloria in d-Moll* in die *Messe für den Gründonnerstag*. Das *Duetto* weist denselben Text und ähnliche → Melodik wie das *Ständchen* auf, das thematisch-rhythmische Material des *Symphonie-Entwurfs in B-Dur* läßt sich auf spätere (vollendete) Symphonien beziehen, und das *Adagio für Orgel* wurde für die *Neunte* herangezogen.
Im → Kitzler-Studienbuch sind viele Stücke situationsbedingt fragmentarisch geblieben. Das bedeutsamste Fragment darin ist die *Sonate in g-Moll* für Klavier, deren 1. Satz, mit dem Bruckner die Sonatensatzform-Aufgabe gelöst hatte, komplett erhalten ist.
Gründe für die Unvollständigkeit der betreffenden Kompositionen sind kaum bekannt, allenfalls existieren Spekulationen. In Hinblick auf die *Messe in Es-Dur* wurde beispielsweise von Göllerich-Auer (2/1, S. 64) die »allzugroße Familienähnlichkeit« mit → Mozarts Jugendmessen ins Treffen geführt. Inwieweit bei der *Neunten Symphonie* wirklich nur Bruckners Gesundheitszustand für die Nichtvollendung maßgeblich war oder doch mehr das kompositorische Problem des Finalsatzes, ist noch immer diskussionswürdig. AH/EWP

Franz Joseph I., Kaiser von Österreich

Geb. 18. 8. 1830 und gest. 21. 11. 1916 in Wien; regierte von 1848 bis 1916. Der Habsburger, um sechs Jahre jünger als Bruckner, setzte die alte musikalische Tradition des Hauses Habsburg nicht fort und war vor allem am Militär und an der Jagd interessiert. Künstlerische Neigungen in seiner Jugend wurden als den künftigen Aufgaben hinderlich unterbunden. In Bruckner sah er vor allem das Mitglied der → Hofmusikkapelle und damit den höfischen Beamten, der nach seinem (niederen) Hofrang zu bewerten war. Im Urteil verließ sich der Kaiser ganz auf die höfische Hierarchie und vermied es, sich mit persönlicher Intervention in den geordneten Hofapparat einzuschalten. Daher war Bruckners jahrzehntelange Taktik, durch alle möglichen höfischen Mittelsleute und kaiserliche Verwandte bei seinem verehrten Kaiser Vergünstigungen zu erreichen, von vornherein wenig erfolgversprechend. So blieb z. B. 1876 sein Versuch, über den Obersthofmeister Fürst

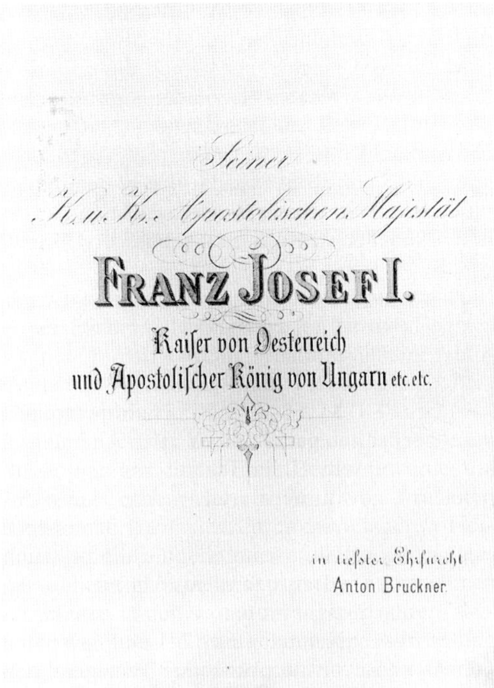

Achte Symphonie. Titelblatt der Widmungspartitur

→ Hohenlohe-Schillingsfürst eine außerordentliche Professur an der Wiener → Universität zu erreichen, erfolglos, da der Kaiser sich selbstverständlich nicht in die universitären Belange einmischte.

Erfolg aber hatte 1886 Franz Josephs jüngste Tochter, Erzherzogin → Marie Valerie, motiviert durch ihre Freundin Herzogin → Amélie in Bayern, mit einem energischen Vorstoß zugunsten Bruckners: In kürzester Frist und in Umgehung der Hierarchie verlieh der Kaiser Bruckner den Franz Joseph-Orden der untersten Klasse, das Ritterkreuz, und eine jährliche Zulage von 300 Gulden. Die Dankaudienz am 23. September 1886 bezeichnete Bruckner als den schönsten Tag seines Lebens.

Diese völlig unübliche Aktion verärgerte Hofkapellmeister → Hellmesberger. Von diesem Jahr an wurden keine Bruckner-Werke mehr in der → Hofburgkapelle aufgeführt. Weitere Bitten um finanzielle Unterstützung wurden auf Hellmesbergers Rat abgelehnt.

Im März 1890 bat Bruckner den Kaiser in einem höchst devoten Brief, die Widmung der *Achten Symphonie* anzunehmen, was dieser gewährte. Die Bitte um Pensionierung als Hoforganist bei vollen Bezügen wurde jedoch abgelehnt. Aus der kaiserlichen Privatschatulle wurden aber von Fall zu Fall Unterstützungen gewährt, so bei Reisen und für den Druck der *Achten Symphonie*. Bei der triumphalen Uraufführung dieser ihm gewidmeten Symphonie fehlte der Kaiser jedoch: Er zog die Jagd vor.

1895 bewilligte Franz Joseph auf Intervention mehrerer Freunde dem kranken Bruckner die bequeme und geräumige Wohnung im Kustodentrakt des Wiener Schlosses Belvedere, in der der Komponist 1896 auch starb. Bruckner vermachte die Manuskripte seiner Hauptwerke testamentarisch der kaiserlichen Hofbibliothek (heute → Österreichische Nationalbibliothek).

BH

Frauen

Wie zu erwarten, rankt sich um dieses Kapitel von Bruckners Biographie (→ Persönlichkeit) ein dichter Kranz von belletristischer Literatur (→ Belletristik), die den eklatanten Mangel an greifbaren Dokumenten durch Spekulationen auszugleichen sucht.

Für Bruckners Haltung gegenüber dem Weiblichen ist – so dürfen wir mit Sicherheit annehmen – zunächst die intensive und gute Beziehung zu seiner Mutter Theresia (→ Bruckner, Familie) sehr prägend gewesen. Für ein Landkind des 19. Jahrhunderts keineswegs außergewöhnlich war das Miterleben häufiger Schwangerschaften und Geburten (die selbstverständlich zu Hause stattfanden) und fast ebenso häufiger Todesfälle, da die Kindersterblichkeit außerordentlich hoch war. Eine zu einseitig nach Freud orientierte Interpretation, die das Zeit- und Umweltübliche außer acht läßt, geht hier wohl fehl.

In seinen jungen Jahren dürfte sich Bruckner in nichts von anderen jungen Leuten seiner Generation unterschieden haben: Er liebte Geselligkeit und Tanz, und seine Aufmerksamkeit fiel schon bald auf die hübschen Mädchen seiner Umgebung. Seine erste »richtige Flamme« war Aloisia → Bogner, die Tochter des Schulmeisters Michael Bogner in → St. Florian (die vorausliegende Widmung der »Windhaager« *Messe in C-Dur* als Ausdruck der Zuneigung an Maria → Jobst in → Windhaag gehört nach neuesten Forschungen vermutlich eher ins Reich der Legende, da sie Marias um vier Jahre jüngerer Schwester Anna zugedacht war). Aloisia wies den sich mehr in Musik (*Frühlingslied, Lancier-Quadrille, Steiermärker*) als in Worten erklärenden Verehrer ab, der sich bald auch anderen

Mädchen verehrend näherte. Bruckners vermutlich einzige große Liebe war die Linzer Fleischhauerstochter Josefine → Lang, die 1866 seinen Antrag wegen des zu großen Altersunterschiedes von 20 Jahren ablehnte. Doch auch hier begegnet uns Bruckner schon wenige Tage später als ein um ein anderes Mädchen (Henriette Reiter) Werbender, ein Umstand, der die Ausschließlichkeit der Zuneigung sehr in Frage stellt. In späteren Jahren, besonders, als sein Hauswesen durch Katharina → Kachelmaier geregelt war, bewegen sich die immer sehr stereotypen Kontaktaufnahmen oder Werbungen zunehmend im Bereich der Irrealität: Bruckner war fast immer »ein bißchen verliebt«, doch scheint das Weibliche immer mehr zu einem immerwährend jungen Ideal stilisiert worden zu sein (die zahlreichen in Bruckners Nachlaß erhaltenen Mädchenbilder zeigen durchwegs sehr junge, sehr hübsche Gesichter), ohne daß Bruckner noch an eine tatsächliche Realisierung seiner Sehnsüchte dachte. Das Weibliche wird immer mehr zu einer inspirierenden Muse: »Bruckner schuf 1884 am ersten Satz seiner VIII. Symphonie und benützte im Haus des Eisenhändlers Hartmann ein Zimmer mit Klavier, das man ihm aus Gefälligkeit zur Verfügung gestellt hatte. Als er dort zuerst Besuch machte, frug er sogleich, ob eine Tochter

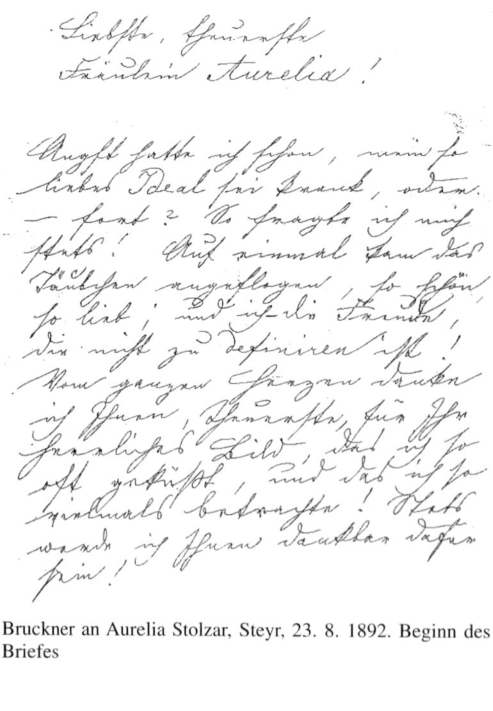
Liebste, theuerste Fräulein Aurelia!

Angst hatte ich schon, mein so liebes Ideal sei krank, oder [illegible] fort? So fragte ich mich stets! Auf einmal kam das Täubchen angeflogen, so schön so lieb; und ich die Freude, die nicht zu definiren ist! Vom ganzen Herzen danke ich Ihnen, Theuerste, für Ihr herrliches Bild, das ich so oft geküsst, und das ich so vielmals betrachte! Stets werde ich Ihnen dankbar dafür sein!

Bruckner an Aurelia Stolzar, Steyr, 23. 8. 1892. Beginn des Briefes

da sei. Als man dies bejahte, meinte er befriedigt: ›Das is recht, da kann ich komponieren!‹ Nun mußte der Schwager täglich die schönsten Blumen seines Gartens zu einem Bukett binden, das der Meister freudestrahlend der eben aufblühenden, liebreizenden Stieftochter des Hauses, Marie von Rottenberger, überreichte. Dann mußte sie sich neben ihn an das Klavier setzen und – der Meister war glücklich ...« (Göll.-A. 3/1, S. 587).

Wirklich nahegegangen zu sein scheinen Bruckner in späteren Jahren nur die Beziehungen zu Marie Bartl, einer der jugendlichen Laiendarstellerinnen des Passionsspiels in → Oberammergau 1880 (Maries Mutter Lina beendete den Briefwechsel wegen des zu großen Altersunterschiedes zwischen ihrer Tochter und dem Komponisten), zu Marie → Demar, deren künstlerische Begeisterung er fälschlich als persönliche Zuneigung auslegte, zu Minna Reischl, einer schönen Kaufmannstochter aus Altheim, die ihn 1891 wegen des großen Altersunterschiedes »endgültig« ablehnte (aber seine Werbungen 1893 wieder mit hinhaltender Freundlichkeit zuließ; Minna besuchte Bruckner noch 1896 in seiner letzten Wohnung im Belvedere), und zu dem Stubenmädchen Ida Buhz in → Berlin, in deren aufrichtiger Fürsorge eher Caritas als Eros enthalten war. Die Verbindung mit Ida scheiterte offiziell an der Konfessionsverschiedenheit (Ida war Protestantin und ihre Familie stand einer Konversion entgegen), in Wahrheit zeigte sich Bruckner aber in seiner Wiener Umgebung offenbar geniert durch Idas einfaches Wesen. Ida blieb unverheiratet und trat bald nach Bruckners Tod in einen Diakonissenorden ein.

Im Anhang 1 ist eine Liste (ohne Anspruch auf Vollständigkeit) jener Frauen und Mädchen zu finden, mit denen Bruckner näher bekannt war. Sie setzen sich aus Schülerinnen, Tanzpartnerinnen, Interpretinnen, Gönnerinnen, Verwandten von Schülern, Gastgebern und Freunden, Zufallsbekanntschaften etc. zusammen. Da Bruckner leicht entflammbar war, sind die Grenzen zwischen diesen einzelnen Gruppen (z. B. zwischen »Schülerinnen« und »Angebeteten«) überaus fließend. EM

»Das Frauenherz, die Mannesbrust« (WAB 95/1)

Wahlspruch (Motto) für vierstimmigen gemischten Chor a cappella in A-Dur
Text: Karl → Kerschbaum
EZ: vor dem 17. 5. 1868 in → Linz

W: Für den gemischten Chor der → Liedertafel »Frohsinn« in Linz
UA: 17. 5. 1868 im Hirschenstadel im Kiernbergerwald (Liedertafel »Frohsinn«)
Autograph: verschollen; Abschrift: Studienbibliothek Linz
ED: »Wahl- und Sängersprüche, Sängergrüße, Fest- und Trinksprüche.« Hrsg. Hans Poscher. Linz 1888, Nr. 86
NGA: Band XXIII/2 (in Vorbereitung)

Bruckner schrieb dieses fünftaktige → Motto »zur Erinnerung an den Ausflug nach dem Hirschenstadel im Wilheringer Forst mit den Sangesschwestern am 17. Mai 1868« für den gemischten Chor der Liedertafel »Frohsinn«. AH

Lit.: Göll.-A. 3/1, S. 516, 3/2, S. 158 (Partitur).

»Freier Sinn und froher Mut« (WAB 147)
Vierstimmiger Männerchor a cappella in D-Dur, »Frisch, markiert, nicht schnell«
Text: Autor unbekannt
EZ: 21. 3. 1874 in → Wien
W: »Gewidmet dem löbl[ichen] Gesangverein Liederkranz in Grein«
UA: ?
Autograph: verschollen
ED: »Wahl- und Sängersprüche.« Gesammelt von der → Liedertafel »Frohsinn«. Linz 1905, Nr. 32
NGA: Band XXIII/2 (in Vorbereitung)

Während seines Kuraufenthaltes in → Bad Kreuzen machte Bruckner auch Ausflüge nach → Grein, wo er eine Gesangsprobe beim dortigen »Liederkranz« besuchte. Auf Ersuchen des Vorstandes Dr. Schernberger komponierte er ein fünftaktiges → Motto, das er 1874 persönlich überbrachte. 1850 war derselbe Text schon von Josef Wagner (in As-Dur) vertont worden. AH

Lit.: Josef Raubitschek, A. Bruckner's Motto für den Greiner MGV »Liederkranz«, in: Greiner Wochenblatt 1924, Beilage 52; Albert Frank, Ein fast unbekanntes Motto von A. Bruckner. Aus der Stadt Grein im Strudengau, in: Linzer Volksblatt 1951, Nr. 218; IBG-Mitteilungsblatt Nr. 10, Dezember 1976, S. 9.

Frühlingslied (WAB 68) »Leise zieht durch mein Gemüt liebliches Geläute«
Lied für Singstimme und Klavier in A-Dur, »Langsam u. zärtlich«
Text: Heinrich Heine (→ Textdichter)
EZ: 1851 in → St. Florian
W: Aloisia → Bogner (»Gewidmet dem Nahmensfeste einer aufblühenden Frühlingsrose«)
UA: ?
Autograph: Oberösterreichisches Landesmuseum, Linz
ED: Göll.-A. 2/2, S. 44-46 (1928); Faksimile: 2/1, S. 42
NGA: Band XXIII/2 (in Vorbereitung)

Das *Frühlingslied* – ohne Ähnlichkeit mit den gleichnamigen → Mendelssohnschen Vertonungen – ist knapp und einfach gehalten. Die Gesangsstimme ist kantabel geführt; die Grundstimmung wird durch eine kontinuierliche Klavierfiguration vermittelt. EWP

Lit.: Göll.-A. 2/1, S. 40 ff.

Fuge (WAB 125)
für Orgel in d-Moll
EZ: 6. und 7. 11. 1861 in → Linz
W: Pfarrer Ferdinand → Kerschbaum (laut Karl → Waldeck)
UA: 27. 7. 1862 in Linz (Stadtpfarrkirche; Bruckner)
Autograph: ÖNB-MS
ED: Franz Gräflinger, »Anton Bruckner. Bausteine zu seiner Lebensgeschichte.« München 1911 (vorletzter Takt verändert); später als »Präludium C-Dur / Fuge d-Moll für Orgel.« Wien, Universal-Edition 1926 (Josef V. → Wöß)
NGA: Band XII/6 (Erwin Horn, in Vorbereitung)

Anlaß für die Komposition (Umfang: 1 Blatt) war die von Bruckner am 29. 10. 1861 beim Konservatorium der → Gesellschaft der Musikfreunde in Wien beantragte Prüfung, um den Titel »Professor der Harmonielehre und des Contrapunktes« zu erlangen. Die Direktion forderte Bruckner auf, »einige schriftliche Versuche im Kontrapunkte« vorzulegen. Die Qualität der am 10. 11. übersandten Arbeiten reichte hin, um Bruckner die theoretische Prüfung zu erlassen. Man begnügte sich mit der praktischen Prüfung im Orgelspiel, die am 21. 11. 1861 in der → Piaristenkirche in → Wien stattfand. Bruckner improvisierte Introduktion und Fuge über ein Thema von Simon → Sechter (von Johann → Herbeck verlängert) und fügte noch eine freie Improvisation an. Berühmt wurde Herbecks Kommentar: »Er hätte uns prüfen sollen!«
Bruckners Schilderung der zur Prüfung improvisierten Fuge ist geeignet, auch seine wenig zuvor komponierte *Fuge in d-Moll* zu charakterisieren: »Endlich spielte ich, da das Thema im

Baß lag, das Fugenthema frisch an und führte es als freie Fuge durch. Beim Orgelpunkt, der stets mein Lieblings-Element war, indem sich dort die größten Steigerungen und Freiheiten anbringen lassen, ließ ich mich zum Erstaunen aller aufs kühnste aus.«

Im Konzept dieser 76taktigen Fuge wird die Tendenz sichtbar, die Bindung an das Prinzip der Gestaltwahrung von Thema und obligaten (d. h. »angebundenen«) Kontrasubjekten zu überwinden und statt dessen im Sinne sonatenhafter (und symphonischer) Durchführungsarbeit voranzuschreiten. Auch läßt die Parität von 12 vollständigen Thema-Zitaten und 12 diminuierten Thema-Varianten die künftige Sorgfalt im Disponieren symphonischer Formrelationen ahnen.

EH

Lit.: Göll.-A. 3/1, S. 113-117, 121 f., 3/2, S. 189; Erwin Horn, Revisionsbericht, in: NGA Bd. XII.

Führer, Robert Johann (Jan) Nepomuk

Geb. 2. 6. 1807 in Prag, gest. 28. 11. 1861 in Wien. Organist am Prager Veitsdom, im Prämonstratenserstift Strahov (Prag), 1830 Lehrer an der neu gegründeten Orgelschule, 1839-1845 Domkapellmeister in Prag. Begann nach Verlust dieses Postens (u. a. wegen Veruntreuung) ein unstetes Wanderleben, wirkte 1846-1849 als Aushilfsorganist und Vizedirektor des Theaterorchesters in Salzburg, dann u. a. in Bayern (Verurteilung wegen Betrugs), 1853-1855 als Organist in Gmunden, kam auch nach → St. Florian, war nach weiteren Betrügereien an verschiedenen oberösterreichischen Orten 1857-1859 Organist in Ried/Innkreis, ging nach erneuter Verurteilung (und Haft in Garsten) im August 1860 schließlich nach Wien, wo er bald darauf völlig verarmt starb. Er war ein weithin bekannter Organist und ein für seine eher kurze Lebenszeit unglaublich fruchtbarer, »Gebrauchsmusik« schreibender Kirchenkomponist (ca. 100 Messen, zahlreiche weitere Kirchengesänge und Orgelwerke), Herausgeber des Präludienbuchs »Der Landorganist« und auch theoretischer Schriften.

Max → Auer (Göll.-A. 2/1, S. 108 f.) vermutete, daß Korrekturen auf dem Autograph von Bruckners 1844/45 komponiertem *Tantum ergo* WAB 43, die August → Göllerich als aus späterer Zeit und von Bruckners Linzer Lehrer Otto → Kitzler stammend beschrieben hatte, von Führer eingetragen worden sein könnten. Leopold → Nowak konnte sie jedoch durch Schriftvergleich dem Stiftsorganisten von → Seitenstetten, Joseph Anton Pfeiffer, zuordnen.

Führer soll Bruckner um 1854/55 aber tatsächlich – wie dieser sich 1888 erinnerte – »verschiedene Aufgab'n g'stellt«, sie auch korrigiert haben und Bruckner empfohlen haben, zu Simon → Sechter nach → Wien zu gehen. Dem jungen Hilfslehrer und Organistenkollegen bestätigte Führer jedenfalls in einem → Zeugnis vom 27. 4. 1855 u. a. »gründliche und umfassende Kenntniß in der Harmonie und im Kontrapunkte« und zählte ihn »zu den talentreichsten, fleißigsten und geübtesten Orgelspielern unserer Zeit«. Als es Ende 1855 um die Nachfolge des Linzer Dom- und Stadtpfarrorganisten Wenzel → Pranghofer ging, bei der Bruckner Favorit war, zeigte sich Führer, der aufgrund seines nicht einwandfreien Lebenswandels sicherlich gar nicht in Betracht kam, in einem vermutlich an Ignaz → Traumihler gerichteten langen Brief in teils larmoyantem, teils selbstbewußtem Ton allerdings als schlechter »Verlierer«: Er versuchte sogar, Bruckner zu verleumden, sich gleichzeitig aber um dessen freiwerdenden St. Florianer Posten zu bewerben, für den aber schon Josef → Seiberl (1836-1877) vorgesehen war.

Als Bruckner Anfang September 1856 während der Mozart-Zentenarfeier im → Salzburger Dom → Orgel spielte, hatte der zuhörende Führer manches daran auszusetzen. Ein ad hoc angesetztes »Wettspiel« zwischen beiden zeigte den Gegensatz zwischen dem das frei zu bearbeitende Thema »sehr ruhig und kurz« variierenden Führer und dem mit »allen Registern« arbeitenden, mit einer »großartigen Fuge« schließenden Bruckner.

UH

Lit.: Göll.-A. 2/1, passim, 3/1, S. 23; Ferdinand Haberl in: MGG 4, Sp. 1085-1088.

G

Gasthäuser
spielten im Leben des Junggesellen Bruckner eine wichtige Rolle. So aß er häufig am Abend auswärts; das Mittagessen kochte in Wien seine Haushälterin »Kathi« → Kachelmaier. Zugleich bedeuteten diese Gaststättenbesuche aber auch eine »Öffnung zur Welt«. Nach einem langen Arbeitstag fand er häufig erst spätabends Zeit zum Essen. War er zuvor der isolierte Künstler bzw. konzentrierte Lehrer, hielt er sich danach gerne – von Studenten begleitet – in geselligen Runden auf. Hier wurde über das Tagesgeschehen diskutiert, aber ebenso über die verschiedensten Fachgebiete. So nahm er beispielsweise im Wiener »Riedhof« regen Anteil an den Gesprächen einer Runde von → Ärzten. In Oberösterreich wurde Bruckner später immer wieder zum Essen eingeladen. → Erinnerungsliteratur und → Anekdoten haben häufig diese gesellschaftlichen Kontakte zum Thema. – Auch in Kaffeehäusern war Bruckner anzutreffen, so etwa im bekannten Wiener Künstlertreff »Griensteidl«.
Zu den Lieblingsspeisen Bruckners gehörten vor allem Geselchtes mit Grießknödel(n) und Kraut, aber auch Beinfleisch, Schweinsbraten, gefüllte Kalbsbrust, Gulasch und Eierfisch (pochierte Eier). Überhaupt schätzte Bruckner bodenständige Hausmannskost sehr. Daneben sind Nudel- und Schokoladensuppe als beliebte Gerichte überliefert. Bei Süßspeisen griff Bruckner gern zu »Apfelschlangerln« bzw. »Apfelzweckerln«, »Kirschenschober«, Milchnudeln (»Reg'nwürmer«) und Zwetschkenknödeln.

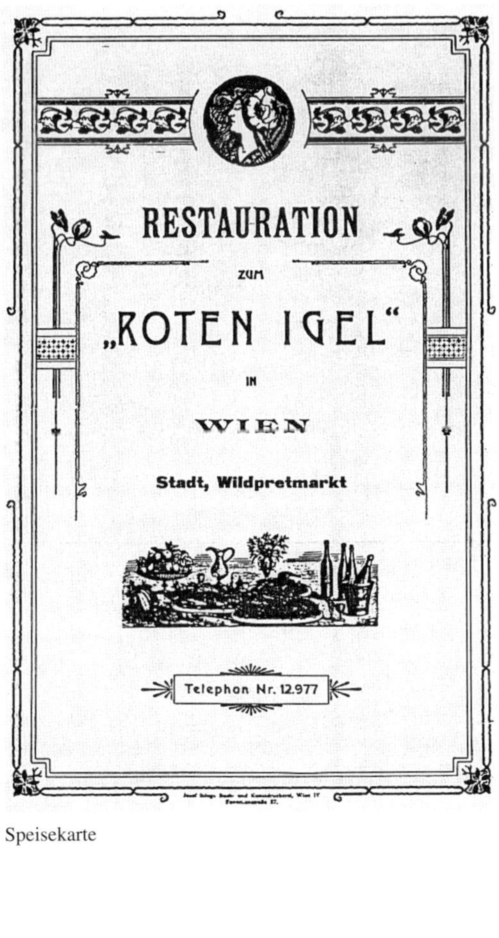

Speisekarte

Zeitungsinserat

In Oberösterreich trank Bruckner mit Vorliebe Apfel- oder Birnenmost, sonst (schwarzen) Kaffee und Bier. Das bevorzugte Pilsner Bier bestellte er in »Seidln« (0,3 Liter) »mit recht viel Schaum«. Häufig hielt er sich in der sogenannten »Schwemme« von Gasthäusern auf, wo er – abgesehen vom billigeren Preis – beim Zapfen zusehen konnte.
Bruckners Eß- und Trinkgewohnheiten sind vielfach anekdotisch überliefert. Er aß und trank sicher nicht wenig (oft mehr als zehn Seidl Bier sind wohl gesichert); manche Berichte über zwei- oder dreifache Portionen von Hauptspeisen müssen dennoch mit großer Vorsicht aufgenommen werden. EWP

Gasthäuser (Auswahl):
Enns: Zum Schwarzen Adler; Linz: Casino, Zum Goldenen Kreuz, Zur Goldenen Kanone, Zur Stadt Frankfurt, Zum

Schwarzen Bock, Zur Goldenen Sonne; St. Florian: Bauchinger, Sperl, Stiftskeller; Steyr: Fochtmann/Dreher, Sinzinger, Zum roten Krebs (Zeilberger); Wien: Gause, Riedhof, Schweizerhaus, Zum Kühfuß, Zum roten Igel, Zur goldenen Kugel.

Lit.: Göll.-A., passim; Bruckner – skizziert, S. 13-59.

Die Geburt (WAB 69) »Es landet ein Fremdling im Hafen der Welt«
Vierstimmiger Männerchor a cappella in Des-Dur, »Feurig«
Text: Autor unbekannt
EZ: 1851 in → St. Florian
Widmung: Josef → Seiberl zum Namenstag, 19. 3.
UA: ?
Autograph: Stadtarchiv → Wels
ED: Göll.-A. 2/2, S. 147-150 (1928)
NGA: Band XXIII/2 (in Vorbereitung)

Bruckner komponierte diesen Chor auf Wunsch seines Freundes und einstigen Präparandie-Kollegen Seiberl und schrieb im Begleitbrief vom 19. 3. 1852 dazu: »Ich wollte Dich mit dem bestellten Männerchor an diesem Feste überraschen und gleichsam ihn zum Angebinde bringen.« Dem »Feurig« überschriebenen ersten, in viertaktigen Perioden gebauten Teil folgt ein langsamer abschließender Teil (»Und hast du das deine dann redlich getan«). Max → Auer erkennt einen Einfluß → Schuberts und sieht in der Stimmung eine Vorausahnung späterer Chorwerke Bruckners. Die → Melodik ist stark dem Zeitstil verhaftet. AH

Lit.: Göll.-A. 2/1, S. 132 ff.

Gedenkstätten – Gedenktafeln – Denkmäler
Als Gedenkstätten sind hier Orte angeführt, die zu Bruckners Leben und Wirken in Beziehung stehen und an denen in besonderer Weise des Komponisten gedacht wird. Im Ausland erinnern sie an einen Besuch (→ Marienbad), an ein bedeutendes Konzert (→ Leipzig), an sein Orgelspiel (→ Bayreuth) oder allgemein an die ideologische Bedeutung des großen Meisters (Walhalla bei → Regensburg). – Außer den Gedenkstätten in den Häusern, die heute als Bruckner-Museum eingerichtet sind – z. B. in → Ansfelden, → St. Florian, → Kronstorf, → Windhaag –, sind auch an Gebäuden Gedenktafeln angebracht worden, in denen Bruckner eine Zeitlang wohnte, wirkte oder häufig zu Besuch war bzw. die Ferien verbrachte. Außerdem gibt es noch künstlerisch gestaltete Denkmäler z. B. in Ansfelden, → Linz, → Graz, → Steyr und → Wien.

Gedenktafel am Schulhaus in Kronstorf

GEDENKSTÄTTEN IN ÖSTERREICH
Ansfelden: Bruckners Geburtshaus (altes Schulhaus) Augustinerstraße 3. Bruckner-Gedenkstätte seit 17. 10. 1971 (Konzept: Leopold → Nowak; erneuert 1988, Konzept und Ausführung: Lothar Schultes, G. F. Schilcher im Auftrag des Amtes der Oberösterreichischen Landesregierung). – Bruckner verbrachte hier seine Kindheit bis zum Tod des Vaters am 7. 6. 1837 mit einer Unterbrechung in den Jahren 1835/36 und 1837, wo er bei seinem Firmpaten Johann Baptist → Weiß in → Hörsching weilte.

Lit.: Das Geburtshaus A. Bruckners – Ansfelden. Hrsg. Lothar Schultes mit Beiträgen von Leopold Nowak und Elisabeth Maier (Kataloge des OÖ. Landesmuseums NF 18). Linz 1988.

Kronstorf: Bruckner-Zimmer im alten Schulhaus, Bruckner-Platz 9. 1974 renoviert, als Museum eröffnet am 9. 9. 1989 (Konzept: Erich Nowotny, graphische Gestaltung: Gerhard Umhaller). – Bruckner war 1843-1845 Schulgehilfe in Kronstorf und wohnte auf sehr beschränktem Raum im 1. Stock des Schulhauses.

Linz: Votivfenster im → Neuen Dom von der Tiroler Glasmalerei- und Mosaik-Anstalt in Innsbruck: Bruckner dargestellt mit Notenrolle in der linken Hand, links Ludwig van → Beethoven, im Hintergrund Orgelpfeifen; es soll auf die Bedeutung des großen oberösterreichischen Künstlers hinweisen (auch → Wagner hat Bruckner als Symphoniker den Rang neben Beethoven eingeräumt) und seinen besonderen Bezug zu Linz. – Hier wirkte er seit Ende 1855 als Dom- und Stadtpfarrorganist und zeitweise in verschiedenen Funktionen (u. a. als Chordirektor) bei der → Liedertafel »Frohsinn« bis zur Übersiedlung nach Wien 1868.

Alte Postkarte

Lit.: Florian Oberchristl, Der Mariä-Empfängnis-Dom in Linz. Zum 60jährigen Baujubiläum. Linz 1923.

St. Florian: Bruckner-Zimmer im Stift. Bald nach Bruckners Tod, zumindest schon seit 1904 (laut Ansichtskarte), gab es bereits einen vor den Kaiserzimmern des Stiftes gelegenen Gedenkraum mit Erinnerungsstücken. Es handelt sich hauptsächlich um Möbel und Bilder aus Bruckners Nachlaß bzw. auch aus dem Nachlaß seiner Familie. Voraussichtlich wird dieser Gedenkraum nach der Bruckner-Ausstellung im Gedenkjahr 1996 neu gestaltet. – Bruckner kam nach dem Tod seines Vaters 1837 für drei Jahre als Sängerknabe nach St. Florian und kehrte 1845-1855 als Lehrer, seit 1850 auch provisorischer Stiftsorganist, zurück, bis er nach Linz übersiedelte. Auch später hielt er den Kontakt mit dem Stift und dessen Chorherren, verbrachte dort immer wieder seinen Urlaub (in einem Ferienzimmer) und besuchte seinen Bruder Ignaz → Bruckner. Am 15. 10. 1896 fand er in der Gruft unterhalb der Orgel, die er zu Lebzeiten immer wieder gespielt hatte, seine letzte Ruhe.

Lit.: Franz Linninger, Führer durch das Chorherrenstift St. Florian. 3. Aufl. St. Florian 1958.

GEDENKSTÄTTEN IM AUSLAND

Leipzig: Bruckner-Büste von Fritz Zalisz (1931), aufgestellt zunächst (22. 10. 1931) im alten Gewandhaus, nach dessen Zerstörung 1944 im Leipziger Konservatorium, seit 1982 im Foyer des Neuen Gewandhauses.

Lit.: Steffen Lieberwirth, Zur Geschichte der Bruckner-Büste des Gewandhauses zu Leipzig, in: Bruckner-Jahrbuch 1984/85/86.

Regensburg/Walhalla: Bruckner-Büste von Adolf Rothenburger, enthüllt am 6. 6. 1937 beim 8. → Bruckner-Fest der → Internationalen Bruckner-Gesellschaft.

Lit.: Walhalla. Amtlicher Führer. Hrsg. Landbauamt Regensburg. Regensburg 1987, S. 41; Walter König, A. Bruckner ludest du, Walhall am Donaustrom, unserer Größten einen nahmst in Ehren du auf. Unsere Fahrt zur Walhalla 5., 6. 6. 1937 (Sonderdruck aus den »Frohsinn-Nachrichten«); diverse Zeitungsberichte.

GEDENKTAFELN IN ÖSTERREICH

Ansfelden: Geburtshaus, gewidmet von der Liedertafel »Frohsinn«, enthüllt am 12. 5. 1895; darunter seit der Neugestaltung 1988 Tafel »Bruckners Geburtshaus« mit Bruckner-Relief von Renate Stolz.

Bad Goisern: Haus Nr. 34 (gewidmet vom Heimatverein – Kurkommission) zur Erinnerung an Bruckners Aufenthalte, enthüllt am 10. 7. 1971.

Bad Ischl: Stadtpfarrkirche (seit 1960 mit Relief von Franz S. → Forster) und Weinhaus Attwenger. Im »Brucknerzimmer« (Gastzimmer) ein Bruckner-Relief (Forster) zwischen den Gemälden des Brucknerfreundes Johann N. → Attwenger und seiner Frau.

Bad Kreuzen: A. Bruckner Weg, eröffnet am 30. 6. 1974. Tafel: A. Bruckner-Quelle (wahrscheinlich schon vor 1974).

Enns: Haus Leopold von → Zenettis, Kirchenplatz 5 (gewidmet vom Rotary Club Enns).

Hörsching: Ehemaliges Schulhaus, Bruckner-Platz 1 (gewidmet von der Gemeinde), enthüllt am 11. 10. 1931.

Klosterneuburg: Stiftskirche: Relief von A. Rudolf Weinberger am ersten linken Pfeiler, enthüllt am 13. 5. 1926; am Rathausplatz Nr. 11, Relief von August Bodenstein, enthüllt am 21. 6. 1925.

Kronstorf: Altes Schulhaus, enthüllt am 14. 6. 1913.

Linz: → Alter Dom: Relief von Franz Plany, enthüllt am 21. 5. 1922; Stadtpfarrkirche: Relief von A. Wagner v. d. Mühl, enthüllt im Oktober 1936; Pfarrgasse 7; Pfarrgasse 11 (vgl. Abb. 28 in: Nowak 1973), enthüllt 1934, das Haus wurde im Zweiten Weltkrieg zerstört; Präparandie, Hofberg 82 (= Hofgasse 23): zwei Tafeln (gewidmet vom Fremdenverkehrsamt Linz); Kürnberger Wald, Forsthausstraße 72 (1984): Tafel, enthüllt am 14. 11. 1976. Das 1874 erbaute Försterhaus wurde 1984 wegen Baufälligkeit geschleift.

Luftenberg: Tafel mit Gravierung in Form eines Bruckner-Kopfes im Profil, enthüllt im Dezember 1987 (gewidmet von Ing. Leopold Helbich – RAIKA Luftenberg).

Mariazell: Haus Ritter (Wiener Str. 16, im Stiegenhaus, 1. Stock).

Melk: Haus Hauptstraße 12 (Familie → Marböck).

Neufelden: Bruckner-Relief von Franz S. Forster, enhüllt 1958 (gewidmet von Brucknerbund und Marktgemeinde Neufelden).

Oed bei Amstetten: Haus Nr. 8, Gasthaus Deinhofer: zur Erinnerung an Bruckners Großvater Josef → Bruckner.

– *Sindelburg:* »An der Pruck«, »Pruckhenhof«, Pruck 45 (Straße Richtung Wallsee, Abzweigung Teufelsberg nach der Brücke rechts): Erinnerung an Bruckners Urahnen, 1962 (gewidmet von der Gemeinde Sindelburg); Pyhragut (heute Familie Hagler); Straße Richtung Wallsee, geradeaus vorbei an der Abzweigung Teufelsberg, Geburtshaus des Urgroßvaters Bruckners, 1962 (gewidmet von der Gemeinde Sindelburg).

Perg: 1996 soll eine Gedenktafel an der Kirche enthüllt werden.

St. Florian: Altes Schulhaus (Marktplatz 2), enthüllt am 29. 6. 1900 (gewidmet von der Liedertafel St. Florian); Stiftskirche: Steinplatte unter der Orgel; Ferienzimmer im Stift: Relief von Franz S. Forster.

Steyr: Stadtpfarrhof, 1908 (gewidmet vom Männergesangverein »Kränzchen«).

Vöcklabruck: Stadtplatz 38, enthüllt am 24. oder 27. 5. 1900 (gewidmet von der Liedertafel Vöcklabruck; vgl. »Deutsche Kunst- und Musikzeitung« 14. 6. 1900); Stadtplatz 24: Steinschnitt »A. Bruckner 1824-1896«.

Waidhofen a. d. Ybbs: Haus Hoher Markt 17: Tafel mit Bruckner-Bild.

Wels: An der westseitigen Außenwand des Schlosses Pollheim: Tafel mit einem Relief von Franz Fuchs, enthüllt am 3. 5. 1925; am 9. 10. 1974 wurde an derselben Stelle eine neue Tafel mit einem Relief von Helga Födisch angebracht.

Wien: → Piaristenkirche: Tafel, enthüllt am 11. 6. 1961 (gewidmet von der Bezirksvorstehung Josefstadt – Josefstädter Heimatmuseum); Karlskirche: Tafel in der Kirche zur Erinnerung an die Einsegnung am 14. 10. 1896, enthüllt am 18. 10. 1993 (gewidmet von der Gesellschaft der Freunde Wiens); Währingerstraße 41 (→ Wohnungen): Tafel von E. Hauser, enthüllt am 18. 6. 1961 (gewidmet vom Heimatmuseum Alsergrund); Heßgasse 7/Schottenring 4 (→ Wohnungen): Tafel mit einem Relief von Robert Ullmann, enthüllt am 4. 9. 1924 (gewidmet vom → Wiener Schubertbund); Kustodenstöckl, Oberes Belvedere (→ Wohnungen): Tafel mit Relief von Edi Naumann, enthüllt am 9. 10. 1921 (gewidmet von Max Soeser anläßlich des 25. Todestages); → Universität, Arkadenhof: Tafel mit Relief von Josef Tautenhayn jun., enthüllt am 11. 2. 1912 (gewidmet vom → Wiener Akademischen Gesangverein).

Windhaag: Altes Schulhaus (Markt 7, Am

Schulberg 7), enthüllt am 4. 7. 1897 (gewidmet vom Männer-Gesang-Verein Freistadt 1897), 1968 erneuert, und 24. 6. 1951 (gewidmet vom Brucknerbund Windhaag); neben der Eingangstüre: Tafel mit Relief (gewidmet von Bruckner-bund-Ortsgruppe Windhaag – Bundesgewerbeschule mit Abteilung Kunstgewerbe); Neues Schulhaus (mit einem großen Bruckner-Kopf von Franz S. Forster): Tafel von H. Kytka (gewidmet von der Marktgemeinde Windhaag unter Bürgermeister Stefan Rudelstorfer).

GEDENKTAFELN IM AUSLAND
Bayreuth: Schloßkirche: Relief von Rudolf Koller, enthüllt am 23. 7. 1994.
London: Finsbury Square 39: Tafel mit einem Relief von Harold Lister, nach einer Holzgravur von David Pye, zur Erinnerung an Bruckners Aufenthalt 1871 (gewidmet von der Brunel University), enthüllt ca. 1966.
Marienbad: Am Haus »Zum weißen Rößl« (»Zum schwarzen Roß«), enthüllt 1926 (Haus wurde in den fünfziger Jahren abgerissen).

DENKMÄLER IN ÖSTERREICH
Ansfelden: Gedenkstein von Franz Plany, enthüllt am 18. 5. 1924
Graz: Palais Meran (Hochschule für Musik und darstellende Kunst, Leonhardgasse 15): Büste von Wolfgang Skala, errichtet 1986 von der Stadt gemeinsam mit der Österreichischen Richard Wagner-Gesellschaft.
Linz: Donaulände: Bruckner-Kopf von Franz Strahammer, gewidmet von der Allgemeinen Sparkasse Linz 1974.
Steyr: Büste von Viktor → Tilgner, Sockelgestaltung von Fritz Zerritsch; enthüllt am 29. 5. 1898, nach Beschädigung erneut am 13. 10. 1935.
Wien: Stadtpark: Büste von Viktor Tilgner, Sockelgestaltung von Fritz Zerritsch, enthüllt am 25. 10. 1899; mußte wegen häufiger Beschädigung entfernt und restauriert werden. Geplant ist eine Neuaufstellung an einem geschützten Platz im Bereich der Alten Universität, vermutlich zum 100-Jahr-Jubiläum ihrer Aufstellung 1999, sobald dieses Viertel im Stadtkern Wiens fertig saniert sein wird. Im Stadtpark wurde 1988 an einer anderen Stelle die Tilgner-Büste mit einem neu gestalteten Sockel (von Stefan Kameyeczky) wieder aufgestellt. RG

Geistliche

»In seinem Verkehr mit hohen geistlichen Würdenträgern hat Bruckner diese immer mit warmer Herzlichkeit behandelt und ihnen gegenüber niemals jenes sonderbar unterwürfige Betragen zur Schau getragen, das man in seinem Umgang mit amtlichen Vorgesetzten oder gar mit Kritikern so oft beobachten konnte.« Diese Erinnerung von Friedrich → Eckstein, dem wohl intellektuellsten unter allen Freunden und Schülern Bruckners, zeigt, wie unverkrampft dieser im Umgang mit Geistlichen (sogar hochrangigen) war, wie sehr er sich im kirchlichen Milieu heimisch fühlte. Durch sein Nahverhältnis zur Kirche (→ Kirchenmusik) hatte er zeitlebens engen und guten Kontakt zu Personen des geistlichen Standes, von denen hier nur die wichtigsten herausgegriffen seien:
Joseph Grabmer (1751-1829), seit 1814 Pfarrer von → Ansfelden, war Zeuge (und Adressat) der ersten musikalischen Auftritte Antons, der ihm auf seiner Kindergeige vorspielte und als Belohnung dafür Obst bekam. Grabmer, als äußerst liebevoller Seelsorger bekannt, wurde von seiner Gemeinde »Vater Grabmer« genannt. Der Segen, den er auf seinem Sterbebett dem Fünfjährigen spendete, scheint für diesen ein äußerst prägendes Erlebnis gewesen zu sein. – Über Grabmers Nachfolger, Michael Scheer (1759-1835), ist im Zusammenhang mit Bruckner nichts Näheres bekannt.
Opfer eines »Rufmordes« im Bruckner-Schrifttum (insbesondere Göll.-A.) wurde der nächste Pfarrer von Ansfelden, der vor allem wegen seiner Verdienste um die Durchsetzung der Blatternimpfung hochgeschätzte, intelligente Josef Seebacher (1767-1848). Die Behauptung → Göllerichs, Seebacher habe die hilfesuchende Witwe Theresia → Bruckner statt mit einem Empfehlungsschreiben mit einer ablehnenden Bemerkung (es seien »ohnedies reiche Verwandte« da, die sie und die Kinder erhalten könnten) auf den Weg nach → St. Florian geschickt, ist aufgrund des vor wenigen Jahren aufgefundenen Originalschreibens zu korrigieren.
In Bruckners Sängerknabenzeit in St. Florian war die prägende Figur der damalige Propst des Stiftes, Michael → Arneth, der in Güte und Großzügigkeit den immerhin fast 13jährigen Knaben, knapp vor dem Stimmbruch, noch aufnahm, obwohl sich das Stift damals aus finanziellen Gründen nur insgesamt drei Sängerknaben gestattete. Arneth, → Widmungsträger mehrerer Kompositionen Bruckners, blieb eine Art

»Vaterfigur« für den Knaben, auch noch für den jungen Lehrer.
Während seiner frühen Lehrerjahre waren in erster Linie die Pfarrer seiner Anstellungs-Orte – als seine obersten Vorgesetzten – für Bruckner wichtig: Franz Seraph von Schwinghaimb (1790-1850), Pfarrer von → Windhaag, Alois Knauer (um 1803-1877), Pfarrer von → Kronstorf, und Joseph Ritter von Peßler, Stadtpfarrer in → Enns – die beiden letzten waren auch Widmungsträger.
Daß er nach St. Florian zurückkehren konnte, verdankte Bruckner einem zweiten Gönner im Stift, dem Chorherrn Friedrich (Theophil) → Mayer, der ihn schon lange Zeit vor seiner Infulierung als Propst (1854, als Nachfolger Arneths) mit wohlwollender Aufmerksamkeit beobachtete und vermutlich auch für die Anstellung Bruckners in St. Florian sorgte. Dieser widmete ihm im Lauf der Jahre mehrere Werke: als erstes die Kantate *Vergißmeinnicht* (wohl als zarte Erinnerung!), als letztes die *Missa solemnis in b-Moll*. Mayer gab Bruckner auch den Rat, den Unterricht Simon → Sechters in → Wien aufzusuchen. Nachfolger des schon 1858 Verstorbenen wurde der vorher als Stiftsdechant, d. h. Stellvertreter des Propstes, wirkende Jodok → Stülz. Er war in erster Linie Historiker, respektierte und förderte aber auch den Musiker Bruckner, dessen besonderes Vertrauen er – auch als dessen Beichtvater – genoß. Die Verbindung mit Stülz, Widmungsträger des *Festgesangs* (»Sankt Jodok sproß aus edlem Stamme«), hielt Bruckner auch nach seinem Weggang aus St. Florian aufrecht.
Bruckners Zeit in → Linz ist dominiert von der großen Gestalt Bischof Franz Joseph → Rudigiers, der sich als einer der größten Gönner im künstlerischen Bereich erwies. So setzte er, gemeinsam mit Johann August → Dürrnberger, Bruckners Anstellung als Dom- und Stadtpfarrorganist durch, beauftragte ihn mit der *Festkantate* und der *Messe in e-Moll* und ermöglichte die Studienaufenthalte bei Sechter, zeigte sich auch als fast väterlicher Freund während Bruckners schwerer Nervenkrise (→ Bad Kreuzen), als er ihm jede mögliche Hilfe zukommen ließ.
Während seiner Wiener Zeit, als gereifter Meister, ist Bruckner natürlich nicht mehr so sehr »unter den Fittichen« eines geistlichen Gönners oder Beraters, wenn er auch »anfangs den gewohnten Umgang mit geistlichen Ratgebern« schwer vermißt haben soll (Göll.-A. 4/1, S. 27). Doch verbrachte er, abgesehen von → Steyr, seine Urlaube mit Vorliebe bei den Chorherren in St. Florian und hielt besonders mit den Regentes chori Ignaz → Traumihler und Bernhard → Deubler engen Kontakt. Zum Stift → Kremsmünster gestalteten sich besondere Beziehungen durch seine Freundschaft mit Oddo → Loidol, der vor dem Eintritt ins Stift sein Schüler gewesen war. Ein zumindest teilweiser Ersatz für St. Florian war Bruckner das leichter erreichbare Chorherren-Stift → Klosterneuburg. Hier war es vor allem Josef → Kluger, zu dem sich ein großes gegenseitiges Vertrauensverhältnis entwickelte und dessen geistlichen Rat der ältere Bruckner auch öfters suchte.
Nahe standen Bruckner auch seine dem Jesuiten-Orden angehörenden Beichtväter der Linzer und Wiener Jahre. Es waren dies in Linz P. Karl Schneeweiß SJ (1808-1887, Freund Bischof Rudigiers, 1862-1873 in Linz tätig) und in Wien P. Karl Graff SJ (1827-1902), den Bruckner schon von Linz her kannte, wo Graff bis 1873 wirkte. Dieser war auch – unter Einschaltung von P. Heinrich → Abel SJ (Beichtvater der Erzherzogin → Marie Valerie) – bei der Beschaffung der → Wohnung Bruckners im Belvedere behilflich und begleitete schließlich Bruckners Leichnam von Wien nach St. Florian (→ Begräbnis).
Weniger Kontakt als zu Bischof Rudigier in Linz hatte Bruckner zur Spitze der kirchlichen Hierarchie in seinen Wiener Jahren. Doch standen ihm auch die Erzbischöfe Joseph Othmar Ritter von Rauscher (1797-1875) und dessen Nachfolger Johann Rudolf Kutschker (1810-1881), Cölestin Josef Ganglbauer (1817-1889) und Anton Josef Gruscha (1820-1911) wohlwollend gegenüber. EM

Generalbaß
Bezeichnung für eine durchlaufende, d. h. der jeweils tiefsten Stimme eines mehrstimmigen Satzes entsprechende Baßstimme (ital. basso continuo), die der Begleitung einer oder mehrerer Oberstimmen durch ein Akkordinstrument dient. Aus den beigefügten Ziffern, die Intervalle zum Baß angeben, geht der Aufbau jedes Akkordes hervor, den der Continuo-Spieler zu greifen hat. Beispiele bezifferter Bässe reichen von der italienischen Monodie des frühen 17. Jahrhunderts bis zur Kirchenmusik des 19. Jahrhunderts. Der Gegenstand des gleichnamigen Unterrichtsfaches ist die Generalbaß-Bezifferung, deren schriftliche Aussetzung und instrumentale Ausführung. Im Kompositionsunterricht, als dessen fester Bestandteil der Generalbaß im Barock

galt, wurde das Fach seit dem 18. Jahrhundert durch die Harmonielehre (→ Musiktheorie) abgelöst, die neben dem Aufbau der Klänge auch deren Abfolge behandelt. In den Lehrplänen der Konservatorien bleibt der alte Name gelegentlich für das neue Fach bestehen. Simon → Sechter unterrichtete in → Wien den Stoff der Harmonielehre bis 1867 offiziell als Professor für Generalbaß; erst mit dem Eintritt Bruckners wechselte die amtliche Bezeichnung.

Die Lehre vom Generalbaß gehörte im Vormärz zu den Grundlagen des Orgelspiels und somit zu den Elementarfächern der Lehrerausbildung. Erste Unterweisung im Generalbaß erhielt Bruckner durch seinen Cousin Johann Baptist → Weiß in → Hörsching (1835-1837). 1840/41 besuchte er an der Linzer Präparandie Vorlesungen über »Harmonie- und Generalbaß-Lehre« bei Johann August → Dürrnberger. Die Lehrbücher von Dürrnberger und von Friedrich Wilhelm Marpurg, die Bruckner in → Linz und → Windhaag zur Verfügung standen, behandeln die Generalbaßlehre als untergeordnetes Teilgebiet der Harmonielehre. In den 1843-1855 intensiv betriebenen Studien bei Leopold von → Zenetti benutzte Bruckner die Generalbaßschule von Daniel Gottlob Türk und ein von ihm selbst angefertigtes Manuskript »Kurze General-Baß-Regeln«, eine Zusammenstellung von Zenettis Unterrichtsstoff oder die Abschrift eines anderwärts nicht nachgewiesenen anonymen Traktates.

Als Komponist verwendete Bruckner Generalbaß-Bezifferung für die Orgelstimme in den Kirchenwerken bis 1856; in späteren Kompositionen ist der Orgelpart ausgesetzt; in späterer Zeit gelegentlich im Particell. ME

Lit.: F. W. Marpurg, Handbuch bey dem Generalbasse und der Composition. Berlin 1755-1758; D. G. Türk, Kurze Anweisung zum Generalbaßspielen. Halle-Leipzig 1791; J. A. Dürrnberger, Elementar Lehrbuch der Harmonie- und Generalbaßlehre. Linz [1841]; Jahresbericht des Wiener Konservatoriums der Musik. Siebenter Jahrgang, neue Folge. Schuljahr 1866-1867. [Wien 1867]; Jahres-Bericht des Conservatoriums der Gesellschaft der Musikfreunde in Wien. Schuljahr 1868-1869. Wien 1869; Göll.-A. 1, S. 88, 144-147, 200, 220; Manfred Wagner, Die Harmonielehren der ersten Hälfte des 19. Jahrhunderts. Regensburg 1974; Elisabeth Maier – Franz Zamazal, A. Bruckner und L. v. Zenetti. Graz 1980, besonders S. 110-114.

Generalpause

Der Generalpause kommt im Werk Bruckners eine signifikante und wichtige Rolle zu. Dieser Umstand hat auch der *Zweiten*, in der die Pause ein geradezu hervorstechendes Merkmal darstellt, den leicht spöttisch-abwertenden Beinamen »Pausensymphonie« eingetragen. Häufig wurden diese markanten und für Bruckner typischen Ruhepunkte oberflächlich kritisch zum angeblichen Mangel an Formsinn (→ Form) hinzugerechnet.

Genauer betrachtet gehören diese Pausen jedoch in den Bruckner-typischen Gesamtverlauf, ja sie bilden ein wesentliches Strukturmerkmal des Satzes. Ernst → Kurth hat in diesem Zusammenhang treffend von einer »Gestaltung der Leere« gesprochen. Die Pausen befinden sich an dramaturgisch bedeutsamen Stellen, an denen bestimmte Formabschnitte zu ihrem Abschluß gelangen (z. B. Hauptthemenkomplex in der Exposition des Kopfsatzes). Zugleich besitzen sie als »Satzzeichen« (M. Wagner) gliedernde Funktion in Bruckners dynamischen Steigerungszügen, nach denen es häufig zu einem Abbruch kommt. Es ist interessant, daß Bruckner in Erstfassungen von Symphonien – wie auch in der *Zweiten* – durch Generalpausen oft dem Nachhall ein Ausklingen ermöglicht hat, das dann in späteren → Fassungen vielfach (als Überleitung) auskomponiert erscheint.

Die spezifische Art der Strukturierung mittels Pausen wird durch Bruckners reihendes, »additives« Verfahren ermöglicht. Eine detaillierte Analyse zu diesem Themenkreis – auch zu möglichen von Franz → Schubert herkommenden Verbindungen – steht noch aus. EWP

Lit.: Manfred Wagner, Zur Interpunktion in der Musik A. Bruckners, in: Bruckner-Jahrbuch 1981.

Gericke, Wilhelm

Geb. 18. 4. 1845 in Graz, gest. 27. 10. 1925 in Wien; Dirigent und Komponist. Schüler von Simon → Sechter und Otto → Dessoff am Konservatorium der → Gesellschaft der Musikfreunde in Wien (GdM). Seit 1868 1. Kapellmeister am Stadttheater → Linz, wo er seine ersten Kompositionen für die → Liedertafel »Frohsinn« schuf. Er wirkte seit 1874 als Kapellmeister der Wiener Hofoper sowie 1880-1884 und 1890-1895 als ausgezeichneter Dirigent der Gesellschaftskonzerte der GdM, der allerdings im Schatten Hans → Richters stand. 1884-1889 und 1898-1906 leitete er die Symphoniekonzerte in Boston.

Anläßlich der Jubelfeier zum 25jährigen Bestand der Liedertafel »Frohsinn« am 15. 5. 1870 dirigierte Gericke Bruckners Chor *Um Mitternacht* WAB 89. Gericke, der auch mit → Brahms und dessen Kreis in gutem Kontakt stand, setzte sich einerseits als Leiter der Gesellschaftskonzerte in Wien, andererseits während seines langjährigen Aufenthaltes in Boston für Bruckner ein. Bereits am 15. 2. 1887 führte Gericke dort die *Siebente Symphonie* mit dem Boston Symphony Orchestra auf und leitete damit eine der ersten Bruckner-Aufführungen in Amerika (→ Rezeption). Mit der Aufführung des *Te Deum* unter Gerickes Leitung im Gesellschaftskonzert am 20. 12. 1891 war zwar Bruckner nicht so zufrieden wie mit der Wiedergabe unter Siegfried → Ochs in → Berlin (Brief Bruckners an Ochs, 3. 2. 1892), das Konzert wurde aber von Publikum und Kritik positiv aufgenommen. Am 19. 5. 1892 wandte sich Gericke mit einem Brief an Bruckner, in dem er um die Aufführung des ursprünglich für die → Internationale Ausstellung für Musik- und Theaterwesen vorgesehenen *Psalm 150* in den Gesellschaftskonzerten ersuchte; der Uraufführung des möglicherweise zu wenig geprobten Werkes am 13. 11. 1892 war jedoch kein besonderer Erfolg beschieden. Als nachträgliche Feier zu Bruckners 70. Geburtstag fand schließlich am 5. 11. 1894 im Rahmen der Gesellschaftskonzerte unter Gerickes Leitung die Aufführung der *Messe in f-Moll* statt, die zu einem Triumph für Bruckner wurde, wobei dieser sich seinerseits besonders über die Zustimmung des beim Konzert anwesenden Johannes Brahms freute. Während des zweiten Bostoner Aufenthalts dirigierte Gericke am 27./28. 12. 1901 die amerikanische Erstaufführung der *Fünften Symphonie*.

IF

Lit.: Musikalische Rundschau 10. 3. 1887, S. 177; Richard von Perger – Robert Hirschfeld, Geschichte der k.k. Gesellschaft der Musikfreunde in Wien. Wien 1912, S. 308-313; Göll.-A. 4/3, S. 217, 274-280, 317, 437-444; Elsa Bienenfeld, A. Bruckner und W. Gericke, in: Neue Freie Presse 13. 6. 1936; John N. Burk, W. Gericke. A Centennial Report, in: The Musical Quarterly 31 (1945); Riemann Musiklexikon.

Germanenzug (WAB 70) »Germanen durchschreiten des Urwaldes Nacht«

Vierstimmiger Männerchor mit Männer-Soloquartett und Blechbläsern (2 Sopran-Kornette, Tenorhorn bzw. Euphonium, 4 Hr., 4 Trp., 3 Pos., Tuba) in d-Moll (Chor, [»Frisch und kräftig, nicht schleppend, doch nicht zu schnell«]; Soloquartett mit 4 Hr., »Langsamer, würdevoll«; Schluß-Chor, »Erstes Zeitmaß. Frisch und kräftig«)
Text: August → Silberstein
EZ: Ende Juli 1863 bis August 1864 in → Linz
UA: 5. 6. 1865 beim 1. Oberösterreichisch-Salzburgischen Sängerbundesfest in Linz (→ Liedertafel »Frohsinn«, Bruckner)
Autograph: Stift → Kremsmünster (teilweise vom → Kopisten Franz Schimatschek)
ED: Ried, Josef Kränzl 1864
NGA: Band XXII/2 (Franz Burkhart, Rudolf H. Führer, Leopold → Nowak, 1987)

Der *Germanenzug* ist Bruckners erste Komposition nach Abschluß seiner Studien bei Otto → Kitzler – auch sein erstes gedrucktes Werk überhaupt. Er hat das Stück nach Erhalt des Textes, der dem Brief des Dichters August Silberstein vom 27. 7. 1863 beilag, begonnen. Bis August 1864 war die Arbeit am *Germanenzug* ein ständiges Thema in Bruckners Korrespondenz. Er beteiligte sich mit diesem Werk an einem Preisausschreiben für Männerchöre, das vom »Ausschuß des oberösterreichischen Sängerbundesfestes« veranstaltet wurde. Die erfolgreichen, in die engere Wahl gekommenen acht Kompositionen wurden von der Firma Josef Kränzl in Ried veröffentlicht und beim 1. Fest im Juni 1865 uraufgeführt. Während dieses Festes wurden die eingereichten Stücke dann nach der Größe des Applauses gereiht. Bruckner war tief gekränkt, als sein *Germanenzug* nur den zweiten Preis hinter »Germania« seines Freundes Rudolf → Weinwurm erhielt.
Einige Biographen haben berichtet, daß der *Germanenzug* eine Umarbeitung einer früheren Komposition – eines *Zigeuner-Waldliedes* im 3/4 Takt – sei. Der Komponist hatte diesen Titel in einem Brief vom 29. 7. 1863 an Silberstein erwähnt. Heute ist das *Zigeuner-Waldlied* allerdings verschollen. Ob Bruckner im *Germanenzug* früheres Material benutzt hat, ist zur Zeit nicht zu klären.
Das Stück hat drei Abschnitte, die in der Gesamtform A-B-A' gestaltet sind. Der mittlere Teil (B) ist ein lyrisches, nur von vier Hörnern begleitetes Soloquartett, das auch bei Bruckners → Begräbnis aufgeführt wurde – ein Hinweis auf die Popularität, die der *Germanenzug* zu Lebzeiten des Komponisten erreicht hatte. Im Jahr 1892 (?) hat der Verlag Adolf Robitschek eine neue Ausgabe sowie eine Bearbeitung mit Streicher-Begleitung gedruckt. Eduard → Kremser hat eine Version für großes Orchester publiziert. In unserem Jahrhundert jedoch wurde das Stück bis zu seiner Veröffentlichung in der Gesamtausgabe fast nie aufgeführt. PH

Lit.: Auer, Briefe Nr. 26 f., S. 48 ff., 348 f.; Göll.-A. 3/1, S. 203-212 (mit Faksimile des Textes), 317-321; Franz Burkhart, A. Bruckner und sein »Germanenzug«, in: IBG-Mitteilungsblatt Nr. 14, Dezember 1978; Paul Hawkshaw, From »Zigeunerwald« to »Valhalla« in Common Time: The Genesis of A. Bruckner's »Germanenzug«, in: Bruckner-Jahrbuch 1987/88.

Gesamtausgaben
Die komplizierte, mißverständliche und an Manipulationen reiche Überlieferungsgeschichte der Werke Bruckners hat Georg Göhler 1918 pointiert zur Forderung nach einer »einwandfreien, streng wissenschaftlichen Ausgabe« veranlaßt. 1927 hob die aus bereits bestehenden Bruckner-Vereinigungen neu gegründete → Internationale Bruckner-Gesellschaft in → Leipzig als »wichtigste Aufgabe« die Herausgabe des Gesamtwerkes hervor. Mittels einer »peinlich genauen, traditionsgeleiteten Textkritik« sollte der »Urtext« als »Grundlage für künftige praktische Ausgaben« entstehen. Die Leitung wurde Robert → Haas als Vertreter der → Österreichischen Nationalbibliothek gemeinsam mit Alfred → Orel übertragen, den Druck übernahm statt des vorgesehenen Verlages Breitkopf & Härtel Benno Filser in Augsburg. Das war der Beginn der Alten Gesamtausgabe.
1930 erschien der erste Band (Nr. 15) mit der *Missa solemnis in b-Moll* und dem *Requiem in d-Moll* in Erstdrucken. 1932 erfolgte die Auflösung des Verlags, doch die in Arbeit befindliche *Neunte Symphonie* lag bereits so weit vor, daß Siegmund von → Hausegger mit den Münchner Philharmonikern die berühmte Gegenüberstellung von Löwe-Fassung und Originalfassung durchführen konnte. Damit wurde eine heftige Diskussion um die → Fassungen ausgelöst.
Als Nachfolger wurde der Musikwissenschaftliche Verlag eigens für die weitere Herausgabe der Gesamtausgabe gegründet. Die Symphonien erschienen nun regelmäßig in Dirigier- und Studienpartituren, ergänzt durch sogenannte »Berichte«, die über die Quellenlage Auskunft geben. Nach dem Ausscheiden von Orel wurde um 1937 Leopold → Nowak neuer Mitarbeiter von Haas. Der weitere Weg der Alten Gesamtausgabe erwies sich alsbald problematisch, weil sich Haas bei der *Zweiten* und später bei der *Achten Symphonie* für sogenannte Mischfassungen (Vermengungen verschiedener Arbeitsstadien) entschloß. 1944 – mit dem Erscheinen der *Siebenten Symphonie* und der *Messe in f-Moll* – endete kriegsbedingt die Arbeit von Haas.
Bis zum Beginn der Neuen Gesamtausgabe erschienen elf Bände in der »Zwischen-Edition Wiesbaden« (Nowak). Es handelte sich um Nachdrucke, daneben auch um die Ausgabe der *Dritten Symphonie* in der zweiten Fassung. 1952, also bereits parallel zur Neuen Gesamtausgabe, wurde das Unternehmen beendet. In der Zwischenzeit hatte auch der Verlag Breitkopf & Härtel in Leipzig einige Nachdrucke vorgenommen.
1951 erschien die *Fünfte Symphonie* als erster Band in der von Nowak betreuten Neuen Gesamtausgabe in verkleinertem Format im wiedererrichteten Musikwissenschaftlichen Verlag in Wien. Die Revisionsberichte wurden als eigene Bände geplant. Bis auf wenige Ausnahmen gab auch Nowak die einzelnen Werke selbst heraus. Die Leitlinie des Unternehmens, im ersten Prospekt prägnant formuliert, hieß: »unbedingt zuverlässige Notentexte, Mitteilung aller erreichbaren Skizzen, Vorstufen, Abweichungen und Fassungen«. So wurden eine Reihe neuer Quellen eingearbeitet und die Fassungen differenziert. Die *Dritte Symphonie* z. B. liegt nun in drei Fassungen vor, das *Adagio Nr. 2* von 1876 zusätzlich in einer eigenen Ausgabe.
Heute ist – bis auf Psalmen, Lieder und Männerchöre sowie → Briefe – das Gesamtwerk Bruckners veröffentlicht, die Revisionsberichte hingegen fehlen noch zum überwiegenden Teil. EWP

Lit.: Georg Göhler, Wichtige Aufgaben der Musikwissenschaft gegenüber A. Bruckner, in: Zeitschrift für Musikwissenschaft 1 (1918/19); Leopold Nowak, Die Bruckner-Gesamtausgabe. Ihre Geschichte und Schicksale, in: Bruckner-Jahrbuch 1982/83.

Gesangvereine
Die weltliche Vokalmusik großen Stils wurde im 19. Jahrhundert hauptsächlich von Laienchören (mit meist männlichen Mitgliedern) getragen. Das Männerchorwesen zu Beginn des 19. Jahrhunderts stand wesentlich in Zusammenhang mit der gesellschaftlichen Umstrukturierung der Zeit: Die Wende vom aristokratischen zum bürgerlichen Zeitalter unterwarf auch das Konzert- und Musikleben einem deutlichen Wandel. Die Sangeskultur der emanzipierten Bürger stellte nicht nur musikalisch, sondern auch gesellschaftlich eine gewisse Macht dar, denn in dieser Sphäre verband sich eine ganz neue Pflege der Geselligkeit mit dem Kult vaterländischer Gefühle und Gedanken.
Entscheidend für die Entwicklung des Chorliedes wurde der Zusammenschluß von Musikliebhabern in Vereinen – 1801 in Würzburg, 1802 in Leipzig und 1804 in Münster. Stärkste Anregungen dazu gingen von Carl Friedrich Zelter (1758-1832) aus, der 1809 die »Berliner Lieder-

tafel« gründete. Etwa zur selben Zeit entwickelte sich auch in der Schweiz durch Hans Georg Nägeli (1773-1836) eine breitere Pflege des Chorliedes. In Deutschland kam es in der Folgezeit zu zahlreichen Gründungen von Männergesangvereinen und Liedertafeln, so 1815 in Frankfurt/Oder und Leipzig, 1816 in Tübingen, 1819 in Breslau und Magdeburg und 1824 in Stuttgart und Ulm. Bereits 1827 wurde das erste deutsche → Sängerfest in Plochingen (Württemberg) abgehalten. Die patriotischen Ideale hatten ihre Wirkung auch weit über die Grenzen des deutschsprachigen Raumes hinaus – 1833 in Riga und Rom, 1834 in Lyon, 1835 in Philadelphia und vor allem in England. 1839 wurden die Männerchöre der deutschsprachigen Länder in Liedertafel-Vereinigungen zusammengebracht.
Eine populäre Art der Liedertafel war der Liederkranz.
In Österreich setzte diese Entwicklung erst später und zunächst zögernd ein. Die deutsch-nationale Richtung der deutschen Vereine wurde hier als suspekt angesehen, weshalb die Vereine in der Restaurationsepoche verboten wurden. Der älteste musikorientierte Verein der Monarchie wurde 1809 in Mies (Böhmen) gegründet, 1812 folgte die → Gesellschaft der Musikfreunde in Wien. Mit der Gründung des → Wiener Männergesang-Vereins 1843 setzte die Bewegung vehement ein: 1843 Waidhofen/Ybbs, 1845 → Liedertafel »Frohsinn« in Linz und MGV Ischl, 1846 Wiener Neustadt und Graz, 1847 Salzburg, Wels und Klagenfurt, 1848 Mödling. Nach der Revolution von 1848 konstituierten sich erneut zahlreiche Vereine, die viel zum musikalischen Leben beitrugen und im Laufe der Jahrzehnte weite Verbreitung fanden und eine Blütezeit erlebten. 1862 schlossen sich in Coburg 41 Vereine aus dem deutschen Sprachraum zum »Deutschen Sängerbund« zusammen.
Der Werdegang des Männergesangs und der gesellschaftlichen Singpflege vom volksmusikalischen chorischen Gemeinschaftserlebnis zur vaterländischen Volksbewegung spiegelt sich in der Literatur für Männerstimmen wider, die sich in unübersehbarer Fülle und unterschiedlichster Qualität sehr rasch ausbreitete. Auch Bruckner trug seinen Teil zu diesem Repertoire bei (weltliche → Chorwerke). Doch blieb weiterhin auch die Volksmusikpflege ein wesentlicher Schwerpunkt dieser Bewegung. Während die Männerchöre dem Chorlied weiterhin verbunden blieben, wandte sich der gemischte Chor in zunehmendem Maße größeren Formen, wie Oratorium und → Kantate, zu. AH

Literatur: MGG 8, Sp. 1460-1463; The New Grove 4, Sp. 352 f.; Andrea Harrandt, Bruckner und das bürgerliche Musiziergut seiner Jugendzeit, in: Bruckner-Symposion 1987, S. 93.

Gesellschaft der Musikfreunde in Wien
1812 von Joseph von Sonnleithner mit den drei Zielen gegründet, regelmäßig Konzerte zu veranstalten, in Archiv, Bibliothek und Sammlungen alle Arten von Material zu sammeln, das Musik dokumentiert, und ein Konservatorium zu führen. Das Konservatorium wurde 1909 in staatliche Leitung übergeben (als Akademie, später Hochschule für Musik und darstellende Kunst in Wien), die beiden anderen Ziele verfolgt die Gesellschaft – als privater Verein organisiert (kurz »Musikverein« genannt) – bis heute unverändert.
1861 wandte sich Bruckner an die Direktion des Konservatoriums der Gesellschaft der Musikfreunde mit der Bitte um eine Prüfung zur Verleihung des Titels »Professor der Harmonielehre und des Kontrapunkts«. Der Titel konnte nicht verliehen werden, die mit einem → Zeugnis belegte Prüfung fand am 19. und 21. 11. 1861 u. a. auch in der → Piaristenkirche statt. 1868 wurde Bruckner zum Professor für Orgelspiel sowie für Harmonielehre und Kontrapunkt an das Konservatorium der Gesellschaft berufen. Beide Lehrstühle hatte er bis zu der von ihm erbetenen Pensionierung im Jahre 1891 inne. Bruckner begann seinen Unterricht in dem nicht

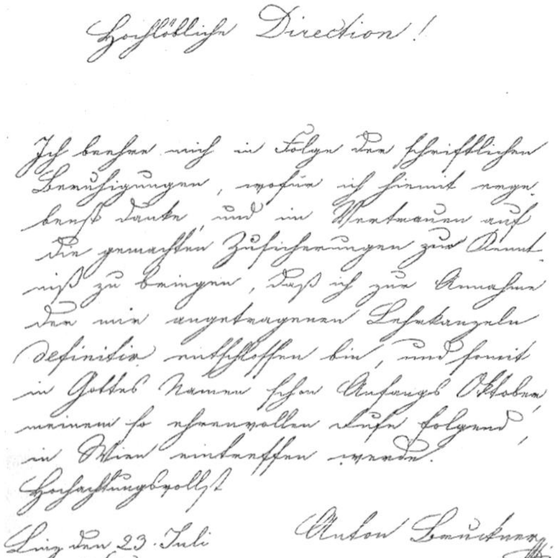
Hochlöbliche Direction!

Ich beehre mich in Folge der schriftlichen Versicherungen, wofür ich hiermit meinen besten Dank, und im Vertrauen auf die gemachten Zusicherungen zur Kenntniß zu bringen, daß ich zur Annahme der mir angetragenen Lehrkanzeln definitiv entschlossen bin, und somit in Gottes Namen schon Anfangs Oktober meinem so ehrenvollen Rufe folgend, in Wien eintreffen werde.
Hochachtungsvollst
Linz den 23. Juli 1868.
Anton Bruckner

Ankündigung des Dienstantritts im Konservatorium

Großer Musikvereinssaal in Wien; feierliche Einweihung. Zeichnung von Vinzenz Katzler, 1870

mehr bestehenden Gebäude der Gesellschaft im Haus »Zum roten Igel« (Wien I., Unter den Tuchlauben Nr. 12); mit Beginn des Studienjahres 1869/70 übersiedelte das Konservatorium in das nach Plänen von Theophil Hansen neu errichtete Musikvereinsgebäude (heute Wien I., Bösendorferstraße 12).

Im Großen Musikvereinssaal dieses am 5. 1. 1870 offiziell eröffneten Gebäudes fanden zahlreiche Uraufführungen Brucknerscher Werke statt: 20. 2. 1876 *Zweite Symphonie* (Fassung 1875/76), 16. 12. 1877 *Dritte* (Fassung 1877), 20. 2. 1881 *Vierte* (Fassung 1878/80), 11. 2. 1883 Mittelsätze der *Sechsten*, 22. 1. 1888 *Vierte* (Fassung 1887/88), 21. 12. 1890 *Dritte* (Fassung 1889), 13. 12. 1891 *Erste* (Fassung 1891), 18. 12. 1892 *Achte* (Fassung 1887-1890), 25. 11. 1894 *Zweite Symphonie* (Druckfassung). An der Planung der (heute nur mehr im Gehäuse unverändert erhaltenen) → Orgel von Friedrich Ladegast im Großen Musikvereinssaal war Bruckner beteiligt; an der (heute nicht mehr bestehenden) Orgel im Kleinen Musikvereinssaal (heute Brahmssaal) hat Bruckner unterrichtet. In diesem Saal fanden auch viele Klavieraufführungen von Brucknerschen Werken durch den → Wiener Akademischen Wagner-Verein statt. Der vormalige Kammersaal sollte 1996 den Namen »Brucknersaal« erhalten.

In Archiv, Bibliothek und Sammlungen der Gesellschaft der Musikfreunde in Wien befinden sich zahlreiche Quellen und Dokumente zu Leben und Schaffen Bruckners, der 1891 von der Gesellschaft zu ihrem Ehrenmitglied ernannt wurde.

Einige Mitarbeiter und Funktionäre der Gesellschaft haben einen Platz in Bruckners Biographie gefunden: Carl Ferdinand Pohl (1819-1887) hat als Archivdirektor der Gesellschaft Bruckners kompositorische Tätigkeit mit sympathisierender Anteilnahme verfolgt. Hingegen stand der Generalsekretär der Gesellschaft, Leopold Alexander Zellner (1823-1894) – selbst Organist und Orgelkomponist –, Bruckner verständnislos, distanziert, ja oft fühlbar ablehnend gegenüber. Bruckners Förderer Johann Ritter von → Herbeck war 1859-1870 und 1875-1877 Konzertdirektor der Gesellschaft, Joseph → Hellmesberger d. Ä. 1851-1893 als Direktor des Konservatoriums Bruckners Vorgesetzter. Von den Direktionsmitgliedern, die Bruckner in irgendeiner Weise nahegekommen oder nahegestanden sind, seien hier noch mit der Angabe der Jahre ihrer Tätigkeit erwähnt: Moritz Alois Ritter von

Becker (1859-1867), Nikolaus Dumba (1867), Franz Köstinger (1893-1898) und Joseph Unger (1868-1876).
Der Singverein der Gesellschaft der Musikfreunde hat keine Uraufführungen Brucknerscher Werke gesungen. In der Rezeptionsgeschichte der großen Vokalwerke Bruckners nimmt er aber bis heute einen wichtigen Platz ein. OB

Lit.: Carl Ferdinand Pohl, Die Gesellschaft der Musikfreunde ... und ihr Conservatorium. Wien 1871; Richard von Perger – Robert Hirschfeld, Geschichte der K.k. Gesellschaft der Musikfreunde in Wien. Wien 1912; Eva Angyan – Otto Biba – Manfred Wagner, Goldene Klänge. Künstler im Musikverein. Wien 1995.

Gisela, Erzherzogin von Österreich

Geb. 12. 7. 1856 in Laxenburg bei Wien, gest. 27. 7. 1932 in München. Ältere Tochter Kaiser → Franz Josephs I. und der Kaiserin Elisabeth, seit 1873 Prinzessin von Bayern (verheiratet mit Prinz Leopold von Bayern, vier Kinder).
Die hausbackene und fromme Tochter einer exzentrischen Mutter war zwar unmusikalisch, aber als sehr gutmütig bekannt. Da sie gleichzeitig enge familiäre Bindungen zum Münchner wie zum Wiener Hof hatte, suchte Bruckner ihre Protektion. 1884 kam es durch Vermittlung des Landgrafen Fürstenberg zu einer Audienz Bruckners bei der Prinzessin in → München, freilich ohne Ergebnis.
1895 setzte sich die Prinzessin, auf Initiative ihrer Cousine, Herzogin → Amélie von Urach, bei der Fürstin von Monaco für die Aufführung eines Bruckner-Werkes in Monte Carlo ein. BH

Lit.: Zwei Briefe Bruckners an Gisela 1895, vgl. Auer, Briefe Nr. 305 und 311.

Goldmark, Karl

Geb. 18. 5. 1830 in Keszthely, Ungarn, gest. 2. 1. 1915 in Wien; österreichischer Komponist. Geiger in Theaterorchestern und Klavierlehrer in Ödenburg, Budapest und Wien; als Komponist vor allem durch seine Oper *»Die Königin von Saba«* (1875) bekannt.
Als Zeitgenossen waren Goldmark und Bruckner wiederholt gemeinsam auf Konzertprogrammen zu finden. Zuweilen wurden sie in der Presse auch als Symphoniker gegenübergestellt. Im »Album der Wiener Meister« für die → Internationale Ausstellung für Musik- und Theaterwesen 1892 sind beide mit Kompositionen vertreten.
Gustav → Mahler und Rudolf → Krzyzanowski spielten ihre Bearbeitung von Bruckners *Dritter Symphonie* für Klavier zu vier Händen kurz nach der Veröffentlichung dem zu → Brahms' Freundeskreis zählenden Goldmark vor, der sich »wohlwollend reserviert verhielt«. EWP

Lit.: Göll.-A. 4/1, S. 482.

Goldschmidt, Adalbert von

Geb. 5. 5. 1848 und gest. 21. 12. 1906 in Wien; Komponist. Gab bald seinen Bankberuf auf und nahm Unterricht am Konservatorium der → Gesellschaft der Musikfreunde in Wien. Als Komponist war er nicht erfolgreich, aber sein Salon war einer der wichtigsten Treffpunkte im musikalischen Wien; sogar Franz → Liszt spielte dort.
Goldschmidt gehörte dem Bruckner-Kreis an. 1877 hörte er als einer der ersten den von → Mahler und → Krzyzanowski verfaßten Klavierauszug der *Dritten Symphonie* am Konservatorium. Er stand vor allem mit dem Bruckner-Vertrauten Josef → Schalk in Verbindung, der den Sommer 1883 in Goldschmidts Villa am Grundlsee verbrachte. 1884 hielt Goldschmidt sich zur Uraufführung seiner Oper »Helianthus« in → Leipzig auf und vermittelte auch für Bruckners noch im selben Jahr dort uraufgeführte *Siebente Symphonie* (Brief an Josef Schalk, 10. 3. 1884). Oft traf er mit Bruckner im Restaurant »Gause« (→ Gasthäuser) zusammen; einmal waren sie gemeinsam bei Johann → Strauß (Sohn) eingeladen. Goldschmidt zählte auch zu den letzten Besuchern Bruckners Ende September 1896. AH

Werke: »Die sieben Todsünden« (Oratorium, 1876); »Helianthus« (Musikdrama, 1884); »Gaea« (Trilogie, 1888); »Die fromme Helene« (satirische Operette, 1897); Symphonische Dichtung; ca. 100 Lieder.

Lit.: Briefe an einen Komponisten. Musikalische Korrespondenz an Adalbert von Goldschmidt. Hrsg. Ernst Friedegg. Berlin 1904; Friedrich Klose, Meine Lehrjahre bei Bruckner. Erinnerungen und Betrachtungen. Regensburg 1927; Göll.-A. 4/1-3, passim; Auer 6. Aufl. S. 417.

Göllerich, Familie

1) August Göllerich sen., geb. 2. 7. 1819 in Piacenza, Italien, gest. 23. 8. 1883 in Wels. Deutschnationaler Politiker. Gemeindesekretär in Wels, oberösterreichischer Landtagsabgeordneter und Landesausschußmitglied. Reichsratsabgeordneter 1873-1878. Göllerich hatte neben anderen Positionen die Leitung des Männergesangvereins Wels und führende Positionen beim Oberösterreichisch-Salzburgischen Sängerbund inne.
Seine seit längerem bestehenden Kontakte zu Bruckner werden vor allem durch die 1869

erfolgte Verleihung der Ehrenmitgliedschaft des Männergesangvereins → Wels an Bruckner, die 1877 vorgebrachte Bitte Bruckners um Intervention wegen der Aufführung der *Dritten Symphonie* und die Komposition des Chores *Sängerbund* (1882) dokumentiert.

Lit.: Göll.-A. 1, S. 9 ff., 4/1, S. 102, 4/2, S. 50 f., 54; Hans Commenda (jun.), Die Geschichte des Oberösterreichischen Sängerbundes. Linz 1934; Harry Slapnicka, Oberösterreich – Die politische Führungsschicht 1861-1918. Linz 1983, S. 91 f.

2) August Göllerich jun., geb. 2. 7. 1859 und gest. 16. 3. 1923 in Linz, Sohn von 1). Als der von Bruckner und den Erben autorisierte Biograph ist sein Name untrennbar mit dem neunteiligen, von Max → Auer zum Teil aus vorhandenen Materialien fortgesetzten Werk »A. Bruckner. Ein Lebens- und Schaffensbild« verbunden. Aufgewachsen in Wels, frühzeitig Klavierunterricht und begeisterter Wagnerianer. Besuch der Linzer Realschule und Technikstudium in Wien. Nach dem Tod des Vaters (1883) Wahl der Musik als Lebensberuf. Schüler, Reisebegleiter und letzter Sekretär Franz → Liszts (mit Unterbrechungen 1883-1886). Wirken als Pianist in Wien und auf Konzertreisen sowie als

August Göllerich jun.

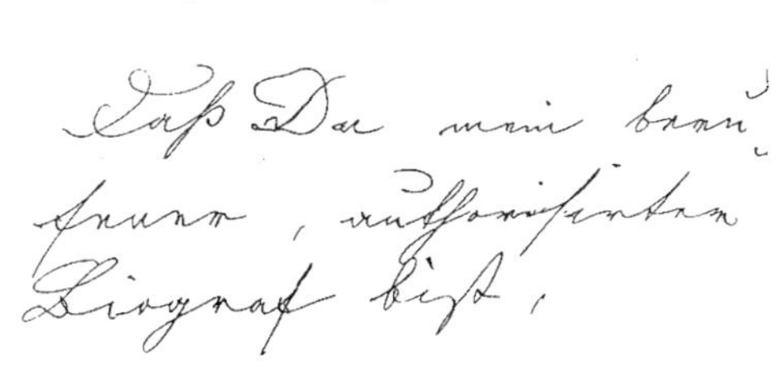

Aus Bruckners Brief vom 11. 5. 1891

Musikreferent. Übernahme der Direktion der Ramann-Volkmannschen Musikschule in Nürnberg (1890). Eheschließung 1893 mit der Liszt-Schülerin Gisela von Pászthory geb. Voigt von Leitersberg (1858-1946).

Auf die Bestellung zum Musikdirektor des → Linzer Musikvereins und Schuldirektor der Musikvereinsschule mit 1. 10. 1896 folgte ein konsequenter Ausbau des Unterrichts. Er selbst entfaltete eine rege Tätigkeit als gesuchter Pädagoge, Konzertpianist, Liedbegleiter, Kammermusiker, Schriftsteller und Dirigent. Leitung des → Männergesang-Vereins »Sängerbund« bis 1900, dann des mit diesem fusionierten Sängerbundes »Frohsinn« (→ Liedertafel »Frohsinn«). Auf seine Initiative ermöglichte die Stadtgemeinde → Linz 1889-1920 eine Serie von zehn vielbeachteten Bruckner-Konzerten großen Stils, in denen, ergänzt durch weitere Musikvereinskonzerte, neben großen und kleineren Chorwerken alle Symphonien und Messen Bruckners aufgeführt wurden.

Die persönlichen Kontakte zu Bruckner begannen 1869 in Wels (Göllerich: »Da traf mich zum ersten Male seines Auges Strahl«) und wurden seit 1877 in → Wien fortgesetzt. Zu ihrer Intensivierung trugen der Besuch der Universitätsvorlesungen Bruckners, eine engere menschliche und künstlerische Bindung und ein Briefwechsel bei.

Die Arbeit an der Bruckner-Biographie mit eingehender Darstellung der Lebens- und Schaffensgeschichte begleitete Göllerich sein ganzes Leben. Hierfür konnte er aufgrund seiner persönlichen Beziehungen leicht auf Dokumente und mündliche Mitteilungen Bruckners zurückgreifen. Er verwendete auch viele mündliche Berichte von Gewährsleuten und hatte Zulieferer wie Max Auer und Franz → Brunner. Die Biographie mußte viele Jahre hinter den Verpflichtungen des Schulmannes und Dirigenten zurückstehen, der vorher alle großen Werke Bruckners selbst aufführen wollte. Die schwierigen Lebensumstände während des Ersten Weltkrieges und der Folgezeit setzten ihn außerstande, das begonnene Werk fertigzustellen; sein bedeutendstes blieb: »A. Bruckner. Ein Lebens- und Schaffensbild.« Band 1. Regensburg 1922; Band 2 (von Max Auer vollendet). Ebenda 1928 (Reprint 1974).

Einen wesentlichen Bestandteil seines Schaffens bilden die zahlreichen Zeitungs- und Zeitschriftenbeiträge, meistens zum Thema Bruckner, sowie die umfangreichen Einführungen zu Konzerten des Linzer Musikvereins. In seinen Veröffentlichungen hat Göllerich viele Angaben und Berichte – zum Teil ohne Nennung von Quellen – überliefert, die heute nicht mehr ungeprüft übernommen werden sollten. FZ

Weitere Werke (Auswahl): Franz Liszt. 2. Teil (1. Teil von Ludwig Nohl). Leipzig 1888; Richard Wagners Bühnenfestspiel. Der Ring des Nibelungen. Leipzig 1897; Beethoven. Berlin 1903; Franz Liszt. Erinnerungen (mit Verzeichnis sämtlicher Werke). Berlin 1908.

Lit.: Anton Riegl, A. Göllerich, 1859-1923, in: Oberösterreichische Männergestalten. Hrsg. Eduard Straßmayr. Linz 1926, S. 105-108; [Palma Erdmann-Pászthory], A. Göllerich. Lebensbild eines tatkräftigen Idealisten. Linz 1927; In memoriam A. Göllerich. Hrsg. Gisela Göllerich. Linz 1928; Ferdinand Krackowizer – Franz Berger, Biographisches Lexikon des Landes Oesterreich ob der Enns. Passau-Linz 1931, S. 87 f.; ÖBL; Veit Wilhelm Jerger, A. Göllerich (1859-1923) – Eine biographische Skizze, in: Oberösterreichische Heimatblätter 29 (1975) H. 1/2, S. 38-46; Wilhelm Jerger in: MGG 16, Sp. 493; Bruckner – skizziert, S. 269 f.; Franz Zamazal, Göllerich – Auer – Gräflinger. Konturen zu ihrem Leben und Wirken. Ihre Bedeutung für Bruckner, in: Bruckner-Symposion 1994.

Graduale

bezeichnet den zweiten Teil des Propriums der → Messe (auch – hier jedoch nicht maßgeblich – das Meßgesangbuch für alle Kirchen des römischen Ritus). Das Graduale hat seinen liturgischen Platz nach der ersten Lesung und wurde ursprünglich vor und nach einem Psalmvers oder einem vollständigen Psalm gesungen. Zum Vortrag begaben sich die Sänger an den Ambo oder an die Altarstufen (lat. Gradus = Stufe).
Unter Bruckners Kirchenwerken sind *Afferentur* (»Offertorium als Graduale«), *Christus factus est* zur *Messe für den Gründonnerstag* WAB 9, *Christus factus est* WAB 10 und 11, *Locus iste*, *Os justi* und *Virga Jesse* als Graduale bezeichnet. Das *Inveni David* ist der zu *Os justi* gehörige Gradualvers, wurde bzw. wird jedoch weder im Erstdruck noch bei den meisten Aufführungen berücksichtigt. EM

Gräflinger, Franz

Geb. 26. 11. 1876 in Linz, gest. 9. 9. 1962 in Bad Ischl. Einer der wichtigsten Bruckner-Forscher neben Max → Auer und August → Göllerich. Frühzeitig für Musik begeistert, war Sängerknabe in Linzer Kirchen. Erhielt Violinunterricht, weitere umfassende Ausbildung in Gesang, Instrumental- und Theoriefächern an der Schule des → Linzer Musikvereins und bei Privatlehrern. Besuch der staatlichen Lehrerbildungsanstalt Linz (Matura 1896), Volksschullehrer in Altenfelden und Helfenberg (1896-1898),

Franz Gräflinger

Beamter im Rechnungsdienst des Linzer Magistrates (1898-1928). Als Pensionist mit dem Titel eines Rechnungsdirektors in Linz (1928-1937), Wien (1937-1944) und Bad Ischl (1944-1962) wohnhaft.
Als Schriftsteller zeichnete er sich durch eine erstaunliche Produktivität und thematische Vielfalt mit den Schwerpunkten Bruckner und heimische Musikgeschichte aus. Die Zahl seiner Beiträge für Tages- und Wochenzeitungen, für Zeitschriften und Musikfachzeitschriften im In- und Ausland ist nur schwer zu überblicken. Als Musikkritiker bei der »Linzer Zeitung« (seit 1901) und bei der Linzer »Tages-Post« (seit 1919) war er angesehen, aber auch angefeindet wegen seiner ungeschminkten Schreibweise. In dieser Funktion hat er so oft wie möglich Bruckner und einer werkgerechten Interpretation das Wort geredet. Im Vergleich dazu verschwindet seine lokale Bedeutung als Instrumentalist, Sänger und Komponist.
Gräflinger begegnete Bruckner in den Jahren 1884 bis 1892/93 bei dessen gelegentlichen Aufenthalten in → Linz als Mitwirkender im Musikchor des → Alten Domes. In späteren Jahren lernte er Musikprofessoren, Privatlehrer, Kapellmeister sowie Schüler und Studienkollegen Bruckners, dann Freunde und Damen kennen, die ihm ihre Erinnerungen an Bruckner zur Verfügung stellten. Dazu kamen noch das Auswerten von Dokumenten, Briefen, Akten aus Archiven und die Mitteilungen von Domkapellmeister Karl → Waldeck. Aus diesen Quellen schöpfte er bei seinen lebenslangen Bemühungen um Bruckner.

Als Publizist hat er sich immer und überall mit allem Nachdruck für die Vermittlung von Wissen über Leben und Werk Bruckners eingesetzt. Damit erhielten breite Schichten vielfältige Informationen in einer Zeit, in der die »große« Biographie von Göllerich-Auer noch nicht auf dem Markt war. Seine Leitlinie war: »Nur wer Bruckner als Menschen verstehen gelernt hat, seine biedere, gottergebene Art richtig zu werten vermag, findet den Weg zum Verständnis seiner Werke.« Gräflinger hat als Buchautor Grundlegendes und Bleibendes geschaffen, das aber heute nicht ungeprüft übernommen werden sollte. Paradox erscheint jetzt, daß sein erstes Werk (1911) von sogenannten Bruckner-Aposteln arg angegriffen wurde, weil es angeblich ein verzerrtes Bruckner-Bild wiedergebe, vor allem aber deswegen, weil Bruckner Göllerich zum Biographen autorisiert habe und Gräflinger dessen – noch lange unpublizierte – Arbeit konkurrenziere.

Da Bruckner für Franz Gräflinger »seit je eine Herzensangelegenheit« war, galt auch den → Bruckner-Festen, -Ausstellungen und der Gründung von Brucknergemeinden seine ganze Umsicht. FZ

Größere Veröffentlichungen: Karl Waldeck. Komponist und Domkapellmeister in Linz. Linz 1905 (drei Auflagen); Karl Waldeck. Kirchenmusikalische Streiflichter. Linz 1911; A. Bruckner. Bausteine zu seiner Lebensgeschichte. München 1911; A. Bruckner. Sein Leben und seine Werke. Regensburg 1921; A. Bruckner. Gesammelte Briefe. Regensburg 1924; A. Bruckner. Leben und Schaffen (Umgearbeitete Bausteine). Berlin 1927; Liebes und Heiteres um A. Bruckner. Wien 1948.

Lit.: Biographisches Lexikon von Oberösterreich. Linz, Lieferungen 1955, 1956, 1968; Bruckner – skizziert, S. 270 f.; Franz Zamazal, Prof. F. Gräflinger. Leben und Werk für A. Bruckner, in: Bruckner-Symposion 1991; ders., Göllerich – Auer – Gräflinger. Konturen zu ihrem Leben und Wirken. Ihre Bedeutung für Bruckner, in: Bruckner-Symposion 1994.

Grande, Ludwig (Eduard Johann)

Geb. 26. 4. 1865 in Teltsch (Telč), Südmähren, gest. 25. 7. 1940 in Troppau. Schüler Bruckners, Komponist, Musikpädagoge, städtischer Musikdirektor in → Troppau. Er entstammt im nördlichen Altvatergebirge ansässigen österreichisch-schlesischen Familien. Nach einer Prüfung seiner musikalischen Begabung durch Hofkapellmeister Joseph → Hellmesberger, Hofoperndirektor Wilhelm → Jahn und Josef Labor erhielt er vom 8. 2. 1878 an drei Jahre Unterricht bei Josef Nowak in Troppau. Nach der Aufnahmsprüfung am 10. 9. 1881 studierte er am Konservatorium der → Gesellschaft der Musikfreunde

Bruckner beim Unterricht. Karikatur von Ludwig Grande, ca. 1885 (IKO 15)

in → Wien Klavier bei Wilhelm Schenner, Theorie bei Johann Nepomuk Fuchs, Harmonielehre bei Franz Krenn, Kontrapunkt bei Bruckner, allgemeine Musiklehre und Musikgeschichte bei Adolf Prosniz, Musikästhetik bei Robert Hirschfeld, Chorschule bei Johann Faistenberger, Kam-

Brief-Karte Ludwig Grandes an August Göllerich, 1903 (IKO 112 a, b)

mermusik und Orchesterübung bei Hellmesberger. An der → Universität Wien hörte er als Externer Musikgeschichte bei Eduard → Hanslick. Im Juni 1886 erhielt Grande das Diplom künstlerischer Reife mit Auszeichnung. Danach studierte er privat Komposition bei Krenn und vor allem bei Bruckner (Herbst 1886 bis Sommer 1888) weiter und nahm methodische Stunden bei Theodor Leschetizky. Die in diesen Jahren bis 1889 entstandenen Kompositionen sind bei G. Kühle (siehe Lit.) verzeichnet.

1890 gründete Grande in Troppau die erste vom k.k. Landesschulrat autorisierte Musiklehranstalt, die er bis zum 50jährigen Schuljubiläum im Jahre 1940 leitete. Alle Lehrkräfte waren Absolventen des Wiener Konservatoriums. 1893-1917 war Grande als städtischer Musikdirektor tätig, führte regelmäßige Symphoniekonzerte ein, in denen außer klassischen Werken – viele in Erstaufführungen – viel zeitgenössische Musik (darunter auch seine eigenen Symphonien) gespielt wurde. Im Juni 1896 führte er die *Siebente Symphonie* auf. 1912-1926 dirigierte er die Troppauer Singakademie, die sich nach dem Ersten Weltkrieg mit dem Deutschen Volksgesangverein »Liederkranz« zur Aufführung großer oratorischer Werke verband. – Grande hat in Schlesien Volkslieder und Tänze gesammelt und deren Melodien teilweise in seinen »Schlesischen Bauerntänzen« und in 14 symphonischen Dichtungen »Aus den Bergen meiner Heimat« verarbeitet. Von seinen vielen Werken sind nur wenige erhalten.

Grande, seit 1890 mit Magdalene Waldmüller (1864-1930), einer Großnichte des Malers Ferdinand Georg Waldmüller verheiratet, war auch ein sehr begabter Zeichner. Von seiner Hand existieren u. a. mehrere Bilder und Karikaturen Bruckners (vgl. z. B. Bruckner-Ikonographie IKO 13-16, 26). FK

Quellen und Lit. (Auswahl): a) ungedruckte: Sog. Grande-Chronik in 5 autographen Bänden, zusammen ca. 900 S. mit zahlreichen Beigaben (Aquarelle, Zeichnungen, Drucke u. a.). Schlesisches Landesarchiv Troppau (Zemsky archiv v Opave, Kopie in Familienbesitz); [Lebenserinnerungen.] Über 100 S., mit Lücken (Kapitel: Telc, Schlakau, Konservatorium Wien, Troppau. Anhang: Werke, in den städtischen Symphoniekonzerten zur Aufführung gebracht). Autograph. Familienbesitz; Die alte Musikschule L. Grande, Troppau (Eine flüchtige Skizze). Fidelio Finke gewidmet 1937. 46 S. Autograph. Familienbesitz; Wenzel Kaiser (Schwiegersohn von L. Grande, 1881-1961); Familiengeschichte, darin: Die Familien Grande und Ludwig. 68 S. mit Beilagen (u. a. Illustrationen von L. Grande, Ahnentafel). Autograph. Familienbesitz. – b) gedruckte: Grande-Album. Privatdruck. Troppau 1938. 63 Blätter mit 156 Bildern (Aquarelle, Zeichnungen und 95 Silhouetten, teilweise farbig); Gustav Kühle, L. Grande, in: Österreichische Musik- und Theaterzeitung 1 (1888/89) Nr. 18, mit Bildnis und Namenszug; Alfred Lehnert, Zum 60. Wiegenfeste Meister L. Grandes. Sonderdruck aus der Deutschen Post, Troppau 12. 4. 1925; Fritz Kaiser, L. Grande und seine Musiklehranstalt in Troppau 1890-1940, in: 1. Internationales musikwissenschaftliches Symposion 1993 ... Troppau/Opava 2.-5. 5. 1993; 5. ders., L. Grandes Erinnerungen an seinen Lehrer A. Bruckner und die Bruckner-Aufführungen in Troppau, in: Bruckner-Symposion 1994.

Graz

Hauptstadt der Steiermark, an der Mur gelegen. 1585/86 Gründung der Universität, 1811 Gründung des »Joanneums« durch Erzherzog Johann, seit 1840 Entwicklung zur Großstadt. Um 1890 (als Hauptstadt des habsburgischen Kronlandes Steiermark): ca. 100 000, 1996: 250 000 Einwohner.

Am 14. 3. 1886 fand in Graz die österreichische Erstaufführung der Ende 1884 in → Leipzig uraufgeführten *Siebenten Symphonie* unter der Leitung von Karl → Muck statt – im Rahmen eines Konzerts des 1815 gegründeten Steiermärkischen Musikvereins, der damals von Karl Maria Savenau geleitet wurde, auf dessen Initiative die Aufführung auch zustande kam. Bruckner war damals persönlich anwesend und folgte damit einer Einladung des Grazer Singvereins, die auf Betreiben eines Mitgliedes des Grazer Wagner-Kreises, Heinrich Potpetschnigg, ausgesprochen worden war. Er lernte u. a. auch Friedrich von → Hausegger kennen.

Im März 1889 wurde die Antiphon *»Tota pulchra es«* durch den Grazer Singverein aufgeführt. Dieses Konzert fand außerhalb des Musikvereins statt, der damals von dem nicht zu

Theater am Stadtpark.

Montag den 9. April 1894.
Abends halb 8 Uhr:
Symphonie-Concert
unter Leitung des Capellmeisters Herrn **Franz Schalk,** und unter Mitwirkung des Herrn **Richard Epstein.**

Programm:

1. **L. v. Beethoven: Ouverture,** op. 124 („Die Weihe des Hauses").
2. **Dr. Anton Bruckner: V. Symphonie** in B-dur für großes Orchester. (Erste Aufführung überhaupt.) I. Adagio-Allegro. II. Adagio. III. Scherzo. IV. Finale.
3. **Franz Liszt: Concert** für Clavier mit Orchester in Es-dur. Clavier: Herr **R. Epstein.**
4. **R. Wagner: Vorspiel** zu: „Die Meistersinger von Nürnberg".

Der Concertflügel von Bösendorfer ist aus dem Etablissement des Herrn A. Fiedler.

Cassa-Eröffnung **7** Uhr. Anfang **halb 8** Uhr.

Repertoire des Theaters am Stadtpark: Dienstag 10. April: „Ein armes Mädel". Wohlthätigkeits-Vorstellung zu Gunsten der Grazer Stadtarmen.

Zeitungsinserat anläßlich der Uraufführung der *Fünften Symphonie*

Bruckners Förderern zählenden Komponisten Wilhelm Kienzl geleitet wurde.
Am 1. 2. 1891 erlebte die *Vierte Symphonie* im Musikverein unter Josef → Schalk ihre Grazer Erstaufführung. Sein Bruder Franz → Schalk hatte 1881 Felix → Mottl zur Aufführung dieser Symphonie in → Karlsruhe bewogen. – Der Männerchor *Germanenzug* wurde im März 1891 in Graz aufgeführt.
Die zuvor (1887) in → Wien nur auf zwei Klavieren vorgestellte *Fünfte Symphonie* konnte am 9. 4. 1894 in Graz sogar als Uraufführung (der Orchesterfassung) angesetzt werden: Franz Schalk dirigierte Orchestermitglieder der Vereinigten Bühnen im Theater am Stadtpark. Gespielt wurde eine Fassung des Dirigenten, die Bruckner gebilligt haben soll.
1904 leitete Ferdinand → Löwe eine Aufführung der *Neunten Symphonie* im Musikverein, dem damals jener Richard Wickenhauser vorstand, der 1926 bei Reclam Analysen sämtlicher Symphonien Bruckners veröffentlichte.
1905 fand schließlich ein Konzert mit der *Achten Symphonie* im Rahmen des Tonkünstlerfestes des Allgemeinen Deutschen Musikvereins statt, für dessen Durchführung Ernst → Descey maßgeblich verantwortlich zeichnete.
Im Park des Palais Meran, dem heutigen Sitz der Hochschule für Musik und darstellende Kunst in Graz, befindet sich eine Bruckner-Büste von Wolfgang Skala, die die Stadt Graz 1986 gemeinsam mit der Österreichischen Richard Wagner-Gesellschaft aufstellen ließ. JHL

Lit.: Karl Maria Savenau, 5. Mitgliederconcert des steiermärkischen Musikvereins, in: Grazer Tagespost 16. 3. 1886; Heinrich Potpetschnigg, Erinnerungen an Bruckner, in: Musica Divina 10 (1922) Nr. 9/10; Cornelius Preiß, A. Bruckners Beziehungen zu Graz und zur Steiermark, in: Grazer Volksblatt 1924, Nr. 201; Artikel Potpetschnigg und Savenau, in: Steirisches Musiklexikon. Graz 1962-1966; Musik in der Steiermark. Katalog der Landesausstellung 1980. Graz 1980, Abschnitt »Bürgerliche Musikkultur«, bes. S. 324-329; Wolfgang Suppan, Kienzl – Savenau, in: Bruckner-Symposion 1984.

Greck, Josef

Geb. um 1859 in Micheldorf, Oberösterreich, gest. ?; Musiker, Gemeindediener.
Greck war gemeinsam mit seinem Freund Karl Zeitlinger bei Bruckners Besuch in → Altpernstein 1879 anwesend und von dessen Aufenthalt im Verlies (bezüglich des Aufsuchens von Extremsituationen → Persönlichkeit) besonders beeindruckt. Der junge Musiker versuchte bei dieser Gelegenheit, den Meister zu einer Vertonung des Psalms »De profundis« anzuregen, zu der es aber – vermutlich wegen Bruckners bekanntem Unbehagen bei jedweder Beengtheit – nicht gekommen zu sein scheint. Der nach der Rückkehr in den »matterleuchteten Rittersaal« von Greck mehrfach gehörte Ausspruch Bruckners: »Resurrexit!« hatte offenbar zur Folge, daß der Komponist bald darauf eine weitere Überarbeitung seiner *Messe in f-Moll* in Angriff nahm. – Zusammen mit anderen Besuchern bemühte sich Greck, den über Bruckners ständige Sonderwünsche und bohrende Fragen erbosten Burgführer, Förster Wischenbart, zu besänftigen. Dieser, in früheren Jahren oft Teilnehmer bei den Rebhuhnjagden des Grafen → O'Hegerty, bei denen der ebenfalls eingeladene Bruckner von den Jägern gern verspottet wurde, ersuchte Greck schließlich, »ihm ja diesen Gast nicht sobald mehr zu bringen«. UEA

Lit.: Erinnerungen an A. Bruckner, in: Micheldorfer Bote 17. 7. 1924; Göll.-A. 3/1, S. 570-574; K. Paulitsch, Sagen und Geschichten aus Oberösterreich. Linz 1949; Urs E. Aßling, Bruckneriana aus Altpernstein, in: Mitteilungen des Musealvereins Kirchdorf an der Krems 7 (1988).

Grein

Stadt im Mühlviertel, am linken Ufer der Donau, am Beginn des Strudengaues gelegen, ca. 7 km südlich von Bad Kreuzen. Spätgotische Greinburg mit Oberösterreichischem Schiffahrtsmuseum; Rathaus mit dem ältesten erhaltenen Stadttheater Österreichs (1791). Um 1900: 1 400, 1996: 2 900 Einwohner.
Während seines Kuraufenthaltes in → Bad Kreuzen machte Bruckner auch Ausflüge nach Grein, wo er einer Probe des Greiner »Liederkranzes« beiwohnte. Auf Ersuchen des Vorstands komponierte er das → Motto *»Freier Sinn und froher Mut«*, das er im Jahre 1874 persönlich überbrachte. AII

Lit.: Josef Raubitschek, A. Bruckner's Motto für den Greiner MGV »Liederkranz«, in: Greiner Wochenblatt 1924, Beilage 52; Albert Frank, Ein fast unbekanntes Motto von A. Bruckner. Aus der Stadt Grein im Strudengau, in: Linzer Volksblatt 1951, Nr. 218.

Grüninger, Fritz

Geb. 10. 8. 1886 in Haslach im Kinzigtal bei Offenburg, Baden-Württemberg, gest. 2. 12. 1953 in Weinheim. Studium der Philologie an der Universität Freiburg i. Br. (1913 Dr. phil.). Seit 1917 Lehrer, zunächst an der Realschule in Triberg im Schwarzwald (1920 Professorentitel), von 1931 bis zu seiner Pensionierung als Gymnasialprofessor am Realgymnasium in

Weinheim; im Nebenamt Musikbeauftragter der Stadt.

Während Karl → Grunsky die Bruckner-Rezeption insbesondere im ehemals württembergischen Landesteil Baden-Württembergs förderte, setzte sich Grüninger im früheren badischen Landesteil für den österreichischen Komponisten ein. Dabei trieb Grüninger weniger der wissenschaftliche Ehrgeiz Grunskys als vielmehr das Bemühen, den Menschen Bruckner in seinem Werk aufzuspüren und seine Musik volkstümlich zu machen.

Wie Grüninger zu Bruckner fand, ist nicht bekannt. Neben einigen anderen Veröffentlichungen über Musik bezeugen jedoch rund 30 Publikationen zu Bruckner (darunter das Hauptwerk »A. Bruckner – Der metaphysische Kern seiner Persönlichkeit und Werke« und das erfolgreiche, 1935-1954 in immerhin 7 Auflagen erschienene Bändchen »Der Ehrfürchtige – A. Bruckners Leben dem Volk erzählt«) die besondere Vorliebe des Verfassers (weitere Schriften Grüningers über Bruckner siehe Bruckner-Bibliographie).

Am 9. 6. 1928 gründete Grüninger in Freiburg den Badischen Bruckner-Bund und wurde dessen Vorsitzender. In dieser Eigenschaft kümmerte er sich besonders um die Organisation der Badischen → Bruckner-Feste (das erste: 6. bis 10. 11. 1929 in Karlsruhe, das zweite: 2. bis 5. 10. 1931 in Baden-Baden). Grunsky wirkte auch hier mit seinen Transkriptionen der Bruckner-Symphonien für zwei Klaviere mit.

In zahlreichen Vorträgen warb Grüninger bis zu seinem Tode sehr erfolgreich um Verständnis für Bruckners Musik, so daß auch er zu deren wichtigen Multiplikatoren im deutschen Südwesten zu zählen ist. RKe

Lit.: Rolf Keller, Frühe Freunde Bruckners im deutschen Südwesten – Der Beginn der Brucknerpflege in Baden-Württemberg, in: Bruckner-Symposion 1994.

Grunsky, Karl

Geb. 5. 3. 1871 in Schornbach bei Schorndorf, Baden-Württemberg, gest. 2. 8. 1943 in Stuttgart. Besuchte die bedeutenden evangelischen Seminare in Maulbronn, Blaubeuren und Tübingen, studierte an der Universität Tübingen Philologie (1893 Dr. phil.). Zunächst politischer Journalist in Stuttgart, dann viele Jahre lang Musikschriftsteller: 1895-1908 Musikreferent der bedeutenden Tageszeitung »Schwäbischer Merkur« in Stuttgart, 1904-1905 auch Mitglied der Musikredaktion der Münchener Zeitschrift »Kunstwart«. Seit 1908 freier Journalist, zunächst vorrangig auf dem Gebiet der Musikwissenschaft, später allerdings auch wieder auf politischem Gebiet, wo er leider zu den verblendeten Propagandisten des NS-Regimes (→ Nationalsozialismus) gehörte.

Im Umfeld von Universitätsmusikdirektor Karl Emil Kauffmann und bei den dortigen Begegnungen mit Hugo → Wolf lernte er seit 1890 in → Tübingen die Musik Bruckners kennen und setzte sich fortan bis ins vorgerückte Alter leidenschaftlich für deren Verbreitung ein.

1903 begann er, sämtliche Symphonien Bruckners für zwei Klaviere einzurichten, wobei er mit großer Entschiedenheit gegen »die leidige Gewohnheit der Kürzungen« anging. Im Rahmen von → Bruckner-Festen hielt Grunsky zahlreiche Vorträge über Persönlichkeit und Werk Bruckners; anhand seiner Klavier-Transkriptionen führte er gemeinsam mit einem Partner wiederholt in nachfolgende Orchesteraufführungen von Bruckner-Symphonien ein (z. B. in → Stuttgart anläßlich des Brucknerfestes 1921, in Bochum bei den Brucknertagen 1921, in Aachen und in Düsseldorf).

Als Musikschriftsteller hatte Grunsky in der Fachwelt einen guten Ruf. Seine »Technik des Klavierauszugs« (1911) beruht auf den Erfahrungen, die er mit der Bearbeitung der Bruckner-Symphonien gesammelt hatte. Führer zu bestimmten Symphonien Bruckners und sein 1922 erstmals erschienenes Buch »A. Bruckner« beweisen seine ungebrochene Vorliebe für diesen Komponisten. In den Jahren zwischen 1899 und 1936 sind von Grunsky knapp 60 Publikationen erschienen, die sich mit Bruckner befassen (vgl. Bruckner-Bibliographie).

1926 gründete Grunsky in Stuttgart den Württembergischen Brucknerbund, dessen Vorsitzender er bis 1929 war. Dank Grunsky gilt Württemberg als »erste(s) deutsche(s) Land, in welchem eine systematische Mission für das Werk des Meisters durchgeführt wurde«. Er war Gründungsmitglied der 1927 in → Leipzig gegründeten Bruckner-Gesellschaft, die ein Jahr später als → Internationale Bruckner-Gesellschaft nach → Wien verlegt wurde. RKe

Lit.: Göll.-A. 4/4, passim; Wolfgang Irtenkauf, A. Bruckner und seine südwestdeutschen Freunde, in: Schwäbische Heimat 25 (1974); Rolf Keller, Bruckner-Rezeption in Südwestdeutschland, in: Bruckner-Symposion 1991, besonders S. 117 f.; ders., Frühe Freunde Bruckners im deutschen Südwesten – Der Beginn der Brucknerpflege in Baden-Württemberg, in: Bruckner-Symposion 1994.

H

Den Haag (amtlich: 's-Gravenhage)
Residenzstadt sowie Regierungs- und Parlamentssitz der Niederlande, zugleich Hauptstadt der Provinz Zuid-Holland. Sitz des Internationalen Gerichtshofes; u. a. Königliches Musikkonservatorium. 1889: 140 000, 1995: 444 000 Einwohner.
Seit 1904 hat die Stadt ein eigenes Orchester, das Residentie Orkest, aber lange vorher gab es schon ein blühendes Musikleben. Seit 1815 wurden symphonische Konzerte organisiert von der Gesellschaft »Concert Harmonica«, 1821 umbenannt in »Concert Diligentia«. In der Periode 1860-1886 war der Komponist und Dirigent Johannes (Josephus Hermanus) Verhulst (1816-1891) Leiter dieser Gesellschaft. Am 4. 2. 1885 dirigierte er als Eröffnungswerk beim 5. »Diligentia Concert« die niederländische Erstaufführung der *Dritten Symphonie*, wobei als Komponist »Anton Brückner« angegeben wurde. Der Bibliothekar Wilhelmus Ludovicus van Meurs, Lehrer am Gymnasium Haganum, hatte sich sehr verdienstvoll für die Musik Bruckners eingesetzt und auch mit dem Komponisten korrespondiert. Als Verhulst immer konservativer wurde und kategorisch die Musik → Wagners und → Liszts ablehnte, wurde Richard Hol gebeten, sich der »modernen« Musik anzunehmen. So gab es die »Paria«-Konzerte in Den Haag unter Hol, der sich damit zugleich seine Anstellung eroberte. Hol war es auch, der Bruckner-Symphonien in Den Haag dirigierte, später auch mit dem Concertgebouw-Orchester. Am 17. 3. 1886 erklang wiederum die *Dritte*, bald nach Bruckners Tod, am 8. 12. 1897, die *Vierte Symphonie*, die Mengelberg am 11. 11. 1897 in → Amsterdam erstaufgeführt hatte. Nach der Gründung des Residentie Orkest gab es in Den Haag bald eine Bruckner-Tradition, die von mehreren Dirigenten lebendig erhalten wurde. Schon Max → Auer erwähnte Dr. Peter van Anrooy, der in der Periode 1921-1931 die *Dritte*, *Fünfte*, *Siebente*, *Achte*, *Neunte* und dann die *Zweite Symphonie* dirigierte. Nach dem Zweiten Weltkrieg war Bruckners Musik in guten Händen bei Willem van Otterloo und später bei Hans Vonk. CvZ

Lit.: Auer, Briefe Nr. 147, S. 175 f.; Cornelis van Zwol, Johannes Verhulst – Komponist und Bruckners erster Dirigent in den Niederlanden, in: Bruckner-Symposion 1989; ders., Bruckner-Rezeption in den Niederlanden und im angloamerikanischen Raum, in: Bruckner-Symposion 1991; ders., Ein Bibliothekar aus Den Haag und ein dirigierender Komponist in Amsterdam ..., in: Bruckner-Symposion 1994.

Haas, Robert (Maria)
Geb. 15. 8. 1886 in Prag, gest. 4. 10. 1960 in Wien; Musikforscher. Nach dem Studium der Musikwissenschaft in Prag, Berlin und Wien (dort Assistent Guido → Adlers, Promotion 1908 in Prag) zunächst Kapellmeister bzw. Korrepetitor in Münster, Erfurt, Konstanz und Dresden, seit 1914 wissenschaftliche Tätigkeit in Wien (1923 Privatdozent, 1929 a. o. Professor an der dortigen → Universität). Als langjähriger Leiter der Musiksammlung der → Österreichischen Nationalbibliothek in → Wien (1920-1945) und Mitinitiator und -herausgeber der → Gesamtausgabe von Bruckners Werken (zusammen mit Alfred → Orel) gilt Haas als einer der wichtigsten Bruckner-Forscher. Sein darüber hinaus weitgespanntes Forschungs- und Publikationsgebiet reichte von Monteverdi bis Hugo → Wolf. Auch als Komponist von Klavier- und Kammermusik sowie Liedern trat er an die Öffentlichkeit.
Zur stilgeschichtlichen Einordnung des Gesamt-

Robert Haas

schaffens und dessen Interpretation auf musikanalytischer Basis hat Haas zusammen mit Orel und Ernst → Kurth eine Grundlage geschaffen, auf die bis heute immer wieder zurückgegriffen wird. Seine manchmal eigenwillige, philologisch-textkritisch aber immer um Sorgfalt bemühte Herausgebertätigkeit hat wesentliche Voraussetzungen zur Erkenntnis der → Arbeitsweise Bruckners geliefert. Zu einer Zeit, als viele Bruckner-Forscher sich immer mehr mystisch-irrationaler Konstruktionen bedienten, leistete Haas Pionierarbeit in der Erforschung und Publikation der sogenannten Originalfassungen (→ Fassungen), hat sich allerdings während des → Nationalsozialismus nicht deutlich von dem offiziell »diktierten« Bruckner-Bild distanziert (vgl. Vorwort zu seiner Ausgabe der *Achten Symphonie*). Haas, der 1930 als erste Veröffentlichung (Band 15) der Alten Gesamtausgabe die *Missa solemnis* zusammen mit dem *Requiem* WAB 39 herausgab, hat auch die meisten folgenden Bände betreut, später sogar als alleiniger Herausgeber. Von seiner Praxis, bei der Edition von Symphonien Bruckners die überlieferten Fassungen zu vermischen, um Bruckners »letzten Willen«, wie Haas ihn verstand, wiederzugeben, ist dann Leopold → Nowak mit Recht wieder abgekommen, der, seit 1951 mit der Neuen Gesamtausgabe betraut, alle Fassungen separat herausgab. Haas' grundlegende Bruckner-Monographie (Potsdam 1934, als Band 11 der Reihe »Die großen Meister der Musik«) ist auch heute noch und nicht nur für Wissenschaftler ergiebig (weitere Arbeiten über Bruckner, seit 1922, vgl. Bruckner-Bibliographie). UH

Lit.: Hellmut Federhofer in: MGG 5 (mit Werkverzeichnis); Georg Reichert, R. Haas, in: Österreichische Musikzeitschrift 13 (1958); Leopold Nowak, R. Haas, in: Die Musikforschung 14 (1961); ders., Die Bruckner-Gesamtausgabe. Ihre Geschichte und Schicksale, in: Bruckner-Jahrbuch 1982/83.

Halm, August

Geb. 26. 10. 1869 in Großaltdorf, Württemberg, gest. 1. 2. 1929 in Saalfeld, Thüringen. Theologe, Komponist, Musikpädagoge, Musikschriftsteller. Studierte seit 1888 in Tübingen evangelische Theologie; bereits während des Studiums Kompositionsunterricht bei Emil Kaufmann sowie Zusammentreffen mit Hugo → Wolf. Nach dem Studium und dem anschließenden Vikariat Besuch der Königlichen Musikschule in München; 1892-1894 Unterricht in Komposition und Dirigieren bei Joseph Rheinberger und Felix → Weingartner. Seit 1903 als Pädagoge in Thüringen tätig, wechselte Halm 1906 an die »Freie Schulgemeinde«, um Gustav Wyneken bei seinem reformpädagogischen Projekt in Wickersdorf (Thüringen) zu unterstützen. 1911 holte Halm Ernst → Kurth nach Wickersdorf. Zwischen 1911 und 1920 Tätigkeiten u. a. als Dirigent der Ulmer Liedertafel und Musikkritiker; Bekanntschaft mit Karl → Grunsky; 1920 Rückkehr nach Wickersdorf.

August Halm, dessen schriftstellerisches Werk von großer Bedeutung für die Geschichte der musikalischen Analyse und der → Musiktheorie ist, hat sich bereits in den ersten Jahren seiner publizistischen Tätigkeit für die Musik Anton Bruckners eingesetzt. Später, gemeinsam mit Karl Grunsky, veranstaltete Halm Matineen, bei denen Bruckners Symphonien an zwei Klavieren aufgeführt und in Form von Gesprächskonzerten der Öffentlichkeit bekanntgemacht wurden. 1913 erschien Halms Monographie »Die Symphonie A. Bruckners« (München 1913, 4 weitere Auflagen), die als Fortführung seines vielbeachteten Buches »Von zwei Kulturen der Musik« (München 1913, 2 weitere Auflagen) gedacht war.

Bei seiner Auseinandersetzung mit dem Werk Bruckners beschränkt sich Halm auf strukturanalytische Betrachtungen der Symphonien. Bruckner gilt ihm hierbei in erster Linie als »Sonatenkomponist«. Der Autor stellt den zeitlichen Charakter der Symphonie als »Kunst des Werdens« in den Vordergrund und ordnet den Formabschnitten des Sonatenschemas als »Zeiten der Form« spezifische ästhetische Funktionen zu. An den Symphonien Bruckners hebt er zudem den motivischen Kontrast linearer und akkordischer → Melodik als konstruktives Prinzip sowie die formbildende Kraft der → Harmonik hervor. Im symphonischen Werk Bruckners sah Halm den Ziel- und Endpunkt der Musikgeschichte. Als eine neue »Kultur« stellt die Symphonie dabei die Synthese der beiden vorausgegangenen »Kulturen der Musik« dar, die die Fuge Johann Sebastian → Bachs einerseits und die Sonatenkomposition Ludwig van → Beethovens andererseits repräsentieren. Mit seinem Bruckner-Bild und seinen Analysen hat Halm nachhaltigen Einfluß besonders auf Ernst Kurth und die strukturanalytische Bruckner-Forschung (→ Forschung) ausgeübt. RKö

Lit.: Rudolf Schilling, Die Musikanschauung A. Halms. Diss. Straßburg 1944; Rudolf Stephan in: MGG 5, Sp. 1376-1380; Siegfried Schmalzriedt, A. Halms musikalische Ästhetik; in:

A. Halm, Von Form und Sinn in der Musik. Gesammelte Aufsätze. Hrsg. Siegfried Schmalzriedt. Wiesbaden 1978; Bruckner-Bibliographie; Carl Dahlhaus, Die Idee der absoluten Musik. Kassel 1978; ders., Die Musiktheorie im 18. und 19. Jahrhundert. Darmstadt 1989; Rafael Köhler, Natur und Geist. Energetische Form in der Musiktheorie (Beihefte zum Archiv für Musikwissenschaft 37). Stuttgart 1996.

Hamburg

Offiziell: Freie und Hansestadt Hamburg; deutsches Bundesland (Stadtstaat), beiderseits der Elbe gelegen. 1937 Eingemeindung von Altona, Harburg, Wandsbek und anderen Gemeinden. Industrie- und Handelszentrum, größter Hafen und bedeutendster Presseplatz Deutschlands. 1678 erstes öffentliches Opernhaus nördlich der Alpen; 1828 Gründung der Philharmonischen Gesellschaft (seit 1867 von Julius von → Bernuth, 1894-1904 von Richard Barth [1850-1923] geleitet). 1885: 519 000, 1905: 875 000, 1995: rund 1,7 Mio. Einwohner.

In Hamburg dürfte sich Bruckner vermutlich nie aufgehalten haben (bei seiner Reise nach → London führte ihn seine Route wohl über andere Häfen); trotzdem waren die Beziehungen zur Geburtsstadt seines Wiener »Kontrahenten« Johannes → Brahms sehr eng: Zahlreiche in musikalischen Dingen maßgebliche Persönlichkeiten dieser Großstadt setzten sich intensiv für seine Werke ein. Neben dem Brahms-Lehrer Eduard → Marxsen, den Dirigenten Bernuth, Gustav → Mahler, Jean Louis → Nicodé waren darunter auch zahlreiche Kritiker: Wilhelm → Zinne, Musikreferent der »Neuen Hamburger Zeitung«, hatte auch engen persönlichen Kontakt mit Bruckner, war sozusagen dessen Hamburger »Schaltstelle«. Josef Sittard (1846-1903) – seit 1885 Musiklehrer, -schriftsteller und -kritiker in Hamburg – setzte sich in seinen Berichten für den »Hamburger Correspondenten« mit Einfühlung und kritischer Schärfe für Bruckners Werke in Norddeutschland ein. August Ferdinand Riccius (1819-1886) – zunächst Opernkapellmeister (auch Komponist) in Leipzig, dann in Hamburg, dort zuletzt Gesangslehrer und Musikreferent – sowie Louis Bödecker (1845-1899) vom »Hamburger Tageblatt« – als Marxsen-Schüler auch Komponist – zeigten sich ebenfalls als begeisterte Brucknerianer wie auch der mit Bruckner in Briefkontakt stehende, nicht näher bekannte Hamburger Musiker E. Schweitzer. Zurückhaltender war der Kritiker Emil Kraus im »Hamburger Fremdenblatt« 1892 (*Te Deum*).

Joseph Sucher (1843-1908), Kapellmeister (1878-1888) des Stadttheaters, der dann 1888-1899 als Hofkapellmeister in Berlin wirkte, hatte Bruckner in Wien kennengelernt, wo er – wie früher Bruckner – Schüler von Simon → Sechter, später Korrepetitor an der Hofoper und Dirigent des → Wiener Akademischen Gesangvereins gewesen war. In Leipzig hatte er 1878 als erster → Wagners »Ring« außerhalb Bayreuths aufgeführt.

Bruckners Hamburger (Privat-)Schüler, der Jurist und spätere Komponist Dr. Hermann Behn (1859-1927), in den → Taschen-Notizkalendern seit 1879 aufscheinend, kam unter dem Eindruck der Musik Richard Wagners von Oktober 1885 bis Mai 1886 zum Musikstudium nach Wien, später nach München und Stuttgart. Er blieb mit Bruckner in freundschaftlicher Beziehung, setzte sich in Hamburg für ihn, aber auch für Wagner und Mahler ein und erstellte einen von Bruckner sehr geschätzten Klavierauszug für zwei Klaviere zu vier Händen zur *Siebenten Symphonie* (weitere zu Wagners Musikdramen).

Die erste Aufführung eines Bruckner-Werkes, die der *Siebenten Symphonie* unter Bernuth am 19. 2. 1886, fand – anders als bei den meisten Kritikern – beim Publikum zum Teil skeptische Aufnahme; nach dem Adagio soll sogar gezischt worden sein, sehr zum Mißfallen des begeisterten, fast 80jährigen Marxsen. Weitere Aufführungen der *Siebenten* folgten am 26. 4. 1890 (mitten in der Hamburger → Bülow-Ära), am 10. 11. 1893 (Nicodé) und in der Saison 1896/97 (Bernuth). Das zweite in Hamburg vorgestellte Werk war das beim Publikum auf einhellige Zustimmung stoßende *Te Deum*, das Mahler (nach Mozarts »Requiem«) am 15. 4. 1892, Karfreitag, dirigierte. Am nächsten Karfreitag, 31. 3. 1893, setzte er es daher erneut aufs Programm, diesmal nach der *Messe in d-Moll*, die damit ihre erste Konzertaufführung überhaupt erlebte. Die vorige »Paarung« wiederholte Mahler am 16. 4. 1897. Das *Streichquintett*, gespielt vom Koch-Quartett, folgte im Frühjahr 1894. Die *Vierte Symphonie* dirigierte zuerst Mahler am 18. 2. 1895, dann Barth am 12. 11. 1897. Die *Fünfte* wurde erst am 3. 12. 1900 von Max Fiedler in Hamburg aufgeführt. Erst nach 1900 erlebten weitere Symphonien ihre Hamburger Erstaufführung: die *Zweite* 1902 (Arthur → Nikisch), die *Dritte* 1903 (Barth), die *Achte* 1906 (Nikisch) und die *Neunte* 1903/04 (Barth). – In den folgenden Jahrzehnten hat sich in Hamburg eine weitaus intensivere, bis heute andauernde Brucknerpflege entwickelt, verbunden mit Interpretennamen wie Siegmund von → Hausegger, Karl → Muck, Eugen Jochum, Hans Schmidt-Isserstedt, Joseph Keilberth, Wolfgang Sawallisch, Horst Stein und Günter Wand. – Das 9. Internationale → Brucknerfest wurde vom 25. bis 30. 4. 1938 in Hamburg abgehalten. UH

Lit.: Auer, Briefe, S. 385-394; Göll.-A. 4/1-4, passim; Max Broesike-Schoen, Bruckner und Hamburg, in: Hamburger Fremdenblatt 24. 4. 1938; Mathias Hansen, A. Bruckner in Norddeutschland, in: Bruckner-Symposion 1991; Andrea Harrandt, »Gustav Mahler O! mögen Sie nur der Meinige bleiben ...« Unbekannte Briefe zu zwei Aufführungen von Bruckners Te Deum in Hamburg, in: Gustav Mahler. Werk und Wirken. Hrsg. Erich W. Partsch. Wien 1996. – Quellen: → Taschen-Notizkalender.

Hanslick, Eduard

Geb. 11. 9. 1825 in Prag, gest. 6. 8. 1904 in Baden bei Wien. Kritiker und Musikgelehrter. Ausbildung in Prag durch Wenzel Johann Tomaschek (Musiktheorie, Komposition, Klavier). Lebte seit 1846 – von kurzen Unterbrechungen abgesehen – in → Wien, wo er 1849 sein bereits in Prag begonnenes juristisches Studium mit dem Doktorat beendigte. Nach kurzer Tätigkeit im Staatsdienst wandte er sich vollständig der Musik zu. 1854 veröffentlichte er seine Schrift »Vom Musikalisch-Schönen«, die aufgrund ihrer formal-ästhetischen Position heftige Diskussionen auslöste und zu Hanslicks Lebzeiten in zehn (jeweils ergänzten und veränderten) Auflagen erschien. 1856 habilitierte er sich als Privatdozent für Geschichte und Ästhetik der Musik an der → Universität Wien und war somit der erste, der in Wien die Musik zum wissenschaftlichen Lehrfach erhob. Bis 1895 hatte Hanslick sein Amt an der Wiener Universität inne, seit 1870 als ordentlicher Professor. 1869 veröffentlichte er seine »Geschichte des Concertwesens in Wien«, eine bis heute grundlegende Arbeit.

Bereits in seinen Prager Jahren hatte er sich als Musikkritiker betätigt (seit 1844). In Wien erschienen seine Rezensionen zunächst in verschiedenen Blättern, seit 1864 bis zu seinem Tod hatte er das Musikfeuilleton der »Neuen Freien Presse« inne. Durch scharfsinnige Argumentation und brillanten Stil rückte Hanslick zum maßgeblichen Kritiker Wiens auf und erwarb sich darüber hinaus auch internationale Beachtung. Durch seine Doppelfunktion als Kritiker und Universitätslehrer gelangte er zu beherrschendem Einfluß auf das gesamte Wiener Musikleben.

Hanslick selbst sah sich keineswegs als Verfechter eines rein konservativen Standpunkts, wohl

Eduard Hanslick. Widmungsphotographie

aber verteidigte er stets die Verbundenheit neuer Musik mit klassischen Formen, wie sich ihm dies im Werk Johannes → Brahms' am vollkommensten offenbarte. Hingegen wandte er sich scharf und ablehnend gegen jegliche »Unnatur« in der Musik, gegen Richard → Wagner (den er anfänglich schätzte), vor allem aber gegen dessen Nachahmer, zu denen er auch Bruckner zählte. Den Orgelvirtuosen und Theoretiker Bruckner achtete und förderte er, doch für den Komponisten hegte er kaum Verständnis, obwohl er für einzelne Werke (*Te Deum*) anerkennende Worte fand. Von den Symphonien und ihrem »traumverwirrten Katzenjammerstil« fühlte er sich regelrecht abgestoßen. Als »Brahms-Freund« und »Bruckner-Feind« nahm

Hanslick eine wichtige Position im Parteienkrieg ein, der um diese beiden Komponisten entstand. Bruckner fühlte sich nachweislich von Hanslick unterdrückt und verfolgt. Bei einer Audienz bat er sogar Kaiser → Franz Joseph, etwas gegen Hanslicks Angriffe zu unternehmen. Hanslick wiederum dürfte – in Übereinstimmung mit Brahms – den Komponisten Bruckner bloß als ephemere Erscheinung ohne tiefere Bedeutung angesehen haben. In seinen Memoiren (»Aus meinem Leben«, 1894), die Charakteristiken zahlreicher Musikerpersönlichkeiten enthalten, erfährt der Name Bruckner keine Erwähnung.

CHö

Lit. (Auswahl): Friedrich Blume in: MGG 5, Sp. 1482-1493; Dorothea Glatt, Zur geschichtlichen Bedeutung der Musikästhetik Eduard Hanslicks. München 1972; Siegfried Gruber, Das Musikfeuilleton im 19. Jahrhundert am Beispiel Eduard Hanslicks. Phil. Diss. Wien 1972; Werner Abegg, Musikästhetik und Musikkritik bei Eduard Hanslick. Regensburg 1974. – 1993 wurde mit einer historisch-kritischen Ausgabe sämtlicher Schriften Eduard Hanslicks begonnen, hrsg. und kommentiert von Dietmar Strauß. Wien-Köln-Weimar.

Harmonik

»Dieser Geist hätte die Musik geschaffen, wenn es noch keine gegeben hätte« – so beschloß Ernst → Kurth in seiner großen Monographie das Kapitel über Bruckners Harmonik. Sie ist geprägt von unterschiedlichsten Eindrücken: von Bruckners Studium der alten Partituren in → St. Florian, seinem Unterricht bei dem renommierten Musiktheoretiker Simon → Sechter bis hin zu → Schubert oder → Wagner. Den Einfluß älterer Meister zeigt die modale Harmonik etwa in der Motette *Os justi*: sie ist lydisch und hat einen mixolydischen Mittelteil. In der *Sechsten Symphonie* wird das Dur durch die erniedrigte 2., 6. und 7. Stufe der phrygischen Skala eingetrübt. Auch plötzliche Akkordrückungen oder stufenweise fortschreitende Harmonien erinnern an modale Vorbilder, z. B. bei Palestrina (etwa im 1. Satz der *Dritten Symphonie*, Fassung von 1878, T. 239-256), und die zahlreichen Sequenzen an die Musik des Barock. Auf Schubert verweisen kühne Modulationen, Terzrückungen, Enharmonik oder das »Mollecho«, bei dem eine Dur-Phrase bei abgeschwächter Dynamik in Moll wiederholt wird. »Weittonalität«, in der Bruckner sich (so → Auer) »frei in die entferntesten Tonarten bewegt, ohne das Ziel, die Tonika zu verlieren«, oder Chromatik und Enharmonik, besonders bei freier Metrik – wie etwa zu Beginn des Adagio der *Neunten Symphonie* –, zeigen den Einfluß von Wagner. Trotzdem wirkt Bruckners Musik nicht eklektizistisch: alle übernommenen Stilmittel werden zu einer höchst persönlichen Sprache verschmolzen.

Harmonische Neuerungen entstehen oft weniger durch Erfindung völlig neuen Materials als vielmehr durch überraschende Verwendung von Bekanntem, also durch Verfremdungseffekte. Sequenzen von Akkorden im Quintabstand sind ein traditionsreiches Modulationsmittel; in Bruckners Skizzen zum Finale der *Neunten* finden sich jedoch Sextakkordfolgen, deren Grundtöne im Abstand einer verminderten Quinte stehen: Es-Dur – A-Dur, Ges-Dur – C-Dur, A-Dur – Es-Dur, C-Dur – Fis-Dur usw. (Diese Passage, zunächst als Übergang zum Choral in der Exposition entworfen, hätte vielleicht später – analog zu den *Symphonien 4* bis *8* – als Beginn der Finale-Coda benutzt werden sollen, denn sie verwendet wie diese ein aus dem Hauptthema gewonnenes Motiv.) Gerade in Sequenzen können einzelne Klänge, die überraschend vom Erwarteten abweichen, besonders intensive Farbwirkungen hervorbringen; etwa beginnt im zweiten Hauptthema des 1. Satzes der *Neunten* die Sequenz der ersten Viertaktgruppe nicht mit dem erwarteten C-Dur, sondern mit a-Moll (T. 101). Im Finale der *Sechsten* ist nicht die Sequenz aus im Terzabstand verschobenen Quintfällen an sich ungewöhnlich, sondern vielmehr ihre Länge: sie moduliert über den gesamten Quintenzirkel von Gis-Dur nach es-Moll (T. 340-356). Sequenzrückungen, vor allem im Abstand von Terzen, benutzt Bruckner gern als Modulationsmittel. – Auch durch Kontrastierung unterschiedlichen Materials kommen neuartige Wirkungen zustande. So betont Bruckner die Leuchtkraft konsonanter Dreiklänge, indem er sie auf längere Passagen mit alterierten Klängen folgen läßt; in der Motette *Vexilla regis* tritt bei den Worten »Fulget crucis« eine Kadenz in H-Dur strahlend hervor, weil der Text innerhalb des phrygischen Modus zuvor rein modal gesetzt war.

Schon Kurth betonte, daß Bruckners Harmonik nicht ohne Einsicht in seine Formbildung verständlich sei. Grundsätzlich habe die Tonartenwahl eine formdynamische Funktion: In der »romantischen Harmonik« allgemein und besonders bei Bruckner seien Kreuztonarten gewöhnlich in Verbindung mit melodischem Anstieg oder Spannungssteigerung zu finden, während b-Tonarten eher mit sinkender Melodik und Spannungsverlust einhergingen. Chromatische Veränderungen dienten also oft als »formdynamisches Anzeichen« eines veränderten Spannungsverlaufs, und bis in Lage und melodische Funktion des Einzeltons hinein reiche die »formdynamische Bedingtheit der Harmonik«: Gewichtiges Ruhen kennzeichne die Fundamenttöne, eine Spannungszunahme signalisierten oft Terzen in der höchsten Stimme, denn sie hätten fast schon Leittoncharakter, während Akkorddissonanzen oder Vorhaltstöne (die nach unten aufzulösen sind) häufig einen Spannungsabfall herbeiführten. Andererseits könne eine zieldrängende Harmonie, etwa ein Dominantseptakkord, bei gleichzeitiger Abschattierung ins Pianissimo, wie ein atemschöpfender Neuansatz wirken und auf einen nahen Höhepunkt verweisen. Da melodische Höhepunkte oft in leuchtende Kreuztonarten führten, sei im 1. Satz der *Neunten Symphonie* (d-Moll) die harmonische Verdüsterung in den Ces-Dur-Klang (T. 21) auf dem Gipfel eines melodischen Anstiegs merkwürdig, solange man nur diese Steigerung für sich betrachte. Hier sei die Harmonie aber Abschluß eines größeren Anfangsteiles, also »ist die ganze subdominantische Dunkelwendung herrlicher Ausdruck der Gesamtdynamik; die Welle als Ganzes ist als Abebben empfunden, stünde sie mit ihrem zackigen Aufriß für sich oder in anderem Zusammenhang, so wäre die Tonartsverdüsterung unmotiviert«. So erkläre sich auch die dunkle Instrumentaltönung mit Hörnern in der Hauptstimme über tremolierenden Streichern in tiefer Lage. – Rückungen, die bei Bruckner (außer auf die Musik des 16. Jahrhunderts) auch auf die Registertechnik der → Orgel zurückgehen, dienen häufig ebenfalls der Formbildung. Die in der Harmonik des 19. Jahrhunderts überhaupt beliebten mediantischen Rückungen markieren häufig den Übergang zu einer neuen Themengruppe (etwa im Finale der *Sechsten Symphonie*, T. 63 ff.) oder dienen als Höhepunkte von Steigerungen – wie im 1. Satz der *Fünften*, in der auf einen Des-Dur-Akkord im Fortissimo eine weitere Steigerung »im grell aufleuchtenden A-Dur« folgt. Bisweilen erhöht Bruckner die Wirkung mediantischer Rückungen noch durch gleichzeitigen Tongeschlechtswechsel. – Terzenschichtungen von Akkorden können das Ende großer Steigerungen andeuten; z. B. im Finale der *Sechsten* über dem Orgelpunkt c (T. 359-370). Da derart reizvolle Ausdrucksmittel gleichermaßen zur Norm werden, kann die einfache Harmonik einer Kadenz besondere Formkraft gewinnen und einen nahenden Schluß andeuten. Selbst die »Atonalität«, die Kurth zu Beginn des 3. Satzes in der *Neunten* konstatierte, diene »der formalen Entwicklung; die ersten Takte sind, wenn man so sagen darf, vortonartlich«.

Auch zur Sprachvertonung setzt Bruckner harmonische Mittel ein. Kurth betont, daß Bruckner – wie auch andere Komponisten des 19. Jahrhunderts – sich die Hell-Dunkel-Wirkungen von Dur und Moll und Kreuz- und b-Tonarten zunutze mache. So wird im Graduale *Christus factus est* WAB 11 (1884) der Gehorsam Christi »bis zum Tod am Kreuz« in diatonischer Harmonik ausgedrückt, die sich vom anfänglichen d-Moll über dunkelstes f-Moll in tiefer Lage in das freundlichere Des-Dur bewegt; die Worte »et propter quod Deus exaltavit illum« (»und darum hat Gott ihn erhöht«) erklingen zunächst in Des-Dur, werden intensivierend im E-Dur-Bereich wiederholt und verharren auf einem Halbschluß in strahlendem H-Dur. Zugleich wird der Klangreiz durch Terzrückungen (z. B. bei »Deus«, T. 22) gesteigert. Laut Kurth entsprechen dem Christus- oder Erlösergedanken bei Bruckner »das Aufglühen plötzlicher Kreuztonarten (meist Fis- oder Cis-Dur) mit gleichzeitigem *pp*, oder majestätische Akzente von höchster Pracht und Klangfülle, aber mit Tonartseindüsterung (meist Ges- oder Des-Dur); gemeinsam ist also beiden das eigenartige Zusammenwirken harmonischer und äußerer Dynamik, oder genauer: der Widerspruch zwischen beiden als ein hochmystisches Element«. Auch Vorstellungen von Höhe und Tiefe können eine Rolle bei der Tonartenwahl spielen: in der Motette *Virga Jesse* steht die »Weittonalität« einer Modulation von Es-Dur nach E-Dur bei den Worten »in se reconcilians«: Gott versöhnt in sich Niedrigstes und Höchstes. Im »Alleluja« danach bleiben die Tonarten im Kreuztonartenbereich. Im Chorwerk *Helgoland* verdeutlicht ein stufenweiser Anstieg, durch harmonische Rückungen intensiviert, von D-Dur über Es-Dur und c-Moll nach E-Dur »die brünstige Bitte zum Himmel« (T. 73-78). Im *Ecce sacerdos* betont nach einem Quintklang (a-e) eine Rückung in einen f-Moll-Akkord die Wiederholung der Worte »ecce sacerdos«, und ähnliche intensivierende Wiederholungen heben ab T. 23 die Worte »Ideo jurejurando« hervor, wenn nacheinander E-Dur, c-Moll und G-Dur, es-Moll und B-Dur und weitere Terzrückungen erklingen. Im Credo der *Messe in f-Moll* stehen Terzrückungen (Cis-Dur – A-Dur – F-Dur) bei den Worten »ex Maria virgine – de spiritu sancto« (T. 131 ff.). Im selben Satz wird bei »et exspecto resurrectionem mortuorum« jedes Wort durch Kontraste betont: von einem – zuletzt gar terzlosen – Moll wendet sich die Harmonik bei »resurrectionem« zum strahlenden Dur im Fortissimo; jedoch fast noch eindrucksvoller scheint danach, bei »mortuorum«, ein chromatisches Fallen von c bis zum as im Unisono. Selbst das Verstummen der Harmonien ist bei Bruckner ausdrucksvolles Mittel seiner musikalischen Sprache. MAD

Lit.: Ernst Kurth, Romantische Harmonik und ihre Krise in Wagners »Tristan«. Bern-Leipzig 1920; ders., Bruckner. 2 Bde. Berlin 1925; Max Auer, Bruckner als Kirchenmusiker. Regensburg 1927; A. Bruckner, Vorlesungen über Harmonielehre und Kontrapunkt an der Universität Wien. Hrsg. Ernst Schwanzara. Wien 1950; Klaus Unger, Studien zur Harmonik A. Bruckners. Einwirkung und Umwandlung älterer Klangstrukturen. Mschr. Diss. Heidelberg 1969; Erwin Horn, A. Bruckner: Geistliche Motetten, in: Musica sacra 101 (1981) und 102 (1982); A. Bruckner (Musikkonzepte 23/24). Hrsg. Heinz-Klaus Metzger und Rainer Riehn. München 1982; Constantin Floros, Parallelen zwischen Schubert und Bruckner, in: Festschrift Othmar Wessely zum 60. Geburtstag. Tutzing 1982.

Hartel, Wilhelm Ritter von

Geb. 28. 5. 1839 in Hof, Mähren, gest. 14. 1. 1907 in Wien; Sohn eines Webermeisters und späteren städtischen Rechnungsführers, studierte 1859-1863 Klassische Philologie an der → Universität Wien, 1863 Lehramtsprüfung für Mittelschulen aus Latein und Griechisch, 1864 Dr. phil., 1866 Privatdozent für Klassische Philologie, 1869 a.o. Prof., 1872 o. Prof. an der Universität Wien. Im Studienjahr 1874/75 war er Dekan, 1890/91 Rektor. Seit 1891 bekleidete er auch das Amt eines Direktors der Hofbibliothek. 1896-1900 war er Sektionschef im Ministerium für Kultus und Unterricht, 1900-1905 Minister für Kultus und Unterricht, 1900-1907 Vizepräsident der Kaiserlichen Akademie der Wissenschaften. Die besonderen Verdienste Hartels liegen einerseits auf organisatorischem Gebiet (Anbahnung der internationalen Zusammenarbeit der Akademien, Erbauung der neuen Kliniken), andererseits in seinen berühmten Studien über Homer, Demosthenes und das attische Staatsrecht.

Hartel wohnte jahrelang wie Bruckner im Haus Wien I., Heßgasse 7 (→ Wohnungen). Im Studienjahr der Verleihung des → Ehrendoktorates an Bruckner war er Prodekan der Wiener Universität. Bruckner widmete ihm den Männerchor mit Tenorsolo *Träumen und Wachen*; außerdem ist ein Albumblatt Bruckners mit Widmung an Hartel, einem Photo und einigen Takten aus dem *Psalm 150* erhalten. EM

Lit.: Göll.-A. 4/3, passim; ÖBL.

Hausegger, Familie

1) Friedrich von Hausegger, geb. 26. 4. 1839 in St. Andrä im Lavanttal, Kärnten, gest. 23. 2. 1899 in Graz; Jurist und Musikschriftsteller. Nach seiner Habilitation als Privatdozent für Geschichte und Theorie der Musik an der Universität Graz (1872) setzte er sich vor allem mit den damals heftig diskutierten musikästhetischen Positionen »Formalästhetik« versus »Ausdrucksästhetik« auseinander (»Die Musik als Ausdruck«, 1885). Als Musikkritiker an der »Grazer Zeitung« sowie ständiger Mitarbeiter des Steiermärkischen Musikvereins und des Grazer Richard Wagner-Vereines trat er vor allem für die Werke → Wagners ein. Sein Haus war ein Mittelpunkt des Grazer Musik- und Geisteslebens.

Bruckner lernte Hausegger anläßlich der Aufführung der *Siebenten Symphonie* am 14. 3. 1886 in → Graz persönlich kennen. Zu engeren Beziehungen ist es nicht gekommen. Hausegger äußerte sich erst seit 1895 über Bruckners Werke, die ihn zunächst »irritiert« hatten, deren Komponisten er jedoch als »bedeutendsten Symphoniker« der Zeit bezeichnete.

2) Siegmund von Hausegger, geb. 16. 8. 1872 in Graz, gest. 10. 10. 1948 in München, Sohn von 1), war nach Musik- und Universitätsstudien seit 1899 als Dirigent in → München (Debüt mit der *Achten Symphonie*), später in Frankfurt, → Hamburg, → Berlin und seit 1920 als Direktor der Akademie der Tonkunst in München tätig. Ehrenmitglied der → Internationalen Bruckner-Gesellschaft; 1929 Gründung einer Ortsgruppe unter seiner Führung in München. Als Komponist war er ein Vertreter der → Neudeutschen Schule (Opern, Orchesterwerke, Lieder und Chöre). Herausgeber der Aufsatzsammlung seines Vaters »Gedanken eines Schauenden« (München 1903).

Als Dirigent und Pädagoge setzte er sich vor allem für die Werke → Beethovens, → Liszts und Bruckners ein. Bahnbrechend wirkte er für die Durchsetzung der Brucknerschen Originalfassungen (→ Fassungen), indem er am 2. 4. 1932 in München mit der *Neunten Symphonie* erstmals eine solche zur Diskussion stellte. Am 27. und 28. 10. 1935 leitete er dort die Uraufführung der Originalfassung der *Fünften*. AH

Lit.: Paul Ehlers, S. von Hausegger als Bruckner-Dirigent, in: Zeitschrift für Musik 99 (1932); Göll.-A. 4/2, S. 423, 4/4, passim; Rudolf Flotzinger, Bruckner – Hausegger – Wagner, in: Bruckner-Symposion 1984; Rolf Agop, S. von Hausegger (1872-1948). Erinnerungen eines 36 Jahre jüngeren Schülers, in: Bruckner-Jahrbuch 1989/90; Christa Brüstle, S. von Hausegger – A Bruckner Authority from the 1930s, in: Bruckner Conference Manchester 1996.

Haydn, Johann Michael

Geb. 14. 9. 1737 in Rohrau, Niederösterreich, gest. 10. 8. 1806 in Salzburg. Konzertmeister, Hof- und Domorganist in Salzburg und Lehrer am Kapellhaus. Studien bei Georg Reutter d. J. am Kapellhaus von St. Stephan in Wien, mit 20 Jahren Kapellmeister des Bischofs von Großwardein. 1763 Verpflichtung an den Salzburger Hof, wo Haydn neben bzw. nach W. A. → Mozart eine vielseitige Tätigkeit als Künstler, Komponist und Lehrer entwickelte. Bereits für seine Zeitgenossen galt er als der »vielleicht größte Tonsetzer« auf dem Gebiet der Kirchenmusik. Seine Werke fanden durch Abschriften, im 19. Jahrhundert auch im Druck durch Haydns Schüler Anton Diabelli weite Verbreitung.
Bruckner kannte Werke von Michael Haydn seit dem Unterricht bei Johann Baptist → Weiß und konnte diese Kenntnis 1837-1840 in → St. Florian intensivieren. Von Haydns Meßkomposition »Hier liegt vor deiner Majestät«, die seit 1800 in Fassungen für vier Singstimmen und Orgel bzw. für Streicher- oder Harmoniemusik-Begleitung im Druck vorlag, legte er für seinen Linzer Schulkollegen Johann Ditlbacher eine Abschrift an. Bruckners frühe kirchenmusikalische Werke, vor allem *Pange lingua* WAB 31, *Libera me* WAB 21, *Choralmesse für den Gründonnerstag* (*Christus factus est* WAB 9), *4 Tantum ergo* WAB 41, (Windhaager) *Messe in C-Dur* bis zum *Requiem d-Moll* von 1849, lassen in Typus und → Harmonik, Besetzung und Satzanlage Haydns Vorbild erkennen. – Beim Hauptthema der *Zweiten Symphonie* erkennen Göllerich-Auer eine Verwandtschaft mit österreichischen Militärsignalen, die von Michael Haydn stammen sollen. GW

Lit.: Anonym [P. Werigand Rettensteiner, Georg Johann Schinn und Franz Joseph Otter], Biographische Skizze von M. Haydn. Salzburg 1808; Göll.-A. 4/1, S. 674 f.; Hans Jancik, M. Haydn, ein vergessener Meister. Zürich 1952; B. S. Johnson, The Liturgical Music of M. Haydn, Schubert, Liszt and Bruckner, in: Church Music 2 (1973); Gerhard Croll – Kurt Vössing, J. M. Haydn. Sein Leben – sein Schaffen – seine Zeit. Wien 1987; Bruckner-Symposion 1988; Charles Henry Sherman – T. Donley Thomas, J. M. Haydn. A Chronological Thematic Catalogue of His Works. Stuyvesant, NY 1993; Erich W. Partsch, Ein unbekanntes Bruckner-Autograph in oberösterreichischem Privatbesitz, in: Bruckner-Jahrbuch 1991/92/93.

»Heil Dir zum schönen Erstlingsfeste« (WAB 61c)

Kantate für gemischten Chor (Sopran, Alt, 2 Tenöre, 2 Bässe) mit 3 Hr., 2 Trp. und B.-Pos. in D-Dur (Chor, »Bewegt«; Quartett, »Mit Gefühl«; Chor, »Bewegt«; Quartett, »Andante«; 2. Chor da capo; 2. Quartett da capo; Schlußchor)
Text: P. Beda Piringer (→ Textdichter)
EZ: vor September 1870, Neutextierung (Umarbeitung von WAB 61a, b [1852, 1857])
W: (»Cantate zur Primizfeier« in → Kremsmünster ?)
UA: Kremsmünster ?
Autograph: verschollen; Abschriften: Kremsmünster (→ Kopisten Franz Jari, Maximilian → Kerschbaum u. a.) und ÖNB-MS (Klavierauszug, P. Altman Kellner)
NGA: vgl. Band XXII/1 (Franz Burkhart, Rudolf H. Führer, Leopold → Nowak, 1987) Nr. 3a und 3b

Diese ursprünglich zum Namenstag von Prälat → Arneth 1852 in → St. Florian mit dem Text *»Heil, Vater! Dir zum hohen Feste«* verfaßte, 1857 als *»Auf, Brüder, auf zur frohen Feier«* zum Namenstag Prälat → Mayers neutextierte und leicht geänderte → Kantate wurde vor 1870 wiederum mit neuem Text versehen. Es ist unbekannt, ob Bruckner bei dieser Version – siebenteilig wie die erste – mitbeteiligt war. – Weitere Angaben siehe beim ursprünglichen Titel. AH

Lit.: Hawkshaw, The Manuscript Sources, S. 260 ff.

»Heil, Vater! Dir zum hohen Feste« (WAB 61b, recte a)

Kantate für gemischten Chor (Sopran, Alt, 2 Tenöre, 2 Bässe) mit 3 Hr., 2 Trp. und B.-Pos. in D-Dur (Chor, »Bewegt«; Quartett, »Mit Gefühl«; Chor, »Bewegt«; Quartett, »Mit Gefühl«; 2. Chor da capo; Quartett, »Andante«; Schlußchor, »Nicht zu geschwind«)
Text: Ernst → Marinelli
EZ: 27. 9. 1852 in → St. Florian vollendet
W: Prälat Michael → Arneth
UA: 28. oder 29. 9. 1852 in St. Florian
Autograph: Stift St. Florian (früher Karl → Aigner)
ED (Faksimile): Göll.-A. 2/1, S. 116-128
NGA: Band XXII/1 (Franz Burkhart, Rudolf H. Führer, Leopold → Nowak, 1987) Nr. 3a

Zum Namenstag seines Gönners Arneth (29. 9.) schrieb Bruckner diese → Kantate, die 1857, von Marinelli selbst in *»Auf, Brüder! auf zur frohen Feier«* umtextiert, leicht geändert zum Namensfest des Arneth-Nachfolgers → Mayer aufgeführt wurde. Eine dritte Textvariante *»Heil Dir zum schönen Erstlingsfeste«* entstand für eine Primizfeier, vielleicht im Stift → Kremsmünster. Diese erste Version ist siebenteilig: Es wechseln sechsstimmiger gemischter Chor mit Bläsern und »Männer-Quartett« a cappella einmal mehr einander ab als in der zweiten Version. Bis auf ein eintaktiges Hornterzett zu Beginn des zweiten Teiles des 1. Chores, das im Gloria der *Messe in e-Moll* wiederbegegnet, sind für → Göllerich kaum Brucknersche Züge zu bemerken. Dem Männer-Quartett in »altväterischer Haltung« folgt ein fast nur aus Dreiklangsfanfaren bestehender 2. Chorsatz. An ein harmonisch bemerkenswerteres Quartett schließen Wiederholungen vorangegangener Teile (das Quartett mit neuem Text). Das Werk endet mit einem fanfarenfreudigen Schlußchor, der auch das Hornmotiv wieder aufnimmt. Von Franz X. Müller (→ Textdichter) wiederaufgefunden, wurde es am 11. 10. 1921 in St. Florian neuerlich aufgeführt. AH

Lit.: Göll.-A. 2/1, S. 112-130; Franz Müller, Bruckner-Neuland, in: Linzer Volksblatt 25. 9. 1921; Hawkshaw, The Manuscript Sources, S. 260 ff.

Helgoland (WAB 71) »Hoch auf der Nordsee, am fernesten Land«

Chorballade für vierstimmigen Männerchor und großes Orchester (2 Fl., 2 Ob., 2 Klar., 2 Fg.; 4 Hr., 3 Trp., 3 Pos., Kb.-Tuba, Pk., Becken; Str.) in g-Moll, »Kräftig, nicht schnell«
Text: August → Silberstein
EZ: April bis 7. 8. 1893
W: »Dem Wiener-Männer-Gesang-Verein zur Feier seines 50jährigen Bestandes gewidmet«
UA: 8. 10. 1893 in → Wien (Winterreitschule; → Wiener Männergesang-Verein, → Wiener Philharmoniker, Eduard → Kremser)
Autograph: ÖNB-MS
ED: Wien, Doblinger 1899 (Partitur); Klavierauszug von Cyrill → Hynais (1893)
NGA: Band XXII/2 (Leopold → Nowak, 1987)

Während der Arbeit an seiner *Neunten Symphonie* schrieb Bruckner für die Feiern zum 50jährigen Bestehen des Wiener Männergesang-Vereins diese Chorballade. Der stark deutsch-nationalistisch gefärbte Text von Silberstein, der dem Gedichtband »Mein Herz in Liedern« entnommen ist, erzählt von der Vernichtung einer die deutsche Insel Helgoland bedrohenden Römerflotte, deren Trümmer von den siegreichen Germanen im Triumph erbeutet werden.
Die Komposition – erste Skizzen am 20. 4. 1893 – folgt weitgehend der Strophengliederung der Textvorlage. Die innere Anlage des Gedichts verknüpfte Bruckner mit der Idee der Sonate: dreiteilige Form mit abschließender Coda. Der erste Teil schildert das Herannahen der Feinde und die Ankündigung des Gebets (Exposition mit lyrischem Abschnitt), der zweite Teil die Anrufung Gottes und »Allvaters« (eingeschobener langsamer Satz), und der dritte Teil enthält den Bericht über Sturm und Untergang sowie über den Triumph der Inselbewohner (Reprise mit Durchführungselementen). Die Coda schließt mit einem Hymnus. Die Orchestereinleitung versetzt bereits in die Gewitter- und Schicksalsstimmung des dichterischen Vorwurfs. – Das Originalmanuskript vermachte Bruckner der Hofbibliothek (heute → Österreichische Nationalbibliothek).
Der Wiener Männergesang-Verein setzte sich auch weiterhin für dieses Werk ein. 1896 erklang es erstmals in → Berlin (Berliner Liedertafel). Aus den Jahren 1980 und 1993 liegen auch Plattenaufnahmen vor. AH

Lit.: Göll.-A. 4/3, S. 330-334; Ernst Kurth, Bruckner 2. Berlin 1925, S. 1303 ff.; Johannes-Leopold Mayer, Die Zwielichtigkeit des Erfolges. A. Bruckners Helgoland im historischen Umfeld des Wiener Männerchorwesens, in: Bruckner-Jahrbuch 1980; Wolfgang Grandjean, A. Bruckners »Helgoland« und das Symphonische, in: Die Musikforschung 48 (1995).

Heller, Richard

Geb. 4. 1. 1862 in Wien, gest. 26. 10. 1934 in Salzburg; einer der Wiener → Ärzte Bruckners. Heller studierte in Wien (Promotion 1893). Später war er Sanitätsrat in → Salzburg und u. a. Arzt von Richard → Wagners Freundin Mathilde Wesendonk in Gmunden.
Er war unter Leitung von Leopold → Schrötter von Kristelli behandelnder Arzt Bruckners vom Dezember 1894 bis zu dessen Tod (→ Krankheiten und Tod) und hat → Göllerich und → Auer zahlreiche Erinnerungsberichte und Briefe aus dieser Zeit zur Verfügung gestellt. Darunter ist auch Bruckners Aussage, die *Neunte Symphonie* »dem lieben Gott« widmen zu wollen. Heller, der selbst Klavier und Harmonium spielte, sollte – da er keine Honorare verlangte – von seinem Patienten dessen Harmonium (→ Instrumente Bruckners) geschenkt bekommen, das aber

Richard Heller (links) mit Katharina Kachelmaier, Anton und Ignaz Bruckner sowie Prof. Leopold Schrötter vor Bruckners Wohnung im Belvedere (IKO 83 a, Ausschnitt)

schließlich Schrötter erhielt. Ein für Heller komponierter Choral Bruckners war im → Nachlaß nicht mehr aufzufinden (→ Kompositionsprojekte).

Später geriet Heller mit Schrötter in Konflikt, als dessen Sohn Dr. Hermann von Schrötter eine medizinische Arbeit von Heller und Dr. Wilhelm Mager, an der er mitgewirkt hatte, allein unter seinem Namen veröffentlichte. Dieses Plagiat wurde von einem Ehrenrat der → Universität Wien als unehrenhafte Handlung verurteilt, und auch ein öffentliches Gericht entschied zugunsten Hellers. Dieser Vorfall wurde in vielen Wiener Blättern, sogar von Karl Kraus in seiner Zeitschrift »Die Fackel«, gründlich besprochen. Der Streit führte u. a. dazu, daß auf einer Photographie, die Bruckner zusammen mit Schrötter sen., Bruder Ignaz → Bruckner, Haushälterin Katharina → Kachelmaier und (vermutlich, da verdeckt) deren Tochter Ludovika vor der Tür seiner letzten Wohnung im »Kustodenstöckl« des Wiener Schlosses Belvedere zeigt, auf Veranlassung von Schrötter sen. die Figur Hellers wegretuschiert werden mußte (es ist allerdings auch die »unbearbeitete« Version erhalten; Bruckner-Ikonographie Nr. 83 a und b). – Wahrscheinlich auf Wunsch Auers verfaßte Heller 1931 (!) eine Krankengeschichte Bruckners, in der er als Diagnose eine »chronische Herzmuskelerkrankung mit Wasseransammlungen, Stauungsleber und Herzerweiterung« angibt (→ Krankheiten und Tod Bruckners). MS/UH

Lit.: Göll.-A. 4/3, passim; Anton Neumayr, Musik & Medizin 2: Am Beispiel der deutschen Romantik. Wien 1989, S. 336; handschriftliche Krankengeschichte Bruckners von R. Heller (Institut für Geschichte der Medizin der Universität Wien).

Hellmesberger, Joseph d. Ä.

Geb. 3. 11. 1812 und gest. 24. 10. 1893 in Wien; Geiger und Direktor des Konservatoriums der → Gesellschaft der Musikfreunde in Wien. Sproß einer berühmten Wiener Geiger-Dynastie; Mitglied des Hofopernorchesters, der → Hofmusikkapelle und der → Wiener Philharmoniker. 1848-1859, 1870/71 und 1877/78 Konzertdirektor (Artistischer Direktor) der Gesellschaft der Musikfreunde in Wien, 1851-1877 Professor für Violine an deren Konservatorium, dessen Leitung er 1851-1893 innehatte. Seit 1876 k.k. Vizehofkapellmeister. Als Komponist erlangte er keine bleibende Bedeutung.

Hellmesberger war einerseits Kollege Bruckners (als Violinist der Hofmusikkapelle), andererseits dessen Vorgesetzter (als Vizehofkapellmeister und vor allem als Direktor des Konservatoriums). Bedeutung hatte er für Bruckner auch als (immer nur mit Unterbrechungen tätiger) Konzertmeister des Orchesters der Gesellschaft der Musikfreunde und als Konzertmeister der Wiener Philharmoniker. Sein Verhältnis zu Bruckner war aus einer Kombination von Respekt und Verständnislosigkeit bestimmt.

Das von ihm 1849 gegründete Hellmesberger-Quartett bestand – mit einigen Wechseln bei den Mitgliedern – bis 1903; in dessen Leitung folgte Joseph Hellmesberger d. J. (geb. 9. 4. 1855 und gest. 26. 4. 1907 in Wien) dem Vater nach,

Joseph Hellmesberger d. Ä.

ebenso (seit 1878) als Violin-Professor am Konservatorium. Hellmesberger d. J., der bei der ersten Aufführung des kompletten *Streichquintetts* im Rahmen der vom Hellmesberger-Quartett veranstalteten Kammermusikabende am 8. 1. 1885 die Sekundgeige spielte, war auch Kollege Bruckners: 1874 trat er in die Hofmusikkapelle ein, 1879 wurde er zu ihrem wirklichen Mitglied, 1900 zum Vizehofkapellmeister und 1901 zum Hofkapellmeister ernannt. OB

Lit.: Richard von Perger – Robert Hirschfeld, Geschichte der K.k. Gesellschaft der Musikfreunde in Wien. Wien 1912; Robert Maria Prosl, Die Hellmesberger. Wien 1947; Theophil Antonicek, Die Stände der Wiener Hofmusik-Kapelle von 1867 bis zum Ende der Monarchie, in: Studien zur Musikwissenschaft 29 (1978).

Helm, Theodor

Geb. 9. 4. 1843 und gest. 23. 12. 1920 in Wien. Musikschriftsteller, Kritiker und Pädagoge. 1861-1865 Jus-Studium mit Abschluß des Absolutoriums, 1865-1867 Staatsdienst. 1867 Beginn der Kritiker-Laufbahn; wichtigste Zeitungen: »Neues Fremdenblatt«, »Die Tonhalle«, »Pester Lloyd« (bei den zwei letztgenannten auf Vermittlung Eduard → Hanslicks), »Musikalisches Wochenblatt« in Leipzig (1907 von der »Neuen Zeitschrift für Musik« übernommen), »Deutsche Zeitung«, »Wiener Salonblatt«. 1870 (laut eigener Angabe) Promotion zum Dr. phil. Helm redigierte 1875-1901 »Fromme's Kalender für die Musikalische Welt«. Seit 1872/73 war er Dozent für Musikästhetik, 1874 für Musikgeschichte an den Horakschen Musikschulen in Wien, 1893/94 Direktions-Beirat. Er veröffentlichte auch mehrere musikhistorische Arbeiten. Die Kritiken zeigen seine große Sorgfalt (Partiturstudium) und Fachkenntnis in musikgeschichtlicher und analytischer Hinsicht.

Anläßlich der Uraufführung der *Zweiten* (26. 10. 1873) und der *Dritten Symphonie* (16. 12. 1877) äußerte sich Helm ablehnend und bezeichnete die *Zweite* als »Pausensymphonie«. Bis 1883 waren seine Kritiken Brucknerscher Werke negativ bis reserviert, jedoch zollte er ihrer Neuartigkeit objektiv Anerkennung (→ Harmonik, → Melodik), speziell bei den Symphonien. August → Göllerich soll 1883 bei privaten Aufführungen von Teilen aus Bruckners Symphonien in vierhändigen Klavier-Arrangements – und mit Erläuterungen – Helm für Bruckner gewonnen haben. Seit 1883/84 engagierte sich denn auch Helm immer stärker für Bruckner, wenn er auch weiter auf die seiner Meinung nach festzustellenden Schwächen der Kompositionen (Formlosigkeit) hinwies. Helm, der die Werke → Brahms' ebenso bewunderte und junge Komponisten (z. B. Hugo → Wolf) förderte, verfaßte für verschiedene Zeitungen (z. B. »Neue musikalische Presse«) auch analytische Artikel über Bruckners Werke und übernahm 1895 die Redaktion der Bruckner-Festnummer der »Österreichischen Musik- und Theater-Zeitung«.

Außerdem stand Bruckner mit Helm und dessen Familie seit Mitte der achtziger Jahre auch in persönlichem Kontakt. Er fand in Helm intensive publizistische Unterstützung bei der Verbreitung seiner Werke, wie aus Briefen Bruckners an Helm hervorgeht und in der Biographie von Göllerich und Auer auch gewürdigt wurde. 1902-1904 hielt Helm im Kleinen Festsaal der → Universität Wien erläuternde Vorträge zu zyklischen Aufführungen von Bruckners Symphonien, die in einem vierhändigen Klavier-Arrangement von seiner Tochter Mathilde Helm (1872-1945) und Hans Wagner-Schönkirch (1872-1940) gespielt wurden. Helms Sohn Theodor (1875-1963) verfaßte 1891 (16jährig) einen vierhändigen Klavierauszug von Bruckners *Erster Symphonie* und betätigte sich auch als Musikschriftsteller. MK

Werke (Auswahl): Beethoven als Techniker, in: Jahresbericht der Eduard Horakschen Musikschule in Wien 1873/74; Beethovens Streichquartette. Versuch einer technischen Analyse dieser Werke im Zusammenhange mit ihrem geistigen Gehalt. Leipzig 1885, 2. Aufl. 1910, 3. Aufl. 1921; Erläuterung der siebenten Symphonie Beethovens, in: Meisterführer 1. Berlin 1906. – Theodor Helm jun., A. Bruckner: Neunte Symphonie, in: Neue Musikzeitung 29 (1908); ders., Einige Vorschläge für Dirigenten von Bruckner-Symphonien, in: Der Merker 10 (1919).

Lit.: Göll.-A. 3/1, 4/1-3, passim; Wilhelm Pfannkuch in: MGG 6, Sp. 1 ff.; Theodor Helm, »50 Jahre Wiener Musikleben«. Erinnerungen eines Musikkritikers. Hrsg. Max Schönherr. Wien 1977.

Herbeck, Johann (Ritter von)

Geb. 25. 12. 1831 und gest. 28. 10. 1877 in Wien; seit 5. 2. 1874 »Ritter von«. 1852/53 Chorregent an der Wiener → Piaristenkirche, 1856-1866 Chormeister des → Wiener Männergesang-Vereins, 1859-1870 und 1875-1877 Konzertdirektor (Artistischer Direktor) der → Gesellschaft der Musikfreunde in Wien, 1863 Vizehofkapellmeister, 1866 erster Hofkapellmeister, 1870-1875 Direktor der Wiener Hofoper. Als Komponist gehörte er der konservativ-romantischen Richtung seiner Zeit an (Kirchenwerke, Chöre, 4 Symphonien).

»Von dort her ließ mich Herbeck nicht mehr aus

Johann Herbeck

den Augen!«, meinte Bruckner selbst im Hinblick auf die am 19. und 21. 11. 1861 unter Herbecks Vorsitz abgenommene Prüfung am Konservatorium der Gesellschaft der Musikfreunde. Am 10. 2. 1867 brachte Herbeck mit der Wiener → Hofmusikkapelle Bruckners *Messe in d-Moll* in der → Hofburgkapelle zur Aufführung: die erste nachweisbare Aufführung eines Werkes von Bruckner in → Wien. 1868 betrieb Herbeck Bruckners Berufung als k.k. Hoforganist und Professor für Orgelspiel und für Harmonielehre und Kontrapunkt am Konservatorium der Gesellschaft. Am 20. 2. 1876 ermöglichte er Bruckner die Leitung der Uraufführung der (über seine Anregung entstandenen) zweiten Fassung der *Zweiten Symphonie* in einem Gesellschaftskonzert – die erste Aufführung eines Werkes von Bruckner in diesem von hohem gesellschaftlichen und künstlerischen Ansehen geprägten Konzertzyklus. Herbecks wohlwollende Förderung und Unterstützung ist darüber hinaus immer wieder in Details des Lebenslaufes oder des Alltags von Bruckner erkennbar.
Ludwig Herbecks 1885 in Wien erschienene Biographie seines Vaters (Johann Herbeck. Ein Lebensbild) hat in einigen Belangen Quellenwert für die Bruckner- → Forschung. OB

Lit.: Karl Pfannhauser, Einführung und Quellennachweis, in: J. Ritter v. Herbeck, Redemptor nobis natus est. Pueri concinite. Wien 1949; ders., Aus Herbecks Leben, Wirken, Umwelt und Schriftenmappe, in: Festschrift 125 Jahre Wiener Männergesang-Verein. Wien 1968; Julius Braun, J. Ritter v. Herbeck und das Wiener Hofoperntheater. Tutzing 1976.

Herbstkummer (WAB 72) »Die Blumen vergehen, der Sommer ist hin«
Lied für Singstimme (Tenor) und Klavier in e-Moll, »Mäßig bewegt«
Text: Ernst (?)
EZ: um 1868 in → Linz
UA: ?
Autograph: verschollen; Abschriften: Archiv der Stadt Linz und ÖNB-MS
ED: Göll.-A. 3/2, S. 151-157 (1930)
NGA: Band XXIII/1 (in Vorbereitung)

Dieses romantisch geprägte Lied ist nur in Abschriften überliefert. Die »charakteristische« Grundstimmung wird im Klavierpart durch Triolenfiguren erzeugt; chromatische Fortschreitungen, Fermaten und Pausen, ja auch der Kontrast E-Dur/e-Moll am Schluß verraten den Versuch einer gefühlsbetonten Textvertonung. EWP

Lit.: Göll.-A. 3/1, S. 515.

Herbstlied (WAB 73) »Durch die Wälder streif' ich munter«
Vierstimmiger Männerchor mit 2 Sopran-Soli und Klavier in fis-Moll, »Frisch und munter«
Text: Friedrich von Sallet (→ Textdichter)
EZ: am 19. 3. 1864 in → Linz vollendet
W: Josef Hafferl
UA: 24. 11. 1864 in Linz (Redoutensaal; → Liedertafel »Frohsinn«, Marie Schimatschek und Anna Bergmann, Bruckner)
Autograph: verschollen; Abschrift (Linzer Singakademie, Frohsinn-Archiv)
ED: Wien, Universal-Edition 1911 (Viktor Keldorfer)
NGA: Band XXIII/2 (in Vorbereitung)

Der zweistrophige, harmonisch schlichte Chor in einer bei Bruckner sonst nicht vorkommenden Grundtonart wird als »treffliches Stimmungsbild herbstlicher Naturromatik« (Göll.-A.) bezeichnet, das an die Vorbilder von → Schumann und → Mendelssohn anschließe. Nach 16 Takten Choreinleitung setzen – den Gesang der Nachtigallen naturmalerisch unterstreichend – die

Solostimmen ein, denen sich der Chor begleitend unterordnet. Für Max → Auer zählt dieser Chor zu den besten Chorwerken der damaligen Zeit, der – von Karl → Kerschbaum sen. wiederentdeckt – seit 1904 mehrmals aufgeführt wurde. AH

Lit.: Göll.-A. 3/1, S. 306 ff.; Ernst Kurth, Bruckner 2. Berlin 1935, S. 1308; Othmar Wessely, Bruckners Mendelssohn-Kenntnis, in: Bruckner-Studien 1975, S. 84; Hawkshaw, The Manuscript Sources, S. 277.

Herbstseufzer (zu WAB 123)

Skizze zum 1863 in → Linz entstandenen Charakterstück für Klavier zu zwei Händen in fis-Moll *Stille Betrachtung an einem Herbstabende* (siehe dort; Autograph: ÖNB-MS).

Hermeneutik

Lehre vom Verstehen aller menschlichen Lebensäußerungen, wozu auch die Musik gehört. Die hermeneutische Kardinalfrage bei Bruckner lautet, ob sein Œuvre als »absolute Musik« verstanden werden muß oder ob es eine tiefere geistige (womöglich: autobiographische) Dimension besitzt, die es zu eruieren gilt. Die Beantwortung dieser Frage hängt aufs engste von der Position ab, die man zu der gleichfalls wichtigen Frage nach dem Verhältnis von Persönlichkeit und Werk bezieht. Die Meinungen darüber gehen auseinander. Während für manche Interpreten der Künstler Bruckner untrennbar mit dem Menschen verknüpft ist, empfinden andere geradezu eine krasse Diskrepanz zwischen seiner merkwürdig anmutenden Persönlichkeit und der Großartigkeit seiner Musik. Der Anthroposoph Erich Schwebsch trat 1921 als erster entschieden für die These ein, daß Bruckner ein Vertreter der »kosmischen Musik« sei, und daß man für die Interpretation seiner Musik die »äußere Biographie« des Komponisten gar nicht brauche. Damit ebnete er den Boden für Oskar Lang (1924) und Fritz → Grüninger (1930), die Bruckner als großen Metaphysiker interpretierten, und auch für Ernst → Kurth (1925), der ihn zum Mystiker stilisierte.

Diese apodiktischen Meinungen gehen an der Tatsache vorbei, daß das 19. Jahrhundert – insgesamt betrachtet – anthropozentrisch und nicht kosmozentrisch orientiert war. Im Mittelpunkt des Denkens und der Kunsttheorie der Zeit stand nicht der Kosmos, sondern der Mensch. Auch die Musik dieses bewegten Zeitalters ist »menschliche Musik« im emphatischen Sinne. Das Subjektive und Bekenntnishafte ist aus ihr nicht wegzudenken. Auch das Schaffen Bruckners bildet da keine Ausnahme. Wie jüngere Untersuchungen ergeben haben, verzichtet seine Musik keineswegs auf autobiographische Momente. So haben die → Zitate aus den beiden großen Orchestermessen im Andante und im Finale der *Zweiten*, im Kopfsatz der *Dritten* und im Adagio der *Neunten Symphonie* eine autobiographische oder eine religiöse Konnotation.

Überaus relevant für die Interpretation seiner Musik sind Bruckners authentische hermeneutische Äußerungen zu einigen seiner Symphonien (zur *Dritten*, *Vierten*, *Achten* und zur *Neunten*). Zwar sind sie sprachlich meist unbeholfen, und ebensowenig konstituieren sie ein »Programm« im Sinne einer streng logisch fortschreitenden Handlung. Sie beweisen indes eindrucksvoll, daß er beim Komponieren oft von persönlichen Erlebnissen und bildhaften Vorstellungen ausging. CF

Lit.: Hans-Georg Gadamer, Wahrheit und Methode. Grundzüge einer philosophischen Hermeneutik. 2. Aufl. Tübingen 1965; Constantin Floros, Brahms und Bruckner. Studien zur musikalischen Exegetik. Wiesbaden 1980; ders., Zur Deutung der Symphonik Bruckners. Das Adagio der Neunten Symphonie, in: Bruckner-Jahrbuch 1981; ders., Die Zitate in Bruckners Symphonik, in: Bruckner-Jahrbuch 1982/83; ders., Zur Einheit von Persönlichkeit und Werk, in: Bruckner-Symposion 1992.

Herzeleid (WAB deest) »Die Menschenbrust ist freudlos und verlassen«

Lied für Singstimme und Klavier in e-Moll, Kompositionsübung
EZ: zwischen Weihnachten und Neujahr 1861/62 in → Linz
Autograph: → Kitzler-Studienbuch S. 20
Bruckner vermerkte u. a. offenbar als Aufgabenstellung: »ganz frei«.

Lit.: Hawkshaw, The Manuscript Sources.

Herz Jesu-Lied (WAB 144) »Aus allen Herzen eines«

Vierstimmiger gemischter Chor mit Orgel in B-Dur, »Andante«
Text: vielleicht Ernst → Marinelli
EZ: um 1845/46 (?) in → St. Florian
Autograph: St. Florian (Partitur; Stimmen nur in Abschrift)
ED: Göll.-A. 2/2, S. 11 f. (1928)
NGA: Band XXI (Hans Bauernfeind und Leopold → Nowak, 1984) und Revisionsbericht

Die Autorschaft Bruckners steht bei diesem Lied nicht fest. Zwar ist die Partitur autograph überliefert, doch hat Bruckner sie nicht signiert. Dies allein wäre zwar kein Grund, einen anderen Autor zu vermuten, doch legt der sehr volkstümliche, etwas »rührselige« Stil (Nowak) – Oberstimmenführung in parallelen Sexten, Vorhalte, Chromatik – die Vermutung nahe, daß Bruckner hier ein schon vorgefundenes Lied lediglich niedergeschrieben hat. Göllerich-Auer neigen jedoch, obwohl sie die Partitur nicht als Autograph identifiziert haben, zur Ansicht, die »kindlich vertrauten Klänge« des Liedes seien anläßlich der Rückkehr Bruckners nach St. Florian entstanden. EM

Lit.: Göll.-A. 2/1, S. 28 f.

Heuberger, Richard

Geb. 18. 6. 1850 in Graz, gest. 28. 10. 1914 in Wien. Komponist, Musikschriftsteller, Dirigent. Studium an der Technischen Hochschule in Graz (Staatsprüfung 1875, Bahn-Ingenieur), musikalische Studien bei Wilhelm Mayer (Pseud. W. A. Rémy); seit 1876 in → Wien lebend. Zunächst Chormeister des → Wiener Akademischen Gesangvereins, seit 1878 der Wiener Singakademie, seit 1902 2. Chormeister des → Wiener Männergesang-Vereins. Gefürchteter Musikkritiker u. a. beim »Wiener Tagblatt« (seit 1881) und bei der »Neuen Freien Presse« (seit 1895, als Mitarbeiter Eduard → Hanslicks). 1903 Professor für dramatische Komposition am Konservatorium der → Gesellschaft der Musikfreunde in Wien, seit 1909 Lehrer für sämtliche theoretischen Fächer und Partiturspiel an der k.k. Musikakademie. Ausschußmitglied des Wiener Tonkünstler-Vereines (1894-1903). Als Bühnenkomponist war er anfangs stark von Richard → Wagner beeinflußt, als Symphoniker, Lied-, Kammermusik- und Chorkomponist im Fahrwasser seines Freundes Johannes → Brahms, in dessen Bekanntenkreis er viel verkehrte. Seine Bemühungen um die Schaffung einer heiteren deutschsprachigen »Konversationsoper« führten zu seinem populärsten Bühnenwerk, der Operette »Der Opernball« (1898).
Heuberger sah sich in der Auseinandersetzung zwischen »Wagnerianern« und dem Brahms-Kreis als Vermittler mit dem größten Verständnis für beide Seiten. Er verehrte Anton Bruckner als Mensch und großen Kirchenmusiker, zu Bruckners symphonischem Werk und dessen Architektur hatte er wenig Zugang. Wie aus einem kurzen Briefwechsel hervorgeht, hat Heuberger Ende 1891 anläßlich der im Jahr darauf geplanten → Internationalen Ausstellung für Musik- und Theaterwesen in Wien im Namen des Komitees Bruckner zur Komposition einer »Hymne oder Cantate« für das Eröffnungskonzert eingeladen. Daß Brahms zuerst gefragt worden war und abgelehnt hatte, wußte Bruckner jedoch nicht und wählte wegen dessen »besonderer Feierlichkeit« den *Psalm 150*, der dann aber erst am 13. 11. 1892 in einem Gesellschaftskonzert uraufgeführt wurde.
Richard Heubergers vielgeschmähter Bruckner-Nachruf in der »Neuen Freien Presse« und im »Wiener Tagblatt« wurzelte in seiner naiven Anschauung, daß ehrliche Kritik sowie Überzeugung und persönliche Wertschätzung einander nicht ausschließen dürften. PG

Werke: Lieder, Chöre, Opern, Operetten, Kammermusik, Orchesterwerke; Schubert-Biographie (Berlin 1902), Essays über Musiker seiner Zeit und deren Werke, Musikbücher für den Unterricht, Musikkritiken und andere Beiträge in mehreren Zeitungen und Fachblättern (gesammelt als: Musikalische Skizzen. Leipzig 1901; Im Foyer. Gesammelte Essays ... Leipzig 1901).

Lit. und Quellen: Heubergers handgeschriebene Tagebücher, darunter seine »Erinnerungen an Johannes Brahms« (Tagebuchnotizen aus den Jahren 1875-1897. Hrsg. Kurt Hofmann. Tutzing 1971, 2. Aufl. 1976), sein Briefwechsel mit Künstlern seiner Zeit; Göll.-A. 4/3, S. 230 f.; Robert Hernried, R. Heuberger (Biographie). Manuskript. Berlin 1931; Hans Wamlek in: MGG 6, Sp. 334 ff. (mit Werkverzeichnis).

»Heut kommt ja Freund Klose zum Gause« (WAB deest)

»Unendlicher« Kanon für vier Singstimmen in C-Dur
EZ: 29. 4. 1889
Text: Anton Bruckner
W: Friedrich → Klose
UA: ? (einstimmig mit Klavierbegleitung 29. 4. 1889 in → Wien; Bruckner)
Autograph: ?
ED: F. Klose, »Meine Lehrjahre bei Bruckner. Erinnerungen und Betrachtungen.« Regensburg 1927, S. 152 f.
NGA: ?

Gegen Ende seiner Lehrzeit bei Bruckner hat Friedrich Klose, später selbst gesuchter Kompositionslehrer, diesen Kanon mit vier Takte umfassendem Thema gewidmet bekommen und (später ?) aufgeschrieben. Er sollte damit, da alle anderen Mittel (bis zur ironisch angedrohten »Ungnade«) versagten, »bestochen« werden, endlich – statt ständig Opern- und Schauspielvorstellungen zu besuchen – bei Bruckners »Jause bei Gause«, wie dieser seine mit reichlichem Essen und Trinken verbundenen abendlichen Gesprächsrunden im Wiener → Gasthaus Gause nannte, teilzunehmen. Ob der extemporierte Text (»Heut kommt ja Freund Klose zu Gause und geht nach der Jause nach Hause«) und die ebenso entstandene Vertonung ihren erwünschten Erfolg hatten, verschweigt der stolze → Widmungsträger. UH

Lit.: wie ED, S. 151 ff.

Hofburgkapelle, Wien

Innerhalb des Schweizertraktes der Hofburg in → Wien gelegene k.k. Burgpfarrkirche »Mariä Himmelfahrt«. Erste urkundliche Erwähnung 1296, noch in der Gotik mehrmals umgebaut, nach barocken Einbauten durch Kaiserin Maria Theresia 1802 regotisiert.

Hauptaufgabe der Mitglieder der → Hofmusikkapelle, zu denen Bruckner seit seiner Ernennung als exspektierender Hoforganist am 9. 9. 1868 zählte, war die musikalische Gestaltung der Gottesdienste in der Hofburgkapelle, die hauptsächlich aus dem feierlichen Hochamt am Sonntag, unter Mitwirkung der Hofmusikkapelle und der (→ Wiener) Sängerknaben, sowie aus Segensandachten bestanden. Bruckner war hier bis zu seiner Bitte um Dienstenthebung, der am 24. 10. 1892 krankheitshalber entsprochen wurde, als Organist an der von C. F. F. Buckow 1862 gebauten → Orgel tätig. Diesen jeweils nach Wochen eingeteilten Dienst versah Bruckner abwechselnd mit seinen Kollegen Rudolf → Bibl und Pius → Richter, wovon die Eintragungen in den → Taschen-Notizkalendern zeugen. In den ersten Jahren hatte Bruckner auch die Arbeit eines Archivars übernommen. EM

Lit.: Antonicek, Hofmusikkapelle; Walburga Litschauer, A. Bruckner als Organist in Wien, in: Bruckner-Symposion Leipzig 1987.

Hofmeyr, Leopold

Geb. 15. 11. 1855 und gest. 17. 3. 1900 in Steyr; Official (Beamter) der Stadtgemeinde → Steyr.

Als Sohn eines Instrumentenbauers wuchs Hofmeyr mit Musik auf. So leitete der spätere Beamte den Kirchenchor, komponierte und spielte Klavier, mit Stadtpfarrer Georg → Arminger auch vierhändig. Im Stadtpfarrhof lernte Hofmeyr 1875 Bruckner kennen, der rasch auf seine Talente aufmerksam wurde. Es entwickelte sich eine Freundschaft, die durch eine Reihe von → Briefen dokumentiert ist.

Hofmeyr wandte sich auch wegen einer gründlichen musikalischen Ausbildung an Bruckner. Dieser riet ihm das Studium der Werke von Simon → Sechter, betonte aber, daß er »in diesem Fache absolut einen tüchtigen Leiter« brauche (6. 8. 1878). Für die *Achte Symphonie* übernahm Hofmeyr Kopierarbeiten. »Sie haben alles herrlich geschrieben. Danke herzlichst und werde Ihre prachtvolle Abschrift ebenfalls als Heiligthum betrachten«, antwortete der Komponist (2. 2. 1890). EWP

Quelle und Lit.: Anna Stumpfoll, Mein Vater [L. Hofmeyr] (hs. Aufzeichnungen; Kopie: ABIL); Franz Gräflinger, Der Kopist des großen Meisters, in: Die Warte 9. 11. 1946.

Hofmusikkapelle

Die Stellung eines k.k. Hoforganisten und Mitgliedes der k.k. Hofmusikkapelle war, sowenig sie innerhalb des Hofstaates überschätzt werden darf, der für Bruckners gesellschaftliche Stellung bestimmende Rang. Ein Hofkapellmeisteramt gehörte offensichtlich zu den Vorstellungen Bruckners von den höchsten für einen Musiker zu erreichenden Zielen (schon als Kind soll er den Wunsch geäußert haben, »a Mal a Kapellmeister z'werd'n«, Göll.-A. 1, S. 139). Für ihn selbst kam natürlich vor allem die kaiserliche Hofmusikkapelle in → Wien in Betracht. Nach eigener Behauptung hätte sich Bruckner seit 1851 aufgrund »vieler gegebener Hoffnungen« um eine Aufnahme in die Hofmusikkapelle

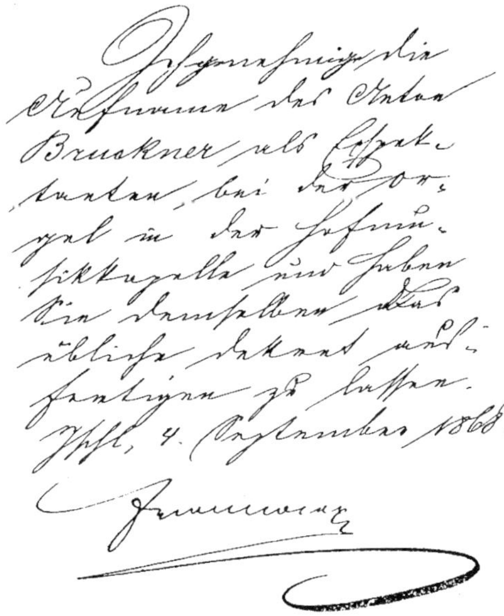

Kaiserliche Entschließung vom 4. 9. 1868

bemüht. Diese aktenmäßig nicht belegbare Aussage könnte sich auf die ins Jahr 1852 fallenden Kontakte mit dem damaligen Hofkapellmeister Ignaz → Assmayr beziehen, wofür seine briefliche Mitteilung an diesen spräche, er dürfe in → St. Florian »von Plänen nichts merken lassen«. Nach Assmayrs Tod 1862 dachte Bruckner an die → Bewerbung um eine aufgrund der Vorrückungen freiwerdende überzählige Organistenstelle, kontaktierte Benedict Randhartinger und Philipp Draexler von Carin, doch scheint die Absicht nicht ausgeführt oder hinfällig geworden zu sein. Der tatsächlichen Ernennung zum »Exspektanten«, die nach dem Tod Simon → Sechters und dem Nachrücken von Pius → Richter durch kaiserliche Entschließung vom 4. 9. 1868 erfolgte, gingen längere Verhandlungen Bruckners mit Hofkapellmeister Johann → Herbeck voraus. Im Rahmen dieser Bemühungen erfolgte die Aufführung der *Messe in d-Moll* unter Bruckners Leitung am 10. 2. 1867 in der → Hofburgkapelle und daraufhin die Bestellung einer weiteren Messe (*Messe in f-Moll*) durch das Obersthofmeisteramt.

Herbeck plante im Zusammenwirken mit dem Obersthofmeister Constantin Prinz zu → Hohenlohe-Schillingsfürst eine Reform der Hofmusik. Vor allem sollten wieder erstklassige Kräfte gewonnen werden. Zu diesen gehörte an erster Stelle Bruckner, und es ist nicht unmöglich, daß man an ihn als späteren Nachfolger Herbecks dachte. Daß Bruckner dieses von ihm selbst erträumte Ziel nicht erreichte, ja als einziger von allen Organisten der damaligen Hofmusikkapelle trotz zweimaligen Ansuchens (1876, 1877) nicht einmal den Titel eines Vizekapellmeisters erhielt, liegt zweifellos in seinem Verhalten begründet, mit dem er den (in Anbetracht der → Persönlichkeit Bruckners sicherlich verfehlten) Erwartungen seiner Gönner wie auch der späteren Hofkapellmeister in keiner Weise entsprochen hat. Es wäre möglich, daß dieses – aus der Sicht Hohenlohes und Herbecks – Versagen einer Schlüsselperson wesentlich zum Einschlafen der Reformpläne beigetragen hat.

1878 erreichte Bruckner die »Einrückung in die Wirklichkeit« als kaiserlicher Hoforganist mit 600 fl Gehalt und 200 fl Quartiergeld. Schon 1875 war er zum Vizearchivar und zweiten Singlehrer der Hofsängerknaben ernannt worden, wofür er eine Remuneration von 100 fl erhielt, die nach seiner Definitivstellung wieder eingezogen wurde. Aufgrund von Gesuchen erhielt er verschiedentlich Sonderzuwendungen; weitere Akten betreffen Urlaube (unter anderem für die Reise nach → London 1871).

Von gravierender Bedeutung für Bruckners Verhältnis zur Hofmusikkapelle wurde die Verleihung des Franz Joseph-Ordens im Jahre 1886 (zugleich mit der Bewilligung einer Personalzulage von 300 fl), die auf inoffiziellem Weg von Hermann → Levi über Herzogin → Amélie in Bayern und Erzherzogin → Marie Valerie vom Kaiser (→ Franz Joseph I.) erreicht worden war. Da die – auf diese Art bereits beschlossene – Angelegenheit aber über den Amtsweg zu gehen hatte, mußten der damalige Hofkapellmeister Joseph → Hellmesberger und der Obersthofmeister Prinz Hohenlohe entsprechende Eingaben machen, auf welche – natürlich ebenso formell – am 8. 7. 1886 die kaiserliche Entschließung erfolgte. Der Zusammenhang mit dem völligen Aufhören von Aufführungen von Werken Bruckners in der Hofmusikkapelle seit diesem Datum dürfte kaum zu übersehen sein.

Hellmesberger stand Bruckner, den er als Komponisten geschätzt haben dürfte, überhaupt mit merkbarer Distanz gegenüber. Etwa meinte er zu den Bemühungen Bruckners um zusätzliche Einkünfte, daß dieser »nicht als sosehr mittellos und bedürftig anzusehen ist«. Daß er Bruckner in späteren Jahren keine Hochämter mehr spielen ließ, dürfte wohl in körperlich bedingtem Leistungsabfall einen objektiven Grund gehabt haben.

Aufgrund seines schlechten Gesundheitszustandes wurde Bruckner 1892, wie üblich unter Beibehaltung seiner Bezüge (eine Pensionierung gab es für Hofmusiker nicht), vom Dienst enthoben. TA

Lit.: Antonicek, Hofmusikkapelle.

Das hohe Lied (WAB 74) »Im Tale rauscht die Mühle«

Vier- bis achtstimmiger Männerchor a cappella (teils als → Brummstimmen), 2 Tenor- und 1 Bariton-Solo (1. Fassung) bzw. zusätzlich 4 Hr., 3 Pos., Tuba, 2 Va., Vc., Kb. (2. Fassung) in As-Dur, »Gemäßigt«

Text: Heinrich von der Mattig (→ Textdichter)

EZ: am 31. 12. 1876 vollendet (1. Fassung); Anfang 1879 (2. Fassung)

W: »Dem löbl[ichen] → Wiener Akademischen Gesangverein in innigster Verehrung«

UA: in einer Probe 10. 12. 1879 in → Wien (Wiener Akademischer Gesangverein, Bruckner); öffentlich, in einer Bearbeitung von Hans

Wagner, 13. 3. 1902 in Wien (Akademischer Gesangverein, H. Wagner)
Autograph: Wien, Universitätssängerschaft »Barden zu Wien«
ED: Wien, Doblinger 1902 (eingerichtet und mit Klavierbegleitung versehen [= Bearbeitung] von Hans Wagner)
NGA: Band XXIII/2 (in Vorbereitung)

Der dreiteilige Chor schildert die Abendstimmung, das Murmeln des Baches, das Rauschen des Mühlrades. Den beiden ersten, von den über Brummstimmen sich erhebenden Solostimmen dominierten Strophen stellte Bruckner in der dritten einen kräftigen Doppelchor gegenüber. Der dem Liedertafelstil seiner Zeit verhaftete Chor reiht sich in die Werke der Brucknerschen Naturromantik.
Auf Veranlassung des damaligen Chormeisters Richard → Heuberger hat Bruckner in einer zweiten Fassung den offensichtlich kaum ausführbaren harmonisch heiklen Brummchor, notengetreu übertragen, von Streichern und den Doppelchor sogar von Blechbläsern unterstützen lassen (diese Partitur soll in Besitz von Dr. Peter Rosegger jun. gewesen sein). Dennoch kam es erst zu einer öffentlichen – erfolgreichen – Aufführung nach Bruckners Tod, und zwar in einer Bearbeitung (ohne Brummchor, mit nur einem Solo [Tenor] und den vorhandenen Instrumentalstimmen) von Hans Wagner-Schönkirch, der auch auf Anregung → Göllerichs den Klavierauszug herstellte. AH

Lit.: Otto Keller, »Das Hohe Lied« von A. Bruckner, in: Deutsche Kunst- und Musikzeitung 29 (1902); Hans Wagner, Das Hohe Lied von A. Bruckner, in: Deutsches Volksblatt 31. 1. 1902; H. G., A. Bruckner, das »Hohe Lied«. Männerchor, in: Neue Musikalische Presse 9. 3. 1902; Göll.-A. 4/1, S. 422-427; Bruckner-Symposion 1987, S. 101 f.

Hohenlohe-Schillingsfürst, Constantin Prinz zu

Geb. 8. 9. 1828 auf Schloß Wildek in Hessen, gest. 14. 2. 1896 in Wien. Mit seiner Frau Marie, der Tochter von Franz → Liszts Lebensgefährtin Caroline Sayn-Wittgenstein, führte er im Augartenpalais einen Salon, in welchem prominente Vertreter des Wiener Kunst- und Geisteslebens verkehrten. Als Hofmarschall (seit 1865) und Obersthofmeister (seit 1866/67) unterstand ihm die → Hofmusikkapelle, für die er gemeinsam mit Hofkapellmeister Johann → Herbeck tiefgreifende Reorganisationspläne hatte. In diesem Zusammenhang sollte Bruckner als der führende Organist Österreichs für die Hofmusik gewonnen werden. Im Zuge der entsprechenden Vorbereitungen arrangierte Herbeck ein Vorspiel Bruckners vor Hohenlohe in der → Hofburgkapelle. Bruckner, der sogar hoffte, Musiklehrer der Kinder des Prinzen zu werden, scheint sich die Gunst Hohenlohes aufgrund des »ungesellschaftlichen Benehmens«, dessen Herbeck ihn verärgert beschuldigte, verscherzt zu haben. Ein nach dem Tod Bruckners und des Prinzen geschriebener Brief der Prinzessin Marie an August → Göllerich spricht sogar von »garstiger Vermummung« und einer »selbstgefälligen Plumpheit« von Bruckners »Hofmanieren«. Ihr Mann hat möglicherweise nicht so scharf geurteilt. Jedenfalls wandte sich Bruckner am 26. 7. 1876 an ihn um Befürwortung seiner Bemühung um eine feste Stelle an der → Universität Wien bei Kaiser → Franz Joseph I. (Göll.-A. 4/1, S. 414). 1878 teilte er Wilhelm → Tappert mit, Liszt habe sich bei Hohenlohe um Bruckners gegenwärtige Arbeiten erkundigt. Mitte der achtziger Jahre war Bruckner bei mindestens einer Soirée im Hause Hohenlohe anwesend. Einen Bruch dürfte es bedeutet haben, daß Hohenlohe 1886 faktisch gezwungen war, die Verleihung des Franz Joseph-Ordens an Bruckner zu beantragen, deren Zusage auf inoffiziellem Weg von Hermann → Levi über Herzogin → Amélie in Bayern und Erzherzogin → Marie Valerie beim Kaiser bereits erreicht worden war. TA

Lit.: Antonicek, Hofmusikkapelle.

Hommage-Kompositionen

können je nach Anlaß, persönlichem Verhältnis und Zielsetzung verschiedenartig aussehen. Entweder ist ein textlicher Bezug zum → Widmungsträger gegeben oder auch musikalische → Zitate können dessen Bedeutung herausstreichen. Eine weitere – häufig sehr subtile – Möglichkeit liegt vor, wenn bloß Anklänge an musikalische Strukturen, an den unverwechselbaren »Ton« eine individuelle Auseinandersetzung verraten. Es kann sich natürlich auch um eine eigenständige persönliche Widmung handeln. Die folgende Auflistung soll – ohne Anspruch auf Vollständigkeit – markante Positionen zeigen.
Die an Bruckner gerichteten Hommagen bewegen sich in diesem weit gesteckten Rahmen. Die frühesten entstanden noch zu Lebzeiten des Komponisten. Einer seiner Schüler, Alfred Stroß, schrieb einen symphonischen Satz für großes Orchester »A. Bruckner in innigster Verehrung zugeeignet«, 1886 führte Wilhelm

→ Floderer bei einem Festkommers seinen Chor »An Meister Bruckner« (Text: Karl → Kerschbaum) auf.
Als Gedenkkompositionen gestalteten Otto → Kitzler die Trauermusik »Dem Andenken A. Bruckners« und Friedrich → Klose die Doppelfuge für Orgel und Blasinstrumente »Meister A. Bruckner in treuem Gedenken« (1907). Die Grundlage der letztgenannten Komposition stellt ein Orgel-Improvisationsthema Bruckners dar.
Auch in neuerer Zeit setzten sich immer wieder Komponisten musikalisch mit Bruckner auseinander. Josef Laska komponierte »Gedenken an Bruckner« für fünfstimmig gemischten Chor (Druck 1958), Gottfried von Einem den »Bruckner Dialog« für Orchester op. 39 (1971), Hermann Kronsteiner die »Missa Anton Bruckner« (1973), Alfred Schnittke seine Zweite Symphonie »St. Florian« für Kammerchor und großes Orchester (1979/80) und Martin Christoph Redel den »Bruckner-Essay« für Orchester op. 31 (1982). Berthold Hummel komponierte das Orgelwerk »In memoriam A. Bruckner«. Die »Orgel-Fantasie nach Themen der IX. Symphonie von A. Bruckner« von Erwin Horn nimmt auf ein ganz spezifisches musikalisches Phänomen Bezug, denn sie steht im Zeichen eines »Einbaus originaler Klangkomplexe ... als Dissonanzzentren«. Auch der St. Florianer Stiftsorganist Augustinus Franz Kropfreiter hat Hommagen komponiert: zum Beispiel »Signum« für Orgel solo; 1996 fand die Uraufführung seiner »Hommage für A. Bruckner« statt.
In der oberösterreichischen Jazz-, Pop-, Rock- und Elektronik-Szene wurde Bruckner ebenfalls zum Thema. So gab die Persönlichkeit Bruckners Anstoß zu der Messe »Ein Abendmahl« für Jazzband und Tanzpaar von Andreas Neubauer, die Popgruppe Eela Craig führte eine Rockmesse (»Missa universalis«) nach Themen von Bruckner auf, und Hubert Bognermayr präsentierte mit seinem Blue Chip (Computer-)Orchestra das »Hohe Lied der Liebe« als Hommage.
EWP

Horn, Camillo (Kamillo)
Geb. 29. 12. 1860 in Reichenberg (Liberec), Böhmen, gest. 3. 9. 1941 in Wien; Komponist, Musikschriftsteller und -lehrer. Zunächst Harfenistenausbildung in Prag, seit 1883 in → Wien Privatschüler Bruckners. 30 Jahre war er als Musikreferent des Wiener »Deutschen Volksblattes«, 20 Jahre als Gesangslehrer am Wiener Piaristengymnasium, als Chor- und Orchesterleiter (Musikverein »Haydn«), 1918-1931 als Professor für Harmonielehre an der Akademie (heute Hochschule) für Musik in Wien tätig. Sein von Richard → Wagner und Bruckner beeinflußtes musikalisches Schaffen wurde durch einen 1905 vom Arzt Dr. Gustav Paul gegründeten »Kamillo Horn-Bund« (in Wien und Böhmen) gefördert.

Camillo Horn

Horn trat als Kritiker im »Deutschen Volksblatt«, der bedeutendsten deutsch-nationalen antisemitischen Zeitung in Wien, heftig für Bruckners Werk ein, setzte sich aber auch für das Schaffen von Franz → Liszt, Peter Cornelius, Hermann Götz, Richard → Strauss, Siegfried → Wagner und Engelbert Humperdinck ein. Wie seine Vorgänger und Kollegen in diesem Blatt (seit 1889 August → Göllerich und Hans Puchstein) hielt auch Horn Bruckner für den einzigen berufenen Nachfolger → Beethovens, ging allerdings so weit, einen Vergleich des fanatisch Bewunderten mit → Brahms als »ein Verbrechen an den heiligen Idealen der Kunst« zu bezeichnen. Bruckner dürften diese Auswüchse nicht gefallen haben: In Briefen von

Cyrill → Hynais und Göllerich an Puchstein (12. 2. bzw. 12. 3. 1893) ließ er bitten, daß Horn nie mehr über ihn und seine Werke referieren möge. Trotzdem wurde dieser 1929 – zusammen mit anderen noch lebenden Schülern und Freunden Bruckners – Ehrenmitglied der → Internationalen Bruckner-Gesellschaft. UH

Werke: 2 Symphonien; Chor- und Orchesterwerke; Melodramen; Gesangsszenen mit Orchester; Lieder und Duette; Kammer- und Klaviermusik. – Neben Rezensionen etc. (vgl. Bruckner-Bibliographie) u. a.: A. Bruckner. Der Meister von Ansfelden, in: Deutsches Volksblatt 4. 9. 1894; Nekrolog im Deutschen Volksblatt 12. 10. 1896.

Lit.: Josef Lorenz Wenzel, K. Horn. Ein Künstlerbild. Lilienfeld [1925], mit Werkverzeichnis; Deutsches Musiker-Lexikon. Hrsg. Erich H. Müller. Berlin 1929; Josef Lansky in: MGG 16, Sp. 734 f.; Bruckner-Symposion 1991 (»Bruckner-Rezeption«).

Hörsching

Ort an der Hauptverkehrsstraße zwischen → Linz und → Wels; einst Bauerndorf, heute Pendlergemeinde, seit 1993 Marktgemeinde. Weltpriester-Pfarre. Einwohnerzahl 1834: 1 388, 1991: 5 101.

Zwischen dem Schulmeister Bruckner sen. in → Ansfelden und jenem in Hörsching bestanden familiäre Bande: Joseph → Weiß (1772-1850) war mit Vater → Bruckners Schwester Josefa (1785-1826) verheiratet. Der junge Bruckner weilte »vermutlich vom Spätsommer 1835 bis zum Herbst 1836« bei der Familie Weiß in Hörsching, und sein Cousin Johann Baptist → Weiß (1813-1850), ebenfalls Lehrer und überdies ein guter Musiker und Komponist, vermittelte ihm neben dem Volksschulunterricht einen wesentlichen Schritt bei der Entwicklung des musikalischen Talentes durch praktische und theoretische Unterweisung. Im Sommer 1837, nach dem Tod des Vaters, wurde Anton wieder für einige Wochen zu den Hörschinger Verwandten geschickt.

Die Autorschaft Bruckners an den aus Hörsching überlieferten *5 Präludien* WAB 127 und 128 wird in der Literatur wahlweise als gegeben oder als möglich angesehen oder »mit an Gewißheit grenzender Wahrscheinlichkeit« bestritten. Das *Pange lingua* WAB 31 ist in seiner ursprünglichen Gestalt »am wahrscheinlichsten« in Hörsching entstanden.

Pfarrer Ernest (auch Ernst) Lanninger (geb. 1842 in Linz, gest. 1920 in Maria Schmolln, Bezirk Braunau am Inn) erhielt von Bruckner (Brief vom 10. 12. 1895) Informationen über die Hörschinger Zeit. Er war Weltpriester (Weihe 1866), in Hörsching Kooperator 1867-1880 und

Altes Schulhaus und Kirche in Hörsching. Alte Postkarte

Pfarrer 1880-1905, in Mattighofen (Innkreis) Propstpfarrer 1905-1919 sowie 1904 Herausgeber des »Requiem in Es-Dur« von Johann Baptist Weiß.

Am alten Hörschinger Schulhaus, heute Bruckner-Platz 1, wurde am 11. 10. 1931 eine von der Steinmetzfirma B. A. Steller, Linz, geschaffene Bruckner-Gedenktafel enthüllt. FZ

Lit.: 1200 Jahre Hörsching. Eine Chronik von der Ur- und Frühzeit bis in die Gegenwart. Hrsg. Marktgemeinde Hörsching. Hörsching 1993, darin Elisabeth Maier, Johann Baptist Weiß. A. Bruckners Hörschinger Freund und Lehrer.

Hruby, Carl

Geb. 9. 8. 1869 und gest. 11. 8. 1940 in Wien; Musikschriftsteller und Komponist. Seit 1883/84 (14jährig!) neben seiner Violinausbildung bei Joseph → Hellmesberger Harmonielehre-Schüler Bruckners am Konservatorium der → Gesellschaft der Musikfreunde in Wien. War später als Konzertmeister in Riga, als Orchestermitglied am Theater Unter den Linden in Berlin sowie am Theater an der Wien und als 1. Kurkapellmeister in Abbazia (Opatija) tätig. Trat auch als Dramatiker und Komponist in Erscheinung.

Hruby, wegen seiner oft in die Nacht verlegten Unterrichtsvorbereitungen von Bruckner »Nachtlicht« (→ Spitznamen) genannt, hat in seinem schon 1901 publizierten anekdotisch gehaltenen Bändchen »Meine Erinnerungen an A. Bruckner«, in denen er sich besonders als Zeuge von dessen »Leidenszeit« in → Wien deklariert, auch Äußerungen seines Lehrers und zeitweiligen Gesprächspartners überliefert, die einige Ansichten von und über Bruckner »klarstellen« wollten. So habe Hruby von Bruckner durchaus Positives über den »Antipoden« Johannes → Brahms gehört, der »nicht der große Gegner Wagners« gewesen sei, »als den ihn seine Clique hinstellte«. Von mehreren Zeugen geschilderte Begegnungen von Brahms und Bruckner im Wiener → Gasthaus »Zum roten Igel« stellte er überhaupt in Abrede. Bruckners »Gegner«, die diesen »durch Jahrzehnte in den Koth« zogen, fühlte er sich »verpflichtet, schonungslos festzunageln«. Den namentlich zwar nicht genannten, aber unschwer zu dechiffrierenden Bruckner-Schülern und -Freunden Ferdinand → Löwe und Josef → Schalk warf er hinsichtlich der häufigen Aufforderungen zu Umarbeitungen künstlerische Bevormundung des Komponisten vor. Dieser zum problematischen Teil der → Erinnerungsliteratur zählende Zeitzeuge ist in vieler Hinsicht auf seine Glaubwürdigkeit zu prüfen. UH

Lit.: Göll.-A. 4/1-2, passim; Deutsches Biographisches Archiv. Neue Folge. Hrsg. Willi Gorzny. München 1986.

Hueber, Familie

Die Geschichte der in → Vöcklabruck ansässigen Familie Hueber (Huber) läßt sich derzeit bis zur Mitte des 18. Jahrhunderts zurückverfolgen: Um 1740 übernahm die verwitwete Anna H. ein Haus (»Kreuzlmacherhaus«) im oberbayerischen Ort Pähl, das sie 1766 ihrem Sohn Anton H., von Beruf Herrgottsschnitzer, übergab. Dessen Sohn Johann H. begann 1794 eine Gärtnerlehre im Kloster Diessen am Ammersee. 1797 begab er sich auf die üblichen Wanderjahre, die ihn nach Südtirol und Salzburg führten. 1801 war er als Herrschaftsgärtner des Schlosses Wagrain bei Vöcklabruck nachweisbar, pachtete 1809 ein Grundstück außerhalb des Stadtgrabens und machte sich selbständig. Schon drei Jahre später (1812) konnte er das sogenannte »Gartenhaus« und die zugehörigen Garten- und Wiesengründe kaufen. 1814 erhielt er das Bürgerrecht von Vöcklabruck.

Laura Hueber, Bruckners Großnichte

Sein Sohn Johann Nepomuk Hueber (geb. 12. 2. 1827 und gest. 5. 2. 1913 in Vöcklabruck) kam 1848 als Gärtnergeselle in die Stiftsgärtnerei → St. Florian und lernte hier Anton Bruckner und dessen Schwester Rosalia (→ Bruckner) kennen. Er war ein sehr guter Sänger und wirkte bei allen Aufführungen im Stiftschor mit. 1853 kehrte er in seine Heimatstadt zurück, wurde Mitglied der 1850 gegründeten »Liedertafel Vöcklabruck« und heiratete dort am 16. 1. 1855 Bruckners Schwester Rosalia. Der Ehe entstammten fünf Kinder:

Johanna, geb. 9. 6. 1855 und gest. 11. 3. 1889 in Vöcklabruck, hatte mit dem Vöcklabrucker Stadtkapellmeister F. Schwalm eine Tochter Laura, geb. 5. 8. 1884 und gest. 8. 4. 1904 in Vöcklabruck. Als Johanna mit nur 34 Jahren an Lungentuberkulose starb (Kondolenzbriefe Bruckners vom 14. 4. 1889 und seines Bruders Ignaz → Bruckner vom 16. 3. 1889 sind erhalten), zogen Johann Nepomuk und Rosalia Hueber ihr Enkelkind fürsorglich auf. Laura erwies sich als äußerst musikalisch und erhielt zunächst Unterricht von ihrem Vater, dann von Betty von → Mayfeld in → Schwanenstadt und später von August → Göllerich in → Linz. Sie, die als Sechsjährige bereits Klavier spielte, war der Liebling ihres berühmten Großonkels. Dieser vermachte ihr seinen 1848 von Franz → Sailer geerbten Bösendorfer-Flügel (→ Instrumente Bruckners), den sie auf Bitten Ignaz' für das Bruckner-Gedenkzimmer in St. Florian zur Verfügung stellte. Anläßlich der Anbringung der von der »Liedertafel Vöcklabruck« gestifteten Gedenktafel am Haus Stadtplatz Nr. 38 rezitierte Laura Hueber 1900 das Festgedicht. Von der Familie sehr gefördert, wurde sie zur Lehrerin ausgebildet, starb aber bald – noch nicht zwanzigjährig – wie ihre Mutter an Lungentuberkulose.

Anton (1857-1918), das zweite Kind des Gärtnerehepaares, hatte 1897 Theresia Ledermüller (geb. 1871) geheiratet. Dieser Ehe entstammten sechs Kinder: Anton (geb. 1892), Emma (geb. 1894), Rosalia (geb. 1895), Johann (geb. 1899), Gustav (geb. 1904) und Alois (geb. 1909).
Monika wurde am 19. 5. 1860 geboren und lebte nur ein Jahr.
Theodor (1863-1932) heiratete 1911 Franziska Zerer (geb. 1865). Die Ehe blieb kinderlos.
Gustav (1866-1945) heiratete 1923 Marie Nürnberger (geb. 1893) und hatte mit ihr zwei Kinder: Friedrich (geb. 1924) und Rudolf (geb. 1928). Von Gustav sind zwei Briefe (verfaßt zusammen mit Laura) an seinen Firmpaten Anton Bruckner erhalten. Marie führte nach dem Tod ihres Mannes die Gärtnerei weiter; auch ihre beiden Söhne begannen die Gärtnerlehre. 1947 legte Friedrich die Gehilfenprüfung ab und nahm sein unterbrochenes Hochschulstudium (Jus) wieder auf. Er war lange Zeit Direktor der Bundeshandelsakademie. Das Ehepaar Friedrich und Ursula Hueber hat drei Söhne: Friedrich, Wolfgang (heute Besitzer des Diploms zum → Ehrendoktorat und des Doktorringes Bruckners sowie eines silberbeschlagenen Spazierstocks) und Christian. Friedrichs Bruder Rudolf wurde Gärtnermeister und führte bis 1991, zusammen mit seiner Frau Johanna, geb. Reiter, das Blumengeschäft seiner Vorfahren. Er modernisierte den Betrieb und wurde zum bekannten Spezialisten für die Zyklamenzucht. Seiner Ehe entstammen fünf Töchter: Gabriele, Monika, Susanne, Elisabeth und Maria, die bis auf die älteste ebenfalls die Gärtnerei und Floristik erlernten. Seit 1991 führt Susanne den Betrieb. Rudolf Hueber ist langjähriges ausübendes Mitglied der »Liedertafel Vöcklabruck 1850«, musiziert mit einer Volksmusikgruppe und spielt Orgel in beiden Vöcklabrucker Kirchen. Zusammen mit seiner Frau betreut er vorbildlich die im Familienbesitz erhaltenen Bruckneriana und macht sie der Forschung zugänglich. EM

Quelle: Familie Hueber, Vöcklabruck. – Lit.: Elisabeth Maier, »Es wird schon einmahl eine Zeit kommen, wo es einen Wert haben wird ...« Bruckneriana in Vöcklabruck, in: Studien zur Musikwissenschaft 42. Tutzing 1993.

Hynais, Cyrill

Geb. 19. 3. 1862 und gest. 20. 12. 1913 in Wien; Lehrer, Komponist und Musikschriftsteller. Auf Anregung Josef → Schalks wurde er Schüler Bruckners, bei dem er am Konservatorium der → Gesellschaft der Musikfreunde in Wien 1883-1885 Kontrapunkt studierte (Klavier bei Julius → Epstein). Als Mitglied des → Wiener Akademischen Wagner-Vereins und Leiter dessen Vereinschores wirkte Hynais auch beim 1890 gegründeten Neuen Richard Wagner-Verein bei einigen Aufführungen mit. Beruflich konnte er nicht recht Fuß fassen, obwohl Bruckner ihn für einen Lehrerposten am Konservatorium empfahl. 1886-1890 war Hynais in Klagenfurt, wo er beim Musikverein und als Klavierlehrer wirkte, bewarb sich – jeweils vergeblich – beim Brünner sowie beim Steiermärkischen Musikverein und dirigierte den Evangelischen Singverein und das Tonkünstlerorchester.
Hynais genoß Bruckners Vertrauen und wurde von ihm mit der Redaktion der *Sechsten Symphonie* betraut. Weiters stellte er vom *Psalm 150*, von *Helgoland* und der *Messe in e-Moll* sowie von der *Vierten* und der *Siebenten Symphonie* erleichterte Klavierauszüge her. Im → Testament Bruckners unterschrieb er, gemeinsam mit Ferdinand → Löwe und Theodor Reisch, als Zeuge. Hynais fuhr auch öfter mit Bruckner nach → Klosterneuburg. Gemeinsam mit Franz Marschner begleitete er ihn zum Begräbnis von Hans → Rott. AH

Werke: Klaviertrio (1887/88), Streichquartett E-Dur (1895), Sonate für Klavier und Violine; Klavierstücke, Präludien, Fugen, Chorwerke, Skizzen zu einer Oper »Andreas Hofer« und Vorstudien zu einem Lehrbuch der Harmonielehre; Ein unbekannter Symphoniesatz von Anton Bruckner, in: Signale für die musikalische Welt 71 (1913).

Lit.: Neue Freie Presse 23. und 24. 12. 1913; Gustav Mayer, C. Hynais †, in: Musikpädagogische Zeitschrift 4 (1914) Nr. 2; Auer, Briefe, passim; Göll.-A. 4/1-3, passim; Der Klagenfurter Männergesangverein. Chronik der Jahre 1847 bis 1897 zum fünfzigjährigen Jubiläum. Hrsg. Josef Wolfgang Dobernig. Klagenfurt 1897, S. 63 f.

I

Ikonographie

Heinz Schöny veröffentlichte 1968 im »Kunstjahrbuch der Stadt Linz« eine Bruckner-Ikonographie, die mit ihren wichtigen Hinweisen auf die Herkunft der einzelnen Photographien und Bilder Grundlage für die 1990 erschienene »Bruckner-Ikonographie Teil 1: 1854 bis 1924« wurde. Die Vorbereitungen zur → Ausstellung zum 150. Geburtstag Bruckners 1974 in der → Österreichischen Nationalbibliothek und die Durchsicht diverser Bestände in Archiven und Bibliotheken brachten weitere, bisher nicht bekannte Bilder, Photos, Graphiken etc. in einer Fülle zutage, die eine Publikation in zwei Bänden ratsam erscheinen ließ.

Der erste Band (bis 1924) enthält Photographien Bruckners (die erste um 1854 in Wien, weitere aus den Jahren 1860/61, 1865, 1868, 1973, um 1880, 1885, 1886, um 1890, 1893, 1984, 1896) und verschiedene frühere Darstellungen – Gemälde, Graphiken, Zeitungsdrucke, Zeichnungen, Karikaturen, Schattenrisse, Denkmäler, Büsten, Reliefs, Plaketten und Medaillen. Die Abbildungen (IKO 1-186) sind in der chronologischen Reihung schwarzweiß abgebildet, die farbigen Gemälde und Photos noch einmal auf 16 Farbtafeln. Daran schließen eine genaue, kommentierte Beschreibung der einzelnen IKO-Nummern, ein Verzeichnis der Künstler samt kurzen Lebensbeschreibungen, ein Verzeichnis der Besitzer sowie der künstlerischen Techniken (in einem vereinfachten Überblick). Herkunftsnachweise der Abbildungen sowie Namens- und Ortsregister schließen den Anhang-Teil ab. Der zweite Band (1924-1996) wird nach Gattungen und innerhalb dieser chronologisch geordnet sein und auch Nachträge bis 1924 und Korrekturen zu Band 1 enthalten, dazu eine Gesamt-Chronologie und ein alphabetisches Künstlerverzeichnis.

Plakette von Josef Tautenhayn, 1896/97 (IKO 97)

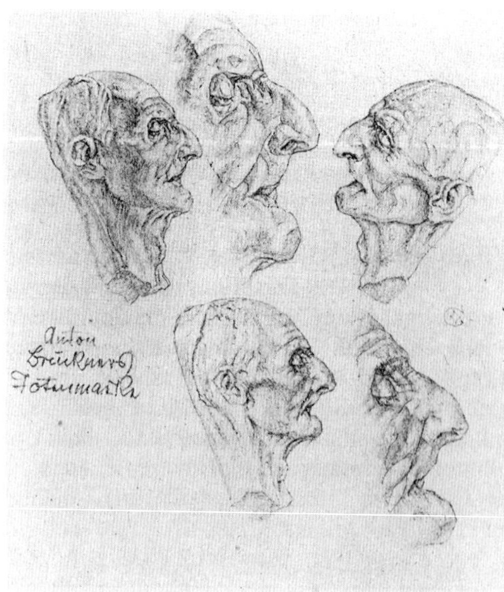

Studien von Alfred Cossmann, vor 1907 (IKO 121)

Zu Lebzeiten Bruckners sind entstanden: 26 Photographien, 8 Gemälde, 8 Zeichnungen nach der Natur, 10 Graphiken nach Photos und Gemälden, 9 Karikaturen, 19 Schattenrisse, Medaillen, Plastiken (2 Büsten und → Totenmaske); nach seinem Tod bis 1924: 1 Photographie (bei Sargöffnung), 7 Gemälde, 41 Graphi-

Briefmarken, 1922 (IKO 142), 1949 und 1974

Geldschein, Österreich 1955

Postkarte, Steyr 1925 (IKO 36 f)

ken (in freier Gestaltung oder nach Photos, Tilgner-Büste bzw. Totenmaske), 6 Karikaturen, 11 Schattenrisse, 3 Geldscheine (Notgeld), 1 Briefmarke, 3 Buchillustrationen und -einbände, 1 Glasfenster; 3 Denkmäler (Büste mit Sockel), 9 Büsten, 6 Reliefs, 8 Medaillen, 1 Plakette.

Bruckner nahm wichtige Lebenssituationen (erreichte Ziele, Abschlüsse und Erfolge, örtliche Veränderungen) zum Anlaß, sich photographieren zu lassen. Er hat so, diese in der Mitte des vorigen Jahrhunderts neue Technik nutzend, in diesen Photos seinen Entwicklungsweg der Nachwelt selbstbewußt hinterlassen. Das erste Photo entstand um 1854 in Wien zur Zeit der Orgelprüfung bei Ignaz → Assmayr; mit diesem Ereignis waren die ersten Kontakte für seine spätere Ausbildung und Berufslaufbahn geknüpft. Die meisten der erhaltenen Photographien entstanden in Linz und Wien. Den Abschluß seiner *Dritten Symphonie* und den Besuch bei → Wagner in → Bayreuth nahm Bruckner zum Anlaß, sich während einer Kur in → Marienbad photographieren zu lassen. In München ließ er sich 1885 anläßlich der Aufführung seiner *Siebenten* im berühmten Photoatelier Hanfstaengl ablichten.

Bruckners Photographen waren: Angerer & Göschl (Wien), Louis Bauer (Wien), Fritz Ehrbar (Wien), Ludwig Grillich (Wien), Photo

Medaille von Franz Plany, undatiert (IKO 166)

Schattenbild von Hans Allmayer, um 1903 (IKO 115)

Letzte Photographie, 1896 (IKO 82)

(Franz und Edgar) Hanfstaengl (München), W. Jerie (Marienbad), Anton Paul Huber (Wien), Joseph Löwy (Wien), Franz Nunwarz (Wien), Eduard Pfeiffer (Linz), August Red (Linz), Othmar Türk (Wien), Felix Vismara (Linz), Carl Weidinger (Wien).

Für Graphiken und zeitgenössische Gemälde wurden häufig Photographien als Vorlage verwendet, da Bruckner nicht gern Modell saß; er scheint zumeist selbst auf die von ihm existierenden Photographien verwiesen zu haben. So mußte der Münchner Maler Fritz von → Uhde Skizzen für sein Gemälde »Abendmahl Christi« mit Bruckner als Apostel (IKO 23) heimlich anfertigen (Skizze bzw. eine mit Tuschfeder ausgeführte Bleistiftzeichnung im → Anton Bruckner Institut Linz). Dem Bildhauer Viktor → Tilgner gelang es 1891 mit Unterstützung von Freunden, dem ungeduldigen Bruckner bei den Sitzungen ablenkende Gespräche mit interessanten Persönlichkeiten zu vermitteln, so daß er eine Porträtbüste (IKO 55) nach der Natur gestalten konnte (vgl. Carl Almeroth, Wie die Bruckner-Büste entstand. [Zum Bruckner-Denkmal]. Wien 1899). Für die durch graphische Techniken, Vervielfältigung etc. manchmal stark verfremdeten Zeitungsdrucke zu Lebzeiten Bruckners waren Photographien die Vorlage.

Die Schattenrisse von Otto → Böhler sind aus dem Erleben des Künstlers entstanden, der in vielen seiner Klebearbeiten die Künstler- und Gesellschaftswelt der damaligen Zeit gestaltet und auch Personen aus Bruckners Umkreis, wie → Hanslick, → Brahms und → Wagner, im Bild festgehalten hat. Als Persönlichkeit ist Bruckner in Böhlers Schattenrissen und Karikaturen bestens getroffen. Aber auch andere Karikaturen, wie z. B. jene seines Schülers Ludwig → Grande, der schon als 16jähriger beim Unterricht im Konservatorium der → Gesellschaft der Musikfreunde Bruckners Eigenart hervorragend erfaßt hat, und die Zeichnungen Heinrich Groebers und Theodor Zasches geben Bruckners Erscheinungsbild sehr lebendig wieder. Weitere Schattenrisse gibt es von CE, Hans Schließmann und Hans Allmayer, Karikaturen von Leopold C. Welleba, Zeichnungen von Adolf Luntz etc.

Bruckner-Denkmäler (s. auch → Gedenkstätten) wurden von Franz Plany (Ansfelden), Wolfgang Skala (Graz), Franz Strahammer (Linz) und Viktor Tilgner (Sockel von Fritz Zerritsch, Steyr und Wien) gestaltet; Büsten von Viktor Tilgner (s. o.), Percival M. Hedley (kleine Skulptur zu Lebzeiten Bruckners, nur in Abbildung erhalten). Franz S. → Forster (St. Florian), Ilse von Twardowsky (Den Haag), Adolf Rothenburger (Walhalla), Fritz Zalisz (Leipzig), F. Staudigl u. a. gehören schon in die Zeit des Nachlebens,

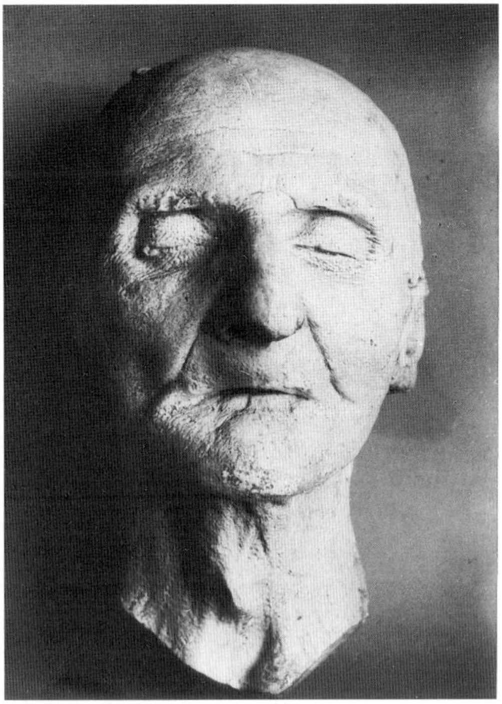

Totenmaske, abgenommen von Josef Haberl und Karl A. Zinsler, 1896 (IKO 87)

ebenso die Medaillen-Kunst von Arnold Hartig, Josef Tautenhayn, Leo Zimpel u. a. Karl Anselm Zinsler und Josef Haberl waren die Bildhauer, die die Totenmaske abgenommen haben. Die Reliefs von Fritz Zalisz (Leipzig), Rudolf Koller (Bayreuth), Edi Naumann (Wien), Franz Plany (Linz), Renate Stolz (Ansfelden), Robert Ullmann (Wien), Wagner von der Mühl (Linz) u. a. markieren → Gedenkstätten und Gedenktafeln. Auch Forster hat viele Reliefs (Gedenktafeln)

Bruckners Ankunft im Himmel. Schattenbild von Otto Böhler, 1896 (IKO 94)

geschaffen. Kleine Gedenkmedaillen und Plaketten, Münzen und Abzeichen tragen ebenfalls Bruckner-Relief-Darstellungen.
Zeitgenössische Porträts malten Franz → Antoine, Ferry → Bératon (beide in Bruckners → Taschen-Notizkalendern notiert), Hermann Kaulbach und Fritz von Uhde, die Bruckner persönlich gekannt und nach der Natur skizziert haben; die anderen Maler seiner Zeit mußten sich mit Photographien begnügen: Heinrich Schönchen, Josef Büche, Heinrich Ebeling, Leo Bernhard Eichhorn u. a.
Von den zeitgenössischen Graphikern verwendete »KIB« (Karl Immanuel Böhringer) eine Hanfstaengl-Photographie als Vorlage, Alfred → Cossmann, der Bruckner in einer Universitätsvorlesung selbst erlebte, hat Darstellungen besonders nach Totenmaske und Tilgner-Büste geschaffen, ebenso Alfons Siber. In späterer Zeit dienten zum Teil namhaften Künstlern (Toni Hofer, Karl Kahler, Emil Orlik, August Steininger u. a.) Photographien als Vorlage, auch für Buchillustrationen (Maria Grengg u. a.).
Nach Bruckners Tod führten die von Freunden und Verehrern sowie einem Kreis von Dilettanten in grenzenloser Begeisterung durchgeführte Pflege seiner Musik und die von August → Göllerich angeregte Sammlung von auch zahllose Anekdoten zutage fördernden Erinnerungsberichten zu Übertreibungen: Das falsche Pathos, das Emporheben der Künstlerpersönlichkeit als → »Musikant Gottes« führten dazu, daß manche künstlerische Darstellungen leicht in den Kitsch abglitten (A. D. Goltz' Mappe zum Schubert-Jahr 1928 u. a.). Heute äußert sich Kitsch darin, daß Gegenstände des täglichen Lebens (z. B. Pfeifen, Fingerhüte und Emailschälchen) mit Bruckner-Porträts verziert werden. Das Gedenkjahr 1996 hat dazu Bruckner-T-Shirts, -Taschen, -Uhren u. a. beigesteuert.
Notgeld, Briefmarken und Poststempel erinnern besonders an Jubiläums- und Gedenkjahre.
Auch bekannte Künstler unserer Zeit haben sich mit Bruckner auseinandergesetzt: Fritz Aigner, Christian Ludwig Attersee, Toni Hofer, Theo Linz, Jack Ox, Hermann Polz, Franz Ruddigkeit (Leipzig), Peter Sengl u. a.; Computergraphiken wurden in Linz anläßlich der Ars electronica hergestellt. Skulpturen und Plastiken stammen von Forster (s. o.) und jungen unbekannteren Künstlern wie z. B. Horst Peter Laschkolnig. Eduardo Paolozzi versuchte Bruckners Musik darzustellen; Franz Strahammer und Erich Ruprecht gestalteten Bruckners Kopf, wie auch

Arnulf Rainer sich in Übermalungen der Totenmaske mit Bruckner auseinandersetzte. RG

Lit.: Heinz Schöny, A. Bruckner im zeitgenössischen Bildnis, in: Kunstjahrbuch der Stadt Linz 1968. Wien 1968; Bruckner-Ikonographie; Lothar Schultes, Ein zweiter Seneca – Die Bruckner-Büste Viktor Tilgners im Rahmen des neuzeitlichen Geniekults, in: Bruckner-Symposion 1990.

Im April (WAB 75) »Du feuchter Frühlingsabend, wie hab' ich dich so gern«

Lied für Singstimme und Klavier in As-Dur, »Feierlich, innig«
Text: Emanuel Geibel (→ Textdichter)
EZ: 1868 in → Linz
W: Helene Hofmann
UA: 5. 2. 1903 in → Wien (→ Wiener Akademischer Wagner-Verein; Gisela Seehofer)
Autograph: verschollen; Abschrift: Stift St. Florian
ED: Wien, Doblinger 1898
NGA: Band XXIII/1 (in Vorbereitung)

Die Textvorlage stammt aus dem 1842 erschienenen Gedichtband Geibels. Das dreistrophige Lied in dreiteiliger, geschlossener Form (Es-Dur – c-Moll – Es-Dur) entstand 1868 für Bruckners Linzer Klavierschülerin Helene Hofmann, die auch (vielleicht bei Moritz von → Mayfeld) Gesangsunterricht nahm. Das Widmungsexemplar befindet sich im Stift → St. Florian. – Nach der Uraufführung 1903 sind nur wenige Aufführungen nachweisbar. Erst in jüngster Zeit wurde das Lied wieder in Konzerten aufgeführt (z. B. Linz 1976 und 1980, Manchester 1996). AH

Lit.: Göll.-A. 3/1, S. 511 ff.

Titelblatt des Erstdrucks

Improvisationsskizze Ischl 1890 (WAB deest)

EZ: Ende Juli 1890
Autograph: ÖNB-MS
NGA: Band XII/6 (Erwin Horn, in Vorbereitung)

Zu Bruckners Improvisationskunst gibt es ein einziges Dokument, auf dem er eine Improvisation mit symphonischen Themen ausführlich konzipierte: einen auf drei Seiten beschriebenen Doppelbogen, entstanden anläßlich der Hochzeit der Kaisertochter Erzherzogin → Marie Valerie mit Erzherzog Franz Salvator (1866-1939) am 31. 7. 1890 in der Stadtpfarrkirche zu → (Bad) Ischl, wo Bruckner als Hoforganist auf Wunsch der Braut zum Ein- und Auszug die Orgel spielen sollte. Vorher mußte er in → Wien beim Obersthofmeisteramt schriftlich angeben, was er zu spielen plante. Wie aus der Skizze hervorgeht, wollte er beim Vorspiel das Finale-Hauptthema seiner *Ersten Symphonie* mit der → Kaiserhymne (»Volkshymne«), beim Nachspiel das Seitenthema desselben Satzes sowohl mit der Hymne als auch mit dem »Halleluja« aus Händels »Messias« (»Herr der Herrn, der Götter Gott« als Fanfare, »Und er regiert von nun an auf ewig« als Fugato) verbinden. Die eingetragenen Taktziffern belegen, daß Bruckner auch beim Improvisieren die Achttaktigkeit der Perioden kontrollierte. Das eingereichte Konzept wurde als »nicht passend« abgelehnt. Bruckner beschränkte daraufhin seine Improvisation auf die Kaiserhymne und das Händel-»Halleluja« und wurde für sein Spiel von Kaiser → Franz Joseph I. belobigt. – Erwin Horn hat von dieser Skizze zwei Bearbeitungen für Orgel verfaßt: »Festmusik. Nach einer Improvisationsskizze von A. Bruckner« sowie »Kaiserlied-Paraphrase« (Manuskript). EH

Lit.: Göll.-A. 4/3, S. 58-61; Andrea Harrandt, Bruckner und Ischl. Der Organist des Kaisers im Salzkammergut, in: Blickpunkte Oberösterreich (1995) H. 4; Erwin Horn, Revisionsbericht, in: NGA Bd. XII.

»Im Wort und Liede wahr und treu« (WAB 148/1)
Motto für vierstimmigen Männerchor a cappella in C-Dur, »Kräftig, frisch«
Text: Johann Kajetan Markus (→ Textdichter)
EZ: 28. 10. 1869 in → Wien
W: Zum Namensfest für Simon → Sechter
Autograph: verschollen (früher Max Markus, Linz)
ED (Faksimile): Zeitschrift für Musik 106 (1939) S. 256
NGA: Band XXIII/2 (in Vorbereitung)

Bruckner vertonte zur Erinnerung an seinen Lehrer Simon Sechter 1869 zwei kurze Texte von Markus: diesen → »Motto« genannten Chor und die »Begrüßung« (*»Wir alle jung und alt«*). Der Textdichter war ein Verwandter von Adalbert Markus (1827-1913), Beamter der Sparkasse Linz und Mitglied der → Liedertafel »Frohsinn«, der mit Bruckner befreundet war. Die Familie Markus stammte aus Friedberg in Böhmen, der Heimatgemeinde Sechters. AH

Lit.: Andreas Markus, Familienerinnerungen an Simon Sechter und A. Bruckner, in: Zeitschrift für Musik 106 (1939) S. 255 ff.

Incerta
In diese Gruppe der Werke mit ungesicherter Autorschaft fallen das autograph notierte *Herz Jesu-Lied* sowie das Schullied *»O du liebes Jesu-Kind«*. In neuerer Zeit wurde auch die Autorschaft an den *5 Präludien in Es-Dur* WAB 127 und 128, die aus Bruckners Zeit in → Hörsching stammen, angezweifelt (Othmar Wessely, Erwin Horn). Höchstwahrscheinlich hat der ca. 12jährige bereits vorhandene Orgelstücke für eigene Versuche verwendet.
Das *»Domine, ad adjuvandum me festina«* ist vermutlich Bruckners älterem Cousin und Lehrer Johann Baptist → Weiß zuzuordnen, für den auch das (laut Leopold → Nowak) in dessen Handschrift überlieferte Autograph spricht. Der → »Apollo-Marsch«, der lange Zeit als Werk Bruckners galt, stellte sich als eine Abschrift des »Mazzuchelli-Marsches« von Béla Kéler (Adalbert von Keler) heraus. – Im Bereich der → Abschriften sind derzeit überhaupt noch einige bisher nicht näher identifizierte Kompositionen fraglich.

»In jener letzten der Nächte« (WAB 17)
Lied in 2 Fassungen: 1. für Singstimme und Orgel, 2. für vierstimmigen gemischten Chor a cappella, jeweils in f-Moll, »Andante«
Text: ? (Vorlage s. u.)
EZ: vermutlich 1848 in → St. Florian
UA: vermutlich Gründonnerstag oder Karfreitag 1848 in St. Florian
Autograph: Stadtarchiv → Wels (1. Fassung); Abschriften: ÖNB-MS (2. Fassung)
ED: Göll.-A. 2/2, S. 97 f. (2. Fassung, 1928); Augsburg-Wien, Anton Böhm & Sohn 1931 (2. Fassung, A. M. Müller)
NGA: Band XXI (1. und 2. Fassung, Hans Bauernfeind und Leopold → Nowak, 1984) und Revisionsbericht

Vielleicht ist dieses von Bruckner im Autograph auch (unvollständig) in d-Moll skizzierte und mit »Choral« überschriebene Lied im Rahmen der Studien bei Leopold von → Zenetti entstanden, der seinen Schüler u. a. mit dem evangelischen Kirchenlied bekanntgemacht hat: Der Text des nur 22 Takte langen Stückes stammt nämlich aus dem evangelischen Erbauungsbuch »Die heilige Passion, gefeiert in Liedern, Betrachtungen und Gebeten« (Halle 1840) und hat Bruckner, der sich zeitlebens vom Geschehen der Karwoche, speziell der Gründonnerstags-Nacht, zutiefst berührt zeigte (→ *Vexilla regis*), wohl besonders angesprochen. EM

Lit.: Göll.-A. 2/1, S. 94.

In S. Angelum Custodem (WAB 18) »Iam lucis orto sidere«
Hymnus, phrygisch in 2 Fassungen: 1. für vierstimmigen gemischten Chor a cappella (Variante a) bzw. vierstimmigen gemischten Chor mit Orgel in e-Moll (Variante b); 2. für vierstimmigen Männerchor a cappella in g-Moll
Text: P. Robert Riepl (→ Textdichter)
EZ: spätestens Sommer 1868 (1. Fassung) bzw. vor dem 1. 5. 1886 (2. Fassung)
Widmung: Alois Dorfer, Abt des Stiftes Wilhering und Präses der dortigen Schutzengel-Bruderschaft
UA: 1868 im Stift → Wilhering
Autograph: verschollen; Abschrift: Stift → Kremsmünster (Franz Schimatschek [→ Kopisten], mit autographen Eintragungen und Unterschrift Bruckners)
ED: Linz, J. Feichtingers Erben 1868 (1. Fassung); »An der schönen blauen Donau«. Unterhaltungsblatt für die Familie 1 (Wien 1886, Hrsg. Fedor Mamroth) S. 240 (2. Fassung)
NGA: Band XXI (1. und 2. Fassung, Hans Bauernfeind und Leopold → Nowak, 1984) und Revisionsbericht

Die Dichtung dieses achtstrophigen Hymnus des Wilheringer Paters, der auch die Druckkosten der 1. Fassung bezahlte, lehnt sich im Versmaß offenbar an eine ältere lateinische Dichtung an; Orlando di Lasso hat eine Motette unter dem Titel »Kneiplied zechender Mönche« komponiert, deren Text mit der identischen ersten Zeile beginnt. – 1892 schickte Bruckner ein Exemplar des Erstdrucks an P. Oddo → Loidol nach Kremsmünster, da ihn die dortigen Studenten gebeten hatten, bei ihrem Schulschlußgottesdienst die Orgel zu spielen, er sich jedoch wegen eines Fußleidens entschuldigen mußte. Für den genannten Zweck nahm Bruckner selbst einige Textänderungen vor. 1886 war eine zweite Fassung des Hymnus für Männerchor erschienen, die vermutlich (ein Autograph fehlt) auch auf Bruckner zurückgeht.

Das Werk steht nicht nur zeitlich, sondern auch musikalisch in der Nähe des *Pange lingua et Tantum ergo* sowie der *Messe in e-Moll*. Die kurze, 24taktige Hymne ist in der Art eines evangelischen Chorals, mit Fermaten bzw. Pausen nach jeder der jeweils sechs Verszeilen, fast durchgängig im Satz Note gegen Note geschrieben. Der durchsichtig klare, schwebende und zugleich etwas herbe Klang verleiht der Komposition in der ersten Fassung für gemischten Chor trotz ihrer Schlichtheit einen außerordentlichen Reiz, der in der etwas schwerfälligen Männerchor-Version fast zur Gänze abhanden kommt.

EM

Lit.: außer dem Revisionsbericht der NGA noch Gerald Karl Mitterschiffthaler, Die Beziehungen A. Bruckners zum Stift Wilhering, in: Bruckner-Studien 1975; die Angaben bei Göll.-A. 3/1 sind wegen ihrer Fehlerhaftigkeit nicht heranzuziehen.

Instrumentation

Unter dem Terminus »Instrumentation«, der sich erst im 19. Jahrhundert eingebürgert hat und neben dem Begriff »Orchestration« (häufig ohne inhaltliche Abgrenzung) verwendet wurde, versteht man heute das »gezielte und erstrebte Zusammenwirken von Instrumenten, das einem musikalischen Ganzen zur klanglichen Erscheinung verhilft, also das ›In-Klang-Setzen‹ überhaupt« (MGG, 2. Ausg.). Die Instrumentationslehre beschäftigt sich mit der Technik der Instrumentation, dem »Erlernbaren« (Kenntnis der klanglichen Möglichkeiten der einzelnen Instrumente und deren Kombination im Zusammenspiel), während die Kunst der Instrumentation – abhängig von der schöpferischen Eingebung – ein Teil des kompositorischen Vorganges und daher nicht erlernbar ist, wie bereits Hector → Berlioz (»Grand Traité ...« 1844) festgestellt hat.

Bruckner wandte sich nach Abschluß seiner Studien bei Simon → Sechter an den Theaterkapellmeister Otto → Kitzler in → Linz und nahm von Herbst 1861 an 19 Monate lang »regelmäßigen Unterricht in der Orchestration«. Als Lehrbücher dienten ihm der vierte Band der »Kompositionslehre« von Adolf Bernhard Marx und »Die Lehre von der Instrumentation« von Johann Christian Lobe, die eine modernere, orchestergemäßere Konzeption als jene von Marx aufweist. Von großer Bedeutung für die Ausbildung der spezifischen Brucknerschen Orchestersprache wurde die Begegnung mit → Wagners »Tannhäuser«, den Kitzler 1863 in Linz aufführte. Vor und nach der Aufführung machte Bruckner gründliche Partiturstudien, wobei ihn sein Lehrer auf die »Neuheit der Instrumentation« besonders hinwies. Von mindestens ebenso großem Einfluß war das durch Ignaz → Dorn veranlaßte Kennenlernen der Klangwelt von Hector Berlioz und Franz → Liszt, vor allem von dessen »Faust«-Symphonie.

In der Orchesterbesetzung knüpft Bruckner ebenso wie → Brahms primär an die von → Beethoven geforderte an, die er jedoch, abgesehen von der Basis des Streichquintetts, sukzessive erweitert. In der *Symphonie in d-Moll*, der *Ersten* und *Zweiten* entspricht das Blech mit vier Hörnern, zwei Trompeten und drei Posaunen noch der von Brahms in dessen Symphonien geforderten Besetzung. Ab der *Dritten Symphonie* verlangt Bruckner eine dritte Trompete, ab der *Fünften* ergänzt er das Posaunentrio durch die Kontrabaßtuba (in der zweiten Fassung der *Vierten* und in der *Sechsten* durch die Baßtuba), während er im 2. Satz der *Siebenten* erstmals anstatt der vier Hörner zwei Tenor- und zwei Baßtuben verwendet, die sogenannten Wagner-Tuben, die der Bayreuther Meister für den »Ring des Nibelungen« bauen ließ. In der *Achten Symphonie* ist die Blechgruppe durch die Zuziehung der Wagner-Tuben, die mit zwei zusätzlichen Hornpaaren alternierend eingesetzt werden, überhaupt erweitert; auch die *Neunte Symphonie* schreibt acht Hörner vor, wodurch es in diesen Werken tatsächlich zu einer Annäherung an die in der Nibelungentetralogie geforderte Blechbesetzung kommt. Die von Wagner in seinen übrigen Bühnenwerken geforderte Blechbläserbesetzung von vier Hörnern, drei Trompeten, drei Posaunen und Baßtuba entspricht der von

Bruckner von der *Dritten* bis zur *Siebenten* geforderten.
Während Wagner jedoch immer um den Ausgleich von Holz- und Blechbesetzung bemüht war (vierfaches Holz im »Ring«), verwendete Bruckner bis zu seiner *Siebenten* nur zweifaches Holz, erst in der Zweitfassung der *Achten Symphonie* ist dreifache Holzbläserbesetzung vorgeschrieben, wobei er auch hier auf die von Wagner ab dem »Lohengrin« verwendeten Instrumente Englischhorn und Baßklarinette verzichtet und jeweils einen gleichen dritten Holzbläser verlangt. In der ersten Fassung der *Achten* war in den ersten drei Sätzen dem verstärkten Blech überhaupt nur zweifaches Holz entgegengesetzt, worin man vielleicht einen der Gründe sehen kann, daß Hermann → Levi die Instrumentation dieser Symphonie als »unmöglich« bezeichnete und dadurch indirekt an der Erhöhung der Holzbläserzahl in der zweiten Fassung Anteil hat. Das Adagio der *Achten Symphonie* nimmt in Hinblick auf die Besetzung eine Sonderstellung ein und kommt dadurch Wagners Klanggestaltung am nächsten: Bruckner verlangt nur in diesem Satz drei Harfen (ein Instrument, von dem er ursprünglich behauptet hatte, daß es in keine Symphonie gehöre) sowie das einzige Mal Schlagzeug (Triangel und Becken) – abgesehen vom vieldiskutierten Beckenschlag in der *Siebenten* (Arthur → Nikisch).
Die Brucknersche Symphonik zeichnet sich durch eine klanglich charakteristische Orchestersprache aus, die von seinen Zeitgenossen sehr bewundert wurde, ja selbst die konservative Kritik konnte sich oft der Klangwirkung nicht gänzlich entziehen, wenngleich sie die Übertragung der von Wagner in seinen Musikdramen verwendeten Instrumente und Effekte auf die Symphonie ablehnten. Dabei ist zu berücksichtigen, daß der sich aus begeisterten Wagner-Anhängern zusammensetzende Freundeskreis Bruckners – neben Levi, Nikisch und Karl → Muck vor allem die Brüder → Schalk und Ferdinand → Löwe, dem Bruckner den → Spitznamen »der Berlioz« gab – in Fragen der Instrumentation eine beratende Funktion innehatte und versuchte, mit Ratschlägen, die in den späteren → Fassungen Berücksichtigung fanden, aber auch durch eigene → Bearbeitungen eine Anpassung an das Wagnersche Klangideal zu erreichen, um dadurch die Aufführungschancen der Symphonien zu erhöhen; d. h., daß den Zeitgenossen zum Teil den Wagnerklang adaptierende Bruckner-Symphonien präsentiert wurden. Bruckners Orchestersprache selbst unterscheidet sich jedoch – abgesehen von der teilweisen Annäherung in der Besetzung – grundlegend von seinem Bayreuther Vorbild, und zwar durch den andersartigen Einsatz der Instrumente und die anders gewichtete Stellung der Instrumentengruppen zueinander.
Im Zentrum des musikalischen Geschehens der Bruckner-Symphonien stehen die Blechbläser, die im Orchester-Tutti nicht bloß zur Steigerung der Klangmasse, sondern auch zur thematischen Gestaltung herangezogen werden. Als geschlossene Gruppe innerhalb des Fortissimo werden sie als Träger überaus zahlreicher Themen eingesetzt, vor allem in der ersten und dritten Themengruppe der Ecksätze. In der Verwendung als Einzelinstrument bzw. in der Verbindung gleicher Instrumente prägen sie die Hauptthemen etlicher Sätze (z. B. Trompete: *Dritte*/1. Satz, *Siebente*/Scherzo; Horn: *Vierte*/1. Satz; Tubenquartett: *Siebente*/Adagio). Das Hauptgewicht bei den von Blechbläsern dominierten Abschnitten, namentlich in den von Bruckner selbst so bezeichneten, auf das → Aequale zurückgehenden »Chorälen«, liegt auf dem Posaunen-Trio (ab der *Fünften* auf dem durch Baß- oder Kontrabaßtuba ergänzten Posaunen-Quartett). Die vier Wagner-Tuben – von deren klanglichen Ausdrucksmöglichkeiten Bruckner so angetan war, daß er in etlichen Briefen an Dirigenten immer wieder auf deren Wichtigkeit bzw. Unersetzbarkeit hinwies – verwendet er als in sich geschlossene Gruppe bevorzugt für feierlich getragene Klänge im Piano. Für den charakteristischen Klangeindruck des Blechs ist ferner Bruckners auf den Regeln des strengen Satzes basierende → Satztechnik verantwortlich sowie die Tatsache, daß die Blechbläserstimmen häufig unter Bedachtnahme auf die Obertonlagerung relativ eng beieinander geschichtet sind.
Die Holzbläser hat Bruckner dagegen eher stiefmütterlich behandelt, und zwar im Vergleich mit Wagner wie auch mit Brahms. In den Frühfassungen treten Oboe und Klarinette nur als Füllstimmen auf, während die Flöte häufig gemeinsam mit der Violine eingesetzt wird und das Fagott völlig zurückgedrängt erscheint. In späteren Werken bzw. Fassungen sind die Holzbläser einerseits im Tutti gemeinsam mit dem Blech an der Themenbildung beteiligt sowie andererseits mit charakteristischen, teilweise solistischen Gegen- und Ergänzungsmotiven betraut. Während die Holzbläser aber trotzdem eine eher untergeordnete Rolle spielen, bilden die Strei-

cher in ihrer Bedeutung gleichsam den Gegenpol zu den Blechbläsern. Bruckners Streicherklang erscheint wesentlich und mit der Zeit in zunehmendem Maß vom Blechklang beeinflußt, ja diesem durch die artikulatorische Gestaltung angepaßt: z. B. keine langen Bindebögen, sondern Strich-für-Strich-Spiel für größeres Klangvolumen und Prägnanz (Punkte, Keile), Geräuschkomponente durch ausschließliches Spielen mit Abstrich in schnellem Tempo (z. B. *Neunte*/Scherzo). Neben dem konventionellen Einsatz der Streicher als melodieführende Instrumente von meist kantablem Charakter (Seitenthemen), wobei Bruckner dunkle Klangfarben bevorzugt (Viola und Violoncello als Melodieträger, Spiel auf der G-Saite der Violinen), verlangt er relativ häufig das Pizzicato, speziell an Stellen mit Doppelthematik. Von herausragender Bedeutung in der Streicherbehandlung ist ferner das → Tremolo, das in seinen vielfältigen Erscheinungsformen neben der Dominanz der Blechbläser wesentlich zum charakteristischen Bruckner-Klang beiträgt.

Viele der genannten Aspekte der Besetzung bzw. der Instrumentation stehen in direktem Zusammenhang mit allgemeinen kompositionstechnischen bzw. formal-strukturellen Besonderheiten der Symphonien Bruckners. So ist z. B. der Gestalthaftigkeit der Brucknerschen Motive (→ Motivik) eine markante Instrumentation angemessen. Die blockartige Gegenüberstellung einzelner Abschnitte, die durch die stark kontrastierende Dynamik und Instrumentation unterstützt wird, kann mit der Registertechnik der → Orgel in Zusammenhang gebracht werden, wobei in diesem Zusammenhang auch der (besonders in früher entstandenen Werken) häufige Einsatz von → Generalpausen zu nennen ist, der neben strukturellen auch akustische Gründe (Nachhall!) hat. Aber genauso wie Bruckner in den späteren Fassungen die Pausen eliminierte und durch Überleitungen ersetzte, milderte er auch die scharfen Klangkontraste der Erstfassungen durch eingebaute Crescendi und Decrescendi sowie durch zunehmende Klangmischung der Instrumentengruppen, alles wahrscheinlich Änderungen aufgrund der Ratschläge seiner dirigierenden Freunde im Hinblick auf eine Annäherung an die Wagnersche »Kunst des Übergangs«.

Neben der Aneinanderreihung von Klangblöcken, d. h. dem Kontrast des Nacheinander, verwendete Bruckner aber auch den Kontrast im Nebeneinander, das sogenannte Klanggruppenprinzip: d. h., daß sich das musikalische Geschehen oft auf mehreren klanglich genau getrennten Ebenen abspielt, in verschiedenen Klangschichten, die den farblich getrennten, weil unterschiedlich registrierten Manualwerken einer Orgel entsprechen. Dabei müssen sich die Klanggruppen nicht prinzipiell aus den Mitgliedern *einer* Instrumentengruppe zusammensetzen, sondern es können auch verschiedene Instrumentenkombinationen einander gegenübergestellt werden. Im Vergleich zu anderen Komponisten setzte Bruckner die Instrumentengruppen zwar relativ häufiger ungemischt ein, die Tendenz zur Klangmischung nahm aber bei den späteren Werken (bzw. Fassungen) zu.

Schließlich sei auch noch auf die nicht zu unterschätzende Rolle der → Interpretation im Zusammenhang mit dem durch die Instrumentation bedingten Klangeindruck hingewiesen: Die sich wandelnde → Aufführungspraxis und äußere Gegebenheiten (moderne Instrumente, Konzertsaal/Tonstudio, Orchester-Sitzordnung usw.) prägen das Klangbild bei der Wiedergabe der Brucknerschen Symphonien von der Uraufführung bis heute. IF

Lit.: H. Berlioz, Grand traité d'instrumentation et d'orchestration modernes. Paris 1844; A. B. Marx, Die Lehre von der musikalischen Komposition praktisch theoretisch 4. Leipzig 1847; J. Ch. Lobe, Die Lehre von der Instrumentation (Lehrbuch der musikalischen Komposition 2). Leipzig 1855; Alfred Lorenz, Zur Instrumentation von A. Bruckners Symphonien, in: Zeitschrift für Musik 103 (1936); ders., Klangmischung in A. Bruckners Orchester, in: Allgemeine Musikzeitung 63 (1936); Fritz Oeser, Die Klangstruktur und ihre Aufgabe in Bruckners Symphonik. Leipzig 1939; Heinz Becker, Geschichte der Instrumentation. Köln 1964; Karl Schütz, Von der Orgel-Improvisation zur Symphonie. Ein Beitrag zur Klangvorstellung A. Bruckners, in: Bruckner-Studien. Wien 1975; Jarmil Burghauser – Antonín Spelda, Akustische Grundlagen des Orchestrierens. Regensburg 1971; Helmut Rösing, Gestalt und Wiederholung in Bruckners Sinfonien, in: Bruckner-Symposion 1981; Constantin Floros, Historische Phasen der Bruckner-Interpretation, in: Bruckner-Symposion 1983; Ingrid Fuchs, Aspekte der Instrumentation der Symphonien Brahms' und Bruckners, in: Bruckner-Symposion 1983; dies., Klingt Bruckner »wagnerisch«? Eine Studie zum orchestralen Klangbild Bruckners und Wagners, in: Bruckner-Symposion 1984; Gerda Lechleitner, Bruckner – Wagner – ein meßbarer Unterschied, ebenda; Walter Gieseler in: MGG 2. Ausg., 4, Sp. 911-951.

Instrumente Bruckners

– Bruckners Geige

Die Marktgemeinde → Kronstorf besitzt eine von Josef Pauli in Linz im Jahre 1734 gebaute Violine, die im »Kronstorfer Brucknerzimmer« ausgestellt ist. Die Geige wurde 1989 aus Kronstorfer Privatbesitz erworben. Franziska Steinleithner (1901-1985) erzählte, daß sie diese

Violine von ihren Eltern übernommen habe. Ihr Vater, Josef Lehofer, erhielt sie wiederum von seinem Vater, Franz Seraph Lehofer, der während Bruckners Kronstorfer Lehrgehilfentätigkeit in den Jahren 1843-1845 dort Schulmeister war. Laut Familienüberlieferung war die Geige ein Pfand, das Anton Bruckner für den Betrag von 3 Gulden bei Franz Seraph Lehofer eingesetzt, aber nicht mehr ausgelöst hatte.

Violine
Josef Pauli, Linz 1734
Druckzettel: »Josephus Pauli me fecit / Linci 1734« (die letzten zwei Ziffern handschriftlich)
Decke und Boden zweiteilig; rötlich brauner Lack; originaler, hochgesetzter Hals; nicht mehr originale Wirbel in nicht ausgebüchsten Wirbellöchern; Sattel, Griffbrett, Saitenhalter und Steg 20. Jahrhundert
Corpuslänge 36,3 cm; obere Breite 16,4 cm; mittlere Breite 11,1 cm; untere Breite 36,3 cm; Deckenmensur 19,7 cm; Gesamtlänge (derzeit) 60,0 cm; schwingende Saitenlänge (derzeit) 32,2 cm
Marktgemeinde Kronstorf, Bezirk Linz, Oberösterreich.

– Bruckners Clavichord

In der Bruckner-Gedenkstätte in → Ansfelden wird ein Clavichord gezeigt, das zum Inventar des Oberösterreichischen Landesmuseums gehört. Das Instrument wurde im Jahr 1977 aus dem Besitz von Paula Sücka aus Tragwein angekauft. Franz Seraph Sücka, ein Vorfahre der Verkäuferin, stand in → Windhaag bei Freistadt mit Bruckner in Verbindung, wo dieser das Clavichord benützte. Wahrscheinlich ist es mit dem in der Literatur angegebenen »Spinett« ident, das Franz Sücka für Bruckner kaufte und das seitdem in dieser Familie blieb.

Gebundenes Clavichord
Österreich, Ende 18. oder Anfang 19. Jahrhundert
Gehäuse aus Hartholz, Unterboden aus Weichholz, Untertasten mit Zwetschge, Obertasten mit Bein belegt; Umfang: C-f^3 (4 ½ Oktaven, chromatisch); Tangenten aus Messingblech; doppelchöriger Bezug mit Eisensaiten
Länge 110,6 cm; Breite 34,5 cm; Zargenhöhe 8,0 cm; Stichmaß 48,2 cm; c^2 = 24,4 cm
Oberösterreichisches Landesmuseum Linz, Inv. Nr. Mu 227.

– Bruckners Klavier

In den Bruckner-Ausstellungsräumen des Stiftes → St. Florian wird ein → Bösendorfer-Flügel gezeigt, der der Wiener Wohnung Anton Bruckners entstammt. Bruckner erhielt dieses Klavier als Erbe von seinem Freund, Franz → Sailer, Gerichtsaktuar und Hofschreiber des Stiftes St. Florian, als dieser 1848 starb. Nach Bruckners Tod gelangte das Instrument zunächst zu seiner Großnichte Laura → Hueber in → Vöcklabruck, von wo es auf Initiative vom Bruder Ignaz → Bruckner in das Stift überstellt wurde.

Hammerflügel
Ignaz Bösendorfer, Wien, kurz nach 1845
Eingelegte Metallinschrift: »Bösendorfer, Wien, Kaiserl. Königl. Hof Piano's Verfertiger«
Nußbaumfurnier; Klaviaturumfang A_2-a^4 (7 Oktaven); Opusnummer: 1493
Länge 219 cm; Breite 137 cm; Höhe 93 cm
Kunstsammlungen des Augustiner-Chorherrenstiftes St. Florian.

– *Bruckners Harmonium*
Ebenfalls in den Bruckner-Gedenkräumen des Stiftes St. Florian ist ein zweimanualiges großes Harmonium ausgestellt. Dieses Instrument wurde von den Erben Prof. Dr. Leopold → Schrötters von Kristelli dem Stift geschenkt. Schrötter hatte Bruckner seit 1893 intensiv behandelt und noch vor dessen Tod das Harmonium von seinem Patienten als Geschenk erhalten. Er ließ es bei der Wiener Firma T. Kotikiewicz reparieren und erweitern (Pedalklaviatur und elektrisches Gebläse).

Harmonium
Ph. J. Trayser u. Co., Stuttgart, 2. Hälfte des 19. Jahrhunderts
Glasschild: »B. Kohn u. C[ompan]ie Harmoniumfabrik / Prag u. Stuttgart«
Gehäuse: außen: Eiche, schwarz gebeizt, innen: Nuß, Palisander, Esche
Tasten aus Elfenbein und Ebenholz; 2 Manuale C-c^4 (5 Oktaven)
15 Registerknöpfe: 4 Basson; 3 Clarion; 2 Bourdon; 1 Cor anglais; Pedal 16 f.; Pedal Coppel; G Grand Jeu; Manual Coppel; Pedal 8 f.; 1 Flöte; 2 Clarinette; 3 Flageolet; 4 Hautbois; Forte
Maße (Deckel geschlossen ohne Pedal): Länge 145 cm; Breite 95 cm; Höhe 117 cm
Kunstsammlungen des Chorherrenstiftes St. Florian. GS

Lit.: Internationales Adressbuch der gesammten Musikinstrumenten-Branche und Musikinstrumenten-Industrie. Leipzig 1886; Weltadreßbuch der Musikinstrumentenindustrie. Leipzig 1893; Willibald Leo Frh. von Lütgendorff, Die Geigen- und Lautenmacher vom Mittelalter bis zur Gegenwart 2. Frankfurt/Main 1922, S. 372, Zettel Nr. 621; Göll.-A. 1, S. 129, 137 f., 167 f., 191 f., 194 ff., 216 ff., 2/1, S. 67 f., 333 ff.; Florian Födermayr, Vom Pflug ins Parlament. Braunau/Inn 1952, S. 6 ff.; Nowak 1973, S. 51, 55 f., 74 f.; Pierce-Piano Atlas. Long Beach 1976, S. 40; Klaus Gernhardt – Hubert Henkel – Winfried Schrammek, Orgelinstrumente – Harmoniums (Musikinstrumentenmuseum Leipzig. Katalogband 6). Leipzig 1983, S. 138; Walter Hamma, Geigenbauer der deutschen Schule 2. Tutzing 1986, S. 105 f., Zettel: S. 106 und Nr. 28 a, b; Österreichische Kunsttopographie 48: Die Kunstsammlungen des Augustinerchorherrenstiftes St. Florian. Hrsg. Thomas Korth. Wien 1988, S. 280; Alfons Huber, Der Österreichische Klavierbau im 18. Jahrhundert, in: Die Klangwelt Mozarts. Wien 1991; ders., Instrumentenbau, in: Musikgeschichte Österreichs 2. Hrsg. Rudolf Flotzinger und Gernot Gruber. Wien 1995; Manfred Wagner, A. Bruckner. Wien 1995; Das romantische Harmonium auf Originalinstrumenten gespielt von Franz Haselböck: Da Camera magna SM 93001 (Schallplatte).

Intermezzo in d-Moll (WAB 113)
für Streichquintett (2 Violinen, 2 Violen, Violoncello), »Moderato«
EZ: 1879, vollendet 21. 12. 1879
UA: 23. 1. 1904 in → Wien (→ Wiener Akademischer Wagner-Verein; Fitzner-Quartett)
Autograph: ÖNB-MS
ED: Wien, Universal Edition 1913
NGA: Band XIII/2 (Leopold → Nowak, 1963)

Dieser isolierte Quintettsatz hat eine merkwürdige Geschichte. Bruckner hat ihn als Alternative zu dem von Joseph → Hellmesberger als unspielbar bezeichneten Scherzo seines *Streichquintetts* komponiert. Das vorhandene Trio beließ er. Nachdem aber 1881 das Winkler-Quartett die originalen drei ersten Sätze des

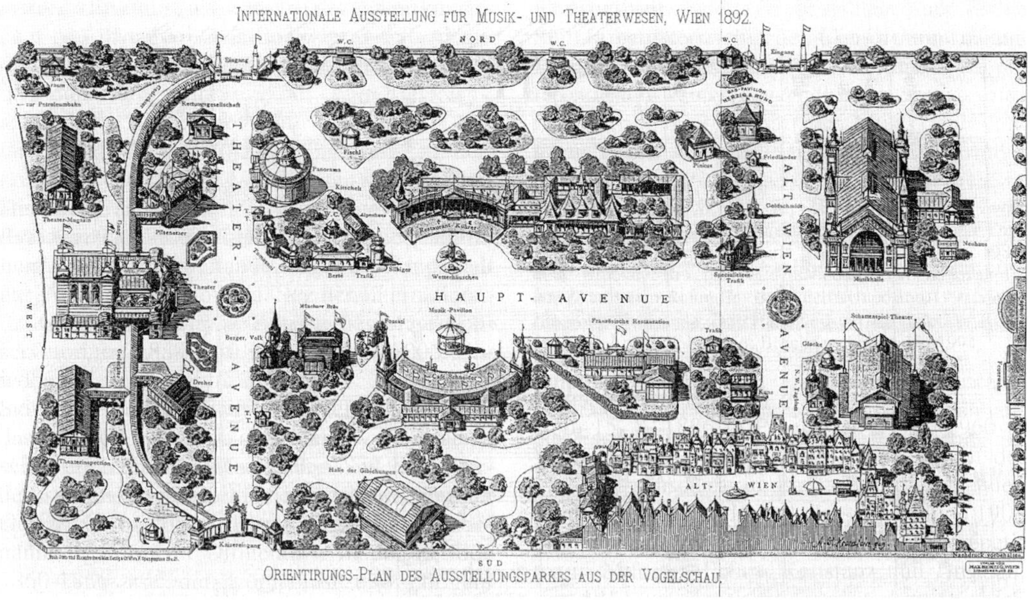

Quintetts uraufführte, entschied sich Hellmesberger bei einer kompletten Aufführung 1885 schließlich auch für das Scherzo. Somit stellt das *Intermezzo* lediglich ein Dokument zur schwierigen Aufführungsgeschichte dar. Ernst → Kurth schlug vor, diesen Satz – nach dem Scherzo – in das *Streichquintett* zu integrieren.

Die Forderung nach einem weniger schwierigen Satz führte zur Idee eines allgemeinen Charakterwandels bei gleichzeitiger Übernahme einzelner Elemente. Das *Intermezzo* zeigt insgesamt eine stärkere Tendenz zum »Stimmungsbild« mit harmonisch vielfältigen Schattierungen und weist in → Melodik und → Rhythmus immer wieder ländlerartige Züge auf. Einige Figuren sind dem Scherzo entnommen, es finden sich auch Parallelen zum Trio der *Dritten Symphonie*.

EWP

Lit.: Ernst Kurth, Bruckner. Berlin 1925, Bd. 2, S. 1180 ff.; Hans Jancik, A. Bruckner in seiner Kammermusik, in: Bruckner-Studien 1964.

Internationale Ausstellung für Musik- und Theaterwesen

Vom 7. 5. bis 9. 10. 1892 fand in → Wien auf dem Ausstellungsgelände im Prater (Rotunde und Umgebung) eine Internationale Ausstellung für Musik- und Theaterwesen statt. Sie war geteilt in eine Fachausstellung (mit den Kategorien »Biographische Denkwürdigkeiten«, »Musik«, »Theater«, »Ethnographisch interessante Gegenstände«) und in eine gewerbliche Spezialausstellung (»Moderne Musikinstrumente«, »Graphische Darstellung der Musikliteratur«, »Gewerbe und Kunstgewerbe im Dienste des modernen Theaters«). In einem eigens erbauten Internationalen Ausstellungstheater fanden unter dem Motto »Theatralische Völkerbegegnung im Donauraum« Gastspiele in- und ausländischer Bühnen statt (z. B. Deutsches Theater Berlin, Hamburger Stadttheater, Comédie Française, Nationaltheater Budapest). Operntruppen aus allen Gebieten der Monarchie gastierten mit ihren Nationalopern in der Originalsprache (Bedrich Smetana: »Prodaná nevesta« [Erstaufführung in Wien] und »Dalibor«, Stanislaw Moniuszko: »Halka« und »Straszny dwór«), eine italienische Operntruppe führte u. a. »I Pagliacci«, »Cavalleria rusticana« und »L'amico Fritz« unter Leitung der Komponisten Ruggiero Leoncavallo bzw. Pietro Mascagni auf. Die Ausstellung war zwar ein finanzieller Mißerfolg, doch ist ihre Bedeutung für das Musik- und Theaterleben, insbesondere durch dessen wissenschaftliche Aufarbeitung durch Fachkataloge, nicht hoch genug einzuschätzen. So wurde z. B., nach einem Arbeitsplan von Guido → Adler (der auch den Fachkatalog herausgab) und Oskar Fleischer, in einer Musikhistorischen Abteilung die Musikgeschichte Deutschlands und Österreichs – gemeinsam (!) und chronologisch – in 25 Räumen dargestellt,

wobei »deren Inhalt die ganze musikgeschichtliche Entwikelungsreihe vom Alterthum bis zur Gegenwart durchlief« und so »der Musikwissenschaft eine Gelegenheit geboten [wurde], ... auf die große Allgemeinheit zu wirken«.
Bruckner hat die Ausstellung in Gesellschaft wiederholt und mit großem Interesse besucht; die dabei vorgefallenen teils rührenden, teils komischen Episoden sind bei Göllerich-Auer verzeichnet. In der Musikhistorischen Abteilung war er durch zwei → Autographe (Briefe vom 22. 3. 1877 und 19. 5. 1881) vertreten, ebenso war seine von Viktor → Tilgner geschaffene Büste ausgestellt. Unter den in einem Ausstellungsführer reproduzierten Musikerporträts findet sich (neben Johann → Strauß, Franz von Suppé, Johannes → Brahms, Karl → Goldmark u. a.) auch jenes von »Dr. Anton Bruckner«. Die Entstehung der Vertonung des *Psalms 150* ist mit der Geschichte der Ausstellung verbunden: Zuerst für das Eröffnungskonzert, dann für die – nicht zustande gekommene – Schlußfeier gedacht, sollte er anläßlich des Tonkünstlerfestes des Allgemeinen Deutschen Musikvereines aufgeführt werden, doch kam dieses ebenfalls nicht zustande. Für die Rezeption seines Werkes von großer Bedeutung war aber die Aufführung zweier Symphonien in der eigens für die Ausstellung errichteten, 2 200 Personen umfassenden »Tonhalle«: Im Rahmen der »Festkonzerte« wurde am 15. 6. die *Vierte Symphonie* (vom »Symphonie-Orchester der Ausstellung« unter Josef → Schalk), am 9. 7. im Rahmen der »Symphoniekonzerte« die *Dritte* (unter Ferdinand → Löwe) mit größtem Erfolg aufgeführt. HR

Lit.: Internationale Ausstellung für Musik- und Theaterwesen Wien 1892. Fach-Katalog der Musikhistorischen Abtheilung von Deutschland und Oesterreich-Ungarn. Wien 1892, S. 382, 385; Oskar Fleischer, Die Bedeutung der internationalen Musik- und Theater-Ausstellung in Wien für Kunst und Wissenschaft der Musik. Wien [1892]; Louis Rainer's Illustrirter Führer durch die Internationale Ausstellung für Musik und Theaterwesen Wien 1892. Wien [1892]; Victor Joss, Eine Erinnerung an Meister Bruckner, in: Österr. Musik- und Theaterzeitung 8 (1895/96) Nr. 6/7; Göll.-A. 4/3, passim; Max Auer, A. Bruckner. 6. Aufl. Wien-München-Zürich 1937, S. 457-463; Margarethe Egger, Die »Schrammeln« in ihrer Zeit. Wien 1989, S. 254-272; Schlußbericht des Jubiläumsfonds-Projektes Nr. 3941 »Strukturen des bürgerlichen Musikmäzenatentums in Wien um 1900«. Erstellt am Institut für Musikgeschichte, Wien, unter der Leitung von Friedrich C. Heller und Manfred Permoser. Wien 1993, S. 226-230.

Internationale Bruckner-Gesellschaft (IBG)

Der Gründung des → Brucknerbundes für Oberösterreich 1926 folgte am 9. 10. 1927 die der Internationalen Bruckner-Gesellschaft im Leipziger Buchgewerbehaus. Unter den Gründern waren Franz Moißl, Franz → Gräflinger, Karl → Grunsky, Fritz → Grüninger, Walter Braunfels, Felix Gatz, Helmut von Hase, Propst Vinzenz Hartl u. a., erster Vorsitzender wurde Max → Auer (bis 1953). Als Dachgesellschaft umfaßte sie alle damals bestehenden Brucknerverbände. »Ohne Rücksicht auf sprachliche und politische Grenzen will sie in der ganzen Welt der Propagierung Brucknerschen Wesens dienen.« 1929 erfolgte die Konstituierung der IBG in Wien, der Brucknerbund trat als zahlenstärkste Sektion bei. Ehrenpräsident war zunächst Franz → Schalk, später Karl → Muck. Im selben Jahr erschien auch die erste Nummer der »Bruckner-Blätter« (→ Bruckner-Zeitschriften). In der Folge wurden weitere Ortsgruppen bzw. Sektionen gegründet: u. a. in Aachen, Augsburg, Berlin, Dresden, Düsseldorf, Hamburg, Karlsbad, Leipzig, Leitmeritz, München, Rheinland, Salzburg, Württemberg, aber auch in Ankara.
Hauptaufgabe der IBG war und ist auch heute noch die Herausgabe der Werke Bruckners gemeinsam mit der → Österreichischen Nationalbibliothek: »Eine peinlich genaue, traditionsgeleitete Textkritik wird das Werk Bruckners von allen fehlerhaften Überbleibseln reinigen und den Urtext liefern, der als Grundlage für künftige praktische Ausgaben zu dienen hat.« Der erste Band erschien 1930 beim Augsburger Verleger Benno Filser, der die → Gesamtausgabe bis 1932 betreute. Darauf folgte die Gründung des Musikwissenschaftlichen Verlages mit Sitz in → Leipzig, mit Ende des Zweiten Weltkrieges betreute der Bruckner-Verlag Wiesbaden die Bände. 1946 wurden die Reorganisation der IBG und die Weiterführung der Bruckner-Gesamtausgabe im Musikwissenschaftlichen Verlag Wien beschlossen. In den Jahren 1930 bis 1955 hielt die IBG insgesamt 13 → Internationale Brucknerfeste in verschiedenen deutschen, österreichischen und Schweizer Städten ab. Diese Feste trugen wesentlich zur Verbreitung der Werke Bruckners im deutschen Sprachraum bei.
Präsident der IBG ist seit 1971 – in Nachfolge von Prälat Leopold Hager von → St. Florian – Horst Haschek, der auch der → Gesellschaft der Musikfreunde in Wien vorsteht. Unter seiner Leitung besteht die Hauptaufgabe der IBG weiterhin darin, die Voraussetzungen zur Durchführung der Gesamtausgabe zu schaffen, um die dazu notwendigen Subventionen anzusuchen, Mitglieder im In- und Ausland zu werben und den persönlichen oder schriftlichen Kontakt zu

den nationalen Bruckner-Gesellschaften zu pflegen. Das seit 1971 als Forum für Aufsätze, Nachrichten, Aufführungsmeldungen etc. erscheinende »IBG-Mitteilungsblatt« (seit 1993 unter dem Haupttitel »Studien & Berichte«) dient auch als Organ für Berichte über die Gesamtausgabe. AH

Lit.: Göll.-A. 4/4, S. 89-95, 130-134 (Satzungen); Leopold Nowak, Die A. Bruckner-Gesamtausgabe. Ihre Geschichte und Schicksale, in: Bruckner-Jahrbuch 1982/83; Andrea Harrandt, Der Brucknerbund für Oberösterreich und die Internationale Bruckner-Gesellschaft. Ihre Geschichte und Ziele, in: Bruckner-Symposion Leipzig 1987.

Internationales Brucknerfest Linz (IBF)

Das erste → Bruckner-Fest fand 1905 in → München statt, weitere folgten seit 1920 in Deutschland und Österreich – hier vor allem in → Linz und → St. Florian –, die besonders in den dreißiger Jahren große Bedeutung erlangten.

Nach der Eröffnung des → Brucknerhauses in Linz im März 1974 konnte bereits im September desselben Jahres das erste IBF abgehalten werden. Der Zeitraum dieser Festspiele erstreckte sich zu Beginn von ca. Anfang September – gegenwärtig von ca. Mitte September – bis ca. Anfang Oktober jeden Jahres. Sinn und Zweck ist es, innerhalb eines stilistisch weitgefächerten Programms das Gesamtwerk Anton Bruckners, insbesondere sein symphonisches Schaffen, mit internationalen Orchestern und Dirigenten vorzustellen. Im Laufe der Jahre konnten auch interessante Premieren geboten werden: die »öffentliche Uraufführung« der *Achten Symphonie* in der Fassung von 1887 (30. 8. 1974) und die Uraufführung der *Vierten Symphonie* in der Fassung von 1874 (20. 9. 1975).

Als Festredner anläßlich der Eröffnung des IBF wird jeweils eine prominente Persönlichkeit aus Kunst oder Politik eingeladen. Seit 1979 findet während des IBF die »Linzer Klangwolke« (ein über riesige Lautsprechertürme aus dem Brucknerhaus übertragenes Konzert) statt, die im Linzer Donaupark ein beeindruckendes Hörerlebnis vermittelt. Ebenfalls 1979 fand erstmals das Avantgarde-Festival »Ars electronica« statt, das seit 1992 jedoch unabhängig vom IBF veranstaltet wird.

Eingebettet in das IBF ist – nach einem ersten erfolgreichen »Versuch« 1977 – seit 1980 alljährlich das wissenschaftliche Bruckner-Symposion, veranstaltet vom → Anton Bruckner Institut Linz (ABIL). Weitere wissenschaftliche Veranstaltungen waren 1978 Adalbert Stifter, 1980 Johannes Kepler und 1984 Hermann Bahr gewidmet. AH

Lit.: 10 Jahre LIVA. Linzer Veranstaltungsgesellschaft. Hrsg. LIVA. Linz 1981; Cornelis van Zwol, Das Linzer Brucknerfest seit 1974. Erfolge und bleibende Herausforderungen, in: Bruckner-Symposion 1990; 20 Jahre Brucknerhaus. Ein Lesebuch. Hrsg. Karl Gerbel. Linz 1994; 20 Jahre Brucknerhaus. 10 Jahre Posthof (Sonderdruck aus »linz aktiv« Nr. 128-132). Linz [1994]; zur Dokumentation der bei den IBF aufgeführten Werke Bruckners vgl. Bruckner-Jahrbuch 1980 ff.

Interpretation

Die Geschichte der Bruckner-Interpretation in klanglicher Hinsicht ist, zumindest soweit sie zurückverfolgbar ist und durch Schallplattenaufnahmen (→ Diskographie) belegt werden kann, eine Analogie zur »Crux« der → Fassungen. Noch in den späten sechziger Jahren füllte eine Aufstellung von Bruckner-Schallplatten nicht mehr als eine DIN-A4-Seite. Erst mit der → Gesamtausgabe wagten sich mehr und mehr Dirigenten an die nunmehr gesicherten Texte, auch wenn – und dies ist verblüffend – viele von ihnen nach wie vor die alte Fassung (Haas-Ausgabe) bzw. eigene Fassungen bevorzugen, die nur selten als solche gekennzeichnet sind. Abgesehen von einigen Individualisten wie Sergiu Celibidache, die ihre eigenen Vorstellungen haben (vor allem was das langsame Tempo betrifft) und sich frei von jeder Quellenedition und jeder → Aufführungspraxis zu wissen glauben, lassen sich vier Grundebenen der Interpretationsauffassung fixieren, nach denen sich mehr oder weniger die Einspielungen richten. Es sind dies: der religiös belastete Aspekt (feierlicher Kirchenklang), die Analogie zu einem romantischen Wagner-Klang (Klangrausch), die Sichtweise einer strukturellen Analyse (Moderne) und das Hervorkehren kontrastierender Klangelemente (im Sinn des Chiaroscuro).

Die beiden erstgenannten Aspekte sind zweifellos ein Erbe der historischen Vergangenheit, vor allem das Bestehen auf jenen zweiten oder dritten Fassungen, die von der deutschnationalen Wagnergemeinde eingefordert wurden, während die Strukturanalyse eher von Interpretationsmustern der Moderne herrühren dürfte, und das Hervorkehren kontrastierender Klangelemente zweifellos ein Ergebnis der Studien der Erstfassungen des Brucknerschen Œuvres ist.

Einzelne Dirigenten haben im Laufe ihres Lebens und vor allem, wenn sie mehrere Einspielungen vorwiesen, Veränderungen ihrer Sichtweisen vorgenommen, indem sie aus den leicht trennbaren Faktoren der Interpretationssy-

stematik ausscherten und zu anderen wechselten. Dies kann punktuell erfolgt sein, wie im Falle Herbert von Karajans, der sich in den letzten Einspielungen der großen Bruckner-Symphonien eindeutig einer strukturellen Sichtweise zuwandte, dies kann aber auch schleichend langsam erfolgen, wie im Falle Daniel Barenboims, der von einer romantisierenden Wagnerrauschdimension erst langsam auf dem Weg in Richtung Strukturalität vorging.
Der religiös belastete Aspekt ist im wesentlichen ein Erbe der Brucknergemeinde, die seit den achtziger Jahren des 19. Jahrhunderts als solche auch auftrat und in den dreißiger und vierziger Jahren ihre dominante Position behauptete. Ferdinand → Löwe und Arthur → Nikisch, aber auch Siegmund von → Hausegger waren die Wegbereiter dieser Idee, die in den siebziger Jahren immer noch von Eugen Jochum, ein wenig von Bernard Haitink, aber auch großen Individualisten wie Carlo Maria Giulini fortgeführt wurde.
Am deutlichsten wird das zweifellos in der Vokalmusik mit der Betonung des textlich-emotionalen Schwergewichts und starker Crescendo- und Decrescendowirkungen, Tempoverzögerungen und -beschleunigungen und Auskosten der unmittelbaren Orgeltransformationen. In die Nähe dieses Gesichtspunktes, wenn auch mit ungezügelter Dynamik, kommt auch die Analogie zum Wagnerklang, die nahezu von allen Dirigenten der älteren Generation und vor allem natürlich von deutschsprachigen angestrebt wurde. Ausnahmen dieser Generation waren zweifellos Herbert von Karajan und Carlo Maria Giulini, wobei Karajan nicht einmal so sehr von seinem eigenen kammermusikalischen Wagnerklang entfernt war, während Giulini völlig immun gegen diese Klangballungen ist. Deutlichster Beleg dafür ist der Einsatz des → Tremolos, das Jochum immer als theatralisches-dramatisches versteht, wovon sich auch Haitink trotz einer gewissen Jochum-Nähe distanziert. Merkwürdigerweise findet diese Klangrichtungsdominanz bei jüngeren, eher noch auf dem Weg zum internationalen Ruhm sich befindlichen Dirigenten Widerhall. Dies mag damit zusammenhängen, daß sie einerseits nicht von der politischen Belastung des Wagnerklanges bestimmt sind, andererseits wenig Musik außerhalb des Werkes Richard → Wagners finden – also fast keine im Konzertsaal –, die ihnen diese Klangballungen ermöglicht.
Es waren – ähnlich wie bei → Schubert – die Italiener, und zweifellos zählt Karajan im Geiste zu ihnen, die einen neuen Gesichtspunkt in die Interpretationsdiskussion einbrachten, indem sie, auch wenn sie sich nicht an die Texte der Gesamtausgabe hielten, das strukturelle Moment stärker betonten. Dies bedeutete zum einen das völlige Durchdringen des musikalischen Textes mit der melodischen Diktion, ganz gleichgültig, wo sie sich aufhält, also Fortführung der Linie, die sich durch alle Systeme, Schlüssel und Tonhöhen hindurchwindet und in ihrer Kontinuität erst Sinn gibt. Jeder Block wird damit zu einem Gewebe, dessen Fäden deutlich erkennbar werden müssen, jedes Gewebe zur Addition deutlich sichtbarer Detailelemente, die trotz ihrer Selbständigkeit ohne einander nicht existieren können.
Klares Zeichen dieses Strukturalismus ist zum andern auch die Temponahme, die über die lange Spieldauer der Symphoniesätze hinweg halten mußte. Dies bedeutete Relation der Tempi untereinander, wie sie beispielsweise zu Mozarts Zeiten bestand, eindeutig die Betonung des Vielfachen von Zwei, was ja Bruckner in den italienischen Vortragsbezeichnungen der *Fünften Symphonie* auch indirekt bestätigte. Zweifellos fiel auch eine neue, nahezu eigenqualitative Dimension des → Scherzo auf. Die Scherzi werden in der strukturellen Sichtweise Abreaktionsstellen in Richtung explosiver Orchesterdynamik, eine Art organisierter Rhythmuslärm, dessen Qualität in dem Verhältnis von kurzen und langen Notenwerten und ihren Betonungen beruht. Auch hier gab Karajan in seinen Spätinterpretationen die Richtung vor. Gerade er, der den Klang bis zum Exzeß kultiviert hatte, zog plötzlich in eine andere Richtung. Struktur heißt bei ihm dann Notenbild und sonst gar nichts, deswegen riskierte er Handicaps, die in den letzten Sätzen so überreich vorhanden sind, und deswegen kam er zu einer Nuancenbetonung, die vielen Zuhörern als zu eckig, schroff, zu harsch erschien. Auf den gleichen Wegen wandeln Claudio Abbado und neuerdings auch Barenboim, gelegentlich auch Georg Solti, der auf die dynamische Konfrontation baut, und immer mehr Lorin Maazel. Die Einspielungen des bis dahin international relativ unbekannten Dirigenten Günter Wand mit dem NDR-Sinfonie-Orchester zehren von diesem strukturellen Duktus.
Abgesehen von jenen Dirigenten, die ihre individuelle Interpretationssicht auf starke Kontraste bauen, wie George Szell, Maazel, Solti oder Giulini, trat dieser Interpretationseffekt bei allen Orchesterleitern ein, die sich mit den ersten Fas-

sungen der Brucknerschen Symphonien beschäftigt hatten. Als deutlichster Zeuge dafür steht der Israeli Eliahu Inbal, der die Erstfassungen auch mit dem Radio-Sinfonieorchester Frankfurt auf Platte bannte, der Finne Jukka-Pekka Saraste und jene jüngere, weniger bekannte italienische, israelische und amerikanische Dirigentengeneration, die sich aus Studio- oder anderen Gründen mit den Erstfassungen auseinandersetzte.
Dies trifft auch auf die Verfechter einer Finalfertigstellung der *Neunten Symphonie* zu, die nunmehr in über fünfunddreißig Fassungen vorliegt und – abgesehen von der Unmöglichkeit ihrer wissenschaftlich haltbaren Realisierung – zumindest den Kontrastaspekt weiter voranschob. MW

Lit.: Kurt Wöss, Ratschläge zur Aufführung der Symphonien A. Bruckners. Linz 1974; Peter Gülke, Der schwierige Jubilar. Zu A. Bruckners 150. Geburtstag, in: Musik und Gesellschaft 24 (1974); Paul-Gilbert Langevin, A. Bruckner. Apogée de la Symphonie. Lausanne 1977; Bruckner-Symposion 1982; Bruckner-Symposion Leipzig 1987.

2 Inveni David (WAB 19 und 20) »Inveni David servum meum«

Bruckner hat diesen Text, der aus Psalm 88,21 (*Inveni David* WAB 20) bzw. 88,21 f. (*Inveni David* WAB 19) stammt und von ihm dem »Graduale Romanum« (in der Übersetzung der Medicaea) entnommen wurde, zweimal vertont: einmal als selbständige Komposition, das andere Mal als Vers zum Os justi.

– Inveni David (WAB 19)

Offertorium für vierstimmigen Männerchor und 4 Pos. in f-Moll
EZ: 21. 4. 1868 in → Linz vollendet
W: → Liedertafel »Frohsinn«
UA: 10. 5. 1868 in Linz (→ Alter Dom)
Autograph: Linzer Singakademie, »Frohsinn«-Archiv
ED (Faksimile): Göll.-A. 3/2, S. 239-244 (1930)
NGA: Band XXI (Hans Bauernfeind und Leopold → Nowak, 1984) und Revisionsbericht

Bruckner komponierte dieses Offertorium für das am 10. 5. 1868 gefeierte Hochamt im Rahmen des Gründungsfestes der Liedertafel »Frohsinn«, deren Chormeister er damals war. Das *Inveni David* wurde dabei – wie auch das Graduale *Ave Maria* WAB 6 – innerhalb einer Messe von Antonio Lotti aufgeführt. Bruckner kommt zwar in der Besetzung dieses relativ kurzen (nur 46 Takte umfassenden) Chores dem Anlaß entgegen, es ist ihm jedoch ein Würde und Feierlichkeit atmendes, zugleich jedes falsche Pathos vermeidendes Werk gelungen. Der Satz ist schlicht und akkordisch, die Posaunen (in verschiedenen Lagen) setzen im ersten Teil sparsame Akzente, im anschließenden »Alleluja«, das vielleicht schon an Bruckners späterem Lieblings-Improvisationsthema (→ Orgel), dem »Alleluja« aus Georg Friedrich Händels »Messias«, orientiert ist, stützen sie die Singstimmen und erhöhen den festlichen Eindruck des Chores.

– Inveni David (WAB 20)

Gesang (unisono) mit Orgel
EZ: 28. 7. 1879 in → Wien
W: Ignaz → Traumihler (s. a. *Os justi*)
UA: 28. 8. 1879 (Augustinusfest) in → St. Florian (I. Traumihler)
Autograph: ÖNB-MS
NGA: Band XXI (Hans Bauernfeind und Leopold → Nowak, 1984) und Revisionsbericht

Dieser nach Art des 19. Jahrhunderts mit akkordischer Orgelbegleitung (im sehr schwerfälligen Satz Note gegen Note) harmonisierte Gradualvers (Ps. 88,21) gehört zum *Os justi*, wurde jedoch bei der Drucklegung nicht berücksichtigt und bleibt auch heute noch bei Aufführungen zumeist weg. Ob es sich um ein Choralzitat oder um eine Neukomposition im Stil des Gregorianischen Chorals handelt, konnte bis jetzt noch nicht nachgewiesen werden. EM

J

Jahn, Wilhelm

Geb. 24. 11. 1835 in Hof, Mähren, gest. 21. 4. 1900 in Wien; Dirigent. Ursprünglich Notariatsbeamter, dann Opernkapellmeister in verschiedenen Städten Europas, 1864-1881 in Wiesbaden. 1881-1897 fand Jahn als Hofoperndirektor in Wien aufgrund seiner Fähigkeiten als hervorragender Ensembleführer und Betreuer des Sängernachwuchses große Anerkennung; in der Saison 1882/83 leitete er auch die Philharmonischen Konzerte.

Als Hans → Richter von der Leitung der Philharmonischen Konzerte kurzfristig zurücktrat und das Orchester (→ Wiener Philharmoniker) dadurch in eine Notsituation geriet, sprang Jahn hilfreich ein, obwohl er sich bewußt war, kein geborener Konzertdirigent zu sein. Ihm, einem Anhänger Richard → Wagners und der neuen Musik, kommt das bleibende Verdienst zu, zum ersten Mal in den Philharmonischen Abonnementkonzerten eine Symphonie Bruckners, wenn auch nur fragmentarisch, aufgeführt zu haben. In der Novitätenprobe vom 6. 10. 1882 wurde mit einer Stimme Mehrheit für die Aufnahme der beiden Mittelsätze der *Sechsten Symphonie* gestimmt. Bruckner berichtete darüber (Brief an Leopold → Hofmeyr, 13. 10. 1882): »D[ie] Philharmoniker haben nun meine 6. Sinfonie angenommen ... Als ich mich dem Dirigenten (Director d[er] Hofoper) vorstellte, sagte er, daß er zu meinen innigsten Verehrern zähle. ... D[ie] Philharmoniker fanden an dem Werke solches Wohlgefallen, daß sie heftig applaudierten und einen Dusch [!] machten.« Die Uraufführung von Adagio und Scherzo der *Sechsten* am 11. 2. 1883 wurde zu einem Erfolg für Bruckner, der vor allem von seinen Anhängern stürmisch gefeiert wurde, während sich die Presse eher verständnislos zeigte. Die *Sechste Symphonie* wurde erst nach Bruckners Tod vollständig in den Philharmonischen Konzerten aufgeführt: am 26. 2. 1899 unter Leitung von Gustav → Mahler (gekürzt, mit instrumentalen Änderungen) und 1901 vollständig in → Stuttgart. IF

Lit.: Joseph Sulzer, Ernstes und Heiteres aus den Erinnerungen eines Wiener Philharmonikers. Wien-Leipzig 1910, S. 37, 44; Auer, Briefe, S. 156; Göll.-A. 4/2, S. 56 ff., 73-79; Die Wiener Oper: 350 Jahre Glanz und Tradition. Hrsg. Andrea Seebohm. Wien 1986, S. 72-77; Clemens Hellsberg, Demokratie der Könige. Die Geschichte der Wiener Philharmoniker. Zürich-Wien-Mainz 1992, S. 246-255.

Jobst, Familie

Diese angesehene und weitverzweigte Familie spielte im wirtschaftlichen und gesellschaftlichen Leben von → Windhaag bei Freistadt über Jahrzehnte eine führende Rolle. Der Ehe des Bäckermeisters Joseph Jobst (1769-1829) und der Cäcilia geb. Neumüller (ca. 1786-1856) entsprossen mehrere Kinder:

Maria Jobst, getauft auf Anna Maria, geb. 18. 6. 1814 und gest. 7. 4. 1891 in Windhaag, Erbin des Elternhauses Markt Nr. 1, seit 1838 mit dem Bäckermeister Joseph Zeitlhofer (1812-1859) verheiratet und Mutter einer wachsenden Kinderschar. Sie soll der Überlieferung nach als Kirchensängerin der erste »Schwarm« des Schulgehilfen Bruckner und damit der Anlaß zur Komposition der (»Windhaager«) *Messe in C-Dur* gewesen sein. Hierfür gibt es jedoch keine stichhaltigen Belege; vielmehr lassen greifbare Fakten, u. a. der Altersunterschied, begründete Zweifel an dieser Zuweisung aufkommen.

Anna Jobst, geb. 1. 6. 1818 in Windhaag, gest. 4. 11. 1887 in Vöcklabruck. Für ihr Naheverhältnis zu Bruckner und die Tatsache, die wahrscheinlichere Anregerin der *Messe in C-Dur* zu sein, sprechen das glaubwürdige und einleuchtende Zeugnis ihres angesehenen Enkels Dr. P. Altman Kellner (1902-1981), des Benediktiners aus → Kremsmünster, und einige Fakten des Lebenslaufes. Sie war in Windhaag noch unverheiratet und galt als eine »verständige und gute Altsängerin«. Nach dem Verlassen des Elternhauses war sie beschäftigt beim älteren Bruder Josef Jobst (1807-1873) in der Felbermühle, Windhaag Markt Nr. 10, im Pfarrhof Grünbach bei Freistadt als Magd und später als Köchin in → Vöcklabruck, wo sie 1853 die erste Ehe mit dem Großuhrmacher Johann N. Ketterer (ca. 1802-1855) und als Witwe 1856 die zweite Ehe mit dem Uhrmacher Josef Kellner (1822-1893) schloß. Bruckner versäumte es nicht, bei seinen Aufenthalten in Vöcklabruck die Familie Kellner zu besuchen. Mit Joseph Jobst jun. (1832-1892) aus der Felbermühle, seinem Violinschüler, musizierte Bruckner oft. FZ

Lit.: Göll.-A. 1, S. 170 f. (Messe als Geschenk für Maria Jobst bezeichnet); Altman Kellner, Musikgeschichte des Stiftes Kremsmünster. Kassel-Basel 1956, S. 788; Franz Zamazal, Neues zu Bruckners Aufenthalt in Windhaag, in: Bruckner-Symposion 1992, hier S. 70 f.

»Ein jubelnd Hoch in Leid und Lust« (WAB 83/1)

Sängerspruch (Motto) für vierstimmigen Männerchor a cappella in D-Dur
EZ: 1851 in → St. Florian
W: Der Liedertafel Eferding für das Passauer Sängerfest
UA: vermutlich 6. 7. 1851 in Passau
Autograph: Stadtarchiv → Wels
ED: Göll.-A. 2/2, S. 145 (1928)
NGA: Band XXIII/2 (in Vorbereitung)

Das → Motto *»Ein jubelnd Hoch«* schrieb Bruckner so wie das Motto *»Lebt wohl, ihr Sangesbrüder«* in St. Florian auf Wunsch seines Freundes und früheren Schulkollegen Josef → Seiberl, der Mitglied der Liedertafel Eferding war, für deren Teilnahme am Passauer → Sängerfest (5.-7. 7. 1851). Das kurze Stück zeigt Sinn für Feierlichkeit, die sich in der fanfarenartigen Führung der Stimmen ausspricht. AH

Lit.: Göll.-A. 2/1, S. 132.

K

Kachelmaier (Kachelmayer, Kachelmayr), Katharina
Geb. 17. 2. 1846 und gest. 23. 3. 1911 in Wien. Die berühmte »Frau Kathi«, Bruckners Wirtschafterin, die ihm nach dem Tod seiner Schwester Maria Anna (→ Bruckner, Familie) den Haushalt führte, war eine einfache Arbeitersfrau (jedoch nicht Analphabetin, wie fälschlich häufig berichtet wird), besaß einen gesunden Menschenverstand, treffsicheres Urteil, Humor und Schlagfertigkeit im Gespräch und eine große fürsorgliche Zuneigung zu ihrem Dienstgeber, der sie scherzhaft seinen »Hauskorporal« nannte und ankündigte, sie werde durch ihn zur historischen Persönlichkeit werden. Ihre stets gleichbleibende Entlohnung betrug 7 Gulden pro Monat. Mit größter Geduld und Anteilnahme pflegte sie Bruckner während seiner letzten Lebensjahre, fallweise unterstützt von einer beigezogenen Krankenwärterin und ihrer Tochter Ludovika Kragujevic (nach anderen Quellen: Kutschera). Die drei genannten Frauen waren auch in Bruckners Todesstunde anwesend.
Bruckner bedachte Frau Kathi in seinem → Testament in »Anerkennung der mir geleisteten vieljährigen treuen Dienste« großzügig mit insgesamt 700 Gulden, was ein beträchtliches (laut Bruckners Sekretär Anton → Meißner jedoch »spärliches«, vgl. Göll.-A. 4/3, S. 611) Legat bedeutete. (Mit der Verleihung des Franz Joseph-Ordens war – zum Vergleich – eine jährliche Personalzulage von 300 Gulden verbunden.) Katharina Kachelmaiers Schicksal ist nach Bruckners Tod wieder in das Dunkel des Unbeachtetseins verschwunden. Es ist nur bekannt, daß sie, völlig verarmt und deshalb von Bruckners Bruder Ignaz (→ Bruckner, Familie) unterstützt, in geistiger Umnachtung im Wiener Spital »Am Steinhof« starb.
Die durch Bruckner wohl wirklich »historische« Frau Kathi ist gemeinsam mit ihm und anderen auf einer Photographie (IKO 83 a und b) zu sehen, die vermutlich am 17. 7. 1896 aufgenommen wurde. EM

Lit.: Göll.-A. 4/1-3, passim.

Kaiserhaus
Die große musikalische Tradition des Hauses Habsburg endete nach 1800, vor allem, was die kaiserliche Linie betraf. Kaiser → Franz Joseph I. war ebenso unmusikalisch wie Kaiserin Elisabeth und Kronprinz Rudolf. Entgegen alter habsburgischer Tradition erhielten die Kaiserkinder auch keine gründliche musikalische Ausbildung. Daß sich die beiden Töchter des Kaiserpaares, Erzherzogin → Gisela und → Marie Valerie, dann doch für Bruckner engagierten, ging auf die Initiative der hochmusikalischen Münchner Verwandtschaft zurück, vor allem der jungen Herzogin → Amélie in Bayern, einer Nichte der Kaiserin Elisabeth.
Es gab in Bruckners Zeit nur ein wirklich musikalisches Mitglied des Kaiserhauses: die aus der ungarischen Linie stammende Erzherzogin Elisabeth (1831-1903), deren Tochter mit dem bayerischen Thronfolger Ludwig verheiratet war. Doch Elisabeth, die große Förderin von Johannes → Brahms, war am Hof ohne Einfluß.
Immerhin machten einige Mitglieder des Kaiserhauses Bruckner die Freude, sich gelegentlich freundlich über seine Musik zu äußern. Kronprinzessin Stephanie besuchte eine Aufführung des *Te Deum* in → Wien und erschien auch bei der Uraufführung der *Achten Symphonie* als Vertreterin des Kaiserhauses neben der Erzherzogin Maria Theresia, einer Schwägerin des Kaisers. Bruckners Orgelspiel bei der Hochzeit der Kaisertochter Marie Valerie 1890 in → (Bad) Ischl trug ihm die Verehrung des jüngsten Kaiserbruders, Erzherzog Ludwig Viktor ein. Dieser war zwar kunstsinnig und großzügig, doch wegen zahlreicher Skandale vom Wiener Hof verbannt und ohne Einfluß.
Am Hof war Bruckner vor allem der Beamte der → Hofmusikkapelle, der selbstverständlich in der höfischen Beamtentracht anzutreten hatte und sich mit seiner allzu demütigen Liebedienerei vor »hohen Herrschaften« nur zusätzliche Feinde in der Hierarchie machte.
Eine Sonderstellung nahm bei Bruckner stets das Andenken an den 1867 ermordeten Kaiser → Maximilian von Mexiko ein, den jüngeren Bruder Franz Josephs. Bruckner beschäftigte

sich auch mit Geographie und Geschichte Mexikos, um dem Schicksal dieses Erzherzogs näherzukommen. Eines der wenigen Bücher, die Bruckner besaß, war die Geschichte des unglücklichen Habsburgers. BH

Lit.: Brigitte Hamann, Der Organist des Kaisers, in: Vom Ruf zum Nachruf ... Landesausstellung Oberösterreich 1996 (Katalog). Linz 1996.

Kaiserhymne

Bruckners bevorzugtes Improvisationsthema an der → Orgel. Joseph Haydn ist der Komponist des Liedes »Gott! erhalte Franz den Kaiser, unsern guten Kaiser Franz« (gewidmet Kaiser Franz II., 1768-1835; 1792 in Frankfurt zum römisch-deutschen Kaiser gekrönt, seit 1806 als Franz I. Kaiser von Österreich); Text von Lorenz Leopold Haschka in Anlehnung an die englische Königshymne »God Save the King«; Originaltonart G-Dur. Erstmals gespielt: 12. 2. 1797 im alten Burgtheater in → Wien zum Geburtstag Kaiser Franz' II. Von Haydn in seinem Streichquartett C-Dur (»Kaiserquartett«) Hob. III:77 als Variationsthema des langsamen Satzes verwendet. Neu textiert von Johann Gabriel Seidl (1804-1875) lautet die 1. Strophe: »Gott erhalte, Gott beschütze unsern Kaiser, unser Land! Mächtig durch des Glaubens Stütze führ' Er uns mit weiser Hand! Laßt uns Seiner Väter Krone schirmen wider jeden Feind: Innig bleibt mit Habsburgs Throne Österreichs Geschick vereint.« Die Kaiserhymne diente in den Gottesdiensten zum Geburtstag Kaiser → Franz Josephs I. als Schlußlied. Seit 1922 wird die Melodie als deutsche Nationalhymne verwendet.

Oftmals auf Wunsch seiner Zuhörer wählte Bruckner diese auch »Kaiserlied« genannte österreichische »Volkshymne« der k.k. Monarchie als Improvisationsthema. Ein erster Hinweis stammt von Anfang 1845, als Bruckner in → Kronstorf für seinen Freund Karl → Seiberl »meisterhaft und überwältigend« über die Kaiserhymne improvisierte. In → Nancy bei der Inauguration der neuen Merklin-Schütze-Orgel der Kirche Saint-Epvre (deren Neubau das Haus Habsburg-Lothringen gefördert hatte) hieß der fünfte Programmpunkt des Konzertes am 29. 4. 1869: »Improvisation sur l'HYMNE AUTRICHIEN, par M. Bruckner, professeur du Conservatoire de musique de Vienne et organiste de sa Majesté l'Impereur d'Autriche«. Bei einem Konzert in → London im Crystal Palace am 28. 8. 1871 paraphrasierte Bruckner sowohl das österreichische »Gott erhalte, Gott beschütze« als auch das englische »God Save the Queen«. Zum 25jährigen Regierungsjubiläum des Kaisers ließ Bruckner die Haydn-Melodie in der Wiener Kirche → St. Augustin erklingen (2. 12. 1873). In der Stadtpfarrkirche in → Steyr bearbeitete er am 18. 8. 1886 nach dem Hochamt zum Geburtstag des Kaisers die Hymne als Introduktion und Fuge.

Als Hoforganist wurde Bruckner auch außerhalb der → Hofmusikkapelle für Festgottesdienste bestellt, bei denen der Kaiser anwesend war, und bald soll dieser schon an den ersten Klängen das Spiel seines Hoforganisten erkannt haben. Zum Namenstag Franz Josephs kombinierte Bruckner am 4. 10. 1876 in → Klosterneuburg die Kaiserhymne mit → Wagners Siegfried-Thema, und am 15. 11. 1885 (Leopoldstag) soll der Kaiser beim Einzug in die Klosterneuburger Kirche beim »ehrwürdigen Rhythmus des Kaiserliedes« geäußert haben: »Ah, der Bruckner!« Zum 31. 7. 1890 wurde Bruckner als Organist für die Hochzeit von Kaisertochter Erzherzogin → Marie Valerie mit Erzherzog Franz Salvator nach → (Bad) Ischl beordert. Laut einer *Improvisationsskizze* plante Bruckner, zum Einzug das Finale-Hauptthema seiner *Ersten Symphonie* mit der »Volkshymne« und dem Händelschen »Halleluja« zu verbinden, was als »nicht passend« abgelehnt wurde. Ebenso fürchtete man, eine Fantasie nur über die »Volkshymne« würde »den Kaiser langweilen«. Dennoch »erbrauste die Kaiser-Fuge« auf der Orgel der Ischler Stadtpfarrkirche, »auf der Bruckner das Thema der Volkshymne variierte und zuletzt in das Halleluja Händels überging«. Der Kaiser, »sehr ergriffen«, soll bei Tisch wiederholt Bruckners Spiel erwähnt haben. EH

Lit.: Göll.-A. 1, S. 279, 4/1, S. 86, 165, 460 f., 4/2, S. 366, 500, 4/3, S. 58 f.

Kalbeck, Max

Geb. 4. 1. 1850 in Breslau, gest. 4. 5. 1921 in Wien; Musikschriftsteller, Lyriker, Dramatiker, Librettist und Übersetzer. Früher Geigen- und Gesangsunterricht; schon als Mittelschüler Verfasser von Gedichten, erster Lyrikband – auf Empfehlung Karl von Holteis – 1870 erschienen. Ein auf Anraten des aufmerksam gewordenen Paul Heyse in → München fortgesetztes Jusstudium brach er ab, wurde Mitglied der dortigen Dichtergesellschaft der »Krokodile«, 1873 Schüler der Königlichen Musikschule und als Geiger Substitut im Hoftheater. Seit Oktober 1874 Musikreferent der »Schlesischen Zeitung« in seiner Heimatstadt (bald auch für Literatur,

Max Kalbeck

Kunst und Theater zuständig, Berichte aus → Bayreuth über die ersten Festspiele), 1879 der »Breslauer Zeitung«, seit März 1880 in → Wien – von seinem älteren Freund Eduard → Hanslick empfohlen – bei der gerade gegründeten »Wiener Allgemeinen Zeitung«, kurz darauf auch Feuilletonredakteur deren »Wissenschaftlicher Beilage«. Weitere Wiener Stationen: 1883-1890 Musikreferent der »Presse«, 1890-1895 der »Montags-Revue«, seit Ende 1895 des »Neuen Wiener Tagblatts«, der auflagenstärksten, nach der »Neuen Freien Presse« zweitwichtigsten österreichischen Zeitung, wo er schon seit 1886 Burgtheater-Referent war: eine in Wien damals einmalige Doppelstellung, die 25 Jahre Bestand hatte. Als Lyriker hatte er sich schon 1890 zurückgezogen, war dafür aber (schon seit 1885) als Übersetzer, Bearbeiter bzw. »Neudichter« von fast 60 Operntexten, seit 1894 auch als Verfasser eigener Libretti (u. a. für Johann → Strauß und Franz Lehár) meist erfolgreich tätig. Kalbeck ist als → Brahms-Vertrauter, -Biograph und Herausgeber mehrerer Bände des Brahms-Briefwechsels ein auch für die Bruckner-Forschung wichtiger Zeitzeuge.

Mit Person und Wirken Richard → Wagners hat sich Kalbeck intensiv und kritisch auseinandergesetzt, im Falle Bruckner sah er aber wohl auf intellektueller Ebene kein gleichwertiges Gegenüber und blieb oberflächlicher. Sein Unverständnis für die Persönlichkeit und das Werk Bruckners, das für die Wagnerianer ein »Naturereignis« war, gleicht dem von Brahms und hielt von der Uraufführung der 2. Fassung der *Vierten* 1881, der er neben der *Achten* noch den meisten »Respekt« zollte, bis zur Uraufführung der *Neunten* 1903: Der außer Frage stehenden musikalischen Begabung, besonders in der → Instrumentation, entspreche nicht das abzulehnende Ergebnis: das Ins-Unendliche-Fortspinnen gerade der dürftigsten Einfälle, das ständige Abschweifen und Wiederholen (1881) bzw. der Mangel an Konzentration und der Überfluß an Ideen (1903). Bei Themen- und Formbildung sah Kalbeck »die Unordnung eines Gelehrtenzimmers«, nach der umjubelten Aufführung der (umgearbeiteten) *Ersten Symphonie* 1891 (als Dank für das → Ehrendoktorat) befand er, in diesem Werk sei »alles Inspiration und beinahe nichts Arbeit«. In seiner Brahms-Biographie, deren Umfang (leider nicht auch deren literarische Qualität) für die Bruckner-Biographie von Göllerich-Auer sicherlich Vorbild war, trieb Kalbeck den Tonfall seiner Kritik an Bruckner allerdings auf die Spitze: Hier suchte er oft zu Verbalinjurien Zuflucht, die »den Bereich des Kriminellen« streifen (Floros). Andererseits zeigte er unbeabsichtigt vielleicht gerade mit seiner von konservativ-ästhetischen Grundsätzen ausgehenden Ablehnung die zukunftsweisende Art von Bruckners Musik. Dieser zählte Kalbeck zusammen mit Gustav → Dömpke zu Hanslicks »zwei Adjunkten«, die »auf Commando schreiben« müßten, und beklagte sich ausgerechnet bei Kalbecks Freund Heyse, daß er auch »in München keine Kritiker besitze, wie Brahms solche viele in Wien aufzuweisen hat«. UH

Werke über Musik (Auswahl): Das Bühnenfestspiel zu Bayreuth. Eine kritische Studie. Breslau 1877; Bühnenweihfestspiel Parsifal 1883; Dichter und Symphoniker. Eine zeitgemäße Parallele (Bruckners E-Dur-Symphonie), in: Die Presse 3. 4. 1886; Wiener Opernabende. Berlin-Wien-Leipzig 1885; Opern-Abende. 2 Bände. Berlin 1898; A. Bruckner †, in: Neues Wiener Tagblatt 12. 10. 1896; Johannes Brahms. 4 Bände. Berlin 1904-1914 (mehrere Aufl.); Bruckners Symphonien in Wien, in: Neues Wiener Tagblatt 2. 11. 1910.

Lit.: Göll.-A. 4/1-4, passim; Uwe Harten, M. Kalbeck, in: Bruckner-Symposion 1983 (mit weiterführender Lit.); Bruckner-Symposion 1991 (»Bruckner-Rezeption«).

Kammermusik

Bruckner hat als Kirchenmusiker und Symphoniker nur sehr wenig Kammermusik geschrieben. Davon sind die *Abendklänge* für Violine und Klavier als Gelegenheitswerk, das viersätzige *Streichquartett* als Studienwerk einzustufen. Einzig das *Streichquintett* beansprucht Gültigkeit für den Konzertsaal. Das Rondo für *Streichquartett* hängt entstehungsgeschichtlich

mit dem Streichquartett zusammen; das *Intermezzo* ist ein Alternativsatz zum Scherzo des *Streichquintetts*.
Bruckners berufliche Laufbahn, seine künstlerische Entwicklung, aber ebenso das aufführungspraktische Umfeld standen einer eingehenden Beschäftigung mit der Gattung Kammermusik entgegen. So kam es auch nie zu eigenen kammermusikalischen Erfahrungen. Repräsentiert das Werk *Abendklänge* den im 19. Jahrhundert beliebten Typus des Charakter- bzw. Salonstücks, hängt das *Streichquartett* mit Bruckners musikalischer → Ausbildung zusammen. Nicht zufällig steht es im → Kitzler-Studienbuch. Bruckner hat anhand der Gattung Formmodelle (Sonatensatz, Rondo) erprobt, zweifellos von klassischen und frühromantischen Traditionen beeinflußt. Das *Streichquintett* schließlich stellt eine individuelle Auseinandersetzung mit Gattungsnormen dar. Es weist eine durchsichtige Stimmführung mit kontrapunktischen Strukturen auf, ist aber ebenso von Erfahrungen des Symphonikers geprägt. EWP

Lit.: Hans Jancik, A. Bruckner in seiner Kammermusik, in: Bruckner-Studien 1964; Othmar Wessely, A. Bruckner und die Kammermusik, in: Bruckner-Vorträge Budapest 1983/84.

Kantaten

Im Barock zählte die Kantate (vom italienischen »cantare« = singen) zur wichtigsten Form der Vokalmusik neben Oper und Oratorium. Bis zum 17. Jahrhundert gab es vor allem weltliche Kantaten, geistliche kamen erst zu Beginn des 18. Jahrhunderts auf. Mitte des 18. Jahrhunderts verloren beide Formen an Bedeutung. – Im 19. und 20. Jahrhundert werden zumeist ein- oder mehrsätzige weltliche oder geistliche Werke für Solo- und/oder Chorstimmen mit Instrumentalbegleitung als Kantaten bezeichnet. Deren Verse behandeln lyrische, d. h. weder epische noch dramatische Inhalte. Den weltlichen Kantaten, deren Ursprung in Italien liegt, dienen als dichterische Grundlagen vorwiegend Oden oder Balladen.
Bruckner schrieb Werke dieser Gattung zwischen 1845 und 1855 in → St. Florian als Gratulationsmusik, so z. B. »Namenstags-Kantaten« für Pfarrer, Dechant und Prälat. Dazu zählen *Entsagen* und *»Heil, Vater! Dir zum hohen Feste«* (für Michael → Arneth), *Festgesang* (für Jodok → Stülz), *»Auf, Brüder! auf, und die Saiten zur Hand«* und *»Auf, Brüder! auf zur frohen Feier«* (für Friedrich → Mayer) sowie *Musikalischer Versuch* (2. Fassung für Alois Knauer) bzw. *Vergißmeinnicht* (wieder für Friedrich Mayer).
Es handelt sich dabei um »Gebrauchsmusik«, die Bruckner aus Chören, Solo-Quartetten, diversen Soli mit Klavier- oder Orgelbegleitung und zum Teil mit Bläsern zu festlich klingenden Huldigungen gestaltete. Bei diesen Werken, die für bestimmte Kreise bestimmt waren, mußte er sich »zeitgemäß« ausdrücken. Mit der *Festkantate,* 1862 geschrieben zur Grundsteinlegung des → Neuen Domes in → Linz, schloß er seine Arbeiten in dieser Gattung ab. Erst in seinem letzten großen Chorwerk *Helgoland* (1893) griff er den Typus der Chorkantate als »Chor-Ballade« für Männerchor und großes Orchester wieder auf.
NGA: Band XXII/1 und 2: Kantaten und Chorwerke. 2 Bände (Franz Burkhart, Rudolf H. Führer und Leopold → Nowak, 1987). AH

Lit.: Riemann, Sachteil; MGG 7, Sp. 608 ff.; The New Grove 3, S. 717; MGG 2. Ausg., Sachteil 4.

Karlsbad (Karlovy Vary)

Kurort in Westböhmen oberhalb der Mündung der Tepl in die Eger, 61 km von → Marienbad entfernt. Erste der drei bekannten Kurstädte (Marienbad, Franzensbad), kam zu Weltruf durch seine alkalisch-salinisch-muriatischen Heilquellen, die als Sprudel stoßweise emporsteigen. 1344 als Kurort begründet, wurde Karlsbad im 19. Jahrhundert zu einem gesellschaftlichen Treffpunkt in der Monarchie. 1806 Gründung des Kurorchesters, 1844 Musikverein, 1884 Männergesangverein »Sängerbund«. 1876: 10 000, heute: 56 000 Einwohner.
Bruckner war im August 1873 auf seiner Reise zur Kur in → Marienbad nur für wenige Tage in Angers Hotel in Karlsbad abgestiegen. Er hatte sich an Kirchenmusikdirektor Alois Janetschek (geb. 1850) gewandt, der ihm die Unterkunft besorgte und sein Begleiter während seines Aufenthaltes war. August Labitzky (1823-1903), der Kapellmeister des Kurorchesters, interessierte sich für Bruckners Symphonien und hätte die *Dritte* am liebsten sofort aufgeführt – Bruckner vollendete sie aber erst am 31. 8. 1873 in Marienbad. Trotz Labitzkys Begeisterung erklang die *Dritte* in Karlsbad aber erst am 4. 5. 1900 unter seiner Leitung und wurde mit großem Beifall vom internationalen Kur-Publikum aufgenommen. – 1910-1937 führte Robert Manzer (1877-1943) mit dem Karlsbader Kurorchester alle Bruckner-Symphonien in insgesamt 105 Konzerten auf. 1929 gründete er eine Bruckner-Gemeinde in Karlsbad. RG

Lit.: Göll.-A. 4/1-4, passim; Moritz Kaufmann, A. Bruckner in Karlsbad im Jahre 1873, in: Bruckner-Blätter 2 (1930); Viktor Karell, Tonkünstler in Karlsbad. Von Johann Sebastian Bach bis Johannes Brahms. Landau/Isar 1972, S. 10, 54-57; Jitka Brabcová, Zur Brucknerbewegung in der Tschechoslowakei der dreißiger Jahre, in: Bruckner-Symposion 1991.

Karlsruhe

Kreisstadt in Baden-Württemberg mit heute rund 270 000 (1880: 50 000) Einwohnern; Sitz des Bundesverfassungsgerichts und des Bundesgerichtshofs sowie zahlreicher weiterer Gerichte, des Regierungspräsidiums und vieler sonstiger Behörden; Zentrum von Bildungsinstitutionen (seit 1825 Technische Hochschule, seit 1967 Universitätsstadt) und kultureller Einrichtungen (z. B. Badisches Staatstheater, Museen usw.). Erst 1715 angelegte, ehemalige Residenzstadt des Großherzogtums Baden (bis 1918) und Landeshauptstadt des früheren Bundeslandes Baden (bis 1952).

Karlsruhe nimmt in der Rezeptionsgeschichte Bruckners einen bedeutenden Rang ein. Wesentlichen Anteil daran hat zunächst der Schüler und Freund Bruckners, Felix → Mottl, der 1881-1903 als Kapellmeister am Hoftheater in Karlsruhe wirkte und die erste Aufführung einer Bruckner-Symphonie in Deutschland leitete: Er führte am 10. 12. 1881 in Karlsruhe die *Vierte Symphonie* auf – es war nach deren Uraufführung am 20. 2. 1881 in → Wien erst die zweite Wiedergabe (über die teils ablehnende Aufnahme durch die Karlsruher Kritiker vgl. Göll.-A. 4/1, S. 680 ff.).

Am 30. 5. 1885 war in Karlsruhe im Rahmen einer Versammlung des »Allgemeinen Deutschen Musikvereins«, dessen Präsident Franz → Liszt war, das Adagio aus der *Siebenten Symphonie* unter Leitung Mottls zu hören (zu den interessanten Begleitumständen vgl. Göll.-A. 4/2, S. 327 ff.).

Nach der Gründung des Badischen Bruckner-Bundes durch Fritz → Grüninger am 9. 6. 1928 konnte dieser den damaligen Oberbürgermeister der Stadt Karlsruhe, Dr. h.c. Julius Finter, zur Abhaltung des Ersten Badischen Brucknerfestes gewinnen (6.-10. 11. 1929), das mit seinen Veranstaltungen (Konzerte, Vorträge, Ausstellungen usw.) eine große Resonanz erzielte (→ Bruckner-Feste). Grüninger und der Badische Bruckner-Bund erreichten auch, daß der 11. 10. (Bruckners Todestag) in Karlsruhe als »Bruckner-Tag« mit einem Bruckner-Konzert begangen wird. RKe

Lit.: Göll.-A. 4/4, S. 96, 120; Leopold Nowak, Vorwort, in: Gesamtausgabe Band IV/2; Jürgen Sachs, Entstehungs- und Aufführungsdaten der Messen, des Te Deum und der Symphonien A. Bruckners, in: Bruckner-Jahrbuch 1989/90, S. 273; Rolf Keller, Bruckner-Rezeption in Südwestdeutschland, in: Bruckner-Symposion 1991, besonders S. 119; ders., Frühe Freunde Bruckners im deutschen Südwesten – Der Beginn der Brucknerpflege in Baden-Württemberg, in: Bruckner-Symposion 1994.

Kattinger, Anton

Geb. um 1798 in Vorderweißenbach, Mühlviertel, gest. 17. 6. 1852 in Kremsmünster; Organist. Sohn eines Wundarztes. Zeit und Ort seiner Musikausbildung sind derzeit noch ungeklärt. Am 22. 3. 1818 löste er in → St. Florian Franz Xaver Schäfler als Organist ab und übernahm 1819 zusätzlich eine Stelle als Gerichtsschreiber (Beamter) im Ort. Seit 1835 war er mit der Lehrerstochter Maria Schäfler aus Reichenstein verheiratet. Ihr Tod am 24. 12. 1849 (und nicht die Aufhebung der Patrimonialgerichte durch die Revolution 1848) war der Anlaß für Kattingers Übersiedlung nach → Kremsmünster, wo er nach Ablauf des Trauerjahres am 25. 2. 1851 die Kupferschmiedstochter Catharina Racher heiratete.

Bruckner hatte Kattingers Unterricht, den man wegen seiner beeindruckenden Improvisationskünste den »Beethoven der Orgel« nannte, schon während seines ersten Aufenthaltes in St. Florian (1837-1840) genossen. Neben praktischer technischer → Ausbildung im → Orgelspiel regte Kattinger den jungen Bruckner auch zu eigenen Harmonielehre- und Generalbaßstudien an und setzte ihn als Organist in den sonntäglichen Messen ein. Als Bruckner 1845 nach St. Florian zurückkehrte, schien er sich neben seinem Beruf als Lehrer in erster Linie als Organist vervollkommnen zu wollen. Zwar dauerte der Unterricht bei Leopold von → Zenetti in gelockerter Form noch an, die meiste Zeit galt jedoch dem Unterricht bei Kattinger und dem Orgelspiel, dem Bruckner täglich an die zwei Stunden vorbehielt. Von Kattinger stammt ein mit 2. 3. 1848 datiertes → Zeugnis über Bruckners Fähigkeiten im Orgelspiel.

Vermutlich war Kattingers Vorbild auch die Ursache, daß Bruckner 1851-1853 unentgeltliche Kanzleidienste im Gericht St. Florian versah und sich davon offenbar eine Anstellung als definitiver Stiftsorganist sowie eine Verbesserung seiner Besoldung erhoffte. EM

Lit.: Franz Linninger, Orgeln und Organisten im Stift St. Florian. Ein Beitrag zur Musikgeschichte des Stiftes, in: Oberösterreichische Heimatblätter 9 (1955); Elisabeth Maier, Bruckners oberösterreichische Lehrer, in: Bruckner-Symposion 1988.

Kerschbaum, Familie

Die Familie Kerschbaum spielte im Musikleben der Stadt → Linz eine wichtige Rolle, so daß sich freundschaftliche Kontakte zu Bruckner auf mehreren Ebenen ergaben und die Generation der Eltern und Kinder umfaßten.

1) Josef Kerschbaum, geb. 1796 in Kuschwarda, Böhmen, gest. 8. 7. 1872 in Linz, Vater von 2) und 3). Als Lehrer mit einer Dienstzeit von 56 Jahren seinerzeit der älteste aktive Schulmann Oberösterreichs, Leiter der Linzer Stadtpfarrschule (seit 1830) und Direktor der Kronprinz Rudolf-Schule (seit 1870), für sein schulisches Wirken mehrfach ausgezeichnet, Funktionen in kulturellen und karitativen Vereinen. Mit einer Reihe von Veröffentlichungen machte er sich einen Namen als pädagogischer Schriftsteller.

Die beruflichen und örtlichen Gegebenheiten führten immer wieder zu Kontakten mit Bruckner, auch wenn darüber nichts ausdrücklich überliefert ist. Kerschbaum war Mitbegründer, Direktionsmitglied und seit Juni 1833 Kassier und Rechnungsführer des Pensions-Instituts für Schullehrer-Witwen und -Waisen in der Linzer Diözese. Bruckners Aufnahme-Bescheinigung vom 18. 8. 1841 bei dieser Vorsorge-Einrichtung trägt Kerschbaums Unterschrift; ob eine persönliche Begegnung stattfand, ist ungewiß. Kerschbaum gehörte dem → Linzer Musikverein seit der Gründung als ausübendes Mitglied, seit 1860 als Ausschußmitglied und dann als »Vorsitzender des leitenden Musikvereins-Ausschusses« an, so daß sich im Herbst 1863 bei den Bemühungen, Bruckner als Dirigent für den Verein zu gewinnen, keine Unbekannten gegenüberstanden.

Lit.: Direktor J. Kerschbaum †, in: Die deutsche Volksschule, Linz 16. 7. 1872, S. 215 ff.

2) Ferdinand Kerschbaum, geb. 19. 10. 1838 in Linz, gest. 14. 10. 1901 in Grünburg an der Steyr, Oberösterreich, Sohn von 1). Weltpriester. Theologiestudium am Linzer Priesterseminar, Weihe am 27. 7. 1862 in Linz, 1862-1872 Kooperator in Steinbach an der Steyr, 1872-1873 Chorvikar in Linz, 1873-1901 Pfarrer in Grünburg. Beliebter Seelsorger, begeisterter Musiker und Sänger, Dichter und Komponist von Gelegenheitswerken. Ehrenbürger von Steinbach und Grünburg.

Seine Primiz fand am 30. 7. 1862 in der Linzer → Stadtpfarrkirche und nicht, wie oft zu lesen ist, in der Stadtpfarrkirche → Steyr statt, wobei eine Haydn-Messe aufgeführt wurde und Bruckner die im November 1861 komponierte *Fuge in d-Moll* – der Überlieferung nach erstmals – spielte. Der »Abendbote« vom 30. 7. 1862 erwähnt die Messe, jedoch nicht die Bruckner-Fuge. – Bruckner hat den Priester oft nach → Wien eingeladen, wo dieser bei Aufführungen von Bruckner-Werken mitgewirkt haben soll.

Lit.: Hermann Zappe, A. Bruckner, die Familie Zappe und die Musik, in: Bruckner-Jahrbuch 1982/83, S. 151.

3) Karl Kerschbaum sen., geb. 28. 7. 1834 und gest. 17. 2. 1905 in Linz, Sohn von 1). Gemeindebeamter (Buchhaltung) seit 1862, Stadtarchiv-Verwalter (1876-1905), Geschichtsforscher und Schriftsteller. Seit 1854 bei der → Liedertafel »Frohsinn« ein begeistertes Mitglied, vorzüglicher Sänger (Tenor), lange Zeit Sekretär, Kassier, Archivar und Chronist und damit in dauernder Nähe zu Bruckner, der ihn als »Freund« bezeichnete. Er war Herausgeber von Vereinspublikationen und lieferte Beiträge für Vereinsveranstaltungen.

Sein schriftstellerisches Talent diente hauptsächlich dem »Frohsinn«; er schrieb Gedichte, heitere und ernste Liedertexte, z. B. die Worte für den *Wahlspruch* WAB 95/1, einen neuen Text für den Chor *Sängerbund* und die Bruckner-Hymne »An Meister Bruckner« (Musik: Wilhelm → Floderer) für die Bruckner-Gedenktafel-Enthüllung in → Ansfelden im Mai 1895. – Bruckner komponierte für Kerschbaums Vermählung am 5. 2. 1865 den *Trauungs-Chor*. Der Freund wirkte auch bei Aufführungen von Bruckner-Werken als Solist mit.

Lit.: Stadtbuchhalter K. Kerschbaum †, in: Tages-Post, Linz 18. 2. 1905, S. 4; Zappe, wie oben.

Trauungs-Chor. Titelblatt des Autographs mit Widmung

4) Maria Kerschbaum geb. Schimatschek, geb. 24. 4. 1844 und gest. 11. 11. 1888 in Linz, verheiratet mit 3). Tochter von Franz Schimatschek, dem Hornisten des Linzer Theaterorchesters und → Kopisten Bruckners; bekannte und hervorragende Konzert-, Lied- und Oratoriensängerin (Sopran) u. a. bei Aufführungen der Liedertafel »Frohsinn«, des Linzer Musikvereins und in verschiedenen Orten Oberösterreichs sowie Solistin bei festlichen Anlässen in der Domkirche; erster Auftritt bereits 1858 (!) in einem »Frohsinn«-Konzert.

Sie wirkte bei mehreren Aufführungen von Bruckner-Werken mit. Obwohl sie ihre Sängerlaufbahn schon beendet hatte, sang sie »über besonderen, brieflich an sie gerichteten Wunsch« Bruckners das Sopran-Solo im *Te Deum* am 15. 4. 1886. Ihr letzter öffentlicher Auftritt galt demselben Werk am 29. 9. 1887 im Linzer → Neuen Dom mit Bruckner an der Orgel. FZ

Lit.: Franz Gräflinger, Einstige Linzer Gesangsgrößen, in: Tages-Post, Linz, Unterhaltungsbeilage 1. 11. 1913, S. 1 f.; Zappe, wie oben, S. 150 f.

Kirchdorf an der Krems

Tourismusgemeinde im Kremstal in der Region Pyhrn-Eisenwurzen in Oberösterreich. 1996: 4 200 Einwohner.

In den 1860er Jahren verbrachte Bruckner die Sommerferien gerne in Kirchdorf. Er wohnte im Gasthof »Zur Post«, wo sich auch das Probenlokal der Liedertafel befand, deren Chormeister Alois → Weißgärber war. 1869 weilte Bruckner mit Freunden wieder in Kirchdorf, von wo aus er einen Ausflug nach → Schlierbach unternahm, um an der Orgel der dortigen Kirche zu improvisieren. Alois Spannesberger, der über Bruckners Sommeraufenthalte berichtete, notierte auch das Improvisationsthema (Göll.-A. 4/1, S. 95). Am Rande des Ortes befindet sich das vom Stift → Kremsmünster als Meierhof erworbene, Anfang des 18. Jahrhunderts von Jakob Prandtauer umgebaute – nicht mit der Burg → Altpernstein zu verwechselnde – Schloß Neupernstein (heute Landesmusikschule). RG

Lit.: Göll.-A. 3/1, S. 574, 4/1, S. 95, 4/2, S. 90.

Kirche in Österreich im 19. Jahrhundert

1. Im »Vormärz«, d. h. in der Zeit zwischen Wiener Kongreß (1814-1815) und Märzrevolution 1848, dauerte einerseits das – zunehmend milder gehandhabte – josephinische Staatskirchentum weiter an, andererseits begann sich eine kirchliche Restauration und Emanzipation abzuzeichnen. Als Wegbereiter dieser Bewegung gelten Bischöfe wie Gregorius Thomas Ziegler von Linz (1827-1852), Jakob Frint (1827-1834) bzw. Michael Johann Wagner (1835-1842) von St. Pölten und Roman Sebastian Zängerle von Seckau (1824-1848), während sich der Wiener Erzbischof Vincenz Eduard Milde (1831-1853) noch stärker als Staatsdiener empfand. Die Revolution von 1848 brachte das absolutistische System zum Einsturz und gab auch der Kirche die Möglichkeit, die neu erlangten Freiheiten (Presse-, Vereins- und Versammlungsfreiheit) zu nützen. Schon 1848 entstanden z. B. in Wien die »Wiener Kirchenzeitung« und in Linz das »Volksblatt für Religion und Gesetz« (seit 1849 »Katholische Blätter«) sowie die »Theologisch-praktische Quartalschrift«; der »Katholikenverein« und andere kirchliche Vereine wurden gegründet.

2. Die Ära des Neoabsolutismus beginnt mit der Überwindung der Revolution im Oktober 1848 und endet mit der Verabschiedung der Verfassung von 1861. Die kirchlichen Freiheiten, für welche sich im Sinne der Beseitigung der letzten Reste des Staatskirchentums als erster Bischof in Österreich G. Th. Ziegler von Linz energisch eingesetzt hatte, waren in dieser Zeit nicht mehr wirklich gefährdet. 1849 wurde erstmals in Österreich eine Bischofsversammlung (Bischofskonferenz) einberufen, allerdings noch durch den Innenminister. Die damals erhobenen Forderungen wurden mit den Aprilverordnungen von 1850 größtenteils erfüllt, so durfte z. B. die österreichische Kirche wieder frei mit Rom verkehren, die josephinische Gottesdienstordnung wurde aufgehoben, und die bis dahin bestehenden staatlichen Studienanstalten für Theologie wurden der Kirche überantwortet (Diözesanlehranstalten unter Aufsicht des jeweiligen Bischofs). Seit dieser Zeit begann sich eine blühende Volkskirche zu entwickeln. Diese manifestierte sich in Exerzitien, Volksmissionen (durchgeführt vor allem von Jesuiten und Redemptoristen) und in neuen Frömmigkeitsformen (Maiandachten, Herz-Jesu- und Herz-Mariä-Verehrung). Das Ordenswesen erfuhr eine neue Wertschätzung; es entstanden zahlreiche neue Niederlassungen, vor allem weiblicher Gemeinschaften, und die 1848 aus Graz, Linz und Innsbruck vertriebenen Jesuiten konnten wieder zurückkehren. Das katholische Selbstbewußtsein wurde durch Vereine und Katholiken-

tage (der Allgemeine Deutsche Katholikentag fand 1850 erstmals in Österreich, und zwar in Linz, statt) gestärkt. Der neuen Stellung der katholischen Kirche trug das 1855 zwischen Österreich und dem Hl. Stuhl abgeschlossene Konkordat Rechnung; an dessen Entstehung war der Wiener Erzbischof Joseph Othmar v. Rauscher (1853-1875) federführend beteiligt. Da der Vertrag, der eine »Ehe von Thron und Altar« in die Wege leitete, die katholische Kirche außerordentlich begünstigte, liefen die liberalen Kräfte von Anfang an dagegen Sturm. Auch die evangelische Kirche, die durch die Revolution von 1848 einigen Auftrieb erhalten hatte, erblickte im Konkordat einen schweren Rückschlag.

3. Mit der durch das Februarpatent vom 26. 2. 1861 eingeleiteten konstitutionellen Ära wurde der Weg zur Demokratie zaghaft beschritten. Das sehr eingeschränkte Wahlrecht begünstigte die besitzende Klasse und damit das liberale Element. Jedoch erhielten die Fürsterzbischöfe Sitz und Stimme im Herrenhaus des Reichsrates und die Diözesanbischöfe im jeweiligen Landtag, ohne gewählt werden zu müssen (Virilstimmen). Sie hatten dadurch Gelegenheit, die Anliegen der Kirche zu vertreten, wuchsen aber auch hinein in den später so verpönten »politischen Katholizismus«.

Mit dem Protestantengesetz vom 8. 4. 1861 wurde die grundsätzliche Gleichberechtigung von evangelischen Christen und Katholiken ausgesprochen; das Staatsgrundgesetz vom 21. 12. 1867 relativierte die Vorrechte der katholischen Kirche zusätzlich. Die drei »Maigesetze« von 1868 höhlten das Konkordat aus und unterstellten die Ehegerichtsbarkeit und die Schule dem Staat; allen Staatsbürgern ab dem 14. Lebensjahr wurde die Wahl des Religionsbekenntnisses freigestellt. Gegen diese Gesetze erhob sich ein starker katholischer Widerstand, als dessen Exponent der Linzer Bischof Franz Joseph → Rudigier gilt. Die teils sehr heftigen Auseinandersetzungen führten einerseits zur Sammlung und Mobilisierung der katholischen Kräfte (in Oberösterreich z. B. 1869 Gründung des »Linzer Volksblattes« und 1870 des Katholischen Volksvereins als Gegenkraft zum Liberal-politischen Verein), andererseits brachte der Sturm gegen das Konkordat dieses zu Fall. Es wurde 1870 von Österreich einseitig aufgekündigt mit der Begründung, der Vertragspartner sei durch die auf dem 1. Vatikanischen Konzil erfolgte Dogmatisierung der päpstlichen Unfehlbarkeit »ein anderer« geworden. Das katholisch-konservative Lager wurde durch solche Agitationen gestärkt und konnte längerfristig die liberale Vorherrschaft brechen. Das 1. Vatikanum hatte freilich auch die Gründung der »altkatholischen Kirche« zur Folge; schon 1871 kam es zu Gemeindebildungen in Wien und Ried im Innkreis.

Gegen Ende des 19. Jahrhunderts wurde die »soziale Frage«, die schon von den frühen Katholikentagen aufgegriffen worden war und der beim Katholikentag in Wien 1889 bereits ein hoher Stellenwert eingeräumt wurde, zunehmend deutlicher wahrgenommen. Um Männer wie Karl von Vogelsang, Prinz Aloys von Liechtenstein und Prälat Franz Martin Schindler entstand schließlich eine christlich-soziale Reformbewegung, der die Sozialenzyklika »Rerum novarum« des Papstes Leo XIII. von 1891 zusätzlichen Auftrieb gab. Aus dieser Bewegung ging die Christlichsoziale Partei hervor (1895). Seit ihrer Gründung war das katholische Lager freilich politisch gespalten, bis sich 1907 die Katholisch-Konservativen mit den Christlichsozialen vereinten. RZ

Lit. (Auswahl): Hugo Hantsch, Die Geschichte Österreichs 2. Graz-Wien o. J., S. 316-456; Karl Eder, Der Liberalismus in Altösterreich. Wien-München 1955; Ernst Tomek, Kirchengeschichte Österreichs 3. Innsbruck-Wien-München 1959, S. 513-713; Josef Wodka, Kirche in Österreich. Wien 1959; Erika Weinzierl-Fischer, Die österreichischen Konkordate von 1855 und 1933. Wien 1960; Eduard Hosp, Kirche Österreichs im Vormärz 1815-1850. Wien-München 1971; Karl Vocelka, Verfassung oder Konkordat? Wien 1978; Gustav Reingrabner, Protestanten in Österreich. Wien-Graz 1981; Harry Slapnicka, Oberösterreich unter Kaiser Franz Joseph 1861-1918. Linz 1982; ders., Christlichsoziale in Oberösterreich. Linz 1984; Die Habsburgermonarchie 1848-1918 4: Die Konfessionen. Hrsg. Adam Wandruszka und Peter Urbanitsch. Wien 1985; Siegfried Haider, Geschichte Oberösterreichs. Wien 1987, S. 235-338; Bischof Franz Joseph Rudigier und seine Zeit. Hrsg. Rudolf Zinnhobler. Linz 1987; Gottfried Mayer, Österreich als katholische Großmacht. Wien 1989; Rudolf Zinnhobler, Das Bistum Linz zwischen Spätjosephinismus und Liberalismus, in: Staat – Kirche – Schule in Oberösterreich.

Kirchenmusik

Bruckner fühlte sich nicht nur als gläubiger Katholik seiner Kirche zugehörig, er verbrachte genaugenommen auch sein ganzes Leben in einem unmittelbaren Nahverhältnis zur Kirche als Institution: Er erfuhr sie zunächst – durch die Koppelung von Schul- und Kirchendienst – als Dienstgeberin seines Vaters Anton → Bruckner, dann seiner selbst (→ Windhaag, → Kronstorf, → St. Florian). Im »Dienst« der Kirche stand er gewissermaßen auch während seiner Sängerknaben- und Instrumentistenzeit in St. Florian. Da

die → Orgel immer mehr zu »seinem« Instrument wurde, war auch der Schritt aus dem Lehrermilieu hin zum Berufsmusiker kein solcher aus der kirchlichen Umgebung, denn er bekleidete die Stelle eines Dom- und Stadtpfarrorganisten in → Linz.
Erst die Anstellung in → Wien war eine »weltliche«, doch versah Bruckner seinen Dienst als Organist an den beiden zum Hof gehörigen Kirchen, der → Hofburgkapelle und der Kirche → St. Augustin. Bruckner blieb also nicht nur sein Leben lang im Lehrermilieu (denn auch an der → Universität und am Konservatorium der → Gesellschaft der Musikfreunde sowie im Privatunterricht war er Pädagoge), sondern auch lebenslang in einem Nahverhältnis zur Kirche – als »Organist des Kaisers«.
Daß demzufolge auch der Komponist Bruckner sein Schaffen vorrangig in den Dienst der Kirche gestellt hätte, ist jedoch nicht der Fall: Durch seinen Lebenslauf geht ein Bruch, gekennzeichnet nicht nur durch seine schwere Nervenkrise (→ Bad Kreuzen), sondern auch durch die Verlagerung seines Schaffensschwerpunktes von der Kirchenmusik zur Symphonik. Fast paradox und den Künstler hierin als einen Sich-beauftragt-Wissenden (und darin völlig Unopportunistischen!) zeigend ist der Umstand, daß Bruckner gerade in jenem Moment seines Lebens die fast vorgezeichnet erscheinende Bahn als Kirchenmusiker verläßt, als er maßgeblich mitverantwortlich wird für die Kirchenmusikpflege an einer ihrer berühmtesten Pflegestätten in Europa. Dieser biographischen Akzentverlagerung folgend sind auch die meisten Kirchenwerke (s. a. Geistliche → Chormusik) bis zum Jahr 1868 entstanden. Zwischen der »Windhaager« *Messe in C-Dur* (1842) und der *Messe in f-Moll* (1867/68) liegt die ganze Bandbreite künstlerischer Entwicklung vom zeitüblichen Gebrauchs-Kirchenstil bis zur persönlichen Meisterschaft. In seiner von der Symphonik beherrschten Wiener Zeit werden die Kirchenwerke zwar zahlenmäßig geringer, aber nicht nur in den beiden großen geistlichen Werken dieser Schaffensperiode, dem *Te Deum* und dem *Psalm 150*, sondern vielleicht gerade in den kleineren Werken, den Motetten der Reifezeit, werden die Souveränität in der Handhabung musikalischer Mittel, die Intensität des Ausdrucks und die theologische Reflexion noch gesteigert. EM

Lit.: Max Auer, A. Bruckner als Kirchenmusiker. Regensburg 1927; Alan C. Howie, The Sacred Music of A. Bruckner. Phil. Diss. Univ. of Manchester 1969; Theodore Kenneth Matthews, The Masses of A. Bruckner. A Comparative Analysis. Phil. Diss. Ann Arbor, Michigan 1974; Bruckner-Symposion Rom 1986, Bruckner-Symposion 1985 (»A. Bruckner und die Kirchenmusik«) sowie die bei den einzelnen Werken angegebene Lit.

Kitzler, Otto

Geb. 16. 3. 1834 in Dresden, gest. 6. 9. 1915 in Graz; Kapellmeister und Cellist. Nach umfassender musikalischer Ausbildung bei ausgezeichneten Lehrern in Dresden und am Brüsseler Conservatoire wirkte er zuerst als Cellist in den Opernorchestern von Straßburg und Lyon, schließlich jedoch als Kapellmeister in Troyes. 1858-1860 und 1861-1863 war er Theaterkapellmeister in Linz (dazwischen in Königsberg), anschließend Kapellmeister in Temesvár, Hermannstadt und Brünn, 1868-1898 Direktor des Brünner Musikvereins und der zugehörigen Musikschule. Kitzler ist auch als Komponist von Liedern, Orchester- und Klavierwerken hervorgetreten.
Bereits 1858 hatte Bruckner in → Linz durch den Domkapellmeister Karl → Zappe bei der Aufführung von größeren Messen den ausgezeichneten Cellisten Kitzler kennengelernt, der auch dem von Zappe gegründeten Streichquartett angehörte. Nach Abschluß der musiktheoretischen Studien in Harmonielehre und Kontra-

Otto Kitzler

punkt bei Simon → Sechter (→ Musiktheorie) wandte sich Bruckner an den um zehn Jahre jüngeren damaligen Linzer Theaterkapellmeister Kitzler, um seine → Ausbildung in der Komposition durch Formenlehre- und vor allem Instrumentationsstudien (→ Form, → Instrumentation) bei einem der musikalischen Moderne aufgeschlossenen Lehrer zu vervollständigen. Kitzler berichtet in seinen »Musikalischen Erinnerungen«, daß Bruckner seit Herbst 1861 »regelmäßigen Unterricht in der Orchestration« bei ihm genommen habe, er ihn zuvor jedoch basierend auf Ernst Friedrich Richters »Analyse der musikalischen Formen« in den »Bau der Tonwerke« eingeführt habe. Als Anschauungsmaterial dienten die Sonaten → Beethovens, wobei das Studium der Sonatenform gleichsam die symphonische Großform vorbereitete. Im Instrumentationsunterricht wurden der letzte Band der Kompositionslehre von Adolf Bernhard Marx und die Partituren klassischer Meister studiert. Aus der Zeit des Unterrichts bei Kitzler ist das von Bruckner eigenhändig geschriebene sogenannte → Kitzler-Studienbuch erhalten geblieben. Da es damals die → Lisztsche oder → Wagnersche Instrumentierungskunst berücksichtigende Lehrbücher noch nicht gab, wurde für Bruckner im Hinblick auf die Ausprägung seiner spezifischen Klangvorstellungen die Begegnung mit Wagners »Tannhäuser« von entscheidender Bedeutung, den Kitzler am 13. 2. 1863 zum ersten Mal mit großem Erfolg in Linz dirigierte. Vor und nach der Aufführung machte Bruckner – so Kitzler – unter seiner Anleitung mit Hinweis auf die »Neuheiten der Instrumentation« gründliche Partiturstudien.

In dieser Studienzeit entstanden die ersten größeren Arbeiten Bruckners für Orchester, so u. a. der *Marsch in d-Moll*, die *Drei Orchesterstücke*, die *Ouverture in g-Moll* und die (»Studien«-)*Symphonie in f-Moll*, die Kitzler nicht sehr inspiriert fand, was Bruckner ziemlich kränkte; erst viel später gab er seinem Lehrer recht und qualifizierte das Werk als Schularbeit. Am 10. 7. 1863 feierte Bruckner die von ihm gewünschte »Freisprechung« mit seinem Lehrer und erhielt von diesem ein Zeugnis, das ihm bescheinigte, den eigentlich zweijährigen Kurs in nur 19 Monaten absolviert zu haben. Trotzdem wandte sich Bruckner nach Kitzlers Weggang von Linz an dessen Nachfolger Ignaz → Dorn, der den unter Kitzler begonnenen Weg Bruckners zu schöpferischer Eigenständigkeit noch wesentlich bereicherte.

Bruckner und Kitzler blieben zeit ihres Lebens freundschaftlich verbunden; bei jeder sich bietenden Gelegenheit besuchte Kitzler seinen ehemaligen Schüler in → Wien. 1875 bat ihn Bruckner um die Aufführung der *Zweiten Symphonie* in → Brünn, was jedoch aufgrund der unzulänglichen Orchesterverhältnisse nicht möglich war. Am 13. 4. 1888 dirigierte Kitzler das *Te Deum* mit Chor und Orchester des Brünner Musikvereins. Der Einladung Kitzlers, zu der von ihm geleiteten Aufführung der *Vierten Symphonie* am 21. 4. 1893 nach Brünn zu kommen, konnte Bruckner aus Krankheitsgründen nicht nachkommen; Kitzler berichtete jedoch brieflich von dem mit Begeisterung aufgenommenen Konzert. Auch an der zweiten von Kitzler geleiteten Aufführung einer Symphonie in Brünn (25. 3. 1896, *Zweite Symphonie*) konnte der Komponist krankheitshalber nicht teilnehmen. Zum Andenken an ihn dirigierte Kitzler am 19. 12. 1896 abermals das *Te Deum*. IF

Lit.: Hermann Mendel, Musikalisches Conversations-Lexikon 6. Berlin 1876, S. 81 f.; Göll.-A. 3/1, 4/2-3, passim; O. Kitzler, Musikalische Erinnerungen mit Briefen von Wagner, Brahms, Bruckner und Richard Pohl. Brünn 1904, S. 28-35; Auer-Briefe, S. 50 ff., 130, 254, 266, 269 f., 301-304, 310-313; Gräflinger-Briefe, S. 53-57; Riemann Musiklexikon; Hans-Hubert Schönzeler, Bruckner. Wien 1974, S. 25 ff.; Hawkshaw, The Manuscript Sources, S. 84-106; Ingrid Fuchs, Aspekte der Instrumentation der Symphonien Brahms' und Bruckners, in: Bruckner-Symposion 1983, S. 134; Jiří Vysloužil, O. Kitzler in Brünn, in: Bruckner-Symposion 1988.

Kitzler-Studienbuch

Das heute unzugängliche – in Privatbesitz befindliche – »Studienbuch« mit eigenhändigen Übungen hat Bruckner während seines Unterrichts beim Dirigenten und Violoncellisten Otto → Kitzler 1861-1863 in → Linz angelegt. Bruckner hatte bis dahin bereits zahlreiche Kompositionen fertiggestellt, darunter auch Werke in großer Besetzung (*Requiem* und *Missa solemnis*). Die Handschrift besteht aus 163 zum Teil unterschiedlich großen Blättern im Querformat (326 gezählte Seiten), geordnet in chronologischer Reihenfolge mit zahlreichen autographen Datierungen zwischen »H[eilige] Nacht anno [1]861« (S. 30) und »10. Juli 1863« (S. 325). Es handelt sich um eigenhändige Entwürfe, Bemerkungen, vollständige und unvollständige Kompositionen, die eine rigorose Schulung in Formenlehre (→ Form) und → Instrumentation zeigen. Am Anfang stehen Übungen zu den verschiedenen Kadenzausführungen und zum Periodenbau, danach folgen zwei- und dreiteilige

Liedformen (z. B. Lieder, Walzer, Polka, Mazurka und Galopp), Klavier-Etüden, Themen mit Variationen, Rondo, Sonatenform und – neben anderen Übungen für diese Besetzung – das vollständige *Streichquartett in c-Moll*. Fortgesetzt wurden die Studien mit Instrumentationsübungen (darunter zur Exposition des 1. Satzes von → Beethovens Sonate »Pathétique« op. 13) und vier vollständigen Orchesterstücken (*Marsch in d-Moll, Drei Orchesterstücke*). Der Band schließt mit Skizzen zur *Ouvertüre in g-Moll* und zur *Symphonie in f-Moll* (»Studiensymphonie«). Bruckner hat während des Unterrichts bei Kitzler Lehrbücher von Ernst Friedrich Richter, Johann Christian Lobe und Adolph Bernhard Marx verwendet (→ Ausbildung).
Außer dem *Streichquartett*, dem *Rondo in c-Moll*, den *Drei Orchesterstücken*, dem *Marsch in d-Moll* (veröffentlicht nach einer Abschrift) und dem 1. Satz einer *Sonate in g-Moll* blieben weitere vollständige Kompositionen aus diesem Übungsbuch noch unpubliziert. Sie wurden trotzdem jeweils mit einem Kurzartikel in dieses Handbuch aufgenommen.
Das Kitzler-Studienbuch fasziniert wegen seiner Einblicke in die Geschichte der musikalischen Ausbildung im 19. Jahrhundert sowie wegen der historischen und theoretischen Bedeutung von Terminologie und Umfang der darin enthaltenen Übungen. Nicht zuletzt ist dieses Manuskript unverzichtbar für die Untersuchungen über Bruckners → Arbeitsweise.

Bisher bekannte vollständige Kompositionen im »Kitzler-Studienbuch«:
Lieder für Singstimme und Klavier: *»O habt die Thräne gern«*; *Nachglück*; *Herzeleid*; *Von der schlummernden Mutter*; *Des Baches Frühlingsfeier*; *»Wie neid ich dich, du stolzer Wald«*; *Der Trompeter an der Katzbach*. Klavierstücke: *Walzer in Es-Dur*; *Walzer in C-Dur*; *Polka in C-Dur*; *Mazurca in a-Moll*; *Menuett in C-Dur*; *Menuett mit Trio in G-Dur*; *Marsch in d-Moll*; *Andante in Es-Dur*; *Andante in d-Moll*; *Etüde in G-Dur*; *Chromatische Etüde in F-Dur*; *Thema und Variationen in G-Dur*; *Sonate in g-Moll*, 1. Satz; *4 Fantasien* (in d-, c-, c- bzw. d-Moll). Für Streichquartett: *Scherzo in g-Moll*; *Streichquartett in c-Moll*; *Rondo in c-Moll*. Für Orchester: *Marsch in d-Moll*; *Drei Orchesterstücke*. PH

Lit.: Otto Kitzler, Musikalische Erinnerungen mit Briefen von Wagner, Brahms, Bruckner und Richard Pohl. Brünn 1904, S. 28-34; Hawkshaw, The Manuscript Sources, S. 84-106; ders., Das Kitzler-Studienbuch: ein unschätzbares Dokument der Brucknerschen Arbeitsweise, in: Bruckner-Symposion 1995.

Klavierstück in Es-Dur. Autograph

Klavierstück in Es-Dur (WAB 119)

Gelegenheitskomposition für Klavier zu zwei Händen
EZ: um 1856 vermutlich in → Linz
UA: ?
Autograph: ÖNB-MS
ED (Faksimile): Göll.-A. 3/2, S. 182 (1930)
NGA: Band XII/2 (Walburga Litschauer, 1988)

Das kurze Stück mit eingezeichneten Fingersätzen, das Bruckner um 1856 vermutlich für seinen Klavierunterricht in Linz schrieb, ist zweiteilig angelegt. Als stilistisches Vorbild für seine → Melodik, den scheinbar polyphonen Satz und die nahezu taktweise wechselnde Dynamik läßt es → Mendelssohns »Lieder ohne Worte« erkennen. WL

Lit.: Göll.-A. 3/1, S. 43; Walburga Litschauer, Bruckner und das romantische Klavierstück, in: Bruckner-Symposion 1987, S. 109.

Klavierwerke

Bruckners Kompositionen für Klavier zu zwei und zu vier Händen – es handelt sich insgesamt um zehn vollendete Stücke und einen Entwurf – entstanden zwischen 1850 und 1868. Es sind Gelegenheitswerke, die Bruckner für den von ihm erteilten Klavierunterricht oder als Widmungskompositionen für bestimmte Personen schrieb. Die (zum Teil vermutete) chronologische Reihenfolge:

Lancier-Quadrille	*Sonate g-Moll, 1. Satz (Entwurf)*
Steiermärker	*Stille Betrachtung an einem Herbstabende*
Drei kleine Stücke	*Erinnerung*
Quadrille	*Fantasie*
Klavierstück in Es-Dur	(NGA: Band XII/2 und 3).

Bruckner scheint das Klavierspiel weitgehend als Autodidakt erlernt zu haben. Über seine Repertoirekenntnisse ist nur wenig bekannt, außer daß sich in einigen seiner Klavierstücke der Einfluß von → Mendelssohns »Liedern ohne Worte« feststellen läßt (dies betrifft vor allem das *Klavierstück in Es-Dur* und die *Stille Betrachtung an einem Herbstabende*). Bruckners Klavierkompositionen umfassen sowohl »Charakterstücke« als auch stilisierte sowie von der Tanzpraxis beeinflußte Tänze, die den musikalischen Geschmack ihrer Entstehungszeit widerspiegeln und im wesentlichen keinen eigenen Stil aufzuweisen haben. Dennoch läßt sich in manchen dieser Miniaturen der Weg des angehenden Symphonikers vorausahnen: So stößt Bruckner etwa in seinem letzten Klavierstück, das den Titel *Erinnerung* trägt und um 1868 entstand, mit der dort angewandten orchestralen Kompositionstechnik an die Grenzen der technischen Möglichkeiten der Klaviere seiner Zeit.

WL

Lit.: Walburga Litschauer, Bruckner und das romantische Klavierstück, in: Bruckner-Symposion 1987; Wolfgang Brunner in: Booklet zu A. Bruckner, Piano Works. CD (cpo 999 256-2) 1995.

Drei kleine Stücke (WAB 124)

Gelegenheitskompositionen für Klavier zu vier Händen
Nr. 1: G-Dur; Nr. 2: G-Dur, »Allegro moderato«; Nr. 3: F-Dur, »Langsam, feierlich – Schneller«
EZ: 1853 (1), 1854 (2) und 1855 (3) in → St. Florian
W: Marie und Josef, die Kinder des Bezirksrichters Josef → Marböck
UA: ?
Autograph: ÖNB-MS
ED: »Drei kleine Vortragsstücke«. Wien, Universal-Edition 1925 (Josef Lorenz Wenzl)
NGA: Band XII/3 (Walburga Litschauer, 1994)

Aus zahlreichen Kollisionen zwischen Primo und Secondo läßt sich schließen, daß die drei Stücke unmittelbar in Stimmen notiert wurden. Mehrere von Bruckner mit Tinte eingetragene Fingersätze deuten darauf hin, daß er diese Gelegenheitskompositionen mit den Kindern, denen er in St. Florian Klavierunterricht erteilte, genau einstudierte. Marie → Marböck, die Mutter der beiden Kinder, hat auf dem Autograph vermerkt, daß das erste Stück 1853, das zweite 1854 und das dritte 1855 jeweils am Namenstag ihres Gatten Josef (19. 3.) im Familienkreis aufgeführt wurde.

WL

Lit.: Göll.-A. 2/1, S. 150-152, 2/2, S. 178-183 (Faksimile); Josef Lorenz Wenzl, Neue Brucknerиana. Auf Bruckners Lebenswegen. Drei Jugendwerke des Meisters, in: Zeitschrift für Musik 92 (1925); Walburga Litschauer, Bruckner und das romantische Klavierstück, in: Bruckner-Symposion 1987, S. 108.

Friedrich Klose

Klose, Friedrich

Geb. 29. 11. 1862 in Karlsruhe, gest. 24. 12. 1942 in Ruvigliano, Tessin. Komponist und Kompositionslehrer. War zunächst in → Karlsruhe Schüler von Vinzenz Lachner, seit 1881 von Felix → Mottl. Dieser riet ihm zum Studium bei Bruckner, doch Klose nahm noch in Genf Unterricht bei Adolf Ruthardt (Klavier) und bei Provesi (Komposition). Entscheidend für ihn wurden die Lehrjahre von Jänner 1886 bis Juli 1889 bei Anton Bruckner, den er 1882 in → Bayreuth kennengelernt hatte. 1889-1891 lehrte er an der Academie de Musique in Genf und, nach Jahren freien Schaffens in → Wien, 1906/07 am Konservatorium in Basel. Auf Veranlassung Mottls wurde er 1907-1919 als Kompositionslehrer Nachfolger Ludwig Thuilles an der Akademie der Tonkunst in München. Seit 1919 lebte er in der Schweiz, deren Staatsbürgerschaft er seit 1886 besaß.
Bruckner, der ihm attestierte, er sei »in der Theorie gesattelt wie wenige«, verdankte er die solide satztechnische Grundlage für sein sonst hauptsächlich von → Berlioz, → Liszt und → Wagner beeinflußtes kompositorisches Schaffen. In seinen Büchern »Meine Lehrjahre bei A. Bruckner« (Regensburg 1927) und »Bayreuth. Eindrücke und Erlebnisse« (Regensburg 1929) bietet er sehr lebendige Schilderungen der Persönlichkeit und der Lehrmethode Bruckners, den er auch in späteren Jahren noch oft besuchte.
Hauptwerke in Kloses nicht sehr umfangreichem, 1919 abgeschlossenem Werk sind die Oper »Ilsebill« (1902), die Messe d-Moll (1889), das Melodram »Die Wallfahrt nach

Kevelaar« (1911), die Kantate »Der Sonne Geist« (1917), die symphonische Dichtung »Das Leben ein Traum« (1896) und ein Streichquartett (1911). Seiner Komposition »Präludium und Doppelfuge für Orgel und Bläser« (1907) liegt ein Thema aus einer Orgelimprovisation Bruckners (Bayreuth 1882) zugrunde.
Seine Schwester Amalie Klose, geb. 13. 11. 1867 und gest. 29. 3. 1947 in Karlsruhe, vielseitig gebildet, war in Karlsruhe Schülerin von Eduard Reuß, in Wien von Josef → Schalk (Klavier) und Rosa Papier (Gesang, → Paumgartner). Sie galt als hervorragende Primavista-Spielerin, setzte sich als Klaviervirtuosin besonders für César Franck und Sergej Rachmaninow ein und wirkte auch als Pädagogin. Sie besuchte Bruckner in den Jahren 1887-1889 und 1895 häufig in seiner Wohnung in der Heßgasse und veröffentlichte darüber einen anschaulichen Erinnerungsbericht (→ Wohnungen). RM

Lit.: Göll.-A. 4/1-4, passim; Heinrich Knappe, F. Klose. Eine Studie. München 1921; Wilhelm Zentner in: MGG 7, Sp. 1241-1244 (mit weiterer Lit.); Jugendstil-Musik? Münchner Musikleben 1890-1918. Ausstellung 19. 5. – 31. 7. 1987. Bayerische Staatsbibliothek. Wiesbaden 1987, passim. – Amalie Klose, Meine Begegnungen mit A. Bruckner, in: Zeitschrift für Musik 103 (1936).

Klosterneuburg
Niederösterreichische Stadt, an der Donau nordwestlich von Wien gelegen; erhielt 1298 das Stadtrecht und war seit dem 12. Jahrhundert eine Pflegestätte der Kunst. Das um 1100 gegründete Augustiner-Chorherrenstift wurde 1730-1750 barockisiert. 1880: 6 400, 1995: 23 300 Einwohner.
Seit seiner Übersiedlung nach → Wien suchte Bruckner nach einem Ersatz für das Stift → St. Florian. Durch Joseph → Hellmesberger sen. und Johann → Herbeck wurde er in das Stift Klosterneuburg eingeführt, wo er von 1869 bis Weihnachten 1894 regelmäßiger Gast zu Fronleichnam, am Namenstag Kaiser → Franz Josephs I. (4. 10.), am Fest des hl. Leopold (15. 11.) und zu Weihnachten war und meist beim Hochamt die Orgel (Johann Georg Freundt) spielte.
Die musikalischen Verhältnisse im Stift waren speziell für die Musik Bruckners ungünstig, und so wurde er vor allem als Organist gesehen. Seine Anwesenheit blieb auf das kirchliche Musikleben des Stiftes ohne Einfluß, und er improvisierte nur für einen kleinen Kreis.
Am 4. 10. 1876 machte Bruckner beim Stiftskämmerer die Bekanntschaft seines späteren Hausherrn in der Heßgasse (→ Wohnungen), Anton Ölzelt Ritter von Newin, der gemeinsam mit dem Medizinstudenten Ernst Böck – beide auch Hörer seiner Vorlesung an der → Universität – gern das Stift Klosterneuburg besuchte. Für die geplante Hochzeit Ölzelts schrieb Bruckner 1878 den Chor *Zur Vermählungsfeier,* dessen Partiturabschrift sich im Nachlaß von Chormeister Brandstetter (Männergesang-Verein Klosterneuburg) befand.
Zu Fronleichnam 1885 traf Bruckner in Klosterneuburg mit Hugo → Wolf, Friedrich → Eckstein, Gustav → Schönaich u. a. zusammen. Am 15. 11. 1885 erlebte Josef → Kluger Bruckner erstmals als Organist. – Wahrscheinlich im Jahre 1886 entstand eine Harmonisierung der Choralmelodie des *Ave regina coelorum* für das Fest Mariä Verkündigung (25. 3.) auf Ersuchen des Novizenmeisters Ferdinand Schölzig.
Mit der Einrichtung einer Abteilung für Kirchenmusik der Wiener Musikakademie in Klosterneuburg begann auch eine rege Bruckner-Pflege. So erklangen hier zum ersten Mal am 8. 9. 1921 die *Ouvertüre in g-Moll*, am 18. 3. 1923 drei Sätze aus der *Symphonie in f-Moll* (»Studi-

Franz Moißl an der Orgel in der Klosterneuburger Stiftskirche. Federzeichnung (Postkarte)

ensymphonie«) und am 12. 10. 1924 auch das *Scherzo* aus dieser Symphonie, gleichzeitig die *Drei Orchesterstücke* und eine Gesamtaufführung der *Symphonie d-Moll* (»Nullte«). Die Aufführungen fanden mit der Klosterneuburger Philharmonie unter Franz Moißl statt.
Heute erinnern eine Plakette am Orgelchorpfeiler der Stiftskirche sowie eine Gedenktafel (1925) am Haus der Familie Schatz am Rathausplatz 11 an Bruckners Aufenthalte in Klosterneuburg. AH/EWP

Lit.: Josef Kluger, Schlichte Erinnerungen an A. Bruckner, in: Jahrbuch des Stiftes Klosterneuburg 3 (1910); Paul Stefan, Bruckners Jugendsymphonie in Klosterneuburg, in: Musikblätter des Anbruch 5 (1923); Josef Kluger, A. Bruckner und das Stift Klosterneuburg, in: In Memoriam A. Bruckner; Franz Gräflinger, Bruckner-Hundertjahrfeier in Klosterneuburg, in: Zeitschrift für Musik 91 (1924); Klosterneuburger Bruckner-Fest (11./12. 10. 1924). Programm, in: Musica Divina 12 (1924); Josef Kluger, Bruckner in Klosterneuburg, in: Klosterneuburg, Stadt und Stift 1928; Göll.-A. 4/1-4, passim; Vinzenz Oscar Ludwig, A. Bruckners Klosterneuburger Fahrt. Zu des Meisters 50. Todestag. Wien 1946; Ernst Paul, A. Bruckner und Klosterneuburg, in: Amtsblatt der Stadtgemeinde Klosterneuburg, Kulturbeilage Juni 1974.

Kluger, Josef

Geb. 24. 3. 1865 in Reitendorf bei Mährisch-Schönau, gest. 9. 11. 1937 in Klosterneuburg; trat 1885 als Novize in das Stift → Klosterneuburg ein (1890 Priesterweihe). Während seiner Studien (1896 Dr. theol.) war er Lehrer für orientalische Dialekte und Dogmatik an der theologischen Lehranstalt des Stiftes, später Novizenmeister im Stift und Pfarrer in Reinprechtspölla, seit 1913 Abt des Stiftes und dazu seit 1919 Generalabt der Österreichischen Chorherrenkongregation. Als großer Bewunderer der Werke Richard → Wagners war Kluger seit 1887 Gast der Festspiele in → Bayreuth. Er förderte die Einrichtung einer Abteilung für Kirchenmusik der Wiener Musikakademie in Klosterneuburg und trug viel zum kulturellen Leben des Stiftes bei. Er war auch Direktionsmitglied der → Gesellschaft der Musikfreunde in Wien.
Am 15. 11. 1885 erlebte Kluger Bruckner in Anwesenheit des Kaisers erstmals als Organist. Zu einer persönlichen Begegnung kam es erst bei der Fronleichnamsprozession 1890. Er war der einzige Gesellschafter Bruckners im sonst am Komponisten kaum interessierten Stift und besuchte ihn auch öfters in → Wien, wobei er religiöse Aufgaben zu erfüllen hatte (Weihwasser bringen, Lourdes-Wasser besorgen, Rosenkranz weihen, Beichtgelegenheit einrichten). Max → Auer bezeichnete Kluger als Bruckners

»letzten Freund« und verwendete dessen »Erinnerungen« in der großen Monographie. AH/EWP

Werke: Schlichte Erinnerungen an A. Bruckner, in: Jahrbuch des Stiftes Klosterneuburg 3 (1890); A. Bruckner, in: Bundesblatt (1935).

Lit.: Göll.-A. 4/1-4, passim.

Köln

Stadt in Nordrhein-Westfalen, am Rhein in der Kölner Bucht gelegen. 1388 Gründung der ältesten Universität des Deutschen Reiches, 1475 freie Reichsstadt, traditionsreicher Handelsplatz, im Zweiten Weltkrieg stark zerstört. 1885: 240 000, 1994: 962 000 Einwohner.
Mit der dreißigjährigen Tätigkeit Ferdinand Hillers (1811-1885) war Köln zur rheinischen Musikmetropole aufgestiegen, die mit dem seit 1857 bestehenden Konzertsaal im Gürzenich auch ein repräsentatives Konzerthaus besaß. Da Hiller eine (noch vor der Wiener Uraufführung am 20. 2. 1881 angebotene) Aufführung der *Vierten Symphonie* als nicht passend abgelehnt hatte, erklang erst am 8. 4. 1885 mit der Aufführung der ersten drei Sätze des *Streichquintetts* durch das Quartett Heckmann (Robert Heckmann, 1848-1891) ein Werk Bruckners in Köln. Der Journalist Hans Kleser (1850-1901), der 1877 in Wien erstmals eine Symphonie Bruckners gehört hatte, hatte dazu die Anregung gegeben. Angesichts der Erfolge der *Siebenten Symphonie* in → Leipzig und → München führte Franz Wüllner (1832-1902, seit 1884 als Nachfolger Hillers Leiter der Gürzenich-Konzerte)

dieses Werk am 7. 1. 1886 auf. Daraufhin veröffentlichte Kleser in der Kölner »Neuen Musik-Zeitung« den ersten größeren Aufsatz über Leben und Werk Bruckners in einer deutschen Zeitung. Am 14. 11. 1886 folgte die Aufführung des *Germanenzugs* durch den Cölner Männergesang-Verein und 1887 wieder die *Siebente Symphonie.* Nach längerer Pause erklang dann erst 1905 mit der *Fünften Symphonie* wieder ein Werk Bruckners in Köln. Unter Hermann Abendroth als Generalmusikdirektor folgten, auch beim Niederrheinischen Musikfest, u. a. der *Psalm 150* (1915), die *Achte Symphonie* (1920), die *Messe in e-Moll* und die *Dritte Symphonie* (1921) sowie die *Messe in d-Moll* (1934). In den Jahren 1939-1941 wurden in Köln die *Achte*, die *Sechste* und die *Neunte Symphonie* in ihren »Urfassungen« gespielt. AH

Lit.: Hans Nelsbach, Ein Bruckner-Freund in Köln [unbez. Zeitungsausschnitt], in: Historisches Archiv der Stadt Köln Best. 1010, Bd. 8, Bl. 474; Festbuch zur Hundertjahrfeier der Concert-Gesellschaft in Köln 1827-1927. Hrsg. Hermann Unger. [Köln 1927]; Göll.-A. 4/2, S. 304 ff., 390-394; Hans Joachim Zingel, Das Kölner Gürzenichorchester. Werden und Sein. Köln 1963; Nowak 1973, S. 223, 230, 232.

Kompositionsprojekte

Hinweise auf ursprünglich geplante und dann doch nicht ausgeführte Kompositionen sind bei Bruckner äußerst selten, da weder er in seinen → Briefen künstlerische Pläne äußerte noch Freunde und Schüler sich an derartige Vorhaben des Meisters erinnerten. In lediglich zwei Fällen gibt es konkrete Anhaltspunkte: bei dem (sehr vage verfolgten) Plan zu einer Oper und dem (vielleicht nur irrtümlich berichteten) einer zehnten Symphonie.

Vermutlich 1887 war Bruckner von einer jungen (deutschsprachigen) Russin, Klotilde Welker, aufgesucht worden, die am Petersburger Konservatorium studiert hatte, komponierte und nun anläßlich ihres Aufenthaltes in → Wien das Urteil einer anerkannten Autorität einholen wollte. Ihre Freundin Elisabeth Bollé, junge Autorin mehrerer Dichtungen unter verschiedenen Pseudonymen, wurde Zeugin, wie liebenswürdig-höflich Bruckner zwar die vorgelegten Arbeiten durchsah, daß er sie aber offenbar nicht »für voll« nahm und sich »sein wahres Gutachten hinter einer Blütenlese von schön klingenden Redensarten verbarg« (Göll.-A. 4/3, S. 346). In der Folge riß dann der Kontakt zwischen Bruckner und Frl. Bollé nicht mehr ab. Bei ihren Gesprächen ging es fast ausschließlich um Kunst, auch um die Frage, ob eine Frau in der Lage sei, ein Opernlibretto zu schreiben, wozu Bruckner sie jedoch »nicht veranlagt« sah. In der Annahme, Bruckner habe seine *Neunte* längst vollendet, bot ihm Frl. Bollé 1893, sich hinter dem »neutralen« Namen »G. Bollé-Hellmund, Schriftsteller« versteckend, brieflich einen ihrer Meinung nach passenden Text an: »religiösen Inhalts, eigenartig, erhaben, entbehrt auch nicht der notwendigen lyrischen Motive – verlangt aber, wie ein Kunstkenner sagte, ›einen ganzen Kerl‹ – ›einen Genius von Gottes Gnaden‹, denn Kapellmeistermusik wäre dabei nicht angebracht« (Göll.-A. 4/3, S. 343). Bruckner antwortete aus → Steyr am 5. 9. 1893, daß er »auf Befehl der → Ärzte« zwar jetzt ausruhen müsse, aber nach Fertigstellung der Symphonie, wofür er zwei Jahre veranschlage, und bei »nöthiger Kraft ... herzlich gerne an ein dramatisches Werk« ginge, möglichst »eins à la Lohengrin, rom[antisch] religios-misteriös und besonders frei von allem Unreinen!« (Göll.-A. 4/3, S. 345). Fraglich bleibt allerdings, ob der Symphoniker seine Kraft dann nicht doch lieber einer »Zehnten Symphonie« gewidmet hätte.

Über eine solche berichtete schon 1892 die Stuttgarter »Neue Musikzeitung« (Jg. 13, S. 187): »Unser Anton Bruckner, der altehrwürdige Sinfoniker, trägt sich mit der Absicht, seinen neun Symphonien eine zehnte hinzuzufügen, und zwar die ›Gotische‹. Um in die richtige Stimmung zu kommen, geht er seit Tagen in und um die Wiener Stephanskirche und studiert deren edle Bauformen« (vgl. → Zahlensymbolik). Da Bruckner zu diesem Zeitpunkt bereits tatsächlich an seiner zehnten (die »Nullte« *Symphonie in d-Moll* mit-, die »Studien«-*Symphonie in f-Moll* nicht gerechnet) arbeitete, scheint sich dieses »Kompositionsprojekt« doch eher auf die *Neunte* selbst zu beziehen.

Kaum ein »Projekt«, sondern wohl eher die rührend-hilflose Liebenswürdigkeit des immer verwirrter werdenden schwerkranken Bruckner war schließlich der Wunsch, für seinen Arzt Richard → Heller einen »Choral« zu komponieren (Göll.-A. 4/3, S. 571). Bruckner scheint auch tatsächlich mit der Arbeit begonnen zu haben; ob er sie je vollendet hat, darf bezweifelt werden.

EM

Konzertleben

Das 19. Jahrhundert steht im Zeichen einer deutlichen Akzentverlagerung von privaten bzw. halböffentlichen Veranstaltungen zum öffentlichen Konzertbetrieb. In seiner Linzer Zeit befand sich Bruckner noch in typisch biedermeierlichem Ambiente: zwischen privaten musikalischen Zirkeln, Kirchenmusik und Vereinen. Er selbst nahm darin aktiv als Domorganist, Chorleiter, Klavierbegleiter, Vereinsarchivar und Komponist von Gelegenheitskompositionen teil. Vereinzelte musiktheatralische Anregungen bot das Landständische Theater in → Linz.

Mit seiner Übersiedlung nach → Wien kam er in den Einflußbereich eines großstädtischen Musiklebens. Da Bruckner bekanntlich seinen erklärten »Lebensberuf« als »Symphoniker« sah, geriet er damit rasch in das Spannungsfeld des öffentlichen Konzertbetriebs. Wichtige Institutionen des Wiener Musiklebens waren damals Hofoper, → Hofmusikkapelle, → Gesellschaft der Musikfreunde und → Wiener Philharmoniker, die auch für Bruckner-Aufführungen bedeutsam waren. Daneben gab es natürlich noch eine Vielzahl kleinerer Gruppierungen, wie z. B. den → Wiener Schubertbund, den → Wiener Männergesang-Verein, den → Wiener Akademischen Gesang-Verein, und den → Wiener Akademischen Wagner-Verein.

Die Lockerung der politischen Restaurationsphase sowie der Liberalismus brachten einen allgemeinen wirtschaftlichen Aufschwung. Damit verbunden war eine breite Fächerung der musikalischen Aktivitäten. Virtuosenkult, Massenveranstaltungen, Tanzmusik der Familie → Strauß, national getönte Männerchor-Abende und Salonmusik gehörten ebenso dazu wie Philharmonische Konzerte und Kirchenmusikaufführungen in der Hofmusikkapelle. Die neuen Bauten der Hofoper und des Musikvereins bildeten eine wichtige Grundlage für das öffentliche Konzertleben und die soziale Repräsentation des Wiener Bürgertums. Musik spielte auch bei der → Weltausstellung in Wien 1873 und der → Internationalen Ausstellung für Musik- und Theaterwesen 1892 eine gewichtige Rolle. So war Bruckner beispielsweise mit der *Zweiten Symphonie* im Rahmen der Schlußfeier der Weltausstellung vertreten. Im übrigen war es das einzige Konzert mit den Wiener Philharmonikern unter seiner Leitung.

Eduard → Hanslick charakterisierte die Epoche von 1848 bis 1868 als »musikalische Renaissance«, womit er die Pflege von Werken → Bachs und Händels meinte. Neben den »Klassikern« verwies er auf die »richtige Werthschätzung F. → Schubert's«, die »allmäliche Erkenntniß und Pflege Rob. → Schumann's« und des späten → Beethoven. Wenn auch im Detail nicht ganz exakt, sind damit wichtige Markierungspunkte angesprochen, die in gewisser Weise auch das spätere Bild vorwegnehmen. So zeigt eine Studie zum orchestermusikalischen Repertoire der Philharmonischen Abonnementkonzerte unter Hans → Richter (1875/76-1897/98) die signifikante Dominanz von Beethoven, mit großem Abstand gefolgt von → Mendelssohn, Schumann, → Brahms und → Mozart (Szabo-Knotik). Rein auf Symphonien bezogen rangiert Bruckner an neunter Stelle. Nicht zu unterschätzen sind in diesem Zusammenhang der Umfang und die moderne Tonsprache der Symphonien, die sich mit damaligen Programmvorstellungen oft nicht deckten. Trotz der konservativ orientierten philharmonischen Programmpolitik und einer anfänglichen, wohl von Otto → Dessoff gelenkten Ignoranz wurden schließlich die *Erste* in der Wiener Fassung, die *Dritte*, *Vierte* und *Achte Symphonie* noch zu Lebzeiten des Komponisten aufgeführt, außerdem die Mittelsätze der *Sechsten*.

Rechnet man nun weitere wichtige Aufführungen hinzu – etwa die fulminante Uraufführung der *Siebenten* in → Leipzig –, läßt sich das Bild vom verkannten Künstler vor dem zeitgeschichtlichen Hintergrund nicht länger halten. Gewiß: Bruckner stand nicht in der vordersten Reihe, war aber keineswegs in der Öffentlichkeit unbeachtet. Eine Untersuchung aus jüngster Zeit weist insgesamt rund 180 Aufführungen von Bruckner-Symphonien im Zeitraum bis 1900 auf (Fuchs). Auch die Urteile in der → Presse fielen keinesfalls einhellig negativ aus (→ Rezeption). Kleinere, teils auch exklusive Publikumskreise hatte Bruckner bei engagierten Klavieraufführungen seiner Symphonien. Als Beispiel hierfür sei die Uraufführung der *Fünften Symphonie* auf zwei Klavieren im Wiener → Bösendorfersaal (1887) genannt. Einen eigenen Bereich stellen Aufführungen von Kirchenmusik (Hofmusikkapelle, → St. Augustin) und Männerchören (Wiener Männergesang-Verein, Wiener Akademischer Wagner-Verein) dar. EWP

Lit.: Eduard Hanslick, Geschichte des Concertwesens in Wien. Wien 1869 (Reprint Hildesheim 1979); Othmar Wessely, Das Linzer Musikleben in der ersten Hälfte des 19. Jahrhunderts, in: Jahrbuch der Stadt Linz 1953; A. Bruckner in Wien; Cornelia Szabo-Knotik, Prestige von Symphonik in der Ära Hans Richters, in: Bruckner-Symposion 1989; Ingrid Fuchs, »Künstlerische Väter« und »Vormünder«. Bruckner und die zeitgenössischen Dirigenten seiner Symphonien, in: Bruckner-Symposion 1994; Gernot Gruber, Nachmärz und Ringstrassenzeit, in: Musikgeschichte Österreichs 3. Hrsg. Rudolf Flotzinger und G. Gruber. Wien 1995.

Kopisten

Es gibt heute tausende Blätter von → Abschriften Brucknerscher Werke – als Partituren und/oder Stimmen. Bisher sind sie noch nicht vollständig katalogisiert worden. Darüber hinaus befinden sich darunter hunderte Manuskripte in einer noch nicht identifizierten oder vielleicht auch nie zu identifizierenden Handschrift. Ihr unschätzbarer Wert als Hilfsmittel der Bruckner-Forschung ist daher zumeist noch ungenutzt geblieben.

Am wichtigsten sind natürlich die Abschriften, die im Auftrag oder mit Wissen und Genehmigung Bruckners angefertigt wurden, zum Teil eigenhändige Eintragungen des Komponisten enthalten und so zu den sogenannten primären Quellen zählen. Während seiner Linzer (1856-1868) und Wiener Jahre (seit Herbst 1868) hat Bruckner normalerweise professionelle Kopisten für die Reinschrift von Partituren und Aufführungsstimmen seiner großen Werke (Messen, Symphonien etc.) beschäftigt. In → Linz waren dies vor allem der Hornist und Musiklehrer Franz Schimatschek (1811/12-1877) und ein bisher nicht näher identifizierter angeblicher Bratscher und Kopist des Linzer Theaterorchesters (Anonymus 2); in → Wien treffen wir bei Bruckner-Abschriften u. a. auf folgende zumindest teilweise namentlich nachweisbare Kopisten: (?) Tenschert, (?) Carda (oder Csarda, Czorrda – vermutlich in Linz wohnhaft), den für die → Hofmusikkapelle arbeitenden Johann Noll, Franz Hlawaczek (Hlavaczek), der auch von Johannes → Brahms beschäftigt wurde, und den Steyrer Gemeindebeamten Leopold → Hofmeyr. Besonders die zahlreichen anonymen Schreiber in vielen Manuskripten der Wiener Jahre Bruckners bedürfen dringend einer näheren Untersuchung.

Die meisten Kopisten, die für Bruckner in seinen früheren Jahren gearbeitet haben, sind ebenfalls nicht identifiziert. Wahrscheinlich handelte es sich dabei um Angehörige der jeweiligen Stiftsgemeinschaften in → St. Florian und → Kremsmünster, wie z. B. Franz Jari und Max → Kerschbaum (Kopisten von *»Heil dir zum schönen Erstlingsfeste«*, der zweiten Umtextierung der Arneth-Kantate *»Heil, Vater! Dir zum hohen Feste«*), die in Kremsmünster gewohnt haben.

Es existieren auch hunderte Kopien – hauptsächlich von kleineren Kompositionen –, die ohne Wissen und Genehmigung Bruckners angefertigt worden sind. Die Tatsache, daß so viele seiner Werke bis in seine letzten Lebensjahre und selbst noch nach seinem Tod ungedruckt geblieben waren, erklärt vielleicht die große Zahl von Abschriften. Unter deren identifizierten Schreibern finden wir viele Bekannte Bruckners – Freunde oder Studenten; später waren es auch Biographen, Bibliothekare oder Wissenschaftler. Es liegen z. B. heute Handschriften vor von Karl → Aigner, Max → Auer, Arthur Bauer, Franz → Bayer, Franz Burkhart, Friedrich → Eckstein, Max Edlbacher, Benno Feyrer, August → Göllerich, Franz → Gräflinger, Altman Kellner, August Lehofer, Josef Neubauer, Rudolf Peyerl, Cajetan Schmidinger, Ernst Fritz Schmid und August → Stradal. Die jeweilige Bedeutung dieser Handschriften als Bruckner-Quelle kann nur von Fall zu Fall eingeschätzt werden.

Weiters sind von Bruckner in seinen → Taschen-Notizkalendern vermutlich als mögliche Kopisten vorgemerkt (darunter auch → Schüler von ihm): G. Adensamer in Wien, Georg Richter (offenbar Orchestermitglied am Wiener Stadttheater), Franz Rimmel vom Landständischen Theater in Linz, (?) Urbanetz und der aus Raab (Ungarn) gebürtige Franz Weber, beide in Wien.

PH

Lit.: Franz Gräflinger, Der Kopist des großen Meisters, in: Die Warte 9. 11. 1946; Hawkshaw, The Manuscript Sources, S. 65-70, 305-490; ders., Die Kopisten A. Bruckners während seines Aufenthaltes in Linz, in: Bruckner-Symposion 1990; vgl. auch verschiedene Revisionsberichte der Gesamtausgaben.

Krankheiten und Tod Bruckners

Anton Bruckner blieb – sieht man von einer tiefen seelischen Krise 1867 (→ Bad Kreuzen) ab – bis 1885 von bedrohlichen Krankheiten verschont. Machten sich zu diesem Zeitpunkt die ersten Anzeichen einer Krankheit bemerkbar, die durch Wasseransammlung in den Beinen auffiel und ihn im Gehen und beim Orgelspielen behinderte, so traten um 1888 rezidivierende Kehlkopfkatarrhe mit Heiserkeit und – in seinen Briefen oft betonte – Magenbeschwerden auf.

1893 war er wegen einer »Wassersucht« wiederholt bettlägerig. Die Behandlung übernahm Prof. Dr. Leopold von → Schrötter, seit 1890 Vorstand der III. Medizinischen Universitätsklinik in → Wien und Spezialist für Erkrankungen der Brustorgane, gemeinsam mit seinen Assistenten Dr. Richard → Heller und Dr. Alexander von Weismayr (→ Ärzte). Schrötter diagnostizierte bei Bruckner ein schweres Herzleiden mit Ödemen und Pleuraergüssen. Zur Linderung der

hochgradigen Atemnot des Patienten wurden Pleurapunktionen vorgenommen, daneben eine strenge Milchdiät – salzarme Kost kannte man noch nicht –, Digitalis und harntreibende Mittel verordnet. Langsam erholte sich Bruckner, klagte jedoch Anfang Mai 1893 seinem → Schüler Viktor Christ, daß er »immer unwohl« und »bei drei Wochen gelegen« sei.
Einer kurzfristigen Besserung folgte Anfang November eine weitere Krise mit Anfällen von schwerster Atemnot, die Bruckner an einer Genesung endgültig zweifeln ließ. Ende 1893 hatte sich sein Gesundheitszustand jedoch soweit gebessert, daß er Anfang Jänner 1894 nach → Berlin reisen konnte, um dort seine *Siebente Symphonie* und *sein Te Deum* hören zu können. Nach Wien zurückgekehrt, nahmen jedoch Atemnot und Ödeme schnell wieder zu, und es machte sich jetzt auch ein allgemeiner Verfall bemerkbar. Da er wegen seiner Ateminsuffizienz nicht mehr die Treppen zu seiner Wohnung im Hause Heßgasse 7 steigen konnte, stellte ihm Kaiser → Franz Joseph das ebenerdige »Kustodenstöckl« im Belvedere zur Verfügung, in das er 1895 einzog (→ Wohnungen). → Göllerich schreibt, daß Bruckner nun auch »kindisch und verworren« geworden sei.
Von seiner Haushälterin »Kathi« → Kachelmaier gepflegt und von den Ärzten Heller, Schrötter und Weismayr betreut, siechte Bruckner, am Ende ganz kachektisch geworden, bis zum Herbst 1896 dahin. Am 11. 10. 1896 nachmittags starb er infolge eines Herzstillstands. Wahrscheinlich auf Wunsch Göllerichs verfaßte der behandelnde Arzt Dr. Heller 1931 (!) eine Krankengeschichte Bruckners, in der er als Diagnose eine »chronische Herzmuskelerkrankung mit Wasseransammlungen, Stauungsleber und Herzerweiterung« angibt. Aus heutiger medizinischer Sicht ist diese Diagnose völlig korrekt. MS

Lit.: Max von Oberleithner, Meine Erinnerungen an A. Bruckner. Regensburg 1933, S. 69-72; Anton Neumayr, Musik & Medizin 2: Am Beispiel der deutschen Romantik. Wien 1989; Franz Hermann Franken, A. Bruckners Leiden. Eine große Atemnot, in: Münchener medizinische Wochenschrift 135 (1993) Nr. 15; handschriftliche Krankengeschichte Bruckners von Richard Heller (Institut für Geschichte der Medizin der Universität Wien).

Krems

Niederösterreichische Stadt am Ende der Wachau am linken Donauufer gelegen. 1869: 8 000, 1995: 23 000 Einwohner.
1850 gründete Joseph Chimani die Kremser Liedertafel, die auf Anregung des späteren Bürgermeisters L. Heinemann am 29. und 30. 6. 1861 in Krems das erste deutsch-österreichische → Sängerfest veranstaltete, an dem 32 Vereine mit mehr als 1 100 Sängern teilnahmen. Die Linzer → Liedertafel »Frohsinn« konnte unter der Leitung ihres Chormeisters Bruckner mit den Chören »Waldeinsamkeit« von Anton M. → Storch und »Jägers Aufenthalt« von Valentin Eduard Becker größtes Lob erringen. Ihre Leistung wurde von einem Wiener Kritiker sogar höher als die des → Wiener Männergesang-Vereins unter Johann → Herbeck bewertet.
Aus dem Jahr 1867 existieren zwei Briefe eines Alois Burtscher, Handlungsgehilfe aus Krems, den Bruckner während seines Kuraufenthaltes in → Bad Kreuzen kennengelernt hatte und der sich nach Bruckners Befinden erkundigte.
1875 wurde Bruckner vom Propst und Stadtpfarrer Sebastian Liebhart eingeladen, ein Gutachten über die von Johann Karl Mauracher aufgestellte → Orgel in der Kremser Stadtpfarrkirche abzugeben, das er am 8. 7. 1875 mit Franz Krenn, seinem Kollegen vom Konservatorium der → Gesellschaft der Musikfreunde, unterzeichnete. AH

Lit.: Friedrich W. Riedel, A. Bruckner in Krems, in: »Aus der Heimat«. Kulturbeilage zum Amtsblatt der Bezirkshauptmannschaft Krems 3 (1964) und in: Das Waldviertel 19 (1970); Karl Schnürl, Drei niederösterreichische Bruckner-Orgeln. Tulln – Langenlois – Krems, in: Bruckner-Studien 1975, hier S. 168; Andrea Harrandt, Aus dem Archiv der Liedertafel »Frohsinn«. Zum Chorwesen im 19. Jahrhundert, in: Bruckner-Symposion 1990, S. 58 f.; Mitteilung Archiv der Stadt Krems.

Kremser, Eduard

Geb. 10. 4. 1838 und gest. 27. 11. 1914 in Wien; Komponist und Dirigent. Nach Absolvierung der Handelsschule studierte er Klavier bei Joseph Proksch (1794-1864) sowie Musiktheorie bei Leonhard Mälzel (1783-1855) und wurde Chordirigent bei der Wiener Liedertafel und dem Sängerverein der Leopoldstadt (→ Wien). Kremser war seit 1861 Mitglied des → Wiener Männergesang-Vereins (2. Tenor) und dort auch als Klavierbegleiter und Quartettsänger tätig, 1868 als Dirigent (1899-1910 Ehrenchormeister). 1877-1880 Konzertdirektor der → Gesellschaft der Musikfreunde, viele Jahre Dirigent des Niederösterreichischen Sängerbundes. Kremser schuf zahlreiche Chorwerke, aber auch Bearbeitungen und Orchestrierungen fremder Stücke. Als Autorität auf dem Gebiet des Wiener Volksgesangs gab er 1912-1925 die Sammlung »Wiener Lieder und Tänze« heraus. Kremser

Eduard Kremser

war Träger zahlreicher in- und ausländischer Orden (u. a. 1891 Franz Joseph-Orden) und Ehrenmitglied vieler Gesellschaften und Vereine.
Persönlich dürften sich Bruckner und Kremser zuerst während ihrer Tätigkeit als Hilfslehrer an der Lehrerbildungsanstalt → St. Anna in Wien begegnet sein. Am 9. 8. 1880 bewarb sich Bruckner bei Kremser erfolglos um die 2. Chormeisterstelle des Wiener Männergesang-Vereins (→ Bewerbungen). Kremser, bekannt als ausgezeichneter Dirigent und subtiler Kenner des Männergesangs, widmete sich als Chordirektor vor allem den Werken → Schuberts und Bruckners. Er bemühte sich, Bruckners Werke der Allgemeinheit verständlich zu machen und dem Komponisten die gebührende Stellung im Wiener Musikleben zu erkämpfen. Kremser trat auch als Musikrezensent beim »Vaterland« für ihn ein und schrieb u. a. anläßlich der Uraufführung der *Vierten Symphonie* den berühmten Satz: »Bruckner ist der Schubert unserer Zeit« (3. 3. 1881). Am 8. 10. 1893 leitete Kremser die Uraufführung des Chores *Helgoland*. AH

Werke: 695 Kompositionen, davon 409 Chorwerke (377 Männerchöre), 61 Lieder und 5 Liedsammlungen, 13 Bühnenwerke (»Der Botschafter«, »Der Schlosserkönig«, »Der kritische Tag« u. a.), 118 Klavierstücke und 9 Klaviersammlungen, 46 Orchesterwerke und 34 Kompositionen für Soloinstrumente.

Lit.: Ludwig Eisenberg, Das geistige Wien. Künstler- und Schriftsteller-Lexikon. Bd. 1. Wien 1893, S. 288; Heinrich von Paumgartten, E. Kremser. Ein Nachruf. Wien 1915; Jahresbericht des Wiener Männergesang-Vereins über das 72. Vereinsjahr ... Wien 1915, S. 7-64; Deutscher Sänger-Kalender 1928. Festausgabe Schubert-Almanach. Wien 1928, S. 275-303; Göll.-A. 4/1-4, passim.

Kremsmünster

Benediktinerstift und Markt in Oberösterreich. Das Stift, auf einer Terrasse über dem Markt gelegen, 777 vom Bayernherzog Tassilo III. gegründet, ist bekannt durch seine kunst- und naturhistorischen Sammlungen, sein Gymnasium (seit 1549 öffentlich) und sein Konvikt (seit 1804). Seit der ersten Hälfte des 17. Jahrhunderts ist eine vielseitige, aufwendige und qualitätvolle Musikpflege belegt; reiches Musikarchiv (»Regenterei«) mit ca. 10 000 Nummern. Von den komponierenden Patres ist Georg Pasterwiz (1730-1803) der bedeutendste. Der Ort Kremsmünster ist seit 1489 Markt; Einwohnerzahl zur Zeit Bruckners: etwa 3 500; nach dem Zweiten Weltkrieg auf derzeit über 6 000 angewachsen.
Anton Bruckner war mit dem Stift Kremsmünster verhältnismäßig eng verbunden. 1848 sollte der Schulgehilfe von → St. Florian Klavierlehrer an der dem Konvikt in Kremsmünster angeschlossenen Musikschule werden. Seine Ernennung zum »provisorischen« Stiftsorganisten bewog ihn aber zum Verbleiben in St. Florian. 1849 wurde sein *Requiem* – wenige Monate nach der Uraufführung in St. Florian – bereits am »Stiftertag« (dem Todestag des Klostergründers Tassilo) in Kremsmünster aufgeführt. 1877 wurde Bruckner eingeladen, beim Festgottesdienst anläßlich des 1100jährigen Bestehens der Abtei die Orgel zu spielen. Seine Improvisationen zum feierlichen Einzug – Bruckner »verwob« dabei vier verschiedene Themen – hinterließen bei den Festgästen einen tiefen Eindruck. Überaus eng und herzlich gestalteten sich

Stift Kremsmünster

Bruckners Beziehungen zu Kremsmünster durch die Freundschaft mit dem jungen Pater Oddo → Loidol, der vor seinem Eintritt ins Kloster (1880) in → Wien Schüler Bruckners gewesen war. Ihm widmete der Meister seine Gradualien *Locus iste* und *Christus factus est*. Hauptsächlich durch Loidols Vermittlung überließ Bruckner dem Stift eine beträchtliche Anzahl von Autographen, zumeist Jugendwerke, Entwürfe und Skizzen. Die häufigen Besuche und Aufenthalte Bruckners in Kremsmünster waren nicht selten mit Darbietungen auf der großen Orgel (einem Werk des Matthäus Mauracher aus dem Jahr 1878) verbunden. Der größte Teil der Bruckner-Autographen und der Bruckner-Korrespondenz hat sich im Musikarchiv des Stiftes erhalten. Außer Oddo Loidol standen die Patres Romuald Lang (1821-1896), Siegmund Fellöcker (1816-1887), Georg Huemer (1837-1908) und Sebastian Mayr (1845-1934) in engerem Kontakt zu Bruckner. AM

Lit.: Georg Huemer, Die Pflege der Musik im Stifte Kremsmünster. Wels 1877; Wisinto Hartlauer, Die elfhundertjährige Jubel-Feier des Benediktinerstiftes Kremsmünster. Linz 1878; Altman Kellner, Musikgeschichte des Stiftes Kremsmünster. Kassel 1956; ders., Profeßbuch des Stiftes Kremsmünster. Klagenfurt 1968; Alfons Mandorfer, A. Bruckner und Kremsmünster, in: IBG. Studien & Berichte. Mitteilungsblatt 45, Dezember 1995.

Kronstorf

Marktgemeinde an der alten Römerstraße von Lorch nach → Steyr; erste urkundliche Erwähnung 834 (»Granitzdorf« = »Dorf an der Grenze«, d. h. an der Grenze zu Niederösterreich), 1333 Pfarrexpositur von → Enns. Zur Zeit Bruckners: etwa 100 Einwohner, 1996 (mit Katastralgemeinden): 2 885 Einwohner.

Mit Anstellungsdekret vom 23. 1. 1843 wurde Bruckner auf eigenen Wunsch und durch das Wohlwollen des → St. Florianer Propstes Michael → Arneth als Schulgehilfe von → Windhaag nach Kronstorf versetzt. Er fühlte sich nach eigenem Ausspruch hier »wie im Himmel«, da die Bewohner, zumeist Bauern, durch die klimatisch günstige Lage begüterter und daher auch dem Musischen mehr aufgeschlossen waren. Zu Bruckners bedeutendsten Förderern in Kronstorf zählten der Großbauer Florian Födermayr, der seine Begabung erkannte und ihm ein Spinett zum Üben lieh, das Lehrerehepaar Franz Seraph und Theresia Lehofer sowie der Pfarrexpositus Alois Knauer. Letzterer war → Textdichter des vierstimmigen Männerchores *An dem Feste* und Widmungsträger der 2. Fassung der Kantate *Musikalischer Versuch nach dem Kammer-Styl* WAB 93.

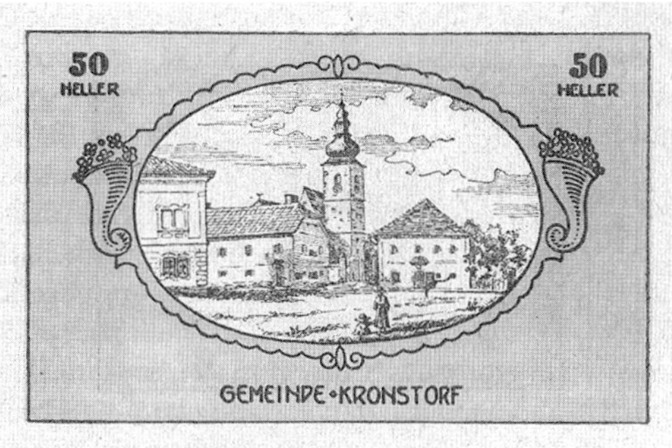

Notgeld, Kronstorf um 1924

Von Kronstorf aus suchte Bruckner wöchentlich mindestens dreimal den Ennser Regens chori Leopold von → Zenetti auf, der ihm gediegenen Unterricht erteilte. Ein weiterer Anziehungspunkt war auch die Chrismann-Orgel (→ Orgel) der Stadtpfarrkirche in Steyr, auf der Bruckner mit Erlaubnis des dortigen Stadtpfarrers Joseph Plersch üben durfte. Auch das Stift St. Florian hat Bruckner weiterhin aufgesucht.

In Kronstorf scheint Bruckner zum ersten Mal erkannt zu haben, daß seine musikalische Begabung sowohl den Durchschnitt als auch die damals von einem Lehrer als selbstverständlich erwarteten Fähigkeiten weit überschritt. Indizien dafür sind der Unterricht bei Zenetti, der frei gewählt und inhaltlich ganz auf die spätere Organistentätigkeit hingeordnet ist, sowie die stolze Unterschrift auf dem Titelblatt der beiden *Asperges* WAB 3, auf dem Bruckner erstmals als *»Componist«* unterzeichnete. – Bruckners Anstellung in Kronstorf dauerte bis zum 23. 9. 1845; am 25. 9. trat er seinen Posten in St. Florian an.

An seinen Aufenthalt in Kronstorf erinnern das als Gedenkstätte eingerichtete Bruckner-Zimmer im alten Schulhaus (Bruckner-Platz 9, die von Kronstorfer Bruckner-Freunden gestiftete Gedenktafel wurde am 14. 6. 1913 enthüllt) sowie die kleine Mauracher-Orgel in der Pfarrkirche aus dem Jahr 1879, die Bruckner anläßlich eines späteren Besuches noch selbst gespielt hat. EM

Lit.: Göll.-A. 1, S. 209-319; Elisabeth Maier – Franz Zamazal, A. Bruckner und Leopold von Zenetti. Graz 1980; Franz Zamazal, Familie Bruckner – Drei Generationen Lehrer, in: Staat – Kirche – Schule in Oberösterreich; weitere Lit. → Ausbildung, → Enns, → Tradition.

Rudolf Krzyzanowski

Krzyzanowski, Rudolf

Geb. 5. 4. 1862 [sic!] in Eger, gest. 20. 6. 1911 [sic!] in Graz. Seit 1872 musikalische Ausbildung am Konservatorium der → Gesellschaft der Musikfreunde in Wien. Kapellmeistertätigkeit in Halle/Saale, München, Prag und Hamburg. Seit 1898 Hofkapellmeister in Weimar.
Seit seiner Studienzeit zählte Krzyzanowski zum Verehrerkreis Bruckners. Gemeinsam mit Gustav → Mahler und Josef → Schalk war er am 16. 12. 1877 bei der mißglückten Uraufführung der *Dritten Symphonie* anwesend, im darauffolgenden Jahr stellte er für den Verleger Rättig (→ Verlage) mit Mahler einen vierhändigen Klavierauszug dieser Symphonie her. Die beiden Musiker spielten ihre von Julius → Epstein redigierte Klavierfassung Karl → Goldmark vor.
Bruckner und Krzyzanowski waren noch später miteinander in Kontakt. In einem Brief vom 5. 5. 1884 berichtete der Komponist seinem »alten Liebling« über die Fertigstellung der *Siebenten Symphonie* und des *Te Deum*.
Auch Krzyzanowskis Schwägerin Marie Lorenz (geb. 1848) hatte Kontakte zu Bruckner. Ihre Erinnerungen, die → Göllerich und → Auer in der Monographie verwertet haben, sind Bruckners Besuch in → Bayreuth sowie seinem Studentenkreis gewidmet. Daß Bruckner laut Marie Lorenz in der Klosterkirche Waldsassen Orgel gespielt hat, ist derzeit nicht verifizierbar. Am 23. 4. 1881 dankte ihr der Komponist in einem Brief für die »rührende Anerkennung« seiner Kompositionen sowie für die Blumen, die sie ihm anläßlich der Uraufführung der *Vierten Symphonie* in Wien überreicht hatte. EWP

Lit.: Göll.-A. 4/1-2, passim.

Kurth, Ernst

Geb. 1. 6. 1886 in Wien, gest. 2. 8. 1946 in Bern. Musikforscher und Pädagoge. Studium der Musikwissenschaft seit 1904 in Wien; Promotion 1908 bei Guido → Adler. 1911 Lehrtätigkeit in Wickersdorf (Thüringen); seit 1912 Dozent an der Universität Bern (seit 1927 als Ordinarius für Musikwissenschaft).
Mit seinen Schriften gilt Ernst Kurth als Wegbereiter der musikalischen Analytik. Kurths Bruckner-Forschungen schlagen sich erstmals in der Studie über die romantische → Harmonik nieder (»Romantische Harmonik und ihre Krise in Wagners Tristan«. Bern 1920, 2. Auflage 1923). Ihr folgt 1925 eine umfassende Monographie über die Musik Bruckners (»A. Bruckner«. 2 Bände. Berlin 1925, 2. Auflage Hildesheim 1971). In der Würdigung des kompositorischen Gesamtwerks hebt Kurth die musikgeschichtliche Bedeutung von Bruckners Symphonik als Höhepunkt der Musikgeschichte hervor.
Historische Einordnung und ästhetische Wertung der Symphonien Bruckners sind in den geschichtsphilosophischen und ästhetischen Anschauungen verwurzelt, die seit der Wickersdorfer Zeit das Schrifttum Kurths prägen, als der Musikforscher mit August → Halm in nähere Berührung kommt. Barocke »Linienkunst«, klassische Periodenstruktur und romantische Expressivität finden in der Symphonik Bruckners ihre beispielhafte Synthese. Melodie und Harmonie erscheinen als dialektische Gegensätze, aus denen – unter Mitwirkung von Rhythmik, Dynamik, Agogik und Klangfarbe – die symphonische Form hervorgeht. Die Symphonie Bruckners wird zum ästhetischen Paradigma für die Musik schlechthin und damit zur »absoluten Musik«. Form ist hierbei als die »Bezwingung der Kraft durch Raum und Zeit« definiert. In seinem Formbegriff ist Kurth durch philosophisch-ästhetische Traditionen (Arthur Schopenhauer, Richard → Wagner) ebenso geprägt wie durch die Auseinandersetzung mit der zeitgenössischen Psychologie.
Bei der Gliederung des symphonischen Schaffens sieht Kurth von der chronologischen Entstehungsreihe der einzelnen Symphonien ab und ordnet das symphonische Schaffen stilistischen Kriterien unter. Als »Entwicklungspole« dienen

hierbei die *Vierte* und die *Neunte Symphonie*, an deren stilistischer Gegensätzlichkeit sich die Einordnung der übrigen Symphonien orientiert. Neben zahlreichen analytischen Einzelbeobachtungen, auf welche die Bruckner-Forschung immer wieder zurückgreift, ist es vor allem der anhand der Symphonik Bruckners herausgearbeitete dynamische Formbegriff, dessen Formulierung zu Kurths bedeutenden Leistungen gehört. RKö

Lit.: Willy Hess, Die Dynamik der musikalischen Formbildung. 2 Bände. Wien 1960-1964; Bruckner-Bibliographie; Kurt von Fischer, E. Kurth (1886-1946): Persönlichkeit, Lehrer und Musikdenker, in: Gedenkschrift E. Kurth 1886-1946. Schweizer Jahrbuch für Musikwissenschaft, Neue Folge 6/7 (1986/87). Hrsg. Joseph Willimann. Bern 1989; Carl Dahlhaus, Geschichte der Musiktheorie im 18. und 19. Jahrhundert. Darmstadt 1989; Rafael Köhler, Natur und Geist. Energetische Form in der Musiktheorie (Beihefte zum Archiv für Musikwissenschaft 37). Stuttgart 1996.

Kyrie und Gloria (WAB deest, verschollen)

EZ: 1845 in → Kronstorf

Bruckner hat in der Zeit seiner Studien bei Leopold von → Zenetti offenbar an einer weiteren Messe gearbeitet, wie aus seiner Notiz oberhalb des »A. M. D. G.« (→ O. A. M. D. G.) der *Messe für den Gründonnerstag* zu schließen ist: »auch ein fug[iertes] Kyr[ie] u[nd] Glor[ia] [1]845 comp[oniert]«. Möglicherweise sind diese beiden Ordinariumsteile auch zur Vervollständigung dieser Messe von 1844 gedacht gewesen. UH

L

Lancier-Quadrille (WAB 120)
Viersätzige Gelegenheitskomposition für Klavier zu zwei Händen in C-Dur
EZ: um 1850 in → St. Florian
W: Aloisia → Bogner, Tochter des Bruckner vorgesetzten Schullehrers Michael Bogner
UA: ?
Autograph: ÖNB-MS
NGA: Band XII/2 (Walburga Litschauer, 1988)

Der Titel der vermutlich für den Klavierunterricht geschaffenen Komposition (bei Bruckner: *Lancer Quadrille*) bezeichnet eine spezielle Form der Quadrille, die um 1820 in Mode kam und deren Name sich von einer Theateraufführung in Frankreich ableiten läßt, bei der dieser Tanz von Lanzenreitern (= »Lanciers«) mit Waffen und Fahnen ausgeführt wurde. Im Gegensatz zur herkömmlichen Lancier-Quadrille, die im allgemeinen fünf Touren umfaßte, hat Bruckner seine manchmal »in einem fast ungehobelten Rohzustand« erscheinende Komposition viersätzig angelegt und weicht u. a. auch in den Taktvorschriften von dem seit 1856 meist üblichen Schema ab. In diesem Stück zeigt sich der »quasi spontane Zugriff des Tanzmusikers«, als welcher Bruckner in seiner Jugend ja auch tätig war. Vielleicht haben wir es hier mit einer in eigenständiger Lokaltradition entwickelten Form der Lancier-Quadrille zu tun. Bruckner zitiert – einer beliebten Tradition folgend – in jedem der Sätze bekannte Opernmelodien seiner Zeit: Arien und Ensembles aus Albert Lortzings »Der Wildschütz« und »Zar und Zimmermann« sowie aus Gaetano Donizettis »La fille du régiment«. Diese Opern wurden seit Beginn der vierziger Jahre in → Linz gespielt, und es ist durchaus denkbar, daß Bruckner sie auf der Bühne gesehen hat. WL

Lit.: Göll.-A. 2/1, S. 39; Walburga Litschauer, Bruckner und das romantische Klavierstück, in: Bruckner-Symposion 1989, S. 106 f.; Wolfgang Brunner in: Booklet zu A. Bruckner, Piano Works. CD (cpo 999 256-2) 1995.

Lang, Josefine, verehelichte Weilnböck
Geb. 24. 10. 1844 in Linz, gest. 30. 11. 1930 in Neufelden. Zweites Kind des Ehepaares Anton Lang (1815-1895, Fleischhauer in Linz, Lederergasse 11, später: Geschäft und Wohnung Landstraße 21) und Josepha, geb. Schwarz (aus Rohrbach im Mühlkreis); weitere Kinder: Anton (1843-1914), Anna (1846-1900, verehelichte Tysler) und Marie (geb. 1852, verehelichte Steinböck).
Bruckner, als Dom- und Stadtpfarrorganist seit November 1855 in → Linz tätig, lernte sehr bald die Familie Lang in der Lederergasse kennen, die für Musik sehr aufgeschlossen und Bruckner sehr zugetan war. Besonders zur Tochter Josefine hatte Bruckner eine tiefe Zuneigung gefaßt. Er warb um sie in einem Brief vom 16. 8. 1866: »Darf ich auf Sie hoffen und bei ihren lieben Ältern um Ihre Hand werben?« Josefine sagte ihm – wohl wegen des großen Altersunterschieds von 20 Jahren – ab. Diese Entscheidung trübte jedoch nicht die guten Beziehungen zwischen Bruckner und der Familie Lang. Josefines Bruder Anton bezeichnete Bruckner als seinen »treuen Freund«.
Josefine vermählte sich am 16. 11. 1870 in → Neufelden mit dem um nur acht Jahre älteren Kaufmann Josef Weilnböck, einem erfolgreichen Geschäftsmann, der bald auch Bürgermeister von Neufelden wurde. Die Familie Weilnböck war Bruckner nicht unbekannt: Er war befreundet mit Josef Weilnböcks Bruder Karl, der Lehrer in Linz war, hervorragender Bassist, Mitglied des → Männergesang-Vereins »Sängerbund« und des Linzer Dom- und Stadtpfarrchores.
Als Josef 1889 im 53. Lebensjahr starb, hinterließ er außer seiner Witwe fünf Kinder: Josef,

Josefine Lang und ihre Tochter Karoline Weilnböck

Karoline (geb. 3. 11. 1871, gest. 14. 12. 1965, verehelicht mit Matthäus Grubbauer, Papierfabriksbesitzer in Pürnstein, gest. 1930 im 64. Lebensjahr), Anton sowie die Zwillinge Mitzi und Karl. Josefine blieb Witwe und sorgte für die Geschäfte und ihre Kinder.
Am 17. 9. 1890 besuchte Bruckner, begleitet von Domkapellmeister Karl → Waldeck, Josefine Weilnböck in Neufelden. Bei diesem Besuch lernte er ihre damals fast 19jährige Tochter Karoline kennen. Die Ähnlichkeit mit der Mutter beeindruckte und rührte ihn zutiefst, so daß er Karoline seinen »lieben Ersatz« nannte.
Josefine übergab später ihrem Sohn Josef die Geschäfte, der ebenfalls Bürgermeister von Neufelden wurde und viel Zeit für dieses Amt und für Vereinstätigkeiten investierte. So gingen die Weilnböck-Geschäfte zu einem großen Teil in fremde Hände über, Josef Weilnböck war schließlich nur mehr als Hopfenhändler tätig, und seine Mutter lebte in ihren letzten Lebensjahren, betreut von einer Verwandten, in ärmlichen Verhältnissen. Die ungünstigen Zeitumstände ließen auch seine Schwester Karoline unverschuldet verarmen, die als kleine Angestellte ihrer ehemaligen Fabrik und später als verwitwete Rentnerin in Pürnstein lebte, wo sie hochbetagt im 95. Lebensjahr starb. AL/EM

Lit.: Anton Lang, Zwei Frauen um Bruckner, in: Heimatland. Linz, Februar 1958; Anton Lang, Neufeldner Triumvirat von einst, in: Tages-Post, Linz 16. 6. 1954.

Lanz, Engelbert

Geb. 23. 9. 1820 in Waizenkirchen, Oberösterreich, gest. 12. 10. 1904 in Linz. Nach Besuch des Präparandenkurses in Linz trat er 1838 in der Kremsmünsterer Stiftspfarre Buchkirchen in den Lehrdienst. An der Zuteilung dieses Postens dürfte maßgeblich sein Bruder Alois mitgewirkt haben, der 1832-1834 in → Kremsmünster die philosophischen Studien absolviert hatte und bei der Stiftsmusik mitwirkte. Bald wurde Engelbert nach Kirchberg bei Kremsmünster versetzt und zugleich im Stift als Kanzlist angestellt, wo er mit Alois an den dortigen Musikaufführungen teilnahm. Er gründete eine Liedertafel, mit der er auch eigene Werke erfolgreich aufführte. 1843 bewarb er sich erfolglos um die Nachfolge Johann Baptist → Schiedermayrs als Dom- und Stadtpfarrorganist in → Linz. 1847 kam er als Schulgehilfe an die Hauptschule in Kremsmünster und übernahm den Musikunterricht im Konvikt; 1853 rückte er zum Lehrer auf.
1855 ging er als Lehrer an die Normal-Hauptschule in Linz und wechselte bald an die dortige Präparandie über. Im selben Jahr war er, zusammen mit Bruckner, erneut einer der Kompetenten um den ausgeschriebenen Posten eines Dom- und Stadtpfarrorganisten. Bruckner siegte; doch auch Lanz' Ruf als gediegener Musiker verbreitete sich rasch: Er wurde Direktor des → Linzer Musikvereins und Chormeister der → Liedertafel »Frohsinn«. 1859 schien er, zusammen mit Bruckner, an die Gründung einer »Gesangs-Akademie« gedacht zu haben (→ Bewerbungen); die beiden Bewerber zogen die Eingabe an die Statthalterei jedoch nach wenigen Wochen zurück. Zur Feier der Grundsteinlegung des → Neuen Doms am 1. Mai 1862 wurde neben Bruckners *Festkantate »Preiset den Herrn«* sein achtstimmiges Offertorium »Misit Deus« aufgeführt. 1869 erwarb er sich große Verdienste durch die Einstudierung der Uraufführung von Bruckners *Messe in e-Moll.* 1872 vermittelte er Bruckner ein Treffen mit Franz → Liszt im Wiener Schottenhof (siehe dazu *Zweite Symphonie*). EM

Lit.: Altman Kellner, Musikgeschichte des Stiftes Kremsmünster. Kassel–Basel 1954, S. 704 ff. (mit Werkverzeichnis); Elisabeth Maier, A. Bruckners »Gesangs-Akademie«. Zum biographischen Umfeld eines bisher unbekannten Dokumentes, in: Bruckner-Jahrbuch 1982/83.

»Laßt Jubeltöne laut erklingen« (WAB 76)

Vierstimmiger Männerchor und Bläser (2 Hr., 2 Trp., 4 Pos.) in Es-Dur, »Mit Feuer, nicht zu schnell«
Text: ?; Umtextierungen von Anton August Naaf (1898) und Anton Weiß (beide → Textdichter)
EZ: 1854 in → St. Florian
W: (komponiert »für den Empfang der kaiserlichen Braut Elisabeth in Linz«)
UA: 22. 4. 1854 in Linz (→ Liedertafel »Frohsinn«, Bruckner)?; 1. Umtextierung 15. 6. 1898 in Wien (→ Wiener Schubertbund, Adolf Kirchl)
Autograph: Wiener Schubertbund
ED: Göll.-A. 3/2, S. 161-179 (Umtextierung 1898)
NGA: Band XXIII/2 (in Vorbereitung)

Bruckner komponierte diesen Chor zum Empfang der Braut von Kaiser → Franz Joseph I., der bayerischen Prinzessin Elisabeth (»Sisi«), in Linz, wo sie auf der Reise nach → Wien zur Hochzeit Station machte. Unisono forte gesungene Stellen wechseln mit fugierten Abschnitten. Dem feierlichen Anlaß entsprechend verwendete Bruckner Blechbläser als Begleitung. Der ursprüngliche Text erfuhr nach dem Tod

Bruckners durch Anton August Naaf für den Wiener Schubertbund eine Umdichtung (»Dir, holde Heimat soll erklingen der höchsten Liebe treues Lied«), der vaterländische Charakter des Chores blieb damit erhalten. Auch der langjährige Chronist des Schubertbundes Anton Weiß wird als weiterer »Neutextierer« angeführt. AH

Lit.: Göll.-A. 3/1, S. 536 f.; Andrea Harrandt, Bruckner und das bürgerliche Musiziergut seiner Jugendzeit, in: Bruckner-Symposion 1987, S. 97.

»Lebt wohl, ihr Sangesbrüder« (WAB 83/2)
Sängerspruch (Motto) für vierstimmigen Männerchor a cappella in A-Dur
EZ: 1851 in → St. Florian
W: Der Liedertafel Eferding für das Passauer Sängerfest
UA: vermutlich 6. 7. 1851 in Passau
Autograph: Stadtarchiv → Wels
ED: Göll.-A. 2/2, S. 146 (1928)
NGA: Band XXIII/2 (in Vorbereitung)

Das kräftig rhythmisierte → Motto *»Lebt wohl, ihr Sangesbrüder«* schrieb Bruckner so wie das Motto *»Ein jubelnd Hoch«* in St. Florian auf Wunsch seines Freundes und früheren Schulkollegen Josef → Seiberl, der Mitglied der Liedertafel Eferding war, für deren Teilnahme am Passauer → Sängerfest (5.-7. 7. 1851). Für → Göllerich bot dieses kurze Stück einen »Blick in das Reich der romantischen Harmonik«. AH

Lit.: Göll.-A. 2/1, S. 132.

Lehrer Bruckners
In dem für einen Komponisten wohl einmalig langen Zeitraum zwischen 1830 und 1865 war Bruckner ein Lernender – ein Wissen Aufnehmender und Verarbeitender war er sein Leben lang. Seinem Unterricht in der Schule und dann für den Beruf als Lehrer wird in diesem Beitrag der Unterricht in der Musik aus Gründen der Anschaulichkeit »gegenübergestellt«, obwohl zeit- und interessensbedingt gerade bei Bruckner in den ersten Jahren seiner »Lehrzeit« beide Ausbildungswege parallel verliefen.

– *Schullehrer:* Die Lehrkräfte für die schulische Unterweisung Bruckners waren 1830-1837 an der »Pfarrschule« → Ansfelden Vater Anton → Bruckner sen. (1791-1837) und die ihm beigegebenen Gehilfen, Franz Zachhuber (1819-1854) um 1836/37, Franz Xaver Perfahl (1817-1883) etwa zwischen 1835 und 1837, Josef Peither (geb. 1815) seit 9. 5. 1837; an der »Pfarrschule« → Hörsching Joseph Weiß (1772-1850) und dessen Sohn Johann Baptist → Weiß (1813-1850) als Gehilfe.
In → St. Florian unterrichteten ihn an der »Markt- und Pfarrschule« der Schulmeister Michael → Bogner (1802-1879) von 1837 bis 1839 und 1839/40 der Gehilfe Georg Steinmeyer (1813-?) in den Vorbereitungsfächern für die »Präparandie« (Lehrerausbildung).
Den Unterricht an der Linzer Präparandie erteilten im Schuljahr 1840/41 Direktor Johann Nepomuk → Pauspertl von Drachenthal (1796-1864) in den Fächern Grundsätze der Methodik, Sprach- und Rechtschreiblehre, Aufsatz, Geographie, Lesen; der Katechet Michael Riedl (1806-1865) in Religion; Joseph Nikolini (1790-1858) in Rechnen; Johann Kilian (1799-?) in Schönschreiben.
Als Schulgehilfe in → Windhaag und von 1841 bis 1845 in → Kronstorf sollte sich Bruckner – so sah es der Ausbildungsplan vor – unter der Anleitung der Vorgesetzten Franz Fuchs (1787-1860) und Franz Lehofer (1798-1866) die Unterrichtspraxis aneignen.
Für das eifrige Selbststudium fand er Hilfe und Unterstützung in Windhaag vielleicht beim hochgebildeten Pfarrer Franz von Schwinghaimb (1790-1850) für Latein; in St. Florian – insbesondere für die Externistenprüfung über die Unterrealschule (1850/51) und die Hauptschullehrerprüfung (1855) – beim Chorherrn Johann Paulitsch (1818-1872) in naturwissenschaftlichen Fächern, beim Novizen Josef Rom (1835-1856) in Latein sowie beim Chorherrn Ferdinand Aigner (1812-1868); in → Linz u. a. bei den Gymnasiasten Josef Aigner und Friedrich Thaner (1839-1915) für Latein sowie bei einem »Geistlichen« in Psychologie.

– *Musiklehrer:* Bruckners musikalische Ausbildung, die bis zum Ende seines Anstellungsverhältnisses in St. Florian durch die Koppelung des Schul- und Kirchendienstes ganz in den zeitüblichen Rahmen eingebettet war, überschritt diesen jedoch aus zwei Gründen bei weitem: Deren einer war das außergewöhnliche Talent des Lernenden, deren anderer die Tatsache, daß Bruckner an den jeweils besten erreichbaren Lehrer gelangte, den seine Umgebung zu bieten hatte.
Den ersten Musikunterricht (Singen, Spinett-, Orgel- und Violinspiel) genoß Bruckner in Ansfelden bei seinem Vater, der seinerseits viel-

Schulzimmer in Bruckners Geburtshaus (Ansfelden)

leicht Franz Xaver Glöggls Musikschule in Linz besucht hatte.
1835/37 verbrachte der Knabe etwa anderthalb Jahre in Hörsching bei seinem älteren Cousin und Taufpaten Johann Baptist Weiß, der als einer der besten oberösterreichischen Musiker seiner Zeit galt. Hier erhielt Bruckner Unterricht im → Generalbaß und Orgelspiel. Weiß legte auch die Basis zu Bruckners Repertoirekenntnis und zu dessen lebenslanger Verehrung der Werke der Wiener Klassik (→ Tradition).
Wegen des sich verschlechternden Gesundheitszustandes des Vaters als Hilfe nach Ansfelden zurückgerufen, hatte Bruckner kurzzeitig Unterricht (»im Violinspiel und anderen musikalischen Fächern«) bei dem als Lehrgehilfe herangezogenen Franz Xaver Perfahl.
Als Sängerknabe im Stift St. Florian wohnte er im Hause des Lehrers Michael Bogner, der die Knaben nicht nur beherbergte, verköstigte und in den Schulfächern unterrichtete, sondern mit ihnen auch die Gesangspartien einzustudieren hatte, die der Regens chori des Stiftes, Eduard Kurz (seinerseits ein Schüler Johann Georg → Albrechtsbergers), jeden Montag überbrachte. Den Sängerknaben wurde auch Instrumentalunterricht erteilt; im Falle Bruckners waren dies für die Geige Franz Raab (Lehrer an der Schule St. Florian, Kirchenkomponist und Baßsänger des Kirchenchores) und Franz Gruber (Stiftsbeamter, ausgebildet am Konservatorium der → Gesellschaft der Musikfreunde in Wien, Schüler des Beethoven-Freundes Ignaz Schuppanzigh und vermutlich auch Georg Hellmesbergers) sowie für die Orgel Anton → Kattinger.
An der Präparandie in Linz genoß Bruckner 1840/41 den ersten wirklich fundierten Theorie- und Orgelunterricht bei Johann August → Dürrnberger im Rahmen seiner Ausbildung zum Lehrer.
Während seiner ersten Anstellung in Windhaag (1841-1843) hat er – in Ermangelung eines Lehrers – das bisher Gelernte wohl repetiert und sich praktische Erfahrungen beim Orgeldienst in der Kirche, beim »Tanzlgeig'n« und in eigenen Kompositionsversuchen wie der »Windhaager« *Messe in C-Dur* geholt.
Schon während seiner nächsten Anstellung in Kronstorf (1843-1845) geriet er wieder an einen der besten Lehrer seiner Zeit, den Regens chori und Organisten Leopold von → Zenetti in → Enns. Dieser Unterricht, der auch während Bruckners Anstellung in St. Florian (1845-1855) in – wenngleich etwas gelockerter Form – weiter andauerte, überschritt erstmals den Umfang, den die Musik innerhalb der üblichen Lehrerausbildung einnahm, war freiwillig gewählt und dem Aspekt des erwachenden Schöpferischen zugeordnet. Zusätzlich zur theoretischen Ausbildung bei Zenetti genoß Bruckner erneut den Orgelunterricht bei Anton Kattinger (bis zu dessen Weggang aus St. Florian 1849).

Etwa gleichzeitig mit dem Bestreben, den künstlerischen Wirkungskreis zu vergrößern, erwachte in Bruckner der Wunsch, sich der besten und strengsten theoretischen Ausbildung zu unterwerfen: 1855-1861 war Bruckner Schüler Simon → Sechters, des damals berühmtesten Musiktheoretikers. Sechter, der Bruckner attestierte, er habe noch keinen fleißigeren Schüler gehabt als ihn, war jedoch keineswegs der letzte Lehrer Bruckners: In die Welt der musikalischen Moderne, insbesondere in die Werke Richard → Wagners, führte ihn der Cellist und Theaterkapellmeister Otto → Kitzler ein, dessen Unterricht Bruckner 1861-1863 aufsuchte. In einer feierlichen »Freisprechung« nach mittelalterlichem Handwerkerbrauch feierte Bruckner mit seinem Lehrer den Abschluß dieses wohl intensivsten Ausbildungsweges der Musikgeschichte, ließ sich jedoch noch etwa zwei Jahre von dem – allerdings mehr die Rolle eines Freundes und Weggefährten einnehmenden – Ignaz → Dorn auf seinem Weg ins eigene Schaffen begleiten. FZ/EM

Lit.: Elisabeth Maier, Bruckners oberösterreichische Lehrer, in: Bruckner-Symposion 1988; Franz Zamazal, Familie Bruckner – Drei Generationen Lehrer, in: Staat – Kirche – Schule in Oberösterreich; vgl. auch die bei einzelnen Lehrern angegebene Lit.

Der Lehrerstand (WAB 77) »Die Zeit weiset auf einen Stand«

Vierstimmiger Männerchor a cappella mit Solo-Quartett in Es-Dur, fünf Abschnitte: »Kräftig und mäßig geschwind«, »Gemütlich« (Solo-Quartett), »Bewegt«, »Mäßig«, »Frisch«
Text: vielleicht Ernst → Marinelli
EZ: um 1847 in → St. Florian
W: Michael → Bogner, Schullehrer in St. Florian
UA: ?
Autograph: verschollen; Abschriften: Widmungsexemplar, Stimmen (Liedertafel St. Florian), Partitur und Klavierauszug (ÖNB-MS)
ED: Göll.-A. 2/2, S. 16-22 (1928)
NGA: Band XXIII/2 (in Vorbereitung)

Der aktuelle Anlaß für die Komposition ist nicht überliefert; er ist jedoch verbunden mit der Person von Schulmeister Michael Bogner (1802-1879). Als wahrscheinliche Möglichkeiten bieten sich an: Bruckner wollte damit seinen Dank für die gute Unterkunft bei Bogner zum Ausdruck bringen, eine Feier im Familienkreis (z. B. der 45. Geburtstag Bogners) oder die Überreichung einer Auszeichnung (etwa des »Bestätigungsdekretes«) verschönern. Eine allfällige Wiedergabe erfolgte wahrscheinlich durch eine sangesfreudige Schar aus dem Umkreis Bruckners (Lehrer, Kirchensänger, junge Kleriker), die sich auf privater Basis zusammengefunden hat, sicher nicht durch die erst seit 1887 bestehende vereinsmäßig organisierte Liedertafel St. Florian.

Bruckners »erstes größeres Werk für Männerchor« liegt im Trend seiner Zeit und bemüht sich um originelle Züge, dezente Effekte und ausdrucksmäßige Differenzierung. – Aufführungen sind nicht bekanntgeworden. FZ

Lit.: Göll.-A. 2/1, S. 35 ff., 376.

Leipzig

Zweitgrößte Stadt des Freistaats Sachsen. Handels- und Industriezentrum, Messen. Einst Zentrum des weltumspannenden Buch- und Musikalienhandels sowie des graphischen Gewerbes. 1871: 107 000, ca. 1900: 400 000, 1994: 490 800 Einwohner.

Die Wurzeln des ältesten deutschen Konzertorchesters reichen bis ins 15. Jahrhundert; 1781 war die Geburtsstunde des nach seiner neuen Wirkungsstätte benannten Gewandhausorchesters. Mit dem Tod Felix → Mendelssohn Bartholdys, des ersten eigentlichen Konzertdirigenten, im Jahre 1847 versank das Leipziger Musikleben in einen Zustand von Konservativität und Engstirnigkeit. Besonders massiv war die Kritik an den Werken von Franz → Liszt und Richard

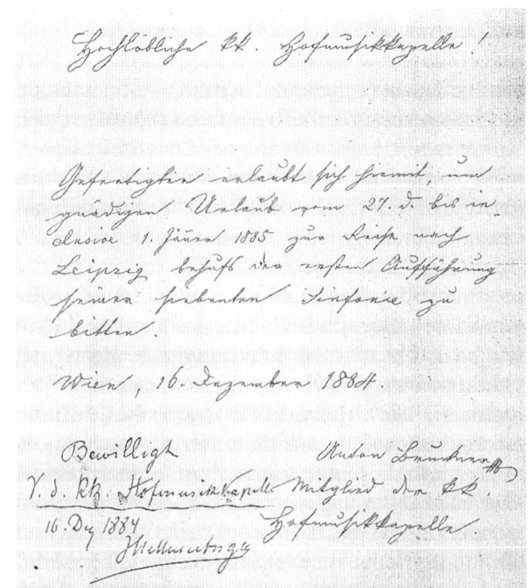
Hochlöbliche k.k. Hofmusikkapelle!

Gefertigter erlaubt sich hiemit, um gnädigen Urlaub vom 27. d. bis inclusive 1. Jänner 1885 zur Reise nach Leipzig behufs der ersten Aufführung seiner siebenten Sinfonie zu bitten.

Wien, 16. Dezember 1884.

Bewilligt
V. d. k.k. Hofmusikkapelle
16. Dez 1884
Hellmesberger

Anton Bruckner
Mitglied der k.k.
Hofmusikkapelle

Urlaubsgesuch mit Bewilligungsvermerk von Joseph Hellmesberger

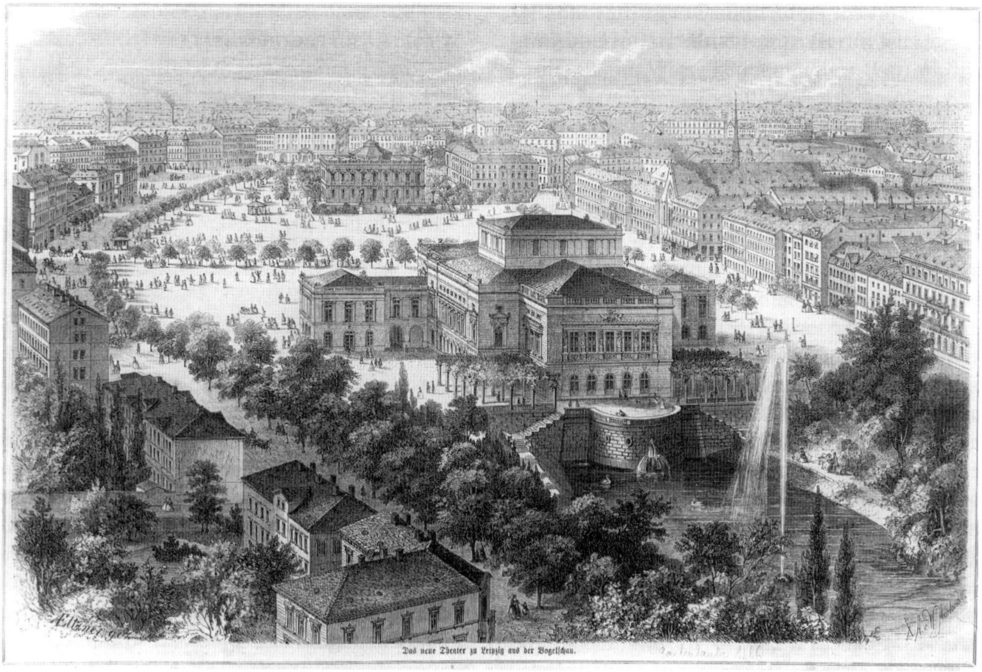

Blick auf das Neue Theater in Leipzig. Stich, 1866

→ Wagner. Auch Carl Reinecke (1824-1910), seit 1860 Gewandhauskapellmeister, stand der zeitgenössischen Musik ablehnend gegenüber. Bruckner erwähnt Leipzig erstmals im Jahre 1864 im Zusammenhang mit dort und in → Dresden geplanten Orgelkonzerten, die nicht zustande kamen.

Am 1868 eröffneten Neuen Theater war der an Bruckner interessierte Arthur → Nikisch seit 1878 Kapellmeister. Als Josef → Schalk sich gemeinsam mit Ferdinand → Löwe um eine Aufführung der vierhändigen Klavierfassung der *Siebenten Symphonie* in Leipzig bemühte, favorisierte Nikisch jedoch bald eine Aufführung in Orchesterbesetzung, worauf sich ein ausgiebiger Schriftwechsel zwischen ihm und Bruckner entspann (→ Briefe). Die Uraufführung im Neuen Theater mit dem Gewandhausorchester unter Nikisch wurde nach mehrmaliger Verschiebung schließlich für den 30. 12. 1884 festgesetzt. Bruckner suchte in → Wien um Urlaub an und reiste am 26. 12. 1884 nach Leipzig, wo er tags darauf am Sächsischen Bahnhof eintraf und im Hotel »Stadt Rom« untergebracht wurde. Wie sein eigens für diese Reise angelegter → Taschen-Notizkalender zeigt, nutzte Bruckner die Tage vor der Uraufführung für Besuche. So ermöglichte ihm Reinecke, am 29. 12. auf der Walcker-→Orgel des Neuen Gewandhauses zu spielen. Die Leipziger Verleger Breitkopf & Härtel, C. F. Kahnt und Peters (→ Verlage) versuchte Bruckner für sein Werk zu gewinnen, allerdings ohne Erfolg. Die Uraufführung der *Siebenten* aber wurde zu einem durchschlagenden Erfolg für Bruckner, wie zahlreiche Pressestimmen beweisen. Nikisch hatte Journalisten, Musikfachleute und Verleger gründlich auf das Werk vorbereitet.

Der Dirigent setzte sich auch weiterhin für Bruckner ein: Bereits am 27. 1. 1885 erklangen erneut der 2. und der 3. Satz aus der *Siebenten.* Der 1854 gegründete Riedel-Verein führte am 3. 7. 1886 in der Leipziger Peterskirche mit der *Messe in d-Moll* (Gloria, Credo) erstmals ein Chorwerk Bruckners auf. Erst am 6. 6. 1893 erklang im Auftrag des Liszt-Vereins in der Alberthalle des Leipziger Kristallpalastes unter der Leitung von Bruckners → Schüler Emil Paur (1855-1932) wieder die *Siebente Symphonie.* 1895 kehrte Nikisch (nach Stationen in Boston und Budapest) wieder nach Leipzig zurück und übernahm nach Reinecke die Leitung des Gewandhauses. Am 16. 11. 1895 erklang mit dem *Streichquintett* erstmals ein Werk Bruckners im Gewandhaus.

Bruckners Tod fand ein lebhaftes Presseecho in

Leipzig, und im Gedächtniskonzert am 22. 10. 1896 im Gewandhaus erklang das Adagio aus der *Siebenten Symphonie*. Am 9. 11. 1896 wurde in der Alberthalle die *Vierte Symphonie* mit der Kapelle Winderstein unter Hans Sitt (1850-1922) erstaufgeführt. Am 18. 2. 1897 stellte Nikisch das *Te Deum*, am 9. 11. 1899 die *Fünfte Symphonie* in Leipzig vor. Im Februar 1902 führte der Riedel-Verein unter Georg Göhler (1874-1954) dort erstmals die *Messe in e-Moll* und den *Psalm 150* auf. Am 23. 10. 1902 dirigierte Nikisch dann die *Dritte Symphonie*. Es folgten die Erstaufführungen der *Zweiten* (1904), *Achten* (1906), *Neunten* (1907), *Sechsten* (1913) und schließlich der *Ersten Symphonie* (1919). Die unermüdliche Arbeit Nikischs für Bruckner führte schließlich 1919/20 zum ersten Bruckner-Zyklus »der Welt«. Wilhelm Furtwängler (1886-1954), Bruno Walter (1876-1962) und Hermann Abendroth (1883-1956) setzten als Nachfolger Nikischs die Bruckner-Tradition des Gewandhauses fort.

1927 erfolgte im Leipziger Buchgewerbehaus die Gründung der → Internationalen Bruckner-Gesellschaft. 1931 wurde die von Theodor Armbruster gestiftete Bruckner-Büste von Franz Zalisz im Gewandhaus enthüllt, und 1932 fanden in Leipzig die ersten Radioübertragungen von Bruckner-Symphonien durch den Mitteldeutschen Rundfunk statt. Die »Nullte« *Symphonie in d-Moll* wurde 1933 erstaufgeführt. 1936 und 1940 fanden Leipziger Reichs-Bruckner-Feste statt. Auch nach dem Zweiten Weltkrieg wurde die Bruckner-Tradition unter Herbert Albert (1903-1973), Franz Konwitschny (1901-1962) und Václav Neumann (1920-1996) fortgesetzt. Der zweite Bruckner-Zyklus im Gewandhaus fand 1974 unter Kurt Masur (geb. 1927) statt. 1982 erfolgte die Wiederaufstellung der Bruckner-Büste von Zalisz im Foyer des Neuen Gewandhauses, 1987 fanden die Gewandhaus-Festtage und ein Symposion zum Thema »Anton Bruckner – Leben. Werk. Interpretation. Rezeption« statt. AH

Lit.: Steffen Lieberwirth, A. Bruckner. Siebente Sinfonie. Gedenkschrift anläßlich der 100jährigen Wiederkehr der Uraufführung ... Leipzig 1984; ders., A. Bruckner und Leipzig. Die Jahre 1884-1902. Graz 1988; ders., Bruckner-Aufführungen im Gewandhaus zu Leipzig. Von 1896 bis 1985/86 [mit Verzeichnis der Aufführungen] und Zum 100jährigen Uraufführungsjubiläum der Siebenten Sinfonie (WAB 107), in: Bruckner-Jahrbuch 1984/85/86; ders., Bruckner und Leipzig. Vom Werden und Wachsen einer Tradition. Leipzig 1990; Bruckner-Symposion Leipzig 1987.

Hermann Levi

Levi, Hermann

Geb. 7. 11. 1839 in Gießen, gest. 13. 5. 1900 in München; Dirigent. Schüler von Vinzenz Lachner in Mannheim, 1855-1858 Studium am Leipziger Konservatorium, 1859-1861 Musikdirektor in Saarbrücken, 1861-1864 Kapellmeister der Deutschen Oper in Rotterdam, 1864-1872 Hofkapellmeister in → Karlsruhe, wo er für den ihm befreundeten Johannes → Brahms eintrat. Seit 1872 wirkte Levi als Hofkapellmeister in → München (1894 Generalmusikdirektor), wo er durch die persönliche Bekanntschaft mit Richard → Wagner ganz in dessen Bannkreis gezogen wurde. 1882 dirigierte er den ersten »Parsifal« (wie auch die Aufführungen 1889-1894) in → Bayreuth. Levi, ein Meister der Schlagtechnik mit sparsamer Gestik, zählt zu den bedeutendsten Dirigenten der zweiten Hälfte des 19. Jahrhunderts. Er errang mit der für ihn charakteristischen durchgeistigten und plastischen Interpretation der Werke Brahms' und Mozarts genauso wie Wagners und Bruckners internationales Ansehen.

Bereits im Sommer 1882 hatte Bruckner in Bayreuth versucht, den »Parsifal«-Dirigenten für seine Symphonien zu interessieren; zwei Jahre später ersuchte er Josef → Schalk brieflich um die Abschrift der *Siebenten Symphonie*, damit diese über Vermittlung des Allgemeinen Richard Wagner-Vereins in München Levi vorgelegt werde, was durch Fritz von Ostini auch geschah. Levi, von der Symphonie zugleich »befremdet« und »gefesselt« (Brief vom 30. 11. 1884), hatte aber Bedenken, das Werk vollständig aufzuführen. In seiner Antwort (8. 12. 1884) wies Bruckner nachdrücklich darauf hin, daß ihm Wagner selbst die Aufführung seiner Symphonien versprochen habe und jetzt – nach dessen Tod – der von diesem hochgeschätzte Levi dieses Vermächtnis erfüllen müsse. Levi erklärte sich daraufhin zur Aufführung bereit, hatte aber wie viele andere Dirigenten anfangs Schwierigkeiten, die erst am 30. 12. 1884 in → Leipzig uraufgeführte *Siebente* wirklich zu verstehen und das Orchester zu überzeugen. Beides gelang, als Bruckner persönlich in München Wünsche und Erklärungen zur → Interpretation vortrug. Nach der überaus erfolgreichen Aufführung mit dem Hoforchester am 10. 3. 1885 im Odeon war Levi so begeistert, daß er das Werk als »das bedeutendste sinfonische Werk nach Beethovens Tod« (Brief vom 15. 3. 1885) bezeichnete, was Bruckner mit großem Stolz erfüllte, wurde doch sein »Antipode« Brahms von dessen Kreis gern als der wahre Erbe Beethovens bezeichnet.

Von großer Dankbarkeit in manchmal pathetischen Worten, aber auch von großem Vertrauen sind die zahlreichen → Briefe Bruckners an Levi geprägt, den er immer wieder als seinen »künstlerischen Vater« tituliert und der sich aus ehrlicher Überzeugung für den Komponisten und Menschen Bruckner unermüdlich einsetzte, wie z. B. bezüglich der Widmung der *Siebenten* an → Ludwig II., bei der Suche nach Verlegern bzw. um Dirigentenkollegen für Bruckners Werk zu gewinnen. Ferner setzte Levi seine Beziehungen zum bayerischen Hochadel, besonders zu Herzogin → Amélie, der er Kompositionsunterricht erteilte, ein, um Bruckner in Wien die Zuerkennung des Franz Joseph-Ordens (→ Ehrungen) und eine finanzielle Zulage zu verschaffen. Persönlich kennengelernt hatte Bruckner Amélie anläßlich einer Probe zum *Te Deum*, das Levi am 7. 4. 1886 in München erfolgreich erstaufführte.

Die Beziehung Komponist – Dirigent wurde allerdings auf eine harte Probe gestellt, als Bruckner – ausdrücklich *vor* Hans → Richter – Levi die *Achte Symphonie* zur Aufführung anbot (Briefe vom 4. und 19. 9. 1887) und dieser sich mit dem Werk absolut nicht anfreunden konnte. Beunruhigt über die von Bruckner zu erwartende Reaktion wandte er sich verzweifelt an Josef → Schalk mit einem Brief (30. 9. 1887), in dem er vor allem die → Instrumentation und das »Schablonenmäßige« der → Form kritisierte. Bruckner, von Levi in einem überaus freundschaftlichen Brief (7. 10. 1887) auch persönlich informiert und zutiefst getroffen, begann sofort mit der Umarbeitung und schrieb Levi – dankbar für das aufrichtige Urteil – am 27. 2. 1888: »Freilich habe ich Ursache mich zu schämen ... wegen der 8. ich Esel!! Jetzt sieht sie schon anders aus.« Levi versuchte auf Wunsch Bruckners, einen Verleger für die *Achte* zu finden und Felix → Weingartner, damals Hofkapellmeister in Mannheim, für deren Aufführung zu gewinnen (die wegen Weingartners Verpflichtung nach → Berlin nicht zustande kam). Trotz mehrmaliger inständiger Bitten Bruckners brachte Levi aber auch später nicht den Mut auf (Brief vom 12. 1. 1893), die umgearbeitete *Achte* aufzuführen. Statt dessen leitete er am 3. 2. in München und am 16. 10. 1893 in Berlin die *Dritte Symphonie*.

Im Juni 1891 bat Bruckner Levi um ein Gutachten zur Erlangung des → Ehrendoktorats der → Universität Wien; Levi lehnte dies zwar zunächst ab, verfaßte aber nach Aufforderung des Prodekans Leo Reinisch ein entsprechendes Schreiben, das auch Felix → Mottl unterzeichnete. In diesem nennt er Bruckner abermals den »bedeutendsten Symphoniker der Nach-Beethovenschen Periode«, dessen »eigenartige, etwas herbe Natur« manche befremde, ja abstoße; seine Zeit werde aber gewiß kommen. IF

Lit.: Auer, Briefe; Franz Gräflinger, A. Bruckner. Leben und Schaffen. Berlin 1927, S. 319-360 (Briefe); ders., A. Bruckner und H. Levi, in: ÖMZ 1 (1946); Göll.-A. 4/2-3, passim; Leopold Nowak, A. Bruckner und München, in: Die Münchner Philharmoniker 1893-1968. München 1968, S. 47-51; Uwe Harten, Zu A. Bruckners vorletztem Münchner Aufenthalt, in: Studien zur Musikwissenschaft 42 (1993); Gertrude Quast-Benesch, A. Bruckner und München (in Vorbereitung für die Reihe »A. Bruckner. Dokumente und Studien«); Ingrid Fuchs, »Künstlerische Väter« und »Vormünder«. Bruckner und die zeitgenössischen Dirigenten seiner Symphonien, in: Bruckner-Symposion 1994.

Libera (WAB 21 und 22) »Libera me, Domine, de morte aeterna«

»Responsorium ad absolutionem« als Abschluß eines → Requiem. Dieser Text ist eine Bitte um die Errettung aus den Schrecken des Jüngsten Gerichtes; Bruckner hat ihn zweimal vertont.

– Libera (WAB 21)

Vierstimmiger gemischter Chor mit Orgel in F-Dur, »Andante«
EZ: zwischen 1843 und 1845 in → Kronstorf
UA: vermutlich zur Entstehungszeit in Kronstorf
Autograph: verschollen (früher Kirchenchor Kronstorf, vgl. Göll.-A. 1, S. 241; 1903 von Max → Auer spartiert)
ED: Göll.-A. 1, S. 243-248 (1922); Augsburg-Wien, Anton Böhm & Sohn 1929 (Bearbeitung

für gemischten Chor a cappella von Alfred Zehelein)
NGA: Band XXI (Hans Bauernfeind und Leopold → Nowak, 1984) und Revisionsbericht

Das auf die bescheidenen Möglichkeiten (Chor und → Generalbaß) einer Aufführung in Kronstorf zugeschnittene, textlich etwas verkürzte Werk ist ganz unter dem Blickwinkel des an der Wiener Klassik (→ Tradition) orientierten Unterrichtes bei Leopold von → Zenetti zu sehen. Im Vordergrund steht weniger die Ausdeutung des dramatischen Textes, sondern die zügige Textdeklamation; der vorherrschende Stimmungscharakter ist weit mehr Zuversicht als Angst.

– Libera (WAB 22)
Fünfstimmiger (mit 2. Sopran) gemischter Chor, 3 Pos., Generalbaß (Vc., Kb., Orgel) in f-Moll, »Adagio«
EZ: zwischen 24. und 28. 3. 1854 in → St. Florian
W: Michael → Arneth (zur Begräbnisfeier des Propstes)
UA: 28. 3. 1854 in St. Florian (Stiftskirche)
Autograph: Stift St. Florian (Stimmen); Abschriften (meist unvollständig): St. Florian (Ignaz → Traumihler, Karl → Aigner, Josef → Seiberl), Stift → Kremsmünster (P. Benno Feyrer) und ÖNB-MS
ED: Wien, Universal Edition 1922 (Vinzenz Goller)
NGA: Band XXI (Hans Bauernfeind und Leopold → Nowak, 1984) und Revisionsbericht

Im Unterschied zum *Libera* WAB 21 entspricht diese Vertonung weit mehr dem Inhalt des Textes. Zwar verwendet Bruckner hier nur sehr sparsam die musikalisch-rhetorischen Figuren, wie sie ihm damals durchaus schon geläufig waren (z. B. Oktavabsturz bei »discussio«), doch setzt er in der Dynamik scharfe Kontraste und unterstreicht manche Textstellen durch Kontrapunktik (z. B. bei »Tremens factus sum ego«). In dieser Komposition kommen nicht nur Bruckners zu diesem Zeitpunkt schon beträchtliche Kenntnisse zum Tragen; sie ist mit Sicherheit auch aus der persönlichen Betroffenheit über den Verlust eines großen Gönners geschrieben, für dessen Beisetzung Bruckner auch den Männerchor *Vor Arneths Grab* komponierte.
Im Juli 1896 fertigte Karl Aigner, wohl in Vorahnung von Bruckners nahendem Ende, eine → Bearbeitung an, bei der die zwei Soprane durch zwei Tenöre ersetzt wurden. Vermutlich in dieser Fassung wurde das *Libera* bei der Beerdigung Bruckners am 15. 10. 1896 vom Stiftschor »mit Blechharmonie weihevollst vorgetragen« (»Linzer Zeitung« 17. 10. 1896). EM

Lit.: Göll.-A. 2/1, S. 153 ff.

Das Lied vom deutschen Vaterland (WAB 78) »Wohlauf, ihr Genossen, stimmt an«
Vierstimmiger Männerchor a cappella in Des-Dur, »Feurig«
Text: 1. Strophe unbekannt, 2.-4. Strophe Franz Xaver Müller (→ Textdichter)
EZ: um 1845 in → St. Florian
W: Hans Schläger, Gründer des St. Florianer Männerchores
UA: 11. 10. 1921 in St. Florian (Musiksaal des Stiftes; Franz Xaver Müller)
Autograph: Stift St. Florian
ED: Göll.-A. 2/2, S. 14 f. (1928)
NGA: Band XXIII/2 (in Vorbereitung)

Als Dank für die Widmung von Schlägers »Kriegslied der Deutschen« schrieb Bruckner um 1845 dieses ursprünglich einstrophige Lied. Es beginnt mit einer Brucknerschen Eigenart: einem Oktavsprung in allen vier Stimmen. Sowohl im Text als auch in seiner musikalischen Anlage entspricht es den zeitgenössischen vaterländischen Kompositionen. Vom damaligen Regens chori Müller im Stiftsarchiv wiederaufgefunden und mit zusätzlichen Strophen versehen, wurde es unter seiner Leitung zum 25. Todestag Bruckners »wiedererweckt«. AH

Lit.: Göll.-A. 2/1, S. 30 f.; Franz Müller, Bruckner-Neuland, in: Linzer Volksblatt 25. 9. 1921; Andrea Harrandt, Bruckner und das bürgerliche Musiziergut seiner Jugendzeit, in: Bruckner-Symposion 1987, S. 97.

Lieder
Bruckners Lieder stammen ausnahmslos aus seiner Frühzeit und sind – wie die Namen der → Widmungsträger verraten – Gelegenheitskompositionen. Bereits während seiner Studienzeit bei Otto → Kitzler hat er sich mit dieser Gattung auseinandergesetzt (→ Kitzler-Studienbuch).
Grundsätzlich orientierte sich Bruckner an der Tradition des romantischen Klavierliedes. Stilistische Einflüsse von Franz → Schubert, Felix → Mendelssohn Bartholdy und Robert → Schumann sind erkennbar. Das Klavier ist wesentlich am musikalischen Geschehen beteiligt, indem es Grundstimmungen vermittelt. So fungieren beispielsweise Triolenfiguren in *Herbstkummer*

und *Mein Herz und deine Stimme* als elementare Ausdrucksträger; das Lied *Im April* weist zu Beginn arpeggierte Akkorde auf. Die Singstimme ist eng an die Textaussage gebunden und bildet mit dem Klavierpart eine Einheit. So ist auch die formale Gliederung streng textabhängig. Für die Wort-Ton-Beziehung verwendet Bruckner das traditionelle musikalische Vokabular. Deklamationspassagen, harmonische Überraschungen, Fermaten, Tempoänderungen und dynamische Differenzierung prägen seinen Liedstil (*Amaranths Waldeslieder, Herbstkummer, Mein Herz und deine Stimme, Im April*). Einfacher strukturiert ist das *Frühlingslied*.
Seit Mitte der siebziger Jahre wurden wiederholt Bruckner-Lieder öffentlich präsentiert, u. a. von Christa Ludwig, Tom Krause und jüngst von Anne-Sofie von Otter. AH/EWP

Liedertafel »Frohsinn«, Linz
1845 gründete Ignaz Karl Figuly von Szep (1807-1875), der spätere Bürgermeister von → Linz, einen Männerchor (»Männergesangverein Linz«), der rasch neue Mitglieder gewann, sich seit 1849 Liedertafel »Frohsinn« nannte und wesentlich zur Entfaltung des Linzer Musiklebens in der zweiten Hälfte des 19. Jahrhunderts beitrug. Bekannte Linzer Persönlichkeiten wie Hans → Commenda, Max Edlbacher, Alois Greil, Ferdinand Krackowizer, Adalbert Markus, Johann Milbeck und Karl → Zappe waren Mitglieder oder Unterstützer der Liedertafel. Chormeister waren (bis 1868) Ferdinand Moriz Foßl, Matthäus Kirchberger, Wenzel Kopriva, Engelbert → Lanz, Theodor Neuberth (Abendroth), Emil Maier, Franz Rafael, Johann Ruzek, Karl → Schiedermayr, Anton M. → Storch, Karl Stupöck und Karl Weilnböck.

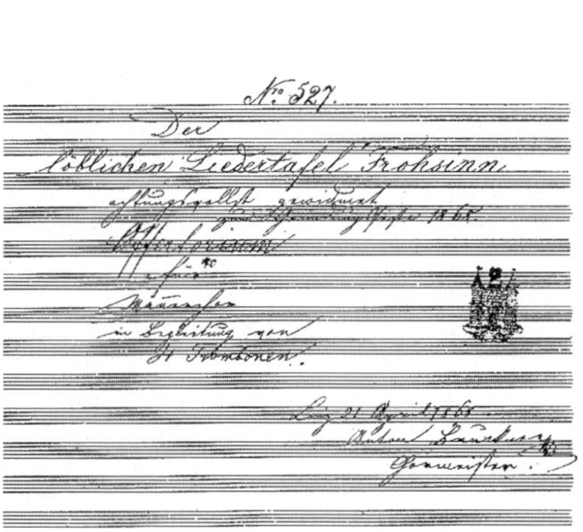
Inveni David WAB 19. Titelblatt mit Widmung

Die Konzerte fanden im ständischen Redoutensaal, im landständischen Theater und im Volksgarten statt, auch bei Meßaufführungen im Dom war die Liedertafel beteiligt. Weiters gestaltete sie Privatunterhaltungen, Wohltätigkeitskonzerte, wirkte bei Produktionen des → Linzer Musikvereins, bei Hauskonzerten, Damen- und Herrenabenden usw. mit und veranstaltete jährlich ein Gründungsfestkonzert. Besonders beliebt waren die Kostümbälle, die zunächst im Redoutensaal, später in der Jugendstilhalle im Volksgarten und nach dem Zweiten Weltkrieg im Kaufmännischen Vereinshaus stattfanden. Probenlokale waren der Hackl-Saal (Pfarrgasse 9) sowie das Nordische Stiftshaus (heute Nordico, Bethlehemstraße 7).
Nach seiner Übersiedlung nach Linz wurde Bruckner im März 1856 ausübendes Mitglied der Liedertafel »Frohsinn« und reiste mit ihr bereits im September 1856 zur Mozart-Zentenarfeier nach → Salzburg. Am 31. 10. 1856 wurde Bruckner 2. Archivar (Notenwart) und am 7. 11. 1860 als Nachfolger von Anton M. Storch erster Chormeister. Seine Tätigkeit als Chorleiter wie auch als Begleiter am Klavier bei Aufführungen des Vereines wurde immer wieder lobend hervorgehoben. Bei der Probenarbeit soll Bruckner nach Aussagen von Liedertafelmitgliedern sehr gewissenhaft gewesen sein. Besonderen Wert legte er auf eine fein abgestimmte Dynamik, besonders auf das Pianissimo.
Die Liedertafel »Frohsinn« sang folgende Uraufführungen unter der Leitung des Komponisten: *»Laßt Jubeltöne laut erklingen«* am 22. 4. 1854, *Ave Maria* WAB 6 am 12. 5. 1861, *Festkantate* am 1. 5. 1862, *Vaterländisches Weinlied* am 13. 2. 1868 und *Vaterlandslied* am 4. 4. 1868. Große Erfolge konnte der Chor 1861 beim Kremser sowie beim großen Nürnberger → Sängerfest erzielen. Im September desselben Jahres trat Bruckner aus der Liedertafel aus, blieb dem Verein aber weiterhin verbunden. Am 15. 1. 1868 wurde Bruckner zum zweiten Mal zum Chormeister der Liedertafel gewählt. In dieses letzte Jahr seiner Linzer Tätigkeit fällt die Uraufführung des Schlußchores aus den »Meistersingern von Nürnberg«, den Richard → Wagner auf Bruckners Wunsch dem Chor überließ und dessen Aufführung am 4. 4. 1868 zu einem Erfolg für den Komponisten wie für den Chormeister wurde. Bruckner widmete der Liederta-

fel die Kompositionen *Inveni David* WAB 19 (zur Gründungsfeier 1868) und *Mitternacht* (zur Jubiläumsfeier 1870). 1861 schrieb er für die Beerdigung von Josefine Hafferl, der Mutter des Liedertafel-Vorstandes, *Am Grabe* und 1865 den *Trauungs-Chor* zur Vermählungsfeier von Karl → Kerschbaum und Maria Schimatschek. 1864 widmete Bruckner das *Herbstlied* dem – nun ehemaligen – Vorstand Josef Hafferl. 1868 schrieb er den Wahlspruch *»Das Frauenherz, die Mannesbrust«* für den gemischten Chor der Liedertafel. Nach Beendigung seiner Linzer Tätigkeit wurde Bruckner am 9. 6. 1869 zum Ehrenmitglied des »Frohsinn« ernannt. Auch während seiner Wiener Jahre blieb Bruckner weiterhin in Kontakt mit der Liedertafel. So erlebte der Chor *Um Mitternacht* WAB 90 seine Uraufführung beim Gründungskonzert des Vereins am 15. 4. 1886. Die Uraufführung von *Der Abendhimmel* WAB 55 in der Bearbeitung für Männerchor fand erst 1900 statt.

Nachfolger Bruckners als Chormeister waren Franz Behr, Wenzel Kopriva, Karl Berghof, Wilhelm → Gericke, J. F. Hummel und (1872-1875 sowie 1877-1895) Wilhelm → Floderer. Anläßlich ihres 50jährigen Jubiläums widmete die Liedertafel im Jahre 1895 eine Gedenktafel an Bruckners Geburtshaus in → Ansfelden (→ Gedenkstätten).

1909 fusionierte sich die Liedertafel mit dem → Männergesang-Verein »Sängerbund« und nannte sich nun »Sängerbund Frohsinn«, der unter August → Göllerichs 25 Jahre währender Leitung eine Blütezeit erlebte. Chorleiter waren später Robert Schollum (1913-1987), Helmut Eder (geb. 1916), Kurt Wöss (1914-1987) und Theodor Guschlbauer (geb. 1939). 1960 änderte der Chor seinen Namen in »Linzer Singakademie«, und seit 1970 ist Johannes Wetzler Chorleiter.

Das Vereinslokal des »Frohsinn« befand sich am Pfarrplatz 10, wo heute noch der Nachfolgeverein »Linzer Singakademie« sein Probenlokal hat. Im Besitz des Vereines befinden sich einige Musik- und Briefautographe Bruckners. AH

Lit.: Chronik der Liedertafel »Frohsinn« in Linz ... 17. 3. 1845 bis Ende März 1870. Hrsg. Vereins-Ausschuss. Linz 1870; Chronik der Liedertafel »Frohsinn« in Linz über den 50jährigen Bestand vom 17. 3. 1845 bis anfangs März 1895. Hrsg. Karl Kerschbaum. Linz 1895; Walter König, A. Bruckner und der Sängerbund »Frohsinn«, in: Tages-Post, Linz 5. 4. 1935; ders., A. Bruckner als Chormeister. Gedenkblätter des »Sängerbund Frohsinn« Linz a. d. D. Linz 1936; Ernst Decsey, A. Bruckner als Chormeister, in: Neues Wiener Tagblatt 7. 8. 1936; C. L., A. Bruckner als Chormeister, in: Musica 8 (1936/37) H. 5; Karl Adametz, A. Bruckner schuf 25 Männerchöre. Als der Meister die Linzer Liedertafel »Frohsinn« leitete, in: Volkszeitung 10. 7. 1939; Othmar Wessely, A. Bruckner in Linz. Vier Studien. Mschr. Diss. Wien 1947; ders., Das Linzer Musikleben in der ersten Hälfte des 19. Jahrhunderts, in: Jahrbuch der Stadt Linz 1953. Linz 1954; Johannes Unfried, A. Bruckner und die Liedertafel »Frohsinn«, in: linz aktiv 1965, H. 16; Theodore Albrecht, A. Bruckner and The Liedertafel Movement, in: American Choral Review (January 1980); Andrea Harrandt, Aus dem Archiv der Liedertafel »Frohsinn«. Zum Chorwesen im 19. Jahrhundert, in: Bruckner-Symposion 1990.

Linz

Die Hauptstadt des »Kronlandes Österreich ob der Enns« war zu Bruckners Zeit eine Kleinstadt mit 35 000 Einwohnern, 1900 waren es 59 000, 1995 213 000. Die Bevölkerung war fast hundertprozentig römisch-katholisch (96,5%), der Anteil der evangelischen Christen betrug nach Errichtung einer protestantischen Kirchengemeinde im Jahre 1880 1,8%. Der Anteil der Juden lag in Oberösterreich im Durchschnitt bei einem Promille.

Zu Beginn des Jahrhunderts hatten die Franzosenkriege (1800, 1804, 1809) dem Land und vor allem seiner Landeshauptstadt schwerere wirtschaftliche Schäden als anderen Kronländern gebracht. Als Folge früherer Vernachlässigungen wurden anschließend 1831/1832 durch Erzherzog Maximilian die Maximilianischen Türme rings um Linz als Teil des damaligen »Reichs-

Pfarrgasse in Linz

Linz an der Donau. Lithographie, undatiert

festigungssystems« errichtet, ohne sich in Hinkunft bewähren zu müssen.
Das neue Verkehrszeitalter verwirklichte sich in Linz besonders deutlich und zeigte die verkehrsgünstige Lage der oberösterreichischen Landeshauptstadt klar auf: 1832 wurde als erste Eisenbahn des Kontinents die Pferdeeisenbahn von Linz nach Budweis in Böhmen gebaut und anschließend bis Gmunden am Traunsee verlängert. Acht Jahre später, 1840, wurden bereits »Schiffe ohne Pferdekraft« in der Linzer Schiffswerft gebaut, die bald der größte Industriebetrieb von Linz wurde. Ausgebaut wurde die Kaiserin-Elisabeth-Bahn von Wien nach Linz (1858) und Salzburg (1860), es folgten Flügelbahnen von Wels nach Passau (1861) und 1881 die Kremstalbahn. Bescheidene Eingemeindungen von Lustenau und von Waldegg im Jahre 1873 führten zu weiteren Verbesserungen der Infrastruktur, etwa zur Errichtung der Straßenbahn (1880).
Das Revolutionsjahr von 1848 brachte außer der Vertreibung der Jesuiten vom Freinberg, die nur bis 1851 dauerte, kaum Aktionen. 1850 kam es trotz des beginnenden Neoabsolutismus zur Wahl des ersten freigewählten Bürgermeisters von Linz. In der Folge wurden die Verwaltung mit 12 Bezirkshauptmannschaften, eine unabhängige Justiz mit einem Oberlandesgericht an der Spitze (1850) und eine Steuerdirektion in Linz errichtet. Mit dem 1861 konstituierten Landtag begann der Aufbau der Demokratie; die Verhaftung von Bischof → Rudigier und seine vom Kaiser sistierte Verurteilung (1869) wegen seiner Opposition gegen die Maigesetze von 1868 unterbrach nur kurzfristig die friedliche Entwicklung von Stadt, Land und Landtag, den Kaiser → Franz Joseph als »Musterlandtag« wertete.
Bedeutende Persönlichkeiten im Linz des 19. Jahrhunderts waren Anton Bruckner, Adalbert Stifter und Franz Stelzhamer. Über persönliche Begegnungen dieser drei ist nichts bekannt. Das Wirken von Enrica von Handel-Mazzetti und von Hermann Bahr reicht schon ins 20. Jahrhundert. HSl

Lit.: Georg Heilingsetzer, Oberösterreich zur Zeit des Neoabsolutismus, in: Bischof Franz Joseph Rudigier und seine Zeit. Hrsg. Rudolf Zinnhobler. Linz 1987; Fritz Mayrhofer – Wilibald Katzinger, Geschichte der Stadt Linz 2: Von der Aufklärung zur Gegenwart. Linz 1990; Harry Slapnicka, Oberösterreich zwischen Wiener Kongreß und den Anfängen der politischen Parteien (1815-1870), in: Staat – Kirche – Schule in Oberösterreich.

– Bruckner in Linz

Bruckners Geburtsort → Ansfelden und die weiteren Aufenthalte als Schüler, Sängerknabe, Lehrgehilfe und Lehrer in → Hörsching, → St. Florian, später auch noch in → Kronstorf liegen durchwegs weniger als 20 km von Linz entfernt, so daß ein häufigerer Besuch oder Kurzaufenthalt in Linz wahrscheinlich war, ohne daß dies zumindest in den früheren Jahren besonders vermerkt wurde.
Am 1. 6. 1833 wurde Bruckner im Linzer → Alten Dom (Jesuitenkirche) gefirmt, wobei der Sohn einer Schwester von Bruckners Vater, Johann Baptist → Weiß, Firmpate war.
Nach Beendigung der Markt- und Pfarrschule in St. Florian trat Bruckner am 15. 10. 1840 in den Präparandenkurs für Trivialschullehrer in Linz ein und wohnte in der Pfarrgasse 11. Dieser Vorbereitungskurs wurde am 30. 7. 1841 abgeschlossen, das Zeugnis ist datiert mit 16. 8. 1841. Prüfender der musikalischen und musiktheoretischen Kenntnisse war Johann August → Dürrnberger, Verfasser eines im selben Jahr 1841 erschienenen Lehrbuches, mit dem sich Bruckner in der Folge intensiv, auch kritisch, befaßte. Der Prüfende gab Bruckner im Orgelspiel (→ Orgel) nur ein »Gut« (→ Zeugnisse). Es ist die Zeit unmittelbar vor der durch das Reichsvolksschulgesetz beginnenden Schulreform, in der allerdings im Schulbereich manche Neuerungen sichtbar sind. So wird etwa 1850 Adalbert Stifter zum »Schulrat« (Landesschulinspektor) bei der Statthalterei ernannt. Am 27. und 28. 5. 1845 legt Bruckner in Linz die vorgeschriebene Konkursprüfung ab. Sein Zeugnis von 1841 erhält den Zusatz: »Kann als Lehrer in Vorschlag gebracht werden«. Nach einem Einsatz an der einklassigen Schule in → Windhaag an der Maltsch (bei Freistadt) wirkt er zwischen 1843 und 1845 in Kronstorf und zwischen 1845 und 1855 in St. Florian. Hier wird er 1845 neben seinem Wirken als Lehrer 1850 »Supplierender Stiftsorganist«, jedoch nie »definitiver«, obwohl ihm dies bei seinem Weggang aus St. Florian (für einen besseren Start in Linz?) bescheinigt wurde. Er vervollkommnet sich im Schulfach durch die Beteiligung sowohl im neuerrichteten zweijährigen Präparandenkurs als auch durch einen zweijährigen Unterrealschulkurs in den Jahren 1850 und 1851; er erreicht damit die Vorbedingung zur Prüfung für das Lehramt an Hauptschulen. Infolge seiner intensiven musikalischen Ausbildung wird die (Externisten-)Prüfung für Lehrer an Hauptschulen am 25. und 26. 1. 1855 nachgeholt. Damit endet 1855 allerdings auch Bruckners Wirken als Lehrer.
Am 9. 11. 1855 stirbt Domorganist Wenzel → Pranghofer, und schon vier Tage später wird ein Probespiel für die vorläufige Besetzung des Domorganistenpostens durchgeführt (→ Bewerbungen). Bei der Orgelprüfung am 13. 11. 1855 in der Linzer → Stadtpfarrkirche erhält Bruckner die Stelle; den Vorsitz der Prüfungskommission hat Bischof Franz Joseph → Rudigier. Am Tag darauf wird das Dekret als provisorischer Dom- und Stadtpfarrorganist ausgestellt; auch die »Linzer Zeitung« veröffentlicht diese Bestellung, und Bruckner spielt am 8. 12. 1855 zum erstenmal beim Hochamt im Alten Dom. Bruckner bezieht anschließend seine Dienstwohnung im zweiten Stock des Mesnerhauses (1872 abgerissen) am Pfarrplatz. Das Konkurrenzspiel zur definitiven Besetzung der Domorganistenstelle findet am 25. 1. 1856 im Alten Dom statt; das Prüfungsprotokoll wird am selben Tag ausgestellt. Am 11. 4. 1856 verleiht das bischöfliche Konsistorium Bruckner definitiv die Dom- und Stadtpfarrorganistenstelle, und am 14. 5. 1856 legt Bruckner den entsprechenden Diensteid ab. Am 31. 3. 1856 erscheint bereits im »Linzer Abendboten« die erste lobende Kritik über Bruckner als Organist.
Als Domorganist ist Bruckner an der Instandsetzung seiner Orgeln interessiert (1855 Antrag wegen Reparatur der Orgel der Stadtpfarrkirche, 1856 wegen der Domorgel), er ersucht weiters um die Trennung beider Organistenstellen (1856), was vom Bischöflichen Ordinariat als »verfrüht« bezeichnet wird. Bruckner geht ganz in seinem neuen Beruf auf, nimmt aber auch am gesellschaftlichen Leben von Linz teil, wird als guter Tänzer bezeichnet (1856), nimmt an einem der Maskenfeste mit der Maske »Napoleon III.« teil und gedenkt auch zu heiraten (Henriette Reiter; Josefine → Lang).
Bruckner stellt schließlich am 30. 5. 1859 ein Ansuchen, das Heimatrecht in Linz zu erlangen, was vom Magistrat sehr prompt und positiv am 1. 6. 1859 erledigt wird. 35 Jahre später wird ihm am 11. 7. 1894 das Ehrenbürgerrecht von Linz verliehen.
Wechselvoll sind Bruckners Beziehungen zu der 1845 gegründeten → Liedertafel »Frohsinn«, die

im gesellschaftlichen Leben der Stadt durch Abendunterhaltungen, Sängerfahrten, Wohltätigkeitsveranstaltungen und Damenabende eine ungewöhnlich große Rolle spielt. Bruckner tritt dem »Frohsinn« im März 1856 als 2. Tenor bei und wird am 31. 10. 1856 zum 2. Archivar (bzw. Notenwart) des Vereins gewählt. Er wirkt bei Veranstaltungen (u. a. auch des → Männergesang-Vereins »Sängerbund«) als Klavierbegleiter mit, wird 1860/61 Chormeister, kommt bei einer Ausschreibung für dieselbe Stelle 1866 nicht zum Zug, wird dann aber im Jänner 1868 doch wieder Chormeister (bis zu seiner Übersiedlung nach → Wien) und 1869 Ehrenmitglied. Viele Uraufführungen seiner frühen Werke sind mit dem Chor verbunden.

Noch immer ist Bruckners Trachten vor allem auf die Weiterbildung gerichtet: Zwischen 1855 und 1861 wird in Wien Simon → Sechter sein wichtigster Lehrer, den er oft für einen ganzen Monat dort aufsucht. Auch Sechter besucht Bruckner im August 1861 in Linz, und am 5. 9. 1861 widmet er ihm die Fuge »An Gottes Segen ist alles gelegen«. Einfluß auf Bruckner nimmt in Linz noch Otto → Kitzler, der 1861-1863 hier als Kapellmeister und auch als Cellist bei der Kirchenmusik im Alten Dom wirkt. Bei ihm, der Bruckner vor allem mit der Musik der Romantiker (→ Romantik) bekannt macht, nimmt Bruckner Unterricht in Formenlehre und → Instrumentation; er ist auch von Kitzlers Linzer Aufführung von Richard → Wagners »Tannhäuser« beeindruckt. Sein nächster Lehrer, Ignaz → Dorn, macht Bruckner vor allem auf → Liszt und → Berlioz aufmerksam, deren Aufführungen er von Linz aus besucht. Wichtig ist in der Linzer Zeit auch der Kontakt mit Bischof Rudigier. Anläßlich der Grundsteinlegung zum → Neuen Dom bittet der Bischof Bruckner, eine *Festkantate* zu komponieren, die am 1. 5. 1862 von der Liedertafel »Frohsinn« und der Regimentsmusik uraufgeführt wird; beim darauffolgenden Hochamt wird sein siebenstimmiges *Ave Maria* aufgeführt.

In Linz war Bruckner zum Kirchenmusiker und Symphoniker gereift; jetzt drängte er nach Wien. Und auch maßgebliche Wiener Stellen wünschten Bruckner trotz bösartiger Kritik in die Residenzstadt. So verläßt er 1868 Linz und wird Professor am Konservatorium der → Gesellschaft der Musikfreunde in Wien. Noch bittet er mit Schreiben vom 24. 7. 1868 das Konsistorium um Reservierung seines Organistenpostens, was Bischof Rudigier befürwortend an die Statthalterei weiterleitet – Bruckners endgültiger Verzicht erfolgt dann 1870 –, und Bruckner spielt zum Abschluß seiner Linzer Jahre beim Weihnachts-Hochamt im Alten Dom am 25. 12. 1868.

Auch in den folgenden Jahren kommt Bruckner immer wieder nach Oberösterreich und Linz. So kommt es anläßlich der Weihe der Votivkapelle des Neuen Domes im Herbst 1869 zur Uraufführung der Bischof Rudigier gewidmeten *Messe in e-Moll*. Der Bischof führt Bruckner in die Krypta und bietet ihm an, dereinst hier begraben zu werden; doch Bruckner wünscht seine letzte Ruhestätte in St. Florian. Vor allem aber fährt Bruckner noch zu den Bischofsmessen zu Weihnachten 1868 und zu Ostern 1869 nach Linz. Und als man 1884 Bischof Rudigier zu Grabe trägt, eilt Bruckner wieder nach Linz, um am 3. 12. 1884 seinem Bischof auf der Orgel den letzten Gruß zu sagen.

Linz hat vielfach Bruckners gedacht: Straßenbenennung (1897), Gedenktafel am Alten Dom (mit Porträtrelief von Franz Plany, errichtet 1922 vom Sängerbund »Frohsinn«) und an der Stadtpfarrkirche (mit Porträtmedaillon von Adolf Wagner von der Mühl, errichtet 1936 vom Pfarrkirchenmusikverein); die Gedenktafel am einstigen Wohnhaus, Pfarrgasse 11, errichtet 1934 von der »Innung der Meistersinger«, ist verschollen. Ferner Benennung des → Bruckner-Konservatoriums des Landes Oberösterreich, hier auch eine Bruckner-Büste des Bildhauers Franz S. → Forster (1923) und eine Gedenktafel von Renate Stolz; Benennung der Konzerthalle → Brucknerhaus (Eröffnung 23. 3. 1974, Architekt Heikki Siren); vor dem Brucknerhaus Bruckner-Büste von Franz Strahammer (1970); Halbrelief am (Alten) Rathaus in Linz (Maurus Paulczynsky und Peter Dimmel, 1957). HSl

Lit.: Katalog der A. Bruckner Gedächtnisausstellung im Oö Landesmuseum 24. 7. bis 30. 9. 1935. Linz 1935; A. Bruckner als Chormeister. Gedenkblätter des »Sängerbundes Frohsinn«. Linz 1936; Othmar Wessely, A. Bruckner in Linz. Mschr. Diss. Wien 1947; ders., A. Bruckner und Linz, in: Jahrbuch der Stadt Linz 1954; A. Bruckner und Linz. Ausstellung Linz 1964. Katalog. Hrsg. Brucknerbund für Oberösterreich. Linz 1964.

Linzer Musikverein

Die »Gesellschaft der Musikfreunde in → Linz«, seit 1864 »Musikverein in Linz« genannt, spielte im kulturellen Leben der Stadt über mehr als 100 Jahre eine führende Rolle. Die satzungsgemäße Aufgabe bestand in regelmäßigen »Gesellschaftskonzerten« und im Musikunterricht für die Heranbildung von Nachwuchskräften; dazu kamen noch weitere (»außerordentliche«) Aufführungen. Den Anfang machte die Wiedergabe von Joseph Haydns »Jahreszeiten« am 23. 12. 1821 unter der Leitung von Anton Mayer (1780-1854), dem verdienstvollen Musterlehrer (Schulmeister) und Regens chori in der Linzer St. Matthias-Pfarre. Der Unterricht in Gesang für Knaben und Mädchen begann mit 1. 3. 1823, für Geige 1826, für Klavier und Cello 1869, weitere Instrumente folgten nach und nach bis Ende des Jahrhunderts. Trotz finanzieller Zuwendungen meist von öffentlichen Stellen waren den Aktivitäten oft enge Grenzen gesetzt, und die künstlerischen Leistungen des hauptsächlich aus musikbegeisterten Liebhabern bestehenden Orchesters schwankten beträchtlich. Maßgeblich hierfür war auch der zeitweise rasche Wechsel bei den Dirigenten. Ihre Liste enthält u. a. die Beamten Franz Xaver Mayer, Emil Mayer (1822-1868), Eduard Hauptmann und Eduard Eberl, die Kapellmeister Dr. Theodor Neubert-Abendroth und Anton M. → Storch (1815-1887), die Lehrer Anton Mayer und Engelbert → Lanz (1820-1904).

Nach dem Rücktritt von Lanz 1863 erging an Domorganist Bruckner die Einladung zur Übernahme der Dirigentenstelle. Doch seine organisatorischen und von künstlerischer Gewissenhaftigkeit bestimmten Vorschläge (Brief vom 6. 11. 1863) schienen dem Musikverein noch nicht realisierbar zu sein, und die Verhandlungen zerschlugen sich.

Eine allmähliche Aufwärtsentwicklung setzte 1874 unter Max Brava (1845-1883) ein. Eine erste Blütezeit erlebte das Orchester ab 1883 unter Adalbert → Schreyer, der es an größere Aufgaben, wie Bruckners *Dritte* und *Vierte Symphonie*, heranführen konnte. Ein weiterer Aufschwung war ab 1896 mit August → Göllerich als Musik- und Schuldirektor verbunden. Er richtete die Musikvereinsschule nach modernen Grundsätzen aus, führte neue Unterrichtsmethoden ein und begann mit einer intensiven Bruckner- und → Liszt-Pflege.

Die Musikvereinsschule erhielt 1932 die Bezeichnung Konservatorium – sie heißt seither → Bruckner-Konservatorium – und hat seit 1935 das Öffentlichkeitsrecht. Im März 1939 übernahm der »Gau Oberdonau« (Oberösterreich) das Lehr- und Verwaltungspersonal des Konservatoriums. Der Musikverein hat sich nach Wegfall seiner Aufgaben als Konzertveranstalter und seiner Unterrichtsstätte am 23. 12. 1941 aufgelöst. FZ

Lit.: Franz Brunner, Der Linzer Musikverein in den Jahren 1821-1901. Linz 1901; Göll.-A. 3/1, S. 618-621; Othmar Wessely, Das Linzer Musikleben in der ersten Hälfte des 19. Jahrhunderts, in: Jahrbuch der Stadt Linz 1953. Linz 1954; Wilhelm Jerger, Vom Musikverein zum Bruckner-Konservatorium 1823-1963. Linz 1963.

Franz Liszt, 1856

Liszt, Franz

Der bedeutende Klavier-Virtuose und Komponist deutsch-ungarischer Herkunft Franz Liszt (1811-1886) ließ sich nach seiner Laufbahn als pianistisches Wunderkind und einer beispiellosen Virtuosenkarriere, die ihn von Paris aus durch ganz Europa führte, 1848 als Hofkapellmeister in Weimar nieder, wo er durch sein kompositorisches und schriftstellerisches Wirken sowie sein Eintreten für Richard → Wagner und Hector → Berlioz zu einer der Gründerfiguren der später so benannten → Neudeutschen Schule wurde. Auch nach seinem Weggang aus Weimar (1861) behielt Liszt seinen Nimbus als Komponist, Klavierpädagoge und herausragende musikalische Persönlichkeit des 19. Jahrhunderts. Während seiner häufigen → Wiener Aufenthalte logierte Liszt in der Wohnung seines Vetters Eduard (1817-1879) im Schottenhof.

Bruckner soll nach Göllerich-Auer (August → Göllerich, der Bruckner-Biograph, war Schüler Liszts) schon in → Linz die Partitur von Liszts »Faust-Symphonie«, ein Geschenk von

Ignaz → Dorn, studiert haben und beim Ungarischen Sängerfest in Pest (→ Budapest) 1865 – anläßlich der Aufführung von dessen Oratorium »Die Legende von der heiligen Elisabeth« – Liszt erstmals vorgestellt worden sein. In seinen zahllosen ministeriellen Eingaben berief sich Bruckner wiederholt unter anderem auf die Wertschätzung Liszts. Nachdem die Widmung der *Zweiten Symphonie* an die → Wiener Philharmoniker 1873 nicht zustandekam, widmete sie Bruckner 1884 Liszt. Dieser dankte mit einem konventionellen Schreiben (29. 10. 1884). Als Bruckner später erfuhr, daß Liszt die Partitur in der Wiener Wohnung im Schottenhof zurückgelassen hatte, unterließ er die Widmung in der Druckausgabe.
Trotz allem scheint Bruckners Verständnis für Liszts Werke auf das rein Musikalische eingeschränkt gewesen zu sein. Die Idee der Symphonischen Dichtung, d. h., daß eine »poetische Idee« die formale Anlage eines Musikstücks bestimmen könne, blieb ihm zeitlebens fremd. Darüber hinaus dürften ihm die meisten Werke Liszts, da sie in Wien nicht aufgeführt wurden, unbekannt geblieben sein. Umgekehrt ist es Göllerich nach eigener Aussage auch nie gelungen, Liszt für Bruckner zu interessieren: Dem Kosmopoliten Liszt sei es nicht möglich gewesen, seine persönliche Abneigung gegen Bruckner zu überwinden.
Bruckner war 1886 einer der letzten Trauergäste am offenen Grab Liszts in → Bayreuth und improvisierte dort am 4. 8. 1886 bei dem in der katholischen Schloßkirche abgehaltenen Requiem auf Wunsch Cosima → Wagners an der Orgel über Themen aus Wagners »Parsifal«. GJW

Lit.: August Göllerich, F. Liszt. Berlin 1908; Göll.-A. 3/1, S. 315, 4/1, S. 255 f., 4/2, S. 167 f.; Alan Walker, F. Liszt: The Virtuoso Years 1811-1848. London 1983; ders., F. Liszt: The Weimar Years 1848-1861. London 1989; Othmar Wessely, Bruckner und Liszt, in: Bruckner Symposion 1986; Detlef Altenburg, F. Liszt and the Legacy of the Classical Era, in: 19th Century Music 18/1 (Summer 1994).

Litanei (WAB 132, verschollen)

(Vierstimmiger) gemischter Chor und Blechbläser

Bruckner erinnerte sich »noch in späten Tagen ... öfter eines zur selben Zeit [d. h. 1844, zur Zeit der »Kronstorfer« *Messe in d-Moll ohne Gloria*] mit besonderer Liebe gearbeiteten Werkes, einer Litanei für gemischten Chor und Blechbläser, die wieder aufzufinden trotz wiederholter Bemühungen leider nicht gelungen ist« (Göll.-A. 1, S. 253).
Von dieser oder aber einer weiteren Litanei schreibt Simon → Sechter am 26. 9. 1858 an seinen Schüler Bruckner u. a.: »Ihren Brief vom 22. dieses Monats, samt dem Paquet mit der *Litanei* habe ich gestern erhalten und mich erfreut, daß sie Beifall gefunden hat.« Offenbar bezieht sich Sechter hier auf eine von Bruckner berichtete Aufführung in → Linz. EM

Lit.: Göll.-A. 3/1, S. 56; Auer, Briefe, S. 350 f.

Locus iste (WAB 23) »Locus iste a Deo factus est«

Graduale für vierstimmigen gemischten Chor a cappella in C-Dur, »Allegro moderato«
EZ: 11. 8. 1869 in → Linz
W: P. Oddo → Loidol, → Kremsmünster (Widmungsexemplar verlorengegangen)
UA: 29. 10. 1869 in Linz (Votivkapelle des → Neuen Doms; Johann B. → Burgstaller)
Autograph: Sammlung Dr. Wilhelm, Basel-Bottmingen (früher im Besitz von Bruckners → Schüler Carl Führich)
ED: »Vier Graduale«. Wien, Theodor Rättig 1886 (zusammen mit *Christus factus est* WAB 11, *Os justi* und *Virga Jesse*); Faksimileausgabe: Wien, Doblinger 1996
NGA: Band XXI (Hans Bauernfeind und Leopold → Nowak, 1984) und Revisionsbericht

Bruckner hat dieses → Graduale für die Einweihung der Votivkapelle des Neuen Doms in Linz komponiert, die am 29. 9. 1869 mit der *Messe in e-Moll* feierlich begangen wurde. Als Einlagen waren das phrygische *Pange lingua* von 1868 und dieses *Locus iste* gedacht. Beide Werke gelangten jedoch nicht zur Aufführung; das *Locus iste* erlebte allerdings schon wenige Wochen später seine Uraufführung.
Der Text stammt aus dem Graduale des »Commune Dedicationis Ecclesiae« und bezieht sich auf Gen. 28,17 (Ausspruch Jakobs nach seinem Erwachen aus dem Traum von der »Himmelsleiter«). Der Satz dieser kurzen Motette ist überwiegend homophon mit einigen imitatorischen Stimmeinsätzen gestaltet, wobei die Baßstimme eine gewisse dominierende Funktion innehat. Vielleicht sollte damit auf den Dombau (die Wichtigkeit des »Fundamentes«) angespielt werden. Zur Textstelle »irreprehensibile est« setzt Bruckner sehr erweiterte Terzverwandtschaften, was dem Abschnitt – verstärkt durch das Betonen der höheren Stimmen bei schweigendem Baß – eine eigentümlich schwebende, »unfaßbare« (»irreprehensibilis«) Stimmung

verleiht. Auch in dieser Motette begegnet uns Bruckners »theologische Bekräftigungsformel«, das »Dresdner Amen« (eine traditionelle Kadenz). EM

Lit.: Erwin Horn, A. Bruckner. Geistliche Motetten: Locus iste, in: Musica sacra 101 (1981).

Loidol, P. Oddo OSB (Rafael)

Geb. 30. 12. 1858 in Alberndorf, Mühlviertel, gest. 31. 1. 1893 in Kremsmünster. Der Sohn des Alberndorfer Schullehrers Amand Loidol besuchte 1871-1879 das Gymnasium in → Linz. Schon bald zeigte sich seine musikalische Begabung: Rafael spielte gut Klavier und versuchte sich als Komponist (Streichquartett 1877, »Festlied« 1878 u. a.). In der letzten Klasse dirigierte er den Chor des Gymnasiums und führte u. a. ein Kyrie aus einer Messe eigener Komposition auf (1878).

1879 ging Loidol nach → Wien und begann ein Philosophiestudium an der → Universität. Daneben inskribierte er am Konservatorium der → Gesellschaft der Musikfreunde die Fächer Harmonielehre und Kontrapunkt in der Klasse Bruckners, den er schon als Gymnasiast verehrt hatte. Nach einem Jahr schon verließ er Wien und trat ins Stift → Kremsmünster ein, wo er den Ordensnamen Oddo erhielt. Nach beendetem Noviziatsjahr ging er nach → St. Florian, wo damals die Fratres aus Kremsmünster ihre theologische Ausbildung erhielten. Er wirkte bei zahlreichen Musikaufführungen im Stift mit und betätigte sich auch wieder als Komponist: Aus dem Jahr 1881 ist eine »Klavierphantasie in fis-Moll« erhalten, die Loidol mit dem benediktinischen Regelspruch »UIOGD« (»Ut in omnibus glorificetur Deus«), ähnlich Bruckners Widmungen (→ O. A. M. D. G.), überschrieb. Seine zahlreichen Freunde schrieben seine Kompositionen ab und sorgten so für deren Verbreitung. Am 11. 9. 1884 legte Fr. Oddo die feierliche Profeß ab und empfing am 19. 7. 1885 die Priesterweihe; an seiner Primiz am 2. 8. 1885 nahm Bruckner als Gast teil und übersandte als Erinnerung ein kostbares Widmungswerk: das *Christus factus est* WAB 11. Auch das *Locus iste* aus dem Jahr 1869 hat Bruckner nachträglich mit einer Widmung an P. Oddo versehen, 1884 hat er ihm die Urfassung des »Perger« *Präludiums in C-Dur* geschenkt.

Da Loidols Gesundheit schon damals sehr angegriffen war, betraute man ihn mit einem wenig anstrengenden Verwaltungsposten. Er erholte sich etwas und konnte seit 1887 Religion an der Volksschule und Gesang am Gymnasium von Kremsmünster übernehmen. Für die Einweihung des neuen Gymnasiums in Linz (1891) schrieb er einen »Festchor«, den Bruckner anläßlich eines Besuches im Stadtpfarrhof in → Steyr durchsah und korrigierte. Ein Exemplar des in Druck erschienenen Werkes fand sich in Bruckners → Nachlaß.

Loidol war ein beliebter Organist und Orgelsachverständiger und kollaudierte zahlreiche Orgeln (1883 → Seitenstetten, 1886 Thalheim bei Wels, 1888 Bad Hall). In dieser Eigenschaft nahm er 1891 am Ersten Österreichischen Organisten- und Orgelbauertag in Wien teil. 1885 war er dem Oberösterreichischen Cäcilien-Verein (→ Cäcilianismus) beigetreten und schrieb fallweise Rezensionen für das »Linzer Volksblatt« (so z. B. über Bruckners Orgelkonzert in Kremsmünster am 21. 8. 1884).

Seine engagierten musikalischen Tätigkeiten brachten den wegen seiner menschlichen und künstlerischen Qualitäten von vielen geschätzten Loidol in Kontakt mit zahlreichen bekannten Musikern seiner Zeit und Umgebung. Außer Bruckner, mit dem er in Wien, St. Florian, Kremsmünster und Steyr zusammentraf, stand er in Beziehung u. a. zu Johann Baptist → Burgstaller, Johann Gruber, Johann Evangelist Habert, Franz Krenn, Engelbert → Lanz, Josef Labor, Karl → Waldeck.

Aus seinem umfangreichen Bestand an → Briefen und → Autographen Bruckners sowie biographischen Notizen hatte Loidol Bruckners »autorisiertem Biographen« August → Göllerich ohne Bestätigung und in gutem Glauben zahlreiche Stücke überlassen, die von Göllerich nie mehr nach Kremsmünster zurückgestellt wurden. Trotz dieses Umstandes verfügt das Stift noch heute über eine beachtliche Bruckner-Sammlung. EM

Lit.: A. R. Bleibtreu, »Pater Oddo«, in: Grazer Volksblatt 1935, Nr. 71 (Erzählung); Altman Kellner, Musikgeschichte des Stiftes Kremsmünster. Kassel–Basel 1956, S. 746-762 (mit Verzeichnis der Bruckner-Autographen des Stiftes sowie Wiedergabe einiger Briefe).

London

Haupt- und Residenzstadt des Vereinigten Königreichs von Großbritannien und Nordirland. Mit dem Aufstieg Großbritanniens zur Weltmacht wurde London zum Mittelpunkt des Welthandels und des Geldverkehrs. Seit dem 17. Jahrhundert ist die Stadt Anziehungspunkt für

Royal Albert Hall in London. Holzstich

Musiker aus ganz Europa. 1871: 3,7 Mio., 1995: ca. 7 Mio. Einwohner.
Die Kommission der für 1872 geplanten Weltausstellung in London lud 1871 die bedeutendsten Organisten der Welt zur Prüfung der neu in der Royal Albert Hall aufgestellten Riesen-Orgel von Henry Willis (1821-1901) ein. Das Konkurrenzspiel um die Entsendung eines österreichischen Organisten am 18. 4. 1871 in der Wiener → Piaristenkirche, an dem auch noch der Wiener Rechtsanwalt Dr. Karl Hausleithner (geb. 1843) und Eduard Grasberger aus Prag teilnahmen, gewann Bruckner, und zwar auf einstimmigen Beschluß der Jury (→ Hanslick, → Herbeck, → Hellmesberger, Professoren-Kollege Franz Krenn, Orgelfachmann und Generalsekretär der Gesellschaft der Musikfreunde in Wien Leopold Alexander Zellner, Domkapellmeister Gottfried Preyer, Kritiker Eduard Schelle und als Vertreter der für die Ausstellungsbeteiligung Österreichs zuständigen Handels- und Gewerbekammer Dr. Tanzer).
Bruckner, der englischen Sprache nicht mächtig, suchte nach einem Begleiter für die Reise nach England, allerdings dürfte der brieflich kontaktierte Linzer Kaufmann Anton Reißleithner nicht mitgefahren sein. So fuhr Bruckner vermutlich allein am 20. 7. 1871 nach → Linz und am nächsten Tag weiter nach → Nürnberg, wo er im Bleistiftfabrikanten Franz Zimmermann, den er beim Nürnberger → Sängerfest 1861 kennengelernt hatte, einen Reisebegleiter fand (nach anderen Berichten soll P. Otto Fehringer aus → Seitenstetten Bruckner begleitet haben). Am 29. 7. trafen sie in Charing Cross Station in London ein und stiegen in Seyds Hotel, einem deutschen Gasthof am Finsbury Square 39, ab. Noch am selben Abend begab sich Bruckner in die Royal Albert Hall, um die viermanualige → Orgel

Crystal Palace in London. Holzstich

(über 10 000 Pfeifen) des riesigen, 5 000 Sitzplätze fassenden und heute noch bestehenden Konzertgebäudes südlich vom Kensington Park kennenzulernen, das, zum Gedenken an Queen Victorias im Jahre 1861 verstorbenen Mann Prince Albert errichtet, am 29. 3. 1871 eröffnet worden war.

Vom 2. bis 4., am 8., 11. und 12. 8. spielte Bruckner Werke von → Bach, Händel und → Mendelssohn sowie eigene Improvisationen, abwechselnd mit dem Organisten der Royal Albert Hall, William Thomas Best (1826-1897). Über Bruckners Auftritte wurde in Tages- und Musikzeitungen berichtet. Am 6. 8. gewann er das Wettspiel zwischen den Organisten, zu denen noch Georg Wilhelm Haintze (1849-1895) aus Stockholm, Johann Lohr (1828-1892) aus Pest und Alphonse J. E. Mailly (1833-1918) aus Brüssel gehörten.

Danach hatte Bruckner eine Woche Zeit für Besichtigungen. Sein besonderes Interesse galt dem Tower, dessen Gefängnisse seinen Hang zum Schauerlichen befriedigten. Besondere Freude bereiteten ihm die Fahrten mit den Stockautobussen, die ihn einmal auch von einem Zugsunglück der Untergrundbahn fernhielten. Am 10. 8. 1871 begann er trotz der zahlreichen Eindrücke mit der Arbeit am Finale seiner *Zweiten Symphonie*.

Die großen Erfolge in der Royal Albert Hall führten zu einem Sonderengagement für mehrere Konzerte im Crystal Palace am 19., vom 21. bis 23. und vom 26. bis 28. 8. Das für die Weltausstellung 1851 zunächst im Hyde Park errichtete, 1852-1854 im Sydenham Park wiedererrichtete Bauwerk aus Glas und Stahl (1936 niedergebrannt) besaß einen 4 000 Sitze fassenden Konzertsaal mit einer Orgel mit über 4 500 Pfeifen (Gray and Davison, 1857). Seit 1855 war August Manns (1825-1907) dort Chefdirigent. Der Organist des Crystal Palace, James Coward (1824-1880), schenkte Bruckner aus Hochachtung einen Band mit Madrigalen. Ein weiterer Zeuge von Bruckners Erfolgen war Charles Ainslie Barry (1830-1915), der später zu den Konzerten von Hans → Richter in London die Programmbücher verfaßte.

Bruckner, der für 1872 zu Orgelkonzerten in allen größeren Städten Englands eingeladen wurde, berichtete selbst über seine Erfolge als Organist in London in einem Brief an Moritz von → Mayfeld (23. 8. 1871) und sah sich ermutigt, Versuche zu unternehmen, auch als Komponist in England Anerkennung zu finden: So schickte er 1872 seine *Messe in d-Moll* nach London, allerdings ohne Erfolg. Am 13. 7. 1875 erhielt Bruckner, wie auch alle anderen Teilnehmer des Organisten-Wettspiels, eine Medaille von der königlich großbritannischen Ausstellungs-Kommission übermittelt. – Zur Erinnerung an seinen Aufenthalt wurde am (inzwischen neu gebauten) Haus Finsbury Square 39-45 eine Gedenktafel angebracht (→ Gedenkstätten).

RG/AH

Lit.: Franz Gräflinger, A. Bruckner. Berlin 1927, S. 150-163; Göll.-A. 4/1, S. 137-178; Friedrich Eckstein, A. Bruckner in London, in: Neues Wiener Tagblatt 5. 12. 1936; Käthe Braun-Prager, A. Bruckner in London, in: Wiener Zeitung 15. 8. 1958; Max Auer, A. Bruckner. 6. Aufl. Wien-München-Zürich 1967, S. 236-248; Nowak 1973, S. 158-163; Hans Conrad Fischer, A. Bruckner. Sein Leben. Salzburg 1974, S. 133-136; Bruckner – skizziert, s. Register; A. Bruckner in London (in Vorbereitung für die Reihe A. Bruckner. Dokumente und Studien).

Louis, Rudolf

Geb. 30. 1. 1870 in Schwetzingen, gest. 15. 11. 1914 in München. Musikschriftsteller. Nach einem Philosophiestudium in Genf und Wien, wo er mit einer Arbeit »Der Widerspruch in der Musik« 1893 promovierte, war er Kapellmeisterschüler von Felix → Mottl und erhielt Kompositionsunterricht von seinem Vetter Friedrich → Klose. Nach zweijähriger Tätigkeit als Theaterkapellmeister in Landshut und Lübeck ließ er sich 1897 in → München als Musikschriftsteller nieder. Seit 1900 war er als Nachfolger von Heinrich Porges einflußreicher Konzertkritiker der »Münchner Neuesten Nachrichten«. Als solcher setzte er sich vor allem für → Liszt und Bruckner ein, nicht aber für die Musik von → Brahms und Reger, zu deren Werken er erst gegen Ende seines Lebens ein besseres Verhältnis gewann. Als Komponist trat er mit der symphonischen Dichtung »Proteus« (nach Friedrich Hebbel) 1903 in Basel an die Öffentlichkeit.

Von Louis, der Bruckner 1894 gemeinsam mit Friedrich Klose in → Wien besucht hatte, stammt die erste größere Monographie über den Komponisten (»A. Bruckner«. München 1905, spätere Auflagen 1918 und 1921). Seine Absicht war, weniger »ein Lebens- als vielmehr ein Charakterbild des großen Symphonikers« zu bieten, da nach seiner Überzeugung gerade bei Bruckner »eine intimere Kenntnis des Charakters ... zur Würdigung des Komponisten« beitrage. Für die Biographie stützte er sich auf Franz → Brunners 1895 veröffentlichte Arbeit und allgemein zugängliches Material, in der Darstellung des jungen Bruckner und der Würdigung des Schaffens ergänzt durch persönliche Erkundigungen, Zeitungsberichte und Kritiken. RM

Weitere Werke (Auswahl): Richard Wagner als Musikaesthetiker. Leipzig 1897; Die Weltanschauung Richard Wagners. Leipzig 1898; Franz Liszt. Berlin 1900; Hector Berlioz. Leipzig 1904; Die deutsche Musik der Gegenwart. München 1909, [3]1912; gemeinsam mit Ludwig Thuille, Harmonielehre. Stuttgart 1907, zahlreiche Auflagen.

Lit.: Edgar Istel, Nachruf, in: Die Musik 14 (1914/15) S. 222; Oskar Kaul in: MGG 8, Sp. 1232; Jugendstil-Musik? Münchner Musikleben 1890-1918. Ausstellung 19. 5. – 31. 7. 1987. Bayerische Staatsbibliothek. Wiesbaden 1987, passim.

Ferdinand Löwe

Löwe, Ferdinand

Geb. 19. 2. 1863 und gest. 6. 1. 1925 in Wien. 1872-1877 Besuch der Horak-Klavierschule, 1877-1881 Studium am Konservatorium der → Gesellschaft der Musikfreunde in Wien (GdM): Klavier bei Josef Dachs, Kontrapunkt bei Anton Bruckner und Komposition bei Franz Krenn. 1884-1896 Konservatoriumslehrer für Klavier sowie seit 1894 für Chorgesang, Leiter der Chorschule des Singvereins der GdM, 1896-1898 dessen Dirigent, 1897/98 Leiter des Münchner Kaim-Orchesters, 1898/99 Kapellmeister an der Wiener Hofoper unter Gustav → Mahler. 1900-1904 Leiter der Gesellschaftskonzerte der GdM. 1900-1925 Chefdirigent des Wiener Concertvereins-Orchesters. Löwe dirigierte 27 Uraufführungen und über 70 Erstaufführungen von Werken des heutigen Repertoires. 1908-1914 Leiter des Münchner Konzertverein-Orchesters. → München stellte neben → Wien die zweite wichtige Wirkungsstätte für Löwe dar. Seit 1907 regelmäßige Gastdirigate in → Budapest, 1916 Gastdirigent der Berliner Philharmoniker. 1919-1922 war er Direktor der neu organisierten Staatsakademie für Musik und darstellende Kunst in Wien, Kulturrat des Unterrichtsministeriums und Dirigent der Arbeiter-Symphonie-Konzerte. 1915-1917 kammermusikalisches Wirken im Klaviertrio zusammen mit Anton Busch und Paul Grümmer.

Gemeinsam mit Josef → Schalk begann Löwe eine kontinuierliche Pflege der Werke Bruckners zu betreiben. In den »Internen Musikabenden« des → Wiener Akademischen Wagner-Vereins weckten Löwe und Schalk durch eigene Klavierbearbeitungen Interesse für die Symphonien Bruckners. Am 27. 2. 1884 erklangen etwa erstmals alle vier Sätze der *Siebenten Symphonie* auf zwei Klavieren im Wiener → Bösendorfersaal. Am 29. 11. 1894 spielte Löwe erstmals den 1. Satz der *Sechsten Symphonie* in einer eigenen Bearbeitung, bereits am 28. 12. 1890 hatte er eine zweihändige Klavierfassung des Adagio und des Scherzo dargeboten.

Am 9. 7. 1892 trat Löwe anläßlich der Wiener → Internationalen Ausstellung für Musik- und Theaterwesen mit der *Dritten Symphonie* in der Fassung von 1889 erstmals als Dirigent an die Öffentlichkeit. Am 18. 12. 1895 dirigierte er die Budapester Erstaufführung der *Fünften Symphonie* Bruckners. Auch in München setzte sich Löwe unermüdlich für das Schaffen Bruckners ein. So erfolgte am 4. 2. 1898 die Münchner Erstaufführung der *Fünften*. Im Rahmen eines Gastspieles des Münchner Kaim-Orchesters leitete Löwe am 1. 3. 1898 auch die Wiener Erstaufführung dieser Symphonie – ein Konzert übrigens, in dem erstmalig in Wien eine symphonische Komposition von Gustav Mahler (2. Satz aus der Zweiten Symphonie) erklang.

Als künstlerischer Leiter des Wiener Concertvereins versuchte Löwe durch konsequente Programmgestaltung die Bruckner-Pflege besonders voranzutreiben. Er dirigierte sämtliche Symphonien Bruckners 1910/11 und 1923/24 in Wien sowie 1911/12 in München, wo er 1905 auch das erste → Bruckner-Fest leitete. Als herausragendste Leistung dieser Jahre ist die Uraufführung der *Neunten Symphonie* Bruckners (in der Bearbeitung Löwes) am 11. 2. 1903 in Wien anzusehen. Einen umstrittenen Punkt in der historischen Bewertung Ferdinand Löwes stellen dessen → Bearbeitungen der Symphonien Bruckners dar. Im Zuge der Vorbereitungen der Kritischen → Gesamtausgabe der Werke Bruckners durch die → Österreichische Nationalbibliothek bemerkten die Herausgeber Robert → Haas und Alfred → Orel, daß Löwe von den ursprünglichen Bruckner-Handschriften erheblich abweichende Änderungen an den Symphonien vorgenommen hatte. Die darauf einsetzende Kritik verurteilte Löwes Eingriffe, vor allem die an der *Vierten, Fünften* und *Neunten Symphonie*, und mißverstand das idealistische, selbstlose Bemühen des Bruckner-Schülers, der damit die in vieler Hinsicht ungewöhnlichen Werke Bruckners dem breiten Publikumsgeschmack näherbringen wollte. Löwe besorgte die Herausgabe folgender Klavierbearbeitungen: *Dritte Symphonie*, vierhändig (gemeinsam mit J. Schalk) 1890 bei Rättig; *Vierte Symphonie*, vierhändig 1890 bei Gutmann; *Erste Symphonie*, vierhändig 1893 bei Doblinger; *Neunte Symphonie*, vierhändig (gemeinsam mit J. Schalk) 1903 bei Doblinger; zweihändig 1904 bei der Universal Edition (UE); *Neunte Symphonie*, vierhändig (gemeinsam mit J. Schalk) und *Te Deum* (gemeinsam mit Josef V. → Wöß) 1911 bei der UE; *Neunte Symphonie*, zweihändig, und *Te Deum* (gemeinsam mit J. V. Wöß) 1912 bei der UE. RR

Lit.: Reinhard Rauner, F. Löwe. Leben und Wirken. 1. Teil 1863-1900. Ein Wiener Musiker zwischen A. Bruckner und G. Mahler. Frankfurt 1995.

Ludwig II., König von Bayern

Geb. 25. 8. 1845 in München, gest. 13. 6. 1886 in Berg/Starnberger See, Sohn des Königs Maximilian II. Ohne sonderlichen Erfolg erhielt er Klavierunterricht bei Christian Wanner (gest. 1873/74), einem Lehrer am Münchner Konservatorium. 12jährig las er bereits Schriften von Richard → Wagner. Der Besuch des »Lohengrin« in der Münchner Hofoper legte 1861 den Grund für seine Wagnerbegeisterung. Kurz nach seinem Regierungsantritt am 10. 3. 1864 berief er Wagner nach → München, 1865 erfolgte dort die denkwürdige Uraufführung von »Tristan und Isolde«, dirigiert von Hans von → Bülow. Auch nach dem erzwungenen Weggang Wagners stand Ludwig trotz gelegentlicher Trübungen des Verhältnisses weiter zu dem Dichtermusiker. 1868 dirigierte Bülow die glanzvolle Uraufführung der »Meistersinger«, 1869 und 1870 schlossen sich – gegen Wagners Willen – die Münchner Uraufführungen von »Rheingold« und »Walküre« an. Ludwig ermöglichte auch die Verwirklichung von Wagners → Bayreuther Festspielidee.

Wahrscheinlich bei seinem Münchner Besuch

Unterschriften Ludwigs II. (1864, 1874, 1886)

Ende Juli/Anfang August 1884, sicher jedoch nach der triumphalen Aufführung der *Siebenten Symphonie* durch Hermann → Levi am 10. 3. 1885, äußerte Bruckner den Wunsch, das Werk dem König zu widmen. Levi und Generalintendant Karl von Perfall setzten sich für ihn ein. Am 26. 4. konnte Levi mitteilen, die Annahme werde sicher erfolgen. Bruckners Widmungsschreiben datiert vom 10. 5. 1885. Im März 1886 sandte er ein in Leder gebundenes Widmungsexemplar der gedruckten Partitur nach München, das am 10. 3. vom Hofsekretariat nach Hohenschwangau übermittelt wurde. Ein Dankschreiben des Königs blieb aus. Ludwig II. wurde am 9. 6. 1886 für unmündig erklärt.

Musik von Bruckner hat Ludwig II. nie gehört. Auf ihn wirkte die Musik nur in Wechselbeziehung mit Dichtung, von ihr hervorgerufen oder sie erläuternd. Zu Werken der absoluten Musik gewann er gewöhnlich nur Zugang, wenn er sie inhaltlich in eine reale Vorstellung übertragen konnte. Nach dem Ableben Ludwigs II. äußerte Bruckner zu → Göllerich, er habe die Trauermusik auf Wagners Tod im Adagio der *Siebenten Symphonie* auch in Vorahnung des Todes des Königs geschrieben. RM

Lit.: Göll.-A. 4/2, passim, besonders S. 316-319; Robert Münster, König Ludwig II. und die Musik. Rosenheim 1980, S. 96-98; ders., König Ludwig II. und die Musik. Ausstellung München 1986, in: Blätter der Bayerischen Staatsoper IX/X, 1985/86, S. 22.

M

Magnificat (WAB 24) »Magnificat anima mea Dominum«
Hymnus für Soli, vierstimmigen gemischten Chor, Orchester (2 Trp., Pk.; Str.) und Orgel in B-Dur, »Allegro moderato«
EZ: vollendet 15. 8. 1852 in → St. Florian
W: Ignaz → Traumihler, Regens chori in St. Florian
UA: 1. 8. 1854 in St. Florian
Autograph: Stift St. Florian (Stimmen)
ED: Göll.-A. 2/2, S. 99-110 (Partitur-Auszug von August → Göllerich)
NGA: Band XX/3 (in Vorbereitung)

Dieses im letzten Drittel von Bruckners St. Florianer Aufenthalt entstandene Werk steht noch ganz in der Nachfolge der Wiener Klassik (→ Tradition) und ist, ebenso wie die anderen Frühwerke Bruckners aus dieser Zeit, als Ergebnis des Unterrichtes bei Leopold von → Zenetti zu betrachten, der als »ausgepichter Mozartianer« angesehen wurde. Zweifellos haben → Mozarts Vespern und Litaneien auch beim *Magnificat* Bruckners Pate gestanden (Besetzung, → Generalbaßnotation, begleitende Streicherfigurationen etc.). Die Reaktion des vom Geschmack des → Cäcilianismus geprägten Widmungsträgers Traumihler auf dieses musizierfreudige, fröhliche, ganz textadäquat (Lk 1,46-55) Jubel ausdrückende *Magnificat* ist nicht überliefert, doch dürfte das Werk seine Billigung gefunden haben, denn es erlebte nach der Uraufführung innerhalb kurzer Zeit noch zwei weitere Wiedergaben in der Stiftskirche (25. 12. 1854, 27. 5. 1855). EM

Lit.: Göll.-A. 2/1, S. 102.

Mahler, Gustav
Die nicht geringe Literatur zum Thema »Bruckner – Mahler« vermittelt einen zwiespältigen Eindruck. Einerseits wurde eine enge geistige und stilistische Nähe festgestellt, manchmal sogar – fälschlich – ein Lehrer-Schüler-Verhältnis konstruiert, zu dem Mahler (1860-1911) selbst sagte: »Ich war nie Bruckners Schüler gewesen, dieses on dit dürfte daher stammen, daß ich in jungen Jahren, die ich in → Wien zugebracht, mit Bruckner stets zu sehen war und jedenfalls zu seinen extra Verehrern und Propagatoren gehörte ...« (zitiert nach Göll.-A. 4/1, S. 448 f.; in den Nationalien der Philosophischen Fakultät der → Universität Wien scheint er aber zumindest 1877/78 als Hörer auf, vgl. Antonicek in: Bruckner-Studien 1975). Andererseits existieren jedoch Gegenpositionen: So bestritt beispielsweise Parks Grant jeden musikalischen Zusammenhang zwischen den beiden Künstlern. Die Ansicht, daß Bruckner und Mahler ein zusammengehöriges Paar seien, hat seine Wurzel in den Irrläufen der Wirkungsgeschichte. Als Spätromantiker eingestuft, als »Neuerer« vor der Jahrhundertwende zusammengefügt, gerieten die beiden Komponisten allzu rasch in einen Zusammenhang, der eklatante musikalische Unterschiede verdeckte. Nicht zuletzt wurde durch die »Bruckner Society of America«, die nachdrücklich auch Mahler propagierte, diese Sichtweise verstärkt. Nach 1900 wurden die Komponisten überdies in die problematische Konstruktion einer »österreichischen Linie« in der Symphonik eingespannt.
Die biographischen Fakten sind rasch aufgezählt. Die erste Bekanntschaft fällt in Mahlers Zeit am Konservatorium der → Gesellschaft der Musikfreunde in Wien, wo er seit 1875 bei Julius → Epstein und Franz Krenn studierte. Er gehörte damals zum engsten Verehrerkreis Bruckners und war bei der mißglückten Uraufführung der *Dritten Symphonie* am 16. 12. 1877 anwesend. Gemeinsam mit seinem Freund Rudolf → Krzyzanowski stellte er von dieser Symphonie einen vierhändigen Klavierauszug her. Bruckner schenkte ihm ein Autograph der *Dritten.*
Später setzte sich Mahler als Dirigent für Bruckners Werke ein. Er leitete Aufführungen des *Te Deum*, der *Messe in d-Moll* sowie der *Dritten, Vierten, Fünften* und *Sechsten Symphonie*, allerdings veränderte er diese Partituren zum Teil beträchtlich. Sein Einsatz entsprang aber nicht bloß einem rein künstlerischen Enthusiasmus, sondern hatte genauso psychologische Hintergründe im Sinne einer Identifikation mit dem »Verkannten«. Eine diesbezügliche Bemerkung fiel einmal in einem Brief an seine Schwester Justine.

Gustav Mahler

Den Aufzeichnungen Natalie Bauer-Lechners nach besaß Mahler ein durchaus ambivalentes Verhältnis zu Bruckner. Der von Hans von → Bülow übernommene Ausspruch »Bruckner, ein einfältiger Mensch – halb Genie, halb Trottel« (wenn auch wohlwollend gemeint) zeigt die in der → Rezeption häufig vorkommende krasse Unterscheidung von Mensch und Werk. Aber auch das Werk stieß auf Widersprüche. Mahler hob zwar die musikalische »Größe« und den »Reichtum der Erfindung« hervor, die »Zerstücktheit« hingegen irritierte ihn. Oder anders ausgedrückt: Mahler wandte sich gegen die → Form, die seinen Vorstellungen von Struktur und musikalischer Logik nicht entsprach.
Der Dirigent Bruno Walter erinnerte sich, daß während der Entstehungszeit der Zweiten Symphonie Mahlers dessen künstlerischer Bezug zu Bruckner wohl am stärksten war. Aus späterer Zeit sind eher distanzierte, ja ablehnende Äußerungen Mahlers überliefert. So schrieb er am 18. 8. 1906 aus Salzburg an seine Frau Alma (1879-1964) über die *Neunte*: »Dieses Werk ist der Gipfelpunkt des Unsinns.« Dennoch hat er sich (nach Alma Mahler) für die Drucklegung von Bruckner-Werken eingesetzt, indem er das Risiko auf das persönliche Konto in dem Verlag, der auch seine Werke betreute, übernahm.
Vergleichende Analysen haben in konkreten Fällen Parallelen bzw. Einflüsse aufgedeckt. So hob Rudolf Stephan formale Strukturen sowie Thema- und Klangvorstellungen in bezug auf die Kopfsätze von Mahlers Zweiter und Bruckners *Dritter* hervor; ebenso verweise Mahlers Schlußsatz der Neunten als »reich differenziertes großes symphonisches Adagio« auf den langsamen Satz von Bruckners *Neunter* zurück. Constantin Floros zeigte am dritten Satz von Mahlers Vierter formal und motivisch Bruckner-Elemente auf. Weiters bestehen Ähnlichkeiten zwischen Bruckners *Te Deum*, das Mahler besonders schätzte, und dessen eigenem Pfingsthymnus in der Achten Symphonie. In diesem autobiographisch-weltanschaulichen Kontext ist auch die Religiosität (→ Persönlichkeit) der beiden Komponisten zu diskutieren. Überdies wurden einige gemeinsame, aus der Tradition weiterentwickelte Satztypen und Charaktere – »Marsch«, »Choral«, »Hymnus«, »Ländler« – festgestellt (Floros).
Trotz mancher überzeugender Ähnlichkeiten existieren nicht zu überhörende Unterschiede im musikalischen »Ton«. Die Akzentuierung des gesungenen Wortes (Symphonie, Lied) fehlt in Bruckners symphonischer Auffassung. Auch die Idee einer räumlich gestaffelten Musik, stilistische Vielschichtigkeit, Aufgriffe von Trivialmusik, Montagetechniken und Verfremdungen zeigen Mahler in charakteristischer Distanz zu Bruckner. In gewisser Weise war es eine »Spiegelbild-Beziehung« (Silbermann), in der Bruckner und Mahler am Ende der Gattungstradition ihre symphonischen Monumentalkonzepte vorlegten. EWP

Lit.: Hans Ferdinand Redlich, Bruckner and Mahler. London 1963; Parks Grant, Bruckner and Mahler – The Fundamental Dissimilarity of Their Styles, in: The Music Review (1971); Ernst Hilmar, »Schade, aber es muß(te) sein«: Zu G. Mahlers Strichen und Retuschen insbesondere am Beispiel der V. Symphonie, in: Bruckner-Studien 1975; Constantin Floros, G. Mahler. 3 Bände. Wiesbaden 1977-1985; ders., Bruckner und Mahler. Gemeinsamkeiten und Unterschiede, in: Bruckner-Symposion 1981; ders., Von Mahlers Affinität zu Bruckner, in: Bruckner-Symposion 1986; Bruno Walter, Bruckner und Mahler, in: Rudolf Stephan, G. Mahler. Werk und Interpretation. Köln 1979; R. Stephan, Zum Thema »Bruckner und Mahler«, in: Bruckner-Jahrbuch 1981; Alphons Silbermann, Artikel »Bruckner«, in: ders., Lübbes Mahler Lexikon. Bergisch Gladbach 1986; Erich W. Partsch, Schubert, Bruckner, Mahler und die Frage nach einer »österreichischen Linie« in der Symphonik, in: Nachrichten zur Mahler-Forschung 31 (1994).

Männergesang-Verein »Sängerbund«
Am 28. 9. 1857 gründete Alois → Weinwurm, der kurz vorher als Chormeister des »Kränzchen« zurückgetreten war, den Männergesangverein »Sängerbund« in → Linz. Der Verein entwickelte bald eine rege Konzerttätigkeit und war

Alois Weinwurm

neben der → Liedertafel »Frohsinn«, mit der er auch oft gemeinsam auftrat, ein wesentlicher Faktor des Linzer Musiklebens. Daneben nahm der Verein auch an kirchlichen Aufführungen teil, wirkte bei Trauungen und Begräbnissen mit und veranstaltete Sängerfahrten, Narrenabende und Bälle. Die Proben fanden im Schoberhaus in der Rathausgasse statt. Von der Gründung an bis 1879 war Weinwurm Chormeister, ihm folgten Max Brava (1845-1883), Adalbert → Schreyer, August → Göllerich und Ignaz Gruber (1868-1937). 1909 fusionierte sich der »Sängerbund« mit der Liedertafel »Frohsinn« und nannte sich nun »Sängerbund Frohsinn«, der unter Göllerichs 25jähriger Leitung eine Blütezeit erlebte.
Bruckner vertrat manchmal Weinwurm aushilfsweise als Dirigent und wirkte als Klavierbegleiter in Konzerten des »Sängerbundes« mit. Er widmete diesem das Vokalquartett *»Du bist wie eine Blume«* (16. 12. 1861) sowie den Männerchor *Um Mitternacht* WAB 89 (11. 12. 1864), die jeweils beim alljährlichen Gründungsfest des Vereins uraufgeführt wurden. 1877 leitete Brava den »Sängerbund« bei der Uraufführung des Chores *Nachruf* anläßlich der Gedenktafelenthüllung für Josef → Seiberl in → St. Florian.

AH

Lit.: Bericht des Männergesang-Vereines »Sängerbund« in Linz über seine Thätigkeit, umfassend den Zeitraum vom 28. 9. 1857 bis 27. 9. 1882. Linz 1882; Göll.-A. 3/1, passim.

Männerquartette

bestehen aus vier Sängern verschiedener Stimmlagen (meist Tenor 1 und 2, Baß 1 und 2). Bruckner selbst wirkte in einem, dem → Florianer Quartett, mit. Solche Quartette mit Klavierbegleitung schrieben u. a. Joseph Haydn und Franz → Schubert. – Bruckner komponierte drei Werke für diese Gattung: *Der Abendhimmel* WAB 55, *Ständchen* und *Sternschnuppen*, von denen *Der Abendhimmel* später für Männerchor a cappella (WAB 56) umgearbeitet wurde. AH

Lit.: Göll.-A. 1, S. 228 f.

Marböck, Familie

Josef Marböck (auch Marboeck, 1807 ?-1874), verheiratet mit Marie, geb. Seeböck (1813-1895) lebte in den 1840er Jahren in → Ebelsberg bei → Linz, wo er als Pfleger im Rahmen der Patrimonialgerichtsbarkeit bei Baron Kast wirkte und im Hause auch regelmäßig musizierte. 1848 endete diese berufliche Tätigkeit, und Marböck kam als Distriktskommissär und Bezirksrichter nach → St. Florian. Er machte die Bekanntschaft mit Anton Bruckner, die sich bald in eine Freundschaft wandelte.
Bruckner erteilte den Marböck-Kindern Klavierunterricht und komponierte 1853-1855 für die erstgeborene Marie und deren Bruder Josef *Drei kleine Stücke* für Klavier zu vier Händen, die jeweils bei Familienfesten (Namenstag) von den Kindern vorgetragen wurden; sie lassen den Fortschritt der sichtlich begabten Kinder erkennen, zeigen aber auch das pädagogische Geschick ihres Lehrers Bruckner.
1859 übersiedelte die Familie nach → Melk, wo Josef Marböck sich stets für Bruckner eingesetzt hat. Marböck hatte fünf Kinder (die Geburtsjahre sind aus den Parten errechnet):
Marie (1846 – 5. 2. 1917) wohnte in Melk, Rathausplatz 12, und wurde die zweite Frau von Johann Bitermann Edlem von Mannsthal, k.k. Feldmarschall-Leutnant (1806 – 9. 6. 1899).
Josef Anton Wolfgang (1847 – 17. 10. 1929) war zunächst Gerichtsadjunkt in Schwechat, dann Gerichtsvorsteher in Ebreichsdorf; Ehrenbürger von Ebreichsdorf, Eberpassing und etlichen anderen Orten der Umgebung; Ehrenmitglied etlicher Vereine, Realitätenbesitzer. Er ging als Landesgerichtsrat in Pension. Es gibt keine Hinweise, ob er verheiratet war; sein vermutlich letzter Wohnsitz war Melk, da er im Trauerhause Nr. 108 (heute Rathausplatz 12) aufgebahrt wurde.
Anton Georg Camillo (1849 – 14. 10. 1923) war Privatier, Stadtgemeinderat und Kaufmann in Melk, Haus Nr. 102 (das Seeböckhaus mit der

»Brucknertafel«, heute Hauptstraße 12); es sind ebenfalls keine Hinweise vorhanden, ob er verheiratet war.
Mori(t)z Franz (1852 – 20. 1. 1922), verheiratet mit Emma, geb. Pichler, hatte einen Tabakverschleiß in Hieflau. Zwei Jahre vor seinem Tod völlige Erblindung; er starb in Melk, Roseggerstraße 243.
Cäcilia Crescentia (19. 1. 1857 – 29. 6. 1942) war nicht verheiratet und lebte als Private in Melk, Rathausplatz 12. – Moritz und Cäcilia haben Bruckner öfter in → Wien getroffen.
Die Unterlagen aus der Zeit der Freundschaft mit Bruckner gingen leider im Zuge der Ereignisse des Zweiten Weltkrieges verloren, da z. B. wegen Dachbodenräumungen im Melker Haus wertvolle Dokumente vernichtet wurden.
FRP

Lit.: Anny v. Newald-Grasse, Neue Bruckneriana, in: Wiener Zeitschrift für Musik 1 (1908); dies., Anekdotisches von Bruckner, in: Der Merker 6 (1915); Göll.-A. 2/1, S. 149-152; Max Auer, A. Bruckner. Sein Leben und Werk. Zürich-Wien 1932, S. 80 f.; Leopold Nowak, A. Bruckner. Musik und Leben. Wien 1964, S. 27; Frida Reingruber, »Randbemerkungen« zu A. Bruckners Klavierstücken für vier Hände. (Ein Gemälde, Marie und Josef Marböck im zarten Kindesalter darstellend), in: Bruckner-Jahrbuch 1987/88.

Mariazell

Stadt (seit 1948), in den steirischen Kalkalpen gelegen; bedeutendster Wallfahrtsort (seit Ende des 14. Jahrhunderts) Mitteleuropas, Gnadenbild aus dem 12. Jahrhundert. Um 1870: 1 200, 1995: 1 900 Einwohner.
Bruckner besuchte in Mariazell Laurencius Josephus Ritter (1868-1941), der 1879-1883 bei ihm Orgelspiel und Komposition am Konservatorium der → Gesellschaft der Musikfreunde in Wien studiert hatte und später Organist und Kapellmeister in Veszprém (Ungarn) wurde. Bruckner hat damals (das Jahr ist nicht bekannt) im Hause Ritter musiziert und gegenüber im Gasthof »Zu den drei Hasen« gewohnt. 1954 wurde im 1. Stock des Hauses Wiener Straße 16 eine Gedenktafel angebracht. Sicherlich hat Bruckner auch die Basilika besucht und dort vielleicht die Orgel gespielt. RG

Lit.: Albert P. Ritter, Anton Bruckner in Mariazell, in: IBG-Mitteilungsblatt Nr. 30, Juni 1988; Gruß aus Mariazell, Oktober 1988 u. a.; Die Geschichte der Musik der Kathedralkirche von Veszprém. Hrsg. Gabriel Adriany. München 1985 (ungarisch).

Marienbad (Mariánské Lázne)

Kurstadt in Westböhmen, seit 1818 Heilbad mit 40 Quellen und Moorbädern. Das Heilwasser –

Bruckner. Photographie von W. Jerie, Marienbad 1873 (IKO 7)

Mineralquellen, alkalisch-salinische und erdigalkalische Quellen sowie Eisenwässer – wird zu Trink- und zu Badekuren verwendet. Die noch junge Kurstadt wurde schnell ein gesellschaftlicher Nobel-Treffpunkt innerhalb der Monarchie. Um 1870: 1 600, 1995: 18 500 Einwohner.
Bruckner reiste im August 1873, von → Karlsbad kommend, nach Marienbad, wo er unter der Nummer 5 063 in der Kurliste eingetragen wurde und im »Weißen Rößl« (später »Zum schwarzen Roß«) wohnte. 1926 wurde dort eine Gedenktafel angebracht, das Haus mußte jedoch in den fünfziger Jahren abgerissen werden. Im Photo-Atelier am Kreuzberg, »nächst dem alten Badehause«, ließ Bruckner sich bei W. Jerie photographieren (IKO 7 und Nachtrag im 2. Band der → Ikonographie). Er vollendete in Marienbad am 31. 8. den 4. Satz seiner *Dritten Symphonie* und schrieb in seiner Freude und Ungeduld an Richard → Wagner nach → Bayreuth, ob er ihm die letzten Werke (*Zweite* und *Dritte Symphonie*) zeigen dürfe. Als dieser nicht

gleich antwortete, reiste Bruckner Anfang September kurz entschlossen nach Bayreuth. RG

Lit.: Göll.-A. 4/1, passim; Leoš Pernica, Stoleta symfonie. Unbezeichneter Zeitungsausschnitt (Anton Bruckner Institut Linz).

Marie Valerie, Erzherzogin von Österreich

Geb. 22. 4. 1868 in Ofen, Ungarn, gest. 6. 9. 1924 in Wallsee, Niederösterreich. Jüngste Tochter Kaiser → Franz Josephs I. und der Kaiserin Elisabeth.

Marie Valerie war zwar unmusikalisch, wurde aber durch ihre Cousine und beste Freundin, Herzogin → Amélie in Bayern, für Bruckner begeistert. Sie setzte sich beim Kaiser für den angeblich verarmten Meister ein und verschaffte ihm 1886 die Verleihung des Franz Joseph-Ordens und eine jährliche Zulage von 300 Gulden (→ Ehrungen). Als der Kaiser sich nach mehreren ähnlichen Versuchen unwillig zeigte, sammelte sie Geld für den Druck der *Achten Symphonie* Bruckners, der dann aber doch vom Kaiser finanziert wurde.

Die Kaisertochter setzte bei ihrer Hochzeit mit dem Habsburger Erzherzog Franz Salvator am 31. 7. 1890 in → Bad Ischl Bruckner als Organist durch. Der Meister wurde gebührend gewürdigt, auch den Hochzeitsgästen vorgestellt und zum Galaessen im engsten Kreis geladen. Außerdem erhielt er für sein Spiel 100 Golddukaten und eine lobende Anerkennung. Die erwartete Ordensauszeichnung jedoch blieb aus. Durch Valeries wachsende familiäre Inanspruchnahme als Mutter von neun Kindern fern von → Wien wurde ihr Engagement für Bruckner schwächer. Immerhin setzte sie sich 1895 offenbar auf Anregung ihres Beichtvaters, des Jesuitenpaters Heinrich → Abel, für den kranken Bruckner, der sein Gesuch von Anton → Meißner schreiben ließ, beim Kaiser ein, freilich nicht mehr direkt, sondern durch einen Brief ihrer Hofdame. So erhielt Bruckner im Kustodentrakt des Belvedere in Wien seine letzte, sehr geräumige → Wohnung, in der er im Jahr darauf starb. BH

Marinelli, Ernst (Ernest von)

Geb. 21. 8. 1824 in Innsbruck, gest. 25. 5. 1887 in Wien. Chorherr des Stiftes → St. Florian, begabter Prediger, Lyriker und Dramatiker. 1845 Eintritt ins Kloster, 1849 Primiz, 1850-1854 Kooperator an der Stiftskirche St. Florian. Seit 1854 Professor in mehreren österreichischen Militär-Bildungsanstalten, seit 1869 in → Wien. Der »reichbegabte, sprachkundige, musikverständige und hochgebildete Mann« verbrachte seine Ferienzeit oft im Stift.

Ein persönlicher Kontakt mit Bruckner als Volksschullehrer und Organist in St. Florian ergab sich ohne Zweifel – wenn auch darüber keine direkten Berichte vorliegen – durch sein Wirken als Stifts-Seelsorger und als Religionslehrer an der Volksschule des Marktes (1850, 1851) und ganz besonders durch sein Können als Dichter. Bruckner hat von keinem anderen Autor so viele Texte für Vokalwerke verwendet, die für feierlich-festliche Anlässe im Stift (WAB 60, 61), aber auch für profane Zwecke dienten (WAB 53, 62, 65, 85; vielleicht WAB 77, 138, 144). Zwei Gedichte wurden später (Linz 1861) nochmals vertont (WAB 2, 66), woraus auf eine Vorliebe Bruckners für diesen Autor zu schließen ist. FZ

Werke (gedruckt, in Auswahl): Cantate zur Namensfeier des Hochwürdigsten Herrn Michael Arneth. Linz 1852 (Text für WAB 61). – Weitere Dichtungen: Ein Christnachtstraum. Linz 1852, 2. Aufl. 1853; Des Sängers Pilgerfahrt. Wien 1855; Glockentöne zur Feier des 800jährigen Jubiläums des Collegiatstiftes der reg. lat. Chorherren in St. Florian. Wien 1871; Saul (Trauerspiel). Wien 1869; Gedenk-Blätter an die Feier des 800jährigen Jubiläums des reg. Chorherrenstiftes St. Florian. Wien 1872. – Umfangreicher handschriftlicher Nachlaß im Archiv des Stiftes St. Florian: Gedichte, Predigten, Reiseberichte, religiöse und germanistische Abhandlungen.

Lit.: Berthold Otto Cerník, Die Schriftsteller der noch bestehenden Augustiner-Chorherrenstifte Österreichs. Wien 1905, S. 127-133 (mit Biographie und Werkverzeichnis); ÖBL; Franz Zamazal, Bruckners Namenstag-Kantate für Propst Michael Arneth (1852), in: Bruckner-Jahrbuch 1989/90.

Marsch für Klavier in d-Moll (WAB deest)

Kompositionsübung, Marsch mit Trio
EZ: Frühjahr 1862 in → Linz
Autograph: → Kitzler-Studienbuch S. 37

Diese Übung hat keine Ähnlichkeit mit dem folgenden, im selben Jahr entstandenen *Marsch* WAB 96.

Lit.: Hawkshaw, The Manuscript Sources.

Marsch für Orchester in d-Moll (WAB 96)

2 Fl., 2 Ob., 2 Klar., 2 Fg.; 2 Hr., 2 Trp., 3 Pos., Pk.; Str.
»Marsch«, »Trio«, »Marsch da capo ...«
EZ: 1862, vollendet 12. 10. in → Linz
UA: 12. 10. 1924 in → Klosterneuburg (Philharmonie, Franz Moißl)
Autograph: → Kitzler-Studienbuch S. 251-265

Marsch in Es-Dur für Militärmusik. Erste Seite des Autographs

(Skizzen und Partitur); Abschrift: Musiksammlung der Wiener Stadt- und Landesbibliothek
ED: Göll.-A. 3/2, S. 29-32 (1930, Klavierauszug von Max → Auer)
AGA: Sonderdruck aus Band 11: »Vier Orchesterstücke«. Wien 1934 (Alfred → Orel), S. 1-5 (Vorlage: Abschrift)
NGA: Band XII/4 (Hans Jancik und Rüdiger Bornhöft, 1996) S. 1-10 und Revisionsbericht

Der *Marsch in d-Moll*, der erste selbständige Orchestersatz Bruckners, ist während seines abschließenden, über anderthalbjährigen Lehrgangs bei Otto → Kitzler als Instrumentationsübung entstanden (vgl. *Drei Orchesterstücke*). Dabei dürfte ein Aspekt der Formenlehre mitgespielt haben; der Satz erfüllt den Typus der potenzierten Bogenform mit einem Hauptteil in scherzoförmiger Anlage: A [A repetiert] B-A [B-A repetiert], gefolgt von einem zweiteiligen Trio, worauf wiederum der Hauptteil da capo zu spielen ist.
Mehr als die kurz danach folgenden *Drei Orchesterstücke* deutet der *Marsch* auf den späteren Bruckner hin. Der Komponist hat sogar, August → Göllerich zufolge, in bezug auf seine *Achte Symphonie* (T. 501-519 des Finale) auf diesen seinen »Jugendmarsch« (vgl. etwa hier T. 10-17) verwiesen. Das Trio trägt umgekehrt einen mehr biedermeierlichen Charakter.
Die von einem Linzer Theaterkopisten hergestellte Abschrift dieses Marsches für volles Orchester (im Gegensatz zum *Marsch* für Militärorchester WAB 116) bekam Cyrill → Hynais, ein Schüler Bruckners, zusammen mit weiteren abschriftlich vorliegenden Instrumentationsübungen zum Geschenk, wahrscheinlich als Bruckner anläßlich seiner Übersiedlung in die Belvedere-Wohnung 1895 seine Kompositionen sichtete. BM

Lit.: Hawkshaw, The Manuscript Sources; Bo Marschner, Zu den frühen Orchesterwerken A. Bruckners, in: Bruckner-Fest Würzburg 7.-10. 10. 1993. Programmbuch.

Marsch für Militärmusik in Es-Dur (WAB 116)

2 Fl., 4 Klar.; 2 Flügel-Hr., 3 Euphonien, 4 Hr., 6 Trp., 3 Pos., kl. und gr. Tr.; Trio in As-Dur
EZ: 12. 8. 1865 in → Linz vollendet

UA: vermutlich 1865 in Linz
Autograph: ÖNB-MS (dort auch Partitur-Abschrift von Franz Schimatschek, → Kopisten, mit Bruckners Namenszug)
ED: Göll.-A. 3/2, S. 225-233 (Faksimile) und S. 26 ff. (Klavierauszug von August → Stradal, 1930)
NGA: Band XII/8 (Rüdiger Bornhöft, 1996)

Der für die Militär-Kapelle der Jäger-Truppe in Linz komponierte Marsch – während der Arbeit an der *Ersten Symphonie* entstanden – ist die einzige Komposition Bruckners für Militärmusik (→ Bläsermusik). Vermutlich hat er zuvor den (ihm lange Zeit zugeschriebenen) → Apollo-Marsch von Béla Kéler (Adalbert von Keler) näher studiert, was zumindest die Übereinstimmung in der Besetzung nahelegt. Bruckners Komposition entspricht mit ihrer dreiteiligen Form, dem Bläsersatz, mit Dreiklangsmotivik, prägnanter Rhythmik und lyrischem Trio dem üblichen Marsch-Typus der Zeit. WS

Lit.: Wolfgang Suppan, A. Bruckner und das Blasorchester, in: Alta musica 8 (Bläserklang und Blasinstrumente im Schaffen Richard Wagners. Kongreßbericht Seggau 1983). Tutzing 1985, und (mit Ergänzungen) in: A. Bruckner. Studien zu Werk und Wirkung. Walter Wiora zum 30. 12. 1986. Hrsg. Christoph-Hellmut Mahling. Tutzing 1988; Rüdiger Bornhöft, Vorwort in NGA.

Marxsen, Eduard
Geb. 23. 7. 1806 in Nienstä(e)dten bei Altona (heute Hamburger Stadtteile), gest. 18. 11. 1887 in Altona; Pianist und Musiklehrer in → Hamburg. Studien bei seinem Vater und bei Johann Heinrich Clasing, 1830 in → Wien bei Ignaz von Seyfried und Karl Maria Bocklet. Klavier- und Kompositionslehrer von Johannes → Brahms. 1875 Titel »Königlicher Musikdirektor«. Komponist von Orchester-, Klavier- und Gesangswerken.
Der Hamburger Kritiker und Bruckner-Verehrer Wilhelm → Zinne legte Marxsen 1886, kurz nach der von beiden besuchten Erstaufführung der *Siebenten Symphonie* in der Hansestadt, die vom Dirigenten Julius von → Bernuth geliehene Partitur vor und war Zeuge der Begeisterung des fast 80jährigen. Marxsen sah in dieser Symphonie »nicht nur die größte der Neuzeit, sondern eine der hervorragendsten, die wir überhaupt besitzen«. Bruckner, von Zinne informiert, schickte Marxsen sein Bild und zeigte später einen Dankesbrief des »Lehrers von Brahms« stolz seinen Hörern an der → Universität. UH

Lit.: Göll.-A. 4/2, S. 414 f.; Briefe.

Sr. Königl. Hoheit dem Herzoge
Max Emanuel in Bayern
in tiefster Ehrfurcht
gewidmet.
Quintett
F-dur
für
2 Violinen, 2 Bratschen u. Violoncello
von
ANTON BRUCKNER.
Partitur.
WIEN, ALBERT J. GUTMANN.
Kaiserl. Königl. Hof- Musikalienhandlung.
K.K. Hofopernhaus.
Leipzig, Fr. Hofmeister.
Christiania, C. Warmuth.
M.S. 3268

Titelblatt des *Streichquintett*-Erstdrucks mit Widmung

Max(imilian) Emanuel, Herzog in Bayern
Geb. 7. 12. 1849 in München, gest. 12. 6. 1891 in Feldafing. Jüngstes Kind des Herzogs Maximilian in Bayern (1808-1888), Bruder der Kaiserin Elisabeth von Österreich (→ Kaiserhaus), heiratete am 20. 9. 1875 in Ebenthal bei Wien Amalie von Sachsen-Coburg-Gotha. Das Herzogspaar bewohnte in → München das Schlößchen Biederstein am Englischen Garten, den ehemaligen Witwensitz der Königin Karoline. Max Emanuel war Offizier, wurde 1884 Generalmajor, 1889 Generalleutnant und – selbst ein kühner Reiter – Kommandeur der herzoglich bayerischen Militärreitschule in München. Er war musikbegabt und hat 1881 im Münchner Verlag Schmid und Janke »2 kleine Klavierstücke« op. 1 sowie je »3 Lieder für mittlere Stimme mit Pianoforte« op. 2 und 3 veröffentlicht. Heiteren, sorglosen Charakters, war er seiner Wohltätigkeit und Hilfsbereitschaft wegen geschätzt.
Nach der Uraufführung des (gesamten) *Streichquintetts* durch das Winkler-Quartett in → Wien am 5. 4. 1884 riet Landgraf Vinzenz Egon zu Fürstenberg (1847-1896) Bruckner, das schon

1879 entstandene Werk Herzog Max Emanuel zu widmen. Beide hatten Bruckner des öfteren zu ihren nächtlichen alkoholischen Expeditionen in Wien – wo Landgraf Fürstenberg in der Himmelpfortgasse 13 eine Stadtwohnung besaß – eingeladen. Sie haben ihn aber auch bei der Herausgabe von Werken finanziell unterstützt. Ein Vorspiel des Adagio aus dem *Streichquintett* fand im Beisein des Herzogs durch das Winkler-Quintett in einer Seitennische hinter dem Hochaltar der Wiener Votivkirche statt. Nach Übersendung der mit Widmung versehenen gedruckten Partitur erhielt Bruckner im Auftrag des Herzogs eine Anstecknadel mit den herzoglichen Initialen und der Herzogkrone mit Brillanten sowie ein von Graf Ritterstein verfaßtes Dankschreiben vom 29. 10. 1884 (ungeklärt ist, ob dieser dem böhmischen Adelsgeschlecht der Boleslawsky Ritter von Ritterstein angehörte). Herzog Max Emanuel war anwesend, als Erzherzogin → Gisela, die Gemahlin des Prinzen Leopold von Bayern, Bruckner im August 1884 in München in Audienz empfing. RM

Lit.: Göll.-A. 4/2, S. 62, 160 ff.; Hermann von Witzleben – Ilka von Vignau, Die Herzöge in Bayern. München 1976, S. 295 ff.; Robert Münster, König Ludwig II. und die Musik. Rosenheim 1980, S. 98; Othmar Hackl, Die Bayerische Kriegsakademie (1867-1914). München 1989, S. 403.

Maximilian (Ferdinand Maximilian), Kaiser von Mexiko

Geb. 6. 7. 1832 in Wien, gest. (exekutiert) 19. 6. 1867 in Querétaro, Mexiko; jüngerer Bruder Kaiser → Franz Josephs I. Seit 1854 Oberkommandant der Marine. Unter seiner Ägide unternahm die Fregatte »Novara« ihre Weltumseglung (1857-1859). 1857 heiratete Erzherzog Maximilian die belgische Prinzessin Charlotte und wurde zum Gouverneur des lombardo-venezianischen Königreiches (Residenz: Mailand) ernannt. Nach dem Verlust der Lombardei 1859 zog sich das Paar auf Schloß Miramare bei Triest zurück. 1861 bot Napoleon III. Maximilian die Krone Mexikos an (die ihm von England angebotene Krone Griechenlands hatte er abgelehnt), die er 1864 unter Verzicht auf die Thronfolge in Österreich annahm. Mit einem Freiwilligenkorps und dem Segen von Papst Pius IX., was dem Unternehmen einen friedlichen Kreuzzugscharakter verlieh, landete er in Mexiko. Doch schon bei der Errichtung seiner Herrschaft stieß er auf heftigen Widerstand und mußte von den Waffen Gebrauch machen, wobei er auf die finanzielle Unterstützung Frankreichs angewiesen war. Als die USA nach den Sezessionskriegen 1865 gegen die europäische Intervention in Mexiko vorzugehen begannen, entzog Napoleon III. dem Kaiser die notwendige Hilfe, der daraufhin eine Demission in Erwägung zog, von seiner Frau jedoch daran gehindert wurde. Nach deren erfolglosen Versuchen, vom Papst und von Napoleon III. persönlich Unterstützung zu erhalten, verfiel sie in geistige Umnachtung. Der gegen die Franzosen kämpfende spätere Präsident von Mexiko, Porfirio Diaz (1830-1915), war wesentlich am Sturz des Kaisers beteiligt. Maximilian, der eine heimliche Flucht abgelehnt hatte, wurde am 15. 5. 1867 gefangengenommen, von einem Kriegsgericht zum Tod verurteilt und am 19. 6. 1867 mit zweien seiner Generäle in Querétaro erschossen. Sein Leichnam wurde mit der »Novara« nach Europa überführt und am 18. 1. 1868 in der Kapuzinergruft in → Wien beigesetzt.

In krassem Widerspruch zur politischen Lage und ohne Unterstützung im Land hatte das Kaiserpaar versucht, europäische Kultur zu »importieren« (u. a. Anlage von Schlössern, Gärten, Museen, Gründung einer Akademie der Wissenschaften und eines Kaiserlichen Theaters). Offenbar in diesem Zusammenhang dürfte Bruckner der Posten eines Hoforganisten am Kaiserhof in Mexiko angeboten worden sein. Mit Ausnahme einer Erwähnung bei Göllerich-Auer (3/1, S. 423 f.) und zweier Briefe Bruckners an seinen Freund Rudolf → Weinwurm (in

Maximilian I., Kaiser von Mexiko

denen er seine Auswanderungspläne erwähnt bzw., im zweiten Brief, seinen Wunsch, den aufgebahrten Leichnam Maximilians zu sehen) ist dieses Kapitel von Bruckners Biographie noch weitgehend ungeklärt und wurde zumeist in den Bereich romantischer Spekulation verwiesen oder, was den erwähnten Wunsch betraf, einer »nekrophilen« Neigung (→ Persönlichkeit) zugeschrieben. Neueren Quellen zufolge dürfte das Angebot an Bruckner (*und* Weinwurm!) jedoch sehr konkret gewesen sein: Die kunstsinnige und u. a. mit Franz Grillparzer und Adalbert Stifter befreundete, in → Linz seit 1848 einen bedeutenden »Salon« führende Emilie von Binzer war 1857 (auf Vermittlung Grillparzers) dem jungen Maximilian als Begutachterin seiner literarischen Versuche genannt worden, woraus sich eine enge Freundschaft entwickelte. Er suchte sie nicht nur vor seiner Abreise nach Mexiko in Linz auf, sondern schrieb ihr auch einen seiner letzten Briefe vor der Hinrichtung. Dieser enge Kontakt zwischen Linz und dem mexikanischen Kaiserhof scheint eine konkrete Empfehlung des damals schon berühmten Linzer Dom- und Stadtpfarrorganisten Bruckner für einen Posten in Mexiko durchaus plausibel zu machen. – Bruckner hatte alles, was über den unglücklichen Kaiser in Wien bekannt wurde, mit großem Interesse gelesen, besaß sogar eine Lebensbeschreibung Maximilians. Als er von der Erschießung und dem späteren Eintreffen der Leiche in Wien erfuhr, bemühte er sich intensiv, Näheres zu erfahren. RG/EM

Lit.: zeitgenössische Zeitungsberichte; Wilhelm v. Montlong, Authentische Enthüllungen über die letzten Ereignisse in Mexiko. Stuttgart 1868; Göll.-A. 3/1, S. 423 f., 4/1, S. 317, 4/2, S. 568, 4/3, S. 505; Die Habsburger. Ein biographisches Lexikon. Hrsg. Brigitte Hamann. Wien 1988, S. 372-375; Bruckner – skizziert, Nr. 68; Rudolf Lehr, Emilie von Binzer, in: Landeschronik Oberösterreich. Wien-München, Sonderausgabe 1992, S. 249.

Mayer, Friedrich (Theophil)

Geb. 4. 10. 1793 in Stockholm, gest. 29. 12. 1858 in Rom; Propst (1854-1858) des Stiftes → St. Florian. 1814 Eintritt in dieses Stift, wo er bis 1825 in der Pfarrseelsorge wirkte. Schon in seiner Funktion als Kanzleidirektor förderte er die Musik u. a. durch wöchentlich stattfindende Quartettabende. Seit 1848 Pfarrer in Wösendorf in der Wachau, von wo aus er einen regen Briefwechsel mit dem Stifts-Historiker Jodok → Stülz führte. Seit 1854 als Nachfolger Michael → Arneths Propst des Stiftes. Nach der großen Klostervisitation 1858 reiste Mayer zu Ge-

Friedrich Mayer

sprächen nach Rom, wo er verstarb und in der Klosterkirche der Augustiner-Chorherren von San Pietro in Vincoli beigesetzt wurde.
Es ist durchaus möglich, daß es Mayer als Beförderer »einer würdigen Kirchenmusik« war, der Bruckner 1845 als Lehrer von → Kronstorf nach St. Florian berief. Beim Festgottesdienst zu seiner Infulierung am 14. 9. 1854 wurde Bruckners für diesen Anlaß geschriebene *Missa solemnis* uraufgeführt, die Mayer bald danach auch gewidmet wurde, wie später *Amaranths Waldeslieder*, die Kantaten *»Auf, Brüder, auf! Und die Saiten zur Hand«* (1855 zum Namenstag) und *»Auf, Brüder, auf zur frohen Feier«* (1857 zum Namenstag) sowie vermutlich schon bald nach 1845 *Vergißmeinnicht* (3. Fassung). Nach seiner Übersiedlung nach → Linz 1855 wohnte Bruckner die erste Zeit im Florianer Haus (Landstraße 22, → Wohnungen), wo ihm Mayer eine Freiwohnung gewährte. KR

Quelle: Stiftsarchiv St. Florian. – Lit.: Göll.-A. 1-2, passim.

Mayfeld, (Friedrich) Moritz (Franz) Edler von

Geb. 1. 2. 1817 in Wien, gest. 31. 8. 1904 in Schwanenstadt, Bezirk Vöcklabruck. Staatsbeamter im Verwaltungsdienst in Wien (1840-1850), Linz (1850/51), Braunau am Inn (1851-1854), Ried im Innkreis (1854-1859), wieder in Linz (1859-1873), dann in Vöcklabruck (1873-1880); 1848 Mitglied der Frankfurter Nationalversammlung. 1880 Pensionierung als Statthaltereirat und Übersiedlung nach Schwanenstadt. Aus der Dienstbeschreibung: »vollkommene

Moritz und Betty von Mayfeld

Kenntniß der französischen, italienischen und englischen Sprache«, »vielseitig gebildet«. Adalbert Stifter an den Verleger Heckenast 16. 11. 1862: »Herr Moriz Maifeld [sic!], welcher seit Jahren zu meinen vorzugsweise geschä[t]zten Freunden gehört, ist nicht nur ein Kenner der Musik, und spielt in ungewöhnlich guter Art Clavier, sondern er hat sich auch schon öfter in Compositionen versucht.« Seit 9. 11. 1851 mit der Textilfabrikanten-Tochter Barbara (Betty) Edle von Jenny (geb. 15. 5. 1832 und gest. 13. 6. 1908 in Schwanenstadt), einer vorzüglichen Pianistin, verheiratet.
Bruckner besuchte in → Linz die Musikabende des Ehepaares Mayfeld, das ihm viel Verständnis entgegenbrachte und in tatkräftiger Freundschaft bis zum Tod verbunden blieb. Er zeigte sich in den vielen → Briefen, ergänzt durch Besuche u. a. in → Schwanenstadt, als anhänglicher Partner, gewährte Einblicke in die Höhen und Tiefen seines Privat- und Künstlerlebens. Mayfeld soll Bruckner auch zum Symphonie-Komponieren hingelenkt haben. FZ

Werke: Die Kompositionen Mayfelds, fast nur handschriftlich überliefert, umfassen vor allem Lieder und Balladen für Singstimme und Klavier, weiters Klavierstücke. Unter den schriftstellerischen Arbeiten befinden sich neben Reiseberichten (Wien 1882, 1894) Kunstrezensionen (u. a. Bericht über die Uraufführung von Bruckners *Messe in d-Moll* und dessen *Erster Symphonie*). Erwiesen ist, daß Mayfeld auch gemalt hat.

Lit.: Auer, Briefe; Göll.-A. 3/1 und 4/1-3, passim; Justus Schmidt, Linzer Kunstchronik 3. Linz 1952, S. 318; Bruckner – skizziert, S. 34.

Mäzene

Bruckners Lebensweg ist vom ständigen Bedürfnis nach Absicherung auch im finanziellen Bereich geprägt. Da es hier nicht möglich ist, alle seine direkten und indirekten Appelle an das Mäzenatentum zu behandeln, wird sich das Folgende im wesentlichen auf die sogenannten Consortien (vgl. auch → Consortium) beschränken, wobei auch die gesellschaftliche Struktur des Personenkreises der Bruckner-Mäzene ersichtlich werden wird.
»Wann si' do' für mi' a reiche Leut findat'n, die ma a jährliche Renten aussetzat'n« (Göll.-A. 4/3, S. 54). Dieser von Bruckners Schüler Max von → Oberleithner überlieferte Wunsch Bruckners (von 1889) steht am Beginn jener Aktivitäten, die ihn durch Finanzierung einer Jahresrente von der mühseligen und zeitraubenden Verpflichtung am Konservatorium der → Gesellschaft der Musikfreunde in Wien befreien sollten. Sie gingen von Oberleithner aus, der seinen Vater, den Textilindustriellen, Reichsratsabgeordneten und Komponisten Karl von Oberleithner (s. u.), zur Hilfestellung veranlaßte. Über dessen und Josef → Schalks Vermittlung aktivierte Carl → Almeroth 1890 einen Kreis von Steyrer Bruckner-Freunden, das von Bruckner dann so genannte »Oberösterreichische Consortium«. Dessen Mitglieder waren die Erben des Steyrer Waffenfabrikanten Josef Werndl (genannt wird einer seiner Söhne, Eduard), Graf und Gräfin Lamberg (s. die Materialien bei Scheder), der Steyrer Holzgroßhändler und Brotfabrikant Karl Reder, mit dem Bruckner in → Steyr und → Wien bereits Kontakt gehabt hatte, und Almeroth. Dieser Personenkreis – der zusammen 1 025 fl. aufbrachte – wurde durch Vermittlung von Viktor Boller (s. u.) und des Bruckner-Freundes Vinzenz Egon Landgrafen Fürstenberg (s. u.) um einige Aristokraten erweitert: Johann II. Fürst von und zu Liechtenstein, Fürst Hanau, Graf Waldstein (alle s. u.) und ein Graf Batthyány in England. Karl von Oberleithner, Hanau und Waldstein bildeten in der Diktion Bruckners das »Mährische Consortium«. Zu diesem kam etwas später das sogenannte »Wiener Consortium«, dem Boller, Fürstenberg, Liechtenstein, der Industrielle und Begründer der Böhlerwerke, Albert Böhler, wahrscheinlich auch seine Brüder Friedrich (beide s. u.) und Otto → Böhler, »Frau Böhler«, der Dermatologe Gustav Riehl (→ Ärzte) mit den Ärzten der Riedhof-Runde, sowie Friedrich → Eckstein angehörten. Die Einlagen dieser Personen sind zum Teil bekannt (Göll.-A. 4/3, S. 54-57, 125), der Aktenlauf bezüglich des Anteils Liechtensteins ist bei Scheder dokumentiert. So konnte Boller im Jänner 1891 die künftige finanzielle Sicherstellung Bruckners konstatieren und das von ihm verfaßte Pensionierungsgesuch bei der

Direktion der Gesellschaft der Musikfreunde eingereicht werden. Dazu kam noch die über Antrag von Bischof Franz Maria → Doppelbauer vom Oberösterreichischen Landtag am 30. 10. 1890 beschlossene jährliche Ehrengabe von 400 fl. (einem Bittgesuch Bruckners an den Landtag war 1874 nicht entsprochen worden).
Aus der großen Anzahl der sonstigen Förderer (teils Korporationen wie der → Wiener Akademische Wagner-Verein, teils Einzelpersonen – über Bruckners ambivalente Beziehungen zum Wiener Hof siehe → Kaiserhaus, → Franz Joseph I.) und Mäzene (eine klare begriffliche Abgrenzung ist nicht möglich) soll der Philosoph Anton Ritter von Ölzelt-Newin (s. u.) hervorgehoben werden. Er war Vorlesungsbesucher und Freund Bruckners, der 1877-1895 unentgeltlich in dessen Haus Wien I., Heßgasse 7 wohnte (→ Wohnungen).
Albert Böhler, geb. 28. 8. 1845 in Frankfurt/Main, gest. 18. 10. 1899 in Wien; Friedrich, geb. 1849 in Frankfurt/Main, gest. 3. 12. 1914 in Wien.
Viktor Boller, geb. 1853 in Wien, gest. 17. 8. 1904 in Mödling, Niederösterreich; 1878 Dr. jur. an der → Universität Wien, Oberlandesgerichtsrat. 1884-1894 Obmann des Wiener Akademischen Wagner-Vereins; die Bestellung Josef Schalks zu dessen künstlerischem Leiter war sein Verdienst.
Vinzenz Egon Landgraf Fürstenberg, geb. 31. 7. 1847 in Weitra, Niederösterreich, gest. 26. 12. 1896 in Enns, Oberösterreich; Mitglied der Tafelrunde im Restaurant »Gause« in Wien (→ Gasthäuser), Vermittler zum späteren Widmungsträger des *Streichquintetts*, → Max(imilian) Emanuel, Herzog in Bayern.
Fürst Hanau, wahrscheinlich Wilhelm Fürst von Hanau und zu Horowitz, geb. 19. 12. 1836 in Kassel, gest. 3. 6. 1902 in Horschowitz (Horsovice), Böhmen.
Johann II. Fürst von und zu Liechtenstein, geb. 5. 10. 1840 in Eisgrub (Lednice), Mähren, gest. 11. 2. 1929 in Feldsberg (Valtice), Mähren; ein hochbedeutender Mäzen auf dem Gebiet der Wissenschaften und Künste, der schon 1873 die Uraufführung der *Dritten Symphonie* finanziert hatte.
Karl von Oberleithner, geb. 2. 10. 1828 in Mährisch-Schönberg (Sumperk), Mähren, gest. 9. 10. 1898 in Arco, Trentino.
Anton Ölzelt Ritter von Newin, geb. 12. 1. 1854 und gest. 15. 2. 1925 in Wien; Sohn eines Bauunternehmers. Gemeinsam mit seiner Frau Amalie (Amy), geb. Edle von Wieser, → Widmungsträger der *Sechsten Symphonie*.
Graf Waldstein, vermutlich Albrecht Graf Waldstein, geb. 12. 11. 1832, gest. ?; Offizier und Komponist. HR

Lit.: Göll.-A., passim, bes. 4/3, S. 54-58, 125; Schlußbericht des Jubiläumsfonds-Projektes Nr. 3941 »Strukturen des bürgerlichen Musikmäzenatentums in Wien um 1900«. Erstellt am Institut für Musikgeschichte, Wien, unter der Leitung von Friedrich C. Heller und Manfred Permoser. Wien 1993, S. 110-115; Franz Scheder, A. Bruckner Chronologie. 2 Bände. Tutzing 1996, s. Registerband; gedruckte und ungedruckte biographische Materialien im Institut »Österreichisches Biographisches Lexikon und biographische Dokumentation« (ÖBL) der Österreichischen Akademie der Wissenschaften.

Mazurca (WAB deest)

Kompositionsübung für Klavier in a-Moll
EZ: zwischen 2. und 6. 1. 1862 in → Linz
Autograph: → Kitzler-Studienbuch S. 29

Lit.: Hawkshaw, The Manuscript Sources.

Mein Herz und deine Stimme (WAB 79) »Laß tief in dir mich lesen«

Lied für Singstimme und Klavier in A-Dur, »Etwas bewegt, innig, lieblich«
Text: August von Platen (→ Textdichter)
EZ: 1868 in → Linz
W: Pauline Hofmann (Schwester von Bruckners Klavierschülerin Helene Hofmann)
UA: ?
Autograph: verschollen
ED: Göll.-A. 3/2, S. 144-150 (1930)
NGA: Band XXIII/1 (in Vorbereitung)

Das Werk steht in der von Franz → Schubert ausgeprägten Tradition des romantischen Klavierliedes mit Eigenständigkeit von Singstimme und Klavierpart. Im »Ton« sind auch Einflüsse → Schumanns erkennbar. Die durchlaufende Triolenbewegung im Klavier schafft für die vier Strophen einen einheitlichen Hintergrund. Mottoartig von der ersten Strophe her entwickelt, reagiert die Singstimme in Gliederung und Verlauf differenziert auf den Text. AH/EWP

Lit.: Göll.-A. 3/1, S. 514; Walther Dürr, Das romantische Lied, in: Bruckner-Symposion 1987, hier S. 162-165.

Meißner, Anton

Geb. 15. 10. 1862 und gest. 22. 9. 1945 in Wien; Privatier, Hausbesitzer und Amateurmusiker, nur zeitweilige Dienstverhältnisse.
1876 wurde Meißner am Konservatorium der → Gesellschaft der Musikfreunde in Wien Schüler Bruckners. Während seiner Studienzeit

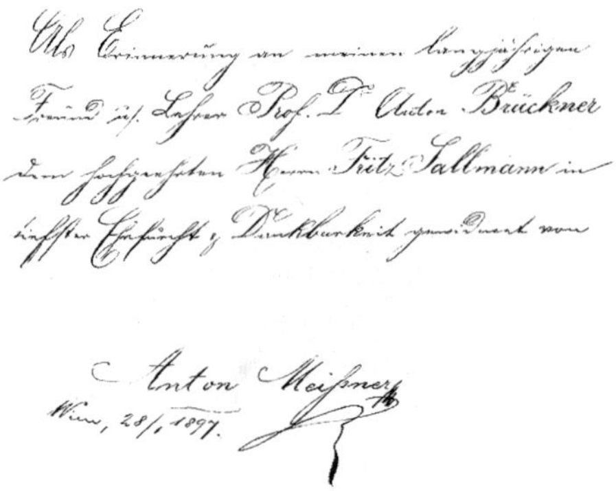

Handschrift Anton Meißners

ergaben sich Kontakte, die Meißner (auch: Meissner oder Meisner) Einblicke in die Lebens- und Arbeitswelt des Komponisten gewährten. Nach einer längeren Unterbrechung begegneten sie sich 1881 in der → Universität Wien wieder. Von da an setzte sich die Bekanntschaft fort. Anfang der neunziger Jahre veranlaßte Meißner Bruckner zu Orgelimprovisationen (→ Orgel) in der Wiener Kirche → St. Augustin, wo der Jesuitenpater Heinrich → Abel Männerpredigten hielt.

Die Beziehung vertiefte sich während Bruckners Krankheit: In dessen letzten Lebensjahren erwies sich Meißner als ein verläßlicher Freund und Helfer. Er erledigte Sekretärsarbeiten und betreute die letzten Kompositionsarbeiten mit, indem er etwa in den Partituren der *Achten* und *Neunten Symphonie* die Instrumente vorschrieb. Bruckners Wohnungswechsel in das Kustodenstöckl des Belvedere (→ Wohnungen) geht ebenfalls auf eine Initiative Meißners zurück: Das Gesuch des Komponisten an die Erzherzogin → Marie Valerie ist von Meißner geschrieben. Am Umzug 1895 war er maßgeblich beteiligt.

Für die Rezeption sind Meißners Erinnerungen (durch Viktor Keldorfer allerdings retuschiert veröffentlicht) von Bedeutung, die diverse Lebensgewohnheiten, aber auch Bruckners Einschätzungen zeitgenössischer Komponisten betreffen (→ Urteile). EWP

Lit.: Aus den Aufzeichnungen A. Meißners, in: Die Furche, Beilage »Die Warte« 2 (1946) Nr. 41, und in: Die Furche. Jahrbuch 1947; Erich Wolfgang Partsch, A. Meißner, der letzte »Sekretär« Bruckners, in: Bruckner-Jahrbuch 1984/85/86; Heinrich Salzer, Erinnerungen an A. Meißner. Nach den Erzählungen meines Vaters Josef Anton Salzer, ebenda.

Melk

Niederösterreichische Stadt an der Donau, am Beginn der Wachau gelegen. Altsiedlung seit der Römerzeit; urkundlich seit 831 erwähnt; Stadtrecht 1898. 1875: 1 664; 1991: 6 034 Einwohner. Außer etlichen alten Häusern im Stadtkern ist das Benediktinerstift von größter Bedeutung; Stiftsgründung schon zur Zeit der Babenberger. Im Spätbarock entstand die noch heute erhaltene Form. Der von Jakob Prandtauer geplante Bau ist nicht nur das größte Kloster Niederösterreichs, sondern auch eine der bedeutendsten Schöpfungen barocker Baukunst überhaupt.

Eine Verbindung Bruckners zu Melk ist durch eine Tafel am sogenannten Seeböckhaus, Hauptstraße 12, belegt; die Inschrift darauf lautet: »In diesem Hause weilte Anton Bruckner des öfteren als Gast 1875-1876«. Hier fand wohl die Freundschaft mit dem 1848-1859 in → St. Florian lebenden Bezirksrichter Josef → Marböck, der inzwischen in Melk seinen Wohnsitz hatte, eine Fortsetzung. Seine Frau Marie, geb. Seeböck, galt laut Grundbuch seit 1862 als Besitzerin des Hauses Rathausplatz 12 in Melk. Hier befindet sich auch das Gemälde, das die von Bruckner unterrichteten Marböck-Kinder Marie und Josef im zarten Kindesalter darstellt.

Bruckners Beziehung zum Stift wird durch das Vorhandensein einiger Kompositionen des Meisters in Erstausgaben bzw. frühen Drucken sowie dem Aufführungsverzeichnis, aus dem ersichtlich wird, wann und unter welcher Leitung diese Werke zum Vortrag kamen, bezeugt. Bruckners persönliche Anwesenheit im Stift ist nicht belegt, wird aber in Aufsätzen von Anny von Newald-Grasse erwähnt; demnach soll er »prachtvoll und stundenlang« auf der Stiftsorgel gespielt und auch noch in den achtziger Jahren »in seiner Verzückung über die schöne Akustik« beim → Orgelspiel in der Stiftskirche kein Ende gefunden haben. FRP

Lit.: Anny v. Newald-Grasse: Neue Brucknerianа, in: Wiener Zeitschrift für Musik 1 (1908); dies., Anekdotisches von Bruckner, in: Der Merker 6 (1915); Frida Reingruber, »Randbemerkungen« zu A. Bruckners Klavierstücken für vier Hände. (Ein Gemälde, Marie und Josef Marböck im zarten Kindesalter darstellend), in: Bruckner-Jahrbuch 1987/88; Robert N. Freeman, Bruckner and the Austrian Abbeys Revisited, ebenda.

Melodik

Wie im Text zu → »Motivik« formuliert, ergibt sich Bruckners Melodik aus einer modularartig zusammengesetzten Motivik, die über eine länger als zwei Takte währende Konstruktionsphase ausgeweitet ist, aber niemals auch nur in die Nähe der Wagnerschen »unendlichen« Melodie kommt. Bruckners Zugang zu dieser Art von Unendlichkeit findet sich in den Nebenstimmen in einer redundanten Wiederholung von → Tremoli, Akkordzerlegungen, Schleifen, Mikrointervallschritten etc., also in einer Art Gewebestruktur, die aber für sich niemals melodischen Charakter beansprucht, wenn auch – fast in einer Art Vorausnahme zu Arnold Schönberg – vertikale und horizontale Kongruenzen und Identifikationen in weit größerem Ausmaß vorkommen, als dies beispielsweise bei Richard → Wagner der Fall war.

Selbst Bruckners längstes thematisches Formgebilde, das 21 (oder 23, wenn man das Tremolo mitzählt) Takte währende thematische Modell des Kopfsatzes der *Siebenten Symphonie*, ist strenggenommen ein Konglomerat aus zwei substantiellen Motiven, deren Kombination zu Melodien und der bereits daraus resultierenden Abspaltungen, die aber phasentechnisch geschickt verborgen werden. Bruckners unverkennbarer Beitrag zur Melodiegeschichte (analog dem Bruckner- → Rhythmus in der Kombination von 2 und 3 zur Geschichte der Rhythmik) bezieht sich auf die Durchformulierung des Quint-Oktav-Sprunges zu einem themen-, ja im Fall des *Te Deum* sogar werkbildenden Faktor und auf die expressive Terzdurchschreitung, die als antipodisches Charakterelement in dieser ostinaten Prägung die zweite zentrale Bruckner-melodie darstellt. Daß beide substantielle Formulierungen in der Lebens- und Werkrekapitulation der *Neunten Symphonie* ihre auch räumlich ausgedehnteste Fassung erfuhren und werkzentral wurden, zeigt – ebenso wie im *Te Deum*, wo beide Melodiemodelle werkkonstitutiv wurden – Bruckners eigenhändige Einschätzung der Aufeinanderfolge. Vermutlich ist seine tradierte Äußerung über das *Te Deum* als Anschluß an die *Neunte Symphonie* auf eben diese Komplementarität der melodisch erfaßten Welten zurückzuführen, die tatsächlich so etwas wie einen Glaubenscharakter Bruckners an diese beiden und durch diese beiden Sprachmuster ahnen lassen.

Bruckner differenziert zumindest das Quint-Oktav-Modell nach mehreren Artikulationsmöglichkeiten: als Entwicklungsthema (Beginn *Dritte Symphonie*, *Siebente*, Hornstelle zu Beginn der *Neunten*, die Cello-Kontrabaß-Floskel im 2. Takt des Scherzo der *Dritten*, die Viola-Figur des »Et resurrexit« aus dem Credo der *Messe in f-Moll*, das Holzbläserthema des Scherzo der *Fünften Symphonie* und das Oboenmotiv aus dem Mittelteil des Scherzo der *Neunten*).

Das Quint-Oktav-Modell als Rufmelodie im Sinne Johann Philipp Kirnbergers schreibt Bruckner dem Agnus Dei der *Messe in d-Moll*, dem »suscipe«-Gedanken des Solobasses im Gloria dieser Messe, der Solo-Oboe im Thema des Adagio der *Fünften Symphonie* oder der Baßlinie des Hauptthemas der *Sechsten* zu. Im Sinne der Umspannung also eines alldurchdringenden Rufes organisiert Bruckner die Fuge »Alles, was Odem hat« aus dem *Psalm 150*, das Finale der *Fünften Symphonie* und verschiedene Anrufe aus der *Messe in d-Moll* (»Jesum Christum«, »Dominus Deus«, »Tu solus Sanctus«). Aus einer Kombination der bisher genannten Zuordnungen formuliert der Komponist das »ex Maria virgine« im Credo der *Messe in f-Moll*.

Schon an dieser Stelle wird der Majestätscharakter des Gedankens sichtbar, der seine zentrale Umsetzung im Hauptthema von Bruckners *Te Deum* erfuhr. Die wiederholte Multiplikation einer Motiv-Idee setzt sich einerseits als Vor-Tonart-Determination fest, andererseits als Öffnung in einen zukunftsträchtigen meditativen Raum (ähnlich dem tibetanischen Mantra »Om mani padme hum«). Diese Majestätssymbolik durchzieht die *Messe in f-Moll* in der Wiederholung des »Gratias« im Gloria und »Rex caelestis« und im Themenkopf der »In Gloria«-Fuge, in den Verfahren des »Et iterum« aus dem Credo, in der Erwartung der Auferstehung, im »Dominus Deus sabaoth« aus dem Sanctus, im »Hosanna« und im »Dona nobis« des Agnus.

Majestät mit Variante Aggressivität formuliert Bruckner in den »Iudicare«-Vertonungen des Credo, in der Verbildlichung des Donners im *Deutschen Lied* und in *Helgoland*, im Schlußsatz der *Ersten Symphonie* von 1866 (Umschreibung »Das kecke Beserl«), im Hauptthema des Finale der *Fünften*, im Thema des Scherzo der *Siebenten*, das dann auch als Ausformung im Finale benutzt wird.

Aus diesem Majestäts- bzw. Bestätigungscharakter des Quint-Oktav-Sprunges folgt auch seine Verwendung als Interpunktionszeichnung, das inhaltlich Lebensende signalisiert, formal das Ende eines Musikstückes andeutet: im »Amen« der *Messe in e-Moll*, in allen Schlußtakten der einzelnen Teile dieser Messe außer dem Benedictus, in der Baßführung des »Halleluja« im *Psalm 150*, in den Schlüssen der *Dritten*, *Sechsten* und *Neunten Symphonie* und –

eher versteckt – innerhalb der Symbiose aller Themen in der *Vierten, Fünften, Siebenten* und *Achten Symphonie*.
Die expressive Terzdurchschreitung, die als Terzenmelodik schon bei → Mozart eine nicht unerhebliche Rolle gespielt hatte, hat Bruckner wie die Grundlage des Quint-Oktav-Sprunges für die Majestätsdarstellung des *Te Deum* im »Non confundar«-Motiv ein für allemal als Hoffnungstypus festgelegt. Dieser Hoffnungstypus ist der eklatante Gegensatz zu Wagners »Tristan«-Seufzer, weil er zwar die gleiche Sehnsucht artikuliert, sie aber nicht wie Wagner unerfüllt, sondern im Erreichen einer neuen Grundstufe als Tonika ihre Erfüllung finden läßt. Daß Bruckner damit den Himmel meint, ist nicht nur aus dem *Te Deum* abzulesen, sondern auch aus der Textstelle »zum Himmel geschickt« in *Helgoland*. Es ist das Credo der Brucknerschen Arbeitsweise »Omnia ad maiorem Dei gloriam« (→ O. A. M. D. G.), die Hoffnung auf die Güte Gottes im »Miserere« der *Messe in f-Moll*, das »Mysterium Crucis« aus dem *Vexilla regis*, die Anbetung des Sanctus der *Messe in d-Moll*, die sprachliche Gestalt des Christus-Motivs im Kyrie der *Messe in f-Moll*, das Signet der Gottesmutter aus dem *Ave Maria* WAB 6, das »Himmlische Jerusalem« aus dem *Tota pulchra es* und die Sprachfigur der *Trösterin Musik* aus dem gleichnamigen Lied. Analog zu diesen Textstellen laufen Trio und Finale der *Achten*, Finale der *Ersten Symphonie* und das Trio des *Streichquintetts* ab. Auch das »Patrem immensae maiestatis« aus dem *Te Deum* widerspricht nicht dieser Auslegung. Es ist einerseits die Kompression des weitgespannten Quint-Oktav-Raumes zur Enge der kleinen Terz, motiviert aus einer nicht mehr vorstellbaren Steigerung zur Macht, und andererseits die Relation des Gebetes zum Vater, dem Endadressaten jedweder Hoffnung.
Und noch etwas belegt diese These: In keinem Werk Bruckners wird diese Melodieformel zur Groteske umgeformt, während – wie das Beispiel des dritten Themas der *Siebenten Symphonie* im ersten Satz eindeutig klarmacht – das Quint-Oktav-Motiv durch den jambischen Grundrhythmus und die Verfremdung der gewöhnlich forte auftretenden Wendung im Pianissimo eine für uns unheimliche Wirkung erhält. MW

Lit.: Manfred Wagner, Die Melodien A. Bruckners in systematischer Ordnung. Ein Beitrag zur Melodiegeschichte des 19. Jahrhunderts. 3 Bände. Mschr. Diss. Wien 1970; Paul-Gilbert Langevin, A. Bruckner (1824-1896). Perspective esthétique et étude analytique en relation avec les éditions critiques. Diss. Paris 1974; David Buhler, Development in the First Movements of Bruckner's Symphonies. Diss. New York 1975; Constantin Floros, Brahms und Bruckner. Studien zur musikalischen Exegetik. Wiesbaden 1980; ders., Bruckner und Mahler. Gemeinsamkeiten und Unterschiede, in: Bruckner-Symposion 1981; Rudolf Stephan, Zum Thema Bruckner und Mahler, ebenda; Winfried Kirsch, A. Bruckners Symphonik und die Krise der »Schönen Melodie«, in: Bruckner-Symposion Leipzig 1987; Paul Hawkshaw, A. Bruckner's Approach to the Symphony. A Study in Compositional Pedagogy and Procedure. New York o. J.

Mendelssohn Bartholdy, (Jakob Ludwig) Felix

Die Frage nach Anton Bruckners Auseinandersetzung mit musikalischem Fremdgut (→ Tradition), insbesondere mit dem Schaffen von Felix Mendelssohn Bartholdy (1809-1847), hat die Forschung auffallend lange unbeschäftigt gelassen. Im einzelnen wurde der Mendelssohn-Einfluß meist ohne nähere Erklärung, worin er bestehe, bei Bruckners Psalm-Vertonungen, in der Regel mit dem Hinweis auf die Leistungen Mendelssohns als Erneuerer der Psalm-Motette, angegeben. In den Männerchören glaubte man ebenfalls in gewissen Wendungen Mendelssohns Einfluß zu bemerken (weltliche → Chormusik). Mitteilungen von Zeitgenossen und Schülern lassen jedoch erkennen, daß Bruckners Beschäftigung mit Mendelssohns Orgelwerken intensiv gewesen sein muß. Eine nachweisbare Kenntnis von Werken Mendelssohns darf für Bruckner gegeben erscheinen bei Kompositionen, die er selbst brieflich als ihm vertraut erwähnt, die er als ausübendes Mitglied (2. Tenor) der Linzer → Liedertafel »Frohsinn« (Ende März 1856 bis 2. 9. 1858) gesungen und als deren Chormeister (1860/61 und 1868) einstudiert hat. Das gleiche gilt für jene Werke, die in den Vereinsversammlungen der genannten Zeiträume von Gesangssolisten, Instrumentalisten oder Orchestern als Einlagestücke dargeboten wurden, und für solche, die ihm als Lehrstoff bei der Erteilung von Klavierunterricht dienten. Inwieweit er seine Tätigkeit als 2. Archivar der Liedertafel »Frohsinn« (31. 10. 1856 bis 6. 11. 1857) zu Repertoirestudien genützt hat, entzieht sich jedoch der Kenntnis. Außer diesen Feststellungen lassen sich folgende Werke Mendelssohns als Bruckner sicher bzw. wahrscheinlich bekannt feststellen: Drei dramatische Werke, eine Reihe von a cappella-Kompositionen, etliche Vokalmusik mit instrumentaler Begleitung, drei Oratorien und weltliche Kantaten, zahlreiche Lieder und Duette mit Klavier- oder Orchesterbegleitung.

An Orchesterwerken gehören hierher zwei Symphonien, einige Konzert-Ouvertüren, etliche Klavierwerke, insbesondere die »Lieder ohne Worte« (→ *4 Fantasien*) und die Orgelsonaten.
OW

Lit.: Othmar Wessely, Bruckners Mendelssohn-Kenntnis, in: Bruckner-Studien. Wien 1975.

Menuett in C-Dur (WAB deest)
Kompositionsübung für Klavier
EZ: zwischen 2. und 6. 1. 1862 in → Linz
Autograph: → Kitzler-Studienbuch S. 30

Lit.: Hawkshaw, The Manuscript Sources.

Menuett mit Trio in G-Dur (WAB deest)
Kompositionsübung für Klavier
EZ: kurz nach dem 6. 1. 1862 in → Linz
Autograph: → Kitzler-Studienbuch S. 35 (Datierung S. 31)

Lit.: Hawkshaw, The Manuscript Sources.

Messen
Messe, lat. Missa (umgangssprachliche Nebenform von Missio = Sendung): Bezeichnung für die Liturgie (nach deren Schlußworten »Ite, missa est«) der römisch-katholischen Kirche. Das Wort wird als »pars pro toto« seit dem 4. Jahrhundert für den ganzen Gottesdienst gebraucht. Als Messe im engeren Sinn wird jedoch zumeist nur das Ordinarium (die feststehenden Teile Kyrie, Gloria, Credo, Sanctus, Benedictus, Agnus Dei) verstanden. Eine Sonderform bildet die »Missa pro defunctis«, die Messe für die Verstorbenen, die nach ihrem Anfangswort »Requiem« genannt wird.
Bruckner hat den Meßzyklus bzw. einzelne Teile daraus mehrmals vertont, sowohl deren Ordinarium als auch Sätze aus dem Proprium, den jeweils nach dem liturgischen Anlaß wechseln den Teilen (z. B. Gradualien, Offertorien etc.). Die als »Messe« oder »Missa« bezeichneten Werke sind im folgenden nach ihren WAB-Nummern gereiht.

Chronologie der Ordinariumsvertonungen Bruckners
1842/43 *Messe in C-Dur* (»Windhaager Messe«, WAB 25)
1843/45 *Missa pro Quadragesima in g-Moll* (WAB 140, Fragment)
1844 *Messe ohne Gloria* (»Kronstorfer Messe«, WAB 146); *Messe für den Gründonnerstag in F-Dur* (*Christus factus est* WAB 9; Mischung aus Ordinariums- und Propriumssätzen)
1845 → *Kyrie und Gloria* (WAB deest, verschollen)
um 1845 → *Requiem* (WAB 133, verschollen)
um 1846 *Messe in Es-Dur* (WAB 139, nur Kyrie, Fragment)
1849 → *Requiem in d-Moll* (WAB 39)
1854 *Missa solemnis in b-Moll* (WAB 29)
1864 *Messe in d-Moll* (WAB 26)
1866 *Messe in e-Moll* (WAB 27)
1867/68 *Messe in f-Moll* (WAB 28)
1875 → *Requiem in d-Moll* (WAB 141, Fragment, nur Skizze vom Beginn). EM

Messe für den Gründonnerstag in F-Dur (Christus factus est WAB 9)
Vierstimmiger gemischter Chor a cappella
Graduale »Christus factus est pro nobis«; Credo; Offertorium »Dextera Domini fecit virtutem«; Sanctus; Benedictus; Agnus Dei (alle Teile ohne Tempobezeichnung)
EZ: 1844, vielleicht in → Kronstorf
W: A. M. D. G. (»Ad maiorem Dei gloriam«, → O. A. M. D. G.)
UA: ?
Autograph: Stadtarchiv → Wels (Stimmen; früher im Besitz von Josef → Seiberl)
ED: Göll.-A. 1, S. 258-274 (Partitur der ganzen Messe, 1923); Augsburg-Wien, Anton Böhm & Sohn 1931 (A. M. Müller, nur *Christus factus est*)
NGA: Band XXI (Hans Bauernfeind und Leopold → Nowak, 1984) und Revisionsbericht

In dieser Messe mit der Überschrift »In coena Domini« (»Zum [letzten] Abendmahl des Herrn«), auch »Choral-Messe« oder – wegen des Fehlens der ersten beiden Ordinariumsteile – »Messe ohne Kyrie und Gloria« genannt, die den bescheidenen Aufführungsmöglichkeiten des vorgesehenen Uraufführungsortes Kronstorf und der liturgischen Zeit (Fastenzeit) Rechnung trägt, sind Ordinariums- (Credo, Sanctus, Benedictus, Agnus Dei) und Propriumsteile (Graduale, Offertorium) aneinandergereiht. Bruckner hat sich in der Zeit seiner Studien bei Leopold von → Zenetti mehrfach an die Vertonung des Meßzyklus herangewagt. Einige dieser Versuche scheinen nicht mehr erhalten zu sein, wie seine Notiz oberhalb des »A. M. D. G.«: »auch ein fug[iertes] Kyr[ie] u[nd] Glor[ia] [1]845 comp[oniert]« beweist. Das Sanctus der vorliegenden Messe hat Bruckner mit geringen Änderungen aus der »Kronstorfer« *Messe ohne Gloria in d-Moll* entnommen.

Der Satz dieser dem Typus der »Landmesse« zuzurechnenden Komposition ist überwiegend homophon, doch weisen kleine imitatorische Einsätze (z. B. Graduale: T. 1 f., 5 f., 20 f., 28 f.; Offertorium: T. 21/22) schon auf die bei Zenetti erworbenen Kenntnisse hin, ebenso die ersten Ansätze einer Textausdeutung, z. B. Kadenzwendung in Terzparallelen identisch bei »crucis« im Graduale, T. 18 f., und bei »Christum« im Credo, T. 22 f., melodische Akzentuierung von »omne nomen« im Graduale, T. 30 f., und von »nomine Domini« im Benedictus, T. 21 ff., etc. Sehr persönliche Töne schlägt Bruckner im expressiven, ernsten Agnus Dei an. Insgesamt dominiert aber der von der Wiener Klassik (→ Tradition) geprägte kirchliche Gebrauchsstil; besonders charakteristisch ist hierfür das tänzerisch beschwingte Benedictus.

Als Bruckner in Kronstorf die erste Probe zu dieser Messe ansetzte, sollen laut Göllerich-Auer aus Angst vor eventuellen Schwierigkeiten (in Erinnerung an Bruckners *Libera* WAB 21) überhaupt keine Sänger erschienen sein, was der Komponist in späterer Zeit als »a Voranzeig' späterer Erfahrungen« kommentierte. EM

Lit.: Göll.-A. 1, S. 255-276; Friedrich Rein, A. Bruckners Jugendmesse in F-Dur (sog. Choral-Messe), in: Organon 5 (1928).

Messe in C-Dur (»Windhaager Messe«, WAB 25)

Altstimme (»Alto concerto«), 2 Hr. und Orgel
Kyrie; Gloria; Credo; Sanctus; Benedictus; Agnus Dei (alle Teile ohne Tempobezeichnung)
EZ: um 1842 in → Windhaag
W: Anna → Jobst (?)
UA: ?
Autograph: Stadtarchiv → Wels (Stimmen)
ED: Göll.-A. 1, S. 173-189 (Partitur, 1922)
NGA: Band XXI (Hans Bauernfeind und Leopold → Nowak, 1984) und Revisionsbericht

Lange Zeit nahm man an, Bruckner habe diese Messe der von ihm verehrten Maria → Jobst (1814-1891), einer allerdings schon seit 1838 verheirateten Bäckerstochter aus Windhaag, gewidmet. Wie bereits A. Kellner (s. Lit.) richtigstellte, handelte es sich bei der (nicht schriftlich fixierten) Widmungsträgerin jedoch in Wahrheit um Kellners Großmutter, Marias jüngere Schwester Anna (1818-1887), die Bruckner zur Komposition anregte.

Diese sehr einfache Vertonung des Meßordinariums, bei dem, entsprechend dem Typus der »Landmesse«, einzelne Textpassagen in den textreichen Sätzen (Gloria, Credo) ausgelassen sind, ist ganz auf ein Zur-Geltung-Bringen der Altstimme zugeschnitten; der vorherrschende Grundcharakter ist der einer schlichten Feierlichkeit. Bruckner zeigt sich zwar in der lateinischen Deklamation noch nicht ganz sattelfest, kann jedoch schon einige traditionelle, offensichtlich im Studium bei Johann August → Dürrnberger in → Linz erworbene Stilmittel einbringen: Abgesehen von einer recht geschickten, sich aber noch keineswegs von ähnlichen Werken anderer komponierender Lehrer unterscheidenden → Satztechnik zitiert Bruckner auch schon einige traditionelle Topoi – die gregorianische Intonation im Credo (Anfang und Ende), ein Unisono bei »crucifixus« und »resurrexit« – und verwendet aus der Klassik entlehnte melodische Wendungen (Gloria: »quoniam tu solus Sanctus«, Benedictus: »in nomine Domini«) usw. EM

Lit.: Altman Kellner, Musikgeschichte des Stiftes Kremsmünster. Kassel-Basel 1956, S. 788; Franz Zamazal, Neues zu Bruckners Aufenthalt in Windhaag, in: Bruckner-Symposion 1992, hier S. 70 f.

Messe in d-Moll (WAB 26)

Soli, vierstimmiger gemischter Chor, Orchester (2 Fl., 2 Ob., 2 Klar., 2 Fg.; 2 Hr., 2 Trp., 3 Pos., Pk.; Str.) und Orgel
Kyrie: »Alla breve (mehr langsam)«; Gloria: »Allegro«; Credo: »Moderato«; Sanctus: »Maestoso«; Benedictus: »Moderato«, Agnus Dei: »Andante quasi Allegretto«.
EZ: Mai/Juni 1864 – 29. 9. 1864; »verbessert« Sommer 1876, »neu verbessert« 1881/82
W: (am Beginn des Gloria, vermutlich anläßlich einer der Revisionen: »Für die k.k. Hofkapelle«)
UA: 20. 11. 1864 in → Linz (→ Alter Dom; Bruckner)
Autograph: ÖNB-MS (Partitur und Skizze der Orgelstimme), Stift → Kremsmünster (Partiturskizzen, u. a. zusammen mit Skizze des Hauptthemas der *Siebenten Symphonie*)
ED: Innsbruck, Johann Gross (S. A. Reiss) 1892
NGA: Band XVI (Leopold → Nowak, 1957)

Nach Abschluß seiner Studien bei Otto → Kitzler und durch das Erlebnis der musikalischen Moderne, die ihm auch Ignaz → Dorn vermittelte, insbesondere aber durch die Werke Richard → Wagners, fühlte sich Bruckner nach eigenen Angaben wie »ein Kettenhund, der sich von seiner Kette losgerissen hat«; für ihn begann nun die

»Kompositionszeit«. In rascher Folge entstanden große Werke: Nimmt der *Psalm 112* am Abschluß der Studien stilistisch noch eine Übergangsstellung ein, so schlägt Bruckner im *Germanenzug* (der ihn bis zum Herbst 1863 beschäftigte) und vor allem in der *Messe in d-Moll* erstmals eine ganz persönliche Musiksprache an. Besonders die Messe zeigt deutlich, wie sehr er einerseits in der → Tradition der großen Orchestermessen → Beethovens und → Schuberts wurzelt, andererseits ist es gerade dieses Werk, in dem schon keimhaft die Entwicklung in die Zukunft, hin zum Symphoniker, angelegt ist.
Am 4. 6. 1864 berichtete die »Linzer Zeitung« über des Domorganisten Bruckners Arbeit an »einer Messe, welche noch im Laufe dieses Sommers in [→ Bad] Ischl zur Aufführung gelangen soll«. Obwohl Bruckner das Werk in der erstaunlich kurzen Zeit von vier Monaten vollenden konnte, war es zu spät für die am Geburtstag → Franz Josephs I. (18. 8.) geplante Aufführung. Bei der Uraufführung in Linz erntete das Werk dann einen großen Erfolg.
In einer pädagogisch beispielhaften Serie von fünf (anonym veröffentlichten) Artikeln in der »Linzer Zeitung« zeigte Bruckners Gönner Moritz von → Mayfeld die Stellung auf, die Bruckners Werk innerhalb der Geschichte der → Kirchenmusik einnahm: »Die Bewegung und Aufregung, die Herrn Bruckners Erstlingswerk, die Messe in D, in der musikalischen Welt hervorrief, rechtfertigen wohl hinlänglich, daß wir uns in eine ausführlichere Besprechung derselben einlassen ...« Interessant hierbei ist die durchaus kritische Haltung Mayfelds gegenüber Wagner, der ihm, was die orchesterbegleitete Kirchenmusik betrifft, eine zu puristische Haltung einnahm. Den letzten Artikel beginnt Mayfeld mit der lapidaren Feststellung: »Herr Bruckner hat nicht nur mit großer Meisterschaft die höchsten Aufgaben der Tonkunst gelöst, sondern auch, und zwar namentlich seine Begabung für den höheren Styl, die Symfonie bewiesen« – damit die spezifische Begabung Bruckners erkennend (der, nach Göll.-A. 3/1, S. 170, später selbst bestätigte: »In's Symphonische hat mi der Mayfeld eini 'trieb'n!«). In seiner Kritik der *Messe in d-Moll* selbst zeigt Mayfeld persönliche Vorlieben (»Das Credo ... steigert sich im judicare ... zur überwältigenden Kraft. Es ist dies die hervorragendste Stelle der Messe ...«) und regt zu Korrekturen an (»Von schöner musikalischer Wirkung ist auch das et resurrexit, wofür wir jedoch eine andere Auffassung gewünscht hätten ... glauben wir doch nicht Unrecht zu thun, wenn wir sagen, daß es den Eindruck macht, als ob jemand mühsam sich erheben würde«), berichtet abschließend über die Widmung eines Lorbeerkranzes mit einem Huldigungsgedicht (»Von der Gottheit einstens ausgegangen ...«) aus seiner Feder an Bruckner und schließt mit dem Wunsch: »Möge Herr Bruckner hierdurch zu fernerem Streben angeeifert werden!«
Dieser schrieb am 26. 12. 1864 seinem Freund Rudolf → Weinwurm nach → Wien: »Meine Messe wurde am 20. November im Dom und am 18. Dezember als Concert spirituel im Redoutensaal aufgeführt durch Veranstaltung mehrerer Musikfreunde. Daß letzteres so außerordentlich besucht, ja überfüllt war, sei Dir als Beweis, wie sie in der Kirche angesprochen hat, was mich umsomehr wundert, da die Composition sehr ernst und sehr frei gehalten ist.« In Wien gelangte die Messe erstmals am 10. 2. 1867 in der → Hofburgkapelle unter Johann → Herbeck vor die musikalische Öffentlichkeit und hatte so großen Erfolg, daß Bruckner den Auftrag zur *Messe in f-Moll* erhielt.
»Sehr ernst und sehr frei«: Das charakterisiert auch die Musiksprache von Bruckners Messe, in der Tradition und Moderne eine glückliche Verbindung eingehen, in der historische Elemente (z. B. plagaler Themenduktus und Seufzervorhalte sowie Chromatik im »Kyrie«; das »Christe« als Umkehrung des Themas, gleichsam »von oben« herniedersteigend, umspielt von Streicherfiguren; das zweite »Kyrie« in seiner Dringlichkeit gesteigert durch erweiterten Ambitus) neben moderner Expressivität stehen (so nimmt das »sehnsüchtige« Kyrie-Thema geradezu Anklänge an den »Tristan« vorweg). – Nicht nur glückliche Amalgamierung von Tradition und Moderne, sondern auch eine meisterliche Ökonomie der Gestaltung aus einer thematischen Keimzelle kennzeichnen diese Messe: So korrespondiert etwa das aufsteigende »Et in terra pax hominibus« am Beginn des Gloria mit dem (absteigenden) Chorunisono am Schluß des zweiten »Kyrie« ebenso wie mit der mehr als zwei Oktaven umfassenden Skala zu Beginn des Agnus Dei. – Ganz persönlich gestaltet ist das Credo: Während der Chor lange Strecken in machtvollem Unisono geführt wird und der Hauptakzent auf der deutlichen Rezitation des Textes liegt, spielt das Orchester einen völlig eigenständigen, »symphonischen« (Mayfeld!) Satz. Erst im »Et incarnatus est« tritt das Orche-

ster wieder in seine begleitende Rolle zurück, während die Gesangssolisten in durchsichtiger Polyphonie geführt werden. Das für Mayfeld als etwas zu mühsam sich erhebende »Et resurrexit« ist in Wahrheit eine (vom biblischen Text her legitime) eindrucksvolle, sehr naturalistische, mit einem Paukenwirbel beginnende Schilderung eines Erdbebens, so wie überhaupt der Kontakt mit Otto Kitzler auch (im besten Sinn) »theatralische« Elemente in das Werk eingebracht hat. – Von stärkster Wirkung ist der Beginn des Sanctus, das im *p* des Chorunisonos beginnt und erst beim Wort »Dominus« (das noch dazu als Oktavabsturz komponiert ist!) ein *ff* erreicht. Intensive theologische Reflexion dürfte die manchmal erstaunliche Textbehandlung verursacht haben: So ist in der Phrase »gloria tua« nicht etwa »gloria« hervorgehoben, sondern »tua«: mit einem über vier Takte sich erstreckenden Halteton des Soprans. – Das Benedictus atmet, besonders in seinem 17taktigen Orchestervorspiel, geradezu pastorale Stimmung; instrumental empfunden ist auch der Mittelteil des Satzes, in dem der Chor dem ausdrucksvoll geführten Cello antwortet (Buchstabe B). – Das Agnus Dei hat durch die straffe thematische Verknüpfung mit anderen Sätzen (Kyrie, Gloria) starke summierende Finalwirkung. Ein hohes Maß gedanklicher Reflexion verrät der Rückgriff auf die Musik des »Et vitam venturi saeculi« aus dem Credo zur letzten Agnus Dei-Bitte, der Bitte um Frieden: Frieden wird der Menschheit erst im »kommenden Zeitalter« zuteil. EM

Lit.: [Moritz von Mayfeld], Messe in D., komponirt von A. Bruckner, in: Linzer Zeitung 30. 11., 4. 12., 11. 12., 20. 12., 29. 12. 1864; Göll.-A. 3/1, S. 259-306; Robert Haas, A. Bruckner. Potsdam 1934, S. 67-71.

Messe in e-Moll (WAB 27)

Achtstimmiger gemischter Chor und Bläser (2 Ob., 2 Klar., 2 Fg.; 4 Hr., 2 Trp., 3 Pos.)

Kyrie: »Feierlich«; Gloria: »Allegro«; Credo: »Allegro moderato« (1. Fassung), »Allegro« (2. Fassung); Sanctus: »Ruhig; mehr langsam« (1. Fassung), »Alla breve. Mehr langsam« (2. Fassung); Benedictus: »Moderato«; Agnus: »Andante«

EZ: August 1866 – 25. 11. 1866 in → Linz (1. Fassung); Überarbeitungen 1876, 1882, 1885 (2. Fassung) sowie (laut Göll.-A. 3/1, S. 366) »vor der Drucklegung« (1896)

W: Bischof Franz Joseph → Rudigier

UA: 1. Fassung (1866) 29. 9. 1869 in Linz (Neuer Domplatz; Bruckner); 2. Fassung 4. 10. 1885 in Linz (→ Alter Dom; Adalbert → Schreyer)

Votivkapelle des Neuen Doms in Linz. Stich, 1885

Autographe: Linz, Bischofshof (1. Niederschrift und Widmungspartitur); ÖNB-MS (autographe Skizzen sowie → Abschriften von Franz Schimatschek und Johann Noll [→ Kopisten], jeweils mit autographen Eintragungen Bruckners); Wien, Stadt- und Landesbibliothek (Fragment); Stift → Kremsmünster (Skizzen); eine Abschrift mit autographen Eintragungen wurde 1990 im Katalog 7 des Antiquariats Voerster angeboten; Stimmenabschrift (teilweise 1. und 2. Fassung): Stift → St. Florian

ED: Wien, Doblinger 1896 (2. Fassung, 1882, mit kleinen Korrekturen); Klavierauszug von Cyrill → Hynais

AGA: Band 13 (2. Fassung; Robert → Haas und Leopold → Nowak, Leipzig 1940. Nachdruck 1949)

NGA: Band XVII/1 1. Fassung 1866 (L. Nowak, 1966); Band XVII/2 2. Fassung 1882 (L. Nowak, 1959)

Bald nach der Verkündung des Dogmas von der »Unbefleckten Empfängnis Mariens« (Bewahrung Mariens vor der Erbschuld) durch Papst Pius IX. am 8. 12. 1854 faßte der Linzer Bischof Rudigier den Plan, in Linz einen großen, der hl. Maria gewidmeten Dom (→ Neuer Dom) zu errichten, ein Vorhaben, an dem er mit ganzem Herzen hing. Er verstand es, auch die Begeisterung des Volkes für sein Projekt zu gewinnen, so daß die Kathedrale, die der Kölner Dombaumeister Vincenz Statz entworfen hatte, fast ausschließlich aus Spendengeldern finanziert werden konnte. Mit den festlichen Ereignissen rund um die erste Bauphase bis zur Einweihung der Votivkapelle, die sofort nach ihrer Fertigstellung 1869 für Gottesdienste genützt wurde, ist der

Name des Domorganisten Bruckner eng verknüpft. Er schrieb nicht nur die *Festkantate* zur Grundsteinlegung 1862, sondern auch die *Messe in e-Moll* zur festlichen Einweihung der Votivkapelle, beide Werke im Auftrag Bischof Rudigiers; den Auftrag dürfte er Anfang des Jahres 1866 ausgesprochen haben.
Anlaß und Aufführungsort (auf dem Bauplatz unter freiem Himmel) diktierten die Besetzung (Chor und Bläser), was für Bruckner eine enorme Herausforderung darstellte, aber ein in der gesamten Kirchenmusik des 19. und 20. Jahrhunderts einzigartiges Werk durch die Verbindung von Palestrina-Stil (→ Tradition), kühnster → Harmonik und modernem, expressivem Ausdruck hervorbrachte. Bruckner handhabte die ihm zur Verfügung stehenden Stilmittel mit größter Freiheit und Souveränität. So schrieb er einzelne Partien in realer Achtstimmigkeit, während er sich an anderen Stellen mit der Doppelchortechnik vertraut zeigt. Alle Kennzeichen der musikalischen Moderne tragen hingegen die aufgetürmten Klangblöcke des Agnus Dei und die Fuge im Gloria. Die Einflüsse des Gregorianischen Chorals sind ebenso unüberhörbar wie die der Frankoflamen (gemäß deren Kunstauffassung werden die wortarmen Teile der Messe, also Kyrie, Sanctus und Agnus, für besonders kunstvolle Kontrapunktik ausgewählt). Dazu treten zahlreiche traditionelle Topoi, z. B. das »Erdbeben« bei der Stelle »Et resurrexit«, die aufsteigende Tonleiter für die »Himmelfahrt«, die Pendelbewegung zwischen Tonika und Dominante als Ausdruck der »Majestas« (im Credo: »cum gloria« bzw. »judicare«), das Ostinato im Credo als Symbol für unerschütterliche Treue usw.
Bruckner hat seine Messe, die den Chor vor außerordentliche Schwierigkeiten stellt, mehrmals überarbeitet; die Druckfassung weist gegenüber der ersten Version nicht weniger als 41 Detailänderungen auf (die meisten im Credo und im Benedictus). Die Absicht dieser Veränderung geht zumeist in Richtung einer Glättung des Periodenbaus (von 7 bzw. 9 auf 8 Takte) oder auf besondere Hervorhebung eines Textwortes. Berühmt geworden ist in diesem Zusammenhang jene Stelle im Gloria, an der sich die den Worten »Jesu Christe« vorausgehende Periode nicht »glätten« ließ. Bruckner vermerkte an dieser Stelle »NB: Mysterium (unerwartet nach dem 7. Takt der Periode)«.
Nach der im Rahmen des Linzer Diözesanjubiläums erfolgten Uraufführung der 2. Fassung im Alten Dom richtete Bruckner an den Dirigenten Adalbert Schreyer, der seit 1883 das Amt eines Linzer Musikdirektors bekleidete, am 28. 10. 1885 ein begeistertes Dankschreiben: »... Aus der Ferne rufe ich Ihnen nochmals meinen innigsten Dank und tiefste Bewunderung zu für die künstlerische Heldenthat der sehr gelungenen Aufführung meiner E Messe! Unauslöschlich wird meine Freude darüber sein!« EM

Lit.: Robert Haas, Bruckner. Potsdam 1934, hier S. 73-76; Leopold Nowak, 100 Jahre e-Moll-Messe von A. Bruckner, in: Nowak, Über A. Bruckner; ders., Studien zu den Formverhältnissen in der e-Moll-Messe von A. Bruckner, ebenda; ders., Bruckners Formveränderungen an seiner e-Moll-Messe, ebenda.

Messe in f-Moll (WAB 28)

Soli, vierstimmiger gemischter Chor, Orchester (2 Fl., 2 Ob., 2 Klar., 2 Fg.; 2 Hr. [nur Gloria], 2 Trp., 3 Pos., Pk.; Str.) und Orgel
Kyrie: »Moderato«; Gloria: »Allegro«; Credo: »Allegro«; Sanctus: »Moderato«; Benedictus: »Allegro moderato«; Agnus Dei: »Andante«
EZ: 14. 9. 1867 – 9. 9. 1868 in → Linz; Überarbeitungen 1876, 1877, 1881 und 1890-1893 in → Wien
W: Anton Ritter Imhof von Geißlinghof, Kanzleidirektor des Obersthofmeisteramtes
UA: 16. 6. 1872 in Wien (→ St. Augustin; → Hofmusikkapelle, Bruckner)
Autograph: ÖNB-MS (auch Skizzen; dazu Widmungspartitur und Stimmen mit autographen Eintragungen sowie ED mit autographer Widmung an die Hofmusikkapelle); Stift → Kremsmünster (Skizzen)
ED: Wien, Doblinger 1894; Klavierauszug von Josef → Schalk
AGA: Band 14 (Robert → Haas, 1944 und 1952)
NGA: Band 18 (Leopold → Nowak, 1960)

Nach dem großen Erfolg seiner *Messe in d-Moll* am 10. 2. 1867 in der Wiener → Hofburgkapelle hatte Bruckner von der Hofmusikkapelle den ehrenvollen Auftrag zur Komposition einer weiteren Messe erhalten. Unmittelbar darauf scheint jedoch die schwere Nervenkrise ausgebrochen zu sein, von der er in → Bad Kreuzen Heilung suchen mußte. Obwohl ihm der Arzt auch nach der Rückkehr nach → Linz jede geistige Anstrengung verboten hatte, begann Bruckner am Fest »Kreuzerhöhung« (14. 9.), zwei Tage nach der Beerdigung (12. 9. 1867) seines Lehrers Simon → Sechter in Wien, der er mit Sicherheit beigewohnt hat, mit den Skizzen zum Kyrie. Wie er erst später bekanntgab, hatte er sich damals noch als »kranker Mann« gefühlt (Göll.-A. 3/1, S. 473), dennoch schritt die Arbeit zügig voran. Für wiedergewonnenen Mut zeugt auch die → Bewerbung um Aufnahme in die Hofmusikkapelle (14. 10. 1867). Ein zwar subjektives, aber entscheidendes Erlebnis soll ihm am Weihnachtsabend 1867 »nach einer Stunde brünstiger Andacht« (ebenda) nicht nur den Einfall zum Benedictus, sondern auch die vollständige geistige Genesung beschert haben. Zum Dank arbeitete Bruckner eine Stelle aus dem Benedictus in den 2. Satz seiner *Zweiten Symphonie* ein. Knapp ein Jahr nach der ersten Skizze war die gesamte Komposition abgeschlossen.

Stilistisch knüpft die *Messe in f-Moll* an den mit der *Messe in d-Moll* beschrittenen Weg symphonischer Ausdrucksweise an, was im Grunde eine logische Weiterentwicklung des von → Schubert geprägten Typus der Großkonzeption darstellt. Sie zeigt jedoch auch Zeichen der intensiveren Orientierung am Gregorianischen Choral (insbesondere im Gloria und im Credo), wie sie in der *Messe in e-Moll* zum Tragen kam. Die Kontrapunktik gewinnt einen breiteren Raum als in den vorausgegangenen großen Messen, die Themen werden prägnanter formuliert; besonders charakteristisch sind die eingeschobenen »Credo, credo!«-Rufe, die mit vier Akkordblöcken insgesamt achtmal die Intensität der Zustimmung zu den Glaubenssätzen verdeutlichen. Dazu tritt, wie schon bei der *Messe in d-Moll*, ein »theatralisches« Element, das ganze Szenen nachzeichnet. Besonders charakteristisch ist in dieser Hinsicht naturgemäß der Kontrast zwischen dem »passus et sepultus est« und dem »et resurrexit«: Den vom Chor beantworteten Klagen des Solobassisten in Seufzermelodik (»passus, passus«) folgen eine a cappella-Kadenz des Chores und eine einem → Aequale ähnliche Bläserstelle sowie eine atemlose Pause, in die (wieder mit einem Paukenwirbel wie in der *Messe in d-Moll*) die Auferstehung förmlich hereinbricht, von der »dunklen« Tonart Es nach E gerückt, begleitet von Bläserfanfaren und Quint-Oktav-Figurationen der Streicher, dem alten »Majestas«-Symbol. Eine der ausdrucksstärksten und schönsten Eingebungen unter allen Werken Bruckners ist der Beginn des Benedictus.

Die Widmung an den Kanzleidirektor des Obersthofmeisteramtes scheint für den nach Wien strebenden Komponisten nur allzu naheliegend, doch dürfte sie auch vom → Widmungsträger mit »sanftem Druck« erzwungen worden sein. Dies könnte jedenfalls erklären, warum Bruckner sie nach dessen Tod in Vergessenheit geraten ließ, sie sogar trotz des Vorliegens eindeutiger schriftlicher Beweise geradezu abstritt – vielleicht hatte in der Skala seiner Widmungen »eben ein noch so hochgestellter bloßer Beamter keinen Platz, auch dann nicht, wenn sich Bruckner zu ihm, wie zu so vielen anderen, in einem auch bei Berücksichtigung seines damals schon verzopften Schreibstils schlicht unwürdigen Ton fußfälliger Unterwürfigkeit äußerte« (Antonicek).

Die Uraufführung, bereits für den 28. 11. 1868 in der Hofburgkapelle vorgesehen, verzögerte sich wegen der immensen Schwierigkeiten des Werkes: Laut → Göllerich waren, da die Messe unter den Musikern »bereits so verschrien« war und Bruckner damals »als so vollendeter Narr« galt, zu einer Probe nur zwei Musiker erschienen. Im Jänner 1869 soll nach einem weiteren Probenversuch Hofkapellmeister Johann → Herbeck zu Bruckner gesagt haben: »Sie wissen, daß → Wagner mit seinem ›Tristan‹ und ich mit meiner B-Dur-Symphonie uns geirrt haben; können Sie nicht zugeben, daß auch Sie sich mit dieser Messe geirrt haben?« (Auer). Die schließlich von Bruckner selbst dirigierte Uraufführung in St. Augustin hatte großen Erfolg bei Publikum und Kritik: Für Eduard → Kremser (»Das Vaterland« 20. 6. 1872) hatte sich Bruckners Talent »in so ganz eminenter Weise« kundgetan. Er finde in diesem Werk »keine Spur von Schablone. Man spürt es schon bei den ersten Klängen des ›Kyrie‹, daß man es hier mit einem eigenthümlichen Geiste zu thun hat, und ... bei aller scheinbaren Verstandesarbeit der reich angewendeten Figuration blickt aus dieser Musik ein warmes Gemüth heraus.« – In der Hofburgkapelle erklang die Messe (wieder unter Bruckner) erst am 8. 12. 1873. EM

Lit.: Max Auer, A. Bruckner. Wien-Zürich-Leipzig 1923, S. 99; Göll.-A. 3/1, S. 463-496; Robert Haas, A. Bruckner. Potsdam 1934, S. 76-81; Antonicek, Hofmusikkapelle, S. 17; Leopold Nowak, Die Messe in f-Moll von A. Bruckner, in: Nowak, Über A. Bruckner.

Missa solemnis in b-Moll (WAB 29)

Soli, vierstimmiger gemischter Chor, Orchester (2 Ob., 2 Fg.; 2 Trp., 2 Hr., 3 Pos., Pk.; Str.) und Orgel

Kyrie: »Andante«; Gloria: »Allegro«, Qui tollis: »Andante«, Quoniam: »Allegro«; Credo: »Allegro moderato«, Et incarnatus: »Adagio«, Et resurrexit: »Allegro moderato«, Et vitam: »Allegro moderato«; Sanctus: »Moderato«; Benedic-

tus: »Moderato«; Agnus: »Adagio«, Dona: »Allegro«
EZ: April/Mai bis 8. 8. 1854 in → St. Florian
W: Prälat Friedrich Theophil → Mayer
UA: 14. 9. 1854 in St. Florian
Autographe: St. Florian (Widmungspartitur); Stift → Kremsmünster
ED (Faksimile): Göll.-A. 2/2, S. 189-228 (1928)
AGA: Band 15 (zusammen mit *Requiem* WAB 39; Robert → Haas, 1930; allein als 15/2, Originalfassung, Haas, 1931)
NGA: Band XV (Leopold → Nowak, 1975) und Revisionsbericht (1977)

Die *Missa solemnis* steht am Ende von Bruckners zweitem St. Florianer Aufenthalt und auch am Ende eines für sein künstlerisches Wachstum ganz wesentlichen Lebensabschnitts: des Unterrichtes bei Leopold von → Zenetti, dem Organisten und Regens chori in → Enns. Äußerer Anlaß für dieses großangelegte Werk war die Infulierung (Verleihung der Abt-Insignien Infel [Mitra], Stab, Ring und Pectorale) an den neuen Propst des Stiftes St. Florian, Friedrich Mayer, den Nachfolger des verstorbenen Prälaten Michael → Arneth. Bruckner war nicht nur diesem, der ihn seinerzeit als Sängerknabe ins Stift aufgenommen hatte, sondern auch dem neuen Propst zu großem Dank verpflichtet: Mayer hatte ihm gleichzeitig mit der sich so positiv auswirkenden Versetzung von → Windhaag nach → Kronstorf eine spätere Anstellung als Lehrer in St. Florian in Aussicht gestellt und dieses Versprechen auch eingelöst, als Bruckner (der sich zusätzlich mit der Widmung der Kantate *Vergißmeinnicht* in Erinnerung brachte) die notwendige Qualifikation erlangt hatte.
Erste Entwürfe zu einer großangelegten Orchestermesse stammen noch aus der Kronstorfer Zeit (*Messe in Es-Dur*, Fragment), nach → Göllerich soll Bruckner auch schon ganz konkret das Kyrie und Gloria der *Missa solemnis* in Kronstorf skizziert haben.
Stilistisch stellt diese Messe, die ganz in der Nachfolge → Beethovenscher Orchestermessen steht, die Summe der bisherigen Auseinandersetzung Bruckners mit der → Tradition dar. Trotz zahlreicher Schönheiten im Detail verleihen die vielen Einflüsse dem Werk auch eine gewisse Uneinheitlichkeit, in der die Fugentechnik Johann Sebastian → Bachs, Elemente der Vorklassiker und der Wiener Klassiker sowie der Frühromantik (→ Schubert) etwas »unamalgamiert« nebeneinanderstehen. Besonders auffallend sind hier (neben traditionellen Topoi, wie z. B. dem »Erdbeben« bei der Auferstehung im Credo, dem Unisono bei »et unam sanctam ecclesiam«) wieder – wie schon im fünf Jahre zuvor entstandenen *Requiem* WAB 39 – die wörtlichen Zitate aus Werken Joseph Haydns und → Mozarts, die fast den Charakter einer → Hommage annehmen. So unterlegt Bruckner – lediglich im Metrum verändert – dem Credo seiner *Missa solemnis* jene charakteristische Streicherbegleitung, die Mozart im »Recordare« seines »Requiem« gebrauchte, und das »Quoniam tu solus Sanctus« ist wörtlich – sogar in der Tonart übereinstimmend – aus Haydns »Heiligmesse«. Auch vieles, was später als typisch für die Brucknersche Themenbildung angesehen wird – etwa das charakteristische, aus dem Gregorianischen Choral stammende Kleinterzmotiv (vgl. das Kyrie der *Messe in f-Moll* und, dieses zitierend, den 1. Satz der *Neunten Symphonie*) – begegnet bereits im Kyrie dieses Frühwerks, tritt aber auch schon bei Joseph Haydn (Kyrie der »Harmoniemesse«) auf.
Simon → Sechter, dem Bruckner die Messe vorlegte, war von dem sich darin zeigenden Talent, insbesondere von der Fugenarbeit, so beeindruckt, daß er Bruckner als Schüler annahm. Weit weniger äußeren, so sehnlich erwünschten Erfolg hatte Bruckner im Stift selbst. Ordensfeste waren eine lediglich die Ordensgemeinschaft betreffende Angelegenheit, zu der die Stiftsangestellten – bei allem ihnen entgegengebrachten Wohlwollen – keinen Zutritt hatten. Trotzdem – so wird erzählt – hatte sich Bruckner erwartet, zum feierlichen Mittagsmahl an die Tafel des neuen Propstes eingeladen zu werden – vergeblich. Zum Trost habe er dann für sich allein im vis-à-vis des Stiftes gelegenen Gasthaus Sperl ein fünfgängiges Mahl mit »dreierlei Arten Wein« bestellt und zu sich gesagt: »*Die* Mess' verdient's!« EM

Lit.: Göll.-A. 2/1, S. 155-177; Elisabeth Maier – Franz Zamazal, A. Bruckner und Leopold von Zenetti. Graz 1980, S. 134-144.

Messe in Es-Dur (WAB 139, nur Kyrie, Fragment)
Vierstimmiger gemischter Chor, Orchester (2 Ob.; 3 Pos.; Str.) und Orgel
nur Kyrie für Chor, 2 Ob., Str. und Orgel unvollständig erhalten
EZ: um 1846 (NGA: zwischen 1845 und 1848) in → St. Florian
Autograph: Stift St. Florian

Messe in Es-Dur. Erste Seite des Autographs

ED (Faksimile): Göll.-A. 2/2, S. 86-93 (1928)
NGA: Band XXI (Hans Bauernfeind und Leopold → Nowak, 1984) und Revisionsbericht

Warum Bruckner, der in den in Betracht kommenden Jahren den Unterricht Leopold von → Zenettis genoß, die Arbeit an diesem großangelegten Werk abgebrochen hat, ist ungeklärt, doch scheint die Vermutung bei Göllerich-Auer (2/1, S. 64) plausibel: »Die ganze Anlage und auch der Geist des Themas weist auf → Mozarts Jugendmessen hin. Gerade diese allzugroße Familienähnlichkeit mag den Kunstjünger veranlaßt haben, auf eine weitere Ausführung zu verzichten.« EM

Missa pro Quadragesima in g-Moll (WAB 140, Fragment)
Vierstimmiger gemischter Chor, 3 Pos. und Orgel
EZ: 1845 oder 1846 in → Kronstorf oder schon in → St. Florian
Autograph: Stift St. Florian
ED (Faksimile): Göll.-A. 2/2, S. 84 f. (1928)
NGA: Band XXI (Hans Bauernfeind und Leopold → Nowak, 1984) und Revisionsbericht

Diese Messe, von der nur eine Skizze des Kyrie erhalten ist, war für die Fastenzeit bestimmt; daraus resultiert auch die eher einfache Instrumentalbegleitung. Erhalten sind nur 12 Takte Orgelbegleitung in wiegendem 6/8-Takt (was unter Umständen auf einen Pastoral- oder Siciliano-Typus schließen ließe); von den Singstimmen sind lediglich die Sopranstimme sowie ein Einsatz des Alts notiert. EM

Messe ohne Gloria in d-Moll (»Kronstorfer Messe«, WAB 146)
Vierstimmiger gemischter Chor a cappella
Kyrie: »Adagio«; Sanctus: »Adagio«; Benedictus: »Andante«; Agnus Dei: »Adagio«
EZ: vermutlich im Jänner und Februar 1844 in → Kronstorf
UA: 1. 12. 1974 in → St. Florian (Augustinus Franz Kropfreiter)
Autograph: St. Florian

NGA: Band XXI (Hans Bauernfeind und Leopold → Nowak, 1984) und Revisionsbericht

Bruckner hat diese Messe als Fragment hinterlassen: Das Credo war, wie die Überschrift zeigt, in F-Dur und im Alla breve-Takt geplant, wurde jedoch nicht mehr ausgeführt. Das Sanctus (B-Dur) daraus hat er in die *Messe für den Gründonnerstag* übernommen, deren Kompositionszeit (1844) feststeht. Durch den Vermerk »Sine Gloria« hat Bruckner die liturgische Verwendung seines Werkes, für die Fastenzeit, gekennzeichnet; als wahrscheinlichste Entstehungszeit ist demnach der Anfang des Jahres 1844 anzunehmen. An diesem Werk, das aus der Zeit von Bruckners Studien bei Leopold von → Zenetti stammt, ist ein Teil des »Unterrichtsprogrammes« abzulesen: Im Satz mischen sich Elemente des evangelischen Chorals (Kyrie) mit dem einfachen nachklassischen Kirchenstil (Benedictus, d-Moll), wozu manchmal etwas gesuchte Harmonien (Agnus Dei, F-Dur) treten. – Durch die liturgischen Reformen des II. Vatikanischen Konzils, die u. a. ein gemeinsames Gebet des Credo durch das Volk vorsehen, ist diese kleine Messe trotz ihrer fragmentarischen Überlieferung heute auch liturgisch verwendbar. EM

Lit.: Leopold Nowak, Die »Messe ohne Gloria« von A. Bruckner, in: IBG-Mitteilungsblatt Nr. 9, September 1976.

»Mild wie Bäche« (WAB 138)
Liedentwurf für Singstimme mit Klavier in As-Dur
Text: vielleicht Ernst → Marinelli
EZ: ca. 1845 in → St. Florian
W: (für Michael → Arneth geschrieben)
Autograph: Stift St. Florian
ED (Faksimile): Göll.-A. 2/2, S. 59 f. (1928)
NGA: Band XXIII/1 (in Vorbereitung)

Bald nach Dienstantritt in St. Florian wollte Bruckner seinem Gönner, Propst Michael Arneth, mit einem Lied huldigen, dessen 30taktiger Entwurf aber nicht ausgeführt wurde. Auf demselben Bogen findet sich auch die erste Niederschrift des *Ständchen*. AH

Lit.: Göll.-A. 2/1, S. 46 f.

Mitternacht (WAB 80) »Die Blumen glüh'n im Mondenlicht«
Vierstimmiger Männerchor mit Tenor-Solo und Klavierbegleitung in As-Dur, »Etwas langsam und feierlich, nicht schleppend«
Text: Joseph Mendelssohn (→ Textdichter)
EZ: November 1869 in → Wien
W: »Der → Liedertafel ›Frohsinn‹ in → Linz zur Jubiläumsfeier von ihrem Ehrenmitgliede Anton Bruckner«
UA: 15. 5. 1870 in Linz (Volksfesthalle; Liedertafel »Frohsinn«, Wilhelm → Gericke)
Autograph: Linzer Singakademie, Frohsinn-Archiv
ED: Wien, Doblinger 1903
NGA: Band XXIII/2 (in Vorbereitung)

Am 24. 11. 1869 teilte Bruckner der Liedertafel »Frohsinn« mit, daß er bereits »einen sehr hübschen Text« vertont habe, damit er sein »schwaches Schärflein zum erhabenen Feste« (dem Jubiläum des 25jährigen Bestands) beitragen könne. Das Gedicht Mendelssohns hatte er von Rudolf → Weinwurm erhalten. – Die erste Strophe des Liedes wird vom Männerchor gesungen, in der zweiten setzt die Solostimme ein, von Unisono-Sechzehntelreihen des Klaviers begleitet. Im Gegensatz zu den beiden Vertonungen von *Um Mitternacht* setzt Bruckner hier für die Naturschilderung keine → Brummstimmen ein. Die Wiener Erstaufführung erfolgte am 7. 12. 1881 durch den → Wiener Akademischen Gesangverein; bei einer Aufführung am 22. 2. 1885 unter der Leitung von Rudolf Weinwurm wurde Bruckner lebhaft gefeiert. Auch in unserem Jahrhundert sind zahlreiche Aufführungen nachweisbar. Aus jüngster Zeit liegt sogar eine Plattenaufnahme vor. AH

Lit.: Göll.-A. 3/1, S. 253 f., 4/1, S. 128 ff., 4/2, S. 270.

Motivik
Motivik und → Melodik Anton Bruckners auseinanderzuhalten ist wahrscheinlich schwieriger als bei anderen Komponisten, weil Bruckners Entwicklungsthema zur Norm hatte, mit dem Prozeß der Entstehung eines Themas von seiner absoluten Nichtexistenz (dem unhörbaren Klang) über die einzelnen Entwicklungsstufen des → Tremolo, der Herauslösung eines Tons, der Zufügung eines nächsten und damit der Formulierung eines Motivs zu einer melodischen Disposition zu gelangen, die ihre Maximalausbreitung im musikalischen Thema eines symphonischen oder Sonatensatzes fand.
Die Schwierigkeit besteht in der Abgrenzung von Motiv und Melodie, weil die Melodie sich in der Regel aus einer Mehrfachwiederholung des Motivs (wenn auch auf anderer Tonstufe) und einer schon im Aufbau vorgelegten Abspaltung im Sinn des klassischen Themenspektrums

bewegt. Deswegen lief die Vorlage einer Gesamtanalyse des Brucknerschen Werkes unter motivischen bzw. melodischen Aspekten (Manfred Wagner) unter dem unverbindlichen Terminus »Melodie«, der die Größenordnung von Motiv bis Thema mit einschloß und in der Systematik auch sichtbar machen konnte. Wahrscheinlich ist es aus pragmatischen Gesichtspunkten nötig, die Motivik bei Bruckner auf den kleinsten Baustein einer Melodie hin zu beschränken, also einer Art Modul, das, systematisch angewandt, die Sprachlichkeit der Melodik erst ermöglichte.

In der Bruckner-Literatur hat sich dafür der Begriff »Motto« eingebürgert, ein Modell, das aus dem einsetzenden Streicherklang erwächst und zum Signal wird. Ernst → Kurth nennt es Hauptlinie als Konzentrierung »von umzuckenden Kraftlinien«. Siegfried Thiele definierte es als »vielfältige Ausprägung des Einzelklanges«, Alfred → Orel formulierte 1924 »Kontrapunkt der Bewegung«, also Linie gewordener Klang als Spannungsverhältnis zwischen Statik und Dynamik. Heutig gesprochen bedeutet dies die Vorformulierung des Mottos oder des Motivs in den Einsatzkategorien des Orchesters, die wie Begleitung aussehen, aber bereits mottobeinhaltende Kraftnahrung sind. Andere Autoren übersetzen diesen Kraftaufbau als »gewaltiges inneres und äußeres Crescendo« (Hermann Kretzschmar), als »Verdichtungsprozeß und Kompression« (Josef Tröller), als »primäre Kraft-Klangformen« (Rudolf von Ficker) oder als »dualistisches Prinzip des Harmonischen und Melodischen« (August → Halm), als »prägnante Kurzzeile« (Werner F. Korte).

Die Ausgangsmotti (-motive) der ersten Sätze der Symphonien sind demnach eine quartausschreitende anapästische Schleife (*Erste Symphonie*), eine unterterziäre trochäische Schleife (*Zweite*), ein punktierter Quint-Oktav-Sprung nach unten (*Dritte*), ein Quintsprung in beide Richtungen (*Vierte*), eine tritonige, nach unten führende tropfende Schleife (Einleitung) und eine von unten mit kleiner Terz durchsprungene Schleife (*Fünfte*, T. 55), ein antizipierter Quintsprung nach unten (*Sechste*), eine mit Unterquart artikulierte Dreiklangdurchspringung (*Siebente*), eine antizipierte Sekundreibung (*Achte*) und eine auftaktige tonale Antizipation mit Terzsprung (*Neunte Symphonie*).

Aus dieser Motivik, die vor allem rhythmisch auch für das Thema prägnant wird, entwickeln sich durch Addition, Paraphrase und Ausweitung jene Melodien, die in langanhaltenden Steigerungen zur Thematik führen. Alles Vor-Gesetztsein des Themas bedeutet demnach Addition der kleinsten Bausteine, die in den Vorbereitungstakten zum Grundmotto bereits enthalten sind und über die Zusammensetzung der Motti zum Themencharakter wachsen.

Diese Motive unterscheiden sich sehr wohl von den Wagnerschen Leitmotiven, weil diese als Themenkomplexe und nicht als Motti im Sinne Bruckners anzusprechen wären und weil Bruckners Motive im Gegensatz zu → Wagner immer einer Vorbereitungsphase bedürfen und erst mit der Nacharbeitung, die bereits an Durchführungen gemahnt, zu jener Themencharakteristik werden, die mit der Wagnerschen Leitmotivik gleichzusetzen ist. Auch hier zeigt sich trotz des klanglichen Ähnlichkeitsbildes eine völlig von Wagner verschiedene thematische Entwicklung, die in jüngerer Zeit auch von den Musikologen als solche erkannt wurde und deswegen die einheitliche Zitierung im Sinne eines Motiv- oder Themenkatalogs verwirrend und schwierig macht. MW

Lit.: Franz Grasberger, A. Bruckner und Johannes Brahms. Ein Vergleich, in: Musikblätter der Wiener Philharmoniker 5 (1950/51); Winfried Kirsch, Studien zum Vokalstil der mittleren und späten Schaffensperiode A. Bruckners. Diss. Frankfurt/Main 1958; Warren Storey Smith, The Cyclic Principle in Musical Design and the Use of it by Bruckner and Mahler, in: Chord and Discord Vol. 2, Nr. 9 (1960); Werner Fritz Korte, Bruckner und Brahms. Die spätromantische Lösung der autonomen Konzeption. Tutzing 1963; Bernhard Paumgartner, Zu Beethovens Missa solemnis und Bruckners Achter Symphonie, in: Almanach der Osterfestspiele Salzburg 1967; Leopold Nowak, Metrische Studien von A. Bruckner an Beethovens 3. und 9. Symphonie, in: Beethoven-Studien. Wien-Köln-Graz 1970; Manfred Wagner, Die Melodien A. Bruckners in systematischer Ordnung. Ein Beitrag zur Melodiegeschichte des 19. Jahrhunderts. 3 Bände. Mschr. Diss. Wien 1970; Constantin Floros, Brahms und Bruckner. Studien zur musikalischen Exegetik. Wiesbaden 1980; Michael Kopfermann, Über den Anfang des Ersten Satzes von Bruckners VIII. Symphonie, in: A. Bruckner (Musik-Konzepte 23/24). Hrsg. Heinz-Klaus Metzger und Rainer Riehn. München 1982; Bruckner-Symposion 1984; Wilhelm Gloede, Eine Hommage A. Bruckners an Mozart, in: Bruckner-Jahrbuch 1984/85/86; Thomas Röder, Auf dem Weg zur Bruckner-Symphonie. Untersuchungen zu den ersten beiden Fassungen von A. Bruckners 3. Symphonie. Wiesbaden-Stuttgart 1987.

Mottl, Felix

Geb. 24. 8. 1856 in Unter St. Veit (heute Wiener Bezirksteil), gest. 2. 7. 1911 in München; Dirigent. Absolvierte das Studium am Konservatorium der → Gesellschaft der Musikfreunde in Wien, u. a. bei Joseph → Hellmesberger, Otto → Dessoff und Bruckner (Theorie), mit Auszeichnung. Anschließend Korrepetitor an der

Felix Mottl

Hofoper sowie künstlerischer Leiter und Dirigent des sich für Bruckner einsetzenden → Wiener Akademischen Wagner-Vereins. Durch Vermittlung Hans → Richters seit 1876 an den Vorbereitungen der Festspiele in → Bayreuth beteiligt. 1881-1903 als Nachfolger Dessoffs Kapellmeister am Hoftheater in → Karlsruhe, bis 1892 auch Dirigent des Philharmonischen Vereins, 1893 Generalmusikdirektor. Seit 1903 in gleicher Funktion in München tätig, das durch ihn eine Glanzzeit der Opernpflege erlebte. 1886-1906 Dirigent der Bayreuther Festspiele; Wagner-Aufführungen in England und Amerika. Mottl ist ferner als Komponist hervorgetreten (Bühnenwerke, darunter die Oper »Agnes Bernauer«, Lieder, Kammermusik), aber auch als Bearbeiter von Opern (Cornelius, Bellini, Donizetti, Gluck). Seine schwungvolle, einerseits von Wärme und musikantischem Charme, andererseits von zwingender Gestaltungskraft geprägte Interpretation begründete den Ruhm Mottls, der zu den größten Dirigenten seiner Zeit zu zählen ist.

Mottl setzte sich in → Wien tatkräftig für seinen Lehrer Bruckner ein, vor allem im Wiener Akademischen Wagner-Verein, wo er u. a. 1880 gemeinsam mit Hans → Paumgartner einzelne Sätze aus der *Vierten Symphonie* auf zwei Klavieren aufführte. Trotzdem mußte er von dem Bruckner-Jünger Franz → Schalk, der im Herbst 1881 als Geiger ebenfalls nach Karlsruhe engagiert worden war, mehr oder weniger überredet werden, die *Vierte* zehn Monate nach der Wiener Uraufführung aufs Programm zu setzen. Wie Franz Schalk seinem Bruder Josef am Aufführungstag berichtete, sah Mottl in der Symphonie große Schwächen; ferner sei das Orchester den Anforderungen nicht gewachsen, Mottl habe »ungeniert« gestrichen und die Symphonie eigentlich nur deswegen nicht abgesetzt, »weil er sie unaufgeführt zurückzuschicken sich scheut[e]«. Unter diesen ungünstigen Vorzeichen dirigierte Mottl am 10. 12. 1881 aus dem Manuskript die erste Bruckner-Symphonie in Deutschland, der weder bei Publikum noch Kritik Erfolg beschieden war.

Als über Vermittlung von Carl Riedel aus → Leipzig das Adagio der in Leipzig und → München erfolgreich aufgeführten *Siebenten Symphonie* ins Programm der im Frühjahr 1885 in Karlsruhe angesetzten 22. Tonkünstler-Versammlung des Allgemeinen Deutschen Musikvereins aufgenommen wurde, informierten dessen Präsident Franz → Liszt, Wagner-Freund Josef Standthartner, dessen Stiefsohn Gustav → Schönaich und der Bruckner- und Liszt-Schüler August → Stradal den Komponisten in Wien davon. Der wiederum wandte sich an Felix Mottl, um ihn – mit dem Hinweis, daß es sich bei diesem Adagio um die Trauermusik für den von beiden hochverehrten Richard → Wagner handle – als Dirigent für diese Aufführung zu begeistern und zugleich aufzufordern, unbedingt die vorgeschriebenen Wagner-Tuben einzusetzen (17. 4. 1885). In den folgenden freundschaftlichen Briefen gibt er Mottl zahlreiche Anweisungen bezüglich Tempo und Dynamik und schlägt immer wieder (vergeblich) vor, doch auch das Scherzo mitaufzuführen. Die Aufführung am 30. 5. 1885 in Karlsruhe wurde schließlich ein großer Erfolg, der wesentlich zum weiteren Durchbruch Bruckners beitrug. Zu einer nachhaltigen Verstimmung kam es allerdings, als Mottl im Jahr darauf das zuvor schon in mehreren Städten erfolgreiche *Te Deum* in Karlsruhe am 14. 4. 1886 mit Klavier anstatt Orchester aufführte. Ein »betrübter, sehr gekränkter« Bruckner ersuchte den Dirigenten in einem bitterbösen Brief, derartige Aufführungen zu unterlassen (obwohl er selbst die von zwei Klavieren begleitete Uraufführung des *Te Deum* in Wien am 2. 5. 1885 dirigiert hatte). Noch am 29. 8. 1893 schrieb Bruckner sehr enttäuscht an Franz → Bayer: »Mein einstiger Schüler und Freund Mottl gehört unter jene, die mich ganz verlassen haben. Schon ein Jahrzehnt hat er nichts mehr von mir aufgeführt; das *Te Deum* damals nicht einmal mit Orchester.« Ebenso wie Arthur → Nikisch führte Mottl erst nach dem Tod Bruckners wieder dessen Symphonien auf, vor allem in München, aber auch in Wien mit den → Wiener Philharmonikern (1904 die *Fünfte* und 1905 die *Vierte Symphonie*). IF

Lit.: Göll.-A. 4/1-3, passim; Oskar Kaul in: MGG 9, Sp. 670; Thomas Leibnitz, Die Brüder Schalk und A. Bruckner. Dargestellt an den Nachlaßbeständen der Österreichischen Nationalbibliothek. Tutzing 1988, passim; Rolf Keller, Bruckner-Rezeption in Südwestdeutschland, in: Bruckner-Symposion 1991; Andrea Harrandt, »Ausgezeichneter Hofkapellmeister« – A. Bruckner an F. Mottl, in: Studien zur Musikwissenschaft 42 (1993); Ingrid Fuchs, »Künstlerische Väter« und »Vormünder«. Bruckner und die zeitgenössischen Dirigenten seiner Symphonien, in: Bruckner-Symposion 1994; Briefe Bruckners an Mottl vgl. Briefausgaben.

Motto

Aus dem Italienischen: Denk-, Wahl-, Leitspruch. Im 19. Jahrhundert wurden die jeweiligen Wahlsprüche von Liedertafeln und → Gesangvereinen als »Motto« oder »Sängerspruch« bezeichnet. So lautete etwa der Wahlspruch der → Liedertafel »Frohsinn« seit 1851: »Ein Hoch dem deutschen Lied wir bringen und allen Brüdern, die es singen« (Text von Alois Kapler, Musik von Matthäus Kirchberger), wobei der Damenchor der Liedertafel ein eigenes Motto hatte. Der Wahlspruch des → Wiener Männergesang-Vereins lautet heute noch: »Frei und treu in Lied und Tat«.
Bruckner vertonte folgende Wahlsprüche für verschiedene Gelegenheiten: *»Ein jubelnd Hoch in Leid und Lust«* WAB 83/1 und *»Lebt wohl, ihr Sangesbrüder«* WAB 83/2 für die Liedertafel Eferding; *»Das Frauenherz, die Mannesbrust«* WAB 95/1 für den gemischten Chor der Liedertafel »Frohsinn«; *»Des Höchsten Preis, des Vaterlandes Ruhm«* WAB 95/2 für die Liedertafel Sierning; *»Freier Sinn und froher Mut«* WAB 147 für den Liederkranz in → Grein sowie *»Im Wort und Liede wahr und treu«* WAB 148/1 und *»Wir alle jung und alt«* WAB 148/2 im Andenken an Simon → Sechter. AH

Mozart, Wolfgang Amadeus

Werk und Person Mozarts (1756-1791) wurden zu Lebzeiten Bruckners in idealisierender Weise hochgeschätzt, in Österreich kamen noch patriotische Akzente hinzu. Das Mozart-Repertoire war aber sehr eingeschränkt, die Aufführungen waren routinemäßig; eine Bedeutung in Hinblick auf den musikalischen Fortschritt gewann Mozart erst gegen Ende von Bruckners Leben (und von ihm wohl nicht als solche erkannt). Bruckners Verehrung für Mozart ist als zeitgemäß anzusehen. Äußeres Zeichen dafür waren seine Teilnahme an den Mozartfesten in → Salzburg zur Zentenarfeier 1856 und zum 100. Todestag 1891. Beim Salzburger Mozartfest 1906 hatte dann Richard → Strauss sein Konzert mit Bruckners *Neunter Symphonie* abgeschlossen.
Spuren Mozarts sind in Bruckners Musik, vielleicht mit Ausnahme in *Missa solemnis* und *Requiem* WAB 39, aber ebensowenig wie in der → Wagners ohrenfällig. Wir wissen von Bruckners besonderer Wertschätzung für Mozarts »Requiem« und die »Jupiter-Symphonie«. Die Kontrapunktik im Schlußsatz dieser Symphonie hat Bruckner bei seinem Unterricht offensichtlich als vorbildhaft näher erläutert. Das Hauptthema dieses Satzes taucht (in der Diastematik unverkennbar) als zweites Thema (T. 69 ff.) im Finale von Bruckners *Achter Symphonie* auf. Darin eine Hommage an Mozart zu sehen, ist aber problematisch, da der Charakter der Themengestaltung doch sehr unterschiedlich ist und außerdem dieses Thema (dessen Initium auf eine gregorianische Credo-Melodie zurückgeht) vor, neben und nach Mozart vielfach verwendet worden ist. Wenig deutlich ist eine (ebenfalls in der Literatur behauptete) Detail-Ähnlichkeit einer Stelle in Bruckners *Ave Maria* WAB 5 und Mozarts »Ave verum« KV 618. GG

Lit.: Alfred Orel, Eine Mozartstudie A. Bruckners, in: Mozart-Almanach auf das Jahr 1941. Hrsg. Heinrich Damisch. Wien 1941; Ernst Fritz Schmid, Mozart und Bruckner, in: Zu Mozarts 200. Geburtstag (Festschrift des Landestheaters Linz). Linz 1956; Wilhelm Gloede, Eine Hommage A. Bruckners an Mozart?, in: Bruckner-Jahrbuch 1984/85/86.

Muck, Karl

Geb. 22. 10. 1859 in Darmstadt, gest. 3. 3. 1940 in Stuttgart; Dirigent. Studierte klassische Philologie zuerst in Heidelberg, dann in Leipzig (1880 Dr. phil.), wo er zugleich das Konservatorium besuchte (Klavierstudium bei Carl Reinecke) und 1880 als Pianist im Gewandhaus debütierte. Ohne Abschluß einer Dirigentenausbildung wirkte Muck anschließend als Kapellmeister u. a. in Zürich, Salzburg, Brünn und Graz (1884 »Lohengrin«, 1885 »Meistersinger«) und seit 1886 als 1. Kapellmeister an Angelo Neumanns Deutschem Landestheater in Prag. 1892-1912 Kapellmeister an der Königlichen

Karl Muck

Oper in Berlin (1908 Generalmusikdirektor), 1906-1908 und 1912-1918 Dirigent des Boston Symphony Orchestra, 1922-1933 Leiter der Philharmonischen Konzerte in Hamburg. Muck dirigierte ferner bei den Bayreuther Festspielen 1901-1930 sämtliche »Parsifal«-Aufführungen, wobei er keinerlei Striche zuließ und im Sinne des Komponisten breite Tempi wählte. Doch nicht nur bei der Interpretation der Opern Richard → Wagners, auch bei allen anderen Werken versuchte er, durch analytisches Studium der Partituren, Strenge als Orchestererzieher und zahlreiche Proben dem Ideal möglichster Authentizität gerecht zu werden, wobei er diese Intention mit der ihm eigenen suggestiven Musikalität und sparsamer Gestik verband. Seit 1932 war er Ehrenpräsident der → Internationalen Bruckner-Gesellschaft.

Muck dirigierte am 14. 3. 1886 in → Graz, wo er 1884-1886 als Theaterkapellmeister wirkte, die erfolgreiche österreichische Erstaufführung der *Siebenten Symphonie*. Er hielt insgesamt 14 Proben ab – eine im Vergleich zu anderen Aufführungen enorm hohe Zahl – und korrigierte in den Stimmen zahlreiche Fehler. Bruckner selbst reiste, einer Einladung des Grazer Singvereins folgend, mit Friedrich → Eckstein nach Graz und nahm an den letzten Proben teil. Die Aufführung im Rahmen des 5. Mitglieder-Konzertes des Steiermärkischen Musikvereins im Stephaniensaal wurde zum durchschlagenden Erfolg für Bruckner, aber auch für Muck und das von ihm ausgezeichnet vorbereitete Orchester. Im Brief vom 16. 3. dankte Muck Bruckner für die »unvergeßlich schönen Stunden«, die er durch die Beschäftigung mit der *Siebenten* habe erleben dürfen, und verspricht weitere Aufführungen. Leider habe er Bruckner nicht sagen können, »wie sehr mir Dein Werk zu Herzen ging und wie ich es mir angelegen sein ließ, Deinen hohen Intentionen möglichst gerecht zu werden«. Muck, der zu einem der besten Freunde Bruckners wurde – vielleicht auch, weil er im Gegensatz zu Arthur → Nikisch und Hermann → Levi keine Kürzungen verlangte –, dirigierte in den folgenden Jahren in Prag die *Siebente* (15. 1. 1888 und 4. 12. 1889) sowie die *Dritte Symphonie* (14. 2. 1891).

Der von Bruckner so bezeichnete »geniale Muck« (Brief an → Wolzogen, 25. 3. 1886) übernahm auch vom erkrankten Felix von → Weingartner die Aufführung der *Siebenten* am 6. 1. 1894 mit der Königlichen Kapelle in → Berlin, drückte Bruckner seine »unendliche Freude« aus, wieder dessen »herrliches Werk« dirigieren zu dürfen, und drängte ihn, nach Berlin zu Generalprobe und Konzert zu kommen (Brief vom 23. 12. 1893). Da es Bruckner gesundheitlich besser ging, konnte er der herzlichen Einladung Folge leisten. Bemerkenswert ist die Anfrage Mucks, ob es vielleicht »eine thematische Inhaltsangabe der Symphonie, nach Art der von → Bülow in seinen Concerten verwendeten ›Programm-Bücher‹« gebe, da man das »etwas blasirte und übersättigte Publicum« über die Presse entsprechend vorbereiten müsse (Brief vom 26. 12. 1893). Über die glanzvolle Aufführung meinte Bruckner später, daß er die Tuben-Akkorde nie mehr so herrlich wie in Berlin gehört habe.

In seiner erhalten gebliebenen Dirigierpartitur (dem bei Gutmann erschienenen Erstdruck) der *Siebenten* hat Muck überaus gewissenhaft die von ihm vorgenommenen Änderungen jeweils mit Jahreszahl der Aufführungen in Graz, Prag und Berlin eingetragen, und da Bruckner bei den Proben in Graz und Berlin anwesend war, können diese Anweisungen als vom Komponisten sanktioniert oder zumindest akzeptiert angesehen werden. Abgesehen von Druckfehlerkorrekturen und dynamischen Angaben betreffen etliche Eintragungen die → Instrumentation, und hier vor allem den Bläsersatz, der von zwei- auf dreifache Holzbesetzung, um ein zweites Hornquartett und vierte und fünfte Trompete erweitert sowie fallweise in Richtung »Mischklang« umgebaut ist. Obwohl Muck immer wieder die

peinlich genaue Beachtung des gedruckten Notentextes nachgesagt wird, hat er offensichtlich doch – wenn auch mit Wissen des Komponisten – in die Instrumentation eingegriffen, allerdings nicht durch Kürzungen in die Substanz des Werkes; wichtig war ihm die Realisierung der Intentionen des Komponisten.
Wie hoch Bruckner Muck schätzte, ist aus der Tatsache abzulesen, daß er dem in → Wien weilenden Dirigenten vermutlich Anfang 1895 das → Autograph der ersten drei Sätze der *Neunten Symphonie* zur Aufbewahrung übergab (Aufführung im Nicolaikonzert der → Wiener Philharmoniker, geleitet von Muck, am 4. 3. 1906). Wie sehr Muck Bruckner verehrte, läßt sich daraus schließen, daß er die *Siebente Symphonie* im Leipziger Gewandhaus am 30. 11. 1933 bei seinem Abschiedskonzert dirigierte. IF

Lit.: Wilhelm Zinne, K. Muck, in: Die Musik 17 (1924/25); Karl Grunsky, Dr. K. Muck. Zum 70. Geburtstag, in: Bruckner-Blätter 1 (1929) S. 57 f.; Göll.-A. 4/2-3, passim; Max Auer, K. Muck und A. Bruckner, in: Zeitschrift für Musik 107 (1940); Ingrid Schubert, Bruckner, Wagner und die Neudeutschen in Graz, in: Bruckner-Symposion 1984, hier S. 36 f.; John A. Phillips, Neue Erkenntnisse zum Finale der Neunten Symphonie A. Bruckners, in: Bruckner-Jahrbuch 1989/90, hier S. 130; Mathias Hansen, A. Bruckner in Norddeutschland, in: Bruckner-Symposion 1991; Ingrid Fuchs, »Künstlerische Väter« und »Vormünder«. Bruckner und die zeitgenössischen Dirigenten seiner Symphonien, in: Bruckner-Symposion 1994; Ingeborg Harer, K. Muck, in: Twentieth Century Conductors. Ed. Gary A. Greene. Westport (im Druck); Briefwechsel Muck-Bruckner vgl. Briefausgaben.

Müller, Ernest Maria

Geb. 30. 6. 1822 in Irritz bei Misslitz (Jirice u Miroslavi), Mähren, gest. 28. 9. 1888 in Linz. Bischof von Linz 1885-1888. Der Sohn eines Volksschullehrers besuchte das Gymnasium in Nikolsburg und studierte anschließend Theologie in Wien (1843-1846). Nach der Priesterweihe am 19. 7. 1846 wirkte Müller ein Jahr als Kaplan in Preßbaum, 1847 wurde er Studienpräfekt und 1849 Subrektor am Wiener Priesterseminar. 1853 Promotion zum Dr. theol., 1857 Berufung zum Professor der Moraltheologie an der → Universität Wien. Bekannt wurde er durch sein ab 1868 erscheinendes dreibändiges Werk »Theologia moralis«, das zehn Auflagen erlebte. 1863 wurde Müller zum Regens des Wiener Priesterseminars bestellt. Als er 1868 auch noch Domherr zu St. Stephan wurde, legte er seine Professur zurück. Die Ernennung des angesehenen Moraltheologen zum Bischof von → Linz durch Kaiser → Franz Joseph am 17. 2. 1885 kam für viele überraschend (Bischofsweihe in Wien, 26. 4. 1885, durch Kardinal Cölestin Ganglbauer, Inthronisation in Linz 3. 5. 1885). Müller erwies sich als eine Kraft des Ausgleichs und leistete einen wichtigen Beitrag zur Beendigung der Konflikte zwischen Kirche und Liberalismus. Schon 1885 ordnete der Bischof die Führung von Pfarrchroniken verpflichtend an. Unter ihm machte der Dombau gute Fortschritte (1885 Einweihung des Presbyteriums, 1886 Beginn des Turmbaus).
Das 100-Jahr-Jubiläum der Diözese 1885 hielt Müller bereits im → Neuen Dom (Chordirigent war Johann Baptist → Burgstaller) ab, wobei Bruckner die Orgel spielte. Auch am 29. 9. 1887, beim 25-Jahr-Jubiläum der Grundsteinlegung des Domes, spielte Bruckner die Orgel, außerdem wurde auf Wunsch des Bischofs das *Te Deum* von der → Liedertafel »Frohsinn« unter Adalbert → Schreyer aufgeführt. In diesem Jahr erließ Müller, ermutigt durch ein römisches »regolamento« und beeinflußt von Johann Ev. Habert, eine Verordnung über die Kirchenmusik, in der er sich entgegen den Bestrebungen des Allgemeinen Deutschen Cäcilienvereins (ACV, → Cäcilianismus) für den figurierten mehrstimmigen Gesang und die Instrumentalmusik aussprach. Der musikalisch begabte Bischof förderte den Oberösterreichischen Cäcilienverein (OÖCV) und unterstützte auch den Komponisten Habert. Einen wesentlichen Beitrag leistete Müller zum Aufschwung der Herz-Jesu- und Herz-Mariä-Verehrung in der Diözese. RZ

Lit.: Johann Bapt. Burgstaller, Bischof Ernest Maria und die Kirchenmusik, in: Christliche Kunstblätter 29 (1888); Alois Hartl, Joh. Ev. Habert – Organist in Gmunden. Wien 1900, besonders S. 489-499; Leopold Mathias, Das Wiener Priesterseminar. Mschr. Diss. Wien 1975, S. 149-244; Johann Ruhsam, Der Linzer Bischof Dr. E. M. Müller als theologischer Schriftsteller. Mschr. Diplomarbeit. Linz 1981; Josef Lenzenweger, E. M. Müller, in: Die Bischöfe von Linz. Hrsg. Rudolf Zinnhobler. Linz 1985; Ein Bericht des Linzer Domkapellmeisters Johann B. Burgstaller über A. Bruckner [1909]. Hrsg. R. Zinnhobler, in: Neues Archiv für die Geschichte der Diözese Linz 4 (1985/86) S. 226 ff.; Reinhold J. Dessl, Die Herz-Jesu-Verehrung in Oberösterreich im 18. und 19. Jahrhundert, in: Jahrbuch des Oö. Museal-Vereins 132/1 (1987).

München

Hauptstadt des Freistaats Bayern, bis 1918 Residenzstadt des 1806 ausgerufenen Königreichs Bayern. Bedeutendes Kunst- und Kulturzentrum mit Universität, Hofoper, Königlicher Musikschule (heute: Hochschule für Musik), Hof- und Staatsbibliothek. Unter Ludwig I. (1825-1848) entstanden die Bauten des »Isar-Athen« (Pina-

Konzertsaal im Münchner Odeon

kotheken, Glyptothek und Antikensammlungen am Königsplatz, Ludwigstraße), unter Maximilian II. Joseph (1848-1864) die Maximilianstraße mit Maximilianeum und das Bayerische Nationalmuseum. 1861: 130 122, 1885: 261 981, 1991: 1,27 Mio. Einwohner.

Neun Aufenthalte Bruckners in München sind bekannt:

26. 9. – 6. 10. 1863 Besuch des 2. Münchner Musikfestes und Vorlage eigener Kompositionen bei Hofkapellmeister Franz Lachner;

14./15. – 28./29. 5. 1865 gemeinsam mit seinem → Schüler Franz Schober, um die dann auf 10. 6. verschobene »Tristan«-Uraufführung zu hören. Bruckner legte Anton Rubinstein und Hans von → Bülow, nicht aber Richard → Wagner, den er mehrmals traf, eigene Symphoniesätze vor. Am 25. 5. vollendete er das Trio des Scherzo der *Ersten Symphonie*;

13. – 20.(?) 6. 1865 zur 3. »Tristan«-Aufführung (19. 6.);

(Juni 1868 eventuell Besuch der 3. Aufführung der »Meistersinger von Nürnberg«, 29. 6. [UA 21. 6. 1868];)

24. 8. und 11. 9. 1880 jeweils nur kurze Zwischenstation auf der Fahrt nach und von der Schweiz und Frankreich (→ Schweizerreise);

29. 7. – 5. 8. 1884 zur Audienz bei der Kaisertochter Erzherzogin → Gisela, der Gemahlin des Prinzen Leopold von Bayern, in Anwesenheit von Herzog → Max(imilian) Emanuel in Bayern, und Besuch beim Generalintendanten Karl von Perfall, wohl auch schon wegen der beabsichtigten Widmung der *Siebenten Symphonie*, deren Partitur der Schriftsteller, Kunstmaler und spätere Mitredakteur der »Münchner Neuesten Nachrichten«, Fritz von Ostini (1861-1927), Anfang 1884 dem Hofkapellmeister Hermann → Levi aus Wien überbracht hatte;

8. – 14. 3. 1885, begleitet von Friedrich → Eckstein, anläßlich der sehr erfolgreichen Münchner Erstaufführung der *Siebenten* durch das Hoforchester unter Levi im Odeon am 10. 3. – Ferdinand → Löwe, Franz → Schalk und Carl → Almeroth wohnten der Aufführung bei. Bruckner improvisierte am 9. 3. auf der Odeon-Orgel (heute in der Kirche Halsbach/Oberbayern), hörte am 11. 3. die »Walküre« und war Gast beim Allgemeinen Wagner-Verein (Vorsitzender war der aus Wien stammende k. Rittermeister a. D. Karl von Ostini [1830-1895]), beim wagnertreuen »Orden vom heiligen Gral« und bei der Künstlergesellschaft »Allotria« (Vorsitzender Franz von Lenbach). Hier traf Bruckner u. a. die Maler Franz von Defregger, Hermann Kaulbach, Lenbach und Fritz von → Uhde, die Dichter Paul Heyse und Karl Stieler, den Kunstschriftsteller Konrad Fiedler, die Hofkapellmeister Levi und Franz Fischer sowie (Fritz und Karl?) von Ostini. Bei diesem Aufenthalt schuf Kaulbach ein Brustbild von Bruckner, Uhde skizzierte dessen Kopf für sein Gemälde »Das Abendmahl« (1886) und Edgar Hanfstaengl fertigte zwei Porträtphotographien an. Am 14. 3. spielte das Walter-Quartett – Konzertmeister Benno Walter (1847-1901), Michael Steiger (tätig 1872-1912), Anton Thoms

Bruckner. Photographie von Franz Hanfstaengl, München 1885 (IKO 18)

(1858-1888) und Franz Bennat (1844-1913, kompositorischer Nachlaß in der Bayerischen Staatsbibliothek) mit Johann Wihan (1855-1920) – im Hause Fiedlers Bruckners *Streichquintett*. Die öffentliche Aufführung am 31. 3. im Großen Konzertsaal des Museums konnte Bruckner nicht mehr hören. Levi, Fiedler und der hessische Gutsbesitzer Waldemar Graf Oriola (1854-1910) stifteten 1000 Mark zur Subskribierung der *Siebenten Symphonie*.
6. – 8. 4. 1886 anläßlich der bejubelten Erstaufführung des *Te Deum* unter Levi. Am 6. 4. Besuch bei Heyse, am 8. 4. erneute Aufführung des *Streichquintetts* bei Fiedler. Bei einer Probe zum *Te Deum* stellte Levi Bruckner der Herzogin → Amélie in Bayern vor;
4. 8. 1886 kurzer Aufenthalt am Bahnhof auf der Rückfahrt von Bayreuth, zusammen mit August → Stradal und dem ungarischen Musikverleger Nandor Taborszky, vor der Weiterfahrt nach Zell am See.
In Abwesenheit Bruckners dirigierte Franz Fischer für den erkrankten Levi am 10. 12. 1890 die *Vierte Symphonie*, Levi selbst am 3. 2. 1893 die *Dritte* und am 27. 5. im zweiten Konzert des Tonkünstlerfestes 1893 das Adagio der *Siebenten*. Nach Erhalt der Partitur der *Achten Symphonie* im September 1887 hatte er sich nicht imstande gesehen, sie in der ihm vorliegenden Form aufzuführen, was die erst 1890 abgeschlossene Neufassung durch Bruckner zur Folge hatte. Heinrich Porges (1837-1900) führte mit seinem 1886 gegründeten Chorverein am 1. 12. 1888 Bruckners *Ave Maria* (WAB 6) auf.
1868 und 1871 hatte der sich in seinem Vaterland verkannt fühlende Bruckner sogar erwogen, in München, das er einmal seine »künstlerische Heimat« nannte, eine Stellung zu erlangen – zunächst »als Hoforganist oder Vize-Hofkapellmeister« (über eine angestrebte Fürsprache Bülows), später als Lehrer, was er aber trotz eines eigens von → Hellmesberger erbetenen Zeugnisses nicht weiter betrieb.
Zwei Kompositionen Bruckners sind Angehörigen des Hauses Wittelsbach in München gewidmet: das *Streichquintett* Herzog Max(imilian) Emanuel in Bayern (1884) und die *Siebente Symphonie* König → Ludwig II. (1886).
Noch nicht näher ermittelt sind Bruckners flüchtige Münchner Bekanntschaften: Cäthi Ernst, die Bruckner eine Photographie sandte, Kathi Hirsch und eine Dame namens Eckel (aus der Familie des Weinhändlers Heinrich Eckel?).
Münchner Kritiker, die sich frühzeitig für Bruckner einsetzten, waren Heinrich Porges, Fritz von Ostini, Theodor Goering (1844-1907), Paul Marsop (1856-1925) und Rudolf → Louis, der auch die erste große Bruckner-Monographie (1905) schrieb. Bedeutende Bruckner-Dirigenten in München nach Levi und Fischer waren Ferdinand Löwe, Felix → Mottl, Siegmund von → Hausegger, Domkapellmeister Ludwig Berberich, Hans Knappertsbusch, Oswald Kabasta, Hans Rosbaud, Eugen Jochum, Kurt Eichhorn, Sergiu Celibidache. München zählte zu den ersten Städten mit Bruckner-Aufführungen in zyklischer Form: 1910/11 (Franz Schalk), 1931/32 (Hausegger, Jochum, Knappertsbusch, Heinrich Laber, Franz Moißl), 1946/47 (Rosbaud). Münchner → Brucknerfeste: Erstes Brucknerfest 30. 1. – 21. 2. 1905 (Max Erdmannsdörfer, Löwe); Brucknerfeier 25. 9. – 1. 10. 1924 (Löwe, Berberich, Hanns Rohr); 1. Internationales Brucknerfest 27. – 31. 10. 1930 (Schalk); 2. Internationales Brucknerfest Herbst 1933 (Hausegger, Knappertsbusch, Berberich, Alfons Singer). Bahnbrechend für die Rückbesinnung auf die im Manuskript vorliegenden Partituren und gegen die → Bearbeitungen durch Freunde und Schüler war die Uraufführung der (noch nicht ganz bereinigten) »Originalfassung« der *Neunten Symphonie* durch Siegmund von Hausegger am 2. 4. 1932. RM

Lit.: Heinrich Bihrle, Die musikalische Akademie München 1811-1911. München 1911, passim; Max Auer, A. Bruckner und München, in: Bruckner-Blätter 2 (1930); Friedrich Eckstein, Mit Bruckner in München, in: Die Propyläen 27 (1930, zum Teil ungenau); Paul Ehlers, Der Münchner Dirigentenkreis und Bruckner, ebenda; Göll.-A. 3/1-2, 4/1-4; Wilhelm Zentner, A. Bruckner und München, in: Der Baiern-Kalender 1948. München 1948; Leopold Nowak, A. Bruckner und München, in: Die Münchner Philharmoniker 1893-1968. Hrsg. Alfons Ott und Wolfgang Faehndrich. München 1969; Jugendstil-Musik? Münchner Musikleben 1890-1918. Ausstellung 19. 5. – 31. 7. 1987. Bayerische Staatsbibliothek. Wiesbaden 1987, passim; Uwe Harten, Zu A. Bruckners letztem Münchner Aufenthalt, in: Studien zur Musikwissenschaft 42. Tutzing 1993; Dietmar Holland, »... und gilt nur in späteren Zeiten.« Der Weg zu den Original- und Frühfassungen der Symphonien A. Bruckners. Aus der Bruckner-Tradition der Münchner Philharmoniker, in: 100 Jahre Münchner Philharmoniker. Hrsg. Gabriele Meyer. München 1994; Robert Münster, Eine »Bruckner-Orgel« in Halsbach/Oberbayern, in: IBG. Studien & Berichte. Mitteilungsblatt 45, Dezember 1995.

Musikalischer Versuch (WAB 93) »Es blühten wunderschön auf der Au«

Kantate für vier- und achtstimmigen gemischten Chor, Sopran-, Alt-, Tenor-, Baß-Solo und Klavier in D-Dur; drei jeweils autograph überlieferte Fassungen (A, B, C), die dritte als → *Ver-*

gißmeinnicht (Eingangschor, »Munter« [B]; Sopran-Rezitativ; Sopran- und Alt-Arie, »Andante« [B]; Sopran-Alt-Duett, »Allegro« [A, B]; Solo-Quartett, »Adagio« [B]; Tenor-Baß-Duett, »Moderato« [A], »Andante« [B]; Schlußchor a cappella, »Andante« [A, B])
Text: Autor unbekannt
EZ: 1. Fassung (A) vor dem 27. 5. 1845, 2. Fassung (B) Mai/Juni 1845, jedoch vor dem 21. 6., jeweils in → Kronstorf
W: »Zum hohen Namensfeste« von Pfarrer Alois Knauer, Kronstorf (nur B)
UA: Angaben fehlen; eine allfällige Wiedergabe von B erfolgte am Namenstag des Widmungsträgers, dem 21. 6., oder am Vorabend in Kronstorf
Autograph: ÖNB-MS (A und B), früher Karl → Aigner, → St. Florian
NGA: Band XXII/1 (Franz Burkhart, Rudolf H. Führer, Leopold → Nowak, 1987)

Die für 27. und 28. 5. 1845 angesetzte Lehrbefähigungsprüfung (»Lehrer-Konkursprüfung«) ließ das Ende der Kronstorfer Zeit für Bruckner als absehbar erscheinen. Er wollte dem ihm wohlgesinnten dichterisch veranlagten Ortspfarrer Alois Knauer (1804-1877) ein selbstgefertigtes Abschiedsgeschenk bereiten. Der vollständige Titel lautet: *Musikalischer Versuch nach dem Kammer-Styl über ein kurzes Gedicht für Sänger mit Begleitung des Pianoforte* (bei B unwesentlich verändert). In A ist die erste Niederschrift zu sehen, auf der sich Bruckner unter seinem Namenszug als »Cand[idatus]« der Lehrbefähigungsprüfung bezeichnete. B ist die am Namenstag ausgehändigte Reinschrift. Die Unterschiede zwischen beiden Partituren sind »nicht sehr bedeutend«.
Die Aufteilung der elf gleichförmigen Text-Strophen auf sieben Sätze (gemischter Chor, Rezitativ, Arie, zwei Duette, Quartett, a cappella Chor) in Kantatenform verstärkt die Anschaulichkeit der Handlung. Die Partitur zeigt satztechnische Geschicklichkeit, Sinn für Tonmalerei und Deklamation. Warum Bruckner für dieses Werk – war es mehr Namenstags- oder Abschiedsgeschenk? – den rührselig-traurigen Text wählte, ist schwer verständlich. Vielleicht spielten die im letzten Vers enthaltenen Worte »Vergiß mein nicht« eine Rolle? FZ

Lit.: Göll.-A. 1, S. 280-313; Nowak, Über A. Bruckner, S. 249-253.

Der Musikant Gottes
1) Theaterstück von Victor Léon und Ernst → Decsey. Uraufführung 1924 in Klagenfurt, an anderen Bühnen (u. a. im Wiener Stadttheater) mit großem Erfolg nachgespielt. Erster Hauptdarsteller war Wilhelm Klitsch (1882-1941).
Mit den »Vier volkstümlichen Bildern aus dem Leben A. Bruckners« und Musikeinlagen aus Bruckner-Werken schufen die Autoren auf der Grundlage eines Feuilletons von Decsey ein populäres, triviales Porträt. Dem Erfolg im deutschsprachigen Raum standen auch heftige kritische Stimmen gegenüber. Der Handlungsablauf basiert auf historisch unrichtigen Details und liefert ein Klischeebild des naiven, tolpatschigen, ländlichen und tiefgläubigen Komponisten. Schon der erste Auftritt der Hauptfigur zeigt deutlich diese Tendenz: »Bruckner (kommt durchs Tor: Lodenanzug, lange Hose. Joppe, breiter Hut mit breitem, grünem Band; er ist etwa 30 Jahre, sieht aber jünger aus; frisch, derb, gemütlich, offenherzig, naiv, unterwürfig und von katholischer Frömmigkeit): »Gloria in excelsis Deo!«
Aus einem Artikel Decseys über die Entstehungsgeschichte (1924) geht der bewußte Wille zur Popularisierung hervor. Es wurden dabei bestimmte Muster zu einem kompakten, leicht faßlichen Bild gepreßt, das konservativ-katholischen Strömungen in den zwanziger Jahren entgegenkam und insgesamt die Popular-Rezeption Bruckners nachhaltig stark beeinflußte.
Ausgabe: Der Musikant Gottes. Vier volkstümliche Bilder aus dem Leben A. Bruckners von Victor Léon und Ernst Decsey. Musik aus Kompositionen von A. Bruckner (Tagblatt-Bibliothek 107/108). Wien 1924.
2) Das vom Theaterstück namentlich herleitbare Klischeebild als populäre Formel ist bis heute noch im Schrifttum vorhanden und stützt sich auf bestimmte biographische Prämissen (Gebetsaufzeichnungen, Aussprüche, Verhaltensweisen). Von Freunden und von der Nachwelt – größtenteils aus apologetischen Gründen – übersteigert bzw. manipuliert, entstand ein metaphysisch getöntes, bequem rezipierbares Künstlerbild.
Von der neueren Forschung wird die Steuerung dieses Bildes schon durch Bruckner selbst hervorgehoben. Besonders gefährlich und mißverständlich erweist sich der »Musikant Gottes« in seiner Anwendung auf das musikalische Schaffen (z. B. die Auffassung der Symphonien als

»Sprossen einer Himmelsleiter«: Göll.-A. 4/1, S. 565). Eine einseitige weltanschauliche Fixierung erweist sich dabei nicht bloß als unhaltbar, sondern verstärkt im scheinbaren Wissen um den Komponisten Widerstände gegen das Werk.

EWP

Lit.: E. Decsey, Wie der »Musikant Gottes« entstand, in: Neues Wiener Tagblatt 26. 1. 1924; Leopold M. Kantner, Die Frömmigkeit A. Bruckners, in: A. Bruckner in Wien; Theophil Antonicek, Ein neues Bruckner-Bild?, in: Bruckner-Vorträge Budapest; Erich Wolfgang Partsch, A. Bruckner als Bühnenheld. Zur Popular-Rezeption Bruckners in Léon-Decseys Theaterstück »Der Musikant Gottes«, in: IBG-Mitteilungsblatt Nr. 31, Dezember 1988; ders., Der Musikant Gottes – Zur Analyse eines Stereotyps, in: Bruckner – skizziert.

Musikkritik

Ein bis heute nicht ausrottbares Vorurteil der Musikgeschichtsschreibung betrifft die Verfolgung Anton Bruckners durch die zeitgenössische Musikkritik unter der Führung des Anti-Wagnerianers Eduard → Hanslick. Dafür ist zweifellos Bruckner selbst verantwortlich, der die Position Hanslicks persönlich nahm, vor allem aber auch jene Brucknergemeinde, die – mehr oder weniger ident mit der Wagnergemeinde – der Haltung Hanslicks mit Haß und Verleumdung begegnete und seine Kritiken durch Herausnahme einiger Stellen aus dem Kontext zu jenen Belegstellen der Ablehnung manipulierte, die bis heute das Bruckner-Schrifttum durchziehen und vor allem in Konzerteinführungen und ähnlichen knappen Zusammenfassungen in der Sympathiewerbung für das verfolgte Opfer eingesetzt werden.

Tatsächlich war die Musikkritik zu Bruckners Zeit (die ernsthafte Auseinandersetzung mit seinen Werken erfolgte erst seit den drei Messen in den 1860er Jahren) ein Resultat der 1848 errungenen Pressefreiheit (→ Pressewesen), die das Bewußtsein des Kritikers auf die individuelle Sicht, seine eigene Bildung und die persönliche Einschätzung des von ihm Gehörten stellte. Voraussetzung dafür war ein allgemeines hohes musikalisches Wissen (nicht zufällig war Hanslick auch der erste Professor für Musikästhetik der → Universität Wien), und die Kritiker versuchten in einer Art geistesgeschichtlicher Einschätzung von einem rational nachprüfbaren Standpunkt aus die Bedeutung des Gehörten für die allgemeine Musikgeschichte darzustellen.

Hanslick entwickelte einen geistreichen, scharf plastischen Feuilletonstil, wie er auch der Titelseite, auf der die Kritiken gewöhnlich erschienen, zufiel, und eine Selbstkritik, die immer wieder die eigenen Einschätzungen relativierte. Dies bestätigten ihm Ludwig Hevesi, der Feuilletonist des Fin de siècle, mit seinem Ondit der »gewiß literarischen Schätzung« ebenso wie seine Gegner im Geiste des August Wilhelm Ambros, der mit seinem Buch »Die Grenzen der Musik und Poesie« (1856) eine Gegenschrift zu Hanslicks »Vom Musikalisch-Schönen« (1854) verfaßte, oder Robert Hirschfeld, der in seiner Schrift »Das kritische Verfahren Hanslicks« (1885) die alte Musik vor Hanslicks Verdikt einer »nicht lebendig gebliebenen« Epoche retten wollte. Die entscheidende Wendung aber nahm die Wiener Musikkritik in der Analogie zur Spaltung der Musik selbst in zwei Strömungen, deren Beginn wohl in die zwanziger Jahre gesetzt werden muß und die mit dem → Nationalsozialismus und der Vertreibung des Geistigen (jener Kompositionsweise, die in der Beschäftigung mit dem musikalischen Material ihr Auslangen fand) jenen Höhepunkt erreichte, der folgenschwer bis in unsere Gegenwart weiterwirkt.

Hanslicks Richtung, der eindeutigen Stellungnahme zugunsten der Autonomie des musikalischen Materials, der er das »musikalische Hören« zuordnete, das er vom »pathologischen Hören« unterschied und das er als »vom Geist formuliertes Material« bezeichnete, gehörten auch Kritiker aus dem Brahms-Kreis, wie Ludwig → Speidel (1830-1906), Max → Kalbeck (1850-1921), Richard → Heuberger (1850-1914), Hugo Wittmann (1839-1923), Selmar Bagge (1823-1896) und Karl Eduard Schelle (1816-1882) an.

Auf der anderen Seite standen die Wiener Wagner-Freunde, die spätestens seit den siebziger

Karikatur von Theodor Zasche, undatiert (IKO 184)

Jahren immer stärker ins deutschnationale Lager wechselten und deren Aussagen – zumindest laut Eduard Hanslick – ein Teil der Schuld an der heftigen Reaktion seinerseits zugeschrieben werden muß. Zu ihnen zählten Hans → Paumgartner (1843-1896), Hugo → Wolf (1860-1903), Richard Batka (1868-1922), Wilhelm Frey (1833-1909), Theodor → Helm (1843-1920), der die Seiten gewechselt hatte, Ernst → Decsey (1870-1941), Robert Hirschfeld (1857-1914), Wilhelm Kienzl (1857-1941), Richard Specht (1870-1932) und Max Graf (1873-1958). Die Lebensdaten weisen darauf hin, daß manche Bruckner nur in ihrer Jugend kannten und erst später mit der wachsenden Bruckner-Rezeption sich für ihn einsetzten.
Die Methode der ernsthaften Auseinandersetzung mit dem Material hatte Julius Korngold (1860-1945) nach dem Tode Hanslicks herübergerettet, weil er – parallel ähnlich wie dieser – Textbücher, Klavierauszüge und Partituren studierte und aufgrund dieser Kenntnis sich mit dem Werk auseinandersetzte. Welche Haßtiraden andererseits auch möglich waren, ist aus den Arbeiten von Gustav → Dömpke (gegen Bruckner) und Camillo → Horn (gegen → Brahms) zu ersehen. Sie entsprechen einander im Aggressionspegel und in der Verächtlichmachung nahezu mit politischem Vokabular. Wahrscheinlich ist nach wie vor der Nekrolog in der »Neuen Freien Presse« vom 12. 10. 1896 die wichtigste Zusammenfassung der Beurteilungsproblematik, die der Komponist mit seiner Arbeit, aber mehr noch mit seiner Implementierung in die Wagnergemeinde zumindest mitverursacht hatte: »Anton Bruckner hatte Gegner seiner musikalischen Richtung, aber keine Feinde. Sein Tod wird eine schmerzliche, nicht leicht auszufüllende Lücke in der Wiener Musikwelt zurücklassen, welche ihn zu ihren charakteristischesten Vertretern zählte.«
Andererseits muß man sich auch darüber im klaren sein, daß der Höhepunkt dieser kulturkampfähnlichen Auseinandersetzung zwischen zwei ästhetischen Richtungen exakt in Bruckners Schaffenszeit fiel und damit die Kritiken auch im Vergleich zu späteren parteiliche Zwänge aufwiesen, die erst langsam im 20. Jahrhundert zur Individualkritik abgebaut wurden, obwohl der ästhetische Zwist im Hintergrund erhalten blieb, ja sogar in der Zeit des Nationalsozialismus zur völligen Einseitigkeit der Wagner-Partei wurde und bis heute im Untergrund schwelt. Vielleicht hat mit dieser speziellen Situation der Musikkritik auch der Umstand zu tun, daß Bruckners Werk zwar mehr und mehr, aber immer noch nicht selbstverständlich (wie die Beurteilungen zeigen) in der Rezeptionsgeschichte existiert. MW

Lit.: Gerhard Fürchtegott Wehle, A. Bruckner im Spiegel seiner Zeitgenossen. Garmisch-Partenkirchen 1964; Manfred Wagner, Vorwort zu einer Bibliographie, dargestellt an jener über A. Bruckner, in: Die Musikforschung 26 (1973); ders., Geschichte der österreichischen Musikkritik in Beispielen. Tutzing 1979; Claudia Catharina Röthig, Studien zur Systematik des Schaffens von A. Bruckner auf der Grundlage zeitgenössischer Berichte und autographer Entwürfe. Kassel 1978; Norbert Tschulik, A. Bruckner in der Wiener Zeitung. Ein Beitrag über die zeitgenössische Bruckner-Berichterstattung, in: Bruckner-Jahrbuch 1981; A. Bruckner (Musik-Konzepte 23/24). Hrsg. Heinz-Klaus Metzger und Rainer Riehn. München 1982; Bruckner-Symposion 1991 (»Bruckner-Rezeption«).

Musiktheorie

Seit dem späten 19. Jahrhundert Sammelbezeichnung für Fächer der musikalischen Satzlehre, als deren wichtigste sich Harmonielehre und Kontrapunkt in der Ausbildung an Musikschulen und Konservatorien etabliert haben. Harmonielehre behandelt Aufbau und Verbindung von Akkorden im tonalen Satz und deren Beziehung zueinander. Kontrapunkt umfaßt als Unterrichtsfach die Schichtung von gleichberechtigten Stimmen im Sinne des Intervallsatzes, weiters polyphone Satztechniken wie Kanon und fugierte Schreibweise.
Bruckner erlernte die Fugentechnik zunächst an vorgegebenen Modellen; in → Hörsching studierte er Fugen von Georg Friedrich Händel, Johann Sebastian → Bach, Michael → Haydn und Johann Georg → Albrechtsberger, in → Windhaag wiederum Werke Albrechtsbergers und angeblich Bachs »Kunst der Fuge«, während der → Kronstorfer Jahre und in → St. Florian schließlich dessen »Wohltemperiertes Klavier« (Göll.-A. 1, S. 92, 166-167 und 220-221; Haas S. 11).
Bei Johann August → Dürrnberger erhielt Bruckner 1840/41 die erste systematische Unterweisung in Harmonielehre. Aus Dürrnbergers »Elementar-Lehrbuch der Harmonie- und Generalbaßlehre«, das laut Untertitel »als Leitfaden zu den öffentlichen Vorlesungen« diente, gehen Umfang und Anordnung des Lehrstoffs hervor. Einem umfangreichen theoretischen Teil folgt ein dem Generalbaßspiel (→ Generalbaß) gewidmeter praktischer Anhang. Ähnlich wie Marpurg (dessen »Handbuch bey dem Generalbasse und der Composition« zu studieren Dürrnberger

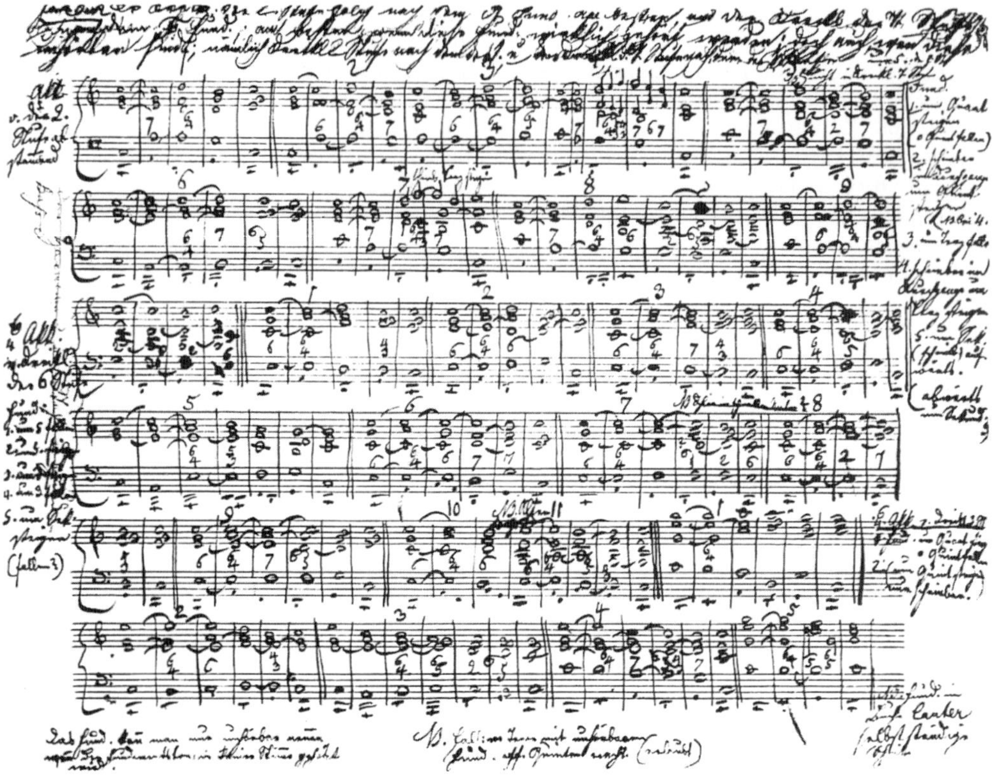

Aus den Harmonielehre-Aufgaben Bruckners bei Simon Sechter

seinem Schüler Bruckner empfahl und ermöglichte, s. Göll.-A. 1, S. 200) beschränkt sich der Autor auf einen Teilbereich der Theorie Jean-Philippe Rameaus. Das Prinzip der Akkordumkehrungen (»Verwechslung«, »Umwendung«), das erlaubt, sämtliche Klänge auf wenige Stammakkorde zurückzuführen, wird breit ausgeführt, während dessen logische Ergänzung, die Lehre vom Fundamentalbaß, ausgeklammert bleibt. Nach dem Vorbild Marpurgs schafft Dürrnberger auch für solche Akkorde im harmonischen System Platz, die sich einfacher als Resultat der Stimmführung, als Durchgangs- oder Vorhaltsakkorde, erklären lassen.

Simon → Sechter macht sich dagegen Johann Philipp Kirnbergers Unterscheidung von Akkord- und Stimmführungsdissonanzen zunutze. Indem er »zufällige« oder »gekünstelte« Akkorde als Phänomene der Stimmführung aus dem harmonischen System ausschließt, findet er mit zwei Arten von Stammakkorden, Dreiklängen und Septakkorden, das Auslangen. Selbst die Non in »Septnonaccorden« wird von Sechter als ein die Oktave vertretender Vorhalt verstanden, der erst nach dem Wechsel des Fundaments aufgelöst werden muß. Marpurg und Dürrnberger kennen darüber hinaus noch Undezimen- und Tredezimenakkorde samt deren Umkehrungen, Intervallkonstellationen, in denen nach Sechters Auffassung Akkordtöne mit Vorhalten oder Durchgangstönen zusammentreffen.

Die neue Qualität, die Bruckner an Sechters Lehre bewunderte, besteht neben der Differenzierung der Dissonanzen in harmonische und melodisch-kontrapunktische Phänomene vor allem darin, daß Sechter im Anschluß an Rameau ein System möglicher Akkordfortschreitungen entwirft. Das zentrale Axiom der Fundamentalbaßtheorie besagt, daß Akkordaufbau und Akkordprogression auf denselben beiden Intervallen beruhen, Terz und Quint. Die Folge der Akkordgrundtöne bestimmt die Art der Klangverbindung, in welcher Vorbereitung und Weiterführung der einzelnen Akkordtöne genau festgelegt sind. Der »Schlussfall« V–I bildet als wichtigste Akkordfolge das Modell für sämtli-

che Verbindungen mit fallendem Quintsprung im Fundament wie auch für solche mit »scheinbar« steigendem Sekundschritt, die durch Interpolation eines »Zwischenfundaments« auf das Modell zurückgeführt werden.
Bruckners eigene Lehrtätigkeit lehnte sich in Inhalt und Aufbau eng an sein mehrjähriges Studium bei Sechter an. Der Fundamentalbaßtheorie, deren Wiener Tradition Bruckner der Generation von Arnold Schönberg und Heinrich Schenker vermittelte, widmete er im Unterricht den größten Raum. Für ähnlich ausführliche Kontrapunktübungen, in denen die Fuxsche Gattungslehre, ein- und mehrfacher Kontrapunkt, Kanon und Fuge – nach Sechters Vorbild stets unter Zugrundelegung von harmonischen Fundamenten – behandelt wurden, blieb nur im Privatunterricht genügend Zeit, während dieser Bereich der Satzlehre in den Vorlesungen an der → Universität lediglich gestreift wurde.
Die Deutung der Akkorde aus ihrem unmittelbaren Kontext heraus – die Funktion eines Klanges ergibt sich aus seiner Weiterführung –, die Herleitung der Chromatik aus der Diatonik und die Annahme einer falschen Quint über der II. Stufe in Dur gehören zur geistigen Hinterlassenschaft Sechters, dessen Autorität in musiktheoretischen Belangen Bruckner immer wieder betonte. Indem Bruckner zur Herleitung von Zusammenklängen die Stimmführung in viel geringerem Ausmaß als sein Lehrer heranzieht, entfernt er sich von dessen Position allerdings in wesentlichen Punkten. Im Gegensatz zu Sechter interpretiert er den Vorhaltsquartsextakkord als bloße Dreiklangsumkehrung, und er akzeptiert Nonen- sowie gelegentlich auch Undezimen- und Tredezimenakkorde als selbständige Klänge. Bruckner greift dadurch einerseits auf Dürrnberger und die Marpurg-Tradition zurück und weist andererseits auf Schönbergs Polemik gegen sogenannte »harmoniefremde« Töne und die Idee einer allmählichen Emanzipation der Dissonanz voraus.
Eine musiktheoretische Schrift Bruckners unter dem Titel »Chromatische Anmerkungen« ist erhalten geblieben (New York Public Library, MNZ – Toscanini Memorial Collection). Art und Umfang seines Unterrichts lassen sich aus Berichten und Vorlesungsmitschriften seiner Schüler Viktor Christ, Ernst → Decsey, Friedrich → Eckstein, Karl Heissenberger, Friedrich → Klose, Rafael → Loidol, Johann Müller, Josef → Schalk, Richard Schultz, Ernst → Schwanzara, Carl Speiser und Josef → Vockner erschließen. ME

Lit.: Friedrich Wilhelm Marpurg, Handbuch bey dem Generalbasse und der Composition. Berlin 1755-1758; Johann August Dürrnberger, Elementar-Lehrbuch der Harmonie- und Generalbaßlehre. Linz [1841]; Simon Sechter, Die Grundsätze der musikalischen Komposition. Leipzig 1853-54; Robert Haas, A. Bruckner. Potsdam 1934; A. Bruckner, Vorlesungen über Harmonielehre und Kontrapunkt an der Universität Wien. Hrsg. Ernst Schwanzara. Wien 1950; Ernst Tittel, Bruckners musikalischer Bildungsgang, in: Bruckner-Studien 1964; Robert Wason, Viennese Harmonic Theory from Albrechtsberger to Schenker and Schoenberg. Ann Arbor 1985, 2. Aufl. Rochester, NY, 1995; Carl Dahlhaus, Die Musiktheorie im 18. und 19. Jahrhundert 2: Deutschland. Hrsg. Ruth E. Müller. Darmstadt 1989; Rudolf Flotzinger, Zur Bedeutung des Selbststudiums in Bruckners musikalischer Ausbildung, in: Bruckner-Symposion 1988; Andrea Harrandt, Harmonielehreunterricht bei Bruckner – Zu zwei neuaufgefundenen Vorlesungsmitschriften, in: Bruckner-Symposion 1988; dies., Eine unveröffentlichte Vorlesungsmitschrift. Karl Heissenberger als Theorieschüler Bruckners an der Universität, in: Bruckner-Jahrbuch 1991/92/93.

N

Nachglück (WAB deest) »Wenn die Sonne niedersank«

Lied für Singstimme und Klavier in C-Dur, Kompositionsübung
EZ: »H[eilige] Nacht anno [1]861« in → Linz
Autograph: → Kitzler-Studienbuch S. 19

Lit.: Hawkshaw, The Manuscript Sources.

Nachlaß

Bruckners Hinterlassenschaft wurde seinen letztwilligen Verfügungen entsprechend verteilt: Zu diesem Ergebnis kam Rolf Keller nach genauer Untersuchung der vorhandenen Dokumente, insbesondere des → Testaments, mit dem Bruckner für eine sinnvolle Aufteilung seines Nachlasses gesorgt hatte, und resümiert weiter, daß es keinen Streit, Ärger oder Feindschaft unter den Erben seiner persönlichen Habe und seines Barvermögens gegeben habe. Wohl aber stellte – und stellt noch heute – das Vorgehen des Testamentsexekutors Dr. Theodor Reisch hinsichtlich der wertvollen Notenhandschriften die Fachwelt vor nicht unerhebliche Probleme und hat in der Vergangenheit sogar zu »Streit und Ärger«, bis hin zu gerichtlichem Vorgehen, geführt.
In der »Todesfalls-Aufnahme« durch Victor Czerny, Dr. Theodor Reisch und zwei Zeugen werden drei Kategorien von Hinterlassenschaft angeführt:

1. Vermögen: Bruckner starb als vermögender Mann; das von ihm hinterlassene Barvermögen betrug 16 891,55 fl, verteilt auf zwei Depositenscheine der Österreichisch-ungarischen Bank (zusammen 10 600 fl), acht Sparbücher bei der Ersten Österreichischen Sparkasse (zusammen 5 576,55 fl) und drei Guthaben bei der k.k. priv. Allgemeinen Österreichischen Bodencredit-Anstalt (zusammen 315 fl) sowie einen Schuldschein über 400 fl zu Lasten von Johann → Hueber und seiner Frau Rosalia, geb. → Bruckner, der Schwester des Verstorbenen.

2. Persönliche Habe: An Schmuckstücken hinterließ Bruckner zwei Taschenuhren (darunter eine kleine schwarze Damenuhr, »Mohrl« genannt), eine goldene Tabaksdose, das Ritterkreuz des Franz Joseph-Ordens en miniature am Kettchen (der große Orden mußte nach dem Tod des Trägers zurückgegeben werden, → Ehrungen), eine goldene »chiffrirte« Krawattennadel (die »Brillantnadel« Herzog → Max Emanuels in Bayern) und einen goldenen Ring mit Smaragd (den Doktorring, → Ehrendoktorate), an weiteren Wertgegenständen eine Pendeluhr, den 1848 von Franz → Sailer geerbten Bösendorfer-Flügel (→ Instrumente Bruckners), ein Kruzifix aus Ebenholz mit einem Corpus aus Elfenbein, das von ihm sehr geschätzte Messingbett, die ihn jeweils als Halbfigur darstellenden Ölgemälde von Heinrich Ebeling (IKO 11) und von Ferry → Bératon (IKO 32), die von Viktor → Tilgner stammende Büste (IKO 55, → Ikonographie) und schließlich Bücher, Möbel, »Leibeskleidung« und Wäsche (wovon der größte Teil an den Bruder, Ignaz → Bruckner, ging). Nicht näher angeführt im Schriftstück sind die vielen kleineren Gebrauchsgegenstände (Geldbörse, Schreibzeug, Radier- und Rasiermesser, Schnupftabaksdose etc.), die sich bis heute in → St. Florian und in Privatbesitz erhalten haben.

3. Manuskripte: »In 2 Wandschränken und 1 Kiste fanden sich diverse Original-Manuscripte und Copiatüren von Bruckner'schen Compositionen vor«, setzt die »Todesfalls-Aufnahme« fort. Die → Autographe »aus der letzten Zeit« Bruckners seien an den Testamentsexekutor »behufs Sichtung« übergeben, die übrigen »in den Wandschränken aufbewahrt und diese mit dem Siegel des Obersthofmarschallamtes verschlossen« worden. Hier setzt ein fatales Mißverständnis ein, denn Reisch meinte, in Bruckners Sinn zu handeln, wenn er nur die jeweils letzten → Fassungen der Werke der Hofbibliothek (→ Österreichische Nationalbibliothek) übergab. Die anderen Manuskripte, darunter auch Motetten, verteilte er in gutem Glauben an Bruckners Freunde und an Verehrer des Meisters. Vermutlich hatte diese Zerstreuung eines Teils vom musikalischen Nachlaß als »Andenken« für Trauergäste aber schon in den Tagen vor der Versiegelung der Schränke eingesetzt. Auch zum Zeitpunkt von Bruckners Tod Entliehenes blieb außer acht. Die überaus komplizierte

Quellenlage im Falle Bruckners ist zum größten Teil mit diesem Vorgehen zu erklären. Noch heute tauchen so vereinzelt Manuskripte mit dem Vermerk »aus Bruckners Nachlaß« auf, darunter auch einzelne Seiten, die z. B. aus seinen → Taschen-Notizkalendern herausgerissen worden waren. Und noch bis 1926 kam es zu unliebsamen, teilweise vor Gericht ausgetragenen Vorfällen wie beim Autograph der *Messe in f-Moll*, das die ahnungslose Besitzerin vor einem Verkauf nach Amerika ausgerechnet der Musiksammlung der Österreichischen Nationalbibliothek, der rechtmäßigen Erbin, für eine Expertise vorlegte und das vom Direktor Robert → Haas kurzerhand »beschlagnahmt« wurde. In allen Fällen kam es aber bisher zu einer gütlichen Lösung – ausgenommen beim → Kitzler-Studienbuch, dessen Besitzerin es seit Jahrzehnten der Forschung kaum zugänglich macht. EM

Lit.: Rudolf Donath, Die Verlassenschaft A. Bruckners, in: Neues Wiener Tagblatt 20. 7. 1928; Rolf Keller, Die letztwilligen Verfügungen A. Bruckners, in: Bruckner-Jahrbuch 1982/83.

Nachruf (WAB 81) »Vereint bist, Töneheld und Meister«

Vierstimmiger Männerchor mit Orgel in c-Moll, »Maestoso«
Text: Heinrich von der Mattig (→ Textdichter)
EZ: am 19. 10. 1877 vollendet
W: Josef → Seiberl zum Gedenken
UA: 28. 10. 1877 in → St. Florian (Musikchor der Stiftskirche; → Männergesang-Verein »Sängerbund«, Max Brava)
Autograph: Washington, Library of Congress
ED: (als *Trösterin Musik*, siehe dort)
NGA: Band XXIII/2 (in Vorbereitung)

Der Chorsatz, zum Andenken an den am 10. 6. 1877 verstorbenen Freund Josef Seiberl komponiert, nimmt Rücksicht auf die Leistungsfähigkeit und die überkommene Stilart der Liedertafeln. Die Orgel setzt erst in T. 31 (*ff*, »in pleno«) ein, die Singstimmen folgen dem Orgelklang und verklingen im *ppp*.
1886 schrieb August Seuffert auf Veranlassung Rudolf → Weinwurms einen neuen Text (→ *Trösterin Musik*). AH

Lit.: Göll.-A. 2/1, S. 265 f., 4/1, S. 454-457.

Nachspiel für Orgel in d-Moll (WAB 126)

EZ: um 1846 oder später
W: Ignaz → Traumihler, Regens chori im Stift → St. Florian
UA: ?
Autograph: Musikverlag Anton Böhm & Sohn, Augsburg
ED: »Zwei Orgelstücke. 1. Vorspiel, 2. Nachspiel (Fuge)«. Augsburg-Wien, Anton Böhm & Sohn 1927 (Josef Gruber; ohne die originalen Generalbaßziffern)
NGA: Band XII/6 (Erwin Horn, in Vorbereitung)

Das Autograph, aus dem Nachlaß Josef → Seiberls von Josef Gruber 1928 dem Musikverlag Anton Böhm & Sohn in Augsburg zur Aufbewahrung übergeben, galt nach der kriegsbedingten Zerstörung des Verlagsgebäudes als verschollen. Auf Nachfragen bestätigte der derzeitige Verlagsinhaber im Jänner 1996, daß Bruckners Autograph – durch Brandhitze (1944) leicht beschädigt – im Tresor der Firma aufbewahrt wird (zusammen mit Autographen zu *Amaranths Waldeslieder* und Chorstimmen zum *Festlied*). Das am Anfang mit »A. B.« (unsicher) signierte undatierte Manuskript (ein Blatt) enthält auf der Vorderseite dieses 82taktige *Nachspiel*; der Schluß steht auf der Rückseite. Angefügt ist noch ein kürzeres *Andante* WAB 130.
Max → Auer vermutet als Entstehungszeit 1852 (kurz nach Amtsantritt von Ignaz Traumihler), gibt im chronologischen Werkverzeichnis aber 1846 an. Stilistische Gründe sprechen mehr für diese Datierung. Das *Andante* dürfte kaum nach *Vorspiel und Fuge in c-Moll* von 1847 entstanden sein, die harmonisch kühner sind. Das *Nachspiel* zeigt dagegen eine formale Struktur, die eine Entstehung auch nach 1847 als denkbar erscheinen läßt (vgl. den Stil der 1861 geschriebenen *Fuge in d-Moll*).
Das zweiteilige *Nachspiel* besteht aus Introduktion und Fugato mit abschließender Kadenz. Das Fugato-Thema entspricht einem geläufigen vor-Bachschen Modell (notengleich schon von Georg Muffat und Johann Pachelbel verwendet). Im freien Umgang mit kontrapunktischen Elementen deutet sich die kommende Stilrichtung an. Die → Satztechnik löst sich vom Nahziel, eine »schulmäßige Fuge« (Auer) zu konstruieren; der »obligate Kontrapunkt« entbindet sich vom Zwang geregelter Mechanismen, gewinnt Freiheiten, die ganz im Dienst einer inneren Dynamik auf den Höhepunkt hin stehen. EH

Lit.: Göll.-A. 3/1, S. 535 f.; Erwin Horn, Revisionsbericht, in: NGA Band XII/6.

Nancy

Hauptstadt des französischen Départements Meurthe-et-Moselle, Handels- und Kulturzentrum Lothringens. Bis 1735 Herrschaftsgebiet des Herzogs Franz Stephan von Lothringen (1708-1765), des Gemahls von Kaiserin Maria Theresia (1717-1780). Einwohnerzahl 1872: 53 000; 1995: 96 300. Anstelle der baufälligen Basilika St. Epvre aus dem 14./15. Jahrhundert mit Grabstätten der lothringischen Herzöge ein neogotischer Neubau nach Plänen des Stadtarchitekten Mathieu Prosper Morey, der offensichtlich auch den Orgelprospekt entwarf. Preisgekrönte → Orgel des Hauses Merklin & Schütze, die durch den Pfarrer Joseph Trouillet von der Pariser Weltausstellung 1867 nach St. Epvre gelangte.

Auf Anraten Eduard → Hanslicks, der Bruckner als Organist sehr schätzte, wurde dieser anstelle des dazu nicht bereiten Hoforganisten Rudolf → Bibl als Kommissionsmitglied zur Abnahme der Orgel und zu Konzerten nach Nancy entsandt. Expertisen und Berichte über die Orgel liegen vor u. a. von François Joseph Fétis (Berichterstatter der Jury) und Hanslick (Mitglied der Jury). Letzterer, der zugegebenerweise nicht viel von Orgelbau verstand, dürfte insbesondere von Fétis informiert worden sein. Pfarrer Trouillet hatte sich wegen der historischen habsburg-lothringischen Beziehungen wohl durch den am Neubau beteiligten Glasmaler Carl Geyling (Brief im bischöflichen Archiv) an den Wiener Hof gewandt. Bruckner reiste am 24. 4. 1869 von → Wien ab.

Nach vorverlegter Abnahme am 27. 4. 1869 fand am 28. 4. das erste Konzert statt – ohne gedrucktes Programm, lediglich ein handgeschriebener Vorschlag des Lütticher Kanonikus Théodore Joseph Devroye ohne Nennung der Künstler ist im bischöflichen Archiv überliefert. Der Lokalzeitung »Espérance« zufolge spielte Bruckner »Präludium und Fuge cis-Moll« aus J. S. → Bachs »Wohltemperiertem Klavier« und eine freie Improvisation. Weitere Organisten waren Auguste Rigaux (Titularorganist), Alphonse-Charles Renaud de Vilbac (St. Eugène, Paris, sehr geschätzter Vorführ-Organist des Hauses Merklin & Schütze), Heinrich Oberhoffer (Domkapellmeister, Luxemburg), Théophile Stern (Organist aus Straßburg) und Louis Girod (belgischer Jesuitenpater und Orgelforscher).

Das zweite Konzert anläßlich der »Inauguration du Grand Orgue de Saint-Epvre de Nancy« vom 29. 4. 1869 hatte ein gedrucktes Programm (vgl. Göll.-A.). Neben Vokalkompositionen waren wieder die Organisten des Vortages (mit Ausnahme von Rigaux, Girod und Oberhoffer) und

Prospekt der Orgel von St. Epvre in Nancy. Stich

dazu L. A. Jessel und Charles François Caspar (beide Lunéville), Pfarrer F. Wagner (Niderviller), Henri Hess (Nancy), Hippolyte Joseph Ply (Soissons), Louis Ernest Duval (St. Jacques, Reims) sowie Charles Marteaux (Pont-à-Mousson) zu hören. Bruckner übertraf alle, die mehr oder weniger entweder im cäcilianisch-strengen oder zum Salonhaften neigenden Stil zu hören waren, mit einer Improvisation über die österreichische → Kaiserhymne. Aufgrund unsachgemäßer Übersetzung von »concours« (hier: Mitwirkung) wurde er in den meisten deutschen Berichten fälschlich als Sieger eines »Wettbewerbs« gefeiert.

Die preisgekrönte mechanische Schleifladenorgel (3 Manuale, 44 Register) von Merklin & Schütze, mit modernsten Errungenschaften ausgestattet (Gebläse mit verschiedenem Winddruck, Barkerhebel, 15 [!] Kombinationstritten), muß Bruckner gerade bei seiner bejubelten Improvisation sehr zu Diensten gewesen sein. Das Instrument wurde in den letzten Jahren durch die Firma Haerpfer aus Boulay stilgerecht restauriert.

Auf Einladung von Merklin & Schütze reiste Bruckner am 1. 5. 1869 für mehrere Tage ins ca.

300 km entfernte → Paris weiter, u. a. um deren neueste Produktion in einem Konzert in der Montagehalle vorzuführen. Auf der Rückreise nach Wien (Ankunft dort 19. 5.) machte er noch einmal in Nancy Station, um mit dem ihn bewundernden Titularinhaber von St. Epvre, Rigaux, zusammenzutreffen.
Mehrere ausführliche Berichte in deutschen und österreichischen Blättern legten Zeugnis ab vom triumphalen Erfolg von Bruckners »Orgelreise« nach Frankreich, u. a. auch einer von Eduard Hanslick, der Bruckner zur Fahrt nach Nancy geraten hatte. Die Erlebnisse in Nancy und Paris übten einen nachhaltigen Einfluß auf Bruckner aus. In späteren Briefen hat er auch immer wieder auf seine Erfolge in Frankreich verwiesen.

JB

Quellen: Die wichtigsten zeitgenössischen französischen Musikzeitschriften des Jahrgangs 1869 sind »Revue et Gazette musicale de Paris«, »Le Ménestrel«, »La France musicale«; lothringische Lokalzeitungen 1869: »Espérance (Courrier de Nancy)«, »Journal de Meurthe et Moselle«, »Impartial de l'Est«; Lit. über die gespielten Orgeln: Cécile et Emmanuel Cavaillé-Coll, Aristide Cavaillé-Coll. Paris 1929; Emile Rupp, Die Entwicklungsgeschichte der Orgelbaukunst. Einsiedeln 1929, Nachdruck Hildesheim-New York 1981; Kurt Lueders, Die Orgel der Basilika St. Epvre zu Nancy, in: IBG-Mitteilungsblatt Nr. 13, Mai 1978, S. 7-14; Michel Jurine, Joseph Merklin, facteur d'orgues européen. 3 Bände. Paris 1991.

Lit.: Rudolf Louis, A. Bruckner in Frankreich und England, in: Die Musik 6/1 (1906/07); ders., A. Bruckner. München 1918, S. 115 ff.; Auer, Briefe; Gräflinger, Briefe; Göll.-A. 4/1, S. 81-106; Franz Grasberger, A. Bruckners Auslandsreisen, in: Österreichische Musikzeitschrift 24 (1969); Claudia Catharina Röthig, Studien zur Systematik des Schaffens von A. Bruckner auf der Grundlage zeitgenössischer Berichte und autographer Entwürfe. Kassel 1978; Josef Burg, A. Bruckners musikalische Begegnungen in Frankreich, in: IBG-Mitteilungsblatt Nr. 14, Dezember 1978, und Nr. 15, Juni 1979.

Nationalsozialismus

Die Jahre zwischen 1933 und 1945 in Deutschland spielen in der Rezeptionsgeschichte Bruckners eine besondere Rolle, auch wenn sie nicht isoliert betrachtet werden können. Zum einen sind die Ereignisse während dieser Zeit Teil einer Entwicklung, die spätestens seit Bruckners Bekenntnis zu → Wagner und seiner Vereinnahmung durch die Wagnerianer ihren Lauf genommen hatte, zum anderen wirkt diese Entwicklung über 1945 hinaus. Und weil die Bruckner-→Rezeption auch in den dreißiger und vierziger Jahren hauptsächlich eine österreichisch-deutsche Angelegenheit war, wäre es ungenau, Geschehnisse um Bruckner in Österreich bis 1938 auszuklammern.
Tatsächlich bemühten sich deutsche und österreichische Bruckner-Freunde und -Forscher von 1933 an darum, ihrem Musik-Heroen in Nazi-Deutschland Geltung zu verschaffen, nicht zuletzt aus dem satzungsmäßig in der → Internationalen Bruckner-Gesellschaft (IBG) festgelegten Bestreben heraus, dem Lebenswerk Bruckners allerorts zu dienen. Bei Hitler, Goebbels und anderen Nazi-Größen stieß man auf offene Türen, auch wenn einige Zeit verging, ehe sie den »wahren Wert« des deutsch-österreichischen Symphonikers erkannten und für ihre Zwecke zu nutzen begannen.
Das herausragende Beispiel hierfür ist die Aufstellung der Bruckner-Büste in der Walhalla bei → Regensburg, mit der der Komponist ein Jahr vor dem »Anschluß« symbolisch ins Reich »heimgeholt« wurde. Die Inszenierung dieser von Hitler vorgenommenen »Büstenweihe« lag in Goebbels' Händen, der auch die Rede dazu lieferte. Sie zeigt neben anderem (vgl. Gilliam), daß der Propagandaminister nur die Bruckner-Literatur – von der älteren bis zur jüngsten – geschickt zusammenzufassen brauchte, um den Komponisten als Prototyp des in »deutschem Blut und Boden« verankerten »Originalgenies« zu lobpreisen. Die musikalische Umrahmung dieser Feier hatte die IBG in Zusammenhang mit ihrem 8. → Bruckner-Fest zu Regensburg übernommen.
Die Anziehungskraft, die Bruckners Musik auf die Nazis ausübte – Goebbels hielt sie für »grandiose« Parteitagsmusik –, lag nicht nur in ihrer monumentalen Form und ihrem hymnisch-religiösen »Ton«, die geeignet waren, als Bestätigung der Nazi-Ästhetik und -Ideologie aufgefaßt zu werden, sondern auch in der Propagierung der sogenannten »Original-« oder »Urfassungen« der Brucknerschen Werke (Hrsg. → Haas und → Orel). Die Art der Werbung für die von »fremden Händen gereinigten« Fassungen paßte ideal zur offiziellen antisemitischen Hetze. So nimmt es nicht wunder, daß die erste → Gesamtausgabe der Werke Bruckners finanziell vom Hitler-Staat unterstützt wurde. Und es ist auch nicht auf harmlosen Professorenidealismus zurückzuführen, daß Haas im Vorwort zur Ausgabe der »Originalfassung« der *Achten Symphonie* (1939) den »deutschen Michel-Mythos« als »geschichtliche Geisteshaltung« der »großdeutschen Idee« beschwor.
Hitlers besonderes Interesse an seinem Landsmann kommt schließlich darin zum Ausdruck, daß in → St. Florian ein eigenes »Bruckner-

Bayreuth« mit Reichs-Bruckner-Orchester und -Chor entstand (als »Musikwerk des Großdeutschen Rundfunks«, vgl. Kreczi), und darin, daß der »Führer« angeordnet hatte, seinen »Heldentod« u. a. mit der Rundfunkübertragung des Adagio-Satzes der noch 1944 im Rahmen der Gesamtausgabe erschienenen *Siebenten Symphonie* am Abend des 1. 5. 1945 zu betrauern.

CB

Lit.: Unter vielen Zeitschriftenartikeln aus den Jahren 1933-1945 sei insbesondere auf die Aufsätze der Zeitschrift für Musik (Jg. 103 f. aus den Jahren 1936 f.) hingewiesen, vgl. dazu Bruckner-Bibliographie; Göll.-A. 4/4; Friedrich Heer, Der Glaube Adolf Hitlers. Anatomie einer politischen Religiosität. München und Esslingen 1968; Fred K. Prieberg, Musik im NS-Staat. Frankfurt/M. 1982; Hanns Kreczi, Das Bruckner-Stift St. Florian und das Linzer Reichs-Bruckner-Orchester (1942-1945). Graz 1986; Mathias Hansen, A. Bruckner. Leipzig 1987; »Entartete Musik«. Zur Düsseldorfer Ausstellung von 1938. Eine kommentierte Rekonstruktion. Hrsg. Albrecht Dümling und Peter Girth. 2. Aufl. Düsseldorf 1988; Joseph Wulf, Kultur im Dritten Reich. Frankfurt/M.-Berlin 1989; Christa Brüstle, »Kulturgut« A. Bruckner im Nationalsozialismus – ein Beitrag zur Rezeptionsgeschichte des österreichischen Komponisten. Magisterarbeit Frankfurt/M. 1991; Michael Meyer, The Politics of Music in the Third Reich. New York 1991; Albrecht Riethmüller, Die Walhalla und ihre Musiker. Laaber 1993; Bryan Gilliam, The Annexation of A. Bruckner: Nazi Revisionism and the Politics of Appropriation, in: The Musical Quarterly 78 (1994); Erik Levi, Music in the Third Reich. New York 1994; Christa Brüstle, Bruckners »original« Fifth Symphony: Aspects of its Reception and Use (1933-45), in: Bruckner Studies. Hrsg. Paul Hawkshaw und Timothy Jackson. Cambridge (im Druck); dies., Bruckner in Deutschland. Zur Rezeptionsgeschichte des österreichischen Komponisten zwischen 1896 und 1945 (in Vorbereitung).

Natur und Naturbildliches

Bruckner war kein Stadtmensch, sondern blieb zeitlebens emotional seiner oberösterreichischen Heimat, ihrem Milieu und ihrer Landschaft verbunden (→ Persönlichkeit). Insofern kann man ihn auch einen Naturliebhaber nennen. Jedoch ist es problematisch, von der Annahme diesbezüglicher tiefer persönlicher Eindrücke auf die Bedeutung bestimmter Passagen oder Merkmale in seinen Kunstwerken zu schließen. Allerdings sind Naturassoziationen wie in den anderen Künsten auch in der Musik des 19. Jahrhunderts etwas Übliches und Beliebtes gewesen. In Vokal- und Theatermusik lassen sich aufgrund von Texten und Szenenbildern »musikalische Naturbilder« – gerade in den von Bruckner so bewunderten Werken → Wagners – durchaus plausibel mit ihren musikalisch-satztechnischen Merkmalen (in sich bewegte, in der Melodik reduzierte, aber rhythmisch und kontrapunktisch komplexe Klangflächen, → Satztechnik), die sich von ihrer jeweiligen musikalischen Umgebung abheben, bestimmen. Auch verlief die → Rezeption symphonischer Musik zur Brucknerzeit anders als heute. Naturmetaphern waren beliebt, selbst noch, um sich negativ über eine Musik zu äußern: So warf Eduard → Hanslick Bruckner bekanntlich vor, seine Symphonien bestünden aus »Orkanausbrüchen« und »Windstillen«; für letztere wählt die heutige Fachliteratur Begriffe wie »Statik«, »Liegetonfelder« oder »leise vibrierende Klangflächen«.

Bei Bruckners Symphonien kann es demnach nur um die Vermutung gewisser Rezeptionshaltungen und einer darauf bezogenen Autorintention gehen. Dabei kann man die in der Philosophiegeschichte altvertraute begriffliche Unterscheidung zwischen natura naturata und natura naturans heranziehen. Ausdrücklich vom Autor bezeichnete Bilder einer natura naturata kommen in Bruckners Symphonien selten vor (etwa erläutert Bruckner den 1. Satz der *Vierten Symphonie* gegenüber Paul Heyse: »In der Gesangsperiode ist das Thema: der Gesang der Kohlmeise Zizipe«, Brief vom 22. 12. 1890). Einen bereits weiter gefaßten bildhaften Charakter haben die Scherzi und Trios (→ Scherzo). Einerseits mag in ihnen ein spezifischer »Ton« ländlichen Milieus sublimiert sein, andererseits enthalten sie »elementarische und groteske Züge«, die Assoziationen zu »paganen Naturreligionen«, zum Heidnisch-Dämonischen nahelegen (W. Wiora), wenngleich Bruckner selbst keine entsprechenden verbalen Hinweise gegeben hat. Ist es schon hier fragwürdig, einzelne Passagen deutend aus dem Zusammenhang herauszugreifen, wird dies bei Merkmalen, die eher dem Bereich der natura naturans assoziierbar sind, nahezu unmöglich. Gemeint sind die von Bruckner meist gewählten Symphonieanfänge in Form des »Werdens eines Themas« (nach dem Vorbild von → Beethovens Neunter Symphonie), unthematische flächige Passagen, → Generalpausen etc. So sehr sich der Hörer mit einer drängenden Aussage der Musik konfrontiert sieht, so offen bleibt – auch im historischen Kontext Bruckners (der vom christlichen Katholizismus bis zu Haltungen, die Philosophen wie Feuerbach oder Nietzsche in Worte faßten, reicht) – deren weltanschauliche Zuordnung. Die gleichen musikalischen Merkmale lassen sich ebenso auf den philosophischen Begriff der natura naturans wie auf diverse religionswissenschaftliche Begriffe (s. Wiora) beziehen und entsprechend erleben.

GG

Lit.: Walter Wiora, Über den religiösen Gehalt in Bruckners Symphonien, in: Religiöse Musik in nicht-liturgischen Werken von Beethoven bis Reger. Regensburg 1978, S. 157-184 (Nachdruck in: A. Bruckner. Studien zu Werk und Wirkung. Walter Wiora zum 30. Dezember 1986. Hrsg. Christoph-Hellmut Mahling. Tutzing 1988); Manfred Angerer, Naturbilder bei Liszt und Bruckner, in: Bruckner-Symposion 1984.

Nekrologe

Zum Tode Bruckners am 11. 10. 1896 erschienen – mit dem üblichen drucktechnisch bedingten Abstand in der Regel erst zwei Tage später – 76 Nekrologe in den österreichischen Zeitungen (→ Pressewesen), die meisten davon in → Wien, einige auch in → Linz und in anderen Provinzstädten. Sie belegen in ihrer Gesamtheit den Grundstock einer Rezeptionsgeschichte, deren wesentliche Konstanten bis heute andauern und vermutlich erst mit einer neuen Forschergeneration gebrochen werden.

Die Verfasser der Nekrologe spiegeln in ihrer Pluralität jene spezifische Sicht auf den Komponisten, die später auch die Autoren der Bruckner-Monographien auszeichnet. Freunde und Schüler, kritische Gegner und interpretatorische Zweifler, Autoren, die aus katholischer Sicht Bruckner nahestehen, wie solche, die ihn deutschnational vereinnahmen, historisch-biographische Chronisten, die Hermeneutiker und Inhaltsdeuter, Stilkritiker und Formspezialisten oder auch der Versuch der geistesgeschichtlich relevanten Zuweisung stehen im Zeitraum von knapp einem Monat in mehr oder weniger längeren Artikeln so nebeneinander wie die → Biographien der letzten hundert Jahre, vielleicht mit Ausnahme jener von Paul-Gilbert Langevin aus dem französischen Raum (Lausanne 1977) oder Lidija Grigorevna Rappoport aus Moskau (1963).

Für diesen Umstand bieten sich drei Erklärungsthesen an: daß 1. die Rezeptionsgeschichte in durchaus langsameren Veränderungen läuft, als wir dies gewöhnlich zuzugeben bereit sind; daß 2. die kulturpolitische Szene der späten 1890er Jahre sich gar nicht so wesentlich von jener hundert Jahre später unterscheidet; und daß 3. sich bislang nur jene Autoren zu Bruckner geäußert haben, die den verschiedenen Standorten zugehörig sind bzw. sich zugehörig fühlen.

Methodisch zeigt sich jedenfalls die Gewißheit, daß im 19. und wahrscheinlich auch im 20. Jahrhundert die Kompetenz der Nekrologe als gesicherte Position der Einschätzung sich im wesentlichen nicht von den Sichtweisen der Biographik unterscheidet, ja möglicherweise durch sie in einer Art »gesteuerten« Rezeption die Ansatzpunkte für spätere Biographien oder Studien schon gelegt werden. MW

Lit.: Manfred Wagner, Die Nekrologe von 1896: rezeptionsstiftend? oder Wie Klischees von A. Bruckner entstanden, in: A. Bruckner (Musik-Konzepte 23/24). Hrsg. Heinz-Klaus Metzger und Rainer Riehn. München 1982.

Neudeutsche Schule

Bezeichnung einer musikalischen »Fortschritts-Partei« im 19. Jahrhundert. Der Begriff wurde geprägt von Franz Brendel anläßlich der Ersten Tonkünstler-Versammlung in Leipzig 1859 zur Feier des 25jährigen Bestehens der »Neuen Zeitschrift für Musik«, deren Herausgeber Brendel seit 1845 war. Brendel wollte den Begriff vor allem auf die durch Franz → Liszt während dessen Weimarer Hofkapellmeisterzeit (1848-1861) propagierten neuen musikalischen Gattungen bezogen wissen, die seit den Diskussionen um die »Zukunftsmusik« Richard → Wagners öffentliche Aufmerksamkeit erregten: das Musikdrama (Wagner), die Symphonische Dichtung und die Programmsymphonie (Liszt, Hector → Berlioz). Als Charakteristika der »Neudeutschen« gelten die konsequente Einführung harmonischer und formaler Neuerungen (»Fortschritt«), die Gleichberechtigung von Wort und Musik (Musikdrama), die Vorrangigkeit einer »poetischen Idee« bzw. Voranstellung eines literarischen »Programms« in der Orchestermusik (Programmsymphonie, Symphonische Dichtung). Eine feste institutionelle Basis erhielt die Neudeutsche Schule aber erst durch den 1859 konzipierten und 1861 in Weimar gegründeten Allgemeinen Deutschen Musikverein (ADMV), als dessen Vereinsorgan die »Neue Zeitschrift für Musik« fungierte. Die Kontroversen um den musikalischen »Fortschritt« erhielten 1860 zusätzliche Schärfe durch ein von Johannes → Brahms mitunterzeichnetes Gegenmanifest. Der damit ins Leben gerufene Parteienstreit zwischen »Neutönern« und »Konservativen« dominierte die Musikgeschichte des ausgehenden 19. Jahrhunderts und war auch für Bruckners Wiener Zeit prägend.

Bruckner war bereits in → Linz durch Ignaz → Dorn mit Werken der Neudeutschen Schule, darunter vor allem Wagners und Liszts, bekanntgemacht worden. In der Wiener Öffentlichkeit wurde Bruckner der musikalischen »Fortschritts-Partei« zugerechnet (Hauptvertreter der Gegenpartei: Brahms und Eduard → Hanslick), was hauptsächlich der Tätigkeit des Bruckner-Kreises um die Brüder → Schalk zu verdanken ist, aber von Bruckners Seite durch persönliche Zeugnisse (z. B. Widmungen der *Zweiten Symphonie* an Liszt und der *Dritten* an Wagner) erhärtet wird. Aus musikhistorischer Sicht gilt die Zugehörigkeit Bruckners zur Neudeutschen Schule heute als fraglich. GJW

Lit.: Othmar Wessely, Bruckner, Wagner und die Neudeutschen in Linz, in: Bruckner-Symposion 1984; Helmut Kowar, Vereine für die Neudeutschen in Wien, ebenda; Gerhard J. Winkler, A. Bruckner – ein Neudeutscher? Gedanken zum Verhältnis zwischen Symphonie und symphonischer Dichtung, ebenda; Robert Determann, Begriff und Ästhetik der »Neudeutschen Schule«. Ein Beitrag zur Musikgeschichte des 19. Jahrhunderts. Baden-Baden 1989.

Neuer Dom (Mariä Empfängnis-Dom), Linz
Herrenstraße. Baubeginn durch eine Initiative Bischof Franz Joseph → Rudigiers nach der Verkündigung des Dogmas von der Unbefleckten Empfängnis Mariä (8. 12. 1854). Plan vom Kölner Dombaumeister Vinzenz Statz; historisierender Bau im Stil der französischen Hochgotik. Bauzeit 1862 (Grundsteinlegung) bis 1924. Mit einem Fassungsraum von 20 000 Personen größter Kirchenraum, mit einer Turmhöhe von 134,8 m zweithöchster Kirchturm Österreichs (der Turm von → St. Stephan in Wien ist um nur 2 m höher). Bemerkenswerte Glasfenster, besonders (auf der linken Seite vorne) das »Linzer Fenster«, auf dem u. a. Kaiser Friedrich III., Johannes Kepler, → Beethoven und Bruckner dargestellt sind. In der Krypta Begräbnisstätte Bischof Rudigiers.
Ist der → Alte Dom in erster Linie mit dem Wirken des Organisten Bruckner verknüpft, so assoziiert man mit dem Neuen Dom in erster Linie den Komponisten, dessen Name mit der Baugeschichte aufs engste verbunden ist: Bruckner erhielt von Bischof Rudigier nicht nur den ehrenvollen Auftrag zu einer *Festkantate* zur Grundsteinlegung, sondern auch zu einer Messe *(Messe in e-Moll)* zur Einweihung der Votivkapelle. EM

Neufelden im Mühlviertel
Oberösterreichische Markt- und Tourismusgemeinde. 1996: 1 300 Einwohner.
Josefine → Lang, um die Bruckner einst geworben hatte, lebte seit 1870 als Frau des Kaufmanns Josef Weilnböck in Neufelden, wo Bruckner sie öfters besuchte. Als »lieben Ersatz« verehrte er ihre Tochter Karoline. Am 16. 9. 1890 gab Bruckner in der Kirche von Neufelden ein Orgelkonzert. Zur Erinnerung an Bruckners Besuche wurde 1958 am ehemaligen Gasthof Weilnböck (Hotel Scherrer) eine Gedenktafel enthüllt. RG

Orgel der Pfarrkirche in Neufelden

Lit.: Göll.-A. 3/1, S. 357, 609, 612; Neufelden feierte A. Bruckner. Ein eindrucksvoller Festtag. Gedenktafel enthüllt, in: Neue Zeit 18. 9. 1958; Fritz Rauch, A. Bruckner und Neufelden. Willkommensgruß zu den Bruckner-Gedenktagen in Neufelden ... 12.-14. 9. 1958. Neufelden 1958, S. 5-9.

Neuzeug
Katastralgemeinde von → Sierning, in der Nähe von → Steyr, Oberösterreich. Seit dem 17. Jahrhundert Standort für Kleineisenindustrie (Messererzeugung, Klingenschmiede). 1869: 1 437, 1995: ca. 4 500 Einwohner.
Geburtsort von Theresia → Bruckner, der Mutter des Komponisten. Sie wurde am 6. 4. 1801 in der Hoftaverne zu Neuzeug Nr. 1 (heute: Theresia Helm-Straße 28) als Tochter des Gastwirtes

und Amtswalters der Herrschaft Gschwendt, Johann Ferdinand Helm, geboren. Der Familienname Helm existiert in Neuzeug mindestens seit 1650. EWP

Lit.: Max Danner, Sierning. Geschichte einer aufstrebenden Gemeinde. Sierning 1985.

Nicodé, Jean Louis
Geb. 12. 8. 1853 in Jerczik bei Posen, gest. 5. 10. 1919 in Langebrück bei Dresden; Pianist, Komponist, Dirigent und Chorleiter. Nach Studien an der Neuen Akademie der Tonkunst in Berlin wurde Nicodé 1878 von Franz Wüllner als Lehrer für Klavier an das Dresdner Konservatorium engagiert, wo u. a. Arthur Seidl sein Schüler war. 1885-1888 leitete er die Dresdner Philharmonischen Konzerte. 1893 gründete er die sogenannten »Nicodé-Concerte« (für die er die Chemnitzer Stadtkapelle engagierte) und 1896 den »Nicodé-Chor«. Um 1900 mußte er der Konkurrenz der königlichen Kapelle unter Ernst von Schuch (→ Dresden) weichen und zog sich in sein Landhaus zurück.
Nicodé trat für die »Moderne« ein und war ein begeisterter Anhänger → Wagners und Bruckners. Am 15. 3. 1887 führte er in → Dresden die *Siebente Symphonie* mit dem Gewerbehausorchester auf, nachdem er Bruckner in einem Brief versichert hatte: »Sie dürfen mich zu Ihren begeistertsten Anhängern Ihrer großartigen Schöpfung ... zählen.« Es entspann sich ein Briefwechsel, der bis 1896 geführt wurde. Anfang März 1891 reiste Nicodé zur Aufführung seiner Chor-Ode »Das Meer« nach → Wien und

Jean Louis Nicodé

besuchte dort auch Bruckner, der ihm eine Photographie mit Widmung schenkte. Noch im selben Jahr trafen die beiden auf der Tonkünstlerversammlung des Allgemeinen Deutschen Musikvereins in → Berlin zusammen (vgl. Nicodés Bericht bei Göll.-A. 4/3, S. 144-148). Am 18. 12. 1895 leitete Nicodé die überwiegend begeistert aufgenommene deutsche Erstaufführung der *Achten Symphonie*, zu der Bruckner mit Rücksicht auf seinen Gesundheitszustand aber nicht mehr reisen konnte. In der Saison 1896/97 setzte er das Adagio der *Siebenten* (28. 10. 1896) und erstmals das *Te Deum* (23. 3. 1897) auf das Programm der »Nicodé-Concerte«. AH

Werke: u. a. Symphonische Dichtung »Maria Stuart« op. 4; »Die Jagd nach dem Glück« op. 11; Symphonische Suite op. 24; Symphonische Ode »Das Meer« op. 31; Symphonische Ode »Gloria! ein Sturm- und Sonnenlied« op. 34; Männerchor- und Klavierwerke.

Lit.: Theo Schäfer, J. L. Nicodé. Ein Versuch kritischer Würdigung und Erläuterung seines Schaffens. Berlin 1907; Otto Taubmann, J. L. Nicodé. Leipzig 1909; Auer, Briefe, passim; Göll.-A. 4/2-3, besonders 4/3, S. 144-148; MGG 9, Sp. 1445 f.

Nikisch, Arthur
Geb. 12. 10. 1855 in Lébényi Szent Miklós, Ungarn, gest. 23. 1. 1922 in Leipzig; Dirigent. Studierte 1866-1873 am Konservatorium der → Gesellschaft der Musikfreunde in Wien Violine bei Joseph → Hellmesberger und Komposition bei Otto → Dessoff. Seit 1874 Geiger des Wiener Hofopherntheaters. Auf Empfehlung Dessoffs Beginn der Dirigentenlaufbahn 1878 in → Leipzig, 1879 bereits 1. Kapellmeister des Stadttheaters. 1889 Dirigent des Boston Symphony Orchestra, 1893 1. Kapellmeister und Operndirektor in Budapest; seit 1895 Dirigent des Gewandhausorchesters in Leipzig und des Berliner Philharmonischen Orchesters, seit 1897 auch der Philharmonischen Konzerte in → Hamburg. Der in den Metropolen Europas und der USA gefeierte Dirigent, der aufgrund seiner starken persönlichen Ausstrahlung beim Dirigieren mit wenigen Gesten auskam, widmete sich neben Kompositionen der Klassik vor allem jenen der Romantik (→ Schumann, → Brahms, Bruckner, Tschaikowsky, → Wagner), die seinem gefühlsmäßig geprägten Interpretationsstil und seinem Sinn für den Klangreichtum des Orchesters am besten entsprachen.
Nikisch, der 1873 bei der Uraufführung der *Zweiten Symphonie* in → Wien als Geiger unter dem Dirigenten Bruckner mitgewirkt hatte,

Arthur Nikisch

bekannte noch 1919, daß bereits damals jene Begeisterung in ihm geweckt worden sei, die er schließlich für alle Bruckner-Symphonien empfand. Als Josef → Schalk und Ferdinand → Löwe Ende März 1884 im Rahmen einer von Nikisch betreuten musikalischen Soirée moderner Musik die von Franz → Schalk erarbeitete vierhändige Klavierfassung der *Siebenten Symphonie* aufführen wollten und Löwe im letzten Moment krankheitshalber absagte, gab der dem Wagnerkreis nahestehende Nikisch nach dem gemeinsamen Durchspielen am Klavier J. Schalk spontan sein »heiliges Ehrenwort«, daß er das Werk »in sorgfältigster Weise zur Aufführung bringen werde«, und betonte, daß er es »von nun an für seine Pflicht« halte, »für Bruckner einzutreten« (Brief J. Schalks, 30. 3. 1884). Da es – bedingt durch äußere Umstände – bis zur Uraufführung noch geraume Zeit dauerte, schrieb Bruckner seinem von ihm so bezeichneten »Lebensretter« zahlreiche, meist in einem fast devoten Stil abgefaßte → Briefe. Kurz vor der Aufführung informierte Nikisch den Komponisten, daß er einige Stellen werde ändern müssen, und zwar »in der → Instrumentation, da sie unpraktisch geschrieben sind und nicht schön klingen« (Brief Nikischs, 21. 12. 1884). Dies sollte allerdings gemeinsam mit dem Komponisten geschehen, der auf seinen Wunsch hin bei den letzten zwei von insgesamt fünf Proben anwesend war, da er Probleme mit der richtigen Tempowahl und dem häufigen Tempowechsel befürchtete. Den später viel diskutierten Beckenschlag im Adagio hat Bruckner erst auf Anregung Nikischs eingefügt, wie der Brief J. Schalks vom 10. 1. 1885 bestätigt: »Du weißt vielleicht nicht, daß Nikisch den von uns ersehnten Beckenschlag im Adagio (C-dur und 6/4 Akkord) sowie Triangel und Becken durchgesetzt hat, was uns unbändig freut.« Die Uraufführung der *Siebenten* am 30. 12. 1884 mit dem Gewandhausorchester im Neuen Theater in Leipzig im Rahmen des Opern-Abonnements zugunsten der Errichtung eines Wagner-Denkmals wurde durch den großen persönlichen Einsatz des Dirigenten zum – wenn auch nicht uneingeschränkten – Erfolg und bedeutete den Beginn von Bruckners Durchbruch. Nikisch dirigierte jedoch erst wieder nach dem Tod des Komponisten dessen Symphonien, obwohl Bruckner ihn inständigst gebeten hatte, die *Siebente* in → Berlin zu wiederholen (Briefe Bruckners, 20. 6. und 23. 11. 1888).

Nach der Jahrhundertwende setzte sich Nikisch verstärkt für Bruckner ein, brachte seit 1902 in Leipzig und Berlin alle Symphonien meist mehrfach zur Aufführung und legte damit den Grundstein zur dortigen Bruckner-Tradition. Er schätzte sich nach seinen eigenen Worten »stolz und glücklich«, seine »Pioniertätigkeit durch eine zyklische Aufführung« aller Symphonien in der Saison 1919/20 in Leipzig »gekrönt« gesehen zu haben. IF

Lit.: Wien – keine Musikstadt! Ein Gespräch mit A. Nikisch, in: Neues Wiener Journal 30. 9. 1900; A. Nikisch und A. Bruckner, ebenda 11. 10. 1919; Göll.-A. 4/2-4, passim; Leopold Nowak, Vorwort, in: NGA Band VII. Wien 1954; Thomas Leibnitz, Josef Schalk, in: Bruckner-Jahrbuch 1980; Christiane Schneider, A. Nikisch, in: Das Atlantisbuch der Dirigenten. Hrsg. Stefan Jaeger. Zürich 1985; Steffen Lieberwirth, Bruckner-Aufführungen im Gewandhaus zu Leipzig, in: Bruckner-Jahrbuch 1984/85/86; ders., A. Bruckner und Leipzig. Graz 1988; ders., A. Bruckner und Leipzig. Einige neue Erkenntnisse und Ergänzungen, in: Bruckner-Jahrbuch 1989/90; ders., Bruckner und Leipzig. Vom Werden und Wachsen einer Tradition. Leipzig 1990; Mathias Hansen, A. Bruckner in Norddeutschland, in: Bruckner-Symposion 1991; Ingrid Fuchs, »Künstlerische Väter« und »Vormünder«. Bruckner und die zeitgenössischen Dirigenten seiner Symphonien, in: Bruckner-Symposion 1994; Briefwechsel Nikisch – Bruckner sowie Briefwechsel Franz und Josef Schalk vgl. Briefausgaben.

Nowak, Leopold

Geb. 17. 8. 1904 in Wien, gest. 27. 5. 1991 in Rekawinkel bei Wien; Musikwissenschaftler. Nach Sängerknabenzeit (1913-1919) bei Dominik Josef Peterlini und Matura studierte er Kontrapunkt bei Franz Schmidt, Klavier und Orgel bei Louis Dité an der Wiener Akademie für Musik sowie Musikwissenschaft bei Guido

Leopold Nowak

→ Adler und Robert Lach an der → Universität Wien (Promotion 1927). Nach der Habilitation 1932 lehrte er dort 1933-1973 als Privatdozent für Musikgeschichte. 1946-1969 war er Direktor der Musiksammlung der → Österreichischen Nationalbibliothek. Nowak, der schon an der Alten → Gesamtausgabe mitgewirkt hatte, führte auch nach seiner Pensionierung die 1951 übernommene Herausgebertätigkeit für die Neue Bruckner-Gesamtausgabe bis zu seinem Tode fort. Neben Arbeiten über Joseph Haydn und Mozart stand in den letzten Jahrzehnten seines Lebens Bruckner im Mittelpunkt seiner Arbeiten. Neben der Gestaltung zahlreicher Ausstellungen war der vielfach Ausgezeichnete auch wesentlich am Aufbau von → Gedenkstätten beteiligt (für Bruckner, aber auch für Haydn, dessen Geburtsort Rohrau ihm die Ehrenbürgerschaft verlieh). Nowak war u. a. auch Vize-Präsident der → Internationalen Bruckner-Gesellschaft.

Die Bedeutung Nowaks für die Bruckner-Gesamtausgabe ist allgemein anerkannt. Fast im Alleingang hat er die meisten der bisher erschienenen Bände dieser inzwischen für Praxis und Forschung unverzichtbaren »blauen Reihe« betreut. Sein wissenschaftliches Credo war es, alle Werke Bruckners in ihren verschiedenen Fassungsstadien zu publizieren, womit er sich von den Intentionen der Alten Gesamtausgabe unter → Haas und → Orel löste. AH

Werke (Auswahl): Reden und Ansprachen. Hrsg. Mozartgemeinde Wien. Wien 1964; A. Bruckner. Leben und Werk. Linz 1973 (Neuauflage 1996); Bibliographie seiner Bruckner-Arbeiten in: L. Nowak, Über A. Bruckner. Gesammelte Aufsätze 1932-1984. Wien 1985.

Lit.: Otto Biba, L. Nowak – 75 Jahre, in: IBG-Mitteilungsblatt Nr. 16, Dezember 1979; Herbert Vogg, Worte des Gedenkens für Hofrat Univ.-Prof. Dr. L. Nowak sowie Biographische Notizen, ebenda Nr. 37, Dezember 1991.

»Nullte« Symphonie (WAB 100)

Die fälschlicherweise als »Nullte« oder auch als »Nr. 0« bezeichnete *Symphonie in d-Moll* ist 1869 in → Wien und → Linz entstanden, über drei Jahre nach der *Ersten Symphonie* von 1865/66. Sie wurde von Bruckner im Autograph daher auch zunächst als »Nr. 2« gereiht, eine Zählung, die er später aber eigenhändig »annulirt« hat. Man sollte dieses Werk deshalb wohl besser »Annullierte« Symphonie nennen. In diese Publikation ist es im Abschnitt »Symphonien« – unabhängig von der Chronologie – vor den numerierten als *Symphonie in d-Moll* aufgenommen worden.

Nürnberg

Zweitgrößte Stadt des deutschen Freistaats Bayern, Zentrum Mittelfrankens; Industrie- und Handelsstadt. Historisch getreuer Wiederaufbau nach dem Zweiten Weltkrieg. 1861: ca. 60 000, 1875: 91 000, 1995: 494 000 Einwohner.

Bruckners erster Aufenthalt in Nürnberg war zugleich der für ihn wichtigste: Beim → Sängerfest vom 20. bis 22. 7. 1861, wo er als Leiter der → Liedertafel »Frohsinn« Lob und Anerkennung erntete, traf er auf wichtige Mitglieder des → Wiener Männergesang-Vereins (→ Silberstein, → Kremser, → Herbeck u. a.). Zehn Jahre später, am 21. 7. 1871, kam Bruckner wieder für einige Tage nach Nürnberg: Er besuchte den ihm seit 1861 bekannten Bleistiftfabrikanten Franz Zimmermann – über dessen Schwester Toni, für die Bruckner »entflammt« war, ließ er → Göllerich noch 1890/91 Nachforschungen anstellen –, der ihn Ende Juli auf der Weiterfahrt nach → London begleitete. Nachweisbare Brief-Kontakte zwischen beiden: 1. 12. 1871 (Reminiszenzen an die London-Reise), 19. 9. 1872 (Planung eines Besuches der → Weltausstellung 1873 in → Wien) und 7. 8. 1873 (Einladung für einen Nürnberg-Besuch von → Marienbad aus). Ob dieser Besuch Mitte September 1873 zustande kam, ist nicht überliefert. Von späteren Kurzaufenthalten in Nürnberg, meist auf der Rückreise von → Bayreuth, gibt es nur anekdotische Berichte (nach dem 30. 8. 1876: Besichtigung der Folterkammer auf der Burg) oder sporadische Erwähnungen (z. B. Juli 1892).

Nur wenige Nürnberger Zeitgenossen lassen

Sängerfesthalle in Nürnberg. Stahlstich, 1861

sich in Verbindung mit Bruckner bringen; den gemeinsamen Knotenpunkt hat man wohl im → Wagner-Kreis zu suchen: In dem späteren Bürgermeister Ferdinand Jäger fand Bruckner von Anbeginn einen wohlwollenden Zeitungsreferenten; der Dirigent Karl Frank kannte Bruckner vermutlich von Bayreuth her oder durch → Kitzler in Brünn. Daß Franz → Liszt bei seinen Besuchen in Nürnberg für Bruckner geworben haben könnte, ist eher unwahrscheinlich; auch seine Biographin Lina Ramann, Leiterin einer Nürnberger Musikschule, soll sich 1886 sehr abfällig geäußert haben. Göllerich jedoch, der im September 1890 die Leitung der Ramann-Volkmannschen Musikschule in Nürnberg übernahm, setzte sich wirkungsvoll für Bruckner ein. Zwar ist er für die erste Aufführung eines Bruckner-Werkes in Nürnberg (*Siebente Symphonie* am 23. 1. 1888) noch nicht als Vermittler anzusehen, vermutlich aber (mit Gustav → Schönaich) für die der *Dritten* unter Karl Frank (am 27. 3. [nicht 14. 2.!] 1891), und das Konzert am 28. 10. 1891 (*Vierte*) geht auf Göllerichs alleinige Initiative zurück. Von den angeblich vielen anderen Aufführungen konnte bisher nur eine Klavieraufführung des Adagio der *Dritten Symphonie* am 18. 11. 1890 nachgewiesen werden. Die weiteren bisher bekannt gewordenen Nürnberger Aufführungen der »Pionierzeit« in Kürze: *Siebente Symphonie* (19. 2. 1902), *Germanenzug* (16. 11. 1903), *Te Deum* (Nov./Dez. 1903 und Nov. 1904), *Siebente* (Nov. 1904), *Vierte* (Juni [?] 1906 und 1907/8), *Neunte* (Frühjahr 1908), *Streichquintett* und *Fünfte* (Bayerisches Musikfest Pfingsten 1908) sowie *Dritte Symphonie* (12. 1. 1910).

Im heutigen Nürnberger Konzertleben haben sich Bruckners Werke wie allerorts als fester, aber kleiner und leider wenig variabler Bestandteil etabliert: Die beliebten Standardwerke sind »relativ oft« zu hören (meist von Tournee-Orchestern, seltener von den beiden einheimischen Ensembles). Ähnliches gilt in kleinerem Maßstab auch für die Kirchenmusik, und die Raritäten machen ihrem Namen auch in Nürnberg alle Ehre. Experimentelles oder »Ausgrabungen« sucht man vergebens. Als Besonderheit sei aber vermerkt, daß der *Psalm 146* am 28. 11. 1971 in Nürnberg seine erste (gesicherte) Aufführung erlebte. FS

Lit.: Göll.-A. 3/1, S. 101 ff., 4/1, S. 143, 174-178, 416 f., 4/4, S. 232-260; Franz Scheder, Frühe Bruckner-Aufführungen in Nürnberg, in: Bruckner-Jahrbuch 1989/90; ders., Bruckner-Chronologie. Tutzing 1996; Andrea Harrandt, Aus dem Archiv der Liedertafel »Frohsinn«. Zum Chorwesen im 19. Jahrhundert, in: Bruckner-Symposion 1990, besonders S. 58-65.

O

O. A. M. D. G.

Abkürzung der Devise des Jesuitenordens: »Omnia ad maiorem Dei gloriam« (»Alles zur größeren Ehre Gottes«). Bruckner hat bereits 1844 auf die Stimmen seiner Choralmesse für den Gründonnerstag (*Christus factus est*, WAB 9) den Vermerk »A. M. D. G.« (»Ad maiorem Dei gloriam«, »Zur größeren Ehre Gottes«) gesetzt. Die berühmteste Eintragung dieser Art (»O. A. M. D. G.«) findet sich wohl auf der Titelseite des *Te Deum* (entstanden 1881-1884); sie wurde auch in die Druckfassung (Wien: Rättig 1885) übernommen.
Aus dem Jahr 1885 stammen noch zwei andere derartige Widmungen: Sowohl die Antiphon *Ecce sacerdos* als auch das Graduale *Virga Jesse* weisen die Eintragung »O. A. M. D. G.« bzw. »O. A. M. D. Gl.« auf. EM

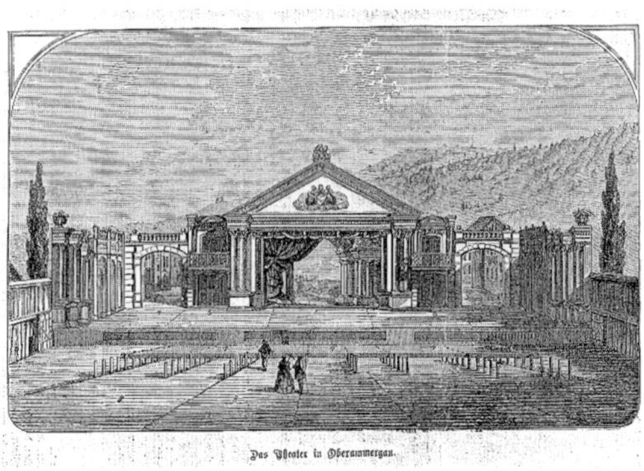

Freilichtbühne in Oberammergau. Stich

Oberammergau

Luftkurort in Oberbayern, in dem seit 1634 bis in unsere Tage (seit 1830 auf einer monumentalen Freilichtbühne) in regelmäßigen Abständen ein von über 1 200 Ortsansässigen dargestelltes Passionsspiel aufgeführt wird. Heute 5 200 Einwohner.
Bruckner machte 1880 auf der Anfahrt zu seiner großen → Schweizerreise u. a. auch in Oberammergau Station und besuchte die Vorstellungen am 22. und 23. 8. In diesen Tagen verliebte er sich in die eine der »Töchter Jerusalems« verkörpernde, erst siebzehnjährige Marie Bartl, um die er auch – und wieder vergeblich – warb (sie heiratete später den Oberammergauer Bildschnitzer Josef Albrecht). Von dem bis zum 10. 6. 1881 andauernden Schriftwechsel zwischen Bruckner, Marie und ihrer Mutter, der Modistin Lina Bartl, sind vier → Briefe erhalten. EM

Lit.: Göll.-A. 4/1, S. 608, 610-614; Norbert Jaron – Bärbel Rudin, Das Oberammergauer Passionsspiel. Eine Chronik in Bildern. Dortmund 1984.

Oberleithner, Max von

Geb. 11. 7. 1868 und gest. 5. 12. 1935 in Mährisch-Schönberg; Dirigent und Komponist. Studium an der Universität Wien (Dr. jur.), 1890-1895 Privatschüler Bruckners auf Empfehlung von Felix → Mottl. 1895 Theaterkapellmeister in Teplitz, 1896/97 in Düsseldorf. Später lebte er zumeist in Wien. Neben Symphonien und Liedern widmete er sich vor allem der Oper; am erfolgreichsten war »Der eiserne Heiland« (1917).
Oberleithner wollte schon während seines Universitätsstudiums Komponist werden und wandte sich an Cosima → Wagner, die ihn an Mottl weiterempfahl. Dieser schrieb ihm nach Durchsicht einiger Arbeiten: »Mein Rat ist, gehen Sie zu Professor Bruckner und lernen Sie ernsthaft und gewissenhaft Harmonie und Kontrapunkt« (»Erinnerungen« 1933, S. 21). Das erste Treffen fand in der → Universität Wien statt, wo Oberleithner um Privatunterricht bat.
Bruckner nahm auch mit Privatschülern den üblichen Stoff nach der Lehre von Simon → Sechter durch. Im Laufe der Zeit ergaben sich Einblicke in die Komponistenwerkstatt und nähere persönliche Kontakte. So begleitete Oberleithner Bruckner häufig nach dem Unterricht ins → Gasthaus. In seinen »Erinnerungen« hat er viel über dessen Lebensart, Werke und Zeitgenossen festgehalten. Auf Initiative Oberleithners und mit Hilfe von dessen Vater sowie Carl → Almeroth und Josef → Schalk wurde 1890 ein → Consortium von → Mäzenen in → Steyr gegründet, das die Dotation am Konservatorium der → Gesellschaft der Musikfreunde ersetzte.
Oberleithner half Bruckner auch bei der Drucklegung einzelner Werke. So betreute er den

Max von Oberleithner

Druck der *Messe in d-Moll*; im Falle der *Achten Symphonie* ermöglichte er die Publikation von Josef Schalks vierhändigem Klavierauszug durch eine Abnahmegarantie. Mit dieser Symphonie war Oberleithner überhaupt eng verbunden, denn er nahm auf Wunsch Bruckners die Kopiatur des Finale vor und korrigierte 1891 Partitur und Orchesterstimmen. Inwieweit er selbst Veränderungen an der *Achten* vornahm, an Schalks Eingriffen beteiligt war oder nur beratende Funktion innehatte, ist ungeklärt. EWP

Werke: Persönliche Erinnerungen an Bruckner, in: Neue Freie Presse 4. 9. 1924; Meine Erinnerungen an A. Bruckner. Regensburg 1933.

Lit.: Fritz Felzmann, M. Oberleithner – ein Schüler A. Bruckners, in: Sudetenland 15 (1973).

Ochs, Siegfried

Geb. 19. 4. 1858 in Frankfurt/Main, gest. 6. 2. 1929 in Berlin. Dirigent und Komponist (Klavierstücke, Lieder, Oper »Im Namen des Gesetzes«). Zunächst Studium der Chemie und Physik in Darmstadt und Heidelberg, 1878 Aufnahme des Musikstudiums an der Königlichen Hochschule in Berlin, nach Relegation von der Hochschule Vollendung der Studien bei Friedrich Kiel und Heinrich Urban. Am 5. 12. 1882 Gründung des »Siegfried Ochs'schen Gesangvereins«, Ende 1887 auf Initiative der Konzertdirektion Hermann Wolff Vereinbarung einer regelmäßigen Zusammenarbeit mit dem Philharmonischen Orchester (dessen Leiter wurde im Herbst 1887 Hans von → Bülow) und daher 1888 Umbenennung des Chors in »Philharmonischer Chor«. Ochs und der Philharmonische Chor brachten im Rahmen eines Festkonzertes der 28. Tonkünstlerversammlung des Allgemeinen Deutschen Musikvereins das *Te Deum* zur umjubelten Berliner Erstaufführung (31. 5. 1891, in Anwesenheit des von Ochs persönlich eingeladenen Bruckner; dies war zugleich Bruckners erster Besuch in → Berlin). Zu einer weiteren Aufführung des *Te Deum* durch Ochs und den Philharmonischen Chor kam es, ebenfalls in Anwesenheit des Komponisten, am 8. 1. 1894 in der Berliner Philharmonie (die nochmalige Aufführung des *Te Deum* im Rahmen eines Wohltätigkeitskonzerts im Saal der Berliner Singakademie konnte der plötzlich erkrankte Ochs nicht selbst leiten). Seit dem Konzert vom Mai 1891 entwickelte sich zwischen Ochs und Bruckner ein nicht sehr umfangreicher, aber herzlicher Briefwechsel. Den positiven Umschwung im Urteil des vorher ablehnend eingestellten Hans von Bülow betrachtete Bruckner als spezielles Verdienst der *Te Deum*-Aufführungen durch Ochs.

Den von Bruckner seit 1894 an Ochs herangetragenen Wunsch nach Aufführung der *Messe in f-Moll* durch den Philharmonischen Chor mußte Ochs wegen der Schwierigkeit des Werks ver-

Siegfried Ochs. Widmungsphotographie

schieben; die Aufführung erfolgte erst am 14. 1. 1915. Eine weitere Berliner Erstaufführung durch Ochs und seinen Chor war die des *Psalms 150* am Buß- und Bettag 1908. Auch das *Te Deum* gehörte nach Bruckners Tod weiterhin zum Repertoire des Philharmonischen Chors (unter Ochs 1896, 1897, 1905). HJH

Lit.: Richard Sternfeld, Chronik des Philharmonischen Chores in Berlin. Berlin 1907; S. Ochs, Geschehenes, Gesehenes. Leipzig etc. 1922, S. 220-225, 306 ff., 313-322; Auer, Briefe, S. 340-347; Martin Stappenbeck, Chronik des Philharmonischen Chors in Berlin. Berlin 1932; Kurt Singer, S. Ochs, der Begründer des Philharmonischen Chors. Berlin 1933.

»O du liebes Jesu-Kind« (WAB 145)
Lied für Singstimme mit Orgel in F-Dur, »Ziemlich langsam«
EZ: um 1845 (Göll.-A.), vermutlich 1845, 1846 (NGA; im Revisionsbericht wohl irrtümlich »1855 oder etwas später«) in → St. Florian
Text: Autor unbekannt
W: (komponiert für den Gottesdienst am Tag der »Unschuldigen Kinder«, 28. 12., vor der Hl. Wandlung)
UA: St. Florian ?
Autograph: St. Florian
ED (Faksimile): Göll.-A. 2/2, S. 13 (1928)
NGA: Band XXI (Hans Bauernfeind und Leopold → Nowak, 1984) und Revisionsbericht

Bruckners Autorschaft an diesem schlichten, nur 16 Takte umfassenden und für die Schulkinder von St. Florian komponierten Lied gilt, trotz des autograph erhaltenen Notentextes, nicht als ganz gesichert (→ Incerta); die farbigen, etwas gesuchten Harmonien der Begleitung lassen sie jedoch in einer Zeit des Suchens und Erprobens für den jungen Komponisten als sehr gut möglich erscheinen. Der Text dieses Liedes ist auch noch in unserem Jahrhundert vertont worden, und zwar von Caspar Aiblinger (enthalten in: »Vater unser. Gebet- und Gesangbuch der Diözese Linz«. Hrsg. Bischöfliches Ordinariat. Linz 1940). EM

Offertorium
»Gabendarbringung«; vierter Teil des Propriums (der im Laufe des liturgischen Jahres wechselnden Texte) der katholischen → Messe. Im musikalischen Sprachgebrauch Abkürzung für »Antiphona ad Offertorium« (»Gesang zur Gabendarbringung«).
Bruckner hat zwei Offertorien als Einzelkompositionen vertont: Das *Afferentur* und das *Inveni David* WAB 19. Innerhalb zyklischer Formen komponierte er die Offertorien *»Domine Jesu Christe«* mit dem Vers *»Hostias et preces«* (im Requiem) sowie *»Dextera Domini«* (in der *Messe für den Gründonnerstag*). EM

»O habt die Thräne gern« (WAB deest)
Lied für Singstimme und Klavier in a-Moll, Kompositionsübung
EZ: Dezember 1861 in → Linz
Autograph: → Kitzler-Studienbuch S. 18 f.

Vermerk Bruckners: »8tactige zweitheilige Liedform«. Unterhalb der Notenlinien hat er den Text (zwei Strophen) notiert.

Lit.: Hawkshaw, The Manuscript Sources.

O'Hegerty, Charles John Patrick Graf
Geb. 18. 5. 1801 in Dublin, gest. 21. 12. 1882 in Tillysburg; Sohn des in Nancy geborenen Oberstallmeisters des Grafen von Artois – als Bruder Louis' XVI. später Charles X. –, Charles O'Hegerty, und dessen aus Versailles stammender Frau Comtesse Caroline Thérèse Martine Lebreton de Chapelles. Diente der Duchesse d'Angoulème, Tochter von Marie Antoinette, ebenfalls als Oberstallmeister. Nach Abdankung von Charles X. reiste die Familie O'Hegerty 1830 mit den Bourbonen über London nach Prag, wo auf dem Hradschin ein Exilhof errichtet wurde. Nach dem Tod Charles' X. (1836) ließ man sich auf Schloß Frohsdorf bei Lanzenkirchen (Bezirk Wiener Neustadt) nieder, O'Hegerty sen. wie schon in Prag als Erzieher des Thronfolgers. O'Hegerty jun. (vgl. Abb. S. 125), seit 1837 mit der jungen Witwe des Prinzen Josef August von Lobkowicz, Maria Franziska, geb. Gräfin von Sternberg-Manderscheid verheiratet, kaufte 1841 die damals zu → St. Florian gehörende → Tillysburg. Außer der Tochter aus erster Ehe, Maria, hatte das Paar noch sieben Kinder: Patrick (geb. 1838 in Canterbury, Selbstmord 1867 in Debrecen); Aldelm (geb. 1839 in Canterbury, gest. 1854, nach einem Unfall, in Tillysburg); Caroline (geb. 1840 in Salzburg, gest. 1879 in Tillysburg); Erwine (auch »Edwine«, geb. in Tillysburg 1841, gest. 1879 in Linz); Franziska (geb. 1842 in Tillysburg, gest. 1918 in St. Florian); Ida (geb. 1844 in Tillysburg) und Emma (geb. 1845 in Tillysburg, gest. 1929 in St. Florian). Nach dem frühen Tod seiner Frau (1845) heiratete O'Hegerty 1849 deren äußerst kunstsinnige Nichte, Comtesse Christine Silva-Tarouca, die jedoch ebenfalls in noch jungen Jahren 1872 starb. Nach den erlitte-

nen Schicksalsschlägen zog sich O'Hegerty immer mehr zurück und verlangte die selbstauferlegte Klausur auch von seinen Kindern. Lediglich Erwine, die in ein Kloster eintrat, und Ida, die in die Familie Eltz einheiratete, schafften es, sich noch zu Lebzeiten des Vaters ein selbständiges Leben aufzubauen.
Bruckner kam spätestens auf Betreiben der zweiten Frau, vielleicht aber auch schon seit 1846, als Lehrer der Kinder ins Haus. Es ist erwiesen, daß er nicht nur »den jungen Grafen Unterricht in den Schulgegenständen« erteilte, sondern auch den Mädchen Musikunterricht gab. Außerdem sorgte er wahrscheinlich gegen Ende seiner St. Florianer Zeit für die Tanzmusik bei abendlichen Unterhaltungen der jungen Leute. – O'Hegerty ist der Männerchor *»Des Dankes Wort sei mir vergönnt«* gewidmet, der, allgemein mit 1855 angesetzt, durchaus schon früher entstanden sein kann, da mit dem im Text erwähnten »Engel«, der aus dem Jenseits grüßt, nicht allein der 1854 verstorbene Sohn Aldelm, sondern auch schon die 1845 gestorbene erste Frau gemeint sein kann. Zudem weist das Werk auch stilistisch eher auf eine frühere Schaffenszeit hin. – Bruckner hielt zur Familie O'Hegerty zeitlebens guten Kontakt. Er besuchte den alten Grafen bei Aufenthalten in St. Florian und nahm an Rebhuhnjagden teil, wobei er stets von den Jägern, die ihm den großen roten Sonnenschirm »unabsichtlich« zerschossen, sehr verulkt wurde. Die Stieftochter Maria und eine »Gräfin O'Hegerty«, Franziska oder Emma, finden sich unter den Gratulanten zu Bruckners 70. Geburtstag. EM

Lit.: Karl-Josef Freiherr von Ketteler, St. Patrick und St. Florian. Eine irische Familie in Österreich. Mschr. 1995.

Orchester zur Zeit Bruckners

Die in der zweiten Hälfte des 19. Jahrhunderts je nach örtlichen Gegebenheiten zur Verfügung stehenden Orchester waren von unterschiedlicher Größe und Qualität, so daß sie den aufführungspraktischen Schwierigkeiten der Brucknerschen Symphonik nicht immer gewachsen waren. Die Wagnersche Dimensionen erreichenden Besetzungsvorschriften (→ Instrumentation) verzögerten daher die Aufnahme der Symphonien in kleineren Städten. Primär waren mit Werken → Wagners vertraute → Dirigenten bereit, Bruckners Symphonien aufzuführen, da ihnen die Handhabung des umfangreichen Orchesterapparates vertraut war. Spieltechnische Probleme gab es trotzdem immer wieder, und zwar vor allem aufgrund der zu geringen Probenzahl; Schwierigkeiten machte aber auch die Beschaffung der Wagner-Tuben, deren Mitwirkung Bruckner sehr wichtig war. Die Größe der Orchester war stark unterschiedlich: Das Gewandhaus-Orchester in → Leipzig und die → Wiener Philharmoniker waren mit etwas über 80 Musikern zur Zeit Bruckners etwa gleich stark besetzt, während man in vielen kleineren Städten mit einer wesentlich geringeren Anzahl weniger professioneller Musiker – die bescheiden besetzten (Theater-)Orchester wurden durch Musiker aus Militärmusikkapellen verstärkt – ebenfalls das Wagnis unternahm, Brucknersche Symphonien aufzuführen; das Ergebnis war dementsprechend nicht immer überzeugend.
Der Klang des Orchesters des 19. Jahrhunderts war aufgrund der bautechnischen Gegebenheiten und der Stimmung der verwendeten → Orchesterinstrumente (z. B. Darmsaiten der Streicher, Querflöten aus Holz; bevorzugt F-Hörner, tiefe F-Trompeten) wesentlich weicher und weniger brillant, keinesfalls jedoch so grell wie bei der heutigen dynamischen Forcierung. Auch der Stimmton, der in den Orchestern der europäischen Städte von ziemlich unterschiedlicher Höhe war, hat unmittelbaren Einfluß auf die Klangwirkung, die dadurch entweder gedämpfter oder etwas strahlender erscheint. Die Stimmtonhöhe (a') der Wiener Philharmoniker lag 1883 bei knapp 450 Hz, während jene des Leipziger Gewandhaus-Orchesters 1884 ca. 435 Hz betrug.
Der Höreindruck eines Orchesterwerkes wird – abgesehen von der Akustik des Aufführungsortes (→ Aufführungspraxis) – von der Aufstellung der Instrumente innerhalb des Orchesters (Sitzordnung) bestimmt. Im 19. Jahrhundert wurde meist in der »deutschen« Sitzordnung gespielt (jedoch je nach räumlichen Gegebenheiten auch variiert): links vom Dirigenten 1., rechts 2. Violinen, hinter den 1. Violinen die Violoncelli, hinter den 2. die Bratschen, die Kontrabässe hinter den Violoncelli nach links hinaufgezogen (bei den Wiener Philharmonikern: Kontrabässe hinter allen Musikern direkt gegenüber dem Dirigenten), in Symphoniekonzerten frontal eine Reihe Holzbläser, dahinter die Blechbläser. In der »amerikanischen«, auf Leopold Stokowski zurückgehenden, seit 1945 auch in vielen deutschen Orchestern übernommenen Sitzordnung tauschen die 2. Violinen ihre Plätze mit den Violoncelli, an die sich zur rechten Seite die Kontrabässe anschließen. Verallgemeinernd läßt sich

sagen, daß die zur Zeit Bruckners übliche deutsche Sitzordnung aufgrund ihrer Ausgewogenheit der Musik des 19. Jahrhunderts eher entspricht und vom Komponisten auch bei der → Instrumentation seiner Symphonien berücksichtigt wurde. IF

Lit.: Heinz Becker, Orchester, in: MGG 10, besonders Sp. 190 ff.; Riemann. Sachteil, S. 672 ff. (Orchester), 907 f. (Stimmton); Otto Biba, Bruckner und die Wiener Orchester, in: Bruckner-Symposion Leipzig 1987; Steffen Lieberwirth, A. Bruckner und Leipzig. Einige neue Erkenntnisse und Ergänzungen, in: Bruckner-Jahrbuch 1989/90; Dieter Gutknecht, Aufführungspraxis, in: MGG 1, 2. Ausg., Sp. 973 f. (»Stimmtonhöhe und Stimmsysteme/historische Raumakustik«).

Orchesterinstrumente in der Symphonik Bruckners

Das Orchester für die symphonische Musik Anton Bruckners ist eine konsequente Weiterentwicklung des Beethovenschen Orchesters. Extreme bzw. neue Klangeffekte, wie sie etwa beim Wagner-Orchester auftreten, werden dabei nicht übernommen.

Die Streichinstrumente (Violine, Viola, Violoncello und Kontrabaß) entsprechen der Norm des romantischen Orchesters. Allerdings erfolgt durch die nachgewiesene Mehrfachbesetzung des Kontrabasses eine Betonung des tiefen Klangregisters. Nur einmal – im langsamen Satz der *Vierten Symphonie* – wird für die Streichinstrumente der Gebrauch von Dämpfern vorgeschrieben. Ein Harfenpart, der bereits mit einer Doppelpedalharfe realisiert wurde, ist lediglich in zwei Sätzen der *Achten Symphonie* vorhanden.

Durch die Verwendung vieler Klappen wurden die Holzblasinstrumente vollchromatisch – im Gegensatz zur Klassik kann nun auch in Tonarten mit vielen Vorzeichen problemlos musiziert werden. Bruckner schreibt für die Holzblasinstrumente zunächst doppelt, ab der *Achten* dreifach. Spezielle Typen, wie Piccolo, Englischhorn, Es- oder Baßklarinette bzw. Kontrafagott, werden nicht verlangt. Lediglich in der ersten Fassung der *Achten* werden zwar Piccolo-Flöte und Kontrafagott vorgeschrieben; diese beiden Instrumente kommen jedoch in der endgültigen Version nicht mehr vor.

Der für Bruckner typische Klang des Orchesters wird im wesentlichen durch die Blechblasinstrumente bestimmt. Diese können nach der Erfindung der Ventile und der Vervollkommnung durch die Wiener Instrumentenbauer Josef Riedl und Leopold Uhlmann vollchromatisch gespielt und somit in allen Tonarten eingesetzt werden. Verlangt Bruckner zunächst nur 4 Hörner, 2 Trompeten und 3 Posaunen, so kommen ab der *Dritten Symphonie* eine 3. Trompete und ab der *Fünften* eine (Kontra-)Baßtuba hinzu, wodurch das tiefe Klangregister bevorzugt wird. Die Baßtuba entspricht in ihrer Mensurierung weitgehend den Ophikleiden, die in Österreich bis zum Ende des 19. Jahrhunderts gespielt wurden. Ab der *Siebenten* sind – wohl auch bedingt durch Bruckners Vorliebe für die Musik Richard → Wagners – Wagner-Tuben vorgeschrieben. In der *Vierten* wird für das Solohorn ein Dämpfer verlangt.

Schlaginstrumente werden von Bruckner äußerst sparsam verwendet. Becken und Triangel kommen nur in der *Siebenten* und in der *Achten Symphonie* vor.

Provenienz der zur Zeit Bruckners verwendeten Orchesterinstrumente (Aufzählung nach abnehmender Häufigkeit):

Streichinstrumente: Österreich (Wien, Linz), Böhmen (Schönbach, Graslitz, Prag), Deutschland (Markneukirchen, Klingenthal, Mittenwald), Ungarn, Italien. – Bögen: Frankreich, Deutschland, Böhmen. – Harfen: Frankreich. – Holz- und Blechblasinstrumente: Österreich, Böhmen, Deutschland. GS

Lit.: Willibald Leo Frh. v. Lütgendorff, Die Geigen- und Lautenmacher vom Mittelalter bis zur Gegenwart. Frankfurt/M. 1922; Antony Baines, Woodwind Instruments and Their History. London 1957, S. 312-342; ders., Brass Instruments, Their History and Development. London 1976, S. 206-266; Edward Tarr, Die Trompete. Bern 1977, S. 108-139; Deryck Cooke in: The New Grove 3, besonders S. 364 f.; Gerhard Stradner, Linzer Musikinstrumente der Brucknerzeit, in: ABIL-Informationen 2. Linz 1983; ders., Der Wiener Bläserklang, in: Musik in Österreich, Hrsg. Gottfried Kraus. Wien 1989, S. 311 f.; Herbert Heyde, Das Ventilblasinstrument. Leipzig 1987; William Waterhouse, The New Langwill Index. London 1993, S. 447-485.

Orchestermusik

Der Schwerpunkt des kompositorischen Schaffens Bruckners liegt eindeutig auf dem Gebiet der (symphonischen) Orchestermusik – hatte er doch selbst als seinen »Lebensberuf« den des »Symphonikers« bezeichnet. Und seine Bedeutung für die Musikgeschichte ist ja in erster Linie auf seinen symphonischen Werken und der zukunftsweisenden Orchesterbehandlung in den großen Kirchenwerken *(Messe in d-Moll, Messe in f-Moll, Te Deum, Psalm 150)* begründet (für die Kirchenmusikpraxis sind jedoch zunächst in erster Linie die kleineren Kirchenwerke, die Motetten, von Bedeutung gewesen).

Bruckner fand erst spät zur Musik für symphonisches → Orchester. Vor seinen diesbezüglichen Studien bei Otto → Kitzler 1861-1863 hatte er es nur als Begleitung in einzelnen Vokalwerken eingesetzt: drei Posaunen und Streicher im *Requiem in d-Moll* (1848/49), größere Besetzungen im *Magnificat* (1852), in der *Missa solemnis in b-Moll* (1854) und im *Psalm 146* (1860); später dann wieder im *Psalm 112* (1863), in der *Messe in d-Moll* (1864), der *Messe in f-Moll* (1867/68), dem *Te Deum* (1881) und schließlich im *Psalm 150* (1892). Musik für Soloinstrument(e) und Orchester hat er nie geschrieben. In dem für den Unterricht bei Kitzler angelegten sogenannten → Kitzler-Studienbuch sind die ersten »reinen« Orchesterwerke Bruckners zu finden: vier vollständige Orchesterstücke (*Marsch in d-Moll* und *3 Orchesterstücke*). Der Band schließt mit Skizzen zur *Ouvertüre in g-Moll* und zur »Studien«-*Symphonie in f-Moll*. Der über Vierzigjährige »wagt« erst 1865/66 mit der *Ersten Symphonie* sein erstes »selbständiges«, d. h. ohne Aufsicht eines → Lehrers entstandenes Werk für symphonisches Orchester. – Näheres zu den darauf folgenden weiteren neun → Symphonien (von der später annullierten *Symphonie in d-Moll* bis zur unvollendeten *Neunten Symphonie*), zu ihren oft einander überschneidenden Enstehungsgeschichten, ihren Charakteristika und ihrer Rezeption ist bei den einzelnen Werken zu finden. UH

Drei Orchesterstücke (WAB 97)

2 Fl., 2 Ob., 2 Klar., 2 Fg.; 2 Hr., 2 Trp., 1 Pos., Pk.; Str.

Nr. 1: Es-Dur (»Moderato«), Nr. 2: e-Moll, Nr. 3: F-Dur

EZ: Mitte Oktober bis 16. 11. 1862 (Nr. 2 vollendet 10. 11., Nr. 3 vollendet 16. 11.) in → Linz

UA: 12. 10. 1924 in → Klosterneuburg (Philharmonie, Franz Moißl)

Autograph: → Kitzler-Studienbuch S. 266-271, 272-277, 278-286; Abschrift: Musiksammlung der Wiener Stadt- und Landesbibliothek

ED: Göll.-A. 3/2, S. 29-32 (1930, nach der Abschrift)

AGA: Sonderdruck aus Band 11: »Vier Orchesterstücke«. Wien 1934 (Alfred → Orel), S. 6-15 (Vorlage: Abschrift, Nr. 2 als »Allegro non troppo«)

NGA: Band XII/4 (Hans Jancik und Rüdiger Bornhöft, 1996) und Revisionsbericht

In der Zeit von November 1861 bis Juli 1863 nahm Bruckner beim Linzer Theaterkapellmeister Otto → Kitzler Unterricht in Formenlehre, → Instrumentation und »freier Komposition«. Die drei kurzen, nur mit Nummern bezeichneten *Orchesterstücke* sind während dieser Lehrzeit entstanden und müssen vor allem als Übungen in Orchesterinstrumentation angesehen werden. Als Vorbilder in stilistischer und gattungsmäßiger Hinsicht mögen Entr'acte-Stücke gedient haben, die Kitzler selbst für das Theater komponiert hat.

Die beiden ersten Stücke, 36 bzw. 48 Takte lang, verraten mit ihrer gemeinsamen lyrischen Haltung und mehr oder weniger durchgehenden Triolisierung in der Begleitung ein → Mendelssohnsches Vorbild, etwa von dessen »Liedern ohne Worte«. Das dritte, 45 Takte lang, das mit einem trioartigen Teil in der Mitte (in der Subdominante) und in da capo-Anlage komponiert ist (allen drei Sätzen gemeinsam ist die bogenförmige Anlage A-B-A), hat einen mehr persönlichen, robusteren Charakter. Die ständig wiederkehrende Wendung einer über die Oktave rasch aufsteigenden Dreiklangfigur trägt ebenfalls dazu bei, diesem Satz ein konzises Gepräge zu geben.

Bruckner schenkte die Partituren dieser Übungsstücke (wie auch die vom *Marsch in d-Moll*), allerdings in einer Abschrift fremder Hand, seinem Schüler Cyrill → Hynais. BM

Lit.: Othmar Wessely, Bruckners Mendelssohn-Kenntnis, in: Bruckner-Studien 1975; Hawkshaw, The Manuscript Sources; Bo Marschner, Zu den frühen Orchesterwerken A. Bruckners, in: Bruckner-Fest Würzburg 7.-10. 10. 1993. Programmbuch.

Orel, Alfred

Geb. 3. 7. 1889 und gest. 11. 4. 1967 in Wien. Musikforscher. Nach seiner Promotion zum Dr. jur. und einer Tätigkeit im österreichischen Finanzministerium studierte er 1917-1919 bei Guido → Adler Musikwissenschaft und habilitierte sich 1922. Von 1929-1945 lehrte er als ao. Professor an der → Universität Wien, leitete 1918-1940 die Musiksammlung der Wiener Stadt- und Landesbibliothek und 1940-1945 das Institut für Wiener Musikforschung. Orel hat sich in vielfältiger Weise besonders mit der Musikgeschichte Österreichs als Wissenschaftler und Musikschriftsteller beschäftigt.

Schon früh hat sich Orel quellenkundlich mit dem Werk Bruckners auseinandergesetzt (»Unbekannte Frühwerke A. Bruckners«. Wien 1921, im selben Jahr Ausgabe der *Ouvertüre in g-Moll*). Zur stilgeschichtlichen Einordnung des

Gesamtschaffens und dessen Interpretation auf musikanalytischer Basis hat Orel (»A. Bruckner«. Wien 1925) zusammen mit Robert → Haas und Ernst → Kurth eine Grundlage geschaffen, auf die bis heute immer wieder zurückgegriffen wird. Zusammen mit Haas stand Orel auch am Beginn der Bruckner-Gesamtausgabe. Nach heftigen Angriffen durch Georg Göhler gegen Versäumnisse der Wissenschaft hat Orel bereits im ersten Band der »Zeitschrift für Musikwissenschaft« (1918/19, S. 422 f.) das Ziel einer kritischen Ausgabe angesprochen. 1927 erfolgte der Beschluß zu einem von Haas und Orel zu leitenden → Gesamtausgabe-Unternehmen. Orels Name ist vor allem mit der Herausgabe der *Neunten Symphonie* verknüpft. 1932 stellte Siegmund von → Hausegger in einem Konzert in → München die neue kritische (noch ungedruckte) Fassung Orels der geläufigen Ferdinand → Löwes in überzeugender Weise gegenüber. Die Ausgabe selbst (Wien 1934 als Bd. 9) stand unter einem unglücklichen Stern, da Orel Berliner Skizzenmaterial entgangen war. Diese erste kritische Ausgabe einer Bruckner-Symphonie hatte aber nicht nur eine allgemeine Initialwirkung, sondern bemerkenswert ist auch Orels Versuch, möglichst vollständig die »Entwürfe und Skizzen« vorzulegen. Dies konnte damals nicht befriedigend gelingen, ist aber auch heute noch ein Desideratum. Orel schied in der Folge als Mitherausgeber der Gesamtausgabe aus. GG

Lit.: Festschrift A. Orel zum 70. Geburtstag. Hrsg. Hellmut Federhofer. Wien 1960 (Schriftenverzeichnis S. 9-19); Hellmut Federhofer, A. Orel zum Gedächtnis, in: Die Musikforschung 20 (1967); Leopold Nowak, Die Bruckner-Gesamtausgabe. Ihre Geschichte und Schicksale, in: Bruckner-Jahrbuch 1982/83.

Orgel

Die für Bruckner beruflich wie künstlerisch so wichtigen Instrumente und ihre Erbauer, seine Tätigkeit als Organist, seine Improvisationskunst und auch seine Berater- und Gutachtertätigkeit sollen hier unter dem übergeordneten »Stichwort« in einzelnen, in sich mehr oder weniger abgeschlossenen Abschnitten behandelt werden: Gewisse Überschneidungen sind bei diesen Themen nicht zu vermeiden, hinsichtlich ihrer Verständlichkeit als Hilfe sicher sogar wünschenswert.

1. Bruckner-Orgeln

Die Erbauungszeiten der Orgeln, mit denen Bruckner zu tun hatte, klaffen etwa 200 Jahre auseinander. Nach ersten Begegnungen mit nicht näher bekannten Orgeln im Geburtsort → Ansfelden und in → Hörsching lernte Bruckner in der ersten Lebensperiode vor allem Orgeln von Franz Xaver Chrismann kennen: zunächst jene im Stift → St. Florian (1774, III Manuale/P[edal]/51 Register). Von → Kronstorf aus konnte er nach → Enns und → Steyr gelangen und auf den dortigen Orgeln üben. Die Chrismann-Orgel in Steyr bezeichnete Bruckner damals als seine Lieblingsorgel (1778, II/P/21). 1847 und 1864 spielte er auf der Chrismann-Orgel in → Admont (1782, III/P/42), die 1865 einem Brand zum Opfer fiel. 1855 schließlich wurde er Domorganist in → Linz, wo im → Alten Dom eine von Chrismann aus Engelszell übertragene und für Linz adaptierte Orgel stand (1788, III/P/31).

Neben Chrismanns Arbeiten lernte er zwei Werke von Ludwig Mooser kennen, die Orgel der Linzer → Stadtpfarrkirche (1852, II/P/38) und 1856 – bei einem Wettspiel mit Robert → Führer – die Orgel im Dom in → Salzburg (1842, III/P/60). Das Instrument in der Linzer Stadtpfarrkirche litt schon früh unter schlechter Wartung, wie der Kompagnon Ignaz Hofstätter (Hofstedter) 1856 an Mooser berichtete.

Unter der Vielzahl von Orgeln, an denen Bruckner Proben seines Könnens ablegte, sei nur auf einige besondere Orgel-Begebenheiten verwiesen. Neben den Orgeln an seinen Wirkungsstätten → Windhaag (1769 Lorenz Franz Richter, Freistadt I/6 / Matthäus Mauracher d. Ä. 1875) und Kronstorf (Matthäus Mauracher d. Ä. 1879, II/P/11) sind zunächst die vier Orgeln in St. Florian zu nennen: die Große Orgel, zwei Chororgeln (Josef Römer 1699 / Daniel List 1796) und die Orgel der Marienkapelle (Nikolaus Rumel d. Ä. 1747, I/6).

1855 bewarb sich Bruckner angeblich um die Stelle des Domorganisten in Olmütz (→ Bewerbungen), im selben Jahr gewann er das Probespiel um die Stelle am Alten Dom zu Linz. In der Folge besuchte er die Orgeln der Linzer Umgebung, insbesondere die beiden des Stifts → Wilhering (Hauptorgel anonym, wahrscheinlich aus der Werkstätte Egedacher, Chororgel Nikolaus Rumel d. Ä. 1740, I/P/10). 1854, 1858 und 1861 (vor und nach seinen Studien bei Simon → Sechter) ließ sich Bruckner zunächst an der von Joseph Loyp stammenden (1843, II/P/27), dann an der neuen, von Carl Friedrich Ferdinand Buckow errichteten Orgel der Wiener → Piaristenkirche prüfen (1858, III/P/34). 1863 spielte er die Orgeln im Münchner Odeon (Franz Bor-

Orgel des Alten Doms in Linz

Orgel der Linzer Stadtpfarrkirche

gias Maerz, München 1880) und im ehemaligen Zisterzienserstift Fürstenfeldbruck (Johann Fux, Donauwörth 1735, II/P/28).
Seit 1868 in → Wien, lernte er viele Orgeln der Haupt- und Residenzstadt kennen, und 1869 begann mit den Konzerten in St. Epvre (→ Nancy) seine internationale Karriere. In dieser Kirche hatte die Pariser Firma Merklin & Schütze eine neue Orgel (1869, III/45) errichtet. Danach spielte Bruckner in → Paris im »Etablissement« dieser Firma die Salonorgel sowie die 1868 fertiggestellte Aristide Cavaillé-Coll-Orgel an der Kathedrale Notre-Dame (V/P/86). Nach der Rückkehr waren das Stift → Schlierbach (1764 Valentin Hochleitner, Windischgarsten / 1899 Leopold Breinbauer, Ottensheim II/26) und die Stadtpfarrkirche in → Wels Schauplätze seines Spiels. Anläßlich der Vorbereitung der für 1872 geplanten Weltausstellung in → London konzertierte Bruckner 1871 in der Royal Albert Hall (Henry Willis, London 1871, IV/P/110) und im Crystal Palace (Gray and Davison, London 1857, IV/65).
1872 errichtete Friedrich Ladegast die neue Orgel im Großen Musikvereinssaal der → Gesellschaft der Musikfreunde in Wien (III/P/52) und eine kleine in den Lehrräumen des angeschlossenen Konservatoriums (II/P/12). Bruckner spielte bei der Einweihung und improvisierte in einem Konzert. 1873 besuchte er anläßlich einer Bäder-Reise die Orgeln in der → Karlsbader Stadtdekanatkirche (um 1750, unbekannter Meister aus Elbogen, II/P/16) und in → Marienbad (1850 Johann Guth, Tschistay II/P/16). 1875 weihte er mit seinem Spiel die von Matthäus Mauracher d. Ä. im Zeitstil völlig umgebaute große Orgel in der Stiftskirche St. Florian ein (IV/P/78). Die nunmehr größte Orgel Österreichs fand Nachahmung: Matthäus Mauracher d. Ä. baute 1878 die Mooser-Orgel in → Kremsmünster um (IV/P/58), die Orgel in der Linzer Stadtpfarrkirche wurde durch Martin Hechenberger 1878/79 umgestaltet (III/P/40), die in Wien neu erbaute Votivkirche erhielt 1878 ein Werk von E. F. Walcker aus Ludwigsburg (III/P/61).
Bei seiner → Schweizerreise lernte Bruckner 1880 die Orgel des Großmünsters in Zürich (Friedrich Haas, Muri 1879, III/P/52) sowie die Orgeln der Kathedralen in Genf (Merklin & Schütze, Paris 1866, III/P/66) und Lausanne (Samson Scherrer, 1733) kennen. Einen Höhepunkt bildete die Orgel in der Kathedrale von Fribourg/Freiburg im Üchtland (Aloys Mooser,

Freiburg 1834, III/P/51). Den Aufenthalt in der Schweiz beendete Bruckner mit seinem Spiel an der Orgel im Berner Münster (Friedrich Haas, Luzern 1849-1851, IV/60) und in der Luzerner Stiftskirche (Friedrich Haas, Muri 1862, IV/70). 1882 spielte er anläßlich eines Besuchs in → Bayreuth die Orgel der evangelischen Stadtkirche (1654 Matthias Trötzscher, Kulmbach / 1845 erneuert durch Weineck, Bayreuth II/P/29) und – nach Berichten von Marie Lorenz – auch jene des ehemaligen Zisterzienserstifts Waldsassen (Joseph Christoph Egedacher 1698, mehrfach umgebaut). 1883 konzertierte Bruckner an der Orgel der Wiener Votivkirche, 1885 spielte er in Gegenwart von Kaiser → Franz Joseph I. an der Festorgel in → Klosterneuburg (Johannes Freundt 1642, III/P/35).

1884 unternahm Bruckner eine Reise nach → Prag. Im Konzertsaal des eben fertiggestellten »Rudolfinums« hatte Wilhelm Sauer aus Frankfurt/Oder ein neues Werk gebaut (1885, III/P/50), das von Bruckner und dem Leipziger Universitätsmusikdirektor Hermann Langer kollaudiert wurde. Weiters spielte er an der Orgel im Prämonstratenserstift Strahov (P. Lohel Oehlschlägel, Strahov 1788, III/P/53) und im Veitsdom (1763 Anton Gartner, Tachau III/P/40).

Die folgenden Jahre zeigen Bruckner an der nunmehr größten Orgel Österreichs im Wiener Dom → St. Stephan (E. F. Walcker, Ludwigsburg 1886, III/P/90) und an der neuen Chororgel (Gebrüder Rieger, Jägerndorf 1886, II/P/16), 1886 beim Requiem für Franz → Liszt in der katholischen Schloßkirche Bayreuth (Weineck, Bayreuth 1870, II/P/16), am 31. 7. 1890 in → Bad Ischl bei der Hochzeit von Erzherzogin → Marie Valerie mit Erzherzog Franz Salvator (Johann und Matthäus Mauracher d. J. 1888, III/P/33, 1910 grundlegend umgebaut). 1892 spielte er eine der auf der → Internationalen Ausstellung für Musik- und Theaterwesen aufgestellten Orgeln. KS

2. Organist

Eine erste Anleitung zum Violin-, Spinett- und Orgelspiel erhielt Bruckner durch seinen Vater in Ansfelden; als Zehnjähriger wirkte er bereits im Gottesdienst mit. 1835-1837 erteilte ihm sein Cousin und Pate Johann Baptist → Weiß in Hörsching Unterricht im → Generalbaß- und Orgelspiel. Für harmonische und technische Übungen verwendete Weiß dabei Vorlagen diverser Komponisten, und Bruckner schrieb zu Lernzwecken daraus einige Stücke ab. Somit sind auch die *5 Präludien für Orgel* aus dieser Zeit, vielfach als erste Kompositionsversuche angesehen, offenbar keine eigenständigen Werke.

Als Sängerknabe im Stift St. Florian erhielt Bruckner Orgelunterricht bei Anton → Kattinger. Die große Chrismann-Orgel in der Stiftskirche mit ihren damals 74 Registern gilt als Quelle orgelgemäßer Klangvorstellungen des späteren Symphonikers (→ Satztechnik). Zunächst auf die Chororgel verwiesen, durfte Bruckner ab 1839 in Gottesdiensten begleitend auch die große Orgel spielen.

Die → Ausbildung zum Schulgehilfen an der Präparandie in Linz beinhaltete auch den Unterricht in Generalbaß- und Orgelspiel. Später hatte er in Windhaag Orgeldienste zu verrichten und studierte → Albrechtsberger, → Bach und Marpurg, um sich fachlich weiterzubilden. Während des Schuldienstes in Kronstorf nahm er u. a. auch Orgelunterricht bei Leopold von → Zenetti in Enns. In Kronstorf vermochte er Anfang 1845 seinen Freund Karl → Seiberl mit einer Improvisation über die → Kaiserhymne zu beeindrucken. Nach seiner Versetzung nach St. Florian nahm er wieder den Orgelunterricht bei Kattinger auf und übte täglich stundenlang. Als supplierender Stiftsorganist hatte er vor allem bei »klassischen« Messen zu spielen und komponierte daneben (1846 ?) die Orgelstücke *Andante (Vorspiel)* und *Nachspiel* sowie 1847 *Vorspiel und Fuge*.

Bruckners organistisches Können bestätigten durch → Zeugnisse → Dürrnberger, Kattinger, Joseph Anton Pfeiffer (→ Seitenstetten), → Assmayr, → Führer, → Traumihler und auch Sechter. 1858 unterzog er sich – damals schon Dom- und Stadtpfarrorganist in Linz – einer Prüfung im Generalbaß- und Orgelspiel in der Wiener Piaristenkirche. Vermutlich für eine weitere Prüfung komponierte er 1861 eine *Fuge*. Bei dieser Prüfung am 21. 11. 1861 (wieder in der Piaristenkirche) spielte er Literatur und improvisierte danach über ein von Sechter und Johann → Herbeck gegebenes Thema eine Introduktion und Fuge sowie eine freie Fantasie.

In Nancy spielte er 1869 zur Einweihung der neuen Merklin & Schütze-Orgel »Präludium und Fuge cis-Moll« aus dem »Wohltemperierten Klavier I« von Bach und eine Improvisation, tags darauf eine Improvisation über das »Kaiserlied«. 1871 trat er als Organist in London auf. Im Literaturspiel begnügte er sich mit Bach, Händel und → Mendelssohn, ansonsten produzierte er sich wieder effektvoll mit Improvisationen

Orgel der Wiener Hofburgkapelle

(österreichische und englische Hymne, »Halleluja« aus Händels »Messias«, »Ständchen« von → Schubert, »Die Wacht am Rhein«, freie Fantasien).

In Wien trat Bruckner als Organist oft bei besonderen Anlässen hervor. In den Sommermonaten erregte er in St. Florian, Kremsmünster, Steyr und → Vöcklabruck mit seinem Orgelspiel Aufsehen. Während er als Improvisator immer wieder seine Souveränität beweisen konnte, fehlte ihm allerdings beim Begleitspiel die erforderliche Wendigkeit, und er tat sich schwer, sich in ein Ensemble einzupassen. Bei freien Zwischenspielen verlor er sich im Fantasieren, zog beim Begleiten des Gesanges nach, und Sängerknaben in der → Hofmusikkapelle konnten beobachten, wie er »bei Pedalstellen fortwährend und auffallend daneben griff« (Göll.-A. 2/1, S. 305). Mit fortschreitendem Alter ließ seine Spielsicherheit überhaupt nach. Zunehmend wurde deutlich, daß Bruckner mit seinem Improvisationstalent an der Hofmusikkapelle als Organist letztlich fehl am Platz war.

Auch blieb sein Niveau als Konzertorganist beträchtlich unter seiner improvisatorischen Höhe. Aus den wenigen Orgelnoten, die er besaß – hauptsächlich Albrechtsberger, Bach, Händel, Mendelssohn –, eignete er sich nur eine geringe Zahl von Stücken zum Konzertgebrauch an. Gesichertes Repertoire waren lediglich die Toccaten F-Dur (BWV 540) und d-Moll (BWV 565) von Bach und die erste Orgelsonate f-Moll von Mendelssohn. Nur vereinzelt hatte er noch einige andere Werke von Bach und Händel in seinen Programmen. 40jährig bekannte er als Domorganist, »daß ich noch kein Repertoire habe, obwohl ich Bach und Mendelssohn gespielt habe. Ich habe wenig Zeit und Lust mich sonderlich in dieser Beziehung zu plagen«. Aus dem Niveau des praktizierten Repertoires ist zu schließen, daß seine Spieltechnik gediegen war, jedoch nicht hinreichte, um seine Virtuosität annähernd mit der Klaviertechnik eines → Liszt gleichzusetzen, auch wenn man ihn den »Liszt der Orgel« nannte. Er besaß allerdings eine staunenswerte Pedaltechnik; hinzu kam sein Geschick im Umgang mit der Registratur. Die elitäre Stellung der Orgel – räumlich und ideell – machte einzelne Zeugen seines Spiel leicht geneigt, das Ungewohnte zu bewundern. Zudem gab es in Bruckners Umgebung kaum einmal eine ernsthafte Konkurrenz. Eine mangelnde Zahl an qualifizierten Konzertorganisten und ein unterentwickeltes Gespür seitens des Publikums für die Ästhetik des Orgelspiels standen in negativer Wechselwirkung zueinander.

In Klosterneuburg, am zweiten Weihnachtstag 1895, waltete Bruckner zum letzten Mal in seinem Leben an der Orgel. Sein Spiel endete mit einer Dissonanz im Schlußakkord. EH

3. Improvisator

Bruckners Ruhm als Organist beruhte vor allem auf seiner Improvisationskunst. Noch bevor er sich als Symphoniker profilieren konnte, fand er als Improvisator im In- und Ausland allgemeine Anerkennung.

In Wien hatte er vielfach Gelegenheit zu Improvisationen, die teils Begeisterung, teils aber auch Befremden auslösten. So fantasierte er 1872 auf der neuen Ladegast-Orgel im Musikvereinssaal über Themen aus seiner *Messe in f-Moll* und über das »Kaiserlied«. Vom Ergebnis waren

Prospekt der Orgel in der Wiener Piaristenkirche. Stich

Alter Spieltisch der St. Florianer Orgel (jetzt im Geburtshaus in Ansfelden)

(nach Max → Kalbeck) Johannes → Brahms und »andere ehrliche Musiker« enttäuscht, was aber nicht nur mit musikalischen Gründen zusammenhing, sondern auch mit der allgemeinen Geringschätzung der Orgel als Konzertinstrument.

Alfred Zamara berichtete Details über eine spontane Improvisation an der Orgel des Musikvereinssaales: »Mit einem Sturm über die Pedale leitete Bruckner seine Improvisation ein, um dann in die weiteren schnellen Figurationen volle Akkorde hineinzuschmettern.« Dann war zu hören, »daß er in der Fuge das eine Thema mit dem anderen kontrapunktierte. Mit einem Orgelpunkt von ungeheurer Wirkung endete er.« Bemerkenswert ist eine weitere Beobachtung: »Bruckner präludierte die beiden Themen dreimal durch; gleich blieben nur der Anfang, das Ende und die Fuge.« Das heißt: Bruckner »manipulierte« mit einem Vorrat bewährter Muster, die für den Spieler zuverlässig »abrufbar« und für den Hörer wiedererkennbar waren. Hierzu gehörte auch das »Stricken« von (Doppel 2D)Fugen, ein Handwerk, für das Bruckner glanzvolle Prüfungszeugnisse vorlegen konnte. Er scheint dabei nach einem bestimmten, erprobten Schema vorgegangen zu sein. Von eindringlicher Faszination müssen aber jene Partien gewesen sein, in denen er mit großem Registrieraufwand der Orgel symphonische Klangvisionen entlockte: »In meinem Gedächtnisse blieben ... die wundervollen, durch vielfältige Mischungen der Register hervorgebrachten Klangfarben unverrückbar haften«.

Die unterschiedliche Struktur von Bruckners Orgelfantasien hing mit der Art der Themen und mit der momentanen formalen Absicht zusammen. Für Fugen hielt er sich (um es ungefähr zu benennen) an den Stil Händels, virtuose Partien wickelte er in einer technischen Art ab, die klavieristischen Strukturen Mendelssohns nahekommt. Wenn er sich aber Themen aus → Wagners Opern oder aus seinen eigenen Symphonien vornahm, dann entwickelten sich Klangereignisse im ureigenen Bruckner-Stil. Mit dieser Improvisationsart befremdete er einige wenige, die seiner Musik fernstanden; die meisten Zeugen seines Spiels aber bewunderten ihn tief beeindruckt, feierten ihn überschwenglich als den »Giganten« und »Imperator« der Orgel.

In seinem eigenschöpferischen Drang ist einer der Gründe zu sehen, daß Bruckner wenig daran lag, Orgelstücke anderer Komponisten einzustudieren. Er verstand es, zwischen Literaturspiel und Improvisation eine Brücke herzustellen, was allerdings von Zeitgenossen zum Teil abgelehnt

Bruckner als Organist. Schattenbild von Otto Böhler, um 1890 (IKO 43)

wurde. So hieß es anläßlich seines Auftretens in London: »Große Komponisten erschöpfen ihr Thema. Nichts kann man zum Hallelujachor hinzufügen, nichts zur Tokkata von Seb. Bach« (Göll.-A. 4/1, S. 157). Entgegen dieser Meinung sah Rudolf Quoika (1966) in Bruckners Art, Literaturspiel und Improvisation zu verbinden, eine akzeptable Verfahrensweise, trotz der notwendigen Befangenheit des Improvisators im vorgegebenen Stil.
Der Versuch, aus den überlieferten Berichten Informationen über die formale Anlage der Improvisationen zu ziehen, wird durch eine verschwommene und pauschale Terminologie erschwert. Vielfach genannt wird der Begriff »Fuge«. Auch wenn zweifelsfrei feststeht, daß Bruckner sich im Extemporieren planvoller Fugen eine konkurrenzlose Sicherheit erworben hat, so nutzte er doch auch das Verfahren des »Fugato« und der Imitation. Die Fuge hat er meist nicht als selbständigen Satz hingestellt, sondern sie in eine Fantasie eingebaut. So berichtet P. Oddo → Loidol aus Kremsmünster: Bruckner spielte »im Pleno einen symphonieartigen Satz, in welchen er eine große Fuge einmischte und nach deren Beendigung den 1. Satz wieder aufnahm« (Göll.-A. 2/1, S. 283).
Die Motivzerlegung im Präludium entspricht der üblichen Technik der Durchführungsarbeit im Sinne der Sonate und Symphonie; folglich dürfte Bruckner bei freien Fantasien ähnlich wie in den Durchführungsteilen seiner Symphonien gearbeitet haben. Die Kulmination der Fantasie auf einem Orgelpunkt verweist ebenfalls auf seinen symphonischen Stil. Die 1861 komponierte *Fuge* ist zwar eine »Schreibtischarbeit«, ihr klangliches Ergebnis ist aber geeignet, wenigstens im Ansatz eine Vorstellung zu vermitteln, wie eine improvisierte Bruckner-Fuge geklungen haben könnte, sofern er sich an den »streng klassischen Stil« hielt (Themazerlegung, Schein-Einsätze, Umkehrung, freie Entfaltung über dem Orgelpunkt).
Bruckner improvisierte nicht blindlings, sondern durchdachte zuvor das Material, überprüfte es auf seine Verwertbarkeit, und erst, wenn er es »geistig zusammengestellt« hatte, begann er. Während des Spiels stellte er den Fluß der Inspiration über die kontrapunktische Detailarbeit, spielte sich allmählich frei und verstieg sich schließlich, von der Inspiration geführt, in höchste Regionen. Seine Inspiration entzündete sich vor allem an seinen eigenen symphonischen Themen sowie an Wagnerschen Motiven (bevorzugt aus »Götterdämmerung« und »Parsifal«). In der Wahl der Themen kam er seinen Hörern entgegen: Mit Abstand am häufigsten fantasierte er über die »Kaiserhymne«, an zweiter Stelle stand das Händel-«Halleluja«. EH

4. Bruckner als Gutachter und Berater
Unter dem Eindruck der großen symphonischen Orgeln in Frankreich und England war Bruckner an Umbauten und Klanganpassungen der Orgeln seiner Jugendzeit mitbeteiligt. Offensichtlich entsprachen aber von Anfang an die Chrismann-Orgeln nicht Bruckners Klangvorstellungen.
Bereits zu Beginn seiner Tätigkeit an der Linzer Domorgel hatte er (seit 1857) die Chrismann-Orgel von Josef Breinbauer grundlegend umbauen und in der Folge bis 1893 von Leopold Breinbauer weiter verändern lassen: Sie stellt heute nach einer Restaurierung des Bruckner-Bestands (1980) technisch und klanglich eine der wichtigsten Bruckner-Orgeln dar (III/P/31). 1873-1875 wurde auch die Chrismann-Orgel in St. Florian von Matthäus Mauracher d. Ä. völlig umgebaut. (Nach den Umbauten von 1951 durch Wilhelm Zika ist sowohl die Chrismann- wie

auch die Bruckner-Mauracher-Konzeption irreversibel verändert.) Und ein Jahr vor seinem Tod fiel noch die Chrismann-Orgel in Steyr Bruckners Klangvorstellungen zum Opfer (Josef Mauracher, St. Florian 1895, II/P/34).

Bruckner wurde zu Umgestaltungen und Neubauten mehrfach als Berater beigezogen und zu Kollaudierungen oder Beurteilungen eingeladen: In → Perg wurde die 1861 von Franz Meindl aus Freydegg errichtete Orgel von Bruckner beurteilt (I/P/14). 1873 kollaudierte Bruckner die neue Orgel in der Pfarrkirche Tulln (Johann Nepomuk Carl Mauracher, II/P/26) zusammen mit Franz Krenn (seinem Kollegen am Konservatorium und Kapellmeister an St. Michael in Wien) und Ernst Stoiber (Professor der Orgel- und Gesangsschule des Wiener Cäcilienvereins). Bruckner erhielt hierfür von Bürgermeister Josef Ursinn eine silberne Tabaksdose. 1874 erstellte er zusammen mit Krenn ein Gutachten über die Orgel J. N. C. Mauracher in Langenlois (II/P/18), 1875 folgte schließlich ein fast gleichlautendes Gutachten über die J. N. C. Mauracher-Orgel in → Krems (III/P/34).

1878 kollaudierte Bruckner die neue Orgel der Wiener Votivkirche (s. Abschnitt 1) zusammen mit Karl Hausleithner sowie Hof- und Domkapellmeister Gottfried Preyer. Die 1878 von J. N. C. Mauracher in der Pfarrkirche Vöcklabruck errichtete (und 1923 umgebaute) Orgel wurde von Bruckner nach Aussage Max → Auers negativ beurteilt. 1891 bemängelte Bruckner die Schwergängigkeit der Traktur der Mooser-Orgel in Altheim (erbaut 1845; 1875 von Franz Sales Ehrlich überholt, II/20).

In den Werkstattunterlagen von Matthäus Mauracher d. Ä. wird auf eine Pedalform hingewiesen, die von Bruckner gewünscht wurde. Die genaue Form dieses Pedals ist nicht bekannt, auch dürfte kein »Bruckner-Pedal« erhalten geblieben sein. KS

5. Orgelbauer um Bruckner

Franz Xaver Chrismann, geb. 22. 10. 1726 in Rihenberg (Reifenberg), gest. 20. 5. 1795 in Rottenmann; studierte in Görz, Priesterweihe 1750, Orgelbaulehre wahrscheinlich bei Petrus Nachini in Venedig. Tätigkeit als Orgelbauer seit etwa 1758. Bruckner war mit einer Reihe von Chrismanns Orgelbauten konfrontiert. Sie wiesen eine spezifisch spätbarock-frühromantische Klangpalette mit Mehrfach-Grundregistern auf. Die technische Anlage der Werke war filigran und kompliziert, die große Orgel im Stift St. Florian krankte zudem an ungenügender Windzufuhr. Obwohl zunächst vom Chrismann-Klang geprägt, wandte sich Bruckner rasch dem zeitgenössisch symphonischen Klangideal zu und war maßgeblich an den grundlegenden Umbauten der Chrismann-Orgeln beteiligt.

Ludwig Mooser, geb. 30. 1. 1807 in Wien, gest. 22. 5. 1881 in Hatvan; erlernte das Handwerk bei seinem Vater Peter Anton Mooser (1773-1823) in Wien. Dessen Vater Joseph Anton Mooser (1731-1792), Begründer der Orgelbauerfamilie, hatte sich in Fribourg (Schweiz) angesiedelt, wo auch sein älterer Sohn Joseph Aloys (1770-1839) tätig war. Ludwig Mooser mußte nach dem frühen Tod seines Vaters Peter Anton 16jährig auf Wanderschaft gehen. Sein Arbeitsgebiet erstreckte sich über die ganze österreichisch-ungarische Monarchie. Bis 1863 war er vor allem von Salzburg aus tätig, dann verlegte er seine Werkstätte nach Ungarn. Er soll an die 200 Werke erbaut haben. Seine oft kolossalen Werke wiesen eine komplizierte, schwergängige Traktur auf. Im Zusammenhang mit Bruckner ist Ignaz Hofstätter als Moosers Kompagnon zu nennen, der 1868 als Erbauer der Orgel in Eberstallzell nachgewiesen ist.

Carl Friedrich Ferdinand Buckow, geb. 1801 in Danzig, gest. 16. 5. 1864 in Komorn; ließ sich 1827 in Hirschberg, Schlesien, zunächst als Geselle, dann als Nachfolger des Orgelbauers Joseph Schinke nieder. Er war u. a. für Prag, Weißrußland und Ungarn tätig. Nach eigenen Angaben hat er 54 Orgeln gebaut (weitgehende Umgestaltungen älterer Instrumente mitgezählt). In Wien ist er mit zwei Werken bekannt geworden: mit der auch von Bruckner sehr geschätzten und fast vollständig erhaltenen Orgel in der Piaristenkirche und der Orgel in der → Hofburgkapelle (heute im Wiener Technischen Museum).

Die große, seit 1720 nachweisbare Orgelbauerfamilie Mauracher entstammt zwei Linien (Riede Kapfing/Fügen im Zillertal und Zell im oberen Zillertal, vgl. hierzu Biba). Bruckner schätzte die »Mauracher-Orgeln« sehr: Es handelte sich dabei zunächst um solche von Johann Nepomuk Carl Mauracher (gest. 1884, aus der Fügener Linie) und offensichtlich besonders um solche von Matthäus (eigentlich Matthias) Mauracher d. Ä. (1818-1884, aus der Zeller Linie).

Josef Breinbauer, geb. 17. 2. 1807 in Haibach im Innkreis, Oberösterreich, gest. 27. 4. 1882 in Ottensheim, Oberösterreich. Sein Sohn Leopold Breinbauer d. Ä., geb. 14. 1. 1859 und gest. 18.

5. 1920 in Ottensheim, erlernte das Orgelbauhandwerk bei seinem Vater und vervollkommnete sich bei Friedrich Ladegast in Weißenfels. Unter den Hunderten von Orgeln, die durch die Firma Breinbauer errichtet wurden, ist besonders auf die Umbauten der Chrismann-Orgel im Alten Dom zu Linz zu verweisen, die von Josef und Leopold Breinbauer nach den Wünschen Bruckners ausgeführt wurden. KS

Lit.: Ferdinand Krackowizer – Franz Berger, Biographisches Lexikon des Landes Österreich ob der Enns. Gelehrte, Schriftsteller und Künstler Oberösterreichs seit 1800. Linz 1931; Göll.-A. passim; Rudolf Quoika, Die Orgelwelt um A. Bruckner. Blicke in die Orgelgeschichte Alt-Österreichs. Ludwigsburg 1966; Karl Schütz, Der Wiener Orgelbau in der zweiten Hälfte des 18. Jahrhunderts. Wien 1969; Hermann J. Busch, A. Bruckners Tätigkeit als Orgelsachverständiger, in: Ars Organi 19 (Dezember 1971); Nowak 1973; Otto Biba, A. Bruckner und die Orgelbauerfamilie Mauracher, in: Bruckner-Studien 1975; Karl Schnürl, Drei niederösterreichische Bruckner-Orgeln. Tulln-Langenlois-Krems, ebenda; Hermann J. Busch, Zur Klanggestalt der Großen Orgel des Franz Xaver Chrismann in der Stiftskirche zu St. Florian, in: Organa Austriaca 1 (1976); Karl Schütz, Die Orgelakten des Stiftes St. Paul im Lavanttal, in: ebenda 2 (1979); Josef Burg, A. Bruckners musikalische Begegnungen in Frankreich, in: IBG-Mitteilungsblatt Nr. 14 und 15, Dezember 1978 bzw. Juni 1979; Einiges über A. Bruckner. Aus den Tagebüchern Pius Richters und nach persönlichen Erfahrungen zusammengestellt (Edmund Richter), kommentiert von Otto Biba, ebenda Nr. 17, Mai 1980; Kilián Szigeti: Régi magyar orgonák EGER (Alte ungarische Orgeln – Erlau). Budapest 1980; Antonicek, Hofmusikkapelle; Elisabeth Maier – Franz Zamazal, A. Bruckner und Leopold von Zenetti, besonders S. 11-16, 103-118; Otto Biba, Die Orgel im Alten Dom zu Linz – ein Dokument zu Bruckners Orgelpraxis, in: Bruckner-Jahrbuch 1982/83; Karl Schütz, Die Walcker-Orgel der Wiener Votivkirche, in: Österreichisches Orgelforum 2/3 (Wien 1988); Steffen Lieberwirth, Der erste Organist eines Orgelkonzertes im Neuen Gewandhaus zu Leipzig – A. Bruckner, in: Bruckner-Jahrbuch 1987/88; Elisabeth Maier, Bruckners oberösterreichische Lehrer, in: Bruckner-Symposion 1988; Bruckner-Symposion 1990; Günther Lade, Orgeln in Wien. Wien 1990; Wolfgang Kreuzhuber, Der Orgelbau in Oberösterreich in der zweiten Hälfte des 19. Jahrhunderts unter dem Einfluß des Cäcilianismus. Diss. Salzburg 1990; Orgelbauverein Altheim (Hrsg. Thomas Pumberger), Festschrift zur Orgelweihe der 1994 rekonzipierten Orgel in Altheim. Ried o. J.; Erwin Horn, Eine Visitenkarte mit Bruckner-Noten, in: Bruckner-Jahrbuch 1991/92/93; Alfred Zamara, Meine Erlebnisse mit A. Bruckner und anderen Größen der Tonkunst, ebenda; Robert Münster, Eine »Bruckner-Orgel« in Halsbach/Oberbayern, in: IBG-Studien & Berichte. Mitteilungsblatt 45, Dezember 1995; Othmar Wessely, Der junge Bruckner und sein Orgelspiel, in: Staat – Kirche – Schule in Oberösterreich; Erwin Horn, Zwischen Interpretation und Improvisation. A. Bruckner als Organist, in: Bruckner-Symposion 1995; August Humer, Die Brucknerorgel im Alten Dom zu Linz. Linz 1996; NGA Band XII/6 (Orgelwerke, mit Liste der Improvisationsthemen Bruckners).

Os justi (WAB 30) »Os justi meditabitur sapientiam«

Graduale für vier- bis achtstimmigen gemischten Chor a cappella, lydisch
EZ: 1879 (18. 7. vollendet), 2. Fassung August 1879
W: »Sr. Hochwürden Herrn Musikdirektor Ignaz → Traumihler zu → St. Florian«
UA: 28. 8. 1879 in St. Florian (2. Fassung)
Autographe: ÖNB-MS; Stift St. Florian; Stift → Kremsmünster
ED: Göll.-A. 4/1, nach S. 568 (1. Fassung, Faksimile, 1936); »Vier Graduale«. Wien, Theodor Rättig 1886 (2. Fassung, zusammen mit *Christus factus est* WAB 11, *Locus iste* und *Virga Jesse*)
NGA: Band XXI (Hans Bauernfeind und Leopold → Nowak, 1984) und Revisionsbericht

Dieses → Graduale aus der »Missa de Doctoribus« hat Bruckner für das in St. Florian stets besonders feierlich begangene Fest des hl. Augustinus (28. 8.) vertont und es Traumihler, der auch Referent des Allgemeinen Cäcilienvereins war, zum Namenstag (31. 7.) gewidmet. Ihm zuliebe wollte Bruckner ein Werk schaffen, das den Idealen des → Cäcilianismus entsprach. Der Widmungsträger zeigte sich jedoch »frappiert« und konnte sich mit der lydischen Tonart und dem mixolydischen, bewegten fugierten Mittelteil nicht anfreunden (Göll.-A. 2/1, S. 269) und drängte den Komponisten zu einer glättenden Umarbeitung. Schon am Augustinusfest 1879 konnte er das Werk mit Bruckner an der Orgel in der neuen (1886 auch gedruckten) Fassung uraufführen.
Der Text der Motette stammt aus Psalm 37 (V. 30 f.): »Der Mund des Gerechten bewegt Worte der Weisheit, und seine Zunge redet, was recht ist. Er hat die Weisung seines Gottes im Herzen, seine Schritte wanken nicht.« Diesem Gedankengang folgt auch der formale Aufbau: Das »Nachsinnen über die Weisheit« ist in verhalten beginnendem, homophonem Akkordsatz geschildert, der sich an einem ersten Höhepunkt bis zur Achtstimmigkeit teilt (»meditabitur sapientiam«). Nun folgt als starker Kontrast ein bewegter, polyphoner Mittelteil, der »redende Gerechte«. Der dritte Teil greift auf den meditativen, homophonen Beginn zurück (»Lex Dei eius in corde ipsius«). Der *ppp*-Schluß mündet in ein Psalmodieren des Chores über einem liegenden F-Dur-Klang: ein Bild des Gerechten, der auf sicherem Grund dahinschreitet. Das unisono vorgetragene Choral-Alleluia gehört

bereits dem (beim Druck nicht berücksichtigten) folgenden Gradualvers *Inveni David* an und ist nach diesem zu wiederholen. Die Melodie dieses Alleluia ist ein gregorianisches Zitat aus dem Alleluia des Introitus »In medio ecclesiae« aus der »Missa de Doctoribus«. EM

Lit.: Erwin Horn, A. Bruckner. Geistliche Motetten: Os justi, in: Musica sacra 102 (1982); Elisabeth Maier, Der Choral in den Kirchenwerken Bruckners, in: Bruckner-Symposion 1985.

Österreichische Nationalbibliothek (Wien)
Obwohl der schriftliche → Nachlaß Anton Bruckners nicht zur Gänze in die damalige k.k. Hofbibliothek (die heutige Österreichische Nationalbibliothek) gekommen ist, sondern leider ziemlich weit verstreut wurde, nimmt ihre Musiksammlung die zentrale Stellung im Bewahren des Bruckner-Erbes ein und darf sich als Nachlaßverwalter bezeichnen. Die Bibliothek wurde von Bruckner lediglich mit einem Legat bedacht, das aber von überragender Bedeutung war. Im Punkt IV seines → Testamentes vom 10. 11. 1893 hatte er festgehalten: »Ich vermache die Originalmanuscripte meiner nachbezeichneten Compositionen: der Sinfonien, bisher acht an der Zahl, die neunte wird, so Gott will bald vollendet werden, – der 3 großen Messen, des Quintettes, des Te Deums, des 150. Psalms und des Chorwerkes Helgoland – der kais. und königl. Hofbibliothek in Wien, und ersuche die k. u. k. Direktion der genannten Stelle für die Aufbewahrung dieser Manuscripte gütigst Sorge tragen zu wollen.«
Dieses relativ kleine, wenn auch aus heutiger Sicht überaus kostbare Legat von 14 Originalhandschriften wurde zur Keimzelle der größten Bruckner-Sammlung überhaupt. Ausgehend vom Legat erwarb die Bibliothek im Laufe von Jahrzehnten, von 1914 bis in die Gegenwart, so ziemlich alles, was man an schriftlichen Zeugnissen von und über Bruckner ausfindig machen konnte. Neben den Werkmanuskripten sind nun Hunderte von Dokumenten, wie → Briefe, → Taschen-Notizkalender etc., von Bruckners Hand und solche seiner Zeitgenossen über ihn vorhanden. Darunter befinden sich u. a. auch die Nachlässe von Friedrich → Eckstein, August → Göllerich und Max → Auer, Franz → Gräflinger, Cyrill → Hynais, Max von → Oberleithner, August → Stradal, Josef und Franz → Schalk.
Die Nationalbibliothek hat aus dem testamentarisch vermachten Legat nicht nur die selbstverständliche Verpflichtung abgeleitet, die Originalhandschriften sorgfältig zu bewahren und – bereits darüber hinaus – diese nach Kräften zu vermehren, sondern auch die Verantwortung, die Werke unverfälscht zu erhalten. Gemeinsam mit dem Benno Filser-Verlag in Augsburg rief sie im Jahre 1928 zu einer Subskription für eine → Gesamtausgabe auf. Die wissenschaftliche Betreuung dieser »Kritischen Gesamtausgabe im Auftrage der Generaldirektion der Nationalbibliothek mit Förderung der → Internationalen Bruckner-Gesellschaft« war Robert → Haas anvertraut. Haas, 1920-1945 Direktor der Musiksammlung, konnte als Editionsleiter dieser »alten« Gesamtausgabe 1930-1944 sieben großformatige Partiturbände vorlegen, zu denen parallel zwölf Studienpartituren erschienen sind. Nach dem Ende des Zweiten Weltkrieges, und nachdem der Musikwissenschaftliche Verlag in Wien neu erstanden war, konnte Leopold → Nowak, 1946-1969 Direktor der Musiksammlung, ab 1951 die Gesamtausgabe reaktivieren. »Leopold Nowak hat es sich zur Aufgabe gemacht, die bereits vorhandenen Bände der Gesamtausgabe in einer zweiten, revidierten Ausgabe zu edieren, den Text durch Erschließung neuen Quellenmaterials zu vervollkommnen und die bisher noch nicht bearbeiteten Werke zu veröffentlichen. Er bekennt sich zu einer vollkommen korrekten philologischen Methode, die vom früheren Herausgeber manchmal dadurch verlassen wurde, daß er verschiedene Fassungen zu einer einzigen Werkgestalt vereinigte und damit den Boden der Werktreue verließ.« Unter Nowaks Leitung sind insgesamt 29 Bände erschienen. Damit war zwar der weitaus überwiegende Teil der geplanten Bände erschienen, aber doch noch nicht alle. Nach Nowaks Tod bemüht sich nun der Musikwissenschaftliche Verlag unter der Leitung von Herbert Vogg, das Erbe erstmals auch unter Heranziehung internationaler Bruckner-Experten fortzuführen und die Gesamtausgabe nach Möglichkeit bald abzuschließen.
Die Österreichische Nationalbibliothek hat auch mehrere → Ausstellungen zum Thema Bruckner veranstaltet, darunter vor allem im Jahre 1974 die Hauptausstellung in ihrem Prunksaal. Dazu ist ein umfassender Katalog mit Quellenangaben erschienen. GB

Lit.: Leopold Nowak, Das Bruckner-Erbe der Österreichischen Nationalbibliothek, in: Österreichische Musikzeitschrift 21 (1966); A. Bruckner zum 150. Geburtstag. Eine Ausstellung im Prunksaal der Österreichischen Nationalbibliothek 29. 5. bis 12. 10. 1974. Katalog. Wien 1974.

Ottensheim
Oberösterreichische Markt- und Tourismusgemeinde in der Region Mühlviertel, am linken Donauufer gelegen. 1996: 4 200 Einwohner.
Die Orgelbauer Josef und Leopold Breinbauer (→ Orgel) betrieben hier ihre Firma und traten mit Bruckner in Verbindung, als er eine Restaurierung der beiden Linzer Orgeln (→ Stadtpfarrkirche im Dezember 1856 und → Alter Dom im Jänner 1857) anstrebte. – Ottensheim wird auch im Zusammenhang mit der angeblichen Tochter Bruckners genannt: Berta → Barghesi heiratete 1874 den Oberlehrer Alois Weißgärber und hatte mit ihm fünf Kinder, die alle in Ottensheim zur Welt kamen. Bruckner soll mit Berta vierhändig Klavier gespielt und Aufführungen von Messen in der Ottensheimer Kirche besucht haben, die Berta einstudiert hatte. Alois Weißgärber wurde später Chormeister der Liedertafel in → Kirchdorf an der Krems, wo Bruckner häufig an den Proben teilnahm. Im Ruhestand lebte das Ehepaar Weißgärber wieder in Ottensheim. Erst nach dem Tod ihres Mannes 1914 übersiedelte Berta erneut nach Kirchdorf, wo sie 1923 starb.
RG

Lit.: Der »Domorganist«. Zwei Eingaben Bruckners an das Linzer bischöfliche Ordinariat, in: Musica Divina 12 (1924); Göll.-A. 3/1, S. 574; Renate Bronnen, Die Weißgärber-Geschwister. Ein Kapitel aus dem Leben A. Bruckners? – Beatrix Weißgärber-Fröhlich, Vorfahren meines Vaters, in: Bruckner-Jahrbuch 1984/85/86.

Ouvertüre in g-Moll (WAB 98)
Piccolo-Fl., Fl., 2 Ob., 2 Klar., 2 Fg.; 2 Hr., 2 Trp., 3 Pos., Pk.; Str.
»Introduction: Adagio [; Allegro non troppo]«
EZ: 18. 11. 1862 bis 4. 1. 1863 in → Linz; Überarbeitung 6. 1. bis 22. 1. 1863
UA: 8. 9. 1921 in → Klosterneuburg (Philharmonie, Franz Moißl)
Autograph: Stift → Kremsmünster; Skizzen: → Kitzler-Studienbuch S. 287-301
ED: im Anhang zu Alfred → Orel, »Unbekannte Frühwerke A. Bruckners.« Wien 1921; Studienpartitur. Wien, Universal-Edition 1921 (Josef V. → Wöß)
NGA: Band XII/5 (Hans Jancik und Rüdiger Bornhöft, 1996) mit Revisionsbericht

Die *Ouvertüre*, die zu den Lehraufgaben Bruckners in Verbindung mit seiner abschließenden Ausbildung bei Otto → Kitzler gehört, wurde als Übungsstück auf fortgeschrittenem Niveau geschrieben – zur Zeit der Vorbereitungen Kitzlers auf von ihm geleitete »Tannhäuser«-Vorstellungen (Februar 1863) in Linz. Handelte es sich bei den unmittelbar vorangehenden Aufgaben (*Drei Orchesterstücke*) besonders um den Erwerb instrumentatorischer Fertigkeit, so war hier sicherlich die formale Seite des kompositorischen Handwerks das Hauptanliegen (→ Form). Die Komposition folgt der schulmäßigen Ouvertürenform, bestehend aus einer langsamen Einleitung samt einem Sonatensatz ohne Wiederholung der Exposition. Auch die Thematik und ihre Gestaltungsweise ist klassisch gehalten, mit intensiver Ausnützung der einleitenden Solophrase der Violoncelli sowohl in den Überleitungspartien der folgenden Exposition als auch – in abgeleiteter Form (mittels freier Umkehrung) – in der Gestaltung des Seitenthemas. Die Durchführung, die ausschließlich das Allegro-Hauptthema verarbeitet, zeigt bereits Bruckners spätere Vorliebe für einen eher ruhigen Mittelteil der Sonatenform, unter Verwendung von melodischer Umkehrungstechnik. Der Schlußabschnitt der *Ouvertüre* erhebt sich, bevor er in eine romantisch gefärbte, Dur-Moll-gemischte Verklärung mündet, zu einem Pathos, das den vollentwickelten Bruckner deutlich zeigt. Dasselbe läßt sich übrigens schon gegen den Schluß der Exposition erkennen.
Die Bedeutung des Werkes für die Entfaltung der musikalischen Persönlichkeit Bruckners äußert sich nicht nur in dem bedeutenden handwerklichen Gehalt, sondern läßt sich auch daraus ermessen, daß der Komponist, sofort nach Kitzlers kritischer Einsicht, seinen ursprünglichen Satz korrigiert hat. Die Neue → Gesamtausgabe gibt in beide »Fassungen« Einsicht. BM

Lit.: Ernst Kurth, Bruckner. Berlin 1925, S. 1151-1156; Hawkshaw, The Manuscript Sources; Bo Marschner, Zu den frühen Orchesterwerken A. Bruckners, in: Bruckner-Fest Würzburg 7.-10. 10. 1993. Programmbuch.

P

2 Pange lingua (WAB 31 und 33) »Pange, lingua, gloriosi corporis mysterium«
Hymnus des Thomas von Aquin (um 1225-1274), der zu Fronleichnam, bei Sakramentsprozessionen oder sakramentalen Segensandachten gesungen wird.
Der Text ist ein Lobpreis des sich unter der Gestalt des Brotes verbergenden Herrenleibes. Die fünfte Strophe, »Tantum ergo sacramentum« wurde sehr oft, u. a. auch mehrmals von Bruckner (→ *Tantum ergo*), als eigenständige Komposition vertont.

– Pange lingua (WAB 31)
Hymnus für vierstimmigen gemischten Chor a cappella in C-Dur, »Langsam«
EZ: zwischen 1835 und 1837 (NGA: 1835 oder 1836) in → Hörsching (1. Fassung); korrigiert 19. 4. 1891 in → Wien (2. Fassung)
UA: ?
Autograph: 1. Fassung verschollen (Abschrift ÖNB-MS); 2. Fassung: ÖNB-MS (auch Abschriften u. a. von Franz → Bayer)
ED: 1. Fassung Göll.-A. 2/1, S. 228 (1928, nach der Abschrift); 2. Fassung Max → Auer, A. Bruckner als Kirchenmusiker. Regensburg 1927, bei S. 184, und Göll.-A. 2/1, S. 230 (1928, jeweils Faksimile); »A. Bruckner. Kleine geistliche Werke«. München, Berntheisel 1929 (M. Auer; mit hinzugefügtem »Amen«)
NGA: Band XXI (Hans Bauernfeind und Leopold → Nowak, 1984) und Revisionsbericht

Max Auer lag, zusätzlich zum Autograph, eine alte Abschrift vor, die »Pange lingua, von Allegri. Harmonisirt von Anton Bruckner« überschrieben war, was Auer jedoch durchstrich. Daß es sich unzweifelhaft um ein eigenes Werk des jungen Bruckner, nicht um eine Bearbeitung einer fremden Komposition handelt, zeigt die Pietät, mit der Bruckner sein Jugendwerk 1891 »restauriert«, d. h. korrigiert hat. Wie Auer (Göll.-A. 2/1, S. 227) schon richtigstellte, ist diese kleine Komposition nicht nach den Studien bei Johann August → Dürrnberger anzusetzen, wie es August → Göllerich getan hatte.

[**– Pange lingua (WAB 32)** recte → *Tantum ergo* (WAB 32)]

– Pange lingua et Tantum ergo (WAB 33)
Hymnus für vierstimmigen gemischten Chor a cappella, phrygisch
EZ: 31. 1. 1868 in → Linz
UA ?: 1890 in → Steyr (Franz → Bayer)
Autograph: ÖNB-MS (auch Abschriften u. a. von F. Bayer)
ED: »Musica sacra« 18 (1885) 11. Musikbeilage (mit nicht autorisierter Korrektur); »Tantum ergo«. Innsbruck, Johann Gross (S. A. Reiss) 1895
NGA: Band XXI (Hans Bauernfeind und Leopold → Nowak, 1984) und Revisionsbericht

Das mit »Pange lingua et Tantum ergo« überschriebene Werk ist am Anfang von Bruckners letztem Linzer Jahr als zur *Messe in e-Moll* passend komponiert worden, zu der es auch, ebenso wie zum zeitlich benachbarten Schutzengelhymnus *In S. Angelum Custodem* starke Bezüge aufweist. Bruckner kam damit dem Geschmack des → Cäcilianismus entgegen.
Als der Gründer des »Allgemeinen Deutschen Cäcilien-Vereins«, Franz Xaver Witt, 1885 an Bruckner mit der Bitte herantrat, ein Werk als Notenbeilage für die Zeitschrift »Musica sacra«, Jahrgang 1885, zur Verfügung zu stellen, widmete Bruckner sein phrygisches *Pange lingua* diesem Zweck, mußte jedoch im Belegexemplar des fertigen Druckes bemerken, daß Witt am Schluß eine eigenmächtige »Korrektur« (die Glättung eines Nonvorhalts zu einer Oktave) vorgenommen hatte. Dies ärgerte Bruckner umso mehr, als die Motette auch in eine Serie »Eucharistische Gesänge« (1888) aufgenommen wurde – wieder mit der von Bruckner nicht sanktionierten Korrektur. Erst der in Innsbruck erschienene Druck stellt die ursprüngliche Form wieder her.
Anläßlich der Aufführung in Steyr gestand Bruckner seinem Freund Franz Bayer, dieses sei sein »Lieblings-Tantum ergo«. Der schlichte, sich ganz der Liturgie unterordnende, fast durchgehend im Satz Note gegen Note vertonte, aber dynamisch sehr differenzierte Hymnus steht den berühmteren Motetten durchaus ebenbürtig zur Seite. EM

Lit.: Göll.-A. 2/1, S. 227-230, 3/1, S. 499-503.

Orgel von Notre-Dame in Paris

Paris

Die Hauptstadt und auch größte Stadt Frankreichs zu beiden Seiten der Seine, Industrie- und Kulturzentrum des Landes, zugleich Département (Ville de Paris), bildet mit sieben anderen Départements die Region Ile-de-France und beherbergt u. a. die zweitälteste Universität Europas (Sorbonne), bedeutende Sammlungen und Museen (Louvre etc.). Bis 1870 Regierungssitz des Zweiten Kaiserreichs, nach dem Deutsch-Französischen Krieg 1870/71 der Dritten Republik. 1869: 1,875 Mio., 1995: 2,15 Mio., im Großraum Paris fast 10 Mio. Einwohner.

Bruckner reiste auf Einladung der Orgelbaufirma Merklin & Schütze am 1. 5. 1869 von → Nancy nach Paris, um deren neueste Produktion, die sich insbesondere auf kostensparende kleine und mittlere Instrumente konzentrierte, besser kennenzulernen und in der Montagehalle vorzuführen (→ Orgel). Bei drei Tagen zusätzlich gewährten Urlaubs konnte er wegen der nachfolgenden Pfingstferien (bei Göll.-A., S. 103, fälschlich Osterferien) bis zum 19. 5. fortbleiben. Auf der Rückreise nach Wien machte er dann noch einmal in Nancy Station.

»Revue et Gazette« und »Le Ménestrel« kündigten bereits am 2. 5. 1869 ein Konzert in der Firma Merklin & Schütze für den 3. 5. an. Außer Bruckner spielte noch der blinde Organist und Komponist Pierre Edouard Hocmelle. Nach Göllerich-Auer improvisierte Bruckner über das Hauptthema des Finale der *Ersten Symphonie*.

Es gab »Riesenkomplimente« des anwesenden Camille Saint-Saëns. Über den weiteren Zuhörerkreis ist nichts bekannt, ebensowenig über Bruckners Reaktion auf die neue Produktion des Hauses, bestehend aus kleinen und mittleren Instrumenten (bis etwa 25 Register) zu gemäßigten Preisen. Das von Merklin & Schütze weiterentwickelte System der »Transmissionen« war u. a. eine besondere Errungenschaft. Die großen Gesamtwirkungen waren en miniature in diesen Orgeln vorhanden. Es ist unbekannt, wie oft Bruckner während seines langen Paris-Aufenthaltes noch bei Merklin & Schütze Orgel spielte. Er, der große Orgeln bevorzugte, folgte gern einer Einladung nach Notre-Dame mit der 1868 von Cavaillé-Coll restaurierten Orgel (5 Manuale, 86 Register). Es ist wahrscheinlich, daß Bruckner auch das Werk desselben Orgelbauers von 1861 in der Kathedrale von Nancy (4/64) kennengelernt hat: Laut »Espérance« vom 20. 4. 1869 wurden nämlich die in Nancy weilenden Künstler zur Besichtigung eingeladen.

Ein genaues Datum seines in privatem Rahmen stattfindenden Auftretens in Notre-Dame ist nicht bekannt. Auf folgende Zuhörer kann man schließen: Daniel François Esprit Auber, Ambroise Thomas, Charles Gounod, Camille Saint-Saëns, César Franck, Alexis Chauvet (Organist der Trinité), Eugène Sergent (Titularinhaber von Notre-Dame). Das Improvisationsthema von Alexis Chauvet (evtl. Beeinflussung durch Bachsche Thematik) lautet:

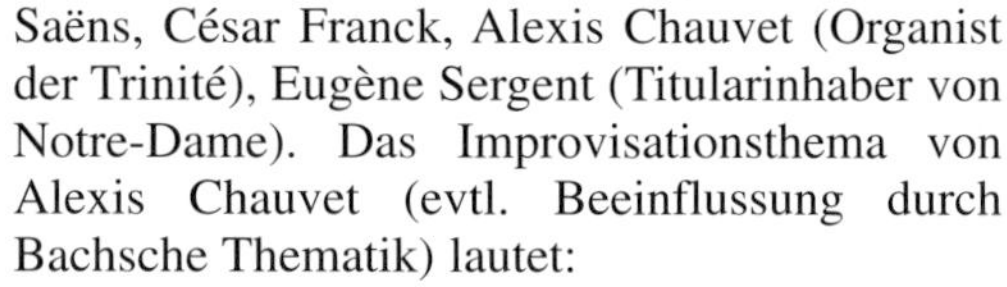

Bach: Passacaglia, transponiert:

Bruckner hatte es dreigliedrig aufgefaßt, um aus diesen Gliedern eine Art von Orgelsymphonie zu gestalten.

Nach Göll.-A. war Bruckner in jenen Tagen u. a. bei Auber und Gounod zu Gast. Er nutzte laut

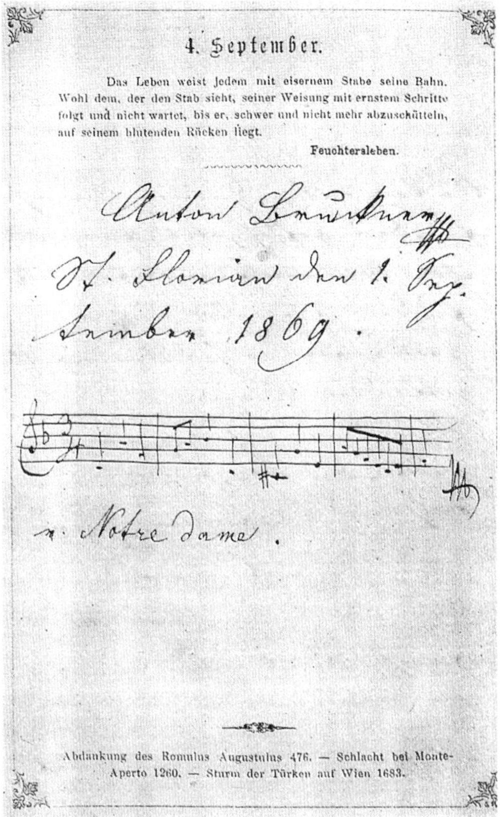

Improvisationsthema von Notre-Dame. Autograph

der Pariser Zeitschrift »Réforme musicale« (Abdruck in der »Espérance«) seinen Aufenthalt auch noch dazu, wiederholt in Notre-Dame zu spielen sowie die großartigen Instrumente in St. Sulpice (1862, 5/100) und der Trinité (1868, 3/46) – wohl auf Einladung von Chauvet – kennenzulernen.

War Bruckner auch im Hause Cavaillé-Coll in der Avenue du Maine? Jedenfalls dürfte keine persönliche Begegnung mit dem Orgelbauer selbst stattgefunden haben. Auf Bruckners Dankesbrief an diesen vom 7. 6. 1869 antwortete der Geschäftsführer der Firma, August Neuberger, am 23. 6. 1869, daß Cavaillé-Coll, sollte Bruckner bei seinen projektierten Kunstreisen nach England usw. auch Paris berühren, mit großem Vergnügen alles aufbieten werde, um ihm in seinen Unternehmungen zu seinem Ruhme und Triumphe nützlich zu sein. Es kam leider nicht dazu. JB

Weiteres sowie Quellen und Lit.: → Nancy.

Paumgartner, Familie

Johann (Hans) Paumgartner, geb. 10. 1. 1844 in Micheldorf, Oberösterreich, gest. 23. 5. 1896 in Wien, wirkte dort als Pianist und Musikkritiker. Nach seinem Studium an der → Universität Wien (Dr. jur.) war er bis 1880 als Jurist, 1880-1882 als Sologesangs-Korrepetitor an der Wiener Hofoper tätig und trat als Komponist und Konzertpianist an die Öffentlichkeit. Als Mitglied des → Wiener Akademischen Wagner-Vereines setzte er sich energisch für die Werke Bruckners ein. Am 4. 2. 1880 trug er dort bei einem »Internen Abend« zusammen mit Felix → Mottl das Andante und das Scherzo aus der *Vierten Symphonie* in vierhändiger Klavierfassung vor. Seit 1884 war er Musikreferent der »Wiener Zeitung« und vertrat in seinen Rezensionen vorwiegend die Anschauungen der → Neudeutschen Schule und damit die Ziele Richard → Wagners und Bruckners, vermied aber einseitige Stellungnahmen und fand somit auch für Johannes → Brahms anerkennende Worte. Mit Bruckner, der ihn vertrauensvoll »Muckerl« nannte, stand er in freundschaftlichem Verhältnis und begleitete den Komponisten gelegentlich auf dessen Reisen. Der frühe Tod seines oberösterreichischen Landsmannes ging Bruckner sehr nahe.

Rosa Papier-Paumgartner, geb. 18. 9. 1858 in Baden bei Wien, gest. 9. 2. 1932 in Wien, wirkte u. a. dort als Sängerin und Musikpädagogin. Sie war Schülerin von Mathilde Marchesi, in deren Schule sie Johann Paumgartner kennenlernte (Heirat 3. 7. 1882), und gehörte 1881-1892 der Wiener Hofoper an, war aber auch als Konzertsängerin von Bedeutung. Nach Beendigung ihrer Gesangskarriere war sie Lehrerin am Konservatorium der → Gesellschaft der Musikfreunde in Wien. Sie galt als hervorragende Interpretin dramatischer Partien des Mezzofaches (Fides in »Der Prophet«, Azucena in »Der Troubadour« u. a.), ihre gelegentlichen Ausflüge in die Sopranlage (Sieglinde in »Die Walküre«) wurden oft mit dem frühen Ende ihrer stimmlichen Leistungsfähigkeit in Zusammenhang gebracht. Rosa Papier-Paumgartner besaß eine der schönsten und klangvollsten Stimmen ihrer Zeit, und Bruckner war ein großer Verehrer ihrer Kunst (»... meine Hände sind wohl öfters wund«). Er bezeichnete sich als ihren »allerhöchsten Bewunderer«, sogar als »bewundern[d]sten aller Bewunderer« und ließ sich in Gesangsfragen manchmal von ihr beraten.

Beider Sohn, Bernhard Paumgartner, geb. 14. 11. 1887 in Wien, gest. 27. 7. 1971 in Salzburg, war Dirigent, Komponist und Musikschriftsteller. Nach musikalischer Ausbildung (u. a. bei Bruno Walter) und Studium (Dr. jur.) in Wien war er 1917-1938 und 1945-1959 Direktor des Mozarteums in Salzburg, 1960-1971 Präsident der von ihm mitbegründeten Salzburger Festspiele. Schwerpunkt seiner Tätigkeiten war das Werk W. A. → Mozarts. Über seine im Kindesalter erfolgten Begegnungen mit Bruckner hat er in seinen 1969 erschienenen »Erinnerungen« berichtet. CHö

Lit.: Künstler der Hofoper, in: 50 Jahre Hofoper. Hrsg. Julius Stern. Wien 1898; Göll.-A. 4/1-4, passim; ÖBL; B. Paumgartner, Erinnerungen. Salzburg 1969.

Pauspertl von Drachenthal, Johann Nepomuk

Geb. 13. 5. 1796 in Iglau (Jihlava), Mähren, gest. 22. 5. 1864 in Waldneukirchen, Bezirk Steyr-Land, Oberösterreich. Korrekt mit dem erblichen böhmischen Adelstitel: Pauspertl Wladyk von Drachenthal. Weltpriester, ausgezeichneter Pädagoge. Nach mehreren Stationen als Seelsorger in Oberösterreich war er 1835-1843 Direktor der Normalhauptschule in → Linz und damit gleichzeitig Leiter der »Präparandie«, d. h. der Lehrerausbildung. 1843-1864 Pfarrer in Waldneukirchen. Trotz Verdrießlichkeiten in seinem Schulamt war er unablässig und höchst verdienstvoll um eine Verbesserung der Lehrerausbildung bemüht, so insbesondere durch die Verlängerung des Unterrichts von sechs auf zehn Monate. 1840/41 gehörte Anton Bruckner zu seinen Schülern.
Pauspertl unterrichtete an der Präparandie selbst mehrere Gegenstände, darunter Pädagogik (»Grundsätze der Unterweisung«), wovon sich die Mitschrift Bruckners (Titel: »Allgemeine Methodik«) erhalten hat. Dieser theoretische, aber systematisch angelegte Unterricht (→ Ausbildung) diente zur Vorbereitung auf eine erfolgversprechende und damit allgemein bessere Lehrtätigkeit in der Praxis. Er berücksichtigte Erkenntnisse der Psychologie und Logik und griff weit über den seinerzeit üblichen Umfang hinaus. Bruckner erhielt in diesem Gegenstand die Prüfungsnote »Gut«, die ein weiteres Indiz für seinen hohen Bildungsstand liefert (→ Zeugnisse). FZ

Lit.: Julius Gartner, J. Pauspertl von Drachenthal, in: Zweiter Bericht der k.k. Lehrer- und Lehrerinnen-Bildungsanstalt in Linz. Linz 1890; Göll.-A. 1, S. 140, 151; Franz Zamazal, Familie Bruckner – Drei Generationen Lehrer, in: Staat – Kirche – Schule in Oberösterreich, hier S. 219-222.

Perg

Markt, seit 1969 Stadt in Oberösterreich, vom seinerzeit bedeutenden Wirtschaftszweig der Mühlsteinbrecher ist nichts mehr übriggeblieben, Weltpriester-Pfarre. 1851: 2 313, 1900: 3 078, 1996: 6 500 Einwohner.
Bruckners Urgroßmutter Maria Theresia Pruckner, geb. Perger (1718-1792) stammte aus Perg. Ob Beziehungen Anton Bruckners zu weiteren Nachkommen dieses Familienzweiges bestanden, ist nicht überliefert. Bruckner kam zum ersten Mal nach Perg am 20. 1. 1863 anläßlich der Kollaudierung der einmanualigen, klanglich reichhaltigen und von ihm gern gespielten → Orgel, die Franz Meindl aus Freydegg für die Pfarrkirche gebaut hatte.
Eine langjährige nähere persönliche Freundschaft verband Bruckner mit Franz Kirchberger (1832-1902), der über Dienstposten in Haag am Hausruck und Lambach nach Perg als Oberlehrer (1869-1891) kam und viele Jahre als ein von Bruckner sehr geschätzter Organist an der Pfarrkirche wirkte.
Der Perger Lederhändler Josef Diernhofer (auch Dürnhofer, 1844-1904) war wohlsituiert, ein begeisterter Musikfreund, spielte besonders gerne Flöte und besuchte Aufführungen von Bruckner-Symphonien und mehrmals die Bayreuther Festspiele. Im Sommer 1884 traf er auf der Bahnfahrt nach → Bayreuth mit Bruckner zusammen, von dem er sich ein Orgelstück erbat. Er bekam das *Präludium in C-Dur*, das seit langer Zeit untrennbar mit dem Namen Perg verbunden ist.
Karl Terpinitz (1824-1895) war Brauerei- und Wirtschaftsbesitzer, in der Kommunalpolitik tätig, 1864-1867 Bürgermeister in Perg und 1863-1870 Landtagsabgeordneter. Wie die Bekanntschaft mit Bruckner zustande kam und welchen Hintergrund sie hatte – einen musikalischen oder einen privaten – ist nicht überliefert. FZ

Lit.: Friedrich Heigelmayer, Dr. A. Bruckner in Perg, in: F. und K. Eibensteiner, Das Heimatbuch von Perg. Perg 1933; Perg – Stadterhebung 1969. Hrsg. Stadtgemeinde Perg. [Perg 1969].

Persönlichkeit

»Das Wirken hervorragender Menschen pflegt bei Zeitgenossen und Nachwelt bestimmte, sehr oft fixierte Vorstellungen von ihrer Bedeutung und Persönlichkeit hervorzurufen. Mensch und Werk werden dabei gewöhnlich in einer zumeist wohl unreflektierten Einheitlichkeit gesehen, wie es etwa in der Musik bei den Wiener Klassikern und insbesondere bei Beethoven der Fall ist. Aber auch bei späteren Komponisten, etwa Brahms und Wagner, erscheint zumindest die Vorstellung von der Persönlichkeit als Hintergrund des Schaffens durchaus möglich. Bei Bruckner will sich eine solche Einheit nur schwer, wohl überhaupt nicht einstellen. In welchem seiner überlieferten, oft ja stark voneinander differierenden Bilder wir ihn uns vergegenwärtigen – es bleibt ein Sprung zum Werk, die Verbindung von Mensch und Werk läßt sich nicht mit der üblichen Selbstverständlichkeit vorstellen. So erhebt sich die Frage: Gibt es hier wirklich keine Verbindung oder sind wir über den vielen Äußerlichkeiten nicht zum ›eigentlichen‹ Bruckner vorgedrungen?« Damit umschreibt Theophil Antonicek (Hofmusikkapelle, S. 9) nicht nur ein Problem der seriösen Biographik (→ Biographien), sondern nennt gleichzeitig auch einen Ansatzpunkt der → Belletristik. In der Tat entsprach das Phänomen »Bruckner« in keinem einzigen Punkt dem »Künstlerbild« (um nicht zu sagen: dem Klischee) des 19. Jahrhunderts: nicht in seinem Äußeren und seiner Lebensart, nicht in seinem Umgang mit den Zeitgenossen, nicht in seinem unverhohlenen Praktizieren seines Glaubens. Freilich öffnete sich diese Kluft erst mit Bruckners Übersiedlung von → Linz nach → Wien, mit den dadurch veränderten gesellschaftlichen Voraussetzungen.

In Linz war Bruckner neben dem Orchesterdirektor und Domkapellmeister Karl → Zappe und dem jeweiligen Chorleiter der → Liedertafel »Frohsinn« (zweimal war er es selbst) einer der führenden Männer des Musiklebens. Von seinem Mitte der fünfziger Jahre – zur Zeit seines Dienstantritts in Linz – durchaus vorhandenen Selbstbewußtsein zeugt anschaulich das 1854 in Wien anläßlich eines Besuches bei Ignaz → Assmayr aufgenommene Photo (IKO 1), auf dem Bruckner sich mit dem damals allgemein verständlichen Künstlersymbol, der Notenrolle, präsentiert, stadtfein gekleidet, mit tadellosem Anzug und auffallender Uhrkette.

Die Ursache für das jähe Umschlagen in ein gesellschaftliches Unangepaßt-Sein darf jedoch nicht nur im Standortwechsel gesehen werden, sondern auch darin, daß durch Bruckners Leben um ebendiese Zeit eine harte Bruchlinie verläuft: Er geriet im Frühjahr 1867 in eine schwere Nervenkrise (→ Bad Kreuzen), kurz zuvor wurde sein – vielleicht einziger ernsthafter – Heiratsantrag (→ Frauen) von Josefine → Lang abgelehnt; im Zentrum der psychischen Belastungen schien jedoch die Angst, sich eine seinem Genie mehr entsprechende Wirkungsstätte erobern zu müssen, gestanden zu sein. Aus allen diesen extrem belastenden Erlebnissen ging Bruckner geprägt hervor: als ein komplizierter, nicht vorschnell einzuordnender Charakter. Persönliche Eigenheiten zeichneten sich – nicht nur bedingt durch das Älterwerden – scharf konturiert ab; ihre Widersprüchlichkeit führte – stets abhängig von der subjektiven Auswahl und Deutung durch den Berichtenden – zur Ausprägung der verschiedensten »Bruckner-Bilder« (→ Rezeption).

Bruckner. Schattenbild von Otto Böhler, 1893 (IKO 68)

Das »Original«: Bruckner war keineswegs von so fast zwergenhaftem Wuchs, mit dem ihn die Karikatur mehr oder weniger liebevoll darstellte. Er hatte eine Körpergröße von ca. 1,70 m, war von untersetzter Statur, neigte zur Beleibtheit, war jedoch außerordentlich behende, ein vorzüglicher Schwimmer und Taucher sowie (laut Johann August → Dürrnbergers jüngster Nichte

Marie Madeleine) ein »ziemlich guter Tänzer«. Das dunkelblonde, später fahle, zuletzt weiße Haar trug er stets kurz geschnitten – war also keineswegs kahlköpfig –, dazu ein »Kavaliersbärtchen«, auf das er sehr stolz war. Seine Kleidung war nicht, wie er sie bezeichnete, »einfach, aber elegant«, sondern wich in vielen Details vom zeit- und ortsüblichen Schnitt ab, war in erster Linie auf Bequemlichkeit (weite, kurze Jacke) und Bewegungsfreiheit (knöchelkurze Hosen) angelegt und trug seiner »Platzangst« Rechnung, die er offenbar auch innerhalb eines allzuengen Kragens verspürte: Er begründete seinen halsfernen, weichen Umlegekragen und die lose gebundene Künstlermasche mit einem »inwendigen Kropf«. Dazu trug er Zugstiefeletten, für die er eine wahre Manie entwickelte (zuletzt soll er nicht weniger als 34 Paar besessen haben), einen großen schwarzen Schlapphut (der zumeist als Fächer eingesetzt wurde, wenn Bruckner seine »Hitz'n« hatte) und ein auffallend großes, auffallend farbiges (meist rotes oder blaues) Taschentuch, das, zusätzlich zu seiner ureigensten Bestimmung, auch als Schweißtuch diente und (im sauberen Zustand) bei Einladungen auch als Transportbehältnis für mitgebrachten Kuchen Verwendung fand. Der Träger dieser für Wiener Verhältnisse tatsächlich unangepaßten »Tracht«, die nach den vorhandenen Modellen immer wieder gleich angefertigt werden mußte, hatte ein ausgeprägtes Reinlichkeitsbedürfnis und war insgesamt von gesunder, kräftiger Konstitution. An dieser übte freilich die enorme berufliche Belastung, verbunden mit einer ungesunden Ernährung, vehementen Raubbau: Am Höhepunkt seiner beruflichen Tätigkeit hatte Bruckner ein wöchentliches Arbeitspensum von etwa 40 Stunden, Wegzeiten nicht gerechnet. Zu Hause am Abend verzehrte er zwei große Teller Suppe, komponierte dann und traf sich sehr spät, oft erst ab 22 oder 23 Uhr, mit seinen meist jugendlichen Freunden und Schülern in einem seiner bevorzugten → Gasthäuser. Zu einem üppigen Nachtmahl trank er mehrere, oft über zehn Gläser Bier, die zwar meist fast zur Hälfte aus Schaum bestanden, doch als Menge immer noch beträchtlich blieben – erklärbar aus Bruckners Flüssigkeitsbedarf, da er heftig transpirierte, besonders beim anstrengenden Orgelspiel. An den »freien« Tagen, die ihm zum Schaffen gegönnt waren, konsumierte er zu Hause literweise kalten schwarzen Kaffee, um geistig frisch zu bleiben.

Seinem Hauswesen stand Katharina → Kachelmaier vor, sein »Hauskorporal«, wie er seine treue Wirtschafterin scherzhaft nannte. Die Einrichtung seiner Wohnräume war extrem spartanisch: Als einzigen Luxus gönnte er sich ein englisches Messingbett mit guter, damals ganz moderner Federung. Für viele Besucher seiner → Wohnung in der Wiener Heßgasse auffallend mögen eine oder mehrere (die Anzahl differiert in den verschiedenen Berichten) blau gestrichene Wände gewirkt haben; nach den Erkenntnissen der Farbpsychologie ist jedoch diese Farbe für nervöse, gereizte Menschen sehr beruhigend – in Bruckners Fall geht ihre Wahl vielleicht auf eine Empfehlung eines Arztes in Bad Kreuzen zurück.

Zieht man die Summe aus diesen rein äußerlichen Beobachtungen, so ergibt sich eine ausgeprägte, untypische, originelle Erscheinung, die, schenkt man den neuesten Forschungen Glauben, von Bruckner auch selbst wie eine Art Mimikry gepflegt wurde, hinter der sich ein verletzliches Inneres verbarg. Die Jugend verehrte ihn zum Teil eben wegen dieses unbürgerlichen Auftretens – und suchte Bruckner nicht gerade den Kontakt mit der Jugend, weil, wie Richard → Wagner einst zu ihm gesagt hatte, dem, auf dessen Seite die Jugend sei, die Zukunft gehöre?

Beziehungen: »Der Componist ... ist unstreitig ein Original; er muß aber wenige oder gar keine Freunde haben«, resümierte Franz Gehring im Feuilleton der »Deutschen Zeitung« vom 19. 12. 1877. Hatte Bruckner Freunde? Diese Frage ist sehr schwer zu beantworten, denn eine Mimikry scheint Bruckner auch im Umgang mit seinen Mitmenschen gepflegt zu haben. Er war im Grunde verschlossen und scheu, wie es auch der zumeist zurückhaltende, manchmal sogar mißtrauische Blick der hellblauen Augen ausdrückte. Dieser Verschlossenheit im Umgang entsprachen auch seine extrem formelhaften → Briefe, die über eine vormärzliche Gestelztheit kaum hinausreichten. Im vertrauten Kreis mit überwiegend jüngeren Schülern und Interpreten, wo er sein Werk geliebt und verstanden sah, ging er mehr aus sich heraus. In seiner Jugendzeit war er gesprächiger, teilte auch Persönliches mit, insbesondere in den Briefen an seinen Freund Rudolf → Weinwurm; später ist in seiner Korrespondenz eine eigentümliche Akzentverschiebung zu bemerken: weg vom Persönlichen, hin zum Werk: »Die Briefe aus der Linzer Zeit und den ersten Jahren des Wiener Aufenthaltes beschäftigen sich noch mehr mit

Richard Wagner begrüßt Bruckner. Schattenbild von Otto Böhler, um 1890 (IKO 48)

den persönlichen Verhältnissen und lassen uns Blicke in das Seelenleben des Meisters tun, während die späteren sich mehr mit der Sorge um das Schicksal der Werke befassen und in den letzten Jahren oft von lapidarer Kürze sind« (Auer, Briefe, S. 9).

Bruckner war allerdings alles andere als kontaktscheu, was sich schon mit den 309 Literaturangaben (bis 1974) im Kapitel 11 der Bruckner-Bibliographie (»Persönliche Beziehungen – Verbindungen zu Institutionen«) belegen läßt. Zu seinem Bekanntenkreis zählten → Schüler, → Frauen, bedeutende Zeitgenossen (wie → Wagner, → Liszt, → Wolf und → Brahms), Kritiker, → Verleger, → Mäzene, → Geistliche, → Lehrer, Vorgesetzte, Kollegen usw. Je nach der Art der Beziehung verschieden war auch Bruckners Verhalten, umspannte die ganze Skala von nahezu peinlich übertriebener Devotion gegenüber (auch nur vermeintlich) Höhergestellten bis zu einfacher, ungeschützter Vertraulichkeit gegenüber Freunden. Dazwischen lagen die widersprüchlichsten Haltungen, die die Menschen seiner Umgebung nicht immer nur sympathisch berührten:

das manchmal sehr »bauernschlau«, wenn nicht gar penetrant und egoistisch anmutende Einsetzen von Bekannten, Schülern, Freunden für zu erreichende Ziele (Protektionen, Aufführungsmöglichkeiten, finanzielle Unterstützungen, → Ehrungen, → Wohnungen etc.) neben offener Freundlichkeit und großzügiger Güte;

ein extremes Sicherheits- und Absicherungsbedürfnis in allen Bereichen (materiell, künstlerisch, religiös), das ihn vor Entscheidungen oft quälend zögern ließ und in den späten Jahren zu dauernder Angst vor materieller Armut führte (→ Finanzen);

Unsicherheit und übersteigerte Selbstkritik neben einem verblüffenden Bewußtsein der eigenen Größe;

angeborener »pädagogischer Eros« im Umgang mit den Studenten am Konservatorium der → Gesellschaft der Musikfreunde und an der → Universität neben Unfreundlichkeit und Ungeduld in den Privatstunden, wenn er unter dem Druck des Schaffenwollens stand.

Diesen so differierenden Verhaltensweisen entsprach auf der Gegenseite auch eine höchst unterschiedliche Einschätzung: Nicht nur künstlerische Fragen, sondern auch schon die Person Bruckners selbst spaltete die ihm begegnenden Zeitgenossen in zwei Lager, ein ablehnendes und ein zustimmendes, ja verehrendes.

Geistiges Profil: Bruckner unterschied sich nicht nur in seinem Äußeren und seinem Auftreten vom Großstadtbürger des 19. Jahrhunderts, er war auch so gar nicht das, was man als »Bildungsbürger« bezeichnet: Sein Werk schien in zunehmendem Maße alle anderen Interessen zu absorbieren. Obwohl er von seiner → Ausbildung her zu den privilegierten »oberen Zehntausend« (Zamazal) gehörte, hatte er so gut wie gar kein Interesse an Literatur, bildender Kunst und Theater, wovon eine extrem dürftig bestückte Bibliothek zeugte. (Eine Ausnahme bildeten lediglich die Opern Richard → Wagners, die er jedoch, wie berichtet wird, zumeist mit einem Klavierauszug ohne Text, also nicht als »Gesamtkunstwerk« mitverfolgte, sondern ausschließlich der Musik wegen). Sein eigenes künstlerisches Werk wurde immer zentraler; die Gespräche in geselligen Runden waren nicht mehr als harmlose Erholungsstunden, für die ihm sein Arzt in Bad Kreuzen jede geistige Anstrengung verboten hatte, oder dienten seinem Bedürfnis nach Interessantem und Spektakulärem weitab der Musik, wie die Diskussionen mit → Ärzten bei deren Zusammenkünften im »Riedhof«. Das konnte soweit führen, daß er bei zu »schwer« gewordenen Konversationen – etwa über Goethe – mit einem lärmenden »Prost« dazwischenfuhr und sie so beendete.

Inwieweit ihn die → Natur beeindruckte, ist ungewiß; zwar gibt es speziell in seiner → Chormusik (*Abendzauber*, *Um Mitternacht*) und vor allem in der »Romantischen« *Vierten Symphonie* Passagen, die man nicht anders als mit »Naturnähe« bezeichnen kann, doch sind dies Einzelerscheinungen, ebenso wie die sprachlich sehr ungelenken Aufzeichnungen in seinen → Taschen-Notizkalendern von der → Schweizerreise im Jahr 1880, übrigens seiner einzigen größeren Urlaubsreise (→ Reisen). In der Landschaft faszinierten ihn vor allem Extreme, z. B. möglichst hohe Berge wie Großglockner oder Montblanc.
Von Extremen, von Extremsituationen angezogen zu sein kennzeichnete Bruckners Psyche überhaupt. Er suchte solche Situationen manchmal absichtlich auf, oft gerade die düsteren, »nachtseitigen«. Mit Schaudern, Belustigung oder aber distanziertem klinischem Interesse – je nach der persönlichen Einstellung des Berichtenden – werden Ereignisse wie z. B. Bruckners Wunsch, den Leichnam Kaiser → Maximilians von Mexiko zu sehen, überliefert, sein Interesse an den Toten des abgebrannten → Ringtheaters, an der Exhumierung der sterblichen Überreste → Beethovens und → Schuberts, sein für viele unbegreifliches Engagement im Prozeß gegen den Mädchenmörder Hugo Schenk, sein Aufsuchen des Burgverlieses von → Altpernstein (um die Schrecken des Eingekerkertseins nachvollziehen zu können), sein eifriges Sammeln von Nachrichten über die österreichische Nordpolexpedition (eine Zeitschrift hierüber, »Die Nordpolfahrer«, war übrigens sein einziges Abonnement). Viele dieser auf den unvorbereiteten Leser fast makabren Interessen hatten jedoch einen Kontext, der sie zwar nicht zur Gänze, aber doch um vieles verständlicher macht: Kaiser Maximilian wäre vielleicht Bruckners Dienstherr geworden; in den Ringtheaterbrand am 8. 12. 1881 wäre Bruckner fast selbst hineingeraten, da er die Vorstellung an diesem Tage besuchen wollte, die Karte jedoch zurückgab; und wie sehr die sterblichen Überreste, die »Reliquien« großer Menschen beeindrucken und sogar den Anstoß zu einer ganz bestimmten Richtung im eigenen Schaffen geben können, ist in unseren Tagen am Beispiel des Bildhauers Franz S. → Forster ersichtlich usw. Generell kann gesagt werden, daß es sich bei diesen von Bruckner aufgesuchten Grenzsituationen um solche auch in des Meisters Psyche selbst handelte: »Sicherlich hatte der Meister manche Son-

Bruckner mit dem Schädel Beethovens

derlichkeiten, und es ist auch kein Zweifel, daß sein oft über Gebühr angespanntes Hirn sich in manchen an das Abnorme grenzenden Zuständen äußerte, die den Fernstehenden gänzlich unverständlich, den Freunden hingegen als aufschlußreiche Anzeichen erschienen« (Friedrich → Eckstein, »Aus Anton Bruckners religiösem Leben«, in: »Anbruch« 17, 1935).
Einer dieser »Zustände« war Bruckners Zählmanie, die akut im Jahre 1867 ausbrach und ihn – erfolgreich – Heilung in Bad Kreuzen suchen ließ. In Zeiten höchster Anspannung traten jedoch fallweise wieder Zähl- und Kontrollzwänge auf. Der Hang zum Zählen, die Bedeutung der Zahl (→ Zahlensymbolik), die Akribie des Arbeitens (→ Arbeitsweise), ja selbst die peinlich genaue Einhaltung der Fastengebote und die sorgfältige, in den Notizkalendern schriftlich festgehaltene (und selbstverständlich nicht für fremde Augen bestimmte) Rechenschaft über die täglichen Gebete stellen Grenzfälle dar, die wiederum nicht ohne ihren Kontext betrachtet und beim religiösen Verhalten nicht ohne Kenntnis der Frömmigkeit im 19. Jahrhundert behandelt werden sollten: In dieser Zeit wurde in zunehmendem Maße der Akzent auf das Erbringen einer religiösen »Leistung« gelegt, die den Gläubigen zumeist überforderte und oft sehr belastende, zermürbende Skrupel heraufbeschwor.
Bruckner war in sein religiöses Leben und in dessen zeitübliche Ausdrucksformen ganz selbstverständlich hineingewachsen. Das relativ späte Übersiedeln in die Großstadt, in das »libe-

rale«, aufgeklärte Wien, hatte ihn die eher ländliche Frömmigkeitspraxis (etwa das ungenierte »Angelus-Beten« mitten in einer Vorlesung) beibehalten lassen. Bei aller unbeirrten Akzeptanz der katholischen Kirche als Institution war Bruckner aber erstaunlich tolerant gegenüber Angehörigen anderer Konfessionen und Religionen und »missionierte« nicht, zumindest nicht auf eine Weise, die vom Gesprächspartner als unangenehm empfunden wurde. Auch in seinem religiösen Denken scheint Bruckner weit weniger »naiv« gewesen zu sein, als ihn die oft enge Sicht seiner Biographen zeichnete: Subtil verschlüsseltes »Theologisieren« in seiner → Kirchenmusik, insbesondere den Motetten, gibt davon beredtes Zeugnis. Einen der tiefsten Einblicke in Bruckners religiöse Gedankenwelt gewährt ein Zitat des berühmten Anatomen Joseph Hyrtl (1810-1894), das Bruckner sich 1894, als schon Schwerkranker, in seinem Taschenkalender notierte und das ihn als von Zweifeln und Angst keineswegs unangefochtenen Zeitgenossen Friedrich Nietzsches zeigt: »Ist die Seele das Produkt des nach unabweislichen organischen Gesetzen arbeitenden Gehirns, oder ist dieses Gehirn vielmehr nur eine jener Bedingungen, durch welche der Verkehr eines immateriellen Seelenwesens mit der Welt im Raume vermittelt wird?« EM

Lit.: Bruckner-Bibliographie, Gruppe 8 (»Zu Persönlichkeit und Werk«) und 11 (»Persönliche Beziehungen – Verbindungen zu Institutionen«); Bruckner-Symposion 1992 (»A. Bruckner – Persönlichkeit und Werk«); Bruckner – skizziert, hier alle Erinnerungsberichte; Elisabeth Maier, Verborgene Persönlichkeit. Zugänge zu einer ›inneren Biographie‹ A. Bruckners. Wien 1994; Renate Grasberger – Elisabeth Maier, Verborgene Persönlichkeit. A. Bruckners Taschen-Notizkalender. Kommentierte Edition (in Vorbereitung).

Piaristenkirche, Wien

Basilika Maria Treu, Wien VIII., Piaristengasse 43 (Jodok Fink-Platz); Pfarr- und Ordenskirche des Piaristenkollegiums Maria Treu. Rohbau 1721 nach Plänen von Johann Lukas von Hildebrandt fertiggestellt, Deckenfresken von Franz Anton Maulbertsch. 1756 erster Gottesdienst. Die 1856-1858 von Carl Friedrich Ferdinand Buckow (1801-1864) aus Hirschberg, Schlesien, erbaute → Orgel dieser Kirche zählt bis heute zu den berühmtesten in Wien.

An der »Vorgängerin«, dem 1843 von Joseph Loyp angefertigten Instrument, hatte sich Bruckner am 9. 10. 1854 vor Ignaz → Assmayr, Simon → Sechter und Gottfried Preyer einer Orgelprüfung gestellt und von Assmayr ein → Zeugnis

Piaristenkirche

erhalten. Später an der Buckow-Orgel legte er dann zwei praktische Prüfungen ab: am 12. 7. 1858 jene im praktischen Orgelspiel nach seinen Privatstudien bei Simon Sechter und am 21. 11. 1861 den praktischen Teil jener Prüfung, um deren Abnahme er die Direktion des Konservatoriums der → Gesellschaft der Musikfreunde in Wien gebeten hatte, obwohl er nie Schüler dieses Konservatoriums gewesen war. Die Prüfungskommission wurde von Sechter, Joseph → Hellmesberger d. Ä., Otto → Dessoff, Moritz Alois Ritter von Becker und Johann → Herbeck gebildet. Letzterer faßte das Ergebnis in die denkwürdigen Worte zusammen: »Er hätte *uns* prüfen sollen.«

Als es 1871 darum ging, welchen Organisten die Handels- und Gewerbekammer für Österreich unter der Enns für Konzerte in der Royal Albert Hall im Rahmen einer in → London veranstalteten Gewerbeausstellung empfehlen sollte, lud diese Bruckner, den Wiener Rechtsanwalt Dr. Karl Hausleithner (geb. 1843) und Eduard Grasberger aus Prag zu einem am 18. 4. 1871 angesetzten Probespiel an der Orgel der Piaristenkirche. Auf einstimmigen Beschluß der Jury (→ Hanslick, Herbeck, Hellmesberger, Professoren-Kollege Franz Krenn, Orgelfachmann und Generalsekretär der Gesellschaft der Musikfreunde in Wien Leopold Alexander Zellner,

Domkapellmeister Gottfried Preyer, Kritiker Eduard Schelle und als Vertreter der Handels- und Gewerbekammer Dr. Tanzer) wurde Bruckner nominiert, der dann auch höchst erfolgreich im Sommer 1871 in London konzertierte.
Dem Piaristenorden ist es ein besonderes Anliegen, in seinen Kirchen für eine hochstehende Kirchenmusikpflege zu sorgen. In dieser Kirche war 1885-1945 Bruckners → Schüler Carl Führich Chorregent. OB

Lit.: J. F. Kloß, Die neue Orgel in der Pfarrkirche der P. P. Piaristen in der Josefstadt zu »Maria Treu« ... Wien 1858; Göll.-A. 3/1, S. 47 f., 115 f., 4/1, S. 138; Leopold Nowak, A. Bruckner an der Orgel der Piaristenkirche, in: Das Josefstädter Heimatmuseum 19 (Juni 1961); Otto Biba, Die Pflege der Kirchenmusik in der Piaristenkirche, in: Festschrift 250 Jahre Piaristenpfarre Maria Treu. Wien 1969, S. 51.

Pohoryles, Marie

Geb. 2. 4. 1868 Tarnopol, Galizien, Todesdatum unbekannt. Musikerin. Tochter des Kaufmanns Lazar Pohoryles. Erhielt ihre Schulbildung am Institut Fröhlich in Wien I., Grünangergasse, einer Privatschule ohne Öffentlichkeitsrecht, und studierte 1881-1885 am Konservatorium der → Gesellschaft der Musikfreunde in Wien im Hauptfach Klavier: So besuchte sie 1881/82 den III. Jg. der Klaviervorbildungsschule (bei Anton Drill) und hörte daneben Allgemeine Musiklehre. Seit 1882/83 Klavierschülerin Julius → Epsteins, erhielt sie vorzügliche Klassifizierungen, wurde im 2. Studienjahr als »talentiert, fleißig und strebsam« beschrieben. Als Abiturientin des Konservatoriums (1885) wurde sie mit der Gesellschaftsmedaille ausgezeichnet.
Bruckner unterrichtete Marie Pohoryles von 1884 bis 1888/89 als Privatschülerin in Kontrapunkt und Fuge. Er war von ihren Kenntnissen und ihrem Fleiß so beeindruckt, daß er nach Angaben Friedrich → Ecksteins sogar erwogen haben soll, sie zu heiraten. Als seine Schülerin findet sie auch wiederholt in seinen → Taschen-Notizkalendern (unter wechselnder Namensschreibweise) Erwähnung. EL

Lit.: Göll.-A. 4/2; Archiv und Berichte des Konservatoriums.

Polka (WAB deest)

Kompositionsübung für Klavier in C-Dur
EZ: zwischen 2. und 6. 1. 1862 in → Linz
Autograph: → Kitzler-Studienbuch S. 27

Vermerk Bruckners: »16tactige Periode, 2theilige Liedform«.

Lit.: Hawkshaw, The Manuscript Sources.

Orgel des Veitsdoms in Prag

Prag (Praha)

Hauptstadt der Tschechischen Republik, an der Moldau gelegen. Bis 1918 Hauptstadt des Königreichs Böhmen, bis Ende 1992 der Tschechoslowakei. Wirtschaftliches und kulturelles Zentrum des Landes. 1880: 170 500, 1995: 1,2 Mio. Einwohner.
Zu Ostern 1884 wurde Bruckner gemeinsam mit dem Leipziger Universitätsmusikdirektor Hermann Langer zur Kollaudierung der von Wilhelm Sauer (Frankfurt/Oder) gebauten → Orgel im »Rudolfinum«, einem als Konzert- und Ausstellungsgebäude sowie als Sitz des Konservatoriums genutzten neuen Künstlerhaus im Renaissancestil, nach Prag eingeladen. Sein aus Prag stammender Schüler Franz Marschner, der ihn begleitete, erinnerte sich, daß Bruckner bei der Orgelvorführung unter großer Bewunderung der Zuhörer Teile des langsamen Satzes aus dem *Streichquintett* spielte. Franz' Bruder Robert Marschner führte Bruckner durch die Stadt. Am Ostersonntag spielte der Gast beim Hochamt im Veitsdom (Orgel von Anton Gartner, Tachau), traf die Prager Domkapellmeister Johann Nepomuk Skroup (auch Skraup, 1811-1892) und Josef Förster (1833-1907), beide Anhänger des → Cäcilianismus. Am Ostermontag feierte Bruckner im Kloster Emmaus die Messe mit, hörte den Gregorianischen Choral und spielte beim Gottesdienst in der Kirche des Klosters (heute nur mehr leerer Ausstellungsraum). Auch im Prämonstratenserstift Strahov konnte Bruckner die Orgel (von P. Lohel Oehlschlägl) auspro-

bieren; er improvisierte, laut Franz Marschner, im Stile Händels zur Begeisterung des dabei anwesenden Regens chori Friedrich Follberger. Als Nachklang zu diesen Ostertagen in Prag schuf Bruckner am 28. 5. 1884 das *Christus factus est* WAB 11.

Am 17. 2. 1886 wurde in Prag das *Te Deum* vom Deutschen Singverein im Neuen Deutschen Landestheater aufgeführt; einer Einladung dazu dürfte Bruckner aber nicht Folge geleistet haben. Zu Lebzeiten des Komponisten erklangen auch noch die *Dritte Symphonie* am 18. 4. 1886 unter Gustav → Mahler, die *Siebente* am 15. 1. 1888 und 4. 12. 1889 sowie wieder die *Dritte* am 14. 2. 1891 jeweils unter Karl → Muck, die *Zweite Symphonie* im März 1896 leitete Felix Dorfner. Weitere wichtige Aufführungen: 9. 12. 1896 *Vierte* (Franz → Schalk), 26. 1. 1905 *Zweite* (Leo Blech), 11. 10. 1906 *Neunte* und *Te Deum,* 11. 12. 1907 *Achte* und 27. 1. 1909 *Siebente Symphonie* (alle unter Paul Ottenheimer). In der Zwischenkriegszeit bemühten sich besonders Alexander (von) Zemlinsky und George Szell um Aufführungen Brucknerscher Werke. 1934 wurde in Prag von Gustav Becking und Herbert Hiebsch eine Deutsche Bruckner-Gemeinde gegründet. Beim Katholikentag 1935 dirigierte dort Robert Manzer Werke von Bruckner, und im Oktober 1936 fanden Bruckner-Feiern (→ Bruckner-Feste) statt. RG

Lit.: Erinnerungsbericht Franz Marschners in: Göll.-A. 4/2, S. 164 ff.; Robert Marschner, A. Bruckners Aufenthalt in Prag. Episodisches, in: Bruckner-Blätter (1935); Nowak 1973, S. 218; Jitka Ludvová, Nemecky hudební zivot v Praze 1880-1939 (Ume novedné studie IV). Praha 1983.

5 Präludien für Orgel in Es-Dur (WAB 127 und 128/1-4, vermutlich nicht von Bruckner)

Die fünf Orgelstücke in Es-Dur galten bisher als Bruckners erste, 1835/36 in → Hörsching geschriebene Kompositionen. Nach neueren Erkenntnissen ist Bruckners Autorschaft unwahrscheinlich (→ Incerta).

Die Erstdrucke stützen sich auf zwei Abschriften:

a) Alfons Berger (geb. 1842), Unterlehrer in Hörsching, fertigte eine Abschrift (ÖNB-MS Mus. Hs. 19.692) von vier Präludien in Es-Dur (= WAB 128) nebst zwei Kadenzen an und versicherte, er habe die Autographe Bruckners auf dem Chor in Hörsching gefunden. Erstdruck (August → Göllerich) nach dieser Abschrift in: Göll.-A. 1, S. 97-102 (1922).

b) Joachim Berger (1848-1905), Lehrer in Steinbach, legte handschriftlich eine Sammlung »Präludien von verschiedenen Komponisten« an (ÖNB-MS Mus. Hs. 34 587): Unter dem Namen (Johann Baptist) → »Weiß« stehen darin die drei Präludien in Es-Dur WAB 128/1 (mit einem erweiterten Schluß) und 128/2-3. Eine sich anschließende »Fuge in Es von Rink« (Johann Christian Heinrich Rinck, 1770-1846) hat Ähnlichkeiten mit dem Präludium WAB 128/4, das selbst jedoch nicht enthalten ist. Zusätzlich findet sich in dieser Sammlung ein umfangreicheres »Präludium in Es von Bruckner« (WAB 127); Erstdruck (Max → Auer) in: ders., »A. Bruckner«. Wien 1932, Notenanhang Nr. 1. Es ist von den fünf Es-Dur-Stücken das klanglich und technisch aufwendigste Werk. Unter dem Namen »Bruckner« folgen bei Joachim Berger dann noch ein »Zwischenspiel in Es« und eine »Fuge in D«, beide Stücke sind sehr kurz und schlicht.

Auch Johann Baptist Weiß, Bruckners Cousin und Lehrer in Hörsching, verfaßte eine Sammlung von Orgelstücken, in welcher WAB 128/1 als ein Stück »von Rink« (s. o.) wiedergegeben ist. Zudem sind für alle vier Präludien WAB 128 bei Weiß ähnliche oder gleichlautende Notentexte (in der Sammlung verstreut) zu finden. Ein Anteil Bruckners als Urheber kann bestenfalls darin bestehen, daß er vorgelegtes Material für eigene Versuche benutzte, ohne sich über die Vorlagen zu erheben.

Harmonisch, formal und qualitativ weisen die Präludien WAB 127 und 128 kaum Eigenheiten auf, die auf den späteren Stil Bruckners verweisen würden. Lediglich der mehrmals verwendete »übermäßige Quintsextakkord« (dreifach alterierte 4. Stufe) sollte sich als ein Stilmerkmal qualifizieren: Er wird zum bevorzugten Modulationsakkord (Adagio-Höhepunkte der *Siebenten* und der *Achten Symphonie*). EH

Lit.: Göll.-A. 1, S. 96-106, 4/4, S. 319; Max Auer, A. Bruckner, Wien 1932, S. 29; Othmar Wessely, Der junge Bruckner und sein Orgelspiel, in: Staat – Kirche – Schule in Oberösterreich; Revisionsbericht zu NGA Band XII/6 (Orgelwerke, in Vorbereitung).

Präludium für Harmonium in C-Dur (»Perger Präludium«, WAB 129)

»Feierlich, langsam«

EZ: Skizze vor 20. 8. 1884 in → St. Florian, überarbeitet am 20. 8. in → Kremsmünster

W: Josef Diernhofer (auch Dürn- oder Dirnhofer), → Perg

UA: 21. 8. 1884 in Kremsmünster (Stiftskirche;

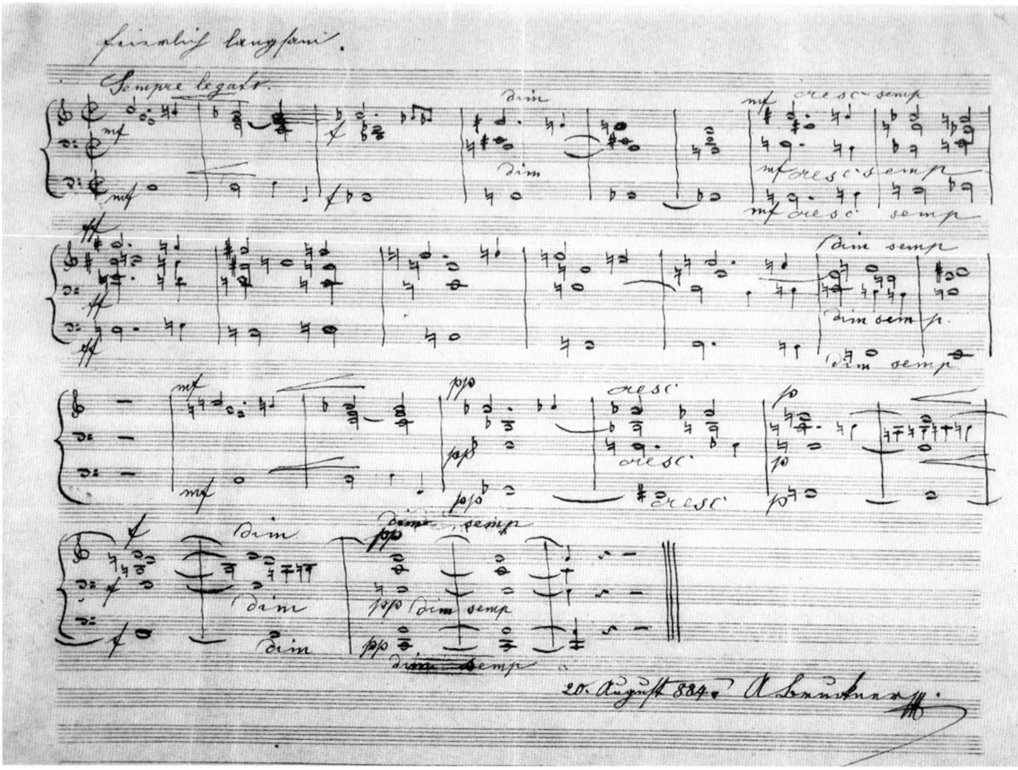

»Perger« *Präludium für Harmonium in C-Dur*. Autograph, Reinschrift

Bruckner); 1. Konzertaufführung: 11. 3. 1922 in → Wien (→ Wiener Schubertbund)
Autograph: Stift Kremsmünster (Skizze; Erstbesitzer P. Oddo → Loidol); → Linz, Privatbesitz (Überarbeitung und Begleitbrief)
ED: Wien, Universal-Edition 1926
NGA: Band XII/6 (Erwin Horn, in Vorbereitung) und Revisionsbericht

Bruckner hatte im August 1884 auf der Bahnfahrt zu den Bayreuther Festspielen den Perger Lederhändler Diernhofer (1844-1904) getroffen. Zum Andenken an den gemeinsamen Aufenthalt in → Bayreuth erbat sich Diernhofer eine kleine Komposition für sein Harmonium. Das für ihn vorgesehene *Präludium* hatte Bruckner zunächst mit Bleistift auf einem Bogen skizziert, dessen Rückseite eine Skizze zur *Achten Symphonie* enthält; die überarbeitete und in Reinschrift gebrachte Version schickte Bruckner am 20. 8. 1884 von Kremsmünster aus mit einem Begleitbrief nach → Perg (Geburtsort von Bruckners Urgroßmutter väterlicherseits), wo er schon als Linzer Dom- und Stadtpfarrorganist in der Pfarrkirche die neue → Orgel kollaudiert und zur Weihe gespielt hatte (20. 1. 1863). Das Autograph der 24taktigen Skizze schenkte Bruckner am 24. 8. 1884 seinem Schüler und Freund Loidol, der sich schon vor der Überarbeitung eine Abschrift angefertigt hatte. Nach einem von Loidol auf der Skizze notierten Bericht spielte Bruckner das eben verfaßte *Präludium* als ersten Teil eines Konzertes am 21. 8. 1884 auf der großen Orgel des Stiftes Kremsmünster und führte es dann in freier Fantasie weiter. Ein chromatisches Pedalthema, aus dem Bruckner im selben Konzert eine Fuge entwickelt hatte, wurde von Loidol schriftlich unterhalb von Bruckners Skizze festgehalten.
Die Harmonien des auch in der Endgestalt nur 27 Takte währenden *Präludiums* – für Pedalharmonium oder Orgel in drei Systemen notiert – bewegen sich in einer dem Harmonium gemäßen Dynamik auf kurzem Raum zwischen *pp* und *ff*. Harmonisch wie motivisch weist das konzentrierte Stück deutlich auf die *Achte Symphonie*, an der Bruckner damals (seit Juli 1884) arbeitete. Als singuläres und letztes »Orgelstück«

Bruckners verdient das »Perger« *Präludium* Achtung dank seiner stilistischen Originalität und zeitlichen Nähe zu den späten Symphonien. Die erste »öffentliche« Aufführung fand 1922 in Wien auf Initiative von August → Göllerich statt. In Perg selbst wurde es erstmals am 12. 2. 1927 auf der Orgel der Pfarrkirche im Rahmen einer Segensandacht als Vorspiel zum *Pange lingua* WAB 31 aus einer Abschrift gespielt, die Josefs Neffe Rudolf Diernhofer (1883-1957) zur Verfügung stellte. Er hatte das Autograph und Bruckners Begleitbrief von Josefs Tochter Maria Diernhofer (1882-1936) als Geschenk erhalten.

EH

Lit.: Friedrich Heigelmayer, Dr. A. Bruckner in Perg, in: Das Heimatbuch von Perg. Hrsg. Florian und Konrad Eibensteiner. Perg 1933; Göll.-A. 4/2, S. 187-193, 672; Alfred Orel, Ein Harmonielehrekolleg bei A. Bruckner. Berlin-Wien-Zürich 1940, S. 95; Altman Kellner, Musikgeschichte des Stiftes Kremsmünster. Kassel-Basel 1956, S. 762; Martin Vogel, Bruckner in Reiner Stimmung. Eine Analyse des Orgelpräludiums in C-Dur, in: Bruckner-Jahrbuch 1981.

Pranghofer, Wenzel

Geb. um 1805, gest. 9. 11. 1855 in Linz; Bruckners unmittelbarer Vorgänger als Dom- und Stadtpfarrorganist in → Linz. Pranghofer war 1819-1822 Sänger und anschließend (bis 1829) Organist im Stift Lambach, diente als Schulgehilfe in Schwanenstadt (bis 1832), → Enns (bis 1835) und seit 1836 an der St. Matthias-Pfarrschule in Linz. Am 1. 2. 1840 wurde er als Nachfolger Johann Baptist → Schiedermayers zum provisorischen, am 23. 6. 1843 zum definitiven Dom- und Stadtpfarrorganisten in Linz bestellt; Engelbert → Lanz, der sich ebenfalls um die Stelle beworben hatte, ging leer aus. Pranghofer trat auch als Komponist hervor (er erwähnt in einem Dokument – Stadtpfarrarchiv, Schuber 87, Bd. 2 – eine »Messe in D-Dur«; ferner sind ein »Stabat Mater« – Fragment in Privatbesitz – sowie das alte Motto der Linzer → Liedertafel »Frohsinn« bekannt); allerdings waren die Jahre seit etwa 1850 bereits von der sich immer stärker auswirkenden Lungentuberkulose überschattet. Nach Pranghofers Tod bewarben sich Bruckner und Lanz um dessen Posten; ersterer war erfolgreich.

EM

Lit.: Othmar Wessely, Das Linzer Musikleben in der ersten Hälfte des 19. Jahrhunderts, in: Jahrbuch der Stadt Linz 1953, S. 302.

Preßburg (Bratislava, ungarisch Pozsony)

Hauptstadt der Slowakischen Republik, nahe der österreichischen Grenze (60 km östlich von Wien) überwiegend am linken Donauufer gelegen. 1526-1784 Haupt- und Krönungsstadt des habsburgischen Ungarn. Kultur- und Wirtschaftszentrum des Landes. 1900: 66 000, 1995: 435 000 Einwohner.

Bruckners *Siebente Symphonie* wurde am 27. 4. 1890 im damaligen Komitatshaus (heute Sitz des Slowakischen Nationalrates) vom Orchester des Kirchenmusik-Vereins und dem Dirigenten Josef Thiard-Laforest (1841-1897) aufgeführt. Der 1828 (1833) gegründete Kirchenmusik-Verein war die einzige Institution in Preßburg, die große geistliche und weltliche Konzerte veranstalten konnte. Bruckner reiste am Tag des Konzertes mit dem Schnellzug an und war in Begleitung von vier Mitgliedern des → Wiener Akademischen Wagner-Vereins, darunter Josef → Schalk und Carl Bernhard Oehn. Eine Kritik erschien in der »Preßburger Zeitung« vom 28. 4. Mit dem Dirigenten des Konzertes verband Bruckner eine herzliche Freundschaft, die schon seit 1878 bestand, als Thiard-Laforest (bis 1881) in → Linz Dirigent des → Linzer Musikvereins war. 1891 wurde Bruckner zum Ehrenmitglied des Preßburger Kirchenmusik-Vereins ernannt. – Im Bruckner-Schrifttum wird von diesem Konzert meist nichts berichtet, zum Teil werden fälschlicherweise das Jahr 1889 und die *Vierte* oder *Achte Symphonie* genannt. – In Preßburg wirkte der Komponist und spätere Domkapellmeister Carl Mayrberger (1828-1881), der für seinen von Bruckner als »recht liebe wirkungsvolle Composition« mit reizendem Tenor-Solo beurteilten Chor »Abendruhe« beim Preisausschreiben zum Oberösterreichischen Sängerbundesfest 1865 den 3. Preis bekam (Rudolf → Weinwurm ging, auch zur Überraschung Bruckners, der mit *Germanenzug* Zweiter wurde, als Sieger hervor).

RG

Lit.: Ein Ausflug mit Bruckner, in: Illustriertes Wiener Extrablatt 15. 10. 1896; Theodor Vogl, Bruckner-Miscelle, in: Der Merker 5 (1914) S. 235; Franz Gräflinger, Liebes und Heiteres um Anton Bruckner. Wien 1948; Ceskoslovensky hudební slovnik. Praha 1965; Gabriel Dušinský, Anton Bruckner und die Aufführung seiner Siebenten Symphonie 1890 in Preßburg (Bratislava), in: Bruckner-Jahrbuch 1981; Bruckner – skizziert Nr. 178.

Pressewesen zur Zeit Bruckners

Vor 1848 existierten in Österreich nur etwa 50 periodische Druckschriften, allein 35 davon erschienen in → Wien, nur drei täglich. Es überwogen sogenannte schöngeistige und belehrende Blätter. Aufgrund eines strengen Pressegesetzes und der Repressalien durch die Zensurbehörde waren die politischen Zeitungen in der Minderzahl. Schlagartig änderte sich die Presselandschaft in den ersten Monaten der 48er Revolution. Am 18. 5. 1848 schaffte die neue Presseverordnung – ohne Sanktion des Kaisers (Ferdinand I.) – alle Repressalien gegenüber Zeitschriftenbetreibern ab. Binnen kurzem kamen in Wien 300 periodisch erscheinende Druckschriften, davon allein 86 Tageszeitungen, heraus.

Im Dezember 1848 trat die Pressezensur erneut in Kraft. Mit einem »Kaiserlichen Patent« vom 13. 3. 1849 wurde die Kautionspflicht wieder eingeführt: Der Zeitungsherausgeber mußte bei der Behörde eine Kaution hinterlegen, die verfiel, wenn er sich einen Verstoß gegen die Presseverordnung zuschulden kommen ließ. Jede negative Berichterstattung über Regierung und Kaiserhaus wurde strengstens bestraft. Das »Kaiserliche Patent« verlangte die Suspendierung einer Zeitung, wenn sie mehr als einmal gegen die Vorschriften verstieß. In den fünfziger Jahren des 19. Jahrhunderts erschienen im Gebiet des heutigen Österreich nur mehr 73 Druckschriften periodisch. Am 17. 12. 1862 wurde ein neues Pressegesetz erlassen, das trotz der weiterbestehenden Kautionspflicht von Zeitungsherausgebern und Journalisten als repressionsfreier empfunden wurde.

Die Beschaffung europa- und später weltweiter Informationen geschah durch diverse Presseagenturen: Agentur Havas in Frankreich, Wolffsches Telegraphenbureau in Deutschland, Reuters Ltd. in England und das k.k. Telegraphen-Korrespondenzbureau in der österreichisch-ungarischen Monarchie.

Die technischen Innovationen, die politischen Um- und Aufbrüche in der zweiten Hälfte des 19. Jahrhunderts fanden auch auf dem Zeitungs- und Zeitschriftenmarkt in Österreich ihren Niederschlag. Zuerst profilierte sich die Lokalpresse, die geringes Gewicht auf die politische Berichterstattung legte, aber einen breiten Chronikteil besaß. Eine typische und gern gelesene Vertreterin dieser Gattung ist die seit 1855 erschienene »Wiener Stadt- und Vorstadtzeitung«, 1865 umbenannt in »Konstitutionelle Vorstadtzeitung«.

Überregionale Bedeutung kam der sogenannten Großpresse zu, die sich von den diversen Lokalblättern durch ihre ausführliche politische Berichterstattung und Kommentierung unterschied und grob unterteilt werden kann in Blätter, die landesweit berichteten, und solche, die internationale Informationen und Kommentare veröffentlichten. Zu letzteren zählten damals die »Presse« und die »Neue Freie Presse«. Landesweite Bedeutung besaßen unter anderem die »Wiener Allgemeine Zeitung«, das »Neue Wiener Journal«, das »Neue Wiener Tagblatt« und die »Deutsche Zeitung«. Zwar gab es damals noch keine politischen Parteien in unserem heutigen Sinn, aber bestimmte politische Grundhaltungen, die ihren Niederschlag auch in den Zeitungen fanden. Als Zeitungen mit liberaler Gesinnung können u. a. die »Presse«, die »Neue Freie Presse« und die »Wiener Allgemeine Zeitung« bezeichnet werden. Eine konservative Linie vertrat z. B. die »Reichswehr«, katholisch ausgerichtet war u. a. der »Österreichische Volksfreund«, deutsch-national das »Deutsche Volksblatt« und die »Ostdeutsche Rundschau«. Seit 1886 gab es das »Sozialdemokratische Wochenblatt«, seit 1889 die »Arbeiter-Zeitung«, das »Zentralorgan der österreichischen Sozialdemokratie«. Das Amtsblatt »Wiener Zeitung« stand im Dienst der Regierung.

Die österreichische Journalistik hatte sich in Zeiten der Repressionen durch die Behörde auf die Kunst- und Kulturberichterstattung spezialisiert und bedeutende Journalisten, besonders auf dem Gebiet des literarischen Feuilletons, hervorgebracht. Einige der Journalisten waren als Kunstkritiker gefürchtet und tonangebend bei Entscheidungen über die Bedeutung eines Künstlers und dessen Werk. Zu nennen sind auf dem musikalischen Sektor vor allem Eduard → Hanslick (»Presse«, »Neue Freie Presse«), Richard → Heuberger (»Neues Wiener Tagblatt«), Theodor → Helm (u. a. »Deutsche Zeitung«). Einige der Kritiker gingen eigenen künstlerischen Ambitionen nach, wie z. B. Ludwig Held, Theaterreferent des »Neuen Wiener Tagblatts«, Verfasser des Librettos zur Operette »Der Vogelhändler«, Ferdinand Kürnberger (»Neue Freie Presse«, »Deutsche Zeitung«), der sich als Dramatiker versuchte, und Richard Heuberger, Komponist der Operette »Der Opernball«.

Als Zeitungsherausgeber wegen ihrer überregionalen Bedeutung zu erwähnen sind August Zang, Herausgeber der »Presse«, und Moriz Szeps, Eigner und Chefredakteur des »Neuen Wiener Tagblatts«, Intimus des Kronprinzen Rudolf.

RCF

Lit.: Kurt Paupié, Handbuch der österreichischen Pressegeschichte 1848-1959. 2 Bde. Wien 1960/1966; 200 Jahre Tageszeitung in Österreich 1783-1983. Hrsg. Franz Ivan, Helmut W. Lang und Heinz Pürer. Wien 1983; Leopold Kammerhofer, Diplomatie und Pressepolitik 1848-1918, in: Die

Habsburgermonarchie 1848-1918 6/1: Die Habsburgermonarchie im System der internationalen Beziehungen. Hrsg. Adam Wandruszka und Peter Urbanitsch. Wien 1989; Renate Flich, Die österreichische Presselandschaft zur Zeit Bruckners, in: Bruckner-Symposion 1991.

Psalmen

(griech. »psalmos« = »Saitenspiel«, »Gesang«) werden die spätestens im 2. Jahrhundert v. Chr. zum Psalter vereinigten, zwischen 1000 und 165 v. Chr. entstandenen 150 religiösen Gesänge Israels genannt. Durch die im 3. Jahrhundert n. Chr. erfolgte Übernahme der Psalmen in das christliche Stundengebet haben sie und ihre starke Bildsprache nicht nur das religiöse Leben, sondern auch die bildnerische, literarische und musikalische Entwicklung des Abendlandes auf das nachhaltigste geformt.

Die Zählung der Psalmen differiert in der lateinisch-griechischen und der (heute üblichen) hebräischen Tradition. Bruckner richtete sich nach der zu seiner Zeit üblichen lateinischen Zählung, kennt jedoch auch die hebräische, wie seine mit »Psalm 114 (116)« überschriebene Textabschrift zu Psalm 114 zeigt. Er hat aus dem »Buch der Psalmen« insgesamt fünf Gesänge für verschiedenste Besetzungen vertont. Von der Thematik her wählte er überwiegend solche, die Lobpreis und Jubel ausdrücken: Die Psalmen 112 und 114 (heute: 113 bzw. 116) stammen aus dem sogenannten Hallel, einer Psalmengruppe, die zu bestimmten Festen – u. a. dem Passah – gesungen wurde. Auch die Psalmen 146 (heute: 147) und 150 sind Hymnen, eine in der religiösen Dichtung Israels besonders häufige literarische Gattung. Thematisch sind die Psalmen 112 (113), 114 (116) und 146 (147) besonders von der Güte Gottes gegenüber den Armen und Erniedrigten und von deren jubelndem Dank geprägt, während Psalm 150 gleichsam ein Kompendium alttestamentlichen Musizierens darstellt: Zum Lob Gottes werden alle wichtigen Musikinstrumente des Tempelorchesters aufgerufen – Hörner und Harfe, Zither und Zimbeln, Pauken, Flöten und Saitenspiel sollen Gott preisen, und der Mensch tanzt dazu wie David vor der Bundeslade. – In den 40 Jahren zwischen seiner ersten *(Psalm 22)* und letzten *(Psalm 150)* Psalmvertonung hat Bruckner die ganze Bandbreite seiner stilistischen Entwicklung durchschritten.

Psalm 22. Erste Seite des Autographs

– Psalm 22 (WAB 34) »Der Herr regieret mich«

Vierstimmiger gemischter Chor und Klavier, Es-Dur, »Nicht zu langsam«
EZ: um 1852 in → St. Florian
UA: 1852 ?, gesichert erst: 11. 10. 1921 in St. Florian (Franz Müller)
Autograph: St. Florian
ED (Faksimile): Göll.-A. 2/2, S. 119-130 (1928)
NGA: Band XX/2 (in Vorbereitung)

In dieser Komposition sind sowohl die Ergebnisse der Studienzeit bei Leopold von → Zenetti (besonders die kontrapunktische Arbeit) als auch Einflüsse der Frühromantik (→ Schubert, → Mendelssohn) festzustellen. Der von pulsierender Klavierbegleitung (12/8-Takt) gestützte erste Teil (»Der Herr regieret mich und nichts wird mir mangeln«) ist zu Beginn homophon gehalten, doch verdichtet sich der Satz allmählich zur Steigerung der Eindringlichkeit (imitatorische Einsätze bei den Textstellen »So will ich nicht Übles fürchten«, »Du hast bereitet einen Tisch«, »wie herrlich ist er«, »Und deine Barmherzigkeit«), bis er ab T. 43 in eine Fuge einmündet (»Daß ich wohne im Hause des Herrn auf lange Zeit«), die ihrerseits in einem abschließenden, von Bruckner mit »Choral« überschriebenen homophonen Schlußteil gipfelt, in dem die Klavierbegleitung schweigt und der in langen, ruhigen Notenwerten gehaltene Chorsatz das »Wohnen auf lange Zeit« versinnbildlicht.

– Psalm 112 (WAB 35) »Alleluja! Lobet den Herrn, ihr Diener«

Achtstimmiger gemischter Doppelchor und großes Orchester (2 Fl., 2 Ob., Klar., 2 Fg.; 2 Hr., 2 Trp., 3 Pos., Pk.; Str.), B-Dur, »Maestoso«
EZ: Juni 1863 bis 5. 7. 1863 in → Linz
UA: 14. 3. 1926 in → Vöcklabruck (Max → Auer)
Autograph: ÖNB-MS

ED: Wien, Universal-Edition 1926 (Josef V. → Wöß)
NGA: Band XX/5 (in Vorbereitung)

Diese vielleicht für die Grundsteinlegung des Allgemeinen Krankenhauses in Linz gedachte Psalmvertonung hat Bruckner nach Abschluß seiner Studien bei Otto → Kitzler begonnen. Sie nimmt als Übergang von den Werken der Früh- zu jenen der Reifezeit auch deshalb eine Sonderstellung ein, weil Bruckner, als er vor seiner Übersiedlung in die letzte → Wohnung im Belvedere rigoros »über seine Jugendwerke strenges Gericht hielt, indem er vieles den Flammen übergab« (Göll.-A. 3/1, S. 193), u. a. die Urschrift dieses Werkes aufbewahrte.
Die Anlage der Komposition ist dreiteilig (A-B-A), wobei der Mittelteil von einer Fuge gebildet wird. Besonders hervorzuheben sind die subtile Tonmalerei (z. B. des Sonnenauf- und -untergangs), charakteristische Steigerungen, die Vorwegnahme mancher Themen aus späteren Werken (im Mittelteil: Benedictus der *Messe in d-Moll*; bei »Hoch über alle Völker«: Andante der *Zweiten Symphonie*), vor allem aber die stilistisch einheitliche, geschlossene Gesamtanlage des Werkes. Da die Urschrift des Werkes nach dem 5. Takt der Reprise abbricht, galt es lange Zeit als unvollständig; in neuester Zeit ist man jedoch zu der Überzeugung gelangt, daß Bruckner die notengetreue Reprise nur nicht eigens niederschreiben wollte.

Lit.: Max Auer, Bruckners 112. Psalm uraufgeführt. Festkonzert in Vöcklabruck, in: Tages-Post, Linz 19. 3. 1926; Göll.-A. 3/1, S. 190-203.

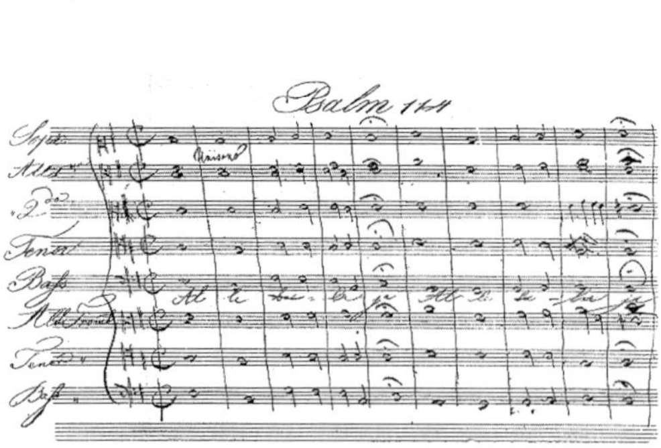

Psalm 114. Erste Seite des Autographs

– Psalm 114 (WAB 36) »Alleluja! Liebe erfüllt mich«

Fünfstimmiger gemischter Chor (Sopran, 2 Alt, Tenor, Baß) und 3 Posaunen, G-Dur
EZ: Juli 1852 in → St. Florian
W: Ignaz → Assmayr
UA: 1852 in St. Florian (in einer Probe); 1. 4. 1906 in → Linz (August → Göllerich)
Autograph: St. Florian
ED (Faksimile): Göll.-A. 2/2, S. 151-177
NGA: Band XX/1 (in Vorbereitung)

»Als schwacher Versuch von A. Bruckner, Stiftsorganist von St. Florian«, war diese Psalmvertonung als Namenstagsgeschenk (31. 7.) für den k. k. Hofkapellmeister Assmayr gedacht, dem Bruckner schon zu Jahresbeginn 1852 sein *Requiem* WAB 39 unterbreitet hatte und jetzt im Begleitschreiben über seine ihm sehr unbehagliche Situation im Stift und seinen Wunsch nach einem größeren Aufgabenkreis berichtet.
Bruckner zeigt in dieser Komposition gleichsam alle ihm schon zur Verfügung stehenden Stilmittel vor: Den alten Kirchenstil (im viermaligen »Alleluja« des Beginns), an der Wiener Klassik orientierte weiche Melodik (»Liebe erfüllt mich«), expressive Intervallsprünge und den für den Themenkreis »Tod« traditionellen Einsatz der Posaunen (»Es umgaben mich die Schmerzen des Todes«), Seufzermelodik (»Trübsal und Schmerz«), kontrapunktische Arbeit (»Barmherzig ist der Herr und gerecht«) sowie, als Krönung, eine feurige Doppelfuge, die in einen Orgelpunkt und ein machtvolles Unisono aller Singstimmen (»... im Lande der Lebendigen«) einmündet.

Lit.: August Göllerich, A. Bruckners 114. Psalm, in: Die Musik 6/1 (1906/07); Göll.-A. 2/1, S. 136-142.

– Psalm 146 (WAB 37) »Alleluja: Lobet den Herrn, denn lobsingen ist gut«

Soli, vierstimmiger gemischter Doppelchor und großes Orchester (Fl., 2 Ob., 2 Klar., 2 Fg.; 4 Hr., 2 Trp., 4 Pos., Pk.; Str.), A-Dur, »Langsam«
EZ: begonnen in → St. Florian ?, vollendet spätestens 1858 in → Linz
UA: ? (nachweisbare erste Aufführungen 28. 11. 1971 in → Nürnberg und 10. 11. 1991 in → Wien)
Autographe: ÖNB-MS (Partitur, unvollständig; Abschrift mit autographen Eintragungen, vollständig); Stadtarchiv → Wels (Skizze)
NGA: Band XX/4 (Paul Hawkshaw, 1996)

Diese Psalmvertonung, von der nach wie vor unbekannt ist, wann genau, für wen und warum sie geschrieben wurde, zeigt Bruckner bereits als Komponisten, der die ihm zur Verfügung stehenden Mittel souverän handhabt. Die Anlage des nach den beiden großen Meßzyklen (*Requiem*

WAB 39, *Missa solemnis*) umfangreichsten Werkes ist kantatenartig (→ Kantate) mit Rezitativen, Ariosi und Chören; Einflüsse Joseph Haydns, → Schuberts, besonders aber → Mendelssohns sind zwar immer noch nicht zu überhören, dennoch ist das Werk ein Meilenstein zu künstlerischer Eigenständigkeit. Besonders hervorzuheben sind hier das nicht in strahlendem Forte, sondern verinnerlicht »recht piano immerfort« zu singende »Alleluja! Lobet den Herrn« (Eingangschor mit solistisch geführtem Horn), der achtstimmige Doppelchor »Groß ist unser Herr«, der schon den späteren Brucknerschen Personalstil ahnen läßt, und die (das schon im Unterricht bei Simon → Sechter erworbene Können demonstrierende) Fuge des letzten Teiles, in dem auch offenbar vom Händelschen »Messias«-Alleluja (das Bruckner als Improvisator an der → Orgel bis ins hohe Alter gerne verwendet hat) inspirierte Passagen sowie die gekonnte Klangsteigerung auffallen.

Lit.: Göll.-A. 3/1, S. 71-89; Paul Hawkshaw, Vorwort zu NGA Band XX/4.

– Psalm 150 (WAB 38) »Halleluja! Lobet den Herrn in seinem Heiligtum«

Sopran-Solo, vierstimmiger gemischter Chor und großes Orchester (2 Fl., 2 Ob., 2 Klar., 2 Fg.; 4 Hr., 3 Trp., 3 Pos., Kb.-Tuba, Pk.; Str.), C-Dur, »Mehr langsam! Feierlich, kräftig«
EZ: 1892, vollendet 29. 6. 1892, revidiert 7. und 11. 7. 1892
Widmung: Max von → Oberleithner
UA: 13. 11. 1892 in Wien (Musikvereinssaal, Gesellschaftskonzert; Singverein, Henriette Standthartner, Wilhelm → Gericke)
Autograph(e): ÖNB-MS (Partitur und Albumblatt mit Widmung an Wilhelm Ritter von → Hartel)
ED: Wien, Doblinger 1893; Klavierauszug von Cyrill → Hynais
NGA: Band XX/6 (Franz Grasberger, 1964)

Richard → Heuberger hatte am 23. 12. 1891 bei Bruckner, der damals gerade am 1. Satz seiner *Neunten Symphonie* arbeitete, eine Hymne oder → Kantate für das Eröffnungskonzert der für 1892 in Wien geplanten → Internationalen Ausstellung für Musik- und Theaterwesen in Auftrag gegeben, nachdem Johannes → Brahms diesen Kompositionsauftrag abgelehnt hatte (was Bruckner jedoch nicht wußte). Bruckner wurde zur Ausstellungseröffnung (7. 5. 1892) mit der Komposition jedoch nicht rechtzeitig fertig, und die nächste vorgesehene Aufführungsgelegenheit, das in Wien geplante Tonkünstlerfest des Allgemeinen Deutschen Musikvereins, wurde abgesagt. Der schon für diesen Termin vorgesehene Dirigent Gericke übernahm den *Psalm 150* schließlich in das Gesellschaftskonzert vom 13. 11. 1892. Der erwartete Erfolg blieb nicht zuletzt deswegen aus, weil das Werk im Programm ungünstig plaziert war (nach einer Schubert-Ouvertüre, vor dem Es-Dur-Klavierkonzert von Liszt, »Wanderers Sturmlied« von Richard Strauss und Mendelssohns »Loreley«) und die Proben in Anbetracht des schwierigen Werkes wohl nicht genügt hatten.
Der Psalm, den Bruckner als seine »allerbeste Fest-Cantate« bezeichnete, ist durch den Wechsel zwischen großer Prachtentfaltung und eingeschobenen a cappella-Sätzen charakterisiert. Den Höhepunkt und Schluß bildet eine Fuge zu den Worten »Alles, was Odem hat, lobe den Herrn!«, deren Thema große Ähnlichkeit zum Fugenthema im Finale der *Fünften Symphonie* aufweist. EM

Lit.: Göll.-A. 4/3, S. 230-234.

Q

Quadrille (WAB 121)
Gelegenheitskomposition für Klavier zu vier Händen mit den Sätzen: »Pantalon« (A-Dur), »Eté« (D-Dur), »Poule« (A-Dur), »Trénis« (F-Dur), »Pastourelle« (d-Moll) und »Finale« (E-Dur)
EZ: um 1854 in → St. Florian
W: Georg Ruckensteiner, Stiftsrichter von St. Florian
UA: ?
Autograph: Musikarchiv des Stiftes → Kremsmünster (äußere Seiten fehlen; von Dr. Ernst Stolz ergänzte Abschrift mit autographen Eintragungen Bruckners)
ED: Göll.-A. 2/2, S. 23-42 (Faksimile, 1928); Wilhelmshaven, Heinrichshofen 1944 (Heinrich Lemacher)
NGA: Band XII/3 (Walburga Litschauer, 1994)

Bruckner dürfte dieses Gelegenheitswerk für Marie Ruckensteiner, die Tochter des → Widmungsträgers, geschrieben haben, der er in St. Florian und später auch in → Linz Klavierunterricht erteilte. Mit ihren sechs Sätzen entspricht die Komposition einer seit dem Beginn des 19. Jahrhunderts üblichen Form der Quadrille. WL

Lit.: Göll.-A. 2/1, S. 40; Walburga Litschauer, Bruckner und das romantische Klavierstück, in: Bruckner-Symposion 1987, S. 108.

R

Regensburg
Stadt im Freistaat Bayern an der Mündung von Naab und Regen in die Donau; seit 1810 bei → Bayern. Verwaltungssitz des Regierungsbezirks Oberpfalz; katholischer Bischofssitz (Regensburger Dom, 1274 begonnen). Kulturelles Zentrum der Region. 1875: 31 500, 1895: 41 500, 1995: 118 600 Einwohner.
Bruckner hat Regensburg sicher mehrere Male auf der Durchreise berührt, so vermutlich am 21./22. 7. 1871 auf der Fahrt nach → London und (sofern er nicht über Pilsen und Eger gefahren ist) auf dem Weg zu den Festspielen nach → Bayreuth (1876, 1882-1884, 1886, 1888/89 und 1891/92). Zu einem Aufenthalt in Regensburg ist es, soweit bisher bekannt, wohl nur 1861 gekommen, als die → Liedertafel »Frohsinn« die Rückfahrt vom Nürnberger → Sängerfest am 23. 7. 1861 unterbrach, um tags darauf die Walhalla zu besichtigen – die Berichte hierzu sind allerdings widersprüchlich.
Spätere Kontakte mit den Regensburger Sängern, die Bruckner in → Nürnberg kennengelernt haben könnte, sind nur für den Musiklehrer Friedrich anzunehmen, falls dieser identisch ist mit dem Briefadressaten gleichen Namens, den Bruckner am 10. 5. 1885 in seinem → Taschen-Notizkalender notiert hat: Friedrich war Mitglied des Männergesangvereins »Liederkranz«, seine 1863 erschienene gleichnamige Liedersammlung wurde schon bald darauf (ca. 1865) von Bruckner benützt und noch in späteren Jahren geschätzt. Zumindest Anfang der neunziger Jahre muß Bruckner in → St. Florian mit Regensburger Musikern zusammengetroffen sein, da nach anekdotischer Überlieferung Sängerknaben, sicher in Begleitung eines Lehrers oder des jeweiligen Chorregenten, in der Ferienzeit das Stift besucht haben.
Eine gewisse Bedeutung hatte Regensburg für Bruckner auch als Zentrum des → Cäcilianismus, obwohl er dessen Bestrebungen eher ablehnend gegenüberstand. Zu direkten Kontakten mit dessen Hauptvertretern Franz Xaver Haberl und Franz Xaver Witt scheint es nicht gekommen zu sein. Bruckner muß letzterem aber einige Kompositionen, darunter das *Christus factus est* WAB 11, zugeschickt haben, von denen Witt als Herausgeber der bei Friedrich Pustet erscheinenden Zeitschrift »Musica sacra« 1885 zumindest das *Pange lingua* WAB 33 veröffentlichte, nicht ohne zuvor eine harmonische Kühnheit im drittletzten Takt »verbessert« zu haben, worüber Bruckner sehr erbost war.
Regensburg war im Juni 1937 Veranstaltungsort des 8. Internationalen → Bruckner-Festes der → Internationalen Bruckner-Gesellschaft. Während dieses Festes wurde am 6. 6. 1937 in der 1830-1842 nach einem Entwurf Klenzes in Form eines griechischen Tempels nahe Regensburg errichteten »Walhalla«, die Bruckner am 24. 7. 1861 möglicherweise besichtigt hatte, die von Adolf Rothenburger geschaffene Bruckner-Büste enthüllt. Daß bei diesem Festakt Adolf Hitler zugegen war, mag als äußeres Zeichen dafür gelten, daß im »Dritten Reich« Bruckners

Alte Postkarte

Leben und Werk für ideologische Zwecke propagandistisch mißbraucht (→ Nationalsozialismus) worden sind. FS

Lit.: Gedenkbuch des in der Stadt Nürnberg 1861 begangenen Großen Deutschen Sängerfestes. Nürnberg 1861, Anhang S. 25; Göll.-A. 1, S. 330, 3/1, S. 321, 4/2, S. 345, 378; A. Bruckner und Linz. Ausstellung ... Linz 1964. Katalog. Hrsg. Brucknerbund für Oberösterreich. Linz 1964, S. 134; Franz Scheder, Ein Regensburger Domspatz auf Bruckners Orgelbank in St. Florian, in: IBG. Studien & Berichte. Mitteilungsblatt 47, Dezember 1996.

Reisen Bruckners

Bis auf die → Schweizerreise, die für Bruckner eine reine Urlaubsreise war (er wollte den Montblanc und dessen Bergwelt erleben, auch die → Orgeln in den großen Schweizer Städten kennenlernen und hatte bei der Hinfahrt → Oberammergau besucht, wo 1880 das Passionsspiel stattfand), standen alle weiteren Reiseziele im Zusammenhang mit seinen beruflichen Interessen. Entweder waren es reine Orgel-Konzertreisen (wie → Nancy, → Paris, → London), oder er hatte den Auftrag, neue → Orgeln zu kollaudieren (→ Prag, »Rudolfinum«). Nach → Bayreuth und → München fuhr er zumeist, um Wagner-Opern zu erleben und mit Richard → Wagner zusammenzutreffen. Nach → Budapest führte ihn die Uraufführung von Franz → Liszts »Die Legende von der hl. Elisabeth« und die Gelegenheit, diesem die *Zweite Symphonie* vorzulegen. Die übrigen Städte, wie → Berlin (wohin auch seine letzte Reise führte), → Dresden, → Leipzig und → Preßburg und auch wieder München, betreffen Aufführungen seiner eigenen Werke (zumeist der *Siebenten Symphonie* und in Berlin auch des *Te Deum*). → Karlsbad und → Marienbad (dort machte er eine Kur) lagen für ihn auf dem Weg nach Bayreuth zu Wagner, um diesem die *Dritte Symphonie* zu zeigen. → Nürnberg (sein erstes Auslandsziel)

Westbahnhof in Wien vor 1900

Bruckner (»Auf einer Fahrt nach dem Kahlenberge«). Karikatur von Ludwig Grande, 1885 (IKO 16)

und auch dabei wieder München besuchte er schon als Chormeister der → Liedertafel »Frohsinn«. Nach → Burghausen kam er von → Salzburg aus (wo er mit dem »Frohsinn« und als Orgelspieler auftrat), um in der Pfarrkirche St. Jakob die Orgel zu spielen.

Chronologische Liste der Reisen

1856 (Sept.) Salzburg, Liedertafel »Frohsinn«, Orgelspiel; Burghausen, Orgelspiel

1861 (Juli) Nürnberg, als Chormeister des »Frohsinn«

1863 (Sept.) München, Musikfest

1865 (Mai) München
(Juni) München, 3. Aufführung von »Tristan und Isolde«
(Aug.) Budapest, UA von Liszts »Die Legende von der hl. Elisabeth«

1868 (Juni) München, 3. Aufführung der »Meistersinger von Nürnberg«

1869 (April/Mai) Nancy, Orgelkonzerte in St. Epvre; Paris, Orgelspiel u. a. in Notre-Dame

1871 (Aug.) London, Orgelkonzerte in Albert Hall und Crystal Palace

1873 (Aug./Sept.) Karlsbad; Marienbad; Bay-

reuth, Widmung der *Dritten* an Richard Wagner
1876 (Aug.) Bayreuth, 3. Aufführung des »Ring des Nibelungen«
1880 (Aug./Sept.) Oberammergau; Schweizerreise; München
1882 (Juli/Aug.) Bayreuth, UA von »Parsifal«
1883 (Juli) Bayreuth, »Parsifal«
1884 (Ostern) Prag, Orgelkollaudierung
(Juli/Aug.) Bayreuth, »Parsifal«; München
(Dez.) Leipzig, UA *Siebente Symphonie*
1885 (März) München, EA *Siebente Symphonie*
1886 (Juli/Aug.) Bayreuth, EA von »Tristan und Isolde«, Tod Franz Liszts
1888 (Juli) Bayreuth, EA der »Meistersinger von Nürnberg«
1889 (Juli) Bayreuth, »Tristan«, »Meistersinger«
1890 (April) Preßburg, *Siebente Symphonie*
1891 (Mai/Juni) Berlin, *Te Deum*; Dresden
(Juli) Bayreuth, »Parsifal«, EA »Tannhäuser«
1892 (Juli) Bayreuth, Festspiele, Besuch von Wagners Grab
1894 (Jän.) Berlin, *Siebente Symphonie* RG/AH

Lit.: Bruckner-Bibliographie, Gruppe 12 (»Bindungen an Orte«) sowie bei den einzelnen Orten.

3 Requiem (WAB 39, 133, 141) »Requiem aeternam dona eis Domine«
Totenmesse (→ Messe) der römischen Kirche, in der Ordinariums- und Propriumssätze abwechseln. Sie hat ihren Namen nach den Eingangsworten des Introitus, »Requiem aeternam«, auf den die Sätze Kyrie, Graduale (»Requiem aeternam«), Tractus (»Absolve Domine«), Sequenz (»Dies irae«), Offertorium (»Domine Jesu Christe«), Sanctus, Agnus Dei und Communio (»Lux aeterna«) folgen. Bei feierlichen Anlässen ist als Responsorium ad absolutionem noch ein »Libera me Domine« als Abschluß möglich. – Bruckner hat den Requiem-Text insgesamt dreimal vertont bzw. zu vertonen begonnen.

– Requiem in d-Moll (WAB 39)
Soli, vierstimmiger gemischter Chor, Horn (nur Benedictus), 3 Posaunen, Streicher und Orgel (Requiem: »Andante«; Dies irae: »Allegro«; Domine Jesu: »Andante«; Hostias: »Adagio«; Quam olim: »Con spirito«; Sanctus: »Andante«; Benedictus: »Andante«; Agnus Dei: »Adagio«; Requiem; Cum sanctis: »Alla breve«)
EZ: 1848/49, vollendet 11. 3. (unvollständige Partiturskizze) bzw. 14. 3. 1849 (verbessertes Manuskript, überarbeitet 1892 [Göll.-A.: 1894]) in → St. Florian
W: (auf den Tod Franz → Sailers komponiert); (1894?:) Franz → Bayer (verbesserte Fassung)
UA: 15. 9. 1849 in St. Florian
Autographe: St. Florian; ÖNB-MS
AGA: Band 15 (zusammen mit *Missa solemnis*; Robert → Haas, 1930)
NGA: Band XIV (Leopold → Nowak, 1966)

Der aktuelle Anlaß dieses Werkes war der plötzliche Tod des Gerichtsaktuars und Hofschreibers im Stift St. Florian, Franz Sailer, der Bruckner sehr gefördert hatte und ihn sogar nach → Wien ins Konservatorium der → Gesellschaft der Musikfreunde schicken wollte. Durch das Vermächtnis seines fast neuen großen Bösendorfer-Flügels (→ Instrumente) an den jungen Komponisten setzte sich diese Förderung über den Tod hinaus fort. Aus Dankbarkeit komponierte Bruckner dieses *Requiem*, das am ersten Jahrestag von Sailers Tod uraufgeführt wurde, »mit großer → Orgel, was sonst nicht gebräuchlich war, außer beim Ableben eines Prälaten« (Göll.-A. 2/1, S. 69). Eine weitere frühe Aufführung erfolgte am »Stiftertage«, dem 11. 12. 1849, in → Kremsmünster. In seinen letzten Lebensjahren nahm Bruckner sein Jugendwerk wieder vor, kam nach genauer Durchsicht und einigen wenigen Korrekturen zu dem Schluß »Es is net schlecht« (Göll.-A. 2/1, S. 70) und widmete es seinem Freund, dem Regens chori und Musikdirektor Franz Bayer in → Steyr, der es mit großem Erfolg beim Trauergottesdienst für Bruckners Gönner Johann Evangelist → Aichinger, Stadtpfarrer von Steyr, aufführte. – Am Tag nach Bruckners Beerdigung wurde das *Requiem*, um das »Hostias« und »Benedictus« verkürzt und mit zwei Kompositionen von Palestrina (Choral, »O bone Jesu«) erweitert, unter der Leitung des damaligen Regens chori von St. Florian, Bernhard → Deubler, wieder mit Begleitung der großen Orgel, aufgeführt.
Das *Requiem* und die *Missa solemnis* sind jene beiden großen Werke aus der Zeit vor den Studien bei Simon → Sechter, die einen bleibenden Platz im Aufführungsrepertoire erringen konnten. Das *Requiem*, Bruckners erstes für Chor und Orchester geschaffene Werk, ist ein besonders sprechender Beweis der für Bruckner so typischen Auseinandersetzung mit der → Tradition, insbesondere jener der Vorklassik und der Wiener Klassik, in die ihn zur Zeit der Komposition

gerade Leopold von → Zenetti einführte. Die Zitate aus → Mozarts »Requiem« KV 626 sind derart auffallend, daß sie geradezu den Charakter einer Hommage annehmen, wie die folgenden Beispiele zeigen:

Mozart, *Requiem, Introitus*

Bruckner, *Requiem, Introitus*

Mozart, *Requiem, „Recordare“*

Bruckner, *Requiem*, Sequenz, *„Solvet saeclum“*

Das ganze Werk ist durch eine gelungene Synthese von mit großer Könnerschaft gehandhabten traditionellen Topoi (z. B. synkopierte gehende Streicherbewegung als Ausdruck von Unruhe und Angst, scharf herniederfahrende »Blitz«-Figuren, Einsatz der Posaunen für die Gerichtsszene, Tonrepetitionen für das Erbeben des Sünders im »Dies irae«) und durchbrechendem starkem persönlichem Ausdruck (wie z. B. im Duettino zwischen Sopran und Alt auf die Worte »Qui Mariam absolvisti«, im innigen »sed signifer sanctus Michael« des Solo-Soprans, im piano einsetzenden Sanctus) gekennzeichnet. Die kleine Orchesterbesetzung, der über weite Strecken schlicht homophon geführte Chor und die überschaubaren Ausdehnungen der einzelnen Sätze (Gesamtdauer: 35-37 Minuten) sind nicht nur ein Spiegel der Bruckner vorgegebenen musikalischen Möglichkeiten St. Florians, sondern begünstigen auch die liturgische Verwendung des Werkes.

Lit.: Göll.-A. 2/1, S. 68-92 (mit Faksimile der 1. Seite, nach S. 76); Elisabeth Maier – Franz Zamazal, A. Bruckner und Leopold von Zenetti. Graz 1980, S. 134-144.

– Requiem (WAB 133, verschollen)
Vierstimmiger Männerchor und Orgel
EZ: März 1845 in → Kronstorf
UA: 1845 in Kirchberg bei Eferding

Bruckner komponierte dieses Werk zur Erinnerung an seinen verstorbenen Freund Johann Nepomuk Deschl, der Schulmeister in Kirchberg bei Eferding gewesen war. Bei der Uraufführung in der Pfarrkirche von Kirchberg spielte Bruckner selbst die Orgel. Die Partitur soll sich später im Besitz Karl → Seiberls befunden haben, gilt jedoch heute als verschollen (→ Verschollenes).

Literatur: Göll.-A. 1, S. 280.

– Requiem in d-Moll (WAB 141, Fragment)
18taktige Skizze auf je 3 Systemen
EZ: 19. 9. 1875
Autograph: ÖNB-MS
ED: in AGA Band 15, Revisionsbericht S. IV (Robert → Haas, 1930); Göll.-A. 4/1, S. 361 f. (1936)

Aus welchem Anlaß Bruckner diese Vertonung der Totenmesse begonnen hat, läßt sich heute nicht mehr mit Bestimmtheit sagen. Das Werk war offensichtlich großangelegt geplant, wie die erhaltene Skizze der Instrumental-Einleitung zum Introitus erahnen läßt: Über einem 16taktigen Baß-Ostinato, das aus einer Quint-Oktav-Pendelbewegung besteht (ein für Bruckner besonders charakteristisches Motiv, vgl. etwa in der [»Nullten«] *Symphonie in d-Moll* und im *Te Deum*!), erhebt sich eine weitgeschwungene Melodie, der eine Gegenstimme in synkopierten (Seufzer-)Vorhalten beigegeben ist. EM

Lit.: Göll.-A. 4/1, S. 360-363.

Rezeption

– Zum Bruckner-Bild

Die Rezeption des Menschen und Künstlers Bruckner (»Bruckner-Bild«) hat im Laufe der letzten hundert Jahre einen grundlegenden Wandel erfahren. Aus einer merkwürdigen Künstlerfigur mit Attributen wie »komisch«, »tolpatschig« und »naiv« ist heute ein sozialer Aufsteigertyp geworden, der keineswegs ganz frei von Berechnung und Selbstinszenierung war (→ Per-

sönlichkeit). Wesentlich in der geschichtlichen Entwicklung des Bildes waren die ländliche Herkunft und der katholische Glaube. Beeinflußt von diversen Weltanschauungen wurden daraus der → »Musikant Gottes«, der »mystische Bauer«, der »deutsche Tonheros« oder eben der »berechnende Sozialaufsteiger«.
Neue Perspektiven innerhalb von Biographie, Schaffen und Rezeption dürfen dennoch nicht darüber hinwegtäuschen, daß Künstlerbilder grundsätzlich zeitvariabel sind und weit mehr durch subjektive Konstruktion als durch historische Rekonstruktion geprägt sind.

EWP

Lit.: Erich W. Partsch, Künstlertypus und Brucknerbild, in: Bruckner-Symposion 1991.

– Rezeption (nach Gebieten)

Die folgende, nach Kontinenten bzw. Ländern geordnete Zusammenstellung der Bruckner-Rezeption in verschiedenen Teilen der Welt kann in den meisten Fällen nur als erster (oft vom → Anton Bruckner Institut Linz in Auftrag gegebener) Versuch gewertet werden, die Nachrichten (soweit überhaupt vorhanden bzw. bekannt) über Aufführungen von Brucknerschen Werken und ihre Wirkung auf Publikum und Presse auszuwerten. Aufführungsmeldungen aus aller Welt werden seit 1970 – je nach Einlangen von Berichten – in den »Mitteilungsblättern« (bzw. deren Fortsetzung unter dem Titel »Studien & Berichte«) der → Internationalen Bruckner-Gesellschaft veröffentlicht.

AFRIKA (es konnten nur Daten von Südafrika erhoben werden)

1. Aufführungen von Orchesterwerken:

Die früheste Aufführung eines Brucknerschen Werkes bestritt das Cape Town Symphony Orchestra (gegründet 1914): Unter der Leitung von William Pickerill führte es am 19. 8. 1937 die *Vierte Symphonie* auf. Ebenfalls unter Pickerill erklang das Werk wieder am 20. 5. 1943. Seit 1984 spielte dieses Orchester folgende Werke: *Erste Symphonie* 1990 (unter Omri Hadari); *Zweite* 1994 (Erich Bergel); *Dritte* 1989 und 1994 (Omri Hadari); *Vierte* 1986 (Omri Hadari), 1988 (Ogan D'Narc), 1991 (Omri Hadari), 1991 (Erich Bergel); *Sechste* 1987 (Victor Yampolsky), 1989 (Wolfgang Bothe); *Siebente* 1984 (Christoph Escher); *Neunte Symphonie* 1988 (Ogan D'Narc) und *Te Deum* 1988 (Ogan D'Narc). – Das National Symphony Orchestra (Johannesburg) führte seit 1976 auf: *Vierte Symphonie* 1988 und 1994; *Sechste* 1986; *Siebente* 1976, 1978 und 1987; *Te Deum* 1988 und 1994.

2. Aufführungen von Chorwerken:

Der Rhodes University Chamber Choir unter der Leitung des gebürtigen Österreichers Georg Gruber war der erste Chor, der Chorwerke Bruckners in Südafrika aufführte. Schon im dritten Jahre seines Bestehens stand ein *Tantum ergo* auf dem Programm (1955). Weitere Aufführungen in den ersten Jahren: *Tantum ergo* und *Virga Jesse* 1956; ein *Ave Maria* 1957; *Virga Jesse* 1958 und 1959. 1993 war dann *Os justi* zu hören. – Der andere bedeutende Universitätschor Südafrikas, der University Choir der University of Stellenbosch, hatte am 28. 11. 1969 *Locus iste* und ein *Christus factus est* auf dem Programm. 1993 und 1994 war ein *Ave Maria* im Repertoire dieses Chores.

3. Bruckner an den Universitäten Südafrikas:

Da der Lehrstuhl der Musikfakultät an der Rhodes University in Grahamstown 1950-1996 von Österreichern besetzt war, wurde Bruckner selbstverständlich jährlich in den Vorlesungen über die Romantik besprochen. Der Berichterstatter selbst hat anläßlich des Twentieth Annual Congress of the Musicological Society of Southern Africa am 27. 8. 1993 in Durban einen Vortrag über »The Thematic Material of the Reconstructed Finale of A. Bruckner's Symphony No. 9« gehalten. – Die bisher einzige Dissertation über Bruckner in Südafrika stammt ebenfalls von der Rhodes University: Penelope Anne Gibson, Perspectives on the nine symphonies of A. Bruckner: aspects of thematic and harmonic compositional techniques, with special reference to the first and final movements, Symphonies one to nine. Thesis (PhD – Music and Musicology). Rhodes University 1982. 476 S. NWN

AMERIKA

Mittel- und Südamerika

Über die Bruckner-Rezeption in den Ländern dieses Kulturkreises ist nicht viel bekannt. Eine Aufführung der *Vierten Symphonie* in Buenos Aires unter Ferruccio Cattelani (geb. 1867) wird für die Saison 1909/10 genannt. 1923 dirigierte Richard → Strauss die argentinische Erstaufführung der *Siebenten*. In späteren Jahren engagierte sich Guillermo Knepler für die Werke Bruckners in Argentinien. 1979 dirigierte Stanislaw Wislocki die *Dritte* in Buenos Aires. Kurt Wöss gastierte 1979 beim Orquesta Nacional von Mexico mit der *Neunten*. 1996 wurde in Havanna, Kuba, der *Psalm 150* erstaufgeführt.

Nordamerika

Für Bruckner war der Weg zu allgemeiner Anerkennung in Nordamerika lang und mühsam, obwohl seine Musik dem amerikanischen Publikum bereits zu einem relativ frühen Zeitpunkt, nämlich am 5. 12. 1885, erstmals vorgestellt wurde, als der gebürtige Breslauer Walter Damrosch (1862-1950) im Metropolitan Opera House in New York die *Dritte Symphonie* aufführte. Ein Jahr später leitete der ebenfalls deutschstämmige Theodore Thomas (1835-1905) vier Aufführungen der *Siebenten Symphonie* – zwei in New York, eine in Boston und eine in Chicago. Obwohl die Reaktion auf die *Dritte* ermutigend war, wurde die *Siebente* besonders in New York nicht so gut aufgenommen. In den folgenden Jahrzehnten gab es trotz der Bemühungen einiger weniger Dirigenten, wie Thomas, Anton Seidl (1850-1898), Frederick Stock (1872-1942) und sogar Gustav → Mahler, der die *Vierte Symphonie* am 30. 3. 1910 in New York dirigierte, nur hie und da in Amerika Aufführungen Brucknerscher Werke.

Der Wendepunkt kam schließlich 1931, als eine Gruppe von begeisterten Bruckner-Anhängern die »Bruckner Society of America« mit dem Zweck gründete, die Musik Bruckners und Gustav Mahlers in den Vereinigten Staaten und Kanada zu fördern. Um ihren Ansichten Gehör zu verschaffen, wurde von der Society die Zeitschrift »Chord and Discord« gegründet, die im Februar 1932 erstmals erschien. Herausgeber war Gabriel Engel (1892-1952), Autor der ersten Bruckner-Biographie in englischer Sprache. Mit Artikeln von Musikwissenschaftlern, Komponisten, Dirigenten und Kritikern aus Nordamerika und Europa – Max → Auer, Bruno Walter, Robert Simpson, Neville Cardus, Jack Diether, Dika Newlin usw. – diente »Chord and Discord« als Brennpunkt des Interesses Amerikas an dem Komponisten.

Die Bemühungen der Society, die auch eine amerikanische Bruckner-Medaille verleiht (u. a. an Arturo Toscanini, Bruno Walter, Zubin Mehta), brachten das ersehnte Resultat. Obwohl Bruckner in den Vereinigten Staaten und Kanada nicht so schnell und allgemein verstanden wurde wie Mahler, konnte Philip Greeley Clapp in »Chord and Discord« 1946 schreiben: »Most habitual concert goers [in the United States] have some personal memory of the six Bruckner symphonies (numbers 3, 4, 5, 7, 8, and 9) which have now been played a number of times by the principal symphony orchestras.« Der Erfolg hielt an, mit dem Ergebnis, daß die Symphonien Bruckners jetzt regelmäßig von den größten professionellen Orchestern in Nordamerika aufgeführt werden und die Chorwerke ins Repertoire zahlreicher Chorvereinigungen aufgenommen wurden.

Seit der Komponist sich in den Konzertsälen von Kanada und den Vereinigten Staaten zu etablieren begann, hat die Bruckner-Forschung Unterstützung bei den Universitäten gefunden. Hauptsächlich bringen die amerikanischen Studien analytische bzw. theoretische Abhandlungen über die in der von Leopold → Nowak herausgegebenen → Gesamtausgabe erschienenen Partituren, die in den meisten Musikbibliotheken in Nordamerika bereitstehen (sehr wenige Bruckner-Autographe bzw. deren Kopien haben den Weg in diesen Teil der Welt gefunden). Auch das wissenschaftliche Interesse wächst ständig: Im Februar 1994 konnte unter dem Titel »Perspectives on A. Bruckner« am Connecticut College in New London das erste internationale Bruckner-Symposion in Nordamerika abgehalten werden, bei dem ein Hauptthema die Rezeptionsgeschichte in Deutschland und Österreich zwischen den beiden Weltkriegen war. PH

Bruckner-Medaille der »Bruckner Society of America« von J. Kilenyi, 1933

Lit.: Chord and Discord (Zeitschrift der Bruckner Society of America) 1932-1969; Gabriel Engel, The Life of A. Bruckner. New York 1931; Paul Hawkshaw, Bruckner-Forschung in den Vereinigten Staaten und Kanada, in: Bruckner-Jahrbuch 1980, (Fortsetzung in:) IBG-Mitteilungsblatt Nr. 35, Dezember 1990; Frank J. Plash, A. Bruckner in den Vereinigten Staaten, in: Bruckner-Jahrbuch 1980; ders., Zur Aufführung des rekonstruierten Finale von Bruckners Neunter Sinfonie, ebenda 1984/85/86; Bruckner Studies. Hrsg. Paul Hawkshaw und Timothy Jackson. Cambridge (im Druck); Aufführungsmeldungen in den IBG-Mitteilungsblättern und in den Bruckner-Jahrbüchern.

ASIEN
In Japan begann 1868 die Meiji-Zeit, in der die Modernisierung nach dem Muster von Europa auf vielen gesellschaftlichen Gebieten unternommen wurde. Auch abendländische Musik und Musikerziehungssysteme wurden eingeführt. Die Konzerttätigkeit von professionellen Orchestern hat aber erst nach 60 Jahren angefangen: das Takarazuka-Orchester, das für die 1913 gegründete Mädchen-Oper in einem Badeort nördlich von Osaka geschaffen wurde, und das Shin-Symphonie-Orchester in Tokio (heute: NHK-Symphonie-Orchester) spielten 1926 bzw. 1927 ihre ersten Abonnementkonzerte. Von dem ersteren wurde die *Vierte Symphonie* am 24. 4. 1931 unter der Leitung von Joseph Laska (1886-1964) aufgeführt. Dieser in Linz geborene Musiker hat dann am 22. 11. 1933 in Takarazuka die *Erste Symphonie* und am 26. 1. 1935 das *Te Deum* in Osaka dirigiert, alle drei Werke jeweils als japanische Erstaufführung.
Bruckner war allerdings in der Zeit vor dem Zweiten Weltkrieg den meisten Japanern noch fast fremd. Außer den obengenannten Aufführungen wurde damals nur die *Vierte Symphonie* insgesamt dreimal in den Abonnementkonzerten des Shin-Symphonie-Orchesters aufgeführt, obwohl das Orchester der Tokio-Musikhochschule unter Klaus Pringsheim, einem ehemaligen Schüler von Gustav → Mahler, schon am 21. 10. 1933 die *Siebente Symphonie* und am 15. 2. 1936 die *Neunte Symphonie* erstaufgeführt hatte.
In der Nachkriegszeit ist die Tätigkeit der japanischen Orchester allmählich reger geworden und ihre Zahl etwa im Jahre 1962 auf neun gestiegen. Aber die Bruckner-Rezeption wurde zuerst durch Schallplatten (*Neunte Symphonie* unter Joseph Keilberth; *Achte* unter Herbert von Karajan; *Fünfte* unter Eugen Jochum u. a.) und Gastspiele einiger Orchester aus Europa begonnen. Die Aufführung der *Achten Symphonie* durch die → Wiener Philharmoniker, die im Herbst 1959 in Tokio unter Karajans Leitung stattfand, war die erste dieses Werkes in Japan und für die Bruckner-Rezeption der folgenden Jahre von großer Bedeutung.
Nach diesen Vorbereitungen erreichte die Bruckner-Rezeption am Ende der sechziger Jahre ihre erste und bisher einzige Steigerungsphase und 1986 ihren Höhepunkt: Symphonien von Bruckner wurden in den Abonnementkonzerten der damals 20 professionellen Orchester insgesamt 18mal aufgeführt. Mit dieser Zahl ist Bruckner nach Beethoven (22mal) auf den zweiten Platz gerückt. Außerdem hat sich die Verbreitung der Compact Disc seit 1984 auf die Rezeption der Brucknerschen Symphonien sehr günstig ausgewirkt. Es läßt sich feststellen, daß Bruckner seit einem Vierteljahrhundert einer der beliebtesten Komponisten in Japan geblieben ist. Unter den japanischen Dirigenten am meisten um Bruckner verdient gemacht hat sich Takashi Asahina (geb. 1908), Begründer und Direktor des Philharmonischen Orchesters von Osaka.
Im Vergleich zu dieser Bruckner-Rezeption in Japan ist die der anderen Länder in Asien von noch ziemlich bescheidener Art. In China dürfte Alois Strassl, der spätere Bibliotheksdirektor der Wiener Akademie für Musik und darstellende Kunst, während seiner Tätigkeit in Nanking und Shanghai in den dreißiger Jahren der erste gewesen sein, der dort mit Bruckner-Symphonien an die Öffentlichkeit getreten ist. Am 27. 3. 1936 dirigierte Klaus Pringsheim die *Siebente* in Shanghai. Nach den Informationen der fünf Orchester, die auf Befragung des Verfassers antworteten, sind weiters folgende Aufführungen zu nennen: In Shanghai wurde die *Vierte Symphonie* vom Shanghai Symphonie-Orchester am 13. 9. 1986 als Erstaufführung in China gespielt; in Seoul führte das KBS Symphonie-Orchester in den letzten zehn Jahren insgesamt drei Symphonien auf: die *Vierte* (am 14. 3. 1987 unter Kyung-soo Won), die *Zweite* (am 25. 4. 1989 unter Urs Schneider) und die *Siebente* (am 28. und 29. 9. 1995 unter Othmar Maga); in Pusan, Korea, wurde die *Erste Symphonie* am 5. 12. 1975 vom Pusan Philharmonischen Orchester unter der Leitung von B. H. Han, in Hongkong die *Vierte* an der Akademie für darstellende Künste mit Georg Tintner studiert, auch vom Hongkong Philharmonischen Orchester, dem einzigen dortigen professionellen Orchester, wurde bisher nur diese Symphonie aufgeführt: die letzten Aufführungen fanden am 6. und 7. 5. 1994 unter Yuri Siminov statt. 1996 konstituierte sich in Singapur eine Bruckner-Gesellschaft.
Die Forschungen zur Bruckner-Rezeption in Asien bedürfen noch weiterer Untersuchungen.

KN

Lit.: Kazumi Negishi, Bruckner-Rezeption im asiatischen Raum – am Beispiel Japans, in: Bruckner-Symposion 1991.

AUSTRALIEN
Die sechs maßgeblichen Symphonieorchester Australiens (Sydney, Melbourne, Queensland, Adelaide, Western Australia und Tasmania) wurden bis 1995 von der Australian Broadcasting Commission (ABC) verwaltet. Angaben über → Aufführungen sind im Archiv der ABC dokumentiert, für die früheren Jahre allerdings nicht vollständig erhalten. Eine Aufführung des *Te Deum* in Melbourne am 2. 3. 1904 unter dem in Sydney geborenen, später in London wirkenden George H. Clutsam (1866-1951) wird bei Göllerich-Auer erwähnt – nähere Angaben darüber sind allerdings nicht aufzufinden. In den Aufzeichnungen der ABC sind erst 35 Jahre später Aufführungen von Werken Bruckners vermerkt: als erste wird die der *Dritten Symphonie* am 7. 6. 1939 unter George Szell angeführt; angeblich soll aber auch schon der bedeutende australische Dirigent Sir Bernard Thomas Heinze (1894-1982) in den dreißiger Jahren in Melbourne Werke von Bruckner aufgeführt haben.
Soweit nachweisbar wurden die Symphonien in folgender Reihenfolge in Australien erstaufgeführt: *Dritte*: wie erwähnt 1939 in Melbourne (Ausgabe der Universal-Edition); *Vierte*: 6. 8. 1949, Melbourne (Näheres unbekannt); *Erste*: 10. 7. 1950, Sydney, unter Eugene Goossens; *Siebente*: 17. 5. 1950, Melbourne (Näheres unbekannt); *Fünfte*: 18. 4. 1951, Adelaide, unter dem 1938 nach Australien emigrierten Wiener Henry Krips (1912-1987), wobei am Schluß der Choral durch Mitwirken der Orgel verstärkt wurde; *Neunte* (Sätze 1-3): 22. 8. 1953, Sydney, unter Eugene Goossens; *Achte*: 19. 10. 1955, Melbourne (Näheres unbekannt); *Zweite*: 12. 8. 1959, Melbourne (Näheres unbekannt); *Sechste*: 31. 7. 1963, Sydney (Näheres unbekannt). In den meisten Fällen liegen keine Angaben über die jeweils verwendete Fassung vor.
Auch die weniger berühmten Orchesterwerke sind in Australien mehrmals zu hören gewesen, namentlich die *Ouvertüre g-Moll* (seit 24. 12. 1957, Adelaide, sind mehrere Aufführungen dokumentiert), der *Marsch in d-Moll* und die *Drei Orchesterstücke* (mehrmals seit Frühjahr 1955, Adelaide) sowie die *Symphonie f-Moll* (»Studiensymphonie«; seit 30. 9. 1976, Sydney) und die *Symphonie d-Moll* (»Nullte«; seit 23. 1. 1978, Melbourne).
Als eine der bedeutendsten australischen Bruckner-Aufführungen überhaupt erklang am 19. 3. 1978 in Adelaide mit dem Adelaide Symphony Orchestra unter Hans-Hubert Schönzeler die 1873er Fassung der *Dritten Symphonie*, die zweite Aufführung seit der Weltpremiere von 1946. Die Symphonie kam jedoch weder beim Publikum noch bei den Kritikern besonders gut an. Rezensionen zeigen, daß die Rezeption der Werke Bruckners trotz bedeutender Erfolge noch immer gegen Vorwürfe wie »schwer«, »langweilig« oder »unzugänglich« zu kämpfen hat. Heute nehmen die Symphonien eine bescheidene, aber immerhin bedeutende Stelle im Konzertleben Australiens ein. Am populärsten sind wie überall die *Vierte* und die *Siebente Symphonie*, danach scheint die *Dritte* am häufigsten aufgeführt zu werden.
Unter den großen Chorwerken erklingen das *Te Deum* (1904, wie oben erwähnt, ABC-Aufführungen sind zumindest seit 17. 5. 1960 in Adelaide unter Patrick Thomas dokumentiert) und die *Messe in f-Moll* (seit 9. 5. 1968, Sydney, unter Henry Krips) am häufigsten. Aufführungen der *Messe in e-Moll* (seit 14. 9. 1971, Adelaide), des *Psalms 150* (seit 10. 10. 1986, Adelaide) sowie des *Requiem* (seit Ende 1978) sind ebenfalls nachgewiesen; die *Messe in d-Moll* wie auch viele der weltlichen Chorwerke (z. B. *Helgoland*) dürften, soweit bekannt, bis jetzt in Australien noch nicht aufgeführt worden sein. – Unter den kleinen Chorwerken gelten das siebenstimmige *Ave Maria* WAB 6, *Locus iste* und *Os justi* als besonders beliebt. JAP

DEUTSCHLAND
Über Bruckners zahlreiche Aufenthalte in Deutschland ist bei den entsprechenden Stichwörtern (u. a. Bayreuth, Berlin, Dresden, Leipzig, München, Nürnberg, Oberammergau und Regensburg) Näheres zu erfahren. Hier stehen dagegen das Schicksal seiner Werke und die Ausbreitung seines Rufes in diesem Land im Mittelpunkt. Für einen Überblick über die Bruckner-Rezeption in Deutschland untersucht man zweckmäßigerweise: 1. Aufführungen zu Bruckners Lebzeiten und kurz nach seinem Tode, 2. die »missionarische« Tätigkeit primärer und sekundärer »Bruckner-Apostel«, 3. die endgültige Etablierung von Bruckners Werk im Konzertleben und 4. die heutige Situation.
1. Das Sprichwort »Der Prophet gilt nichts in seinem Vaterland« sollte sich auch in Bruckners Leben bewahrheiten, denn erst die Aufführungen der *Siebenten Symphonie* in Deutschland gaben den entscheidenden Anstoß zur endgültigen Anerkennung auch in seinem Vaterland. Die deutschen Kritiker übernahmen zwar vieles von

Bruckner-Interpreten: Hans Richter, Felix Mottl, Hermann Levi. Stich

den Wiener Kollegen Vorformuliertes, teilweise nahezu wörtlich, doch gelang es in Deutschland sicher einem größeren Teil der Referenten, als quasi »Außenstehende« unbefangener und vorurteilsfreier Bruckners Person und Werk zu beurteilen, so sehr die Parteiung Wagner – Brahms auch in der Reaktion des deutschen Publikums und der deutschen Kritik sich doch noch widerspiegelt.
Aus der chronologischen Zusammenstellung (s. Tabelle in Anhang 4) der frühen Bruckner-Aufführungen in Deutschland (ohne Klavier-, aber mit Teil-Aufführungen, die fast ausschließlich das Adagio der *Siebenten Symphonie* betreffen) lassen sich Präferenzen bei Orten, Dirigenten und Werken ablesen: Bei den Orten liegt → München mit vermutlich 12 Aufführungen an der Spitze, gefolgt von → Berlin (9), → Dresden und → Hamburg (je 8) sowie → Leipzig (7). Das bis 1896 am häufigsten gespielte Werk ist die *Siebente Symphonie* mit 22 Aufführungen. Die meisten Konzerte leiteten → Levi (6), → Nicodé (5), → Mahler und → Nikisch (je 4) sowie → Mottl (3); die drei letztgenannten kannten Bruckner von Wien – insgesamt sind Bruckners Schüler oder Wiener Bekannte unter den 36 Interpreten sechsmal (mit 14 von 68 Aufführungen) vertreten. Weitere deutsche Erstaufführungen: *Erste Symphonie* 1898/99 (Reznicek), *Fünfte* 4. 2. 1898 München (→ Löwe), *Sechste* 14. 3. 1901 → Stuttgart (Pohlig), *Neunte Symphonie* 24. 5. 1903 Duisburg (Josefson), *Messe in f-Moll* 10. 7. 1900 Tübingen (Kauffmann), *Requiem* 1926 München (Ruzek).
2. Die hier erkennbaren Tendenzen wirkten sich auch in den Jahren nach Bruckners Tod aus: die *Siebente* und die *Vierte* Symphonie rangieren in der »Beliebtheitsskala« weiterhin vor *Te Deum*, der *Dritten*, *Fünften* und *Neunten Symphonie*. Es war dies die große Zeit der »Bruckner-Apostel«. Beispielgebend und maßstabsetzend waren dabei Bruckners Schüler und Wiener Freunde, die vor allem in den zu Bruckner-Hochburgen avancierten Städten für das Werk ihres Meisters eintraten. Mit 92 Bruckner-Aufführungen bis 1911 liegt München, gefolgt von Berlin mit 38, weiterhin an der Spitze; auf den weiteren Plätzen: Leipzig (29), Stuttgart (25), Hamburg (23), Dresden (20) und Frankfurt (19 Aufführungen jeweils bis 1911). Die intensive Bruckner-Pflege in Stuttgart, Frankfurt etc. weist darauf hin, daß die Aufführungen nicht auf die Initiative der aus Wien stammenden »primären Brucknerianer« (→ Löwe mit 32, Nikisch mit 31 und Mottl mit 16 Konzerten) zurückzuführen sind, sondern dem Einsatz »sekundärer« Bruckner-Apostel zu verdanken sind – ein äußeres Zeichen dafür, daß Bruckners Ansehen in Deutschland stieg, weil seine Musik durch sich selbst beeindruckte und nicht mehr auf die Geburtshilfe durch die erste Schüler- und Dirigentengeneration angewiesen war. Die Musiktradition einer Stadt, die Qualifikation des Orchesters, die Persönlichkeit des Dirigenten und die Begeisterungsfähigkeit des Publikums: aus diesen Elementen kristallisierten sich die Zentren der Bruckner-Bewegung heraus – als weitere Beispiele seien → Mannheim (16), → Nürnberg (11), Breslau (9) und Heidelberg (mit 7 Aufführungen bis 1911) genannt. In diesem Zeitraum traten nach den obengenannten folgende Dirigenten besonders für Bruckners Werk in Deutschland ein: → Weingartner (12), Pohlig (11), Schnéevoigt (10), Raabe, → Strauss und Mikorey (je 9), → Hausegger, → Ochs, Spörr und Nicodé (je 7) und Rottenberg, → Muck und Wolfrum (je 6 Aufführungen; für diese Zahlen wurde nur die Aufführungsübersicht bei Göll.-A. 4/4 ausgewertet).
3. Nach 1918 war Bruckners Musik in den deutschen Konzertsälen fest etabliert; Detailuntersuchungen zur Rezeptionsgeschichte und Aufführungsstatistiken fehlen bisher. Besser dokumentiert sind die bis 1940 durchgeführten zyklischen Aufführungen aller Symphonien, bei denen der Rundfunk eine wichtige Bedeutung erhielt, die → Bruckner-Feste, die auch Raritäten bieten konnten, und einige Sonderkonzerte, die auf die damals entstehende → Gesamtausgabe Bezug nahmen. In der Rangfolge der Symphonien ist eine Tendenzwende insofern festzustellen, als die *Fünfte* und die *Neunte Symphonie* häufiger als die *Vierte*, *Siebente* und *Achte Sym-*

phonie aufgeführt wurden; durch die Aufführungszyklen wurden auch die seltener gespielten Schwesterwerke aufgewertet. Ein besonderes Verdienst dieser Epoche, speziell der Bruckner-Feste, war es, daß auch Frühwerke, Männerchöre, Fragmente etc. berücksichtigt wurden. Wichtigster neuer Bruckner-Dirigent dieser Epoche wurde Siegmund von → Hausegger vor Weisbach, Schulz-Dornburg, Siegel, Busch, Reichwein, Konwitschny und Raabe. Die nächste Dirigenten-Generation, die sich dann vor allem nach 1945 für Bruckner einsetzte, tritt bereits in den dreißiger Jahren auf den Plan: Walter, Knappertsbusch, Furtwängler, Schuricht, Krips, Klemperer und Jochum. Verdienste erwarben sich auch → Grunsky (Stuttgart) mit Klavieraufführungen der Symphonien und Berberich (München) im Bereich der Kirchenmusik.

4. Auch nach 1945 wurden wieder Bruckner-Feste veranstaltet, 1993 (Würzburg), 1994 und 1996 (→ Bayreuth) verbunden mit Bruckner-Ausstellungen. Zur Bruckner-Rezeption in der Bundesrepublik Deutschland und der ehemaligen DDR liegen keine repräsentativen Übersichten vor (Anhaltspunkte geben die Aufführungsmeldungen in den Mitteilungsblättern der IBG, die keinen Anspruch auf Vollständigkeit erheben, aber gewisse Tendenzen erkennen lassen). Als wichtige in Deutschland wirkende Bruckner-Dirigenten sind Barenboim, Celibidache, Eichhorn, Jochum, Karajan, Kubelik, Masur und Wand zu nennen. Die Organisation des modernen Konzertbetriebs hat leider eine gewisse Repertoire-Verarmung zur Folge, so daß trotz der endgültigen Anerkennung der Brucknerschen Hauptwerke die Frühwerke, die Frühfassungen der Symphonien, deren sich nur wenige Dirigenten in Deutschland (vor allem Inbal, auch Kloke) annehmen, und die gesamte weltliche Chorliteratur ein Schattendasein fristen. Eine Aufwertung der selten gespielten Werke ist eher von der Schallplattenindustrie zu erwarten und für das Konzertleben zumindest für das Jubiläumsjahr 1996 zu erhoffen. FS

Lit.: Göll.-A. 4/4, S. 61-129, 232-260, 282 f.; IBG-Mitteilungsblatt Nr. 5-45 (1973-1995); Franz Scheder, A. Bruckner Chronologie. Tutzing 1996.

ENGLAND

Bruckner erregte als Organist (→ Orgel) erstmals die Aufmerksamkeit des englischen Publikums: 1871 nahm er als Repräsentant Österreichs an einer Serie von Konzerten an der neuinstallierten Orgel von Henry Willis in der Royal Albert Hall in → London teil und spielte auch im Crystal Palace. Der Erfolg seiner Darbietung führte zum Angebot einer Konzerttournee durch England, das Bruckner aber aus verschiedenen Gründen (z. B. hatte er Urlaubsprobleme bei seinen Wiener Posten) nicht annehmen konnte.

Die Anerkennung Bruckners als Symphoniker ging langsam vor sich. Zu Lebzeiten des Komponisten dirigierte Hans → Richter am 23. 5. 1887 die *Siebente* und am 29. 6. 1891 die *Dritte Symphonie* in London. Beim Birmingham Festival dirigierte er im Oktober 1903 das *Te Deum*. Erst mit der Tätigkeit Richters bei dem 1858 gegründeten Hallé Orchestra in Manchester kam es zu weiteren Aufführungen: *Siebente* (11. 2. 1904), *Vierte* (2. 11. 1905) und *Dritte Symphonie* (28. 2. 1907) sowie das *Te Deum* (12. 3. 1908). Mit dem 1904 gegründeten London Symphony Orchestra spielte er im selben Jahr die englische Erstaufführung der *Achten Symphonie*. In Manchester wurde die Bruckner-Tradition mit Dirigenten wie Michael Balling, Sir John Barbirolli, Josef Krips und Heinz Unger weitergeführt.

Bis 1960 wurden Werke von Bruckner in England nur unregelmäßig gespielt. In London sind für 1929-1937 insgesamt 11 Aufführungen der *Vierten*, *Sechsten*, *Siebenten*, *Achten* und *Neunten Symphonie* nachweisbar. Dank der kritischen Schriften von Hans Ferdinand Redlich, Robert Simpson, Deryck Cooke und Hans-Hubert Schönzeler und dem Enthusiasmus von Musikern wie Bryan Fairfax, dem Leiter des London Bruckner Festival von 1964 (mit Erstaufführungen von: *Psalm 112*, *Missa solemnis*, *Drei Orchesterstücke* mit *Marsch* WAB 96, *Festkantate*, »Studien«-*Symphonie in f-Moll*, *Streichquartett*, *Zweite Symphonie*, *Ecce sacerdos* und *Messe in f-Moll*) erlangte Bruckner steigende Aufmerksamkeit als Symphoniker. Schönzeler leitete auch am 2. 9. 1973 die Uraufführung der ersten Fassung der *Achten Symphonie* mit dem BBC-Orchester. Bruckners Symphonien werden nun regelmäßig in den Konzertzentren aufgeführt, und die Musikfreunde haben durch die steigende Zahl von Plattenaufnahmen direkten Zugang zu seinen Werken. Die geistlichen Werke werden weniger oft aufgeführt, jedoch zählen die Motetten und das *Te Deum* zum Standard-Chorrepertoire. Im Frühjahr 1996 fand in London ein Bruckner-Zyklus (gekoppelt mit Werken Mozarts) statt.

Leider hat Bruckner in England noch verhältnis-

mäßig wenig wissenschaftliches Interesse auf sich gezogen. Ein Beginn zu einer Intensivierung wurde mit der Bruckner Conference »Perspectives on Anton Bruckner II« (April 1996) in Manchester gemacht.
Wichtige englischsprachige Literatur über Bruckner: Hans Ferdinand Redlich, Bruckner and Mahler. London-New York 1955; Bryan Fairfax, A. Bruckner; sowie Unknown Bruckner, in: The Musical Times 105 (1964); Andrew Porter, London Bruckner Festival, ebenda; Robert Simpson, The Essence of Bruckner. An Essay towards the Understanding of his Music. London 1967; Deryck Cooke, The Bruckner Problem Simplified, in: The Musical Times 110 (1969); Hans-Hubert Schönzeler, Bruckner. London 1970. ACH/AH

Lit.: Göll.-A. 4/1-4, passim; Mosco Carner, A. Bruckner's Organ Recitals in France and England, in: The Musical Times 78 (1937); Percy A. Scholes, The Mirror of Music 1844-1944. A Century of Musical Life in Britain as Reflected in the Pages of the Musical Times. Bd. 1. London 1947, S. 436 f.; Michael Kennedy, The Hallé Tradition. A Century of Music. Manchester 1960, passim; Nicholas Kenyon, The BBC Symphony Orchestra. The First Fifty Years 1930-1980. London 1981; Cornelis van Zwol, Bruckner-Rezeption in den Niederlanden und im anglo-amerikanischen Raum, in: Bruckner-Symposion 1991, S. 159 f.; Christopher Fifield, True Artist and True Friend. A Biography of Hans Richter. Oxford 1993, passim.

FRANKREICH

Bruckners Name tauchte in Frankreich zum ersten Mal am 27. und 28. 4. 1869 in den Zeitungen »Espérance (Courrier de Nancy)« und »Impartial de l'Est« auf – anläßlich seiner Auftritte als Organist (→ Orgel) in → Nancy. Erst am 18. 3. 1894 war der Symphoniker Bruckner in Frankreich zu hören und sein Name auf den Ankündigungsplakaten in der französischen Metropole zu lesen: Charles Lamoureux und sein Orchester spielten die *Dritte Symphonie* (in der Fassung von 1889) – erst 1908 folgte die nächste Begegnung mit einer vollständigen Symphonie. Der französische Bruckner-Forscher Paul-Gilbert Langevin (1933-1986) spricht in seiner Bruckner-Monographie (1977) von drei Perioden, »drei Wellen«, bei den Bemühungen um Bruckners Werke in Paris. Die erste erstreckt sich von 1894 bis 1911, sie ist – so kann man resümieren – allgemeinem Unverständnis begegnet und findet mit dem Ersten Weltkrieg ihr Ende. Die zweite hat 1927/28 ihren Höhepunkt und wird durch einige Wiederholungen der *Fünften* und der *Siebenten Symphonie* verlängert, bis sie in der Epoche des → Nationalsozialismus zum Erliegen kommt. Ein langes Verstummen in der Geschichte der französischen Bruckner-Rezeption war – wie auch international (außerhalb des damaligen Deutschen Reiches) zu beobachten – die Folge und dauerte bis zum Ende der fünfziger Jahre, wobei auch die Nachwirkungen aus der Zeit des besetzten Frankreich zu einem falschen Bild von Bruckner geführt haben: Aufführungen des *Te Deum* durch einen Kölner Chor und der *Siebenten* unter Carl Schuricht wurden abgesetzt. Erst in den sechziger Jahren ist dann ein entscheidendes Wiederaufleben der Bruckner-Pflege zu konstatieren. Langevin wollte mit Zusammenstellungen jeweiliger »Idealfassungen« der in verschiedenen autorisierten → Fassungen überlieferten Bruckner-Symphonien den seiner Erfahrung nach besonderen französischen Vorstellungen entgegenkommen.
Seit 1971 hat sich das Orchestre de Paris unter Daniel Barenboim und diversen Gastdirigenten verstärkt für Bruckner eingesetzt. Unter dem derzeitigen Leiter Semyon Bychkow kann man nicht mehr von einer konsequenten Bruckner-Pflege sprechen. Auch das Orchestre National de France setzte immer wieder Werke Bruckners auf sein Programm. Vor allem das Orchestre Philharmonique de Radio-France unter seinem Dirigenten Marek Janowski (seit 1984/85) widmet sich derzeit Bruckner. 1991/92 wurden sämtliche Symphonien in der Opéra de la Bastille aufgeführt, dann folgten die *Messe in e-Moll* und die *Messe in f-Moll.* Als einziges französisches Orchester ist es auch mit Plattenaufnahmen Brucknerscher Werke vertreten. Janowski sieht in der Musik Richard → Wagners einen guten Einstieg für die Werke Bruckners in Frankreich, für die heute durchaus Interesse vorhanden sei. JB

Erste Aufführungen der großen Werke Bruckners (in Paris, wenn nichts anderes angegeben):

Messe in d-Moll: noch nicht aufgeführt
Messe in e-Moll: 23. 11. 1976 (Erstaufführung?; St-Séverin, Alain Charron)
Messe in f-Moll: Straßburg 25. und 27. 11. 1927 (Paris 10. 3. 1928; jeweils Chor von St. Guillaume/Straßburg, Fritz Münch)
Requiem: 15. 3. 1962 (Société Philharmonique de Paris, Leon Barzin)
Te Deum: Straßburg 25. und 27. 11. 1927 (Chor von St. Guillaume/Straßburg, Fritz Münch); 1927 (Notre-Dame, Rudolf Nilius)
«Nullte« Symphonie: 7. 3. 1979 (Erstaufführung; Radio-France, Lukas Vis)

Erste Symphonie: 15. 1. 1981 (Erstaufführung [Linzer Fassung]; Radio-France, Gabriele Ferro)
Zweite: 23./24./26. 2. 1977 (Erstaufführung [Fassung 1877]; Orchestre de Paris, Carlo Maria Giulini)
Dritte: 18. 3. 1894 (Fassung 1889, s. o.); 26. 1. 1965 (Fassung 1878; Orchestre National, Lovro von Matačić)
Vierte: 21. 6. 1900 (→ Löwe-Fassung von 1889, nur Scherzo; → Wiener Philharmoniker, Gustav → Mahler); 2. 5. 1909 (Lyon 11. 2. 1911; jeweils Münchner Tonkünstlerorchester, José Lasalle); 18. 11. 1962 (zum 1. Mal Fassung 1878/80; Orchestre Lamoureux, Karl Maria Zwissler)
Fünfte: 2. und 3. 1. 1932 (→ Schalk-Fassung; Orchestre Lamoureux, Felix → Weingartner); 22. 10. 1969 (Orchestre National, Eugen Jochum)
Sechste: 9. 11. 1927 (Heinrich Laber)
Siebente: 5. 12. 1909 (Orchestre Lamoureux, Camille Chevillard); 19. und 20. 11. 1932 (Orchestre Lamoureux, Albert Wolff)
Achte: 14. 5. 1908 (→ Oberleithner-Fassung; Orchestre Lamoureux, Louis Hasselmans); 8. 5. 1965 (→ Haas-Fassung; Wiener Philharmoniker, Herbert von Karajan)
Neunte: 1927 (Löwe-Fassung; Notre-Dame, Rudolf Nilius); 29. 1. 1963 (Orchestre National, Lovro von Matačić)
Streichquartett: 17. 12. 1960 (Loewenguth-Quartett)
Streichquintett: 7. 2. 1959 (Wiener Konzerthaus-Quartett)
Paris: 1953 Festival Bruckner

Lit.: Paul-Gilbert Langevin, A. Bruckner. Apogée de la symphonie. Lausanne 1977; ders., Bruckners Schicksal in Frankreich, in: Bruckner-Jahrbuch 1981; Josef Burg, Der Komponist A. Bruckner im Spiegelbild der französischen Musikpresse seiner Zeit, in: Bruckner-Jahrbuch 1987/88; ders., Anmerkungen zu Bruckner-Aufführungen in Frankreich nach dem Tod des Komponisten, in: IBG. Studien & Berichte. Mitteilungsblatt 42, Juni 1994.

GRIECHENLAND

Vor der Jahrhundertwende gab es in Griechenland noch keine Symphonieorchester. Erst in den Jahren des Ersten Weltkrieges wurde eines in Athen gegründet, aus dem 1940 das Athener Staatsorchester hervorging. Bruckner, aber auch → Brahms, → Mahler und Richard → Strauss, wurden als zu »deutsch«, zu »nördlich« betrachtet, als daß ihre Werke im von französischer Kultur und der Wiener Klassik geprägten Musikleben Griechenlands hätten Fuß fassen können. Außerdem war das von Bruckner geforderte Instrumentarium nicht greifbar. Für die Jahre 1943-1995 sind Aufführungen der *Dritten, Vierten, Fünften, Sechsten, Siebenten* und *Achten Symphonie* sowie des *Te Deum* mit dem Athener Staatsorchester nachweisbar. Neben deutschen Dirigenten waren die Griechen Th. Vavayannis, A. Paridis, D. Koutsis, G. Baziotopoulos, N. Athinaos, Miltiades Caridis und V. Fidetzis beteiligt. Auch ausländische Orchester, vor allem die → Wiener Philharmoniker, haben bei ihren Gastspielen immer wieder Werke von Bruckner gespielt. Von den zeitgenössischen Komponisten Griechenlands stehen die Kompositionen von Charilaos Perpessas in der Nähe des späten Bruckner. IP

IRLAND

Bruckners Name fand erst in den letzten vierzig Jahren Verbreitung in Irland. In den fünfziger Jahren standen Symphonien Bruckners auf Konzertprogrammen, und Chorvereinigungen entdeckten seine Motetten. Erst in den siebziger Jahren wurden auch Bruckner-Messen aufgeführt. In Dublin sind Aufführungen der *Vierten* (1957) unter Milan Horvat und der *Siebenten* (1961) unter Tibor Paul nachweisbar. 1964 wurden die *Neunte Symphonie* und das *Te Deum* in Dublin und Cork, 1967 die *Dritte Symphonie* unter Kurt Wöss gespielt. 1983 fand die Erstaufführung der *Messe in d-Moll* statt. 1986 folgte ein Bruckner-Zyklus (kombiniert mit Mozarts Klavierkonzerten) mit dem Radio Telefís Eirann (RTE) Symphony Orchestra unter Bryden Thomson. Im selben Jahr sang der Kammerchor von RTE ein *Christus factus est* sowie das *Locus iste* und *Os justi*. 1991 dirigierte Peter Hirsch die *Sechste Symphonie*, 1996 fanden Aufführungen der *Dritten*, *Vierten* und *Siebenten Symphonie* statt. – An der University of Ireland wurde 1987 die erste irische Dissertation über den Komponisten approbiert: Patrick F. Devine, »The Early Music of A. Bruckner«. PFD

Lit.: Patrick F. Devine, A Note on Bruckner Reception in Eire, in: IBG. Studien & Berichte. Mitteilungsblatt 46, Juni 1996.

NIEDERLANDE

»Eines der ersten außerdeutschen Länder, in welchem Bruckners Werke schon zu Lebzeiten des Meisters erklangen, war Holland«, schrieb Max → Auer. Genau fünf Monate nach Bruckners 60. Geburtstag wurde in den Niederlanden zum ersten Mal eine Bruckner-Symphonie aufgeführt: Es war die von Theodor Rättig (→ Ver-

lage) gedruckte *Dritte*, die am 4. 2. 1885 in → Den Haag ('s Gravenhage) ihre Erstaufführung erlebte. Johannes Verhulst (1816-1891) dirigierte sie im 5. »Diligentia Concert« im »Gebouw voor Kunsten en Wetenschappen«. Verhulst war eher → Brahms-Anhänger und lehnte die Kompositionen → Wagners und → Liszts energisch ab. Er hat auch später nie wieder ein Werk Bruckners geleitet; zudem beendete er schon 1886 seine Dirigentenlaufbahn. Ihm folgte Richard Hol, um die »moderne« Musik zu dirigieren – und dazu zählte auch Bruckner: Als erstes Werk stand wieder die *Dritte Symphonie* auf dem Programm. Diese Aufführung vom 17. 2. 1886 wurde drei Tage später in → Utrecht wiederholt.
Wichtig für die Bruckner-Rezeption wurde das Amsterdamer Concertgebouw, das 1888 eröffnet wurde und im gleichen Jahr ein eigenes Orchester bekam. Vorher hatte der Komponist, Dirigent und Organist Daniel de Lange in → Amsterdam die niederländische Erstaufführung der *Siebenten Symphonie* dirigiert: am 18. 11. 1886 beim 97. »Caecilia Concert«. Im Concertgebouw ist die Bruckner-Pflege fast ungebrochen, mehrere Chefdirigenten werden als Bruckner-Spezialisten apostrophiert: Willem Kes, Willem Mengelberg, Eduard van Beinum und Bernard Haitink. – Zu Lebzeiten Bruckners gab es vereinzelte Aufführungen: Henri Viotta (1904 Gründer des Residentie Orkest, Den Haag) dirigierte am 3. 12. 1891 Bruckners *Te Deum*, in Kombination mit Berlioz' »Romeo et Juliette«, und Willem Kes leitete am 13. 10. 1892 die *Dritte Symphonie*, die schon am 15. 10. 1885 unter Daniel de Lange (unter den Auspizien des Apollo-Vereins) ihre Amsterdamer Erstaufführung erlebt hatte. Als Richard Hol das Concertgebouw-Orchester gelegentlich in Den Haag dirigierte, vergaß er Bruckner nicht. am 21. 12. 1892 stand während eines »Diligentia Concert« wieder die *Dritte* auf dem Programm.
Während der Periode von 1885 bis zum Tod Bruckners 1896 waren insgesamt fünf Dirigenten an Bruckner-Aufführungen beteiligt: Verhulst, de Lange, Hol, Viotta und Kes. Mengelberg dirigierte seine erste Bruckner-Aufführung erst am 11. 11. 1897, wobei es sich um die niederländische Erstaufführung der *Vierten Symphonie* handelte. Am 8. 12. 1897 folgte eine Wiederholung in Den Haag, wo Richard Hol Mengelbergs Platz einnahm. Im 20. Jahrhundert wurden zahlreiche neue Orchester in den Niederlanden gegründet, und bei allen wurde es zur Gewohnheit, in jeder Saison mindestens eine Bruckner-Symphonie aufzuführen. Neben Amsterdam soll dabei vor allem Utrecht erwähnt werden, wo das Utrechts Symfonie Orkest bis zu seiner Auflösung 1985 eine imposante Tradition aufbaute. CvZ

Lit.: Cornelis van Zwol, Holland: ein Brucknerland seit 1885, in: Bruckner-Jahrbuch 1980; ders., Johannes Verhulst – Komponist und Bruckners erster Dirigent in den Niederlanden, in: Bruckner-Symposion 1989; ders., Bruckner-Rezeption in den Niederlanden und im anglo-amerikanischen Raum, in: Bruckner-Symposion 1991; ders., Ein Bibliothekar aus Den Haag und ein dirigierender Komponist in Amsterdam ..., in: Bruckner-Symposion 1994; Nico P. H. Steffen, Die Bruckner-Tradition des Königlichen Concertgebouw-Orchesters, in: IBG-Mitteilungsblatt bzw. IBG. Studien & Berichte Nr. 39-41 und 43, Dezember 1992 bis Dezember 1994.

ÖSTERREICH
Die Rezeption vollzieht sich in der Frühzeit – wie leicht aus der tabellarischen Übersicht (vgl. Anhang 4) herauslesbar ist – im eng begrenzten Umfeld von Wirkungsstätten und Auftraggebern. Daher ist es der Kirchenmusiker und Liedertafel-Komponist, der zunächst in Erscheinung tritt. Und es ist für Bruckners Wirkungsgeschichte signifikant, daß er lange Zeit überhaupt als musikalisch Ausübender – nämlich als Organist, daneben als Chorleiter – öffentliche Anerkennung erringen konnte, in besonderer Weise anläßlich seiner Orgelauftritte in → Nancy, → Paris und → London.
Großen Erfolg zu verbuchen hatte der Komponist Bruckner mit der Uraufführung seiner *Messe in d-Moll* (1864), und es ist nicht übertrieben zu behaupten, daß seit diesem Ereignis das kompositorische Werk langsam, aber kontinuierlich öffentlich anerkannt wurde. Auf diesem Weg war dann die Uraufführung der *Ersten Symphonie* (1868) ein weiterer entscheidender Meilenstein. In dieser späten → Linzer Zeit erfolgte bereits eine stärkere Präsenz in der lokalen Presse, vor allem in Zusammenhang mit der → Liedertafel »Frohsinn« und → Sängerfesten. Am 24. 9. 1868 heißt es im »Alpenboten«: »Herr Bruckner ist auf dem besten Wege zum Ruhme, und schon jetzt wird sein Name in weiteren musikalischen Kreisen mit hoher Achtung genannt.« In das gleiche Jahr fiel die erste Ehrenmitgliedschaft, nämlich jene des Dommusikvereins und Mozarteums in → Salzburg.
Mit der Übersiedlung nach → Wien, wo zunächst nur vereinzelte Meldungen in der Presse erscheinen, vergrößert sich allmählich der Wirkungskreis. Doch auch in den frühen

Hans Richter und Bruckner. Schattenbilder von Otto Böhler, um 1892/93 (IKO 60, Ausschnitt)

Wiener Jahren steht der Organist im Vordergrund. 1873 war für Bruckner ein markantes Ereignis: Er dirigierte (das erste und einzige Mal) die → Wiener Philharmoniker; auf dem Programm stand die *Zweite Symphonie*. Aber eigentlich erst in der Ära Hans → Richters wandte sich das Orchester Bruckners Schaffen zu.
Verfolgt man ein wenig die Aufführungsstatistik, so wurden zu Lebzeiten Bruckners am häufigsten die *Zweite*, die *Dritte* (in der 2. und 3. Fassung) und die *Vierte Symphonie* gespielt. In der Kirchenmusik weisen u. a. die *Messe in d-Moll* und das *Te Deum* höhere Ziffern auf. Der Bereich der Männerchöre erscheint – bedingt durch die Bedeutung dieser Institutionen im 19. Jahrhundert – sehr gut repräsentiert; der *Germanenzug*, aber ebenso kleinere Chöre standen häufig auf den Programmen.
Die historischen Fakten widerlegen damit die weit vorherrschende Meinung, daß Bruckner kein öffentliches Ansehen besaß. Wer von seiner »Leidenszeit« in Wien spricht, kann auf der anderen Seite die doch erstaunliche Anzahl von Aufführungen nicht wegleugnen. Auch die Presse war keineswegs nur feindlich gestimmt: Pro und Kontra ziehen die zeitgenössische Wirkungsgeschichte entlang. Die häufigsten Bruckner-Meldungen (Rezensionen und Informationen) bringen – oft einseitig apologetisch – die deutsch-nationalen Blätter, die liberale Presse hingegen zeigt unterschiedliche Bewertungsformen (→ Pressewesen).
Wenn auch der »Durchbruch« wesentlich mit der Uraufführung der *Siebenten Symphonie* in → Leipzig (1884) erfolgte, war Bruckner in Österreich damals kein unbekannter oder verkannter Künstler mehr, viel eher paßt die Bezeichnung »umstritten«. Während noch sein 60. Geburtstag (1884) – laut Presse – eher still verlief, nahm die öffentliche Anerkennung gegen Ende des Lebens stetig zu. Dies schlug sich in Auszeichnungen (→ Ehrungen, z. B. 1891 die Verleihung der Ehrenmitgliedschaft der → Gesellschaft der Musikfreunde in Wien) ebenso nieder wie in vermehrten Aufführungen. 1895 erschien bereits die erste Biographie (von Franz → Brunner).
Vor allem durch die Initiative von Freunden und → Schülern sind die ersten Jahre nach Bruckners Tod bestimmt. Dies gilt für das in → Steyr errichtete erste Denkmal genauso wie für die von August → Göllerich angeregte Bruckner-Stiftung oder das erste → Bruckner-Fest (Linz 1898). Durch engagierte Dirigenten fanden zahlreiche Aufführungen statt; 1910 erlebte Wien zum ersten Mal einen gesamten Bruckner-Zyklus.
In den zwanziger Jahren – im Umkreis des 100. Geburtstages – nahmen sämtliche Aktivitäten stark zu. Nicht unwesentlich zur Verbreitung hat der → Brucknerbund für Oberösterreich (1926) beigetragen, dem viele Ortsgruppen angehörten. 1929 wurde die → Internationale Bruckner-Gesellschaft nach Wien verlegt. Die Bruckner-Tradition setzte sich in den dreißiger Jahren ungebrochen fort, da er durch ideologische Vereinnahmung und Heroisierung während der Ära des → Nationalsozialismus häufig gespielt wurde.
Nach dem Zweiten Weltkrieg kamen von österreichischen Interpreten und Wissenschaftlern neue Impulse. Mit dem Bau des → Brucknerhauses (1974) entwickelte sich → Linz neben Wien als wichtiges Zentrum der Bruckner-Pflege, Bruckner wurde zu einem »Nationalkomponisten«. Mit der Gründung des → Anton

Bruckner Instituts Linz (1978) etablierte sich ein eigenes Forschungs- und Dokumentationszentrum. Das Gedenkjahr 1996 stand im Zeichen vieler Konzerte und Veranstaltungen. So war im Wiener Musikverein ein Bruckner-Zyklus zu hören, im weiteren widmeten sich → Ausstellungen in Oberösterreich und Wien dem Komponisten. Neben dem symphonischen Werk und der Kirchenmusik finden jüngst auch die selten gespielten Gattungen wie Männerchöre, Lied oder Klaviermusik verstärkt Beachtung.

AH/EWP

POLEN

Erst mit Gründung der Warschauer Philharmonie konnten seit 1901 regelmäßig Konzerte in Polen stattfinden. An frühen Aufführungen von Werken Bruckners werden im Dezember 1908 die *Vierte Symphonie* unter Zdzislaw Jachimecki (1882-1953) in Krakau und 1910/11 die *Neunte Symphonie* in Warschau unter Jerzy Fitelberg (1903-1951) genannt. Bruckner stand auf den Konzertprogrammen allerdings immer im Schatten von Gustav → Mahler. Das Radio-Symphonie-Orchester Katowice spielte 1956, 1962 und 1985 die *Vierte*, 1977 die *Dritte* und 1985 die *Siebente Symphonie*. Kurt Wöss dirigierte 1980 die *Dritte Symphonie* (Fassung 1873) mit der Schlesischen Philharmonie, Stanislaw Skrowaczewski gastierte 1987 mit dem Hallé Orchestra aus Manchester (*Dritte*).

Lit.: Karol Bula, Bemerkungen zur Interpretation von A. Bruckners Sinfonien am Beispiel der Bestände des Radio-Symphonie-Orchesters Katowice, in: Bruckner-Symposion Leipzig 1987.

RUMÄNIEN

1972 erschien die erste Bruckner-Biographie in rumänischer Sprache von Mihai Morianu (Bukarest 1972). 1979 dirigierte Kurt Wöss in Cluj (Klausenburg), Tirgu Mures (Neumarkt) und Jassy die *Dritte Symphonie* in der Fassung von 1873. Der in Jassy geborene weltberühmte Bruckner-Dirigent Sergiu Celibidache (1912-1996) hat seine Heimat schon in jungen Jahren verlassen und eine internationale Karriere gemacht. Nach dem politischen Machtwechsel gastierte er in Rumänien in den neunziger Jahren mit seinen Münchner Philharmonikern.

RUSSLAND bzw. UdSSR

Schon zu Lebzeiten Bruckners war sein Name zwar einigen russischen Musikern bekannt – trotzdem war es sicher nur ein Zufall, daß er 1865 in München auf den russischen Pianisten, Komponisten, Dirigenten und Lehrer Anton Rubinstein (1829-1894) traf, der Interesse für die ihm vorgelegten Sätze der *Ersten Symphonie* zeigte. Und obwohl die »Russische Musikzeitung« in einem kleinen Nekrolog im Jänner 1897 Bruckner als »bekannten Komponisten und Organisten« würdigte, der »Symphonien, Messen, Te Deum, Quintett und andere Werke« geschrieben habe, wurde er hier erst nach seinem Tod wirklich bekannt. Wahrscheinlich dirigierte der Russe S. W. Pantschenko am 17. 1. 1901 in St. Petersburg mit der *Vierten Symphonie* das erste Brucknersche Werk in Rußland. Drei Tage später, am 20. 1., stellte Max Fiedler in derselben Stadt in einem Konzert der »Russischen Musikgesellschaft« die *Siebente* vor, am 14. 3. 1902 erklang unter Gustav → Mahlers Leitung die *Vierte*. Seitdem wurden die Werke Bruckners nicht nur in der damaligen Hauptstadt, sondern auch in Moskau aufgeführt: in der Saison 1903/04 zunächst die *Fünfte* unter Franz → Schalk. Am 15. 10. 1905 war dann – wieder in St. Petersburg – die *Neunte* unter W. W. Woltschek erstmals zu hören. In den folgenden Jahren wurden dort die *Siebente* (Saison 1907/08 unter Oscar Fried) und die *Neunte Symphonie* zumindest jeweils einmal gespielt, die *Zweite* im Dezember 1909 bei einem Gastspiel des Wiener Hofopernorchesters unter Arthur → Nikisch.

Die ersten Rezensionen in der russischen Presse waren jedoch überwiegend reich an skeptischen Äußerungen: Bemängelt wurden – ebenso wie in der Heimat Bruckners – fehlende musikalische Form, sein »Wagnerismus«, die »verschwommene«, »anstrengende« Musik und daß diese kein »neues und starkes Wort auf dem Gebiet des musikalischen Schaffens« hervorbringe. Autoren, die Bruckners Wirken hoch einschätzten, waren z. B. Ewgeni M. Braudo (1882-1939) und Wjatscheslaw G. Karatijgin (1875-1925). Auch die Einschätzung in der »Russischen Musikzeitung« änderte sich mit der Zeit: So wurde etwa 1912 Bruckner als »tiefer und aufrichtiger« Musiker beschrieben, der ganz ausgezeichnet mit einem »Orchester umgehen kann«. Auch nach der Revolution gab es positive sowjetische Stimmen: So schrieb 1927 der Komponist und Musikwissenschaftler Boris W. Assafijew (1884-1949), daß Bruckner als großer Symphoniker der Wagner-Epoche in der UdSSR zwar noch ganz unbekannt sei, seine Werke aber mit der Zeit an Bedeutung gewinnen würden, widerlegte das Vorurteil von der »sklavischen Abhängigkeit von Wagner« und zeigte Gemeinsamkeiten in der Kompositionsweise von Bruckner und Schubert auf. In einem Artikel über die *Siebente Symphonie*, der noch heute als beste Veröffentlichung über Bruckner in Rußland gilt, bezeichnetete 1940 Iwan I. Sollertinski (1902-1944) Bruckner sogar als »symphonischen Nachfolger« Schuberts und unterstrich Parallelen zu Bach, Beethoven und Wagner. Dieser bedeutende russische Musikwissenschaftler und Kritiker war bereits in jungen Jahren die Seele der »Bruckner-Mahler-Gesellschaft«, deren Mitglieder Symphonien beider Komponisten achthändig an Klavieren in privatem Rahmen spielten.

In den Notizen Sollertinskis aus der Zeit 1921-1943 gibt es eine vollständige Liste aller Aufführungen der Werke Bruckners und Mahlers (meistens in der Leningrader Philharmonie, Künstlerischer Leiter: Sollertinski), oft mit berühmten ausländischen Dirigenten: Hermann Abendroth, Otto Klemperer, Vaclav Talich, Bruno Walter.

Der heimische Pionier auf diesem Gebiet war Ewgeni A. Mrawinski (1903-1988), der als erster sowjetischer Dirigent Bruckners Werke in seinem ständigen Repertoire hatte. Sein Orchester, die Leningrader Philharmoniker, hatte 1921-1971 mehr als fünfzigmal Symphonien Bruckners auf dem Programm – besonders bemerkenswert, weil dessen Musik in der UdSSR lange Zeit aus dem Repertoire der Orchester verschwunden war.

In den letzten drei bis vier Jahrzehnten setzten sich Bruckners Werke auch in anderen Städten durch: Vor allem Moskau erlebte unter der Leitung von Daniel Barenboim, Karl Eliasberg, Wladimir Fedosejew, Walerij Gergijew, Arvids Jansons, Dimitri Kitaenko, Kyrill Kondraschin, Franz Konwitschny, Zubin Mehta, Kurt Sanderling, Wolfgang Sawallisch, Maksim Schostakowitsch, Wladimir Sinjawski bzw. Ewgeni Swetlanow glanzvolle Aufführungen. Gennadi Roshdestwenski (geb. 1931), der in den siebziger Jahren als erster *Requiem* und *Missa solemnis* in der UdSSR dirigiert hatte, veranstaltete in der Saison 1983/84 einen Zyklus »A. Bruckner und seine Zeit«, bei dem u. a. alle Symphonien Bruckners (größtenteils in der »Originalversion«) gespielt wurden.

Man darf mit Recht sagen, daß sich die Musik Bruckners heute auch in Rußland durchgesetzt hat, was nicht zuletzt durch zahlreiche Veröffentlichungen, vor allem Aufsätze und Dissertationen, belegt werden kann. Die Gewährleistung des weiteren Erfolges liegt aber in den Händen der russischen Musiker. ST

Lit.: Für diesen Überblick konnten zahlreiche Quellen und Arbeiten in russischer Sprache herangezogen werden: Bücher, wie die Bruckner-Monographien von L. Rappoport (1963) und I. Beletzki (1979), ein Bruckner-Nekrolog (1897), Essays bzw. Zeitschriftenartikel von E. Braudo (1909) und B. Assafijew (1981), Aufführungslisten (z. B. in einem Band mit Materialien und Erinnerungen über I. Sollertinski, 1974), Aufsätze von einzelnen Dirigenten sowie Konzertprogramme besonders der Leningrader (St. Petersburger) Philharmoniker.

SCHWEIZ

Unmittelbar nach Bruckners Tod gab es zaghafte Versuche, den Komponisten bekannt zu machen, so am 21. 11. 1896 in Luzern unter Peter Fassbaender drei Sätze der *Siebenten Symphonie*, am 3. 12. 1899 in Basel unter Alfred Volkland das Adagio der *Fünften Symphonie*, sodann am 31. 1. 1903 in Zürich *Locus iste* und *Virga Jesse*, am 7. 3. 1903 das *Te Deum*, jeweils ausgeführt durch den Häusermann'schen Privatchor (Hans Häusermann). Mit Richard → Strauss und dem Berliner Tonkünstler-Orchester erklang am 21. 3. 1903 in Zürich mit der *Dritten* die erste vollständige Symphonie.

Namhafte Dirigenten verhalfen in der ersten Jahrhunderthälfte dem symphonischen Werk allmählich zum Erfolg: Hermann Suter und Hans Münch in Basel, Volkmar Andreae in Zürich, Fritz Brun und Eugen Papst in Bern sowie Othmar Schoeck in St. Gallen.

Der geistlichen Vokalmusik (in Liturgie und Konzert) nahmen sich in diesem Jahrhundert Josef Gallus Scheel (St. Gallen), Josef Ivar Müller (Bern), P. Otto Rehm (Kloster Einsiedeln), Ernst Schweri (Chur) und 1934-1990 vor allem Johannes Fuchs (St. Gallen und Zürich) an.

In der Westschweiz wurden seit 1904 einzelne Werke bekannt gemacht, nicht zuletzt dank William Ritter, Bruckners → Schüler, der erstmals in französischer Sprache über den Komponisten schrieb. Den Höhepunkt bildete 1928 die viermalige Aufführung der *Messe in f-Moll* als Empfangskonzert des Eidgenössischen Sängerfests in Lausanne (500 Mitwirkende). Seit 1944 weckte Carl Schuricht das inzwischen verlorengegangene Verständnis wieder.

Internationale → Bruckner-Feste beherbergten Zürich (1936), Basel (1952) und Bern (1955). Seit 1938 wurden z. B. im Rahmen der Internationalen Musikfestwochen Luzern 51mal Werke Bruckners gespielt. In den letzten zwanzig Jahren bestritten ausländische Gastorchester etwa

ein Drittel aller Aufführungen im Land. Heute nimmt im reichhaltigen Konzertangebot von Orchestern und Chören Bruckners Werk einen respektablen Platz ein.
Abgesehen von der Monographie »Bruckner« von Ernst → Kurth (Bern 1925), der 1926 auch den Bruckner-Bund ins Leben rief, waren der Komponist und sein Werk kaum Gegenstand der Forschung in der Schweiz. Aufsätze zu Werken Bruckners erschienen vornehmlich in der Schweizerischen Musikzeitung. Heute orientieren sich aufgeschlossene Schweizer Musikkritiker an den neueren wissenschaftlichen Erkenntnissen. HSt

Lit.: Internationale Musikfestwochen Luzern 1938-1988. Dokumentation. Luzern 1988; Schweizer Musiker-Lexikon/Dictionnaire des Musiciens Suisses. Im Auftrag des Schweizerischen Tonkünstlervereins bearbeitet von Willi Schuh u. a. Zürich 1964; Schweizerische Musikzeitung (SMZ). 1861 ff.; Hugo Steinmann, Die Erstaufführungen der Werke A. Bruckners in der Schweiz 1896 bis 1934, in: IBG-Mitteilungsblatt Nr. 18, Dezember 1980.

SKANDINAVIEN
Die ersten veröffentlichten Berichte in Skandinavien über Bruckner und seine Musik stammen aus dem Jahr 1885 (»Svensk Musiktidning« und »Nordisk Musik-Tidende«), und zwar anläßlich der Uraufführung der *Siebenten Symphonie* in → Leipzig unter Arthur → Nikisch. Zum ersten Mal erklang in Skandinavien ein Werk von Bruckner, als 1891 in → Christiania sein *Te Deum* gespielt wurde. Vor 1900 wuchs die Zahl der Bruckner-Aufführungen nur unwesentlich: In Kopenhagen kam seit 1894 das *Streichquintett* ein paarmal zu Gehör, und wenige Wochen nach Bruckners Tod wurde 1896 in Helsinki die *Siebente Symphonie* aufgeführt. Am längsten ließ man in Schweden auf sich warten – bis 1900; dann begann aber in Stockholm und bald danach auch in Götcborg eine zielstrebige Aneignung der Musik Bruckners. Bis 1920 waren hier 35 Aufführungen zu verzeichnen, d. h. mehr als in den übrigen drei nordischen Ländern zusammen. Und heute noch, wo sich die Gesamtzahl an Aufführungen größerer Bruckner-Werke auf gut 1 000 beläuft, ist davon der schwedische Anteil 45%.
Die erste Blütezeit für Bruckner ereignete sich in den zwanziger Jahren, ebenfalls in Schweden, wo fast 50 Aufführungen sämtlicher numerierter Symphonien stattfanden. Eine ähnlich intensive Pflege dort folgte erst wieder in den siebziger Jahren, als sogar die doppelte Anzahl erreicht wurde. Mittlerweile war auch in Dänemark die Bruckner-Rezeption, nach starker Rückständigkeit während der Jahre 1920-1950, auf eine beachtliche Höhe gewachsen.
Am häufigsten gespielt worden sind unter den Symphonien die *Vierte*, dann die *Siebente* und die *Dritte*, aber auch, noch vor der *Neunten*, die *Sechste Symphonie*. Bei den Vokalwerken wurde das *Te Deum* den Messen vorgezogen, von denen die in klanglicher Hinsicht archaisch gestimmte *Messe in e-Moll* fast ebenso oft zu hören war wie die »symphonische« *Messe in f-Moll*.
In allen nordischen Ländern außer Dänemark haben sich einheimische Dirigenten für Bruckner eifrig eingesetzt. In Schweden ist besonders Herbert Blomstedt zu nennen, in Norwegen Olav Kielland. Der eigentliche »Brucknerianer« unter den Dirigenten war jedoch der seit 1906 in Finnland tätige, in Slowenien geborene Leo Funtek.
Das Schrifttum über Bruckner war lange Zeit sehr spärlich: Außer wenigen wissenschaftlichen Beiträgen, von denen ein mehrbändiges Werk von Ilmari Krohn über den Formenbau der Symphonien das umfangreichste ist, gab es – als einzige Biographie – nur »Das kleine Brucknerbuch« von Josef Laßl in schwedischer Übersetzung, bis der Norweger Olav G. Myklebust 1995 sein Buch »A. Bruckner. Geni og skjebne« herausgab. Unter den Kritikern gingen die Meinungen über Bruckner lange stark auseinander. Am positivsten haben sich nicht zuletzt solche, die selbst Komponisten waren, ausgesprochen – allen voran der schwedische Tonsetzer Kurt Atterberg. BM

Lit.: Bo Marschner, 100 Jahre Bruckner-Rezeption in den nordischen Ländern, in: Bruckner-Symposion 1991; ders., Aufführungen größerer Werke von A. Bruckner in den nordischen Ländern 1891-1991, in: IBG-Mitteilungsblatt Nr. 37, Dezember 1991 und Nr. 38, Juni 1992 sowie IBG. Studien & Berichte. Mitteilungsblatt 40, Juni 1993.

SPANIEN
Anfang des 20. Jahrhunderts fanden erste Aufführungen Brucknerscher Werke in Madrid und Barcelona statt. 1928 dirigierte dann Jascha Horenstein die *Siebente Symphonie*. Während des Zweiten Weltkrieges spielten die Berliner Philharmoniker unter der Leitung von Hans Knappertsbusch die *Vierte Symphonie* (Fassung 1889). Seit 1946 – *Vierte Symphonie* unter Heinz Unger – hatte das Orquesta Nacional de España immer wieder Werke Bruckners auf dem Programm: Paul van Kempen, Paul Kletzki, Gottlob Lessing, Carl Schuricht, Hermann Scherchen und Lovro von Matačić waren unter den Diri-

genten. Seit 1972 spielt auch das Orquesta de Radiotelevision Española regelmäßig Werke Bruckners. 1979 gestaltete Eduardo Storni, der 1982 die erste spanische Bruckner-Biographie herausgab, für Radio Nacional de España eine Sendereihe über Leben und Werk Anton Bruckners. In den letzten Jahren trat der international beschäftigte Jesús Lopez Cobos als Bruckner-Dirigent auch in Spanien hervor. Beim Festival de musica de Canarias in Santa Cruz de Tenerife und Las Palmas de Gran Canaria sind auch immer wieder Bruckner-Aufführungen zu hören. 1994 fand schließlich in Madrid der erste Bruckner-Zyklus in Spanien mit internationalen Orchestern statt. AH

Lit.: Adolfo Salazar, Los grandes compositores de la epoca romantica. 2. Aufl. Madrid 1955; Bruckner y la critica madrileña, in: Ritmo 49 (Dezember 1978) Nr. 487; Bruckner redescubierto, in: Monsalvat. La musica para todos. Barcelona 1980, Nr. 70; Eduardo Storni, Bruckner, el cantor de Dios. Madrid 1982; A. Bruckner. Integral de las Sinfonias. 13 de Enero – 19 de Mayo de 1994. Auditorio Nacional de Musica [Programmbuch]. Madrid 1994.

TSCHECHIEN und SLOWAKEI

Das Schwergewicht liegt in diesem Raum erwartungsgemäß auf → Prag und → Brünn. In Prag wurde am 17. 2. 1886 im Neuen Deutschen Theater zum ersten Mal ein Bruckner-Werk gespielt: das *Te Deum* mit dem Deutschen Singverein. Am selben Abend wurde die *Siebente Symphonie* mit dem Orchester des Theaters unter Karl → Muck aufgeführt, die *Dritte* unter Gustav → Mahler am 18. 4. 1886. Weitere Aufführungen dieser Werke fanden 1888, 1889 und 1891 statt. Im März 1896 dirigierte Felix Dorfner die *Zweite*. Nach dem Tode des Komponisten wurden die *Vierte* (1896), das *Te Deum* (1897) und die *Fünfte* (1898) aufgeführt. Bis zum Jahre 1918 erklangen in Prag (nach heutigem Wissensstand) alle Symphonien mit Ausnahme der *Symphonie in d-Moll*, der *Ersten*, *Dritten* und *Sechsten*; überdies gab es Aufführungen des *Te Deum* und des *Psalm 150*. Diese Konzerte fanden zumeist in den Philharmonischen Konzerten des Neuen Deutschen Theaters, aber auch in der Tschechischen Philharmonie statt.

Eine rege Bruckner-Pflege entwickelte sich in Brünn. Es war bis 1918 das bedeutendste Bruckner-Zentrum in Böhmen und Mähren, wo Otto → Kitzler wirkte. Er dirigierte die wichtigen frühen Aufführungen ab 1888, am 13. April dieses Jahres zum ersten Mal das *Te Deum* mit dem Chor und Orchester des Brünner Musikvereins. Bis 1918 waren mit Ausnahme der *Sechsten* alle Bruckner-Symphonien zu hören. In der Statistik des symphonischen Repertoires der damaligen Zeit nimmt Bruckner nach → Beethoven, → Brahms und → Schumann den vierten Platz ein. Zu den weiteren Bruckner-Pionieren in dieser Stadt zählten Karl Frotzler und August Emanuel Veit, der vor dem Ersten Weltkrieg die meisten Aufführungen übernahm. In den anderen Städten (Olmütz, Ostrau, → Karlsbad) scheinen nur vereinzelt Bruckner-Symphonien in der Zeit nach 1900 auf.

Zu den Protagonisten der Bruckner-Rezeption im Prag der Zwischenkriegszeit zählen Alexander (von) Zemlinsky, der u. a. auch die *Ouvertüre g-Moll* zur Aufführung brachte; in der Zeit 1931-1935 bemühte sich George Szell um den Komponisten. Häufige Bruckner-Konzerte gab es in den zwanziger bis frühen vierziger Jahren auch in der Tschechischen Philharmonie, und zwar in erster Linie unter der Leitung von Vaclav Talich und – nach dem Zweiten Weltkrieg – unter Rafael Kubelik.

Seit den zwanziger Jahren wurde auch Leitmeritz zu einem weiteren wichtigen Zentrum. Die führende Persönlichkeit war Franz Zeman, der dort 1929 die Deutsche Brucknergemeinde gründete und viele Aufführungen initiierte. Die an sich verdienstvollen Aktivitäten der Brucknergemeinde wiesen aber schon bald starke ideologisierende und nationalistische Tendenzen auf, Bruckners Werke wurden als Gegenpart zu den »modernistischen Ausschweifungen« (etwa eines Bohuslav Martinů) empfunden. Während des Krieges wurden die meisten Aktivitäten in enger Zusammenarbeit mit der Nazi-Verwaltung durchgeführt.

Außer in Leitmeritz gab es in der Zwischenkriegszeit noch regelmäßige Bruckner-Aufführungen in Karlsbad, die dem städtischen Kapellmeister Robert Manzer zu danken waren. Nach einer kriegsbedingten Abnahme der Konzertereignisse – ein einmaliger Höhepunkt war die *Siebente* in der Tschechischen Philharmonie unter Otto Klemperer 1950 – setzte die Rezeption ab 1960 wieder regelmäßig ein. Hauptdirigent war dabei Lovro von Matačić. Einzelne Symphonien wurden damals auch von der tschechischen Firma Supraphon aufgezeichnet. Von den tschechischen Dirigenten haben sich besonders Karel Sejna und Vaclav Neumann für den Komponisten eingesetzt. Zur heutigen Situation kann man sagen, daß Bruckner nicht allzu oft, aber regelmäßig im Repertoire aufscheint; ein

Umstand, der allerdings nicht für die Kirchenmusikwerke gilt.
Es gibt derzeit – mit Ausnahme einzelner Studien – keine namhafte Bruckner-Forschung, was daran liegt, daß die tschechische Musikwissenschaft bislang sehr stark an der eigenen Tradition orientiert war. Die Musikwissenschaftlerinnen Jitka Brabcová und Jarmila Gabrielová haben sich wiederholt mit Bruckner beschäftigt. In den Musikzeitschriften (z. B. Hudební rozhledy) werden Konzerte besprochen.
In der (heutigen) Slowakischen Republik läßt sich die Rezeption aufgrund der schwierigen Quellenlage nicht genau erfassen. Die erste Aufführung fand am 27. 4. 1890 in → Preßburg statt und galt der *Siebenten Symphonie* unter Josef Thiard-Laforest. Bis 1945 sind dann keine Aufführungen nachweisbar, was auch auf den Mangel an gut organisierten Orchestern zurückzuführen ist. 1946 oder 1947 fand eine Aufführung der *Vierten* mit dem Orchester des Slowakischen Rundfunks unter Ludovit Rajter statt. Aufgrund auch ideologischer Gründe nimmt das Interesse an Bruckner-Musik erst seit der Wende im November 1989 langsam zu. Dies läßt sich deutlich an Konzertbetrieb, Rundfunkprogramm und Musikzeitschriften ablesen. Von einer Bruckner-Forschung in der Slowakei kann keine Rede sein. Dennoch war Bruckner – auch schon früher – Thema an den einschlägigen musikalischen Instituten in Preßburg. JG

Lit.: Jitka Ludvová, Německý hudební život v Praze 1880-1939 (Das deutsche Musikleben in Prag 1880-1939), in: Uměnovědné studie 4 (Kunstwissenschaftliche Studien 4). Praha 1983; als Quellen dienten weiters ungedruckte Arbeiten von Jitka Brabcová und das Verzeichnis der Aufführungen von Werken Bruckners im Archiv der Tschechischen Philharmonie Prag sowie Auskünfte von Ingeborg Šišková (Institut für Musikwissenschaft der Komenský Universität Bratislava).

UNGARN
Bruckner reiste im August 1865 nach → Budapest, um die Uraufführung des Oratoriums »Die Legende von der hl. Elisabeth« von Franz → Liszt zu erleben. In den folgenden Jahren gab es immer wieder Pläne, Symphonien Bruckners aufzuführen, was aber meist an den fehlenden finanziellen Mitteln scheiterte.
Am 4. 4. 1887 erklang mit der *Siebenten Symphonie* unter Alexander Erkel (1846-1900) erstmals ein Werk Bruckners in Budapest. Ferdinand → Löwe dirigierte dort 1895 die *Fünfte Symphonie* sowie in der Saison 1910/11 mit dem Wiener Konzertverein die *Vierte Symphonie* jeweils als Erstaufführung. 1900-1920 erklang nur alle zwei Jahre ein Werk Bruckners, vor allem mit István Kerner, später gab es Aufführungen mit Clemens Krauss, Ernö Dohnanyi, aber auch mit Otto Klemperer und Franz Konwitschny. Nach einer langen Pause sind erst ab den sechziger Jahren wieder vermehrt Aufführungen feststellbar. So spielten die Budapester Symphoniker 1977-1987 die *Dritte*, *Vierte*, *Fünfte*, *Siebente* und *Neunte Symphonie*, das Sinfonieorchester der ungarischen Staatsbahnen führte die *Dritte*, *Vierte* und *Siebente*, das Ungarische Staatsorchester die *Vierte*, *Sechste* und *Neunte Symphonie* auf. AH

Lit.: Göll.-A. 4/4, passim; Katalin Fittler, Zur Geschichte der Rezeption der Musik Bruckners in Ungarn, in: Bruckner-Vorträge 1983/84; dies., Bruckners Sinfonien im ungarischen Musikleben von heute, in: Bruckner-Symposion Leipzig 1987.

Weitere Meldungen betreffen Ägypten, wo am 16. 11. 1988 das Linzer Bruckner-Quartett in der Oper von Kairo das *Streichquartett* gespielt hat, und die Türkei, die am 19. 1. 1936 in Ankara unter der Leitung von Ernst Prätorius eine Aufführung der *Vierten Symphonie* erlebte, Konzerte mit der *Zweiten* und der *Fünften* waren in derselben Saison noch geplant. In Ankara bestand auch eine Sektion der → Internationalen Bruckner-Gesellschaft.

Rhythmus

Rhythmus nennt man seit der Antike die Ordnung der Bewegungen oder Zeiten, die das Ohr unmittelbar faßt und mit Wohlgefallen wahrnimmt. Rhythmische Ereignisse dürfen bestimmte Dimensionen nicht unter- und nicht überschreiten; sie entgingen sonst dem Sinn oder würden ihn überfordern. Seit der Antike definiert man ihre Ordnung numeral, im Sinne von Proportionen. Die Äqualität, der Gegensatz des Gleichen (1:1), gilt als die beste unter den rhythmischen Proportionen. Je weiter sich die Proportionen davon entfernen, um so mehr schwindet ihre rhythmische Qualität. Man unterscheidet rhythmische Ereignisse andererseits im Blick auf ihre Dimension: die Ordnung dessen, was wir als unmittelbare Gegenwart empfinden, des Schritts, des Taktes oder des Motivs, von der Ordnung des Zeitraums, den wir mit Hilfe des »sinnlichen Gedächtnisses« unmittelbar überblicken: des gesprochenen, gesungenen oder gespielten Satzes. Riemann glaubte, ein musikalischer Satz dürfe nicht mehr als acht Takte umfassen. Die Ordnung dessen, was darüber hinausgeht, tritt aufgrund einer bewußten

Gedächtnis- und Verständnisleistung als → Form in Erscheinung.
Im Laufe des 19. Jahrhunderts – schon im Œuvre → Beethovens – tritt die Bedeutung der numeralen Qualität zurück. Die Dynamik der elementaren melodischen Ereignisse, ihr Werden und Vergehen, wird zum »principium agens« des Rhythmus; sie tritt im »Taktmotiv« in Erscheinung (Riemann). Ein prinzipienbewußter Theoretiker wie Riemann wußte allerdings auch darin noch eine geheime Äqualität wirksam. Er glaubte, das Verhältnis des auftaktigen Anschwungs zum abtaktigen Ausklingen sei letztlich »gleich gemeint«. Der achttaktige Satz erschien ihm als das Urbild aller großen rhythmischen Systeme, weil sich die Melodie darin zügig, ohne Aufenthalt, und zugleich in klaren Proportionen entfaltet, so also, daß dem ersten Taktmotiv ein zweites (2), dem ersten Motivpaar ein zweites (4) und dem ersten Halbsatz ein zweiter entgegentritt und die ganze Einheit zu Beginn des achten Taktes in einem Schwerpunkt höchster dynamischer Potenz (8) kulminiert.
So differenziert Bruckners Harmonik ist und so komplex seine formalen Dispositionen sind, so einfach, ja einförmig ist die rhythmische Verfassung seiner Musik. Ruhe, Simplizität und Einförmigkeit sind Momente des hohen, erhabenen Stils, der Bruckners Symphonik auszeichnet. Einfach und fest sind die rhythmischen Konturen der Motive, Figuren und Themen. Bruckner hält daran fest, auch wo er die melodischen Konturen und den harmonischen Kontext ändert. Der Rhythmus ist ihr »Siegel« (Korte). Einfach ist die Taktordnung, auf die sie bezogen werden. Die Sätze, die die Zyklen fassen und prägen, die Anfangs- und Schlußsätze, stehen grundsätzlich unter dem Gesetz des 4/4- oder des Allabreve-Taktes, unter dem Gesetz von Bewegungen, die im Gegensatz zu den kleineren, vor allem den ungeraden Taktarten nur über eine geringe Takthaftigkeit verfügen. (Nicht zuletzt dies hat zur Folge, daß die Sätze allesamt einander näher stehen als die entsprechenden Sätze der Symphonien von Beethoven. Dort findet man auch Sätze im 2/4-, 3/4- und 6/8-Takt.) Wenn Bruckner das Streichquintett mit einem Satz im schwingenden 3/4-Takt beginnt, so ist das eine Konzession an das »geringere« Gewicht der Gattung.
Dazu kommt, daß Bruckner die Taktarten innerlich schwächt. Der klassische Takt, der »Akzentstufentakt« (Heinrich Besseler), tritt im »Metrum« (Heinrich Christoph Koch), in einer einförmigen, regelmäßig durch innere oder äußere Akzente modifizierten Progression von Achtel- oder Viertelnoten in Erscheinung. Bruckner respektiert nur mehr den Rahmen, nicht das Metrum, die Binnenstruktur des Taktes. Zu Beginn der *Vierten Symphonie* erklingen weite signalartige Bläsermotive aus ganzen Noten über einem Streichertremolo, dem Inbegriff eines ametrischen Ereignisses. Diese thematisch hochbedeutsamen Motive bestimmen den temporalen Spielraum des Satzes. Zu erwarten ist ein stetes Viertelmetrum. In der Ausbreitung des Hauptsatzes aber prägen Figuren aus zwei Viertelnoten und drei Vierteltriolen die musikalische Bewegung, Figuren, die bekanntlich Bruckners Stil signieren.

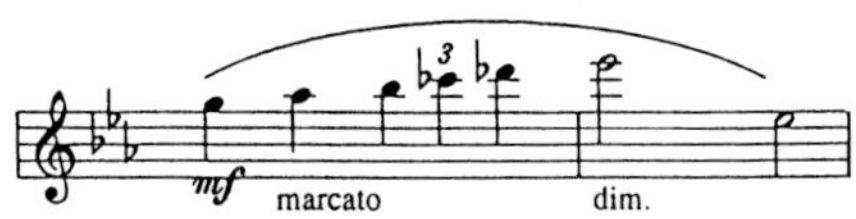

Sie sind der Ausdruck einer innerlich sich beschleunigenden dynamischen Taktbewegung, im hier angeführten Beispiel der Ausdruck eines weichen, linearen Anstiegs hin zum »zweiten« einlenkenden Takt. Die beiden Takte bilden ein Taktmotiv. Sein Rhythmus steht im Dienste der Motivbildung und damit im Dienste der dynamischen Satzgestaltung. Andernorts – so im letzten Satz der Symphonie – teilt Bruckner mitten in einem hochpathetischen Unisono den Allabreve-Takt durch drei breite triolierte halbe Noten:

Bruckners Taktgestaltung basiert wohl auf einer Idee, die Simon → Sechter schon 1854 ins Auge gefaßt hat. Sechter lehrte, Taktbewegungen könnten in ähnlicher Weise wie Harmonien gemischt werden. Die Essenz einer Taktart bestehe in ihrem Spielraum und dem Akzent, der seinen Beginn anzeige. Innerhalb dieses Rahmens könne man nach Gutdünken modulieren, in den 2/2-, den 4/4-, den 6/4-, den 8/8-Takt usw. Bruckner changiert demnach im Hauptsatz zwischen dem 4/4- und dem 6/4-Takt. Und er moduliert zu Beginn des Seitensatzes aus diesem System in den 4/4- oder 8/8-Takt. In den Satzbildern ist der Unterschied der Taktbewegungen mit Händen zu greifen: im Hauptsatz dominieren dynamische Figuren aus Vierteldualen und -triolen, im Seitensatz wird eine ausdrucksvolle Bewegung aus Viertelnoten von Figuren aus Achtelnoten umspielt.

Auch die rhythmische Qualität der satzartigen oder satzteilartigen Einheiten ist hoch und einfach. Sie sind nicht nur ausgewogen in einem allgemeinen Sinne, sondern weithin exakt ausgezählt. Bruckner pflegte ihre Abmessung durch Ziffern in den Partituren – noch in den Reinschriften – zu notieren. Es scheint, als baue er die gewaltigen Sätze »additiv« (Korte) aus rhythmisch disponierten, »quadratischen« Teilstücken. »Der musikalische Prozeß beruht auf der Reihung fest begrenzter, werkstückartiger musikalischer Einheiten« (Steinbeck). An ihnen orientieren sich → Motivik, → Instrumentation, Dynamik, Zäsuren und Einschübe. Das Gesetz des meist so genannten metrischen Aufbaus ist das der Polarität und Steigerung: 1:1 – 2:2 – 4:4 – 8:8. Bruckner scheint 16 Takte für das Maximum metrischer Formationen angesehen zu haben. Es gibt gelegentlich durchaus sich rundende Melodien, etwa in den Seitensätzen schneller Sätze, in langsamen Sätzen oder Trios. Meist aber partizipieren die metrisch abgemessenen »Bausteine« wie Gerüstsätze an der dynamischen Entfaltung von Einheiten, deren Format weit über sie und damit über die Dimension rhythmischer Formationen hinausgeht. Ernst → Kurth sprach von Energien, die geordnet, ruhig, faßlich in Erscheinung treten, ohne dies ursprünglich und wirklich zu sein. Die Etappen, in denen sich die unendlichen Entwicklungen der Symphonien manifestieren, wären demnach rhythmisch gezeichnet. WSe

Lit.: Simon Sechter, Die Grundsätze der musikalischen Komposition. Dritte Abtheilung. Leipzig 1854; Ernst Kurth, Bruckner. 2 Bde. Berlin 1925; Alfred Orel, A. Bruckner. Das Werk. Der Künstler. Die Zeit. Wien-Leipzig 1925; Werner F. Korte, Bruckner und Brahms. Die spätromantische Lösung der autonomen Konzeption. Tutzing 1963; Wilhelm Seidel, Über Rhythmustheorien der Neuzeit. Bern-München 1975; Nowak, Über A. Bruckner; Thomas Röder, Auf dem Weg zur Bruckner-Symphonie. Untersuchungen zu den ersten beiden Fassungen von A. Bruckners Dritter Symphonie. Stuttgart 1987 (darin das Kapitel: Metrik, S. 159-176); Timothy L. Jackson, Bruckner's Metrical Numbers, in: 19th Century Music 14 (1990); Wolfram Steinbeck, Bruckner. Neunte Symphonie d-Moll. München 1993.

Richter, Hans

Geb. 4. 4. 1843 in Raab (Györ), Ungarn, gest. 5. 12. 1916 in Bayreuth; Dirigent. Studierte 1860-1865 am Konservatorium der → Gesellschaft der Musikfreunde in Wien (GdM) Violine, Horn und Theorie (→ Sechter), war 1862-1866 Hornist am Kärntnertortheater, anschließend Assistent Richard → Wagners in Tribschen und wirkte u. a. an der Münchner Hofoper sowie 1871-1875 als Kapellmeister am Nationaltheater in Budapest. Am 24. 1. 1875 feierte er sein bejubeltes Wiener Dirigentendebüt u. a. mit Franz → Liszts »Faust«-Symphonie, bei der Bruckner die Orgel spielte. 1875 wurde er als Nachfolger Otto → Dessoffs an die Wiener Hofoper berufen, war 1878 zweiter, 1893-1900 erster Hofkapellmeister, 1875-1882 und 1883-1898 Dirigent der Philharmonischen Konzerte, 1884-1890 Leiter der Gesellschaftskonzerte der GdM. 1876-1912 war er auch einer der Hauptdirigenten der Festspiele in → Bayreuth, unternahm zahlreiche Gastspielreisen, war 1897-1911 Dirigent des Hallé Orchestra in Manchester, 1904-1911 auch des London Symphony Orchestra. Richter, einer der international bedeutendsten Dirigenten seiner Zeit, überzeugte durch seine sichere Schlagtechnik, seine aus der Praxis stammende Kenntnis der Orchesterinstrumente und Beherrschung der Partitur genauso wie durch seine starke Persönlichkeit und hervorragenden musikalischen Instinkt, der ihn die Größe → Brahms' *und* Bruckners, obwohl Exponenten gegensätzlicher Stilrichtungen bzw. Parteiungen, erkennen ließ. (Vgl. Abb. S. 355, 360.)

Bruckner hatte zu Richter, jenem Dirigenten, der seine Symphonien vor 1900 am häufigsten aufgeführt hat, ein ambivalentes Verhältnis: Auf der einen Seite repräsentierte Richter gemeinsam mit den → Wiener Philharmonikern für ihn die höchste musikalische Instanz in → Wien und daher das erstrebenswerteste Ziel für die Aufführung seiner Symphonien, auf der anderen Seite fühlte er sich von Richters gleichzeitigem, von Eduard → Hanslick unterstütztem Eintreten für Brahms zutiefst gekränkt. Richter, der schon 1873 mit Wagner die diesem zur Widmung vorgelegte Partitur der *Dritten Symphonie* durchgesehen hatte, setzte sich aber sehr wohl für Bruckner ein, obzwar zunehmend tatsächlich erst nach dessen Erfolgen außerhalb Wiens und anfangs nicht in gleich hohem Maß wie für Brahms. Dabei spielten die Wiener Philharmoniker, deren Leiter er ja war, keine sehr rühmliche Rolle, obwohl Richter oft ausgleichend zu wirken suchte. So verfaßte er 1875 einen Entwurf zur Annahme der Widmung der *Zweiten*, nachdem die angesprochenen Philharmoniker unter Dessoff zwei Jahre lang Bruckners Angebot ignoriert hatten. Nachdem die *Dritte* von den Philharmonikern dreimal abgelehnt worden war – Bruckner hätte sich sogar mit einer Teilung in zwei Konzerte einverstanden erklärt –, setzte Richter schließlich die *Vierte* gegen den Willen des Orchesters und ungeteilt auf das Programm: Diese Uraufführung der *Vierten* am 20. 2. 1881 wurde zu einem sensationellen Erfolg (weitere Aufführungen am 22. 1. 1888 gemeinsam mit dem *Te Deum* und am 5. 1. 1896). Als jedoch die Philharmoniker unter Richter die *Siebente* nach deren erfolgreicher Leipziger Uraufführung (1884) in ihre Abonnementkonzerte aufzunehmen bestrebt waren, protestierte Bruckner sogar schriftlich dagegen, weil er fürchtete, daß dieses Werk in Wien durch Hanslick »ruiniert« werden würde. Richter setzte sich aber auch darüber hinweg und errang am 21. 3. 1886 mit der Wiener Erstaufführung der *Siebenten* einen eindrucksvollen Erfolg (weitere Aufführungen unter Richter am 23. 5. 1887 in London, am 24. 2. 1889 und 8. 11. 1896 in Wien).

Am 21. 12. 1890 dirigierte Richter die erste Aufführung der umgearbeiteten *Dritten Symphonie* (»3. Fassung«), die aufgrund des allzu lauten Jubels der Bruckner-Anhänger auch den Widerspruch der Kritiker provozierte (weitere Aufführungen am 25. 1. 1891 in Wien und am 29. 6. 1891 in London). Bezüglich der schon 1868 in → Linz uraufgeführten *Ersten Symphonie* schrieb Bruckner an seinen Kopisten Leopold → Hofmeyr (11. 11. 1889), daß Richter, nachdem er diese am Klavier gehört hatte, ihn »weinend abgeküßt«, ihm »die Unsterblichkeit prophezeit« habe und mit der Partitur davongelaufen sei, Bruckner selbst sie den Philharmonikern aber vorerst wieder weggenommen habe, um das Werk zu bearbeiten: Am 13. 12. 1891 dirigierte Richter schließlich die erste Aufführung der »Wiener« Fassung der *Ersten*. Die *Achte Symphonie* hatte Bruckner ja zuerst Hermann → Levi und schließlich in der zweiten Fassung Felix von → Weingartner angeboten, obgleich die Philharmoniker – wohl unter dem Druck der öffentlichen Meinung – bei Bruckner »antichambrierten«; Richter war zum Erstaunen des Komponisten von dem Werk begeistert und leitete am 18. 12. 1892 in Wien mit triumphalem Erfolg die erste Aufführung der 2. Fassung der *Achten*, wofür sich Bruckner voll überströmender Begeisterung bedankte. Am 25. 11. 1894 schließlich spielten die Philharmoniker unter Richter die *Zweite Symphonie*, jenes Werk, das sie unter Leitung des Komponisten bereits 1873 aufgeführt hatten.

Trotz aller Schwierigkeiten erzielte Richter in Wien mit den Philharmonikern die eindrucksvollsten Erfolge zu Lebzeiten des Komponisten, ohne selbst Eingriffe in den Partituren vorzunehmen. Wie aus der erhaltenen, von Richter 1891 verwendeten handschriftlichen Dirigierpartitur der *Ersten* aufgrund autographer Eintragungen hervorgeht, war Bruckner bei den Proben anwesend. Neben einigen wenigen Tempomodifikationen findet sich auch der für das Verhältnis des Komponisten zu Richter symptomatische Vermerk Bruckners: »nach Belieben des P.T. H. Hofkapellmeisters«. – Einen Briefwechsel Bruckner – Richter hat es vermutlich nicht gegeben, doch findet Richters Name Erwähnung in → Briefen Bruckners an die Philharmoniker und verschiedene Persönlichkeiten, vor allem Dirigenten und Kritiker. IF

Lit.: Wilhelm Kienzl, H. Richter, in: Neue Österreichische Biographie 7. Zürich-Leipzig-Wien 1931; Göll.-A. 4/1-3, passim; Otto Biba, Bruckner und die Wiener Orchester, in: Bruckner-Symposion Leipzig 1987; Cornelia Szabo-Knotik, Prestige von Symphonik in der Ära H. Richter, in: Bruckner-Symposion 1989; ÖBL; Clemens Hellsberg, Demokratie der Könige. Die Geschichte der Wiener Philharmoniker. Zürich-Wien-Mainz 1992, S. 177-292; Christopher Fifield, True Artist and True Friend. A Biography of H. Richter. Oxford 1993; Ingrid Fuchs, »Künstlerische Väter« und »Vormünder«. Bruckner und die zeitgenössischen Dirigenten seiner Symphonien, in: Bruckner-Symposion 1994.

Richter, Pius

Geb. 11. 12. 1818 in Warnsdorf (Varnsdorf), Böhmen, gest. 18. 12. 1893 in Wien; Organist und Kapellmeister. Nach Besuch (1831-1837) der Musiklehranstalt von Joseph Proksch in Prag Musiklehrer beim Grafen Thun, anschließend bei der Fürstin Kinsky. Seit 1857 am Kaiserhof in → Wien Klavierlehrer; mehrere Jahre unterrichtete er auch Kaiserin Elisabeth (→ Kaiserhaus) im Harmoniumspiel. 1863 wurde er Mitglied der → Hofmusikkapelle und »Exspektant« der Hoforganistenstelle, 1867 wirklicher Hoforganist. Seit 1877 war Richter Titular-Vizehofkapellmeister, 1893, kurz vor seinem Tod, noch Vizehofkapellmeister an der Wiener Hofmusikkapelle.

Als Simon → Sechter 1867 verstarb, erhielt Richter, der ihn als »Exspektant« bereits lange Jahre suppliert hatte, als dessen Nachfolger die Hoforganistenstelle, um die sich Bruckner, damals Domorganist in → Linz, ebenfalls beworben hatte. Durch intensive Vermittlung Johann → Herbecks wurde Bruckner schließlich am 4. 9. 1868 die durch Richter freigewordene »Exspektanten«-Stelle zugesprochen, 1875 wurde er zum zweiten Archivar und 1878 zum wirklichen Hoforganisten ernannt, so daß er mit Richter viele Jahre gemeinsam an der Wiener Hofmusikkapelle wirkte. Richter, von dem devoten Verhalten Bruckners zunächst nicht sehr angetan, schätzte an dessen → Orgelspiel zwar die künstlerischen Fähigkeiten, weniger jedoch die technischen. Aus nämlichem Grund ließ Hofkapellmeister Joseph → Hellmesberger den Organisten Bruckner, obwohl er ihn als Künstler später schätzte, keine Hochämter spielen: vor allem wegen dessen »Nachziehen« bei Werken mit Singstimmen und Orchester und weil Bruckner sich in Phantasien verlor, die den liturgischen Ablauf behinderten. Wenn der Vizekapellmeister Richter dagegen das Hochamt zu dirigieren hatte, bat er immer Bruckner, den Orgelpart zu übernehmen, und erfüllte diesem damit einen Herzenswunsch, umso mehr als er sich durch die Ablehnung Hellmesbergers in seiner Ehre als inzwischen auch international angesehener Organist getroffen sah. Richter setzte sich bei Hellmesberger auch häufig für Bruckner ein und war stets bereit, gegebenenfalls Bruckners Dienste zu übernehmen. Beide dürften sich auch öfter, sowohl bei Urlauben als auch im täglichen Kirchendienst, gegenseitig vertreten haben (vgl. dazu den Briefwechsel). IF

Lit.: Göll.-A. 3/1, S. 154-156, 4/1, S. 356, 485 ff., 4/3, S. 58, 177; Antonicek, Hofmusikkapelle, passim; Edmund Richter, Einiges aus den Tagebüchern P. Richters und nach persönlichen Erinnerungen, in: IBG-Mitteilungsblatt Nr. 17, Mai 1980; ÖBL; s. a. die verschiedenen Briefausgaben.

Ringtheater, Wien

In dem 1873/74 von Emil von Förster in Wien I., Schottenring 7 errichteten Gebäude, das wegen des schmalen Grundstücks unverhältnismäßig hoch (7 Stockwerke Zuschauerraum!) gebaut worden war, brach am Abend des 8. 12. 1881 unmittelbar vor Beginn der Vorstellung (Jacques Offenbach, »Hoffmanns Erzählungen«) ein verheerender Brand aus, dem wegen fehlender Brandschutzeinrichtungen, wegen der falschen Reaktionen des schockierten Personals und der daraus resultierenden Panik unter den Zuschauern 386 Menschen zum Opfer fielen. Diese Katastrophe hatte strenge Brandschutzvorschriften für Theater, z. B. den »eisernen Vorhang«, zur Folge. An der Stelle der abgetragenen Brandruine wurde das sogenannte Sühnhaus errichtet. Heute steht dort der Neubau der Wiener Polizeidirektion.

Bruckners → Wohnung befand sich unmittelbar neben dem Theater, nur durch die schmale Heßgasse getrennt. Er hatte die Vorstellung an diesem Abend besuchen wollen, sah aber, da ihm das infolge einer kurzfristigen Programmänderung angesetzte Werk nicht zusagte, davon ab und besuchte die Votivkirche. Als er den Gottesdienst verließ, hatte die Katastrophe bereits ihren Höhepunkt erreicht, und nur der Fürsorge zweier Schüler (Josef → Vockner und Richard Schönberger) ist es zu danken, daß Bruckner sich einigermaßen beruhigte. Das Entsetzen über die große Zahl der Opfer, die Bedrohung seiner Wohnung und seiner darin aufgestapelten Partituren durch Flammen und Funkenflug (die Fensterbretter seiner Wohnung waren bereits angekohlt), besonders aber die Tatsache, daß er selbst nur knapp dem Tod entgangen war, hinterließen in Bruckners Gemüt bleibende Spuren (→ Persönlichkeit). EM

Das brennende Wiener Ringtheater, links Bruckners Wohnhaus in der Heßgasse. Stich

Lit.: Göll.-A. 4/1, S. 684 ff.; Hans Commenda, Geschichten um A. Bruckner. Linz 1946, S. 89; Mschr. Erinnerungen von Irene Vockner (ÖNB-MS, Fonds Gräflinger 30/617).

Romantik

Ursprünglich negativ auf die volkssprachliche romanische Dichtung bezogen, wandelte sich das Bedeutungsfeld des Begriffs »romantisch« im Laufe des 18. Jahrhunderts zu »poetisch, phantastisch«. Von daher wurde Romantik zu einem schwierigen Epochenbegriff, der das schillernde 19. Jahrhundert bezeichnen sollte. Romantik wurde als Gegenbegriff zur Klassik eingesetzt, aber auch in einem »klassisch-romantischen« Zeitalter aufgehoben (Blume). Eine besondere Schwierigkeit auf musikalischem Gebiet ergibt sich aus der Tatsache, daß Inhalte und Reflexionen vor allem an die deut-

sche Literaturgeschichte (Novalis, Wackenroder, Tieck, Hoffmann) gebunden sind. Neben dem Versuch, romantische Merkmale in der Musik festzustellen, wird auch die Bedeutung der Romantik als Welterfahrung und -anschauung (Rummenhöller) hervorgehoben.
Natürlich hängt die Klassifizierung eines Komponisten als Romantiker weitgehend von der eigenen Begriffsdefinition ab. Bruckner wird aufgrund seiner Lebensdaten sowie bestimmter musikalischer Merkmale (kühne → Harmonik, Formexpansion, enger Wagner-Bezug) im allgemeinen der Spätromantik zugerechnet. Durch seine Konzentration auf die Instrumentalmusik ist es jedoch praktisch unmöglich, bevorzugte »romantische« Stoffe bzw. Inhalte nachzuweisen. Abgesehen von den berühmten programmatischen Erklärungen Bruckners zu seiner *Vierten Symphonie* (mittelalterliche Stadt, Vogelgesang, Jagd u. ä.) im Sinne von romantischen Vorstellungsmustern gibt es keine konkreten Belege für ein spezifisch romantisches Denken oder Empfinden. Im Gegenteil: Der Mensch Bruckner stand häufig »außerhalb« der aktuellen Zeitströmungen. So haben Bruckners symphonische Monumentalität, sein strenges architektonisches Denken oder die Auseinandersetzung mit alter Musik – wenn auch anachronistisch – ebenso zu Assoziationen mit Barock oder Gotik geführt.
Bei Bruckner, der seinen »Lebensberuf« als »Symphoniker« sah und darin an die große Tradition eines → Beethoven und → Schubert anschloß, sind am ehesten im als Gebrauchsmusik komponierten Frühwerk abseits großer Kirchen- und Orchestermusik romantische Bezüge aufzufinden: im intimen Genre des lyrischen Klavierstücks (z. B. *Erinnerung*, *Stille Betrachtung an einem Herbstabende*) oder in den → Liedern (siehe W. Dürr). Ebenso sind in den → Männerchören charakteristische Elemente in Text (Naturbezug u. ä.) und Musik (Jodler- und → Brummstimmen) enthalten. Allenfalls sind im Rahmen der Symphonik Klangphänomene als »romantisch« zu diskutieren (siehe Stoffels).
EWP

Lit.: Friedrich Blume, Romantik, in: MGG 11; Leopold Nowak, A. Bruckner, der Romantiker, in: Nowak, Über A. Bruckner. Wien 1985; Peter Rummenhöller, Romantik in der Musik. Kassel 1989; Bruckner-Symposion 1987, besonders die Beiträge von Walther Dürr, Andrea Harrandt, Walburga Litschauer, Ludwig Stoffels und Manfred Wagner.

Rondo (WAB deest)

Kompositionsübung für Streichquartett in c-Moll
EZ: beendet 15. 8. 1862 (»1/2 8 Uhr Abends«) in → Linz
Autograph: → Kitzler-Studienbuch S. 197-206
NGA: Separatdruck aus Band XII (Leopold → Nowak, 1985)

Bruckner notierte als Überschrift: »Rondo in größerer Form« und brachte zahlreiche formanalytische Vermerke an. Es zeigt sich eine starke Ähnlichkeit mit dem Rondo des *Streichquartetts*, nicht nur durch gleiche Ton- und Taktart. Auch die Form ist bei beiden gleich: Das Rondothema tritt viermal auf und schließt drei Episoden ein, wobei die erste von Bruckner selbst als »Gesangsgruppe« bezeichnet wurde. Hier erkennt man die Tendenz zur Annäherung an die Sonatensatzform. UH/EWP

Lit.: Hawkshaw, The Manuscript Sources; Vorwort im Separatdruck.

Die Rose (WAB deest)

Nur in einer Familienüberlieferung hält sich die Nachricht vom Titel der verschollenen Komposition aus der Zeit um 1885, wobei es außerdem noch ungewiß ist, ob es ein Marsch oder Lied war.
In den achtziger Jahren besuchte Bruckner von → Steyr aus öfters den beliebten Gasthof »Forsthof« in → Sierning (heute Neustraße 29), dessen damaliger Besitzer August Wimmer (1842-1893) hieß, fand Gefallen an der etwa 16jährigen Haustochter Maria Wimmer (1870-1956) und wollte sie sogar heiraten. Er spielte ihr manchmal auf der Kirchenorgel von Sierning Marienlieder sowie eigene Werke vor und widmete ihr das Stück *Die Rose*. Die Bekanntschaft mit Bruckner fand spätestens mit der Heirat des Mädchens im Februar 1889 ein Ende. FZ

Lit.: Max Danner, Sierning. Geschichte einer aufstrebenden Gemeinde. Sierning 1985, S. 158, 198 ff.; Franz Zamazal, Ein verschollenes Werk Bruckners: Die Rose, in: IBG-Mitteilungsblatt Nr. 35, Dezember 1990.

Rott, Hans (Carl Maria)

Geb. 1. 8. 1858 und gest. 25. 6. 1884 in Wien. Organist und Komponist. 1872-1874 Besuch der 1. Öffentlichen Höheren Handels-Lehranstalt, 1874-1878 Studium am Konservatorium der → Gesellschaft der Musikfreunde in Wien (GdM): Orgel bei Bruckner, Harmonielehre bei Hermann Grädener. 1876-1878 Organist des Josefstädter Kirchenmusikvereins an der → Piaristenkirche, danach ohne feste Anstellung. 1878-1879 Komposition der Symphonie in E-Dur. Seit Sommer 1880 gesteigerte krankhafte

Erregungszustände. Herbst 1880 Verhandlungen mit der Chorvereinigung »Concordia« der Association des Chanteurs Alsaciens in Mühlhausen; 21. 10. 1880 Abreise nach Mühlhausen und Ausbruch der Geisteskrankheit. Einlieferung in die Psychiatrische Anstalt des Allgemeinen Krankenhauses in Wien, Februar 1881 Überstellung in die niederösterreichische Landesirrenanstalt.
Bruckner bezeichnete Hans Rott ausdrücklich als seinen »besten Schüler«; Dokumente seiner Wertschätzung für Rott sind sowohl das Schreiben, das er am 14. 6. 1877 an den Regens chori von → St. Florian, Ignaz → Traumihler, richtete, um Rott als Nachfolger für den soeben verstorbenen Stiftsorganisten Josef → Seiberl zu empfehlen, als auch das Zeugnis vom 12. 3. 1880, in dem er dem jungen Komponisten und Organisten »gediegene Kunstleistungen auf musikalischem Gebiete« bescheinigte. Als am 2. 7. 1878 der erste Satz der E-Dur-Symphonie Rotts im Zuge des Kompositions-Konkurses der Konservatoriums präsentiert wurde und seitens der Jury auf spöttische Ablehnung stieß, stellte sich Bruckner an die Seite seines Schülers: von diesem werde man »noch Großes hören«. Rott lebte in dürftigen finanziellen Verhältnissen; dennoch war sein Zimmer im Piaristenkloster, das er als Organist des Josefstädter Musikvereins bewohnte, Treffpunkt einer Runde von Musikern und Musikliebhabern, darunter Gustav → Mahler, die Brüder Rudolf und Heinrich → Krzyzanowski, der Germanist Joseph Seemüller und der Archäologe Friedrich Löhr, der nach Rotts Tod dessen musikalischen Nachlaß sicherte (heute in der Musiksammlung der → Österreichischen Nationalbibliothek). Mehrfach bezeugt ist Bruckners tiefe Erschütterung beim Begräbnis seines ehemaligen Schülers; seine Vermutung, Rott sei wegen der schroffen Zurückweisung von seiten → Brahms' geisteskrank geworden, muß allerdings als unhaltbar angesehen werden. Rotts Symphonie in E-Dur (1989 als CD erschienen) wurde als bedeutendes Dokument der symphonischen Tradition zwischen Bruckner und Mahler wiederentdeckt; insbesondere finden sich in Mahlers Dritter Symphonie offene Reminiszenzen an dieses Werk, das Mahler im Sommer 1900 in der Absicht einer Aufführung eingehend studiert hatte. Ebenso wie von Bruckner sind auch von Mahler Aussagen über Rott überliefert, die von höchster Wertschätzung zeugen (»Was die Musik an ihm verloren hat, ist gar nicht zu ermessen«). TL

Werke: Symphonie E-Dur und Symphonieskizzen, Orchesterwerke, Kammermusik, Orgelwerke, Chorwerke, Sakralmusik, Lieder (Werkverzeichnis von Leopold Nowak).

Lit.: Maja Löhr, Biographie H. Rotts (ungedruckt und verschollen); dies., H. Rott: der Lieblingsschüler A. Bruckners, in: Lebendige Stadt. Wien 1958; Leopold Nowak, Die Kompositionen und Skizzen von H. Rott in der Musiksammlung der Österreichischen Nationalbibliothek, in: Beiträge zur Musikdokumentation: Franz Grasberger zum 60. Geburtstag. Tutzing 1975; Paul Banks, The Early Social and Musical Environment of Gustav Mahler. Diss. Oxford 1982; ders., H. Rott, 1858-1884, in: The Musical Times 125 (1984); ders., H. Rott and the New Symphony, ebenda 130 (1989).

Rotter, Ludwig

Geb. 6. 9. 1810 und gest. 5. 4. 1895 in Wien. Seit 1837 Organist an der Wiener Kirche Am Hof (→ Bewerbungen), seit 1843 Lehrer an der Kirchenmusikschule bei → St. Anna, wurde 1858 »Exspektant« der → Hofmusikkapelle und am 10. 9. 1862 Nachfolger Gottfried Preyers als Hoforganist. Als solcher war er Kollege von Rudolf → Bibl und Bruckner. Seit 19. 12. 1870 war Rotter (Titular-)Vizehofkapellmeister. Da seine Schwerhörigkeit ständig zunahm, wurde er an der Hofmusikkapelle 1877 außer Dienst gestellt, versah sein Amt an der Kirche Am Hof, zuletzt als Kapellmeister, jedoch bis 1882 weiter. Er war Ehrenmitglied des Kirchenmusikvereins in Wien und des Mozarteums in → Salzburg. Seine Kompositionen (fast ausnahmslos Kirchenwerke) waren außerordentlich beliebt und standen mit 797 Aufführungen in den Jahren 1867-1896 (das sind 42,55 Prozent der insgesamt aufgeführten Werke; Bruckner: 40 Aufführungen, das sind 2,13 Prozent!) weit an der Spitze des Repertoires. EM

Lit.: ÖBL; Antonicek, Hofmusikkapelle, passim.

Rotterdam

Niederländische Hafenstadt im Rhein-Maas-Delta (Provinz Zuid-Holland). Größter Hafen der Welt, größtes erdölverarbeitendes Zentrum; Mittelpunkt einer großen Industriezone; zahlreiche kulturelle Institutionen. 1875: 132 000, 1995: 576 000 Einwohner.
Erst 1918 wurde das Rotterdams Philharmonisch Orkest gegründet, das sich der Musik Bruckners nur langsam annahm und vor allem von Eduard Flipse in diese Richtung geführt wurde. – 1862 war Hermann → Levi, der später für → Wagner und Bruckner werbende Dirigent, nach Rotterdam gekommen und hatte schon am 19. 11. 1862 »Lohengrin« – mit viel Erfolg – dirigiert. Willem Mengelberg bezeichnete Levi als »größten Dirigenten« – wegen dessen Wagner- und

Bruckner-Aufführungen. Zu Lebzeiten Bruckners wurde in Rotterdam keine seiner Symphonien aufgeführt, trotzdem erwähnt Max → Auer diese Stadt: Es handelt sich dabei um ein rätselhaftes Improvisationskonzert, das Bruckner 1871 auf der Rückreise von → London, wohin er als Organist eingeladen war, in Rotterdam gegeben haben soll. Der Bericht stammt von Anton Ölzelt Ritter von Newin, in dessen Haus in Wien I., Heßgasse 7, Bruckner viele Jahre wohnte. Auch Lisa Morscher, Hörerin von Bruckners Vorlesungen an der → Universität Wien, bestätigte diese Meldung. Bruckner soll dieselben Themen wie bei seinen Improvisationen in London bearbeitet haben und dabei den ersten Preis errungen haben. In keiner Zeitung oder Zeitschrift (wie z. B. »Caecilia«) läßt sich dieser Auftritt Bruckners nachweisen. CvZ

Lit.: Göll.-A. 4/1, S. 461; Cornelis van Zwol, Holland: ein Brucknerland seit 1885, in: Bruckner-Jahrbuch 1980.

Rudigier, Franz Joseph

Geb. 7. 4. 1811 in Partenen, Vorarlberg, gest. 29. 11. 1884 in Linz; Bischof von Linz 1853-1884. Achtes und jüngstes Kind einer armen Familie. Der Vater war Kleinbauer, Mauteinnehmer und Schuhmacher. Nach dem Besuch des Gymnasiums in Innsbruck (1825-1831) Studium der Theologie am Priesterseminar in Brixen, hier am 12. 4. 1835 zum Priester geweiht. Nach drei Jahren als Benefiziat in Vandans bzw. Bürs Doktoratstudium am Höheren Priesterbildungsinstitut St. Augustin in Wien, vor dessen Abschluß ihn sein Bischof Bernhard Galura 1839 zum provisorischen und 1841 zum definitiven Professor der Kirchengeschichte und des Kirchenrechtes in Brixen ernannte; schon 1842 mußte er jedoch das Fach Moraltheologie und 1843 auch noch Erziehungskunde übernehmen. 1845 berief ihn der Kaiser zum Spiritualdirektor von St. Augustin in Wien. 1848 übernahm Rudigier die Propsteipfarre Innichen, 1850 wurde er Regens am Priesterseminar und Domherr in Brixen. Die Ernennung zum Bischof von Linz durch Kaiser → Franz Joseph erfolgte am 19. 12. 1852 (Bischofsweihe in Wien 5. 6., Inthronisation in Linz 12. 6. 1853). Zunächst widmete sich Rudigier ganz der Seelsorge. Nach der Verkündigung des Dogmas von der Unbefleckten Empfängnis Mariens (1854) beschlossen Rudigier und sein Domkapitel 1855 den Bau einer neuen Kathedrale mit diesem Patrozinium. Die Grundsteinlegung des monumentalen neugotischen Baues erfolgte 1862, die Weihe der Votivkapelle 1869.

Franz Joseph Rudigier

Für beide Anlässe schuf Bruckner, den Rudigier im Spätherbst 1855 zum Domorganisten in → Linz bestellt hatte, Kompositionen: die *Festkantate* bzw. die *Messe in e-Moll*. Rudigier, der das Orgelspiel Bruckners überaus schätzte, gewährte diesem auch die nötigen Studienurlaube zur Weiterbildung bei Simon → Sechter in → Wien und ließ ihn 1867 anläßlich einer Nervenkrise (→ Bad Kreuzen) fürsorglich betreuen. Dem 1861 konstituierten Oberösterreichischen Landtag, in dem die Liberalen die Mehrheit besaßen, gehörte der Bischof von Amts wegen an (Virilstimme). Dadurch wurde er zum »politischen« Bischof. Als das Österreichische Konkordat von 1855 von den Liberalen heftig attackiert und durch die Maigesetze von 1868 ausgehöhlt wurde, nahm Rudigier in einem scharfen Hirtenbrief vom 7. 9. 1868 dagegen Stellung. Als Folge davon wurde er 1869 wegen des »Verbrechens der Störung der öffentlichen Ruhe« zu zwei Wochen Kerker verurteilt, jedoch vom Kaiser begnadigt. Durch diese Auseinandersetzungen wurde Rudigier zum Volksbischof, und es entstand eine katholische Volksbewegung (1870 Gründung des Katholischen Volksvereins als Gegenstück zum Liberalpolitischen Verein für Oberösterreich und des Katholischen Preßvereins).

1872 errichtete Rudigier eine Sängerkapelle an der Votivkapelle des → Neuen Domes. Der 1875 konstituierte Oberösterreichische Cäcilienverein (OÖCV, → Cäcilianismus) wurde durch Bischof Rudigier nachhaltig gefördert.

Beim feierlichen Requiem für Bischof Rudigier am 3. 12. 1884 spielte Bruckner die Orgel.

Während seiner 31jährigen Regierungszeit nahm Rudigier 835 Pfarrvisitationen vor und erließ 48 Hirtenschreiben. Er leistete ein großes Aufbauwerk durch die tatkräftige Unterstützung der katholischen Presse, Vereine, Schulen und Orden; von diesen wurden unter ihm 66 neue Niederlassungen in der Diözese eröffnet. In besonderer Weise sorgte sich der Bischof um den Priesternachwuchs und die Priesterfortbildung. Er förderte die Exerzitienbewegung und die Volksmissionen sowie die Marienverehrung, was im Bau des Mariendomes und der Einführung der Maiandachten zum Ausdruck kommt.

Persönlich zeichnete sich Rudigier durch eine bescheidene Lebensführung aus. In den kirchenpolitischen Konflikten seiner Zeit erwies er sich als ein Mann der Konsequenz, dem die Sammlung der katholischen Kräfte gelang, der aber nicht immer über die nötige Anpassungsfähigkeit verfügte. Seit 1895 läuft für den Bischof ein Seligsprechungsverfahren. RZ

Lit. (Auswahl): Konrad Meindl, Leben und Wirken des Bischofes F. J. Rudigier von Linz. 2 Bände. Linz 1891-1892; Balthasar Scherndl, Der Ehrwürdige Diener Gottes F. J. Rudigier, Bischof von Linz. Linz 1913; 2. Aufl. Regensburg 1915; Hermann Bahr, Rudigier. Kempten-München 1916, Nachdruck Linz 1984; Harry Slapnicka, Bischof Rudigier. Eine Bildbiographie. Bildgestaltung: Erich Widder. Linz 1961; ders., F. J. Rudigier, in: Die Bischöfe von Linz. Hrsg. Rudolf Zinnhobler. Linz 1985; Bischof F. J. Rudigier und seine Zeit. Hrsg. R. Zinnhobler. Linz 1987, darin besonders von Franz Zamazal, Der Bischof und sein Organist – Die Beziehungen zu A. Bruckner, S. 157-165; Rudolf Zinnhobler, Rudigier F. J., in: Die Bischöfe der deutschsprachigen Länder 1785/1803 bis 1945. Ein biographisches Lexikon. Hrsg. Erwin Gatz. Berlin 1983; ders., Sechs unbekannte Briefe des Linzer Bischofs F. J. Rudigier, in: Jahrbuch des Oberösterreichischen Museal-Vereins 135/1 (1990); ders., Der politische Aspekt im Wirken des Linzer Bischofs F. J. Rudigier (1853-1884), in: Der Mensch ist der Weg der Kirche. Festschrift für Johannes Schasching. Hrsg. Herbert Schambeck und Rudolf Weiler. Berlin 1992; F. J. Rudigier. Mensch – Bischof – Politiker. Ausstellungskatalog. Hrsg. Magistrat der Landeshauptstadt Linz. Linz 1990; Auf den Spuren Bischof Rudigiers (1811-1884). Hrsg. Rudolf Zinnhobler. Linz 1992.

S

Sailer (Seiler), Franz

Geb. 1803, gest. 15. 9. 1848 in St. Florian; Gerichtsaktuar und Hofschreiber im Stift → St. Florian.

Sailer kannte Bruckner noch aus → Ansfelden, wo er nach dem Tod von Anton → Bruckner sen. Schätzmeister war und Firmpate Ignaz → Bruckners wurde. In St. Florian war er in der Stiftskanzlei tätig, deren Beamte bis 1848 auch unter dem Gesichtspunkt angestellt wurden, ob sie im Stiftschor oder im Orchester Verwendung finden konnten.

Als Musikliebhaber nahm Sailer an der Entwicklung Bruckners regen Anteil und hatte vor, ihm eine Ausbildung am Konservatorium der → Gesellschaft der Musikfreunde in Wien zu ermöglichen. Zu früh verstorben, vermachte er Bruckner testamentarisch seinen neuen → Bösendorfer-Flügel, auf dem dieser schon vorher hatte spielen dürfen (→ Instrumente Bruckners).

Unter dem Eindruck des Todes seines Förderers schrieb Bruckner das *Requiem in d-Moll*, das erstmals am 15. 9. 1849 zu dessen 1. Todestag in St. Florian aufgeführt wurde. KR

Quelle: Pfarre St. Florian. – Lit.: Göll.-A. 2/1, passim; Gräflinger, Bruckner 1927, passim; Nowak 1973, S. 74.

Salve Maria bzw. Salve Regina (WAB 134, verschollen)

Laut Göllerich-Auer hat sich Bruckner 1885 an ein 1844 in → Kronstorf komponiertes *Salve Maria* erinnert. Max → Auer war jedoch später der Meinung (der sich auch Leopold → Nowak in einer Notiz in seinem persönlichen WAB-Exemplar anschloß), es habe sich um ein *Salve Regina* gehandelt. Da das Werk als verschollen gelten muß und keiner der beiden Autoren einen konkreten Beleg angibt, kann es sich bei der vertonten Vorlage sowohl um das liturgische »Salve Regina« als auch um einen nichtliturgischen lateinischen Text (»Salve Maria«) gehandelt haben. EM

Lit.: Göll.-A. 1, S. 254; Max Auer, A. Bruckner. Sein Leben und Werk. 6. Aufl. Wien-München-Zürich 1967, S. 60.

Salvum fac (WAB 40) »Salvum fac populum tuum«

Vierstimmiger gemischter Chor a cappella in F-Dur

EZ: 14. 11. 1884

UA: ?

Autograph: ÖNB-MS; Abschrift mit autographer Eintragung: Musiksammlung der Wiener Stadt- und Landesbibliothek

ED (Faksimile): Göll.-A. 4/2, nach S. 496 (1936)

NGA: Band XXI (Hans Bauernfeind und Leopold → Nowak, 1984) und Revisionsbericht

Diesen Text aus dem »Te Deum« (Vv 22-30) hat Bruckner im Spätherbst des Jahres vertont, in dem er sein *Te Deum* in der zweiten Fassung vollendet hatte. Anlaß und eventueller Widmungsträger sind unbekannt. Dieses Werk, das Göllerich-Auer etwas hilflos als »eine der merkwürdigsten Kompositionen Bruckners« bezeichnen, ist in Wahrheit eine sehr verinnerlichte Motette von großer Schönheit, die starke Anklänge an das *»Tota pulchra es«* (1878) und das *Os justi* (1879) zeigt. Im Wechsel dreier Satzarten (Choralunisono, Falsobordone-Satz, real vierstimmiger Satz mit polyphonen Elementen, wie z. B. imitatorischen Einsätzen) erzeugt Bruckner den schon im *»Tota pulchra es«* verwendeten antiphonalen Effekt (→ Antiphon). Auch der im → Cäcilianismus sehr geschätzte Falsobordone-Satz legt den Schluß nahe, daß Bruckner das Stück für Franz Xaver Witts Zeitschrift »Musica sacra« geschrieben haben könnte, die 1885 jedoch das phrygische *Pange lingua* WAB 33 veröffentlichte. Göllerich-Auer ziehen die Möglichkeit in Betracht, es sei für → Klosterneuburg oder → St. Florian zu den sogenannten »Kaiserämtern« bestimmt gewesen. Eine Aufnahme dieser äußerst selten aufgeführten Motette findet sich auf einer 1994 veröffentlichten CD mit Bruckner-Motetten (Naxos).

EM

Lit.: Göll.-A. 4/2, S. 200 f.

Salzburg

Hauptstadt des gleichnamigen Bundeslandes und Erzbistums, an der Salzach gelegen; Verwaltungs-, Kultur- und Handelszentrum; Universität seit 1622; seit 1920 Salzburger Festspiele. 1869: 24 000, 1995: ca. 150 000 Einwohner. Mit der Säkularisation hatte Salzburg 1803 aufgehört, ein geistliches Fürstentum zu sein, wechselte in der Folge mehrmals Regierungsform und Staatszugehörigkeit, ehe es 1816 endgültig zu Österreich kam. Nach Jahren der Stagnation übernahm das Bürgertum das kulturelle Geschehen in der Stadt und organisierte sich im Museumsverein. 1841 kam es über Initiative des Sekretärs dieser Gesellschaft, des Advokaten Franz von Hilleprandt, zur Gründung einer »Dommusik-Verein und Mozarteum« genannten Einrichtung. Diese sollte ein festes Ensemble von Sängern und Instrumentalisten unter der Leitung eines Kapellmeisters erhalten, um in der Lage zu sein, in Kirche und Konzert »würdige Musik« aufzuführen und an der Musikschule »Mozarteum« die Ausbildung des künstlerischen Nachwuchses zu übernehmen. Entsprechend diesen Erfordernissen wurde das »Mozarteum« als »Singschule«, »Instrumental- und Übungsanstalt« im Kapellhaus eingerichtet, der »Dommusik-Verein« konstituierte sich unter der Administration von Hilleprandt und der künstlerischen Leitung von Alois Taux. Bereits im ersten Vereinsjahr betrug der Personalstand 48 Mitglieder. Sie übernahmen am Dom und an 14 Kirchen der Stadt die Musik und hatten jährlich sechs Vereinskonzerte zu absolvieren.

1847 gelang Taux mit dem Zusammenschluß der lokalen Singvereine die Gründung der »Salzburger Liedertafel«, die zum Ausgangspunkt der Entwicklung des Chorwesens in Stadt und Land Salzburg wurde. Zur Mozart-Zentenarfeier 1856 wurden alle Salzburger Ensembles aufgeboten. Am Gesangsfest nahmen mehr als 500 Mitglieder benachbarter Liedertafeln teil, unter ihnen auch Anton Bruckner mit der Linzer → Liedertafel »Frohsinn«. Bei dieser Gelegenheit spielte er die Domorgel (→ Orgel) und maß sich mit Robert → Führer – als dieser Bruckners Stil kritisierte – im Wettspiel. Auch 1869 und 1870 spielte Bruckner an den Orgeln im Dom und in der Universitätskirche.

1861, nach dem Tod von Taux, bewarb sich Bruckner um dessen Stelle als Direktor der damals noch vereinigten Körperschaften »Dommusikverein und Mozarteum«. Trotz des Erfolges seines siebenstimmigen *Ave Maria* (WAB 6), das Bruckner vor der Kommission dirigierte, erhielt er die Stelle nicht. Auch seine neuerliche → Bewerbung im Jahr 1868 fand keine Berücksichtigung, trug ihm jedoch die Ehrenmitgliedschaft des Dommusikvereins ein. Bruckner hatte als Referenz seine *Messe in d-Moll* eingereicht, zur Aufführung kam sie allerdings erst 1870 im Dom.

Um die Rezeption des symphonischen Schaffens Bruckners hat sich besonders Mozarteums-Direktor Joseph Friedrich Hummel verdient gemacht: 1891 leitete er die Salzburger Erstaufführung der *Dritten Symphonie*, 1897 die der *Vierten Symphonie* mit dem Orchester des Dommusikvereins. GW

Lit.: Ernst Hintermaier, A. Bruckner und der »Dommusikverein und Mozarteum« in Salzburg, in: IBG-Mitteilungsblatt Nr. 16, Dezember 1979; Gerhard Walterskirchen, Bruckner in Salzburg – Bruckner-Erstaufführungen in Salzburg, ebenda; Salzburger Kulturlexikon. Hrsg. Adolf Haslinger und Peter Mittermayr. Salzburg 1987.

Sängerbund (WAB 82) »Nichts Schön'res auf der ganzen Erde«

Vierstimmiger Männerchor a cappella in C-Dur, »Feierlich, kräftig, markiert«

Text: Heinrich von der Mattig ? (a) bzw. Karl → Kerschbaum (b)

EZ: am 3. 2. 1882 in → Wien vollendet

W: »Dem Vorstand des Ob. Öst.-Salzb. Sängerbundes Stadtrat August → Göllerich sen. Reichsratsabgeordneter«

UA: 10. 6. 1883 in → Wels (Volksfesthalle; Eduard Binder)

Autograph: Linzer Singakademie, Frohsinn-Archiv

ED: Wien, Universal-Edition 1911 (Viktor Keldorfer)

NGA: Band XXIII/2 (in Vorbereitung)

Dieser Chor, in dem Bruckner einige Takte des »Deutschen Liedes« von Johann W. Kalliwoda (1801-1866) zitiert, reiht sich sowohl durch seinen Text als auch durch seine Musik in die Reihe der übrigen Vaterlandslieder ein. Das zweistrophige Lied, für Massenchor komponiert, kann die Anpassung an Liedertafel-Verhältnisse nicht verleugnen. Beide Strophen sind ähnlich gebaut. Nach fanfarenartigem Beginn folgt ein Mittelteil mit Sextakkordketten. Die zweite Strophe erscheint in ihrem Schlußteil harmonisch verändert und führt von A-Dur über den Sextakkord von f-Moll zur Wiederholung des Schlußteils der ersten Strophe zurück. Wie sehr dieser Chor der Zeit entsprach, zeigt eine Kritik anläßlich einer Aufführung beim 41. Gründungsfest der Steyrer Liedertafel im Jahre 1891: »›Sängerbund‹ von Bruckner, klang wie ihr künstlerisches und poli-

tisches Glaubensbekenntnis und in kräftigen Accorden schloß sich an das deutsche Lied das Gelöbnis ewiger Treue zu demselben in allen Phasen der Geschicke des deutschen Volkes« (»Alpenbote« 26. 7. 1891).
Der ursprüngliche Gelegenheitstext (a) wurde mit Zustimmung Bruckners vom Linzer Stadtbuchhalter Karl Kerschbaum verallgemeinert (b). Die Uraufführung fand beim 5. Oberösterreichisch-Salzburgischen Sängerbundfest in Wels statt. AH

Lit.: Göll.-A. 4/2, S. 54 ff.; Andrea Harrandt, Bruckner und das bürgerliche Musiziergut seiner Jugendzeit, in: Bruckner-Symposion 1987, S. 97.

Sängerfeste

Das erwachende Nationalgefühl in den ersten Jahrzehnten des 19. Jahrhunderts hatte zur Gründung von → Gesangvereinen und zur Abhaltung von Sängerfesten geführt. Sängerfeste und Sängerfahrten im In- und Ausland bestimmten wesentlich das Vereinsleben aller Chorvereinigungen im 19. Jahrhundert – als Zeichen »sängerischer« Verbundenheit und zur Förderung der Kontakte zwischen den einzelnen Vereinen. Das erste »deutsche« Sängerfest fand 1827 in Plochingen in Württemberg statt, weitere folgten in Frankfurt (1838) und Würzburg (1845). Die Abhaltung solcher Veranstaltungen war um die Mitte des 19. Jahrhunderts oft mit Problemen verbunden, da in Österreich jede Verbindung mit ausländischen Vereinen verboten war. Eine nicht geringe Rolle spielte dabei deren deutsch-nationale Ausrichtung, die in Österreich als suspekt angesehen wurde. Große Sängerfeste fanden in → Regensburg (1847) und → Salzburg (1849) statt. Erst seit 1861 war es oberösterreichischen Gesangvereinen wieder möglich, Sängerfeste zu veranstalten.
Für das Passauer Sängerfest (5.-7. 7. 1851) vertonte Bruckner die Sängersprüche (→ Motti) *»Ein jubelnd Hoch in Leid und Lust«* und *»Lebt wohl, ihr Sangesbrüder«*. Kurz nach seinem Beitritt zur → Liedertafel »Frohsinn« nahm er im September 1856 am Mozart-Fest in Salzburg teil. Als erste machtvolle Kundgebung der deutsch-österreichischen Sängerschaft wurde in → Krems (29.-30. 6. 1861) das erste österreichische Sängerfest abgehalten, an dem 32 Vereine mit mehr als 1 100 Sängern, darunter auch die Liedertafel »Frohsinn« unter der Leitung Bruckners, teilnahmen. → Nürnberg als Veranstaltungsort der Fränkischen Liederfeste wurde zur Austragung des Großen Deutschen Sängerfestes (19.-24. 7. 1861) bestimmt, an dem wieder der »Frohsinn« mit 49 Mitgliedern teilnahm.
Für das I. Oberösterreichisch-salzburgische Sängerbundesfest in → Linz (4.-6. 6. 1865) war ein Wettbewerb um einen Preis-Chor ausgeschrieben worden, an dem sich auch Bruckner beteiligt hatte. Allerdings konnte sein Chor *Germanenzug* (5. 6. 1865) nur den 2. Preis nach Rudolf → Weinwurms »Germania« erringen. Im Juli 1865 fand dann in → Dresden ein großes deutsches Sängerfest statt, an dem sich der → Wiener Männergesang-Verein beteiligte. Beim V. Oberösterreichisch-salzburgischen Bundesfest in → Wels (10. und 11. 6. 1883) wurde Bruckners Chor *Sängerbund* unter der Leitung von Eduard Binder uraufgeführt. Für das Deutsche Akademische Sängerfest im Juni 1892 in Salzburg schrieb Bruckner *Das deutsche Lied*, das der → Wiener Akademische Gesangverein uraufführte. AH

Lit.: Andrea Harrandt, Aus dem Archiv der Liedertafel »Frohsinn«. Zum Chorwesen im 19. Jahrhundert, in: Bruckner-Symposion 1990.

St. Anna, Lehrerbildungsanstalt, Wien

Altes Klostergebäude in → Wien I., Annagasse 3; im Laufe der Jahrhunderte von verschiedenen Orden bewohnt, zuletzt (bis zur Ordensauflösung 1773) von den Jesuiten. Am 23. 12. 1774 zogen die Normalschule St. Stephan (seit 1805 als »Normal- und Hauptschule zu St. Anna«, seit 1870 als Lehrerbildungsanstalt), die »Realhandlungsakademie« sowie einige andere Unterrichtsinstitute (z. B. die Akademie der bildenden Künste) ein. Hier wurde u. a. Franz → Schubert ausgebildet; sein Bruder Ferdinand war lange Zeit Direktor der Anstalt.
Bruckner unterrichtete seit 18. 10. 1870 als Hilfslehrer für Klavier an der Lehrer(innen)bildungsanstalt St. Anna (Jahresgehalt 540 fl) – gleichzeitig mit Eduard → Kremser – und wurde im Zuge dieser Tätigkeit in eine überaus peinliche Affäre verstrickt: Wie die Linzer »Tages-Post« am 12. 10. 1871 berichtete, habe er »seinen Schülerinnen den Hof« gemacht und einzelne vor anderen bevorzugt. Verschiedenen Berichten zufolge soll er ein fleißiges (und sicher auch hübsches) Mädchen (→ Frauen) mit »lieber Schatz« tituliert und ihre Hand gestreichelt, eine andere (faulere?) »Urschl im Zorne genannt« haben. Letztere war unglücklicherweise eine Tochter des Realschuldirektors J. Streinz. Vermutlich war er es, der (anonym) gegen Bruckner ein Disziplinarverfahren an-

strengte, das diesen völlig unvorbereitet nach seiner Heimkehr aus → London, wo er im Sommer 1871 Orgelkonzerte gegeben hatte, traf und ihn nicht nur in die Schlagzeilen der Wiener Zeitungen brachte, sondern auch eine Dienstenthebung (5. 10. 1871) zur Folge hatte. Diese Affäre bedeutete für Bruckner eine tiefe Demütigung, als deren Gipfel er wohl einen satirischen Artikel empfunden haben wird, der als fingierter Brief einer Wiener Prostituierten an ihre Freundin abgefaßt ist und den amourösen Klavierunterricht bei Bruckner zum Inhalt hat. Bruckner wurde rehabilitiert, verzichtete jedoch fortan auf den Unterricht der weiblichen Klassen. Anfang Oktober 1874 wurde – offiziell im Zuge einer Unterrichtsreform – die Klavierklasse an Rudolf → Weinwurm übertragen. EM

Lit.: Brief der Entrechatsali an die Pawlatschentini, in: Die Bombe, 22. 10. 1871; Göll.-A. 4/1, S. 178-191.

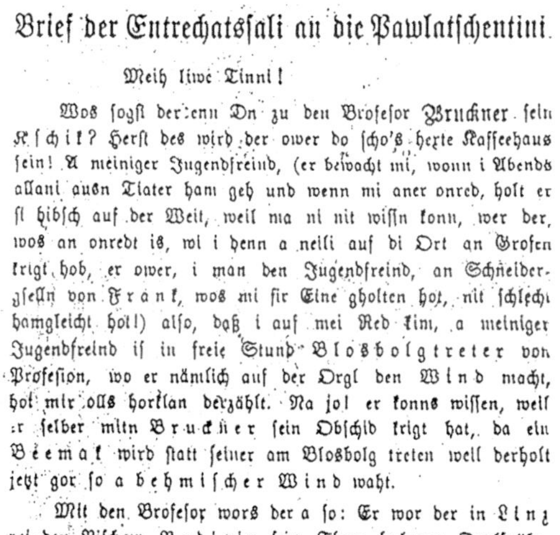

Brief der Entrechatssali an die Pawlatschentini.

Meih liwe Tinni!

Wos sogst der denn Dn zu den Brofesor Bruckner seln Kschik? Herst des wird der ower do scho's herte Kaffeehaus sein! A meiniger Jugendfreind, (er bewacht mi, wonn i Abends allani auon Tiater ham geh und wenn mi aner onred, holt er si hibsch auf der Weit, weil ma ni nit wissn konn, wer der, wos an onredt is, wi i denn a neili auf di Ort an Grofen krigt hob, er ower, i man den Jugendfreind, an Schneidergselln von Frank, wos mi fir Eine gholten hot, nit schlecht hamgleicht hot!) also, daß i auf mei Red kim, a meiniger Jugendfreind is in freie Stund Blosbolgtreter von Profesion, wo er nämlich auf der Orgl den Wind macht, hot mir olls horklan derzählt. Na jo! er konns wissen, weil er selber mitn Bruckner sein Obschid krigt hat, da ein Beemak wird statt seiner am Blosbolg treten weil derholt jetzt gor so a behmischer Wind waht.

Mit den Brofesor wors der a so: Er wor der in Linz bei den Pischow Rudigir sein Thom hecherer Orglspüler und a solcher Traumjnit dassn sei Pischow hot for lauter lib nach Wien empfoln.

Aus: »Die Bombe« vom 22. 10. 1871 (Ausschnitt)

St. Augustin, Wien

Kirche in → Wien I., Augustinerstraße 3; Stiftung Friedrich des Schönen (Bauzeit 1330-1339). Besiedlung durch verschiedene Ordenszweige (Beschuhte Augustiner seit 1327, Unbeschuhte Augustiner seit 1642, heute Augustiner-Eremiten). Hier lebten und wirkten u. a. der berühmte Prediger Abraham a Sancta Clara (1644-1709) und der Dichter Zacharias Werner (1768-1823). In der Augustinerkirche fand 1854 auch die Hochzeit von Kaiser → Franz Joseph I. mit Elisabeth in Bayern sowie 1881 die Vermählung Kronprinz Rudolfs mit Stephanie von Belgien statt.

Mittelschiff von St. Augustin in Wien. Alte Postkarte

Neben der → Hofburgkapelle war die Hofpfarrkirche St. Augustin Bruckners wichtigste Wirkungsstätte als Hoforganist (→ Hofmusikkapelle, → Orgel). Die Hochämter in der Augustinerkirche waren wegen ihrer hohen musikalischen Qualität (insbesondere unter ihrem Regens chori Leopold → Eder, der hier seit 1867 bzw. 1868 tätig war) beim Adel und beim Volk äußerst beliebt; das Musikprogramm wurde jeweils einige Tage vor den Aufführungen in verschiedenen Zeitungen annonciert. Bruckner spielte hier durchschnittlich zweimal pro Monat und schloß manchmal den Gottesdienst mit einer improvisierten Fuge oder, bei besonderen Gelegenheiten, einer Improvisation über die → Kaiserhymne ab, wie z. B. zur silbernen Hochzeit des Kaiserpaares am 27. 4. 1879. Das ihm zur Verfügung stehende Instrument war eine um 1760 durch J. Henke erbaute Orgel. EM

Lit.: Walburga Litschauer, A. Bruckner als Organist in Wien, in: Bruckner-Symposion Leipzig 1987.

St. Florian. Alte Photographie

St. Florian, Stift

Augustiner-Chorherrenstift in der Marktgemeinde St. Florian (1869: 1 250, 1995: 5 100 Einwohner) südöstlich von Linz.
Das Stift St. Florian zählt zu den bedeutendsten barocken Architekturleistungen in Österreich. Das Kirchengebäude – der Legende nach über dem Grab des hl. Florian errichtet und seit dem 4. Jahrhundert Wallfahrtsstätte –, das die Chorherren 1071 von Bischof Altmann von Passau übernahmen und in romanischem Geiste gestalteten, fiel 1235 einem Brand zum Opfer. Erst 1291 konnte die vergrößerte, nunmehr gotische Stiftskirche geweiht werden. Propst Leopold Zehetner (1612-1646) ließ die gotische Kirche barockisieren, doch seit 1686 wurde an ihrer Stelle die heutige Barockkirche und auch bis 1751 die gesamte barocke Stiftsanlage von Carlo Antonio Carlone und Jakob Prandtauer erbaut. Das Stift selbst erlebte im Barock wieder eine Blütezeit. 1770-1774 errichtete Franz Xaver Chrismann die → Orgel, die seit 1930 »Bruckner-Orgel« genannt wird.
Den tief in das klösterliche Gefüge eingreifenden Reformen Kaiser Josephs II. (Regierungszeit 1780-1790, Mitregent seit 1765) folgte das wissenschaftliche 19. Jahrhundert. Schwerpunkt war die Geschichtsforschung. Man spricht von der »Florianer Historikerschule«. Die Chorherren prägten aber auch das höhere Schulwesen in Linz durch eine Vielzahl von Professoren entscheidend mit.
Im 20. Jahrhundert hatte Adolf Hitler den ehrgeizigen Plan, St. Florian mit riesigem Aufwand in ein »Bayreuth Bruckners« zu verwandeln. An entscheidender Stelle fungierte Heinrich Glasmeier, der Reichsintendant des Großdeutschen Rundfunks und Generalbevollmächtigte für das Bruckner-Stift. Der Ausbau des Westflügels sollte dem gesteigerten Besucherstrom und dem besonders gearteten Verkehr des künftigen Konferenz- und Veranstaltungszentrums gerecht werden.
Auch unter den nicht zuletzt wirtschaftlich schwieriger gewordenen Bedingungen, mit denen ein Kloster im ausgehenden 20. Jahrhundert konfrontiert ist, versucht das Stift St. Florian den seit 925 Jahren bestimmenden Aufgaben nachzukommen. Es beherbergt eine Fülle von Kunstschätzen, u. a. 14 Altdorfer-Altarbilder und 16 Kaiserzimmer. Die Stiftsbibliothek umfaßt 130 000 Bände, 800 Handschriften und 800 Inkunabeln.
Musik spielte im Stift St. Florian in den 925 Jahren, seit die Augustiner-Chorherren das Kloster betreuen, nachweislich eine wichtige Rolle. Die Priestergemeinschaft mit feierlicher Liturgie ist ohne Musik nicht denkbar. Frühe mittelalterliche Handschriften zu Choralgesang und Orgelbau belegen dieses Interesse. Die Klosterschule hatte

seit dem Mittelalter einen guten Ruf. Dort erfolgte auch die musikalische Ausbildung der jungen Ordensanwärter. Die Reformen des 15. Jahrhunderts wollten keine »weltliche Musik« im Kloster gelten lassen. Auf den Gehaltslisten aus der Barockzeit stehen nicht wenige Sänger und Musiker.

Die josephinische Zeit suchte vor allem auch bei der Musik Einsparungen durchzusetzen, und es dauerte bis in die zwanziger Jahre des 19. Jahrhunderts, daß sowohl die Kirchenmusik als auch anderes Musizieren neuen Aufschwung nahmen. Die Aufführungsverzeichnisse und die Literatur des Musikarchivs sind beredte Zeugen der Musizierpraxis der Folgezeit. An die große Bedeutung der Musik in St. Florian wollten die Machthaber der Jahre 1941 bis 1945 mit dem Namen Anton Bruckners anschließen. Nach der Rückkehr der Chorherren in das Stift 1945 galt eine ihrer ersten Sorgen der Bruckner-Orgel. Die musikalischen Aktivitäten der letzten Jahre – Kirchenmusik, Konzerte, Sängerknaben, Stifts- und Orgelkonzerte – haben weltweites Echo gefunden. Augustinus Franz Kropfreiter (geb. 1936), der seit 1953 dem Orden der Augustiner-Chorherren in St. Florian angehört, ist seit 1960 Stiftsorganist und seit 1966 Leiter des Stiftschores. Neben seiner Organistentätigkeit widmet er sich seinem umfangreichen kompositorischen Schaffen.

Das im Mittelalter gegründete Sängerknabeninstitut erlebte gerade zu Bruckners Zeit einen neuerlichen Aufschwung und ist bis heute aktiv. Im Oktober 1824 traf Propst Michael → Arneth eine Neuregelung bezüglich der Stiftssängerknaben, die in ihrer alten Struktur den verordneten Sparmaßnahmen Kaiser Josephs II. zum Opfer gefallen waren. Ihre Erziehung und Ausbildung für Kirchen- und Kammermusik wurde dem St. Florianer Schullehrer und seinem Gehilfen übertragen. Die drei Sängerknaben wohnten auch bei der Familie des Schullehrers, das Stift trug die anfallenden Kosten.

Seit 1837 ermöglichte Arneth dem Ansfeldener Lehrersohn Bruckner den Beginn gediegener musikalischer Ausbildung. Bruckner verbrachte insgesamt 21 Jahre im Einflußbereich des Stiftes (→ Ansfelden, → Windhaag und → Kronstorf waren Florianer Pfarren). Später hielt er sich in den Ferien oft im Stift auf, wo ihm ein eigenes Zimmer zur Verfügung gestellt wurde. Besonders eng verbunden war er mit den Florianern Karl → Aigner, Bernhard → Deubler, Josef → Seiberl und Ignaz → Traumihler sowie mit

Bruckner-Orgel in der Stiftskirche St. Florian

Sarkophag in der Gruft unter der St. Florianer Orgel

seinem Bruder Ignaz → Bruckner, mit denen er auch in regem Briefkontakt stand. In seinem → Testament äußerte er den Wunsch, unter der großen Orgel der Stiftskirche begraben zu werden, was am 15. 10. 1896 auch geschah (→ Begräbnis). Bald nach seinem Tod wurde für Bruckner vor den Kaiserzimmern des Stifts ein Gedenkraum mit Erinnerungsstücken eingerichtet.

Das Musikarchiv des Stiftes verwahrt viele Autographe und Abschriften von Werken sowie viele Briefe Bruckners. Franz Xaver Müller (1870-1948), Stiftsorganist und Regens chori in St. Florian sowie Domkapellmeister in Linz, fand einige Werke Bruckners im Stiftsarchiv wieder auf und machte sie so der Öffentlichkeit bekannt. KR

Lit.: Walter Schulten, A. Bruckners künstlerische Entwicklung in der St. Florianer Zeit (1845-1855). Phil. Diss. Mainz 1956; Kurt Azesberger, Musik im Stift St. Florian nach A. Bruckner. Diplomarbeit Wien 1984; Hanns Kreczi, Das Bruckner-Stift St. Florian und das Linzer Reichs-Bruckner-Orchester (1942-1945). Graz 1986; Musiktradition in den oberösterreichischen Klöstern, in: Bruckner-Symposion 1990.

St. Marienkirchen an der Polsenz

Gemeinde im Bezirk Eferding, Oberösterreich; Mostmuseum. 1996: 2 100 Einwohner.

Schulmeister und Organist dieses Ortes war 1808-1861 Vinzenz → Seiberl, dessen Sohn Josef gemeinsam mit dem gleichaltrigen Bruckner an der Präparandie in → Linz war und später Schulgehilfe u. a. in → Hörsching und schließlich Lehrer in seinem Heimatort wurde. Auf dessen Bitten komponierte Bruckner 1852 für St. Marienkirchen zwei *Totenlieder*. Der jüngere Sohn Karl, später Justizbeamter, aber auch Musiker in Oberösterreich, war gleichzeitig mit Bruckner Sängerknabe in → St. Florian. 1839 begleitete Bruckner während eines mehrtägigen Aufenthaltes bei der Familie Seiberl eine Messe von Joseph Preindl auf der Orgel. RG

Lit.: Göll.-A. 1-2, passim.

St. Stephan, Wien

Dom- und Metropolitankirche (Wien I., Stephansplatz), Sitz des Erzbischofs von → Wien; eines der bedeutendsten Bauwerke der mitteleuropäischen Hoch- und Spätgotik, Wahrzeichen Wiens (besonders der 136,7 m hohe Südturm, »Steffl« genannt). Erster Bau 1147 geweiht, zunächst zum Bistum Passau gehörig, seit 1469 Domkirche durch die Erhebung Wiens zum Bistum unter Bischof Georg v. Slatkonja, der

St. Stephan in Wien. Alte Postkarte

gleichzeitig Hofkapellmeister Kaiser Maximilians I. war.

Bruckner wollte sich, wie Göllerich-Auer (4/2, S. 83) berichten, um die Domorganistenstelle bei St. Stephan bewerben (→ Bewerbungen), »doch wurde er dafür gar nicht in Betracht gezogen«. Wenige Jahre später war der Stephansdom am Nachmittag des 6. 10. 1886 Schauplatz einer feierlichen Orgelkollaudierung: An diesem Tag fand ein Konzert der Herren Bruckner, Rudolf → Bibl und Paul Joseph Maria Homeyer (1853-1908, Leipziger Gewandhausorganist) statt. Anlaß zu diesem Konzert, das viele Musikfreunde anlockte und den Dom zur Gänze füllte, war die neue → Orgel der Firma E. F. Walcker aus Ludwigsburg. Bruckner hatte sich sein Improvisationsthema, das Anklänge an melodisches Material der *Achten Symphonie* zeigt, auf einer Visitenkarte notiert, die im Besitz der Familie seiner Schwester Rosalia → Hueber in → Vöcklabruck erhalten blieb.

Es ist nur selbstverständlich, daß die Domkirche als geistliches Zentrum Wiens für den gläubigen Christen Bruckner besondere Bedeutung hatte, ohne daß dies in seinen Briefen oder persönlichen Aufzeichnungen wesentlichen Niederschlag gefunden hat. Für unsere Kenntnis des

»spekulativen« Anteils an der musikalischen Inspiration Bruckners interessant ist ein Bericht in der Stuttgarter »Neuen Musikzeitung« aus dem Frühjahr 1892, als Bruckner gerade an seiner *Neunten Symphonie* arbeitete: »Unser Anton Bruckner, der ehrwürdige Sinfoniker, trägt sich mit der Absicht, seinen neun Symphonien eine zehnte hinzuzufügen, und zwar die ›Gotische‹. Um in die richtige Stimmung zu kommen, geht er seit Tagen in und um die Wiener Stephanskirche und studiert deren edle Bauformen.« Wahrscheinlich bezogen sich die Studien der »edlen Bauformen« nicht so sehr auf den stimmungsmäßigen, emotionellen Anteil (wie der Korrespondent vermutete), sondern auf die zugrunde gelegten Proportionen des Bauwerkes (→ Zahlensymbolik). EM

Lit.: Neue Musikzeitung 13 (1892) S. 187; Eduard Castle, Geheimnisvoller Stephansdom, in: Neues Wiener Tagblatt 15. 11. 1940; Erwin Horn, Eine Visitenkarte mit Bruckner-Noten, in: Bruckner-Jahrbuch 1991/92/93.

Satztechnik

Symphonische Satzstrukturen resultieren aus bestimmten konkreten Satztechniken, die der Komponist anwendet, um seine Ideen in Noten zu setzen. Die punktuelle Untersuchung einzelner Elemente muß im Auge behalten, daß alle satztechnischen Mittel zusammen das organische Strukturgefüge ergeben, das die symphonische Idee zur Gestalt bringt. Der Sinn der Einzelstrukturen ergibt sich erst aus dem zyklischen Großformat, in welchem Bruckners Symphonien sich präsentieren.

In melodischer Hinsicht (→ Melodik) erweist sich Bruckners Gestaltungskraft zuerst an seiner *Themenerfindung*. Das unverwechselbare Profil der meisten seiner Themen und Motive (→ Motivik) verleiht jeder Symphonie, jedem Satz, jeder Themengruppe ein individuelles Bild; an Schlüsselpositionen des Formverlaufs (→ Form) erleichtert ihre Identität die hörende Orientierung. Andererseits sind die Themen dank ihrer intervallischen und harmonischen Struktur offen für Abwandlung und Verwandlung. Die sukzessive Entfernung der *Varianten* vom Urbild ermöglicht die Streckung des motivischen Materials über längere Formteile bei zunehmender melodischer und harmonischer Anspannung.

Mit der Variantenbildung verbinden sich die Prinzipien der Motiv-*Imitation* und Motiv-*Addition*. Die variierte Reihung erlaubt die Ausfüllung großer Formteile, ohne daß neue Erfindungen hinzukommen müßten. Die Hörerfahrung, wonach ein abgewandeltes Motiv dank seiner beibehaltenen rhythmischen Anordnung als selbiges wiedererkannt wird, erlaubt Bruckner eine unerschöpfliche Variabilität in der Änderung der Intervalle, Richtungswechsel eingeschlossen. Motivadditionen sind vor allem am Platz in Steigerungsabschnitten und Höhepunkten. Vom Bewegungsstrom der Steigerung wird die satztechnische Flexibilität, wie sie in den übrigen Formteilen waltet, übergangen und mechanisiert; analog hält die Höhepunktsfläche die aktuelle Motivbewegung rotierend fest, oder die Kulmination der Steigerung bringt den Durchbruch zum Neuartigen. In der Vorbereitung von Höhepunkten bauen rhythmische und melodische Partikel unter fortgesetzter Crescendo-»Registrierung« ein Energiefeld auf, das nach sorgfältig berechnetem Taktablauf ein zurückliegendes oder einzuführendes Thema zum Durchbruch bringt. »Durch dieses Verfahren erhalten neue Themeneinsätze oder deren Wiederkehr ihre häufig spektakuläre Wirkung. Denn in dem Maße, wie sich derart markante Themen durch fortgebildete Variantenreihung auflösen, wird ihr unversehrtes Wiederkehren oder der Einsatz eines neuen Themas zum tatsächlich herausragenden Ereignis« (Steinbeck S. 23).

Zur Verknüpfung im zeitlichen Nacheinander wäre das Korrelat die synchrone *Kombination* thematischer Teile. Elementare Intervallstrukturen erlauben eine richtungsverkehrte Spiegelung bei vielen Gebilden, wobei der gemeinsame → Rhythmus (mitunter phasenverschoben) erhalten bleibt. Eine alternative Konjunktion ist Verschränkung ein und desselben Motives bei Intervallbewegung in gleicher Richtung und gleichzeitiger Augmentation oder Diminution. Natürlich ist in all diesen Fällen die individuelle Angleichung einzelner Intervalle an die jeweilige Harmonie geboten, wodurch das einheitliche Hörbild nicht beeinträchtigt, sondern im Gegenteil mit Spannung erfüllt wird. Themen, die Bruckner zur kontrapunktischen Verknüpfung vorsah, sind von vornherein rhythmisch und melodisch komplementär entworfen, so daß sie sich gegenseitig kontrapunktieren können.

Unter den formtragenden Elementen kommen der → *Harmonik* wichtige Funktionen zu. Stark durchsetzt mit Alterationen wirken die daraus resultierenden leittönigen Harmonien vorwärtsdrängend. Selten werden Perioden kadenzierend (mit harmonischem Gefälle zur Tonika) geschlossen; gewöhnlich mündet die harmonische Bewegung an den Zäsuren in Dominantbezie-

hungen, die ihre Einlösung im nächsten Abschnitt suchen; die Fortführung erfolgt oftmals aber trugschlüssig, also einmündend nicht in die erwartete Tonika, sondern in einen anderen, »unerwarteten« Klang.
In den Dienst der Gliederung des Formverlaufs stellt Bruckner bevorzugt zwei doppelt leittönige Vierklänge: den Septakkord der 2. (Dur-)Stufe mit zweifacher Alteration (Terz erhöht, Quint erniedrigt) als übermäßigen Terzquartakkord (eingelöst in die 5. Stufe) und den Septakkord der 4. (Dur-)Stufe mit dreifacher Alteration (Grundton erhöht, Terz und Sept erniedrigt) als übermäßigen Quintsextakkord (eingelöst in den Quartsextvorhalt der 5. Stufe). So verläuft die Steigerung zum Höhepunkt im Adagio der *Siebenten Symphonie* über diese harmonischen Schlüsselpunkte (T. 169 f., 171 f., 176 f.). An Nahtstellen sind neben dominantischen auch (nicht diatonisch) terzverwandte Verbindungen geeignet, Formteile zu verbinden. Im harmonischen Verbund stellt Bruckner oft Klänge der erweiterten Klein- oder Großterzverwandtschaft nebeneinander. Gegenläufig zu dominantischen Verbindungen (mit authentischen Grundtonfortschreitungen) wirken modale Klangfolgen, die (im Rückgriff auf den modalen Satz) oft mehrfache plagale Grundtonfortschreitungen in Folge bringen.
Aus seiner (partiellen) Bindung an tradierte Satztechniken macht Bruckner streckenweise reichlichen Gebrauch von harmonisch-melodischen *Sequenzen*. Im Adagio der *Fünften Symphonie* beherrschen sie die Reprise der ersten Themengruppe im handwerklichen Sinne einer »Sequenzenmechanik«, allerdings dynamisch-instrumental differenziert und klanglich aufgewertet durch die Einbindung von Dissonanzen. »Langen Atem« erweist Bruckner in Partien, die mit Hilfe von Sequenzierungen ein sorgfältig ausgelotetes Dissonanzengeflecht über lange Perioden aufrechthalten. Eine extensive Sequenz, die den ganzen Quintenzirkel bei wechselnder Motivstruktur durchmißt, ist in das Finale der *Sechsten Symphonie* eingebaut (T. 340-356). Chromatisch-harmonische Sequenzen, bei denen alterierte Klänge mehrfach halbtonversetzt werden, schrauben in Steigerungen die Spannung in die Höhe. Im Spätstil gelangte Bruckner zu Sequenzmodellen von extremer harmonischer Anspannung. So zeigt eine Particellskizze zum Finale der *Neunten* eine im Tritonusfall und Sekundanstieg taktweise alternierende harmonisch-melodische Sequenz über 20 Takte hin (AGA Band 9: Entwürfe und Skizzen zur IX. Symphonie, S. 138).
Die weitgefaßten Dimensionen der Bruckner-Symphonien sind auf der Basis von abgezählten *Periodenbildungen* errichtet. Mit Taktziffern werden in Skizzen (auch in Improvisationsskizzen) und Partituren die metrischen Relationen abgesichert. Beziehungsmaßstab sind die klassischen 8- und 16taktigen Einheiten mit ihren Unterteilungen und (geradtaktigen) Erweiterungen und Verkürzungen. Dabei verhindert aber Bruckners ausgreifendes Konzept das Verharren in einer der »Quadratur der Tonsatzkonstruktion« (Richard → Wagner) deckungsgleichen musikalischen Erfindung.
Die konstruktive Periodizität nimmt sichtbare Konturen an in der klaren Abgrenzung der Formteile, die abgesehen vom Strukturwechsel vielfach durch → Generalpausen abgesteckt werden. Innerhalb dieser blockhaften Abgrenzungen addieren sich oftmals rhythmische und motivische Partikel zu großflächigen Geweben, besonders in Steigerungen und Höhepunkten. Solche additiven Entfaltungen können bogenförmig angelegt sein. Mehrheitlich brechen hohe dynamische Flächen unvermittelt ab oder werden auf kurzem Weg zurückgenommen.
Die periodischen Bemessungen erlauben *Strukturwechsel*, verbunden mit dynamischen und farblichen Kontrasten, in vielfach gestuften Größenordnungen. Baukastenartig werden kleine Formteile unterschiedlicher Lautstärke, Klangfarbe und Thematik zum Formganzen gereiht und gefügt. Dabei zeigen Bruckners frühere Konzepte einen spontanen, unbefangenen Umgang in der Disposition kleiner Teile und Einschübe, während er in späteren Schaffensphasen den Formverlauf mit größerer Kontinenz anlegt. Dieser »Wandel des Konzepts« (Manfred Wagner) zeigt sich musterhaft an der fortschreitenden formalen Vereinfachung in den drei Fassungen der *Dritten Symphonie*.
Die von Bruckner praktizierte architektonische und strukturelle Disposition zeitigt über weite Strecken *orgelgemäße Strukturen*. Als Organist (→ Orgel) war Bruckner, schon bevor er Symphonien schrieb, versiert im Umgang mit den typischen Klangvorgaben seines Instruments: Gegenüberstellung von Registergruppen, verbunden mit dynamischen Kontrasten und Abstufungen, sukzessiver Klangaufbau (»Zug um Zug«), simultane Klangschichtungen, solistischer Vortrag vor tremolierendem Klanghintergrund (→ Tremolo), Orgelpunktwirkungen, Ge-

neralpausen, markante Artikulation in Fortissimo-Akkordblöcken, Legato-Spiel in Pianissimo-Klängen. Dies alles sind Kategorien, die Bruckner aus seinem schöpferischen Walten an der Orgel in sein symphonisches Gestalten übernahm. Die orgelgemäßen Strukturen haben wesentlichen Anteil am Gesamtbild seiner Symphonien, doch dürfen diese nicht pauschal als niedergeschriebene »Orgelimprovisationen« mißverstanden werden. Zwar waren organistische Verfahrensweisen hilfreich, auf der Suche nach dem symphonischen Konzept zu gültigen Ergebnissen zu kommen, aber grundsätzlich setzte sich Bruckner von der Orgel ab und fand in genuin orchestralen Klangstrukturen die adäquate Möglichkeit, seine symphonischen Vorstellungen zu realisieren. Rein orchestrale, auf der Orgel kaum darzustellende Strukturen liegen etwa dort vor, wo in einer Gesangsgruppe nicht ein einzelnes klar gezeichnetes Hauptmotiv dominiert, sondern mehrere melodische Linien sich im Verbund als »Thema« erweisen.
Das analytische Separieren einzelner Satzgebilde und das Eruieren der angewandten Satztechniken muß zusammenfassend die Integration der Teile in das Ganze herstellen. Fritz Oeser (S. 17) betont in seinen Überlegungen zur Klangstruktur der Bruckner-Symphonie unter Rücksicht auf die darin waltende übergreifende symphonische Idee: »Nur das Ganze des Werkes selbst hat einen für sich bestimmbaren Gehalt, weil es die Objektivation eben dieses Gehaltes ist; eben dieses Ganze scheint noch durch die kleinsten Glieder des Strukturgefüges hindurch, und sein Gesetz muß sich noch in den untersten [Gliedern] nachweisen lassen ... Es muß der Weg von den Einzelphänomenen zum nächsten Teilganzen, von diesem wieder zu dem übergreifenden Gesamtganzen beschritten werden.« EH

Lit.: Ernst Kurth, Bruckner. Berlin 1925; Fritz Oeser, Die Klangstruktur der Bruckner-Symphonie. Studie zur Frage der Originalfassungen. Leipzig 1939; Eric Werner, Die tektonische Funktion der Variante in Bruckners Symphonik, in: Bruckner-Studien 1975; Manfred Wagner, Zur Interpunktion in der Musik A. Bruckners, in: Bruckner-Jahrbuch 1981; ders., Bruckner. Mainz 1983, hier S. 344-384; Erwin Horn, Die Partituren A. Bruckners im Theorieunterricht heute, in: Bruckner-Symposion 1988; ders., Evolution und Metamorphose in der Achten Symphonie von A. Bruckner. Darstellung der thematischen Zusammenhänge, in: Bruckner-Jahrbuch 1989/90; ders., Analyse der Scherzo-Themen der Symphonien V, VI, VII und VIII, in: Bruckner-Jahrbuch 1991/92/93; ders., Metamorphose des Hauptthemas der Achten Symphonie im Scherzo-Thema, in: Bruckner-Symposion 1992; Helmut Rösing, Gestalt und Wiederholung in Bruckners Sinfonien, in: Bruckner-Jahrbuch 1981; John A. Phillips, Die Arbeitsweise Bruckners in seinen letzten Jahren, in: Bruckner-Symposion 1992; Wolfram Steinbeck, Bruckner. Neunte Symphonie d-Moll. München 1993, hier S. 15-49.

Schalk, Franz
Geb. 27. 5. 1863 in Wien, gest. 3. 9. 1931 in Edlach an der Rax, Niederösterreich; Geiger, Dirigent und Operndirektor. 1878-1881 Studium am Konservatorium der → Gesellschaft der Musikfreunde in Wien (GdM): Violine bei Joseph → Hellmesberger, Klavier bei Julius → Epstein, Musiktheorie bei Bruckner. Gemeinsam mit seinem älteren Bruder Josef bald Mitglied des engsten Kreises um Bruckner, wird von diesem »Francisce« genannt. Ab 1884 rasch wechselnde Engagements als Kapellmeister an Provinztheatern der Monarchie (Olmütz, Czernowitz, Karlsbad, Reichenberg, Graz). 1895 Kapellmeister am Deutschen Landestheater Prag, 1898 an der Königlichen Oper Berlin, 1900 Erster Kapellmeister an der Wiener Hofoper. 1904-1921 Dirigent der Konzerte der GdM. 1919-1928 Direktor der Wiener Staatsoper (bis 1924 gemeinsam mit Richard → Strauss). 1930 erster österreichischer Generalmusikdirektor.
Als Mitglied des engagierten und begeisterten Schülerkreises, den Bruckner um sich sammelte, trat Schalk bereits früh für den von ihm verehrten Komponisten ein: Er bewog 1881 Felix → Mottl zur Aufführung der *Vierten Symphonie* in → Karlsruhe und begleitete Bruckner zur Uraufführung der *Siebenten Symphonie* am 30. 12. 1884 in → Leipzig, deren Aufnahme durch das Publikum ihm – wie aus seinem Brief an seinen Freund Richard Spur ersichtlich – sehr zurückhaltend erschien. An der Umarbeitung der

Josef und Franz Schalk

Dritten Symphonie (Fassung 1888/89) war er (mit Wissen und Wollen Bruckners) wesentlich beteiligt; eigenem Antrieb hingegen entsprang seine tiefgreifende Uminstrumentierung und Kürzung der *Fünften Symphonie* (1892/93), deren Uraufführung er am 9. 4. 1894 in → Graz leitete. Bruckner mußte dem Ereignis krankheitsbedingt fernbleiben. Die von Schalk bearbeitete Fassung, deren auffälligstes Element in der Hinzuziehung eines eigenen und gesondert aufgestellten Blechbläserensembles im Finale besteht, war Stichvorlage für den Erstdruck des Werkes (Wien: Doblinger 1896). In der Schalk-Fassung wurde die Symphonie weltweit bekannt, bis sie 1935 durch die in der → Gesamtausgabe erschienene »Originalfassung« abgelöst wurde.

Im frühen 20. Jahrhundert galt Franz Schalk neben Ferdinand → Löwe als der authentische und berufene Brucknerdirigent schlechthin. Er wurde Ehrenpräsident der → Internationalen Bruckner-Gesellschaft und genoß das Prestige einer unantastbaren Autorität in Sachen Bruckner. Dies sollte sich bereits wenige Jahre nach seinem Tod im Zuge der Kontroverse um die Brucknerschen Originalfassungen tiefgreifend ändern, wobei vor allem Robert → Haas, der Herausgeber der Bruckner-Gesamtausgabe, zu einer äußerst negativen Einschätzung von Rolle und Bedeutung des Brucknerschen Schülerkreises in der Frage der → Bearbeitungen gelangte. Heute gilt Franz Schalks Beziehung zu Bruckner wie die seines Bruders Josef nach wie vor als umstritten: einem vielfältigen und aufopferungsvollen Engagement stehen zweifellos Eigenmächtigkeiten und Manipulationen gegenüber. Schalks persönliche Bruckner-Sicht ist im ausführlichen Briefwechsel mit seinem Bruder dokumentiert; die Nachlaßmaterialien befinden sich in der Musiksammlung der → Österreichischen Nationalbibliothek. TL

Lit.: F. Schalk, Briefe und Betrachtungen. Mit einem Lebensabriß von Victor Junk. Veröffentlicht von Lili Schalk. Wien 1935; Erich Schenk, F. Schalk (1863-1931), in: Musikblätter der Wiener Philharmoniker, Jg. 36/2 (Nov. 1981); Thomas Leibnitz, Die Brüder Schalk und A. Bruckner. Dargestellt an den Nachlaßbeständen in der Musiksammlung der Österreichischen Nationalbibliothek. Tutzing 1988; ders., »Francisce« und der »Generalissimus«. Die Brüder Schalk als Interpreten und Bearbeiter der Werke Bruckners, in: Bruckner-Symposion 1994.

Schalk, Josef

Geb. 24. 3. 1857 und gest. 7. 11. 1900 in Wien; Pianist, Musikpädagoge und Musikschriftsteller. 1877-1880 Studium am Konservatorium der → Gesellschaft der Musikfreunde in Wien (GdM): Klavier bei Julius → Epstein, Musiktheorie bei Bruckner. In den Folgejahren rege Propagandatätigkeit für Bruckner durch Klavieraufführungen von Symphonien (bzw. einzelner Sätze) und Zeitungsartikel: 17. 11. 1881 Uraufführung des *Streichquintetts F-Dur* auf Initiative Josef Schalks, 24. 3. 1882 Scherzo der *Dritten Symphonie*, 10. 2. 1883 1. und 3. Satz aus der noch unvollendeten *Siebenten Symphonie*, 7. 5. 1883 *Dritte Symphonie*, 27. 2. 1884 *Siebente Symphonie*. Ausführlicher Bruckner-Artikel im Oktoberheft der »Bayreuther Blätter« 1884. Seit 1884 Professor für Klavier am Konservatorium. Initiierung der Uraufführung der *Siebenten Symphonie* in Orchesterfassung am 30. 12. 1884 in → Leipzig unter Arthur → Nikisch. Seit Oktober 1887 künstlerischer Leiter des → Wiener Akademischen Wagner-Vereins. Mitglied des engsten Kreises um Bruckner, gleichzeitig Engagement für Hugo → Wolf. Aufführung der *Vierten Symphonie* in → Graz am 1. 2. 1891, Aufführung der *Messe in f-Moll* in → Wien am 23. 3. 1893. Zahlreiche Werkeinführungen zu Bruckner auf Programmzetteln, Artikel über Bruckner, → Wagner und Wolf.

In noch höherem Maß als sein jüngerer Bruder Franz ist Josef Schalk als Mitglied des Kreises um Bruckner in Wien von Bedeutung. Seine Leistungen bestehen zum einen in der kontinuierlichen Konfrontation des Wiener Musikpublikums (vor allem des Publikums der Musikabende des Wiener Akademischen Wagner-Vereins) mit Brucknerscher Musik, die von ihm gemeinsam mit Ferdinand → Löwe oder Franz Zottmann in → Bearbeitungen für Klavier zu vier Händen oder für zwei Klaviere präsentiert wurde, zum anderen im publizistischen Eintreten für Bruckner, das allerdings wegen seiner Neigung zu poetischer Metaphorik und wagnernaher Diktion mitunter den Spott der Wiener Musikkritik und somit den Unmut Bruckners hervorrief. Bruckner stand Schalk einerseits mit Dankbarkeit, andererseits mit leicht skeptischem Vorbehalt gegenüber; charakteristisch für die von Konflikten keineswegs freie Beziehung ist Bruckners ironische Anrede Schalks als »Herr Generalissimus«. In der Frage der → Fassungen und Umarbeitungen von Bruckners symphonischem Werk spielt Schalk eine mehrfache Rolle: Als Mitglied des engen Kreises um Bruckner war er an den Diskussionen um kompositorische Details beteiligt, die Bruckner seinen → Schülern und Beratern vorlegte. Wie sein Bruder

Franz nahm aber auch er eigenmächtige, von Bruckner nicht autorisierte Eingriffe vor: so in seiner Bearbeitung der *Messe in f-Moll* und in seiner Mitarbeit bei der Drucklegung der *Achten Symphonie*. TL

Werke: Bearbeitungen von Werken Bruckners, vierhändig: *Streichquintett*, *Zweite* bis *Neunte Symphonie* (*Dritte* und *Neunte* mit Ferdinand Löwe, *Siebente* mit Franz Schalk); zweihändig: Adagio aus dem *Streichquintett*, *Messe in f-Moll*, *Te Deum*, *Dritte* und *Vierte Symphonie*; Schriften in in- und ausländischen Zeitungen und Zeitschriften über Bruckner, Richard Wagner und Hugo Wolf.

Lit.: Thomas Leibnitz, J. Schalk. Ein Wagnerianer zwischen A. Bruckner und Hugo Wolf, in: Bruckner-Jahrbuch 1980; ders., Die Brüder Schalk und A. Bruckner. Dargestellt an den Nachlaßbeständen in der Musiksammlung der Österreichischen Nationalbibliothek. Tutzing 1988; ders., »Francisce« und der »Generalissimus«. Die Brüder Schalk als Interpreten und Bearbeiter der Werke Bruckners, in: Bruckner-Symposion 1994.

Scherzo

Als Teil des Zyklus stehen Bruckners Scherzi in der Gattungstradition der viersätzigen Symphonie seit → Beethoven. Bis zuletzt folgte der Komponist der Vorgabe des traditionellen Formplans (Scherzo-Trio-Scherzo; Scherzo und Trio jeweils in dreiteiliger Reprisen-Anlage). Seinem symphonischen Stil entsprechend gestaltet Bruckner den Verlauf des Hauptteils als eine zielgerichtete dynamische, rhythmische und harmonische Steigerung, die das eigentlich Thematische häufig entbehrlich scheinen läßt; die hierbei erreichte tonale Ebene wird fast immer mit einem mehrtaktigen Klangtableau befestigt. Nur in den ersten Symphonien (*Erste*, *»Nullte«*, *Zweite*, *Vierte*/1. Fassung, *Dritte*/2. Fassung) erfährt dieser formale Punkt eine den gesamten Satz abschließende Überbietung mittels einer Coda.

Von der *Dritten Symphonie* an prägen kadenzlose Progressionen sowie zwei- und mehrtaktige Klangeinheiten den harmonischen Duktus der Scherzi; hinzu treten überdies zunehmend längere Ostinato- und Orgelpunkt-Abschnitte. Insbesondere die im Scherzo von Beethovens »Eroica«-Symphonie angelegten Eigentümlichkeiten erfahren eine Monumentalisierung (zum Beispiel pochende Bässe, Taktgruppen, Beginn auf der Dominante der Haupttonart).

Das Trio entspricht in seinem Verhältnis zum Scherzo fast stets der Tradition insofern, als hier lyrische Töne angeschlagen werden. Nur in einigen frühen Symphonien wird dabei die Nähe zum Folkloristischen gesucht (Ländler; vgl. *Zweite*, *Dritte*, *Vierte*/2. Fassung). Für die übrigen Trios läßt sich elegante → Melodik, den »Gesangsthemen« verwandt, feststellen (*Vierte*/1. Fassung, *Siebente*, *Achte*/1. und 2. Fassung), des weiteren stimmungsvolle »nächtliche« Szenen (*Erste, Sechste*). Allein schon das unorthodoxe Verhältnis von Scherzo und Trio im 2. Satz der *Neunten Symphonie* (Scherzo: »Bewegt, lebhaft« [3/4], Trio: »Schnell« [3/8]) verweist auf den grenzüberschreitenden Status dieses Spätwerks.

Die Monumentalisierung des Scherzo, die mit Bruckners Neigung zum triumphalen Schließen verstärkt wird, mag ein Grund dafür gewesen sein, daß der Komponist in den letzten beiden Symphonien die Reihenfolge der Binnensätze vertauschte. Die Möglichkeit, das Problem des Satzzyklus durch Annäherung von Scherzo und Finale zu lösen, deutet sich auf thematischer Ebene in der *Symphonie in f-Moll* sowie in der *Zweiten*, auch *Dritten Symphonie* an; zu einer attacca-Verknüpfung kommt es nie. Eine Abwertung des Scherzo erfolgt nur vorübergehend im Falle des *Streichquintetts*: der alternativ komponierte Satz ist bezeichnenderweise mit *Intermezzo* betitelt.

Die ältere musikbetrachtende Literatur tendierte eher dazu, die Ähnlichkeit der Scherzi Bruckners untereinander zu betonen, vor allem, was Form, aber auch was → Semantik (Bauerntanz: »Volksnähe«) betrifft. Heute wird mit Recht das Individuelle hervorgehoben; die Scherzi können durchaus als Charakterstücke (Kirsch) betrachtet werden.

Daß Bruckners Problembewußtsein zu mehreren kompositorischen Lösungen führte, dokumentieren die verworfenen Scherzi zur *Ersten* und *Vierten* sowie das stark überarbeitete Trio zur *Achten Symphonie*. Von Publikum und Kritik wurden die Scherzi stets als unproblematisch empfunden und meist günstiger beurteilt als die übrigen Sätze. TR

Lit.: Peter Benary, Zu A. Bruckners Personalstil, in: Musiktheorie 8 (1993) besonders S. 125 ff.; August Halm, Die Symphonie A. Bruckners. 2. Aufl. München 1923, S. 110-113; Winfried Kirsch, Das Scherzo bei Brahms und Bruckner, in: Bruckner-Symposion 1983, besonders S. 163 ff.; Ernst Kurth, Bruckner. Berlin 1925, S. 500-511.

Scherzo für Streichquartett in g-Moll (WAB deest)

Kompositionsübung, Trio in G-Dur
EZ: Frühjahr 1862 in → Linz
Autograph: → Kitzler-Studienbuch S. 70-74

Lit.: Hawkshaw, The Manuscript Sources.

Johann Baptist Schiedermayr

Schiedermayr, Familie

Johann Baptist Schiedermayr sen., geb. 23. 6. 1779 in Münster bei Straubing, Bayern, gest. 6. 1. 1840 in Linz. Seit Februar 1804 in Linz; vorzüglicher Organist zugleich an der Domkirche (seit 1809) und an der Stadtpfarrkirche (seit 1810), österreichweit geschätzter Komponist vor allem von liturgischen Werken, erfolgreicher Musiklehrer, geachteter Theaterkapellmeister und »Leiter am Klavier« im Orchester der Gesellschaft der Musikfreunde zu Linz (→ Linzer Musikverein).

Wer in Österreich in der ersten Hälfte des 19. Jahrhunderts mit Kirchenmusik zu tun hatte, kannte Johann B. Schiedermayr. Bruckner wurde mit dessen Werken beim Vater in → Ansfelden, beim Onkel und Cousin → Weiß in → Hörsching, ganz selbstverständlich im Stift → St. Florian und erst recht während der Linzer Jahre vertraut. – Berufliche bzw. persönliche Kontakte Bruckners bestanden insbesondere zu den Söhnen Schiedermayrs.

Der Priester Dr. theol. Johann Baptist Schiedermayr jun. (1807-1878) durchlief in Linz seit 1845 als Kanonikus eine steile kirchliche Karriere. In der Funktion als Domscholaster hatte er 1855/56 bei der Bestellung Bruckners als Dom- und Stadtpfarrorganist ein gewichtiges Wort mitzureden. Die Wahl Bruckners kam aber eher gegen seinen Willen zustande. Dennoch entwickelte sich zwischen beiden eine über rein dienstliche Angelegenheiten hinausgehende, lange anhaltende persönliche Beziehung. Bruckner sah in ihm einen Gönner und Wohltäter.

Wilhelm Schiedermayr (1812-1855) wirkte als höherer Beamter in St. Florian, seine Kinder unterrichtete Bruckner in der Volksschule.

Dr. med. Karl Schiedermayr (1818-1895), verdienstvoller Mediziner und Botaniker, war maßgeblich an der Gründung der → Liedertafel »Frohsinn« in Linz beteiligt.

Dr. jur. Joseph Schiedermayr (1821-1874): Die Vaterschaft zu seiner unehelichen Tochter Berta → Barghesi wurde längere Zeit – wohl zu Unrecht – mit Bruckner in Verbindung gebracht.

FZ

Lit.: Wurzbach 29, S. 268-274; Othmar Wessely, A. Bruckner und Linz, in: Jahrbuch der Stadt Linz 1954; August Scharnagl in: MGG 11, Sp. 1701 f.; Franz Zamazal, Johann Baptist Schiedermayr. Ein Vorgänger Bruckners als Linzer Dom- und Stadtpfarrorganist, in: Bruckner-Symposion 1990; ÖBL; s. a. Lit. bei → Barghesi.

Schlierbach

Oberösterreichische Markt- und Tourismusgemeinde und Zisterzienserstift im Kremstal (Region Pyhrn-Eisenwurzen), südlich von → Kremsmünster. 1355 Umwidmung des Schlosses des Wallseers Eberhart in ein Zisterzienserinnenkloster; seit 1620 von Zisterziensermönchen besiedelt. Stiftskirche (18. Jahrhundert) mit überlebensgroßen Figuren und Stuck von der Künstlerfamilie Carlone; bedeutende Bibliothek. Seit 1920 Landwirtschaftsschule, seit 1925 Stiftsgymnasium und Käserei. Glasmalerei-Werkstätte. 1996: 2 600 Einwohner.

In den siebziger Jahren besuchte Bruckner von → Kirchdorf an der Krems aus das Stift und spielte dort die Orgel. Einem Bericht zufolge hat Bruckner einmal eine Stunde lang auf der 1764 von Hochleitner gebauten → Orgel (sie bestand bis 1899) fantasiert, u. a. über das vom Organisten Alexis Chauvet in → Paris gestellte Thema, das der Kirchdorfer Alois Spannesberger notierte. Der damalige Prior Florian Schininger mußte darauf dem schweißgebadeten Improvisator frische Wäsche leihen. RG

Lit.: Göll.-A. 3/1, S. 575, 4/1, S. 95.

Schönaich, Gustav

Geb. 24. 11. 1840 und gest. 8. 4. 1906 in Wien; Journalist und Beamter. Nach dem Studium der Rechtswissenschaften und einer Beamtenlaufbahn widmete er sich seit Mitte der achtziger Jahre ganz der schriftstellerischen Tätigkeit und schrieb u. a. für das »Neue Wiener Tagblatt«

(1892-1896), die »Neue Musikalische Presse« (1895/96) und 1897-1907 für die »Wiener Allgemeine Zeitung«. Er verfaßte zahlreiche Kritiken, Rezensionen und Feuilletons und wurde von seinen Zeitgenossen wegen seiner Toleranz und Bildung sowie wegen seines ausgefeilten, prägnanten Stils geschätzt. Durch seinen Stiefvater Josef Standthartner (1818-1892), Freund Richard → Wagners, fand er schon früh direkten Zugang zum Wiener Musikleben, stand mit vielen Persönlichkeiten in Kontakt und zählte auch zu den frühen Förderern von Hugo → Wolf in → Wien.

Schönaich dürfte spätestens Mitte der achtziger Jahre mit Bruckner in persönlichen Kontakt gekommen sein: Friedrich → Eckstein berichtet von einem Zusammentreffen in → Klosterneuburg im Jahre 1885. In der Folge trat Schönaich immer wieder vehement für das Werk des Komponisten ein, nicht ohne jedoch unvoreingenommen Kritik zu üben. Er war auch bei der Aufführung des Adagio aus der *Siebenten Symphonie* am 30. 5. 1885 in → Karlsruhe dabei – mit dem Dirigenten des Konzertes, Felix → Mottl, war er nicht nur befreundet, sondern sogar verwandt. Er pflegte aber auch freundschaftlichen Umgang mit dem Bruckner-»Antipoden« Johannes → Brahms und war allem Neuen aufgeschlossen. AH

Lit.: Alfred Polgar, Feuilleton. G. Schönaich, in: Neues Wiener Tagblatt 11. 4. 1906; Göll.-A. 4/2-3, passim; Auer, Briefe S. 357 ff.; Andrea Harrandt, G. Schönaich – ein Wiener Musikkritiker aus dem Bruckner-Kreis, in: Mitteilungen der Österreichischen Gesellschaft für Musikwissenschaft Nr. 20, Juli 1989; dies., G. Schönaich – ein »Herold der Bruckner-schen Kunst«, in: Bruckner-Symposion 1991; dies., G. Schönaich – Ein Wiener Falstaff, Musikkritiker und Bohemien, in: Musicologica Austriaca 13. Wien 1995; ÖBL.

Schreyer, Adalbert

Geb. 10. 11. 1850 und gest. 12. 8. 1925 in Olmütz; Dirigent, Chorleiter, Pianist und Musikpädagoge. Gymnasium in Olmütz, Jus-Studium an der → Universität Wien (1873 Absolutorium), gleichzeitig private Musikstudien bei Franz Krenn und Rudolf → Bibl (Kontrapunkt und Komposition) und bei Eduard Maximilian Pirkhert (Klavier). Seit 1874 als Kapellmeister tätig in Olmütz, an den Bühnen Kaschau-Eperies-Leutschau (Slowakei), am städtischen Theater und der Kurkapelle in Baden bei Wien, 1879-1883 am Theater von Baden und Wiener Neustadt; als Musikdirektor der Gesellschaft der Musikfreunde → Linz und Chormeister des → Männergesang-Vereines »Sängerbund« 1883-1896 erweiterte er großzügig die Musikvereinsschule (seit 1932 → Bruckner-Konservatorium). 1896-1915 Kurkapellmeister in → Marienbad, seit 1915 im Ruhestand in Neumarkt/Hausruck, wo er noch ein gesuchter Musiklehrer und Klavierbegleiter war.

In den Konzerten des Musikvereines, dessen Schul- und Vereinsorchester er zu beachtlichem Niveau heranbildete und dem er im Linzer Konzertleben einen festen Platz sicherte, trat er, bei häufigem Mitwirken des Gesangvereines »Sängerbund«, als bewährter Dirigent und Pianist auf und setzte mit Vorliebe Werke von → Beethoven, → Wagner, → Brahms und Bruckner aufs Programm. Die besondere Wertschätzung durch Bruckner geht auf die Erstaufführung der *Messe in e-moll* in überarbeiteter Fassung am 4. 10. 1885 anläßlich des 100-Jahr-Jubiläums der Diözese Linz im → Neuen Dom zurück, die Bruckner in einem Brief als besonders gelungen bezeichnete. Bei der Orgelweihe am 29. 9. 1887 dirigierte Schreyer ebendort das *Te Deum*. Bekannt sind auch noch Aufführungen einiger Bruckner-Symphonien, die Schreyer mit dem gründlich vorbereiteten Musikvereinsorchester in Linz erstmals zu Gehör brachte. Die hohe künstlerische Übereinstimmung führte bald zu einer herzlichen Freundschaft der beiden. Als sich Schreyer um die Kapellmeisterstelle der Kurkapelle in Marienbad bewarb, stellte ihm Bruckner im Jahr 1895 ein wohlwollendes Empfehlungsschreiben aus. Auch dort setzte Schreyer mehrmals Werke Bruckners auf das Programm. KM

Lit.: Auer, Briefe S. 196, 199; Josef Schaffer, Musikdirektor Adalbert Schreyer. Ein Gedenkblatt, in: Marienbader Zeitung 19. 8. 1925; Franz Gräflinger, A. Bruckner. Leben und Schaffen (Umgearbeitete Bausteine). Berlin 1927, S. 123, 128 f., 271-275; Göll.-A. 3, 4/3-4, passim; Othmar Wessely, Ein unbekanntes Bruckner-Dokument, in: Oberösterreichischer Kulturbericht 1948, Folge 20; A. Lang, Adalbert Schreyers Dirigententätigkeit in Linz, ebenda 1956, Folge 24; ÖBL (mit weiterführender Lit.).

Schrötter, Leopold Ritter von Kristelli

Geb. 5. 2. 1837 in Graz, gest. 22. 4. 1908 in Wien; Internist und Laryngologe, der wohl bedeutendste der Wiener → Ärzte Bruckners; Sohn von Anton von Schrötter, des späteren Professors der Chemie an der Technischen Hochschule Wien und Entdeckers des ungiftigen roten Phosphors. Medizinstudium an der → Universität Wien (Dr. med. 1861). Lernte weiter bei Franz Schuh, entscheidende Assistentenzeit 1863-1869 bei Joseph Skoda, dem Pionier für

den Ausbau der physikalischen Untersuchungsmethoden. Die Krankheiten der Brustorgane, das klassische Gebiet der Wiener Interne seit Skoda, waren auch Schrötters Lieblingsgebiet. Neben zahlreichen Detailuntersuchungen stellte er Anatomie und Erkrankungen des Herzens monographisch dar. Er habilitierte sich 1867 für Innere Medizin und Laryngoskopie, worauf er 1870 die erste laryngologische Klinik der Welt übertragen bekam. Seit 1877 betreute er zugleich das internistische Primariat am Rudolfspital bzw. seit 1881 die II. Medizinische Abteilung im Allgemeinen Krankenhaus. 1885 Venia für das Gesamtgebiet der inneren Medizin; 1890 Übernahme der III. Medizinischen Universitäts-Klinik (mit 200 Betten). Schrötter baute das Erbe seines Lehrers Skoda, für den »die Tuberkulose ... in all ihren Stadien heilbar« war, nach einer zweiten Richtung hin aus: Da die Tuberkulose auch noch am Ende des 19. Jahrhunderts der »Morbus Viennensis« geblieben war, mußten Heilstätten für Unbemittelte geschaffen werden; Schrötter stellte sich an die Spitze der Volksheilstätten-Bewegung und gründete einen Verein zur Errichtung und Erhaltung einer klimatischen Heilanstalt für Brustkranke (Tuberkulose), dessen größter Erfolg die 1898 in Alland eröffnete erste Heilanstalt für Lungenkranke in Österreich war.
Schon im November 1888 kündigte Bruckner – in einem »Liebesbrief« an Frl. Martha Rauscher, Erzieherin in Linz – wegen seines Kehlkopfleidens einen geplanten Besuch bei Schrötter an. Vermutlich ist es aber erst seit Jänner 1891 – auf briefliche Empfehlung eines ebenfalls verehrten Frl. Ludmilla Barwick – und besonders seit Anfang 1893 zu einer intensiven Behandlung seiner nun verstärkt auftretenden Beschwerden (→ Krankheiten) durch den berühmten Internisten gekommen. Dieser erschien bei seinen Visiten – während schwerer gesundheitlicher Krisen Bruckners seit Juli 1896 oft sogar täglich – meist mit zumindest einem seiner Assistenten, die ihn fallweise auch allein vertraten. Schrötter, der angeblich kein Verehrer der Musik seines Patienten gewesen sein soll, sich aber auch privat dessen Wohlergehens annahm, hat noch vor dem Tod Bruckners dessen Harmonium (→ Instrumente) als Geschenk erhalten (später nach → St. Florian überstellt). MS/UH

Lit.: Göll.-A. 4/1-3, passim; Erna Lesky, Die Wiener Medizinische Schule im 19. Jahrhundert. Graz-Köln 1965, 2. Aufl. 1978; Eduard Herbert Majer – Manfred Skopec, Zur Geschichte der Oto-Rhino-Laryngologie in Österreich. History of Oto-Rhino-Laryngology in Austria. Wien 1985.

Schubert, Franz

Bruckner schätzte Schubert (1797-1828) zeitlebens sehr. Als markanter Ausspruch ist dazu überliefert: »Wenn ich mich auch nicht mit Schubert und solchen Meistern vergleichen kann, so weiß ich doch, daß ich ›Wer‹ bin und meine Sachen von Bedeutung sind ...« (Göll.-A. 4/2, S. 133). Zu Max von → Oberleithner soll er einmal gesagt haben: »Komponier'n können's wie S' wollen, aber denken Sie, daß selbst ein Schubert, als er ein Händel'sches Werk hörte, noch den strengen Satz studieren wollte« (Göll.-A. 4/2, S. 692).
Bruckners Lieblingslied war »Gute Nacht« aus der »Winterreise«. In seinem Nachlaß befanden sich außer Liedern die Klaviersonaten in a-Moll (D 854) und B-Dur (D 960). Bereits zu Lebzeiten, nämlich am 3. 3. 1881 in der Zeitung »Das Vaterland«, prägte Eduard → Kremser die Formel: »Bruckner ist der Schubert unserer Zeit« und wollte damit stilistisch-formale Verbindungen herausstreichen. Mit der problematischen Frage nach einer »österreichischen Linie« in der Symphonik zu Beginn des 20. Jahrhunderts wurden verstärkt Gemeinsamkeiten der beiden Komponisten – und damit die Kontinuität einer spezifischen Tradition – diskutiert.
In seinen Vorlesungen brachte Bruckner wiederholt Passagen aus Werken Schuberts, um dessen avancierte → Harmonik zu demonstrieren. Er bezeichnete ihn diesbezüglich als »Vorläufer« Richard → Wagners, als »Johannes den Täufer«. August → Stradal erinnerte sich, daß Bruckner z. B. in der h-Moll-Symphonie (D 759) »schon Spuren des kommenden Tristan« gefunden habe. Zu den Schlüsselwerken zählte für Bruckner im weiteren die große C-Dur-Symphonie (D 944), die ja insgesamt eine wesentliche Bedeutung für die Entwicklung der Symphonik im 19. Jahrhundert besitzt (→ Urteile).
Bruckner kam schon früh durch die oberösterreichische Schubert-Tradition im Stift → St. Florian, in → Linz, → Enns und → Steyr mit dessen Musik in Berührung. In St. Florian widmete er sich als Klavierbegleiter gemeinsam mit dem Tenor Ludwig Ehrenecker dem Liedschaffen. Einflüsse sind in Bruckners → Liedern und in der Klavier-*Sonate in g-Moll* spürbar. In → Wien, wo sich Johann → Herbeck dezidiert für Schubert einsetzte, erfolgte eine Erweiterung seiner Kenntnisse (Grasberger).
Ansätze für Vergleiche bzw. mögliche Einflüsse in allen Gattungen finden sich hauptsächlich in den Bereichen → Form, → Satztechnik und Har-

monik. Es steht außer Frage, daß solche Verbindungslinien mit Vorsicht freizulegen sind und Einzelbeobachtungen keine Verallgemeinerungen zulassen. Dennoch sollen hier ein paar Hinweise erfolgen: So kann Schuberts von flächenhafter Reihung, »Epik« und harmonischer Staffelung geprägtes Formdenken mit Bruckner in Beziehung gesetzt werden. Auch Bruckners Steigerungszüge, Variationstechnik, Konzentration bzw. Verdichtung durch den Ablauf rhythmischer Modelle sowie gewisse polyphone Strukturen und sein charakteristisches → Tremolo verweisen in manchem auf das »Vorbild« zurück. Überdies wäre die dramaturgische Funktion der → Generalpause im Werk beider Komponisten näher zu analysieren. Von Satz- und Melodietypen (→ Melodik) her bietet die Ländlerthematik einen deutlichen Ansatzpunkt. Viele Bezüge finden sich schließlich in der Harmonik (jenem Bereich, auf den Bruckner selbst immer wieder verwies): Terzverwandtschaften, chromatisch pointierte Steigerungen (kleine Sekund), kühne Modulationen, Enharmonik.

Das Thema »Schubert – Bruckner« ist – mit Ausnahme einzelner Spezialstudien – bis heute nicht systematisch erforscht worden. Auch den vor fast zwanzig Jahren vorgelegten wichtigen Thesen Franz Grasbergers wurde nie detailliert nachgegangen. EWP

Lit.: Louise H. and Hans Tischler, Schubert and Bruckner: A Comparison, in: Chord and Discord 2 (1946); Franz Grasberger, Schubert und Bruckner, in: Schubert-Kongreß Wien 1978. Bericht. Graz 1979; Bruckner-Symposion 1993; Erich W. Partsch, Schubert, Bruckner, Mahler und die Frage nach einer »österreichischen Linie« in der Symphonik, in: Nachrichten zur Mahler-Forschung 31 (1994); Timothy Jackson, Schubert as »John the Baptist to Wagner-Jesus«: Large-scale Enharmonicism in Bruckner and his Models, in: Bruckner-Jahrbuch 1991/92/93.

Schüler

Selbst dem Lehrermilieu entstammend, legte Bruckner an seine eigene → Ausbildung strengste Maßstäbe an. Umso erstaunlicher ist die Tatsache, daß gerade dieser Komponist keine »Schule« im eigentlichen Sinn hinterlassen hat, wohl aber einen Schülerkreis und einen Freundeskreis, auf die er stärksten Einfluß ausgeübt hat.

In Oberösterreich war Bruckner nach seiner Ausbildung zunächst als Schulgehilfe in → Windhaag und → Kronstorf und seit 1845 als Lehrer an der Trivialschule (und gleichzeitig als Musiklehrer der Sängerknaben) in → St. Florian tätig. Nebenbei erteilte er Marie Ruckensteiner, die später auch in → Linz seine Schülerin war, sowie Marie, Josef und Moritz → Marböck Klavierunterricht.

In seinen Linzer Jahren gab Bruckner neben seiner Haupttätigkeit als Dom- und Stadtpfarrorganist ebenfalls Klavierstunden. Zu seinen Schülern zählten u. a. die drei Söhne des Kaufmanns Reininger, Kinder der Familien Titze, Hirnschall, Hoffmann, Emma Than(n)er, Heinrich Poschacher und auch Ludwig Boltzmann. Franz Schober unterrichtete er in Harmonielehre.

Mit der Übersiedlung nach → Wien änderte sich Bruckners berufliche Situation: Er wurde Professor für Harmonielehre, Kontrapunkt und Orgelspiel am Konservatorium der → Gesellschaft der Musikfreunde, Klavierlehrer an der Lehrerinnenbildungsanstalt → St. Anna, Lektor für Harmonielehre und Kontrapunkt an der → Universität und hatte außerdem noch Privatschüler, die er in seiner Wohnung empfing. Seine Wiener Schüler lassen sich aus den Schülerverzeichnissen des Konservatoriums, den Universitätsakten sowie aus den Eintragungen in seinen → Taschen-Notizkalendern eruieren.

Am Konservatorium konnte Bruckner eine spezielle musikalische Begabung und das dem Studium entsprechende Interesse bei seinen Schülern voraussetzen. Von diesem Unterricht liegen (teils schon veröffentlichte) Mitschriften und Beispielsammlungen von Victor Christ, Johann Müller, Josef → Schalk, Richard Schultz vor sowie umfassende Berichte über den Unterricht von Ernst → Decsey, Friedrich → Eckstein und Friedrich → Klose. Weitere später selbst berühmt oder zumindest bekannt gewordene Schüler waren u. a. Carl Führich, Joseph → Hellmesberger, Cyrill → Hynais, Ferdinand → Löwe, Anton → Meißner, Hans → Rott, Franz → Schalk, Heinrich Schenker sowie Guido → Adler, Robert Fischhof, Julius Korngold, Karl Luze, der Sänger Gustav Walter und Heinrich Wottawa.

An der Universität las Bruckner für Hörer aller Fakultäten, also für einen Personenkreis, der im allgemeinen keine besonderen musikalischen Vorkenntnisse besaß. Er trug im Prinzip denselben Stoff wie am Konservatorium vor, jedoch mit weniger praktischen Beispielen und auf das Niveau seiner Hörer abgestimmt. Viele besuchten den Unterricht auch nur wegen der Interesse weckenden, recht eigenwilligen Persönlichkeit Bruckners. Die umfangreichste Mitschrift

des Universitätslehrganges liegt von Ernst → Schwanzara vor, weitere von Friedrich Eckstein, Karl Heissenberger, Rafael (P. Oddo) → Loidol, Carl Speiser und Josef → Vockner.
Zu den Privatschülern Bruckners zählten Franz → Antoine, Hermann Behn, Paul Caro, Friedrich → Klose, Emil Lamberg, Marie → Pohoryles, August → Stradal, Josef Vockner und Carl Graf Pückler.
Neben den Vorlesungsmitschriften liegen auch einige persönlich gehaltene Berichte (→ Erinnerungsliteratur) über Art und Weise von Bruckners Unterricht vor.
Eine ausführliche Liste der Schüler Bruckners ist im Anhang 2 zu finden. AH

Lit. (Auswahl): Friedrich Klose, Meine Lehrjahre bei Bruckner. Erinnerungen und Betrachtungen. Regensburg 1927; Max von Oberleithner, Meine Erinnerungen an A. Bruckner. Regensburg 1933; A. Bruckner, Vorlesungen über Harmonielehre und Kontrapunkt an der Universität Wien. Hrsg. Ernst Schwanzara. Wien 1950; Theophil Antonicek, Bruckners Universitätsschüler in den Nationalen der philosophischen Fakultät, in: Bruckner-Studien 1975; Rudolf Flotzinger, Bruckner als Theorielehrer an der Universität Wien, in: Anton Bruckner in Lehre und Forschung. Symposion Linz 1974. Regensburg 1976; Andrea Harrandt, Harmonielehreunterricht bei Bruckner – Zu zwei neuaufgefundenen Vorlesungsmitschriften, in: Bruckner-Symposion 1988.

Schumann, Robert

Die ersten Werke Robert Schumanns (1810-1856), des damals in Österreich noch kaum zur Geltung gekommenen großen Meisters der Romantik, die Bruckner kennenlernte, waren offenbar Lieder, die ihm sein Freund Rudolf → Weinwurm 1858 bei einem der längeren Studien-Aufenthalte in → Wien vorspielte und die auch sein Interesse weckten. Die während seiner Studien 1861-1863 bei Otto → Kitzler in → Linz entstandenen Orchesterwerke *Marsch in d-Moll* und (Studien-) *Symphonie in f-Moll* zeigen – mit oder ohne Einfluß des Lehrers – im Trio bzw. im Finale schumannsche Züge wie auch das 1. Finalthema der *Ersten Symphonie* von 1866 (Hansen). Ein gewisser schumannscher Ton läßt sich auch noch in dem Vokalquartett *»Du bist wie eine Blume«* (1861) und in den → Liedern *Im April* und *Mein Herz und deine Stimme* (beide 1868) erkennen (Mayeda). In Linz hat Bruckner neben Liedern, Kammermusik und von der → Liedertafel »Frohsinn« vorgetragenen Chorwerken vermutlich auch schon Schumanns Erste und Vierte Symphonie gehört, die Ende der sechziger Jahre dort aufgeführt wurden. Ein weiterer Hinweis auf Bruckners Schumann-Kenntnis: Sein späterer »Feind« Eduard → Hanslick hatte dem als Linzer Domorganisten noch besonders Geschätzten 1865 »zur freundschaftlichen Erinnerung« eine Partitur der Schumannschen »Messe op. 147« gewidmet, in der Bruckner, »um den Periodenbau zu prüfen«, die Takte wie in seinen eigenen Werken numeriert hat. – Später in Wien soll er (nach den Erinnerungen seines Schülers und Vertrauten August → Stradal) Schumanns Symphonien als »ihm nicht besonders sympathisch« und als »Sinfonietten« bezeichnet haben (→ Urteile). UH

Lit.: Siegfried G. Kallenberg, Musikalisches Dreigestirn: Liszt, Schumann, Bruckner, in: Deutschlands Erneuerung 20 (1936); Mathias Hansen, Anton Bruckner. Berlin 1987, S. 99, 164; Akio Mayeda, Schumann und Bruckner. Aspekte der symphonischen Gegenwart, in: Bruckner-Symposion 1987.

Schwanenstadt

Oberösterreichische Stadtgemeinde an der Westbahn im Bezirk Vöcklabruck. 1900: 1 800, 1996: 4 000 Einwohner.
In den sechziger Jahren veranstaltete die → Liedertafel »Frohsinn« Sängerfahrten nach Schwanenstadt. Aus dieser Zeit kannte Bruckner offenbar einen noch nicht näher erforschten »Adjunkten Stieglbauer«, dem er später wieder in Schwanenstadt begegnete, als er die von ihm oft besuchte Familie → Mayfeld, die nahe der Stadt einen heute nicht mehr erhaltenen Gutshof besaß, einmal bei einer unangemeldeten Visite nicht antraf. An seine Gönner Moritz und Betty von Mayfeld erinnert heute nur mehr die Grabstätte auf dem Friedhof von Schwanenstadt. – Schwestern der im Haus von Bruckners → Wohnung in der Wiener Währingerstraße verkehrenden und Bruckners Harmoniumspiel lauschenden Anna von Gyurkovics trafen zu ihrer Überraschung den Komponisten in den siebziger Jahren in Schwanenstadt und überlieferten seinen heiteren Ausspruch: »Ja wissen Sie denn net, daß i' a oberösterreichischer Mostschädel bin!« RG

Lit.: Göll.-A. 3/1, S. 583, 4/1-2, passim; Bruckner – skizziert, S. 133 f., 217.

Schwanzara, Ernst

Geb. 18. 12. 1873 und gest. 21. 12. 1954 in Wien; Ingenieur, Bau-Oberkommissär bei der Post- und Telegraphendirektion für Niederösterreich. Nach autodidaktischen Studien seit 1891/92 Hörer Bruckners an der → Universität Wien.
Schwanzara ist in der Bruckner-Forschung zweifach bedeutsam: für die Erforschung des Stamm-

Ansichtskarte mit dem Panorama des Montblanc-Gebietes und den in neuerer Zeit errichteten Seilbahnen

baumes (→ Bruckner, Familie) sowie für Bruckners Unterricht an der Universität. So konnte er den Stammbaum der Familie Bruckner bis 1400 zurückführen und nachweisen, daß die Urahnen aus der Gegend um Amstetten (Niederösterreich) stammten.

Als Hörer an der Universität besuchte Schwanzara in den Studienjahren 1891/92, 1892/93 und 1893/94 Bruckners Vorlesungen. Durch Verwendung von Kurzschrift konnte er eine nahezu lückenlose Mitschrift mit »zahlreichen Einstreuungen, Erzählungen privater Natur und auch scheinbaren Nebensächlichkeiten« vorlegen. Diese später in Buchform erschienenen »Vorlesungen über Harmonielehre und Kontrapunkt« sind die umfangreichste und bedeutsamste Quelle für Bruckners Lehrtätigkeit an der Universität. Die Einführung ist Fragen zu Bruckners musikalischem Bildungsgang, Simon → Sechter, seinem Verhältnis zur Universität und Carl Speiser gewidmet, der ebenfalls Vorlesungen Bruckners überlieferte. RG/EWP

Werke (Auswahl): A. Bruckners Stamm und Urheimat. Regensburg 1937 (aus: Göll.-A. 4/4, S. 135-222); Neue Bruckner-Forschungen. Die Vorfahren stammen aus Niederösterreich, in: Neues Wiener Tagblatt 9. 1. 1932; Prof. Dr. Franz Marschner †. Ein hervorragender Schüler A. Bruckners, in: Bruckner-Blätter 4 (1932); A. Bruckners Urahnen – niederösterreichische Bauern. Richtigstellung eines Irrtums, in: Bruckner-Blätter 5 (1933); A. Bruckners erste Vorlesung, in: Neues Wiener Tagblatt 2. 1. 1935; A. Bruckner und die reine Stimmung, in: Österreichische Musikzeitschrift 4 (1949); (Hrsg.) A. Bruckner, Vorlesungen über Harmonielehre und Kontrapunkt an der Universität Wien. Wien 1950.

Schweizerreise

Bruckners Reise in die Schweiz 1880 war als reine »Vergnügungsreise« geplant: Er hatte sich schon lang gewünscht, den höchsten Berg Europas zu sehen und die Orgeln der Eidgenossen kennenzulernen. Wegen seines Dienstes in der → Hofmusikkapelle konnte er erst in der zweiten Augusthälfte 1880 abreisen – sein Paß wurde für den Reisebeginn nach dem 9. 8., seine Reisekarte am 13. 8. ausgestellt. Er fuhr über → St. Florian, wo er eine Woche blieb, und reiste dann am 20. 8. nach → Oberammergau weiter. Dort besuchte er am 22. und 23. 8. das Passionsspiel. Danach fuhr er nach → München zurück, von dort weiter nach Lindau (25. 8.) und dann mit dem Schiff über den Bodensee nach Romanshorn, wo er wieder in die Eisenbahn umstieg und über Winterthur nach Schaffhausen kam. Hier besichtigte er den berühmten Rheinfall. Der Zug brachte ihn dann weiter nach Zürich, von wo aus er am 26. 8. nach Pfäffikon weiterfuhr und dann zu Fuß nach Rapperswil am Untersee gelangte und Schloßkirche, Burg sowie Burgfried besichtigte. Nachmittags ging es dann per Schiff wieder zurück nach Zürich, wo Bruckner die Stadt (27./28. 8.: Universität, Polytechnikum, Fraumünster, Peters- und Predigerkirche) besichtigte, die Orgel im Großmünster (28. 8.) spielte und den Organisten Gustav Weber (1845-1887) kennenlernte. Am nächsten Tag (29. 8.) reiste er nach Genf weiter und sah auf der Fahrt die Habsburg. Am 30. 8. ging es weiter Richtung Chamonix: Vom Bahnhof Eaux-Vives fuhr er das Arve-Tal aufwärts nach Chêne – vom Zug aus einen ersten Blick auf den Montblanc werfend –, weiter über die Hochebene nach La Roche und Bonneville bis Chamonix. Der erste Versuch, den Montblanc von »La Fléchère« aus zu sehen, schlug wegen Schlechtwetters fehl. Bruckner besichtigte statt dessen die Gletschergrotten im »Glacier des Bossons« und bewunderte dann endlich am 2. 9. – bei herrlichem Wetter – von »La Fléchère« aus das Panorama des Montblanc-Massivs (Berge zwischen 3 000 und 4 800 m Höhe): Seine Sehnsucht nach Höhe und Monumentalität war befriedigt. Er fuhr am 4. 9. nach Genf zurück und besuchte ein Orgelkonzert in St. Pierre. Dabei lernte er den Domorganisten Anton Häring (1825-1888) kennen und übernahm das Orgelkonzert für den nächsten Tag (5. 9.). Tagsüber besichtigte er die Stadt, überquerte am 6. 9. den Genfer See, um die alte Orgel in Lausanne in Gegenwart des Organisten Louis Daniel Delessert kennenzulernen. Über Fribourg, wo er den Organisten Johann Vogt in der Nikolauskirche hörte, kam er am 7. 9. abends in Bern (Berner Alpen) an, lernte dort tags darauf den Organisten Johann Jakob Mendel (1809-1881) kennen und besichtigte die Stadt (Bundes-Palais, Bärenzwinger, »Zeitglockenturm«). Am 8. 9. nachmittags fuhr er weiter (auf der Bahnfahrt lernte er Marie Studer [→ Frauen] kennen) nach Luzern, wo P. Ambros Meier regelmäßig Orgelkonzerte gab und auch Bruckner spielen durfte. Weiter ging es über den Vierwaldstättersee nach Vitznau, von wo aus er mit der Zahnradbahn bis zum Rigi-Kulm fuhr und dort die Nacht im Hotel (9. 9.) verbrachte, um Sonnenuntergang und -aufgang zu erleben. In seinem → Taschen-Notizkalender notierte er eine erfreuliche Begegnung mit der Tochter des Hoteliers, Babette Schreiber.

Am 10. 9. reiste er von Luzern ab, kam am 11. 9. in der Früh in München an und fuhr gleich nach Linz weiter. – In seinem »Akademischen Kalender der österreichischen Hochschulen« für 1880 hielt Bruckner Notizen über diese Reise fest.

RG/AH

Lit.: Göll.-A. 4/1, S. 606-609; Gustav Renker, A. Bruckners Schweizerreise, in: Die Musik 18 (1925/26); Nowak 1973, S. 193-211.

Sechter, Simon

Geb. 11. 10. 1788 in Friedberg, Südböhmen, gest. 10. 9. 1867 in Wien; Organist, Komponist und Musiktheoretiker. Bruckners Kompositionslehrer von 1855 bis 1861. Nach zweijähriger Ausbildung in Oberösterreich war Sechter seit 1804 zunächst als Privatlehrer in Wien tätig, 1810-1825 unterrichtete er Gesang und Klavier am k.u.k. Blindenerziehungsinstitut in der Josefstadt. 1824 zweiter, 1825 erster Hoforganist. Er wirkte auch am Konvikt der Hofsängerknaben. Von 1851 bis zu seinem Tode lehrte er am Konservatorium der → Gesellschaft der Musikfreunde als Professor für → Generalbaß und Kontrapunkt. Zu seinen Schülern zählen u. a.

Simon Sechter

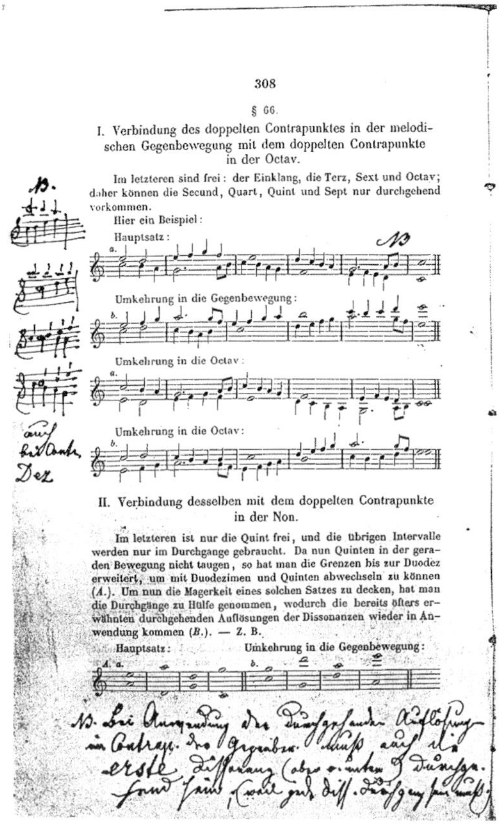
308

§ 66.

I. Verbindung des doppelten Contrapunktes in der melodischen Gegenbewegung mit dem doppelten Contrapunkte in der Octav.

Im letzteren sind frei: der Einklang, die Terz, Sext und Octav; daher können die Secund, Quart, Quint und Sept nur durchgehend vorkommen.

Hier ein Beispiel:

II. Verbindung desselben mit dem doppelten Contrapunkte in der Non.

Im letzteren ist nur die Quint frei, und die übrigen Intervalle werden nur im Durchgange gebraucht. Da nun Quinten in der geraden Bewegung nicht taugen, so hat man die Grenzen bis zur Duodez erweitert, um mit Duodezimen und Quinten abwechseln zu können (*A.*). Um nun die Magerkeit eines solchen Satzes zu decken, hat man die Durchgänge zu Hülfe genommen, wodurch die bereits öfters erwähnten durchgehenden Auflösungen der Dissonanzen wieder in Anwendung kommen (*B.*). — Z. B.

Seite aus Sechters Lehrbuch mit Anmerkungen Bruckners

Franz Grillparzer, Franz → Schubert, Sigismund Thalberg, Gustav Nottebohm, Carl Ferdinand Pohl, Johann Ritter von → Herbeck und Carl Michael Ziehrer. Sechter galt zu Lebzeiten unbestritten als musiktheoretische Instanz; als Komponist zahlreicher Werke nahezu sämtlicher Sparten (Opern, Kirchen- und Kammermusik, Klavier- und Orgelwerke) hatte er dagegen wenig Resonanz.

Bruckners Lehrzeit bei Sechter begann im Juli 1855 mit der Vorlage der *Missa solemnis*. Der Schüler befaßte sich mit dem Lehrstoff teils in intensivem Selbststudium, teils bei längeren Aufenthalten in → Wien (Sommer 1858 und 1859 sowie Fastenzeit 1860 und 1861), an deren Ende er jeweils Prüfungen ablegte. Die erhaltenen Zeugnisse markieren Bruckners Studienfortgang. Er umfaßte Fundamentalbaßtheorie (→ Musiktheorie), das Harmonisieren von Melodien, ein- bis vierfachen Kontrapunkt, Kirchenstil, Kanon und Fuge. Sechters Lehrbuch »Die Grundsätze der musikalischen Komposition« (Leipzig 1853/1854) bildete die Basis des Unterrichts. Für einfachen Kontrapunkt benutzte Bruckner ein Manuskript seines Lehrers, für Kanon und Fuge ist ähnliches anzunehmen.

Als Professor für Harmonielehre und Kontrapunkt trat Bruckner 1868 die Nachfolge Sechters am Konservatorium der Gesellschaft der Musikfreunde in Wien an. 1878 folgte er ihm in der Position eines Hoforganisten nach. Mit dem Neffen seines Lehrers, dem in Wien tätigen Lehrer und Präsidenten des deutschen Böhmerwald-Bundes, Moritz Sechter, pflegte er um 1888 freundschaftliche Beziehungen. ME

Lit.: Göll.-A. 2/1, S. 186 f., 3/1, S. 45-96; Ernst Kurth, Die Voraussetzungen der theoretischen Harmonik und der tonalen Darstellungssysteme. Bern 1913, Reprint München 1973; Ernst Tittel, S. Sechter als Kirchenkomponist. Mschr. Diss. Wien 1935; Walter Zeleny, Die historischen Grundlagen des Theoriesystems von S. Sechter (Wiener Veröffentlichungen zur Musikgeschichte 10). Tutzing 1979; Robert Wason, Viennese Harmonic Theory from Albrechtsberger to Schenker and Schoenberg. Ann Arbor 1985, 2. Aufl. Rochester, NY, 1995. – Zu M. Sechter: Ein Neffe S. Sechters verunglückt, in: Neue Freie Presse 13. 8. 1907, Morgenblatt, S. 7; Göll.-A. 4/2, S. 607-611.

Seiberl, Familie

In Oberösterreich gab es mehrere Lehrerfamilien dieses Namens. Bei nur vier Personen ist ein Kontakt zu Bruckner überliefert. Zwischen Josef und Karl Seiberl (2, 3) einerseits und Alois (bei 4) andererseits besteht eine Verwandtschaft über den gemeinsamen Urgroßvater.

1) Vinzenz Seiberl, geb. 14. 4. 1787 in Reichenthal, Bezirk Urfahr-Umgebung, gest. 4. 4. 1870 in St. Marienkirchen, einer dem Stift St. Florian inkorporierten Pfarre (Bezirk Eferding); Lehrer und Kirchenmusiker. Nach Absolvierung der Linzer Präparandie (1803) Schulgehilfe in Gramastetten und → Ottensheim (jeweils Bezirk Urfahr-Umgebung), Lehrbefähigungsprüfung 1808, Schulmeister und damit zugleich Mesner und Organist in → St. Marienkirchen Sommer 1808 bis November 1861; sein Sohn Josef wurde sein Nachfolger.

Die Bekanntschaft mit Bruckner ergab sich höchstwahrscheinlich über die Söhne. Bei einer Aufführung einer Preindl-Messe 1839 in der Ortskirche spielte Bruckner den Orgelpart, wobei Vater Vinzenz vom Geigenpult aus dirigierte. Weitere Begegnungen sind nicht überliefert, doch recht wahrscheinlich.

2) Josef Seiberl (I.), Sohn von 1), geb. 23. 10. 1824 und gest. 2. 12. 1908 in St. Marienkirchen;

Lehrer und Kirchenmusiker. Nach Absolvierung der Linzer Präparandie Schulgehilfe in → Hörsching 1843-1847 bei Johann Baptist → Weiß, in Kirchberg bei Kremsmünster, in Eferding (auch Mitglied der »Liedertafel Eferding«) bis September 1856 und in St. Marienkirchen. Dort war er als Nachfolger des Vaters zuerst Provisor und seit September 1862 Schulmeister sowie Kirchenmusiker, Mesner jedoch nur bis 1870.
Bruckner schätzte ihn schon auf der Präparandie als seinen besten »Collegen« und stand von → St. Florian aus über längere Zeit nur mit ihm in näherem Kontakt (Brief 19. 3. 1852). Diese Freundschaft hielt über Jahrzehnte. – Seiberl war Adressat mehrerer Bruckner-Kompositionen: Der Männerchor *Die Geburt* bildete ein Namenstagsgeschenk; die zwei Sängersprüche *Ein jubelnd Hoch* und *Lebt wohl, ihr Sangesbrüder* entstanden auf Ersuchen Seiberls für die »Liedertafel Eferding«; die zwei *Totenlieder* dienten sicherlich für den praktischen Gebrauch. – Josef Seiberl hat 1908 mehrere Bruckner-Manuskripte aus seinem Besitz dem Stadtmuseum → Wels geschenkt (heute im Stadtarchiv aufbewahrt).
3) Karl Seiberl, Sohn von 1), geb. 19. 6. 1830 in St. Marienkirchen, gest. 4. 8. 1918 in Wels. Von 1839 an als Sängerknabe ein Kollege Bruckners im Haus von Schulmeister → Bogner in St. Florian. Staatsbeamter im Justizdienst in St. Florian, Linz (auch Mitglied der → Liedertafel »Frohsinn« 1855-1856), Weyer a. d. Enns, → Vöcklabruck, 1858-1870 in Wels (1864-1868 auch Chormeister des Männergesangs-Vereins Wels), seit 1870 in → Wien, Wiener Neustadt, seit 1878 wieder in Wels; 1897 Pensionierung. Ausgezeichneter Musiker, Komponist von Kirchenmusik.
Seiberl war Bruckner zeit seines Lebens in treuer Freundschaft verbunden, stand ihm u. a. mit beruflichen und juristischen Ratschlägen bei und besuchte ihn, soweit es die durch den Beruf bedingten Versetzungen zuließen. Anfang der fünfziger Jahre wollte Bruckner wie Seiberl Jurist werden. In künstlerischen Belangen kamen die beiden zu unterschiedlichen Auffassungen (Seiberl war ein begeisterter → Mozart-Verehrer). Karl Seiberls Erinnerungen vor allem an Bruckners jüngere Jahre sind eine wichtige Quelle (geschrieben in Wels, 13. 5. 1910).

Werke: Erinnerungen an A. Bruckner, in: Franz Gräflinger, A. Bruckner. Bausteine zu seiner Lebensgeschichte. München 1911, S. 100-106, und in: ders., A. Bruckner. Leben und Schaffen. Berlin 1927, S. 275-283.

Lit.: Oberlandesgerichtsrat i. P. K. Seiberl †, in: Welser Zeitung 7. 8. 1918.

4) Josef Seiberl (II.), geb. 7. 2. 1836 in St. Gotthard, Bezirk Urfahr-Umgebung, einer dem Stift St. Florian inkorporierten Pfarre (Sohn des örtlichen Schulmeisters Alois Seiberl), gest. 10. 6. 1877 in Karlsbad (heute Karlovy Vary). Absolvent der Linzer Präparandie, Schulgehilfe in St. Florian 1855/56, Stiftsmusiker seit 1. 10. 1855, Stiftsorganist in St. Florian als Nachfolger Bruckners seit 1. 1. 1856, Komponist, vorzüglicher Tenorsolist und Mitglied des in ganz Oberösterreich bekannten → Florianer Quartetts.
Für die Zeitgenossen »gehörte er zu den ausgezeichnetsten Musikkräften Oberösterreichs und war entschieden der erste Meister im Orgelspiele« (Nachruf in »Linzer Zeitung«). Erst als Bruckner in Wien Fuß gefaßt hatte und nur mehr auf Besuch nach St. Florian kam, soll er Seiberl »in besonderer Verehrung zugetan« gewesen sein. Bruckner und der Stiftsorganist Seiberl waren die ersten, welche bei der feierlichen Einweihung der umgebauten St. Florianer Chrismann-Orgel am 18. 10. 1875 spielten. Seiberl reiste Anfang Juni 1877 nach → Karlsbad zur Heilung eines »starken Leberleidens« und starb dort an einem »rasch um sich greifenden Lungenödem«. Rückblickend bezeichnete Bruckner Seiberl als »großen Künstler, Freund und Kollegen« (Brief 14. 6. 1877). Beim musikalischen Teil anläßlich der Enthüllung einer Gedenktafel für den Verstorbenen in der Florianer Stiftskirche am 28. 10. 1877 stand u. a. die Uraufführung des Männerchores *Nachruf* mit Bruckner an der großen Orgel auf dem Programm. FZ

Seitenstetten, Stift

Benediktinerstift und Marktgemeinde an der Voralpenbundesstraße, etwa in der Mitte zwischen Amstetten und → Steyr.
Anton Bruckner war mehrmals in Seitenstetten zu Besuch. Wir erfahren das aus einem Brief P. Otto Fehringers vom 2. 6. 1872, der zumindest während seines Lehramtsstudiums in → Wien 1871-1874 mit Bruckner bekannt war und von diesem am 26. 5. 1872 gebeten wurde, bei einer (in der Literatur unbekannten) Aufführung von dessen *Messe in d-Moll* mitzuspielen. Näheres über die Besuche Bruckners in Seitenstetten, die der obige Brief erwähnt, ist nicht bekannt. Doch dürfte einer dieser Besuche dem angesehenen Seitenstettner Stiftsorganisten Joseph Anton Pfeiffer gegolten haben, dem er auch Proben sei-

ner Kompositionen, darunter das *Tantum ergo in A-Dur*, vorlegte. Pfeiffer stellte ihm »auf sein Ansuchen« am 1. 7. 1848 ein sehr ehrendes Zeugnis aus und nannte ihn darin ein »ächtes musikalisches Genie«, dessen »erprobte, fantasiereiche und mechanische Fertigkeit im Orgelspiele« die vollste Anerkennung verdiene (→ Orgel, → Zeugnisse).

Aus der späteren Zeit berichten uns einiges die Tagebücher des Primgeigers auf dem Seitenstettner Kirchenchor und äbtlichen Kammerdieners Ludwig Kronawitter (1853-1929). Spätestens seit 1883 pflegte er wie Bruckner jeweils am 27. und 28. 8. in → St. Florian am Fest des hl. Augustinus teilzunehmen. Dabei kam er sicher 1883, wahrscheinlich aber öfter mit Bruckner ins Gespräch. Am 31. 8. 1889 reiste Bruckner von Steyr nach Seitenstetten, um den pensionierten Oberlehrer Dominik Dunkl (1827-1898), der auch Klavierspiel unterrichtete, zu besuchen. Bei dieser Zusammenkunft spielte er »am Claviere einmalig aus seinen herrl[ichen] Symphonien« vor.

Trotz dieser persönlichen Beziehungen setzte die Rezeption von Bruckners Werken in Seitenstetten erst spät ein. Der erste Nachweis dafür ist der Ankauf der *Tantum ergo*-Vertonungen von 1846 im Jahre 1894. Es wurden fast ausschließlich die kleinen kirchenmusikalischen Werke erworben. Auch die (ohnehin nur kleinen) Autographe Bruckners kamen auf Umwegen nach Seitenstetten. So erhielt Ludwig Kronawitter aus St. Florian ein Doppelblatt mit Bruckners *Vorspiel und Fuge in c-Moll* vom 15. 1. 1847 und dessen *Aequale* WAB 114, die von Göllerich-Auer 1928 erstmals abgedruckt wurden. Ferner finden sich in der Autographensammlung des P. Joseph Schock (gest. 1920) zwei Namenstagsbriefe Bruckners, der eine (Steyr, 3. 9. 1889) an seine Schwester Rosalia, verehelichte → Hueber, der andere (Wien, 28. 7. 1893) an seinen Bruder Ignaz (→ Bruckner, Familie). BW

Quellen: St. Florian, Stiftsarchiv: Zeugnis J. A. Pfeiffers; Seitenstetten, Stiftsarchiv, Lade A 61: Musikautograph Bruckners, Karton 2 J: P. Otto Fehringer, Karton 3 E: Tagebücher L. Kronawitters, Karton 23 A: J. A. Pfeiffer, Karton 23 C: L. Kronawitter, Autographensammlung: 2 Briefe Bruckners; Musikarchiv, Sign. F XV 3a: Abschrift des 7stimmigen *Ave Maria*, der Liedertafel »Frohsinn« am 6. 5. 1861 gewidmet.

Lit.: Göll.-A. 2/1, S. 97 f., 238; Erwin Horn, Dominik Dunkl – ein Brucknerfreund in Seitenstetten, in: IBG. Studien & Berichte. Mitteilungsblatt 46, Juni 1996; ders., Die Fahrten des Ludwig Kronawitter nach St. Florian (im Druck).

Semantik

Disziplin der Semiotik. Im weitesten Sinne untersucht sie die »Bedeutung« der Sprache, die verschiedenen Codes, die ästhetischen Botschaften und auch die (außermusikalische) Bedeutung der Musik. Jede Erörterung über semantische Fragen bei Bruckner sollte von der Einsicht ausgehen, daß seine Musik – und zwar sowohl die geistliche als auch die symphonische – den Eindruck erweckt, »sprachähnlich« zu sein. Ihre Sprachähnlichkeit ist primär in ihrem Gestus und in wiederkehrenden »Charakteren«, will heißen: bestimmten Genres mit hervorstechenden Stilmerkmalen und ausgeprägten Ausdrucksvaleurs, begründet. Die auffälligsten Charaktere bei Bruckner sind das instrumentale Rezitativ und Arioso, der Choral, der Marsch, der Trauermarsch, das Pastorale, das → Scherzo, der Ländler, das Misterioso und der Typus der »feierlichen« Musik.

Nach Robert → Schumann hat eine Komposition musikalischen Charakter, »wenn sich eine Gesinnung vorherrschend ausspricht, sich so aufdrängt, daß keine andere Auslegung möglich ist«. In letzter Konsequenz bedeutet diese Definition, daß jedem Charakter eine spezifische Semantik immanent ist. Daß der Marsch eine andere Semantik als der Trauermarsch hat, daß die pastorale-artige Musik etwas anderes als ein Scherzo konnotiert, daß der Choral eine »religiöse« und der Ländler eine »weltliche« Konnotation hat, leuchtet unmittelbar ein.

Bruckners Tonsprache verfügt über zahlreiche Mittel dramatischer Provenienz. Dazu gehören nicht nur das → Tremolo und die berühmten Steigerungswellen, sondern auch Themen, die nach dem Muster der instrumentalen Monodie gebaut sind, und bühnenmusikalische Mittel, wie Signale oder Fanfaren. Als tonsprachliche Mittel fungieren ferner die → Zitate, Anspielungen und Allusionen. Bruckner zitiert in vielen seiner symphonischen Sätze eigene und fremde Werke. Seine Symphonik enthält darüber hinaus zahlreiche Anspielungen auf Werke Richard → Wagners – bedeutungsvolle Allusionen, die seine Musik gleichfalls semantisieren.

Semantische Bedeutung haben weiter bestimmte formdynamische Prozesse (→ Form), so die jauchzenden, affirmativen Schlüsse, die wenigen morendo-Schlüsse, sodann die berühmten Steigerungswellen und die Höhepunkte, schließlich bemerkenswerte Erscheinungen wie die von Ernst → Kurth (1925) beschriebenen Episoden der Leere und Wirrnis.

Das Studium der Charaktere, der Zitate und der erwähnten formdynamischen Prozesse gestattet eine weitgehende Dechiffrierung seiner symphonischen Tonsprache. CF

Lit.: Umberto Eco, Einführung in die Semiotik. München 1972; Adam Schaff, Einführung in die Semantik. Reinbek bei Hamburg 1973; Constantin Floros, Die Zitate in Bruckners Symphonik, in: Bruckner-Jahrbuch 1982/83; ders., Weltliches und Religiöses in Bruckners Symphonik, in: Bruckner-Symposion 1989.

Sierning

Marktgemeinde in der Nähe von Steyr; eine der ältesten Siedlungen Oberösterreichs. Am Sierninger Bach Mühlenbetrieb, außerdem Landwirtschaft und Kleineisenindustrie (vor allem in → Neuzeug). 1869: 1 730, 1995: 8 300 Einwohner.

Der »Forsthof« (heute: Neustraße 29) war ein gern besuchter Ausflugsort für die Steyrer Bevölkerung und Kurgäste aus Bad Hall. In den achtziger Jahren hielt sich auch Bruckner – gemeinsam mit Franz Xaver → Bayer und Carl → Almeroth – öfters im »Forsthof« auf. Hauptgrund war die junge Tochter des Besitzers, Maria Wimmer, der Bruckner einen seiner zahllosen Heiratsanträge machte. Er spielte für das Mädchen auf der Orgel der Pfarrkirche und widmete ihr die verschollene Komposition *Die Rose*.

Eine weitaus frühere Beziehung zu der Gemeinde betrifft die Liedertafel Sierning zu Sierninghofen, für die Bruckner das autograph nicht erhaltene Vereinsmotto *Des Höchsten Preis* vertont hat. EWP

Lit.: Max Danner, Sierning. Geschichte einer aufstrebenden Gemeinde. Sierning 1985; Zum Andenken Bruckners, in: Linzer Tagespost 29. 10. 1896.

Silberstein, August

Geb. 5. (nach anderen Angaben 1.) 7. 1827 in Alt-Ofen (Obuda), Ungarn, gest. 7. 3. 1900 in Wien; Schriftsteller. Mosaisch, seit 1868 protestantisch. Als Kaufmannssohn nach dem frühen Tod des Vaters selbst zum kaufmännischen Beruf bestimmt, zog er es jedoch vor, an der → Universität Wien Vorlesungen zu hören und sich literarisch-journalistisch zu betätigen. Als »Achtundvierziger« (u. a. Mitglied der Akademischen Legion) politisch engagiert, wurde er in Dresden zweimal verhaftet, dann nach Österreich ausgeliefert, wo er bis 1855 als politischer Häftling am Spielberg bei Brünn interniert war. Lebte danach als Herausgeber und Schriftsteller

August Silberstein

in → Wien. 1863 u. a. Dr. phil. der Universität Freiburg im Breisgau. Silbersteins Bedeutung als Publizist liegt – neben seiner Herausgabe von Volkskalendern – in seinem Beitrag zur Entwicklung der Dorfgeschichte und seinem Einfluß auf Peter Rosegger. Daneben bleibt seine Lyrik weitgehend epigonal.

Neben anderen Komponisten wie Josef Strauß und Franz von Suppé vertonte auch Bruckner vier von Silbersteins Gedichten, von denen die ersten drei in die 1864 von Silberstein veröffentlichte Gedichtsammlung »Lieder« bzw. in verschiedene Auflagen von »Trutz-Nachtigall« aufgenommen wurden: Wohl am bekanntesten wurde der *Germanenzug*, entstanden im Juli 1863, den Bruckner in seinem Dankschreiben an den Dichter (29. 7. 1863) als »über alle Maßen gelungen« und »prachtvoll« bezeichnete. Von der → Liedertafel »Frohsinn« unter Bruckners Leitung 1865 uraufgeführt, wurde der Chor – Bruckners erste gedruckte Komposition – beim 1. Oberösterreichischen Sängerfest in → Linz mit dem 2. Preis ausgezeichnet.

Ebenso wie den Chorwerken *Vaterlandslied* (Text nach Silbersteins »O könnt' ich dich beglücken«) und *Vaterländisches Weinlied*, beide gemeinsam 1868 von der Liedertafel »Frohsinn« unter Leitung des Komponisten uraufgeführt, liegt auch dem zeitlich weitaus späteren *Helgoland*, entstanden 1893 und im selben Jahr von den → Wiener Philharmonikern und dem → Wiener Männergesang-Verein zur

Uraufführung gebracht, ein »stark deutsch-nationalistisch gefärbter Text« (J.-L. Mayer) zugrunde. EL

Weitere Werke: Dorfschwalben aus Oestreich. 2 Bde. München 1862 f.; Die Alpenrose von Ischl. 2 Bde. Berlin 1866; Mein Herz in Liedern. Stuttgart 1868; Glänzende Bahnen. 3 Bde. Berlin 1872; Die Kaiserstadt am Donaustrand. Wien und die Wiener in Tag- und Nachtbildern. Wien 1873; Büchlein Klinginsland. Dichter-Weisen und Weisungen. Wien 1879.

Lit.: Auer, Briefe; Göll.-A. 3/1, S. 203 ff., 358 ff., 410 ff., 4/3, S. 330 ff.; WAB; Johannes-Leopold Mayer, Die Zwielichtigkeit des Erfolges. A. Bruckners »Helgoland« im historischen Umfeld des Wiener Männerchorwesens, in: Bruckner-Jahrbuch 1980 (mit Bild); Wolfgang Häusler, A. Silberstein (1827-1900), in: Jüdische Integration und Identität in Deutschland und Österreich 1848-1918. Tel Aviv 1984; Paul Hawkshaw, From Zigeunerwald to Valhalla in Common Time: The Genesis of A. Bruckner's Germanenzug, in: Bruckner-Jahrbuch 1987/88; Literatur Lexikon. Bd. 11. Hrsg. Walther Killy. München 1991.

Sonate (WAB deest)

Entwurf zu einem Sonatensatz für Klavier in g-Moll
EZ: 29. 6. 1862 in → Linz
Autograph: → Kitzler-Studienbuch, S. 157-164
NGA: Band XII/2 (Walburga Litschauer, 1988)

Tonartenbezeichnungen, Notizen zur Form und andere kompositionstechnische Bemerkungen sowie eine angefügte Alternativ-Version für einen Abschnitt deuten darauf hin, daß es sich bei diesem für den Unterricht bei Otto → Kitzler geschriebenen Entwurf um eine Kompositionsübung handelt. In einigen wenigen Takten sind die Noten für die linke Hand im Autograph zwar nicht ausgeschrieben, aber durch Wiederholung der zuvor notierten Begleitfiguren leicht zu ergänzen. Stilistisch ist eine Nähe zu → Schubert festzustellen. WL

Lit.: Lukas Böttcher, Unbekannte Klavierwerke von A. Bruckner, in: Das Musikleben 2 (1949); Hawkshaw, The Manuscript Sources; Walburga Litschauer, Bruckner und das romantische Klavierstück, in: Bruckner-Symposion 1989, S. 110.

Speidel, Ludwig

Geb. 11. 4. 1830 in Ulm, gest. 3. 2. 1906 in Wien; Schriftsteller und Musikkritiker in Wien. In München ausgebildet, wo er erste künstlerische Eindrücke empfing, kam er 1853 nach Wien, schrieb zunächst für die »Österreichische Zeitung« (1856/57), die »Wiener Zeitung« (1858-1860) und das »Vaterland« (1860-1862). Über 40 Jahre Kritiker am »Fremdenblatt« (bis 1901), seit 1864 daneben 30 Jahre vorwiegend Burgtheater-Kritiker bei der »Neuen Freien Presse« (als Kollege Eduard → Hanslicks). Er war als geistvoller Feuilletonist und Kritiker in weiten Kreisen geschätzt.

Speidel darf (neben Theodor → Helm) als einer der markanten Wortführer derjenigen Wiener Kritiker angesehen werden, die, im Gegensatz zu seinem viel einflußreicheren Zeitungskollegen Hanslick und dessen »Anhängern«, die Richtung der → Neudeutschen Schule vertraten – obwohl gerade er persönlich im Innersten ein Gegner der Anschauungen eines ihrer Exponenten, des Musikdramatikers Richard → Wagner, war. Als einer der ersten Kritiker hat Speidel sehr früh die Bedeutung Bruckners erkannt und ist in der »Wiener Zeitung« und im Wiener »Fremdenblatt« wiederholt für ihn eingetreten. Aus seiner Feder stammt die erste öffentliche Anerkennung Bruckners als Organist in → Wien (Probespiel in der → Piaristenkirche 1858), was diesen, gerührt über Speidels Begeisterung, veranlaßte, brieflich (1. 8. 1858) seinen Freund Rudolf → Weinwurm um die Adresse des Kritikers und »mehrere Exemplare des schönen Blattes« (»Wiener Zeitung«) zu bitten.

Bei aller Wertschätzung Bruckners hatte Speidel durchaus auch kritische Einwände: Er äußerte gewisse Vorbehalte gegen die große Ausdehnung der einzelnen Symphonie-Sätze und die relative Unübersichtlichkeit des formalen Aufbaus, nannte z. B. das Finale der *Achten Symphonie* »ein titanisches Unternehmen, das an der eigenen Maßlosigkeit scheitert«, fand in der *Siebenten* manches »fremdartig«, war aber bereit, sie »durchaus anzuerkennen«. Fast restlose Begeisterung spricht aus seinen Rezensionen zum *Te Deum* und zur *Messe in f-Moll*. Die Aufführung des *Streichquintetts* nannte er »ein Ereignis für das musikalische Wien«, die »schwierigen« Bruckner-Chöre stellten nach seiner Meinung »große Anforderungen« an die Ausführenden.

Resümierend gab er 1894 seinen – für seine Zeit fast »ketzerischen« – Gesamteindruck wieder: Mit einer ungewöhnlichen Energie habe Bruckner »Motivbildungen im Sinne Wagner's unter das Joch der symphonischen Form gebeugt und ihnen Keime zur thematischen Entwicklung eingeimpft«. Und damit habe er doch wieder »seine Unabhängigkeit von Wagner, sein Einlenken in Beethoven'sche Bahnen, seinen Anschluß an Schubert« gezeigt. UH

Lit.: Göll.-A. 3/1, 4/1-3, passim; Charlotte Pinter, L. Speidel als Musikkritiker. Mschr. Diss. Wien 1949, besonders S. 577-605; Bruckner-Symposion 1991 (»Bruckner-Rezeption«).

Spitznamen

Bruckner war bei seinen Schülern und Studenten nicht nur beliebt, weil seine Vorträge einprägsam und – gewürzt mit Übertreibungen – kurzweilig waren; es kamen dazu seine spontanen Lob- und Mißfallensausbrüche, wenn ihn Leistungen seiner Schüler überraschten. Jeder, der einmal in irgendeiner Weise aufgefallen war, bekam seinen charakteristischen Spitznamen und behielt ihn. Bei Göllerich-Auer (u. a. 4/2, S. 382 f.) sind etliche aufgezählt, in der → Erinnerungsliteratur geben die Autoren den ihnen jeweils zugedachten gern preis:
»alte Harf'n«: weil einer als Hauptfach Harfe studierte;
»armer Häuter«: Bruckners Schüler Hermann Abheiter, später Kapellmeister in Bukarest;
»der Berlioz«: Ferdinand → Löwe als Berater in Fragen der → Instrumentation (→ Berlioz)
»das Beserl ('s Beserl)«: *Erste Symphonie*;
»der Egoist«: Friedrich → Klose, weil dieser seltener kam und sich auch für anderes interessierte;
»Francisce«: Franz → Schalk;
»Gaudeamus«: Max → Oberleithner;
»Generalissimus«: Josef → Schalk, der die Führung im → Wiener Akademischen Wagner-Verein innehatte; auch »Locherl« genannt;
»Gischpl« oder »Viechkerl«: wenn einer einen Unsinn sagte;
»der große Alpinist«: August → Stradal, der Bruckner versehentlich nach Zell am See zum Kitzsteinhorn geschickt hatte, als Bruckner den Großglockner sehen wollte;
»Halawachl« oder »Viechskerl«: allgemeine Rüge oder Anerkennung, je nach Betonung;
»Heinrich mir graut's vor dir!« oder »Heinrichshof« (Gebäude gegenüber der Hofoper): Heinrich Hesch, der spätere Hofopernsänger;
»der Herr Sekretär«: Dr. Ernst Böck, ein Freund von Bruckners Hausherrn Ölzelt-Newin, der sich in dessen Auftrag um die → Wohnung in der Heßgasse kümmerte;
»mein Hofmeisterlein«: Karl Hofmeister, der spätere Konzertmeister am Deutschen Volkstheater, wenn er gelobt wurde; wenn er gerügt wurde: »Hausmeister«;
»Kracher«: *Das deutsche Lied;*
»Locherl«: siehe »Generalissimus«;
»Micherl«: der 2. Satz der *Achten Symphonie*; damit wollte Bruckner ursprünglich seinen Freund Carl → Almeroth charakterisieren; s. a. → Deutscher Michel;
»Mohrl«: kleine schwarze Damenuhr, in Bruckners → Nachlaß erhalten (Uhren waren Bruckners bevorzugtes Geschenk an → Frauen);
»Nachtlicht«: Carl → Hruby, der die ganze Nacht Harmonielehre studiert hatte;
»die Perle«: August → Stradal, weil er Bruckner jeden Abend Gesellschaft leistete;
»Perle des Jahrhunderts«: Ernst → Decsey, als er seine Aufnahmsprüfung gegen Bruckners »Absicht« doch bestand;
»Räubersknabe«: Hesch (s. o.), der struppiges Haar hatte;
»Sachsen- ...« : ein Schüler, dessen Name mit »Sachsen« begann, wurde mit sämtlichen Fürstengeschlechtern dieses Namens, beginnend mit »Sachsen-Anhalt«, gerufen;
»Samiel«: Friedrich → Eckstein als Nothelfer, nach der Figur »Samiel« aus Webers »Freischütz« (»Samiel hilf!«) benannt;
»Sie Strumpfbandl«: zu einem unbekannten Schüler (Commenda S. 50);
»Viechskerl« siehe »Halawachl«;
»Vogerl«: Bruckners Schüler Theodor Vogl, den er gern zum Konzert nach → Preßburg mitnehmen wollte, der jedoch zögerte, weil er mit seiner Freundin etwas anderes vorhatte (»ohne Vogerl ka Hetz!«);
»Wagerl«: Carl Almeroth, der mit seinem Wagen für Bruckner meist zur Stelle war;
»Wolferl«: Hugo → Wolf;
»Zacherl«: Bruckners Schüler Peter Zachariadis.

RG

Lit.: Ernst Decsey in: Neues Wiener Journal 4. 4. 1920; August Stradal, Erinnerungen an Bruckner, in: Bohemia, Prag 25. 12. 1921; Bruckner-Festbuch. Hrsg. Storsberg-Chor. Gelsenkirchen 1924, S. 44-47; Max Oberleithner, Meine Erinnerungen an A. Bruckner. Regensburg 1933, S. 35; Göll.-A. 4/1, S. 463, 676, 4/2, S. 497 f., 679, 4/3, S. 15 ff., 191 f., 236, 485; Hans Commenda, Geschichten um A. Bruckner. Linz 1946; Franz Gräflinger, Liebes und Heiteres um A. Bruckner. Wien 1948, S. 24, 67.

Stadtpfarrkirche, Linz

Pfarrplatz. Pfarrkirche seit 1286, zunächst gotischer Bau, dann barockisiert. Rokoko-Altar von Matthias Krinner und Johann Modler, Seitenaltäre mit bedeutenden Gemälden u. a. von Bartolomeo Altomonte. Beisetzungsort von Herz und Eingeweiden des 1493 in Linz verstorbenen Kaisers Friedrich III. und des Barockbaumeisters Johann Michael Prunner.
Zusammen mit dem → Alten Dom war diese Kirche Dienstort des Dom- und Stadtpfarrorganisten Bruckner, der sich jedoch bald (allerdings vergeblich) um die Trennung der Verpflichtung an den beiden Kirchen bemühte. Ausschlagge-

Blick auf die Stadtpfarrkirche und das Mesnerhaus am Linzer Hauptplatz. Federzeichnung, um 1850

bend hierfür dürfte auch der äußerst schlechte Zustand der erst 1852 von Ludwig Mooser (1807-1881) erbauten → Orgel gewesen sein, worüber Bruckner – wohl auch im Bewußtsein seiner schon anerkannten fachlichen Kompetenz – noch vor dem definitiven Antritt seiner Stelle in eine heftige Kontroverse mit dem beleidigt reagierenden Orgelbauer geriet. EM

Lit.: Elisabeth Maier, »Kirchenmusik auf schiefen Bahnen«. Zur Situation in Linz von 1850 bis 1900, in: Bruckner-Symposion 1990.

Stadttheater (Ronacher), Wien

In dem 1871/72 durch Ferdinand Fellner d. Ä. erbauten Theater (Wien I., Ecke Seilerstätte/Himmelpfortgasse) wurde am 16. 5. 1884 durch einen Brand die gesamte Innenausstattung zerstört. Ferdinand Fellner d. J. und Hermann Helmer errichteten 1887/88 für den Theater- und Vergnügungsunternehmer Anton Ronacher (1841-1892) an der Stelle eines Teiles des alten Theaters das Etablissement Ronacher, das Theater- und Ballsaal, Hotel, Restaurant und Kaffeehaus vereinigte. In der Folge wurde und wird das Gebäude vielfach und verschiedenartig genutzt (für Hörfunk, Varietétheater, Nachkriegs-Ausweichquartier des Burgtheaters 1945-1955, Fernsehen; derzeit wieder Theater).

Bruckner geriet am 16. 5. 1884 auf seinem Weg durch den Stadtpark in die Innenstadt zufällig in den Strom der an den Schauplatz des Großbrandes drängenden Menschenmenge. Hier traf er seinen Universitätsschüler Friedrich → Eckstein, mit dem zusammen er trotz seines Entsetzens abwartete, bis der letzte eingeschlossene Mensch geborgen war. Das anschließende Gespräch in einem Café am Stephansplatz begründete die dauerhafte Freundschaft zwischen Bruckner und Eckstein. EM

Lit.: Göll.-A. 4/2, S. 172 f.

Ständchen (WAB 84) »Wie des Bächleins Silberquelle«

Männerquartett mit Brummstimmen und Tenor-Solo a cappella in G-Dur, »Langsam«
Text: Autor unbekannt
EZ: um 1846 in → St. Florian
W: Frau Schlager
UA: wahrscheinlich in St. Florian
Autograph: Linzer Singakademie, Frohsinn-Archiv

Ständchen. Erste Seite des Autographs

ED: Göll.-A. 2/1, S. 48 ff. (Entwurf, Faksimile); 2/2, S. 61-64 (Faksimile); Wien, Robitschek 1954
NGA: Band XXIII/2 (in Vorbereitung)

Dem ersten Teil des Textes, der eine Naturschilderung ist, unterlegt Bruckner → Brummstimmen, die er hier erstmals verwendet. Den zweiten Teil allerdings, den »realistischeren«, die Verkündung der »Lebensweisheit«, tragen alle Stimmen akkordisch vor. Auf demselben Bogen findet sich auch der Liedentwurf *Mild wie Bäche*. Den gleichen Text verwendete Bruckner für sein *Duetto* für zwei Soprane mit Klavierbegleitung. Das Quartett ist Frau Schlager, der Frau des Florianer Bürgermeisters (1850-1862), gewidmet. AH

Lit.: Göll.-A. 2/1, S. 47-51; Andrea Harrandt, Bruckner und das bürgerliche Musiziergut seiner Jugendzeit, in: Bruckner-Symposion 1987, S. 99.

Steiermärker (WAB 122)
Gelegenheitskomposition für Klavier zu zwei Händen in G-Dur
EZ: um 1850 in → St. Florian, für den Klavierunterricht
W: Aloisia → Bogner, Tochter des Bruckner vorgesetzten Schullehrers Michael → Bogner
UA: ?
Autograph: ÖNB-MS
ED: Göll.-A. 2/2, S. 43 (1928)
NGA: Band XII/2 (Walburga Litschauer, 1988)

Wie sich aus dem Autograph schließen läßt, dürfte Aloisia Bogner die Widmung dieser Komposition nicht angenommen haben, da Bruckner seine Dedikation nachträglich mit dem Wort *Steiermärker* überschrieb und damit das darunter Geschriebene nahezu unleserlich machte. Das aus vier Achttaktern zusammengesetzte Stück zeigt volkstümlichen Charakter, zum Teil vielleicht von → Schubert beeinflußte Harmonik und kann als stilisierter Ländler bezeichnet werden, in dessen Rahmenteilen Bruckner – bewußt oder unbewußt – das oberösterreichische Volkslied »Dirndal, merk dir den Bam« zitiert. WL

Lit.: Göll.-A. 2/1, S. 40; Walburga Litschauer, Bruckner und das romantische Klavierstück, in: Bruckner-Symposion 1987, S. 108; Wolfgang Brunner in: Booklet zu A. Bruckner, Piano Works. CD (cpo 999 256-2) 1995, S. 7 f.

Sternschnuppen (WAB 85) »Wenn Natur die sanften Lider«
Männerquartett a cappella in F-Dur, »Nicht zu langsam«
Text: Ernst → Marinelli
EZ: um 1848 in → St. Florian
Widmung: »Für das Männerquartett Ludwig Ehrenecker, Franz Schäfler, Anton Bruckner und Joh. Nep. → Hueber«
UA: St. Florian ?
Autograph: Stift St. Florian
ED: Göll.-A. 2/2, S. 94 ff. (1928); Wien, Robitschek 1954 (Louis Dité)
NGA: Band XXIII/2 (in Vorbereitung)

Wie schon in → Kronstorf, so gründete Bruckner auch in St. Florian ein → Männerquartett, dem Ludwig Ehrenecker (der 2. Lehrer), der Stiftsbeamte Franz Schäfler und der Stiftsgärtner Johann Nepomuk → Hueber angehörten und für das er *Ständchen* und *Sternschnuppen* komponierte. Dieses dem Geschmack der Zeit entsprechende Quartett des ca. 24jährigen Bruckner – »ein stimmungsvoller Nachtgesang« (R. → Haas) – wird von Göllerich-Auer folgendermaßen charakterisiert: »Über dem Ganzen liegt die weichliche Romantik der damals beliebten Männerchor-Musik«. So erinnert der Beginn an → Mendelssohns »Wer hat dich, du schöner Wald«. – Aufführungen sind erst in unserem Jahrhundert mit der → Liedertafel »Frohsinn« nachweisbar. Aus dem Jahr 1996 liegt eine Plattenaufnahme vor. AH

Lit.: Göll.-A. 2/1, S. 65 f.; Robert Haas, Bruckner. Potsdam 1934, S. 49; Othmar Wessely, Bruckners Mendelssohn-Kenntnis, in: Bruckner-Studien 1975, S. 84 und 95.

Steyr
Oberösterreichische Stadt am Zusammenfluß von Enns und Steyr. Erste Nennung der »Styraburg« 980. Schon früh wichtiger Platz für Handel und Handwerk (Eisenverarbeitung). Im 19.

Stadtplatz in Steyr. Alte Postkarte

Jahrhundert mit der Gründung der Waffenfabrik durch Josef Werndl Aufstieg zu einem wichtigen Industriestandort. Vielfältige Musiktradition seit dem Mittelalter. 1843: 9 960, 1880: 17 200, 1996: 42 800 Einwohner.
Die Stadt Steyr spielt im Leben Bruckners eine wichtige Rolle. Er hat sie selbst sogar anläßlich der Verleihung der Ehrenmitgliedschaft der »Gesellschaft der Musikfreunde« als »heimatliche Stadt« bezeichnet (1893). Tatsächlich war er dort von vielen Freunden und Gönnern umgeben, die sich nicht nur für sein Werk interessierten, sondern ihn auch finanziell unterstützten. Die Einladungen durch die Stadtpfarrer in den Pfarrhof wiesen eine kontinuierliche Tradition auf und ermöglichten Bruckner Ruhe und Erholung. Dadurch wurde er in Steyr zu einem »Ferienkomponisten«, er wirkte daneben immer wieder bei Messen als Organist (→ Orgel) mit. Auch als Improvisator war er in der Stadtpfarrkirche zu hören.
Erste Kontakte zu Steyr sind in Bruckners Familie zu finden, denn seine Mutter stammte aus dem nahe gelegenen Ort → Neuzeug. Bruckners Tante Rosalia Mayrhofer arbeitete unweit entfernt im Pfarrhof von → Wolfern als Wirtschafterin. Als Schulgehilfe in → Kronstorf kam Bruckner auf Empfehlung des Pfarrers Alois Knauer erstmals nach Steyr. Der damalige Stadtpfarrer Joseph Plersch lud ihn ein und ermöglichte ihm, auf der großen Chrismann-Orgel zu spielen. Ob Bruckner während dieser frühen Aufenthalte Karoline → Eberstaller kennenlernte, die ihm angeblich die Steyrer → Schubert-Tradition näherbrachte, ist ungeklärt.
Ein weiteres konkretes Datum ist 1868: In diesem Jahr trat Bruckner in der Stadtpfarrkirche als Organist auf. In den ersten → Wiener Jahren dürften sich die Verbindungen zu der Stadt gelockert haben, seit 1875 besuchte Bruckner – auf Einladung des Stadtpfarrers Georg → Arminger bzw. dessen Nachfolgers Johann Evangelist → Aichinger – wieder regelmäßig Steyr. Viele Besuche ergaben sich auch durch die Nähe zu → St. Florian.
In Steyr arbeitete Bruckner vor allem an seiner *Achten*, aber ebenso an der *Neunten Symphonie*. Berühmt geworden ist sein Vermerk am Schluß der Partiturskizze der *Achten*: »Steyr, Stadtpfarrhof 16. August 1885. A. Bruckner mp. Halleluja!« Im Sommer 1892 revidierte er sein *Requiem* WAB 39, das dann in der neuen zweiten Fassung in Steyr aufgeführt wurde. Sehr wichtig in diesem Zusammenhang war der Musikerkreis um Bruckner. Allen voran war es Franz Xaver → Bayer, der sich immer wieder tatkräftig für Bruckners Werk einsetzte und auch 1890 die Uraufführung des *Pange lingua et Tan-*

tum ergo leitete. Über Bayers Aufführung der *Messe in d-Moll* 1893 äußerte sich Bruckner begeistert (Brief an Theodor → Helm 22. 4. 1893). Der Gemeindebeamte Leopold → Hofmeyr arbeitete für ihn als → Kopist (*Achte*). Weitere Freunde in Steyr waren Carl → Almeroth, die Bürstenbinderfamilie Mayr, Bürgermeister Georg Pointner und der Arzt Dr. Franz Wiesner. Es ergaben sich natürlich auch engere Kontakte zu den musikalischen Vereinen: zur »Gesellschaft der Musikfreunde« und den Männergesang-Vereinen »Kränzchen« und »Steyrer Liedertafel«. Eine der frühesten Aufführungen in Steyr fand 1882 statt: Unter Mitwirkung des Arbeitersängerbundes »Stahlklang« führten die Vereine den *Germanenzug* auf. Der Männerchor *Sängerbund* stand wiederholt auf den Programmen der Vereine. In den letzten Lebensjahren erhielt Bruckner mehrere Ehrenmitgliedschaften.

Ein weiterer wichtiger Punkt ist Bruckners finanzielle Förderung. Über Max von → Oberleithner und Almeroth wurde 1890 in Steyr ein sogenanntes → Consortium (1 000 Gulden Jahresrente) gegründet, damit Bruckner auf seinen Konservatoriumsunterricht verzichten könne. Zu den Mitgliedern zählten Almeroth, Graf und Gräfin Lamberg (geb. Werndl), die Industriellen Josef und Eduard Werndl sowie Karl Reder.

Bruckner-Stiege neben der Pfarrkirche in Steyr

Kurz nach dem Tod des Komponisten bildete sich mit Bayer an der Spitze ein »Comité«, das ein Denkmal errichten wollte. Ursprünglich war an ein Votiv-Fenster in der Stadtpfarrkirche gedacht, dann entstand aber das erste Bruckner-Denkmal (Büste: Viktor → Tilgner, Sockel: Fritz Zerritsch). Die Enthüllung fand 1898 statt. In den Folgejahren wurden – besonders durch Initiative Bayers – Bruckner-Werke aufgeführt. 1929 wurde die Ortsgruppe Steyr des → Brucknerbundes für Oberösterreich gegründet, die sich in erster Linie die Instandsetzung des Denkmals zur Aufgabe machte. Mit der Neugründung der Ortsgruppe 1949 lag der Schwerpunkt auf Konzertveranstaltungen; das Eröffnungskonzert dirigierte Volkmar Andreae.

Die Bruckner-Tradition reicht bis in die Gegenwart. So fanden 1996 u. a. Aufführungen der *Siebenten Symphonie* und des *Te Deum* statt; im Stadtpfarrhof war die → Ausstellung »Wo ich alljährlich so gerne weile« zu sehen. EWP

Lit.: Jula Bayer, A. Bruckner in Steyr. Steyr 1956; Julius Bayer, A. Bruckner, Franz Bayer und Steyr, in: Gesellschaft der Musikfreunde Steyr 1838-1963. Festschrift. Linz 1963; Bruckner – skizziert; Erich W. Partsch, Bruckner-Pflege in Steyr bis zur Jahrhundertwende, in: IBG-Mitteilungsblatt 35, Dezember 1990; ders., »...wo ich alljährlich so gerne weile«. A. Bruckner in Steyr, in: Blickpunkte Oberösterreich (1995); »Wo ich alljährlich so gerne weile«. Bruckner in Steyr. Katalog zur Ausstellung. Hrsg. E. W. Partsch. Steyr 1996.

Steyregg

Oberösterreichische Stadtgemeinde im Bezirk Urfahr-Umgebung mit historischem Stadtkern, östlich von Linz gelegen. 1996: 4 500 Einwohner.

Im September 1856 unternahm Bruckner mit Alois und Rudolf → Weinwurm, den er kurz zuvor in → Salzburg kennengelernt hatte, sowie Dr. Karl Nawratil einen Ausflug nach Steyregg, wo er auch an der großen Orgel improvisierte. In → Briefen Bruckners werden auch Bekannte in Steyregg erwähnt, z. B. Marie Gitlberger, die er wohl durch den Beamten Michael Gitlberger kennengelernt hatte, der wie Bruckner 1848/49 Mitglied der National-Garde in → St. Florian (1865 auch Mitglied der Perger Liedertafel) gewesen war. RG

Lit.: Göll.-A. 3/1, S. 24.

Stille Betrachtung an einem Herbstabende. Erste Seite des Autographs

Steyrling

Ort im oberösterreichischen Steyrtal, im Gemeindegebiet von Klaus an der Pyhrnbahn gelegen.

In den siebziger Jahren war Bruckner als Gast des Sensenwerksbesitzers Michael Pieslinger in Steyrling, spielte dort in der kleinen Pfarrkirche die Orgel und erfreute sich an der unberührten Natur in dieser Gegend. Auch von gemeinsam mit dem Schriftsteller Karl Zeitlinger (1886-1890 Mitglied der → Liedertafel »Frohsinn«) von → Kirchdorf aus unternommenen Ausflügen nach Steyrling wird berichtet. RG

Lit.: Göll.-A. 3/1, S. 574; Bruckner – skizziert, S. 81.

Stille Betrachtung an einem Herbstabende (WAB 123)

Charakterstück für Klavier zu zwei Händen in fis-Moll, »Feierlich ruhig«

EZ: 10. 10. 1863 in → Linz

W: Emma Than(n)er, Bruckners Klavierschülerin

UA: ?

Autograph: ÖNB-MS (mit Skizze)

ED (Faksimile): Göll.-A. 3/2, S. 217 f. (1930)

NGA: Band XII/2 (Walburga Litschauer, 1988) S. 17 f.

Der mit der ausgeführten Fassung zusammen überlieferte Entwurf trägt den Titel *Herbstseufzer*. Das Autograph zeigt keinerlei Eintragungen von Bruckners Hand, die darauf hindeuten würden, daß dieses Stück im Klavierunterricht tatsächlich Verwendung fand. Emma Than(n)er, später verehelichte Krenn, die von Bruckner zwischen 1857 und 1863 einmal pro Woche unterrichtet wurde, hat dieses Stück nach eigener Aussage nie erlernt.

Nach Othmar Wessely läßt das dreiteilig angelegte Stück als Vorbild → Mendelssohns »Venetianisches Gondellied« (op. 30/6 der »Lieder ohne Worte«) erkennen. Als programmatische Idee liegt Bruckners Klavierkomposition nach Aussage ihrer Widmungsträgerin deren vergebliche Erwartung ihres Geliebten zugrunde. WL

Lit.: Göll.-A. 3/1, S. 215-220; Othmar Wessely, Bruckners Mendelssohn-Kenntnis, in: Bruckner-Studien 1975, S. 109;

Walburga Litschauer, Bruckner und das romantische Klavierstück, in: Bruckner-Symposion 1987, S. 109.

Storch, Anton M. [Michael, Maria oder Max]
Getauft 23. 12. 1813 und gest. 31. 12. 1887 in Wien. Geiger, Chorleiter, Theaterkapellmeister, Komponist. Violin- und Kompositionsstudium in → Wien. Seit 1842 Sologeiger, Orchesterdirektor und Kapellmeister am Theater an der Wien und am Theater in der Josefstadt. 1843 Gründungsmitglied und Erster Chormeister des → Wiener Männergesang-Vereins. 1855-1860 artistischer Leiter und Gesangslehrer des → Linzer Musikvereins, zugleich Chormeister der → Liedertafel »Frohsinn«. Seit 1860 wieder Kapellmeister an Wiener Theatern, seit 1861 Bundeschormeister des Niederösterreichischen Sängerbundes, seit 1864 auch des Österreichischen Sängerbundes. Bedeutender Organisator des bürgerlichen Chorwesens und Komponist von über 1000 Männerchorwerken in unterschiedlichsten Besetzungen.
Als Bruckner sich 1855 um die Dom- und Stadtpfarrorganistenstelle in → Linz bewarb, traf er erstmals auf Storch, der als Leiter des Musikvereins in der Prüfungskommission der »Concurs-Prüfungen« saß. Unter dessen Leitung gehörte Bruckner von März 1856 bis September 1858 als Sänger der Liedertafel »Frohsinn« an und nahm an den Proben regelmäßig und mit großem Interesse teil. Gelegentlich hörte er während des Einstudierens auf zu singen und richtete seine ganze Aufmerksamkeit auf Klangwirkung und Stimmführung der studierten Werke. Dabei dürfte er sich wertvolle Anregungen für seine Männerchor-Kompositionen geholt haben. Auch die Werke Storchs – besonders hinsichtlich ihrer Besetzung – blieben nicht ohne Auswirkungen auf Bruckners Männerchorschaffen. Als Storch sich 1860 von Linz verabschiedet hatte, wurde Bruckner zum Chormeister des »Frohsinn« gewählt. Als solcher führte er neben eigenen regelmäßig auch Werke Storchs auf. Bruckner übersandte 1866 Storch auf dessen Bitte um ein Werk für den Niederösterreichischen Sängerbund den Chor *Vaterlandslied* mit Widmung; er legte auch die beiden eben komponierten Chöre *Der Abendhimmel* WAB 56 und *Vaterländisches Weinlied* »zur etwaigen Verfügung« bei. KM

Lit.: Wurzbach; August Schmidt, A. M. Storch †, in: Deutsche Kunst- und Musik-Zeitung 14 (1888) Nr. 1; Auer, Briefe S. 34 f., 80; Göll.-A. 2/1, 3/1, passim; Franz Gräflinger, A. Bruckner. Leben und Schaffen (Umgearbeitete Bausteine). Berlin 1927, passim; Max Auer, A. Bruckner. Sein Leben und Werk. 3. Aufl. 1941, passim; Othmar Wessely, A. Bruckner und Linz, in: Jahrbuch der Stadt Linz 1954. Linz 1955, passim; A. Bruckner und Linz. Ausstellung ... Linz 1964. Katalog. Hrsg. Brucknerbund für Oberösterreich. Linz 1964, passim; Bruckner-Studien 1975, passim; Bruckner-Jahrbuch 1982/83, S. 89-93; Bruckner Symposion 1987, S. 94-97, 99.

Stradal, August
Geb. 17. 5. 1860 in Teplitz-Schönau, gest. 13. 3. 1930 in Schönlinde, Nordböhmen; Pianist, Komponist, Musiklehrer und -schriftsteller. Zunächst juristische Studien, seit 1880 am Konservatorium der → Gesellschaft der Musikfreunde in Wien Schüler von Anton Door, Eduard → Kremser, Theodor Leschetizky und Bruckner (seit Jänner 1883 als Privatschüler) sowie 1884-1886 in Weimar von Franz → Liszt, den er als Sekretär und »Famulus Stradalus« auch auf dessen Reisen begleitete. 1893-1895 Lehrer an den Horakschen Klavierschulen in → Wien, anschließend bis um 1900 rege Konzerttätigkeit; seit 1919 Musikpädagoge in Schönlinde. Ehrenvorsitzender der → Internationalen Bruckner-Gesellschaft, seit 1929 – wie auch andere Bruckner-Freunde und -Schüler – deren Ehrenmitglied.
Stradal, von Bruckner in einem Brief an Jean Louis → Nicodé 1896 als »berühmter Liszt-Schüler und auch ehemals mein Schüler« tituliert, veranstaltete gemeinsam mit August → Göllerich private Liszt-Matineen, bei denen seit 1883 immer häufiger auch Werke Bruckners in Klavierbearbeitungen gespielt und auch erläutert wurden. Der bis dahin Bruckner eher ablehnend gegenüberstehende Kritiker Theodor → Helm soll dabei für den Komponisten gewon-

August Stradal

nen worden sein. 1886 trafen Stradal, der den kranken Liszt umsorgte, und Bruckner bei den Festspielen in → Bayreuth zusammen und fuhren nach Liszts Tod gemeinsam ab, wobei Stradal in München ein Mißgeschick passierte: Er führte Bruckner, der bei dieser Gelegenheit – wieder sein Interesse für »Extremes« bekundend – unbedingt den höchsten Berg Österreichs, den Großglockner, sehen wollte, unabsichtlich in die Irre: Bruckner landete allein und nach mühsamer Anreise enttäuscht in Zell am See und sah das Kitzsteinhorn. Das konnte die Beziehung beider bei Stradals späteren Aufenthalten in Wien nur oberflächlich trüben, und so war dieser »Gewährsmann für vieles im Leben Bruckners« auch einer der ersten an dessen Totenbett.

Stradal hat von zahlreichen Werken Bruckners Klavierauszüge (zu zwei Händen) hergestellt, 1900 den Erstdruck von *Erinnerung* herausgegeben, Arbeiten über Bruckners Verhältnis zu seinen Vorgängern und Zeitgenossen sowie »Erinnerungen aus Bruckners letzter Zeit« (Zeitschrift für Musik 99, 1932) veröffentlicht, die für die Forschung besonders wichtig sind, in ihrer Wortwahl und Einschätzung des Künstlertums allerdings auch mit Rücksicht auf die heraufkommende Zeit des → Nationalsozialismus zu lesen sind. UH

Weitere Werke: zahlreiche Klavierbearbeitungen besonders Lisztscher Orchesterwerke sowie älterer Orgel-, Kammer- und Vokalmusik; Klavierstücke und 51 Lieder. – A. Bruckner. Eine Studie, in: Neue Zeitschrift für Musik 69 (1902); weitere Erinnerungsberichte vgl. Bruckner-Bibliographie; Franz Liszt und A. Bruckner. Eine vergleichende Studie, in: Allgemeine Musik-Zeitung 38 (1911); A. Bruckners erste Sinfonie in c-moll. Eine Studie, in: Neue Zeitschrift für Musik 79 (1912); Erinnerungen an Franz Liszt. Bern 1929.

Lit.: Hildegard Stradal, A. Stradals Lebensbild. Bern 1934; Göll.-A. 4/1-4, passim; Reinhold Sietz in: MGG 12, Sp. 1417 f.

Strauß, Johann (Sohn) und Eduard

Mit zwei der drei sich vor allem der Tanzmusik widmenden Söhne des k.k. Hofball-Musikdirektors Johann Strauß (1804-1849) hatte Bruckner in → Wien Kontakt – der mittlere, Josef (1827-1870), war wohl zu früh, schon zwei Jahre nach Bruckners Übersiedlung in die Residenzstadt, gestorben.

Mit dem jüngsten, Eduard (1835-1916), Schüler von Gottfried Preyer, seit 1872 Leiter der Hofbälle, traf er am 30. 11. 1873 zusammen, als Eduard Strauß mit seinem Orchester anläßlich des 25jährigen Regierungsjubiläums von Kaiser → Franz Joseph im Wiener Musikverein ein Konzert veranstaltete, bei dem Bruckner an der Orgel mitwirkte: Der Aufführung der »Caecilien-Hymne« von Charles Gounod folgte eine Orgelimprovisation Bruckners. Zwanzig Jahre später, am 23. 3. 1893, stellte Eduard Strauß sein Orchester für die erste Konzertaufführung von Bruckners *Messe in f-Moll* mit dem Chor des → Wiener Akademischen Wagner-Vereins zur Verfügung. Die Messe wurde – wieder im Musikverein – von Josef → Schalk dirigiert. Beide Ensembles mußten verstärkt werden.

Johann Strauß (Sohn; 1825-1899), der älteste, berühmteste, auch mit zahlreichen Operetten erfolgreiche Sohn, der wie sein Freund Johannes → Brahms im letzten Drittel des 19. Jahrhunderts in Wien eine künstlerische und gesellschaftliche »Institution« war, soll am 21. 3. 1886 zusammen mit seiner Frau Adele der Wiener Erstaufführung der *Siebenten Symphonie* im Musikverein beigewohnt haben: Die → Wiener Philharmoniker spielten unter der Leitung von Hans → Richter, einem der Tarockpartner von Johann Strauß. Ein angeblich unmittelbar nach dem Konzert von Strauß an Bruckner gesandtes Telegramm ist verschollen: »Bin ganz erschüttert – es war einer der größten Eindrücke meines Lebens« (nach Göll.-A.). Auch wenn sich Strauß ansonsten offenbar nie näher für die Werke Bruckners interessiert hatte, so suchte er doch dessen persönliche Bekanntschaft und lud ihn zu sich ein. Adalbert von → Goldschmidt berichtete sogar von einer Verbrüderung der beiden. Ein Besuch Bruckners am 5. 5. 1888 ist jedenfalls verbürgt. Zu einer intensiveren Beziehung zwischen beiden, die Bruckner bei seinem Kampf um Anerkennung in Wien vielleicht nützlich gewesen wäre, ist es nicht gekommen. Die Charaktere und die musikalischen Ziele waren wohl doch zu verschieden. NR

Lit.: Göll.-A. 4/2, S. 433, 467 f., 4/3, S. 314, 316; Franz Mailer, J. Strauß (Sohn). Leben und Werk in Briefen und Dokumenten. Wien 1983 ff., Bd. 2, S. 244 f., Bd. 3, S. 336 f., Bd. 4, S. 203 f., 214 f.; Norbert Rubey, A. Bruckner und die Familie Strauß, in: »Die Fledermaus«. Mitteilungen 11 des Wiener Instituts für Strauß-Forschung. Tutzing 1996.

Strauss, Richard

Die Beziehung Bruckner – Strauss ist bis heute im wesentlichen unbeachtet geblieben, was wohl auf mangelnde biographische und stilistische Verbindungslinien zurückzuführen ist. Wenn auch Bruckner öfters zu den »Neuen« um die Jahrhundertwende gezählt wurde, lag eine Parallelisierung von Richard Strauss (1864-1949) und Gustav → Mahler weit näher.

Bruckners letzte Lebensspanne fiel in die große Zeit der Tondichtungen. So kannte er von Strauss sowohl »Don Juan« als auch »Till Eulenspiegels lustige Streiche«. Laut August → Stradal schätzte er das erste Werk, über das zweite sind kontroversielle Ansichten überliefert. Grundsätzlich jedoch dürfte er der Gattung »Tondichtung«, wenn auch von den → Neudeutschen ästhetisch forciert, verständnislos gegenübergestanden sein. (So kannte er mit Ausnahme von »Torquato Tasso« und der »Faust-Symphonie« wohl keine weiteren Tondichtungen von Franz → Liszt.)
August → Göllerich versuchte, Strauss für Bruckner zu gewinnen, indem er symphonische Ausschnitte vierhändig mit ihm spielte. Allerdings erfolglos, denn über die *Vierte* und das Adagio der *Siebenten Symphonie* sind negative Urteile überliefert. → Melodik, → Form und Umfang widersprachen seinen Vorstellungen. Einmal äußerte er über die Sonatenform: »... bei Anton Bruckner, dem ›stammelnden Zyklopen‹, platzt sie tatsächlich, besonders in den Finales ...«
Als Dirigent führte Strauss einige Male Bruckner-Symphonien auf. So leitete er z. B. 1923 die argentinische Erstaufführung der *Siebenten Symphonie* im Rahmen einer Südamerika-Tournee der → Wiener Philharmoniker. EWP

Lit.: Paul Bekker, En kortfattad vagledning med notexempel till Bruckners symfoni no. 7 och Strauss' Ein Heldleben. Stockholm 1913; Göll.-A. 4/2-4, passim; August Stradal, Erinnerungen aus Bruckners letzter Zeit, in: Zeitschrift für Musik 99 (1932) S. 973; R. Strauss, Betrachtungen und Erinnerungen. Hrsg. Willy Schuh. Zürich 1949.

Streichquartett in c-Moll (WAB 111)

2 Violinen, Viola, Violoncello
1. Satz: »Allegro moderato«; 2. Satz: »Andante«; 3. Satz: »Scherzo. Presto«; 4. Satz: »Rondo. Schnell«
EZ: Sommer 1862, vollendet am 7. 8. 1862 in → Linz
UA: 15. 2. 1951 in → Berlin (RIAS; Koeckert-Quartett)
Autograph: → Kitzler-Studienbuch
NGA: Band XIII/1 (Leopold → Nowak, 1955)

Das im Kitzler-Studienbuch überlieferte *Streichquartett* ist als Studienwerk für den Unterricht bei Otto → Kitzler aufzufassen. Handschriftliche Notizen Bruckners verweisen auf formale, harmonische und satztechnische Fragen. So vermerkte er beispielsweise am Beginn des langsamen Satzes: »in Rondoform u. zwar 3theilige Liedform mit Trio, dann in Repetition mit Variande [!]«. Am Beginn des Trio zum Scherzo sind verschiedene Tonarten notiert. Das Autograph enthält – wohl aufgrund der Aufgabenstellung – kaum musikalische Vortragsbezeichnungen. Kurz nach Vollendung des Werkes komponierte Bruckner noch ein *Rondo in c-Moll* als Finalsatz »in größerer Form«.
Das *Streichquartett* dokumentiert eine Auseinandersetzung mit klassischen und frühromantischen Vorbildern. Die von Anfang an erkennbare polyphone Prägung weist auf frühere Satzstudien zurück. Traditionsgemäß steht im 1. Satz die Handhabung der Sonatensatzform im Zentrum; auffallend ist der kühne Modulationsplan in der Durchführung. Der langsame Satz hat eine dreiteilige Anlage mit veränderter Reprise. Im Trio des Scherzo klingt Ländlermotivik an. Das abschließende Rondo ist formal einfach, aber virtuos angelegt. In der Grundtonart c-Moll, in manchen harmonischen Wendungen und Themenstrukturen sowie in der Ländlermotivik könnte man Verbindungen zu späteren Bruckner-Werken sehen. EWP

Lit.: Leopold Nowak, Vorwort in NGA Band XIII/1.

Streichquintett in F-Dur (WAB 112)

2 Violinen, 2 Violen, Violoncello
1. Satz: »Gemäßigt«; 2. Satz: »Scherzo. Schnell«; 3. Satz: »Adagio«; 4. Satz: »Finale. Lebhaft bewegt«
EZ: Dezember 1878 bis 12. 7. 1879
Widmung: Herzog → Max(imilian) Emanuel in → Bayern
UA: ohne Finale am 17. 11. 1881 in → Wien (→ Bösendorfersaal, im Rahmen des → Wiener Akademischen Wagner-Vereines; Winkler-Quartett mit Julius Desing, 2. Viola); komplett 5. 4. 1884 in Wien (Winkler-Quartett mit Herrn Hummer)
Autograph: ÖNB-MS
ED: Leipzig, Albert J. Gutmann (1884)
NGA: Band XIII/2 (Leopold → Nowak, 1963)

Ausgangspunkt für die Komposition des *Streichquintetts* war eine Anregung von Joseph → Hellmesberger, der jedoch nach Fertigstellung an dem Werk Kritik übte. In erster Linie schien ihm das Scherzo zu schwierig. Bruckner komponierte daraufhin einen Alternativsatz, das *Intermezzo*; Hellmesberger entschloß sich aber trotzdem nicht zu einer Aufführung. Erst Jahre nach der Uraufführung (mit dem originalen Scherzo, aber ohne Finale) durch das erweiterte Winkler-

Quartett setzte Hellmesberger 1885 das *Streichquintett* auf das Programm eines Konzerts. Bruckners einziges großes Kammermusikwerk ist sowohl symphonisch als auch durch klare, individuelle Stimmführung geprägt. Eine Fülle musikalischer Gedanken wird darin entfaltet; Polyphonie und motivisch-thematische Arbeit spielen eine bedeutsame Rolle. Von der Besetzungstradition her knüpft Bruckner mit der zweiten Viola an → Mozart an; sie bietet eine klangfarbliche Verbreiterung des Mittelgrunds. Insgesamt dominiert eine farbenreiche »Klangregie« durch Verwendung aller Instrumentenlagen und Stimmkreuzungen. – Anders als in den Symphonien ist – als »deliberate change in style« (Redlich) – der Formablauf (→ Form) komprimierter gestaltet, auch der Werkbeginn ist durch ein klares melodisches Profil (ohne → Tremolo, nur mit Orgelpunkt im Violoncello) gegeben. Symphonisch wiederum muten einzelne Klangverdichtungen (Tremoli im Finale) an. Formal erinnern auch die Verknüpfung aller musikalischer Gedanken am Schluß des ersten Satzes oder die dreithematische Anlage des Finale an symphonische Muster. – Auffallend im *Streichquintett* ist die »Tonarten-Odyssee« (Ludwig → Speidel), d. h. der erweiterte Tonalitätsrahmen: Kühne Modulationen, Rückungen und Halbtonrelationen (z. B. Adagio in Ges-Dur) prägen die → Harmonik. – Der musikalische Vortrag wird durch eine große Anzahl agogischer Zeichen und spezifischer Angaben (»gezogen«, »immer hervortretend bis zum Ende« usw.) bestimmt.

Es gab auch Versuche, das Werk chorisch aufzuführen. Als konkretes Beispiel sei die als »Kammersinfonie in F-Dur« bezeichnete Bearbeitung von Rudolf Baumgartner (1982/83) genannt.

EWP

Lit.: Hans F. Redlich, Bruckner and Brahms Quintets in F, in: Music and letters 36 (1935); Anna Amalie Abert, Die Behandlung der Instrumente in Bruckners Streichquintett, in: Deutsche Musikkultur 5 (1940/41); Hans Jancik, Anton Bruckner in seiner Kammermusik, in: Bruckner-Studien 1964, bes. S. 46-50; Leopold Nowak, Form und Rhythmus im ersten Satz des Streichquintetts von Anton Bruckner, in: Nowak, Über Anton Bruckner.

Stremayr, Karl Anton Franz von

Geb. 30. 10. 1823 in Graz, gest. 22. 6. 1904 in Pottschach, Niederösterreich; Minister. Absolvierte die juridischen Studien an der Universität Graz, 1846 Dr. jur. Im selben Jahr bei der Finanzprokuratur in Graz, 1848/49 (jüngster) Abgeordneter der Frankfurter Nationalversammlung (liberale Richtung), danach in untergeordneten Stellungen in Graz. 1861 steiermärkischer Landtagsabgeordneter, Mitglied des Landesausschusses (Leiter der Unterrichtsanstalten). 1868 Ministerialrat im Ministerium des Innern, 1869-1880 Reichsratsabgeordneter, 1889 lebenslängliches Mitglied des Herrenhauses. 1870/71 zweimal, 1871-1880 abermals Minister für Kultus und Unterricht, 1879/80 auch Justizminister. Danach 2., 1891-1899 1. Präsident des Obersten Gerichtshofes. Er war einer der profiliertesten österreichischen Politiker der zweiten Hälfte des 19. Jahrhunderts, in dessen Lebenslauf sich die politische Entwicklung dieser Zeit spiegelt. Seine Hauptverdienste sind der Ausbau der kirchenpolitischen Reformgesetzgebung unter Vermeidung eines Kulturkampfes, die Förderung des Schul- und Hochschulwesens (u. a. 1875 Gründung der Universität Czernowitz) und der Industrie. Er hat ein autobiographisches Werk »Erinnerungen aus dem Leben« (1899) verfaßt.

Carl v. Stremayr,
österr. Ministerpräsident (Februar bis Juli 1879).

Widmungsblatt zur *Fünften Symphonie*. Farbige Kalligraphie von Joseph Maria Kaiser, 1878

Das Stremayr attestierte Prädikat »Freund der Musen« kommt auch in seinem Verhältnis zu Bruckner zum Ausdruck. Schon 1870 hatte er ihm ein Künstlerstipendium von 400 fl bewilligt, das Disziplinarverfahren von 1871 (»Affäre« → St. Anna, Wien) entschied er zu Bruckners Gunsten. Sein Interesse für den Komponisten ist auch im Zusammenhang mit der Uraufführung der *Messe in f-Moll* (1872) verbürgt. 1873 allerdings wandte sich Bruckner mit seinem Gesuch um »eine bleibende, im Budget gesicherte und vorgesorgte Subvention« vergeblich an das Ministerium. Trotzdem richtete Bruckner 1874, vermutlich auf die persönliche Gewogenheit Stremayrs vertrauend, sein Ansuchen um fixe Anstellung an der → Universität Wien direkt an das Ministerium; die zunächst konsequent ablehnende Haltung des vom Professorenkollegium bestellten Gutachters Eduard → Hanslick dürfte durch einen »Wink« Stremayrs gebrochen worden sein, so daß Bruckner mit Erlaß vom 8. 11. 1875 vom Ministerium zum unbesoldeten (seit 1880 jährliche Remuneration von 800 fl) Lektor für Harmonielehre und Kontrapunkt an der Wiener Universität ernannt wurde. Er brachte seine Dankbarkeit 1878 durch die Widmung der *Fünften Symphonie* an Stremayr zum Ausdruck. HR

Lit.: Wurzbach; Biographisches Jahrbuch und Deutscher Nekrolog 9 (1906) S. 118-126; Göll.-A. 4/1-2, passim; Gertrud Elisabeth Zündel, K. v. Stremayr. Mschr. Diss. Wien 1944; Karl Köck, Dr. K. Stremayr in seinem Verhältnis zur Wissenschaft, Kunst und Industrie dargestellt. Mschr. Diss. Wien 1950; Nowak 1973, passim.

Stülz, Jodok

Geb. 23. 2. 1799 in Bezau im Bregenzerwald, Vorarlberg, gest. 28. 6. 1872 in Badgastein; Propst (1859-1872) des Stiftes → St. Florian. Nach Gymnasialstudien in Kempten und Innsbruck, dem Eintritt in das Stift und der Priesterweihe im Jahre 1824 wurde Stülz Mitarbeiter des Stiftspfarrers und Historikers Franz Kurz und konnte somit Seelsorge und Forschungstätigkeit verbinden. Er ordnete das Stiftsarchiv nach modernen Gesichtspunkten und schrieb 1835 seine »Geschichte des regulierten Chorherrenstiftes St. Florian«. Nach dem Tod von Kurz 1843 wurde er selbst Stiftspfarrer, arbeitete aber als Historiker sehr erfolgreich weiter. Er war Mitglied vieler gelehrter Gesellschaften im In- und Ausland und wurde 1848 von seinem Heimatland Vorarlberg zum Abgeordneten in die Frankfurter Nationalversammlung gewählt.
Nach der Wahl Friedrich → Mayers zum Propst

Jodok Stülz

des Stiftes wurde Stülz zu seinem Stellvertreter (Stiftsdechant) gewählt. Am 11. 5. 1859 folgte er ihm als Propst des Stiftes nach. In diesem Aufgabenbereich mußte die wissenschaftliche Tätigkeit fast ganz zurücktreten.
Im Bereich der Musik ist Stülz kaum hervorgetreten. Für Bruckner aber war er dennoch eine wichtige Persönlichkeit. Als Stiftspfarrer war er Vorgesetzter des Lehrers Bruckner, und es gab auch ständigen Kontakt bei den musikalischen Aufführungen in der Stiftskirche. Bruckner widmete ihm 1855 den *Festgesang »Sankt Jodok sproß aus edlem Stamme«*. Die Verbindung zu Bruckner, dessen Beichtvater er war, blieb auch nach dessen Weggang aus St. Florian aufrecht.
KR

Quelle: Stiftsarchiv St. Florian. – Lit.: Berthold Otto Cernik, Die Schriftsteller der noch bestehenden Augustiner-Chorherrenstifte Österreichs. Wien 1905; Hans Sturmberger, J. Stülz und die katholische Bewegung des Jahres 1848. Linz 1954; Karl Rehberger, Die St. Florianer Historikerschule, in: Ostbairische Grenzmarken 21 (1979).

Stuttgart

Landeshauptstadt von Baden-Württemberg mit heute rund 580 000 (1889: 117 000) Einwohnern. Ehemalige Haupt- und Residenzstadt des Königreichs Württemberg (1805-1918).
Früh schon setzte im Konzertleben Stuttgarts die »Brucknerpflege« (Eisenmann) ein. Nachdem bereits 1885 oder 1886 das *Streichquintett* auf-

geführt worden war, folgte im Winter 1891/92 ein Konzert mit dem *Te Deum*. In diesem Zusammenhang erwähnt Bruckner Stuttgart in mehreren Briefen.
Bei den Symphonien wirkte der Stuttgarter Hofkapellmeister Alois Obrist mit Aufführungen des Adagio aus der *Siebenten Symphonie* am 16. 2. 1896 (vollständig im Jahre 1900) und der *Vierten Symphonie* am 21. 2. 1899 bahnbrechend. Am 14. 3. 1901 wurde die *Sechste* in einem Abonnementskonzert der Stuttgarter Hofkapelle unter Wilhelm Pohlig in ungekürzter Fassung uraufgeführt.
Karl → Grunsky, der sich, von → Tübingen kommend, in Stuttgart nachhaltig für das Werk Bruckners einsetzte, leitete das vom Bayreuther Bund 1921 in Stuttgart veranstaltete → Brucknerfest, bei dem es zu einer weiteren Bruckner-Uraufführung, nämlich des 1882 entstandenen *Ave Maria* WAB 7, kam. 1926 gründete Grunsky in Stuttgart den Württembergischen Brucknerbund.
Die Staatsgalerie Stuttgart besitzt das von Fritz von → Uhde 1886 geschaffene Gemälde »Das Abendmahl«, auf dem Anton Bruckner als einer der Jünger dargestellt ist. RKe

Lit.: Auer, Briefe Nr. 245-247; Gräflinger, Briefe S. 348; Kritik des X. Abonnementskonzerts der Stuttgarter Hofkapelle vom 14. 3. 1901, in: Schwäbischer Merkur (Schwäbische Kronik) Nr. 126, Abendblatt, 15. 3. 1901; Alexander Eisenmann, Brucknerfest in Stuttgart, in: Allgemeine Musik-Zeitung 48 (1921) S. 794; Franz Gräflinger, A. Bruckner. Leben und Schaffen. (Umgearbeitete Bausteine). Berlin 1927; Rolf Keller, Stuttgart, A. Bruckner und Fritz von Uhde. Zur Wiederentdeckung des Gemäldes »Das Abendmahl« in der Staatsgalerie Stuttgart, in: Bruckner-Jahrbuch 1984/85/86; ders., Stuttgart, A. Bruckner und Fritz von Uhde, in: IBG-Mitteilungsblatt Nr. 34, Juni 1990.

Symphonien

Das heute gängige Konzertrepertoire an Symphonien – einer musikalischen Gattung mit langer, gewachsener Tradition – läßt den Schluß zu, daß → Brahms, Bruckner und → Mahler offenbar die letzten der »großen« Symphoniker waren, die sich auch beim Publikum durchgesetzt haben und deren Symphonien daher ständig, manchmal sogar in Werk-Zyklen, auf den Programmen der Konzertveranstalter in aller Welt zu finden sind sowie in einer fast schon unüberschaubaren Anzahl und in unterschiedlichsten → Interpretationen auf dem Tonträgermarkt angeboten werden (→ Diskographie). Im Falle Bruckner kann man so nicht nur den künstlerischen Erfolg nachweisen, der ja eine wesentlich längere Geschichte als manchmal noch immer unterstellt aufzuweisen hat (→ Rezeption), sondern auch konstatieren, daß er wohl recht daran getan hat, den »Lebensberuf Symphoniker« anzustreben.
Bruckner hat insgesamt elf Symphonien komponiert, von denen er zehn vollständig und zum Teil in mehreren → Fassungen, nur die letzte, die (gezählte) *Neunte*, unvollendet hinterlassen hat. Durch ein Datierungsmißverständnis war – unter Nichtberücksichtigung der schon vom Komponisten selbst nie mitgezählten »Studien«-*Symphonie in f-Moll* (1863) – die dann so genannte »Nullte«, die *Symphonie in d-Moll* (1869), lange Zeit *vor* der *Ersten* (1865/66, 1. Fassung) gereiht, obwohl sie nachweislich von Bruckner selbst zunächst als »Nr. 2« gezählt, dann aber als »annulirt« aus der fortlaufenden Zählung *ausgeschieden* wurde (s. u.). Bruckners Wunsch respektierend, wird deshalb auch hier *seiner* Zählung Vorrang vor der exakten Chronologie eingeräumt und die »Annullierte« (also nicht: »Nullte«!) *Symphonie in d-Moll* nach der »Studiensymphonie« behandelt.

Symphonie in f-Moll (WAB 99) »Studiensymphonie«

2 Fl., 2 Ob., 2 Klar., 2 Fg.; 4 Hr., 2 Trp., 3 Pos., Pk.; Str.
1. Satz: »Allegro molto vivace«; 2. Satz: (»Andante molto«); 3. Satz: »Scherzo. Schnell – Trio. (Langsamer)«; 4. Satz: »Finale. Allegro«
EZ: 7. 1. bis 26. 5. 1863 in → Linz
UA: 2. Satz 31. 10. 1913 in → Wien (Ferdinand → Löwe); 1., 2. und 4. Satz 18. 3. 1923, 3. Satz 12. 10. 1924 jeweils in → Klosterneuburg (Philharmonie, Franz Moißl)
Autograph: Stift → Kremsmünster; die dort fehlenden Schlußtakte 582-625 des 1. Satzes ergänzt eine Abschrift in der Musiksammlung der Wiener Stadt- und Landesbibliothek; Skizzen: → Kitzler-Studienbuch S. 303-326
ED: (nur 2. Satz) Wien, Universal Edition 1913; Klavierauszug von Cyrill → Hynais
AGA: -
NGA: Band X (Leopold → Nowak, 1973); Revisionsbericht 1981

Bruckner hat seine *Symphonie in f-Moll* noch als Lehraufgabe für Otto → Kitzler, seinen Mentor in den Fächern Formenlehre, → Instrumentation und »freie Komposition«, betrachtet. Das äußert sich in seinem späteren Partiturvermerk »Schularbeit [1]863«. Nach dieser Probe seiner Beherrschung der größten Instrumentalform hatte er aber von Kitzler nichts mehr zu lernen. Und wenn ihm dieser, gemäß der Systematik des verwendeten Instrumentationslehrbuchs, des 4. Bandes von Adolf Bernhard Marx' »Lehre von der musikalischen Komposition«, noch eine abschließende Aufgabe in der sogenannten Ensembleform stellte (woraus der *Psalm 112* wurde), so war gerade diese → Form für Bruckner längst kein unbekanntes Terrain mehr.

Die »Studiensymphonie« ist innerhalb eines für den späteren Bruckner erstaunlich kurzen Zeitraums entstanden: in weniger als vier Monaten wurden die vier Sätze fertig komponiert. Es geschah auch ungewöhnlich zielbewußt: ein Satz nach dem anderen, und zwar in der Satzfolge des fertigen Werkes.

Unmittelbar vor Beginn dieser Arbeit erlebte Bruckner ein musikalisches Ereignis von für ihn entscheidender Bedeutung: die von Kitzler geleitete erste »Tannhäuser«-Aufführung in Linz. Der mächtige erste Direkteindruck von der Musik Richard → Wagners fand jedoch in dieser Symphonie keinen unmittelbaren Niederschlag; dagegen sind die Spuren der vertrauteren Vorgänger → Schubert, Weber, Spohr und → Schumann noch deutlich zu vernehmen (Schubert im Trio des Scherzo, Webers »Wolfsschlucht«-Musik in T. 579 ff. des 1. Satzes, Schumann im Hauptthema und Spohr im Seitenthema des Finale). Dazu treten allerdings viele Züge, die das Werk weit über das Niveau einer epigonalen Schöpfung heben und es vielmehr zu einem vollwertigen Repräsentanten der zeitgenössischen klassizistischen Symphonie machen.

Diese Klassizität äußert sich sowohl in den großen formalen Linien, etwa in der – späterhin nie mehr begegnenden – Repetition der Exposition in den Ecksätzen, als auch in der Themenbildung der sonatenförmigen Sätze mit kontrastierendem Vorder- und Nachsatz samt weiterspinnender Fortführung der Hauptthemen. In den beiden Ecksätzen bringt Bruckner noch jeweils ein selbständiges Epilogthema, auf das in der Reprise zugunsten einer Schlußentwicklung verzichtet wird. Der zweite, langsame Satz ist mit seiner jugendlichen Lyrik weitaus persönlicher gehalten und weist deutlich auf das Adagio der folgenden *Ersten Symphonie* voraus. Der Schluß des Satzes mag sogar an den entsprechenden Abschnitt des Andante der *Vierten* gemahnen. Einmalig bei Bruckner ist dagegen der weitgehend synkopierte, trioartige Mittelteil in Moll.

Trotz ihrer Stellung als Gesellenstück und obwohl der Lehrer die »Studiensymphonie« als »nicht besonders inspiriert« beurteilt hatte, nahm Bruckner, wenige Monate nach Beendigung, das Werk mit nach → München, wo er es dem Hofkapellmeister und Komponisten Franz Lachner vorlegte, der es lobte und sich an einer Aufführung interessiert zeigte. Diese Aussicht sollte sich aber für Bruckner nicht erfüllen: die Symphonie blieb zu seinen Lebzeiten ungespielt. Verschiedene kleinere Korrekturen Bruckners in der Partiturabschrift beziehen sich möglicherweise auf die erhoffte Aufführung unter Lachner. BM

Lit.: Ernst Kurth, Bruckner. Berlin 1925, S. 1103-1120; Hawkshaw, The Manuscript Sources; Constantin Floros, Zu Bruckners frühem symphonischem Schaffen, in: Bruckner-Symposion 1988; Bo Marschner, Zu den frühen Orchesterwerken A. Bruckners, in: Bruckner-Fest Würzburg 7.-10. 10. 1993. Programmbuch.

Symphonie in d-Moll, annulliert (WAB 100)

2 Fl., 2 Ob., 2 Klar., 2 Fg.; 4 Hr., 2 Trp., 3 Pos., Pk.; Str.

1. Satz: »Allegro«; 2. Satz: (»Andante«); 3. Satz: »Scherzo. Presto – Trio. Langsamer und ruhiger«; 4. Satz: »Finale. Moderato – Allegro vivace«

EZ: 24. 1. bis 12. 9. 1869 in → Wien und → Linz

UA: 3. und 4. Satz 17. 5. 1924, alle Sätze 12. 10. 1924 jeweils in → Klosterneuburg (Philharmonie, Franz Moißl)

Autograph: Oberösterreichisches Landesmuseum, Linz

ED: Wien, Universal Edition 1924 (Josef V. → Wöß, stark bearbeitet)

AGA: -

NGA: Band XI (Leopold → Nowak, 1968); Revisionsbericht 1981

Die *Symphonie d-Moll*, in der Partitur als »Nr. 2« bezeichnet, war, was ihre Entstehung betrifft, lange von unhaltbaren Annahmen und Behauptungen begleitet. »Offiziell«, d. h. sowohl nach dem Einführungstext und dem Revisionsbericht der NGA als auch nach dem sich auf die NGA und Göllerich-Auer beziehenden Werkverzeichnis (WAB), soll es zwei → Fassungen gegeben haben, von denen die vermutete erste von 1863-1864 seit der angeblichen Revision im Jahre 1869 als vernichtet oder verschollen anzusehen sei.

Zahlreiche Untersuchungen unter verschiedenen Gesichtspunkten haben inzwischen diese Auffassung überzeugend widerlegen können. Als bisher nicht veröffentlichtes Gegenargument zu

Annullierte *Symphonie in d-Moll*. Erste Seite des Autographs

den früher vorgebrachten Indizien für eine Entstehung dieser Symphonie v o r der *Ersten* (in c-Moll) soll hier angeführt werden, daß eine Briefstelle Bruckners (29. 1. 1865) vom Herausgeber einer älteren Briefsammlung durch die unkommentierte Hinzufügung einer Parenthese korrumpiert wurde: »Ich arbeite gerade an einer C moll Symphonie (Nr. 2)« (Auer, Briefe Nr. 37, S. 65).
Sämtliche dokumentarischen Quellen belegen 1869 als Entstehungsjahr dieser Symphonie, und auch die übliche Benennung des Werkes als »Nullte« – oder, gravierender: »Nr. 0« – ist ohne philologische Evidenz. Die Symphonie sollte besser als »Annullierte in d-Moll« bezeichnet werden.
Das Werk ist die einzige größere schöpferische Arbeit Bruckners aus dem ersten Jahr nach seiner Übersiedlung (im September 1868) nach Wien. In die siebeneinhalb Monate dauernde Kompositionszeit fällt Bruckners Konzertreise nach Frankreich (→ Nancy und → Paris) vom 24. 4. bis 19. 5. 1869. Die Fertigstellung der Symphonie erfolgte in Linz. Eine am 18. 3. 1869 konzipierte Trio-Skizze, die von einem neuen, im Juli komponierten Triosatz ersetzt wurde, existiert noch.
Die Symphonie fällt in mehreren Einzelheiten deutlich hinter das Niveau der früheren *Ersten Symphonie* zurück (weshalb ihre vielfach vermutete Entstehung vor dieser auch irgendwie erklärlich erscheinen mag). Das betrifft vor allem die beiden ersten Sätze, während das Scherzo mit Trio durchaus auf der Höhe der entsprechenden Sätze sowohl der *Ersten* als auch der späteren *Zweiten Symphonie* steht und diesen sehr ähnlich gehalten ist. Das Finale ist etwas komplizierter einzustufen. Seine schwermütige, ein wenig slawisch anmutende langsame Einleitung hat, ebenso wie das fast an Rossini gemahnende lebhafte Seitenthema, ein altertümlicheres Gepräge. Eher in zukünftige Richtung weisen dagegen die übrigen Teile der Satzform durch ihre fugierte Anlage (vgl. die Finali der *Fünften Symphonie* und des *Streichquintetts*).
Am klarsten nimmt die annullierte Symphonie

jedoch die *Dritte*, ebenfalls in d-Moll stehend, vorweg. Der Anfang und die Coda des Kopfsatzes – beides ohne → Beethovens »Neunte Symphonie« (d-Moll!) als Vorbild undenkbar – sowie das Hauptthema des Finale vermitteln gewissermaßen den Eindruck, als sei das Werk »die ›nullte‹ Fassung der *Dritten Symphonie*« (W. Steinbeck). Ein späteres Hauptmerkmal des Brucknerschen Symphonietypus, der Durchbruch der Hauptthemen in den Ecksätzen und im langsamen Satz, kommt indessen in der frühesten d-Moll-Symphonie nicht zum Vorschein.
Von der *Ersten Symphonie* sich unterscheidend, sich gleichfalls als Vorbote einer neuen, persönlichen Art der Symphonie präsentierend, enthält die annullierte Symphonie typische Elemente von sakral betonter Provenienz, wie Choralphrasen (z. B. Expositionsschluß des 1. Satzes, Beginn des 2. Satzes) und Messe-Paraphrasierung (T. 170 ff. des Kopfsatzes, vgl. *Messe in f-Moll*, Credo: »Et resurrexit«).
Nach Beendigung der Symphonie ließ Bruckner 1870 eine Abschrift sowie Orchesterstimmen ausschreiben. Später, wahrscheinlich 1872, legte er dem Hofkapellmeister Otto → Dessoff das Werk zur Begutachtung vor, ohne Zweifel in der Hoffnung auf eine Aufführung in Wien. Dessoff bemängelte jedoch vor allem das Fehlen eines eigentlichen, prägnanten Hauptthemas. Spätestens mit der Vollendung und endgültigen Numerierung der *Zweiten Symphonie*, komponiert 1870-1872 und ursprünglich als Nr. 3 bezeichnet, muß dann Bruckners in der Partitur wiederholt eingetragene Annullierung des Werkes erfolgt sein. Er selbst übergab viele Jahre später dem Landesmuseum in Linz die Originalhandschrift.
Die für dieses Werk – ebenso wie für die vor der *Ersten Symphonie* komponierten Orchesterwerke – erst posthum einsetzende Rezeption begann im 100. Geburtsjahr Bruckners mit der kurzen, aber intensiven Aufführungsaktivität Franz Moißls, die vorzugsweise diesen damals noch größtenteils ungedruckten Werken galt.

BM

Lit.: Hans Ferdinand Redlich, Bruckner's Forgotten Symphony »No. 0«, in: Music Survey 2 (1949) Nr. 1; Paul Hawkshaw, The Date of Bruckner's »Nullified« Symphony in D Minor, in: 19th Century Music 6 (1983); Bo Marschner, Die chronologischen Probleme der »Nullten« Symphonie Bruckners, in: Bruckner-Jahrbuch 1987/88; Ludwig Finscher, Zur Stellung der »Nullten« Symphonie in Bruckners Werk, in: A. Bruckner. Studien zu Werk und Wirkung. Festschrift Walter Wiora. Hrsg. Christoph-Hellmut Mahling. Tutzing 1988; Constantin Floros, Zu Bruckners frühem symphonischem Schaffen, in: Bruckner-Symposion 1988; Wolfram Steinbeck, Zu Bruckners Symphoniekonzept oder: Warum ist die »Nullte« ungiltig?, in: Probleme der symphonischen Tradition im 19. Jahrhundert. Internationales musikwissenschaftliches Kolloquium Bonn 1989. Hrsg. Siegfried Kross und Marie Luise Maintz. Tutzing 1990.

Erste Symphonie c-Moll (WAB 101)
3 Fl., 2 Ob., 2 Klar., 2 Fg.; 4 Hr., 2 Trp., 3 Pos., Pk.; Str.
1. Satz: »Allegro«; 2. Satz: »Adagio«; 3. Satz: »Scherzo. Schnell – Trio. Langsamer« (2. Fassung: »Scherzo. Lebhaft – Trio. Langsam«); 4. Satz: »Finale. Bewegt, feurig«
EZ: 1. Fassung Jänner 1865 bis 14. 4. 1866 in → Linz (Retuschen 1877 und möglicherweise auch 1884); 2. Fassung 12. 3. 1890 bis 18. 4. 1891 in → Wien
W: → Universität Wien (»Wiener« Fassung)
UA: 1. (»Linzer«) Fassung 9. 5. 1868 in Linz (Redoutensaal; erweitertes Theaterorchester, Anton Bruckner); 2. (»Wiener«) Fassung 13. 12. 1891 in Wien (Musikvereinssaal; → Wiener Philharmoniker, Hans → Richter)
Autograph: beide Fassungen ÖNB-MS
ED: Wien, Doblinger 1893 (»Wiener« Fassung); Klavierauszug vierhändig von Ferdinand → Löwe, zweihändig von August → Stradal
AGA: Band 1 (beide Fassungen; Robert → Haas, 1935)
NGA: Band I/1 Linzer Fassung (Leopold → Nowak, 1953); Band I/2 Wiener Fassung (Günter Brosche, 1980)

Zur Entstehung
Die *Erste Symphonie* ist trotz der vorangehenden, in vieler Hinsicht als vollwertig zu bezeichnenden »Studiensymphonie« (*Symphonie in f-Moll*) als Bruckners symphonisches Erstlingswerk zu betrachten. Sie trug sofort nach ihrer Fertigstellung – und anders als die niemals numerierte »Studiensymphonie« – die Bezeichnung »I. Symphonie«. Sie hat des weiteren verhältnismäßig schnell dem Komponisten einen, wenn auch hauptsächlich lokalen, Namen als Symphoniker eingetragen, nachdem das Werk nur zwei Jahre nach seiner Beendigung aufgeführt worden war. Danach lag die Symphonie allerdings mehr als 20 Jahre ungespielt, bis sie wieder – in einer überarbeiteten Fassung – in Wien erklang.
Der äußere Anlaß zur Komposition dieses Werkes dürfte von einer anspornenden Bemerkung des Linzer Beamten, Musikkritikers und Freundes Bruckners, Moritz von → Mayfeld, ausge-

Redoutensaal in Linz

gangen sein. In dessen Rezension der Konzertaufführung der *Messe in d-Moll* am 18. 12. 1864 in Linz (»Abendbote«) schrieb Mayfeld zum Schluß: »Wohin diese Wege ihn [Bruckner] führen werden, ist bei seinem ungewöhnlichen Reichtum an Fantasie und bei seinem musikalisch-technischen Wissen schwer voraus zu sehen. Nur dies Eine dürfte sicher sein, daß er schon in nächster Zukunft das Feld der Symphonie, und zwar mit größtem Erfolge bebauen dürfte.« Bruckners eigene, spätere Bemerkung: »Ins Symphonische hat mi der Mayfeld eini'trieb'n!« bestätigt dessen Funktion als primus motor für die Entwicklung Bruckners zum Symphoniker, der Stellung, in der er später seinen eigentlichen »Lebensberuf« (so Bruckner selbst) erblickte.

Bereits vor der Entstehungszeit der *Ersten Symphonie* war Bruckner mit dem Theatermusiker und Kapellmeister Ignaz → Dorn in freundschaftliche Verbindung getreten. Noch mehr als Bruckners letzter Mentor, Otto → Kitzler, war Dorn ein Mann der damaligen musikalischen Moderne, und durch ihn wurde Bruckner mit Werken von Komponisten wie Hector → Berlioz und Franz → Liszt erstmals näher bekannt. Zwar verrät die *Erste* keine direkten Einflüsse von diesen Tonsetzern – im Gegensatz zu → Wagner, dessen »Tannhäuser-Kaskaden« sich in den Begleitfiguren des wuchtigen dritten Themas im 1. Satz der Symphonie deutlich niedergeschlagen haben. Aber die für das Werk so charakteristischen »weltlichen« und völlig persönlichen Züge, welche die Ursache für den von Bruckner verliehenen → Spitznamen »das kecke Beserl« bildeten, sind ohne die Aufmunterung und die Bestätigung der ursprünglichen, originalen Erfindungsgabe Bruckners von seiten Dorns kaum denkbar. Es ist jedenfalls überliefert, daß Bruckner gewisse Einzelheiten in seiner Konzeption erst in der Partitur zu belassen wagte, nachdem er mit Dorn Rücksprache darüber geführt hatte.

Charakteristik und Rezeption

In dieser Symphonie verwendet Bruckner zum ersten Mal in den Sonatensatz-Expositionen drei selbständige und gleichberechtigte Themen, von denen namentlich das »neue«, d. h. nicht epiloghafte, dritte Thema im 1. Satz von ungewöhnlich dynamischem und dramatischem Charakter ist. Sein »elementares« Gepräge ist so überwältigend, daß dieses Thema fast umgehend, kurz nach Beginn der Durchführung, wieder auf die Szene gerufen wird, mit der Wirkung einer noch starken thematischen »Nachwelle«. Auch der 2. Satz, das Adagio, ist in thematischer Hinsicht vollgesättigter als sonst üblich, obwohl hier der

»Überschuß« der lyrischen Seite zufällt. Die thematische Kulmination in diesem Satz wird denn auch von einem dieser lyrischen Seitenthemen bestritten.
Das Finale enthält den Wiederaufgriff (bzw. die abermalige Anführung) des Hauptthemas aus dem 1. Satz noch nicht. Ein Zug ins Hymnische ist jedoch mehrfach im Laufe des Satzes als Mittel zur »Überhöhung« des grundlegenden Finale-Charakters zu beobachten.
Die späte »Wiener« Fassung der Symphonie unterscheidet sich von der ursprünglichen meist in zahlreichen sehr kleinen Details instrumentatorischer und harmonischer Art. Gewisse »Entwicklungsstrecken«, so z. B. die Takte 285 ff. des 1. Satzes, sind in der späteren Fassung klarer motivisch profiliert worden (was sich aber in diesem Fall nicht so vorteilhaft auswirkt, wie man vielleicht glauben könnte). Im ganzen gesehen hat sich die Bearbeitung des Werkes weniger als eine »Verbesserung« als eher nachteilig für seinen Grundcharakter ausgewirkt.
Durch diese retuschierte Ausformung wurde jedoch die zweite Phase der Rezeptionsgeschichte dieser Symphonie bestimmt, beginnend mit der ersten Wiener Aufführung im Jahre 1891, bis der Dirigent Peter Raabe 1934 beim Aachener → Bruckner-Fest die »Linzer« Fassung wieder zu Gehör brachte. Mit der Herausgabe des ursprünglichen Notentextes im Jahr darauf gewann diese Version bald die ihr gebührende Stellung als Hauptfassung des Werkes. Selbstverständlich haben sich jedoch in neuester Zeit einzelne Dirigenten mit der inzwischen selten gespielten Spätfassung wieder auseinandergesetzt. BM

Lit.: Robert Haas, A. Bruckner. Potsdam 1934, S. 106-112; Robert Simpson, The Essence of Bruckner. London 1967, S. 29-44; Günter Brosche, Die Wiener Fassung der Ersten Symphonie von A. Bruckner. Zur Edition in der Gesamtausgabe, in: Österreichische Musikzeitschrift 36 (1981); Ludwig Finscher, Zur Stellung der »Nullten« Symphonie in Bruckners Werk, in: A. Bruckner. Studien zu Werk und Wirkung. Festschrift Walter Wiora. Hrsg. Christoph-Hellmut Mahling. Tutzing 1988, bes. S. 70-73; Thomas Schipperges, Zur Wiener Fassung von A. Bruckners Erster Sinfonie, in: Archiv für Musikwissenschaft 1990.

Zweite Symphonie c-Moll (WAB 102)

2 Fl., 2 Ob., 2 Klar., 2 Fg.; 4 Hr., 2 Trp., 3 Pos., Pk.; Str.
Fassung 1872: 1. Satz: »Ziemlich schnell (Allegro)«; 2. Satz: »Scherzo. Schnell – Trio. Gleiches Tempo«; 3. Satz: »Adagio. Feierlich, etwas bewegt«; 4. Satz: »Finale. Mehr schnell«; Fassung 1877: 1. Satz: »Moderato«; 2. Satz: »Andante. Feierlich, etwas bewegt«; 3. Satz: »Scherzo. Mäßig schnell – Trio. Gleiches Tempo«; 4. Satz: »Finale. Mehr schnell«
EZ: 1871 bis 11. 9. 1872 (Fassung 1872); kleine Änderungen 1873 und 1876; Revision 1877 (Fassung 1877), mit weiteren Änderungen 1892 gedruckt (Druckfassung)
W: keine (den → Wiener Philharmonikern, später Franz → Liszt angeboten)
UA: Fassung 1872 (mit Änderungen 1873) 26. 10. 1873 in → Wien (Schlußfeier der → Weltausstellung; Wiener Philharmoniker, Bruckner); Umarbeitung 1876 (spätere Fassung 1877) 20. 2. 1876 in Wien (Musikvereinssaal, Gesellschaftskonzert; Bruckner); Druckfassung 25. 11. 1894 in Wien (Musikvereinssaal; Wiener Philharmoniker, Hans → Richter)
Autograph: ÖNB-MS
ED: Wien, Doblinger 1892 (Druckfassung); Klavierauszug vierhändig von Josef → Schalk, zweihändig von August → Stradal 1903
AGA: Band 2 »Originalfassung« (Fassung 1877 mit Verwendung der von 1872; Robert → Haas, 1934)
NGA: Band II/1 1. Fassung 1872 (William Carragan, in Vorbereitung); Band II/2 Fassung 1877 (Leopold → Nowak, 1965)

Zur Entstehung

Die *Zweite Symphonie* – es war eigentlich nach der *Symphonie in f-Moll*, der *Ersten* und der *in d-Moll* seine vierte – begann Bruckner schon 1871, aber der größte Teil der Arbeit wurde im Sommer 1872 vollendet. In dieser frühen Version folgt das → Scherzo unmittelbar nach dem 1. Satz, doch in der Zeit vor der ersten Aufführung (26. 10. 1873) brachte Bruckner schon einige Kürzungen und Änderungen an, die auch die Umstellung der Binnensätze betraf. Weitere, auch gegenüber den ersten sich unterscheidende Kürzungen trug er für die zweite Aufführung 1876 ein. Dann wurde die Symphonie 1877 einer vollständigen Durchsicht unterzogen, wobei die hastig erfolgten Revisionen für die beiden Aufführungen sorgfältiger durchdacht wurden, mit dem Hauptaugenmerk auf die Wiederherstellung des Gleichgewichts zwischen den einzelnen Abschnitten der Sätze. Die überarbeitete Partitur und die Stimmen wurden jedoch nie verwendet, und 1892, als die Symphonie gedruckt wurde, mußte Bruckner wieder zahlreiche Korrekturen anbringen, inklusive der Wiederherstellung eines Takts, der 15 Jahre zuvor in der Eile vergessen worden war. Bei dieser komplizierten Ausgangslage ist es wohl am zutreffendsten, diese Symphonie als in zwei → Fassungen (1872 und 1877) existierend zu betrachten, die jeweils mit einigen Varianten aufgeführt werden können. Die ursprüngliche Version von 1872 war bis zu einer 1991 eingespielten Aufnahme noch nie zu hören gewesen.

Charakteristik
Mit der *Zweiten Symphonie* fand Bruckner endgültig zum Stil seiner Wiener Jahre: Die Ecksätze zeigen Sonatenform, aber es ist wohl angemessener, sie als weitausgedehnte zweiteilige → Form zu sehen, in der der erste Teil von der klassischen Exposition gebildet wird, der zweite von der klassischen Durchführung, der Reprise und der Coda. Die Expositionen enthalten drei Themen, die durch Pausentakte deutlich voneinander getrennt sind und, wenn überhaupt, nur in der Durchführung gemeinsam auftreten. Die Reprisen selbst sind sehr ausgeprägt, und im Falle der *Zweiten Symphonie* ist die dritte Themengruppe im Finale weit ausgedehnt, vor allem in der frühen Fassung von 1872. Die Symphonie ist von großer lyrischer Schönheit, Zartheit und Durchsichtigkeit der Struktur, von ernster, aber nie schwerfälliger »Majestät« und einer beispielhaften Symmetrie der Form, die eine der besten Einführungen in Bruckners symphonischen Stil darstellt.
Der 1. Satz beginnt mit einem sanft fragenden Thema, das von Trompeten in einem unregelmäßigen → Rhythmus beantwortet wird. Er gibt gleichsam das rhythmische Motto des Satzes und sogar für die ganze Symphonie an, da es am Ende des Finale wiederkehrt. Das zweite Thema ist eine weitgespannte Melodie über einer sanft schaukelnden Begleitung, während das dritte Thema (eine Unisono-Melodie der Holzbläser) über einer hartnäckigen Begleitung erklingt, die an die »Dickköpfigkeit« der Themen der *Ersten Symphonie* erinnert. Die Coda des 1. Satzes hat ein höchst beeindruckendes doppeltes Crescendo, ein Kunstgriff, den Bruckner zu dieser Zeit sehr häufig anwendete, wenn er ihn auch bei der Revision 1877 im Finale entfernte.
Das Scherzo bildet einen starken und prägnanten Kontrast, das Trio ist sanft und beschwörend. Beide sind in der Fassung von 1872 mit Wiederholungen zu spielen, auch wenn sie 1876 gestrichen wurden.
Das Andante war ursprünglich vierteilig geplant (A-B-A-B), während der Arbeit am Finale fügte

Bruckner als Dirigent. Schattenbild von Otto Böhler, um 1890 (IKO 52)

Bruckner aber einen fünften, dem A-Thema verwandten Abschnitt hinzu, ein Verfahren, das dann zu dem für Bruckners Finali typischen blühenden Variationsstil führte.
Das Finale bringt den Kontrast zwischen einem nervösen, erregten ersten und einem ernsten zweiten Thema, während das dritte Thema im wesentlichen die Variation eines Teils des ersten darstellt. Besonders bemerkenswert ist die Durchführung, in der Bearbeitungen des rasenden ersten und des ekstatischen zweiten Themas in einem kräftigen psychologischen Kontrast einander gegenübergestellt werden. An diesem Punkt des Satzes, wo »Versöhnung« zwischen den Themen unmöglich ist, mündet der Satz in ein die Reprise einleitendes Crescendo von rossinischer Stärke. Wie immer bei Bruckner werden die Konflikte innerhalb der Symphonie nicht vor der leuchtenden, triumphierenden Coda gelöst.

Zur Rezeption
Die Aufnahme seitens der Kritik war bei den Aufführungen von 1873 und 1876 nicht ungünstig, und die Aufführungen der Druckfassung in den neunziger Jahren des vorigen Jahrhunderts wurden beifällig begrüßt: Erst in dieser Fassung fanden nämlich nach der Uraufführung 1894

weitere Aufführungen statt (Graz, München, Innsbruck, Brünn, Prag, Heidelberg, Linz usw.; vgl. auch Göll.-A. 4/4, S. 232 ff.). Tatsächlich macht diese eher selten aufgeführte Symphonie mit ihrem eleganten melodischen Charakter und dem genau ausgewogenen formalen Aufbau auf ihre Zuhörer immer einen starken Eindruck.

WC

Lit.: Franz Grasberger, Die Symphonie ohne Widmung. Zur 2. Symphonie von A. Bruckner, in: Musikblätter der Wiener Philharmoniker 28 (1973/74) S. 122-132; ders., A. Bruckners Zweite Symphonie, in: Bruckner-Studien 1975; William Carragan im Booklet der CD-Aufnahme der Firma Camerata Tokyo 1996.

Dritte Symphonie d-Moll (WAB 103)

2 Fl., 2 Ob., 2 Klar., 2 Fg.; 4 Hr., 3 Trp., 3 Pos., Pk.; Str.
1. Satz: »Gemäßigt, misterioso« (2. Fassung »Gemäßigt, mehr bewegt, misterioso«, 3. Fassung »Mehr langsam, Misterioso«); 2. Satz: »Adagio. Feierlich« (*Adagio Nr. 2* [1876]: »Bewegt, quasi Andante, feierlich«; 2. Fassung »Andante. Bewegt, feierlich, quasi Adagio«, 3. Fassung »Adagio bewegt, quasi Andante«); 3. Satz: »Scherzo. Ziemlich schnell – Trio. Gleiches Zeitmaß«; 4. Satz: »Finale. Allegro«
EZ: 1872-1873 (1. Fassung); Überarbeitungen 1874, 1876-1878 (2. Fassung); weitere Überarbeitung 1887-1889 (3. Fassung)
W: Richard → Wagner
UA: in der 2. Fassung, vermutlich stark gekürzt, 16. 12. 1877 in Wien (Musikvereinssaal; Gesellschafts-Orchester, Bruckner); EA der 3. Fassung 21. 12. 1890 (ebenda; → Wiener Philharmoniker, Hans → Richter); EA der 1. Fassung 1. 12. 1946 in Dresden-Bühlau (Staatskapelle, Joseph Keilberth)
Autographe: 1. Fassung mit Hilfe von Photokopien rekonstruiert, unvollständig (vollständig ist die Abschrift des Widmungsexemplares, → Bayreuth, Richard-Wagner-Archiv); 2. Fassung: vollständiges Manuskript; 3. Fassung: Erstdruck; Finale von Franz → Schalk geschrieben; in beiden Texten bedeutende handschriftliche Änderungen von Bruckner; alle eigenschriftlichen Hauptquellen in ÖNB-MS
ED: Wien, Rättig o. J. [1878] (Neuausgabe Hrsg. Fritz Oeser. Wiesbaden, Brucknerverlag 1950); zweiter Druck Wien, Rättig o. J. [1890] (Neuausgabe Hrsg. Ferdinand Redlich. London etc., Eulenburg 1961 u. a.); Klavierauszug vierhändig von Gustav → Mahler und Rudolf → Krzyzanowski (1. Druckfassung) bzw. Ferdinand → Löwe und Josef → Schalk (2. Druckfassung), zweihändig von Josef Schalk
AGA: -
NGA: Band III/1 1. Fassung 1873 (Leopold → Nowak, 1977, 2. Aufl. 1994); Band III/2 2. Fassung 1877 (Nowak, 1981, 2. Aufl. 1994); Band III/3 3. Fassung 1889 (Nowak, 1959); zu Band III/1 Supplement Adagio von 1876 (→ *Adagio Nr. 2*; Nowak, 1980)

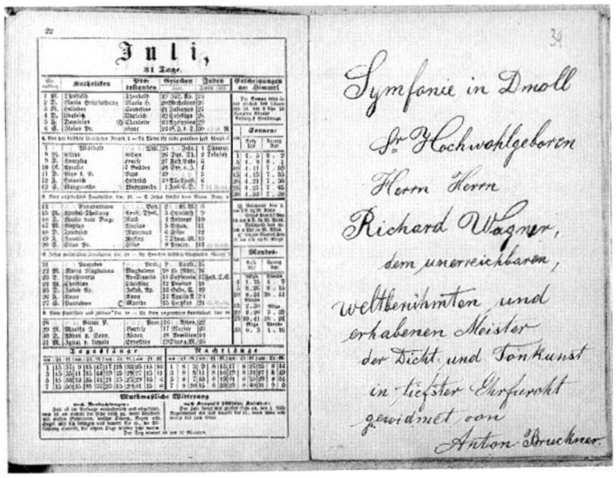

Widmungsentwurf im Taschen-Notizkalender

Titelblatt der Widmungspartitur

Zur Entstehung

Die Anfänge der *Dritten Symphonie* liegen in anekdotischem Dunkel; Bruckner hatte jenen

Berichten zufolge im Herbst 1872 erste Ideen zum 2. Satz. Am 23. 2. 1873 war der 1. Satz erstmals abgeschlossen; die Binnensätze entstanden vielleicht in überlappenden Arbeitsphasen (24. 2. bis Anfang März Adagio; 11. 3. Beginn der Arbeit am Scherzo); am 24. 5. war das Adagio »fertig«; bis Juli erstreckte sich die Arbeit am 1. Satz; am 27. 7. waren die Arbeiten am 3. Satz beendet (Datum am Ende des Trio). Das Finale entstand vom 1. bis zum 31. 8. Weitere Ausarbeitung erfolgte im Herbst 1873 (zum Beispiel 20. 11. »Streichmusik«); »vollständig fertig« am 31. 12. 1873. Mit dem 9. 5. 1874 ist die Widmungspartitur für Richard Wagner datiert; das Widmungsblatt fertigte der Linzer Lehrer und Kalligraph Joseph Maria Kaiser an.
Einem Brief vom 12. 1. 1875 zufolge wurde das Werk (1874?) »bedeutend verbessert«; vielleicht waren diese Umarbeitungen von der Ablehnung des Werks durch die Wiener Philharmoniker und Otto → Dessoff im Herbst 1874 motiviert. 1875 wurde die Symphonie erneut abgelehnt. Aus diesem Grund, aber auch aus seiner kompositorischen Entwicklung heraus, zum Beispiel dem Bedürfnis nach metrischer »Regulierung« der bereits geschriebenen Werke, entschloß sich Bruckner 1876 zu einer tiefgreifenden Umarbeitung. Sie dürfte mit der Fertigstellung der *Fünften Symphonie* nach dem 16. 5. begonnen worden sein (erste Phase war am 17. 7. »beendet«) und sich bis zum 25. 4. 1877 erstreckt haben (»Ganz neue Bearbeitung fertig«). Nach einer erneuten Ablehnung durch die Philharmoniker wurde das Werk, aufgrund einer Intervention von Johann → Herbeck (am 27. 9.), zur Aufführung am 16. 12. 1877 aufs Programm der Gesellschaftskonzerte gesetzt. Zuvor hatte Bruckner noch den langsamen Satz neu zu gestalten; dies erfolgte innerhalb von gut zwei Wochen (Datum am Ende des Adagio: 12. 10.). Ende Oktober verstarb Herbeck; Bruckner entschloß sich, selbst zu dirigieren. Der Mißerfolg des Werks und die Begleitumstände der ersten Aufführung sind bekannt: das Publikum verließ während der Aufführung den Saal. Gleichwohl erbot sich Theodor Rättig (→ Verlage), die *Dritte Symphonie* in Verlag zu nehmen. Ende 1878 erschien die Partitur, Anfang 1880 der vierhändige Klavierauszug von Gustav Mahler und Rudolf Krzyzanowski.
Die Motive, die zu einer weiteren Umarbeitung der *Dritten Symphonie* führten, sind nicht bekannt; vielleicht gingen sie auf Initiativen im Schülerkreis Bruckners zurück. Ein erster Datums-Eintrag Bruckners (5. 3. [1888]) findet sich in einer stark modifizierten Version des Finale, die Franz Schalk angefertigt hatte und deren Text Bruckner seinerseits tiefgreifend redigiert hatte. Gustav Mahler riet anläßlich eines Besuchs im Juli 1888, die alte Version beizubehalten. Bruckner überarbeitete die ersten drei Sätze anhand der Partitur des Erstdrucks, und zwar zwischen September 1888 und März 1889. Die Betreuung des Drucks übernahm Josef Schalk; er veranlaßte in den Druckplatten, vermutlich eigenmächtig, weitere Änderungen geringen Ausmaßes. Die *Dritte Symphonie* erschien im November 1890 in »neuer Auflage«.

Charakteristik
Das Werk beginnt mit einem thematischen Gedanken, der von vornherein auf Faßlichkeit angelegt ist; dieser Gedanke, eine achttaktige Fanfare, ist in sich geschlossen gestaltet und beim ersten Auftreten der Solo-Trompete anvertraut. Der diesem Thema hinzugegebene figurative Hintergrund sowie ein weiteres, nach längerem Crescendo erreichtes Thema tragen zusammen mit der Fanfare einen Sonatenhauptsatz Brucknerscher symphonischer Prägung (polyphone Gesangsgruppe, ausgedehnte Schlußgruppe und Coda).
Im langsamen Satz wechseln sich drei Themenbezirke in freier Reihung ab. Zwei der Themen, insbesondere das erste (Haupt-) Thema, ein »feierlich« beginnender Halbsatz im klassizistischen Duktus (Joseph Haydn), erfahren bei ihrer Wiederkehr eine steigernde figurative Ausstattung. Das letzte Erscheinen des Hauptthemas wird als dynamischer Höhepunkt (Quartsextakkord in dreifachem Forte) gestaltet.
Im Scherzo ist ein ostinates Figurationsband mit zwei Themen verbunden; die Eigenart des Satzes wird durch Harmoniefolgen erzeugt, denen konventionelle Kadenzen fehlen. Das harmonisch intrikate Trio hat nur in der motivischen Schicht folkloristischen Charakter.
Mit dem ersten Thema des Finale schließlich greift Bruckner explizit und hörbar auf die Fanfare des 1. Satzes zurück. Ziel ist der abschließende, das Werk überhöhende Vortrag des Hauptgedankens in der Finale-Coda. Das ausgedehnte Finale-Gesangsthema ist berühmt aufgrund seiner Kombination von Streicher-»Polka« und Bläser-»Choral«. Aufgabe der Durchführung und (Reprisen-)Schlußgruppe ist es, den Auftritt des gesamtsymphonischen Hauptgedankens zu vermitteln und anzubahnen.

Die verschiedenen → Fassungen unterscheiden sich zunächst in ihrer abnehmenden Gesamtlänge (die Fassung von 1873 gilt hinsichtlich ihrer Takt-Anzahl von 2052 als »längste« Bruckner-Symphonie überhaupt). In der ausgedehnten Rückleitung zur Reprise des 1. Satzes waren 1873 noch Wagner-Allusionen eingebaut. Die folgende Tabelle verzeichnet Eigenheiten und wesentliche Änderungen der einzelnen Fassungen; der Verlauf der Fassung von 1876/77 ist aus den erhaltenen Orchesterstimmen rekonstruierbar.

Satz	1873	1876/77	1877	1889
I	»Wagner-Zitate«	Kürzungen	–	geänderter Durchführungs-Teil
II	zweimalige Wiederkehr des Hauptthemas	geänderte Figuration bei der 2. Wiederkehr; Kürzungen	einfache Wiederkehr; vereinfachte Figuration; Kürzungen	–
IV	3 Anläufe zur Einführung des gesamtsymphonischen Hauptgedankens	Kürzungen; 3 Anläufe	Weitere Kürzungen; 2 Anläufe	Wegfall der Reprise des Finale-Hauptthemas

Die überaus zahlreichen Änderungen der Detailstruktur (Stimmführung, → Instrumentation, Dynamik, Artikulation) zeigen eine Tendenz zu größerer Effektivität und Sonorität. Gleichwohl unterließ es Bruckner, im Gegensatz zu den Modifikationen der *Vierten* und *Fünften Symphonie*, mit Hinzunahme einer Baßtuba das typische satte Klangbild der späteren Symphonien anzustreben.

Ob die Wagner-Zitate der 1. Fassung (eigentlich freie Reminiszenzen) von Anfang an zum Werkkonzept gehört haben, ist philologisch nicht mehr nachzuweisen. Die thematische Substanz enthält kaum Anklänge an den Stil des Musikdramatikers (wenngleich etwa das zweite Thema im 1. Satz mit den »Meistersingern« und mit »Tristan« in Verbindung gebracht werden könnte). Manche Eigentümlichkeiten in dienenden Formteilen (Chromatik, ostinate Figuration) und die Andeutung an den »Schlafzauber« der »Walküre« zum Ende des 2. Satzes wurden von Anfang an als Wagner-Reverenzen gehört.

Das Werk prägt in vieler Hinsicht (Hauptthema-Fanfare mit idiomatischem Zuschnitt, Adagio-»Durchbruch«, kadenzloses Scherzo, Thema-Apotheose als deutlich angestrebtes Ziel) den Typus der Bruckner-Symphonie erstmals voll aus.

Zur Rezeption

Allein die zahlreichen Überarbeitungen, die Bruckner dem Werk angedeihen ließ, deuten darauf hin, daß die *Dritte Symphonie* von Anfang an nicht auf Zustimmung stieß. Die zeitgenössischen Rezensionen ließen nur das Scherzo uneingeschränkt gelten; von den übrigen Sätzen fand insbesondere das Finale wenig Anklang. (Zweifellos fordert der vehemente, fast brutale Duktus des Finale-Hauptthemas sowie die als auskomponiertes Raum-Echo gestaltete, überdimensionale Unisono-Figur der Schlußgruppe auch heute noch den Hörer heraus.) Vielleicht gereichte dem Werk auch nicht zum Vorteil, daß es Richard Wagner gewidmet war; zum einen wurde es in den damaligen Parteienstreit hineingezogen, zum anderen erweckte es als »Wagner-Symphonie« übersteigerte Hörerwartungen. Nach Bruckners Durchbruch als Symphoniker trat die *Dritte Symphonie* sogleich in den Schatten der *Vierten* und *Siebenten*; auch heute dürfte das Werk keinen vorderen Platz in der Aufführungsstatistik einnehmen.

Noch nicht erloschen ist die Diskussion um die »beste« Fassung; diese Frage ist objektiv nicht zu beantworten. Hat die 1. Fassung den Charme des ausufernd Spontanen, so kann für die 2. Fassung formale »Richtigkeit«, für die 3. Fassung hingegen der (durchaus authentische) Status »letzter Hand« geltend gemacht werden. Nachdem bis in die jüngste Vergangenheit die Fassung von 1889 (Druck 1890) bevorzugt aufgeführt worden war, ist jetzt eine verstärkte Hinwendung der Praxis zu den früheren Versionen festzustellen. TR

Lit.: Joseph Tröller, A. Bruckner, III. Symphonie d-moll. München 1976; Harry Halbreich, Bruckners Dritte Symphonie und ihre Fassungen, in: Bruckner-Symposion 1980; Rudolf Stephan, Zu A. Bruckners Dritter Symphonie, ebenda; Manfred Wagner, Bruckner in Wien, in: A. Bruckner in Wien, besonders S. 44-66; Dieter Schnebel, Der dreieinige Klang oder die Konzeption einer Leib-Seele-Geist-Musik, in: A. Bruckner (Musik-Konzepte 23/24). Hrsg. Heinz-Klaus Metzger und Rainer Riehn. München 1982; Leopold Nowak, Das Autograph von A. Bruckners III. Symphonie, in: Über A. Bruckner; ders., Die Arbeit an der I. Fassung der III. Symphonie, ebenda; ders., Die 1. und 2. Fassung von A. Bruckners III. Symphonie, ebenda; ders., Eine Bruckner-Entdeckung: Das Adagio Nr. 2 zur III. Symphonie, ebenda; Thomas Röder, Auf dem Weg zur Bruckner-Symphonie. Untersuchungen zu den ersten beiden Fassungen von A. Bruckners 3. Symphonie. Stuttgart 1987; Wolfgang Kühnen, Die Botschaft als Chiffre. Zur Syntax musikalischer Zitate in der ersten Fassung von Bruckners Dritter Symphonie, in: Bruckner-Jahrbuch 1991/92/93.

Vierte Symphonie Es-Dur (WAB 104)
2 Fl., 2 Ob., 2 Klar., 2 Fg.; 4 Hr., 3 Trp., 3 Pos., B.-Tuba (nur Fassung 1878/80), Pk.; Str.
1. Satz: »Allegro« (Fassung 1878/80: »Bewegt, nicht zu schnell«); 2. Satz: »Andante quasi Allegretto«; 3. Satz: »Sehr schnell – Trio. Im gleichen Tempo« (Fassung 1878/80: »Scherzo. Bewegt – Trio. Nicht zu schnell. Keinesfalls schleppend«); 4. Satz: »Allegro moderato« (Fassung 1878/80: »Finale. Bewegt, doch nicht zu schnell«)
EZ: 1874 (1. Fassung); 1878-80 (2. Fassung, Finale in 3. Fassung); weitere Änderungen im Vorfeld geplanter Aufführungen 1881 und 1886; 1887-1889 neuerliche Änderungen in Verbindung mit dem Erstdruck sowie Durchsicht der Uminstrumentierung von Ferdinand → Löwe (3. Fassung, Finale in 4. Fassung)
W: Constantin Prinz zu → Hohenlohe-Schillingsfürst
UA: Fassung 1878/80 20. 2. 1881 in → Wien (Musikvereinssaal; → Wiener Philharmoniker, Hans → Richter); Fassung 1874, nur Scherzo, 12. 12. 1909 in → Linz (August → Göllerich), gesamt 20. 9. 1975 in Linz (→ Brucknerhaus; Münchner Philharmoniker, Kurt Wöss); 3. Fassung in der Uminstrumentierung Löwes 22. 1. 1888 in Wien (Musikvereinssaal; Wiener Philharmoniker, Hans Richter)
Autographe: ÖNB-MS und Musiksammlung der Wiener Stadt- und Landesbibliothek
ED: Wien, Gutmann 1889/90 (3. Fassung); Klavierauszug vierhändig von Ferdinand Löwe, zweihändig von Josef → Schalk, für zwei Klaviere zu vier Händen von Walter Magnus
AGA: Band 4/1 (Fassung 1878 mit Finale 1880 sowie Finale 1878; Robert → Haas, 1936)
NGA: Band IV/1 Fassung 1874 (Leopold → Nowak, 1975); Band IV/2 Fassung 1878/80 (Nowak, 1953); zu Band IV/2 Finale 1878 (Nowak, 1981)

Zur Entstehung
Bruckner arbeitete knapp elf Monate an der Partitur. Er begann den 1. Satz am 2. 1. 1874 zu skizzieren, das Finale schloß er am 22. 11. desselben Jahres in Partitur ab. Seine Bemühungen um eine Aufführung hatten aber keinen Erfolg. Auch die für das Frühjahr 1877 geplante Uraufführung in → Berlin – »tausendmal besser als in Wien« (Brief an → Tappert 1. 10. 1876) – kam nicht zustande. Wenig später entschloß sich Bruckner – vielleicht aufgrund dieser Absage – zu einer Neufassung (→ Fassungen). So schrieb er am 12. 10. 1877 an Tappert: »Ich bin zur vollen Überzeugung gelangt, daß meine 4. romant. Sinfonie einer gründlichen Umarbeitung dringend bedarf. Es sind z. B. im Adagio zu schwierige, unspielbare Violinfiguren, die Instrumentation hie u. da zu überladen u. zu unruhig.« Diese Umarbeitung begann er nach einem markanten negativen Ereignis, nämlich nach der mißglückten Uraufführung der *Dritten Symphonie*. Die Neugestaltung der Ecksätze sowie des langsamen Satzes nahm den Zeitraum von 18. 1. bis 30. 9. 1878 in Anspruch. Das Finale wurde dabei stark gekürzt. Im November 1878 fügte er ein neukomponiertes Scherzo, »welches die Jagd darstellt«, hinzu. In dieser Gestalt kam die Symphonie weder zur Aufführung noch in eine gedruckte Ausgabe. Im November 1879 veränderte Bruckner das bereits vorhandene Finale in eine dritte Fassung. Die Arbeit daran schloß er am 5. 6. 1880 ab. Die vorhandenen Sätze mit diesem (neuen) Finale bilden die sogenannte 2. Fassung (1878/80), in welcher die Symphonie ihre »erste« Uraufführung erlebte.

Titelblatt des Erstdrucks

Doch Bruckner beschäftigte sich – nicht unähnlich seinen Arbeiten an der *Dritten* – mit dem Werk ständig weiter. So brachte er Ergänzungen zur Instrumentation an und kürzte den langsamen Satz. Diese Änderungen, aber auch weitere Durchsichten standen stets mit Aufführungen in Verbindung. Eine mit autographen Eintragungen versehene Abschrift von zentraler Bedeutung befindet sich in der Bibliothek der Columbia University in New York und rührt von einer dortigen Aufführung unter Anton Seidl (1888) her. Sie ist – laut Nowak – die »letzte, endgültige Gestalt, in der Bruckner seine IV. Symphonie der Nachwelt überliefert und gedruckt wissen wollte«. Ihr kommt damit der Rang einer Stichvorlage zu, in der autographe Instrumentationsretuschen eingetragen sind, die aber nicht mit der Vorlage für den tatsächlichen Erstdruck identisch sind.

Bereits 1887 hatte Löwe mit Zustimmung des Komponisten eine Uminstrumentierung begonnen, die zur 3. Fassung (1887/89, mit 4. Finale, »Löwe-Fassung«) führte. Bruckner arbeitete zwar selbst einige Male die Stichvorlage vor dem Druck durch, dennoch wurden einige seiner Einzeichnungen auch hier nicht berücksichtigt.

Charakteristik

Wenn zu Beginn der Symphonie über dem Streichertremolo der Quintruf im Horn einsetzt, sind damit zwei Aspekte vorgegeben: zum einen Assoziationen in intervallischer (»Naturklang«) und klangfarblicher Hinsicht (Horn), zum anderen eine motivische Dichte, die das gesamte Werk beherrscht. Denn die Quint erweist sich als ein Strukturintervall in allen Sätzen, wie auch dessen rhythmische Pointierung (→ Rhythmus) immer wiederkehrt, allerdings in wechselnden Zusammenhängen und von verschiedenen Seiten her beleuchtet.

Die enge Nähe zu → Natur und → Romantik scheint angesichts charakteristischer Topoi bestätigt, allerdings hat Bruckner selbst durch »Erklärungen« viel zu dieser Auslegung beigetragen (s. u.). Grundsätzlich klingt aber in der *Vierten* eine neue, ungewohnte Klang-Aura (erstmals in Dur) und melodische Sprache (→ Melodik) an, die manche Schroffheit kaschiert und damit insgesamt zu einem ausgeglicheneren, »homogenen« Werkeindruck führt. Was der negativ eingestellte Kritiker → Kalbeck »Unordnung eines Gelehrtenzimmers, wo alles über- und durcheinander liegt« nannte, war nichts anderes als ein Angriff auf Bruckners vielfältige Variantentechnik, die das Werk durchzieht und – gewissermaßen in additiver → Form – immer neue Hörperspektiven eröffnet. So kommt auch der relativ breit ausgeführten Coda im Kopfsatz die Funktion zu, in diese Vielfalt gewissermaßen ordnend einzugreifen.

Obwohl alle Sätze der *Vierten* Sonatenform-Prinzipien angenähert (d. h. von durchführungsartigen Passagen bzw. Variantenbildungen durchdrungen) sind, besitzt jeder seinen eigenständigen Typus: Umrahmt von den monumentalen, typisch Brucknerischen Steigerungszügen, von »Bruckner-Rhythmus« und markanten Themen geprägten Ecksätzen stehen der trauermarschartige langsame Satz in c-Moll und das sogenannte »Jagd-Scherzo« (→ Scherzo) mit einem stilisierten Ländler als Trio.

Zur Rezeption

Es ist wohl nicht übertrieben zu behaupten, daß die große Popularität der *Vierten* mit der auf Bruckner selbst zurückgehenden Bezeichnung »Romantische« und den damit verknüpften Assoziationen zusammenhängt. Die häufige Präsenz im Konzertsaal, auf Tonträgern, im Musikschrifttum und nicht zuletzt in Schulbüchern weist – im Vergleich etwa zur *Zweiten*, *Fünften* oder *Sechsten* – auf leichte Verstehenszugänge hin. Schon der Komponist selbst hat ja durch weitere Begriffe wie »Kohlmeise Zizibe« (1. Satz, Seitenthema), »Jagd« (Scherzo), »Rehbrad'l« (Trio) oder »Volksfest« (Finale 1878) Voraussetzungen für eine illustrativ-verständliche Sicht geschaffen. Zum 1. Satz existiert sogar Bruckners berühmte programmatische Darstellung der »mittelalterlichen Stadt« mit »Morgenweckrufen«, »Rittern« und »Waldesrauschen« (zum genauen Programm siehe Floros). Natürlich schloß die frühe Musikkritik und Interpretation an diese Quellen an, und es entstand eine Vielzahl pseudopoetischer Beschreibungen. Hinzu kommt, daß Struktur und Musiksprache des Werks in ihrer Faßlichkeit zu einer günstigen Aufnahme beitrugen. Schon die Uraufführung 1881 war ein auffallend großer Erfolg.

Bereits zu Lebzeiten Bruckners wurde die *Vierte* relativ häufig in Österreich und Deutschland gespielt. Auch in → Brünn und → Troppau fanden Aufführungen statt, 1888 die amerikanische Erstaufführung in New York. In der »Deutschen Zeitung« hieß es am 29. 1. 1897 nach einer Aufführung in → München: »Der gewaltige erste Satz der ›Romantischen Symphonie‹ wurde stürmisch zur Wiederholung verlangt!! Ein in den

Annalen der Concertgeschichte fast unerhörter Fall.« Bis 1900 erklang sie rund fünfzigmal (Göll.-A. 4/4, S. 237 f.). Erst 1909 allerdings wurde zumindest das Scherzo in der Fassung 1874 in einem Linzer Konzert aufgeführt.
Heute gehört die *Vierte* unvermindert zu den beliebtesten und am häufigsten genannten Bruckner-Werken. 1995 waren etwas mehr als 30 Tonaufnahmen (in verschiedenen Fassungen) im Handel erhältlich. Bruckners Bemerkung an Tappert 1878, daß diese Symphonie – nach der Umarbeitung – »ihre Wirkung machen wird«, hat sich bewahrheitet. EWP

Lit. (Auswahl): Leopold Nowak, Vorworte zu den einzelnen Bänden in der NGA; Cornelis van Zwol, Bruckners Vierte Symphonie: nicht nur eine »Romantische«, in: Bruckner-Symposion 1980; Manfred Wagner, Der Wandel des Konzepts. Zu den verschiedenen Fassungen von Bruckners Dritter, Vierter und Achter Sinfonie. Wien 1980; Leopold Nowak, Neues zu A. Bruckners »Romantischer«, in: Nowak, Über A. Bruckner; ders., Das Finale von 1878 zur IV. Symphonie von A. Bruckner, ebenda; ders., Die drei Final-Sätze zur IV. Symphonie von A. Bruckner, ebenda; Constantin Floros, Brahms und Bruckner. Studien zur musikalischen Exegetik. Wiesbaden 1980, bes. S. 171-181.

Fünfte Symphonie B-Dur (WAB 105)

2 Fl., 2 Ob., 2 Klar., 2 Fg.; 4 Hr., 3 Trp., 3 Pos., Baß-Tuba, Pk.; Str.
1. Satz: »Introduction. Adagio – Allegro«; 2. Satz: »Adagio, Sehr langsam«; 3. Satz: »Scherzo. Molto vivace (Schnell) – Trio. Im gleichen Tempo«; 4. Satz: »Finale. Adagio – Allegro moderato«
EZ: 14. 2. 1875 – 16. 5. 1876; umgearbeitet 1877, vollendet 4. 1. 1878; wenige kleine Änderungen zwischen 1878 und 1887 (in einer späteren Partiturabschrift)
W: Karl von → Stremayr
UA: 23. 10. 1935 in → München (Münchner Philharmoniker, Siegmund von → Hausegger); Bearbeitung von Franz → Schalk 9. 4. 1894 in → Graz (Theater am Stadtpark; Orchester der Vereinigten Bühnen, F. Schalk); vorher, in der Fassung für zwei Klaviere von Josef → Schalk, 20. 4. 1887 in → Wien (→ Bösendorfersaal; J. Schalk und Franz Zottmann)
Autographe: ÖNB-MS (dort auch die Widmungspartitur und andere → Abschriften mit teilweise autographen Eintragungen)
ED: Wien, Doblinger 1896 (in der Bearbeitung von F. Schalk; Hrsg. unbekannt); Klavierauszug vierhändig von J. Schalk (1896), zweihändig von August → Stradal (1901), für zwei Klaviere zu acht Händen von Heinrich von Bocklet (1903)
AGA: Band 5 (Originalfassung; Robert → Haas, 1935)
NGA: Band V (Leopold → Nowak, 1951), Revisionsbericht 1985

Zur Entstehung
Die Skizzierung der Sätze begann Bruckner zu folgenden Daten: 2. Satz am 14. 2., 1. Satz am 3. 3., 3. Satz am 16. 4. (Trio am 18. 4.), 4. Satz am 10. 5. 1875. Von dem am 16. 5. 1876 beendeten Partiturautograph der Symphonie (noch ohne Baß-Tuba) fertigte Franz Hlawaczek (→ Kopisten) die 1936 wiederaufgefundene Widmungspartitur für Stremayr an (von Bruckner zu dessen Namenstag am 4. 11. 1878 unterschrieben). In diese und in eine weitere Abschrift wurde die Stimme für die Baßtuba nachträglich eingefügt. Eine Finale-Abschrift (von Moritz von → Mayfeld an Max → Auer übereignet) trägt die Anmerkung: »Dieser überaus großartige Satz erscheint mir unstreitig als das Höchste, was im Kontrapunkt neben den ›Meistersingern‹ in unserem Jahrhundert, wie überhaupt seit → Bach geleistet wurde. Es bittet 1 000mal um Verzeihung für seine Vorlautheit ein enthusiastischer Brucknerianer.«
In der Folge war Bruckner mit der Umarbeitung der *Dritten Symphonie* – zur zweiten → Fassung – beschäftigt und revidierte anschließend (18. 5. 1877 – 4. 1. 1878) mit einer anderen Tinte die Partitur der *Fünften*, wobei er auch die Stimme für die Baß-Tuba (sie schweigt im Adagio und im Trio) in die Zeile der Baßposaune eintrug. Durch spätere kleinere Änderungen entstand keine neue Partitur, im Falle der *Fünften Symphonie* blieb es also bei einer einzigen originalen Fassung.
Kurze Zeit nach Fertigstellung der Symphonie scheint Franz → Liszt, der sich im Mai 1878 in Wien aufhielt, das Werk (aus der Partitur?) gespielt zu haben, wie Bruckner am 20. 5. 1878 an Richard → Wagner schrieb: »Dr. Liszt spielte meine 5te Sinfonie durch, und ›verkündete‹ (wie Er selbst sagte,) bei → Hohenlohe meinen Ruhm.«
Erst 1887 wurde eine durch Theodor → Helm angeregte (vermutlich ungekürzte) Aufführung der von J. Schalk stammenden → Bearbeitung für zwei Klaviere angesetzt, worüber Bruckner zunächst jedoch sehr ungehalten war, weil er fürchtete, die beiden Pianisten könnten seinen Intentionen so kurzfristig nicht gerecht werden. Die Aufführung mußte sogar verschoben werden, doch auch auf weiteren Proben war Bruck-

Fünfte Symphonie. Letzte Seite des Autographs mit Datierungsvermerken

ner »unausstehlich« und verlangte »Unmögliches« (Tagebuch Friedrich → Klose). Schließlich verlief diese »Uraufführung« der *Fünften* doch zu Bruckners größter Zufriedenheit. Außer in dieser Klavierdarbietung hat er seine *Fünfte Symphonie* nie mehr gehört.

Die Orchester-Uraufführung setzte 1894 in Graz Franz Schalk (1890-1895 dort Kapellmeister) in einem Konzert durch, bei dem außerdem Werke von → Beethoven (Ouvertüre »Die Weihe des Hauses«), Liszt (Klavierkonzert Es-Dur) und Wagner (»Meistersinger«-Vorspiel) gespielt wurden – in Abwesenheit des bereits schwerkranken Bruckner. Die *Fünfte* erklang bei dieser Uraufführung allerdings in einer Bearbeitung des Dirigenten, der *mit* Bruckners Einverständnis eine Gruppe von 11 Blechbläsern (»11 Apostel«, ohne Judas), die den von Schalk gesetzten Schlußchoral zu verstärken hatten, erhöht postierte. Franz Schalk hatte seit Mitte 1892 in Graz ein Jahr lang an einer neuinstrumentierten und gekürzten, von Bruckner *nicht* autorisierten Fassung der *Fünften Symphonie* gearbeitet. Diese (verschollene) Partitur diente, nachdem man die autographe Partitur an Bruckner zurückgehen ließ, vermutlich als Stichvorlage für die Erstausgabe 1896. In ihr wurde zwar der Notentext selbst bewahrt, jedoch erfuhr die Instrumentation durchweg beträchtliche Verfälschungen im Sinne eines wagnerisch orientierten, weicheren Orchesterklanges: Instrumentale und dynamische Kontraste wurden gemildert, separierte Instrumentengruppen vermischt, Einzelstimmen verstärkt und umgefärbt, das Blech zurückgenommen, Holzbläser oktavversetzt, Klangeffekte eingeführt. Außer einer 3. Flöte in allen Sätzen wurden für das Finale Kontrafagott, Triangel, Becken sowie 4 Hörner, 3 Trompeten, 3 Posaunen, Baßtuba als zweiter Bläserchor hinzugefügt. Außerdem ist der Erstdruck mit zahlreichen den Willen des Komponisten mißachtenden Angaben zur Dynamik (Nivellierung der Kontraste) und Agogik (Temporelationen, variable Tempoänderungen) versehen, während wichtige originale Vorgaben gestrichen sind. Gravierend ist der Eingriff in die → Form des Finale: Es wurde an vier Stellen um insgesamt 121 Takte gekürzt. Durch die Tilgung der Reprise wurden die Relationen zwischen den verbliebenen Teilen verzerrt und die von Bruckner genau durchkonstruierte großformatige Sonatensatzform (mit Reprise aller drei Themengruppen) zur Unkenntlichkeit entstellt.

Charakteristik

In allen Sätzen der *Fünften* gilt das Prinzip der permanenten Durchführung. Deshalb sind alle Themengruppen bei ihren Wiederholungen gegenüber der Exposition weiterentwickelt, so daß im Adagio und im Scherzo (auch im Trio) ähnliche formale Tendenzen gegeben sind wie im Sonatenhauptsatz: Die Entwicklung hat ihr Ziel im Durchbruch zum Höhepunkt. – Der 1. Satz mit der Haupttonart B-dur ist in Sonatenhauptsatzform komponiert, der 2. Satz (d-Moll) in fünfteilig alternierender Form A-B-A-B-A, der 3. Satz (d-Moll) in dreiteilig symmetrischer Form: Scherzo-Trio-Scherzo (jeder Teil in sich dreiteilig; »Da capo« des Scherzo-Teils notengetreu), der 4. Satz (B-Dur) wieder in Sonatenhauptsatzform mit integrierter (Doppel-)Fuge und einer zweiten Durchführung (Höhepunkt der Durchführung und Beginn der Reprise sowie Schluß der Reprise und Beginn der zweiten Durchführung überlagern sich), wobei die Introduktion des Finale eine Variante der Introduktion des 1. Satzes darstellt, mit Zitaten des Hauptthemas des 1. und 2. Satzes und Ankündigung des Finale-Hauptthemas.

Alle Themen der gesamten *Fünften Symphonie* entwickeln sich – in thematischer Substanzgemeinschaft – im wesentlichen aus vier Elementen: Richtungswechsel, Sequenzierung, erniedrigte 2. Stufe, (Doppel-)Punktierung. Das Adagio-Hauptthema (mit dem Bruckner die Komposition der Symphonie begann) gibt mit seinem melodischen Richtungswechsel (im Vordersatz, T. 5 f.) die horizontale Verlaufsform für alle wichtigen Themen der Symphonie vor und wird mit seinem Ansatz zum Sequenzieren (im Nachsatz, T. 7) zur Quelle für zahlreiche durch Sequenzen geprägte Strukturen. Diese Entwicklung aller Themen aus einem gemeinsamen Urgestein ermöglichte ein breites Spektrum von Variantenbildungen, die bei aller Vielfalt ein einheitliches Bild ergeben. Über sukzessive organische Verbindungen hinaus bieten die substantiellen Gemeinsamkeiten die Basis, um äußerlich kontrastierende Themengestalten simultan zu kombinieren. So konnte Bruckner in technischer und künstlerischer Souveränität eine monumentale Schöpfung vollbringen, die er selbst als sein »kontrapunktisches Meisterstück« wertete. Die in der *Fünften* waltende → Satztechnik befähigte den Komponisten vor allem, eine Finale-Idee höchsten Anspruches zu realisieren. Bruckners ohnehin schon großräumige Erweiterung des tradierten Schemas um eine dritte Themengruppe nimmt in dieser Symphonie durch die Aufschichtung der Exposition um einen zusätzlichen Choralsatz extreme Dimensionen an. Nur das kontrapunktische Verfahren konnte eine überzeugende Zusammenfassung und Verdichtung der Materialien in die Wege leiten, und die Integration des alternativen Formprinzips »Fuge« in die Symphonie ergab sich daraus fast mit Notwendigkeit. Zudem garantiert die brisante Wiedereinführung des Hauptthemas aus dem 1. Satz und seine dramatische Durchführung mit dem finalen Hauptthema den zyklischen Zusammenhalt und erfüllt das Finale mit einer unerhörten Hochspannung auf den triumphalen, vom Finale-Hauptthema grundierten Schlußchoral hin, der das »monumentalste Finale in der gesamten Musikliteratur der Welt« (Wilhelm Furtwängler) beschließt. Bruckners stetes Ringen um die Finale-Idee führte in der *Fünften* zu einer Lösung, die an Gewichtigkeit, formaler Schlüssigkeit und struktureller Logik eine unüberbietbare Höhe erreicht hat.

Zur Rezeption

Die *Fünfte* gehörte von Anfang an zu den »schwierigeren« Symphonien Bruckners, nicht nur hinsichtlich der Anforderungen an die Musiker, sondern auch was die Aufnahme bei Publikum und Kritik betrifft. Sie mußte wie die *Sechste* fast 18 Jahre auf ihre erste (vollständige) Orchesteraufführung warten – und war da nicht einmal in der authentischen (mehrfach ja auch selbst geänderten, erst fast sechzig Jahre später realisierten) Fassung zu hören. Allerdings erlebte sie dann – im Gegensatz zu ihrer vernachlässigten jüngeren Schwester – bis 1905 rund 40 Aufführungen in Österreich, dessen Nachbarländern und 1901 auch in den USA (unter dem lange Jahre in Wien für Bruckner und Brahms tätigen Wilhelm → Gericke).

Für den »Verursacher« der Aufführung der Klavierbearbeitung, den Kritiker Helm, war der Grund für das lange »Verschlossen-Halten« dieser Komposition deutlich: »Vielleicht nirgends

hat der Componist sich so rücksichtslos seinem ungestüm durch die Wolken jagenden Pegasus überlassen, vielleicht kein zweites Werk hat er so völlig unbekümmert um die herkömmlichen Maße und Ziele, um die Aufnahmefähigkeit normal veranlagter Hörer geschrieben als dieses.« Und selbst der zum (kritischen) Bruckner-Anhänger mutierte Helm hatte Schwierigkeiten beim Verständnis dieses Werks und hielt eine ungekürzte Aufführung »einem Durchschnittspublicum wie etwa unserem philharmonischen gegenüber zur Zeit noch für kaum räthlich«.
Die Aufnahme der Grazer Uraufführung der Schalkschen Orchesterfassung bei Publikum und Presse – sieben Jahre später – war durchwegs positiv und kann vielleicht als Bestätigung der sicherlich gutgemeinten Absicht verstanden werden, durch – wenn auch seinem Lehrer Bruckner gegenüber zum Teil verheimlichte – Kürzungen und Änderungen das Werk einem »breiteren« Publikum zugänglich zu machen. Der Rezensent des »Grazer Tagblatts«, Julius Schuch, jedenfalls würdigte das »inhaltsreiche Werk« als »Zukunfts-Symphonie«, für dessen Verständnis allerdings »ein einmaliges und erstmaliges Anhören wohl kaum hinreicht«. Mit einer auch in anderen Zusammenhängen gehörten Äußerung resümierte Anton Seydler im »Grazer Volksblatt« seinen verständigen Bericht: »Bruckner wird ... schwer populär werden, man muß ihn erst lieben, wenn man ihn loben will.« – Wien erlebte die Symphonie erst am 1. 3. 1898 – bei einem Gastspiel des Münchner Kaim-Orchesters unter Ferdinand → Löwe.
Bei der Uraufführung der einzigen von Bruckner autorisierten Version der *Fünften* 1935 lebten die Auseinandersetzungen über das Thema »Original oder Bearbeitung« wieder auf, das schon anläßlich der 1932 sogar in einem einzigen Konzert gegenübergestellten beiden Versionen der *Neunten* (der bis dahin »vertrauten« von Löwe und der »wahren« von Bruckner, ebenfalls durch Hausegger) für Zündstoff unter den Brucknerianern gesorgt hatte. Noch 1956 hat Hans Knappertsbusch mit den → Wiener Philharmonikern die Schalk-Version auf Platten eingespielt – heutzutage wäre eine Aufführung einer anderen Fassung als der authentischen allerdings ein Kuriosum. EH/UH

Lit.: Ernst Kurth, Bruckner 2. Berlin 1925, S. 877-932; Göll.-A. 4/1, S. 392-413, 4/3, S. 385-411; Walter Abendroth, Die Symphonien A. Bruckners. Einführungen. Berlin 1940, S. 63-81; Armin Knab, Denken und Tun. Gesammelte Aufsätze über Musik. Berlin 1959, S. 37-45, 170-172; Ernst Hilmar, »Schade, aber es muß(te) sein«: Zu Gustav Mahlers Strichen und Retuschen insbesondere am Beispiel der V. Symphonie A. Bruckners, in: Bruckner-Studien 1975; Leopold Nowak, Anton Bruckners Formwille, dargestellt am Finale seiner V. Symphonie, in: Nowak, Über A. Bruckner; Mathias Hansen, A. Bruckner. Leipzig 1987, S. 212-224; Erwin Horn, Analyse der Scherzo-Themen der Symphonien V, VI, VII und VIII, in: Bruckner-Jahrbuch 1991/92/93; Wolfram Steinbeck, Bruckner. Neunte Symphonie d-Moll. München 1993, S. 15-49.

Sechste Symphonie A-Dur (WAB 106)
2 Fl., 2 Ob., 2 Klar., 2 Fg.; 4 Hr., 3 Trp., 3 Pos., B.-Tuba, Pk.; Str.
1. Satz: »Majestoso«; 2. Satz: »Adagio. Sehr feierlich«; 3. Satz: »Scherzo. Nicht schnell – Trio. Langsam«; 4. Satz: »Finale. Bewegt, doch nicht zu schnell«
EZ: August/September 1879 bis 3. 9. 1881
W: Anton Ölzelt Ritter von Newin (→ Mäzene) und seiner Frau Amalie (Amy), geb. Edle von Wieser
UA: Mittelsätze 11. 2. 1883 in → Wien (Musikvereinssaal; → Wiener Philharmoniker, Wilhelm → Jahn); gekürzt, mit instrumentalen Änderungen, 26. 2. 1899 (ebenda; Wiener Philharmoniker, Gustav → Mahler); ungekürzt 14. 3. 1901 in → Stuttgart (Hofkapelle, Wilhelm Pohlig)
Autograph: ÖNB-MS
ED: Wien, Doblinger 1899; Klavierauszug vierhändig von Josef → Schalk; zweihändig von August → Stradal
AGA: Band 6 (Robert → Haas, 1935)
NGA: Band VI (Leopold → Nowak, 1952), Revisionsbericht 1986

Zur Entstehung
Nachdem im Juli 1879 das *Streichquintett* fertiggestellt war, nahm Bruckner die Arbeit an der *Sechsten Symphonie* in Angriff. Nach den Angaben im Autograph wurden der Kopfsatz am 27. 9. 1880, das Adagio am 22. 11. 1880, das Scherzo am 17. 6. 1881 und das Finale am 3. 9. 1881 vollendet. Die *Sechste* gehört zu den wenigen Symphonien Bruckners, die in einer einzigen Fassung überliefert sind.

Charakteristik
Robert → Haas unterschied im Œuvre Bruckners drei Schaffensperioden und ließ die dritte mit dem *Streichquintett* und mit der *Sechsten Symphonie* beginnen. Aus mehreren Gründen erscheint es jedoch richtiger, die *Sechste* als Schlußglied in die Reihe der drei mittleren Symphonien einzuordnen. Der stilistische Zusammenhang der *Sechsten* mit der *Vierten* und *Fünf-*

ten erweist sich nämlich als in jeder Hinsicht besonders eng, während die Unterschiede zu den drei letzten Symphonien, die vor allem in → Harmonik und → Instrumentation eine neue Haltung erkennen lassen, schwer ins Gewicht fallen.
In den zwanziger Jahren haben mehrere Interpreten Bruckner als einen großen Mystiker gefeiert. Ernst → Kurth trat für die Ansicht ein, daß die *Sechste Symphonie* auf Bruckners Weg »gegen das Licht« einen der Augenblicke »der größten Blendung« markiere. Ein »sattes, leuchtendes Leuchten« ist seiner Meinung nach die Grundfarbe des Werkes. Je mehr man sich in die Symphonie vertieft, desto deutlicher wird jedoch, daß diese Auffassung genaugenommen nur auf den Kopfsatz zutrifft, dessen Coda beispielsweise (in der Partitur von W an) tatsächlich über eine höchst eindrucksvolle Palette schillernder Klänge verfügt. Demgegenüber sind den mittleren Sätzen weniger leuchtende Farben eigen, und die keineswegs geradlinig verlaufende Entwicklung des Finale, das in Moll-Tonarten beginnt, macht deutlich, daß die triumphalischen A-Dur-Wirkungen des Schlusses erst mühsam »erkämpft« werden mußten. Die Devise »Per aspera ad astra« (Durch Nacht zum Licht) scheint Bruckner bei der Konzeption des Satzes vorgeschwebt zu haben.
Am besten kann man die Eigenart der *Sechsten* erfassen, wenn man sie gegen die *Vierte* und gegen die *Fünfte Symphonie* hält und zugleich sich vergegenwärtigt, wie verschieden diese beiden Werke sind. Zeichnet sich nämlich die sogenannte »Romantische« durch große Leuchtkraft aus, so wirkt die *Fünfte* wesentlich strenger und herber. In der *Sechsten* bestehen aber gleichsam mehrere Haltungen nebeneinander. Es will scheinen, als habe Bruckner hier eine Art Ausgleich zwischen den zum Teil auseinanderstrebenden Tendenzen in den beiden vorangegangenen Werken versucht.
Besonders deutlich wird das im Kopfsatz. Dessen erster und dritter Themenkomplex, beide durch große Farbigkeit gekennzeichnet, realisieren auf neue Weise Ideen, die Bruckner zuerst im Kopfsatz der »Romantischen« entwickelt hatte. Beachtenswert ist in diesem Zusammenhang der geheimnisvolle Beginn, die dialogische Struktur des Hauptthemas und nicht zuletzt die Vermischung der Tongeschlechter: Durmoll ist die Chiffre des Anfangs. Ganz anders geartet ist der hochexpressive zweite Komplex, an dem polyrhythmische Züge und die charakteristischen Septschritte besonders auffallen. Die Nähe zum Gedankenkreis des erhabenen Adagios aus der *Fünften* ist unverkennbar.
Das Adagio repräsentiert den Typus der feierlichen Musik. Die drei Themenkomplexe des Satzes kontrastieren zueinander so stark wie nur denkbar. Schlägt das erste Thema den Ton der Klage an (besonders beredt sind die ausdrucksvollen Seufzerbildungen der Oboe), so ist im zweiten Komplex ein ekstatischer Aufschwung unverkennbar. Das dritte Thema aber trägt durchaus trauermarschartigen Charakter.
Ganz neue Züge weist das a-Moll-Scherzo auf. Es wirkt nicht tanzhaft – wie die meisten früheren Scherzi Bruckners –, sondern eher spukhaft. Die Phantastik der Gestaltung manifestiert sich unter anderem in Kontrasten zwischen leise hinhuschenden Partien und starren Fortissimo-Stellen. Romantisch gestimmt ist das C-Dur-Trio: Pizzicati der Streicher und fanfarenartige Klänge der Hörner geben ihm das Gepräge.
Schroffe Kontraste bestimmen schließlich die Gestaltung des Finale. Sie verteilen sich nicht nur auf die einzelnen Themenkomplexe, sondern erzwingen selbst eine Zweiteilung des ersten Komplexes und spitzen sich in der Durchführung dramatisch zu. Der Satz ist freilich insgesamt so angelegt, daß die Symphonie prachtvoll schließt.

Zur Rezeption
Recht merkwürdig verlief die Rezeptionsgeschichte der *Sechsten*. Nach der Wiener Uraufführung der Mittelsätze am 11. 2. 1883 nannte Eduard → Hanslick in der »Neuen Freien Presse« Bruckner einen »wilden Komponisten«, der »etwas an Zucht gewonnen, aber an Natur verloren« habe, und warf ihm vor, → Wagners musikdramatischen Stil auf die Symphonik übertragen zu haben. Differenzierter fiel das Urteil des Referenten der »Signale für die musikalische Welt« aus. Er sprach von Licht- und Schattenseiten, von »überraschenden genialen Gedanken und glänzender Instrumentation« neben »Mangel an logischer Verarbeitung und übertriebenem Ausspinnen«. Demgegenüber fand Josef Scheu 1899 in der Wiener »Arbeiter-Zeitung« geradezu hymnische Töne über die Uraufführung der *Sechsten* mit allen vier Sätzen unter Mahler, und in Stuttgart wurde das ungekürzte Werk am 14. 3. 1901 begeistert aufgenommen.
Dennoch konnte sich die *Sechste* nicht recht

durchsetzen. Wie die *Erste* wird auch sie noch heute relativ selten gespielt. CF

Lit.: Ernst Kurth, Bruckner. Berlin 1925; Göll.-A. 4/1; Robert Haas, A. Bruckner, Potsdam 1934.

Siebente Symphonie E-Dur (WAB 107)

3 Fl., 2 Ob., 2 Klar., 2 Fg.; 4 Hr., 3 Trp., 3 Pos., Kb.-Tuba, Pk.; Str.
1. Satz: »Allegro moderato«; 2. Satz: »Adagio. Sehr feierlich und sehr langsam«; 3. Satz: »Scherzo. Sehr schnell – Trio. Etwas langsamer«; 4. Satz: »Finale. Bewegt, doch nicht schnell«
EZ: 1881-1883
W: König → Ludwig II. von Bayern
UA: 30. 12. 1884 in → Leipzig (Neues Theater; Gewandhausorchester, Arthur → Nikisch); vorher, 10. 2. 1883, auf zwei Klavieren (nur 1. und 3. Satz) in Wien (Bösendorfer-Saal; Josef → Schalk und Franz Zottmann), 27. 2. 1884 (alle vier Sätze; Josef Schalk und Ferdinand → Löwe); 21. 3. 1886 EA in Wien (Orchesterfassung; Hans → Richter)
Autograph: ÖNB-MS
ED: Wien, Albert J. Gutmann 1885; Klavierauszug vierhändig von Franz → Schalk und Josef Schalk (1896), zwei Klaviere zu vier Händen von Hermann Behn (1896)
AGA: Band 7 (Robert → Haas, Leipzig 1944)
NGA: Band VII (Leopold → Nowak, 1954)

Zur Entstehung

Zwanzig Tage nach Beendigung der *Sechsten Symphonie* hat Bruckner am 23. 9. 1881 mit der Komposition der *Siebenten* begonnen. Nach Unterbrechungen durch Revisionsarbeiten an den *Messen in d-Moll*, *f-Moll* und *e-Moll* komponierte er seit dem Sommer 1882 kontinuierlich an der Symphonie. Scherzo und Trio entstanden zwischen dem 14. 7. und 16. 10. 1882. Nach Überarbeitung des 1. Satzes, die bis zum 29. 12. 1882 währte, wurde das Adagio am 22. 1. 1883 in Angriff genommen und schon nach zwei Monaten, am 21. 3., abgeschlossen. Im Sommer 1883 arbeitete Bruckner am Finale, das er am 5. 9. 1883 beendete.

Charakteristik und Rezeption

Die *Siebente* ist Bruckners meistgespielte Symphonie und gilt in mehrfacher Hinsicht als eines seiner zentralen und bedeutendsten Werke. Mit ihr erzielte er den ersten bahnbrechenden Erfolg, nachdem die früheren Symphonien entweder »durchgefallen« oder gar nicht zur Aufführung gelangt waren. Und im Druck lag überhaupt erst eine einzige, nämlich die *Dritte*, vor. Die Uraufführung fand bezeichnenderweise nicht in → Wien, sondern in Leipzig statt. Nach anfänglichem Zögern nahm das Publikum das Werk mit Enthusiasmus auf und feierte den eigens angereisten Bruckner frenetisch. (Merkwürdigerweise widersprechen die in → Orels »Bruckner-Brevier«, S. 234, abgedruckten Bemerkungen Franz → Schalks aus dessen Brief an Richard Spur vom 19. 1. 1885 den bei Göll.-A. 4/2, S. 214 ff., wiedergegebenen positiven Zeitungsberichten eklatant.) Zahlreiche weitere Aufführungen folgten, vor allem in → München (10. 3. 1885 unter Hermann → Levi), → Köln (7. 1. 1886 unter Franz Wüllner), → Hamburg (19. 2. 1886 unter Julius → Bernuth) und → Graz (14. 3. 1886 unter Karl → Muck). In Wien wurde die Symphonie erst am 21. 3. 1886 gespielt. Bruckner hatte gegen eine Aufführung »wegen → Hanslick et Consorten« schon früher energisch »protestirt«. Denn er glaubte, daß sie seinen »noch jungen Erfolgen in Deutschland nur hemmend in den Weg treten« müßte, »aus Gründen, die einzig der traurigen localen Situation

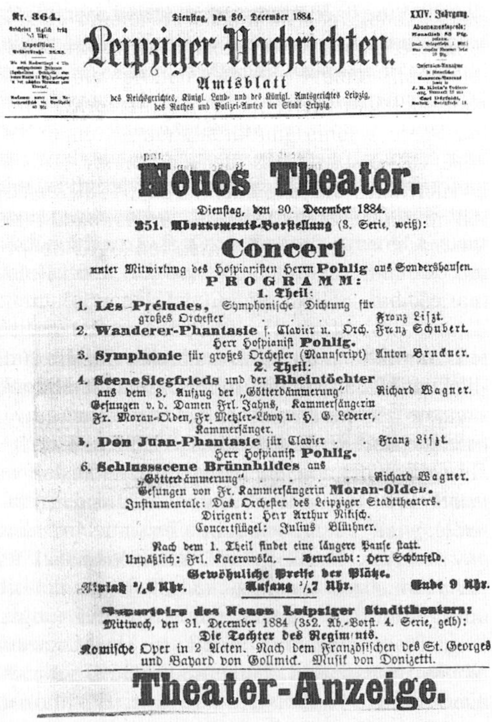

Nr. 364. — Dienstag, den 30. December 1884. — XXIV. Jahrgang.

Leipziger Nachrichten.

Amtsblatt
des Reichsgerichtes, Königl. Land- und des Königl. Amtsgerichtes Leipzig, des Rathes und Polizei-Amtes der Stadt Leipzig.

Neues Theater.

Dienstag, den 30. December 1884.
351. Abonnements-Vorstellung (3. Serie, weiß):

Concert

unter Mitwirkung des Hofpianisten Herrn **Pohlig** aus Sondershausen.

PROGRAMM:

1. Theil:

1. **Les Préludes,** Symphonische Dichtung für großes Orchester . . . . . Franz Liszt.
2. **Wanderer-Phantasie** f. Clavier u. Orch. Franz Schubert.
Herr Hofpianist **Pohlig.**
3. **Symphonie** für großes Orchester (Manuscript) Anton Bruckner.

2. Theil:

4. **Scene Siegfrieds** und der **Rheintöchter** aus dem 3. Aufzug der „Götterdämmerung" Richard Wagner.
Gesungen v. d. Damen Frl. Jahns, Kammersängerin Fr. Moran-Olden, Fr. Metzler-Löwy u. H. G. Lederer, Kammersänger.
5. **Don Juan-Phantasie** für Clavier . . Franz Liszt.
Herr Hofpianist **Pohlig.**
6. **Schlussscene Brünnhildes** aus „Götterdämmerung" . . . . Richard Wagner.
Gesungen von Fr. Kammersängerin **Moran-Olden.**

Instrumentale: Das Orchester des Leipziger Stadttheaters.
Dirigent: Herr Arthur Nikisch.
Concertflügel: Julius Blüthner.

Nach dem 1. Theil findet eine längere Pause statt.
Unpäßlich: Frl. Kacerowska. — Beurlaubt: Herr Schönfeld.

Gewöhnliche Preise der Plätze.

Einlaß $^{3}/_{4}$6 Uhr. Anfang $^{1}/_{2}$7 Uhr. Ende 9 Uhr.

Repertoire des Neuen Leipziger Stadttheaters:
Mittwoch, den 31. December 1884 (352. Ab.-Vorst. 4. Serie, gelb):
Die Tochter des Regiments.
Komische Oper in 2 Acten. Nach dem Französischen des St. Georges und Bayard von Gollmick. Musik von Donizetti.

Theater-Anzeige.

21 Komplette Konzertprogramm-Anzeige der *Leipziger Nachrichten* vom 30. Dezember 1884

Ankündigung der Uraufführung der *Siebenten Symphonie*

entspringen in Bezug der maßgebenden Kritik« (Göll.-A. 4/2, S. 363 ff.). Als sie dann doch unter der Leitung von Hans → Richter erklang, war das Urteil der Wiener Presse tatsächlich erneut vernichtend. Das aber konnte Bruckners endgültigen Durchbruch nicht mehr verhindern. Es folgten nun immer häufiger Aufführungen auch der früheren Symphonien in ganz Europa, und gedruckt wurden bis 1896 immerhin alle außer der *Sechsten Symphonie*.

Die *Siebente* ist ferner (neben der *Sechsten* und abgesehen von der unvollendeten *Neunten*) die Symphonie, an der Bruckner nachträglich keine gravierenden Veränderungen mehr vorgenommen hat. Ihre positive Aufnahme machte selbstkritische Korrekturen überflüssig. Sie kann mit Recht – und hier liegt einer der Gründe für ihre Beliebtheit – als die ausgewogenste unter seinen Symphonien bezeichnet werden. Dies gilt sowohl im Blick auf die Abstimmung der Satzcharaktere, ihre kantabel-strömende Thematik als auch für die formale Anlage der Sätze. Schon der flüchtige Blick auf das Hauptthema des Kopfsatzes macht klar, daß Bruckner hier von seiner bisherigen Art der Themenbildung aus markanten, festumrissenen und meist knappen Setzungen abrückt, um ein ausgedehntes, sich scheinbar »unendlich« fortspinnendes Thema vorzustellen, dessen Anlage und Melodiosität den ganzen Satz bestimmen.

Einmalig ist vor allem auch die Lösung des Finalproblems. Die Steigerungs- und Höhepunktbildung, wie sie für Bruckner so typisch ist (→ Form), beherrscht nicht nur jeden einzelnen Satz für sich. Vielmehr werden auch die vier Sätze in ihrem symphonischen Zusammenhang dem Steigerungsprinzip unterworfen, in dem die Finali über ihre eigene Satzklimax hinaus auf die Ausbildung des gesamtsymphonischen Höhepunktes zielen. Da die Sätze der *Siebenten* als Folge ihrer Themen weit weniger schroffe, kontrastierende Blockbildungen aufweisen, verlangen die Höhepunkte gewissermaßen einen geringeren Kraftaufwand als früher, so daß das Finale nicht an die Grenzen der Überforderung gerät, wie etwa in der *Fünften*. Zudem ist der Schlußsatz selbst so angelegt, daß er nicht nur wie das geradlinig erreichte Ziel, sondern auch wie ein auf den Anfang zurückgreifender Bogen wirkt. Denn das Hauptthema des Finale ist zum einen unmißverständlich aus dem des Kopfsatzes als dessen beweglichere, agilere Variante gebildet.

Zum andern wird in der Reprise des Finale die Reihenfolge der Themen genau umgestellt. Dadurch mündet der Satz symmetrisch in den Anfang und kann seinen eigenen Höhepunkt am Schluß mit diesem Thema bestreiten, um schließlich ohne Gewalt das alles überstrahlende Hauptthema des Kopfsatzes und damit das symphonische Hauptthema hervorzubringen.

Der berühmteste Satz der *Siebenten* ist der zweite, das Adagio. Darin verwendet Bruckner erstmals die sogenannten Wagner-Tuben, die gleich zu Beginn des Satzes das Hauptthema vortragen und dem ganzen Satz einen besonders »feierlichen« Ton geben. Den zweiten Abschnitt des Hauptthemas (T. 4 ff.) hat Bruckner aus einem Motiv gestaltet, das er auch im nahezu gleichzeitig entstandenen *Te Deum*, und zwar zu den Schlußworten »Non confundar in aeternum«, verwendet.

Mit diesem gleichsam sprechenden Themenabschnitt werden vor allem die Steigerungen bestritten. Über der typischen Bewegung der »Klangkette« führen sie zu einer der großartigsten Höhepunktbildungen in den Adagio-Sätzen, die sich nach ungemein angestauter Spannung mit größter Vehemenz des vollen Orchesterapparates im harmonischen Durchbruch vom übermäßigen Quintsextakkord zum Vorhaltsquartsextakkord von C-Dur entlädt. Müßig ist die vielgestellte Streitfrage, ob man diese Stelle mit Becken, Triangel und Pauken verstärkt, wie Bruckner es – wohl auf Anraten von Arthur Nikisch – nach der Uraufführung vorgeschrieben hat, oder ob man sie ohne diese instrumentale Überhöhung spielt, so wie sie urspünglich lautete und auch später von Bruckner wiederhergestellt wurde. Die Stelle kommt ebenso ohne den Zusatz aus, wie sie mit ihm nicht verdorben wird. Der Schlußteil des Adagio ist unter dem Eindruck der Nachricht von → Wagners Tod (13. 2. 1883) geschrieben. Die letzten 35 Takte nannte Bruckner selbst seine Trauermusik »zum Andenken an den Hochseligen, heißgeliebten unsterblichen Meister« (vgl. Auer, Briefe S. 181). WSt

Lit.: Oskar Lang, Die Thematik der VII. Symphonie A. Bruckners, in: Die Musik 21 (1928/29); ders., Das »non confundar«-Motiv in Bruckners Werk, in: Zeitschrift für Musik 103 (1936); Robert Simpson, The 7th symphony of Bruckner. An Analysis, in: Music Review 8 (1947); Leopold Nowak, Das Finale von Bruckners VII. Symphonie. Eine Formstudie, in: Festschrift Wilhelm Fischer. Innsbruck 1956; Wolfram Steinbeck, Schema als Form bei A. Bruckner. Zum Adagio der VII. Symphonie, in: Analysen. Beiträge zu einer Problemgeschichte des Komponierens. Festschrift Hans Heinrich Eggebrecht. Hrsg. Werner Breig, Reinhold Brinkmann und

Elmar Budde. Stuttgart 1984; Mathias Hansen, A. Bruckner. Leipzig 1987; Steffen Lieberwirth, A. Bruckner und Leipzig. Die Jahre 1884-1902. Graz 1988.

Achte Symphonie c-Moll (WAB 108)
2 Fl., 2 Ob., 2 Klar., 2 Fg. (Fassung 1890: Holzbläser dreifach besetzt); 4 Hr., 4 Tuben, 3 Trp., 3 Pos., Kb.-Tuba, 4 Pk.; Str.
1. Satz: »Allegro moderato«; 2. Satz: »Scherzo. Allegro moderato – Trio. Allegro moderato« (Fassung 1890: »Trio. Langsam«); 3. Satz: »Adagio. Feierlich langsam; doch nicht schleppend«; 4. Satz: »Finale. Feierlich, nicht schnell«
EZ: vermutlich Juni/Juli 1884 bis 10. 8. 1887 (Fassung 1887); Umarbeitung Mitte Oktober 1887 bis 10. 3. 1890 (Fassung 1890)
W: Kaiser → Franz Joseph I. von Österreich
UA: Fassung 1890: 18. 12. 1892 in → Wien (Musikvereinssaal; → Wiener Philharmoniker, Hans → Richter; Fassung 1887, 1. Satz: 2. 5. 1954 in → München (Eugen Jochum), gesamt: 2. 9. 1973 in → London (BBC, Hans Hubert Schönzeler)
Autographe: ÖNB-MS; Adagio 1890: Privatbesitz (ehem. Lili Schalk?)
ED: Berlin, Schlesinger 1892 (bearbeitet von Josef → Schalk, Anteile Bruckners ungewiß)
AGA: Band 8 (Mischfassung, Robert → Haas, 1939)
NGA: Leopold → Nowak unterscheidet zwei Fassungen (1887 und 1890): Band VIII/1 (Fassung 1887, L. Nowak, 1972); Band VIII/2 (Fassung 1890, L. Nowak, 1955)

Zur Entstehung
Ähnlich wie zur *Neunten* blieb zur *Achten Symphonie* ein sehr reiches, zum Teil autographes Quellenmaterial an Skizzen, Entwürfen, durchlaufenden Partituren und von Bruckner kontrollierten → Abschriften erhalten. Trotz einiger Studien (von Claudia Catharina Röthig und von John A. Phillips) ist die Schaffenschronologie in vielen Einzelheiten noch unklar. Eine zweifellos markante Station bildet die Erstellung einer vollständigen Partitur, die Bruckner – in der Hoffnung auf eine Aufführung – im September 1887 an Hermann → Levi nach München sandte. Wenngleich enttäuscht über die Ablehnung durch Levi, machte sich Bruckner schon im Oktober an weitere Umarbeitungen und meinte in einem Brief an Moritz von → Mayfeld (30. 1. 1888), die Symphonie sei »noch lange nicht fertig«.
Insgesamt verlief der Schaffensvorgang in unterschiedlicher Intensität (1888 bereitete Bruckner die Drucklegung der *Vierten Symphonie* vor und überarbeitete die *Dritte*) und konzentrierte sich auf manche Symphonieteile stärker als auf andere; z. B. sind in Bruckners offensichtlich schwankenden Einschätzungen, wie der Schluß des 1. Satzes zu gestalten sei, zumindest vier Stadien deutlich zu erkennen. Ein Vergleich zwischen den Fassungen von 1887 und 1890 (von Nowak in der NGA vollzogen) veranschaulicht den kompositorischen Wandel: hin zur formalen Straffung, in der Instrumentierung (dreifache anstatt der zunächst zweifachen Holzbläserbesetzung), aber auch in einzelnen markanten Passagen wie den Schlüssen des 1. und des 4. Satzes, dem neu komponierten Trio im Scherzo und der tonalen Veränderung des Höhepunkts im Adagio von C- nach Es-Dur.

Charakteristik
Die *Achte* ist Bruckners letzte abgeschlossene Symphonie und nach allgemeinem Urteil eines seiner Hauptwerke. Trotz ihrer gewaltigen Dimensionen galt sie stets als jene Symphonie, die Forderungen nach formaler Übersichtlichkeit (→ Form) am besten entspricht. Dieser vorherrschende Eindruck hat mit verschiedenen Merkmalen des Werkes zu tun und ist nicht nur in der Disposition der Längenverhältnisse im Großen begründet. Der apotheotische Schluß des 4. Satzes wirkt als Ziel des gesamten Zyklus; nicht zuletzt aufgrund der von Bruckner letztendlich gewählten Lösung, den 1. Satz leise und in Reduktion der Thematik auslaufen zu lassen. Der formalen Stringenz dient auch die Themenverarbeitung. Weniger in der Art → Beethovens als im Sinne der Transformationstechnik → Liszts ziehen sich motivische Fäden durch die für Bruckner bezeichnende Vorgangsweise, »Kernzeilen« (W. Korte) in mehr oder minder starken Mutationen zu wiederholen. Bruckner neigt in der *Achten* dazu, die → Motivik auf den → Rhythmus reduziert weiterzuspinnen (exemplarisch spricht er dieses Verfahren in einem Brief vom 27. 1. 1891 an den Dirigenten Felix → Weingartner an: »Im 1. Satze ist der Tromp. u[nd] Cornisatz aus dem Rhythmus des Thema«). Über den Stellenwert der motivischen Verknüpfungen für die symphonische Gestalt sind die Diskussionen kontrovers, wie dies die Einschätzung des Symphonieschlusses deutlich macht: Während C. Dahlhaus in der Übereinanderschichtung wichtiger Themen aus allen Sätzen in einer C-Dur-Klangfläche das logische Ziel einer Entwicklung erkennt, sieht W. Korte

keine »sinnvolle Krönung«, sondern eine »ziemlich vordergründig und gewaltsam« eintretende »akustische Schlußapotheose« (S. 41).
Eine Labilität zwischen an sich sehr eindeutig erscheinenden interpretatorischen Folgerungen begegnet im Schrifttum auffällig häufig. Ans Grundsätzliche des musikalischen Verstehens reicht die vieldiskutierte Frage, ob wir im Falle der *Achten Symphonie* eine autonom-musikalische Konzeption oder programmatische »Epopöen« (Liszt) vor uns haben. Verschärft wird diese Diskussion dadurch, daß Bruckner (was aufgrund vieler Zeugnisse kaum zu leugnen ist) bei seinem Schaffensvorgang von Anfang an bildliche Assoziationen hatte. Gleichsam post festum hat er in dem schon erwähnten Brief an Weingartner diese Bildlichkeit stichwortartig zusammengefaßt: »... wie klingt die achte? Im 1. Satze ist der Tromp. u[nd] Cornisatz aus dem Rhythmus des Thema: die Todesverkündigung, die immer sporadisch stärker endlich sehr stark auftritt, am Schluß: die Ergebung. Scherzo: Hauptthema: → deutscher Michel genannt; in der 2. Abtheilung will der Kerl schlafen, und träumerisch findet er sein Liedchen nicht; endlich klagend kehrt es selbes um. Finale. Unser Kaiser bekam damals den Besuch des Czaren in Olmütz; daher Streicher: Ritt der Kosaken; Blech: Militärmusik; Trompeten: Fanfare, wie sich die Majestäten begegnen. Schließlich alle Themen; (komisch), wie bei Tannhäuser im 2. Akt der König kommt, so als der deutsche Michel von seiner Reise kommt, ist alles schon in Glanz. Im Finale ist auch der Todtenmarsch und dann (Blech) Verklärung.« Die Forschung neigt dazu, Struktur und Bildlichkeit als Aspekte für inkompatibel zu halten. Jedoch lassen sich die (freilich ungelenk formulierten) Bildvorstellungen mit Strukturmerkmalen vermitteln. Manches an Bruckners Assoziationen ist wohl historisch erklärbar, aber für eine aktuelle Rezeption des Werkes inakzeptabel. Die mit dem Wort vom »deutschen Michel« anklingenden deutschtümelnden Vorstellungen aus dem späten 19. Jahrhundert sind für unser Verstehen der Musik eher hinderlich als erhellend.

Zur Rezeption
Die an dieser Diskrepanz ansetzende Kontroverse bestimmte die Rezeption von Anbeginn. Während Bruckner-Enthusiasten aus dem Umkreis der Wagner-Vereine bzw. der → Neudeutschen Schule die Programmatik hervorhoben, schrieb z. B. der → Brahms-Biograph Max

Kaiser Franz Joseph I., Widmungsträger der *Achten Symphonie*

→ Kalbeck in der »Montags-Revue« (19. 12. 1892): »Ob sich Bruckner bei dem Scherzo des deutschen Michel oder überhaupt etwas gedacht hat, ist uns sehr gleichgültig. Sein Scherzo braucht keinen besonderen Helden, seine Symphonie kein Programm, um genau zu wirken, wie es in den musikalischen Intentionen des Komponisten lag.« Die Uraufführung am 18. 12. 1892 im Wiener Musikvereinssaal wurde zu einem ganz großen Erfolg, auch die Presseäußerungen selbst von kritisch Gesinnten gestanden der *Achten Symphonie* eine hohe Qualität zu und hoben sie positiv von anderen Bruckner-Symphonien ab. Die allgemeine Zustimmung als klassische Ausprägung dieser Symphonik ist dem Werk bis heute erhalten geblieben. GG

Lit.: Ernst Kurth, Bruckner. Berlin 1925; Werner Korte, Bruckner und Brahms. Die spätromantische Lösung der autonomen Konzeption. Tutzing 1963; Claudia Catharina Röthing, Studien zur Systematik des Schaffens von A. Bruckner auf der Grundlage zeitgenössischer Berichte und autographer Entwürfe. Göttingen 1978; Constantin Floros, Brahms und Bruckner. Studien zur musikalischen Exegetik. Wiesbaden 1980; Carl Dahlhaus, Bruckner und die Programmusik. Zum Finale der Achten Symphonie, in: A. Bruckner. Studien zu Werk und Wirkung. Walter Wiora zum 30. 12. 1980. Hrsg. Christoph-Hellmut Mahling. Tutzing 1988; Manfred Wagner, Zur Rezeptionsgeschichte von A. Bruckners Achter Symphonie, in: Bruckner-Jahrbuch 1991/92/93; John A. Phillips, Die Arbeitsweise Bruckners in seinen letzten Jahren, in: Bruckner-Symposion 1992; Gernot Gruber, Zum Verhältnis von Strukturanalyse, Inhaltsdeutung und musikalischer Rezeption. Exemplifiziert an Bruckners Achter Symphonie, ebenda.

Neunte Symphonie d-Moll (WAB 109)

3 Fl., 3 Ob., 3 Klar., 3 Fg.; 8 Hr. bzw. Tuben, 3 Trp., 3 Pos., Kb.-Tuba, Pk.; Str.
1. Satz: »Feierlich, Misterioso«; 2. Satz: »Scherzo. Bewegt, lebhaft – Trio. Schnell«; 3. Satz: »Adagio. Langsam, feierlich«; 4. Satz (unvollendet): siehe dazu im Anschluß unter *Finale*
EZ: 1887-1894 (1.-3. Satz); 4. Satz: 24. 5. 1895 bis zum Tod (unvollendet)
W: »Dem lieben Gott« (Überlieferung, siehe unten)
UA: 1.-3. Satz, in der Bearbeitung Ferdinand → Löwes, 11. 2. 1903 in Wien (Musikvereinssaal; Wiener Konzertvereinsorchester, F. Löwe); Originalfassung (1.-3. Satz) 2. 4. 1932 in → München (Münchner Philharmoniker, Siegmund von → Hausegger); Finalfragment: Klavier-Version 1934 in München (Else Krüger und Kurt Bohnen), Orchesterfassung 12. 10. 1942 in → Leipzig (Hans Weisbach), weiteres siehe unter *Finale*
Autograph: ÖNB-MS
ED: Wien, Doblinger 1903 (Hrsg. und Bearbeiter F. Löwe); Klavierauszug vierhändig von Josef → Schalk und Löwe, zweihändig von Löwe
AGA: Band 9 (Alfred → Orel, 1934); Band 9, Sonderdruck: Entwürfe und Skizzen zur IX. Symphonie. Wien 1934 (Orel)
NGA: Band IX (Leopold → Nowak, 1951)

Zur Entstehung

Die *Neunte Symphonie* blieb unvollendet. Bruckner starb während der Arbeit am Finale; fertiggestellt sind nur die ersten drei Sätze. Die Entstehung hat sich über einen für Bruckner ungewöhnlich langen Zeitraum hingezogen. Am 21. 9. 1887, gut einen Monat nach Beendigung der *Achten*, hat Bruckner laut eigenhändiger Datierung mit der Komposition begonnen. Erst sieben Jahre danach, am 30. 11. 1894, ist das Adagio endgültig fertig. Ein halbes Jahr später beginnt Bruckner mit dem Finale, an dem er, schon vom Tode gezeichnet, bis zuletzt fieberhaft arbeitet. Einer der Gründe für die lange Entstehungszeit liegt im Mißerfolg der *Achten*. Bruckner hat sie, als er von der Ablehnung durch Hermann → Levi erfuhr, von Selbstzweifeln geplagt, bis Anfang 1890 umgearbeitet, dabei aber auch gleich die *Dritte* und die *Erste* einer umfangreichen Revision unterzogen. Am 18. 2. 1891 nimmt er die Arbeit am Kopfsatz der *Neunten* wieder auf, deren Abschluß sich jedoch bis zum 14. 10. 1892 hinzieht, da u. a. die Weiterarbeit an der Ersten sowie die Komposition einiger Chorwerke eingeschoben werden. Erst danach entstehen in kürzerer Zeit das Scherzo, nämlich von Oktober 1893 bis zum 15. 2. 1894, und das Adagio, vom Frühjahr bis Ende November 1894. Sind es Alter und Krankheit, die den Kompositionsprozeß am Finale verlangsamen, so scheinen es Anfang der neunziger Jahre heftige Zweifel am richtigen Weg gewesen zu sein, die die Komposition der Neunten, insbesondere ihres ersten Satzes, so schwer gemacht haben.
Es wird berichtet, daß Bruckner seine *Neunte* »dem lieben Gott« hat widmen wollen. Nach mündlicher Mitteilung seines Arztes, so steht es bei Göllerich-Auer, soll Bruckner kurz vor seinem Tode gesagt haben: »Sehen Sie, ich habe bereits zwei irdischen Majestäten Symphonien gewidmet, dem armen König → Ludwig als dem königlichen Förderer der Kunst [die *Siebente*], unserem erlauchten, lieben Kaiser [→ Franz Joseph I.] als der höchsten irdischen Majestät, die ich anerkenne [die *Achte*], und nun widme ich der Majestät aller Majestäten, dem lieben Gott, mein letztes Werk und hoffe, daß er mir so viel Zeit schenken wird, dasselbe zu vollenden« (Göll.-A. 4/3, S. 526). Wenn es nicht wahr ist, so ist es zumindest schön erfunden. Die vollendeten Sätze wurden erstmals am 11. 2. 1903 in Wien unter Ferdinand Löwe, allerdings in dessen tief eingreifender Bearbeitung, gespielt. In der Originalfassung erklangen sie erst am 2. 4. 1932 in München unter der Leitung von Siegmund von Hausegger. Zehn Jahre später wurde auch das Finalfragment unter Hans Weisbach in Leipzig aufgeführt.

Charakteristik

Die *Neunte* ist Bruckners dritte Symphonie in d-Moll (vgl. die *Symphonie in d-Moll* und die *Dritte*), und alle drei sind Schlüsselwerke in seinem Schaffen. An der *Symphonie in d-Moll* muß er erkannt haben, daß dies nicht sein Weg war, und er annullierte sie zu einem Zeitpunkt, als die zweite d-Moll-Symphonie fertig war, mit der er tatsächlich sein symphonisches Konzept gefunden hat (vgl. → Form), ein Konzept, das schließlich mit dem letzten d-Moll-Werk überwunden wird. Für die *Neunte* gilt in besonderer Weise, daß sie ohne Kenntnis der Vorgängerinnen nicht hinreichend zu verstehen ist. Der besondere, individuelle Formprozeß der Symphonie und jede einzelne kompositorische Maßnahme darin können nur vor dem Hintergrund der früheren Lösungen angemessen beschrieben werden. So erschließt sich z. B. die eigentümliche Form des Kopfsatzes erst, wenn sie auf die »allgemeine« Kopfsatzform bei Bruckner abgebildet wird und wenn man einsieht, daß sich Bruckners Konzept dennoch grundsätzlich gewandelt hat. Die äußere Form entspricht überwiegend der üblichen Gliederung bei Bruckner: Exposition mit Hauptthemenkomplex, »Gesangsperiode« (T. 97 ff.) und dem Abschnitt des dritten, des »Unisonothemas« (T. 167 ff.); mehrteilige Durchführung (T. 227 ff.), Reprise und Coda. Die Frage allerdings, wo die Reprise beginnt (eine nur dann sinnvolle Frage, wenn man damit das Formproblem anpeilt und nicht bloß den Ort registrieren will), kann nicht ohne weiteres beantwortet werden, und eine Festlegung auf einen bestimmten Takt würde das Besondere der Anlage mißachten. Das Problem der Form steckt schon im Thema des Satzes und wird damit selbst zum Thema. Anders als in allen anderen Symphonien beginnt der Kopfsatz der *Neunten* nicht mit einem markanten Gebilde, das als solches verarbeitet oder gar an vorbereiteten Stellen als solches wiederholbar wäre. Der Anfang besteht vielmehr aus einem Komplex verschiedener, den Prozeß gestaltender Elemente, die selbst jeweils unterschiedlichen thematischen Rang haben. Von daher gestaltet sich die Form des ganzen Satzes, auch die Durchführung, die im Höhepunkt nur ein Element des Hauptthemenkomplexes durchbrechen läßt (T. 333), das weder den traditionellen Reprisenbeginn noch nur einen Teil der Durchführung, wohl aber das Wiedergewinnen einer zentralen thematischen Einheit markiert, die auch in der Exposition erst nach langem Anlauf durchbrach (T. 63).

Das Scherzo, das (wie schon in der *Achten*) an zweiter Stelle steht, hat ebenfalls ein völlig neues Gepräge, ohne die Herkunft aus den primär rhythmisch-pulsierenden Satzanlagen früherer Symphonien zu verleugnen. Vor allem in der Harmonik liegt wesentlich Neues. Schon der repetierte Eröffnungsakkord und überhaupt der Satzbeginn über dem Orgelpunkt cis, der erst nach 42 Takten in die Grundtonart d-Moll mündet, hat manchen Theorielehrer zur Verzweiflung gebracht.

Ähnlich kühn klingt der Beginn des Adagio mit seinem unisonen Nonenanstieg und der chromatischen Harmonik des nachfolgenden Akkordsatzes, die ebenfalls erst am Ende der thematischen Einheit zur klärenden Grundtonart E-Dur findet. Auch dieser berühmte Satz ist bei traditioneller Dreiteilung ganz neuartig in seiner Anlage. Der Höhepunkt, um nur diesen zu erwähnen, bringt keine harmonisch-triumphale Auflösung vom übermäßigen Quintsextakkord zum Vorhaltsquartsextakkord wie in früheren Adagiosätzen, sondern bricht im Gegenteil in den dissonantesten aller bisherigen Klänge – einen Tredezimenakkord – aus, in dessen schmerzverzerrtes Toben das Nonenmotiv des Hauptthemas hineingeschmettert wird (T. 199-206). Der Höhepunkt ist also (wiederum anders als früher) thematisch besetzt. Und in Funktion und Motivverwandtschaft verweist er zurück auf das Höhepunktereignis im Kopfsatz, das hier jedoch um ein weiteres gesteigert erscheint. Der dissonante Klang bleibt unaufgelöst und bricht ab. Dafür aber folgt eine Coda, die die Lösung im schließlich friedenstiftenden Choralgesang verkündet. – Der Satz hat, anders als die Adagiosätze zuvor (vielleicht mit Ausnahme der *Achten*), Finalcharakter. Dazu trägt nicht nur seine Größe bei, sondern viele Satzmerkmale, wie die Gestaltung der Durchführung oder die sonst den Ecksätzen vorbehaltene Art der thematischen Höhepunktbildung. Zudem erfüllt sich hier in besonderer Weise Bruckners Vorliebe für dreiteilige Formen, nach der das (selbst mehrfach dreiteilige) Scherzo den Mittelsatz zwischen zwei monumentalen, thematisch aufeinander bezogenen Ecksätzen bildet, die sich auch im Tempo nahekommen (der Kopfsatz ist im Grunde ebenfalls langsam, jedenfalls langsamer als die früheren Kopfsätze). – Faktum bleibt allerdings, daß Bruckner selbst einen vierten Satz als Finale schreiben wollte, der ja auch recht weit gediehen war. Gleichwohl bleibt dieses Adagio, und insbesondere der verklärende Schluß, ein geeignetes Ende, das nicht nur finale Züge trägt, sondern in dem wir gewissermaßen Bruckners Verstummen vernehmen.

Zur Rezeption

Daß Bruckner das Finale nicht hat vollenden können, ist manchem wie ein »Symbol dessen« erschienen, »was dieser außergewöhnlichen Naturkraft an abschließender Fähigkeit des letzten endgültigen Zusammenfassens fehlte« (Bekker, S. 19). In der »Nichtvollendung des Brucknerschen Schwanengesanges« dürfe man »etwas tief Bedeutsames erblicken, weil sich in ihr die

Wahrheit symbolisiert, daß der Meister in einem gewissen Sinne mit dem Finale niemals ganz hat ›fertig‹ werden können« (Louis, S. 197). Gewiß ist freilich nur, daß dieses Adagio Bruckner zum finalen Satz geriet und daß wir später, vor allem durch die langsamen Schlußsätze Gustav → Mahlers, gelernt haben, in der Kunst der langsamen Bewegung ein Abschließendes zu hören. – Daß es Bruckners neunte Symphonie und ausgerechnet eine in d-Moll war, die er nicht hat vollenden können, ist ebenfalls Gegenstand mancher Spekulation schon zu seinen Lebzeiten geworden. Eine »Neunte« in d-Moll mußte den Vergleich mit *der* »Neunten«, nämlich der von → Beethoven, heraufbeschwören. Es gibt sogar Berichte, wonach Bruckner sich deswegen Sorgen gemacht haben soll, weil Beethoven mit seiner »Neunten« doch »den Abschluß seines Lebens« gemacht habe (Göll.-A. 4/3, S. 457). Ob Bruckner vorgeschlagen hat, man möge das *Te Deum* als Schlußsatz spielen, wenn er mit dem Finale nicht mehr fertig würde (ebenda S. 559), ist ebenfalls nicht gerade sehr wahrscheinlich, zumindest aber nicht ernst zu nehmen. Auch dies zielt auf Beethovens »Neunte«, die ja bekanntlich mit einem Chorfinale schließt, widerspricht aber sämtlichen Gestaltungsprinzipien Bruckners. Die Auffassung, man könne mit einem Chorwerk, das mehr als zehn Jahre früher entstanden ist und in C-Dur statt in d-Moll (oder D-Dur) steht, Bruckners *Neunte* auch nur behelfsmäßig symphonische Vollständigkeit verleihen, entspringt blindem Eifer. Und die Behauptung, Bruckner habe, als er sah, daß er das Finale nicht mehr beenden könne, die schon niedergeschriebene Exposition zu einer Überleitungsmusik zum *Te Deum* umarbeiten wollen, ist gänzlich unhaltbar. Zwar findet sich gegen Ende der Exposition das *Te Deum*-Motiv in der Überleitung zur Durchführung (oder an deren Beginn). Das aber steht im Zusammenhang mit dem kurz zuvor beendeten dritten Thema, einem großartigen Bläser-Choral, dessen religiöse Erhabenheit durch die konkrete Motivik gleichsam ihren Text erhält: »Te Deum laudamus«. Und genau dieses sprechende Motiv wird dann in der Reprise des Choral-Themas sogar als Begleitung verwendet, sozusagen als dessen »Fundament«. Der Sinn des Motivs für den Satz als Finale ist also recht offenkundig. Nichts aber deutet darauf hin, daß Bruckner dessen Exposition deshalb für einen Anschluß des Chorwerkes hätte umschreiben wollen. (Zu dieser Problematik vgl. auch den Abschnitt »Finale«.) WSt

Lit.: Hermann Kretzschmar, A. Bruckner. Neunte Sinfonie, in: ders., Führer durch den Konzertsaal 1. 4. Aufl. Leipzig 1913, S. 792; Paul Bekker, Gustav Mahlers Sinfonien. Berlin 1921, Nachdruck Tutzing 1969; Constantin Floros, Zur Deutung der Symphonik Bruckners. Das Adagio der Neunten Symphonie, in: Bruckner-Jahrbuch 1981; Hans-Hubert Schönzeler, Zu Bruckners IX. Symphonie. Die Krakauer Skizzen. Wien 1987; Wolfram Steinbeck, A. Bruckner. Neunte Symphonie d-Moll (Meisterwerke der Musik 60). München 1993.

– Finale (unvollendet, zu WAB 109; früher WAB 143)

3 Fl., 3 Ob., 3 Klar., 3 Fg.; 8 Hr. bzw. Tuben, 3 Trp., 3 Pos., Kb.-Tuba, Pk.; Str.
EZ: 24. 5. 1895 bis zum Tod (unvollendet)
W: wie oben
UA: in verschiedenen Bearbeitungen, Kompilationen etc. (siehe unten)
Autograph: ÖNB-MS (großteils bis 1939 bei Familie → Schalk) und zahlreiche andere Sammlungen (siehe unten)
ED: Ausgabe Phillips etc.
AGA: die damals bekannten Entwürfe in Band 9 (Alfred → Orel, 1934); Band 9, Sonderdruck: Entwürfe und Skizzen zur IX. Symphonie. Wien 1934 (Orel)
NGA: Zu Band IX (Rekonstruktion der Autograph-Partitur nach den erhaltenen Quellen. John A. Phillips, 1994); zu Band IX (Faksimile-Ausgabe. John A. Phillips, 1994)

Rein instrumentaler vierter Satz, an dem Bruckner vom 24. 5. 1895 (laut Vermerk im → Taschen-Notizkalender) bis zu seinem Tod am 11. 10. 1896 arbeitete. Erhalten sind eine z. T. fertig instrumentierte Partitur sowie mehrere verworfene Partiturbogen und Particellskizzen. Die Besetzung entspricht der der anderen Sätze (inkl. Wagner-Tuben). Wie die übrigen Sätze der *Neunten Symphonie* soll auch das Finale »dem lieben Gott« gewidmet sein. Kurz nach Bruckners Tod gingen viele Manuskripte verloren, darunter auch Skizzen und Partiturbogen zum Finale der *Neunten*. Einige davon müssen als verschollen gelten; es befinden sich aber wohl noch weitere, bislang unbekannte Fragmente in Privatbesitz. Der Hauptteil der erhaltenen Finale-Manuskripte gelangte erst 1939 in den Besitz der → Österreichischen Nationalbibliothek; weitere Bogen und Skizzen sind vereinzelt nach und nach wieder aufgetaucht. Heute bekannte Quellen zum Finale liegen in der Österreichischen Nationalbibliothek, Wien (11 Signaturen), der Wiener Stadt- und Landesbibliothek (zwei Signaturen), der Bibliothek der

Skizzenblatt zum Finale der *Neunten Symphonie*

Hochschule für Musik und Darstellende Kunst, Wien (ein Partiturbogen), im Historischen Museum der Stadt Wien (ein Partiturbogen), im → Wiener Schubertbund, in der Jagiellonski-Bibliothek, Krakau (ein Skizzenblatt) sowie in Privatbesitz (ein Skizzen-Teilblatt).
Der Umfang des erhaltenen Materials (über 200 Blatt) zeigt, wie sorgfältig und akribisch Bruckner daran arbeitete (→ Arbeitsweise in seinen späten Jahren). Eine Reihe von Particellskizzen ging einer auf sorgfältig vorbereiteten und numerierten Bogen niedergeschriebenen Partitur voraus, die im durchgehenden, fertigen Streichersatz und mit Bläserverweisen fast bis zur Coda reicht. Einige der numerierten Partiturbogen fehlen jedoch heute. Zur Coda selbst sind Skizzen (Mai 1896) erhalten. Wenn auch Bruckner den Satz wohl bis zum Ende komponierte, konnte er dessen fertige → Instrumentation nur bis in die Durchführung hinein fortsetzen. Biographen berichten vom zunehmenden geistigen Verfall des Komponisten nach einer schweren Lungenentzündung (Juli 1896; → Krankheiten). Bruckner dürfte daher in den letzten Monaten seines Lebens nur mehr vereinzelte Revisionen zustande gebracht haben.
1934 brachte Alfred Orel sämtliche ihm damals bekannten Entwürfe aller Sätze als Vorarbeiten zur *Neunten Symphonie* heraus. Die philologischen Ungereimtheiten und Transkriptionsfehler dieser Ausgabe – so etwa der Versuch Orels, die unterschiedlich vorbereiteten Partiturbogen fünf oder sechs angeblich in sich geschlossenen »Fassungen« zuzuordnen – standen, und stehen bis heute, einer angemessenen Bewertung des Finalsatzes im Weg. Mehrere auf der Orel-Ausgabe basierende Versuche, das Finale aufführbar zu machen, sind bekannt: Die erste Klavier-Vorführung des Satzes brachten Else Krüger und Kurt Bohnen 1934 in → München. Am 12. 10. 1940 führte in → Leipzig Hans Weisbach die gesamte Exposition (218 Takte) in einer Bearbeitung von Fritz Oeser als Einleitung zum *Te Deum* auf. Ernst Märzendorfer führte am 23. 11. 1969 in → Graz seine 670 Takte umfassende Kompilation des Satzes erstmalig auf. Die 705 Takte umfassende »Vollendung« William Carragans wurde am 8. 1. 1985 vom American Symphony Orchestra unter Moshe Atzmon in New York uraufgeführt und im August des gleichen Jahres vom Oslo Philharmonic Orchestra unter Yoav Talmi für die Firma Chandos eingespielt. Rundfunkproduktionen der Fragmente sind von Hans-Hubert Schönzeler (BBC, Manchester 1974) und Peter Ruzicka (RIAS, Berlin 1977) gemacht worden. Weitere, bislang unaufgeführte Bearbeitungen sind u. a. von Edward D. R. Neill mit Giuseppe Gastaldi (Italien 1962), Hein 's Gravesande (Niederlande 1969) und Marshall Fine (USA 1979) bekannt.
Erst 1983 wurden erstmalig die Autographe mit der Orel-Ausgabe verglichen, als Nicola Samale und Giuseppe Mazzuca (beide Rom) ihre damit erheblich stichhaltigere Aufführungsfassung erarbeiteten. Sie wurde am 18. 2. 1986 von Peter Gülke mit dem Radio-Symphonie-Orchester Berlin uraufgeführt und im September des gleichen Jahres vom Radio-Sinfonie-Orchester Frankfurt unter Eliahu Inbal für die Firma Teldec eingespielt. Im Mai 1987 fand in Rom ein Symposion zum Thema »Fertigstellung der *Neunten*« statt. Der Verfasser selbst unternahm ab Jänner 1990 eine eingehende Analyse aller zugänglichen Manuskripte, deren Resultate in eine tiefgreifende Revision der inzwischen von Nicola Samale und Gunnar Cohrs weiterentwickelten Aufführungsfassung eingearbeitet werden konnten. Sie wurde am 3. 12. 1991 vom → Bruckner Orchester Linz unter Manfred Mayrhofer zum ersten Mal vorgestellt und im Februar 1993 vom gleichen Orchester unter Kurt Eichhorn für die Firma Camerata Tokyo eingespielt.
Der Aufbau des Finale ist klar, wenn auch ungewöhnlich: Die harmonisch kühne Einleitung, das massive Hauptthema und die eher karge Gesangsperiode sind durch eine schroff punktierte → Motivik miteinander verbunden. Die dritte Gruppe wird durch einen massiven Choral vertreten; die Durchführung mit einem Motiv eingeleitet, das aus der Streicherfiguration des *Te Deum*-Beginns gewonnen wurde. In der Reprise tritt das Hauptthema in Form einer Fuge auf, die in eine enorme Steigerung und ein neues Thema mündet, das nach der Gesangsperiode und des mit dem *Te Deum*-Motiv vereinigten Choralthemas wiederkehrt. Einer mündlichen Überlieferung Bruckners zufolge soll der Satz mit einem »Allelujah des 2. Satzes« geendet haben, einem »Lob- und Preislied an den lieben Gott« – angeblich im Sinne des Komponisten, der, mit dem Gedanken konfrontiert, ihm würde die Zeit nicht vergönnt, das Finale zu Ende zu schreiben, nach dem Adagio sein *Te Deum* aufgeführt wissen wollte. Einige Zeit soll er auch an der Realisierung der Idee gearbeitet haben, den Torso des Finale als Einleitung zum *Te Deum* hinüberzuretten. Der heute weit verbreitete Brauch, die *Neunte* mit dem Adagio ausklingen

zu lassen, wäre ihm meines Erachtens nicht recht gewesen (zu dieser Problematik vgl. auch den Schluß des voranstehenden ersten Artikelteils zur *Neunten Symphonie*).
Die im Rahmen der → Gesamtausgabe veröffentlichte Rekonstruktion der Autographpartitur nach den erhaltenen Quellen, ein ausführlicher Textband sowie eine Faksimile-Ausgabe sämtlicher Notenseiten sollten dem Satz endlich die ihm gebührende Stellung in der Rezeption der Werke Bruckners einräumen. JAP

Lit.: Max Auer, A. Bruckners letzter behandelnder Arzt, in: In Memoriam A. Bruckner; A. Bruckner, Entwürfe und Skizzen zur IX. Symphonie, vorgelegt und erläutert von Alfred Orel. Sonderdruck aus: A. Bruckner, Sämtliche Werke 9: IX. Symphonie D-Moll (Originalfassung). Wien 1934; Göll.-A. 4/3, S. 512, 525-527, 531, 544, 550, 559-576, Faksimilia nach S. 592, 607-620; Alfred Orel, A. Bruckners Nachlaß, in: Oberösterreichische Heimatblätter 3 (1949) H. 2; John A. Phillips, Neue Erkenntnisse zum Finale der Neunten Symphonie A. Bruckners, in: Bruckner-Jahrbuch 1989/90; ders., Bruckner's Ninth Symphony Revisited: Towards the re-evaluation of a four-movement symphony. Diss. University of Adelaide 1995; A. Bruckner: IX. Symphonie d-Moll: Finale: Rekonstruktion der Autograph-Partitur nach den erhaltenen Quellen: Aufführungsfassung von Nicola Samale, John A. Phillips, Gunnar Cohrs und Giuseppe Mazzuca. Hrsg. John A. Phillips. Adelaide-Bremen 1992; A. Bruckner, Gesamtausgabe: Zu Band IX: Finale: Rekonstruktion der Autograph-Partitur nach den erhaltenen Quellen, a): Studienpartitur, b): Textband. Hrsg. John A. Phillips. Wien 1994-1996; A. Bruckner: Faksimile-Ausgabe aller dem Finale der IX. Symphonie zugehörigen Manuskripte. Hrsg. John A. Phillips. Wien 1995.

Symphonie-Entwurf in B-Dur (WAB 142)

Klavierskizze (ohne Tempoangabe)
EZ: 29. und 31. 10. 1869
Autograph: ÖNB-MS
ED (Faksimile): Göll.-A. 4/1, nach S. 112 (1936)

Diese Klavierskizze, von Bruckner als »Symphonie in B« bezeichnet, ist auf einem Doppelblatt (1r/v) überliefert und 68 Takte lang. Daran schließen noch acht Leertakte an. Die eigenhändige Datierung zeigt, daß die Skizze nach Abschluß der (fälschlich so genannten) »Nullten« *Symphonie in d-Moll* einzureihen ist.
Von der Struktur her handelt es sich um einen 1. Satz. Unter einem ausgehaltenen B-Dur-Klang erscheint ein markantes punktiertes Motiv, das allmählich entfaltet wird. Ähnlichkeiten mit Themen und Passagen aus der *Zweiten* und der *Fünften Symphonie* (Hauptthema) sind feststellbar. Bruckner hat auch metrische Ziffern im Manuskript notiert.
Auf Blatt 2v befinden sich weitere Skizzen im Klaviersystem, die sich höchstwahrscheinlich auf die *Zweite Symphonie* beziehen. EWP

Lit.: Göll.-A. 4/1, S. 112-118.

Symphonisches Präludium

Ein Blick in die Literatur verdeutlicht die wechselvolle Diskussion um die Autorschaft dieses einsätzigen, ohne Titel von Rudolf → Krzyzanowski handschriftlich überlieferten Orchesterwerkes.
Heinrich Tschuppik fand nach dem Zweiten Weltkrieg im Nachlaß seines Onkels Rudolf Krzyzanowski die umstrittene Partitur. Auf der ersten Seite befindet sich der Vermerk »Rudolf Krzyzanowski« und nach einem nicht eindeutig lesbaren Wort (»kop.« für kopiert?) die Jahreszahl »1876«. Da die Partitur nicht vollständig ausgeschrieben war, brachte sie Tschuppik in eine komplette Reinschrift. 1949 erfolgte die Uraufführung als Bruckner-Werk mit den Münchner Philharmonikern unter Fritz Rieger. Diese Zuschreibung stützt sich auf einen diesbezüglichen Vermerk von fremder Hand auf der Rückseite und – musikalisch – auf »Brucknersches Gepräge« (Hiltl). Nachdem Paul Banks aufgrund von Ähnlichkeiten mit dessen »Klagenden Lied« die Komposition Gustav → Mahler zuwies, wurde sie erstmalig als Mahler-Werk 1981 von Lawrence Foster und dem Radio-Sinfonie-Orchester Berlin aufgeführt und in einer Instrumentation von Albrecht Gürsching gedruckt (Edition Sikorski Nr. 1431).
Danach vertrat Wolfgang Hiltl wieder vehement die Bruckner-These, 1987 sprach sich Rudolf Stephan dezidiert gegen Mahler aus. Aber auch Krzyzanowski als Autor bleibt fraglich. Es kann sich ebenso um einen anderen Komponisten aus dem Umkreis von Bruckner und Mahler handeln. EWP

Lit.: Heinrich Tschuppik, Ein neu aufgefundenes Werk A. Bruckners, in: Schweizerische Musikzeitung 88 (1948); Paul Banks, An Early Symphonic Prelude by Mahler?, in: 19th Century Music 3 (1979); Wolfgang Hiltl, Symphonisches Präludium. Ein vergessenes, unerkanntes Werk A. Bruckners?, in: Studien zur Musikwissenschaft 36 (1985); Rudolf Stephan, Das »Symphonische Präludium«: Kein Werk Mahlers, in: Nachrichten zur Mahler-Forschung 17 (April 1987).

T

Tafellied (WAB 86) »Durch des Saales bunte Scheiben«
Vierstimmiger Männerchor a cappella in Des-Dur, »Feierlich«
Text: Karl Ptak (→ Textdichter)
EZ: 1843 in → Kronstorf; Ergänzungen und Änderungen 22. 2. 1893 in → Wien
W: ?
UA: 11. 3. 1893 in Wien (Musikvereinssaal; → Wiener Akademischer Gesangverein, Raoul Mader)
Autograph: Musiksammlung der Wiener Stadt- und Landesbibliothek
ED: Göll.-A. 1, S. 231 ff. (als: *An dem Feste*, 1922)
NGA: Band XXIII/2 (in Vorbereitung)

Auf Bitten des damaligen Vorstands-Stellvertreters des Wiener Akademischen Gesangvereins, Karl Lorenz, dem Verein einen Chor zu überlassen, zog Bruckner sein Jugendwerk *An dem Feste* von 1843 hervor. Das Vereinsmitglied Karl Ptak besorgte die Umdichtung, Bruckner selbst nahm im Notentext einige dynamische Veränderungen und Ergänzungen vor. Siehe auch die frühere Neutextierung als *Festlied*. AH

Lit.: Göll.-A. 1, S. 229-239; Elisabeth Maier – Franz Zamazal, A. Bruckner und Leopold von Zenetti. Graz 1980, S. 109.

8 Tantum ergo (WAB 32, 41/1-4, 42, 43 und 44) »Tantum ergo sacramentum veneremur cernui«
Das »Tantum ergo« ist zwar keine eigenständige Hymne, sondern stellt die fünfte Strophe aus Thomas von Aquins Sakramentshymnus → »Pange lingua« dar, wurde und wird aber dennoch (meist mit der folgenden Strophe »Genitori genitoque«) häufig selbständig vertont. Der liturgische Ort des »Tantum ergo« ist der sakramentale Segen, während die vollständige Form des Hymnus (»Pange lingua« mit 6 Strophen) mehr dem Fronleichnamsfest und dem Gründonnerstag vorbehalten bleibt. Bruckner hat diesen Text in seinen ersten Jahren als Komponist achtmal herangezogen, fünf Vertonungen (WAB 41 und 42) 1888 einer Revision gewürdigt.

– Tantum ergo (WAB 32)
Hymnus für vierstimmigen gemischten Chor a cappella in D-Dur, »Andante«
EZ: 1843 (NGA: 1845) in → Kronstorf
W: (für St. Florian komponiert)
UA: St. Florian ?
Autograph: Stift → St. Florian (Stimmen und ein Partitur-Fragment; ungekürzte Fassung); Abschriften: u. a. Stift St. Florian und Stift → Kremsmünster (Karl → Aigner, gekürzte Fassungen, jeweils mit Bruckners Namenszug; in Kremsmünster auch eine gekürzte Fassung von Oddo → Loidol)
ED: Wien, Universal-Edition 1914 (Josef V. von → Wöß; als »Pange lingua« in der um T. 23-34 gekürzten Fassung)
NGA: Band XXI (Hans Bauernfeind und Leopold → Nowak, 1984) und Revisionsbericht.

Die Einreihung dieser Vertonung in den Brucknerschen Werkkatalog ist aus mehreren Gründen etwas kompliziert: Für den praktischen Gebrauch entstand bald eine gekürzte Version, in der die Textwiederholung zwischen Takt 23 und 34 mit »vi-de« gestrichen wurde. Bruckner sanktionierte diese Einrichtung, die sich u. a. P. Oddo Loidol im Jahr 1882 abgeschrieben hatte, mit seinem Namenszug. Im Erstdruck hat Wöß eine zusätzliche Strophe mit dem Text des »Pange lingua«, der 1. Strophe des Hymnus, vorangestellt und das Werk in der gekürzten Version veröffentlicht.
Die Komposition wurde – nach Bruckners eigenen Angaben (Göll.-A. 1, S. 250) – »für St. Florian« komponiert, unter Umständen mit der Absicht, sich bei Stiftskanzleidirektor Friedrich → Mayer, dem späteren Propst, in Erinnerung zu bringen (vgl. auch die Kantate *Vergißmeinnicht*).
Bruckner schreibt hier zwar im durchaus zeitüblichen kirchenmusikalischen Gebrauchsstil (mit Terzen- und Sextenparallelen), die farbigere → Harmonik und die stellenweise expressivere Führung der Oberstimme zeigen aber schon den Kenntniszuwachs durch den Unterricht bei Leopold von → Zenetti.

– 4 Tantum ergo (WAB 41/1-4)
Hymnen für vierstimmigen gemischten Chor a cappella (Orgel ad libitum)
Nr. 1 (WAB 41/3): B-Dur, »Langsam« (laut Max → Auer nach der heute verschollenen autographen Partitur: »Maestoso«); Nr. 2 (WAB 41/4): As-Dur, »Langsam«; Nr. 3 (WAB 41/1): Es-Dur, »Ziemlich langsam«; Nr. 4 (WAB 41/2): C-Dur, »Andante«
EZ: 1846 in → St. Florian (1. Fassung); verbessert 1888 in → Wien (2. Fassung)
UA: St. Florian ?
Autograph: Partitur verschollen (früher Archiv des Neuen Domes in → Linz); Stift → St. Florian (Stimmen)
ED: »Fünf Tantum ergo«. Innsbruck, Johann Gross (S. A. Reiss) 1893 (2. Fassung, überarbeitet von Bruckner, mit umgestellter Reihenfolge Nr. 3, 4, 1, 2, zusammen mit *Tantum ergo* WAB 42)
NGA: Band XXI (1. und 2. Fassung; Hans Bauernfeind und Leopold → Nowak, 1984) und Revisionsbericht

Diese Vertonungen des Sakramentshymnus stammen aus Bruckners erstem St. Florianer Jahr, sind schlichte, sich ganz dem liturgischen Gebrauch unterordnende Werke, zeigen jedoch schon zahlreiche Merkmale persönlicher Ausprägung wie insbesondere eine farbige, stellenweise an → Schubert orientierte → Harmonik (Dur/Moll-Wechsel, Terzverwandtschaften). Noch vor dem strengen Blick des gereiften Meisters konnten die kleinen Stücke bestehen: 1888 unterzog Bruckner sie einer Revision, bei der er jedoch nur geringfügige Korrekturen anbringen mußte.

– Tantum ergo (WAB 42)
Hymnus für fünfstimmigen (mit 2. Sopran) gemischten Chor und Orgel in D-Dur, »Feierlich«
EZ: Februar 1846 in → St. Florian (1. Fassung), revidiert und gekürzt 1888 in → Wien (2. Fassung)
UA: St. Florian (?)
Autograph: 1. Fassung Stift St. Florian (Partitur, Stimmen nur teilweise autograph); 2. Fassung verschollen, Abschrift: → Gesellschaft der Musikfreunde in Wien (Leopold → Hofmeyr)
ED: zusammen mit → *4 Tantum ergo* (WAB 41/1-4, s. o.)
NGA: Band XXI (1. und 2. Fassung; Hans Bauernfeind und Leopold → Nowak, 1984) und Revisionsbericht

Diese von Bruckner ebenfalls 1888 revidierte und 1893 in gekürzter Version zusammen mit den *4 Tantum ergo* (WAB 41/1-4) veröffentlichte Vertonung des eucharistischen Hymnus wurde die bekannteste, allerdings erst in der von Bruckner umgearbeiteten Fassung. Das Werk ist jedoch auch schon in seiner frühen Fassung von erstaunlicher Qualität: Bereits der synkopische Choreinsatz erweckt Aufmerksamkeit; die Führung der Singstimmen ist geschmeidig, die → Harmonik ungekünstelt und reich. Die charakteristische und sehr wirkungsvolle Schlußwendung des Soprans (bis a'') auf »sensuum defectui« stammt allerdings erst aus der Spätzeit.

– Tantum ergo (WAB 43)
Hymnus für vierstimmigen gemischten Chor und Orgel in A-Dur, »Andante«
EZ: 1844 oder 1845 in → Kronstorf oder → St. Florian
UA: ?
Autograph: Stift St. Florian (zusammen mit dem Choral *»Dir, Herr, dir will ich mich ergeben«*; mit Besitzvermerk Karl → Aigners und Korrekturen von Joseph Anton Pfeiffer, Stiftsorganist von → Seitenstetten, 1848)
ED: Göll.-A. 2/2, S. 116 ff. (1928)
NGA: Band XXI (Hans Bauernfeind und Leopold → Nowak, 1984) und Revisionsbericht

Im Autograph dieser Komposition finden sich mit roter Tinte die Bemerkung »Hier kommen Quinten und Oktaven vor, die im reinen Satze verbothen sind! Vom 13. bis 16. Takte paßt nicht hierher! [?] Schon der Anfang des 13. Taktes ist eine reine Quint vom 12. bis 13. Takt!« sowie Korrekturen des Stimmenverlaufes. Diese Eintragung, eines der Ergebnisse von Bruckners Besuch in Seitenstetten 1848, stammt von J. A. Pfeiffer (nicht, wie Göllerich-Auer, 2/1, S. 108 f., vermuteten, von Robert → Führer), dem er nicht nur diese wohl noch in der Kronstorfer Zeit begonnene Vertonung des Sakramentshymnus vorgelegt haben dürfte, sondern, um auf seine Fortschritte in der → Satztechnik hinzuweisen, auch die *4 Tantum ergo* (WAB 41/1-4), in denen solche Fehler nicht mehr vorkommen. Wegen der früheren Zuschreibung der Eintragung an Robert Führer oder Otto → Kitzler wurde das Werk zu spät – 1848 oder 1849 – datiert, bis Nowak durch Schriftvergleich die eindeutige Identifizierung gelang (NGA).
Stilistisch entspricht das kleine Werk ganz dem zeitüblichen kirchenmusikalischen Gebrauch

(mit Terzen- und Sextenparallelen, Vorhaltketten), doch erprobt hier der junge Komponist schon polyphone Einsätze (T. 13 f.) und harmonisch angereicherte Sequenzen (T. 17 f. bzw. 19 f.); der Schluß (T. 30-36) weist durch seine »mozartsche« Färbung der Melodie auf das »Einhören« in die Wiener Klassik im Unterricht bei Leopold von → Zenetti hin.

– Tantum ergo (WAB 44)

Hymnus für vierstimmigen gemischten Chor, 2 Vl., 2 Trp. und Orgel in B-Dur
EZ: vermutlich 1854 in → St. Florian
UA: St. Florian ? (gesichert erst 12. 4. 1925 in Vöcklabruck; Max → Auer)
Autograph: Stift St. Florian (Stimmen)
ED: Göll.-A. 2/2, S. 255-258 (Partiturauszug)
NGA: Band XXI (Hans Bauernfeind und Leopold → Nowak, 1984) und Revisionsbericht

Göllerich-Auer entnehmen diesem Werk in erster Linie den Ausdruck von Bruckners »Empfindungen, die seine Brust beim Abschiede vom Lehrstande« erfüllten, und hören daraus »volkstümliche Töne wie die segnende Rückschau des Mannes auf seine Jugend«. Dieses *Tantum ergo* ist jedoch gerade Bruckners am wenigsten »volkstümliche« Vertonung dieses Textes: Eine ausdrucksvolle melodische Linie (Sopran) wird von teils umspielenden, teils konzertierend und imitierend geführten Streicherfiguren begleitet und könnte fast einer Vesper → Mozarts oder sogar einem Bühnenwerk entnommen sein. EM

Lit.: Göll.-A. 2/1, S. 53-58, 212 f.; sowie die bei den Artikeln → Tradition und → Zenetti angegebene Lit.

Tappert, Wilhelm

Geb. 19. 2. 1830 in Ober-Thomaswaldau, Schlesien, gest. 27. 10. 1907 in Berlin; deutscher Musikforscher. Wirkte seit 1866 in Berlin als Musiklehrer und -schriftsteller; 1876-1880 Redakteur der »Allgemeinen Deutschen Musikzeitung«, lange Zeit auch Mitarbeiter am »Musikalischen Wochenblatt« und anderen Zeitungen. Unter den zahlreichen Publikationen des anerkannten Lauten-Forschers und Wagner-Verehrers ist sein originelles »Wagner-Lexikon. Wörterbuch der Unhöflichkeit« (Leipzig 1887, Neuausgabe München 1967) noch heute in weiten Kreisen bekannt.
Bruckner hat den »begeisterten Wagner-Vorkämpfer« während eines gemeinsamen Aufenthaltes in → Bayreuth anläßlich der ersten Festspiele (1876) bei einer Soirée in Villa »Wahnfried« kennengelernt und in der Folge mehrfach brieflich kontaktiert. Noch im selben Jahr schickte er dem zur Unterstützung bereiten Tappert – zusammen mit einer autobiographischen Skizze – eine Abschrift der später im Nachlaß Franz → Schalks gefundenen »Urfassung« der *Vierten Symphonie* (1874), die der Kritiker dem anfangs interessierten Berliner Musikdirektor Benjamin Bilse (1816-1902) vorlegte. Im daraufhin sich entwickelnden Briefwechsel (die Briefe Tapperts sind leider nicht erhalten) machte Bruckner noch Änderungsvorschläge, und Tappert dürfte sich auch im Namen Bilses für die (Ur-)Aufführung der *Vierten* im Frühjahr 1877 intensiv eingesetzt haben, die aber nicht zustande kam. Auch aus Bruckners Angebot an Tappert, 1878 die »ganz neu und kurz« bearbeitete Fassung in → Berlin aufführen zu lassen, wurde nichts (diese Symphonie erreichte Berlin erst 1895!). Versuche, durch Vermittlung Tapperts die *Zweite* oder die *Dritte Symphonie* unterzubringen, schlugen ebenso fehl. Tappert, der später wieder in Bayreuth auf Bruckner traf, hatte auf dessen mehrfaches Drängen Partitur und Stimmenmaterial der »Urfassung« von Bilse 1886 zur Rücksendung übernommen – und bis 1902 in Berlin »verwahrt«. UH

Lit.: Göll.-A. 4/1-3, passim; Auer, Briefe, passim; MGG 13.

Taschen-Notizkalender

Obwohl Bruckner in dem sehr brief- und tagebuchfreudigen 19. Jahrhundert lebte, geben nur die wenigsten seiner → Briefe tatsächlich Ein-

Bruckners Taschen-Notizkalender

blick in sein Inneres, da er sich nur selten freigab und sich hinter der Formelsprache seiner Zeit und Umwelt verschanzte. Ein umso größerer Stellenwert kommt demnach seinen einzigen wirklich *privaten* Aufzeichnungen zu: seinen Taschen-Notizkalendern.
Trotz der unglücklichen Umstände, die zur Zerteilung seines → Nachlasses führten, sind insgesamt 23 Kalender zur Gänze oder zumindest teilweise erhalten. Die Eintragungen reichen – zunächst mit mehrere Jahre umfassenden Lücken – vom Jahr 1860 bis unmittelbar zum Tod Bruckners.
Bruckner benützte seine Notizbücher in verschiedenen zeitlichen Phasen: War der Kalender neu, so diente er dem Festhalten von Terminen, Unterrichtsstunden, Adressen, Haushaltsnotizen und -rechnungen, von musikalischen Notizen, beeindruckenden persönlichen Begegnungen etc. Zu einem späteren Zeitpunkt wurden eventuell freigebliebene Seiten für weitere Notizen genützt – meist parallel zu einem neuen, aktuellen Kalender. Im Fall von Urlaubsreisen und der für Bruckner so charakteristischen Gebetsaufzeichnungen (→ Persönlichkeit) schließlich verwendete er die restlichen freien Seiten, was eine dritte zeitliche Schicht ergibt.
Zum gegenwärtigen Zeitpunkt (Juni 1996) sind folgende Kalender bekannt: »Brieftaschen-Kalender für das Jahr 1860«; »Krippen-Kalender für das Jahr 1872«; »Oesterreichischer Volks- und Wirtschafts-Kalender für das Schaltjahr 1876«; Reise-Notizbüchlein, beschrieben 1876-1889; »Neuer Krakauer Schreib-Kalender für das Jahr 1877«; dto. »für das Jahr 1878«; »Akademischer Kalender der Österreichischen Hochschulen für das Studienjahr 1879«; dto. »für das Studienjahr 1880«; dto. »für das Studienjahr 1882«; »Neuer Krakauer Schreib-Kalender für das Jahr 1883«; »Fromme's neuer Auskunfts-Kalender für Geschäft und Haus 1884«; Notizbuch 1884/85 mit den in Leipzig gemachten Aufzeichnungen; »Fromme's Oesterreichischer Hochschulen-Kalender für Professoren und Studirende für das Studienjahr 1884/85«; dto. »für das Studienjahr 1885/86«; Notizbuch, beschrieben um 1885/86; »Fromme's Oesterreichischer Professoren- und Lehrer-Kalender für das Studienjahr 1886/87«; dto. »für das Studienjahr 1887/88«; dto. »für das Studienjahr 1888/89«; dto. »für das Studienjahr 1889/90«; dto. »für das Studienjahr 1890/91«; [dto. für das Jahr 1893/94: verschollen, Inhalt jedoch zum Großteil bekannt]; dto. »für das Schuljahr 1894/95«; undatiertes Notizbuch; undatierte Gebetsaufzeichnungen. EM

Lit.: Elisabeth Maier, Verborgene Persönlichkeit. Zugänge zu einer inneren Biographie A. Bruckners (Schriften der Wiener Katholischen Akademie 4). Wien 1994 (2. Aufl 1996); dies., A Hidden Personality, in: Bruckner Studies. Ed. Paul Hawkshaw and Timothy Jackson. Cambridge (im Druck); dies. mit Renate Grasberger, Verborgene Persönlichkeit. A. Bruckner in seinen privaten Aufzeichnungen (in Vorbereitung für die Reihe »A. Bruckner. Dokumente und Studien«).

Te Deum (WAB 45) »Te Deum laudamus«

Soli, vierstimmiger gemischter Chor, Orchester (2 Fl., 2 Ob., 2 Klar., 2 Fg.; 4 Hr., 3 Trp., 3 Pos., Kb.-Tuba, Pk.; Str.) und Orgel (ad libitum)
Te Deum: »Allegro moderato«; Te ergo: »Moderato«; Aeterna fac: »Allegro Moderato. Feierlich, mit Kraft«; Salvum fac: »Moderato«; In te Domine: »Mäßig bewegt«
EZ: 1. Fassung 3.-17. 5. 1881 (unvollendet); 2. Fassung 28. 9. 1883 (1. Niederschrift) bis 7. 3. (Partitur) bzw. 16. 3. 1884 (Orgelstimme)
Widmung: → O. A. M. D. G.
UA: 2. 5. 1885 in → Wien (→ Wiener Akademischer Wagner-Verein, Robert Erben und Franz → Schalk an 2 Klavieren, Bruckner); 10. 1. 1886 in Wien (Musikvereinssaal; Gesellschaftskonzert, Hans → Richter)
Autographe: ÖNB-MS (Partitur, 2. Fassung; Orgelstimme); Stift → Kremsmünster (Stimmen und Instrumentationsskizzen, 1. und 2. Fassung)
ED: Wien, Theodor Rättig 1885; Klavierauszug von Josef → Schalk
NGA: Band XIX (Leopold → Nowak, 1962; Klavierauszug von Hans Jancik nach Josef Schalk)

Der Text des Te Deum, eines lange Zeit dem hl. Ambrosius von Mailand (340-397) zugeschriebenen Lobgesanges in hymnischer Prosa, wird im römischen Brevier an Sonn- und Festtagen außerhalb der Fasten- und Adventszeit sowie an den österlichen Feriae gebetet bzw. gesungen, aber auch bei anderen feierlichen Gelegenheiten (Prozessionen, Priesterweihen etc.). Es war bereits seit ca. 530 n. Chr. in Gebrauch. Der Inhalt ist dreiteilig: Einem Lobpreis Gottes des Vaters schließt sich ein christologischer Teil mit einem Fürbittgebet an. Ab Vers 22 werden verschiedene Psalmverse (Ps 27,9; 144,2; 122,3; 32,22; 30,2; 70,1) zitiert, die in die Bitte »In te, Domine, speravi, non confundar in aeternum« (»Auf Dich, Herr, habe ich meine Hoffnung gesetzt – in Ewigkeit werde ich nicht zuschanden«) münden.

Te Deum. Erste Seite des Autographs

Das *Te Deum* ist eines der wenigen Vokalwerke, das Bruckner ohne Auftrag und ohne konkrete Aussicht auf eine Aufführungsmöglichkeit begonnen hat. Verschiedenen Äußerungen (gleichen Inhalts, aber unterschiedlich formuliert) im Freundes- und Schülerkreis zufolge hat er diesen Hymnus »aus Dankbarkeit gegen Gott« komponiert, weil es seinen »Verfolgern noch immer nicht gelungen ist«, ihn »umzubringen«. Ein gewichtiger Grund dürfte aber auch gewesen sein, daß Bruckner seine künstlerischen Vorstellungen von einer den liturgischen und religiösen Ansprüchen genügenden Vertonung des Textes verwirklichen wollte. Charakteristisch in diesem Zusammenhang ist sein angeblicher kritischer Ausspruch nach einer Aufführung des »Te Deum« von Hector → Berlioz: »Und kirchli' is' do nöt!« (Göll.-A. 4/2, S. 141 f.). Bruckner unterbrach die Arbeit am *Te Deum* für etwa zweieinhalb Jahre und arbeitete in dieser Zeit an seiner *Siebenten Symphonie*. Sofort nach deren Vollendung nahm er es wieder auf.

Hofkapellmeister → Hellmesberger hatte das *Te Deum* ursprünglich für die Feier der Kardinalsbirettaufsetzung (22. 11. 1884) des Wiener Fürsterzbischofs (seit 1881) Coelestin Ganglbauer (1817-1889) vorgesehen, fand es jedoch, obwohl er es dem von Joseph Haydn vorzog, »viel zu lang geraten«, insbesondere wünschte er die Streichung des Tenor-Solos bei »Te ergo quaesumus«. Nach der 1885 von Bruckner selbst dirigierten Uraufführung mit zwei Klavieren (am selben Abend wurde auch das *Streichquintett* gespielt) konnte jene mit Orchester 1886 fast durchwegs positive Beurteilungen ernten.

Formal ist diese vielleicht bedeutendste Vertonung dieses Textes in fünf nur durch kurze Absätze, nicht durch Pausen getrennten Teilen angelegt. Der erste Teil des Hymnus, »Te Deum«, beginnt mit einem machtvollen Chor-Unisono, begleitet von jener charakteristischen Quint-Oktav-Figuration, die nicht nur für das Werk im allgemeinen gleichsam die »thematische Klammer«, sondern gleichzeitig auch ein

altes Tonsymbol (»Majestas-Symbol«) darstellt (und von Bruckner bereits früher an besonders markanter Stelle, dem »Et resurrexit« der *Messe in f-Moll*, verwendet wurde). In starkem Kontrast hierzu steht der eingeschobene, solistisch – zum Teil sogar a cappella (nur hohe Stimmen) – geführte Lobpreis der Engel »Tibi omnes Angeli«. Das »Te ergo quaesumus«, ein Tenor-Solo mit Choreinwürfen, ist als eindringliche, expressive Bitte gestaltet, unterstützt von einer die Spannung verstärkenden, sich fast ostinat durchziehenden pulsierenden Tonrepetition der Streicher. Das »Aeterna fac« ist wieder ein Chor-Unisono im Fortissimo (ähnlich dem Beginn), die Streicherbegleitung ein Ostinato, das ab T. 223 kurz in die »Majestas«-Figur übergeht. Der Abschnitt mündet in eine immer dringlicher werdende, durch sequenzierte Oktavsprünge unterstrichene Bitte (»in gloria numerari«). Das »Salvum fac« greift die Melodik des »Te ergo quaesumus« auf; das »Per singulos dies benedicimus te«, erneut ein Rückgriff auf die Thematik des Beginns, führt in einer spannungsvollen Steigerung zum Einsatz des Solo-Quartetts »In te Domine speravi, non confundar in aeternum« (die Melodie des »non confundar« findet sich im Adagio der *Siebenten Symphonie*), worauf eine freie Fuge anschließt, die im dreifachen Forte des Chor-Unisono über den nun von schmetternden Bläserfanfaren begleiteten »Majestas«-Figuren ausklingt.
Als Bruckner in seiner letzten Lebenszeit befürchtete, die *Neunte Symphonie* nicht mehr vollenden zu können, soll er, mehreren übereinstimmenden Erinnerungsberichten zufolge (so etwa von Carl → Almeroth, Adalbert von → Goldschmidt, Richard → Heller, Amelie → Klose) die Aufführung des *Te Deum* anstelle des Finalsatzes vorgeschlagen haben. Diese Lösung ist nicht nur vom gedanklichen Inhalt (Widmung des Hymnus »O. A. M. D. G.«, der Symphonie »dem lieben Gott«) plausibel, das musikalische Material des *Te Deum* wurde von Bruckner auch in seiner *Neunten* mehrfach zitiert, gewiß mit starkem Aussagewert (so z. B. das »Majestas«-Symbol und das »non confundar«). Stilistisch stellt eine solche Anfügung des in einer früheren Schaffensperiode entstandenen *Te Deum* jedoch einen großen Sprung dar. Bruckner soll auch selbst wieder von dieser Lösung Abstand genommen haben (A. Klose). EM

Lit.: Ernst Kurth, Tedeum, in: Bruckner 2. Berlin 1925, S. 1263-1277; Robert Haas, A. Bruckner. Leipzig 1934, hier S. 87-94.

Testament
Als sich sein Gesundheitszustand akut verschlechterte, entschloß sich Bruckner am 10. 11. 1893 – nicht ganz drei Jahre vor seinem Tod –, ein Testament zu errichten. Das von fremder Hand geschriebene Testament (unter den Voraussetzungen von § 579 ABGB zulässig!) wurde von ihm mit »Dr. Anton Bruckner m. p.« unterschrieben. Neben seinem Namenszug finden sich die Unterschriften der beim »fremdschriftlichen Testament« nötigen Testamentszeugen Ferdinand → Löwe, Cyrill → Hynais und Dr. Theodor Reisch.
In diesem Testament bestimmte Bruckner zunächst seine letzte Ruhestätte. »Ich wünsche, daß meine irdischen Überreste in einem Metallsarge beigesetzt werden, welcher in der Gruft unter der Kirche des regulierten lateranischen Chorherrnstiftes → St. Florian, und zwar unter der großen Orgel frei hineingestellt werden soll, ohne versenkt zu werden und habe ich mir hierzu die Zustimmung schon bei Lebzeiten seitens des hochwürdigsten Herrn Prälaten genannten Stiftes eingeholt.« Der Leichnam solle durch Professor Richard Paltauf »injiziert« werden; Überführung und Beisetzung sollten als »Leiche I. Classe« erfolgen. Anordnungen über Grabpflege und Messestipendien schließen an.
Vermögensrechtlich traf Bruckner folgende letztwilligen Verfügungen: Als seine Universalerben berief er seine beiden noch lebenden Geschwister Ignaz → Bruckner und Rosalia → Hueber. Die Originalmanuskripte seiner Symphonien, der drei großen Messen, des *Streichquintetts*, des *Te Deum*, des *Psalm 150* und des Chorwerkes *Helgoland* vermachte er der »kais. und kön. Hofbibliothek in Wien«. Seine langjährige Bedienerin Katharina → Kachelmaier bedachte er mit einem Vermächtnis von zunächst 400 Gulden und – für den Fall, daß sie ihn bis zu seinem Ableben versorge – weiteren 300 Gulden. Als Testamentsvollstrecker berief er Dr. Theodor Reisch, Hof- und Gerichtsadvokat in Wien.
In einem Kodizill vom 25. 9. 1894 (§ 553 ABGB: »Wird in einer letzten Anordnung ein Erbe eingesetzt, so heißt sie Testament; enthält sie aber nur andere Verfügungen, so heißt sie Kodizill«) ergänzte bzw. änderte Bruckner teilweise das Testament, soweit es »andere Verfügungen« als die Erbeinsetzung betraf. Das Kodizill enthält u. a. auch nähere Anweisungen über die Bestattung, nennt für den Fall, daß er nicht in der Gruft der Stiftskirche von St. Florian beige-

setzt werden könne, als letzte Ruhestätte den Friedhof zu → Steyr und trifft weitere Bestimmungen über die Abhaltung von Seelengottesdiensten. Das Kodizill ist mitunterschrieben von den Zeugen Ludwig J. Bermanschläger, Domprediger in → Linz, Theodor Gutschick, Stadtpfarr-Cooperator in Steyr, und Franz → Bayer, Regens chori in Steyr.
Nachdem Bruckner am 11. 10. 1896 in Wien III., Oberes Belvedere (Kustodentrakt), gestorben war, wurden Testament und Kodizill am 13. 10. 1896 durch das Obersthofmarschallamt kundgemacht. Am 15. 10. 1896 wurde Bruckner seinem Wunsche gemäß in → St. Florian bestattet (→ Begräbnis). Am 16. 10. 1896 fand durch Victor Czerny als Abgeordnetem des Obersthofmarschallamtes und in Gegenwart des Testamentsvollstreckers Reisch sowie zweier weiterer Zeugen die »Todesfalls-Aufnahme« statt. Aus dieser ergibt sich, daß Bruckner als durchaus wohlhabender Mann gestorben ist. Der Wert seines materiellen → Nachlasses wurde auf rund 20 000 fl (heute fast 2 Mio. öS) geschätzt, worin ca. 16 800 fl Barvermögen enthalten waren (sein jährliches Grundgehalt als Mitglied der k.u.k. Hofkapelle hatte im Vergleich 600 fl betragen!). Mit der »Einantwortung« der Erben durch das Bezirksgericht Landstraße in Wien vom 14. 6. 1897 wurde das Verfahren beendet. Allen Anordnungen Bruckners war Rechnung getragen worden.
Testament, Kodizill und die weiteren Urkunden der Nachlaßsache befinden sich im »Verlassenschaftsakt Anton Bruckner« im Wiener Stadt- und Landesarchiv. RKe

Lit.: Alfred Orel, A. Bruckners Nachlaß, in: Oberösterreichische Heimatblätter 3 (1949); Rolf Keller, Die letztwilligen Verfügungen A. Bruckners, in: Bruckner-Jahrbuch 1982/83.

Textdichter

Bei Bruckner übertrifft die Zahl der Kompositionen geistlicher Vokalmusik die der weltlichen. Liturgiegebundene, zum Preis des Herrn und Mariens bestimmte Werke sowie Hymnen füllen das Repertoire fast zur Gänze. Es ergibt sich, daß die Zahl der auf einzelne namentlich bekannte Dichter zurückgehenden Texte gering ist. Thomas von Aquin steht mit zehn Vertonungen des »Pange lingua« voran. Außer einem 1848 aufgenommenen Text aus einem evangelischen Erbauungsbuch (WAB 17) erscheint zwischen 1851 und 1868 je ein Text von Robert Riepl, Maximilian Pammesberger, Heinrich von der Mattig und Oscar von Redwitz. Das heißt, daß nur zwei zeitgenössische Schriftsteller, die im Bereich der geistlichen wie weltlichen Dichtung tätig waren, (vermutlich von Bruckner selbst) gewählt wurden. Während die Werke geistlicher Vokalmusik Bruckners gesamtes Schaffen begleiten, tritt die weltliche Musik nur in einzelnen Perioden auf – was sich allerdings auch aus äußeren Gründen ergeben hat: in den vierziger Jahren, in der ersten Hälfte der fünfziger Jahre, im Jahrzehnt zwischen 1860 und 1870, in der zweiten Hälfte der siebziger Jahre, dann nur mehr vereinzelt.
Bruckners Wahl ist nicht bestimmt durch die literarische Qualität der Texte, sie ist vielmehr abhängig vom Anlaß, von den Zeitumständen, von Bruckners Liebe zur Natur.
Die frühesten Vokalmusikwerke Bruckners, die der weltlichen Musik zugezählt werden, nach Texten von Pfarrer Alois Knauer, Ludwig Kraus und Franz Isidor Proschko gearbeitet, bleiben mit der Vorstellungswelt im Bereich des Stiftsschülers und Organisten: Pilgerschaft und Friede, Erde und Himmel, Sakrament und Engel, Zweifel und Glaube. Mit Karl Ptaks Bild vom festlichen lichterfüllten Saal nähert sich Bruckner der diesseitigen Welt. Aber er bevorzugt weiterhin Lieder der Naturfeier, wie das späte 18. Jahrhundert sie gepflegt und die Romantik, besonders Eichendorff, sie zum Erlebnis unendlicher Weite und Sehnsucht verwandelt hatte. Heines »Leise zieht durch mein Gemüt«, der Gedanke an das »Sterben vor Wonne« im Anblick des Abendhimmels (Zedlitz) verzichten auf den unmittelbaren religiösen Bezug, aber der Hintergrund bleibt erhalten, auch wenn Friedrich von Sallet sich dem romantischen Wanderlied nähert, Mendelssohn vom Zauber der Mondnacht singt. Wie wenig ursprünglich diese Lyrik ist, bezeugt der immer neue Hinweis auf das eigene Tun, auf das Lied als Antwort, an die Schönheit des Abends gerichtet (Geibel), auf die das Gemüt durchströmende Kraft des Liedes (Kerschbaum), auf den Männersang, der von Gott und Vaterland und Minne kündet (Mittermayr), bezeugt die Anrufung der »herrlichen« Musik selbst (Seuffert).
Auch im Bereich des Erlebnisses einer einzelnen Menschenseele bleibt Bruckner weitgehend seiner Neigung zum vierstimmigen Männerchor treu. Wenige Male, so bei August von Platens Gedicht »Mein Herz und deine Stimme«, komponiert er für Singstimme und Klavier. An Zahl treten die Chöre, in denen die frohe Festgemeinschaft vor uns erscheint, dagegen zurück: Über-

zeugend klingt der Eingang *»Wohlauf, ihr Genossen, stimmt an«* (Franz Xaver Müller, 1845), klingen die von Bläsern begleiteten Chöre *»Laßt Jubeltöne laut erklingen«*, *»Dir, holde Heimat, soll erklingen«* (von Naaf und Weiß), auf dieselbe Melodie umtextiert, *»Anheben laßt uns«* (Winter). Es sind meist recht kurze Texte, die Bruckner hier zum Ausdruck von Fest- und Gemeinschaftserleben wählt, Gesang als Schmuck und als Ausdruck der Feier.

Sehr anders und wichtig als Zeugnisse von Bruckners Offenheit für die Geschichte der Heimat als Staat sind jene Gesänge, die in der Mitte der sechziger Jahre und seit 1882 in den Zeiten der Nationalitäten-Sorgen Österreichs von der Gewalt des deutschen Gesangs (Fels), mit Robert Prutz nochmals vom Ernst der Stunde, vom freien deutschen Sang (Mattig) künden. Von diesem hat Bruckner wiederholt Texte gewählt, schon 1861 zu einem Trauergesang, gehäuft in den Jahren um 1880: Preis der Liebe, des Künstlertums, der Heimat, idyllisches Naturerleben und Erhebung empor über den irdischen Bereich. Zweimal beschäftigt sich Bruckner am Beginn der neunziger Jahre mit Grillparzers »Schatten sind des Lebens Güter« (*Träumen und Wachen*).

So ist es wohl nicht der ganze Bruckner, der sich in diesen mehr der Gelegenheit genügenden Werken zeigt, aber doch die Weite seiner Menschlichkeit.

Die Verfasser der Texte

Erich Fels (Pseudonym für Aurelius Polzer), Tisis bei Feldkirch 1848-1924, Gymnasialprofessor in Graz, deutsch-nationaler Schriftsteller. WAB 63.

Emanuel Geibel, Lübeck 1815-1884, Dichter, Mittelpunkt der Münchener Tafelrunde Maximilians II. WAB 75.

Franz Grillparzer, Wien 1791-1872, Dichter, Archivdirektor der Finanzverwaltung. WAB 87.

Heinrich Heine, Düsseldorf 1797 – Paris 1856, Dichter; »Buch der Lieder« 1827. WAB 64, 68.

Karl → Kerschbaum. WAB 82, 95.

Alois Knauer, Eitzing um 1803 – Kronstorf 1877, seit 1839 Pfarrer in → Kronstorf. WAB 59.

Ludwig Carl Kraus, Schulrat in Salzburg, Mitglied des Linzer Museums Francisco-Carolinum (Auskunft: Stadtarchiv Linz; Amtskalender 1855). WAB 67.

Ernst → Marinelli. WAB 2?, 53, 60-62, 65, 66, 77?, 85, 138?, 144?.

Johann Kajetan Markus, Friedberg/Böhmen 1831-1893, Bürgerschuldirektor, Mundartdichter. WAB 148.

Heinrich von der Mattig (Pseudonym für Heinrich Wallmann), Mattsee 1827 – Wien 1898, Arzt und Schriftsteller. 1848 trat er in Salzburg der Akademischen Legion bei. Nach kurzer Haftzeit in Wien studierte er in Prag und Wien Medizin, wurde Militärarzt und trat 1887 als Sanitätschef in Kaschau in den Ruhestand. Er veröffentlichte chirurgische und naturwissenschaftliche Arbeiten sowie Schriften zur Salzburger Landes- und Kulturgeschichte (Auskunft: ÖBL-Redaktion). WAB 2?, 54?, 57, 74, 81, 82?.

Joseph Mendelssohn, Jever/Oldenburg 1816 – Hamburg 1856, Belletrist und Publizist, für angesehene Zeitungen tätig. WAB 80.

Andreas Mittermayr, Waizenkirchen 1808-1880, 1832 zum Priester geweiht, seit 1856 Pfarrer in Pergkirchen, Oberösterreich (Auskunft: Stadtarchiv Linz). WAB 95.

Julius Mosen, Marieney/Vogtland 1803 – Oldenburg 1867, Dichter und Dramaturg. *Der Trompeter an der Katzbach* WAB deest

Franz Xaver Müller, Dimbach 1870 – Linz 1948, war Sängerknabe in St. Florian, studierte im Bischöflichen Knaben-Seminar auf dem Freinberg und trat 1890 in das Augustiner-Chorherrenstift St. Florian ein, wo er im selben Jahr seine feierliche Profeß ablegte und 1895 zum Priester geweiht wurde. Nach Musikstudien in Gmunden und Wien (bei Josef Venantius → Wöß) war er seit 1904 in St. Florian als Stiftsorganist tätig. Seine bedeutendsten Kompositionen sind die »Augustinus-Messe« (1913) und das Oratorium »Der heilige Augustinus« (1915). 1906 wurde er zum Regens chori bestellt, 1924 als Domkapellmeister nach Linz berufen. WAB 78, Strophen 2-4, 1921.

Anton August Naaf, Weitentrebetitsch (Böhmen) 1850 – Wien 1918, Schriftsteller und Journalist. WAB 76, Umdichtung 1898.

Maximilian Pammesberger, Bad Ischl 1820 – Linz 1864, Weltpriester, Dr. des Kirchenrechts. Spielte bei der architektonisch-künstlerischen Planung des Linzer → Neuen Doms eine Rolle. 1856-1864 Professor der Moraltheologie an der bischöflichen theologischen Diözesanlehranstalt in Linz,

1859-1864 Redakteur der »Christlichen Kunstblätter« (Auskunft: Franz Zamazal). WAB 16.
P. Beda (Leopold) Piringer OSB, Rainbach (Mühlviertel) 1810 – Kremsmünster 1876, Priesterweihe 1836, Professor am Stiftsgymnasium und Lyceum in Kremsmünster. 1848 in das Frankfurter Parlament gewählt; Dichter. WAB 61 c.
August Graf von Platen. Ansbach 1796 – Syrakus 1835, Dichter. WAB 79.
Franz Isidor Proschko (Pseudonym: Franz von Hohenfurth), Hohenfurth (Vyssi Brod, Böhmen) 1816 – Wien 1891, Schriftsteller und Jurist. WAB 49.
Robert Prutz, Stettin 1816-1872, Schriftsteller und Literarhistoriker. WAB 89, 90.
Karl Ptak (Pseudonym: Karl Vogl), Wien 1859-1907, Schriftsteller und Journalist. Mitglied des → Wiener Akademischen Gesangvereins (Auskunft: ÖBL-Redaktion). WAB 86.
Oscar Freiherr von Redwitz, Lichtenau bei Ansbach 1823-1891; Texte aus »Amaranth«. Mainz 1849, 32. (!) Aufl. 1878. WAB 14, 58.
P. Robert Riepl, Zwettl 1826-1871, Zisterzienserpater in Wilhering, 1850 zum Priester geweiht, 1852 Gymnasialprofessor; er verfaßte aszetische Schriften. WAB 18.
Friedrich von Sallet, Neisse (heute Nysa, Polen) 1812-1843, Dichter. WAB 73.
August Seuffert, Wien 1844-1904, Feuilletonist, Redakteur der »Wiener Zeitung«, Textdichter. WAB 88 (Umdichtung).
August → Silberstein. WAB 70, 71, 91, 92.
Thomas von Aquin, Roccasecca bei Aquino um 1225 – Fossanova 1274, Dominikaner. WAB 31-33, 41-44.
Anton Weiß, Wien 1869- ?, Schuldirektor, Vorstandsmitglied und über Jahrzehnte Chronist des → Wiener Schubertbundes. Herausgeber von dessen Chronik »50 Jahre Schubertbund«. Wien 1913 (Auskunft: ÖBL-Redaktion u. a.). WAB 76, Umdichtung.
Josef Winter, Edler von Wignar, Wien 1857-1916, karitativ tätig, Stabsarzt, Lyriker. WAB 94.
Joseph Christian Freiherr von Zedlitz, Schloß Johannesberg bei Jauernig 1790-1862, Offizier, Lyriker, Einfluß von Schiller und Byron; »Totenkränze«. WAB 55, 56.
Alfred Zehelein, Miltenberg/Main geb. 1902, Chordirigent, Komponist. Leiter der Kirchenmusikvereinigung »Deutsche Bruckner-Gemeinde« in München, 1928-1971 Dozent am dortigen Konservatorium; seit 1935 auch in Berlin tätig. WAB 59, Umdichtung 1930.

KA

Lit.: ÖBL und andere Nachschlagwerke; Josef Mayr-Kern, Franz Xaver Müller. Ein oberösterreichischer Komponist zwischen A. Bruckner und Johann Nepomuk David. Linz 1970.

Thema und Variationen (WAB deest)
Kompositionsübung für Klavier in G-Dur
EZ: Frühjahr 1862 in → Linz
Autograph: → Kitzler-Studienbuch S. 87-90

Bruckner komponierte fünf Variationen zu einem eigenen oder von → Kitzler gestellten Thema.

Lit.: Hawkshaw, The Manuscript Sources.

Tilgner, Viktor
Geb. 25. 10. 1844 in Preßburg, gest. 16. 4. 1896 in Wien; Bildhauer. 1859-1871 Studium an der Akademie der bildenden Künste in Wien. Die von ihm geschaffene Büste der Hofschauspielerin Charlotte Wolter wurde bei der Wiener → Weltausstellung 1873 mit einer Goldmedaille ausgezeichnet. Er schuf auch die Denkmäler für den Fabrikanten Josef Werndl in → Steyr und für → Mozart in → Wien.
Anläßlich der Verleihung des → Ehrendoktorates führte Carl → Almeroth Bruckner zu Tilgner, der in wenigen und – für den bei solchen Vorhaben meist ungeduldigen Komponisten – kurzweiligen Sitzungen (beginnend am 7. 11. 1891) die inzwischen berühmte Bruckner-Büste (IKO 55) schuf: Bei diesen Modellsitzungen kam Bruckner mit interessanten Persönlichkeiten ins

Viktor Tilgner.
Nach einer Photographie von V. Angerer in Wien.

Gespräch, darunter mit Hans Graf Wilczek (1837-1922) von der österreichischen Nordpol-Expedition und dem damaligen Fürsterzbischof von Prag, Kardinal Franz Graf Schönborn (1844-1899). Worüber dabei im einzelnen gesprochen wurde, ist nur teilweise bekannt; jedenfalls muß Bruckner von den Unterhaltungen innerlich berührt gewesen sein, sein lebendiger Gesichtsausdruck ist in dem Kunstwerk Tilgners eingefangen. Der Graphiker Alfred → Cossmann stellte dazu fest: »Mir ist nicht bekannt, ob der Bildhauer Tilgner, der im gleichen Jahr 1896 sechs Monate vor Bruckner starb, die Vorträge des Tondichters besucht hat. Jedenfalls ist die Auffassung Bruckners meisterhaft, die Tilgner zum Ausdruck brachte durch Festhalten jener beschriebenen, vielleicht nur einmal gesehenen Stellung des visionär in eine andere Welt entrückten Künstlers, der, bescheiden im Leben, sich seines Könnens wohl bewußt war.« Der Kunsthistoriker Lothar Schultes verglich die Büste mit den gemalten Bildnissen Bruckners und kam zum Ergebnis, daß Bruckner bei Tilgner »angespannt, inspiriert, fast seherisch« erscheine. – Die Büste diente als Vorbild für Zeichnungen von Cossmann (IKO 123, 175), Alfons Siber (IKO 134) u. a. RG

Lit.: Carl Almeroth, Wie die Bruckner-Büste entstand. Wien 1899 (Nachdruck 1979); Alfred Cossmann, Ein Wiener Künstlerleben. Wien 1945, S. 54; Franz Gräflinger, Wie die Bruckner-Büste von Tilgner entstand, in: Oberösterreichische Nachrichten 1949, Nr. 142 und Salzkammergutzeitung 64 (1958) Nr. 41; Lothar Schultes, Ein zweiter Seneca – Die Bruckner-Büste V. Tilgners im Rahmen des neuzeitlichen Geniekults, in: Bruckner-Symposion 1990, S. 47.

Tillysburg

Das in Oberösterreich, ca. 2,5 km von → St. Florian entfernt auf einem Hügel gelegene Schloß hat seinen Namen von Graf Werner t'Serclaes de Tilly, dem Neffen und Universalerben des berühmten Feldherrn Johann t'Serclaes de Tilly, der die Güter Volkenstorf, Weißenberg und Reicherstorf erwarb und 1630-1645 das Schloß erbauen ließ. Als der letzte Graf von Tilly 1724 verstarb, gelangte es nach mehreren Zwischenbesitzern 1764 an das Stift St. Florian. Nach den Franzosenkriegen mehr oder weniger brachliegend, wurde es von den Chorherren 1841 an Charles Graf → O'Hegerty verkauft. 1897 übergaben dessen unverheiratet gebliebene Töchter ihren Besitz ihrem Neffen August Graf zu Eltz, dessen Nachkommen das Schloß noch heute bewohnen. Es wurde 1988 von Ing. Heinrich Eltz und seiner Frau Martijne, geb. Baronesse Snouckaert van Schauburg, an Dr. Georg Spiegelfeld verkauft, der sich wie Heinrich Eltz große Verdienste um die Erhaltung der wertvollen Bausubstanz und die kulturelle Nutzung des Gebäudes erworben hat. Seit 1985 findet im Schloß das Kammermusikfest der Linzer Veranstaltungsgesellschaft (→ Brucknerhaus Linz) statt.

Tillysburg bei St. Florian

Auf Wunsch der kunstsinnigen zweiten Frau des Grafen O'Hegerty, Comtesse Christine Silva-Tarouca, wurde Bruckner 1849 (vielleicht schon 1846) als Haus- und Musiklehrer der Kinder engagiert. Er komponierte für den Grafen den Männerchor mit Tenor- und Baß-Solo *»Des Dankes Wort sei mir vergönnt«* und blieb der Familie noch lange freundschaftlich verbunden. EM

Lit.: Heinrich Eltz, Die drei Burgen. Ein kleiner Aufsatz über die Geschichte des Schlosses Tillysburg. Mschr. Tillysburg 1994.

Tonartencharakteristik

Seit der Antike werden den verschiedenen Tonarten verschiedene Charaktere und damit auch unterschiedliche und ganz spezielle Wirkungen auf die Zuhörer zugeschrieben. Während sich einige Elemente durchaus objektivieren lassen (so z. B. die Durterz als »hell«, »heiter«, die Mollterz als »dunkel«, »matt«), so ist vieles an dem im Laufe der Jahrhunderte entwickelten Definitionskatalog von Faktoren abhängig, die nicht unmittelbar aus den Tonarten selbst resultieren (so definierte man z. B. D-Dur nach den D-Trompeten als »festlich, kriegerisch«, wurden, nach der venezianischen Operntradition, »Ombra«-Szenen zumeist in Es-Dur komponiert.) Bei einigen Komponisten sind manche Tonarten mit eindeutigen Ausdrucksqualitäten

»besetzt«. Diese Charakteristika sind nicht vom jeweiligen Normalstimmton abhängig. Ein objektives System der Tonartencharakteristik konnte bis jetzt noch nicht erstellt werden.
Bruckner reiht sich in seiner Bevorzugung bestimmter Tonarten in die → Tradition ein. So berichtet nach Göllerich-Auer (4/2, S. 691 f.) Max von → Oberleithner folgenden Ausspruch Bruckners aus dem Jahr 1889: »Fis-moll is' sehnsüchtig, f-moll schwermütig, d-moll feierlich, mysteriös, a-moll sanft, e-moll lyrisch, d-moll g'fallt mir so guat, daß i' die letzte Sinfonie in der Tonart schreib'. Wann a der Beethoven dö Neunte in d-moll hat; er wird nix dageg'n sag'n!«
Nach verschiedenen anderen übereinstimmenden Berichten soll Bruckner, verärgert über anzügliche Anspielungen auf Beethovens »Neunte«, erklärt haben, er könne ja nichts dafür, daß ihm das Thema seiner *Neunten Symphonie* gerade in d-Moll eingefallen sei. Dies könnte einen Beleg dafür darstellen, daß auch Bruckner spezifische Ausdrucksqualitäten seiner Themen mit solchen bestimmter Tonarten gekoppelt empfand. EM

Tonsymbolik

Ein überaus wichtiges, aber bislang nur wenig erforschtes Gebiet bei Bruckner. Er war mit der tonsymbolischen Verwendung der technischen Mittel bestens vertraut und machte sich darüber Gedanken. Seine Vorlesungen an der Wiener → Universität enthalten interessante Bemerkungen über die tonsymbolische Bedeutung der Klänge. Aufschlußreich ist z. B. die Äußerung: »Der Quartsextakkord ist aber doch keine Dissonanz, weil die Quart verdoppelt werden kann (sogar am besten) und Dissonanzen nicht verdoppelt werden dürfen. Nur im Orchester oder wenn etwas Grauenvolles darzustellen ist, dann werden die Dissonanzen stark verdoppelt.«
In seiner geistlichen Musik knüpft Bruckner in der Nachfolge Wolfgang Amadeus → Mozarts, Franz → Schuberts und Franz → Liszts an eine bestimmte tonsymbolische Tradition an, die er weiterführt. Selbstverständlich kannte er zumindest einige der musikalisch-rhetorischen Figuren, wie die Anabasis und die Katabasis. In seinen großen Orchestermessen hebt er bedeutungsvolle Textstellen (wie »Et incarnatus«, »Crucifixus«, »passus et sepultus est«, »Et resurrexit« und »et iterum venturus est«) durch besondere Behandlung hervor. So wird im Credo der *Messe in d-Moll* der Einsatz des »Et resurrexit« mit einem gewaltigen und überaus langen Crescendo des Orchesters (28 Takte) vorbereitet. Bei der Darstellung des Jüngsten Gerichts setzt Bruckner Signale, Fanfaren und ostinat beibehaltene rhythmische Figuren ein, die alle leitmotivische Bedeutung besitzen. Im Credo der *Messe in f-Moll* stiftet er subtile leitmotivische Beziehungen dadurch, daß er beim Abschnitt »et exspecto resurrectionem« die Musik des »Et resurrexit« aufgreift. In seinen reifen kirchenmusikalischen Werken hebt er übrigens auch die Worte »Jesu Christe« in auffallender Weise aus ihrer Umgebung heraus.
Mehrere Beobachtungen deuten schließlich darauf hin, daß zahlensymbolische Erörterungen und Zusammenhänge nicht nur in Bruckners geistlichen Werken, sondern auch in seinen Symphonien eine Rolle spielen (→ Zahlensymbolik). CF

Lit.: Leopold Nowak, Der Name »Jesus Christus« in den Kompositionen von A. Bruckner, in: ders., Über A. Bruckner; ders., Studien zu den Formverhältnissen in der e-Moll-Messe von A. Bruckner, ebenda; Manfred Wagner, Der Quint-Oktavschritt als »Maiestas«-Symbol bei A. Bruckner, in: Kirchenmusikalisches Jahrbuch 56 (1972); Alfred Dokalik, A. Bruckners Symphonien. Auswahl und Darbietung an der AHS, in: Musikerziehung 28 (1974/75); Constantin Floros, Brahms und Bruckner. Studien zur musikalischen Exegetik. Wiesbaden 1980; ders., Diskussionsbeitrag zum Thema Bruckner und Liszt, in: Bruckner-Symposion 1986.

»Tota pulchra es, Maria« (WAB 46)

Antiphon für vierstimmigen gemischten Chor, Tenor-Solo und Orgel, phrygisch
EZ: 30. 3. 1878
W: Franz Joseph → Rudigier
UA: 4. 6. 1878 in → Linz (Votivkapelle des → Neuen Doms, Johann B. → Burgstaller)
Autograph: ÖNB-MS; Abschrift (Widmungs-Exemplar): Linz, Archiv des Neuen Doms
ED: »2 Kirchen-Chöre«. Wien, Emil Wetzler (Julius Engelmann) 1887 (zusammen mit *Ave Maria* WAB 6)
NGA: Band XXI (Hans Bauernfeind und Leopold → Nowak, 1984) und Revisionsbericht

Der Text dieser »Dem hochwürdigsten Herrn Bischof Rudigier in Linz« zum 25jährigen Amtsjubiläum (4. 6. 1878) gewidmeten → Antiphon entstammt dem Officium »In conceptione immaculata B. Mariae virginis« (Fest der Unbefleckten Empfängnis, 8. 12.) und zitiert Verse aus dem Alten Testament (Hohes Lied 4,7; Buch Judith 15,10) sowie Anrufungen aus der »Lauretanischen Litanei«. Mit dem in dieser Motette ausgesprochenen Lobpreis der vom Makel der

Erbsünde verschonten Jungfrau Maria und der Anrufung ihrer Fürsprache liegt nach der *Festkantate* (zur Grundsteinlegung) und der *Messe in e-Moll* (zur Einweihung der Votivkapelle) das dritte auf den Mariae Empfängnis-Dom, den Linzer Neuen Dom, bezogene Werk Bruckners vor. Speziell mit der *Messe in e-Moll* verbinden *»Tota pulchra es«* auch musikalische Bezüge: die Tonart e-Moll/phrygisch; sparsamste instrumentale Stützung; wörtlich gleiche Schlußgestaltung von Kyrie und Motette. In der gedanklichen Durchdringung des Textes dürfte auch bei diesem Werk ein Fall von Bruckners musikalischem »Theologisieren« vorliegen: Zwischen der Motette *Christus factus est* WAB 11, in dem der »Name, der über allen Namen ist« (»nomen, quod est super omne nomen«, Phil 2,9) nicht genannt wird, und der Nennung des »Namens« am Schluß von *»Tota pulchra es«* (»ad Dominum Jesum Christum«) bzw. des Kyrie der *Messe in e-Moll* (mit dem »Kyrios« ist ja Jesus Christus gemeint) stellt die wörtliche musikalische Entsprechung einen nur dem Komponisten selbst oder einer kleinen Schar von Kennern zugänglichen inhaltlichen Bezug dar.
Die Form dieser Vertonung ist durch den an der Gregorianik orientierten Wechsel zwischen Vorsänger und Chor geprägt; auch im melodischen Material sind naturgemäß starke Einflüsse aus der Gregorianik mit solchen des Palestrinastils verbunden und kamen so – vielleicht mit Ausnahme der harmonisch kühneren Wendungen, wie z. B. bei »mater clementissima« – dem »cäcilianischen« (→ Cäcilianismus) Geschmack des Chordirektors Burgstaller entgegen. EM

Lit.: Erwin Horn, A. Bruckner, Geistliche Motetten: Tota pulchra es, Maria, in: Musica sacra 102 (1982).

2 Totenlieder (WAB 47, 48) »O ihr, die ihr heut' mit mir zum Grabe geht«
Vierstimmiger gemischter Chor a cappella
Text: Autor unbekannt, angeblich 7 Strophen
EZ: 1852 in → St. Florian
UA: → St. Marienkirchen
W: Josef → Seiberl
Autograph: Stadtarchiv → Wels

– Totenlied in Es-Dur (WAB 47)
»Langsam«
ED: Göll.-A. 2/2, S. 141 f. (1928)
NGA: Band XXI (Hans Bauernfeind, Leopold → Nowak, 1984) S. 56; Revisionsbericht S. 47-50

– Totenlied in F-Dur (WAB 48)
[»Getragen«]
ED: Göll.-A. 2/2, S. 143 f. (1928)
NGA: Band XXI, S. 57; Revisionsbericht S. 47-50

Totenlieder stellen im Bereich der christlichen Konfessionen eine von fünf musikalischen Möglichkeiten (Requiem, individuelle Trauerkompositionen, Singen an der Bahre, Singen am Grab, Blasen von → Aequales) dar, eine Verbindung zum Tod und zur Grablegung der Gläubigen herzustellen. Sie sind im katholischen Süden, vor allem im ländlichen Bereich, weit bekannt und waren zumeist dazu bestimmt, von den Schulknaben (Sopran, Alt) unter der Leitung des Schulmeisters (Baß) entweder an der Bahre des Verblichenen oder am offenen Grab gesungen zu werden. Ihre Komponisten sind zumeist unbekannt, da die handschriftliche Überlieferung derartiger Lieder zumeist die Frage offenläßt, ob die auf den einschlägigen Handschriften genannten Namen den jeweiligen Schulmeister als Schreiber, Besitzer oder Komponisten meinen. Auch ihre Dichter sind so gut wie immer unbekannt.
Bruckner weicht bei seinen beiden *Totenliedern* von diesem Typus insofern ab, als sie für vier gemischte Stimmen komponiert sind. Sie sind für seinen Schulfreund, den Lehrer Josef Seiberl in → St. Marienkirchen (St. Marein an der Polsenz bei Eferding), geschrieben und gelangten vermutlich noch im Entstehungsjahr zur Uraufführung. Der Beginn des Es-Dur-*Totenliedes* erinnert deutlich an die früher entstandenen Chöre *Der Lehrerstand* und *Psalm 22*.
Auch die für Männergesang verfaßten Chöre *Vor Arneths Grab* und *Am Grabe* können cum grano salis dem Typus des Totenliedes zugerechnet werden. OW

Lit.: Göll.-A. 2/1, S. 131 f.; Othmar Wessely, Oberösterreichische Totenlieder aus dem Umkreis des jungen Bruckner, in: Bruckner-Symposion 1985, hier S. 73 ff.

Totenmaske
Der Abdruck wurde am 13. 10. 1896, zwei Tage nach Bruckners Tod (→ Begräbnis), von Josef Haberl und Karl Anselm Zinsler (Mitarbeiter Viktor → Tilgners) im Sterbezimmer abgenommen. Ebenso wurde ein nicht überlieferter Abdruck der rechten Hand des Verstorbenen angefertigt. Die Totenmaske diente als Vorlage für Kunstwerke von Alfred → Cossmann (IKO 120, 121 u. a.), Wilhelm Kaiser (ca. 1947, St.

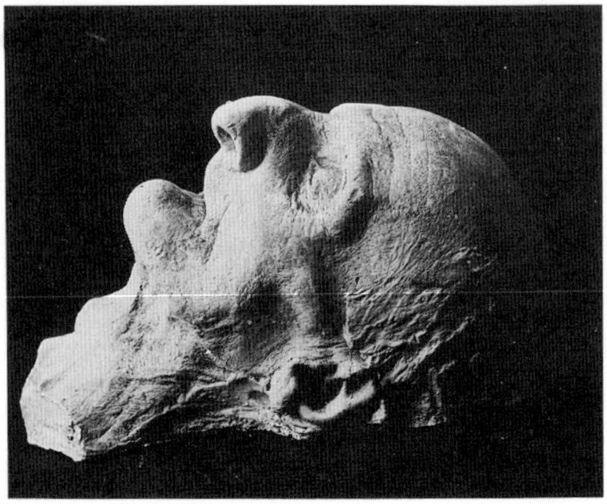

Totenmaske Bruckners (IKO 87)

Florian), John Meyer (1985 und 1988, Wien), Anton Watzl (1970, Linz) u. a. RG

Tradition

Bruckner erschien seinen Zeitgenossen zumeist wie ein musikalischer Anarchist, der Bindungen an die Tradition ohne Bedenken über Bord geworfen hat. In Wahrheit ist seine Kunst ohne das Erbe der Tradition nicht denkbar, das er seit frühester Jugend in sich aufgenommen (→ Ausbildung) und später dann in Synthese mit der modernen Musiksprache der → Neudeutschen zu einem unverwechselbaren Personalstil verschmolzen hat.

Schon als Kind in → Ansfelden (1824-1837) lernte er nicht nur die → Volksmusik, sondern durch den musikalischen Kirchendienst des Vaters (→ Bruckner, Familie) das zeitübliche kirchenmusikalische Repertoire kennen, das Werke der Klassik und Nachklassik, oft in Bearbeitungen und einfachsten Besetzungen, umfaßte.

In → Hörsching (1835 bis – mit Unterbrechungen – 1837) konnte ihn sein Cousin Johann Baptist → Weiß für die Werke der Wiener Klassiker, insbesondere für die Oratorien Joseph Haydns, aber auch für Kompositionen von Johann Sebastian → Bach, Georg Friedrich Händel, Michael → Haydn, Wolfgang Amadeus → Mozart und Johann Georg → Albrechtsberger begeistern.

In → St. Florian (1837-1840) erarbeitete der Knabe durch drei Jahre hindurch – zuerst als Sängerknabe, nach dem Stimmbruch als Geiger – ein umfassendes kirchenmusikalisches Repertoire, in dem naturgemäß neben dem Gregorianischen Choral (→ Kirchenmusik) und gediegener Gebrauchsmusik die Werke J. Haydns und Mozarts besonders gepflegt wurden; aber auch Kompositionen älterer Meister (Antonio Caldara, Händel) waren vertreten. Vielleicht hat Bruckner im Selbststudium schon Werke Franz → Schuberts kennenlernen können: Das Stift verfügt über eine kostbare Sammlung von frühen Schubert-Drucken und -Abschriften, die teilweise noch zu Lebzeiten Schuberts angeschafft worden sind.

Während der Zeit des Unterrichts bei Johann August → Dürrnberger in → Linz (1840/41) nahm Bruckner an den »großen öffentlichen Productionen anerkannter Meisterwerke« in der Linzer Minoritenkirche teil, bei denen insbesondere Werke Mozarts und J. Haydns zu vielbeachteten Aufführungen gelangten.

→ Windhaag (1841-1843) bedeutete für Bruckner eine Zeit des Wiederholens und Festigens theoretischer Kenntnisse. Hier komponierte er seine erste Messe (»Windhaager« *Messe in C-Dur*).

Von → Kronstorf (1843-1845) aus suchte Bruckner Leopold von → Zenetti in → Enns auf. Die Studienzeit bei diesem gebildeten, in der Tradition beheimateten Komponisten, Organisten und Regens chori reichte bis in Bruckners Florianer Jahre (1845-1855) hinein und machte ihn intensiv mit Kompositionen Bachs, Mozarts, der Brüder Haydn, Ludwig van → Beethovens, Schuberts, Carl Maria von Webers und Felix → Mendelssohn Bartholdys vertraut. Die kompositorischen Früchte des bei Zenetti und im Selbststudium Gelernten waren u. a. das *Requiem* von 1849 und die *Missa solemnis* von 1854. Gleichzeitig genoß Bruckner den Unterricht des St. Florianer Organisten Anton → Kattinger: Dessen als »elegant« und »effektvoll« charakterisierte und ganz nach Mendelssohn gebildete Improvisationen beeinflußten Bruckners eigenes Orgelspiel nachhaltig. In diesen Jahren begeisterte sich Bruckner auch sehr für die Lieder Robert → Schumanns.

Etwa gleichzeitig mit seiner Übersiedlung nach Linz (1855-1868) begann Bruckner das Studium bei Simon → Sechter. Zwar steht hier in erster Linie die Ausbildung in der → Musiktheorie im Vordergrund, doch bewahrte Bruckner sich – nach eigenen Angaben – durch das Anhören guter Musik und viel freie Improvisation vor Trockenheit. Zu seiner ganz persönlichen Musiksprache fand er aber erst in der Begegnung mit der faszinierend neuartigen Musik Richard → Wagners, Hector → Berlioz' und

Johannes Brahms' Ankunft im Himmel. Schattenbild von Otto Böhler, 1897 (IKO 103)

Franz → Liszts, zu der ihm Otto → Kitzler und Ignaz → Dorn verhalfen. EM

Lit.: Alfred Orel, Eine Mozart-Studie A. Bruckners, in: Mozart-Almanach. Wien 1941; Rudolf Eller, Bruckner und Bach, in: Bachtagung Leipzig 1950; Franz Grasberger, Form und Ekstase. Über eine Beziehung Haydn – Schubert – Bruckner in der Symphonie, in: Anthony van Hoboken. Festschrift zum 75. Geburtstag. Mainz 1962; Karl Geiringer, A. Bruckners Vorbilder, in: Bruckner-Studien 1964; Othmar Wessely, Beharrung und Fortschritt im Schaffen des jungen Bruckner, in: Bruckner-Symposion 1977; Elisabeth Maier – Franz Zamazal, A. Bruckner und Leopold von Zenetti. Graz 1980; Elisabeth Maier, Ignaz Dorns charakteristische Symphonie »Labyrinth-Bilder«, in: Bruckner-Symposion 1987; dies., Bruckners oberösterreichische Lehrer, in: Bruckner-Symposion 1988; dies., Johann Baptist Weiß. A. Bruckners Hörschinger Freund und Lehrer, in: 1200 Jahre Hörsching. Eine Chronik ... Hörsching 1993.

Träumen und Wachen (WAB 87) »Schatten sind des Lebens Güter«

Vierstimmiger Männerchor mit Tenor-Solo a cappella in As-Dur, »Feierlich, langsam«
Text: Franz Grillparzer (→ Textdichter)
EZ: am 15. 12. 1890 vollendet; am 4. 2. 1892 revidiert
W: Wilhelm Ritter von → Hartel
UA: 15. 1. 1891 in → Wien (Festsaal der → Universität; → Wiener Akademischer Gesangverein, Franz Schaumann, Bruckner)
Autograph: Wien, Universitätssängerschaft »Barden zu Wien«
ED: Wien, Theodor Rättig 1891
NGA: Band XXIII/2 (in Vorbereitung)

Bruckner komponierte diesen Chor für die Grillparzer-Feier (100. Geburtstag) an der Wiener Universität und widmete das Werk »Seiner Magnifizenz dem Herrn Rector k. u. k. Hofrat Prof. Dr. Wilhelm Ritter v. Hartel in tiefster Verehrung«. Als Text wurde eine Passage aus Grillparzers »Der Traum ein Leben« (1. Aufzug, letzte Szene) gewählt.
Der dreiteilige Chor mit der Form A-B-A' verwendet nur in seinem Mittelteil → Brummstimmen, die hier, so → Auer, »in der lyrischen Stimmung einen prächtigen Gegensatz« zum ersten Teil bilden. In diesem Mittelsatz, der in Des-Dur steht, schwebt das Tenor-Solo gleichsam über dem Brummchor. Der erste und dritte Teil, mit der Vortragsbezeichnung »Feierlich, langsam«, fällt durch seine Gestaltung des Wortes »Schatten«, das dreimal wiederholt wird, und der Worte »Wünsche, Worte, Taten«, wo drei Stimmen zu b-Moll absinken, auf. Die Bekräftigung der Worte »Gedanken nur sind wahr« kehrt wieder nach As-Dur zurück. Anläßlich der Erstaufführung schrieb Theodor → Helm: »So kurz die ganze Gelegenheits-Composition, so gewiß wird man sie weder des in ihr verherrlichten Dichters, als ihres musikalischen Bildners unwürdig finden können« (»Deutsche Zeitung« 23. 1. 1891). AH

Lit.: Göll.-A. 4/3, S. 129-132; Andrea Harrandt, Bruckner und das bürgerliche Musiziergut seiner Jugendzeit, in: Bruckner-Symposion 1987, S. 102; Erich W. Partsch, »Träumen und Wachen« (WAB 87). A. Bruckner vertont Grillparzer, in: Grillparzer und die Musik. Grillparzer-Jahrbuch 3. Folge, Bd. 19. Wien 1996.

Traumihler, Ignaz

Geb. 10. 3. 1815 in Zwettl, Niederösterreich, gest. 12. 10. 1884 in St. Florian; Priester und Musikdirektor des Stiftes → St. Florian. Nach der Sängerknabenzeit in Stift Zwettl und dem Gymnasialbesuch in → Melk und → Kremsmünster trat Traumihler 1835 in das Stift St. Florian ein. Neben dem Theologiestudium in → Linz nahm er beim Domorganisten Johann Baptist → Schiedermayr Unterricht in → Generalbaß und Harmonielehre. Nach der Priesterweihe 1840 für zwei Jahre Kooperator der Pfarre Grünbach bei Freistadt. Nach einjähriger erfolgloser Tätigkeit als Regens chori des Stiftes war er wieder in der Seelsorge tätig. Nach dem Tod des Stiftsbeamten und bisherigen Regens chori Franz X. Schäfler bestellte ihn Propst Michael

Ignaz Traumihler

→ Arneth 1852 zu dessen Nachfolger. Obwohl selbst begeisterter Cäcilianer (→ Cäcilianismus), kamen unter seiner Leitung auch viele Werke anderer Richtungen in der Stiftskirche zur Aufführung. Traumihler hinterließ zahlreiche liturgische Kompositionen.
Mit Bruckner, mit dem er in St. Florian noch bis Ende 1855 zusammenarbeitete, verband ihn zeitlebens eine Freundschaft. Bereits am 15. 8. 1852

Titelblatt des Erstdrucks

führte Traumihler das *Magnificat* auf. In den folgenden Jahren scheint der Name Bruckner im Repertoire der Stiftskirche häufig auf. 1876 widmete Bruckner Traumihler das *Ave Maria* WAB 5 und 1879 die Motette *Os justi*, schon früher (um 1852) Orgel-Vorspiel (*Andante*) und *-Nachspiel d-Moll*. Bei der Beerdigung Traumihlers war auch Bruckner anwesend. KR

Quelle: Stiftsarchiv St. Florian, Nachlaß Traumihler. – Lit.: Berthold Otto Cernik, Die Schriftsteller der noch bestehenden Augustiner-Chorherrenstifte Österreichs. Wien 1905.

Trauungs-Chor (WAB 49) »O schöner Tag, o dreimal sel'ge Stunde«
Vierstimmiger Männerchor mit Soloquartett und Orgel in F-Dur (Chor, »Feierlich, nicht schnell«; Solo-Quartett, »Etwas bewegt«; Chor da capo)
Text: Franz Isidor Proschko (→ Textdichter)
EZ: 8. 1. 1865 in → Linz
W: Zur Vermählungsfeier von Karl Kerschbaum mit Maria Schimatschek
UA: 5. 2. (nicht, wie oft zu lesen, 6. 2.) 1865 anläßlich der Trauung des Brautpaares → Kerschbaum-Schimatschek in der Linzer → Stadtpfarrkirche (→ Liedertafel »Frohsinn«; kirchliche Handlung durch Ferdinand → Kerschbaum, den Bruder des Bräutigams)
Autograph: Linzer Singakademie (früher Sängerbund »Frohsinn«)
ED (Faksimile): Göll.-A. 3/2, S. 219-224 (1930)
NGA: Band XXIII/2 (in Vorbereitung)

Die langjährige Freundschaft mit dem bei der Liedertafel »Frohsinn« in führenden Positionen tätigen »Gemeinde-Offizial« Karl Kerschbaum (1834-1905) veranlaßte die Komposition. Auch die Braut Maria Schimatschek (1844-1888), eine Tochter des von ihm bevorzugten Notenkopisten, war Bruckner bekannt; somit ein doppelter Grund, einen Beitrag zur Trauung zu leisten. Den kurzen Text verfaßte der damalige Linzer Beamte Proschko.
Die wirkungsvolle Vertonung der 1. Strophe für Chor, der 2. für Soloquartett, worauf der Chor die 1. Strophe wiederholt, macht mit ihrem weihevollen Charakter und Ernst aus dem wenig inspirierten Text ein abwechslungsreiches Stück mit sparsamer Orgelbegleitung. Das Werk entspricht ganz und gar dem feierlichen kirchlichen Zweck und verleugnet mit charakteristischen Zügen nicht den Komponisten der großen *Messe in d-Moll.*
Die Komposition wurde nach der Uraufführung in einer ausführlichen Besprechung (»Linzer

Zeitung« vom 8. 2. 1865, S. 127) zwar als »originelle Geistesschöpfung« bezeichnet, sie ist aber heute als ein Gelegenheitswerk abqualifiziert. Nennenswerte Aufführungen sind nicht festzustellen. FZ

Lit.: Göll.-A. 3/1, S. 308-311; Franz Gräflinger, A. Bruckner. Leben und Schaffen. Berlin 1927, S. 84 f.; Helga Ebner – Jakob Ebner – Rainer Weissengruber, Literatur in Linz. Eine Literaturgeschichte. Linz 1991, S. 251-257.

Tremolo

Bruckners Tremolo, das wahrscheinlich allzu flott von Dika Newlin auf Richard → Wagner bzw. von Alfred → Orel auf die Schimäre eines »arhythmischen« Untergrundes projiziert wurde, ist klassifizierbar. Der wichtigste Aspekt Bruckners betrifft zweifellos das Entwicklungstremolo, das Ernst → Kurth in seiner evokatorischen Sprachweise zwar erkannte, aber eher inhaltlich apostrophierte. Tatsächlich ist es ein Verfahren, das Bruckners Versuch erklärt, aus dem negativen Ton, der Stille, zum großen Thema in Entwicklungsschritten zu gelangen. Exemplifiziert am Beginn der *Vierten* und *Neunten Symphonie* zeigt sich, daß das Einsetzen des Tremolos auf einer unbetonten Metrumzeit erfolgt, was die Vorausnahme der Stille als musikalisches Konstruktionsprinzip auf den vorher klanglich fehlenden Metrumteilen erklärt. Ähnlich funktionieren die Scherzi der *Vierten*, *Fünften* und *Sechsten Symphonie* und die verbal gestützte Interpretation im Vorspiel zum »Et resurrexit« des Credo aus Bruckners *Messe in f-Moll*.

Die anderen Tremolo-Kategorien Bruckners sind eher vertraut. Sein »theatralisch-dramatisches« Tremolo kommt aus dem Geiste Monteverdis und ist hauptsächlich der geistlichen Musik zugeeignet, sein symphonisch-dramatisches Tremolo stammt aus den Mitteln der Dramaturgie, wie sie → Beethoven und → Schubert vorgezeichnet haben. Bruckners Nachhalltremolo, das möglicherweise als Pendant zum Entwicklungstremolo angesehen werden kann, könnte – abgesehen von der »Verfallsqualität« (Kurth) – auch als Technik verstanden werden, die von den akustischen Dispositionen des Orgelklanges ausgeht. Bruckners variatives »Klangfarbentremolo« ist ein Mittel der Kompositionstechnik, wie es ebenso bei Wagner, → Berlioz, → Strauss vorkommt und auch schon in früheren Orchestrationslehren nachgelesen werden kann. Eine Besonderheit dürfte darin liegen, daß Bruckner im Orchestertremolo eine Art Tremulantregister der Orgel zieht (im Sinne Johann Gottlieb Walthers [»Musicalisches Lexicon« 1732]).

Die Geschichte der Erforschung des Brucknerschen Tremolo, die aber mehr oder weniger abgeschlossen sein dürfte, zeigt jedenfalls in ihren einzelnen Phasen wie so oft die Abhängigkeit der Autoren von ihrer eigenen Disposition in der Einschätzung Bruckners. MW

Lit.: Alfred Orel, A. Bruckner. Das Werk – Der Künstler – Die Zeit. Wien-Leipzig 1925; Ernst Kurth, Bruckner. Berlin 1925; Dika Newlin, Bruckner, Mahler, Schoenberg. New York 1947; Manfred Wagner, Zum Tremolo in der Musik A. Bruckners, in: Bruckner-Studien 1975.

Der Trompeter an der Katzbach (WAB deest) »Von Wunden ganz bedecket«

Lied für Singstimme (Baß) und Klavier in f-Moll, Kompositionsübung
Text: J. Mosen (→ Textdichter)
EZ: beendet 22. 8. 1862 (»Kirnberger Wald.«)
Autograph: → Kitzler-Studienbuch S. 207-213 (mit Entwurf)

Dieses Lied steht zeitlich abgehoben von den anderen im »Studienbuch«, die sonst alle zwischen Weihnachten und Neujahr 1861/62 entstanden sind. Es besteht keine Ähnlichkeit mit der Vertonung desselben Textes, die Ferdinand Möhring (1816-1887) vermutlich schon vor Bruckners Kompositionsübung in Nürnberg veröffentlicht hat (späterer Abdruck als Nr. 49 einer »Liedersammlung des Badischen Sängerbundes«. Karlsruhe 1865).

Lit.: Hawkshaw, The Manuscript Sources.

Troppau (Opava)

Stadt in Nordmähren, an der Oppa gelegen. Bis 1918 Hauptstadt des Kronlandes Österreich-Schlesien. 1878: 89 000, heute: 62 800 Einwohner.

Im Archiv von Troppau fand sich die Lebenschronik des Bruckner-Schülers Ludwig → Grande mit Erinnerungen an und Karikaturen von Bruckner (u. a. IKO 112) sowie anderen Lehrern des Konservatoriums der → Gesellschaft der Musikfreunde in Wien. Grande hatte später als Musikschuldirektor (1890-1940) und Komponist in Troppau gewirkt, sich um Aufführungen Brucknerscher Werke bemüht und von dort aus in den Jahren um 1900 mit August → Göllerich Kontakt gepflegt (ein künstlerischer »Gruß aus Troppau« vom 7. 10. 1903 ist die Postkarte IKO 112). – Im Februar 1893 besuchte der Chormei-

ster des Männergesangvereins Troppau, Friedrich Keitel, Bruckner in Wien, auch um den Plan einer Symphonie-Aufführung zu besprechen: Die vom Komponisten vorgeschlagene *Vierte* wurde schon am 19. 4. in einem Konzert des Vereins gespielt, der Bruckner am 1. 12. 1893 zu seinem Ehrenmitglied (→ Ehrungen) ernannte. Am 2. 5. 1894 erklang in Troppau der *Germanenzug*, im Juni 1896 führte Bruckners Schüler Ludwig → Grande die *Siebente Symphonie* auf.
Dr. Ernst Böck, 1876 Hörer Bruckners an der → Universität Wien und Freund von dessen Hausherrn Anton Ölzelt Ritter von Newin, leitete später die Landesirrenanstalt in Troppau. RG

Trösterin Musik (WAB 88) »Musik! Du herrliches Gebilde«
Vierstimmiger Männerchor mit Orgel in c-Moll, »Maestoso«
Text: August Seuffert (→ Textdichter)
EZ: am 19. 10. 1877 vollendet
UA: 11. 4. 1886 in → Wien (Musikvereinssaal; → Wiener Akademischer Gesangverein, Rudolf → Weinwurm)
Autograph: verschollen; Abschrift: ÖNB-MS
ED: Wien, Universal-Edition 1911 (Viktor Keldorfer)
NGA: Band XXIII/2 (in Vorbereitung)

Im Jahre 1877 entstand Bruckners Chor *Nachruf*, der zur Gedenktafelenthüllung für Josef → Seiberl in → St. Florian gesungen wurde. Auf Veranlassung Rudolf Weinwurms schrieb August Seuffert, Redakteur der »Wiener Zeitung«, einen neuen Text zu dieser Musik mit dem Titel *Trösterin Musik*. Weiteres siehe *Nachruf*. AH

Lit.: Göll.-A. 4/1, S. 457 f.

Tübingen
Universitätstadt in Baden-Württemberg mit heute rund 83 200 (1900: 15 300) Einwohnern; Verwaltungszentrum für den Regierungsbezirk Tübingen; maßgeblich geprägt von der 1477 gegründeten Eberhard-Karls-Universität.
Die auch musikgeschichtlich bedeutende Stadt wurde unter dem Universitätsmusikdirektor Karl Emil Kauffmann (geb. 23. 11. 1836 in Ludwigsburg, gest. 17. 6. 1909 in Tübingen) zum Ausgangspunkt der Bruckner-Rezeption in Südwestdeutschland (→ Rezeption). Maßgebend hierfür war die 1877 entstandene Freundschaft zwischen Kauffmann und Hugo → Wolf, der drei Besuche bei Kauffmann in Tübingen machte (1890, 1891, 1894) und dabei, »erfüllt von Ehrfurcht und Liebe für Bruckner« (W. Schmid), für dessen Musik in Tübingen warb.
Als zweiter Nachfolger von Friedrich Silcher in dem ursprünglich für diesen geschaffenen Amt des Universitätsmusikdirektors veranstaltete Kauffmann mit dem Akademischen Musikverein und der Akademischen Liedertafel zahlreiche anspruchsvolle Konzerte. Von Bruckners Musik begeistert, führte er am 21. 1. 1897 in der Stiftskirche in Tübingen erstmals in Deutschland Teile aus der *Messe in f-Moll* auf (Kyrie, Benedictus und Agnus Dei), am 10. 7. 1900 die ganze Messe. Am 31. 1. 1901 dirigierte er das *Ave Maria* WAB 6, am 2. 7. 1903 die *Messe in e-Moll* und am 25. 7. 1905 zwei *Tantum ergo*.
Zum engeren Kreis um Kauffmann gehörte in erster Linie sein Schwiegersohn, der Tübinger Graecist Wilhelm Schmid, der Bruckner am 27. 5. 1893 in Wien besuchte und mit folgenden Worten Bruckners verabschiedet wurde: »Und nun grüßen Sie mir alle meine Freunde in Württemberg und Tübingen und sagen Sie ihnen, sie sollen nur recht fest zu mir halten« (W. Schmid). Im Zusammenhang mit Schmid wird auch berichtet, daß Hugo Wolf glücklich gewesen sei, »als er erfuhr, daß ein klassischer Philologe im fernen Tübingen die Romantische Symphonie verstanden hatte« (Floros). Aus der Runde der Bruckner-Freunde und Bruckner-Kenner um Kauffmann sind ferner Karl → Grunsky und August → Halm besonders zu nennen. Sie haben wesentlichen Anteil an der frühen Verbreitung der Werke Bruckners in Südwestdeutschland und darüber hinaus. RKe

Lit.: Wilhelm Schmid, Erinnerungen an A. Bruckner, in: Neue Musik-Zeitung 23 (1902); ders., Tübingen als Ausgangspunkt der Brucknerpflege in Württemberg, in: Festausgabe der Tübinger Zeitung anläßlich der Tübinger Heimattage verbunden mit dem Tübinger Brucknerfest 21.-23. 7. und 28.-30. 7. 1928; ders., Emil Kauffmann, Universitätsmusikdirektor, 1836-1909, in: Hermann Haering – Otto Hohenstatt, Schwäbische Lebensbilder 3. Stuttgart 1942, S. 284 ff.; Hugo Wolf's Briefe an Emil Kauffmann. Hrsg. Edmund Hellmer. Berlin 1903; Ernst Fritz Schmid in: MGG 7, Sp. 748 f.; Constantin Floros, Thesen über Bruckner, in: A. Bruckner (Musik-Konzepte 23/24). Hrsg. Heinz-Klaus Metzger und Rainer Riehn. München 1982, S. 5; Rolf Keller, Bruckner-Rezeption in Südwestdeutschland, in: Bruckner-Symposion 1991; ders., Frühe Freunde Bruckners im deutschen Südwesten – Der Beginn der Brucknerpflege in Baden-Württemberg, in: Bruckner-Symposion 1994.

U

Uhde, Fritz von

Geb. 22. 5. 1848 auf Schloß Wolkenburg, Sachsen, gest. 25. 2. 1911 in München. Maler, zunächst Berufsoffizier. Parallel zur soldatischen Laufbahn seit 1876 Malstudien bei Ludwig Albrecht Schuster; beendete als Rittmeister der Reserve 1878 seine Offizierskarriere zugunsten der Malerei und wurde ab 1879 von Mihály von Munkácsy in Paris unterrichtet und gefördert. Rückkehr nach München 1880. Von entscheidender künstlerischer Bedeutung wurde die Freundschaft mit dem Berliner Maler Max Liebermann. Uhde verband in der Malerei Naturalismus und Religion; er revolutionierte das religiöse Motiv und stellte es in das nüchterne, versachlichte Milieu einer nicht mehr von überirdischem Glanz erfüllten Umwelt (Christus und die Apostel im Arbeiter- und Handwerkermilieu). Uhde begegnete Bruckner 1885 in → München, wohin dieser zur Aufführung seiner *Siebenten Symphonie* gereist war. Der Maler, der an einem Abendmahlsbild arbeitete, bat Carl → Almeroth, einen Freund Bruckners, diesen dazu zu bewegen, für den Kopf eines Apostels Modell zu sitzen. Bruckner lehnte dies u. a. mit dem Hinweis ab, er sei nicht würdig, in der Gesellschaft der Apostel zu sein. Wie sich Uhde nach dieser Weigerung behalf, ob mit »heimlichen« Skizzen, anhand einer Photographie oder in Kombination beider Hilfsmittel, ist ungesichert. Jedenfalls entstand mit dem Gemälde 1886 ein eindrucksvolles Bruckner-Porträt (→ Stuttgart). RKe

Lit. (Auswahl): Carl Almeroth, Wie die Bruckner-Büste entstand (Zum Bruckner-Denkmal). Wien 1899, Nachdruck Wien 1979; F. v. Uhde und A. Bruckner, in: Deutsche Kunst- und Musikzeitung 27 (1900) S. 150; Hans Rosenhagen, Uhde. Des Meisters Gemälde in 285 Abbildungen. Stuttgart-Leipzig 1908; Gustav Keyssner, Uhde. Eine Auswahl aus dem Lebenswerk des Meisters in 101 Abbildungen. Stuttgart-Berlin 1922; Heinrich Damisch, Der Maler im Freundeskreis A. Bruckners, in: Österreichischer Musiker- und Sängeralmanach. Wien 1937; Wilhelm Zentner, A. Bruckner und München, in: Der Baiern-Kalender. München 1948; Nowak 1973; Rolf Keller, Stuttgart, A. Bruckner und F. v. Uhde. Zur Wiederentdeckung des Gemäldes »Das Abendmahl« in der Staatsgalerie Stuttgart, in: Bruckner-Jahrbuch 1984/85/86;

Skizze zum Ölgemälde »Das Abendmahl« von Fritz von Uhde

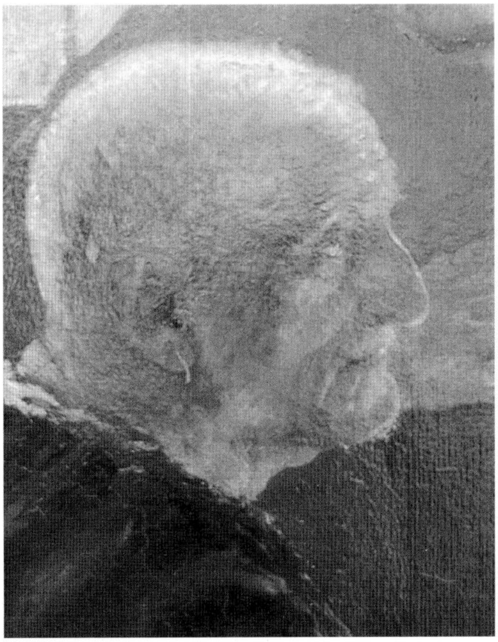

Ausschnitt aus dem Ölgemälde

ders., Stuttgart, A. Bruckner und F. v. Uhde, in: IBG-Mitteilungsblatt Nr. 34, Juni 1990; Bruckner-Ikonographie 23 a,b.

Um Mitternacht (WAB 89) »Um Mitternacht, in ernster Stunde«
Vierstimmiger Männerchor mit Alt-Solo und Klavierbegleitung in f-Moll, »Feierlich, doch nicht schleppend«
Text: Robert Prutz (→ Textdichter)
EZ: am 12. 4. 1864 in → Linz vollendet
W: → Männergesang-Verein »Sängerbund«, Linz
UA: 11. 12. 1864 in Linz (Redoutensaal; »Sängerbund« Linz, Frl. von Lutterotti, Bruckner)
Autograph: ÖNB-MS (früher Karl → Aigner)
ED: Wien, Universal-Edition 1911 (Viktor Keldorfer)
NGA: Band XXIII/2 (in Vorbereitung)

Für diese Schilderung des Zaubers einer Nacht verwendete Bruckner → Brummstimmen. F-Moll bildet den mystischen Hintergrund, aus dem die Männerstimmen, begleitet von Orgelpunkten und thematischen Unisonolinien des Klaviers, in leeren Quinten aufsteigen. In der zweiten und dritten Strophe liegt ein Alt-Solo über den Chorstimmen, das »über raunendem Brummchor ... den zauberhaften Mittelteil des Stückes« bildet. Die dritte Strophe wird ohne Klavier vorgetragen, die vierte wiederholt die Melodie der ersten, allerdings in F-Dur – der Sänger ist in die Realität zurückgekehrt. – Das beim Gründungsfest des »Sängerbundes« Linz uraufgeführte Werk wird auch in unserer Zeit noch gern von Männerchören gesungen. AH

Lit.: Linzer Zeitung 16. 12. 1864; Göll.-A. 3/1, S. 251-254; Thomas Leibnitz – Agnes Ziffer, Katalog der Sammlung Dermota. Wien 1988, S. 23 f.; Andrea Harrandt, Bruckner und das bürgerliche Musiziergut seiner Jugendzeit, in: Bruckner-Symposion 1987, S. 100.

Um Mitternacht. Porträt und Faksimile aus dem Erstdruck

Um Mitternacht (WAB 90) »Um Mitternacht, in ernster Stunde«
Vierstimmiger Männerchor a cappella mit Tenor-Solo in f-Moll, »Ziemlich langsam, feierlich«
Text: Robert Prutz (→ Textdichter)
EZ: am 11. 2. 1886 in → Wien vollendet
W: Straßburger Männer-Gesangverein
UA: 15. 4. 1886 in → Linz (Städtischer Volksgartensalon; → Liedertafel »Frohsinn«, Herr Scheidtweiler, Wilhelm → Floderer)
Autograph: ÖNB-MS (Skizze)
ED: »Straßburger Sängerhaus«. Sammlung bisher ungedruckter ... Blätter. Straßburg 1886 (Faksimile und Partitur); später: Wien, Universal-Edition 1911
NGA: Band XXIII/2 (in Vorbereitung)

Bruckner hat den schon 1864 verwendeten Text von Robert Prutz (s. o.) für das Gründungskonzert der Liedertafel »Frohsinn« im Jahre 1886 noch einmal vertont und dabei auf die Klavierbegleitung verzichtet, auch erscheint die Melodie gegenüber der früheren Vertonung etwas verändert. In der 2. Strophe verwendete Bruckner zum Tenor-Solo wieder einen den Sängern Schwierigkeiten bereitenden Brummchor, den Chorleiter Floderer – nach Rücksprache mit dem Komponisten – durch eine Harfenbegleitung stützen mußte. Am 27. 3. 1887 besetzte der → Wiener Männergesang-Verein unter Eduard → Kremser bei der Erstaufführung in Wien – mit Zustimmung Bruckners – zur leichteren Ausführung das Tenor-Solo mit mehreren Tenören. Es folgten noch weitere Aufführungen des Stückes in diesem Verein, u. a. 1912 beim Sängerbundesfest in → Nürnberg. AH

Lit.: Göll.-A. 3/1, S. 595 ff., 4/2, S. 410 ff., 526; Andrea Harrandt, Bruckner und das bürgerliche Musiziergut seiner Jugendzeit, in: Bruckner-Symposion 1987, S. 100.

Universität Wien

Die Universität stellte für Bruckner schon früh eines der Ziele seiner Lebensplanung dar. Dahinter stand wohl die Vorstellung von »Wissenschaft«, wie sie im 18. Jahrhundert die perfekte theoretische Durchdringung der »Kunst« bezeichnete. Unter dieser Voraussetzung ist es sicherlich zu verstehen, daß Bruckner am 2. 11. 1867 noch von → Linz aus, ein Jahr vor der Übersiedlung nach → Wien, an die dortige Universität ein Gesuch um »Aufnahme als Lehrer der musikalischen Composition« richtete. Es wurde, wie schon einige Jahre zuvor eine ähnliche Eingabe des akademischen Chormeisters und Gesangslehrers Rudolf → Weinwurm, mit der im Gutachten Eduard → Hanslicks ausgeführten Begründung, daß der Kompositionsunterricht Sache eines Konservatoriums und nicht der Universität sei, abgewiesen. Gleiches widerfuhr zunächst einem weiteren Gesuch vom 18. 4. 1874. Dessen Adressierung an das k.k. Ministerium für Kultus und Unterricht und die nachfolgenden Vorgänge lassen vermuten, daß Bruckner diesmal mit Wissen des Ministers Karl von → Stremayr handelte. Zwar entschied die Fakultät, wieder aufgrund einer Stellungnahme Hanslicks, abermals für die Ablehnung. Auch ein neuerlicher Vorstoß wenige Wochen später (10. 5. 1874) blieb trotz recht deutlicher Hinweise auf die Protektion des Ministers erfolglos; dabei blieb ein Antrag des Slawisten Franz Miklosich auf Verleihung einer unbesoldeten

Alte Universität in Wien (heute Hauptgebäude der Österreichischen Akademie der Wissenschaften). Aquarell von F. X. Schleich, 1903

Lehrstelle (was den Intentionen Bruckners vermutlich nicht entsprach) in der Minderheit. Eben diese Lösung wurde jedoch im folgenden Jahr (29. 10. 1875), nachdem Bruckner wieder ein Gesuch an das Ministerium gerichtet hatte, ohne in den Akten erkennbaren Widerstand angenommen. Daß allerdings Hanslick bei der Sitzung nicht anwesend war (was aber auch sonst häufig der Fall war) und daß sein zustimmendes Gutachten, das noch dazu einem Aktenvermerk zufolge »in Verstos gerathen« war, nur vom Dekan referiert wurde, dürfte doch darauf hinweisen, daß diese Entscheidung unter dem Druck des Ministers erfolgte. Am 26. 7. 1876 erbat Bruckner die Protektion des Obersthofmeisters Prinz → Hohenlohe bei Kaiser → Franz Joseph I. für eine »mit einem jährlichen dotirten Gehalte verbundene außerordentliche Professur

Die neue Universität in Wien.

für Harmonielehre und Contrapunkt an der hiesigen k.k. Universität«. Ein halbes Jahr später (13. 1. 1877) versuchte Bruckner beim Ministerium wenigstens die fixe Besoldung zu erreichen, was allerdings auch vom Minister abgelehnt werden mußte. Hingegen erhielt er mit Befürwortung Hanslicks die für Lektoren übliche semesterweise Remuneration.

Bruckner begann seine Vorlesungstätigkeit mit Sommersemester 1876 und beendete sie Anfang November 1894. In den Nationalien der philosophischen Fakultät sind insgesamt 166 Studenten (davon nur etwa sechs Prozent Musiker) nachweisbar, die bei Bruckner belegten. Dazu kommen noch solche, die an anderen Fakultäten oder gar nicht inskribiert waren (im Wintersemester 1876/77 hatte Bruckner nach eigenen Angaben 70 Hörer). Prominente Schüler Bruckners an der Universität waren Friedrich → Eckstein, Max Graf, Alois Höfler, Victor Junk, Karl Kobald, Gustav → Mahler, Josip Mantuani, Max von → Oberleithner, Rudolf Steiner. Über die Art und Weise der Lehrtätigkeit Bruckners existieren verschiedene Berichte, in denen das Anekdotische (→ Anekdoten) vom Tatsachenbericht nicht zu trennen ist. Übereinstimmung besteht im wesentlichen in den Berichten vom patriarchalisch-herzlichen Verhältnis Bruckners zumindest zu einer ausgewählten Schar seiner Studenten (er nannte sie »Gaudeamus«), denen er gelegentlich ihn beschäftigende Lebens- und Schaffensprobleme anvertraute, ihnen auch aus seinen Werken vorspielte. Kein Grund zum Zweifel besteht auch an der Tatsache, daß er seine Erklärungen mit drastisch-urwüchsigen Formulierungen vorbrachte. So mag es auch stimmen, daß ein Teil der Hörer weniger des Lernens wegen kam als um der »Hetz« willen oder einfach um die Gelegenheit zu nützen, dem Komponisten nahezukommen.

1891 erfuhr Bruckner von der Universität Wien jene Ehrung, die er, wenigstens für längere Zeit, für die höchste ihm erreichbare hielt, das → Ehrendoktorat. Möglicherweise hatte ihn das Beispiel von → Brahms auf den Gedanken gebracht, gleiches auch für sich zu erreichen. Nachdem diesbezügliche Versuche an ausländischen Universitäten fehlgeschlagen oder vielleicht nie an ihr Ziel gelangt waren, scheint er, wie seine Bitte an Hermann → Levi um ein Gutachten zeigt, seine Absichten auf die Universität Wien gerichtet zu haben. Zugleich nahm er vermutlich Verbindung zu Professoren der Universität auf (wozu auch Levi riet). Was dabei geschah, liegt im Dunkel. Offensichtlich unternahm der Dekan der philosophischen Fakultät, der Ägyptologe Simon Leo Reinisch, vorbereitende Schritte. Der erst danach, am 4. 7. 1891, von dem Physiker Josef Stefan eingebrachte Antrag auf »Verleihung des Titels eines Doctor der Philosophie honoris causa für den Componisten Herrn Anton Bruckner« wurde einstimmig angenommen (Hanslick war in diesem Semester beurlaubt, kann also die Sitzung nicht mit einer »Riesenwut«, wie Stefan angeblich erzählte, verlassen haben). Die Promotion erfolgte am 7. 11. 1891. Der → Wiener Akademische Gesangverein gab am 11. 12. 1891 aus diesem Anlaß einen Festkommers in den Sophiensälen. Daß dieses Ereignis von den dreitausend Anwesenden zu einer Demonstration im nationalen Sinn benützt wurde (die als solche von den Behörden nicht erlaubt worden wäre), ist Bruckner nicht entgangen, identifiziert hat er sich damit sicherlich nicht. Zwei Tage später führten die → Wiener Philharmoniker die neue (Wiener) Fassung der *Ersten Symphonie* auf, die Bruckner der Universität widmete. Daß die Überreichung der Widmungspartitur erst im Februar 1894 erfolgte, könnte auf ein Zögern des Komponisten – aus welchen Gründen immer – zurückzuführen sein. Vielleicht hatte er sich erhofft, daß ihm nach dem Ehrendoktorat auch der Traum der fixen Besoldung an der Universität erfüllt würde. Jedenfalls nahm der damalige Rektor Gustav Tschermak die Übergabe zum Anlaß, sich für die Bewilligung einer staatlichen Ehrengabe an Bruckner einzusetzen.

Nach Bruckners Tod fanden in der Universität verschiedene ihm gewidmete repräsentative Veranstaltungen statt. Im Wintersemester 1902/03 arrangierte Theodor → Helm Bruckner-Abende in der Kleinen Aula mit Einführungsvorträgen und vierhändigen Klavieraufführungen von Symphonien. 1912 wurde auf Antrag des Akademischen Gesangvereins im Arkadenhof ein Denkmal von Josef Tautenhayn jun. errichtet. Am 1. 3. 1951 fand eine Akademische Feier statt, in deren Rahmen die Originale der im Jahr zuvor im Druck veröffentlichten Mitschriften von Bruckner-Kollegien von Ernst → Schwanzara der Universität übergeben wurden. TA

Literatur: Robert Lach, Die Bruckner-Akten des Wiener Universitäts-Archives. Wien-Prag-Leipzig 1926; A. Bruckner, Vorlesungen über Harmonielehre und Kontrapunkt an der Universität Wien. Hrsg. Ernst Schwanzara. Wien 1950; Theophil Antonicek, Bruckners Universitätsschüler in den Nationalien der philosophischen Fakultät. Mit einem Verzeichnis der Hörer von Vorlesungen über musikalische Gegenstände vom Sommersemester 1875 bis zum Wintersemester 1896/97, in: Bruckner-Studien 1975; ders., A. Bruckner und die Universität, in: Bruckner-Symposion Leipzig 1987; Elisabeth Hilscher, Bruckner als Gelehrter – Bruckner als Geehrter. Der Akademische Gesangverein als studentische Verehrergemeinde Bruckners, in: Bruckner-Symposion 1992.

Urteile über Komponisten

Voraussetzungen

Bruckner lernte Werke großer (und kleinerer) Meister schon während seiner Jugend kennen und nahm an städtischem Konzertleben bereits in → Linz Anteil, erlebte dort auch die ihn prägende »Tannhäuser«-Aufführung unter seinem Lehrer Otto → Kitzler und fuhr eigens zu Aufführungen von Beethovens Neunter Symphonie und von Berlioz' »Damnation de Faust« nach → Wien. In die Residenzstadt übersiedelt, meldete er am 8. 12. 1868 seinem Förderer Johann Baptist → Schiedermayr stolz die mit der Anstellung am Konservatorium der → Gesellschaft der Musikfreunde verbundene Vergünstigung: »In die [Gesellschafts-]Konzerte und Hofoper habe ich freien Eintritt« (Auer, Briefe S. 100). Bei den Konzerten der → Wiener Philharmoniker frequentierte er den Stehplatz. Das Hofoperntheater besuchte er dagegen seltener: »Auf einer Stufe der vierten Galerie sitzend«, also ohne Blickkontakt zur Bühne, hörte er sich – so wird berichtet – »ab und zu einen Aufzug aus einem Wagnerschen Musikdrama an«.

Von Bruckner gibt es – anders als bei vielen Komponisten seines Jahrhunderts – weder eine Autobiographie, ausführliche Tagebücher, umfangreiche Briefwechsel noch Musikkritiken über Werke anderer oder gar Abhandlungen über musikalische Themen. Bei der Suche nach authentischen Urteilen Bruckners über Komponisten (hier besonders von Orchestermusik) müssen wir mit seinen → Briefen und seinen Eintragungen in diversen → Taschen-Notizkalendern vorliebnehmen, wobei die Briefe allerdings für die Sammlung von musikalischen Urteilen wesentlich unergiebiger als für seine Selbsteinschätzung (→ Persönlichkeit) sind. Und an zumindest Musikernamen nennenden Notizen in seinen Taschenkalendern sind nur die Angaben zu seinen kompositionstechnischen Untersuchungen von → Mozarts »Requiem« (Kalender 1877) sowie von Beethovens Dritter und Neunter Symphonie (1876, jedoch erst 1878, mit Bemerkungen zu seiner eigenen *Vierten*, eingetragen), eher seltene Angaben über Konzertbesuche (1879-1891 neun Termine, ohne Beurteilung von Werk oder Interpretation) und die Notiz über alljährlich abgehaltene Gebete an den Gräbern Beethovens und → Schuberts am Währinger Ortsfriedhof (1884/85) zu nennen. Einzige Ausnahme ist 1890/91 seine Bemerkung über die »Messe in d-Moll« von → Cherubini: »Composition schrecklich!!! Aufführung!!!« Merkwürdigerweise fanden sogar seine ihn für sein ganzes Leben prägenden Begegnungen mit → Wagners Schaffen (in Linz, → München und → Bayreuth) in diesen authentischen Quellen keinen Niederschlag. Leopold → Nowak stellte zu Recht fest, daß Bruckner eben keine »literarische« Persönlichkeit gewesen sei, »die, mitteilsam wie so manche andere, über sich und ihre Beschäftigung Aufschluß gegeben hätte; er beschränkte sich auf seine Unterrichtstätigkeit und sein Komponieren«.

Mehr Material liefern – nur selten genau dokumentiert und manchmal auch divergierend – → Biographien (hier in erster Linie die von → Göllerich und → Auer), Unterrichtsmitschriften, Erinnerungsberichte von Freunden, → Schülern etc. (→ Erinnerungsliteratur) sowie → Anekdoten: Hier werden Diskussionen im privaten Rahmen, aber auch z. B. in → Gasthäusern, auf gemeinsamen → Reisen, bei Konzertbesuchen oder im Unterricht bzw. während der Vorlesungspausen wiedergegeben – um authentischer zu wirken oft in direkter Rede, im Falle Bruckner also in einem meist stilisierten oberösterreichischen Dialekt.

Die Komponisten (nach ihren Geburtsjahren gereiht)

»Im Urteil über andere Komponisten war er zurückhaltend, vorsichtig und gelegentlich sarkastisch«, war Anton → Meißners Eindruck aus vielen persönlichen Gesprächen. Bruckner habe »leidenschaftlich nur → Bach, Beethoven, Schubert, Wagner und Berlioz« geliebt, überlieferte August → Stradal. Meißner erweiterte diesen Kreis um Joseph Haydn und strich dafür Berlioz. Als Zeitgenosse ist allein Wagner immer dabei, was auch vom Schüler Franz Marschner bestätigt wird.

Äußerungen über ältere Meister sind selten zu finden. So war laut Stradal Bruckners Bewunderung für *Händel* nicht so groß wie für *Bach*, den er »wie einen Gott verehrte«, in dem er »den Anfang, das Sein und Werden aller Kunst« sah. Er habe bei Händel die »harmonischen Kühnhei-

ten Bachs« vermißt. Wahrscheinlich bezieht sich dies vor allem auf deren Orgelmusik.
In zunächst möglich erscheinendem Zusammenhang mit *Mozart* ist außer den Taschenkalender-Eintragungen authentisch nur der lapidare Satz: »Wie staunte ich heute über den Figaro« in einem Linzer Brief (Auer, Briefe S. 63) überliefert, womit allerdings eine Karikatur Johann → Herbecks in der satirischen Zeitschrift »Figaro« gemeint war. Bruckners »glühende« Mozart-Verehrung und die vom Vorlesungsbesucher und späteren Prager Professor Heinrich Schuster wiederholt gehörte Äußerung, »was für ein großer Kontrapunktist Mozart war«, sind hier noch zu ergänzen.
Das Erlebnis der Neunten Symphonie *Beethovens* hat Bruckner – wie ja auch Brahms – mitbestimmt, sich mit dieser Gattung zu beschäftigen. Neben Beethovens später Kammermusik bewunderte er vor allem dessen Symphonien, »bei deren Anhören er sich regelmäßig in eine ungeheure Erregung« gesteigert haben soll. Beethoven war für ihn laut Carl → Hruby »die Incarnation alles Großen und Erhabenen in der Tonkunst«.
Schubert, mit dessen Klängen Bruckner schon in → Kronstorf »aufgewachsen« war, zählte auch zu seinen »Hausgöttern«; er habe ihn zwar »nicht auf die höchste Stufe wie Bach und Beethoven« gestellt, »aber mit jeder Faser seines Herzens« geliebt. Stradal berichtet weiter, daß Bruckner Schubert die Rolle Johannes des Täufers, des »Vorläufers Christi«, zuerkannte, denn: »Alle harmonischen Wendungen Schuberts deuten schon an, daß der Verheißene, Richard Wagner, am Kunsthimmel erscheinen werde. In dem Fragment der h-moll-Symphonie fand er schon Spuren des kommenden Tristan.«
Bei *Berlioz*, dessen Kunst er »viel höher (als → Liszt) stellte«, sollen Bruckner die »Instrumentation und Kontrapunktik« imponiert haben, und »besonders das Requiem galt ihm als einer der Höhepunkte moderner Kunst«. Göllerich beschreibt noch die »widerstreitenden Überlegungen« Bruckners nach einer (mangelhaften) Aufführung des Berliozschen »Te Deum«, die sich in der Bemerkung entluden: »... und kirchli' is' do' nöt!«
Franz Xaver Müller hat den Ausspruch Bruckners überliefert: *Mendelssohn* ist ein großer Komponist, aber ein Klassiker ist er nicht«, was zwar objektiv richtig ist, von Bruckner jedoch subjektiv abwertend gemeint war, wenn er auch laut Stradal »manche seiner [Mendelssohns] Werke doch sehr hoch« eingeschätzt habe (er hat vermutlich dessen Dritte und Fünfte Symphonie und zwei oder drei Konzert-Ouvertüren gekannt).
Schumanns Symphonien waren ihm laut Stradal »nicht besonders sympathisch; insbesondere ersah er in den langsamen Sätzen nicht den richtigen Adagiocharakter. Die Andantes Schumanns erschienen ihm wie erweiterte Romanzen, Schumanns Symphonien nannte er ›Sinfonietten‹«.
»Den eigentlichen *Chopin* kannte er ... gar nicht«, meinte Stradal, der Bruckners Urteil: »zu dämmerhaft, zu wenig scharf umrissen« überliefert. Meißner berichtet, daß Bruckner Chopin »hoch verehrte und schätzte«, ein andermal dagegen, daß er ihn für »äußerst interessant« hielt, einen Ausdruck verwendend, der bei Bruckner »stereotyp« und »oft sarkastisch gemeint« gewesen sei.
Ähnlich indifferent sind Bruckners Äußerungen über *Liszt*, einen der »Väter« der → Neudeutschen Schule und den ersten Musiker in dieser Reihe, mit dem er persönlichen Kontakt hatte. Zur Uraufführung der »Legende von der hl. Elisabeth« war er eigens nach Budapest gereist. Bruckner war laut Friedrich → Eckstein davon überzeugt, daß seine »Art, Musik zu machen, ... von der Liszts gänzlich verschieden sei«. Zu Marschner äußerte sich Bruckner, Liszt sei »mehr Meister des homophonen Satzes, nicht so für's Kontrapunktische«. Die thematische Arbeit Liszts erscheine ihm dürftig, und über die Fugen schüttele er den Kopf. Stradal, der mit beiden engsten Kontakt hatte, bezeugt, daß Bruckner nur ein symphonisches Werk Liszts »*genau* gekannt und auch geschätzt habe: die »Faust-Symphonie«, in der er »die Themen, den kolossalen Aufbau, die Instrumentation, die harmonischen Kühnheiten« bewundert habe, wenn ihm auch manches – nach Göllerich-Auer – wiederum »zu gewagt« erschienen sei. Den anderen Werken Liszts stand Bruckner laut Stradal »fremd gegenüber« und war nur »von einzelnen Teilen entzückt«. Die »Graner« und die »Krönungsmesse« soll er dagegen sehr geliebt haben. Es bestand wohl lediglich eine »konventionelle Hochachtung gegenüber dem älteren Meister«, dessen Schriften er zudem nicht kannte.
Eine ganz anders geartete und ganz einseitige Hochachtung hat Bruckner *Wagner* entgegengebracht. Ausdrücke wie »dem unerreichbaren, weltberühmten und erhabenen Meister der Dicht- und Tonkunst« oder »zum Andenken sei-

nes unerreichbaren Ideals, des heißgeliebten, unsterblichen Meisters aller Meister« etc. legen beredt Zeugnis ab. Abgesehen von der Widmung der *Dritten Symphonie* gibt es nur zwei authentische »Äußerungen« über Wagner: 1868 schreibt er in einem Brief an Hans von → Bülow (Auer, Briefe S. 98) von seinem »erhabenen Vorbild Wagner«, 1882 will er – wie er später Hans von → Wolzogen berichtet (ebenda S. 168) – anläßlich eines Zusammentreffens mit Wagner ergriffen zu diesem gesagt haben: »O Meister, ich bethe Sie an!!!« Einerseits soll Bruckner Wagner rein vom Klang her gehört und verstanden haben (Stradal: »Alles war ihm nur der Tondichter«; Göllerich: Er lauschte, »auf das Bühnenbild verzichtend, dem Klangzauber«), »die dramatischen Dichtungen fesselten ihn nicht«. Andererseits habe es Stellen in der Handlung gegeben, die Bruckner sehr wohl tief ergreifen konnten: z. B. im »Siegfried« die Passage, wo der Held von seiner Mutter träumt, und die Waldvogelszene, in »Götterdämmerung« das Rheintöchterterzett und Siegfrieds Tod. Daß Bruckner 1865 »Tristan und Isolde« angeblich aus einem textlosen Klavierauszug studiert habe, wird durch Bruckners vielleicht ebenso nur angebliche Antwort auf die Frage nach seiner Begeisterung für »Götterdämmerung« relativiert: »... weil darin so viel g'schiacht«, womit er nach Göllerich-Auer den häufigen Szenenwechsel meinte und nicht, wie man schließlich auch folgern könnte, die Fülle musikalischer Ereignisse. Ganz so ahnungslos hat er sich denn auch der Schriftstellerin Gertrud Bollé-Hellmund gegenüber nicht gezeigt, die mit ihm über ein Opernlibretto verhandelte: Er bedauerte, »kein Dichter [zu sein], wie der herrliche Wagner«. Den *Schriftsteller Wagner* hat er allerdings überhaupt nicht zur Kenntnis genommen hat.

Bei einer Aufführung von *Verdis* »Messa da Requiem«, deren Klavierauszug er sogar besaß, soll Bruckner zu einem seiner Schüler gesagt haben: »G'fallt ma nöt!« und, als dieser ihn auf eine Doppelfuge aufmerksam machte, verärgert gewesen sein, »daß er nur für einen Kontrapunktiker gehalten wird«. Weitere Werke Verdis dürfte Bruckner nicht gekannt haben, jedenfalls hatte er die schon damals sehr bekannte Melodie des »Miserere« aus dessen »Il Trovatore« zur Überraschung Dr. Fränkels (→ Ärzte) nicht erkannt.

Bruckners Einschätzung von *Gounod*, den er in → Paris kennengelernt hatte, wird von Göllerich-Auer wiedergegeben: »Der hat ma alleweil aus ›Romeo und Julia‹ so fade Sach'n vorg'spielt.« Über dessen »Faust« mit den »gefälligen Melodien, die so angenehm ins Ohr fließen«, soll er entsetzt gewesen sein und sarkastisch gefragt haben, was denn »der Goethe zu dieser ›wunderschönen‹ Oper gesagt« hätte.

Johann → *Strauß* (Sohn) war – wie auch → Schwanzara bestätigt – ein »von Bruckner hochgeschätzter Meister der heiteren Muse«. Aber außer daß Bruckner ihn – trotz Verbrüderung – mit »großer Meister« anredete, ist nur die anekdotische Äußerung bekannt, daß ihm ein Walzer von Strauß lieber »als eine ganze Symphonie von ...« (sc. natürlich Brahms) gewesen sei (Hruby S. 38).

Sein Schüler Franz Marschner bürgt für folgenden Ausspruch Bruckners: »Seit Wagners Tod ist der größte Künstler Anton *Rubinstein*«, allerdings nur als Pianist; als Komponist sei er ihm »viel zu konservativ«: »Was will man machen, wenn die neue Richtung gänzlich vermieden wird?«

Über die gegenseitigen Beurteilungen der »Antipoden« Bruckner und *Brahms* resümiert 1980 Floros (S. 20): »Klammert man das Anekdotische aus und beschränkt man sich auf das sicher Verbürgte, so ließe sich sagen, daß das Verhältnis von gegenseitigem Unverständnis bestimmt wurde.« In keinem seiner Briefe oder Taschenkalender äußert Bruckner selbst eine deutliche Meinung über Kompositionen von Brahms, dessen Werke er aber alle kennenzulernen bestrebt gewesen sein soll, um sich ein eigenes Urteil zu bilden. Seinem Schüler Josef → Vockner soll er anvertraut haben, Brahms sei »a tüchtiger Musiker, der was kann, aber ka Symphonie-Komponist; er hat kane Themen«; ähnlich jovial auch zu der Sängerin Rosa Papier-Paumgartner (→ Paumgartner): »... a sehr braver Komponist, der sehr guate Sachen schreibt, aber ... meine Sacherln san' ma halt do' a bisserl liaba«, was Bruckner auch Brahms direkt gesagt haben soll – im Gasthaus »Roter Igel«, wo sie sonst (nach Ansicht aller Gewährsleute) so gut wie nie über Musik gesprochen haben sollen. Laut Marschner bezeichnete Bruckner Brahms als »großen Kontrapunktiker« (im negativen Sinn), als »Macher« und fuhr fort: »Wer sich durch Musik beruhigen will, der wird der Musik von Brahms anhängen; wer dagegen von der Musik gepackt werden will, der kann von jener nicht befriedigt werden.« Ergänzend überliefert Meißner den Ausspruch, daß »Brahms ... für kalte Naturen und Protestanten« sei, aber nichts für »feurige Natu-

»Die hervorragendsten Componisten unserer Monarchie« (Erkel, Suppé, Millöcker, Brahms, Bruckner, Strauß, Goldmark, Kremser, Hellmesberger jun., Fuchs). Druck in: »Das interessante Blatt« 31. 12. 1891 (IKO 58)

ren und Katholiken«. Auch Bruckners Ansicht, daß bei Brahms jeder Takt »ausspintisiert, alles gelehrt« sei, während bei ihm selbst alles aus dem Herzen komme, ist zu lesen. *Ein* Brahms-Thema hat Bruckner – wie Eckstein (S. 174) von Ferdinand → Löwe gehört hat – aber doch gefallen: das erste Thema des Klavierkonzerts Nr. 1; »ein auch nur annähernd gleichwertiges« sei Brahms in keiner seiner Symphonien gelungen. Diese habe Bruckner »als unbedeutend« empfunden, »dürftig in der Erfindung, bar jeder wahren Größe, die Themenharmonik recht uninteressant, die Durchführung seicht, die Instrumentation kahl und farblos«. So detailliert informierte uns Bruckner sonst über keinen seiner Komponisten-Kollegen – zu heftigeren Reaktionen oft sicherlich durch den ständigen »Parteienstreit« provoziert.

Welche Werke von → *Dvořák* Bruckner gekannt hat, ist nicht bekannt. Im Gespräch mit böhmischen Musikern in → Prag fiel laut Marschner der lapidare Satz: »Ich bin kein Verehrer von ihm.« Nach der Aufführung eines Dvořákschen Kammermusikwerkes habe er sich – »offenbar ... gereizt durch die Förderung, die dieser im Gegensatz zu ihm selbst erfuhr« (darunter auch von Brahms) – »äußerst abfällig, ja verächtlich« geäußert.

Robert *Fuchs*, Kollege am Wiener Konservatorium, soll dagegen »durch großes Interesse« Bruckners ausgezeichnet worden sein. Und der 3. Satz der Ersten Serenade von Fuchs »geht einem in d' Füß, da möcht' ma tanzen!«. Von den weiteren der insgesamt fünf wiederholt mit größtem Erfolg in Wien aufgeführten Serenaden liest man allerdings nichts.

Von → *Wolf*, der engen Kontakt zu Bruckner hatte, kannte dieser nachweislich Kompositionen (z. B. dessen Musik zu Ibsens »Fest auf Solhaug« und die Symphonische Dichtung »Penthesilea«). Stradal berichtet aber nur von »reger Teilnahme«, die Bruckner Wolf entgegengebracht habe, daß er andererseits »der lyrischen Erscheinung Wolfs fremd« gegenübergestanden sei. Dagegen will Meißner erfahren haben, daß Wolf von Bruckner »als der talentvollste der jungen, neudeutschen Schule« bezeichnet worden sei. Und Göllerich-Auer bestätigen, daß Bruckner nach Wagners Tod »Wolf als den einzigen wirklich genialen Komponisten seiner Zeit« geschätzt habe, dessen »Urwüchsigkeit und ... kühne Harmonik« ihn besonders interessiert hätten.

Die großen Orchesterwerke → *Mahlers*, der ja ebenfalls über mehrere Jahre ein trotz des Altersunterschiedes freundschaftliches Verhältnis zu Bruckner pflegte (und den ersten vierhändigen Klavierauszug zur *Dritten Symphonie* gemeinsam mit Richard → Krzyzanowski herstellte), entstanden erst nach seiner Abreise aus Wien, als der Kontakt beider weniger intensiv war. So ist es nicht verwunderlich, wenn von Bruckner laut Göllerich-Auer nur überliefert ist, daß er Mahlers »Talent besonders schätzte«. Ähnliches berichtete auch der Hamburger Kritiker Wilhelm → Zinne.

Der jüngste Komponist, über den Bruckner-Äußerungen zu finden waren, ist Richard → *Strauss*, wie Bruckner ein großer Verehrer Wagners. Bruckner kannte die Tondichtung »Don Juan«, der er laut Stradal »eine große Zukunft prophezeite«. Auch »Till Eulenspiegels lustige Streiche« hat er – nachweislich sogar zweimal (1896), damals schon schwer krank – gehört und soll nach Stradal »nicht bloß die kühne Instrumentation, sondern die ihm so sehr sympathische große Vielstimmigkeit« bewundert haben, wogegen Meißner nur Bruckners sarkastisches »äußerst interessant« gehört haben will.

Resümee
Diese doch eher magere Ausbeute an »Urteilen« – besonders was deren Qualität betrifft – mag darin begründet sein, daß Bruckner der musikalischen Produktion seiner Zeit »indifferent« gegenüberstand, wie schon Dr. Fränkel vermutete: »Er schien gar kein Bedürfnis zu haben, die Werke anderer Meister kennen zu lernen«, ihm sei »von den zeitgenössischen Komponisten eigentlich nur Richard Wagner wirklich bekannt« gewesen. Dem befreundeten Ehepaar → Mayfeld soll Bruckner sogar gestanden haben: »... i mag mi net irr' machen lass'n. Fremde Musik bringt mi ganz aus der Schanier.« In seinen Vorlesungen konnte er sich denn auch nur ganz allgemein zur Empfehlung des »Studiums guter Kompositionen« entschließen.
»Fremde Musik« hat Bruckner grundsätzlich nach seinen eigenen musikalischen Maximen, nicht unbedingt historisch »gewertet«. Er schätzte die Beherrscher des Kontrapunkts und harmonischer Kühnheiten, legte Wert auf Periodenbau, thematische Arbeit, Polyphonie, eindrucksvolle Instrumentation und vor allem Themenerfindung. Musik mußte für ihn aus dem Herzen kommen, urwüchsig-kraftvoll sein. Die uns überlieferten Urteile über Musik anderer drücken in einzelnen Fällen *Be*wunderung aus, wo eher *Ver*wunderung, d. h. Unverständnis, herrschte.
Die Namen einiger der erwähnten Komponisten allein treten allerdings auch in anderen Zusammenhängen häufiger auf, und da auch in den authentischen Quellen, besonders bei von Bruckner angestellten Vergleichen zwischen sich selbst und seinen »Hausgöttern« oder seinen »Feinden«, womit durchaus sein Selbstbewußtsein, sein Selbstwertgefühl zum Ausdruck kommen: Auf die in Wien kursierende Redensart von den drei großen B der Musik reagierte er, »mit Beethoven dürfe er nicht in eine Reihe gestellt werden, mit Brahms wolle er es nicht«. In anderem Zusammenhang: »Wenn ich mich auch nicht mit Schubert und solchen Meistern vergleichen kann, so weiß ich doch, daß ich ›Wer‹ bin und meine Sachen von Bedeutung sind.« Mit Beethoven soll er sogar Gespräche konstruiert haben, um seine musikalischen Vorstellungen – gleichsam vom Allerhöchsten – bestätigen zu lassen. Und bei einem entsprechenden Vorwurf soll er sich sogar mit: »... auch von Wagner sind nicht alle Gedanken gleich großartig« verteidigt haben (Hruby S. 19). Aber auch Äußerungen einiger Komponisten über ihn selbst benutzte Bruckner: positive, um sie – von anerkannten Kapazitäten wie etwa Wagner und Liszt stammend – als unanfechtbares Zeugnis bei allen nur möglichen Gelegenheiten ins Treffen zu führen (z. B. 1869: »Liszt ist sehr lieb, er machte mir interessante Bemerkungen über mein Talent, was ich jedoch noch bezweifle«, Auer, Briefe S. 102; 1875, schon selbstbewußter: »Wagner hat meine D-moll-Symfonie als sehr bedeutendes Werk erklärt ...«, ebenda S. 130; 1893: »Ein Urtheil Wagners über mich erfuhr ich neulich erst, worin er sagte: ich sei der einzige, dessen Gedanken bis zu Beethoven hinaufreichen. Groß!«, ebenda S. 276); negative, in seinen Augen ausschließlich von seinen Gegnern herrührende, um Enttäuschung oder Gekränktheit auszudrücken (z. B. 1875: »Brahms scheint in Leipzig meine C-moll-Symphonie Nr. 2 unterdrückt zu haben«, ebenda S. 127; 1886: »Von Hanslick und leider auch von Brahms sind mir für mich so kränkende Geschichten erzählt worden ...«, ebenda S. 211).
Bruckners letzter Konzertbesuch – zu Pfingsten 1896 in Wien – galt übrigens Aufführungen von Strauss' »Till Eulenspiegel« und Wagners »Liebesmahl der Apostel«, also einer »Novität«, die er kurz zuvor schon einmal gehört hatte, und einem von ihm sehr geschätzten Werk seines »Meisters«. UH

Lit. und Quellen (Auswahl): Carl Hruby, Meine Erinnerungen an A. Bruckner. Wien 1901; Göll.-A., passim (Berichte u. a. von Fränkel, Marschner, Meißner, Müller); August Stradal, A. Bruckner und seine Beziehungen zu Richard Wagner, in: Aussiger Tagblatt 4. 9. 1924; ders., Bruckners Verhältnis zu seinen Vorgängern und Zeitgenossen, in: Neue Musik-Zeitung 45 (1924); ders., Erinnerungen aus Bruckners letzter Zeit, in: Zeitschrift für Musik 99 (1932); Max Auer, Bruckner. 2. Aufl. Wien 1934, passim; Friedrich Eckstein, »Alte unnennbare Tage!« Erinnerungen aus 70 Lehr- und Wanderjahren. Wien-Leipzig-Zürich 1936, passim; A. Bruckner, Vorlesungen über Harmonielehre und Kontrapunkt an der Universität Wien. Hrsg. Ernst Schwanzara. Wien 1950; Leopold Nowak, Metrische Studien von A. Bruckner an Beethovens III. und IX. Symphonie, in: Beethoven-Studien. Wien 1970; Constantin Floros, Brahms und Bruckner. Studien zur musikalischen Exegetik. Wiesbaden 1980, passim; Bruckner-Symposion 1983 (»Johannes Brahms und A. Bruckner«); Bruckner-Symposion 1984 (»Bruckner, Wagner und die Neudeutschen in Österreich«); Uwe Harten, Bruckners Äußerungen zur Orchestermusik seiner Zeit, in: Bruckner-Symposion 1989.

Utrecht

Hauptstadt der niederländischen Provinz Utrecht, Sitz zahlreicher kirchlicher und kultureller Einrichtungen sowie wichtiger Industriestandort. Universitätsstadt mit einer großen Musiktradition. 1899: 102 000, 1995: 230 000 Einwohner.

Bis 1985 gab es das Utrechts Symfonie Orkest, das aus dem Collegium Musicum Ultrajectinum hervorgegangen war. Johannes → Brahms war öfter zu Gast bei diesem Collegium, aber auch Bruckners Musik wurde nicht vergessen. Bei einem Stadtkonzert am 20. 3. 1886 dirigierte Richard Hol dessen *Dritte Symphonie*, die im »Utrechts Dagblad« umjubelt wurde als »ein Meisterwerk der Instrumentierung und Polyphonie«. Eine intensive Bruckner-Pflege gab es in Utrecht, nachdem Evert Cornelis zum Chefdirigenten des Utrechts Symfonie Orkest ernannt worden war. Seit 1922 hat er alle Symphonien Bruckners mehrmals aufgeführt, bis er 1931 – erst 47 Jahre alt – in Bilthoven starb. Sein Nachfolger Henri Daniel van Goudoever widmete sich ebenfalls fast fanatisch der Musik Bruckners. In der Saison 1935/36 wurden nicht weniger als vier Bruckner-Symphonien in Utrecht gespielt: die *Zweite*, *Vierte*, *Fünfte* und die *Neunte*, wobei zum Teil ausführliche Werkeinführungen vorangingen (z. B. von Erich Schwebsch zur *Fünften Symphonie*). Als Carl Schuricht später öfter nach Utrecht kam, war Bruckner sein bevorzugter Komponist. Nach dem Zweiten Weltkrieg waren es u. a. Willem van Otterloo, Paul Hupperts und schließlich Hubert Soudant, die die Symphonien Bruckners immer wieder dem Publikum präsentierten.

Utrecht war auch die Stadt, wo der niederländische Musikschriftsteller Wouter Paap lange lebte und arbeitete. Er verfaßte 1936 die erste → Biographie Bruckners in den Niederlanden: »A. Bruckner – zijn land, zijn leven en zijn kunst«. Seit 1930 gibt es in Utrecht das »Instituut voor Muziekwetenschap«, wo die Bruckner-Forschung vor allem von Eduard H. Reeser betrieben wurde. CvZ

Lit.: Cornelis van Zwol, Holland: ein Brucknerland seit 1885, in: Bruckner-Jahrbuch 1980; Johan (Aike Johannes) Maarsingh, Bruckner en het Utrechtsch Stedelijk Orkest 1886-1945, in: Doctoraal Scriptie 1994.

V

Vaterländisches Weinlied (WAB 91) »Wer möchte nicht beim Rebensaft des Vaterlands gedenken?«
Vierstimmiger Männerchor a cappella in C-Dur, »Frisch und heiter«
Text: August → Silberstein
EZ: im November 1866 in → Linz
UA: 13. 2. 1868 in Linz (Seegs Lokalitäten in Urfahr; → Liedertafel »Frohsinn«, Bruckner)
Autograph: verschollen
ED: »Wiener Componistenalbum«. Wien, Emil Berté 1892
NGA: Band XXIII/2 (in Vorbereitung)

Das *Vaterländische Weinlied* enstand auf Anregung Anton M. → Storchs auf einen Text von Silberstein, der erstmals 1859 in dem Band »Trutz-Nachtigall« erschienen ist. Der nur 12 Takte kurze Chor – »ein Trinklied mit höherem moralischen Hintergrund« – zeigt ein eigenartiges Gepräge mit seinen unerwarteten Wendungen und seiner herben → Harmonik auf engstem Raum. Das vorgeschriebene C-Dur zeigt sich erst im Schlußakkord als Ergebnis einer zielsicheren Entwicklung im straffen Aufbau. Am 2. 9. 1894 erschien im »Neuen Wiener Journal« unter dem Titel »Eine Wein-Legende« eine Neutextierung dieses Chores. Hinter dem Pseudonym »Bibamus« dürfte sich wahrscheinlich Wilhelm Wiesberg (1850-1896) verbergen. AH

Lit.: Göll.-A. 3/1, S. 358-361, 3/2, S. 139 (Partitur); Fritz Racek, Ein neuer Text zu Bruckners »Vaterländischem Weinlied«?, in: Bruckner-Studien 1964; Andrea Harrandt, Bruckner und das bürgerliche Musiziergut seiner Jugendzeit, in: Bruckner-Symposion 1987, S. 97.

Vaterlandslied (WAB 92) »O könnt' ich dich beglücken«
Vierstimmiger Männerchor mit Tenor- und Bariton-Solo a cappella in As-Dur, »Feierlich, nicht schnell«
Text: August → Silberstein
EZ: November 1866 in → Linz
W: Niederösterreichischer Sängerbund
UA: 4. 4. 1868 in Linz (Redoutensaal; → Liedertafel »Frohsinn«, Bruckner)
Autograph: verschollen
ED: Wien, Doblinger 1902 (gemeinsam mit *Der Abendhimmel* WAB 56)
NGA: Band XXIII/2 (in Vorbereitung)

Das *Vaterlandslied* enstand auf Anregung Anton M. → Storchs in der patriotischen Stimmung des Deutschen Krieges 1866 auf einen Text von Silberstein (aus dem Band »Trutz-Nachtigall« von 1859) und ist »Dem löblichen niederösterreichischen Sängerbund« gewidmet. Göllerich-Auer bezeichnen diesen Chor als das »neben dem Germanenzug wohl bedeutendste Werk der weltlichen Chöre« aus Bruckners früher Schaffensperiode, der damit wieder ein Werk voll »heroischer Kraft und ekstatischer Vaterlandsliebe« geschaffen habe. In der → Harmonik an → Schubert heranreichend, sind die Solostimmen dem Chor organisch und wirkungsvoll eingewoben. – Einzelne Aufführungen des Werkes fanden u. a. 1900 mit der Liedertafel »Frohsinn« und 1921 bei der Bruckner-Feier (→ Bruckner-Feste) in → Wien statt. AH

Lit.: Göll.-A. 3/1, S. 358, 362-365; Andrea Harrandt, Bruckner und das bürgerliche Musiziergut seiner Jugendzeit, in: Bruckner-Symposion 1987, S. 97.

»Veni Creator Spiritus« (WAB 50)
Hymnus für Singstimme(n) mit Orgelbegleitung
EZ: um 1884 oder früher
UA: ?
Autograph: ÖNB-MS
ED: Göll.-A. 4/1, S. 524 (1936)
NGA: Band XXI (Hans Bauernfeind und Leopold → Nowak, 1984) und Revisionsbericht

Der Hrabanus Maurus zugeschriebene Pfingsthymnus taucht erstmals in Handschriften des 10. Jahrhunderts auf und wird außerhalb des Pfingstfestes (hier in der zweiten Vesper) auch bei feierlichen liturgischen Anlässen (Weihe, Ordensprofeß etc.) gesungen. Bruckner versah die gregorianische Melodie mit einer erst 1931 in Schlägl wiederaufgefundenen Harmonisierung in der Art der Aufführungspraxis des 19. Jahrhunderts, was zwar dem Zeitgeschmack entsprach, dem Choral aber zur Gänze die schwebende Leichtigkeit raubt. EM

Lit.: Göll.-A. 4/1, S. 523.

Vergeiner, Brüder
1) Anton Vergeiner, geb. 2. 3. 1858 und gest. 31. 7. 1901 in Freistadt, Oberösterreich; Musiker und Komponist.
Während seines Jusstudiums in → Wien besuchte er Bruckners Universitätsvorlesungen. Am 26. 9. 1884 erschien von ihm ein biographischer Artikel anläßlich des 60. Geburtstages Bruckners in der Linzer »Tagespost«, in dem er vom »unstreitig bedeutendsten heimischen Tonkünstler« spricht. Bruckner lieferte für das Feuilleton Material (Briefe vom 25. 4. und 9. 5. 1884). Später dürfte sich der persönliche Kontakt verloren haben.
2) Hermann Pius Vergeiner, geb. 11. 7. 1859 in Freistadt, Oberösterreich, gest. 28. 10. 1900 in München; Musiklehrer und Komponist.
1878 begann Vergeiner mit seinem Studium am Konservatorium der → Gesellschaft der Musikfreunde in Wien. Er belegte bei Bruckner das Hauptfach Orgel, das er 1881 erfolgreich abschloß. Am 8. 3. 1886 attestierte ihm Bruckner brieflich die mit »Auszeichnung« absolvierte Orgelschule. Entweder Vergeiners Suppliertätigkeit am Mozarteum in → Salzburg oder die Ernennung zum Musikdirektor in Bludenz waren dafür der Anlaß. Vergeiner hat auch einige Erinnerungen an Bruckner handschriftlich festgehalten. Ob und inwieweit seine Kompositionen stilistisch von Bruckner beeinflußt sind, wurde noch nicht untersucht. EWP

Lit.: Karl Schallaböck, A. und H. P. Vergeiner. Ihr Leben und Schaffen, in: Jahresbericht des Gymnasiums Freistadt 63 (1933); Wilhelm Jerger, Der Brucknerschüler H. P. Vergeiner 1859-1900, in: Oberösterreichische Heimatblätter 30 (1976) mit Werkverzeichnis.

Vergißmeinnicht (WAB 93) »Es blühten wunderschön auf der Au«
Umarbeitung der Fassung B des *Musikalischen Versuchs* und damit die Fassung C. Besetzung: siehe *Musikalischer Versuch* (Eingangschor; Sopran-»Recitativ«; Sopran- und Alt-Arie, »Mäßig«; Sopran-Tenor-Duett, »Moderato«; Solo-Quartett, »Sehr langsam«; Tenor-Baß-Duett, »Etwas schnell«; Schlußchor a cappella)
Text: Autor unbekannt
EZ: wahrscheinlich Juni oder Juli 1845 in → Kronstorf, bald nach der Lehrbefähigungsprüfung bzw. nach der Widmung des *Musikalischen Versuchs* an Pfarrer Knauer
W: Friedrich → Mayer, Chorherr und Kanzleidirektor des Stiftes → St. Florian
UA: ?
Autograph: Stift St. Florian
ED (Faksimile): Göll.-A. 1, S. 283-300 (Titelblatt und Gedichttext von einem Kalligraphen, 1922)
NGA: Band XXII/1 (Franz Burkhart, Rudolf H. Führer, Leopold → Nowak, 1987)

Bruckner hat mit der am 27. und 28. 5. 1845 erfolgreich abgelegten Lehrbefähigungsprüfung die vom St. Florianer Gönner Mayer gestellten Bedingungen erfüllt und hoffte auf die Einlösung des Versprechens der Versetzung auf den besser bezahlten Lehrerposten in St. Florian. Die Widmung sollte den Chorherrn daran erinnern. Da die Zeit drängte, griff Bruckner auf die Pfarrer Knauer gewidmete Kantate zurück, veränderte einiges daran und gab dem Werk den neuen beziehungsreichen Titel. Mayer hat die Erinnerung verstanden: Bruckner kam mit 25. 9. 1845 nach St. Florian. – Weiteres siehe bei *Musikalischer Versuch.* FZ

Verlage (siehe auch → Erstdrucke)
Sieht man von den ersten beiden Drucken Brucknerscher Werke ab (WAB 70 bei Josef Kränzl, Ried im Innkreis, und WAB 18 bei Feichtingers Erben in Linz, wo 1905 auch das *Motto* WAB 147 gedruckt wurde), so fällt den Wiener Verlegern ein wesentlicher Anteil an der Drucklegung der Werke Anton Bruckners zu. Motor der Drucklegungen waren in den meisten Fällen Bruckners Freunde (vor allem Hermann → Levi, die Brüder → Schalk und Friedrich → Eckstein), in wenigen Fällen die Verleger selbst (z. B. Theodor Rättig); auch die Finanzierung erfolgte zumeist über Freunde und Mäzene.

Verlagsorte (Erstdrucke)	Anzahl der gedruckten Werke
Wien (11 Verlage)	62
Oberösterreich (2 Verlage)	3
Innsbruck (J. Gross)	5
Augsburg/Augsburg-Wien (2 Verlage)	10
andere (3 Verlage)	3

(Tabelle »Verlage der Erstdrucke« → Erstdrucke)

Der erste und auch bedeutendste Wiener Bruckner-Verleger war Theodor Rättig. Rättig, der 1877 die Schlesingersche Buch- und Musikalienhandlung übernommen hatte und diese später mit den Verlagen A. Bösendorfer und E. Wetzler (Julius Engelmann) fusionierte, verlegte 1878 als erster eine Bruckner-Symphonie (die *Dritte* – für Bruckner, der sich zeitlebens als Symphoniker verstand, besonders wichtig); diese erschien in Rättigs Verlagen nicht nur in drei Auflagen,

Theodor Rättig

sondern Rättig verlegte auch acht weitere Werke Bruckners aus dem Bereich der geistlichen und weltlichen Vokalmusik (in chronologischer Folge: WAB 6, 46, 11, 23, 30, 45, 52, 87). Im Gegensatz zu Rättig, der die Drucklegung der *Dritten Symphonie* aus idealistischen Beweggründen initiiert hatte, standen bei Albert J. Gutmann (Wiener Hoftheater-Verlag) bei der Drucklegung des *Streichquintetts*, der *Vierten* und der

Titelblatt der ersten gedruckten Symphonie Bruckners

Siebenten Symphonie kommerzielle Gründe im Vordergrund, was wiederum beweist, daß Bruckner bereits 1884/85 als Komponist anerkannt war. Seit 1892 wurde das 1876 gegründete Verlagshaus Doblinger zu einem weiteren bedeutenden Bruckner-Verlag – Doblinger ist schließlich *der* Bruckner-Gesamtausgaben-Verlag schlechthin (wenn auch der 1. Band der AGA bei Filser in Augsburg erschienen ist): Grundlage der ersten → Gesamtausgabe war ein zwischen der Druckerei Eberle (später Waldheim & Eberle) und Anton Bruckner 1892 geschlossener Vertrag, der Eberle die Exklusivrechte an den Werken Bruckners sicherte – den Vertrieb der Werke übernahm Doblinger. Bei Doblinger erschienen (später auch unabhängig von Eberle) 17 Werke (WAB 14, 16, 27, 28, 38, 56, 71, 74, 75, 80, 92, 101, 102, 105, 106, 109 und 117). Der 1932 eigens zur Erstellung einer Gesamtausgabe gegründete Musikwissenschaftliche Verlag ist ebenfalls in das Verlagshaus Doblinger eingegliedert. Die 1901 (u. a. mit Beteiligung von Doblinger) gegründete Universal-Edition (UE) etablierte sich 1911 mit der Drucklegung von acht Bruckner-Werken (WAB 13, 57, 63, 82, 88-90); diese Druckserie, in der (mit Ausnahme von WAB 13) ausschließlich Werke der weltlichen Vokalmusik ediert wurden, stellt insofern ein Unikat dar, als es sich mit Ausnahme von WAB 90 (bereits 1886 in Straßburg im Eigenverlag des »Straßburger Sängerhauses« gedruckt) um lauter Erstdrucke handelte. Bis 1926 erschienen weitere vierzehn Werke Anton Bruckners bei der UE (bzw. in von ihr herausgegebenen Zeitschriften). Die übrigen Drucklegungen durch Wiener Verlage, wie Josef Weinberger, Emil Berté & Cie., Robitschek, oder der Druck der *Achten Symphonie* durch die Verlagsgemeinschaft Haslinger-Schlesinger-Lienau (an der indirekt auch wieder Rättig beteiligt war) sind eher »Zufallsproduktionen« und kommen an die systematische Verlagspolitik der genannten vier großen Bruckner-Verleger (Rättig, Gutmann, Doblinger, UE) nicht heran; gleiches gilt auch für die Editionen der Verlage Hüni in Zürich (WAB 118), Heinrichshofen in Wilhelmshaven (WAB 121) oder die erwähnte Edition von WAB 90 durch das »Straßburger Sängerhaus«.

Als Spezialverlage für die Kirchenmusik Bruckners (Vokalmusik bzw. Orgelwerke) etablierten sich Johann Gross (Innsbruck), Anton Böhm & Sohn (Augsburg-Wien) und Benno Filser (Augsburg). Die Editionen bei Johann Gross (S. A.

Titelblatt des Erstdrucks

Reiss) – 1892 (WAB 26), 1893 (WAB 5, 41, 42), 1895 (WAB 33) – wurden durch den Dornbirner Industriellen, Bruckner-Freund und -Mäzen Theodor Hämmerle, gleichzeitig Schwiegersohn von S. A. Reiss, initiiert und finanziert. Die Editionen der beiden auf Kirchenmusik spezialisierten Augsburger Verlage fallen in die Jahre 1927-1931; sie erwuchsen keinem speziellen Bruckner-Förderungsprogramm, sondern waren die Antwort auf die Bedürfnisse des Marktes.

Zeitungsinserat

Mit den großen deutschen Verlagshäusern (Schott, Peters, Breitkopf & Härtel) wurde zwar mehrfach verhandelt, doch kam es zu Bruckners Lebzeiten wegen dessen verstiegenen Vorstellungen nie zu konkreten Vertragsabschlüssen; vor allem das Verlagshaus Bote & Bock bot sich mehrfach (erstmals 1875!) an, und auch Schott zeigte 1885/86 anfangs reges Interesse an Bruckners *Vierter Symphonie*. Die Verlage J. G. Cotta (Stuttgart) und die Edition Peters in Leipzig werden erst nach dem Tode Bruckners aktiv: Nachdem August → Stradal die (zweihändigen) Klavierauszüge der *Ersten, Zweiten, Fünften, Sechsten* und *Achten*, des Adagio und Scherzo der *Dritten* und des Scherzo der *Neunten Symphonie* für die UE hergestellt hatte, erschienen seine Klavierauszüge der *Dritten* und *Vierten Symphonie* bei Cotta, jener des *Streichquintetts* bei Benno Filser (Augsburg). Ab 1927 publizierte Peters in Zusammenarbeit mit der UE Partituren und Klavierauszüge (meist hergestellt von Karl → Grunsky) aller neun Symphonien.

ETH

Lit.: Alexander Weinmann, A. Bruckner und seine Verleger, in: Bruckner-Studien 1964; Max Brauböck, A. Bruckner und der Rieder Musikverleger Josef Kränzl, in: Festschrift zum 18. Sängerbundfest. Ried 1970; WAB; Elisabeth Th. Hilscher, Genie und Markt. A. Bruckner und seine Verleger, in: Bruckner-Symposion 1994.

Verschollenes
Nur wenige Kompositionen Bruckners müssen als verschollen gelten: *Litanei*, *Requiem* WAB 133, *Die Rose* und *Salve Maria* bzw. *Salve Regina*. Einen Sonderfall stellt das *Zigeuner-Waldlied* dar, das Bruckner für den Mittelteil des Männerchores *Germanenzug* umgearbeitet haben soll. Einer eigenhändigen Notiz in der *Messe für den Gründonnerstag* zufolge hat Bruckner 1845 auch ein fugiertes *Kyrie und Gloria* komponiert.

Vexilla regis (WAB 51) »Vexilla regis prodeunt«
Hymnus für vierstimmigen gemischten Chor a cappella, phrygisch, »Sehr langsam«
EZ: 9. 2. 1892
W: Für → St. Florian
UA: 15. 4. (Karfreitag) 1892 in St. Florian (Bernhard → Deubler)
Autographe: ÖNB-MS
ED: »Album der Wiener Meister. Eine Erinnerung an die → Internationale Ausstellung für Musik- und Theaterwesen in Wien 1892«. Wien, Josef Weinberger 1892
NGA: Band XXI (Hans Bauernfeind und Leopold → Nowak, 1984) und Revisionsbericht

Der gregorianische Hymnus »Vexilla regis« ist Teil der Vesper zum Passionssonntag (5. Fasten-

sonntag, Sonntag vor dem Palmsonntag) und wird auch in der Liturgie des Karfreitags gesungen. Bruckner schuf eine der Gattung »Hymnus« entsprechende kurze (36taktige) strophische Vertonung (Strophen 1, 6 und 7 des ihm vorliegenden Textes). Trotz aller Schlichtheit ist diese letzte für den liturgischen Gebrauch geschaffene Komposition Bruckners von großer musikalischer und theologischer Dichte: So weist z. B. die phrygische Tonart in ihrem Ausdruckscharakter auf die Karfreitagsklage hin, die vom »Dresdner Amen« (und von Richard → Wagner als Gralsthema im »Parsifal«) verwendete Bekräftigungsformel steht am Ende der jeweils ersten Verszeile (T. 5-8; 41-44; 77-80); harmonische Wendungen werden ganz in den Dienst inhaltlicher Aussagen gestellt, wie z. B. die durch viele Kreuzvorzeichen hervorgehobene Stelle »fulget crucis mysterium« (»es erstrahlt das Geheimnis des Kreuzes«). Die letztgenannten Takte sind auch durch das einzige »Forte« in einem sonst durchgehend piano auszuführenden Satz betont.
Bruckner, der zeitlebens durch die Liturgie der Passions- und Osterzeit zutiefst beeindruckt war, hatte dieses Werk »nach reinem Herzensdrange componirt«, wie er am 7. 3. 1892 an den St. Florianer Regens chori Bernhard Deubler schrieb, und empfahl, die Einstudierung mit den Sängerknaben möge »sehr langsam« sein. EM

Lit.: Erwin Horn, A. Bruckner. Geistliche Motetten: Vexilla Regis, in: Musica sacra 101 (1981).

Titelblatt des Albums mit dem Erstdruck von *Vexilla regis*

Virga Jesse (WAB 52) »Virga Jesse floruit«
Graduale für vierstimmigen gemischten Chor a cappella, e-Moll, »Alla breve. Feierlich langsam«
EZ: 3. 9. 1885
W: → »O. A. M. D. Gl.«
UA: 8. 12. 1885 (Mariae Empfängnis) in → Wien (→ Hofburgkapelle; Bruckner)
Autograph: verschollen; Abschriften: ÖNB-MS; Wien, Archiv der → Hofmusikkapelle (Abschrift von Karl → Aigner); → Kremsmünster (von Bruckner signierte Partitur mit Besitzvermerk von P. Oddo → Loidol, 1886)
ED: »Vier Graduale«. Wien, Theodor Rättig 1886 (zusammen mit *Christus factus est* WAB 11, *Locus iste* und *Os justi*)
NGA: Band XXI (Hans Bauernfeind und Leopold → Nowak, 1984) und Revisionsbericht

Bruckner schrieb den Chor zum Jubiläum des 100jährigen Bestandes der Diözese Linz auf Ersuchen des Chordirektors am Mariae Empfängnis-Dom (→ Neuer Dom), Johann Baptist → Burgstaller. Die irrtümlich überlieferte Widmung an den – bereits 1884 verstorbenen – Chorherren und Regens chori von St. Florian, Ignaz → Traumihler, wie bei *Os justi*, fußt auf einer mißverständlichen Angabe bei Göllerich-Auer (4/2, S. 348 f.). Aigner vermerkte auf seiner Abschrift – wohl irrtümlich – als Entstehungszeit dieser Komposition »August 1875 in → Steyr und → St. Florian«.
Der Text dieses → Graduale, aus dem »Commune Beatae Mariae Virginis« der Alleluja-Vers, ist den Weissagungen des Propheten Jesaia entnommen (z. B. Jes 11,1 f.). Im ersten Teil der Motette (T. 1-62) unterstreicht Bruckner eindringlich den theologischen Gehalt des Textes: So begegnen die bei ihm so häufige »theologische Bekräftigungsformel« (das »Dresdner Amen« oder die »Grals-Sexten«) gleich zu Beginn zweimal auf »floruit«, sanft ausschwingende Melodik und imitatorischer Einsatz im Oberchor bei »pacem Deus reddidit«, Steigerung bis zum *fff*; abwärts geneigte Sext im *pp*, dreimal wiederholt, bei »in se reconcilians«. Der

zweite Teil ist ein strahlendes, prägnant rhythmisiert einsetzendes Alleluja. EM

Lit.: Erwin Horn, A. Bruckner. Geistliche Motetten: Virga Jesse, in: Musica sacra 102 (1982).

Vöcklabruck

Oberösterreichische Stadt an der Verkehrsverbindung zwischen → Linz und → Salzburg, dem Stift → St. Florian inkorporierte Pfarre. 1869: 1 530; 1995: 12 600 Einwohner.

Die wichtigste persönliche Beziehung Bruckners zu Vöcklabruck bestand über die mit dem Stadtgärtner Johann Nepomuk → Hueber verheiratete Schwester Rosalia und ihre Familie. Besuche Bruckners während seiner Linzer Zeit als Domorganist sind anzunehmen, begannen jedoch ohne Zweifel 1869 und setzten sich mit jeweils unterschiedlicher Dauer fort, solange es die Gesundheit Bruckners (zuletzt 1892) erlaubte. Unabhängig davon bestand eine briefliche Verbindung (letzter Brief Bruckners aus Wien vom 10. 12. 1895).

Durch die Familie Hueber kam Bruckner auch mit den maßgeblichen Musikerkreisen der Stadt in Berührung. Die »Liedertafel Vöcklabruck 1850« (erster Besuch 16. 9. 1874) ernannte ihn zum Ehrenmitglied (13. 11. 1883) und feierte seinen 60. Geburtstag unter Mitwirkung der Bürgergarde-Kapelle mit einem Ständchen und Fackelzug (3. 9. 1884).

Aus dem Bekanntenkreis Bruckners sind hervorzuheben: Mit dem Du-Freund Rechtsanwalt Dr. Alois Scherer (1836-1894), auch Liedertafel-Protektor und -Vorstand sowie Bürgermeister der Stadt, verkehrte er sehr gerne. Mehrmals besuchte er die Familie Braun, die eine Feilen- und Werkzeugfabrik besaß; Martin Braun (ca. 1824-1898) war auch Gründer und Leiter des Geselligkeitsvereins »Paixhanslia«. Auf Ersuchen von Laurenz Herzog jun. (1817-1907), Oberlehrer in Vöcklabruck bis 1879, spielte Bruckner gelegentlich auf der Orgel der Stadtpfarrkirche. Beim Eisenhändler Hartmann benützte er im Sommer 1884 ein Zimmer zum Komponieren; daran erinnert eine Gedenktafel (Enthüllung Stadtplatz 38, 24. 5. 1900).

Gerne nahm Bruckner an den abendlichen Zusammenkünften des Geselligkeitsvereins »Paixhanslia« teil, der ihm mit 3. 9. 1884 die Urkunde (»Lukenbrief«) über die Ehrenmitgliedschaft ausstellte.

In Vöcklabruck begegnete Bruckner auch Anna → Jobst, die hier mit dem Uhrmachermeister Josef Kellner (1822-1893) verheiratet war und

Familie Hueber mit Max Auer vor der Gärtnerei in Vöcklabruck

für die (und wahrscheinlich nicht für deren ältere Schwester Maria) er einst in gemeinsamen → Windhaager Zeiten die *Messe in C-Dur* (»Windhaager Messe«) komponiert hatte.

Der gebürtige Vöcklabrucker Max → Auer gelangte als Bruckner-Forscher und -Biograph, Schriftsteller und Präsident der → Internationalen Bruckner-Gesellschaft zu großem Ansehen. Durch sein Wirken als Chorleiter und Dirigent dürfte Vöcklabruck bis 1926 der einzige Ort gewesen sein, an dem alle gedruckten und seinerzeit ungedruckten kleinen Kirchenmusikwerke Bruckners aufgeführt wurden (Gedenktafel-Enthüllung Jungmairgasse 13 am 20. 6. 1965).

Erinnerungsstücke an Bruckner verwahren das Heimathaus Vöcklabruck aufgrund von Widmungen sowie die Familie Hueber. – 1993 wurde in der Stadtpfarrkirche St. Ulrich eine »Anton Bruckner-Gedächtnisorgel« geweiht.

FZ

Literatur: Göll.-A. 1, 2/1, 3/1, 4/1-3, passim; [Max] Krackowizer, A. Bruckner und Vöcklabruck, in: Deutsche Presse 2 (Vöcklabruck 1924) Folge 37; Max Auer, A. Bruckner und Vöcklabruck, in: Rieder Volkszeitung 60 (1949) Nr. 15 f. und 61 (1950) Nr. 39; Max Auer, Meine Arbeit um A. Bruckner, in: Oberösterreichische Nachrichten, Linz 1950, Nr. 105; 100

Jahre Liedertafel Vöcklabruck 1850-1950. Festschrift. Vöcklabruck 1950; Alois Zauner, Vöcklabruck, in: Die Städte Oberösterreichs (Österreichisches Städtebuch 1). Red. Herbert Knittler. Wien 1968; Elisabeth Maier, »Es wird schon einmahl eine Zeit kommen, wo es einen Wert haben wird ...«. Bruckneriana in Vöcklabruck, in: Studien zur Musikwissenschaft 42. Tutzing 1993.

Vockner, Josef

Geb. 21. 3. 1842 in Ebensee, Oberösterreich, gest. 11. 9. 1906 in Wien. Musiker, Schüler Bruckners. Vockner war ein Landsmann Bruckners und entstammt dem gleichen Milieu (Lehrerfamilie). Über Jahrzehnte hin war er ein besonders enger Vertrauter Bruckners. Vockner gelangte über → Bad Ischl (1850) wahrscheinlich 1871 nach → Wien, wo er zunächst als privater Musiklehrer tätig war. 1890 wurde er in der Nachfolge Bruckners (sicher auf dessen Betreiben hin) Professor für Orgelspiel am Konservatorium der → Gesellschaft der Musikfreunde in Wien.

Vockner war der ausdauerndste private Theorieschüler Bruckners. Das Studienmaterial blieb in großen Teilen erhalten. Aus darin enthaltenen Datumseintragungen und aus Kalendereintragungen Bruckners ergibt sich eine etwa zwölfjährige Studiendauer (später mit geringerer Intensität) von spätestens 1876 bis 1888. Vockner hat also etwa zur selben Zeit sein Studium begonnen, in der Bruckner seine Lehrtätigkeit an der → Universität aufnahm. Aus diversen erhaltenen Mitschriften von → Schülern (Ernst → Schwanzara, Carl Speiser, Rafael (P. Oddo) → Loidol, Karl Heissenberger, Friedrich → Eckstein) ergeben sich Gemeinsamkeiten und Unterschiede zwischen dem Universitätskolleg und Vockners Studien. Hier wie dort hat sich Bruckner beim Harmonielehrgang im Rahmen an Simon → Sechters Vorbild gehalten. Mit Vockner hatte Bruckner aber keinen Laien, sondern

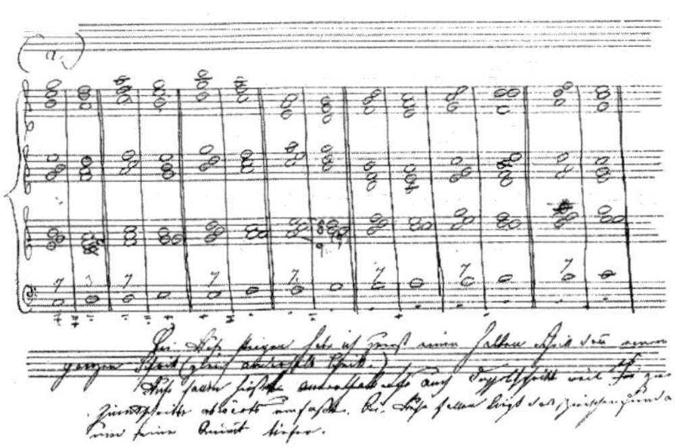

Seite aus den Aufzeichnungen Vockners mit Korrekturen Bruckners (2. und 8. Takt)

Josef Vockner

einen bereits vorgebildeten professionellen Musiker zum Schüler. Dementsprechend enthalten die Studienmaterialien weniger verbale Ausführungen zu Satzregeln als viele Exempla, auch ausführliche Vertiefungen einzelner Gegenstände und intensive Korrekturvorgänge. Wenngleich im vorhandenen Material der Harmonielehrgang am ausführlichsten dokumentiert ist, geht auch aus Vockners Studien hervor, welch großes Augenmerk Bruckner auf Übungen in Kanonkomposition, ein- und mehrfachen Kontrapunkt und in Fugenkomposition legte. GG

Literatur: Erich Schenk – Gernot Gruber, »Die ganzen Studien«. Zu J. Vockners Theorieunterricht bei A. Bruckner, in: Bruckner-Studien 1975.

Volkslied (WAB 94) »Anheben laßt uns all zusamm'«

Lied für vierstimmigen Männerchor a cappella (a); Singstimme und Klavier (b) in C-Dur, »Kräftig, feierlich, markiert«
Text: Josef Winter (→ Textdichter)
EZ: 1882
W: (verfaßt für ein Preisausschreiben)
UA: ?
Autograph: ÖNB-MS und Bibliothèque National, Paris
ED: Göll.-A. 3/2, S. 191 f. (1930)
NGA: Band XXIII/2 (in Vorbereitung)

Am 16. 10. 1881 schrieb die »Deutsche Zeitung« in → Wien einen Wettbewerb aus »zur Erlangung eines Textes für ein sangbares Nationallied ..., welches die Deutschen Oesterreichs

in der Verteidigung ihres Volksthums zu bestärken geeignet sei«. Nachdem 1 570 Gedichte eingelangt waren und das sechsstrophige »Lied der Deutschen in Oesterreich« von Josef Winter den 1. Preis erhalten hatte, wurde am 1. 1. 1882 der musikalische Wettbewerb um eine »Hymne für das deutsche Volk in Oesterreich« für Singstimme und Klavier sowie für Männerchor ausgeschrieben. Unter den 1 320 eingelangten Werken war auch das Brucknersche *Volkslied*; aber keine der Kompositionen bekam einen Preis zugesprochen.
Das irrtümlich von → Göllerich ins Jahr 1861 und von → Auer in die Jahre 1859 oder 1866 datierte Werk zeigt eine harmonische Beschränkung auf einfachste Akkordfolgen. Beginnend im Unisono, besteht es aus vier regelgerecht gebauten achttaktigen Perioden. AH

Lit.: Göll.-A. 3/1, S. 105 f.; Alfred Orel, Ein Chorlied für deutsches Volkstum. Als Bruckner bei einem Preisausschreiben durchfiel, in: Volkszeitung 6. 1. 1941.

Volksmusik

In beinahe allen analytischen Untersuchungen zu Anton Bruckners Werk werden dessen melodische und rhythmische Schöpfungen mehr oder weniger in die Nähe zur Volksmusik gerückt oder gar in Abhängigkeit von der Volksmusik beschrieben: »Der oberösterreichische Volkstanz wurde für Bruckners Schaffen bedeutungsvoll« (F. Blume). Das volksmusikalische Umfeld in Bruckners Jugend war in den Jahren zwischen 1824 und 1840 wie überall in Oberösterreich von der ungebrochenen Tradierung des Ländlers geprägt. Zwar gibt es keine Belege volksmusikalischer Singpraxis im Familienkreis Bruckners, doch muß jede Art vokaler überlieferter Formen auch in → Ansfelden angenommen werden.
Bruckners Beschäftigung mit Volksmusik wird erst in den Jahren 1841-1843 als Lehrergehilfe in → Windhaag im Mühlviertel faßbar, wo er mit den Dorfmusikanten zum Tanz aufspielte. Dabei lernte er den Ländler in unterschiedlichen choreographischen Ausführungen als die dominierende Gattung auf dem dörflichen Tanzboden kennen.
Bruckners Verhalten, sein Denken und Schaffen waren aber musikalisch auf eine Distanzierung von seiner Herkunft und der Negierung jeglicher Verbindung mit der ländlichen Musik angelegt. Sein um 1850 entstandener *Steiermärker* ist eine Klavierkomposition im Stil der damals modischen »Styrienne« und steht abseits seines eigengeprägten Musikschaffens.

Oberösterreichischer Bauerntanz

Sein großes symphonisches Werk besitzt viele Elemente musikalischer Charakteristik, die als »österreichisch« bezeichnet werden können; aber weder assoziativ noch motivisch oder thematisch kann die → Melodik Bruckners in Abhängigkeit mit der traditionellen Dorfmusik Oberösterreichs gesehen werden.
1996 fand in → Vöcklabruck ein Symposion zum Thema »A. Bruckner und die Volksmusik« statt. WD

Literatur: Friedrich Eckstein, »Alte unnennbare Tage!« Erinnerungen aus siebzig Lehr- und Wanderjahren. Wien-Leipzig-Zürich 1936 (Reprint Himberg bei Wien 1988), S. 156 f.; Friedrich Blume in MGG 2, Sp. 343; Ernst Hamza, Der Ländler. Wien 1957; Rudolf Flotzinger, Ländler, in: Handbuch der musikalischen Terminologie. Hrsg. Hans-Heinrich Eggebrecht. Wiesbaden 1976; Herbert Weninger, Charakteristische Stilelemente in der Symphonik A. Bruckners, in: A. Bruckner in Lehre und Forschung. Symposion ... Linz a. d. D., September 1974. Regensburg 1976, S. 30; Franz Eibner, Grundsätzliches zur Typologie der österreichischen Volksmusik, in: Jahrbuch des Österreichischen Volksliedwerkes 29 (1980); Hermann Derschmidt, Tänze aus Oberösterreich. Linz 1985; Walter Deutsch, Eine Ländlersammlung aus Windhaag, in: Bruckner-Symposion 1987; Walburga Litschauer, Bruckner und das romantische Klavierstück, ebenda S. 108; Helga Thiel – Gerda Lechleitner – Walter Deutsch, A. Bruckner – sein soziokulturelles Umfeld, seine musikalische Umwelt, ebenda; Hermann Fritz, Landtler, Steirer, Schleuniger. Zur musikalischen Typologie des Ländlers, in: Jahrbuch des Österreichischen Volksliedwerkes 38 (1989).

Von der schlummernden Mutter (WAB deest) »Du schlummerst nach Schweiß und Mühen«

Lied für Singstimme und Klavier in F-Dur, »Langsam«, Kompositionsübung
EZ: zwischen Weihnachten und Neujahr 1861/62 in → Linz
Autograph: → Kitzler-Studienbuch S. 22

Bruckner vermerkte zu dieser Übung u. a.: »zweitheilige Liedform«.

Lit.: Hawkshaw, The Manuscript Sources.

Vor Arneths Grab (WAB 53) »Brüder, trocknet eure Zähren«
Vierstimmiger Männerchor mit drei Posaunen in f-Moll
Text: Ernst → Marinelli, Chorherr des Stiftes → St. Florian
EZ: März 1854 in St. Florian
W: Auf den Tod Michael → Arneths
UA: 28. 3. 1854 am St. Florianer Friedhof nahe der Stiftskirche
Autograph: Stadtarchiv → Wels
ED: Göll.-A. 2/2, S. 184-188 (1928)
NGA: Band XXIII/2 (in Vorbereitung)

Prälat Michael Arneth starb am 24. 3. 1854 nach einmonatiger Krankheit. Für die Beisetzung am Stiftsfriedhof am 28. 3. vertonte Bruckner das Gedicht mit seinen vier Strophen. Da die Aufführung im Freien stattfand, besorgten Posaunen die Begleitung.
Der gehaltvollste der bisher entstandenen Männerchöre Bruckners umfaßt nur 28 Takte und verwendet den gleichen Notentext für die beiden ersten Strophen, die folgenden sind durchkomponiert. Die obligate Bläser-Begleitung verrät den Praktiker, sie ist nicht immer durchgehend gesetzt und verläuft weitgehend parallel mit Gesangsstimmen. Dem Anlaß nach ein Gelegenheitswerk, trifft die Partitur mit harmonischer Farbigkeit recht deutlich die weihevolle Stimmung.
Das Werk wurde auch beim Begräbnis des Verwaltungsbeamten Wilhelm → Schiedermayr am 23. 9. 1855 in St. Florian gespielt. 1861 vertonte Bruckner denselben Text unter dem Titel *Am Grabe* noch einmal. FZ

Lit.: Göll.-A. 2/1, S. 152 f.; Nowak 1973, S. 75.

Vorspiel und Fuge (WAB 131)
Kompositionsübung für Orgel in c-Moll
EZ: 1847 in → St. Florian, Fuge 15. 1. 1847
Autograph: Stift → Seitenstetten
ED: Göll.-A. 2/2, S. 77-82 (1928); Augsburg, Benno Filser 1929 (ergänzt und bearbeitet von Franz Philipp)
NGA: Band XII/6 (Erwin Horn, in Vorbereitung)

Die zuerst komponierte Fuge ist mit »C moll« überschrieben; am rechten oberen Rand des Autographs (eines Doppelbogens mit dem *Aequale* WAB 114 auf S. 3) steht die Bemerkung »NB. Versuchen versch[iedener] Contr[apuncte]«, auf S. 3 am rechten unteren Rand: »Dr. Anton Bruckner's eigene Handschrift. (Erhalten aus dem Stifte St. Florian). L[udwig] Kronawitter mp.« Kronawitter (1853-1929), äbtlicher Kammerdiener und Musiklehrer in Seitenstetten, besuchte wie Bruckner regelmäßig zum Fest des hl. Augustinus (28. 8.) das Stift St. Florian. Wann und unter welchen Umständen er das Manuskript erhalten hat, ist nicht bekannt.
Nicht nur durch die Tonart c-Moll, sondern auch durch die von kleiner Terz, Sext, Sekund geprägte Intervallstruktur erweist sich das Thema der Fuge

(vor allem mit Blick auf das Hauptthema der *Achten Symphonie*) als »echt brucknerisch«. Im Verlauf der 63 Takte der Fuge erscheint das Thema 15mal in unveränderter dux- bzw. comes-Gestalt, in der Coda in zwei Varianten (zusammengefaßt in vier Themaphasen-Gruppen). Spezielle Satztechniken wie Kontrapunktierung des Themas durch zwei beibehaltene Kontrasubjekte, Kontrapunktierung durch sich selbst (zweimalige »Engführung« in der Coda), Abspaltung von Motiven aus dem Thema zur Gestaltung der Zwischenspiele, Themaerweiterung über dem abschließenden Orgelpunkt lassen ein durchaus erfolgreiches »Versuchen verschiedener Contrapuncte« erkennen. Die Skizzenhaftigkeit des Manuskripts läßt vermuten, daß Bruckner bei einer späteren detaillierten Ausarbeitung entsprechende Ergänzungen vorgenommen hätte. – Die harmonische Anlage der Fuge zeigt, daß Bruckner schon in diesem Frühstadium seines Komponierens (→ Arbeitsweise) zur Weitung überkommener Formen drängte. Gegenüber dem engen Bereich modulatorischer Vorgänge in der konventionellen barocken Fuge weitet Bruckner hier die Tonalitätenfolge nach oben bis a-Moll, nach unten bis b-Moll aus – eine Distanz von fünf Quintgraden.
An die Fuge angefügt ist in zwei Partiturzeilen (12 Takte) das als solches auch titulierte »Vorspiel«. In der Oberstimme künden kleine Terz und kleine Sext das Fugenthema an. Chromatische Fortschreitungen sind mit einer dichten Folge von alterierten Klängen verbunden. Sie münden in einen Halbschluß auf der Dominante G^7, die im anschließenden c-Moll-Thema der Fuge einzulösen ist. EH

Lit.: Göll.-A. 2/1, S. 60-62 (mit Abb. der 1. Seite der Fuge).

Vorspiel und Fuge. Zweite Seite des Autographs

W

Wagner, Familie

Bruckners Beziehungen zu dem von ihm als »Meister aller Meister« titulierten Richard Wagner (1813-1883) und dessen Familie beruhten rückblickend wohl eigentlich eher auf Einseitigkeit: Der um Anerkennung als Komponist Werbende bewunderte den berühmten Musikdramatiker grenzenlos und aus tiefstem Herzen (»O Meister ich bete Sie an!!!«, in einem Brief an → Wolzogen) – und der »Meister« ließ es sich wie von allen anderen Verehrern gern gefallen, ohne sich weiter um die (zum Teil gönnerhaft von ihm geweckte) Hoffnung auf Unterstützung bei der Ermöglichung von Aufführungen Brucknerscher Werke zu kümmern, obwohl er gerade die Symphonien als einzige »an Beethoven heranreichende« beurteilt haben soll. Bruckner sah in Wagners Musik ein Vorbild, Wagner sah im Symphoniker Bruckner vor allem keinen Konkurrenten und leistete sich daher einen »kollegialen« Umgang ohne Verpflichtungen. Entgegen der älteren Bruckner-Literatur bestand also zwischen Bruckner und Wagner keine Künstlerfreundschaft. Es existieren auch lediglich zwei Briefe (30. 1. 1878: Wagner an Bruckner, 20. 5. 1878: Bruckner an Wagner) – sowie das Doppelautograph aus Anlaß der Widmung der *Dritten Symphonie* 1873.

Richard Wagner. Widmungsphotographie aus Bruckners Besitz

Mit Wagners Werken kam Bruckner erstmals durch seinen Lehrer Otto → Kitzler in Kontakt, der am 13. 2. 1863 in → Linz den »Tannhäuser« erstaufführte. Anläßlich der Aufführung von »Tristan und Isolde« in → München lernte Bruckner im Juni 1865 Wagner auch persönlich kennen und erhielt eine Photographie gewidmet. Am 4. 4. 1868 konnte Bruckner, damals Chormeister der → Liedertafel »Frohsinn«, mit Wagners Erlaubnis den Schlußchor mit der Ansprache des Hans Sachs aus den »Meistersingern von Nürnberg« – zweieinhalb Monate vor der ersten Gesamtaufführung in München – in Linz uraufführen. Im September 1873 reiste Bruckner dann zum erstenmal nach → Bayreuth, um Wagner die *Zweite* und die – schließlich gewählte – *Dritte Symphonie*, in die er Anklänge an Wagner-Themen verarbeitet hatte, zur Widmung vorzulegen. Von dieser Zusammenkunft existieren zahlreiche Berichte, auch von Augenzeugen. Am 4. 3. 1875 war Bruckner bei der »Götterdämmerung«-Lesung Wagners in der Wohnung von Josef Standthartner (1818-1892) gemeinsam mit Marie Gräfin Dönhoff (1848-1929), Emil Heckel (1831-1908) und Josef Rubinstein (1847-1884) anwesend. Wagner lud Bruckner 1876 zu den ersten Bayreuther Festspielen ein. Während der Festspiele des Jahres 1882 trafen die beiden Komponisten zum letzten Mal zusammen. Unter dem Eindruck von Wagners Tod schrieb Bruckner im Februar 1883 die letzten Takte des Adagio seiner *Siebenten Symphonie*. Das Grab Wagners in Bayreuth wurde nun zur ersten Pilgerstätte für Bruckner.

Auch in → Wien besuchte Bruckner Wagner-Aufführungen in der Hofoper, meist auf der vierten Galerie und ohne Blickkontakt zur Bühne.

Seine besondere Liebe galt dem »Siegfried«. Inhalt und Text interessierten Bruckner wenig, er scheint den Zugang zu Wagners Werken nur über die Musik gefunden zu haben, wobei seine Aufmerksamkeit vor allem der Behandlung des Orchesters und der Motivverarbeitung galt.
Seine von manchen einflußreichen Zeitgenossen kritisierte Begeisterung für Wagner wirkte sich in Wien durchaus negativ auf die Anerkennung Bruckners aus. Vom → Wiener Akademischen Wagner-Verein und den deutsch-nationalen Kreisen quasi »vereinnahmt«, von der Studentenschaft des → Wiener Akademischen Gesangvereins verehrt, hatte Bruckner die Rezensenten der konservativen Presse (mit ihrem »Oberhaupt« Eduard → Hanslick an der Spitze) gegen sich.
Richard Wagners zweite Frau, Cosima, geb. 25. 12. 1837 in Bellagio am Comer See, gest. 1. 4. 1930 in Bayreuth, wuchs als Tochter der Gräfin Marie d'Agoult und Franz → Liszts in Paris auf, wo sie 1853 erstmals Wagner traf. 1857 heiratete sie Hans von → Bülow, dessen Leidenschaft für Wagner sie teilte. Nach ersten Annäherungen an Wagner, denen heftige Auseinandersetzungen mit Bülow folgten, kam 1865 als erstes Kind Cosimas und Wagners Isolde (1865-1919), 1867 als zweites Kind Eva zur Welt. Nach der Geburt des dritten Kindes, Siegfried (1869), nach dem Tod von Wagners erster Frau, Minna, und der Scheidung von Bülow heiratete sie Wagner am 25. 8. 1870 in Luzern. Cosima arbeitete von Beginn an am Aufbau der Bayreuther Festspiele mit. Nach dem Tod ihres Mannes übernahm sie deren Leitung und führte auch Regie. Erst 1906 gab sie die Direktion an Siegfried ab, blieb

Wagner reicht Bruckner seine Schnupftabaksdose. Schattenbild von Otto Böhler, um 1890 (IKO 45)

jedoch bis zu ihrem Tod die eigentliche »Herrin von Bayreuth«.
Bruckner lernte Cosima Wagner anläßlich seines Aufenthaltes in Bayreuth im September 1873 kennen und traf mit ihr später bei den Wahnfried-Soiréen während der Festspiele zusammen. Von Cosimas Hand stammt der in verbindlichem Ton gehaltene Antwortbrief auf Bruckners Übersendung des Widmungsexemplares der *Dritten Symphonie* vom 24. 6. 1874 (heute in → St. Florian), in dem auch die Einladung zu den ersten Festspielen 1876 ausgesprochen wurde. Auf Wunsch Cosimas spielte Bruckner beim Requiem für ihren Vater Franz Liszt am 4. 8. 1886 in der Bayreuther Schloßkirche die Orgel. In den 1976 veröffentlichten Tagebüchern (1869-1883) Cosimas wird »der arme Organist Bruckner aus Wien« nur zweimal, eher am Rande, erwähnt.
Die zweite Tochter, Eva, geb. 17. 2. 1867 in Tribschen, gest. 26. 5. 1942 in Bayreuth, heiratete 1908 den englischen Kulturkritiker und Rassentheoretiker Houston Stewart Chamberlain (1855-1927). Sie war seit 1906 Sekretärin ihrer Mutter und verwahrte deren Tagebücher. Bruckner lernte Eva bei seinen Aufenthalten in Bay-

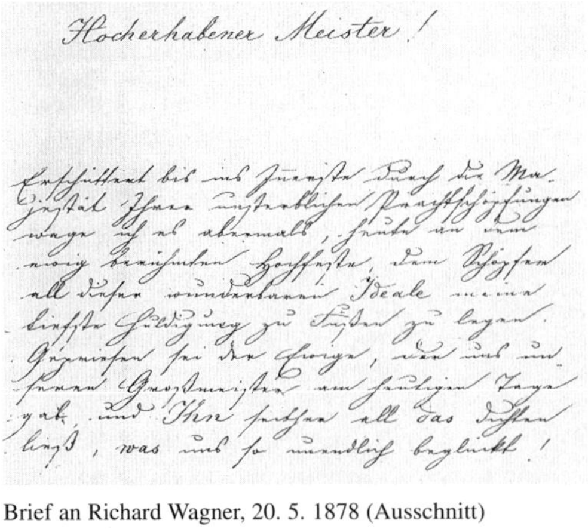

Hocherhabener Meister!

Brief an Richard Wagner, 20. 5. 1878 (Ausschnitt)

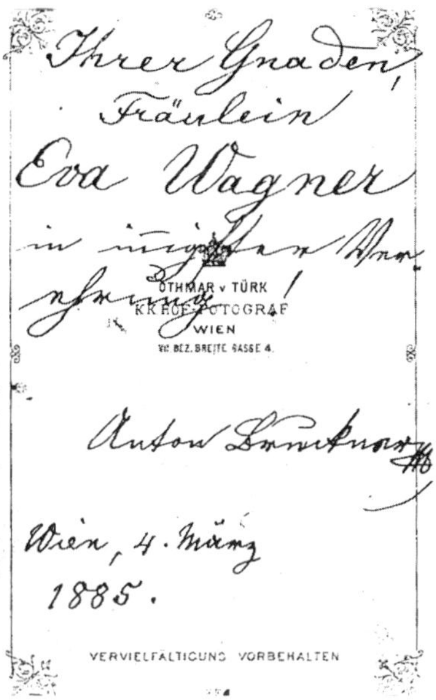

Rückseite einer Photographie Bruckners

reuth kennen und »verehrte« sie schon als kleines Mädchen. In einem Brief vom 10. 5. 1885 übermittelte er ihr eine Abschrift seines Wagner-Briefes, der ihm »so kostbaren Reliquie« seines »unerreichbaren Ideales«.
Der einzige Sohn, Siegfried, geb. 6. 6. 1869 in Tribschen, gest. 4. 8. 1930 in Bayreuth, wurde als Schüler von Engelbert Humperdinck in Frankfurt/Main und von Felix → Mottl in Karlsruhe selbst Komponist und Dirigent. 1892-1896 war er Assistent, seit 1896 Dirigent, Regisseur und 1908-1930 Leiter der Festspiele in Bayreuth. Er komponierte Opern (u. a. »Der Bärenhäuter« 1899, »An allem ist Hütchen schuld« 1917), Orchester- und Chorwerke sowie Lieder und veröffentlichte sein »Reisetagebuch 1892« (Bayreuth 1935) sowie »Erinnerungen« (Stuttgart 1923). 1915 heiratete er die Engländerin Winifred Williams (1897-1980), mit der er vier Kinder hatte.

Szene aus dem 1. Akt von Wagners »Götterdämmerung«. Schattenbild von Otto Böhler, um 1890 (IKO 47)

Mit Siegfried Wagner kam Bruckner während seiner Besuche bei den Bayreuther Festspielen in Kontakt und traf ihn auch bei der Uraufführung seiner *Achten Symphonie* 1892 in Wien. Später dirigierte Siegfried Wagner Werke Bruckners beim Heidelberger Bach-Verein (1907) und besuchte 1928 u. a. Linz und Bruckners Grab in St. Florian. AH

Lit. (Auswahl): Göll.-A. 4/1-4, passim; George R. Marek, C. Wagner. Ein Leben für ein Genie. Bayreuth 1981; Hermes Handlexikon R. Wagner. Hrsg. Martin Gregor-Dellin und Michael von Soden. Düsseldorf 1983; Egon Voss, Wagner und Bruckner. Ihre persönlichen Beziehungen anhand der überlieferten Zeugnisse, in: A. Bruckner. Studien zu Werk und Wirkung. Hrsg. Christoph-Hellmut Mahling. Tutzing 1988; Peter P. Pache, S. Wagner. Genie im Schatten. München 1988; Andrea Harrandt, Bruckner und das Erlebnis Wagner, in: IBG-Mitteilungsblatt Nr. 38, Juni 1992; Bruckner in Bayreuth. Ausstellung Bayreuth 1994. Katalog [Bayreuth 1994].

Waidhofen an der Ybbs

Hauptort der niederösterreichischen Eisenwurzen, an der Ybbs gelegen. Bis 1803 im Besitz des Bistums Freising; schon früh wirtschaftlicher Mittelpunkt des Ybbstales. 1995: 11 500 Einwohner.
Der Lehrer Raab, bei dem Bruckner in → St. Florian Gesangsübungen absolviert hatte, wurde später Organist in Waidhofen. Dort hatte auch Bruckners späterer Lehrer Leopold von → Zenetti von Mai 1827 bis September 1828 vermutlich als Musiker oder Privatlehrer gewirkt. Während seines Unterrichts bei diesem in → Enns lernte Bruckner Friedrich Schiffner (1824-1886) kennen, der später Regens chori der Stadtpfarrkirche und Chormeister des Männergesangvereins in Waidhofen war. An Bruckners Besuche bei seinem Freund Schiffner 1876-1880 erinnert heute eine Gedenktafel am Haus Hoher Markt 17. AH

Lit.: Göll.-A. 1, S. 129; Edmund Friess, A. Bruckner und Friedrich Schiffner, in: Heimatgaue 5 (1924); Bruckner – skizziert Nr. 242.

Waldeck, Karl

Geb. 21. 9. 1841 in St. Thomas am Blasenstein, Bezirk Perg, Oberösterreich, gest. 25. 3. 1905 in Linz. Organist (1868-1890) und Kapellmeister (1890-1905) an der Linzer Dom- und Stadtpfarr-

Karl Waldeck

kirche, Musiklehrer. Entstammte einer kinderreichen Lehrerfamilie und besuchte die Linzer Lehrerbildungsanstalt (Zeugnis 1858). Schulgehilfe in Grünburg, Frauenstein (Gemeinde Molln), beide im Bezirk Kirchdorf an der Krems, und seit 1861 in → Linz an der Filialschule »am Schullerberge«; mußte krankheitsbedingt den Schuldienst aufgeben. Im Spiel von Orgelstücken wie bei Improvisationen entwickelte er große Fertigkeiten und wurde »der würdige Jünger seines Freundes Bruckner« genannt (1879). Als Kapellmeister führte er den Domchor zu bedeutendem Niveau und litt mit seiner besonderen Vorliebe für klassische instrumentale Kirchenmusik (Mozart) unter engherzigen Ansichten von Anhängern des → Cäcilianismus.

Waldeck lernte Bruckner 1856 oder 1857 kennen, wurde sein Schüler und supplierte bei Orgeldiensten seines Lehrers. Nach Absolvierung der Lehrerausbildung bestand keine Verbindung mit Bruckner. Erst mit der Versetzung Waldecks nach Linz (1861) »traten die beiden sich wieder näher«, und es entwickelte sich eine hilfreiche Freundschaft mit Gewinn für beide Seiten. Aus dem engen persönlichen, fast täglichen Kontakt ergaben sich für Waldeck ausführliche Einblicke in das Leben des Menschen und Künstlers Bruckner, welche die Forscher Franz → Gräflinger und August → Göllerich in ihre Veröffentlichungen einfließen ließen.

Bruckner empfahl Waldeck bei seinem Scheiden von Linz (1868) als Nachfolger, hielt die Verbindung auch von → Wien aus aufrecht, und wußte in ihm einen Stützpunkt in Linz für Informationen und Besorgungen.

Die etwa 50 Kompositionen Waldecks beschränken sich vor allem auf kleinere Formen für liturgische Zwecke (»Gesangswerke mit Instrumental-Begleitung« und »Vokal-Kompositionen«) mit bemerkenswerten Leistungen unter den Offertorien, Gradualien usw. Sie sind zum geringeren Teil gedruckt, meist nur handschriftlich überliefert und werden heute selten aufgeführt. Dazu kommen noch Orgelwerke, Klavierstücke und Bearbeitungen. FZ

Lit.: Franz Gräflinger, K. Waldeck. Kirchenmusikalische Streiflichter. Linz 1911 (mit Werkverzeichnis); ders., A. Bruckner. Leben und Schaffen. Berlin 1927, S. 283-296; Auer, Briefe, passim; Cornelius Preiß, K. Waldeck (1841-1905), in: Oberösterreichische Männergestalten. Hrsg. Eduard Straßmayr. Linz 1926, S. 96-100.

Walzer in C-Dur (WAB deest)
Kompositionsübung für Klavier
EZ: 2. 1. 1862 in → Linz
Autograph: → Kitzler-Studienbuch S. 26

Lit.: Hawkshaw, The Manuscript Sources.

Walzer in Es-Dur (WAB deest)
Kompositionsübung für Klavier
EZ: 1. 1. 1862 in → Linz
Autograph: → Kitzler-Studienbuch S. 25

Bruckner vermerkte zu beiden Walzern als formale Vorgabe: »2theilige Liedform« und »16tactige Perioden«.

Lit.: Hawkshaw, The Manuscript Sources.

Weingartner, Felix (von)
Geb. 2. 6. 1863 in Zara (Zadar), Dalmatien, gest. 7. 5. 1942 in Winterthur, Schweiz; Dirigent, Komponist und Schriftsteller. Studium in Graz bei Wilhelm Mayr (Pseudonym W. A. Rémy), seit 1881 an der Leipziger Universität und am Konservatorium; Förderung als Komponist durch Franz → Liszt. 1884 Kapellmeister in Königsberg, 1885-1887 in Danzig; 1889-1891 Hofkapellmeister in Mannheim; 1891-1898 Kapellmeister an der Königlichen Oper und der Symphoniekonzerte der Königlichen Kapelle in → Berlin; 1898-1903 Dirigent der Kaim-Konzerte in München; 1908-1911 Direktor der Wiener Hofoper, 1908-1927 Leiter der Philharmonischen Konzerte; zahlreiche Auslandsreisen. 1914-1919 Generalmusikdirektor in Darmstadt, 1919-1924 Direktor der Wiener Volksoper. Seit 1927 in Basel, 1935/36 nochmals Musikdirektor der Wiener Staatsoper. Der hochgebildete, souveräne Dirigent, der menschlich als eher schwie-

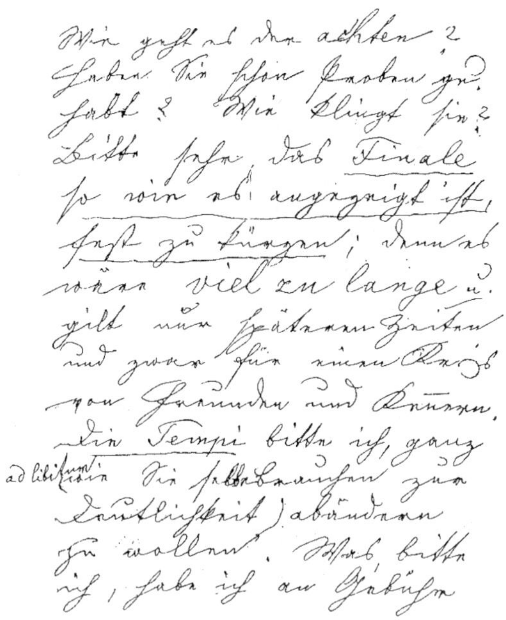
Wie geht es der achten? haben Sie schon Proben gehabt? Wie klingt sie? Bitte sehr, das Finale so wie es angezeigt ist, fest zu kürzen; denn es wäre viel zu lange u. gilt nur späteren Zeiten und zwar für einen Kreis von Freunden und Kennern. Die Tempi bitte ich, ganz ad libitum (wie Sie selbe brauchen zur Deutlichkeit) abändern zu wollen. Was bitte ich, habe ich an Gebühren

Brief an Felix Weingartner, 27. 1. 1891 (Ausschnitt)

rig galt und sich selbst lieber als Komponist sah (sein Œuvre umfaßt mehr als 100 Werke aller Gattungen), war ein international gefeierter Künstler, dessen besonderes Interesse der Interpretation Beethovenscher Symphonien galt.
Wie Weingartner in seinen »Lebenserinnerungen« berichtet, war er erstmals 1885 bei der von Felix → Mottl in → Karlsruhe geleiteten Aufführung des Adagio aus der *Siebenten Symphonie* mit Bruckners Musik in Berührung gekommen. Als der Dirigent Hermann → Levi, Freund und Förderer Bruckners, kein Verständnis für die *Achte Symphonie* aufbringen konnte und auch nach deren Umarbeitung nicht den Mut zur Aufführung hatte, gelang es ihm, Weingartner für eine Aufführung in Mannheim zu gewinnen. Er kümmerte sich sogar um die Beschaffung des Notenmaterials bzw. übernahm Kopiaturkosten. Aufgrund der Kritik Levis an der *Achten* war Bruckners Selbstbewußtsein jedoch ziemlich angeschlagen und der Komponist zu erstaunlichen Modifikationen bereit: So bat er Weingartner immer wieder, das Finale nur ja zu kürzen – das (ungekürzte) Werk sei für »spätere Zeiten und zwar für einen Kreis von Freunden und Kennern« –, ferner stellte er dem Dirigenten anheim, die Tempi »ganz ad libitum ... abändern zu wollen«, und ersuchte um Ausdauer bei den Proben. Voll Ungeduld wartete Bruckner auf Nachrichten Weingartners, der im März 1891 endlich mit den Proben begann und wegen der zu geringen Besetzung des Mannheimer Orchesters beim Komponisten um Instrumentationsänderungen ansuchte. Kurz darauf wurde Weingartner jedoch nach Berlin berufen und die Aufführung abgesetzt. Der Dirigent zeigte zwar aufrichtiges Bedauern, war aber über diese Wendung des Schicksals wohl auch erleichtert, da er, wie er Bruckner mitteilte, mit dem Mannheimer Orchester »nicht ganz die erwünschte Wirkung gemacht hätte«, zumal auch keine Tuben zur Verfügung standen. Bruckner war letztendlich sehr enttäuscht, auch wenn er gegenüber Levi ein Jahr später meinte, daß er die *Achte* nie dem »bedenklichen Herrn Weingartner« zugedacht habe und »froh« sei, »von Mannheim erlöst« zu sein.
Weingartner löste sein Versprechen, in Berlin baldmöglichst ein Werk von Bruckner aufzuführen, erst am 9. 3. 1895 mit der Aufführung der *Vierten Symphonie* ein, der jedoch kein besonderer Erfolg beschieden war. Es war die einzige Symphonie Bruckners, die Weingartner zu Lebzeiten des Komponisten dirigierte. Weingartner konnte »zur Gesamterscheinung Bruckners nie Stellung finden«, ja die persönliche Begegnung mit dem Komponisten am Grab → Wagners in → Bayreuth nie ganz vergessen, die bei ihm ein Gefühl der Abneigung hinterlassen hatte (»Lebenserinnerungen«). Seine schriftlich festgehaltenen Ansichten über die Brucknerschen Symphonien ähneln in der Diktion sehr jenen von Eduard → Hanslick und dessen Kreis: Bruckners Riesensymphonien seien aus Trümmern zusammengeschweißt und einander zum Verwechseln ähnlich. Weingartner dirigierte während seiner 19jährigen Leitung der Philharmonischen Konzerte in → Wien zwar etliche Male Symphonien Bruckners – im Vergleich zu seinen Aufführungen von Werken → Brahms' und vor allem → Beethovens jedoch in eher bescheidenem Ausmaß. IF

Lit.: F. Weingartner, Lebenserinnerungen 1. Wien-Leipzig 1923, S. 247 f., 291 f.; Göll.-A. 4/3, passim; Maria Ottich in: MGG 14, Sp. 408-411; Clemens Hellsberg, Demokratie der Könige. Die Geschichte der Wiener Philharmoniker. Zürich-Wien-Mainz 1992, besonders S. 366 f.; Ingrid Fuchs, »Künstlerische Väter« und »Vormünder«. Bruckner und die zeitgenössischen Dirigenten seiner Symphonien, in: Bruckner-Symposion 1994; Briefwechsel Bruckner-Weingartner und Briefwechsel Bruckner-Levi vgl. Briefausgaben.

Weinwurm, Rudolf

Geb. 3. 4. 1835 in Scheideldorf bei Göpfritz an der Wild, Niederösterreich, gest. 26. 5. 1911 in Wien; Komponist und Chordirigent. Er gründete 1858 den → Wiener Akademischen Gesangverein, wurde 1862 Universitätsgesangslehrer, war Chormeister der Wiener Singakademie und des → Wiener Männergesang-Vereins und wurde 1880 zum Universitätsmusikdirektor ernannt.
Nach dem Mozartfest in → Salzburg lernte Weinwurm durch seinen Bruder Alois (1824-1879), Gesangslehrer am Linzer Gymnasium und seit 1857 Chormeister des → Männergesangsvereins »Sängerbund«, im September 1856 Bruckner kennen und schloß mit ihm sofort Freundschaft. Weinwurm war der wichtigste Wiener Kontaktmann Bruckners während dessen Linzer Zeit. Aus diesem Zeitraum sind rund 60 Briefe überliefert, die ein Bild von dieser Freundschaft, aber auch von der seelischen Verfassung der beiden geben.
Die Freundschaft verlief jedoch nicht zeitlebens ungetrübt. Ein erster Konflikt ergab sich beim Oberösterreichisch-Salzburgischen → Sängerfest im Juni 1865, bei dem Weinwurms Chor »Germania« vor Bruckners *Germanenzug* den ersten Preis erringen konnte. Nach Bruckners Übersiedlung nach → Wien wurden sie »Konkurrenten« in der Lehrerbildungsanstalt → St. Anna, wo Weinwurm als Klavierlehrer tätig war, und an der → Universität Wien, wo Eduard → Hanslick, der mit Weinwurm befreundet war, zu intervenieren versuchte.
Weinwurm nahm sich aber auch der Werke Bruckners an. So leitete er am 7. 12. 1881 die

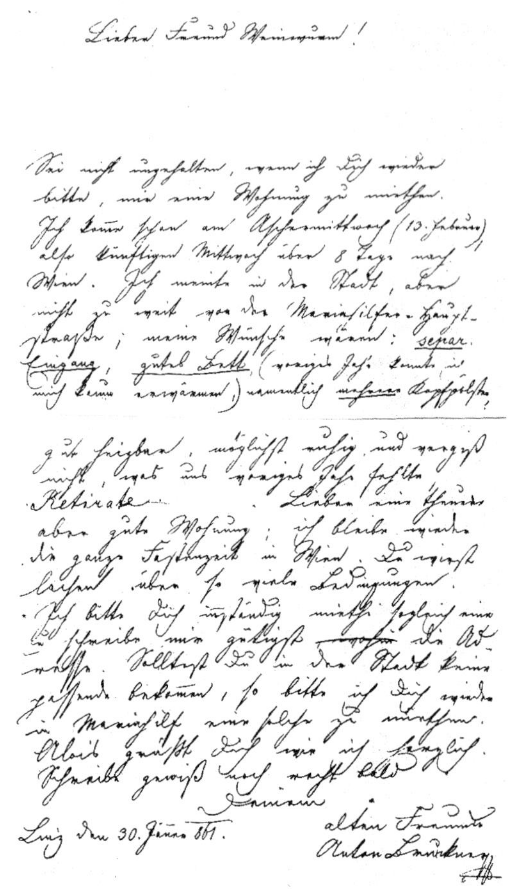
Lieber Freund Weinwurm!

Sei nicht ungehalten, wenn ich Dich wieder bitte, mir eine Wohnung zu miethen. Ich komme schon am Aschermittwoch (13. Februar) also künftigen Mittwoch über 8 Tage nach Wien. Ich möchte in der Stadt, aber nicht zu weit von der Mariahilfer-Hauptstraße; meine Wünsche wären: separ. Eingang, gutes Bett (voriges Jahr konnte ich mich kaum [illegible]) namentlich [illegible] gut heizbar, möglichst ruhig, und vergiß nicht, was mir voriges Jahr fehlte Retirade. Lieber ein Zimmer aber gute Wohnung; ich bleibe wieder die ganze Fastenzeit in Wien. Du weißt besser über so viele Bedingungen. Ich bitte Dich inständig mir sogleich eine [illegible] schreibe mir gütigst [illegible] die Adresse. Solltest Du in der Stadt keine passende bekommen, so bitte ich Dich wieder in Mariahilf eine solche zu miethen. Alois grüßt Dich wie ich herzlich. Schreibe gewiß noch recht bald Deinem

Linz den 30. Jänner 861.

alten Freunde Anton Bruckner

Brief an Rudolf Weinwurm, 30. 1. 1861

Wiener Erstaufführung des Chores *Um Mitternacht* WAB 89 und am 11. 4. 1886 die Uraufführung des Chores *Trösterin Musik*. Auf seine Veranlassung hatte August Seuffert einen neuen Text zu Bruckners Chor *Nachruf* geschrieben. Bruckner wirkte auch bei Konzerten des Wiener Akademischen Gesangvereins als Orgelimprovisator mit. AH

Werke: Bühnenwerke, Kirchenmusik, Chorwerke, Werke für Klavier und Orchester, zahlreiche Bearbeitungen von Werken Schuberts, Schumanns, Mendelssohn Bartholdys; Schriften und Unterrichtswerke für die Lehrerbildungsanstalt St. Anna.

Lit.: Auer, Briefe, passim; Göll.-A. 2/1, 4/1-3, passim; Johann Frieben, R. Weinwurm. 3 Bände. Mschr. Diss. Wien 1960; Peter Altmann, R. Weinwurm (1835-1911). Wien 1985; Leopold Nowak, R. Weinwurm – Zum 150. Geburtstag, in: IBG-Mitteilungsblatt Nr. 26, Oktober 1985; Andrea Harrandt, »... den ich als einzigen wahren Freund erkenne ...« A. Bruckner und R. Weinwurm, in: Bruckner-Symposion 1994.

Weiß, Johann Baptist

Geb. 14. 5. 1813 und gest. 10. 6. 1850 in Hörsching; älterer Cousin, Firmpate, Freund und Lehrer Bruckners. Neuntes Kind des Hörschinger Schulmeisters Joseph Weiß und dessen Frau Josepha, geb. Bruckner, einer Schwester von Bruckners Vater (→ Bruckner, Familie). Johann B. Weiß absolvierte den Präparandenkurs (Abschluß am 25. 6. 1830) und vermutlich auch Franz Xaver Glöggls Privatmusikschule in → Linz und galt bald als einer der besten oberösterreichischen Musiker seiner Zeit, ebenso wie eine Generation früher sein Onkel Anton Weiß, der berühmte Organist des Stiftes → Wilhering. Von seinen Werken seien das »Requiem in Es-Dur« und die »Messe in G-Dur« genannt.
Johann B. Weiß' musikalische Fähigkeiten waren hinsichtlich seiner Kenntnis sowohl des spätbarocken (Johann Sebastian → Bach, Georg Friedrich Händel, Johann Georg → Albrechtsberger) als auch des klassischen Repertoires (Joseph und Michael → Haydn, Wolfgang Amadeus → Mozart) überdurchschnittlich. Er unterrichtete Bruckner in → Hörsching vom Spätsommer 1835 bis zum Herbst 1836 sowie einige Wochen im Jahre 1837 in den Anfangsgründen des Orgel- und Generalbaßspiels (→ Ausbildung). Mögliche Ergebnisse dieses Unterrichts waren erste kleine eigene Kompositionen Antons (*5 Präludien*); die Echtheit ist allerdings umstritten. Mit der schweren Erkrankung des Vaters fand die Hörschinger Lehrzeit ein jähes Ende.
Bruckner gedachte seines Vetters zeitlebens in Dankbarkeit, aber auch in Trauer: Mit knapp 37 Jahren verübte der Hörschinger Organist und Lehrer auf dem Friedhof seines Heimatortes Selbstmord durch Erschießen, da man ihm fälschlicherweise einen Fehlbetrag in einer übernommenen Vereinskasse zur Last legte. EM

Lit.: Franz Schaffranke, A. Bruckners Hörschinger Lehrzeit, in: Oberösterreichische Nachrichten, Wochenendbeilage 8. 8. 1959; Elisabeth Maier, A. Bruckners oberösterreichische Lehrer, in: Bruckner-Symposion 1988; dies., J. B. Weiß. A. Bruckners Hörschinger Freund und Lehrer, in: 1200 Jahre Hörsching. Eine Chronik von der Ur- und Frühzeit bis in die Gegenwart. Hörsching 1993.

Wels

Oberösterreichische Stadt an der Traun, westlich von Linz gelegen. Altes Siedlungsgebiet (römisch: Ovilava); 1222 erstmals als Stadt genannt. Seit Mitte des 19. Jahrhunderts Standort wichtiger Industrien; Veranstaltung der Welser Messe. 1869: 5 828, 1995: ca. 60 000 Einwohner.
Biographisch ist Bruckner – neben möglichen weiteren persönlichen Aufenthalten – in Wels derzeit dreimal erfaßbar. 1865 leitete er an Stelle des verhinderten Alois → Weinwurm den Linzer → Männergesang-Verein »Sängerbund« anläßlich des Gründungskonzerts des Oberösterreichischen Sängerbundes. Auf dem Programm stand »Waldeinsamkeit« von Anton M. → Storch.
1869 besuchte Bruckner auf der Rückfahrt von Frankreich (→ Nancy, → Paris) die Stadt, wo er auf Vorschlag von August → Göllerich senior, dem Vorstand des Welser Männergesangvereines, die Ehrenmitgliedschaft dieses Chores erhielt. Für Bruckner war es die erste öffentliche Auszeichnung in seinem Heimatland Oberösterreich. Zum Dank spielte er ein Orgelkonzert in der Stadtpfarrkirche.
Der dritte Besuch in Wels galt 1881 einer persönlichen Bekanntschaft: Luise Hochleitner, Tochter eines Landesgerichtsrates. Bruckner komponierte für sie im Jahr darauf sein *Ave Maria* WAB 7. Im selben Jahr entstand der Männerchor *Sängerbund*, der August Göllerich senior als Vorstand des Oberösterreichisch-Salzburgischen Sängerbundes gewidmet war. Die Uraufführung erfolgte 1883 in Wels. Bruckner lernte auch Göllerichs Sohn August (junior) kennen, der sein Schüler und späterer Biograph wurde.
Für die Forschung wesentlich ist die Autographensammlung im Welser Stadtarchiv (früher im Stadtmuseum), die auf Josef → Seiberl zurückgeht. Sie umfaßt folgende Manuskripte: *Messe für den Gründonnerstag*, *»In jener letzten der Nächte«*, (Windhaager) *Messe in C-Dur*, die beiden *Totenlieder*, *Vor Arneths Grab*, *An dem Feste*, *Das edle Herz* WAB 66, *Die Geburt* und die beiden Motti *»Ein jubelnd Hoch in Leid und Lust«* sowie *»Lebt wohl, ihr Sangesbrüder«*.
1924 wurde eine von Siegfried Rüffler gestaltete Bruckner-Büste im Vereinsheim des Hans Sachs-Chores (ehemals Männergesangverein Wels) enthüllt. An der Stadtmauer befindet sich heute ein Relief von Helga Födisch, das an Stelle einer alten Gedenktafel mit falschem Geburtsdatum angebracht wurde. EWP

Lit.: Leopold Nowak, Bruckner und Wels, in: Nowak, Über A. Bruckner; Erich Wolfgang Partsch, Die Bruckner-Musikautographe im Welser Stadtarchiv, in: IBG. Studien & Berichte 46, Juni 1996.

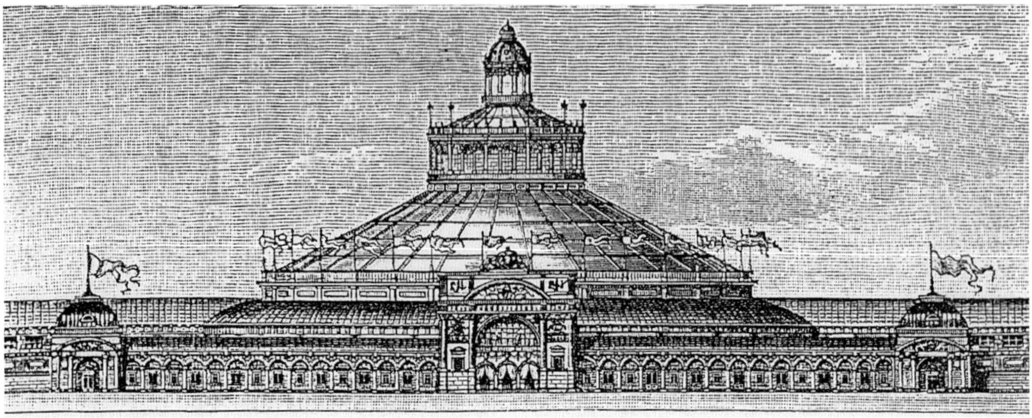

Ausstellungsgebäude Rotunde im Wiener Prater. Stich

Weltausstellung Wien 1873

Die am 1. 5. 1873 in → Wien eröffnete Weltausstellung, die fünfte ihrer Art und zugleich die einzige im deutschsprachigen Raum, sollte zur »Hebung des allgemeinen Zustandes der Menschheit« beitragen, legte also zum Unterschied zu den vorhergehenden internationalen Expositionen den Akzent mehr auf kulturelle Themen und nicht so sehr auf die Präsentation von technischen Erfindungen. Getragen vom Wiener Großbürgertum und vom kaiserlichen Hof (→ Kaiserhaus) gefördert, brachte sie als betont gesellschaftlich-repräsentatives Großereignis das in der Gründerzeit neu gewonnene Selbstgefühl Wiens und der Monarchie zum Ausdruck. Sie wurde allerdings von widrigen Umständen (Wiener Börsenkrach vom 9. 5. 1873, Choleraepidemie) begleitet und endete (2. 11. 1873) mit einem Defizit von 19 Millionen fl; auch die Besucherzahl blieb mit 7,2 Millionen unter den Erwartungen.

Zu den zahllosen künstlerisch-gesellschaftlichen Ereignissen im Umfeld der Ausstellung zählte auch die erfolgreiche Uraufführung der *Zweiten Symphonie* Bruckners am 26. 10. 1873 im Wiener Musikverein unter Leitung des Komponisten. HR

Lit.: Jutta Pemsel, Die Wiener Weltausstellung von 1873 und ihre Bedeutung ... 2 Bände. Mschr. Diss. Wien 1983; dies., Die Wiener Weltausstellung von 1873, in: Das Zeitalter Kaiser Franz Josephs (Ausstellungskatalog). 1. Teil. Wien 1984; dies., Die Wiener Weltausstellung von 1873. Wien-Köln [1989]; Karlheinz Roschitz, Wiener Weltausstellung 1873. Wien [1989]; Christian Kircher, Die Wiener Weltausstellung 1873. Wirtschaftswiss. Diplomarbeit. Wien 1990.

Eröffnung der Weltausstellung. Stich

Werkverzeichnis Anton Bruckner (WAB)

Das erste Werkverzeichnis, 1977 (Tutzing, Schneider) als Einzelpublikation erschienen, ordnet alphabetisch und numeriert die Werke Bruckners nach Gattungen (geistliche und weltliche Vokalmusik, Orchestermusik, Kammermusik, Orgel- und Klavierwerke etc.) und enthält Abbildungen von Titelblättern der Erstausgaben.

Angeschlossen sind eine Lebenschronik mit Kompositions- und Aufführungsdaten, eine Übersicht der → Gesamtausgaben, ein Verzeichnis der Textanfänge und ein ausführliches Gesamtregister. Zu jedem einzelnen Werk sind – je nach Verfügbarkeit – Incipit vom Anfangsthema, Besetzung, Entstehungs- und Uraufführungsdaten (fallweise Umarbeitungen, Fassungen etc.), Angaben zum Erstdruck, Widmung, Textanfang, Textdichter, Hinweise auf Erwähnungen bei Göllerich-Auer und auf die Gesamtausgabe verzeichnet. Mit Entwürfen, zweifelhaften Kompositionen und Nachträgen umfaßt es – nach dem damaligen Wissensstand – 149 Werke. Derzeit wird an einer verbesserten und wesentlich erweiterten 2. Auflage gearbeitet, die neben erweiterten Incipits auch Angaben zu Standorten und Beschreibungen der Handschriften, Bearbeitungen und vieles mehr aufnehmen wird. RG

Eine Tabelle der WAB-Nummern ist im Anhang 5 zu finden.

Widmungsträger

Personen

→ Almeroth, Carl WAB 57
»An P. T. Herrn Vater« (Grienberger?) WAB 110 (Urschrift)
→ Arneth, Michael WAB 14 (zum Namensfest), 22, 53 (anläßlich des Todes), 61 (zum Namensfest), 137 und 138 (»zugedacht«)
→ Assmayr, Ignaz WAB 36
→ Bayer, Franz WAB 39 (2. Manuskript)
→ Bogner, Aloisia WAB 68, 120, 122
→ Bogner, Michael WAB 77
→ Burgstaller, Johann Baptist WAB 1
(»Dem lieben Gott« WAB 109)
Deschl, Johann Nepomuk, Schulmeister in Kirchberg bei Eferding WAB 133 (anläßlich seines Todes)
Diernhofer, Josef, Lederhändler und Organist in → Perg WAB 129
Dorfer, Alois, Abt in → Wilhering WAB 18
Ehrenecker, Ludwig – Schäfler, Franz – Bruckner, Anton – → Hueber, Johann Nepomuk (→ Florianer Männerquartett) WAB 85
→ Franz Joseph I. WAB 108
→ Göllerich, August sen. WAB 82
Grienberger, Hugo von, k.k. Landesgerichtsadjunkt WAB 110 (Reinschrift)
Hafferl, Josef, Vorstand der → Liedertafel »Frohsinn« und Freund Bruckners WAB 73
Hafferl, Josefine, Mutter des vorigen WAB 2
→ Hartel, Wilhelm Ritter von WAB 87
Hochleitner, Luise, Klavierschülerin, → Wels WAB 7
Hofmann, Helene, Klavierschülerin, → Linz WAB 75
Hofmann, Pauline, Klavierschülerin, Linz WAB 79
→ Hohenlohe-Schillingsfürst, Constantin Prinz zu WAB 104
Imhof von Geißlinghof, Anton Ritter, Hofrat im Obersthofmeisteramt WAB 28
→ Jobst, Anna WAB 25
→ Kerschbaum, Ferdinand WAB 125
→ Kerschbaum, Karl WAB 49 (zur Vermählungsfeier)
→ Klose, Friedrich »Heut kommt ja der Klose zum Gause« WAB deest
Knauer, Alois, Pfarrer in → Kronstorf WAB 93 (2. Fassung)
→ Liszt, Franz WAB 102 (zugedacht, aber nicht angenommen)
→ Loidol, P. Oddo WAB 11, 23
→ Ludwig II. von Bayern WAB 107
→ Marböck, Josef WAB 124 (für dessen Kinder)
→ Max(imilian) Emanuel in Bayern WAB 112
→ Mayer, Friedrich WAB 29 (zur Infulierung), 58, 60 und 61 (zum Namensfest), 93 (3. Fassung)
Munsch, Anton – Stiefler, Dr. Anton – Benoni, Dr. Eduard – Weißmann, Dr. Mathias (Männerquartett der Liedertafel »Frohsinn«) WAB 55
→ »O.A.M.D.G.« WAB 13, 45, 52
→ Oberleithner, Max von WAB 38
→ O'Hegerty, Charles Graf WAB 62
Ölzelt, Anton Ritter von Newin, Hausherr Bruckners WAB 54 (zur Hochzeit mit Amy von Wieser), 106 (dem Ehepaar)
Paulitsch, Johann, Chorherr in → St. Florian WAB 65
Peßler, Josef Ritter von, Stadtpfarrer in → Enns WAB 59 (zum Geburtsfest)
Ruckensteiner, Georg, Stiftsrichter zu St. Florian WAB 121
→ Rudigier, Franz Josef WAB 27, 46 (zum 25jährigen Bischofs-Jubiläum)
→ Sailer, Franz WAB 39 (anläßlich seines Todes)
Schlager, ?, Frau des Bürgermeisters Andreas Schlager von St. Florian WAB 84
Schläger, Hans, Gründer eines Männerchores in St. Florian WAB 78
→ Sechter, Simon WAB 148 (zum Namensfest, posthum)

→ Seiberl, Josef WAB 69 (zum Namensfest), 74 (2. Fassung), 81 (zum Gedenken)
→ Seiberl, Karl WAB 47, 48
Soyka, Alexandrine (spätere Fürstin Stirbey), Klavierschülerin, Linz WAB 117, 118
→ Stremayr, Karl von WAB 105
→ Stülz, Jodok WAB 15 (zur Namensfeier)
Than(n)er, Emma, Klavierschülerin, Linz WAB 123
→ Traumihler, Ignaz WAB 5 (zum Namensfeste), 20, 24, 30, 126, 130
→ Wagner, Richard WAB 103

Institutionen
Liedertafel Eferding WAB 83 (für das Passauer Sängerfest)
→ Liedertafel »Frohsinn«, Linz WAB 19 (zur Gründungsfeier 1868), WAB 80 (zur Jubiläumsfeier), WAB 95 (für den gemischten Chor der Liedertafel)
Liederkranz → Grein WAB 147
Liedertafel → Sierning WAB 95 (älterer Wahlspruch der Liedertafel)
Männergesang-Verein »Sängerbund«, Linz WAB 64, 89
Niederösterreichischer Sängerbund WAB 56, 92
Straßburger Männergesangverein WAB 90
→ Wiener Akademischer Gesangverein WAB 74 (1. Fassung)
→ Wiener Männergesang-Verein WAB 71 (zum 50jährigen Bestand)
→ Universität Wien WAB 101 (Wiener Fassung)
→ Wiener Philharmoniker WAB 102 (zugedacht, aber nicht angenommen)

Zu einem bestimmten Anlaß ohne Widmung geschriebene Werke
Empfang der kaiserlichen Braut Elisabeth in Linz WAB 76
Erstes deutsch-akademisches Sängerfest in Salzburg WAB 63
Für den Gottesdienst am Tag der »Unschuldigen Kinder« (28. 12.), vor der Hl. Wandlung WAB 145 (→ Incerta)
Für die Sonntage in der Fastenzeit WAB 140
1. Oberösterreichisch-Salzburgisches Sängerbundesfest in Linz WAB 70 (Preisausschreiben)
Grundsteinlegung des Maria-Empfängnis-Doms in Linz WAB 16
→ Hofmusikkapelle Wien, Auftragswerk WAB 26, 28
100jähriges Diözesanjubiläum Linz WAB 13, 34
Militärkapelle der Jäger-Truppe in Linz WAB 116
Preisausschreiben WAB 94
St. Florian WAB 32, 51. RG

»Wie neid ich dich, du stolzer Wald« (WAB deest)
Lied für Singstimme und Klavier in Es-Dur; Kompositionsübung
EZ: zwischen Weihnachten und Neujahr 1861/62 in → Linz
Autograph: → Kitzler-Studienbuch S. 24

Zu diesem zweistrophigen Lied vermerkte der Schüler Bruckner: »Die 1. Strophe erforderte keinen gemütlichen Gesang; doch die Form ist beibehalten (wegen der letzten).«

Lit.: Hawkshaw, The Manuscript Sources.

Wien zur Brucknerzeit
Als Bruckner 1868 in der Währingerstraße 41 seine erste Wiener Wohnung bezog, erlebten das Kaiserreich und die Residenzstadt turbulente Zeiten. Zwei Jahre zuvor hatte die Niederlage gegen Preußen in der Schlacht bei Königgrätz Österreich zutiefst gedemütigt und alle Träume auf eine Wiederrichtung eines Deutschen Reiches unter habsburgischer Führung beendet. Das reiche Venetien war an die italienische Einigungsbewegung verlorengegangen. Ungarn knüpfte seinen weiteren Verbleib in der Donaumonarchie an harte Bedingungen und setzte sich 1867 durch: Aus dem Kaisertum Österreich wurde die Doppelmonarchie Österreich-Ungarn. Neben die Hauptstadt Wien trat nun gleichberechtigt die rivalisierende zweite Haupt- und Residenzstadt Budapest (→ Zeitgeschichte).
Die Niederlage von Königgrätz brachte aber auch die neue liberale Verfassung von 1867 und die gesetzliche Verankerung der Gleichberechti-

Wiener Ringstraße mit der Hofoper. Stich

Blick auf die Karlskirche. Aquarell von Rudolf von Alt, 1873

gung aller Bürger der Monarchie, gleich welcher Religion und Muttersprache – was auch die Juden einschloß und zu großen Leistungen antrieb. In Wien wie in ganz Österreich-Ungarn begann das Zeitalter des Liberalismus. Das Bürgertum gewann gegenüber der bisher allein maßgebenden Aristokratie an Einfluß, auch als Kunstmäzene.
Auch äußerlich befand sich Wien in einer allgemeinen Umorientierung: Die ganze Stadt war eine Baustelle, denn die Ringstraße war in vollem Bau, das Denkmal der neuen Schicht der kapitalkräftigen Großbürger und Industriellen. Eine Fülle neuer Ringstraßenpaläste, neuer Ämter und Behörden, Schulen und Parks entstand auf dem riesigen Gelände der abgebrochenen Stadtmauern und des Glacis. Jährlich bekam Wien ein anderes Gesicht, jeweils geprägt durch die repräsentativen Bauten: 1869 wurde die neue Hofoper am Ring eröffnet, im Jahr darauf das Musikvereinsgebäude, in dessen Goldenem Saal Richard → Wagner 1872 ein großes Konzert gab, 1877 die Börse und die Kunstakademie, 1879 die Votivkirche, 1883 das Rathaus und das Parlament, 1888 das Burgtheater, 1891 das Kunst- und das Naturhistorische Museum, 1893 der Michaelertrakt der Hofburg – und vieles andere.
Aber schon 1873, mit dem spektakulären Börsenkrach nach der so wenig erfolgreichen → Weltausstellung, begann der Niedergang des Liberalismus, verbunden mit einem starken Antikapitalismus und Antisemitismus.
Wien wuchs weiter unaufhaltsam: Die Eingemeindung von 43 Vororten 1890 verdoppelte die Einwohnerzahl und stellte neue Probleme, von der nötigen Modernisierung des Verkehrswesens bis zum Bau neuer Schulen, Spitäler, des Zentralfriedhofs, der neuen Hochquellenwasserleitung und ähnlicher Erfordernisse einer modernen Großstadt. Die Nationalitätenprobleme wuchsen mit der großen Zuwanderung notwendiger Arbeitskräfte, vor allem von Tschechen und Ostjuden.
Als Bruckner im Kustodentrakt des Belvedere 1895 sein Ausgedinge fand, neigte sich die liberale Ära ihrem Ende zu. Der Stern des Volkstribunen Dr. Karl Lueger war im Aufgehen. Die Nationalitätenkämpfe wurden von Jahr zu Jahr gefährlicher, die Regierungen unstabiler, der Glaube an die Zukunft des Vielvölkerreichs war erschüttert. Die k.u.k. Monarchie überlebte den Komponisten Bruckner nur um etwas mehr als zwei Jahrzehnte. BH

Wiener Akademischer Gesangverein
Aus der Juristen-Liedertafel hervorgegangen, wurde der »Wiener Akademische Gesangver-

ein« (AGV) 1858 gegründet. Initiator war Rudolf → Weinwurm, der auch erster Chormeister des Vereins war und diese Funktion bis 1887 ausübte. Nachfolger Weinwurms waren Hermann Grädener (1844-1883), Raoul Mader (1856-1940), Josef Neubauer und Hans Wagner-Schönkirch (1872-1940). Jährlich fanden ein oder zwei Konzerte mit Männer- und gemischten Chören statt, weiters Gründungs-, Stiftungs- und Sommerliedertafeln. Der Verein erfreute sich großer Beliebtheit und wirkte auch bei diversen akademischen Feiern der → Universität Wien mit. Von Anfang an unterhielt der Verein gute Beziehungen zu den verschiedenen Burschenschaften. 1920 wurde die Umbenennung des Vereins in »Wiener Akademische Sängerschaft Ghibellinen« beschlossen, 1924 wurde ihm der Titel »Universitäts-Sängerschaft« verliehen. Der heutige Nachfolgeverein trägt den Namen Universitätssängerschaft »Barden zu Wien«.

Die erste Kontaktnahme zwischen Bruckner und dem AGV fiel bereits in seine Linzer Zeit durch die Freundschaft mit Rudolf Weinwurm. Am 3. 7. 1876 wurde der *Germanenzug* in Wien durch den AGV aufgeführt. 1879 dirigierte Bruckner eine Probe des dem AGV gewidmeten Chors *Das hohe Lied* (die Uraufführung erfolgte erst 1902). 1882 improvisierte er in einem AGV-Konzert auf der Orgel. Am 11. 4. 1886 dirigierte Weinwurm die Uraufführung von *Trösterin Musik*, am 15. 1. 1891 Bruckner, seit 1889 Ehrenmitglied des AGV, jene von *Träumen und Wachen*. Beim Bruckner-Kommers zum Ehrendoktorat 1891 in den Sophiensälen wirkte auch der AGV mit. Den ihm gewidmeten Chor *Das deutsche Lied* führte der AGV am 5. 6. 1892 beim Deutschen Akademischen → Sängerfest in → Salzburg auf. Am 11. 3. 1893 schließlich dirigierte Mader die Uraufführung vom *Tafellied*. Am 28. 10. 1896 hielt der AGV einen Trauerkommers für Bruckner. In den Jahren danach veranstaltete der AGV an der Universität regelmäßig Bruckner-Abende.

Viele AGV-Mitglieder kannten Bruckner aus seinen Vorlesungen an der Universität. Ihre Protesthaltung gegen die herrschenden Zustände in Kultur, Gesellschaft und Politik führte zu einer enthusiastischen Bruckner-Verehrung. Für die deutsch-nationalen Studenten war Bruckner ein Idol, und sie ehrten in Bruckner den »Deutschen«. AH

Lit.: 100 Semester Akademischer Gesangverein in Wien 1858-1908. Gaudeamus igitur! Festschrift. Wien 1908; Franz Zawischa, Bruckner und der Akademische Gesangverein in Wien, in: Deutsche Sängerschaft 60 (1955); 100 Jahre Wiener Akademische Sängerschaft. Festschrift 1858-1958. Wien [1958]; Elisabeth Hilscher, Bruckner als Gelehrter – Bruckner als Geehrter. Der Akademische Gesangverein als studentische Verehrergemeinde Bruckners, in: Bruckner-Symposion 1988.

Wiener Akademischer Wagner-Verein

Ausgangspunkt für die Gründung von Wagner-Vereinen war die Notwendigkeit, genügend finanzielle Mittel für die Errichtung des von Richard → Wagner projektierten Festspielhauses in → Bayreuth aufzubringen und das Zustandekommen der Aufführung des Bühnenfestspiels »Der Ring des Nibelungen« zu ermöglichen. 1871 gründete Emil Heckel (1831-1908) den ersten Wagner-Verein in Mannheim, dem bald andere deutsche Städte folgten. Am 10. 11. 1872 erfolgte der Aufruf zur Gründung eines »Wagner Vereins in Wien«, den u. a. Johann → Herbeck, Josef Standthartner, Gustav → Schönaich unterschrieben. 1873 konstituierte sich der »Wiener Akademische Wagner-Verein« mit dem Vereinszweck, »die Kenntniss und Würdigung der Wagner'schen Reformidee und Leistungen in Musik und Drama durch Besprechungen und Vorträge zu fördern und zu verbreiten«. Nach der Erreichung des Vereinszieles – der Uraufführung des »Ring des Nibelungen« in Bayreuth – sah der Verein seine Aufgabe darin, »eine stete, feste Verbindung der Freunde des Meisters und seiner Kunst in Wien zu bilden«.

Neben den Werken Wagners standen vor allem auch jene von Franz → Liszt, Bruckner und später auch von Hugo → Wolf auf dem Programm. In »Internen Musikabenden« und wöchentlichen Zusammenkünften des Vereins wurden Symphonien Bruckners in Bearbeitungen für Klavier zu zwei oder vier Händen (oder für zwei Klaviere) von Hans → Paumgartner, Felix → Mottl, Josef → Schalk, Franz Zottmann und Ferdinand Foll in exemplarischen Aufführungen, zunächst im → Bösendorfersaal, später im Kleinen Saal des Musikvereins, meist erstmals zu Gehör gebracht. Später organisierte der Verein auch große Musikaufführungen der Werke Bruckners im Musikvereinssaal unter der Leitung von Hans → Richter.

Bruckner trat nach seiner Rückkehr aus → Bayreuth im Jahre 1873 dem Verein bei (Brief vom 15. 10. 1873) und blieb ihm bis zu seinem Lebensende verbunden. Dort fand er die Anerkennung und Verehrung, die er sonst in Wien missen mußte. Auf Vermittlung Hermann → Le-

vis wurde Bruckner am 22. 1. 1885 zum Ehrenmitglied ernannt. Nach dessen Tod bemühte sich der Verein um Finanzierung und Errichtung eines Bruckner-Denkmals, das schließlich – von Viktor → Tilgner und Fritz Zerritsch geschaffen – am 25. 10. 1899 im Wiener Stadtpark enthüllt werden konnte.
Ende der achtziger Jahre des 19. Jahrhunderts traten einige Mitglieder aus politischen Gründen aus dem Verein aus, in der Folge wurde 1890 der »Neue Richard Wagner-Verein« gegründet, der wesentlich deutsch-nationaler eingestellt war. Auch in diesem Verein fanden Klavieraufführungen von Symphonien Bruckners u. a. mit Victor Bause, Cyrill → Hynais und Max von → Oberleithner statt. 1939 wurde der Wiener Akademische Wagner-Verein, dessen letzter Obmann der Komponist Wilhelm Kienzl war, aufgelöst. 1951 wurde dann in Wien der »Richard Wagner Verband« gegründet, der insbesondere die Propagierung der Bayreuther Festspiele und die Ermöglichung der Teilnahme an diesen durch die Vergabe von Stipendien bezweckt. AH

Lit.: Jahresberichte des Wiener Akademischen Wagner-Vereins 1873 ff.; William J. McGrath, Dionysian Art and Populist Politics in Austria. New Haven-London 1974, S. 59 f.; Helmut Kowar, Vereine für die Neudeutschen in Wien, in: Bruckner-Symposion 1984; Andrea Harrandt, Bruckner and the »Wiener Akademische Wagner-Verein«, in: Bruckner Conference Manchester 1996.

Wiener Männergesang-Verein

1843 gründete August Schmidt (1808-1891), Herausgeber der »Allgemeinen Wiener Musikzeitung«, den Wiener Männergesang-Verein, der noch in seinem Gründungsjahr im Saal der → Gesellschaft der Musikfreunde in Wien auf der Tuchlauben debütierte. Der Verein widmete sich von Anfang an nicht nur dem Chorgesang, sondern initiierte immer wieder Projekte, um die Bedeutung → Wiens als musikalisches Zentrum zu unterstreichen. Chormeister waren zur Zeit Bruckners Anton M. → Storch, Hans Schläger (1820-1885), Ferdinand Stegmayer (1803-1863), Johann → Herbeck, Franz Mair (1821-1893), Rudolf → Weinwurm, Eduard → Kremser, Max Ritter von Weinzierl (1841-1898) und Edmund Reim (1859-1928), nach Bruckners Tod Richard → Heuberger, Richard von Perger (1854-1911), Viktor Keldorfer (1873-1959) und Karl Luze (1864-1942), die sich für seine Werke einsetzten. Zu den Aktivitäten des Vereins zählten neben den Konzerten auch Sommerliedertafeln, die bis heute veranstalteten Narrenabende

Titelblatt des Erstdrucks mit Widmung

sowie Sängerfahrten in die Umgebung Wiens sowie ins Ausland – so auch 1861 zu den → Sängerfesten nach → Krems und → Nürnberg. Der Verein erlangte bald eine hervorragende Stellung im musikalischen Leben Wiens. In neuerer Zeit unternahm er Konzertreisen nach Fernost (1991) und Australien (1996).
Bruckner selbst trat erstmals im Jahre 1862 mit dem Wiener Männergesang-Verein in Kontakt, als er sich Notenmaterial für die Linzer → Liedertafel »Frohsinn« ausleihen wollte. Als Organist wirkte er in den geistlichen Konzerten in der Kirche → St. Augustin (14. 4. 1870, 28. 3. 1872) sowie bei einer Aufführung geistlicher Musik im Musikvereinssaal (6. 4. 1887) mit. 1880 bewarb er sich bei Kremser vergeblich um die 2. Chormeisterstelle. 1893 wurde er zum Ehrenmitglied ernannt.
Mit dem Chor *Um Mitternacht* WAB 90 erklang am 27. 3. 1887 im Musikverein erstmals ein Werk Bruckners in den Konzerten des Wiener Männergesang-Vereins. Es folgten: *Germanenzug* (20. 6. 1892), die Uraufführung des dem Verein gewidmeten *Helgoland* (8. 10. 1893), Der *Abendhimmel* (17. 12. 1898), *Vaterlandslied* (24. 3. 1899). Der Verein wirkte sowohl bei der Enthüllung des Bruckner-Denkmals im Wiener

Stadtpark (25. 10. 1899) als auch bei der Enthüllung der Gedenktafel am Kustodenstöckl des Belvedere (9. 10. 1921) mit. Auch später kamen immer wieder Werke Bruckners zur Erstaufführung: *Abendzauber* (18. 3. 1911 Uraufführung), *Am Grabe* (3. 5. 1924), *Das Lied vom deutschen Vaterland* (18. 12. 1926), *Ständchen* (15. 5. 1929) und *Ecce sacerdos magnus* (30. 10. 1932, in der Bearbeitung von Franz Burkhart).
Der Wiener Männergesang-Verein verwahrt heute in seinem Archiv zwei Briefe Bruckners (14. 4. 1870, 14. 10. 1893), ein Bruckner-Relief von Alfred → Cossmann, die Autographe von *Ecce sacerdos magnus* und *Abendzauber* sowie Entwürfe zu *Helgoland* und eine Partiturabschrift von *Um Mitternacht* WAB 90. AH

Lit.: Karl Adametz, 100 Jahre Wiener Männergesangverein. Wien [1913]; 150 Jahre Wiener Männergesang-Verein 1843-1993. Hrsg. Wiener Männergesang-Verein. Wien 1992. 2 Bände.

Wiener Philharmoniker

Auf Initiative Otto Nicolais (1810-1849) von den Orchestermitgliedern des k.k. Hofoperntheaters (heute: Wiener Staatsoper) gegründete, unabhängige, demokratisch strukturierte und auf Selbstverwaltung gestützte Musikervereinigung, die zunächst unter der Bezeichnung »Philharmonische Concerte« auftrat; 1860 Einführung von Abonnementkonzerten und Umbenennung in »Philharmonische Concert-Unternehmung«; 1908 Gründung des Vereines »Wiener Philharmoniker«. Erstes Konzert 28. 3. 1842 (Dirigent: Otto Nicolai), seither über 6 000 Konzerte in Europa, Nord- und Südamerika, Nah- und Fernost sowie in Nordafrika. Regelmäßige Teilnahme an bedeutenden Festivals (Salzburger Festspiele, Mozartwoche Salzburg, Wiener Festwochen, → Internationales Brucknerfest Linz, Internationales Musikfest Luzern), Veranstaltung von alljährlichen »Wiener Philharmoniker-Wochen« in New York und Japan (seit 1989 bzw. 1993) sowie des »Eurozyklus« (seit 1992 jeweils drei Abonnementkonzerte pro Saison in Berlin, London und Paris). Bis 1903 und von 1908 bis 1933 künstlerische Leitung durch einen von den Musikern gewählten Dirigenten (Otto Nicolai, Carl Eckert, Otto → Dessoff, Hans → Richter, Wilhelm → Jahn, Gustav → Mahler, Joseph → Hellmesberger jun., Felix von → Weingartner, Wilhelm Furtwängler, Clemens Krauss), von 1903 bis 1908 und seit 1933 ausschließlich Gastdirigenten.
Am 16. 6. 1872 leitete Bruckner anläßlich der Uraufführung seiner *Messe in f-Moll* in der Kirche → St. Augustin ein Ensemble, das im wesentlichen aus Mitgliedern der Philharmoniker bestand. Wenig später wurde die von ihm zu einer Novitätenprobe eingereichte *Zweite Symphonie* wegen ihrer »langen Ausdehnung« nicht in das Programm der Abonnementkonzerte aufgenommen, am 26. 10. 1873 aber von den Philharmonikern im Rahmen der Wiener → Weltausstellung uraufgeführt, wobei Bruckner zum ersten und einzigen Mal dieses Orchester dirigierte. Tags darauf bot er den Philharmonikern die Widmung des Werkes an, sein Schreiben blieb jedoch (vermutlich auf Betreiben des damaligen künstlerischen Leiters und Brahms-Freundes Otto Dessoff) unbeantwortet. Erst unter der Ägide Hans Richters kam es allmählich zu einer Intensivierung der philharmonischen Bemühungen um Bruckner – am 20. 2. 1881 wurde die *Vierte*, am 21. 12. 1890 die umgearbeitete *Dritte*, am 13. 12. 1891 die umgearbeitete *Erste* und am 18. 12. 1892 die *Achte Symphonie* uraufgeführt. Am 11. 2. 1883 dirigierte überdies Wilhelm Jahn die Uraufführung von Adagio und Scherzo aus der *Sechsten Symphonie* (deren erste Gesamtwiedergabe am 26. 2. 1899 in einem Philharmonischen Konzert unter der Leitung Gustav Mahlers erfolgte).
Nach dem triumphalen Erfolg seiner *Achten Symphonie* schrieb Bruckner an das Orchester: »Hochlöblicher Philharmonischer Verein! Tief gerührt bittet der Gefertigte, es wolle ihm gestattet sein, sowol S[eine]r Hochwolgeboren Herrn Hofkapellmeister Dr Hans Richter, ... als auch allen P T Mitgliedern dieses höchsten Kunstvereines in der Musik für die herrliche Aufführung seiner ›achten‹ aus tiefstem Herzensgrunde zu danken! Hoch! Hoch! Hoch!« Am 5. 1. 1896 wohnte Bruckner zum letzten Mal der Aufführung eines seiner Werke durch die Wiener Philharmoniker bei (*Vierte Symphonie*), am 29. 3. 1896 führte ihn der letzte Konzertbesuch seines Lebens noch einmal zu diesem Ensemble (Werke von Richard → Wagner und Richard → Strauss).
Bis zum 1. 9. 1995 brachten die Wiener Philharmoniker zwanzig Werke Bruckners in insgesamt 621 Wiedergaben zur Aufführung (Teilaufführungen unberücksichtigt), darunter 147mal die *Siebente*, 110mal die *Achte* und 102mal die *Vierte Symphonie*; dazu kommen zahlreiche Schallplatten- und Filmaufnahmen. Zu den wichtigsten Bruckner-Dirigenten der Wiener Philharmoniker zählen neben Hans Richter und

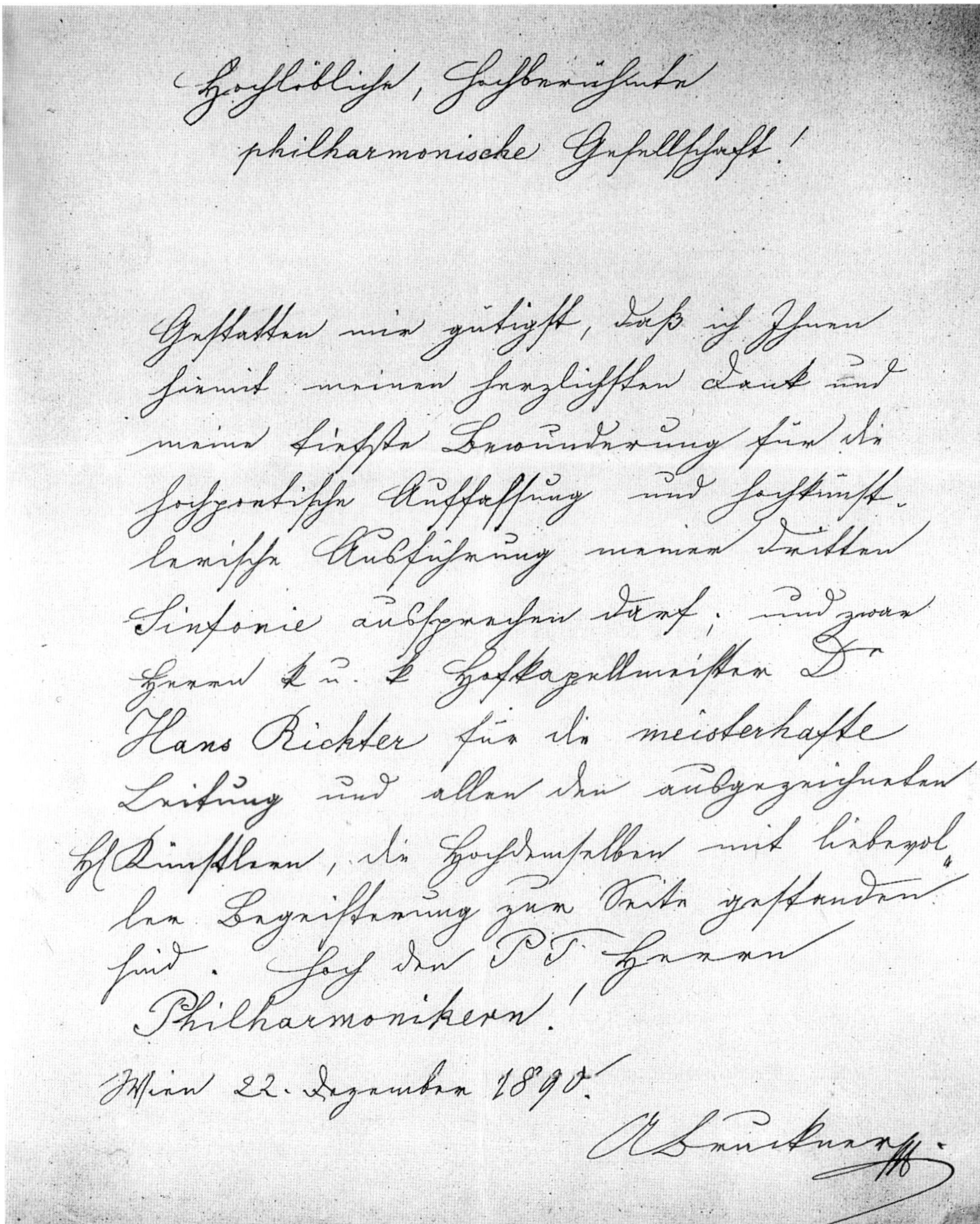

Hochlöbliche, Hochverehrte philharmonische Gesellschaft!

Gestatten mir gütigst, daß ich Ihnen hiemit meinen herzlichsten Dank und meine tiefste Bewunderung für die hochgenialische Auffassung und hochkünstlerische Aufführung meiner dritten Sinfonie aussprechen darf; und zwar Herrn k. u. k. Hofkapellmeister Dr. Hans Richter für die meisterhafte Leitung und allen den ausgezeichneten hl. Künstlern, die hochdenselben mit liebevollen Begeisterung zur Seite gestanden sind. Hoch den P. T. Herren Philharmonikern!

Wien 22. Dezember 1890.

A Bruckner mp.

Brief an die Wiener Philharmoniker, 22. 12. 1890

Franz → Schalk vor allem Wilhelm Furtwängler, Hans Knappertsbusch, Herbert von Karajan, Carl Schuricht, Carlo Maria Giulini, Claudio Abbado und Bernard Haitink.
Das Historische Archiv der Wiener Philharmoniker besitzt zehn → Briefe Bruckners an das Orchester aus den Jahren 1873 bis 1892, eine Zündholzschachtel mit einem Bild Richard Wagners aus dem Besitz Bruckners sowie mehrere Protokolle mit Stellungnahmen Hans Richters bzw. damaliger Philharmoniker zu Bruckner. CHe

Lit. (Auswahl): Carl Ferdinand Pohl, Festschrift aus Anlass der Feier des 25jährigen ununterbrochenen Bestandes der im Jahre 1842 gegründeten Philharmonischen Concerte in Wien. Wien 1885; Richard von Perger, Denkschrift zur Feier des fünfzigjährigen ununterbrochenen Bestandes der Philharmonischen Konzerte in Wien 1860-1910. Wien 1910; Joseph Sulzer, Ernstes und Heiteres aus den Erinnerungen eines Wiener Philharmonikers. Wien-Leipzig 1910; Briefe an die Wiener Philharmoniker. Hrsg. Wilhelm Jerger. Wien 1942; Hedwig Kraus – Karl Schreinzer, Wiener Philharmoniker 1842-1942. Statistik. Wien 1942; »Hochlöbliche, Hochverehrte philharmonische Gesellschaft!« Die Briefe A. Bruckners an die Wiener Philharmoniker nebst einem unbekannten Brief an August Göllerich sen. Hrsg. Wilhelm Jerger, in: Oberösterreichische Heimatblätter 28 (1974), auch als Sonderdruck; Herta und Kurt Blaukopf, Die Wiener Philharmoniker. Wien 1986, 2. Aufl. 1992; Clemens Hellsberg, Demokratie der Könige. Zürich 1992 (dort auch weiterführende Lit.).

Wiener Sängerknaben

Die Tradition dieser Institution reicht ins späte 15. Jahrhundert zurück. Mit der Einrichtung einer → Hofmusikkapelle unter Kaiser Maximilian 1498 wurden auch Knaben für die musikalische Ausgestaltung der Messe verpflichtet. Unter Georg von Slatkonia (1456-1522) wurde der Grundstein für eine intensive Musikpflege am Habsburgerhof gelegt. Später waren Johann Joseph Fux, die Brüder Joseph und Michael → Haydn sowie Franz → Schubert Sängerknaben. Nach dem Ende des Ersten Weltkrieges aufgelöst, erfolgte 1924 eine Neugründung durch den letzten Hofkaplan Joseph Schnitt (»Wiener Sängerknaben«). Heute existieren vier Reisechöre mit je 24 Knaben.

Bruckner war als Hoforganist mit den Sängerknaben eng verbunden. 1875 wurde er zum Zweiten Singlehrer und Vizearchivar ernannt. In dieser Funktion hatte er die musikalische Interpretation zu schulen und die aufzuführenden Werke zu proben. Damals waren u. a. Rudolf Bibl jun., Max Keldorfer, Karl Luze und Franz Rossi Sängerknaben. Es existieren einige – teils anekdotische – Erinnerungsberichte über diese Zeit. Laut Karl Kobald übernahm Bruckner für den kranken Rudolf → Bibl einmal auch den Klavierunterricht. Durch Joseph → Hellmesbergers ablehnende Intervention 1878 beendete Bruckner jedoch bald seine Tätigkeit als Singlehrer.

Die Sängerknaben wirkten bei Bruckner-Aufführungen in der Burgkapelle mit. Die Proben dafür leitete der Komponist selbst oder war später zumindest als Berater anwesend. EWP

Lit.: In memoriam A. Bruckner, S. 135; Göll.-A. 2/1, S. 374-377; Bruckner und die Wiener Sängerknaben. Erinnerungen eines alten Philharmonikers, in: Neues Wiener Tagblatt 20. 5. 1933; Franz Josef Grobauer, Die Nachtigallen aus der Wiener Burgkapelle. Horn 1954, besonders S. 103-106; Antonicek, Hofmusikkapelle; Bruckner – skizziert, S. 68, 137-140.

Wiener Schubertbund

1863 von Franz Mair unter dem Namen »Lehrersängerchor Schubertbund« gegründete Chorvereinigung. Erster öffentlicher Auftritt: 2. 2. 1864 mit der »Deutschen Messe« von Franz → Schubert. Zahlreiche Konzerte, daneben auch gemeinsame Auftritte mit dem → Wiener Männergesang-Verein. Derzeit ca. 50 Sänger.

Bruckner musizierte ein einziges Mal mit dem Schubertbund: am 19. 6. 1879 spielte er bei einer Aufführung des »Deutschen Requiem« von Ferdinand Schubert in der Wiener Votivkirche Orgel. Es war eine Trauerfeier für den Stifter dieser Kirche, Kaiser → Maximilian von Mexiko. 1894 wurde Bruckner anläßlich seines 70. Geburtstages zum Ehrenmitglied des Vereins ernannt.

Der Chor hat schon früh Bruckner-Werke gesungen: Bis 1913 waren *Abendzauber*, das siebenstimmige *Ave Maria* WAB 6, *Germanenzug*, *Helgoland*, *Psalm 150* und *Träumen und Wachen* im Repertoire. 1923 veranstaltete der Schubertbund ein großes Bruckner-Chorkonzert, in dem auch die Uraufführung des »Perger« *Präludium in C-Dur* erfolgte. Der hundertjährige Bestand des Chores 1963 wurde mit einer Aufführung von *Helgoland* gefeiert. Heute werden vor allem die *Festkantate, Mitternacht, Trösterin Musik* und *Um Mitternacht* WAB 90 wiederholt gesungen.

Zwei Autographe befinden sich im Besitz des Schubertbundes: *Laßt Jubeltöne laut erklingen* und ein ausgeschiedener Bogen zum → Finale der *Neunten Symphonie.* EWP

Lit.: Anton Weiß, Fünfzig Jahre Schubertbund. Chronik des Vereines vom 1. bis 50. Vereinsjahre. Wien 1913.

Wilhering

Zisterzienserstift in Oberösterreich, an der Donau ca. 10 km westlich von Linz gelegen. 1146 von Ulrich und Cholo von Wilhering gestiftet, bekannt durch seine nach 1733 erbaute Rokokokirche. Musikarchiv (seit ca. 1750) mit ca. 1 400 Nummern. Erst in der zweiten Hälfte des 19. Jahrhunderts konnte im Zuge der katholischen Restauration die Musikpflege wieder aufleben, die vorwiegend in der Hand der Volksschullehrer lag. Das Sängerknabeninstitut bestand seit Anfang des 17. Jahrhunderts und hatte die josephinische Zeit mit jeweils 4-5 Sängerknaben überdauert. Einwohnerzahlen des

Ortes Wilhering um 1880: ca. 380, heute: ca. 780.
Die mit Bruckner verwandte → Hörschinger Familie Weiß hatte schon länger Kontakte zum Stift, da ein Onkel des Johann Baptist → Weiß, Anton Weiß (1777-1822), dort Gerichtsschreiber und Stiftsorganist gewesen war. Daher dürften auch die ersten Kontakte Bruckners zu Wilhering bereits in die Jahre seines Aufenthaltes in Hörsching fallen. Ungeklärt ist, ob noch ein Josef oder Johann Weiß vor 1848 Stiftsorganist in Wilhering war.
Mit dem Wilheringer Stiftsorganisten Adolf Festl (1826-1902), mit dem er seit seiner Präparandenzeit freundschaftlich verbunden war, wanderte Bruckner gerne durch den zwischen Linz und dem Kloster liegenden Kürnberger Wald. Die für ihn so bedeutende »Freisprechung« durch seinen Lehrer Otto → Kitzler feierte er am 10. 7. 1863 beim »Jäger in Kürnberg«.
Einen engeren Kontakt zum Stift fand Bruckner durch P. Robert Riepl (1826-1871), Professor für alte Sprachen am Gymnasium in → Linz, der in Anlehnung an die Hymnen des kanonischen Stundengebets den Hymnus »Iam lucis orto sidere« dichtete; Bruckner vertonte kurz vor 1868 diesen Text (*In S. Angelum custodem*). Dieser Hymnus wurde mit bischöflicher Approbation für den Gebrauch im Gottesdienst 1868 gedruckt und dem Abt Alois Dorfer als Präses der Wilheringer Schutzengelbruderschaft gewidmet. Der Abt sah es als besondere Ehre, den großen Meister als Gast in seinem Stift beherbergen zu dürfen. Anfang der achtziger Jahre verbrachte Bruckner mehrmals Sommermonate in Wilhering, wo er auch einige Werke, u. a. die *Messe in e-Moll*, überarbeitete. Gerne spielte er hier auch die beiden Orgeln: die Hauptorgel, vermutlich von Johann Ignaz Egedacher (um 1740), besonders jedoch die von Nikolaus Rumel 1746 gebaute Chororgel.
Oft trafen sich Bruckner, sein ehemaliger Schüler und Freund Friedrich Arnleitner (1845-1903) und dessen Schwester Luise bei deren Brüdern, den Patres Ambros und Ignaz Arnleitner, in Wilhering. Auch die Stiftsorganisten Matthäus Obermüller (gest. 1882) und Franz Preßl (gest. 1903) sowie der häufig als Tenorsolist mitwirkende Alois Weißgärber sen. (1845-1914; → Barghesi)) waren mit Bruckner befreundet.

KM

Lit.: A. Bruckner und Linz. Ausstellung ... Linz 1964. Katalog. Hrsg. Brucknerbund für Oberösterreich. Linz 1964, S. 68, 139, Abb. VI; Karl Mitterschiffthaler, Die Beziehungen A. Bruckners zum Stift Wilhering, in: Bruckner-Studien 1975; ders., Die Musikpflege im Zisterzienserstift Wilhering (erscheint 1996).

Windhaag bei Freistadt

Markt an der Nordgrenze Oberösterreichs, eine dem Stift → St. Florian inkorporierte Pfarre; Pfarrer 1831-1843: Franz von Schwinghaimb (geb. 1790 in Linz, gest. 1850 im Stift St. Florian). 1869: 228, 1995: 1 800 Einwohner.
Erster Dienstort Bruckners als Schulgehilfe (Oktober 1841 bis Jänner 1843). Franz Fuchs (geb. 1787 in St. Thomas am Blasenstein, Bezirk Perg, gest. 1860 in Windhaag) war seit 1822 Schulmeister in Windhaag, gleichzeitig auch Mesner, Organist, Musiklehrer, Nebenerwerbslandwirt. Sein schwieriger Charakter bereitete auch Pfarrer Schwinghaimb Unbehagen. Bruckner hatte in diesem Umfeld die seinerzeit üblichen Hilfsfunktionen in Kirche, Schule und Landwirtschaft auszufüllen. Für seine schulischen Leistungen bekam er bei der Schulinspektion im Juni 1842 in Summe sehr gute Noten.
Der Unterricht von etwa 130 Schülern, aufgeteilt auf Vormittags- und Nachmittags-Schicht, erfolgte im rund 44 qm großen Schulzimmer der »alten« Schule (heute Windhaag Nr. 7), deren Wohntrakt wegen arger Bauschäden seit Juli 1841 behördlich gesperrt war, so daß Bruckner und Familie Fuchs (diese bis Oktober 1843) vorübergehend im Haus Nr. 24 Unterkunft fanden.
Bruckner erhielt wie seinerzeit üblich beim Schulmeister Quartier und Kost, letztere freilich nicht immer nach seinem Geschmack, dazu monatlich 1 oder 2 fl C.M. Bargeld und vielleicht einen Teil der »kleinen Stola« (»Stolgebühren«, benannt nach der Stola des Priesters, wurden für kleinere und größere liturgische Dienste eingehoben). Hunger und drückende Not waren somit für ihn kein zwingender Grund, zum Tanz aufzuspielen. Er war auch kein Kind von Traurigkeit und ließ – einer durchaus anzweifelbaren Überlieferung nach – mit brennenden Kerzen beklebte Krebse (»Lichterkrebse«) im Ortsfriedhof zum Schrecken ängstlicher Leute herumkriechen.
Bei der musikalischen Weiterbildung war er auf Selbststudium angewiesen. Für die Entfaltung der stark ausgeprägten musikalischen Neigungen gab es mehrere Gelegenheiten: Auf der Kirchenorgel durfte er aber nicht so oft spielen, wie er es gewünscht hätte. Von Kompositionen ist nur die »Windhaager Messe« (*Messe in C-Dur*) erhalten. Als Geiger war er mit Unterhaltungs-

Bruckners Wohnhaus in Windhaag Nr. 24. Tuschzeichnung

und Tanzmusik bei Gleichgesinnten, geselligen Zusammenkünften und ländlichen Unterhaltungen sowie in → Gasthäusern anzutreffen.
Besonders wohl fühlte sich Bruckner bei der kinderreichen Weber-Familie Johann (ca. 1802-1868) und Zäzilia Süka (ca. 1800-1879), Haus Nr. 43. Hier musizierte er im Duo bzw. Trio, konnte auf einem Clavichord üben (heute im Bruckner-Geburtshaus in → Ansfelden) und bereitete den Sohn Franz (geb. 1828 in Windhaag, gest. 1884 als Oberlehrer in Mattighofen, Bezirk Braunau am Inn) auf den Besuch der Präparandie vor.
Musizierpartner waren in Windhaag auch sein Violinschüler Joseph → Jobst (1832-1892) aus der gerne besuchten Felbermühle, Haus Nr. 10, und der Flöte spielende Wundarzt und Geburtshelfer Karl Beczey (auch Beszei, Besei etc., 1810-1862), Haus Nr. 30. Im entfernter gelegenen Leitmannsdorf, Pfarre Leopoldschlag, spielte Bruckner oft mit dem Bauernsohn Anton Preinfalk (1825-1895) zusammen. Als Partner beim Landler-Geigen werden auch die Brüder Anton und Johann Mauer (auch Maurer) genannt, die aber noch nicht identifiziert werden konnten. Aufschlußreiche Einblicke in das Ländler-Repertoire, aus dem Bruckner und seine Freunde schöpften, bieten mehrere in Abschriften und Kopien überlieferte Notensammlungen (heute im Oberösterreichischen Volksliedarchiv, Linz).
Daß die Versetzung Bruckners in einen anderen Dienstort – nämlich nach → Kronstorf – auf eigenes Verlangen erfolgte, ist so gut wie sicher, wenn auch direkte Anhaltspunkte aus amtlichen Quellen fehlen. Hierfür sprechen die empfehlenden Austrittszeugnisse von Pfarrer Schwinghaimb und Schulmeister Fuchs vom 19. 1. 1843. – Noch bis 1878 besuchte Bruckner gelegentlich Windhaag.
Erinnerungen an Bruckner: an der alten Schule (Haus Nr. 7) die Gedenktafel, vom Männer-Gesang-Verein Freistadt 1897 gewidmet und 1968 erneuert, sowie jene aus 1951 mit einem Bruckner-Relief, von der Brucknerbund-Ortsgruppe Windhaag gestiftet, weiters die Beinamen der 1967 eröffneten Schule und der 1974 geweihten Orgel sowie die Bemühungen des 1946 gegründeten örtlichen Brucknerbundes. – Am 4. 5. 1996 fand in Windhaag ein Festakt statt, bei dem u. a. auch Bruckners Zimmer im Haus Nr. 24 präsentiert wurde. FZ

Lit.: Göll.-A. 1, S. 159-208, 325-329; Nowak 1973, S. 46-53; Walter Deutsch, Eine Ländlersammlung aus Windhaag, in: Bruckner-Symposion 1987; Othmar Wessely, Zu Bruckners Windhaager Jahren, in: Bruckner-Symposion 1992; Franz Zamazal, Neues zu Bruckners Aufenthalt in Windhaag, ebenda; ders., Familie Bruckner – Drei Generationen Lehrer, in: Staat – Kirche – Schule in Oberösterreich, hier S. 225 f.

»Wir alle jung und alt« (WAB 148/2)
Motto (»Begrüßung«) für vierstimmigen Männerchor a cappella in d-Moll
Text: Johann Kajetan Markus (→ Textdichter)
EZ: 28. 10. 1869 in → Wien
W: Zum Namensfest für Simon → Sechter
Autograph: verschollen (früher Max Markus, Linz)
ED (Faksimile): Zeitschrift für Musik 106 (1939) S. 256
NGA: Band XXIII/2 (in Vorbereitung)

Bruckner vertonte zur Erinnerung an seinen Lehrer Simon Sechter 1869 zwei kurze Texte von Markus: das → »Motto« genannte *»Im Wort und Liede wahr und treu«* und diesen »Begrüßungs«-Chor. Der Textdichter war ein Verwandter von Adalbert Markus (1827-1913), Beamter der Allgemeinen Sparkasse Linz und Mitglied der → Liedertafel »Frohsinn«, der mit Bruckner befreundet war. Die Familie Markus stammte aus Friedberg in Böhmen, der Heimatgemeinde Sechters. AH

Lit.: Andreas Markus, Familienerinnerungen an Simon Sechter und A. Bruckner, in: Zeitschrift für Musik 106 (1939).

Wohnungen
Ansfelden: 1824-1837, Schulhaus, Brucknerplatz 1
Hörsching: 1835/36, Schulhaus, Brucknerplatz 2
Kronstorf: 1843-1845, Schulhaus, Brucknerplatz 9

Linz: 1840-41, 1855-1868, Landstraße 22, St. Florianer Stiftshaus; Pfarrgasse 7 (während der Studienzeit); Pfarrplatz, Mesnerhäusl (als Dom- und Stadtpfarrorganist)
St. Florian: 1837-1840 (als Sängerknabe) und 1845-1855 (als Schulgehilfe), Schulhaus, Marktplatz 2
Wien: Während der von Linz aus betriebenen Studien bei Simon → Sechter in der Mariahilferstraße 13 wohnte Bruckner zumeist in dessen Nähe, 1860/61 z. B. im Hotel »Zum goldenen Kreuz«, Mariahilferstraße 71 (6. Bezirk; 1904 abgerissen und neu aufgebaut, jetzt Hotel Kummer).
Seine erste Wohnung nach der Übersiedlung nach Wien bezog er im Herbst 1868 in der Währingerstraße 41 (9. Bezirk), eine Zwei-Zimmerwohnung im 3. Stock des »Höhnehauses« (Johann Höhne).
Seit Ende 1876 wohnte er Opernring 3 (Heinrichshof, 1. Bezirk), im letzten Stock mit Zimmer und Vorzimmer und einem wunderbaren Ausblick über die Dächer der Stadt.
Im November 1877 übersiedelte Bruckner in den 4. Stock des Hauses seines Universitätshörers Anton Ölzelt Ritter von Newin in der Heßgasse 7 (1. Bezirk). Der Hausherr übernahm die Mietkosten und beauftragte im Falle seiner Abwesenheit seinen Freund Dr. Ernst Böck, einen jungen Arzt, sich um Bruckners Wohnungsangelegenheiten zu kümmern. Dieser schätzte die Wohnung ganz besonders, weil von ihr der Blick bis zum Kahlenberg reichte. Der Brand des → Ringtheaters am 8. 12. 1881 direkt neben seinem Haus hinterließ bei Bruckner eine bleibende Angst vor Feuer. Als im Alter das Stiegensteigen zu beschwerlich wurde und er in einem Tragstuhl hinaufgetragen werden mußte, verließ Bruckner nur noch selten die Wohnung.
Nach einem fehlgeschlagenen Versuch bei Fürst Liechtenstein, ein geeignetes Quartier zu finden, bat Bruckner in einem Brief vom 19. 2. 1895 Erzherzogin → Marie Valerie, ihm eine Parterre-Wohnung im Schloß Belvedere zu erwirken: Wegen seiner Herzkrankheit (→ Krankheiten), die ihn »stark des Athems« beraubte, sei er »gezwungen für eine Parterre oder Mezzaninwohnung zu sorgen ... Die reine, freie Luft im Garten würde wesentlich auf meine Reconvalescenz wohlthätig einwirken.« Ab 4. 7. 1895 erhielt er im »Kustodenstöckl« im Oberen Belvedere (Heugasse 7, Zugang Prinz Eugen-Straße, 3. Bezirk) die Wohnung des früheren Kustos Felix von Wartenegg, anfangs nur für die Dauer des Sommers 1895, dann auf unbegrenzte Zeit. Es waren neun Räume: vier größere Zimmer sowie Küche und Wirtschaftsräume, die instandgesetzt und Bruckner ohne Entschädigung überlassen wurden. Täglich machte er morgens seine Spaziergänge und besuchte die von P. Heribert Witsch, der Bruckner auch die Krankensalbung spendete, und manchmal von Weihbischof Dr. Josef Lányi gefeierte Hl. Messe in der Schloßkapelle.

»Kustodenstöckl« im Oberen Belvedere, Wien III. Zeichnung von Ludwig Hofbauer, 1901 (Postkarte)

Heinrichshof, Wien I.

Heßgasse 7 (links) mit Ringtheater, Wien I. Stich

Bruckner in der Heßgasse 7. Photographie von Ludwig Grillich, 1890 (IKO 40)

Windhaag: 1841-1843, Schulhaus, Markt 7 (Am Schulberg 7); Markt 24 (1841-1843)
Seine Sommerurlaube verbrachte Bruckner in Pfarrhöfen und Gasthöfen sowie bei Freunden. Oft logierte er z. B. im Pfarrhof in → Steyr, im Stift → St. Florian (Ferienzimmer) oder → Kremsmünster. Langjährige Freunde besuchte er z. B. in → Bad Ischl (Familie → Attwenger), → Bad Goisern (Franz Perfahl), → Enns, → Kirchdorf an der Krems, → Mariazell (Familie Ritter), → Melk (Familie → Marböck, Hauptstraße 12), → Neufelden im Mühlviertel (Familien Weilnböck und → Lang), → Waidhofen an der Ybbs (Friedrich Schiffner, Hoher Markt 17) etc. RG

Lit.: Göll.-A. 4/3, S. 510 ff.; Eduard Pult, Anton Bruckners Wohnstätten in Wien, in: Neues Wiener Tagblatt 4. 9. 1944; Gertrude Aurenhammer, Geschichte des Belvederes seit dem Tode des Prinzen Eugen, in: Mitteilungen der Österreichischen Galerie (1969) Nr. 57, S. 93, 111, 138; s. a. bei → Gedenkstätten und den jeweiligen Orten.

Wolf, Hugo

Der Rang des Komponisten und Musikkritikers Hugo Wolf (1860-1903) als bedeutendster Schöpfer des deutschen Kunstliedes nach Schubert und Schumann ist unbestritten. Als seine Hauptwerke gelten das »Italienische Liederbuch«, das »Spanische Liederbuch«, die Mörike-Lieder, die Symphonische Dichtung »Penthesilea«, das Streichquartett d-Moll, die »Italienische Serenade«, die Oper »Der Corregidor« und die Bühnenmusik zu Ibsens »Das Fest auf Solhaug«.
Der junge Wolf schloß sich in → Wien der Richtung der → Neudeutschen Schule an, was sich vor allem in der Komposition der Symphonischen Dichtung »Penthesilea«, 1885, niederschlug. Als Musikkritiker des »Wiener Salonblattes« (1884-1887) trat Wolf für die Werke Franz → Liszts und Richard → Wagners ein und polemisierte gegen Johannes → Brahms.
Wolf blieb zunächst nicht ohne Vorbehalte gegenüber Bruckners Werken. Er warf ihnen »Mangel an Intelligenz« vor; seine Symphonien seien Produkte eines »verunglückten Genies«: »Überall ein Wollen, kolossale Anläufe, aber keine Befriedigung, keine künstlerische Lösung«. Später nahm Wolf jedoch offen Partei für Bruckner. Wolf war schon seit 1877 mit Mitgliedern des Wiener Bruckner-Kreises (Ferdinand → Löwe, Brüder → Schalk) bekannt. Am Fronleichnamstag 1885 kam es in → Klosterneuburg zum ersten persönlichen Zusammentreffen mit Bruckner, das der gemeinsame

Hugo Wolf

Freund Friedrich → Eckstein vermittelte. Aus diesem Ereignis ergab sich ein nachhaltiger freundschaftlicher Kontakt. Im Jänner 1894 hielten sich Bruckner und Wolf gemeinsam in → Berlin anläßlich einer vom → Wiener Akademischen Wagner-Verein vermittelten Veranstaltung auf, bei der Werke beider Komponisten aufgeführt wurden. GJW

Lit.: Frank Walker, H. Wolf. Eine Biographie. Graz-Wien-Köln 1953; Imogen Fellinger, A. Bruckner und H. Wolf. Ein kompositorischer Vergleich, in: Bruckner-Symposion 1984.

Wolfern

Marktgemeinde in der Nähe von Steyr, Oberösterreich. Früherer Name der Gemeinde bis zum Ende des Ersten Weltkrieges: Losensteinleiten. 1869: 314, 1995: ca. 3 000 Einwohner.
Hier wohnte Theresia → Bruckner, die Mutter des Komponisten, ab ihrem zehnten Lebensjahr bei ihrer Tante Rosalia Mayrhofer, die dort Pfarrersköchin war. Theresia wirkte als Solistin im Kirchenchor mit. In Wolfern lernte sie auch später Anton → Bruckner senior kennen, den sie 1823 heiratete.
Während seiner Kindheit hielt sich Bruckner öfters bei Rosalia Mayrhofer in Wolfern auf.
EWP

Wolzogen, Hans Paul Freiherr von

Geb. 13. 11. 1848 in Potsdam, gest. 2. 6. 1938 in Bayreuth; Schriftsteller und Philologe. Nach Abschluß seines Philosophiestudiums kam Wol-

zogen auf seiner Hochzeitsreise mit Mathilde von Schoeler 1872 erstmals nach → Bayreuth. Mehreren Besuchen in der Villa »Wahnfried« folgte die Einladung → Wagners zur Übersiedlung nach Bayreuth und zur Übernahme der Redaktion der »Bayreuther Blätter«, die Wolzogen 1878-1938 betreute. Er wirkte als Verkünder und Deuter des Wagnerschen Werkes und wurde nach des Musikdramatikers Tod zu einer zentralen Figur des Wahnfried-Kreises, der das Schaffen Wagners als religionsstiftend interpretierte.
Bruckner hat Wolzogen, dessen Namen er 1884 in einem Brief an Arthur → Nikisch erstmals erwähnte, in Bayreuth kennengelernt, woraus sich ein Briefwechsel bis 1891 entspann. Bruckner berichtete in seinen Briefen an diesen vor allem von den Anfeindungen, denen er in → Wien ausgesetzt war, und von den Erfolgen seiner Werke im Ausland. Einen ausführlichen Bericht über sein erstes Zusammentreffen mit Wagner 1873 stellte er Wolzogen für dessen »Erinnerungen an R. Wagner« zur Verfügung. Dieser äußerte sich in seinen Schreiben sehr wohlwollend, ja begeistert über das Schaffen Bruckners. AH

Werke: Dichtungen, Nacherzählungen deutscher Sagen, Schriften über Wagner, Übersetzungen antiker Dichter; Wagner-Brevier. Leipzig 1904

Lit.: Auer, Briefe, passim; Göll.-A. 4/1-3, passim; MGG 14, Sp. 841 f.; Hermes Handlexikon Richard Wagner. Hrsg. Martin Gregor-Dellin und Michael von Soden. Düsseldorf 1983.

Wöß, Josef Venantius (von)
Geb. 13. 6. 1863 in Cattaro, Dalmatien, gest. 22. 10. 1943 in Wien; österreichischer Komponist. 1880-1882 Schüler Franz Krenns am Konservatorium der → Gesellschaft der Musikfreunde in Wien, 1886-1889 Musiklehrer in Mährisch-Weiskirchen. Nach seiner Rückkehr Organist und Chorleiter in Wien, seit 1908 Redakteur in der Universal Edition. Viele Druckausgaben, Revisionen und Bearbeitungen auch Brucknerscher Werke. Zahlreiche Kompositionen.
Wöß war nie Schüler Bruckners, lernte diesen jedoch 1880 bei seinem Eintritt ins Konservatorium kennen. Im Winter 1880/81 war er im Rahmen der Orchesterübungen bei einer Probe der *Vierten Symphonie* anwesend. »Ergriff auch nach jedem Satz ein immer größerer Teil des Parketts demonstrativ die Flucht, wir jungen Leute im Stehparterre klatschten, schrien, jubelten den geliebten Meister immer wieder heraus und zum allerletzten Schluße noch einmal, als der Saal schon fast leer war«, erinnerte sich Wöß an die spätere Aufführung mit den → Wiener Philharmonikern unter Hans → Richter. Am 2. 5. 1885 wirkte er im Chor des → Wiener Akademischen Wagner-Vereins bei der Uraufführung des *Te Deum* mit. 1889 fuhr er im Gefolge des Vereines mit Bruckner gemeinsam nach → Bayreuth.
Seine erst in den dreißiger Jahren veröffentlichten Erinnerungen bringen Details zu Bruckners Probenarbeit und dessen »Symposien«, d. h. den Zusammenkünften bei »Gause« (→ Gasthäuser). In der Universal Edition gab Wöß viele Erstdrucke heraus (u. a. *Psalm 112*, Studienpartituren zur *Ouvertüre in g-Moll* und zur *Symphonie in d-Moll* [»Nullte«], »Perger« *Präludium in C-Dur*). Es handelt sich dabei allerdings um Einrichtungen für den Konzertgebrauch. So hat Wöß beispielsweise in der *Symphonie in d-Moll* viel ergänzt und Vortragsbezeichnungen angefügt. EWP

Werke: Zum 11. Oktober, in: Musica 8 (1936/37) Nr. 3 und 4. – Ausgaben: siehe WAB.

Lit.: Franz Gräflinger, J. V. v. Wöß über seine Erinnerungen an Bruckner [Auszüge], in: Linzer Volksblatt 13. 2. 1934.

Z

Zahlensymbolik

Da Bruckners → Persönlichkeit, seine geistige Gestalt und daher konsequenterweise auch sein Schaffensprozeß viele Jahrzehnte lang in das Klischee des halb naiv, halb ekstatisch, auf jeden Fall aber »unbewußt« Schaffenden gepreßt wurden, stehen Untersuchungen über spekulative Grundlagen des kompositorischen Prozesses bei Bruckner erst am Anfang. Um hier vorschnellen Urteilen vorzubeugen, die einer objektiven, sachbezogenen Forschung nur hinderlich sein können – so wurde in der Vergangenheit z. B. häufig unreflektiert die 3-Thematigkeit der Brucknerschen Sonatenhauptsatzform (→ Form) als Symbol für die Trinität bezeichnet, ohne ihre historische Genese von → Schubert her zu beachten –, wird man hier zunächst bei jenen Werken ansetzen müssen, bei denen die Möglichkeit eines Gehalts an Zahlensymbolik entweder vom Text her (wie beim *Afferentur*, in dem auf die 5 klugen und die 5 törichten Jungfrauen mit jeweils 5taktigen homophonen und polyphonen Perioden angespielt wird) oder mit biographischen Fakten (wie bei der *Neunten*, s. u.) abgestützt werden kann.

Welche Bedeutung die Zahl an sich für Bruckner hatte, wird bei der geradezu obsessiven Sorgfalt ersichtlich, mit der er den Periodenbau seiner Werke überprüfte. Bruckner dachte speziell in seiner Symphonik architektonisch, d. h., er hatte besonders in seinem Spätwerk »Raumvorstellungen«, die er nachträglich »füllte« (in dem auf uns gekommenen Skizzenmaterial finden sich Belege hiefür). Das für Außenstehende zwanghaft erscheinende Kontrollieren des Periodenbaus darf nicht vorschnell mit Bruckners Zählzwang während seiner schweren Nervenkrise (→ Bad Kreuzen) in Zusammenhang gebracht werden; die Akribie des Vorgangs mag vielleicht neurotisch erscheinen, die Ursache ist jedoch eine musikalisch völlig logische.

Interessant in diesem Zusammenhang ist ein Korrespondentenbericht in der Stuttgarter »Neuen Musikzeitung« (Jg. 13, 1892, S. 187), demzufolge sich Bruckner bei der Komposition seiner *Neunten Symphonie* von den Proportionen des Domes → St. Stephan in Wien inspirieren ließ. Tatsächlich ist das Modul (die bestimmende Grundzahl) der Domkirche die Zahl 37, deren architektonische Dominanz auch für die *Neunte* in jüngerer Zeit in die Diskussion eingebracht wurde (Cohrs). Gleichzeitig wäre dies ein Beispiel nicht nur für einfache Numerologie, sondern auch für die Gematrie, einen Vorgang, bei dem Zahlen in Buchstaben des Alphabets umgewandelt werden (so ist z. B. das B-A-C-H-Thema in Johann Sebastian → Bachs »Kunst der Fuge« nicht nur das persönliche Signet des Komponisten, sondern ergibt gematrisch die Zahl 48, die Summe der Zahlen-Buchstaben von I.N.R.I., der Kreuzesinschrift). Die Zahl 37 bedeutet nach alter Tradition als Summe von 22 und 15 die Buchstaben X und P (griechisch Chi und Rho), die Buchstaben des Christogramms.

Woher Bruckner diese Kenntnisse zugekommen sein könnten, ist zum gegenwärtigen Zeitpunkt noch völlig ungeklärt. Es wäre jedoch eine reizvolle Aufgabe für die Forschung, in größtmöglicher Objektivität Bruckners symphonisches Werk auf verborgene Zahlensymbolik hin zu untersuchen. EM

Lit.: Gunnar Cohrs, Zahlenphänomene in Bruckners Symphonik. Neues zu den Strukturen der Fünften und Neunten Symphonie, in: Bruckner-Jahrbuch 1989/90.

Zappe, Familie

1) Karl (Carl) Zappe I, geb. 1. 9. 1812 in Prag, gest. 15. 6. 1871 in Linz. Ausbildung als Geiger am Prager Konservatorium. Engagements in den Theaterorchestern Prag und Graz (1827-1832) und als 2. Konzertmeister (»Orchesterdirektor«) am Wiener Josefstädter Theater (1832-1834). Seit 1834 ist die günstige Entwicklung des Linzer Musiklebens durch sein vielseitiges Wirken innig mit seinem Namen verbunden: 1834-1866 Orchesterdirektor am Theater, dem er entscheidende Impulse verlieh; 1839-1855 und 1867-1871 Violinlehrer an der Linzer Musikvereinsschule. Weiters Konzertmeister und gelegentlich auch Solist bei den Aufführungen des → Linzer Musikvereins. 1840-1871 Dom- und Stadtpfarrkapellmeister. 1842 Begründer der öffentlichen Kammermusikabende mit seinem Streichquartett (Besetzung 1863: Karl Zappe, Josef Schnierer, Franz Gamon, Otto → Kitzler); 1870-1871

Das Zappe-Quartett

Lehrer für Violine an der k.k. Lehrerbildungsanstalt. Als Mitwirkender ein gerne gesehener Gast bei Aufführungen in den Stiften → St. Florian und → Kremsmünster sowie bei Veranstaltungen der Linzer Gesangsvereine.
Zappe war Sachverständiger der Prüfungskommission beim Probespiel Bruckners (13. 11. 1855) für die Bewerbung um den Linzer Organistenposten und dann als Dom- und Stadtpfarrkapellmeister (Regens chori) der Vorgesetzte. Ein engerer persönlicher Kontakt zwischen den beiden, der über die gemeinsamen musikalischen Aufgaben hinausging, ergab sich auch dadurch, daß sie in dem 1872 abgetragenen alten Mesner- bzw. »Musikantenstöckl«, Pfarrplatz 164, ihre Dienstwohnungen hatten. Daraus folgte auch ohne Zweifel die Bekanntschaft mit den Familienmitgliedern, wenn auch im einzelnen nichts Nennenswertes überliefert ist.
Einer alten, auch in den Familien allgemein beachteten Tradition zufolge lud jeweils am ersten Adventsonntag der Regens chori seine Musiker nach dem Hochamt zu einem gemeinsamen »Bratwürstlessen« ein; anschließend spielte Bruckner Ländler, in späteren Jahren Teile aus Opern von Richard → Wagner. Unbeschadet durch die Übersiedlung nach → Wien hielt Bruckner den Kontakt zu Zappe und seiner großen Familie aufrecht und verschönerte gelegentlich mit seinem Orgelspiel die Pontifikalämter des Linzer Bischofs.
2) Karl Zappe II, geb. 8. 12. 1837 und gest. 1. 7. 1890 in Linz, Sohn von 1). Ausbildung zum Geiger an der Linzer Musikvereinsschule. Engagements als Primgeiger am Linzer Theater und am Wiener Josefstädter Theater (Ostern 1855-1859). Orchesterdirektor am Theater in Laibach und Konzertmeister sowie Violinlehrer der Philharmonischen Gesellschaft (1859 bis Frühjahr 1871). Bedingt durch die Erkrankung des Vaters Rückkehr nach → Linz und Übernahme von dessen Funktionen als Dom- und Stadtpfarrkapellmeister, Violinlehrer an der k.k. Lehrerbildungsanstalt sowie Musikvereinsschule. Dazu kamen noch die Verpflichtungen als Konzertmeister bei den Aufführungen des Musikvereins, Privatunterricht, Konzerteinladungen bei Linzer Vereinen und das Mitwirken bei der Gründung des Cäcilien-Vereins. Seine Frau Rosa, geb. Schimatschek (1847-1897), war 24 Jahre lang Altsolistin im Dom- wie auch im Stadtpfarrchor.
Bruckners Beziehungen zur Familie Zappe setzten sich auch bei Karl II fort. Sie äußerten sich im Orgelspiel bei den Hochämtern, in Besuchen in der Wohnung und in gemeinsamen Ausflügen. Seine Trauer um den verstorbenen Freund brachte er persönlich, begleitet von August → Göllerich, bei der Witwe und ihren Kindern zum Ausdruck.
3) Karl Zappe III, geb. 27. 8. 1879 in Linz, gest. 18. 4. 1963 in Wels, Sohn von 2). Ausbildung an der Linzer Musikvereinsschule (Klavier, Violine, Orgel), Besuch der k.k. Lehrerbildungsanstalt, Lehrer in verschiedenen Orten Oberösterreichs. In → Wels als seiner zweiten Heimat Hauptschullehrer (seit 1904) und -direktor (1922-1936). Fruchtbares Wirken bei Welser Gesangs- und Orchestervereinigungen, verbunden mit Bemühungen um Anerkennung Bruckners.
4) Hermann Zappe, geb. 19. 12. 1909 in Wels, gest. 1. 4. 1994 in Gmunden, Sohn von 3); Gymnasiallehrer. Gründer der Ortsgruppe Gmunden des → Brucknerbundes für Oberösterreich, setzte entscheidende Impulse für das kulturelle Leben der Stadt. FZ

Lit.: Franz Gräflinger, K. Zappe sen., in: Tages-Post, Linz, Unterhaltungsbeilage, 9. 4. 1911; Hermann Zappe, A. Bruckner, die Familie Zappe und die Musik, in: Bruckner-Jahrbuch 1982/83.

Zeitgeschichte
Der Wiener Kongreß hatte in ganz Europa einen Schlußpunkt unter die bewegten Jahre der Französischen Revolution und der Napoleonischen Kriege gesetzt. Was auch immer diese Zeit an langfristig positiven Ergebnissen und dynamischen Entwicklungschancen gebracht haben mochte, für den Augenblick wünschten sich viele jene Ruhe und Beschaulichkeit, die mit den Begriffen Biedermeier und Vormärz assoziiert

werden. Dennoch wäre es falsch, die Zeit bis zur Jahrhundertmitte nur unter diesem Gesichtspunkt sehen zu wollen. Unter der durch den Einsatz paternalistisch-polizeistaatlicher Maßnahmen zusätzlich ruhiggestellten Oberfläche gab es grundlegende Veränderungen, deren Auswirkungen jedoch nicht gleich sichtbar wurden. In manchen Gegenden führte die Frühindustrialisierung zu einer Änderung der Wirtschaftsstruktur und der gesamten Lebensweise der davon betroffenen Bevölkerung. Der in diesen Jahrzehnten einsetzende Eisenbahnbau bewirkte à la longue eine Revolutionierung des gesamten Kommunikationssystems; nun erst konnte die Monarchie zu jenem einheitlichen Staatsgebilde zusammenwachsen, das großen Teilen der von rationalistisch-aufklärerischen Gedanken erfüllten Hochbürokratie vorschwebte.

Auch in den agrarisch geprägten Gegenden der Monarchie (und das war damals der größte Teil) bemühte man sich, die mentalen und organisatorischen Voraussetzungen für einen tiefgreifenden Wandel zu schaffen. Die »ungarische Reformära« legt davon Zeugnis ab. Auch bei den anderen Völkern regte sich vermehrt geistiges Leben. Die diesbezüglichen Vorhaben hatten die Vermittlung und Erwerbung praktischer Kenntnisse zum Ziel; sie wurden aber auch als Teil eines umfassenden Prozesses des »nationalen Erwachens« verstanden. Auf dem Gebiet der Kultur und der Wissenschaft begann sich der Begriff der Nation als oberste Norm und Gestaltungsprinzip zuerst durchzusetzen.

In der Sphäre der Politik spielte hingegen das nationale Prinzip im Vormärz noch keine besondere Rolle. Hier standen primär gesamtstaatliche oder auf ein einzelnes Kronland bezogene Überlegungen im Vordergrund – etwa die Schaffung einer die ständisch-feudale Ordnung ablösenden einheitlichen Staatsbürgergesellschaft. Doch war der Spielraum für die Mitwirkung der Bevölkerung an politischen Prozessen kaum gegeben. Immer drängender wurde daher die Forderung der in Wirtschaft und Kultur aktiven Kreise nach Mitgestaltung auch in politischen Fragen.

Die weitverbreitete Unzufriedenheit, noch genährt durch wirtschaftliche Krisenerscheinungen, machte sich in der Revolution von 1848 Luft. In dieser kamen auf einen Schlag alle Probleme zum Vorschein, mit denen sich Staat und Gesellschaft bis 1918 auseinanderzusetzen hatten: das Nationalitätenproblem, die Frage Zentralismus versus Föderalismus, die Partizipation der Gesellschaft an den politischen Entscheidungen, die Förderung des materiellen und spirituellen Wohlergehens der Bevölkerung.

Die Beratungen des Reichstages in → Wien und Kremsier sowie einiger Landtage zielten denn auch auf eine grundlegende Erneuerung des Staates. Allerdings ging es längst nicht mehr nur um eine Reform der inneren Verhältnisse, es stand die Existenz des Staates als solcher auf dem Spiel. Die italienischen Provinzen sagten sich schon im März 1848 von Wien los. Im Verhältnis zum »außerösterreichischen Deutschland« gab es die unterschiedlichsten Positionen, die von der Führungsrolle der Habsburgermonarchie im deutschsprachigen Raum bis zu ihrer Zerschlagung und gleichzeitigem Anschluß der von den Deutschösterreichern bewohnten Gebiete an ein erneuertes Deutsches Reich gingen. Die Ungarn hatten zwar im April 1848 ihre eigenen Verfassungsgesetze mit einem hohen Maß an innerer Autonomie erhalten. Dennoch kam es im April 1849 zur Absetzung der Habsburger als ungarische Könige und zur völligen Separierung des Stephansreiches (erst 1861 kam es zur Aussöhnung). Die anderen Nationalbewegungen wünschten zwar die Beibehaltung Österreichs in der Mitte Europas als Gegengewicht gegen Deutschland und Rußland, allerdings forderten auch sie einen radikalen Umbau des Staates.

Gegenüber all diesen nationalen, sozialen und politischen, sich teilweise widersprechenden Forderungen setzte sich die auf Wiederherstellung der alten Ordnung abzielende Politik der Habsburger schließlich durch, gestützt auf das siegreiche Militär und einen allgemeinen Stimmungsumschwung in ganz Europa. Wenn auch die konkreten und dauerhaften Ergebnisse der Jahre 1848/49 eher mager waren, blieb viel von dem, was damals diskutiert worden war, im kollektiven Bewußtsein der Bevölkerung erhalten und diente nachfolgenden Generationen als Anknüpfungspunkt.

Nach den Erschütterungen der Revolutionsjahre schlug der Staat einen straff zentralistischen Kurs ein. Erst jetzt wurde – wenn auch nur für zehn Jahre – jener Einheitsstaat verwirklicht, der seinerzeit schon Joseph II. vorgeschwebt war. Die damals eingeführten administrativen und legistischen Bestimmungen sollten der Modernisierung des in seinem Entwicklungsstand regional so heterogenen Staatswesens dienen. Der Neoabsolutismus (1849-1859) ist denn auch gekennzeichnet von dynamischen Veränderungen auf wirtschaftlichem Gebiet einerseits, von politischer Stagnation andererseits. Die daraus resultierenden Anpassungsprobleme führten zu einer krisenhaften Stimmung im Inneren, die durch außenpolitische Mißerfolge noch verstärkt wurde.

Am Wiener Kongreß war der Habsburgermonarchie eine dominierende Rolle in Deutschland, in Italien und auf der Balkanhalbinsel eingeräumt worden. Die Habsburgermonarchie als »Großmacht zweiter Ordnung« war bei der Erhaltung ihres Großmachtstatus jedoch von der Unterstützung der beiden tatsächlichen Großmächte, England und Rußland, und deren Zusammenarbeit abhängig. Diese war nach 1848 nicht mehr gegeben. In der gewandelten Situation überstieg das mit dem Großmachtanspruch verbundene Engagement die Mittel, die die Monarchie zur Erreichung ihrer weiträumigen Ziele einsetzen konnte.

Die militärischen Niederlagen im Krieg gegen Frankreich und Piemont-Sardinien im Sommer 1859 kosteten Österreich die Lombardei und beendeten die Vormachtstellung der Monarchie auf der Apenninenhalbinsel. Die liberal-nationale Erneuerungsbewegung der Italiener, das Risorgimento, kulminierte in der Schaffung des Königreiches Italien (1861), an das 1866 auch Venetien angeschlossen wurde. In Deutschland strebte Preußen unter der Ministerpräsidentschaft Bismarcks immer offener nach der Vorherrschaft. Im Deutschen Krieg 1866 besiegelte die Niederlage von Königgrätz das Schicksal Österreichs in Deutschland: Es trat aus dem Deutschen Bund aus, der Weg zur Schaffung des Deutschen Reiches unter Preußens Führung (1871) war frei. Am Balkan hingegen konnte die Habsburgermonarchie ihre Positionen halten und anfänglich sogar ausbauen. 1878 wurde ihr das Mandat zur Okkupation Bosniens und der Herzegowina übertragen. Österreich-Ungarn hat zweifellos viel zum Aufschwung dieser Region beigetragen. Im Lauf der Zeit nahmen jedoch auch am Balkan die Nationalbewegungen überhand. Die Monarchie wurde zunehmend als ein die eigene Entwicklung hemmender Fremdkörper angesehen, ihr Einfluß sank. Nach der Jahrhundertwende sollte der Balkan zum Krisenherd Nr. 1 für die Habsburgermonarchie werden.

Die außenpolitischen Turbulenzen der sechziger und siebziger Jahre waren von ebensolchen im Inneren begleitet. Oktoberdiplom (1860) und Februarpatent (1861) brachten ein gewisses Maß an politischer Mitbestimmung, zu wenig, um die nationalen und politisch-ideologischen Wünsche auf Dauer befriedigen zu können. Erst 1867 gelang mit dem österreichisch-ungarischen Ausgleich (der die Monarchie praktisch in zwei Hälften teilte) und der sog. »Dezemberverfassung« bzw. der Inkraftsetzung der modifizierten ungarischen Verfassungsgesetze eine teilweise Beruhigung. Die Tschechen strebten in der Folge nach einer ähnlichen Position, wie sie die Ungarn erreicht hatten. Die Deutschen in der Monarchie, deren Selbstverständnis durch die staatsrechtliche Trennung von Deutschland tief getroffen war, zogen sich auf ihre damals noch dominante wirtschaftliche, politische und kulturelle Position in Cisleithanien zurück und waren zu größeren Konzessionen nicht mehr bereit. Ein Ausgleich mit Böhmen bzw. den Tschechen kam weder 1871 noch später zustande. Das Ende der liberalen Dominanz im Reichsrat (1879) markierte auch das Ende der staatsrechtlichen Kämpfe. In der nachfolgenden konservativen Ära versuchte man, mit einer Politik der kleinen Schritte der in den Grundgesetzen verankerten Gleichberechtigung der Völker näher zu kommen. Tatsächlich ist das letzte Drittel des 19. Jahrhunderts auf allen Gebieten von einem enormen Aufblühen der Nationen gekennzeichnet, die sich unter dem gemeinsamen Dach der Monarchie als je eigenständige Nationalgesellschaften etablierten.

In wirtschaftlicher Hinsicht erlebte Österreich-Ungarn in den späten sechziger und frühen siebziger Jahren seine Gründerzeit, gefolgt vom Börsenkrach (1873), der eine langandauernde Stagnation bzw. ein als krisenhaft empfundenes verlangsamtes Wirtschaftswachstum zur Folge hatte. Die Auswirkungen der damit verbundenen Modernisierungskrise bekamen vor allem Bauern und Gewerbetreibende zu spüren, die – ebenso wie die entstehende Industriearbeiterschaft – den politischen Druck auf die Regierung verstärkten. Diesen Druck fing sie einerseits durch verschiedene konkrete Maßnahmen (Gewerbeordnungsreform, Sozialgesetzgebung), andererseits durch eine vorsichtige Erweiterung des Wahlrechts ab, bis 1896 das allgemeine, aber noch sehr ungleiche (Männer-)Wahlrecht eingeführt wurde.

Mit den ersten Schritten zur Ausdehnung des Wahlrechts war die großbürgerliche Dominanz auf dem politischen Gebiet wohl endgültig vorbei. Durch das Entstehen von Massenparteien änderten sich sowohl Inhalte als auch Stil der Politik. Anders war es auf dem Gebiet der Bildung und Kultur. Hier blieben großbürgerlich-liberale Wertvorstellungen noch viel länger bestehen, bei den Deutschen genauso wie bei den nichtdeutschen Völkern der Monarchie. Erst knapp vor der Jahrhundertwende brach sich die »Moderne« Bahn. PU

Literatur: Bürgersinn und Aufbegehren – Biedermeier und Vormärz in Wien 1815-1848. Wien 1987; Die Habsburgermonarchie 1848-1918. Hrsg. Adam Wandruszka und Peter Urbanitsch. Bisher 7 Bände. Wien 1973 ff.

Zenetti, Leopold von

Geb. 15. 11. 1805 und gest. 12. 10. 1892 in Enns. Sohn des angesehenen Bürgers, Mesners und Musikers Joseph von Zenetti in Enns, genoß eine fundierte Allgemeinbildung (u. a. am Gymnasium und an der Präparandie in → Linz) und machte schon bald durch seine musikalische Begabung auf sich aufmerksam. Vermutlich waren Franz Xaver Glöggl in Linz und Johann Nepomuk Adalbert Maxandt in Friedberg/Böhmerwald seine Musiklehrer. 1827/28 war Zenetti in → Waidhofen an der Ybbs (vermutlich als Musiker oder Privatlehrer), seit 1829 in seiner Heimatstadt → Enns als Regens chori, Organist und Mesner der Stadtpfarrkirche, nebenbei auch als Kopist, ausübender Musiker (Violine, Violoncello, Orgel), Komponist und Privatmusiklehrer tätig und war als Vorstand des »Geselligkeits-Vereins« in Enns Organisator großer Konzerte.

Von Zenetti sind mehrere Kompositionen bekannt. Als stilistischer Eklektiker verschmolz er Elemente aus der Klassik mit solchen aus der Frühromantik und mit ihnen eigene Einfälle. Bei entschieden konservativer musikalischer Grundeinstellung scheint er eine überdurchschnittliche Literaturkenntnis und ein ausgeprägtes Qualitätsbewußtsein gehabt zu haben, was sich auch in der Zusammensetzung seiner Notenbibliothek (heute zum Großteil in der Musiksammlung der → Österreichischen Nationalbibliothek) widerspiegelt. In ihrer Auswirkung auf Lebensgang und Berufsweg Bruckners darf die Rolle Zenettis nicht unterschätzt werden.

Er unterrichtete den jungen Bruckner während dessen Anstellung in → Kronstorf (1843-1845) und in gelockerter Form bis 1855, als Bruckner schon in → St. Florian tätig war (→ Ausbildung). Er übte aufgrund seines hohen Bildungsniveaus, seiner Begeisterung für die Werke speziell der Wiener Klassiker und Franz → Schuberts sowie durch seine fundierten theoretischen Kenntnisse auf Bruckner großen Einfluß aus. Der Unterricht

Leopold von Zenetti

in Klavier, Orgel und → Musiktheorie war zwar ganz auf eine zukünftige Laufbahn als Organist abgestimmt und baute auf dem bei Johann August → Dürrnberger erworbenen Basiswissen auf, ist jedoch durch den Umstand, daß Bruckner zu eigenem Schaffen ermutigt wurde, von eminenter Bedeutung. Bruckner bewahrte Zenetti zeitlebens Treue und Dankbarkeit und besuchte ihn noch in hohem Alter. Eines der Wohnhäuser (Enns, Kirchenplatz 5) und das Grab Zenettis (auf dem Friedhof Enns-Lorch) sind erhalten. EM

Werke: »Pastoralmesse in C-Dur für 4 Singstimmen, Chor, Orchester und Orgel«, »Messe für Männerchor zur Feier der Fahnenweihe des löbl[ichen] Gesang Vereins Concordia«, »Terzetto für Violino, Viola und Violoncello« u. a.

Lit.: Elisabeth Maier – Franz Zamazal, A. Bruckner und L. v. Zenetti. Graz 1980 (hier auch weiterführende Lit.).

Zettwing (Cetviny)

Ort in der Nähe von → Windhaag an der Maltsch gelegen, jedoch bereits in Böhmen (heute Tschechische Republik). Vom einst blühenden Markt sind nur recht spärliche Überreste vorhanden.

Leopold → Nowak schreibt, daß in Zettwing »viel altes, beschriebenes Notenpapier [Bruckners] ... zugrunde gegangen« sei. Möglicherweise haben diese Blätter frühe Kompositionsversuche enthalten. Zettwing wird auch in Zusammenhang mit dem Spinett (→ Instrumente Bruckners) genannt, das im Weber-Haus Süka in Windhaag für Unterricht und Hausmusik verwendet wurde (1922 im Besitz des Gastwirts

Sücka, heute Oberösterreichisches Landesmuseum, Linz). RG

Lit.: Göll.-A. 1, S. 159, 161, 195; Nowak 1973, S. 49; Anton Bruckner und Windhaag bei Freistadt. Windhaag 1992.

Zeugnisse

Bruckners Schulzeugnissen und denen von seiner → Ausbildung zum Lehrer werden in diesem Beitrag die »musikalischen« Zeugnisse aus Gründen der Anschaulichkeit »gegenübergestellt«, obwohl zeit- und interessensbedingt gerade bei Bruckner in den ersten Jahren seiner »Lehrzeit« die Ausbildungswege parallel verliefen.

Zu Pflichtschulbesuch und Lehrerausbildung:
Die »Politische Verfassung der deutschen Schulen in den kaiserl. königl. deutschen Erbstaaten« von 1806, das für einen großen Teil des 19. Jahrhunderts in Österreich maßgebliche Gesetzeswerk für das Pflichtschulwesen, normiert im § 106: »Die Schulzeugnisse sind den Schülern, die derselben zum Übertritte in eine andere Lehranstalt, zur Aufdingung bey einem Handwerke, oder zum Belege eines Gesuches bedürfen, nach dem vorgeschriebenen Formulare gewissenhaft ... auszustellen.« Bruckner dürfte über die Jahre des Besuchs der Volksschulen → Ansfelden und → Hörsching (1830-1837) und der in → St. Florian (1837-1839) von seinen → Lehrern keine Zeugnisse erhalten haben, da keiner der oben genannten Gründe vorlag; auch hat sich nichts dergleichen erhalten. In St. Florian verzeichnete jedoch das in der Volksschule geführte »Buch der Ehre und des Fleißes« seinen Namen aufgrund der vorzüglichen Leistungen für 1838 an zweiter und für 1839 an erster Stelle.

An die Stelle des Zeugnisses, das die Beherrschung des Lehrstoffes »für die drei ersten Classen der deutschen Hauptschulen« nachweist und für die Aufnahme in die Präparandie (Lehrerbildungsanstalt) erforderlich war, konnte auch eine entsprechende Prüfung treten; ein Zeugnis hat sich jedenfalls nicht erhalten. Das Zeugnis über den Abschluß der pädagogischen Ausbildung für den Lehrberuf in → Linz (16. 8. 1841) enthält acht »Sehr gut« und 14 »Gut«, das über die Musikfächer (30. 7. 1841) zwei »Sehr gut« und – »in dem praktischen Theile«, d. h. im Orgelspiel (→ Orgel) – ein »Gut«.

Pfarrer Alois Knauer und Schulmeister Franz S. Lehofer aus → Kronstorf bestätigten (jeweils 12. 5. 1845) die große Zufriedenheit mit den Leistungen des Schulgehilfen Bruckner im Schul- und Kirchendienst und lieferten damit eine Voraussetzung für die Zulassung zur Lehrbefähigungsprüfung. Das Zeugnis über den musikalischen Teil der Prüfung ist sehr gut ausgefallen (24. 6. 1845). Der Zusatz auf dem Abschlußzeugnis von 1841 »Kann als Lehrer in Vorschlag gebracht werden« ist mit 19. 8. 1845 datiert und belegt die erfolgreiche Absolvierung des pädagogischen Teils dieser schriftlichen und mündlichen Prüfung. Damit war seinerzeit der normale Ausbildungsgang für Volksschullehrer abgeschlossen.

Aus freien Stücken legte Bruckner nach eifrigem Selbststudium die Externistenprüfung über die 1. und 2. »Classe der Unter-Realschule zu Linz« ab (Zeugnisse 10. 5. und 14. 9. 1850, 25. 4. und 30. 10. 1851) und erhielt fast nur die Note »Sehr gut«. Diese Dokumente waren eine Voraussetzung für die Hauptschullehrerprüfung (Zeugnis 28. 1. 1855), bei der Bruckner in allen elf »Lehrgegenständen« die Note »Sehr gut« erhielt mit der Folge, daß er »als Lehrer an Hauptschulen besonders empfohlen werden« könne.

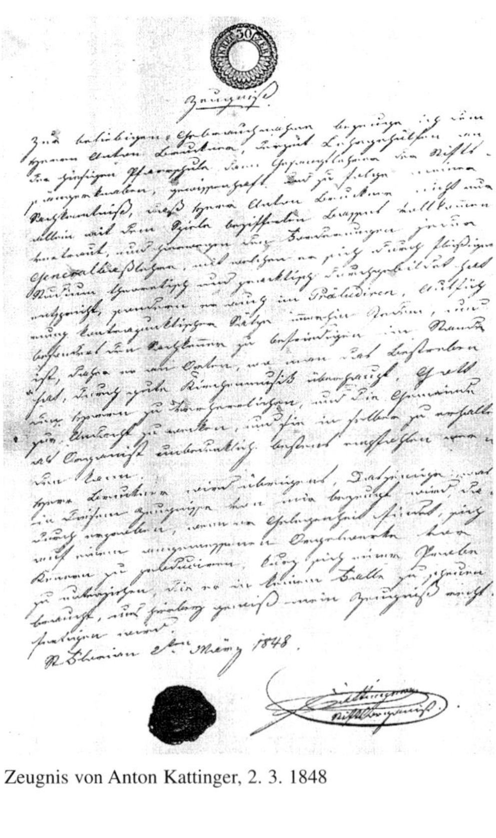

Zeugnis von Anton Kattinger, 2. 3. 1848

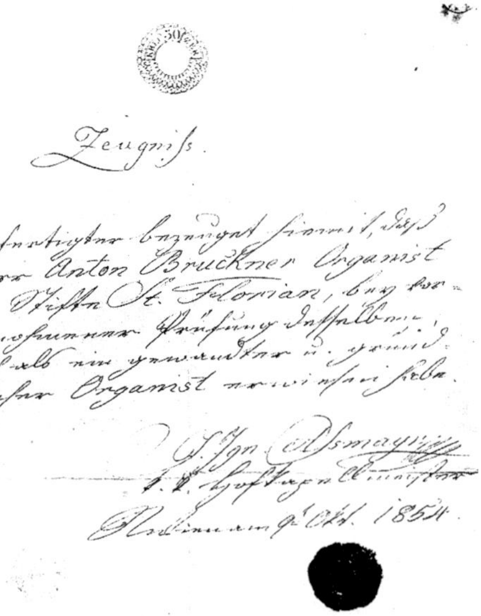

Zeugnis von Ignaz Assmayr, 9. 10. 1854

Zum Wirken Bruckners als Schullehrer: Die Dienstzeugnisse beim Ausscheiden aus einer Stellung als Schulgehilfe dokumentieren seine vorzüglichen pädagogischen Fähigkeiten und sein tadelloses menschliches Verhalten. Sie stammen von Pfarrer Franz von Schwinghaimb und Schulmeister Franz Fuchs in → Windhaag (jeweils 19. 1. 1843), von Pfarrer Alois Knauer und Schulmeister Franz S. Lehofer in Kronstorf (25. bzw. 23. 9. 1845) sowie von Pfarrer Jodok → Stülz von St. Florian (15. 12. 1855).
Die Dechanten oder ihre Vertreter waren als »Schuldistricts-Aufseher« bei den Visitationen der Schulen angehalten, auch über die Lehrer (Schulmeister) und ihre Gehilfen zu urteilen. In Windhaag lautete für Bruckner das Ergebnis (16. 6. 1842): Fleiß und Sitten »sehr groß« bzw. »sehr gut«. Die Qualifikation der Geschicklichkeit des Anfängers mit »viel« und die der Art, die Kinder zu behandeln, mit »recht gut« entspricht einem guten Durchschnitt im Bereich der Gehilfen des Dekanates Freistadt. In St. Florian sind für die Jahre 1847-1855 bei Bruckner in allen Belangen nur »Sehr gut« überliefert. Die Berichte über die Kronstorfer Jahre enthalten keine Benotungen.
Wesentlich für das Verstehen des jungen Bruckner sind das mit »Sittenzeugniß« überschriebene Dienstzeugnis (6. 9. 1851) von Pfarrer Jodok Stülz, das die ausgezeichneten Leistungen im Schulfach und »sein emsiges Streben nach weiterer Ausbildung im Schulfache und in der Musik« festhält, und die Bestätigung (20. 7. 1853) über die »seit dem Jahre 1851 öfters aushilfsweise in der Bezirksgerichtskanzley zu Florian« geleisteten Dienste.
Ein Zeugnis über die Lehrtätigkeit als Professor am Konservatorium der → Gesellschaft der Musikfreunde in Wien (12. 10. 1871) zeigt, daß er »in ganz vortrefflicher Weise Unterricht erteilt«.

Zur musikalischen Ausbildung: Bruckners musikalischer Ausbildungsgang stellt ein in der Musikgeschichte wohl einzigartiges Phänomen an Dauer und Intensität dar. Seinem starken Sicherheitsbedürfnis (→ Persönlichkeit) entsprechend suchte Bruckner auch immer eine schriftliche Bestätigung der erworbenen Kenntnisse durch seine Lehrer oder andere anerkannte Autoritäten. Ein zusätzlicher Grund für diesen Wunsch nach Absicherung war der Umstand, daß Bruckner während des Studiums bei Simon → Sechter, der anstrengendsten Zeit seiner Ausbildung, als beruflich sehr belasteter »Werkstudent« (er war damals Dom- und Stadtpfarrorganist in Linz) nur die Freizeit seiner Fortbildung widmen konnte und daher offenbar auch durch Zeugnisse seine qualitative Gleichstellung mit »hauptberuflichen« Kompositionsschülern dokumentieren wollte.

Chronologische Übersicht über die erworbenen »musikalischen« Zeugnisse

30. 7. 1841: Zeugnis über Harmonie- und Generalbaßlehre sowie Orgelspiel von Johann August → Dürrnberger (im »praktischen Theile« und im Orgelspiel erhielt Bruckner nur ein »Gut«, was ihn sehr kränkte)

24. 6. 1845: Zeugnis über die Prüfung (am 29. 5.) in Harmonie- und Generalbaßlehre, Harmonik, praktischem Orgelspiel, Vokal- und Instrumental-Musik sowie Choral- und Figural-Gesang, ausgestellt von Dürrnberger (diesmal »erste Klasse mit Vorzug«!)

2. 3. 1848: Zeugnis von Anton → Kattinger in → St. Florian über die Fähigkeiten im Orgelspiel

1. 7. 1848: Zeugnis von Joseph Anton Pfeiffer, Stiftsorganist in → Seitenstetten, über das Orgelspiel (er nennt Bruckner ein »ächtes musikalisches Genie«)

9. 10. 1854: Zeugnis über die Orgelprüfung bei Ignaz → Assmayr in → Wien

27. 4. 1855: Zeugnis von Robert → Führer über die »gründliche und umfassende Kenntniß in

der Harmonie und im Kontrapunkte« sowie im Orgelspiel
19. 12. 1855: Zeugnis von Ignaz → Traumihler, St. Florian, über das Orgelspiel
10. 7. 1858: Zeugnis von Simon Sechter über die Generalbaßstudien
12. 7. 1858: Zeugnis von Sechter über Bruckners Präludieren und Themendurchführen (Prüfung an der Orgel der → Piaristenkirche in Wien)
12. 8. 1859: Zeugnis von Sechter über die Studien im strengen Satz
3. 4. 1860: Zeugnis von Sechter über die Studien im doppelten, drei- und vierfachen Kontrapunkt
26. 3. 1861: Zeugnis von Sechter über die Kenntnisse in Kanon und Fuge
22. 11. 1861: Zeugnis vom Konservatorium der → Gesellschaft der Musikfreunde in Wien (theoretische Prüfung am 19. 11., Orgelprüfung in der Piaristenkirche am 21. 11.)
10. 7. 1863: Zeugnis von Otto → Kitzler über die Studien in Instrumentation und Komposition (→ Kitzler-Studienbuch). FZ/EM

Lit.: Franz Zamazal, Familie Bruckner – Drei Generationen Lehrer, in: Staat – Kirche – Schule in Oberösterreich, hier S. 213-243; weitere Lit. bei den Artikeln → Ausbildung und → Lehrer.

Zigeuner-Waldlied (WAB 135, verschollen)

In Bruckner-Biographien wird – belegt durch einen Briefwechsel zwischen Bruckner und dem Dichter August → Silberstein – berichtet, daß der Komponist um 1863 in → Linz ein *Zigeuner-Waldlied* »im 3/4 Takt« verfaßt habe, das er dann, von Silberstein neu textiert, als Mittelteil des Männerchores *Germanenzug* umgearbeitet haben soll. Heute ist das *Zigeuner-Waldlied* allerdings verschollen. Ob – und wenn: inwieweit – Bruckner im *Germanenzug* früheres Material benutzt hat, ist daher derzeit nicht zu klären. PH

Lit.: Göll.-A. 3/1, S. 203-206; Weiteres siehe bei *Germanenzug*.

Zinne, (Carl) Wilhelm

Geb. 1858 in Hannover, gest. 1934 in Hamburg; Volksschullehrer, Musikkritiker zunächst an der »Frankfurter Zeitung«, dann an der »Neuen Hamburger Zeitung«.
Zinne, einer der eifrigsten Anhänger und Vorkämpfer für Bruckner im Norden Deutschlands und mit dem Komponisten nachweislich von 1886 (dem Jahr der Hamburger Erstaufführung der *Siebenten Symphonie* unter Julius → Bernuth) bis 1893 in Briefkontakt, nutzte 1892 seinen Besuch bei der → Internationalen Ausstellung für Musik- und Theaterwesen in → Wien, um Bruckner auch persönlich kennenzulernen. Der klagte ihm – wie Zinne in einem ausführlichen Bericht überliefert – nachdrücklich sein Leid über seine in Wien zu erduldende Mißachtung durch einflußreiche Kritiker und – Johannes → Brahms. Aber auch Einzelheiten über Bruckners Werke und seine nie abreißenden Beziehungen zum weiblichen Geschlecht (→ Frauen) kamen zur Sprache.
Zinne konnte Gustav → Mahler, mit dem er befreundet war, zu Aufführungen Brucknerscher Werke in → Hamburg anregen und überließ ihm auch seine Partituren zur *Achten Symphonie* und zur *Messe in d-Moll*. Kritiken, auch von seinen Kollegen, schickte Zinne jeweils umgehend und ausführlich kommentiert nach Wien. Er galt als Musikkritiker von »strengem, fast hartem Urteil«; umso mehr mußte ihn wohl 1887 die unfreundliche Äußerung des »Bruckner-Gegners« Hans von → Bülow treffen, bei dem er sich persönlich für Bruckner verwenden wollte: Bülow mokierte sich über Zinnes »Wertschätzung des musikalischen resp. antimusikalischen Blödsinns des Querkopfs Bruckner«. UH

Lit.: Göll.-A. 4/2-3, passim; Auer, Briefe, S. 385-394; Nachruf im Hamburger Anzeiger 26. 7. 1934; Kurt Blaukopf, Gustav Mahler und Wilhelm Zinne, in: Gustav Mahler. Unbekannte Briefe. Hrsg. Herta Blaukopf. Wien-Hamburg 1983, S. 241; Andrea Harrandt, »Gustav Mahler O! mögen Sie nur der Meinige bleiben ...« Unbekannte Briefe zu zwei Aufführungen von Bruckners Te Deum in Hamburg, in: Gustav Mahler. Werk und Wirken. Hrsg. Erich W. Partsch. Wien 1996.

Zitate

Teilweise Übernahme von bereits vorhandener Musik in eine Komposition. Der Umfang kann beträchtlich variieren. Je nach Quelle sind Eigen- von Fremdzitaten zu unterscheiden. Im Vordergrund steht der – nicht selten verschieden interpretierbare – semantische Aspekt (→ Semantik). In direkter Nähe stehen Fragen zum wirklich bewußten Aufgriff sowie Abgrenzungen zu Collage oder Parodie. Im folgenden sollen die im Zeichen einer zyklischen Formung und finalen Apotheose stehenden Zitate vorangegangener Themen in den Finalsätzen der Symphonien Bruckners ausgeklammert bleiben (→ Form).
Bruckners früheste Zitate stellen einen Spezialfall dar, denn sie stehen im Umkreis der Tanzmusik bzw. des Potpourris. So hat er – zeitübli-

chen Praktiken folgend – in die *Lancier-Quadrille* populäre Melodien aus Opern von Gustav Albert Lortzing und Gaetano Donizetti eingeflochten.
Die »eigentlichen« Zitate kreisen um zwei Hauptpunkte: → Wagner und eigene Kirchenmusik. Daneben wurden u. a. noch Zitate aus Werken von Joseph Haydn und Franz → Liszt festgestellt (Floros). Vor allem Bruckners signifikante Wagner-Zitate sind berühmt geworden. Sie finden sich verstreut im Gesamtwerk, konzentriert hingegen in der Wagner gewidmeten 1. Fassung der *Dritten Symphonie*. Nach einer kürzlich aufgestellten These geht es hierbei aber nicht bloß um Hommagen, sondern um autobiographische Bezüge (Kühnen). Ähnliches gilt auch für die kirchenmusikalischen Eigenzitate in der *Zweiten* (*Messe in f-Moll*) und *Neunten Symphonie* (*Messe in d-Moll*). So bezieht sich das »Benedictus«-Zitat im langsamen Satz der *Zweiten* nach eigener Aussage Bruckners auf seine Rettung aus der schweren persönlichen Krise im Jahre 1867 (→ Bad Kreuzen).
Auch wenn Spezialstudien noch weitgehend ausstehen, darf insgesamt angenommen werden, daß diese Zitate punktuell eine (wohl besonders auf den Komponisten selbst gerichtete) semantische Tiefenschicht repräsentieren, die autobiographisch und religiös geprägt ist. Keinesfalls dürfen sie aber als »Handlung« gewertet werden.
Einen eigenen Problembereich stellt die vor allem in den späten Kirchenwerken zu beobachtende enge Anlehnung an die Gregorianik dar (Maier). In der Kirchenmusik finden sich auch Zitate bestimmter tradierter Formeln, so z. B. die Kadenzwendung des sogenannten »Dresdner Amen«. EWP

Lit.: Constantin Floros, Zur Deutung der Symphonik Bruckners. Das Adagio der Neunten Symphonie, in: Bruckner-Jahrbuch 1981; ders., Die Zitate in Bruckners Symphonik, in: Bruckner-Jahrbuch 1982/83; Elisabeth Maier, Der Choral in den Kirchenwerken Bruckners, in: Bruckner-Symposion 1985; Wolfgang Kühnen, Die Botschaft als Chiffre. Zur Syntax musikalischer Zitate in der ersten Fassung von Bruckners Dritter Symphonie, in: Bruckner-Jahrbuch 1991/92/93.

Zur Vermählungsfeier (WAB 54) »Zwei Herzen haben sich gefunden«
Vierstimmiger Männerchor a cappella in D-Dur, »Gemäßigt«
Text: wahrscheinlich Heinrich von der Mattig (→ Textdichter)
EZ: 27. 11. 1878
W: Anton Ölzelt Ritter von Newin (→ Mäzene) zur Vermählungsfeier
UA: ?
Autograph: → Gesellschaft der Musikfreunde in Wien, Archiv
ED: a) Jahrbuch des Stiftes Klosterneuburg 3. Wien-Leipzig 1910, S. 133-137; b) »Zur Vermählungsfeier« (zusammen mit *Ave regina*). Wien, Universal-Edition 1921 (Josef V. → Wöß)
NGA: Band XXIII/2 (in Vorbereitung)

Zwischen Bruckner und Dr. phil. Anton Ölzelt Ritter von Newin (1854-1925), dem Vermieter der Wohnung in Wien I., Heßgasse 7, bestand gutes Einvernehmen. Der Chor war für die Trauung des Hausherren mit Amalie (Amy) Edler von Wieser bestimmt. Der Männergesangverein → Klosterneuburg »hätte den Trauungs-Chor ... in der Stiftskirche singen sollen, doch sei es wegen zu großer Schwierigkeit nicht dazu gekommen. Tatsächlich fand die Trauung in Klosterneuburg gar nicht statt« (Göll.-A.).
Die ausdrucksstarke Musik, gefaßt in anspruchsvollem Satz, vermittelt die Stimmungsgehalte der Verse recht wirkungsvoll; viele Textwiederholungen muß man dabei übersehen. Der Chor gehört aufgrund der Einstufung als Gelegenheitswerk nicht zum Repertoire. Daß auch eine solistische und dazu hervorragende Wiedergabe möglich ist, zeigte »The Hilliard Ensemble« am 15. 9. 1993 beim → Internationalen Brucknerfest Linz. FZ

Lit.: Göll.-A. 4/1, S. 520-523; Felix Czeike, Historisches Lexikon Wien 4. Wien 1995, S. 442.

ANHANG

1. Frauen um Bruckner

Für die folgende Aufstellung von Schülerinnen, Tanzpartnerinnen, Interpretinnen, Verwandten von Schülern, Gastgebern und Freunden sowie von Zufallsbekanntschaften (ohne Anspruch auf Vollständigkeit) wurden Bruckners → Briefe, seine → Taschen-Notizkalender, das → Werkverzeichnis (WAB), die Biographie von August → Göllerich und Max → Auer, → Erinnerungsliteratur, die → Ikonographie sowie zusätzliche kleinere schriftliche und mündliche Quellen ausgewertet (Erläuterungen siehe im Artikel → Frauen; nähere Angaben zu einigen der im Handbuch nicht mit einem eigenen Artikel aufgenommenen bzw. im Register aufscheinenden Frauen sind – soweit überhaupt möglich – im Registerband der 1996 erschienenen »Bruckner-Chronologie« von Franz Scheder zu finden).

Adametz, Hermine
Adamo, Frl.
Aigner, Anna
Altmann siehe → Barghesi
Amadei, Anna Gräfin
→ Amélie, Herzogin in Bayern
Antoine, Anna
Antoine, Frl. »sen. u. jun.«
Anzengruber, Maria
Bahr, Frl.
→ Barghesi, Berta
→ Barghesi, Karoline, geb. Altmann
Bartl, Lina
Bartl, Marie
Barwick, Ludmilla
Bauer, Antonie
Bayer (Payer), Frl.
Bayer, Anna
Becker, Gräfin
Behn, Elisabeth
Bergmann, Marie
Bernard, Emilie
Bielohaubek, Gabriela
Binder, Antonia
Binder, Frl.
Binder, Hedwig
Blaschek siehe → Demar
Blum, Frl.
»Blume aus dem Osten«
Blümelhuber, Luise
→ Bogner, Aloisia
→ Bogner, Judith, verehel. Pfeiffenberger
Bollé, Elisabeth (Pseudonym Gertrud Bollé-Hellmund)
Both (Bott), Margarethe
Brezina, Christine
Brunner, Emilie
Buchta, Rosine
Buhz, Ida
Bülow, Blandine von
Bürstinger, Barbara
Cornaro siehe Spaun
Czerny, Marie Anna Baronesse
Cziuk, Sultana
Dachs, Amalie
Dalwigh, Baronesse
David, Frl.
→ Demar, Marie, verehel. Blaschek
Derfler, Margarethe
Diebl, Frl.
→ Dierzer, Rosa von
Dorner, Katharina
Dreseke, Frl.
Dürrnberger, Marie Madeleine
Dux, Frl.
→ Eberstaller, Karoline
Eigl siehe Hofbauer
Eigruber von Letten, Amalie
Eisner, Frl.
Englmann, Frl.
Ernst, Käthe
Feßl, Mathilde
Flandorfer, Frl.
Franke, Frl.
Frl. (verschiedene Eintragungen in den Taschenkalendern: Frl. aus Böhmen; aus Brünn; aus Garmisch-Partenkirchen; aus Luzern; Försterstochter aus Statz in Unterösterreich, Magazinerin in einer Fabrik; Frl. aus Wien III., Rasumowskygasse 29; aus Wien I., Postgasse 22)
Fürthner von Sedlak, Hedwig
Gärtner, Marie
Gerstenbrand, Frl.
→ Gisela, Erzherzogin von Österreich, verehel. Prinzessin von Bayern
Gitlberger, Marie
Grasnick, Frau
Greger, Lina
Grienberger, Emma
Guger siehe Schillhuber
Guretzki von Kornitz siehe Haizinger
Gürtler siehe Krakowitzer
Gutmannsbauer, Maria
Gyurkovics, Anna von
Habermann, Hedwig
Haeffner, Risa
Hafferl, Josefine
Haizinger, Virginia Wilhelmine Valentine Anna, geb. Freiin Guretzki von Kornitz
Hanisch, Stefanie
Hann, Franziska
Harris, Miss
Hauber, Frl.
Haun, Emilie
Heindl, Emilie
Herzog, Frl.
Hierners, Luise
Hirsch, Kathi
Hochleitner, Luise
Hofbauer, Frau von, geb. Eigl
Hofmann, Helene
Hofmann, Pauline
Högelsberger, Marie
Högelsberger, Therese
Hollrieder, Christine
Horky, Leopoldine
Igler, Frl.
Jenny siehe → Mayfeld
Jeronek, Friederike
Joachim, Julie
Joachim, Viktoria
→ Jobst, Anna
→ Jobst, Maria
Johanna
Kabla, Karolina
→ Kachelmaier, Katharina
Kachelmaier siehe auch Kragujevic bzw. Kutschera
Kalch, Anna (Apollina)

Kalmann, Maria
Kaltschik, Frl.
Kattnigg, Hermine
Kaunitz, Frau
Keller, Frl.
→ Kerschbaum, Maria, geb. Schimatschek
Kietz, Elisabeth
Klems, Anna
Kloppenburg, Cäcilie
→ Klose, Amalie
Korda, Ernestine
Kragujevic, Ludovika, geb. → Kachelmaier, siehe auch Kutschera
Krakowitzer, Maria, verehel. Gürtler
Kralik von Meyrswalden, Mathilde
Kreipl, Elise
Krenn siehe Tha(n)ner
Kutilek, Frl.
Kutschera, Ludowika, geb. → Kachelmaier, siehe auch Kragujevic
→ Lang, Josefine, verehel. Weilnböck
Lederer, Marie Anna Baronesse
Leopold, Sylvia
List (Lyszt), Mimi
Lorenz, Marie
Louise
Löwenfeld, Jul(ia?)
Lucam, Frl. von
Mair, Johanna
Malten, Frl.
Marek, Henriette
Marianne (Marie Anna von Czerny ?)
Marie Valerie, Erzherzogin von Österreich
Markl, Henriette
Materna, Amalie
Mayer, Marie
→ Mayfeld, Betty von, geb. Edle von Jenny
Mayr, Mathilde
Mohaks, Elsa
Montag, Frl.
Morscher, Lisa
Neklowski, Irma
Niebauer, Lottka von
→ Nikisch, Amalie
Nuova, Frl.
Opitz, Lina
Ortner, Anna
Ott, Frl.
Pagl, Johanna
Papier, Rosa, verehel. → Paumgartner
Payer siehe Bayer
Payrleithner, Marie
Petcher, Therese
Pfeiffenberger siehe → Bogner, Judith
Pichler, Hermine
Pichler, Johanna
Pilat, Frau von
Pilshofer, Marie
Pistor, Valerie Edle von
→ Pohoryles, Marie
Poissl, Amande
Pöschl, Klara
Pöschl, Minna
Pracherstorfer, Elisabeth
Prausek, Frl.
Prechal, Katharina
Prix, Frl.
Punzet, Frl.
R., Anna
Rabl, Karoline
Rabl, Rosa
Rappoldi-Kahrer, Laura
Rauscher, Martha
Reder, Theres
Redlich, Majorin
Reinhardt, Marie (Mitzi)
Reinhold, Frl.
Reischl, Minna
Reiter, Henriette
Reitinger, Frl.
Richter, Frau
Röbel, Frl.
Robot, Frl.
Röhrenbacher, Frl.
Rösl, Mutter und Tochter
Rothler, Frl.
Rottenberger, Marie von
Ruckensteiner, Marie
Salzer, Witwe
Sammet, Henriette
Santen-Kolff, Frau von
Sattelegger, Marie
Scala, Baronesse
Schedl, Frl.
Scherer, Josefine
Scherer, Lina
Scherer, Louise
→ Schiedermayr, Schwestern
Schillhuber, Barbara, verehel. Guger
Schimatschek siehe → Kerschbaum
Schlager, Frau
Schlosser, Frl.
Schmalhofer, Lina
Schmitt, Marta
Schödl, Hermine
Scholastika
Schreiber, Babette
Schwab, Frl.
Schwarzbäk, Frl.
Schwarzbeck-Warau, Marie Edle von
Sedlmeyer, Sabine
Seewald, Frl.
Selch, Marianne
Sicup, Frl.
Smarda, Frl.
Sommerfeld, A.
Soyka, Alexandrine
Spaun, Marie Edle von, verehel. Cornaro
Sperlich-Door, Frl.
Spitz, Frl.
Steinbrecher, Frl.
Steutter, Charlotte
Stolzar, Aurelia
Studer, Marie
Sturm, Anna
Than(n)er, Emma, verehel. Krenn
Tischler, Philomena
Titze, Frl.
Töpper, Frl.
Tosca, Frau von
Turek, Frl.
Vogelsang, Baronin
Wagner, Elise
→ Wagner, Eva
Wagner, Frl.
Waldheim, Frl.

Weihs, Maria
Weilnböck, Josefine siehe → Lang
Weilnböck, Karoline (→ Lang)
Werndl, Marie
Werner, Antonie
Wiesmair, Kamilla
Wilda, Frl.
Wilfeld, Frl.
Wimmer, Marie
Wisbauer, Frl.
Wismar, Frl.
Zappert, Frl.
Zilzer, Frl.
Zimmermann, Antonie (Toni) EM

2. Schüler Bruckners (ohne Anspruch auf Vollständigkeit)

Nähere Angaben zu einigen der im Handbuch nicht mit einem eigenen Artikel aufgenommenen bzw. im Register aufscheinenden Schülerinnen und Schüler sind – soweit überhaupt möglich – im Registerband der 1996 erschienenen »Bruckner-Chronologie« von Franz Scheder zu finden.

– Schüler in Kronstorf, St. Florian und Windhaag:
Aigner, Anna (St. Florian)
Bergmann, Marie (St. Florian)
Bürstinger, Barbara (Kronstorf)
Huber (Kronstorf)
→ Jobst, Joseph jun. (Windhaag)

– Schüler in Linz:
Hier handelt es sich meist um Klavierschüler(innen).
Boltzmann, Ludwig
Fink, Emil
Hirnschall, Familie
Hofmann, Helene
Hofmann, Pauline
Landa
Löwenfeld, Jul(ia ?)
→ Marböck, Josef
→ Marböck, Marie
→ Marböck, Moritz
Poschacher, Heinrich
Pöschl, Josef
Pöschl, Klara
Pöschl, Minna
Reininger, Familie (drei Söhne)
Rosenauer
Ruckensteiner, Marie
Schober, Franz
Schützenberger
Than(n)er, Emma
Titze, Frl.
Wald

– Schüler am Konservatorium der Gesellschaft der Musikfreunde in Wien:
Die Liste wurde nach den vorhandenen Prüfungslisten erstellt; H = Harmonielehre, K = Kontrapunkt, O = Orgelspiel.
Abeles, Victor 1884/85 (H)
Abheiter, Hermann 1883/84 (H)
Adametz, Hermine 1869/70 (H+K), 1870/71 (K)
→ Adler, Guido 1870/71 (H), 1871/72 (K)
Ambros von Rechtenberg, Max 1869/70 (H+K), 1870/71 (K), 1871/72 (O)
Auspitzer, Sigmund 1881/82 (H)
Bachmeyer, Josef 1871/72 (H)
Bauer, Franz 1880/81 (H)
Bause, Victor 1886/87 (H), 1887/88 (K)
Benies, Heinrich 1872/73 (H)
Benkö, Heinrich 1874/75 (H), 1875/76, 1876/77 (K)
Brischar, Franz 1878/79 (H), 1879/80, 1880/81 (K)
Brzibohaty, Gottfried 1885/86 (H)
Buchta, Rosine (nicht in den Prüfungslisten)
Burgarth, Franz 1878/79 (H)
Caro, Paul 1880/81 (K)
Chitzou, Jean 1888/89 (H), 1889/90 (K)
Christ, Victor 1889/90 (K), 1888/89 (H)
Czegledy, Julius 1872/73 (H), 1873/74 (O), 1873/74 (K)
Czerwenka, Heinrich 1888/89 (H+O), 1889/90 (K)
Dachs, Amalie (?; nicht in den Prüfungslisten)
→ Decsey, Ernst 1889/90 (H)
Denhof, Ernst 1878/79 (H)
Dittrich, Rudolf 1878/79, 1879/80 (K), 1881/82 (O)
Dorfmeister, Hermann 1889/90 (O)
Dörnhöfer, Albert 1886/87 (H), 1888/89 (O)
→ Eckstein, Friedrich (ab 1880; nicht in den Prüfungslisten)
Eckstein, Moriz 1876/77 (H)
Eisner, Heinrich 1877/78 (H)
Emanuel, Ludwig 1872/73 (H), 1874/75, 1875/76 (K)
Feinsinger, Ignaz 1887/88 (K)
Fischhof, Robert 1876/77 (K)
Foll, Ferdinand 1881/82, 1882/83 (K)
Fronz, Ludwig 1879/80 (H), 1880/81 (K)
Führich, Carl 1881/82 (H), 1882/83, 1883/84 (K+O)
Gaßner, Carl 1869/70 (H+K)
Großauer, Ludwig 1883/84 (H)
Großmann, Josef 1882/83 (H)
Grünberg, Eugen 1872/73 (K)
Haböck, Hermann 1886/87, 1887/88 (K+O)
Hamlisch, Eduard 1882/83 (H)
Heinrich, Franz 1883/84 (H)
Held, Leo 1888/89 (H), 1889/90 (K)
→ Hellmesberger, Joseph d. J. 1869/70 (H+K)
Hermann, Hermann 1889/90 (H)
Herold, Max 1884/85 (H)
Höfer, Franz 1881/82 (K)
→ Hruby, Carl 1883/84 (H)
Hubad, Mathias 1888/89 (H), 1889/90 (K)
→ Hynais, Cyrill 1883/84, 1884/85 (K)
Jan, Hermann von 1874/75 (K)
Janko, Paul von 1877/78 (H)
Jellinek, Moriz 1873/74, 1874/75 (K)
Johnscher, Franz 1881/82 (H+O)
Kachler, Wilhelm 1871/72 (O)
Karnet, August 1888/89 (O)
Kehlendorfer, Carl 1877/78 (H)
Kepeller, Carl 1875/76 (H)
Kerschagl, Johann Nepomuk (nicht in den Prüfungslisten)
Kittel, Karl 1872/73 (H)
Klein, Josef 1885/86 (H)
Kliwar, Franz 1871/72 (H), 1872/73 (K)
Kmoch, Adolf 1877/78 (H)
Korngold, Julius 1878/79 (H)
Kraholetz, Alfons 1873/74, 1874/75 (H)
Kratzl, Emil 1870/71 (K)
Krauß, Alexander 1884/85 (H)
Kremer, Moriz 1880/81, 1881/82 (K)
Kreutzinger, Johann 1875/76 (H)
Krum, Anton 1889/90 (H)
Lamberg, Emil 1881/82 (H)
Lamberger, Josef 1869/70 (H+K), 1870/71 (K)
Landskron, Leopold 1869/70 (H+K)

Last, Carl 1879/80 (H), 1880/81, 1881/82 (K)
Latzelsberger, Josef 1869/70 (H+K), 1870/71 (K+O)
Lorenz, Paul 1876/77 (H), 1877/78 (K)
Lorenz, Victor 1887/88 (O), 1888/89 (K)
→ Löwe, Ferdinand 1877/78, 1878/79 (K)
Ludwig, Ernst 1874/75 (O)
Lux, Carl 1869/70 (H+K)
Luze, Carl 1880/81 (H)
Luzzatto, Fortunato 1877/78 (O)
Mahler, Otto 1888/89 (H), 1889/90 (K)
Mandl, Bela 1877/78, 1878/79 (K)
Marschner, Franz 1883/84, 1884/85 (K)
Materna, Leopold 1886/87 (H), 1887/88 (K)
→ Meißner, Anton 1878/79 (H)
Meyer, Josef 1881/82 (H), 1883/84 (K), 1884/85, 1885/86 (O)
Mokry, Lenke 1889/90 (K)
Moser, Ludwig (nicht in den Prüfungslisten)
→ Mottl, Felix 1870/71, 1871/72, 1872/73 (K)
Mötz, Johann 1871/72 (H), 1872/73, 1874/75 (K)
Müller, Johann 1884/85 (H)
Ollop, Ernst 1874/75 (H)
Ostariasch, Johann 1885/86(H)
Pachmann, Wladimir von (nicht in den Prüfungslisten)
Paradiser, Rudolf 1883/84 (H)
Paschko, Heinrich 1870/71 (H+O)
Paur, Carl 1884/85 (H), 1885/86 (O), 1886/87 (K)
Pelikan, Wenzel 1874/75 (H)
Pembaur, Josef (ab 1870; nicht in den Prüfungslisten)
Pichler, Rudolf 1874/75 (H), 1875/76 (K)
Pocteynsky, Rudolf 1887/88 (H)
Pollak, Ernst 1880/81 (H)
Posholda, Johann 1873/74 (H)
Pritz, Vincenz 1874/75 (O)
Pummer, Johann 1871/72 (H), 1872/73 (K)
Rappoldi-Kahrer, Laura (1866-1869; nicht in den Prüfungslisten)
Rauch, Wilhelm 1869/70 (H+K)
Rehbeck, Moriz 1889/90 (H)
Reidinger, Ignaz 1871/72 (K)
Reinhold, Hugo 1869/70 (H+K), 1870/71 (K+O)
Reitinger, Otto 1873/74 (H), 1874/75, 1875/76 (K)
Ritter, Lorenz 1879/80 (H), 1880/81, 1881/82 (O)
Rößl, Damian von 1869/70 (H+K), 1870/71 (K)
→ Rott, Hans 1874/75, 1875/76, 1876/77 (O)
Rotter, Emil (1870er Jahre; nicht in den Prüfungslisten)
Salzmann, Heinrich 1876/77 (H), 1877/78 (H)
→ Schalk, Franz 1878/79 (H)
→ Schalk, Josef 1877/78, 1878/79 (K)
Schaumburg, Nicolaus 1871/72 (H)
Schenker, Heinrich 1887/88 (H), 1888/89 (K)
Schlott, Franz 1882/83, 1883/84 (K)
Schmalhofer, Jacob 1886/87 (H), 1887/88 (K)
Schmidl, Karl 1873/74 (H)
Schmitz, Conrad 1888/89 (H+O), 1889/90 (K)
Schöfmann, Karl 1873/74, 1874/75 (K)
Scholz, Anton 1880/81 (H), 1881/82 (K+O)
Schönberger, Benno 1875/76 (H), 1876/77 (K)
Schoof, Heinrich 1882/83 (H)
Schröder, Christian 1875/76, 1876/77 (O)
Schulz, Richard 1877/78 (H)
Schwarzkopf, Emil 1869/70 (H+K), 1870/71 (K+O)
Schwegler, Johann 1876/77 (K)
Siebert, Josef 1869/70 (H+K+O)
Skalicky, Josef 1882/83 (H)
Sonnenschein, Carl 1887/88 (H)
Spigl, Friedrich 1876/77 (H)
Stanek, Eduard 1869/70 (H+K), 1870/71 (K)
Steibl, Anton 1884/85 (H)
Steinberger, Josef 1886/87 (H+O), 1887/88 (K)
Steininger, Adolf 1884/85 (H), 1885/86 (O), 1886/87 (K)
Stern, Julius 1876/77 (H)
Steudner, Hermann 1871/72 (H), 1872/73, 1873/74 (K), 1875/76 (O)
Stiebitz, Franz 1876/77 (H)
→ Stradal, August (ab 1880; nicht in den Prüfungslisten)
Straka, Johann 1872/73 (H), 1873/74, 1874/75 (K)
Svoboda, Leopold 1869/70 (H+K)
Szöllösi, Peter 1875/76 (H)
Tausig, Samuel 1873/74 (H)
Troizsche, Hugo 1883/84 (H)
Tucher, Sigmund von 1881/82 (H)
Veith, Adolf 1880/81 (O)
→ Vergeiner, Hermann Pius 1878/79, 1880/81 (O)
Vieh, George 1870/71 (H)
Vogl, Theodor 1886/87 (H), 1887/88 (K)
Walach, Alois 1871/72 (H), 1872/73 (K)
Walter, Gustav 1870/71 (H), 1871/72 (K+O)
Weber, Carl 1884/85, 1885/86 (K+O)
Weber, Franz 1876/77 (H), 1877/78, 1878/79 (K)
Werdenig, Carl 1889/90 (H)
Wieninger, Georg 1888/89 (H)
Wilfert, Rudolf 1883/84, 1885/86 (O)
Windhopp, Leopold 1874/75 (K)
Winter, Hanns 1877/78 (K)
Winter, Johann 1873/74 (H), 1874/75, 1875/76 (K)
Wolf, Moritz 1873/74 (H+O)
Wolfrum, Carl 1869/70 (H+K), 1870/71 (K)
Wottawa, Heinrich 1883/84 (H)
Xanthopoulus, Thimothé 1883/84, 1885/86 (O)
Zachariadis, Peter 1883/84 (H)
Zamara, Alfred Maria Victor (nicht in den Prüfungslisten)
Zaschel, Josef 1877/78, 1878/79 (K)
Zobel, Carl 1875/76 (H)

– Hörer an der Universität Wien:

Quellen: Theophil Antonicek in: Bruckner-Studien 1975; Bruckner-Symposion 1988, S. 127 u. a.; S = Sommersemester, W = Wintersemester, Angaben in Klammern = gestrichene Vorlesungen. In den Fällen, wo (zum Teil trotz vorhandener Mitschriften) keine archivalischen Nachweise möglich waren, sind Inskriptionsbelege (Nationalien) verlorengegangen oder – da die Vorlesungen öffentlich und unentgeltlich waren – offizielle Meldungen nie vorhanden gewesen.

Aichinger, Josef W 1879
→ Altwirth, Theodor (nicht nachweisbar)
Ambros, Wilhelm Ritter von W 1889
Anger, Friedrich (W 1894)
Appelt, Gustav W 1888
Baumgarten, Leopold W 1891
Baumhackl, Friedrich W 1885
Bayer, Adalbert (S 1877)
Bilinski, Claudius S 1886, (W 1890)
Böck, Ernst S 1876
Braun, Giacomo S 1895, W 1895
Burger, Michael S 1885
Cambala, Franz W 1880 - W 1881
Chrapek, Johann (S 1877)
Cimadori, Ferrucio S 1884
→ Cossmann, Alfred (nicht nachweisbar)
Czerluncrakiewicz, Emil (W 1892)
Czerny, Johann W 1882
Daubrawa, Alfred S 1886
Decker, Martin (W 1895)
Dümler, Karl S 1878

→ Eckstein, Friedrich (nicht nachweisbar)
Eder, August Paul (W 1889 - S 1890)
Eder, Robert W 1891 - S 1894, S 1895
Ehrenreich, Marcus W 1885
Einfalt, Martin (W 1877), S 1878
Fegerl, Johann W 1886, W 1887, S 1888, S 1889
Fickert, Emil (nicht nachweisbar)
Fiescher, Karl W 1881
Fischer, Rudolf (W 1894)
Flesch, Emil S 1896
Födisch, Franz (nicht nachweisbar)
Fränkel, Jacques (W 1889)
Galembiawski, Cyprian (W 1879), S 1880
Garbowski, Thaddäus S 1892
Goldhahn, Joseph Johann S 1878
Goldmann, Karl W 1885
Graf, Max (W 1891, S 1893)
Grenzstein, Adolf S 1880
Gruss, Wilhelm S 1880
Haas, Robert W 1880
Hadwiger, Franz W 1888
Haft, Friedrich S 1886
Hassfurther, Rudolf (W 1894)
Hauffe, Anton S 1887
Hayman, Hugo Felix W 1886 - W 1887
Heissenberger, Karl (nicht nachweisbar)
Henning, Gottfried S 1880
Herbeck, Max W 1877
Hermann, Hermann Julius (W 1890)
Herzog, Eugen (W 1892)
Hillebrand, Franz (W 1881)
Höfler, Alois (W 1876)
Hoor, Moritz S 1886
Horn, Richard (nicht nachweisbar)
Horna, Constantin W 1886, S 1887
Hrkal, Eduard W 1890
Hruschka, Arthur (W 1893)
Inhof, Bartol W 1885
Jahn, Julius Albert W 1888
Junk, Victor Heinrich (S 1895)
Kahaun, Ludwig W 1885
Kalser, Wilhelm S 1884
Kaluza, Andreas W 1884
Kaufmann, Josef W 1891
Kerschagl, Johann Nepomuk (nicht nachweisbar)
Kisel, Victor (W 1886)
Klose, Olivier W 1878
Klose, Robert S 1876
Knaur, Ernst S-W 1876
Kobald, Karl (nicht nachweisbar)
Komorzynski, Carl S 1876
Kraus, Alfred W 1887
Kraus, Alois W 1887
Kraus, Felix (von) W 1890 (?), S 1891
Kreibig, Josef Clemens W 1885, S 1886
Kreutzer, Carl (W 1876), S 1877, (W 1877, S 1878)
Krumpholz, Heinrich W 1875
Kurowski, Ludwig W 1885
Kurzwelly, Johannes W 1889
Landesberger, Rudolf (S 1890)
Landwehr von Pragenau, Moriz S 1892 (?)
Lebwohl, Otto (S 1894)
Lefler, Josef W 1884
Lemport, Leo (S 1893)
Lichtenberg, Reinhold Frh. S-W 1888, (S 1889)
Liebieg (Liebweg?), Otto von W 1879
Lierhammer, Theodor W 1888
→ Loidol, Rafael (P. Oddo) S 1880
Loose, Anton S 1888
Lorenz, Karl (nicht nachweisbar)
Louis, Rudolf (nicht nachweisbar)
Löwi, Friedrich (S 1877)
→ Mahler, Gustav (W 1877), S 1878 (?)
Mantuani, Josef W 1891
Mark, Emil W 1881
Mass, Ludwig W 1876
Mayer, Josef W 1877, S 1878
Melichar, Josef W 1888
Mihutowicz, Georg (S 1895)
Mirus, Eduard W 1883
Moeller, Ernst W 1888, (W 1889)
Molnár, Emil W 1885, W 1886
Montandon, Marcel (W 1893)
Morpurgo, Baron Bruno (W 1893)
Müller, Paul (W 1879)
Neumann, Alexander recte Salomon W 1888
Nowotny, Ignaz W 1889
Ölzelt, Anton Ritter von Newin (nicht nachweisbar)
Paczowski, Michael S 1885, S 1886
Pamperl, Josef S 1879
Paul, Josef (W 1889)
Pazem, Franz (W 1891)
Penther, Arnold W 1891
Peters, Guido S 1888
Petkovsek, Johann (W 1877), S 1878
Petters, Josef W 1880
Pfeifer, Franz W 1885, W 1887
Pfoser, Carl S 1882, W 1882
Pietschmann, Heinrich W 1883
Pisling, Siegmund S 1890
Plank, Hans W 1885
Plasche, Richard W 1877
Plohn, Robert S 1885
Prinke, Wenzel S 1886
Prisching, Rudolf (W 1892)
Prokopowitz, Konstantin W 1876, (S 1877)
Puchstein, Hans W 1887
Quittner, Rudolf (W 1889)
Rabenlechner, Michael Maria (nicht nachweisbar)
Rappaport, Paul (W 1893)
Reimer, Ernst W 1883 - S 1885
Reitter, Hans W 1884 (?), S-W 1885
Reska, Karl W 1886
Riß, Anton (nicht nachweisbar)
Ritter, William W 1888, (W 1893)
Roitz, Anton (nicht nachweisbar)
Rosenblum (Rosé), Eduard S 1876
Rosenthal, Moriz (S 1883)
Rouer, Hermann Freiherr W 1891
Santner, Albert W 1884, S 1885
Schallinger, Ewald Otto (S 1895)
Scharpff, Richard S 1882, S-W 1883
Scheidlein, Cäsar von S 1876 - S 1877
Scheiwein, Josef W 1885, S 1886
Schmidt, Wilhelm Andreas W 1885
Schnabl, Josef W 1879
Schuster, Heinrich (nicht nachweisbar)
Schwaiger, Norbert W 1876
→ Schwanzara, Ernst (1891-1894, nicht nachweisbar)
Sicherl, Johann (W 1876)
Siegel, Johann (W 1876)
Siegmund, Richard S-W 1886
Singer, Max(imilian) (S 1876)
Sittenberger, Hans W 1881, S 1882
Speiser, Carl (1889/90, nicht nachweisbar)
Spiegler, Eduard W 1880

Steinberger, Josef S 1887
Steiner, Rudolf W 1879, S 1880
Stephani, Albert Michael W 1880
Stiasny, Friedrich (W 1876)
Stingl, Georg (W 1892)
Stockert, Louis (S 1877)
Stössel, Emil W 1877
→ Stradal, August (1880-1882, nicht nachweisbar)
Stransky, Sigmund S 1883
Strauss, Isidor (W 1878), W 1887
Stummer, Eduard (W 1895)
Tallavania, Innocenz W 1887
Tauber, Alfred S 1885
Thonhofer, Vinzenz S 1886
Trebitsch, Oscar (W 1890)
Trzeberski, Otto W 1887
Tschida, Arthur W 1881
Ullrich, Edmund (W 1877)
Ursuleac, Michael (S 1895)
Voelkl, Rudolf (W 1876)
Wachter, Josef Ferdinand (W 1893, W 1894)
Wahle, Julius W 1882, S 1883
Watzer, Leopold S 1882
Weithofer, K. Anton W 1885, S 1886
Wendschuh, Louis (W 1893)
Winkler, Ferdinand W 1888
Zelinka, Edmund S 1886
Zenker, Ernst Viktor S 1887
Zimerman, Heinrich W 1878
Zuleger, Ferdinand W 1878

– Privatschüler, nicht näher geklärte und fragliche Schüler in Wien:
Adensamer, G(eorg ?)
Anderle, Johann Gabriel
→ Antoine, Franz
Baumgarten, Heinrich
Behn, Hermann
Caro, Paul
→ Eckstein, Friedrich
Edelhart, Ferdinand
Ehrenfels, Baron Christian
Gruber, Josef
Hager, Anton
Hajek
Hauber, Frl.
Hirsch, Adolf
Hofmeister, Carl
Högelsberger, Marie, verehel. Eurich
Huber, Anton
Kattnigg, Hermine
Keldorfer, Max
Keller, Otto
Kiss, Karl
→ Klose, Friedrich
König, Anton
Kralik von Meyrswalden, Mathilde
Kratzl, Karl
Labor, Josef
Lamberg, Emil
Lasner, Josef
Lucam, Frl. von
Marek, Henriette
Markl, Henriette
Megyesi-Schwartz, Eugen
Morscher, Lisa
→ Muck, Karl
Müller, Georg Gottfried
Newald, Richard
→ Oberleithner, Max von
Oblat, Ludwig
Oehn, Carl Bernhard
Pauer, Emil
Piber, Josef (St. Anna)
Pichler, Franz
Pils
→ Pohoryles, Marie
Poissl, Amande
Pückler, Graf Carl
Reinhardt, Marie
Reisinger
Richter, Walter
Ritter, (Julius ?)
Ro(u)bitschek
Schönbauer
Schwarzbäk, Frl.
Seling, Emil
Sicup, Frl.
Steinbrecher, Frl.
Steininger
Stoffella (?)
→ Stradal, August
Stransky, Eduard
Stritzko, Josef
Stroß, Alfred
Sturm, August
Tollemache, W. S.
Tschöpe
Tubek
Tucher, Heinrich Freiherr von
→ Vockner, Josef
Weber, Franz
Zilzer, Frl.
→ Zinne, Carl Wilhelm

AH

3. Aufführungsorte (ohne Anspruch auf Vollständigkeit, auch hinsichtlich der Aufführungen)

Die Liste der Aufführungsorte in Österreich umfaßt solche, in denen Werke Bruckners bis um 1900 auf- bzw. uraufgeführt wurden; spätere Jahre werden nur dann erwähnt, wenn es sich um Uraufführungen handelt (z. B. Klosterneuburg, Linz). Nur bei Uraufführungen wird hier auch – wenn bekannt – das genaue Datum angegeben. Bei zwei Uraufführungsdaten (UA) zu einem Werk handelt es sich z. B. um die erste Aufführung einer Bruckner-Symphonie auf zwei Klavieren und die spätere mit Orchester oder um Uraufführungen verschiedener Fassungen usw. Näheres ist jeweils bei den Artikeln zu den jeweiligen Werken nachzulesen.
Bei den Auftrags- und Gelegenheitswerken in kleinerer Besetzung werden Entstehungsjahr bzw. -ort und Uraufführungsjahr bzw. -ort wahrscheinlich oft identisch sein: Entweder wurden sie ja bei den Anlässen, für die sie komponiert worden waren, uraufgeführt, oder Bruckner versuchte, sie in kleinerem Rahmen zu probieren und zu Gehör zu bringen.
Der Abschnitt »Ausland« bringt Orte außerhalb Österreichs, die Bruckners Werke schon zu seinen Lebzeiten – wieder erweitert bis zur Jahrhundertwende – aufgeführt haben, und beweist, daß verschiedene Bruckner-Werke (und nicht nur die Symphonien) in – soweit bisher bekannt – 27 deutschen Städten gespielt wurden; auch in fünf amerikanischen Städten waren Bruckner-Werke schon bekannt. Ebenso wurden in den Nachbarländern und im entfernteren Ausland, wie Holland, England, Dänemark, Schweden, einzelne Bruckner-Werke in dieser frühen Zeit schon gehört.
Aufführungen von Bearbeitungen, Vervollständigungen etc.

des Finale der *Neunten Symphonie* wurden in dieser Zusammenstellung nicht berücksichtigt (vgl. dazu die dortigen näheren Angaben).

ÖSTERREICH

Enns: WAB 59 (UA 19. 9. 1843)
Graz: WAB 6 (1891), WAB 46 (1889), WAB 70 (1891), WAB 87 (1896), WAB 101 (1896), WAB 102 (1895), WAB 103 (1895), WAB 104 (1891, 1897, 1899), WAB 105 (UA 9. 4. 1894; 1900), WAB 107 (1886, 1888), WAB 112 (Klavier, 1891)
Hörsching: WAB 31 (UA 1835/1837?)
Innsbruck: WAB 102 (1896), WAB 103 (1899), WAB 104 (1897), WAB 105 (1894)
Kirchberg b. Eferding: WAB 133 (UA 1845)
Klosterneuburg: WAB 8 (UA 25. 3. 1886), WAB 96 (UA 12. 10. 1924), WAB 97 (UA 12. 10. 1924), WAB 98 (UA 8. 9. 1921), WAB 99 (UA 1., 2. und 4. Satz 18. 3. 1923, 3. Satz 12. 10. 1924), WAB 100 (UA 3. und 4. Satz 17. 5. 1924; 12. 10. 1924)
Krems: WAB 70 (1892)
Kremsmünster: WAB 58 (1887), WAB 61c (UA um 1870?), WAB 129 (21. 8. 1884)
Kronstorf: WAB 3 (UA um 1843-1845?), WAB 9 (UA 4. 4. 1844?), WAB 21 (UA 1843-1845?), WAB 43 (UA 1844/45?, vgl. St. Florian), WAB 67 (UA 1843?), WAB 93 (UA 1845?), WAB 134 (UA um 1844?)
Linz: WAB 2 (UA 11. 2. 1861), WAB 4 (UA um 1868), WAB 6 (UA 12. 5. 1861), WAB 16 (UA 1. 5. 1862), WAB 19 (UA 10. 5. 1868), WAB 23 (UA 29. 10. 1869), WAB 26 (UA 20. 11. 1864; 1868), WAB 27 (UA 29. 9. 1869; 1885), WAB 28 (1898), WAB 38 (1900), WAB 46 (UA 4. 6. 1878), WAB 49 (UA 5. 2. 1865), WAB 55 (UA 4. 7. 1900), WAB 64 (UA 16. 12. 1861), WAB 66 (UA um 1861), WAB 70 (UA 5. 6. 1865; 1868, 1886, 1895), WAB 72 (UA um 1868?), WAB 73 (UA 24. 11. 1864), WAB 75 (UA 1868?), WAB 76 (UA 22. 4. 1854?), WAB 79 (um 1868?), WAB 80 (UA 15. 5. 1870), WAB 89 (UA 11. 12. 1864), WAB 90 (UA 15. 4. 1886), WAB 91 (UA 13. 2. 1868), WAB 92 (UA 4. 4. 1868), WAB 95/1 (17. 5. 1868?), WAB 101 (UA 9. 5. 1868; 1898), WAB 102 (1898), WAB 103 (2. Satz 1886, 1890, 1900), WAB 104 (1895, 1896; UA 1. Fassung 12. 12. 1909), WAB 110 (UA 1866?), WAB 112 (1885, 1892, 1893), WAB 116 (UA 1865?), WAB 117 (UA um 1860), WAB 118 (UA 1868?), WAB 119 (UA um 1856 oder St. Florian?), WAB 123 (UA 1863), WAB 125 (um 1861?), WAB 132 (UA um 1844 oder 1858?), WAB 135 (um 1863?)
Salzburg: WAB 6 (1861), WAB 26 (1870), WAB 63 (UA 5. 6. 1892), WAB 70 (1892), WAB 103 (1890, 1891, 1896), WAB 104 (1897, 1900)
St. Florian: WAB 1 (UA 13. 12. 1861), WAB 5 (UA 7. 10. 1856), WAB 12 (UA um 1858?), WAB 14 (UA um 1851), WAB 15 (UA um 1855), WAB 17 (UA Gründonnerstag? 1848), WAB 20 (UA 28. 8. 1879), WAB 22 (UA 28. 3. 1854), WAB 24 (UA 1. 8. 1854), WAB 29 (UA 14. 9. 1854), WAB 30 (UA 28. 8. 1879), WAB 32 (UA um 1843? oder 30. 11. 1882), WAB 34 (UA um 1852? oder 11. 10. 1921), WAB 36 (UA 1852? oder 1. 4. 1906), WAB 37 (UA um 1860?), WAB 39 (UA 15. 9. 1849), WAB 41 (UA 1846? oder 2. 3. 1854; 4. 10. 1888), WAB 42 (UA 1846? oder 20. 1. 1853), WAB 43 (UA 1844/45?, vgl. Kronstorf) WAB 44 (UA 1. 8. 1854?), WAB 45 (1886, 1887), WAB 51 (UA 15. 4. 1892), WAB 53 (UA 28. 3. 1854), WAB 58 (UA um 1858?), WAB 60 (UA 17. 7. 1855), WAB 61a (UA 28./29. 9. 1852), WAB 61b (UA 17. 7. 1857), WAB 65 (UA um 1851?), WAB 68 (UA um 1851), WAB 69 (UA März 1852), WAB 77 (UA um 1847?), WAB 78 (UA 1845?, 11. 10. 1921), WAB 81 (UA 28. 10. 1877), WAB 83 (UA um 1851?), WAB 84 (UA um 1846?), WAB 85 (UA 1848 oder später?), WAB 114 (UA Jän. 1847?), WAB 119 (UA um 1856 oder Linz?), WAB 120 (UA um 1850), WAB 121 (UA um 1854), WAB 122 (UA um 1850), WAB 124/1 (UA? 19. 3. 1853), WAB 124/2 (UA? 19. 3. 1854), WAB 124/3 (UA? 19. 3. 1855), WAB 126 (UA 1846 oder später), WAB 129 (UA 1884?), WAB 130 (um 1846), WAB 131 (UA 1847?), WAB 144 (UA um 1845?), WAB 145 (UA um 1845), WAB 146 (UA 1. 12. 1974)
St. Marienkirchen: WAB 47 (UA um 1852?), WAB 48 (UA um 1852)
Sierning: WAB 95/2 (UA um 1868?)
Steyr: WAB 26 (1893, 1896), WAB 33 (UA? 1890; 1892), WAB 39 (1895, 1896), WAB 112 (Adagio 1891)
Tillysburg: WAB 62 (UA um 1855? oder erst 31. 5. 1996?)
Vöcklabruck: WAB 13 (UA 21. 11. 1912), WAB 35 (14. 3. 1926), WAB 44 (UA 12. 4. 1925)
Wels: WAB 6 (1888), WAB 70 (1865, 1868), WAB 82 (UA 10. 6. 1883)
Wien: WAB 10 (UA 8. 12. 1873; 1875), WAB 11 (UA 9. 11. 1884), WAB 26 (1867, 1868, 1881, 1897, 1900), WAB 27 (1899), WAB 28 (UA 16. 6. 1872; 1872, 1873, 1876, 1877, 1882, 1883, 1884, 1893, 1894), WAB 31 (UA 2. Fassung 1891?), WAB 38 (UA 13. 11. 1892; 1899, 1901), WAB 40 (UA um 1884?), WAB 45 (UA 2. 5. 1885, 10. 1. 1886; 1888, 1891, 1896, 1898), WAB 50 (UA 1884?), WAB 52 (UA 8. 12. 1885), WAB 54 (UA nach 1878?), WAB 56 (UA 17. 12. 1898), WAB 57 (UA 18. 3. 1911), WAB 70 (1865, 1876, 1881, 1887, 1889, 1891, 1892, 1894, 1896, 1897), WAB 71 (UA 8. 10. 1893), WAB 74 (UA 10. 12. 1879; 1902), WAB 75 (UA 5. 2. 1903), WAB 86 (UA 11. 3. 1893), WAB 87 (UA 15. 1. 1891), WAB 88 (UA 11. 4. 1886), WAB 90 (27. 3. 1887), WAB 94 (UA 1882?), WAB 99 (UA 2. Satz 31. 10. 1913), WAB 101 (UA Wiener Fassung 13. 12. 1891), WAB 102 (UA 1. Fassung 26. 10. 1873; UA 2. Fassung 20. 2. 1876; UA Druckfassung 25. 11. 1894), WAB 103 (UA 2. Fassung 16. 12. 1877; UA 3. Fassung 21. 12. 1890; 1891, 1892, 1898, 1900), WAB 104 (UA 2. und 3. Satz 4. 2. 1880; UA 1. Satz 4. 10. 1880; UA 2. Fassung 20. 2. 1881; UA 3. Fassung 22. 1. 1888; 1892, 1896, 1897, 1900; WAB 105 (UA 20. 4. 1887; 1898, 1899), WAB 106 (UA Mittelsätze 11. 2. 1883; UA gekürzt: 26. 2. 1899; ungekürzt 13. 12. 1901), WAB 107 (UA 1. und 3. Satz 10. 2. 1883; 1884, 1886, 1889, 1896; UA 2. Satz, Blasorchester 1896, 1901), WAB 108 (UA 2. Fassung, 1. Satz 22. 11. 1892; UA 2. Fassung 18. 12. 1892), WAB 109 (UA Löwe-Bearbeitung 11. 2. 1903), WAB 112 (UA 1. 3. Satz 17. 11. 1881; UA ungekürzt 5. 4. 1884; 1884, 1885, 1886, 1889, 1890, 1893, 1894, 1896, 1897, 1899), WAB 113 (UA 23. 1. 1904), WAB 117 (öffentliche UA 16. 3. 1901)
Wilhering: WAB 18 (UA 1868)
Windhaag: WAB 25 (UA um 1842?)

AUSLAND

Amerika (?): WAB 45 (?)
Amsterdam: WAB 45 (1891), WAB 103 (1885, 1892), WAB 104 (1897), WAB 107 (1886)
Augsburg: WAB 104 (1897)
Baden-Baden: WAB 104 (1897/98)
Basel: WAB 105 (2. Satz 1899)
Berlin: WAB 45 (1891, 1894, 1896/97), WAB 103 (1893), WAB 104 (1895, 1897), WAB 105 (1898/1899/1900), WAB 107 (1887, 1894, 1896/97), WAB 108 (1902)
Boston: WAB 105 (1901), WAB 107 (1886)

Bremen: WAB 105 (1900/01)
Breslau: WAB 103 (1899), WAB 104 (1896/97), WAB 107 (2. Satz 1893), WAB 112 (1894)
Brünn: WAB 45 (1888, 1893, 1896), WAB 102 (1896), WAB 104 (1893)
Budapest: WAB 105 (1895), WAB 107 (1887)
Chemnitz: WAB 38 (1896/97)
Chicago: WAB 26 (1900), WAB 45 (1899), WAB 70 (1895), WAB 104 (1897), WAB 107 (1886), WAB 108 (1896/97), WAB 112 (1899)
Christiania (heute Oslo): WAB 45 (1891)
Cincinnati: WAB 27 (1900), WAB 45 (1892 mit 800 Sängern, 120 Musikern, 7000 Zuhörern; Dirigent: Theodore Thomas!)
Darmstadt: WAB 104 (1897/98)
Dresden: WAB 38 (1893), WAB 45 (1891/92, 1896/97), WAB 103 (1885), WAB 104 (1895, 1898), WAB 107 (1887, 2. Satz 1894, 1896), WAB 108 (1895, 1896), WAB 112 (1889)
Düsseldorf: WAB 45 (1893)
England (?): WAB 104 (1896)
Finnland: WAB 107 (1896)
Frankfurt: WAB 103 (1885), WAB 104 (1896/97), WAB 105 (1898/99), WAB 107 (1895, 1898/99)
Freiburg/Br.: WAB 107 (2. und 3. Satz 1899/1900)
Görlitz: WAB 107 (1897)
Den Haag: WAB 103 (1885, 1886)
Hamburg: WAB 26 (1893), WAB 45 (1892, 1893, 1897), WAB 104 (1895, 1897/98), WAB 105 (1900/01), WAB 107 (1886, 1890, 1893, 1896/97), WAB 112 (1894)
Hannover: WAB 107 (1898/99)
Heidelberg: WAB 102 (1896), WAB 103 (1893)
Karlsbad: WAB 103 (1900)
Karlsruhe: WAB 45 (1897/98), WAB 104 (1881), WAB 105 (1899), WAB 107 (2. Satz 1885/86)
Köln: WAB 104 (1896/97), WAB 107 (1885/86, 1887/88), WAB 112 (1885)
Konstanz: WAB 107 (1896/97)
Kopenhagen: WAB 104 (1900), WAB 107 (2. Satz 1899), WAB 108 (1895), WAB 112 (1894, 1895, 1896)
Laibach: WAB 45 (1896)
Leipzig: WAB 27 (1886), WAB 45 (1897), WAB 104 (1896/97), WAB 105 (1899), WAB 107 (UA 30. 12. 1884; 1885, 1893, 2. und 3. Satz 1885, 2. Satz 1896), WAB 112 (1895)
London: WAB 103 (1891), WAB 107 (1887)
Lübeck: WAB 104 (1897/98)
Luzern: WAB 107 ohne 2. Satz (1896)
Magdeburg: WAB 107 (1899)
Mainz: WAB 45 (1894)
Mannheim: WAB 101 (1897), WAB 104 (1895), WAB 105 (1898), WAB 107 (1900), WAB 108 (1901)
Milwaukee: WAB 45 (1900), WAB 104 (1899), WAB 112 (1900)
München: WAB 6 (1888), WAB 45 (1886, 1897, 1900), WAB 102 (1895), WAB 103 (1885, 1893), WAB 104 (1890, 1896, 1897, 1900), WAB 105 (1898, 1900), WAB 107 (1885, 2. Satz 1893, 1896/97, 1899), WAB 108 (1899/1900), WAB 112 (1885, 1890)
New York: WAB 103 (1885), WAB 104 (1888), WAB 107 (1886)
Nürnberg: WAB 103 (2. Satz, Klavier 1890, 1891), WAB 104 (1891), WAB 107 (1888), WAB 112 (1885)
Ofen: WAB 28 (1879)
Oldenburg: WAB 103 (1897/98), WAB 105 (1900/01), WAB 107 (1901)
Olmütz: WAB 108 (1893)
Paris: WAB 103 (1894), WAB 104 (1900)
Philadelphia: WAB 102 (1902)
Prag: WAB 38 (1901), WAB 45 (1886, 1897), WAB 102 (1896), WAB 103 (3. Satz 1886, 1891), WAB 104 (1896, 1900), WAB 105 (1898), WAB 107 (1888, 1889)
Preßburg: WAB 107 (1890)
Schwerin: WAB 104 (1897/98, 1899/1900)
Sondershausen: WAB 104, 1. und 3. Satz (1886)
Stockholm: WAB 45 (1900)
Stuttgart: WAB 45 (1891/92), WAB 104 (1897/98, 1899), WAB 106 (1901), WAB 107 (1896, 1900, 2. Satz 1896/97), WAB 112 (1885 oder 1886, 1893)
Troppau: WAB 70 (1894), WAB 104 (1893), WAB 107 (1896)
Tübingen: WAB 28 (1896/97, 1900)
Utrecht: WAB 103 (1886)
Warnsdorf: WAB 45 (1895)
Wiesbaden: WAB 104 (1896/97)
Würzburg: WAB 104 (1897/98)

nach 1900 (nur Uraufführungen)
Berlin: WAB 111 (15. 2. 1951)
London: WAB 108 (1. Fassung 2. 9. 1973)
München: WAB 10 (Okt. 1933), WAB 108 (1. Fassung, 1. Satz 1. 5. 1954), WAB 109 (UA »Originalfassung« 2. 4. 1932)
Stuttgart: WAB 7 (1921), WAB 106 (14. 3. 1901 ungekürzt).

RG

Lit.: Göll.-A. 4/4, S. 232-260; Hans-Hubert Schönzeler, Bruckner. Wien 1974; Hugo Steinmann, Die Erstaufführungen der Werke A. Bruckners in der Schweiz 1896 bis 1934, in: IBG-Mitteilungsblatt Nr. 18, Dezember 1980; Steffen Lieberwirth, Bruckner-Aufführungen im Gewandhaus zu Leipzig. Von 1896-1985/86, in: Bruckner-Jahrbuch 1984/85/86; WAB; Franz Scheder, Frühe Bruckner-Aufführungen in Nürnberg, in: Bruckner-Jahrbuch 1989/90; Jürgen Sachs, Entstehungs- und Aufführungsdaten der Messen, des Te Deum und der Symphonien A. Bruckners, ebenda; Cornelis van Zwol, Bruckner-Rezeption in den Niederlanden und im anglo-amerikanischen Raum, in: Bruckner-Symposion 1991; Bo Marschner, 100 Jahre Bruckner-Rezeption in den nordischen Ländern, ebenda; ders., Aufführungen größerer Werke von A. Bruckner in den nordischen Ländern 1891-1991, in: IBG-Mitteilungsblatt Nr. 37 und 38, Dezember 1991 bzw. Juni 1992; Ingrid Fuchs, »Künstlerische Väter« und »Vormünder«: Bruckner und die zeitgenössischen Dirigenten seiner Symphonien, in: Bruckner-Symposion 1994; Josef Burg, Anmerkungen zu Bruckner-Aufführungen in Frankreich nach dem Tod des Komponisten, in: IBG. Studien & Berichte. Mitteilungsblatt 42, Juni 1994; Nico P. H. Steffen, Die Brucknertradition des königlichen Concertgebouw-Orchesters 4, ebenda Nr. 43, Dezember 1994; A. Bruckner – Kritische Gesamtausgabe. Literatur über A. Bruckner. Anhang: Ein Bruckner-Katalog von 1903 (Faksimile). Wien 1995; Franz Scheder, Anton Bruckner. Chronologie. Tutzing 1996.

4. Aufführungstabellen zum Artikel → Rezeption

DEUTSCHLAND

Tabelle der Aufführungen bis um die Zeit von Bruckners Tod:

10. 12. 1881	Vierte Symphonie (Karlsruhe, Mottl)
30. 12. 1884	Siebente Symphonie (Leipzig, Nikisch)
27. 1. 1885	Siebente Symphonie (Leipzig, Nikisch)
10. 3. 1885	Siebente Symphonie (München, Levi)
12. 3. 1885	Streichquintett (München, Walter?)

31. 3. 1885	Streichquintett (München, Walter)
8. 4. 1885	Streichquintett (Köln, Heckmann)
11. 12. 1885	Dritte Symphonie (Dresden, Schuch)
30. 5. 1885	Siebente Symphonie (Karlsruhe, Mottl)
4. 12. 1885	Dritte Symphonie (Frankfurt, Müller)
11. 12. 1885	Dritte Symphonie (Dresden, Schuch)
1885/86	Streichquintett (Stuttgart)
7. 1. 1886	Siebente Symphonie (Köln, Wüllner)
19. 2. 1886	Siebente Symphonie (Hamburg, Bernuth)
7. 4. 1886	Te Deum (München, Levi)
8. 4. 1886	Streichquintett (München)
14. 4. 1886	Te Deum (Karlsruhe, Mottl)
4. 6. 1886	Vierte Symphonie (Sondershausen, Schröder)
6[?]. 6. 1886	Streichquintett (Sondershausen, Halir/Grützmacher)
3. 7. 1886	Messe in e-Moll (Leipzig, Riedel)
14. 11. 1886	Germanenzug (Köln, Zöllner)
1887	Siebente Symphonie (Köln, Wüllner)
31. 1. 1887	Siebente Symphonie (Berlin, Klindworth)
15. 3. 1887	Siebente Symphonie (Dresden, Nicodé)
23. 1. 1888	Siebente Symphonie (Nürnberg, Bayerlein)
1889	Streichquintett (Dresden, Tonkünstlerverband)
27. 4. 1890	Siebente Symphonie (Hamburg)
19. 11. 1890	Streichquintett (München, Walter?)
10. 12. 1890	Vierte Symphonie (München, Fischer)
27. 3. 1891	Dritte Symphonie (Nürnberg, Frank)
31. 5. 1891	Te Deum (Berlin, Ochs)
28. 10. 1891	Vierte Symphonie (Nürnberg, Göllerich)
1891/92	Te Deum (Stuttgart, Dresden) [?]
15. 4. 1892	Te Deum (Hamburg, Mahler)
11. 1. 1893	Siebente Symphonie (Breslau)
3. 2. 1893	Dritte Symphonie (München, Levi)
17. 3. 1893	Streichquintett (Stuttgart, Schapitz)
31. 3. 1893	Messe in d-Moll (Hamburg, Mahler)
31. 3. 1893	Te Deum (Hamburg, Mahler)
Mai 1893	Psalm 150 (Dresden)
21. 5. 1893	Te Deum (Düsseldorf)
27. 5. 1893	Siebente Symphonie (München, Levi)
6. 6. 1893	Siebente Symphonie (Leipzig, Paur)
16. 10. 1893	Dritte Symphonie (Berlin, Levi)
10. 11. 1893	Siebente Symphonie (Hamburg, Nicodé)
12. 12. 1893	Dritte Symphonie (Heidelberg, Wolfrum?)
6. 1. 1894	Siebente Symphonie (Berlin, Muck)
8. 1. 1894	Te Deum (Berlin, Ochs)
10. 1. 1894	Streichquintett (Berlin, W. Meyer)
11. 1. 1894	Te Deum (Berlin, Mannstaedt?)
17. 1. 1894	Te Deum (Mainz, Volbach)
9. 2. 1894	Siebente Symphonie (Dresden, Nicodé)
April/Mai 1894	Streichquintett (Hamburg, Koch)
1895	Zweite Symphonie (München, Levi)
1895	Te Deum (Warnsdorf)
19. 1. 1895	Siebente Symphonie (Braunschweig)
18. 2. 1895	Vierte Symphonie (Hamburg, Mahler)
9. 3. 1895	Vierte Symphonie (Berlin, Weingartner)
15. 11. 1895	Vierte Symphonie (Dresden, Hagen)
16. 11. 1895	Streichquintett (Leipzig, Prill)
18. 12. 1895	Siebente Symphonie (Frankfurt, Rottenberg)
18. 12. 1895	Achte Symphonie (Dresden, Nicodé)
1896	Psalm 150 (Chemnitz)
16. 2. 1896	Siebente Symphonie (Stuttgart, Obrist) [?]
22. 10. 1896	Siebente Symphonie (Leipzig, Nikisch)
26. 10. 1896	Siebente Symphonie (Berlin, Nikisch)
28. 10. 1896	Siebente Symphonie (Dresden, Nicodé)
30. 10. 1896	Vierte Symphonie (Frankfurt)
Nov. 1896	Vierte Symphonie (München, Fischer) [?]
1. 11. 1896	Siebente Symphonie (München, Fischer)
9. 11. 1896	Vierte Symphonie (Leipzig, Sitt)
25. 11. 1896	Zweite Symphonie (Heidelberg, Wolfrum)

ÖSTERREICH

Tabelle zu Ur- und Erstaufführungen (nur exakt eruierbare Daten):

19. 9. 1843	An dem Feste (Enns) UA
15. 9. 1849	Requiem (St. Florian) UA
28./29. 9. 1852	»Heil, Vater! Dir zum hohen Feste« (St. Florian) UA
20. 1. 1853	Tantum ergo WAB 42 (St. Florian) UA
2. 3. 1854	4 Tantum ergo WAB 41 (St. Florian) UA
28. 3. 1854	Libera WAB 22, Vor Arneths Grab (St. Florian) UA
22. 4. 1854	»Laßt Jubeltöne laut erklingen« (Linz) UA (?)
1. 8. 1854	Magnificat (St. Florian) UA
14. 9. 1854	Missa solemnis (St. Florian) UA
17. 7. 1855	»Auf, Brüder! auf, und die Saiten ...« (St. Florian) UA
7. 10. 1856	Ave Maria WAB 5 (St. Florian) UA
17. 7. 1857	»Auf, Brüder! auf zur frohen Feier« (St. Florian) UA
11. 2. 1861	Am Grabe (Linz, Bruckner) UA
12. 5. 1861	Ave Maria WAB 6 (Linz) UA
20. 9. 1861	Ave Maria WAB 6 (Salzburg)
13. 12. 1861	Afferentur (St. Florian) UA
16. 12. 1861	»Du bist wie eine Blume« (Linz, Bruckner) UA
1. 5. 1862	Festkantate (Linz, Lanz) UA
20. 11. 1864	Messe in d-Moll (Linz, Bruckner) UA
24. 11. 1864	Herbstlied (Linz, Bruckner) UA
11. 12. 1864	Um Mitternacht WAB 89 (Linz, Bruckner) UA
5. 2. 1865	Trauungs-Chor (Linz) UA
5. 6. 1865	Germanenzug (Linz, Bruckner) UA
10. 7. 1865	Germanenzug (Wien, Rumansky)
6. 8. 1865	Germanenzug (Wels)
10. 2. 1867	Messe in d-Moll, Afferentur, Ave Maria WAB 6 (Wien, Herbeck)
13. 2. 1868	Vaterländisches Weinlied (Linz, Bruckner) UA
4. 4. 1868	Vaterlandslied (Linz, Bruckner) UA
9. 5. 1868	Erste Symphonie, Linzer Fassung (Linz, Bruckner) UA
10. 5. 1868	Inveni David WAB 19 (Linz, Bruckner) UA
17. 5. 1868	»Das Frauenherz, die Mannesbrust« (Linz, Bruckner) UA
29. 9. 1869	Messe in e-Moll (Linz, Bruckner) UA
29. 10. 1869	Locus iste (Linz, Burgstaller) UA
15. 5. 1870	Mitternacht (Linz, Gericke) UA
11. 9. 1870	Messe in d-Moll (Salzburg)
16. 6. 1872	Messe in f-Moll (Wien, Bruckner) UA
26. 10. 1873	Zweite Symphonie, Fassung 1872 (Wien, Bruckner) UA
8. 12. 1873	Christus factus est WAB 10 (Wien) UA
20. 2. 1876	Zweite Symphonie, Fassung 1875/76 (Wien, Bruckner) UA
30. 7. 1876	Locus iste (Wien)
28. 10. 1877	Nachruf (St. Florian, Brava) UA
16. 12. 1877	Dritte Symphonie, Fassung 1877 (Wien, Bruckner) UA
4. 6. 1878	»Tota pulchra es« (Linz, Burgstaller) UA
28. 8. 1879	Inveni David WAB 20, Os justi (St. Florian, Traumihler) UA
9. 11. 1879	Os justi (Wien)
10. 12. 1879	Das hohe Lied (Wien, Bruckner) UA

4. 2. 1880	Vierte Symphonie, 2. und 3. Satz, Klavier (Wien)
7. 10. 1880	Vierte Symphonie, 1. Satz, Klavier (Wien)
20. 2. 1881	Vierte Symphonie, 2. Fassung (Wien, Richter) UA
17. 11. 1881	Streichquintett, 1.-3. Satz (Wien, Winkler-Quartett, Desing) UA
7. 12. 1881	Mitternacht (Wien)
30. 11. 1882	Tantum ergo WAB 32 (St. Florian)
10. 2. 1883	Siebente Symphonie, 1. und 3. Satz, Klavier (Wien) UA
11. 2. 1883	Sechste Symphonie, 2. und 3. Satz (Wien, Jahn) UA
10. 6. 1883	Sängerbund (Wels, Binder) UA
27. 2. 1884	Siebente Symphonie, Klavier, komplett (Wien) UA
5. 4. 1884	Streichquintett, komplett (Wien, Winkler-Quartett, Hummel) UA
21. 8. 1884	Präludium in C-Dur (Kremsmünster, Bruckner) UA
9. 11. 1884	Christus factus est WAB 11 (Wien, Bruckner) UA
22. 2. 1885	Um Mitternacht WAB 89 (Wien, Weinwurm)
8. 3. 1885	Streichquintett (Linz, Hellmesberger-Quartett)
2. 5. 1885	Te Deum, Klavier (Wien, Bruckner) UA
8. 12. 1885	Virga Jesse (Wien, Bruckner) UA
10. 1. 1886	Te Deum, Orchesterfassung (Wien, Richter) UA
14. 3. 1886	Siebente Symphonie (Graz, Muck)
21. 3. 1886	Siebente Symphonie (Wien, Richter)
25. 3. 1886	Ave Regina (Klosterneuburg) UA
11. 4. 1886	Trösterin Musik (Wien, Weinwurm) UA
11. 4. 1886	Amaranths Waldeslieder, Bearbeitung von Franz S. Reiter (Linz)
15. 4. 1886	Um Mitternacht WAB 90 (Linz, Floderer) UA
15. 4. 1886	Dritte Symphonie, Fassung 1877, Adagio (Linz, Floderer)
15. 4. 1886	Te Deum (Linz, Floderer)
22. 2. 1887	Amaranths Waldeslieder (Kremsmünster)
27. 3. 1887	Um Mitternacht WAB 90 (Wien, Kremser)
20. 4. 1887	Fünfte Symphonie, Klavier (Wien) UA
22. 1. 1888	Vierte Symphonie, 3. Fassung (Wien, Richter) UA
9. 6. 1888	Mitternacht (Gmunden)
24. 3. 1889	»Tota pulchra es« (Graz)
24. 5. 1889	Locus iste (Hainburg)
9. 4. 1890	Dritte Symphonie, Fassung 1877 (Salzburg, Hummel)
15. 8. 1890	Sängerbund (Wien)
27. 9. 1890	Sängerbund (Steyr)
21. 12. 1890	Dritte Symphonie, Fassung 1889 (Wien, Richter) UA
15. 1. 1891	Träumen und Wachen (Wien, Bruckner) UA
30. 1. 1891	Vierte Symphonie, 1. und 2. Satz, Klavier (Graz)
30. 1. 1891	Streichquintett, 2. Satz, Klavier (Graz)
1. 2. 1891	Vierte Symphonie (Graz, J. Schalk)
1. 3. 1891	Germanenzug (Graz)
11. 7. 1891	Streichquintett, 2. Satz (Steyr)
13. 12. 1891	Erste Symphonie, Wiener Fassung (Wien, Richter) UA
15. 4. 1892	Vexilla regis (St. Florian, Deubler) UA
28. 4. 1892	Streichquintett (Linz, Rosé-Quartett)
5. 6. 1892	Das deutsche Lied (Salzburg, Mader) UA
5. 6. 1892	Germanenzug (Salzburg, Mader)
2. 7. 1892	Das deutsche Lied (Wien)
3. 7. 1892	Germanenzug (Krems)
8. 8. 1892	Pange lingua WAB 33 (Steyr)
13. 11. 1892	Psalm 150 (Wien, Gericke) UA
22. 11. 1892	Achte Symphonie, 1. Satz, Klavier (Wien)
18. 12. 1892	Achte Symphonie, Fassung 1890 (Wien, Richter) UA
11. 3. 1893	Tafellied (Wien, Mader) UA
2. 4. 1893	Messe in d-Moll (Steyr, Bayer)
2. 4. 1893	Dritte Symphonie, 2. Satz, Klavier (Steyr)
28. 6. 1893	Das deutsche Lied (Linz)
8. 10. 1893	Helgoland (Wien, Kremser) UA
9. 4. 1894	Fünfte Symphonie, Orchesterfassung (Graz, F. Schalk) UA
25. 11. 1894	Zweite Symphonie, Druckfassung (Wien, Richter) UA
10. 2. 1895	Dritte Symphonie (Graz, Degner)
4. 12. 1895	Requiem (Steyr, Bayer)
19. 3. 1896	Messe in e-Moll, Sanctus und Benedictus (Wien)
25. 3. 1896	Vierte Symphonie (Linz, Schreyer)
11. 4. 1896	Erste Symphonie (Graz, Degner)
2. 11. 1896	Requiem (Wien)
6. 12. 1896	Träumen und Wachen (Graz)
16. 12. 1896	Dritte Symphonie, Fassung 1889 (Salzburg, Hummel)
22. 12. 1896	Messe in d-Moll (Graz)
5. 3. 1897	Vierte Symphonie (Innsbruck, Pembaur)
23. 4. 1897	Vierte Symphonie, 1. und 2. Satz (Salzburg, Hummel)
1. 3. 1898	Fünfte Symphonie (Wien, Löwe)
20. 3. 1898	Messe in f-Moll, Credo (Linz, Göllerich)
15. 6. 1898	»Laßt Jubeltöne ...« in Umtextierung (Wien, Kirchl)
29. 11. 1898	Zweite Symphonie (Linz, Göllerich)
17. 12. 1898	Der Abendhimmel WAB 56 (Wien, Kremser) UA
26. 2. 1899	Sechste Symphonie, gekürzt (Wien, Mahler) UA
17. 3. 1899	Messe in e-Moll (Wien, Neubauer)
8. 4. 1900	Psalm 150 (Linz, Göllerich)
4. 7. 1900	Der Abendhimmel WAB 55, Bearbeitung für Männerchor (Linz, Pammer) UA
15. 3. 1901	Achte Symphonie (Graz, Spörr)
16. 3. 1901	Erinnerung (Wien)
19. 5. 1901	Te Deum (Steyr, Bayer)
13. 12. 1901	Sechste Symphonie, ungekürzt (Wien, Göllerich)
13. 3. 1902	Das hohe Lied, Bearbeitung von Hans Wagner (Wien, H. Wagner) UA
23. 3. 1902	Fünfte Symphonie (Linz, Göllerich)
2. 7. 1902	Germanenzug (Innsbruck, Pembaur)
5. 2. 1903	Im April (Wien, Seehofer) UA
11. 2. 1903	Neunte Symphonie (Wien, Löwe) UA
23. 1. 1904	Intermezzo (Wien, Fitzner-Quartett) UA
20. 3. 1904	Zweite Symphonie (Steyr, Bayer)
27. 3. 1904	Sechste Symphonie, Messe in f-Moll (Linz, Göllerich)
15. 4. 1904	Neunte Symphonie (Graz, Löwe)
3. 7. 1904	Germanenzug (Semmering)
20. 1. 1905	Erste Symphonie (Innsbruck, Pembaur)
10. 4. 1905	Te Deum (Graz, Weiß-Ostborn)
1. 4. 1906	Siebente Symphonie (Linz, Göllerich)
1. 4. 1906	Psalm 114 (Linz, Göllerich) UA
5. 5. 1906	Messe in f-Moll (Graz)
17. 8. 1906	Neunte Symphonie (Salzburg, R. Strauss)
21. 10. 1906	Zweite Symphonie (Klagenfurt, Zöhrer)
9. 4. 1907	Germanenzug (Schärding, Rohrhofer)

8. 12. 1907	Germanenzug (Vöcklabruck, Auer)
4. 12. 1908	Messe in d-Moll (Innsbruck, Pembaur)
20. 12. 1908	Achte Symphonie (Linz, Göllerich)
12. 12. 1909	Vierte Symphonie, Fassung 1874, Scherzo (Linz, Göllerich)
18. 3. 1911	Abendzauber, Bearbeitung von Keldorfer (Wien, Keldorfer) UA
29. 3. 1911	Neunte Symphonie (Linz, Göllerich)
6. 4. 1911	Zweite Symphonie (Salzburg, Reiter)
21. 11. 1912	Ecce sacerdos (Vöcklabruck, Auer) UA
31. 10. 1913	Symphonie in f-Moll, 2. Satz (Wien, Löwe) UA
8. 9. 1921	Ouvertüre in g-Moll (Klosterneuburg, Moißl) UA
11. 10. 1921	Das Lied vom deutschen Vaterland (St. Florian, Müller) UA
11. 10. 1921	Psalm 22 (St. Florian, Müller) UA
11. 3. 1922	Präludium in C-Dur (Wien)
18. 3. 1923	Symphonie in f-Moll, 1., 2. und 4. Satz (Klosterneuburg, Moißl) UA
17. 5. 1924	Symphonie in d-Moll, 3. und 4. Satz (Klosterneuburg, Moißl) UA
12. 10. 1924	Marsch in d-Moll (Klosterneuburg, Moißl) UA
12. 10. 1924	Drei Orchesterstücke (Klosterneuburg, Moißl) UA
12. 10. 1924	Symphonie in f-Moll, 3. Satz (Klosterneuburg, Moißl) UA
12. 10. 1924	Symphonie in d-Moll, komplett (Klosterneuburg, Moißl) UA
12. 4. 1925	Tantum ergo WAB 44 (Vöcklabruck, Auer) UA
14. 3. 1926	Psalm 112 (Vöcklabruck, Auer) UA
23. 11. 1969	Neunte Symphonie, 4. Satz, Fassung Märzendorfer (Graz, Märzendorfer) UA
1. 12. 1974	Messe ohne Gloria (St. Florian, Kropfreiter) UA
20. 9. 1975	Vierte Symphonie, Fassung 1874 (Linz, Wöss) UA
23. 5. 1980	Dritte Symphonie, Adagio Nr. 2 (1876) (Wien, Abbado)
3. 12. 1991	Neunte Symphonie, 4. Satz, Fassung Samale-Mazzuca-Cohrs-Phillips (Linz, Mayerhofer) UA

5. Verzeichnis der WAB-Nummern (mit ersten Korrekturen; Nachträge WAB 146-149, siehe dort S. 289-292, zugeordnet)

Geistliche Vokalmusik WAB 1-54 und 146:

1	Afferentur
2	Am Grabe
3/1	Asperges, aeolisch (1843-1845)
3/2	Asperges in F-Dur (1845)
4	Asperges in F-Dur (1843/44)
5	Ave Maria (1856)
6	Ave Maria (1861)
7	Ave Maria (1882)
8	Ave Regina
9	Messe für den Gründonnerstag (Christus factus est; 1844)
10	Christus factus est (1873)
11	Christus factus est (1884)
12	»Dir, Herr, dir will ich mich ergeben«
13	Ecce sacerdos
14	Entsagen
15	Festgesang
16	Festkantate
17	»In jener letzten der Nächte«
18	In S. Angelum Custodem
19	Inveni David (1868)
20	Inveni David (1879)
21	Libera in F-Dur (1843-1845)
22	Libera in f-Moll (1854)
23	Locus iste
24	Magnificat
25	Messe in C-Dur (»Windhaager«)
26	Messe in d-Moll
27	Messe in e-Moll
28	Messe in f-Moll
29	Missa solemnis in b-Moll
30	Os justi
31	Pange lingua (1835-1837)
32	Tantum ergo in D-Dur (Pange lingua; 1843 oder 1845)
33	Pange lingua et Tantum ergo (1868)
34	Psalm 22
35	Psalm 112
36	Psalm 114
37	Psalm 146
38	Psalm 150
39	Requiem in d-Moll
40	Salvum fac
41/1	Tantum ergo in Es-Dur (1846; 1888)
41/2	Tantum ergo in C-Dur (1846; 1888)
41/3	Tantum ergo in B-Dur (1846; 1888)
41/4	Tantum ergo in As-Dur (1846; 1888)
42	Tantum ergo in D-Dur (Februar 1846; 1888)
43	Tantum ergo in A-Dur (1844 oder 1845)
44	Tantum ergo in B-Dur (1854?)
45	Te Deum
46	»Tota pulchra es, Maria«
47	Totenlied in Es-Dur
48	Totenlied in F-Dur
49	Trauungs-Chor (Trauungslied)
50	Veni Creator Spiritus
51	Vexilla regis
52	Virga Jesse
53	Vor Arneths Grab
54	Zur Vermählungsfeier
146	Messe ohne Gloria in d-Moll (»Kronstorfer Messe«)

Weltliche Vokalmusik WAB 55-95 und 147-148:

55	Der Abendhimmel (1862)
56	Der Abendhimmel (1866)
57	Abendzauber
58	Amaranths Waldeslieder
59	An dem Feste
60	»Auf, Brüder! auf, und die Saiten zur Hand!«
61a	»Heil, Vater! Dir zum hohen Feste«
61b	»Auf, Brüder! auf zur frohen Feier«
61c	»Heil Dir zum schönen Erstlingsfeste«
62	»Des Dankes Wort sei mir vergönnt«
63	Das deutsche Lied (Der deutsche Gesang)
64	»Du bist wie eine Blume«
65	Das edle Herz (um 1851)
66	Das edle Herz (1857)
67	Festlied
68	Frühlingslied
69	Die Geburt
70	Germanenzug
71	Helgoland
72	Herbstkummer
73	Herbstlied

74 Das hohe Lied
75 Im April
76 »Laßt Jubeltöne laut erklingen«
77 Der Lehrerstand
78 Das Lied vom deutschen Vaterland
79 Mein Herz und deine Stimme
80 Mitternacht
81 Nachruf
82 Sängerbund
83/1 »Ein jubelnd Hoch in Leid und Lust« (Sängerspruch, Motto)
83/2 »Lebt wohl, ihr Sangesbrüder« (Sängerspruch, Motto)
84 Ständchen
85 Sternschnuppen
86 Tafellied
87 Träumen und Wachen
88 Trösterin Musik
89 Um Mitternacht (1864)
90 Um Mitternacht (1886)
91 Vaterländisches Weinlied
92 Vaterlandslied
93a Musikalischer Versuch (Mai 1845)
93b Musikalischer Versuch (Juni 1845)
93c Vergißmeinnicht (Juli? 1845)
94 Volkslied
95/1 »Das Frauenherz, die Mannesbrust« (Wahlspruch)
95/2 »Des Höchsten Preis, des Vaterlandes Ruhm« (Wahlspruch)
147 »Freier Sinn und froher Mut« (Motto)
148/1 »Im Wort und Liede wahr und treu« (Motto)
148/2 »Wir alle jung und alt« (Begrüßung, Motto)

Orchesterwerke WAB 96-109:

96 Marsch für Orchester
97/1 Orchesterstück in Es-Dur
97/2 Orchesterstück in e-Moll
97/3 Orchesterstück in F-Dur
98 Ouvertüre in g-Moll
99 Symphonie in f-Moll (»Studien-Symphonie«)
100 Symphonie in d-Moll, annulliert (fälschlich »Nullte«)
101 Erste Symphonie
102 Zweite Symphonie
103 Dritte Symphonie
Adagio Nr. 2 (1876)
104 Vierte Symphonie
105 Fünfte Symphonie
106 Sechste Symphonie
107 Siebente Symphonie
108 Achte Symphonie
109 Neunte Symphonie
Finale (früher WAB 143)

Kammermusik WAB 110-113:

110 Abendklänge
111 Streichquartett
112 Streichquintett
113 Intermezzo

Bläsermusik WAB 114-116 und 149:

114 Aequale
[115 Apollo-Marsch, nicht von Bruckner]
116 Marsch für Militärmusik
149 Aequale

Klavierstücke WAB 117-124:

117 Erinnerung
118 Fantasie
119 Klavierstück
120 Lancier-Quadrille
121 Quadrille
122 Steiermärker
123 Stille Betrachtung an einem Herbstabende
Herbstseufzer (Skizze)
124/1 Kleines (Vortrags-)Stück in G-Dur (1853)
124/2 Kleines (Vortrags-)Stück in G-Dur (1854)
124/3 Kleines (Vortrags-)Stück in F-Dur (1855)

Orgelkompositionen WAB 125-131:

125 Fuge
126 Nachspiel
[127-128 Präludien für Orgel, vermutlich nicht von Bruckner]
129 Präludium für Harmonium (»Perger«)
130 Andante (Vorspiel)
131 Vorspiel und Fuge

Verschollene Werke WAB 132-135:

132 Litanei
133 Requiem
134 Salve Maria (bzw. Salve Regina)
135 Zigeuner-Waldlied

Entwürfe WAB 136-143:

[136 »Domine, ad adjuvandum me festina«, vermutlich nicht von Bruckner]
137 Duetto
138 »Mild wie Bäche« (Liedentwurf)
139 Messe in Es-Dur (nur Kyrie)
140 Missa pro Quadragesima
141 Requiem in d-Moll (Fragment)
142 Symphonie-Entwurf in B-Dur
[143 Finale zur Neunten Symphonie, vgl. WAB 109]

Zweifelhafte Kompositionen WAB 144-145:

144 Herz Jesu-Lied
145 »O du liebes Jesu Kind«

Nachtrag WAB 146-149 (auch oben eingereiht):

146 Messe ohne Gloria (»Kronstorfer Messe«)
147 Motto
148/1 »Motto« (»Im Wort und Liede treu und wahr«)
148/2 »Begrüßung« (»Wir alle jung und alt«)
149 Aequale

WAB deest:

Adagio für Orgel, Entwurf
Andante für Klavier in d-Moll
Andante für Klavier in Es-Dur
Chromatische Etüde für Klavier
Des Baches Frühlingsfeier (Lied für Singstimme und Klavier)
Etüde für Klavier
4 Fantasien für Klavier
Herzeleid (Lied für Singstimme und Klavier)
»Heut kommt ja Freund Klose zum Gause« (4st. Kanon)
Improvisationsskizze Ischl 1890
Kyrie und Gloria (verschollen)
Marsch für Klavier
Mazurka für Klavier
Menuett für Klavier
Menuett mit Trio für Klavier
Nachglück (Lied für Singstimme und Klavier)
»O habt die Thräne gern« (Lied für Singstimme und Klavier)
Polka für Klavier

Rondo für Klavier
Rondo für Streichquartett
Die Rose (verschollen)
Scherzo für Streichquartett
Sonate für Klavier (1. Satz)
Thema und Variationen für Klavier
Der Trompeter an der Katzbach (Lied für Singstimme und Klavier)
Von der schlummernden Mutter (Lied für Singstimme und Klavier)
Walzer für Klavier in C-dur
Walzer für Klavier in Es-Dur
»Wie neid ich dich, du stolzer Wald« (Lied für Singstimme und Klavier).

UH

Bildnachweis (mit Seitenangabe)

Admont, Stift 44
Otto Biba, Wien 322
Anton Bruckner Institut Linz (Archivmaterial und Photographien) Frontispiz, 48 f., 52 f., 55, 57, 62, 64, 65, 73 ff., 79 ff., 83, 87, 94 f., 98 f., 100, 104 ff., 113, 121, 124, 127, 136 f., 140, 142 ff., 146 f., 148, 151, 153, 163, 167 ff., 179-182, 185, 188, 202 f., 206-210, 215 f., 226, 229, 232, 235 ff., 242 ff., 246, 249, 252, 255, 266, 268 f., 272 f., 275 f., 284, 288, 295, 298, 300, 304, 308-314, 320, 323 f., 330 f., 335 f., 338, 340, 343 f., 347 f., 352, 360, 369, 372, 377-380, 383, 386, 391, 393, 400-404, 407 f., 411, 416, 419, 422, 429, 433, 438, 440, 444 f., 448 ff., 453 ff., 460, 465 ff., 469 f., 472 ff., 476 ff., 480, 485, 490 f., 493, 499 f.
Heinrich Eltz, Tillysburg 125
Familie Forster, St. Florian 161
Gesellschaft der Musikfreunde, Wien 176 f., 270, 483
Haus-, Hof- und Staatsarchiv, Wien 199, 250
Historisches Museum der Stadt Wien 278, 348, 491
Familie Hueber, Vöcklabruck 204, 468
Steffen Lieberwirth, Leipzig 59, 251, 426
Haymo Liebisch, Linz 217, 263, 274, 396
Nationalarchiv der Richard Wagner-Stiftung, Bayreuth 475
Oberösterreichisches Landesmuseum, Linz 134, 207
Österreichische Nationalbibliothek
–, Bildarchiv 194, 196, 260, 265, 291, 293, 337, 355, 392, 482, 492
–, Handschriftensammlung 164, 487
–, Musiksammlung 181, 208, 333, 416
Foto Ritter, Wien 92
Sängerbund »Frohsinn« 256, 413, 415, 478, 496
St. Florian, Stift 60
Stadtmuseum Nordico, Linz 47, 257, 399
Universitätssängerschaft »Barden zu Wien«, Wien 64

REGISTER

Namen, Orte und Institutionen
Aufgenommen wurden nur die mit Bruckner in Beziehung stehenden Angaben. Fettgedruckte Zahlen verweisen auf eigene Artikel.

Werke Bruckners

Werke allgemein

Werke nach Gattungen

– Geistliche Vokalmusik:

– Kammermusik:

– Bläsermusik:

– Klavierwerke:

(Zusammengestellt von Andrea Harrandt und Erich Wolfgang Partsch)